Wolfram von Eschenbach
Ein Handbuch

Band I

Wolfram von Eschenbach

Ein Handbuch

Herausgegeben von
Joachim Heinzle

Band I
Autor, Werk, Wirkung

De Gruyter

ISBN 978-3-11-019053-3
e-ISBN 978-3-11-022719-2

Bibliografische Information der Deutschen Nationalbibliothek

Die Deutsche Nationalbibliothek verzeichnet diese Publikation in der Deutschen Nationalbibliografie; detaillierte bibliografische Daten sind im Internet unter http://dnb.d-nb.de abrufbar

© Copyright 2011 by Walter de Gruyter GmbH & Co. KG, Berlin/Boston
Satz: Dörlemann Satz, Lemförde
Druck: Hubert & Co. GmbH & Co. KG, Göttingen
Printed in Germany

Dem Andenken an Christoph Gerhardt († 28. 12. 2010)
und Walter Haug († 11. 1. 2008) gewidmet.

Vorwort

Die beiden Bände dieses Handbuchs informieren umfassend über Wolfram von Eschenbach und seine Werke. Sichtend und ordnend, ziehen sie die Summe aus zweieinhalb Jahrhunderten Forschung und nehmen diese selbst als historisch gewordene Größe in den Blick.

Im Zentrum des ersten Bandes stehen Darstellungen der Lieder und der erzählenden Werke. Den drei Epen-Kapiteln ist ein Überblick über die Darstellungsmittel und Darstellungsformen vorangestellt, der die für Wolfram charakteristischen Verfahren der epischen Gestaltung – von seinem Sprachstil bis zu seinem vielberufenen Humor – und deren narratologische Reflexion durch den Erzähler selbst behandelt. Jedes der Epen-Kapitel wird mit einem Abriß der Handlung des betreffenden Werks eröffnet, der so ausführlich gehalten ist, daß sich der Benutzer mit gleichwohl überschaubarem Zeitaufwand ein einigermaßen detailliertes Bild von dem machen kann, was und wie da erzählt wird. Es folgen jeweils Abschnitte zu Stoff und Quellen, zur Überlieferung, zu werkprägenden Themen und Motiven (,Parzival' und ,Willehalm') und zu Perspektiven der Interpretation. Unter dem Stichwort ,Überlieferung' werden auch die bildlichen Zeugnisse – Handschriftenillustrationen, die ,Parzival'-Fresken in Konstanz und Lübeck, der Braunschweiger Gawan-Teppich – ausführlich behandelt. Neuland erschließt hier die Beschreibung und Analyse der Bilder der Berleburger Handschrift des ,Jüngeren Titurel'.

Die genannten Kapitel werden eingerahmt von Kapiteln über „Wolfram und seine Werke im Mittelalter" und „Wolfram und seine Werke in der Neuzeit". Das Mittelalter-Kapitel trägt zusammen, was wir über die historische Existenz Wolframs vermuten können, ordnet sein Werk in die zeitgenössische Literaturszene ein und beschreibt und dokumentiert seine Rezeption bis zum Beginn der Neuzeit. Das korrespondierende Neuzeit-Kapitel behandelt zunächst die Anfänge der Forschung von Johann Jakob Bodmer bis Karl Lachmann. Ein eigener Abschnitt ist dann der bedeutendsten Adaptation des ,Parzival' in der Neuzeit gewidmet: Richard Wagners Bühnenweihfestspiel ,Parsifal'. Es folgt ein breit angelegter Überblick über die Rezeption des ,Parzival' in der Literatur des

19. und 20. Jahrhunderts von Friedrich de la Motte Fouqué bis Adolf Muschg. Exemplarisch, an je einem Beispiel aus dem 19. und 20. Jahrhundert – den ‚Parzival'-Bildern für König Ludwig II. von Bayern und dem ‚Parzival'-Zyklus von Anselm Kiefer –, wird ergänzend die Präsenz des ‚Parzival'-Stoffs in der bildenden Kunst der Moderne vorgeführt. Ein Abschnitt zur lokalen und regionalen Wolfram-Verehrung – insbesondere in Wolframs-Eschenbach, wo der Kult des ‚großen Sohnes der Stadt' zum touristischen Standortfaktor geworden ist – beschließt das Kapitel.

Der zweite Band bietet eine Reihe von Dokumentationen. Ein Figuren-Lexikon stellt in alphabetisch geordneten Artikeln die wichtigsten Figuren aus den erzählenden Werken vor. Es soll die Orientierung in den komplizierten Handlungsabläufen erleichtern, gibt Hinweise zur Interpretation und leistet einen Beitrag zum Verständnis der epischen Technik und der Erzählkunst Wolframs, die sich gerade auch an der Figurendarstellung zeigt. Ergänzend sind dem Lexikon Stammtafeln beigegeben, die das Geflecht der Verwandtschaftsbeziehungen verdeutlichen. Ein beschreibendes Verzeichnis listet die gesamte handschriftliche Überlieferung der Werke Wolframs, des ‚Jüngeren Titurel' und der ‚Willehalm'-Fortsetzungen mit den kodikologischen Elementardaten auf. Damit ist ein altes Desiderat der Forschung endlich erfüllt. Umfangreiche Bibliographien zu Wolfram, zum ‚Jüngeren Titurel' und zu den ‚Willehalm'-Fortsetzungen dokumentieren die Forschung von den Anfängen bis zur Gegenwart. Die Wolfram-Bibliographie löst die alte Standardbibliographie von Ulrich Pretzel und Wolfgang Bachofer aus dem Jahr 1968 ab. Am Ende stehen sechzig Abbildungen, die die von Fall zu Fall nötige oder wünschenswerte Anschauung vermitteln.

Das Handbuch hat, wie die meisten Werke dieser Art, eine langwierige und nicht nur erfreuliche Entstehungsgeschichte hinter sich. Als Abgabedatum für die Beiträge war der 30. September 2008 vereinbart worden. Dieser Termin ließ sich nicht halten. Ausfälle und Verzögerungen aller Art führten dazu, daß das Manuskript erst Anfang 2011, mit gut zweijährigem Rückstand auf den Zeitplan, in den Druck gehen konnte. Die Leidtragenden waren die pünktlichen Autoren. Einige von ihnen haben bis zuletzt aktualisierende Ergänzungen und Korrekturen nachgereicht, die ich dankbar eingearbeitet habe. Verlangen konnte und wollte ich solche Nachbesserungen nicht. So ist der Forschungsstand, auf den sich das Handbuch bezieht, nicht aufs Jahr genau einheitlich. Das sollte, zumal vor dem Hintergrund der langen Forschungsgeschichte, zu verschmerzen sein. Doch bin ich froh, daß es im hier sensibelsten Bereich:

dem Inventar der Handschriften, möglich war, die Mitteilungen noch auf den denkbar aktuellsten Stand – Juni 2011 – zu bringen.

Herzlich danke ich allen, die es möglich gemacht haben, daß das Handbuch nun vorliegt: den Autoren, deren Werk es ist; ganz besonders Heiko Hartmann, der es nicht nur angeregt und den schwierigen Entstehungsprozeß verständnisvoll und hilfreich begleitet hat, sondern auch mit einem umfangreichen Beitrag eingesprungen ist, als die Not am größten war; Birgitta Zeller und den Mitarbeitern des Verlags für die vorzügliche Zusammenarbeit bei der Drucklegung; nicht zuletzt meinen ehemaligen Mitarbeitern an der Philipps-Universität, ohne deren Hilfe ich die Aufgabe nicht hätte bewältigen können.

Gewidmet ist das Handbuch dem Andenken an Walter Haug und Christoph Gerhardt. Walter Haug hatte sich, Feuer und Flamme wie immer, spontan bereit erklärt, einen Beitrag zu verfassen, als ich ihn darum bat. Die schwere Krankheit, von der er wenig später erfuhr, hat es ihm nicht mehr erlaubt. Christoph Gerhardt, dessen Beitrag einmal mehr seine einzigartige Kenntnis der mittelalterlichen Text-Überlieferung bezeugt, ist wenige Wochen vor der Drucklegung das Opfer eines schrecklichen Unfalls geworden. Walter Haug und Christoph Gerhardt werden nicht vergessen sein, solange es Menschen gibt, denen die Literatur des Mittelalters, denen Wolfram von Eschenbach etwas bedeutet.

Marburg, im Juli 2011　　　　　　　　　　　　　　　　　Joachim Heinzle

Inhaltsverzeichnis

Band I: Autor, Werk, Wirkung

Vorwort	VII
Hinweise zur Benutzung	XV
Abkürzungsverzeichnis	XVII

A. Wolfram und seine Werke im Mittelalter
   (von Bernd Schirok) 1

B. Die Lieder (von Franz-Josef Holznagel) 83

C. Darstellungsmittel und Darstellungsformen in den
   erzählenden Werken (von Heiko Hartmann) 145

D. ‚Parzival' 221
   - I. Abriß der Handlung (von Joachim Heinzle) 223
   - II. Der Stoff: Vorgaben und Fortschreibungen
     (von Volker Mertens) 264
   - III. Überlieferung 308
   - III.1. Die Handschriften und die Entwicklung des Textes
     (von Bernd Schirok) 308
   - III.2. Die Bilderhandschriften und Bildzeugnisse
     (von Bernd Schirok) 335
   - IV. Themen und Motive (von Bernd Schirok) 366
   - V. Perspektiven der Interpretation (von Bernd Schirok) 411

E. ‚Titurel' 441
   - I. Abriß der Handlung (von Joachim Heinzle) 443
   - II. Der Stoff: Vorgaben und Transformationen
     (von Thomas Neukirchen) 446
   - III. Überlieferung 476

	III.1.	Die Handschriften und die Entwicklung des Textes (von Joachim Heinzle) 476
	III.2.	Bilderhandschriften des ‚Jüngeren Titurel' (von Dorothea und Peter Diemer)............... 484
	IV.	Perspektiven der Interpretation (von Thomas Neukirchen) 502

F. ‚Willehalm' 523
   I.   Abriß der Handlung (von Joachim Heinzle) 525
   II.   Der Stoff: Vorgaben und Fortschreibungen
       (von Thordis Hennings) 544
   III. Überlieferung 591
   III.1. Die Handschriften des ‚Willehalm' und seiner
       Fortsetzungen und die Entwicklung der Texte
       (von Christoph Gerhardt) 591
   III.2. Bilderhandschriften des ‚Willehalm'
       (von Dorothea und Peter Diemer) 637
   IV. Themen- und Motive (von Joachim Heinzle) 653
   V.   Perspektiven der Interpretation
       (von Fritz Peter Knapp) 676

G. Wolfram und seine Werke in der Neuzeit 703
   I.   Die Wiederentdeckung Wolframs und die Anfänge
       der Forschung (von Volker Mertens) 705
   II.   Wolframs ‚Parzival' in Wagners Bühnenweihspiel
       (von Peter Wapnewski) 742
   III. Parzival in der Literatur des 19. und 20. Jahrhunderts
       (von Ursula Schulze) 758
   IV. Parzival und Parsifal in der bildenden Kunst des
       19. und 20. Jahrhunderts (von Claudia Hattendorf) .. 798
   V.   Lokale und regionale Wolfram-Verehrung
       (von Hartmut Kugler) 816

Band II: Figuren-Lexikon, Beschreibendes Verzeichnis der Handschriften, Bibliographien, Register, Abbildungen

H. Figuren-Lexikon (von Elke Brüggen und Joachim Bumke) .. 835
   Anhang: Stammtafeln (von Joachim Heinzle) 939

I. Beschreibendes Verzeichnis der Handschriften
   (Wolfram und Wolfram-Fortsetzer) (von Klaus Klein) 941

J. Bibliographien (Wolfram und Wolfram-Fortsetzer) 1003
   I.   Bibliographie zu Wolfram von Eschenbach
        (1748–2008/2011) (von Joachim Heinzle unter Mit-
        wirkung von Renate Decke-Cornill) 1005
   II. Bibliographie zum ‚Jüngeren Titurel' (1807–2009)
        (von Thomas Neukirchen) 1307
   III. Bibliographie zu den ‚Willehalm'-Fortsetzungen
        1781–2007 (von Christoph Fasbender) 1335

Register 1347
   Forschungsregister 1349
   Handschriftenregister 1373

Abbildungen 1385

Hinweise zur Benutzung

Soweit nichts anderes vermerkt ist, werden die erzählenden Werke Wolframs nach folgenden Ausgaben zitiert:

Parzival: Wolfram von Eschenbach, Parzival. Studienausgabe. Mhd. Text nach der sechsten Ausgabe von Karl Lachmann. Übersetzung von Peter Knecht. Mit Einführungen zum Text der Lachmannschen Ausgabe und in Probleme der Parzival-Interpretation von Bernd Schirok, 2. Aufl., Berlin/New York 2003.

Titurel: Wolfram von Eschenbach, Titurel. Mit der gesamten Parallelüberlieferung des Jüngeren Titurel, kritisch hg., übers. und komm. von Joachim Bumke und Joachim Heinzle, Tübingen 2006.

Willehalm: Wolfram von Eschenbach, Willehalm. Nach der Handschrift 857 der Stiftsbibliothek St. Gallen. Mhd. Text, Übersetzung, Kommentar, hg. von Joachim Heinzle, mit den Miniaturen aus der Wolfenbütteler Handschrift und einem Aufsatz von Peter und Dorothea Diemer (Bibliothek des Mittelalters 9 = Bibliothek deutscher Klassiker 69), Frankfurt a.M. 1991.

Die Formen der Figurennamen schwanken von Ausgabe zu Ausgabe, von Werk zu Werk und z.T. auch innerhalb ein und desselben Werks. Sie sind im Handbuch nicht vereinheitlicht. In Zweifelsfällen gibt das Figuren-Lexikon (→ II, S. 835 ff.) Auskunft.

Abkürzungsverzeichnis

Das Abkürzungsverzeichnis schlüsselt die für Texte, Standardwerke der Forschung, Zeitschriften- und Reihentitel verwendeten Abkürzungen auf. Die wenigen Abkürzungen, die sonst im Handbuch gebraucht werden, sprechen für sich selbst.

AAWB	Abhandlungen der Königlichen Akademie der Wissenschaften zu Berlin. Philosophisch-historische Klasse.
ABäG	Amsterdamer Beiträge zur älteren Germanistik.
AfdA	Anzeiger für deutsches Altertum.
Al.	‚Aliscans'.
ArchStud	Archiv für das Studium der neueren Sprachen und Literaturen.
ASGW	Abhandlungen der Sächsischen Gesellschaft der Wissenschaften zu Leipzig. Philosophisch-historische Klasse.
ATB	Altdeutsche Textbibliothek.
AWLM	Akademie der Wissenschaften und der Literatur Mainz. Abhandlungen der geistes- und sozialwissenschaftlichen Klasse.
BBSIA	Bulletin bibliographique de la Société internationale arthurienne/Bibliographical Bulletin of the International Arthurian Society.
BDGNL	Bibliothek der gesammten deutschen National-Literatur.
Beitr.	Beiträge zur Geschichte der deutschen Sprache und Literatur.
BLVS	Bibliothek des Literarischen Vereins in Stuttgart.
BMZ	Georg Friedrich Benecke/Wilhelm Müller/Friedrich Zarncke, Mittelhochdeutsches Wörterbuch, 3 Bde., Leipzig 1854–1866.
BzN	Beiträge zur Namenforschung.
CCM	Cahiers de civilisation médiévale.
DLZ	Deutsche Literaturzeitung.
DTM	Deutsche Texte des Mittelalters.
dtv	Deutscher Taschenbuch Verlag.

DtVjs	Deutsche Vierteljahrsschrift für Literaturwissenschaft und Geistesgeschichte.
DU	Der Deutschunterricht.
EHS	Europäische Hochschulschriften.
EtGerm	Etudes germaniques.
FMSt	Frühmittelalterliche Studien.
GAG	Göppiger Arbeiten zur Germanistik.
GGA	Göttingische gelehrte Anzeigen.
GLL	German Life and Letters.
GQu	The German Quaterly.
GR	The Germanic Review.
GRM	Germanisch-romanische Monatsschrift.
HJbb	Heidelbergische Jahrbücher der Literatur.
HMS	Minnesinger. Deutsche Liederdichter des zwölften, dreizehnten und vierzehnten Jahrhunderts, aus allen bekannten Handschriften und früheren Drucken gesammelt und berichtigt [...] von Friedrich Heinrich von der Hagen, 5 Tle. in 4 Bdn., Leipzig 1838–1856 [Neudruck Aalen 1963].
IASL	Internationales Archiv für Sozialgeschichte der deutschen Literatur.
JbIG	Jahrbuch für Internationale Germanistik.
JbOsw	Jahrbuch der Oswald von Wolkenstein Gesellschaft.
JEGPh	The Journal of English and Germanic Philology.
JT	‚Jüngerer Titurel'.
KLD	Deutsche Liederdichter des 13. Jahrhunderts, hg. von Carl von Kraus, Bd. 1: Text, Bd. 2: Kommentar [bes. von Hugo Kuhn], Tübingen 1952–1958; 2. Aufl., 1978 [durchges. von Gisela Kornrumpf].
LeuvBijdr	Leuvense Bijdragen.
LiLi	Zeitschrift für Literaturwissenschaft und Linguistik.
Litbl.	Literaturblatt für germanische und romanische Philologie.
LwJb	Literaturwissenschaftliches Jahrbuch.
MF	Des Minnesangs Frühling, unter Benutzung der Ausgaben von Karl Lachmann und Moriz Haupt, Friedrich Vogt und Carl von Kraus bearb. von Hugo Moser/Helmut Tervooren, Bd. 1: Texte, Bd. 2: Editionsprinzipien, Melodien, Handschriften, Erläuterungen, 36. Aufl., Stuttgart 1977; 37. Aufl., 1982; 38. Aufl., 1988.

MGH	Monumenta Germaniae Historica.
DC	Deutsche Chroniken.
Poetae	Poetae Latini medii aevi.
SS	Scriptores.
MlatJb	Mittellateinisches Jahrbuch.
MLN	Modern Language Notes.
MLQu	Modern Language Quaterly
MLR	The Modern Language Review.
MMS	Münstersche Mittelalter-Schriften.
Monatshefte	Monatshefte für deutschen Unterricht, deutsche Sprache und deutsche Literatur.
MPL	Patrologiae cursus completus. Series latina, hg. von Jacques-Paul Migne, 221 Bde., Paris 1844ff.
MTU	Münchener Texte und Untersuchungen zur deutschen Literatur des Mittelalters.
NeuphilMitt	Neuphilologische Mitteilungen.
PhQu	Philological Quarterly.
PhStQu	Philologische Studien und Quellen.
PMLA	Publications of the Modern Language Association of America.
Pz.	‚Parzival'.
QuF	Quellen und Forschungen zur Sprach- und Kulturgeschichte der germanischen Völker [ab 1995: Quellen und Forschungen zur Literatur- und Kulturgeschichte].
SBBA	Sitzungsberichte der Bayerischen Akademie der Wissenschaften München. Philosophisch-historische [Philosophisch-philologische und historische] Klasse.
SBKA	Sitzungsberichte der Kaiserlichen Akademie der Wissenschaften Wien. Philosophisch-historische Klasse.
SBKBA	Sitzungsberichte der Königlich Bayerischen Akademie der Wissenschaften München. Philosophisch-historische Klasse.
SBÖA	Sitzungsberichte der Österreichischen Akademie [Kaiserlichen Akademie] der Wissenschaften Wien. Philosophisch-historische Klasse.
StLV	Bibliothek des Stuttgarter Litterarischen Vereins.
StudMed	Studi Medievali, 3ª Serie.
Tit.	‚Titurel'.
TTG	Texte und Textgeschichte.

VL	Die deutsche Literatur des Mittelalters. Verfasserlexikon, hg. von Wolfgang Stammler [ab Bd. 3: von Karl Langosch], 5 Bde., Berlin 1933–1955; 2. Aufl., hg. von Kurt Ruh [ab Bd. 9: von Burghart Wachinger] [u. a.], 14 Bde., Berlin/New York 1978–2008.
WdF	Wege der Forschung.
Wh.	‚Willehalm'.
ZfdA	Zeitschrift für deutsches Altertum und deutsche Literatur.
ZfdPh	Zeitschrift für deutsche Philologie.
ZfGerm	Zeitschrift für Germanistik.
ZfrPh	Zeitschrift für romanische Philologie.

A. Wolfram und seine Werke im Mittelalter

von Bernd Schirok

1. Historisch-biographische Grundlagen – 1.1 Selbstnennungen – 1.2 Orte – 1.3 Gönner – 1.4 Datierung – **2. Wolfram und die Literatur seiner Zeit** – 2.1 ‚Parzival' und ‚Titurel' – 2.2 ‚Willehalm' – **3. Wolfram-Bild und Wolfram-Nachfolge im Mittelalter** – 3.1 Der literaturtheoretische und literaturkritische Diskurs – 3.2 Ergänzungen und Bearbeitungen – 3.2.1 Ergänzungen und Bearbeitungen zum ‚Willehalm' – 3.2.2 Ergänzungen und Bearbeitungen zum ‚Parzival' und zum ‚Titurel' – 3.3 Wolfram-Berufungen und Figuren-Nennungen – 3.4 Wolfram-Zuschreibungen – 3.5 Wolfram als Teilnehmer am ‚Wartburgkrieg' – 3.6 Der Lügenvorwurf – 3.7 Wolfram-Exzerpte in Chroniken – 3.8 Ausblick – **4. Anhänge** – 4.1 Prätexte und intertextuelle Bezüge – 4.2 Wolframs Werke – 4.3 Nennungen Wolframs und seiner Werke

1. Historisch-biographische Grundlagen

1.1 Selbstnennungen

Wolfram nennt sich in seinen Werken insgesamt viermal namentlich, dreimal im Pz., einmal im Wh., jeweils in der selbstbewußten Formulierung *ich/mir Wolfram von Eschenbach* und vorwiegend an poetologisch bedeutsamen Stellen.

Die erste Nennung im Pz. findet sich in der sog. Selbstverteidigung am Ende der Gahmuret-Bücher bzw. am Beginn der Parzival-Handlung. Die Bezeichnung ‚Selbstverteidigung', die eine Rechtfertigungsfunktion unterstellt, ist freilich schief und außerdem viel zu eng für die facettenreiche poetologische Passage, in welcher der Erzähler sich einerseits gegenüber den Darstellungskonventionen des Minnesangs, andererseits gegenüber epischen Autoren, die auf ihre Gelehrsamkeit pochen, absetzt und ein Gegenprogramm formuliert.

Der Minnesang ist in den Augen des Erzählers eine paradoxe Gattung: Ein Tadel des Sängers gegenüber seiner Dame führe zur gruppensolidarischen Feindschaft aller Frauen, und das höchste Lob für seine Dame rufe eine ähnliche Ablehnung hervor, weil sich die anderen dadurch zurückgesetzt fühlten. Der Erzähler stilisiert sich dabei als betroffener Minnesänger, der sich durch Kritik an seiner Dame die Feindschaft auch der anderen Frauen zugezogen hat. Gleichwohl pocht er entschieden auf sein Recht zu wertender Beurteilung und auf seine Kompetenz, und er stellt seine Qualitäten als Minnesänger heraus: *ich bin Wolfram von Eschenbach,/unt kan ein teil mit sange* (Pz. 114,12 f.: „Ich bin Wolfram von Eschenbach und verstehe schon ein bißchen was vom Liedermachen"), was nach Johnsons ansprechender Vermutung (1999, S. 330) darauf hindeuten könnte, daß Wolfram den Auftrag zum Pz. seinen Erfolgen als Minnesänger verdankt.

Die Betonung seines Rittertums (*schildes ambet ist mîn art;* Pz. 115,11: „Ich bin ganz und gar Ritter") verbindet der Erzähler mit dem vermeintlichen Eingeständnis des Analphabetismus (*ine kan decheinen buochstap;* Pz. 115,27: „Von Buchstaben verstehe ich nichts"), das freilich, wie der aggressive Folgevers zeigt (*dâ nement genuoge ir urhap;* 115,28: „Es gibt schon genügend Leute, für die Buchstaben ihr ein und alles sind"), vor allem der Absetzung gegenüber anderen Autoren dient. Daß der Erzähler genau an der Stelle, an der Chrestiens Roman einsetzt, die Bemerkung plaziert *disiu âventiure/vert âne der buoche stiure* (Pz. 115,29 f.: „Diese Geschichte ist nicht von einem Buch abhängig"), ist als Hinweis an die Hörer zu interpretieren, daß nicht die Quelle das Entscheidende ist, sondern das, was der Erzähler auf der Grundlage seines ritterlichen Weltverständnisses daraus macht.

Die zweite Namensnennung (Pz. 185,7) steht innerhalb der Schilderung der Hungersnot in Pelrapeire. Bei ihm zu Hause, so der Erzähler (möglicherweise mit ernst oder spielerisch gemeinter Appellfunktion), herrschten ähnlich beklagenswerte Zustände.

Die dritte Nennung im Epilog des Romans ist wieder poetologisch höchst bedeutsam. Denn nachdem der Erzähler (Pz. 827,13: *ich Wolfram von Eschenbach*) Kyots richtige (827,4: *diu rehten maere*) und vollständige (827,5: *endehaft*) Version gegen Chrestien ausgespielt hat, läßt er den Provenzalen in der Versenkung verschwinden und reklamiert für sich genau das, was er soeben an Kyot hervorgehoben hatte, die richtige (827,16: *rehte*) und vollständige (827,28: *volsprochen*) Darstellung, und er schließt: *ist daz durh ein wîp geschehn,/diu muoz mir süezer worte jehn* (827,29 f.: „Wenn das für eine Frau geschehen ist, dann habe ich von ihr ein paar liebe Worte verdient"). Am Ende steht jedenfalls nur noch der Pz.-Erzähler auf der Bühne.

Mit der Namensnennung am Beginn des Wh. rekurriert der Erzähler einerseits selbstbewußt auf den Pz. als sein früheres Werk, andererseits verteidigt er sich gelassen gegen Kritik daran: *ich, Wolfram von Eschenbach,/swaz ich von Parzivâl gesprach,/des sîn âventiure mich wîste,/etslîch man daz prîste -/ir was ouch vil, die'z smaehten/unde baz ir rede waehten* (Wh. 4,19–24: „Was ich, Wolfram von Eschenbach, von Parzival erzählt habe, wie die Geschichte es von mir erforderte, das haben manche gelobt; es gab aber auch viele, die es kritisierten und ihre eigne Dichtung glänzender aufputzten"). Häufige Anspielungen im Wh. auf den Pz. unterstreichen die Verbindung.

1.2 Orte

Der Ort Eschenbach, nach dem Wolfram sich nennt, liegt ca. 14 km südöstlich von Ansbach und trägt seit 1917 den Namen Wolframs-Eschenbach (→ S. 825 ff.). Diese Lokalisierung beruht darauf, daß der Erzähler im Pz. und im Wh. Örtlichkeiten erwähnt, aus denen sich „ein beinahe rund geschlossenes Anspielungsgebiet" ergibt, „in dessen Mitte Wolframs-Eschenbach liegt" (Bumke, 2004, S. 2).

Die erste derartige Passage findet sich im IV. Buch des Pz. innerhalb der Schilderung der Hungersnot in Pelrapeire. Der Erzähler bemerkt: *mîn hêrre der grâf von Wertheim/waer ungern soldier dâ gewesn:/er möht ir soldes niht genesn* (184,4–6 nach Hs. D: „Mein Herr, der Graf von Wertheim, hätte dort nicht freiwillig im Sold gestanden; er hätte von ihrem Sold nicht leben können"). Dann wird die Beschreibung der jämmerlichen Zustände wiederaufgenommen. Es folgt die Bemerkung: *ein Trühendingaer phanne/mit kraphen selten dâ erschrei:/in was der selbe dôn enzwei* (184,24–26: „Eine Trühendinger Pfanne, in der Krapfen im heißen Fett aufzischen, gab's da nicht; das Geräusch kannten sie nicht"). Anschließend blendet der Erzähler um auf sich selbst: *dâ man mich hêrre heizet,/dâ heime in mîn selbes hûs* (184,30 f.), gehe es ähnlich ärmlich zu. Der Erzähler parallelisiert also seine eigenen Verhältnisse mit denen in Pelrapeire und kontrastiert beide mit dem anspruchsvollen Grafen Poppo (nach Hs. G) von Wertheim und den Zuständen in Trüdingen. Dabei wurde schon früh vermutet, daß es sich bei der *Trühendingaer phanne* um keine primäre Lokalanspielung handelt, sondern um einen Bezug „auf das Geschlecht derer v. Truhendingen" (Schreiber, 1922, S. 83; zu den Edelfreien und Grafen von Truhendingen vgl. Ruß, 1992). Zwar ermöglichen uns die Lokalanspielungen die Identifizierung von Wolframs Eschenbach, doch ist das natürlich nicht ihre eigentliche Funktion. Vielmehr muß eine (wie auch immer geartete) Beziehung zwischen Wolfram und dem Pz. einerseits und dem Grafen von Wertheim und den Herren von Trüdingen andererseits bestanden haben, wobei man vor dem Hintergrund des mittelalterlichen Literaturbetriebs am ehesten an Quellenvermittler und/oder Auftraggeber denken und die Lokalanspielungen somit als Gönnerzeugnisse interpretieren wird.

Im V. Buch folgt der Bezug auf den *anger z'Abenberc* (Pz. 227,13), der ebenso wie der Hof der Gralburg keine Spuren von Turnieren und höfischem Leben zeigt. Hintergrund ist, daß mit dem Tode Friedrichs von Abenberg, der zuletzt 1199 urkundet, das Geschlecht ausstirbt. Damit liegen die beiden eindeutig als Lokalanspielungen formulierten Bezugspunkte des IV. und V. Buches nicht weit von Wolframs-Eschenbach entfernt: Hohentrüdingen (dazu und zu Alten- und Wassertrüdingen vgl. Ruß 1992, S. 19–23) ca. 25 km südlich, Abenberg ca. 17 km östlich.

Kurz darauf heißt es bei der Schilderung der Feuerstellen und Feuer auf der Gralburg: *sô grôziu fiwer sît noch ê/ sach niemen hie ze Wildenberc:/jenz wâren kostenlîchiu werc* (Pz. 230,12–14: „So mächtige Feuer hat niemand jemals hier auf Wildenberg gesehen. Bei jenen auf der Gralburg hatte man an nichts gespart"). Umstritten ist, ob die geringen Distanzen der in den vorangehenden Anspielungen genannten Orte zu Wolframs-Eschenbach auf die Wildenberg-Nennung zu übertragen sind, ob also auch Wildenberg im unmittelbaren Umkreis von Wolframs-Eschenbach zu suchen ist. Diese Position vertrat Kurz (1930, S. 23, 250–253), der für Wehlenberg (ca. 8 km südlich von Wolframs-Eschenbach) plädierte, für das er als ältere Namenbelege Wildenbergen anführte. Steger ist ihm zunächst gefolgt (1971, S. 47; ebenso Schirok, 1982, S. 10–14) und glaubte dann später, als sich die Wildenbergen-Belege als dem 18. Jh. angehörig herausstellten, Wildenbergen (ca. 12 km nördlich von Abenberg) als Bezugspunkt wahrscheinlich machen zu können (Karte bei Steger, 1986, S. 3). Diese enge Fokussierung überzeugt mich heute nicht mehr. Vielmehr scheinen mir gute Argumente für die konkurrierende Annahme zu sprechen, die Stelle beziehe sich auf Wildenberg (südlich von Amorbach; → S. 830 f.).

Denn die Passage Pz. 230,6–14 stellt einen Vergleich zwischen den Feuerstellen und Feuern auf Munsalvaesche einerseits und denen auf Wildenberg andererseits dar (anders Kolb, 1986, der *hie ze Wildenberc* zum Subjekt des Satzes zieht). Der Sinn ist, die Kostbarkeit und Größe der Einrichtungen auf Munsalvaesche zu unterstreichen. Dächte man an „kleinere, einfache Feuer auf dem realen Wildenberg" und würde man sogar nicht ausschließen, daß diese sogar „unter Umständen (lächerlich) klein und einfach" sind (Steger, 1986, S. 27 f.), würden solche Annahmen das Ziel des Vergleichs gründlich konterkarieren. Nicht haltbar scheint mir auch der Versuch zu sein, Feuerstellen und Feuer zu trennen und den Vergleich nur auf die Größe der Feuer zu beziehen (Steger, 1986, S. 27). Schon Kurz (1930, S. 21) hatte die Szenerie von innen nach außen verlegt und an „Höhen- bzw. Signalfeuer auf Wildenberg" gedacht (ähnlich Steger, 1971, S. 47: „Bergfeuer im Freien"). Auch diese Annahme würde freilich den Vergleich in Schieflage bringen, weil Inkommensurables verglichen würde. Die Stelle setzt m. E. durchaus respektable Feuerstellen und Feuer auf Wildenberg voraus. Aufgrund entsprechender Überlegungen votierte Schreiber (1922, S. 39–43) für die Burg Wildenberg der Herren von Durne im Odenwald. Im Palas der Burg befand sich „ein gewaltiger Kamin", dessen Feuerfläche 9 m² groß war und die „von keinem erhaltenen Burgkamin der Hohenstaufenzeit übertroffen" wird (Hotz, 1963, S. 58 – s. Abb. 1). „Der Wildenberg-Palas gehört mit seinem unteren Saal notwendig zum Gründungsbau Ruprechts I. von Durne, also der Zeit zwischen 1168 und 1197, und dürfte als letzter Bau dieses Unternehmens an das Ende der 70er oder den Beginn der 80er Jahre gehören" (Hotz, 1963, S. 62). Daß Wolfram die Herren von Durne nicht namentlich genannt hat (Kurz, 1930, S. 23), erklärt Meves damit, daß die „Anspielung auf *Wildenberc*, das das Selbstbewußtsein der Herren von Durne am aktuellsten und nachdrücklichsten manifestierte, […] die unmittelbaren Rezipienten viel sprechender und unmittelbarer auf einen Gönner und seine Bestrebungen" hingewiesen habe, „als es die bloße Nennung des Namens der Herren von Durne je hätte tun können" (Meves, 1984, S. 125).

Nach Thüringen führt dann die Anspielung auf die Erfurter Weingärten im VII. Buch (Pz. 379,18 f.), die für die Datierung (unten 1.4) noch auszuwerten sein wird.

Im VIII. Buch finden sich zwei Anspielungen im Zusammenhang mit Antikonie, der Schwester des Königs Vergulaht (dazu Ziegeler, 2009). Sie wird zunächst mit der *marcgrâvin* verglichen, *diu dicke vonme Heitstein/ über al die marke schein./ wol im derz heinlîche an ir/ sol prüeven! des geloubet mir,/ der vindet kurzwîle dâ/ bezzer denne anderswâ* (Pz. 403,30–404,6: „die häufig vom Heitstein aus über das ganze Land erstrahlte. Glücklich, wer sie näher kennenlernen darf. Glaubt mit, der findet dort mehr Freude als anderswo"). Als Antikonie dann kämpfend Gawan zur Seite steht, bemerkt der Erzähler, sie sei so wehrhaft aufgetreten, *daz diu koufwîp ze Tolenstein/ an der vasnaht nie baz gestriten* (409,8 f.: „daß die Marktfrauen in Dollnstein an Fasnacht auch nicht besser kämpften"). Beide Vergleiche empfand Knapp (1988) als anzüglich und wollte daher die Stelle nicht (wie bis dahin üblich) auf Elisabeth von Vohburg, die Frau des 1204 verstorbenen Markgrafen Berthold II. von Vohburg, sondern auf Adela von Vohburg, die erste Frau Friedrich Barbarossas, beziehen. Sie wurde 1153 offiziell wegen zu naher Verwandtschaft von Friedrich geschieden, wobei (unberechtigte oder berechtigte) Gerüchte von einem Ehebruch Adelas sprachen, die kurz nach der Scheidung den Ministerialen Dietho von Ravensburg heiratete. Hätte Knapp recht, dann wäre die Markgräfin „aus der Liste der Gönnerzeugnisse zu streichen" (Bumke, 2004, S. 18).

Gegen Knapp sieht freilich Steppich (2000, S. 201) in der ersten Passage unter Verweis auf ein Lied Rigauts de Barbezieux „eine aufrichtig gemeinte Huldigung" und bezieht sie wieder auf Elisabeth von Vohburg, wobei mir am bedenkenswertesten der Hinweis erscheint, daß sonst stets aktuelle Bezüge eine Rolle spielen und nicht fünfzig Jahre zurückliegende, wie schon Knapp einschränkend anmerkte.

Bei 404,4f. differieren die Lesarten. Die Hs. D hat die Präteritum-Formen *solde* und *vant*, die anderen Hss. die Präsens-Formen *sol* und *vindet*, für welche sich Lachmann entscheidet. Die Präteritum-Formen legen (analog zu 404,2 *schein*) den primären Bezug auf die Markgräfin nahe, die Präsens-Formen den primären Bezug auf Antikonie. Doch ist nicht zu übersehen, daß durch den Vergleich sekundär auch die jeweils andere Person mit betroffen wird.

Von den im VIII. Buch direkt oder indirekt erwähnten Orten liegt der Haidstein ca. 150 km östlich, Vohburg ca. 85 km südöstlich und Dollnstein ca. 46 km südöstlich von Wolframs-Eschenbach. Dollnstein war „der Hauptsitz der Grafen von Hirschberg, die sich zeitweise nach Dollnstein nannten. [...] Zu Wolframs Zeit gehörten Ort und Schloß Dollnstein dem Grafen Gebhard von Dollnstein. Sein Bruder Hartwig von Dollnstein war Bischof von Eichstätt. Gebhard war Vogt des Domes und des Bistums Eichstätt und damit also weltlicher Schutzherr des Eichstättischen Besitzes, zu dem indirekt auch Pleinfelden und Eschenbach gehörten" (Steger, 1971, S. 46).

Im IX. Buch (Pz. 496,19–499,8) berichtet Trevrizent von seinen früheren Fahrten und nennt dabei eine Reihe von Örtlichkeiten in der Steiermark. Das deutet auf detaillierte Kenntnisse Wolframs hin, bleibt aber, sowohl was die Quelle als auch was die Funktion betrifft, rätselhaft (Knapp, 1988; Bumke, 2004, S. 241f.).

Die Ortserwähnungen im Wh. sind wie schon manche im Pz. weiträumig (z.B. Spessart und Schwarzwald). In den mehr oder weniger näheren Umkreis von Wolframs-Eschenbach führen *Nördelingen* (Wh. 295,16), *Berhartshûsen* (397,4; wohl Beratzhausen an der Laber) und *Virgunt* (390,2), womit nach BMZ der Wald zwischen Ellwangen und Ansbach gemeint ist (vgl. aber Maurer/Rupp, 1974, I, S. 25).

Für Wolframs-Eschenbach als Bezugsort spricht auch, daß Albrecht, der Autor des ‚Jüngeren Titurel', Wolfram als *friunt von Blienfelde(n)* (608,4; 5087,1; 5295,1; Verfasserbruchstück 4,2) und Jakob Püterich von Reichertshausen ihn als *von Eschenbach und Pleienfelden* (‚Ehrenbrief', Str. 127) tituliert (→ S. 818, 832). Pleinfeld liegt ca. 23 km südöstlich von Wolframs-Eschenbach.

1.3 Gönner

In der Gönnerfrage zieht Bumke einen aufschlußreichen Vergleich: „Heinrich von Veldeke und Rudolf von Ems haben offenbar ihre ersten Förderer und Auftraggeber im Umkreis ihrer engeren Heimat gefunden und sind erst später an die großen Höfe gelangt. Es ist möglich, daß es sich mit Wolfram ebenso verhielt." Die oben erwähnten Namen „könnten einen Gönnerkreis bezeugen, der die Anfänge der Parzivaldichtung gefördert hat." Insgesamt freilich sei dieser „fränkisch-bayerische Gönnerkreis eine unsichere Größe, auf der sich keine poetische Biographie errichten läßt" (Bumke, 2004, S. 15 und 19). Weiterführend dürften die Untersuchungen von Meves sein, der den Verbindungen der in Frage stehenden Adligen nachgegangen ist: „Allein in Urkunden Kaiser Heinrichs VI. aus den Jahren 1192–1195 finden wir die Herren von Durne, die Grafen von Wertheim und Graf Friedrich von Abenberg achtmal zusammen als Zeugen" (Meves, 1984, S. 121 und 138, Anm. 105). Darunter sind übrigens auch zweimal *Gebehardus comes de Tollenstein* (beide: 1192 Juni 9), einmal *Fridericus de Truhendingen* (1192 Juli 8) und einmal *Hermannus lancravius Thuringie* (1195 Oktober 24).

Im Hinblick auf die Wertheimer, Abenberger und Durner erwägt Keppler (2002, S. 266) „ein gemeinsames Mäzenat dieser Dynastien". Meves hat zudem erneut (Schreiber, 1922, S. 46; Bertau, 1973, S. 793) darauf hingewiesen, daß eine Urkunde Heinrichs VI. vom 21. September 1190 als Zeugen neben Philipp von Flandern, dem Auftraggeber Chrestiens für den ‚Perveval', Graf Poppo von Wertheim und Rupert von Durne anführt (Meves, 1984, S. 116). Damit deutet sich möglicherweise der Weg an, auf dem Wolfram an seine Vorlage gekommen sein könnte.

Für den Wh. läßt sich die Frage der Vermittlung sehr viel sicherer beantworten. Im Prolog heißt es: *lantgrâve von Düringen Herman / tet mir diz maere von im* [Willehalm] *bekant* (Wh. 3,8 f.). „Daß Hermann" nicht nur der Quellenvermittler, sondern „auch der Auftraggeber des ‚Willehalm' war, kann als wahrscheinlich gelten" (Bumke, 2004, S. 13).

Von Hermann von Thüringen war schon im VI. Buch des Pz. die Rede. Dort verteidigt der Erzähler zunächst Keie, der entgegen verbreiteter Meinung keineswegs ein *ribbalt* (Pz. 296,18: „Rabauke") sei, sondern *getriwe und ellenthaft ein man* (296,22: „ein loyaler und tapferer Gefolgsmann") und für Artus unentbehrlich, weil *vremder liute vil* an den Hof kommen, *die werden unt die smaehen* (296,26 f.: „die einen ehrenhaft, die anderen verächtlich"); *er tet vil rûhes willen schîn / ze scherme dem hêrren sîn: / partierre und valsche diet, / von den werden er die schiet* (297,7–10: „er führte sich barsch auf, um seinen Herrn abzuschirmen; Lügner und Betrüger schied er scharf von den Ehrenwerten"). Dann fährt der Erzähler fort: *von Dürngen fürste Herman,/etslîch dîn ingesinde ich maz,/daz ûzgesinde hieze baz./dir waere och eines Keien nôt,/sît wâriu milte dir gebôt/sô manecvalten anehanc,/etswâ smaelîch gedranc/unt etswâ werdez dringen* (297,16–23: „Von Thüringen Fürst Hermann, in deinem Hofstaat habe ich viele gesehen, die besser nicht dazu gehörten. Du könntest einen Keie gut gebrauchen, weil deine bekannte Großzügigkeit dir ein gemischtes Gefolge beschert hat, das sich zu dir drängt, hier die Schurken und da die Ehrenhaften"). Der Artushof und der Hof des Landgrafen werden also parallelisiert. Daher scheint die Interpretation der Stelle als „eine im Grunde hohe Wertschätzung" des Landgrafenhofes insgesamt überzeugend (Mettke, 1989, S. 5 f.; anders Steger, 1971, S. 48–50; vgl. Strohschneider, 2002). Die Formulierungen deuten jedenfalls auf einen Aufenthalt Wolframs am Thüringer Hof hin.

1.4 Datierung

Zeitlich gibt es für Wolframs Werk zwei Fixpunkte. Im VII. Buch des Pz. wird im Zusammenhang der Kämpfe vor Bearosche eine Parallele gezogen: *Erffurter wîngarte giht/von treten noch der selben nôt* (379,18 f.: „Die Weingärten um Erfurt weisen von Tritten noch entsprechende Verwüstungen auf"). Die Passage bezieht sich auf die Auseinandersetzungen zwischen Philipp von Schwaben und Hermann von Thüringen, in deren Verlauf Philipp 1203 von Hermann und seinen Verbündeten in Erfurt belagert wurde. Die noch sichtbaren Verwüstungen der Erfurter Weingärten (vorsichtig Bumke, 2004, S. 20) deuten auf eine zeitnahe Abfassung der Stelle hin. „Spätherbst 1204 oder Anfang 1205" dürfte wahrscheinlich sein (Mettke, 1989, S. 7 f.; Übersicht über die Datierungsvorschläge bei Zimmermann, 1974, S. 253–256). Im VIII. Buch des Wh. (417,22–26, d. h. ca. 50 Dreißiger vor dem Abbruch) und im Tit. (76a) wird auf Hermann von Thüringen in Formulierungen Bezug genommen, die darauf schließen lassen, daß sie erst nach seinem Tode (1217) entstanden sind.

2. Wolfram und die Literatur seiner Zeit

2.1 ‚Parzival' und ‚Titurel'

Hauptquelle des Pz. ist der ‚Perceval' des französischen Autors Chrestien de Troyes, der sich für sein Werk auf eine schriftliche Quelle (‚Perceval' 67: *livre*) beruft, die ihm sein Auftraggeber, Graf Philipp von Flandern († 1191), vermittelt habe. Chrestiens Roman setzt mit der Ritterbegegnung Percevals ein (entspricht etwa Pz. 120,11), enthält also keine Geschichte der Eltern, und er bricht unvollendet mit der Ankunft von Gauvains Boten am Artushof ab (entspricht etwa Pz. 644,22). Wolfram ergänzt seine Vorlage um die Elterngeschichte, bringt das Geschehen zum Abschluß und kommt so auf 24 810 Verse (in Lachmanns Ausgabe). Die Partie, die inhaltlich Chrestiens Roman entspricht und dort 9234 Verse einnimmt, umfaßt bei Wolfram etwa 15 732 Verse. Das zeigt, daß Wolfram auch die Chrestiens ‚Perceval' entsprechenden Bereiche stark erweitert; so enthält z. B. das IX. Buch bei ihm 2100 Verse (Pz. 433,1–502,30), denen in der Vorlage nur gut 300 Verse gegenüberstehen (‚Perceval' 6217–6518).

Wolfram bezieht sich im Pz. auf Literatur seiner Zeit (Überblick bei Bumke, 2004, S. 237–247) in zwei unterschiedlichen Formen. Zum einen stellt er durch die namentliche Anführung von Autoren (Hartmann von Aue, Heinrich von Veldeke, Walther von der Vogelweide – Zusammenstellung bei Schirok, 1982, S. 26; Nellmann, 1994, Bd. 2, Register) oder Figuren (aus Eilhart von Oberg, dem ‚Nibelungenlied' und der Dietrichsage) Bezüge zu literarischen Texten her, die für den Rezipienten erkennbar sind und die er z. T. in seine Interpretation einbeziehen soll. Wenn etwa Jeschute von Orilus als Schwester Erecs bezeichnet wird (Pz. 134,6 f.), dann sind die Paare Orilus-Jeschute und Erec-Enite parallelisiert und Jeschute büßt gewissermaßen stellvertretend für das ungerechte Verhalten ihres Bruders gegenüber Enite. In anderen Fällen wird die Spielfläche des Romans ausgedehnt, indem Ereignisse des ‚Erec' in die Biographie von Figuren des Pz. eingebaut werden. So sind zwei der Söhne des Gurnemanz im Kampf gegen Iders bzw. Mabonagrin getötet worden, gegen die Erec seinen ersten und seinen letzten Kampf bestreitet (Pz. 178,11–26). Parzivals Vater Gahmuret erhält seine eigene Geschichte, in der auch (im Turnier von Kanvoleis) andere Vertreter der Vätergeneration auftreten, und zwar die des eigenen Romans (z. B. Brandelidelin [Pz. 67,17] oder Gurnemanz [Pz. 68,22]) und die anderer Romane (z. B. Erecs Vater Lac [Pz. 73,22] oder Tristans Vater Riwalin

[Pz. 73,14]). Anspruchsvoll ist der Bezug auf Reinmar ohne Namensnennung über ein Zitat (Pz. 115,6: *mat*; MF 159,9 = [36]MF X,1,9 = Ausg. Schweikle, XI,1,9), wobei es freilich weniger um die Person Reinmars als um die Formulierung übersteigerten Frauenpreises geht. Die genaue Erinnerung der Rezipienten an eine bestimmte Szene des Eneasromans (8525–8717) ist Voraussetzung zum Verständnis der Rede von Liddamus an Kingrimursel: *welt irz sîn hêr Turnus,/sô lât mich sîn hêr Tranzes* (Pz. 419,12 f.: „Wenn ihr den Herrn Turnus spielen wollt, dann überlaßt mir die Rolle des Herrn Tranzes").

Zum anderen legt Wolfram bestimmten Einzelheiten seiner Darstellung verdeckt literarische oder nicht-literarische Texte zugrunde, die der ‚normale' Rezipient kaum erkennen wird (vgl. dazu außer den bereits genannten Texten Nellmann, 1994, Bd. 2, Register unter: Brandanlegende, Brief des Priesterkönigs Johannes, Kaiserchronik, Rolandslied, Roman de Thèbes, Straßburger Alexander, Wiener Genesis). Aus dem literarischen Bereich hat zuletzt Nellmann (1996) die Indizien zusammengetragen und durch neue ergänzt, die darauf hindeuten, daß Wolfram Chrestiens ‚Erec et Enide' (Orilus-Erec), ‚Lancelot' (Meljacanz) und ‚Cligès' (Clias) gekannt und verwertet hat. Eine weitere literarische Quelle war offenbar der ‚Roman de Brut' des Anglonormannen Wace (Lot von Norwegen, Funktion der Tafelrunde). Steppich (2000, S. 193–200) plädiert zusätzlich für den Bezug Wolframs auf ein Lied des Trobadors Rigaut de Barbezieux (s. o.).

Die nicht-literarischen Quellen des Pz. (Sachtexte) werden unten (S. 394 ff.) in dem Abschnitt ‚Wissen' des Kapitels ‚Themen und Motive' behandelt.

Wolframs Tit. nimmt eine Nebenhandlung des Pz. wieder auf. Bei Chrestien trifft Perceval nach seinem Besuch auf der Gralburg auf eine trauernde Dame, die ihren toten *ami* in den Armen hält, dem ein Ritter den Kopf abgeschlagen hat. Ein Grund für den Kampf wird nicht genannt. Die Dame ist, wie sich herausstellt, Percevals *cousine* (‚Perceval' 3428 ff.).

Im Pz. hatte Wolfram aus diesem einen Zusammentreffen vier Begegnungen gemacht, welche als in die Haupthandlung integrierte Einzelszenen die leidvolle Geschichte Sigunes und Schionatulanders schildern. Im III. Buch trifft der Protagonist auf Sigune, die ihren gerade von Orilus getöteten Freund im Schoß hält und Parzival die Situation mit den für ihn wie für den Hörer rätselhaften Worten erklärt, eine Hundeleine (*ein bracken seil*) habe Schionatulander ins Unglück gestürzt (141,16). Wegen der Beiläufigkeit dieser Bemerkung, die innerhalb des Pz. unerklärt bleibt, vermuten Mohr und Ruh: „Es wird eine solche Geschichte, als höfisches Märe, gegeben haben, und sie dürfte Wolframs Publikum bekannt gewesen sein" (Ruh, 1989, S. 502; vgl. Mohr, 1978, S. 123). Im V. Buch begegnet Parzival der auf einer Linde sitzenden Sigune mit dem einbalsamierten Toten in ihren Armen (249,11 ff.). Im IX. Buch trifft er sie in ihrer Klause am Sarg Schionatulanders (435,19 ff.). Im XVI. Buch schließlich findet er sie dort tot und bestattet sie im Sarg des Freundes (804,21 ff.).

Im Tit. hat Wolfram später die Sigune-Handlung des Pz. wieder aufgegriffen und durch zwei zeitlich vorausgehende strophische Partien ergänzt. Die erste (längere) schildert (einsetzend mit der Geschichte der Gralfamilie) die Entstehung der Liebe zwischen Sigune und Schionatulander, die zweite (kürzere) skizziert den Gewinn und Verlust der mit einer Inschrift versehenen Hundeleine, deren Wiederbeschaffung Sigune von ihrem Freund fordert. Die beiden Partien schließen inhaltlich nicht aneinander an, die zweite endet mit Schionatulanders Aufbruch zur Suche nach der Leine, reicht also nicht bis zu seinem Tod, den die erste Pz.-Szene voraussetzt.

2.2 ‚Willehalm'

Hauptvorlage Wolframs für den Wh. ist das französische Heldenepos (Chanson de geste) ‚Aliscans', das zu dem Zyklus gehört, der sich um die Person des historischen Grafen Wilhelm von Toulouse (Guillaume d'Orange) rankt (Bumke, 2004, S. 375 f.; zum Zyklus Becker, 1896 und 1939; Krauß, 1981; Hennings, 2008; → S. 548 ff.). Wolframs Quelle war offenbar eine Version, die der Hs. M (Venezia Marciana fr. VIII [= 252]) aus dem 14. Jh. nahesteht (Ausg. Holtus, 1985; englische Übersetzung von ‚Aliscans' Newth, 1992; Vergleich Humphreys, 1999, und Bumke, 2004). Allerdings enthält der Wh. eine Reihe von Handlungselementen, die nicht in ‚Aliscans', wohl aber in anderen Texten des Zyklus enthalten sind. So weist Willehalm darauf hin, daß der König seine Macht ihm und seiner Unterstützung gegen die Fürsten verdanke (Wh. 159,6 ff. und ‚Le Couronnement de Louis'). Vom Erzähler bzw. den Figuren werden Einzelheiten der Eroberung von Nîmes (Wh. 298,14 ff. und ‚Le Charroi de Nîmes') und Willehalms Gefangenschaft und Befreiung durch Arabel erwähnt (Wh. 192,6 f.; 220,14 ff.; 294,1 ff.; 298,16 ff. und ‚La Prise d'Orange'). Die Darstellungen der Gefangenschaft im Wh. und in ‚La Prise d'Orange' weichen sehr stark voneinander ab, auffällig ist aber, daß die Verse Wh. 298,14 ff. die Eroberung von Nîmes und die Gefangenschaft so eng zusammenrücken, wie es der Aufeinanderfolge von ‚Le Charroi de Nîmes' und ‚La Prise d'Orange' entspricht. Willehalms Vorwurf gegen seine königliche Schwester, sie habe mit Tibalt ein ehebrecherisches Verhältnis gehabt, basiert auf einer entsprechenden Passage der ‚Chanson de Guillaume', wo es zwei Personen namens Tedbald gibt, einen Grafen von Bourges, auf den sich Guillaumes Anschuldigung bezieht, und einen heidnischen König, der nicht gemeint ist. Entweder enthielt die M-Version von ‚Aliscans' auf einer früheren Stufe diese Bestandteile oder Wolfram ergänzte seine Vorlage aus der Kenntnis anderer Epen des Zyklus.

Viele erwähnte Personen, Orte, Gegenstände oder Handlungszüge stammen aus dem ‚Rolandslied' des Pfaffen Konrad (Ashcroft, 2002, Übersicht dort S. 42 f.; Gerok-Reiter, 2002). Gleich zu Beginn stellt der Erzähler die Verbindung zu Karl her, wenn er über Willehalm sagt: *âne den keiser Karlen nie/ sô werder Franzoiser wart erborn* (Wh. 3,30 f.: „Abgesehen von Kaiser Karl wurde nie ein so edler und angesehener Franzose geboren"). Später wird eine verwandtschaftliche Beziehung zwischen Karls Gegner Baligan und Willehalms Gegner Terramer hergestellt: Baligans Bruder Kanabeus ist der Vater Terramers (Wh. 108,12–15; 320,4 f.). Ganz entsprechend bezeichnet der Stricker (‚Karl' 12192–12198) die Auseinandersetzung zwischen *Ludewîc und Terramêr* als Fortsetzung des Kampfs zwischen Karl und Baligan in der nächsten Generation, wobei die Wolframsche Namensform *Terramêr* gegenüber *Desramé* in ‚Aliscans' beweist, daß der Stricker sich auf Wolfram bezieht. Zwei Hss. haben diese Vorstellung der Zusammengehörigkeit im Überlieferungsverband ‚Karl' – ‚Willehalm' konkretisiert (St. Gallen, Stiftsbibliothek, Cod. 857; Hamburg, Staats- und Universitätsbibliothek, Cod. germ. 19).

Zahlreich sind die Bezüge auf den Pz., als dessen Autor sich der Erzähler einführt (Wh. 4,19–24; Volfing, 2002). Als Anfortas noch im Glück lebte, hätte alles, was er besaß, die Verluste Willehalms nicht aufwiegen können (279,13–29); das bewirke nun aber Giburgs Liebe (280,5 f.). Von Giburg heißt es, daß sie Willehalms Wunden behandelt, wie man sich um Anfortas nicht aufmerksamer bemüht hat (99,29 f.). Willehalms Schwester vergleicht ihr Unglück mit dem des Anfortas (167,4–9). Rennewart entspricht hinsichtlich seiner Schönheit, seiner Stärke und seiner *tumpheit* Parzival (271,15–26), seine Schönheit wird mit der des Anfortas nach dessen Heilung verglichen (283,26–30). Mehrfach werden Feirefiz' Ruhm, die Kostbarkeit seiner Ausrüstung und sein Waffenschmuck hervorgehoben (45,15–19; 54,28–55,6; 125,24–30;

248,29–249,1), einmal wird sein Wappentier *ezidemôn* genannt (379,26 f.). Punktuelle Bezüge finden sich auf Gahmurets Begräbnis (73,19–74,2) und seine Enterbung (243,10 f.) sowie auf Gawan und Litmarveile (403,18–21). Das Artuslager am Plimizoel (356,8 f.) wird erwähnt und der Schmied Trebuchet (356,21). Als Ländernamen aus dem Pz. erscheinen Oraste Gentesin (22,20; 255,18; 266,24; 341,16; 362,21), Gaheviez (348,25; 467,3), Jan(e)fuse (349,19; 387,19) und Azagouc (350,25; 392,17).

Als Autoren werden Heinrich von Veldeke (Wh. 76,25), Walther von der Vogelweide (286,19: *herre Vogelweide von brâten sanc*) und Neidhart (312,12) genannt. An zwei Stellen wird auf Figuren der Heldenepik Bezug genommen (Gillespie, 1989): auf Etzel, Ermenrich und Witege (384,20–30) sowie auf Hildebrand und Ute (439,16–19).

Bemerkenswert ist der Herrscherkatalog im II. Buch (Wh. 74,3 ff.). Wolfram kombiniert hier offensichtlich die Namen der Könige, die er in ‚Aliscans' vorfindet, mit Ländernamen, die er aus Gerhards von Cremona lateinischer Übersetzung der Klimatafeln des al-Farġānī, in einem Fall aus den Toledanischen Tafeln bezieht (Kunitzsch, 1974).

3. Wolfram-Bild und Wolfram-Nachfolge im Mittelalter

Wenn man die Zeugnisse für das Wolfram-Bild und die Wolfram-Nachfolge im Mittelalter nicht einfach chronologisch reihen will, sondern thematisch zu ordnen versucht, um Zusammenhänge aufzuzeigen, so zeichnen sich sieben Komplexe ab, von denen die Punkte 2 und 3, 4 und 5 sowie 6 und 7 enger zusammengehören und Punkt 1 gleichsam die Grundlage bildet:
1. Innerhalb des literaturtheoretischen und literaturkritischen Diskurses entwickelt Wolfram sein Programm und positioniert sich vor allem gegenüber den zeitgenössischen Autoren. Spätere nehmen den Diskurs wieder auf.
2. Zahlreich sind die Beispiele von Ergänzungen und Bearbeitungen, die fortsetzend, erweiternd oder kürzend, erklärend oder formal verändernd an Wolframs Werke anknüpfen, wobei auch immer Verbindungen zum literaturtheoretischen Diskurs in kritischen oder affirmativen Tendenzen faßbar werden. Innerhalb der Ergänzungen lassen sich notwendige (Wh.-Schluß), nachvollziehbar wünschenswerte (z. B. Wh.-Vorgeschichte) und konstruierte (z. B. Vernetzungen mit der Parzival-Genealogie) unterscheiden.

3. Sehr häufig sind Wolfram-Berufungen und Bezüge auf Figuren seiner Werke. Die Figurenbezüge sind hier in der Regel Erwähnungen oder Vergleiche, während im vorangehenden Punkt die Figuren in der Regel handelnd auftreten oder als handelnd gedacht sind. Da in einigen der unter Punkt 2 zu besprechenden Texte der Eindruck erweckt wird, Wolfram sei der Verfasser, führt das bei den späteren Zeugnissen manchmal zu Unsicherheiten, ob sich eine Wolfram-Nennung oder eine Figuren-Erwähnung auf Wolfram und den Pz. oder z.B. auf Albrecht und den ‚Jüngeren Titurel' bezieht, von den verschiedenen Willehalmen/Wilhelmen ganz abgesehen (Huschenbett, 1962, S. 84 und 97; vgl. ‚Friedrich von Schwaben' 4822 ff.).

4. Die Bekanntheit Wolframs und die Verbreitung seiner Werke sowie Verfasser-Fiktionen wie im ‚Jüngeren Titurel' dürften der Anlaß gewesen sein, ihm weitere Texte zuzuschreiben und damit das epische Œuvre zu ‚vergrößern' (eine frühe Erklärung bei Adelung, 1784, S. 14 f.).

5. Eine gattungsmäßige ‚Erweiterung' seines Tätigkeitsfeldes in den Bereich der Sangspruchdichtung erfährt Wolfram im ‚Wartburgkrieg', der ihn als Teilnehmer zeigt. Seine literaturtheoretische Position wird hier aufgenommen und modifiziert und prägt so die spätere langlebige Vorstellung vom Meistersinger Wolfram.

6. Eine Art Seitenzweig des literaturtheoretischen Diskurses ist der immer wieder von theologisch oder historisch ausgerichteten Autoren erhobene Vorwurf der Lügenhaftigkeit gegenüber fiktionaler Literatur.

7. Als Reaktion auf den Vorwurf der Lügenhaftigkeit könnte man den literaturtheoretisch nicht uninteressanten Fall sehen, daß theologisch oder historisch zu verstehende Partien aus dem Pz. und dem Wh. in Chroniken übernommen werden, wobei in einer Art Gegenbewegung Exzerpte aus Chroniken in Ergänzungen von Wolframs Werken eingebaut werden.

3.1 Der literaturtheoretische und literaturkritische Diskurs

Literaturtheorie und Literaturkritik sind im Mittelalter keine eigenen Bereiche außerhalb der Literatur, sondern werden an bevorzugten Stellen (Prologe, sog. Exkurse, Epiloge) innerhalb der literarischen Texte diskutiert (zum ganzen Komplex grundlegend Haug, 1992). Wolfram konkretisiert in Auseinandersetzung mit der Literatur seiner Zeit seine literaturtheoretische Position und prägt so sein Bild, mit dem sich zeitgenössische und spätere Autoren überwiegend zustimmend, im Einzelfall auch kritisch auseinandersetzen.

Chrestien de Troyes hatte im Prolog zu ‚Erec et Enide' angekündigt, er werde aus der Geschichte (*conte d'avanture*) eine sehr schöne *conjointure* („Verbindung") herausholen, während Leute, die mit dem (mündlichen) Erzählen ihren Lebensunterhalt bestreiten, eben dieselbe Geschichte „zu verstümmeln und zu verderben pflegen" (,Erec et Enide' 9–22; Übersetzung Haug, 1992, S. 100–105). Während hier offenbar der mündlichen Unverbindlichkeit die gesicherte (wohl auch strukturierte) Schriftlichkeit entgegengesetzt wird, ist das im ‚Lancelot' gebrauchte Begriffspaar *matiere* und *san* (,Lancelot' 26) damit zwar nicht identisch, weil allgemeiner, aber doch unter dieselben Kategorien subsumierbar. Und wiederum darauf bezogen (wenn auch auf anderer Ebene) stehen die Begriffe *chevalerie* und *clergie* im ‚Cligès' (31 f.; vgl. Haug, 1992, S. 108–118).

Hartmann von Aue knüpft an die beiden Begriffe *chevalerie* und *clergie* an, wenn er sich im ‚Iwein' als *ritter, der gelêret was*, bezeichnet. Aber auch die Opposition von bloßem Geschehen und literarischer Gestaltung spielt am Beginn des ‚Iwein' eine Rolle, wenn die *maere* den *werc* übergeordnet werden (Schirok, 1999).

Wolfram weist Buchgelehrsamkeit geradezu allergisch von sich und stilisiert sich prononciert als Ritter. Nicht ein Gelehrter, sondern ein Ritter ist nach seinem Verständnis der kompetente Gestalter einer ritterlichen Erzählung.

Gottfried von Straßburg spricht im Literaturexkurs seines ‚Tristan' Hartmann den Dichterkranz zu und polemisiert gegen einen namentlich nicht genannten Autor, den er als *des hasen geselle* bezeichnet (Schirok, 2004). Damit ‚zitiert' er gewissermaßen Wolfram, der im Pz.-Prolog das Unverständnis der *tumben* seiner Geschichte gegenüber mit den Irritationen, die von einem hakenschlagenden Hasen ausgehen, gleichgesetzt hatte. Und wenn es zutrifft, daß der Pz.-Erzähler Hartmanns schlichtere Darstellung, an welche die Hörer gewöhnt sind, für das Unverständnis gegenüber seiner komplexeren Erzählweise verantwortlich macht (Schirok, 1986, S. 120–122; zustimmend Haug, 1992, S. 163), dann hätte Gottfried diese Spitze verstanden und als Hartmann-Lob retourniert: *swer guote rede ze guote/und ouch ze rehte kan verstân,/der muoz dem Ouwaere lân/sîn schapel und sîn lôrzwî* (,Tristan' 4634–4637: „Jeder, der einer guten Erzählung gutes und rechtes Verständnis entgegenbringt, der muß dem von Aue seinen Kranz und seinen Lorbeer lassen"). Von ‚Leuten vom Schlage Wolframs' (um die pejorative Pluralisierung beizubehalten) heißt es dagegen: *die selben wildenaere/si müezen tiutaere/mit ir maeren lâzen gân:/wirn mugen ir da nach niht verstân,/als man si hoeret unde siht;/son hân wir ouch der muoze niht,/daz wir die glôse suochen/in den swarzen buochen*

(4683–4690: „Diese Leute ohne klare Linie müssen ihre Geschichten von Kommentatoren begleiten lassen; wir können sie beim bloßen Hören oder Lesen nicht verstehen; und wir haben weder Zeit noch Lust, in irgendwelchen obskuren Zauberbüchern nach Erklärungen zu suchen"). Bemerkenswert ist, daß Gottfried Wolfram offenbar durchaus Bücherkenntnis unterstellt, wenn auch als Vertrautheit mit unseriösen und höchst anrüchigen Texten (→ S. 212).

Anders als Gottfried urteilt Wirnt von Grafenberg uneingeschränkt positiv über Wolfram, was freilich ein partiell anderes Konzept nicht ausschließt (Thomas, 2005 [a] [b]). Der ‚Wigalois'-Erzähler kontrastiert die häßliche Ruel u. a. mit Jeschute, an der nichts war, *swaz vrouwen lîbe ie missezam* („was zur Erscheinung einer Frau nicht gepaßt hätte"). Und er fährt fort: *daz lop gît ir her Wolfram, / ein wîse man von Eschenbach; / sîn herze ist ganzes sinnes dach; / leien munt nie baz gesprach* (‚Wigalois' 6343 ff.: „Das rühmt an ihr Herr Wolfram, jener weise Mann von Eschenbach; sein Herz umschließt vollkommene Einsicht; nie hat ein Laie besser erzählt"). Dieses Votum erhält sentenzartige Gültigkeit und ist in der Folgezeit häufig wiederholt worden (Beispiele bei Ragotzky, 1971, S. 38, Anm. 1; vgl. Knapp, 2009). Froben Christoph von Zimmern charakterisiert es als *kurzen spruch, als ob es sein epitafium het sein sollen* (Chronik der Grafen von Zimmern, II, S. 194,22 ff.).

Im Wh. reagiert Wolfram dann gelassen und relativierend auf Kritik, und das heißt auf Gottfried, den er ebenso pluralisiert wie dieser ihn pluralisiert hatte: *ich, Wolfram von Eschenbach, / swaz ich von Parzivâl gesprach, / des sîn âventiure mich wîste, / etslîch man daz prîste - / ir was ouch vil, die 'z smaehten / unde baz ir rede waehten* (Wh. 4,19–24; Übersetzung o. S. 3; zu den Verständnismöglichkeiten von Wh. 4,24 vgl. Heinzle, 1991, S. 826).

Etwas später fügt Rudolf von Ems in seinen ‚Alexander' und seinen ‚Willehalm von Orlens' Literaturkataloge nach dem Vorbild Gottfrieds von Straßburg ein (v. Ertzdorff, 1967, S. 124–159, 394–414). Den Beginn bildet jeweils Heinrich von Veldeke, und danach folgt das Trio Hartmann von Aue, Wolfram von Eschenbach, Gottfried von Straßburg. Die beiden Kataloge unterscheiden sich grundsätzlich dadurch, daß im ‚Alexander' auf die Eigenheiten der besprochenen Autoren eingegangen wird (tabellarische Übersicht bei Schirok, 1982, S. 78). Heinrich von Veldeke ist derjenige, *der rehter rîme alrêst began* (‚Alexander' 3114: „der als erster reine Reime schrieb"). Hartmann, Wolfram und Gottfried beurteilt Rudolf positiv, was sie verbindet, ist jedoch recht allgemein (*güete* und *kunst*). Die höchste Wertschätzung erfährt Gottfried. Wolframs Eigenheiten werden durchaus treffend beschrieben: *starc, in mange wîs ge-*

bogn, / wilde, guot und spaehe, / mit vremden sprüchen waehe und *mit wilden âventiuren* („Alexander' 3130–3135: „kräftig, manchen Bogen schlagend, unbändig, gut und seltsam, mit ungewohnten Formulierungen geschmückt und mit abenteuerlichen Geschichten"). Im Gegensatz dazu benennt der ‚Willehalm von Orlens'-Katalog die Werke der Autoren ohne nähere Charakterisierung. Wolfram ist der, welcher *wol ze maister schefte sprach / Von Parzifalis manhait, / Und wie nach hohem prise strait / Sante Wilhelmis leben* (‚Willehalm von Orlens' 2179 ff.: „der in vollendeter Weise von Parzivals mannhaft tapferem Wesen erzählte und davon, wie der heilige Willehalm in seinem Leben um hohen Ruhm kämpfte").

Volle Harmonie scheint dann bei Konrad von Stoffeln im ‚Gauriel von Muntabel' zu bestehen, wenn *meister Gotfrit und her Wolfram / und von Ouwe her Hartman* nebeneinander gestellt werden (‚Gauriel' 29 f.). Doch sind damit nur scheinbar alle Unterschiede eingeebnet, denn die Feststellung bezieht sich lediglich darauf, daß die Genannten von allen Rittern des Königs Artus berichtet haben, wobei nur Gauriel vergessen worden sei. Was Gottfried betrifft, wird sich die Bemerkung auf eine der Fortsetzungen beziehen, in denen die Artusritter auftreten (zu Artus in den Tristanromanen Mertens, 1998, S. 250–261).

3.2 Ergänzungen und Bearbeitungen

Ein von seinem Autor nicht zu Ende geführter Roman kann für einen späteren Autor Anreiz sein, die Geschichte fortzusetzen und zu einem Abschluß zu bringen. Der Einsatz einer Erzählung kann von einem späteren Autor als unbefriedigend empfunden werden und ihn zu einer Überarbeitung veranlassen. Ein Handlungsabschnitt kann als zu knapp und daher als erweiterungsbedürftig eingestuft werden. Ein bestimmter Handlungsteil kann vom Autor selbst oder einem Nachfolger in einem neuen Text wiederaufgenommen, weiterentwickelt oder korrigiert werden. Alle diese Fälle lassen sich an Wolfram exemplifizieren. Er vollendet den fragmentarischen ‚Perceval' und versieht ihn außerdem zu Beginn mit einer umfangreichen Elterngeschichte. Der Aufenthalt beim Einsiedler wird von Wolfram gegenüber Chrestien auf den siebenfachen Umfang gebracht. Die vier in den Pz. integrierten Sigune-Szenen werden in einem eigenständigen strophischen Werk, dem Tit., um zwei Szenen erweitert.

Die schon am Pz. zu beobachtenden Fälle kehren in den Ergänzungen von Wolframs Werken durch spätere Autoren wieder und werden um einige andere Varianten erweitert.

3.2.1 Ergänzungen und Bearbeitungen zum ‚Willehalm'

Wolframs Wh. bricht unvollendet ab (→ S. 543). Ulrich von Türheim verfaßt nach 1243 eine Fortsetzung (‚Rennewart'), welche auf Bestandteilen des Zyklus (‚Bataille d'Aliscans', ‚Bataille Loquifer' [in geringerem Maße], ‚Moniage Rainouart', ‚Moniage Guillaume') basiert (→ S. 558 ff.). Wenn man mit Bumke Wolframs Konzeption dahingehend charakterisiert, ‚Aliscans' aus dem Zyklus der Wilhelmsepen zu lösen und „aus der Branche eine in sich geschlossene und aus sich selbst verständliche Dichtung zu machen", dann wird deutlich, daß Ulrich mit der Reintegration in den Zyklus diese Konzeption konterkariert (Bumke, 1959, S. 12 f.). Obwohl Ulrich mit dem Zitat von Wh. 467,8 = ‚Rennewart' 168 (*sus rumte er* [= Matribleiz] *Provenzalen lant;* „so verließ er das Land der Provenzalen") den Eindruck erweckt, direkt an Wolfram anzuschließen, verändert er Wolframs Konstellation (bzw. muß er sie verändern), indem er den dort bereits zu Schiff entkommenen Terramer (Wh. 443,13–30) quasi wieder ans Land zurückbeordert und in eine aggressive Begegnung mit Rennewart verwickelt, wobei Terramer Rache für seine Niederlage ankündigt (424–426). Damit sind die Ansatzpunkte für das Folgegeschehen markiert. Zum einen wird auf Rennewart fokussiert, dessen weiterer Weg schon bei Wolfram vorgezeichnet war (Alize), zum anderen ist mit Terramers Drohung das „tendenziell unabschließbare Repetitionsschema" (Strohschneider, ²VL 10 [1999], Sp. 36) des Konflikts angedeutet. Beide Stränge werden nun sich steigernd ineinander verflochten.

Rennewart heiratet Alize, die Tochter des Königs Lois. Während ihrer Schwangerschaft kommt es zu einem ersten (bzw., Wolframs Wh. mitgerechnet, zweiten) Angriff der Heiden, der klimatisch durch einen plötzlichen Kälteeinbruch beendet wird. Alize stirbt bei der Geburt ihres Sohnes, der auf den Namen Mal(e)fer getauft wird. Malefer wird wie früher sein Vater Rennewart von Kaufleuten entführt und gelangt in das Land seines Großvaters Terramer, der das Kind den Entführern abkauft. Terramer und Tibalt planen, sich mit Hilfe des riesenhaften Malefer, wenn der das entsprechende Alter erreicht hat, an Willehalm und Rennewart zu rächen. Bei diesem Feldzug der Heiden gegen die Christen kommt es zum Kampf zwischen Rennewart und Malefer, wobei der Vater dem Sohn seine Herkunft und seine Zugehörigkeit zum christlichen Glauben eröffnet. Malefer veranlaßt daraufhin viele Heiden, zum Christentum überzutreten. Damit ist der Vorstoß der Heiden erneut gescheitert. Bald bereitet Terramer jedoch wieder einen Angriff vor. Die Christen bieten alle Kräfte auf und schlagen Terramer zurück, der seine vierte Niederlage einräumen muß (24562 ff.; 25136 ff.). Aber erst als Terramer von Malefer in seinem eigenen Land besiegt wird und ihm der Eid abgenötigt werden kann, nicht mehr gegen Willehalm vorzugehen (28406 ff.), scheint sich eine endgültige Lösung abzuzeichnen. Hinzu kommt, daß Terramer nicht mehr als fanatischer Gegner der Christen auftritt. Er rät sogar seinem

Sohn Passiguweis zur Taufe und scheint selbst dagegen nicht abgeneigt, glaubt aber, daß es dafür zu spät sei: *ob ich der jare waer ein kint,/ als, lieber sun, du bist,/ich wolte gehaben mich an Crist./ nu habent mich mine apgot/ so lange gehabt in ir gebot/ daz ich in nit mag entrinnen* (28820–28825: „Wenn ich so jung wäre wie du, mein lieber Sohn, dann würde ich mich zu Christus bekehren. Nun habe ich aber meinen Heidengöttern so lange gedient, daß es dafür zu spät ist und ich ihnen nicht mehr entkommen kann"; vgl. vorher 28601ff. und 28714ff.). Zwar greifen die Heiden ein weiteres Mal unter Terramers Sohn Matribuleiz (!) Paris an, doch wendet sich ihr Anführer schon zur Flucht, als er hört, daß der in der Zwischenzeit ins Kloster eingetretene und nun reaktivierte Willehalm sich zum Kampf bereit macht. Damit kommen die Auseinandersetzungen zu einem endgültigen Stillstand.

Über die dem Wh. vorausgehenden Ereignisse (Gefangenschaft Willehalms, Liebe zu Tibalts Frau Arabel, gemeinsame Flucht, Taufe Arabels auf den Namen Giburg und Heirat) finden sich in Wolframs Roman nur knappe Andeutungen (Wh. 7,27–9,23; 192,6–9; 220,14–30; 293,28–294,30), die Ulrich von dem Türlin in den 60er oder 70er Jahren des 13. Jh.s zur Abfassung einer Vorgeschichte (,Arabel') veranlaßten, weil Wolfram die *materi vns vil enge* [...] *hat betvtet* (,Arabel' 4,6f.: „den Stoff überaus knapp dargeboten hat"). Offensichtlich hat er dabei nur Wolframs Andeutungen verarbeitet, also nicht auf den Zyklus zurückgegriffen, der in ,La Prise d'Orange' Gefangenschaft, Begegnung mit Arabel (Orable) und Befreiung in dem von den Heiden besetzten Oranse spielen läßt. Die Reimpaarfortsetzung des Textes, der sonst in 31ern mit abschließendem Dreireim verfaßt ist, stellt die Verbindung zum Beginn von Wolframs Roman über ein Zitat her (,Arabel'-Fortsetzung 598 = Wh. 12,30: *Gîburge süeze wart in sûr*; „Giburgs Süße wurde ihnen bitter").

Die Vorgeschichte und die Fortsetzung liefen in der Forschung zunächst wie Wolframs Roman unter dem Titel ,Willehalm'. Mit den Ausgaben von Schröder (1982–1993; 1999) und Hübner (1938) haben sich die Bezeichnungen ,Arabel' und ,Rennewart' durchgesetzt, die nicht nur eine bessere Unterscheidung erleichtern, sondern auch den Vorteil haben, daß es wieder nur noch einen ,Willehalm' gibt. Ob die beiden Ulriche mit dieser Titel-Differenzierung einverstanden gewesen wären, kann man bezweifeln, weil sie ja gerade durch die Zitat-Anschlüsse die Zusammengehörigkeit unterstreichen. Ulrich von Türheim bezeichnet Willehalm zudem explizit als *dizz bûches herre* (,Rennewart' 26051) und sieht Wolframs und seinen eigenen Text als Einheit: *Von Eschenbach her Wolfram/ und ich von Turkeim Ulrich/ han sin* [Willehalms] *warez lop vil rich/ mit worten geseit so vil/ daz ez mizzet für daz zil* (36478–36482: „Herr Wolfram von Eschenbach und ich, Ulrich von Türheim, haben Willehalms wahrhaft glänzenden Ruhm so ausführlich geschildert, wie es angemessen ist"). Aus der Sicht der beiden Fortsetzer wäre also der einheitliche Titel ‚Willehalm' für die drei Texte sinnvoll, der auch der vorwiegend gemeinsamen Tradierung Rechnung trüge (so Gerhardt, 2007, S. 268), denn der Wh. ist in der Regel (bei acht von zwölf vollständigen Hss.) mit der ‚Arabel' und dem ‚Rennewart' überliefert. Bei den Fragmenten ist in fünf Fällen ebenfalls die gemeinsame Überlieferung aller drei Texte gesichert, in drei Fällen gehören ‚Willehalm'- und ‚Arabel'-Fragmente kodikologisch zusammen, in zwei Fällen ‚Willehalm'- und ‚Rennewart'-Fragmente (K. K. Klein, 1998, S. 484–486; Manuwald, 2008, S. 80, vermutet auch für die letzten fünf Fälle ursprünglich vollständige Zyklen; zur Überlieferung des Wh. mit Heinrichs von Hesler ‚Evangelium Nicodemi' Burmeister, 1998). Allerdings dürfte eine solche erneute Zyklisierung nicht Wolframs Intentionen entsprechen, da es ihm ja um die Lösung des Wh. aus dem Zyklus gegangen war.

Auch Püterich von Reichertshausen hat das Werk als Trilogie gelesen: *sant Wilhelbms puech das ander* gilt ihm als Werk Wolframs, während er *Das erst und auch das letste / sant Wilhalbms puecher zwei* gleichermaßen *Ulrich von Türnheimb* zuschreibt (‚Ehrenbrief' 101 f.).

Die ‚Leipziger Arabel', eine alemannische Bearbeitung von Ulrichs von dem Türlin Roman (Fassung *A), komprimiert die 10 584 Verse der Vorlage durch die Streichung von Versen und Verspartien auf 2617 Verse, also auf ca. ein Viertel. Der entscheidende Anreiz für die Kürzung dürfte darin liegen, daß im Ausgangstext die Gefangenschaft Willehalms und seine Flucht mit Arabel zweimal erzählt werden, zum einen als Geschehen (‚Arabel' 62,1–194,4), zum anderen als Bericht Willehalms nach seiner Rückkehr (229,25–242,15). Der Bearbeiter streicht die Darstellung des Geschehens und bemerkt an der entsprechenden Stelle, er wolle die Geschichte *nu lazen hie. / an dem ander blat vernement ir, / wavon ich ez hie enbir. / jo würdez zwiront gshriben: / davon ist ez hie beliben* (‚Leipziger Arabel' 499–503: „An anderer Stelle erfahrt ihr es, weshalb ich es hier übergehe. Sonst würde es zweimal geschildert; daher ist es hier ausgespart"). In Willehalms Bericht sind zwei kleinere Passagen aus der ersten Partie (‚Arabel' 136,5–138,26 und 162,6–165,3) integriert. Am Beginn verdichtet der Bearbeiter die Darstellung der Enterbung der Söhne Heimrichs, indem er statt Ulrich der komprimierteren Schilderung in Wolframs Wh. folgt. Bei der Aufstellung der Heere kürzt er mit dem Argument: *ob ich si nu alle nande, / so würde der rede gar ze vil. / davon ich ez lasen wil* (‚Leipziger Arabel' 382–384: „Wenn ich die alle nennen würde, dann würde die Geschichte zu umfangreich; deshalb lasse ich es").

Eine instruktive Übersicht über die Eingriffe des Bearbeiters gibt die Konkordanz von Kurzfassung und Vorlage bei Schröder (1981 [a], S. XIX–XXVII), nach dessen Zählung der Bearbeiter von „den 345 Einunddreißigern in Singers Ausgabe nach der Heidelberger Handschrift A [...] 200 restlos kassiert" hat (S. XXVII).

In der 2. Hälfte des 15. Jh.s wird die Gesamt-Trilogie gekürzt und in Prosa umgearbeitet (‚Hystoria von dem wirdigen ritter sant Wilhelm';

Ausgabe Deifuß, 2005). Dabei sind teilweise die Reime in der Prosa erhalten geblieben (z. B. ‚Arabel' 87,30 f. – ‚Hystoria' 221,22). Die Proportionen zwischen den drei Texten sind in etwa gewahrt (‚Arabel' 116ra–132rb; ‚Willehalm' 132rb–148vb; ‚Rennewart' 148vb–202vb).

Eine durchgängige Tendenz der ‚Hystoria' ist es, die Rolle der Liebe zu eliminieren. So ist im ‚Arabel'-Teil der Grund, warum die Königin nach Tibalts Aufbruch Wilhelm (Willehalm) holen läßt, einzig und allein der, daß sie über *die wort* nachgedacht hat, *die er gerett* [„geredet"] *hat von sin ein got, wie gros vnd wie starck der wer* (221,33 f.). Die erste Liebesnacht von Arabel und Wilhelm ist gestrichen, wobei freilich Arabels der Gattung des Tagelieds verpflichtetes Drängen zum Aufbruch am Morgen (*Ich spúr an dem lufft, das es beginnet tagen*) stehen geblieben ist, aber auf die Einschiffung bezogen und damit begründet wird, daß Arabel *nit gern bý heitrem tag ʒe erst vff daz mer* kommt (225,16 f.; dazu Deifuß, 2005, S. 121). Im ‚Willehalm'-Teil sind die beiden Liebesszenen zwischen Kiburg und Wilhelm (Wh. 99,8 ff.; 279,30 ff.; dazu Deifuß, 2005, S. 132) auf ein *Do vmbvieng si in* (237,16) reduziert bzw. ganz gestrichen. Entsprechend spielt im ‚Rennewart'-Teil die Liebe im Verhältnis von Malefer und Pantisilla (Penthesilea) keine Rolle (306,2–18; 309,24–310,13; Deifuß, 2005, S. 160 f.).

Uneinheitlich ist die Darstellung der Heiden. Im ‚Arabel'- und im ‚Willehalm'-Teil dominiert eine Schwarz-Weiß-Zeichnung von Heiden und Christen. Der ‚Rennewart'-Teil weist entsprechend seiner Versvorlage (Westphal-Schmidt, 1979, S. 144) ein differenzierteres Heidenbild auf. Terramers Taufbereitschaft, die schon in Ulrichs von Türheim ‚Rennewart' deutlich ist, wird in der ‚Hystoria' zur tatsächlichen Bekehrung weiterentwickelt, wobei nur Tibalt ausgenommen bleibt: *Do nun kúng Terramere vnd alle sin sún bekert wurden zú cristenem glóben, do wart kúng Thibalt nie bekert, wonn er wolt sich nit lausen* [„lassen"] *bekeren* (317,26 f.).

Bei der Doppelung von Darstellung der Gefangenschaft und Willehalms Bericht davon in Ulrichs von dem Türlin ‚Arabel' verfährt die ‚Hystoria' umgekehrt wie die ‚Leipziger Arabel': Die Geschehensdarstellung ist belassen, der Bericht kurz zusammengefaßt: *Vnd do wurdent acht tag vertriben mit grosen fröiden vnd kurcʒwil vnd in den acht tagen seit der marcgräff Wilhelmus alle ding, wie es jm ergangen was in den núnthalben iåren, wie jm die kúngin worden was vnd wie frúntlich im der burggråff getån håt* (232,11–15: „Und da wurden acht Tage in großer Freude und mit Vergnügungen zugebracht, und in den acht Tagen erzählte der Markgraf Willehalm im einzelnen, wie es ihm in den achteinhalb Jahren ergangen war, wie er die Königin für sich gewonnen und der Burggraf ihn freundlich behandelt hatte"). Ausführliche Kampfdarstellungen werden im ‚Willehalm'-Teil mit entsprechendem Hinweis gekürzt: *Also kament die heiden mit einer schar vnd ward ein semlich striten, das da von vil ʒe schriben wer, das wir vnderwegen lånd durch der kúrcʒi willen* (251,21–23: „So kamen die Heiden mit einer Truppe, und es entstand ein solcher Kampf, daß darüber viel zu schreiben wäre, was wir aber um der Kürze willen lassen"). Wenige Zeilen später heißt es: *Waʒ Rennuart wunnders vnd mannlicheit begangen habe, davon wer vil ʒe sagen, das man vnderwegen låt durch der kúrcʒung willen* (251,30–32: „Was für Wunder Rennewart bewirkt und was für tapfere Taten er vollbrachte, darüber gäbe es viel zu berichten, das man aber um der Kürze willen übergeht"; vgl. im ‚Rennewart'-Teil 307,24–26). Auch zeremonielle Breite wird gerafft (233,12–28.).

3.2.2 Ergänzungen und Bearbeitungen zum ‚Parzival' und zum ‚Titurel'

„Die *Crône* [Heinrichs von dem Türlin] setzt sich vor allem mit Wolframs *Parzival* auseinander" und macht „die Exponierung des Grals rückgängig: der Gral wird ‚rearthurisiert', indem er zum Abenteuer des besten Artusritters Gawein wird" (Mertens, 1998, S. 186; → S. 283 ff.). Dazu übernimmt Gawein neben seiner eigenen Rolle auch die Parzivals. Chrestiens und Wolframs zwei Protagonisten verschmelzen partiell zu einem.

Nachdem Amurfina Gaweins *amye* und er ihr *amys* geworden sind (8845; 8897), erhält Gawein eine Blutstropfenszene (9193 ff.). Später besucht er, ohne daß das von vornherein klar wäre, die Gralburg, ohne eine Frage zu stellen (14576 ff.). Ab 17521 ff. (bei Wolfram Bearosche) und 18680 ff. (Schanpfanzun) entspricht die Handlung den Pz.-Büchern VII und VIII. Wie bei Wolfram, wenn auch mit anderer Begründung, verspricht Gawein, die Lanze und den Gral zu suchen (18913 ff.).

Zwischen diesem Versprechen und der Begegnung mit Lohenis von Rahaz (19351 ff.; Urjans), also zwischen Wolframs Büchern VIII und X fungiert Gawein als durch Verheißung angekündigter Retter eines Landes (19295 ff.), das wegen seiner *hochfart* (19257) von Gott gestraft worden war. Schon die Tatsache, daß diese Episode dort positioniert ist, wo im Pz. das IX. Buch steht, hätte davor warnen sollen, darin „ein gleichgültiges und überflüssiges Abenteuer Gaweins" zu sehen (Golther, 1925, S. 220). Von der Stellung wie von der Thematik (zu *hôchvart – diemuot* vgl. Pz. 472,13; 473,4; 478,30 ff.) bestätigt sich hier erneut die Übernahme der Parzival-Rolle durch Gawein.

Die folgende Handlung entspricht weitgehend Wolframs Büchern X–XIV: Begegnung mit Lohenis von Rahaz (Urjans) und mit dem Fährmann Karadas (Plippalinot), Erlösung von Castel Salye (Schastel marveile), wo sich Artus' Mutter Igern (Arnive), Artus' Schwester = Gaweins Mutter Orcades (Sangive) und Gaweins Schwester Clarisanz (Itonje) befinden, Zusammentreffen mit Gyremelantz (Gramoflanz), der Clarisanz liebt, Zweikampfvereinbarung in zwölf Tagen zwischen Gawein und Gyremelantz, Botschaft an den Artushof, Ankunft des Hofes und Verhinderung des Zweikampfes durch Artus. Bei Wolfram hatten die Gawan-Aventüren der Bücher VII–VIII und X–XIII zwei verbindende Klammern: das Thema Minne und Dienst sowie das Thema Konflikt und Konfliktlösung (Kampfentscheidung in Buch VII, Vereinbarung in Buch VIII, Aussöhnung in Buch XIV). Beide sind in der ‚Crône' nicht oder kaum konturiert (zum Aufbau und der Verklammerung der Aventüreketten Cormeau, 1977, S. 155–165 und 253–258).

Es bleibt als letzte Aventüre der Gral. Gawein kommt zur Gralburg und fragt seinen Gastgeber, *Was dise grosz herschafft/ Vnd das wonder betüte* (29436 f.: „was diese große Herrlichkeit und das Wunder bedeute"). Daraufhin bricht Jubel aus. Die Frage freilich bleibt praktisch unbeantwortet, der Burgherr erklärt: *Es ist der grale, den du siehest./ […]/ Von dem grale würt dir nit me gesagt,/ Wann als du hast gesehen,/ Vnd so vil, daz geschehen/ Von der vrage grosze freude müsz,/ Den ires kumbers würt büsz,/ Den si lang zijt haben erlitten/ Vnd vil kaume hant erbitten,/ Das sie da von sint erlost* (29469; 29476–29483: „Was du siehst, das ist der Gral. […] Über den Gral wird dir nicht mehr gesagt, als was du schon gesehen hast, und außerdem noch, daß aufgrund der Frage denen große Freude zuteil werden wird, die von ihrer Not befreit werden, die sie lange Zeit erlitten haben, und die es gar nicht mehr erwartet haben, davon erlöst zu werden"). Das gibt noch einmal Gelegenheit, Gawein mit Parzival zu kontrastieren, der auch beim Gral war, aber als ein *zage* die Frage nicht zu stellen wagte (29484–29493). *Nach diser rede so zü hant/Dirre altherre so verswant/Vor sinen augen vnd dem grale/Vnd mit yme zü dem selben male/Dis gesinde über al,/Das vor yme was vf dem sal,/Wanne die frauwe vnd ir meide* (29605–29611: „Nach diesen Worten verschwand der alte Herr vor seinen [Gaweins] Augen und dem Gral und gleichzeitig mit ihm die ganze Gesellschaft, die bei ihm im Saal gewesen war, mit Ausnahme der Dame [der Gralträgerin] und ihrer Jungfrauen"). Die Erlösung des *altherren* und seines *gesindes* ist also eine Erlösung zum Tode. Gawein erwachsen daraus keine Verpflichtungen (Gralkönigtum), und der Gral bleibt in der Obhut der Frauen, aber seine Zukunft wird programmatisch im Vagen gelassen.

Man kann die ‚Crône' gegenüber dem Pz. als Korrektur interpretieren, wie in anderer Weise der ‚Garel vom Blühenden Tal' des Pleier den ‚Daniel vom Blühenden Tal' des Stricker im Hinblick auf die Gattungsnormen des Artusromans korrigiert (Kern, 1981, S. 158–164). Mertens (1998, S. 186, 215) gebraucht für beide Fälle den Begriff der „Re-Arthurisierung".

Heinrich von dem Türlin stellt in einer Vielzahl von Fällen intertextuelle Bezüge zum Pz. (und anderen Romanen) her (Cormeau, 1977, S. 165–229; zum Pz. S. 189–198), wobei er bisweilen originellen Witz zeigt, wenn er etwa Wolfram vorwirft, Parzival aus der Furchen ziehenden Rodungstätigkeit herausgenommen und damit seiner Bestimmung, die im Namen zum Ausdruck kommt, entfremdet zu haben: *Wan ‚parce' sprichet durch,/‚Val' ein tal oder ein furch* (6390 f.: „Denn ‚parce' bedeutet [im Französischen] ‚durch', und ‚val' bedeutet ‚Tal' oder ‚Furche'" [vgl. Pz. 140,15–19; 140,18: *furch*]).

Einen kurzen rehabilitierenden Auftritt bekommt Parzival im ‚Daniel von dem Blühenden Tal' des Stricker. Gegen Ende raubt ein Riese König Artus, schleppt ihn zu einem hohen Berg und setzt ihn in schwindelnder Höhe an einer Stelle ab, an der jeder Abstiegsversuch tödlich enden muß. Viele Ritter wollen gegen den Riesen antreten, doch dieser bringt sie in ein Dilemma, indem er fragt, *wâ der beste sî* (7146). Da die höfische Etikette Selbstlob verbietet und die Benennung eines anderen für diesen den Tod bedeuten kann, breitet sich Lähmung aus. In dieser Situation ist es Parzival, der sich keineswegs „unüberlegt" (Mertens, 1998, S. 212), sondern sehr bewußt über die Etikette (*zuht*; 7176) hinwegsetzt und sich als den *tiursten* (7180) bezeichnet. Das bedeutet zwar noch nicht die Lösung, hebt aber die lähmende Erstarrung auf und weist dem Protagonisten Daniel den Weg zu erfolgreichem Eingreifen, das wieder auf der überlegenen *list* beruht (Kern, 1974; Wennerhold, 2005, S. 160, Anm. 202).

Auch für den ‚Wigamur' sieht Mertens den Pz. als Bezugstext, da er sich „über weite Strecken als eine *Parzival*-Kontrafaktur im Sinne der Idealität und der ‚arthurischen Korrektheit' des Helden" erweise (Mertens, 1998, S. 249). Ausschlaggebend für dieses forcierte Votum sind Figurenauftritte (Gandin, Gahmuret, Schwester der Herzogin von Logroys), Schauplatzentsprechungen (Pelrapeire) und Handlungsparallelen (vgl. Register bei Busch, 2009). Trotz deutlicher Pz.-Bezüge ist aber nach Brunners vorsichtig formuliertem Urteil der Roman „vor allem im Zusammenhang mit dem ‚Lanzelet' Ulrichs von Zatzikhoven zu beurteilen, der hier bis zu einem gewissen Grad gleichsam korrigiert wird" (Brunner, ²VL 10 [1999], Sp. 1062).

Die klassischen und die späten Artusromane plazieren an bestimmten Stellen einen Kampf, der für den Helden von besonderer Bedeutung ist. Im ‚Erec' erhält der Protagonist am Ende mit Mabonagrin einen Gegner, dessen gesellschaftliche Isolation Erecs eigener früherer Lage in Karnant entspricht. Erecs Sieg bedeutet also eine spezifisch auf ihn zugeschnittene Bestätigung. Im ‚Iwein' erfolgt die Bestätigung über einen unspezifischeren Kampf mit Gawein, der keine Entscheidung bringt, aber gerade so die Gleichwertigkeit des Protagonisten mit dem Repräsentanten der Artusrunde dokumentiert. Auch im Pz. unterliegt Gawan Parzival nicht, wenngleich er am Rande einer Niederlage steht. Soweit der späte Artusroman einen Helden ohne Krise als Protagonisten einführt, liegt es nahe, den Bestätigungskampf an den Beginn zu verlegen. So kämpft in Strickers ‚Daniel von dem Blühenden Tal' der Protagonist gegen Gawein, Iwein und Parzival, ohne daß es zu einer Entscheidung käme. Tandareis besiegt im Roman des Pleier viele Artusritter, vermeidet aber einen Kampf mit Gawein bewußt. Konrad von Stoffeln geht in seinem ‚Gauriel von Muntabel' einen Schritt weiter und läßt den Protagonisten auch Gawein besiegen. Das Ende des Artusromans markiert dann der ‚Antelan', dessen Titelheld ein Zwerg ist, der Parzival, Gawan und einen weiteren Ritter namens Galleman besiegt, aber die Einladung an den Hof dankend ablehnt und davonreitet (Harms, 2009). Nach 33 vierzeiligen Strophen ist der ‚Roman' zu Ende, bevor er begonnen hat.

Die Existenz der beiden Episoden von Wolframs Tit. (→ S. 10 f.) konnte als Eingeständnis ihres Autors gedeutet werden, daß die erste Sigune-Szene des Pz. aus sich heraus kaum verständlich und daher erklärungsbedürftig sei (Nyholm, 1984, S. 135 f.). Das betraf keineswegs nur das mysteriöse *bracken seil* (Pz. 141,16), sondern ebenso etwa Sigunes Kindheit bei Herzeloyde (141,13), Schionatulanders Dienst für Sigune (141,11 f.) oder sein Verhältnis zu Parzival (141,2). Es gibt im Pz. eine Reihe von Stellen, an denen man, wenn man wollte, Fragen nach den Hintergründen stellen könnte. Was z. B. hat es mit Parzivals und Feirefiz' Kämpfen auf sich, die in den Gegnerkatalogen nur geronnen resümiert werden? Was geschieht mit Loherangrin, nachdem er Brabant verlassen hat, und vor allem, welche Rolle spielen Indien und der Priester Johannes, die am Ende erwähnt werden? Hier am offenen Schluß (Bumke, 1991) läßt der Erzähler des ‚Jüngeren Titurel' *die merke richen* mit ihrer Kritik ansetzen (5989: „die Literaturkundigen" [Neukirchen, 2006, S. 269]).

Die beiden Tit.-Fragmente Wolframs sind gegen Ende des 13. Jh.s von einem Autor namens Albrecht in ein umfangreiches Werk von 6327 Strophen integriert worden (‚Jüngerer Titurel' [JT], ca. 45 000 Reimpaarverse; Mertens, 1998, S. 263; → S. 291 ff., 466 ff.), das den „Entwurf einer vollständigen Geschichte des Gralsgeschlechts" darstellt (Ragotzky, 1971, S. 108). Die Romanhandlung setzt mit der umfassenden Genealogie der Gralfamilie ein (über Titurel hinaus bis zu dem Trojaner Senabor von Kapadoze [JT 98]) und endet mit der Überführung des Grals nach Indien. Als Held der Geschichte wird zunächst Tschinotulander bezeichnet (vgl. Tit. 39,4), danach geht diese Rolle an Parzifal über (JT 5130 ff.). Die Bedeutung Tschinotulanders wird noch einmal in Str. 5752 (hier gegenüber Gamuret und Parzifal) hervorgehoben.

Die Bearbeitungstechnik Albrechts sei hier exemplarisch an einem Ausschnitt demonstriert. Parzivals Geburt wird in Wolframs Roman 112,5–8 geschildert, im JT in Str. 1107. Die erste Sigune-Begegnung erfolgt im Pz. bei 138,9 ff., im JT in Str. 5127. Der Abstand zwischen beiden Szenen beträgt also im Pz. 26 Dreißiger (= 780 Verse), im JT 4020 Strophen (ca. 28 000 Verse). Dem liegt offenbar bei Albrecht die Erkenntnis zugrunde, daß es sich hier um die längste bei Wolfram erzählte Zeitspanne (von ca. 15 Jahren) handelt. Erzählt werden bei Albrecht an dieser Stelle Wolframs zweite Tit.-Partie, Ereignisse am Artushof, bei denen sich Tschinotulander auszeichnet, und seine umfangreiche Orientfahrt, um Gamuret zu rächen. Die auf die erste Sigune-Begegnung des Pz. folgenden Geschehnisse werden im JT teils ausgespart, teils nur erwähnt. Parzifal gelangt zum Artushof und berichtet von Sigune (5134). Die Ithertötung wird stark verkürzt nur berührt. Der Artushof begibt sich nun zu Sigune (5137 ff.), die mit dem Toten in den Gralbereich zieht und ihn beklagt (5159 ff.). Kurz darauf (5236 ff.) trifft Parzifal Sigune zum zweiten Mal, berichtet von seinem (nicht geschilderten) Besuch auf der Gralburg und wird von Sigune verwünscht. Parzifals Frageversäumnis begründet der Erzähler eigenständig damit, daß Anfortas seine *schulde* noch nicht voll abgebüßt habe (5262). Er erwähnt *ein geluptez isen* („mit Gift präparierte Lanzenspitze") und daß die Sünde des Königs *wider des grales ordenunge* gerichtet gewesen sei

(5261), verweist für Einzelheiten aber auf Trefizents Bericht gegenüber Parzifal am Karfreitag (5263). Dann kommt Kundrie zu Sigune und berichtet von Parzifals Gralburgbesuch (5265 ff.). Es wird erwähnt, daß Kundrie Parzifal vor der Tafelrunde gescholten hat (5276). Damit ist der Punkt erreicht, an dem Cundrie im Pz. *Tabronit* und *jenes landes künegîn* erwähnt, die *Feirefîz Anschevîn / mit herter rîterschefte erwarp* (Pz. 316,29 ff.: „mit harten ritterlichen Kämpfen"). Das ist für den Erzähler des ‚Jüngeren Titurel' Anlaß, Ekuba (vgl. Pz. 327,21 ff.) von den Kämpfen ihres Verwandten Feirefiz berichten zu lassen, wobei der Gegnerkatalog (Pz. 770,1 ff.) die Namen liefert (JT 5308 ff.). Feirefiz *was ie der gesigende* (5369: „trug immer den Sieg davon"). Dann wird erneut zu Sigune umgeblendet. Kyot, Manfilot, Gurnemanz und Liaze suchen sie unter Führung Kundries auf (5387 ff.). Auch Anfortas und Repanse besuchen sie (5431 ff.). Sigune erwähnt, daß sie seit fünf Jahren hier sei (5489). Damit ist zeitlich das IX. Buch des Pz. erreicht, an dessen Beginn summarisch Parzivals Kämpfe erwähnt sind – Anlaß für den JT-Erzähler, diese im einzelnen z.T. unter Rückgriff auf den Gegnerkatalog zu berichten (JT 5573 ff. – Pz. 772,1–23). Die gesamte Gawan-Handlung des Pz. (Bücher VII–VIII und X–XIII) ist im JT ausgespart (Gawan-Erwähnungen 1522; 1811; 5697).

Damit dürfte Albrechts Darstellungsweise und das Verhältnis seines Werkes zum Pz. ausreichend deutlich geworden sein: Im JT wird einerseits erzählt, was im Pz. ausgespart ist, und es wird andererseits weitgehend ausgespart, was im Pz. erzählt ist. Erzählerbemerkungen bestätigen das. Einerseits: Ein zweites Mal zu erzählen, was im Pz. bereits erzählt ist, wäre gegen die Regeln der Kunst: *macht ich zwo rede uz einer, so jehe mir kunst niht ordenlicher stiure* (5263). Andererseits: *swaz Parzival da birget, daz wirt zu liehte braht an vakel zunden* (86: „Was der ‚Parzival' nicht darstellt, das wird ans Licht gebracht, ohne daß man dazu eine Fackel entzünden müßte").

In diesem Zusammenhang bedeutet *bergen* sicher nicht nur ‚verschweigen' und ‚aussparen', sondern meint auch eine Darstellungsart, die nicht klar verständlich und daher erläuterungsbedürftig ist. Eine solche unklare Passage, die ihm, dem Erzähler, Tadel eingebracht habe, sei der Pz.-Prolog. Er wolle ihn nun erklären und damit das Fehlurteil der Leute widerlegen: *ich wil die krumb an allen orten slichten, / wan sumeliche jehende sint, ich kunne iz selbe niht verrichten* (20: „Ich will das Krumme überall gerade machen, denn einige Leute behaupten, ich könne das nicht bewerkstelligen"). An einem begrenzten Textausschnitt lassen sich hier zwei Fragen stellen: 1. Soll der Hörer/Leser nur Albrechts Text rezipieren oder soll er den inkriminierten Bezugstext mit im Blick haben (so Ragotzky, 1971, S. 102 ff.)? 2. Lassen sich bei Wolfram und bei Albrecht unterschiedliche Intentionen erkennen?
In den Str. 22–26 zitiert Albrecht jeweils Wolframs Wortlaut in der Regel versparweise im 1. und 2. Anvers. Nach den Ausführungen über das Wasser (27–48) kehrt der Erzähler mit Str. 49 wieder explizit zum Pz.-Prolog zurück: *Ich sol wider an daz maere des anevanges grifen* („Ich muß nun wieder auf die Erzählung des Beginns zurückkommen"). Dieser ständige Rekurs deutet darauf hin, daß der Rezipient Albrechts Ausführungen

vergleichend vor der Folie der Wolframschen Argumentation sehen soll (Ragotzky, 1971, S. 103; anders Lorenz, 2002, S. 358: „vollgültiger Ersatz des Wolframschen ‚Pz.'"; dagegen Neukirchen, 2006, S. 35). Vergleicht man beide Passagen, so ergibt sich, daß Albrecht Wolfram zum einen manchmal schlicht ins Gegenteil verkehrt, zum anderen verallgemeinert. Anders gewendet: Albrecht verändert Wolframs poetologischen Aussagen, welche auf den Roman bezogen sind und die Rezeption lenken sollen, in allgemeingültige kontextunabhängige ethische Verhaltensvorschriften.

Der Erzähler des JT tritt bis kurz vor Schluß in der Maske Wolframs auf, indem er sich auf den Pz. als sein vorliegendes Werk bezieht und z. B. auf vorgebliche Kritik an der Unverständlichkeit des Pz.-Prologs mit umfangreichen ‚Erläuterungen' antwortet und auch sonst Ergänzungen, Erklärungen und Verbindungen ‚nachschiebt'. Erst gegen Ende legt er die Maske ab: *Die aventiure habende bin ich, Albreht, vil gantze* (5961,1: „Die Geschichte habe ich, Albrecht, in Händen, und zwar die ganze"). Unvollständigkeit der Angaben im Pz. provoziert nicht nur Nachfragen wie hinsichtlich der Titurel-Vorfahren (87), sondern gefährdet auch die Glaubwürdigkeit und den Wahrheitsgehalt, etwa, was den Gral und sein Aussehen betrifft (5993).

Entsprechend der geglaubten, wenngleich spielerisch gedachten Autorfiktion galt der Text bis in die Neuzeit als Werk Wolframs und wurde als Tit. bezeichnet. Später setzte sich zur Unterscheidung von den Wolframschen Fragmenten der Titel ‚Der Jüngere Titurel' durch. Demgegenüber hat Neukirchen (2006, S. 330) den kritischen Pz.-Bezug des Textes betont, der „letztlich und überspitzt formuliert nichts anderes" sei „als der ‚Jüngere Parzival'".

Die im Pz. knapp geschilderte Geschichte Loherangrins wird von einem Autor, der offenbar NOUHUWIUS oder NOUHUSIUS heißt (Akrostichon Str. 763–765), wohl zwischen 1283 und 1289 (Cramer, 1985 [a], Sp. 901) in einem Werk von 767 zehnzeiligen Strophen wieder aufgenommen (→ S. 296f.). Der Text setzt mit Strophen aus dem ‚Rätselspiel' des ‚Wartburgkrieges' ein, womit Wolfram die Erzählerrolle erhält. Elsam von Prabant ist von ihrem Vater auf dem Sterbebett Friderich von Telramunt anvertraut worden, der nun Elsam gegen ihren Willen zur Ehe zwingen will. Lohengrin wird aus einem Bereich, in dem Tafelrunde und Gral vereint sind, ausgesandt, besiegt vor Kaiser Heinrich (260; vgl. 316f.) und den Fürsten des Reiches Friderich und heiratet Elsam. Das Frageverbot wird zunächst mehr angedeutet als berichtet (227f.; 231; ausgeführt 709). Nach der Hochzeit folgt (195 vorbereitet) ein historischer Abschnitt (Lohengrins Kampf mit König Heinrich gegen die Ungarn; zur ‚Sächsischen Weltchronik' als Quelle Cramer, 1971, S. 130–156) bzw. ein pseudohistorischer Teil (Lohengrins Kampf mit König Heinrich gegen die Sarazenen in Italien und Kaiserkrönung Heinrichs; eine solche Einfügung (pseudo)historischer Kampfpartien ist auch im ‚Chevalier au Cygne' zu beobachten; vgl. Hennings, 2008, S. 47f.). Nach Lohengrins Rückkehr wird Elsams Frage durch die Gräfin von Kleve provoziert, während sie im Pz. *durch liebe* fragt (825,26).

Püterich von Reichertshausen zählt im ‚Ehrenbrief' den ‚Lohengrin' zu Wolframs Werken (‚Ehrenbrief' 101). Diese Annahme kommt auch in den Heidelberger Hss. Cpg 364 (‚Parzival' – ‚Lohengrin'), Cpg 404 (‚Arabel' – ‚Willehalm' – ‚Rennewart') und Cpg 383 (‚Jüngerer Titurel') zum Ausdruck. Sie „verkörpern eine stattliche Gesamtausgabe der im Mittelalter Wolfram zugeschriebenen oder wenigstens seinen Geist und Stil adoptierenden Werke. Das Großfolioformat, die üppige Ausstattung und die Bestellung mehrerer teurer pergamentener Bücher auf einmal lassen einen hochmögenden Auftraggeber erkennen" (Becker, 1977, S. 92).

In einer teilidentischen ‚Lohengrin'-Version heißt der Protagonist Lorengel. Eingefügt ist hier der Bericht vom Zug König Etzels an den Rhein, das Martyrium der 11 000 Jungfrauen vor Köln und die Rettung der Christenheit durch Parzival und den Gral (zur Schlußstrophe und ihrem Bezug Cramer, 1985 [a], Sp. 908).

Der ‚Rappoltsteiner Parzifal' (RP) ist der Versuch, die ‚Perceval'-Fortsetzungen mit Wolframs Roman zu verbinden (→ S. 297ff.). Chrestiens ‚Perceval' bricht mit der Ankunft des Boten am Artushof ab, der Gauvains Einladung zu seinem Kampf mit Guiromelant (Wolframs Gramoflanz) überbringen soll (entspricht etwa Pz. 644,22). Das Fragment erfuhr mehrere Fortführungen, welche die Gralsuche Gauvains bzw. Percevals zum Inhalt haben. Ansatzpunkte sind Percevals Versprechen, den Gral und die blutende Lanze zu finden (‚Perceval' 4727–4740), und Gauvains in Escavalon übernommener Auftrag zur Suche nach der blutenden Lanze (‚Perceval' 6110–6118; 6149–6198). Die erste Fortsetzung bringt zunächst die Handlung in den vorgezeichneten Bahnen zu einem vorläufigen Abschluß: Verhinderung des Kampfes Gauvain – Guiromelant und Hochzeit Guiromelant – Clarissant (Wolframs Itonje). Dann verselbständigt sich die Gauvain-Handlung. Der Fortsetzer läßt Gauvain zweimal zum Gral kommen, dort aber scheitern. In der zweiten und dritten Fortsetzung, die unmittelbar an die zweite anschließt, steht Perceval im Mittelpunkt. Am Ende ist er Gralkönig und wird nach seinem Tode zusammen mit dem Gral in den Himmel entrückt.

Der RP inseriert – vereinfachend formuliert (präzise Wittmann-Klemm, 1977, S. 10–13) – die erste und zweite Fortsetzung sowie Teile der dritten zwischen Wolframs Pz.-Bücher XIV und XV (733,30/734,1). Das ist die Stelle, an der Parzival aus dem Artuskreis aufbricht, weil seine leidvollen Gedanken so gar nicht zu der freudig gelösten Stimmung der Tafelrunde passen, und seiner Begegnung mit Feirefiz entgegenreitet.

Der RP „ist reich an Ungereimtheiten, die z. T. aus den Quellen stammen, z. T. bei der Textkombination entstanden" (Wittmann-Klemm, ²VL 7 [1989], Sp. 996).

Dazu das wohl gravierendste Beispiel: Bei Chrestien ist der Fischerkönig in einer Schlacht durch eine Lanze zwischen den Hüften verwundet worden (,Perceval' 3507 ff.). Perceval hätte ihn erlösen können, wenn er gefragt hätte, warum die Lanze blutet und wen man mit dem Gral bedient (4652–4674). Bei Wolfram stellt die Verwundung eine Strafe Gottes dar, und die Fragerichtung ist verändert, ansonsten ist die Konzeption aber entsprechend. Der dritte Fortsetzer bringt nun eine ganz neue Konstellation ins Spiel, die mit Chrestien und Wolfram nicht mehr kompatibel ist. Anfortas berichtet Parzifal, Partinias habe in heimtückischer Weise seinen Bruder erschlagen, wobei dessen Schwert in zwei Teile zerbrochen sei. Er erzählt weiter, daß er sich selbst mit den beiden Stücken *an der schos* schwer verletzt habe. Geheilt sein werde er erst, wenn sein Bruder gerächt sei (RP 616,25–620,14). Parzifal besiegt Partinias und schlägt ihm, weil dieser sich nicht ergeben will, den Kopf ab (833,22 ff.). Damit ist Anfortas geheilt (835,17 ff.) und will Parzifal zum König und Nachfolger krönen lassen. Parzifal lehnt eine Krönung ab, solange Anfortas am Leben ist (839,3 ff.). Erst nach dessen Tod wird er gekrönt. Die Kombination der Fortsetzung mit den Schlußbüchern von Wolframs Pz. ergibt nun eine doppelte Erlösung des Anfortas, zum einen durch die Tötung des Partinias durch Parzifal, zum anderen durch Berufung und Parzivals Frage. Wisse und Colin versuchen zwar z. T. mit Erfolg, manches aus der Fortsetzung in einer Art Reißverschlußverfahren (Pz. – Fortsetzung – Pz. – Fortsetzung) zu retten (Wittmann-Klemm, 1977, S. 12 f.), aber daß der schon erlöste Anfortas noch einmal erlöst wird, können auch sie nicht unanstößig machen (1. Version: RP 835,17–19; Bericht davon nach Pz. 772,30 = Ausg. Schorbach, S. LIII, 11–13; 2. Version: Pz. 795,20–796,16; Mertens, 1998, S. 298).

Daß Wisse und Colin jedoch im Prinzip die Übersicht zu behalten bemüht sind, zeigt ein anderes Beispiel. Bei Chrestien nennt das häßliche Fräulein (Wolframs Cundrie) zwei Aventüren, durch die man Ruhm erlangen könne: Chastel Orguelleus, wo sich 566 Ritter mit ihren Freundinnen aufhalten, und ein belagertes Fräulein auf einer Anhöhe unterhalb von Montesclaire (,Perceval' 4688–4714). Bei Wolfram erfolgt durch Cundrie nur der Hinweis auf eine Aventüre, nämlich Schastel marveile, wo sich *vier küneginne / unt vier hundert juncfrouwen* befinden (Pz. 318,16–19). Wolframs Schastel marveile ist zwar inhaltlich weitgehend mit Chrestiens entsprechender Schilderung identisch, doch heißt die Burg im französischen Text Roche de Changpguin (8817). Wisse und Colin behalten bei Cundries Auftritt Wolframs Schastel marveile (ohne den Burgnamen) bei, ergänzen es aber aus Chrestien um den Hinweis auf Kastel Orgeluse mit 366 Rittern (Schorbach, 1888, S. L), während die Erwähnung von Montesclaire nicht übernommen wird. Der Grund liegt darin, daß diejenige Fassung der ersten

Fortsetzung, die Wisse und Colin vorliegt, die Episode von Kastel Orgeluse (RP 222,39 ff.) enthält, nicht aber die von Montesclaire (dazu Mertens, 1998, S. 298).

Im Gegensatz zu Wolframs Roman (vgl. aber Pz. 800,5 ff. und Nellmann, 1994, Bd. 2, S. 778) ist in den Fortsetzungen und im RP die Gralburg kein hermetisch isolierter Bereich. Gawan hält sich mehrfach auf der Gralburg auf, wenn es ihm auch nicht gelingt, das zersprungene Schwert wieder dauerhaft zusammenzufügen, und am Ende begleiten Artus und seine Ritter Parzifal zum Gral, bevor sie nach den Krönungsfeierlichkeiten die Rückreise antreten (zu den dadurch notwendigen Veränderung im Pz.-Text Wittmann-Klemm, 1977, S. 82–85).

Ulrich Füetrer kombiniert im 1. Teil des ‚Buchs der Abenteuer' (BdA) eine Reihe von Texten zu einer umfassenden Geschichte des Gralgeschlechts, deren konzeptionelles Vorbild der JT ist (→ S. 300 ff.). Albrechts Roman bildet daher auch den Rahmen, während der Pz. mit Einschüben den Kern darstellt (vgl. dazu die Übersicht S. 31 nach Nyholm, 1964, S. XCVIf.; vollständige Ausgabe Thoelen, 1997). Bei den von Nyholm übernommenen Versangaben für die Quellentexte ist zu berücksichtigen, daß sie erstens Eckwerte darstellen und zweitens Auslassungen und Umstellungen nicht berücksichtigen. So ist z. B. für die Str. 63–79 als Quelle Pz. 478,1–519,26 angegeben. Die entsprechenden Kolumnenangaben zeigen, daß Füetrer die Pz.-Passage in folgender Reihenfolge verarbeitet hat: 478,1–9; 495,13–30; 496,1–498,27; 478,8–16; 519,1–26.

Am Beginn stehen die Genealogie des Gralgeschlechts bis zu Trefretzennt und Anfortas in der männlichen Linie sowie (eingefügt) der Bau des Graltempels. Dann folgt, was im Pz. erst sehr viel später erzählt wird, in der ‚berichtigten' Reihenfolge, für welche die entsprechenden Quellenpassagen aus dem Pz. und dem JT aus ihren Kontexten gelöst und vorgezogen sind (BdA 63–120): Trefretzennts und Anfortas' Fahrten; Secundilles Bemühungen um den Gralkönig; Anfortas und Orgeluse beim Turnier von Florischantze; Gramoflanz, Cidegast, Orgeluse und Anfortas; Verwundung und Verkündung der Heilungsmöglichkeit durch eine Frage. Sieht man vom ‚Trojanerkrieg' und vom ‚Merlin' ab, schließt sich nun der Pz. vom Handlungsbeginn bis zum Antritt von Gahmurets zweiter Orientfahrt an. Dann folgen nach dem JT Gamurets Taten, sein Tod, Parzivals Geburt, die Sigune-Schionatulander-Handlung, Schionatulanders Orientfahrt und sein Tod nach der Rückkehr. Darauf wird nach Wolfram die Parzival-Handlung von der Jugend in Soltane bis gegen Ende des Romans hin erzählt, wobei in das IX. Buch die Parzival-Kämpfe nach dem JT, zwischen Buch IX und X und gegen Ende von Buch XVI die Gawan-Kämpfe nach der ‚Crône' Heinrichs von dem Türlin inseriert sind. Das Ende bilden die Lohengrin-Geschichte und deren zweiter Teil nach dem JT sowie die Überführung des Grals und die Versetzung von Montsalvatsch nach Indien.

Wolfram und seine Werke im Mittelalter 31

Füetrer, BdA	Jüngerer Titurel	Parzival	Crône	Lohengrin	Trojanerkrieg	Merlin
1–62	z. T. nach 1–685					
63–79		478,1–519,26				
79–86	1643–1781					
87–120		615,27–617,2 468,10–484,20				
[...]					[586 Str.]	
121–383						Merlin
384–427		4,9–101,6				
428–842	752–5572					
843–1172,2a		117,7–446,5				
1172,2b–1260	5573–5966					
1261–1312		446,6–503,30				
1313–1629			3222–19345			
1630–1924		504,7–823,26				
1925–2021			22881–29909			
2022–2334				31,1–730,10		
2335–2410	5997–6327					
2411–2417: Epilog						

Füetrer hat die Kombination seiner Quellen sorgfältig organisiert. Es handelt sich um eine „Montage-Technik", die den Eindruck erweckt, „als hätte er seine Vorlagen regelrecht verzettelt" (Nyholm, 1980, Sp. 1004). Durch die vorgezogenen Aufklärungen in den Strr. 63–120 kommt es zwar zu Doppelungen (Verwundung des Anfortas 106 und 1287; Erlösungskraft der Frage 118f. und 1289f.), was der Erzählökonomie der Quellentexte zuwiderläuft, aber nicht allzu sehr stört. Lediglich an einer Stelle bekommt Füetrer ernsthaftere Probleme. Die ins BdA übernommene JT-Passage 5573–5966 reicht bis gegen Ende des Textes und berichtet, daß Parzival Herr des Grals geworden und Anfortas genesen sei (JT 5921). Bei Füetrer dagegen steht diese Partie vor Parzivals Besuch bei Trefretzennt, und der Erzähler hat sichtlich Mühe, aus dem erzählten Ereignis eine Vorausdeutung zu machen (BdA 1258; 1260).

Ein ähnlich umfassendes Ziel wie Füetrer, freilich in unvergleichlich kleinerem Rahmen (256 Verse), verfolgt der ‚Spruch von den Tafelrundern'. *Von Montschalfast der edl stam* (1) und *die tewristn von der taflrundt* (30) sowie andere Helden werden mit ihren Namen, ihren Frauen, genealogischen Verbindungen und Taten angeführt.

Eine wenig aufwendige Art, Verbindungen zu Wolframs Werken herzustellen, ist die genealogische Anbindung. So verfährt der Pleier, wenn er seine Protagonisten in die Parzival-Genealogie einklinkt. „Der Sinn dieser starken Orientierung am genealogischen System des *Parzival* ist klar: Sie garantiert die Zugehörigkeit der Pleierschen Personen zu der vorgegebenen und von der Autorität Wolframs gestützten Erzählwelt der Artusdichtung" (Kern, 1981, S. 126). Lammire (Pz. 499,7) erhält Meleranz zum Mann (nicht identisch mit dem gleichnamigen Romanhelden des Pleier), ihr beider Sohn ist Garel. Anticonie (Pz. 404,23) erhält Dulcemar zum Mann, ihr beider Sohn ist Tandareis. Die Artus-Schwester Olimpia (Pz. 771,17 und 811,11 – dort freilich Geliebte des Feirefiz) erhält den König von Frankreich zum Mann, ihr beider Sohn ist Meleranz (vgl. Kern, 1981, S. 114–131).

Johann von Würzburg bindet im ‚Wilhelm von Österreich' seinen Protagonisten ebenfalls in die Genealogie des Pz. ein. Ansatzpunkt ist Gaylet (Kaylet) von Spangen (Ridder, 1998, S. 115–120). Kaylet von Hoskurast, König von *Spâne*, ist bei Wolfram Sohn der Schwester von Schoette, der Mutter Gahmurets, also Gahmurets *muomen kint* (Pz. 48,13). In Johanns Roman erklärt Gaylet gegenüber dem Protagonisten:

miner swester tohter ist/diu herzoginne von der du bist/geborn, herzog Liupolts wip (14109–14111).

Im zweiten Teil von Füetrers ‚Buch der Abenteuer' ist Seifrid von Ardemont der Sohn der Gawan-Schwester Cundrie und des Lischoys (5 ff.; 61 ff.). Im ‚Persibein' tritt zunächst Gaharet, der Sohn der Gawan-Schwester Itonje und des Gramoflanns, auf (11). Der Protagonist ist der Sohn der Sowe von Norwegen (38), einer weiteren Gawan-Schwester (41), und des Salaththiser aus Irland (36).

3.3 Wolfram-Berufungen und Figuren-Nennungen

„Der Rückgriff auf Gestalten der früheren Dichtung ist ein recht einfaches, aber sehr wirksames Mittel, den Zusammenhang mit der literarischen Tradition herzustellen" (Kern, 1981, S. 114). Die beeindruckende Anzahl von Nennungen Wolframs, seiner Werke und Figuren darf aber nicht darüber hinwegtäuschen, daß diese von sehr unterschiedlichem Gewicht sind. Wenn etwa Bruder Hans in einem Marienlied Wolfram als sein Vorbild bezeichnet (1659), dann bleibt durchaus fraglich, wieweit er Wolframs Werke tatsächlich kannte. Möglicherweise bezieht er sich auf das ‚Marienlob' des JT (Dreeßen, 1981, Sp. 438; zum ‚Marienlob' Huschenbett, 1978, Sp. 171).

Dagegen nimmt Lupold Hornburg offenbar kenntnisreich eine qualitative und eine quantitative Eigenheit Wolframs in den Blick. Er charakterisiert nicht nur seinen Stil treffend – *sam fundelt der von Esschenbach*, „d.h. er ist gesucht in seinem Ausdruck" (Brodführer, 1936, Sp. 489) –, sondern er zeigt sich auch vom Umfang des Pz. beeindruckt: *wer Parcifalen ie gelas,/den wundert billich daz,/wie daz der meister ie genas,/bis er die rime alle maz!/her Wolferam von Eschenbach daz allermeist gitichtet hat* (Cramer, 1979, S. 61 f.: „Wer je den ‚Parzival' ganz zu Ende gelesen hat, den wundert es zu Recht, daß dem Meister ein so langes Leben vergönnt war, daß er all die Verse vollenden konnte. Herr Wolfram von Eschenbach hat das umfangreichste Werk gedichtet"). Entsprechend benutzt Heinrich der Teichner die Bezeichnung *ein grozzer Parcifal* (Nr. 316,39) für ein umfangreiches Buch.

Die Anspielung auf Figuren oder Szenen kann sehr punktuell oder allgemein sein. So werden in Konrads von Ammenhausen ‚Schachzabelbuch' Gramoflanz (19326), in ‚Dietrichs Flucht' Parzivals Gralsuche (489 ff.) und im ‚Winsbecke' Gahmuret erwähnt, *der von des schiltes werdekeit/der moerin in ir herze brach* (18: „der mit seinem ritterlichen Ansehen das Herz der Mohrenkönigin [Belacane] eroberte"). Auch die Schwankerzählung ‚Die böse Frau' („Daz buoch von dem übeln wîbe') rekurriert auf *Gahmuret und Belakân,/diu dô Feirefîzen,/den swarzen und den wîzen,/gebar von sîner frühte* (580 ff.; vgl. Heinrichs von Neustadt ‚Apollonius von Tyrland', von dessen Sohn aus der Verbindung mit der Mohrenkönigin Palmina gesagt wird: *Er was gehaissen Garamant./Im was ain seyt als ein prant/Schwartz, die ander was weyß* [14 281 ff.: „Sein Name war Garamant. Auf der einen Seite war er kohlschwarz, auf der anderen weiß"], was dem Bild entspricht, das die Berner Pz.-Hs. von Feirefiz bietet).

In Reinbots von Durne ‚Heiligem Georg' werden Gahmurets Zelt (1560 ff.), Feirefiz' Schild (1676 ff.) und Anfortas' Bett (2696 ff.) erwähnt. Im Prolog bezieht sich Reinbot auf den Wh.: Wie Wolfram *die matêrje* des Wh. von Landgraf Hermann von Thüringen erhielt, *sô wirt ditz buoch hie vernomen/vom herzogen Otten* (34 ff.). Reinbots Auftraggeber sind Herzog Otto II. von Bayern und seine Frau (zum Prolog Vollmann-Profe, 1979).

In Bertholds von Holle ‚Demantin' finden sich zwei Wolfram-Berufungen (4834; 11 670) und der Bezug auf Parzivals Kampf gegen den Anschewin (d.i. Feirefiz – 1206 f.).

Eine ebenso knappe wie anspruchsvolle intertextuelle Verknüpfung erscheint in der ‚Braunschweigischen Reimchronik', in der es bei der Verspottung eines Magdeburgischen Aufgebots ohne weitere Erläuterung heißt: *ich wene, Kundrye uz dhem Grale/icht so wunderlich gereyte reyt* (8974 f.: „Ich glaube, nicht einmal Cundrie vom Gral kam so seltsam dahergeritten").

Die Bezüge auf Wolfram und Vergleiche mit seinen Figuren sind in den Minnereden zahlreich (Glier, 1971, S. 119), der darin „am häufigsten genannte Artusritter ist Parzival" (Dietl, 1997, S. 5). Die Bezugsszenen werden dabei nicht ausführlich geschildert, sondern es „wird erwartet, daß die Szenen bekannt sind, und deshalb werden sie [...] nur kurz angerissen", wie ein Beispiel aus dem ‚Minneturnier' zeigt, das sich auf die erste Jeschute-Szene bezieht: *hern Partzevals anfang/ubt mynn in schulsacks kleytt* (1106 f.: „Seine ersten Minneerfahrungen hatte Parzival in einem Aufzug, der aussah wie ein Büchersack"; vgl. Dietl, 1997, S. 6). Die *drey plůtztröpfel in dem snee* erwähnt Augustin von Hammerstetten in seiner ‚Hystori vom Hirs mit dem guldin ghurn und der Fürstin vom bronnen' (567 ff.).

Besonders viele intertextuelle Bezüge und Zitate weisen die Werke Hermanns von Sachsenheim auf. Huschenbett zählt 26 Autoren- bzw. Werkerwähnungen mit rund 80 Belegstellen, von denen 40 auf Wolframs Werke (mit Einschluß des JT) entfallen (im einzelnen Martin, 1878, S. 27 f.; Huschenbett, 1962, S. 81–92; Huschenbett, 2007), und unterstreicht den anspruchsvollen Charakter der Bezüge. Der Leser müsse die kontextuelle Einbettung der angezogenen Partien genau kennen, denn „aus sich allein heraus sind alle diese Stellen nicht verständlich. So werden die Verweise auf andere Dichtungen zu einer Art Ratespiel für den Leser bzw. für die Gesellschaft, der Sachsenheim seine Werke zudachte: es galt, an ihnen seine literarischen Kenntnisse unter Beweis zu stellen" (Huschenbett, 1962, S. 89). Diese Beobachtung gilt durchaus generell (vgl. den Bezug auf Hartmanns ‚Iwein' in der ‚Mörin' 3493–3497).

Hirzelin eröffnet seine Reimpaardichtung vom ‚Krieg zwischen Albrecht I. und Adolph' mit einer Paraphrase der Auseinandersetzung zwischen Terramer und Willehalm; hier erhält dieser Bezug vor allem durch seine Stellung Gewicht. In der ‚Ritterfahrt des Johann von Michelsberg' Heinrichs von Freiberg wird dem Protagonisten höchstes Lob durch die Bezeichnung *der niuwe Parzival* zuteil (178; vgl. auch die Spitzenstellung Parzivals im Ritterkatalog [17]).

Im ‚Friedrich von Schwaben' erinnert Adelnburg den Protagonisten an Willehalms verlustreiche erste Schlacht (1377 ff.). Danach gibt sie das Gespräch zwischen Giburg und Willehalm *bey nâchtlicher weil* in eigenen Worten wieder (1406 ff.; Ridder, 1998; Kellner, 2003, S. 149–152).

An die Situation nach der ersten Schlacht wird auch im ‚Reinfried von Braunschweig' erinnert, wenn die Liebesszene Yrkanes und des Protagonisten mit der Giburgs und Willehalms in Beziehung gesetzt wird, *dô in diu süeze reine / Gŷburg an ir schôze nam, / dô er ûz dem strîte kam / ein, aller sîner liute bar* (14862 ff.: „als ihm die geliebte wunderbare Giburg ihre Liebe schenkte, als er aus dem Kampf zurückgekommen war – allein, nachdem er alle seine Leute verloren hatte"; vgl. Ridder, 1998). Daneben wird auf Arofels Schild angespielt, *den sant Wilhen an tôde nan, / der in dem klôster dort verbran* (17106 ff.: „den der heilige Willehalm dem Toten genommen hatte und der dann im Kloster verbrannte"; vgl. Wh. 202,19 ff.). „Selbst solche Details sind dem Erzähler gegenwärtig" (Schröder, 1989, S. 127), während er (angeblich) den Namen der schwarzen Königin von Zazamanc nicht zu nennen vermag (16609 ff.). Zwei der drei Wolfram-Berufungen im ‚Reinfried von Braunschweig' beziehen sich auf das, was dieser *in Titurelles buoche sprach* (10421 f.; 16584 ff.), also auf den JT. Der Roman gehört zu den Texten, die zahlreiche Bezüge zu Wolframs Werken herstellen. Dasselbe gilt für den ‚Seifried Helbling' (Wolfram-Berufungen, Bezugsschwerpunkt Pz.; Seemüller, 1886, S. XXXI), Johanns von Würzburg ‚Wilhelm von Österreich' (Wolfram-Berufungen, Bezüge auf den Pz. bzw. JT, eine vereinzelte Terramer-Erwähnung; Ridder, 1998), Ulrichs von Etzenbach ‚Alexander' (mehrfache

Wolfram-Berufungen, Pz.-Bezüge; Stock, 2003) und Ottokars ‚Österreichische Reimchronik' (mehrfach Totenklagen um Wolfram, Bezugsschwerpunkt Wh.).

Einige etwas spezielle intertextuelle Bezüge seien noch angeschlossen. Im ‚Kittel' des Meisters Altswert berichtet der Erzähler von bildlichen Darstellungen des Königs Artus, Gahmurets, Wigalois', Parzivals, Wilhelms von Orlens und Lanzelets (S. 37,26 ff.).

Suchenwirt wendet sich an Zeitgenossen, die sich nicht durch Taten hervortun, gleichwohl aber nach gutem Essen und Trinken beim Tanz glauben, sie hätten *den gral/Erfohten als her Partzival* (XXXI, 189 f.). Vergleichbar sind die ‚Zwölf Trünke'; nach dem vierten Trunk brüstet sich der Erzähler: *was Frawenlob und Eschenpach/und maister Gottfrid ye gesprach,/das was gen meiner kunst enwicht/und mocht im auch geleichen nicht* (32,35 ff.: „Was Frauenlob und Eschenbach und Meister Gottfried je gesagt haben, das ist im Verhältnis zu meiner Kunst ein Nichts und kann sich damit auch nicht vergleichen"). Was Frauenlob betrifft, so könnte die Passage eine subtile Kritik an Frauenlobs Abwertung von Reinmar, Wolfram und Walther (Ausg. Ettmüller, 165,1 ff.; GA I, V, 115 und II, 837 f.) darstellen (Schirok, 1982, S. 106 f.; zum Bezug der Frauenlob-Stelle auf den ‚Wartburgkrieg' Wachinger, 1973, S. 247–269; Stackmann, 1989).

Ein Beispiel von ‚Unsinnspoesie' liefert der Tannhäuser, indem er „teilweise ganz bekannte Helden und Tatsachen der Artus- und Trojasage" zusammenwürfelt (Siebert, 1934, S. 141): *Sarmena klagt groz ungemach,/daz Gamuret als müezic saz;/ze Kuraz si mit zorne sprach:/,do Lanzelet sich des vermaz,/Daz er mich raeche an Parzival,/der Hector sine veste brach -/er nam ze Karidol den gral -/do des Achilles niht enrach,/so richetz mir Kalogriant,/swaz Opris mir ze leide tuot'* (IV, 33 ff.: „Sarmena beklagte das große Ungemach, daß Gahmuret so untätig herumsaß; zu Kuraz sagte sie voller Zorn: ‚als Lanzelet sich anmaßte, mich an Parzival zu rächen, der Hector seine Burg erobert hatte – er nahm in Karidol den Gral –, nachdem Achill das nicht gerächt hat, so wird Kalogrenant rächen, was immer Opris mir Leid antut'").

3.4 Wolfram-Zuschreibungen

Daß der Erzähler des JT sich über eine lange Strecke als Wolfram ausgibt und sich erst in Str. 5961 als *Albreht* vorstellt (→ S. 27), ist als „literarisches Rollenspiel" zu interpretieren (Wehrli, 1980, S. 495), das nicht ohne Vorbild ist (Mertens, 2005). Dabei treibt freilich der Pz.-Erzähler ein durchaus vergleichbares Spiel, nicht mit seiner Person, wohl aber mit seiner Quelle. Kyot wird im VIII. Buch unvermittelt aus dem Hut gezaubert, dann mehrfach bemüht, wobei ein Teil dieser Berufungen durchaus Zweifel an der Existenz der Quelle wecken konnte. Am Schluß wird Kyot gegenüber Chrestien erst aufgebaut (Pz. 827,1–14) und dann wieder demontiert, indem der Erzähler alles das, was Kyot angeblich Chrestien voraus hat, sich selbst zuschreibt (Pz. 827,15–30). Und wenn der Erzähler des JT von sich sagt *Die aventiure habende bin ich, Albreht, vil gantze* (5961: „Die Geschichte halte ich, Albrecht, in Händen, und zwar vollständig"), dann erinnert das an die Aussage des Pz.-Erzählers, er wolle nun alles *mit rehter sage* erzählen, *wande ich in dem munde trage/daz slôz dirre âventiure* (734,5–7: „denn in meinem Munde liegt der Abschluß der Geschichte").

Ein ähnliches, aber im Gegensatz zum JT von vornherein durchschaubares spielerisches Vorgehen scheint auch im ‚Göttweiger Trojanerkrieg' vorzuliegen. Der Erzähler bezeichnet sich z.T. selbst als *ich Wolffran* (2902), z.T. läßt er sich vom fiktiven Leser (704) oder von der Minne (3462 u. ö.) so anreden, daneben spricht er aber (meist in Quellenberufungen) deutlich von Wolfram als einem anderen (und zwar schon eingangs 169, dann 7403 u. ö., zuletzt 24037).

Im ‚Wolfdietrich' D wird als Autor genannt *ich, Wolfram der werde meister von Eschenbach* (V, 133), vergleichbar wird im ‚Laurin' D Heinrich von Ofterdingen als Verfasser bezeichnet (Ausg. Holz, 2822; auch Deutsches Heldenbuch 1, S. 288). Weiter als Empörung über eine derartige Inanspruchnahme („unverfroren": Hoffmann, 1974, S. 12) führt die Frage nach der Funktion derartiger Zuschreibungen (Heinzle, 1978, S. 95 f. und Anm. 126–129 mit Hinweisen auf Fischer, 1968, und Wilhelm, 1908): „Diese Fiktionen, die offenbar das Ansehen – und damit nicht zuletzt den Handelswert – der Texte steigern sollten, zeigen, wie sehr die ursprünglich ‚anonymen' Gattungen in späterer Zeit dem eigentlich ‚literarischen' Bereich assoziiert wurden." Ansatzpunkt der Zuordnung beim ‚Wolfdietrich' D könnten die Heidenkämpfe gewesen sein (zum ‚Laurin' D und Heinrich von Ofterdingen Heinzle, 1978, S. 95 f., Anm. 128).

Dasselbe Motiv der Ansehenssteigerung dürfte für die Zuschreibung des ‚Württembergers' an Wolfram am Schluß der Wiener Hs. A ausschlaggebend gewesen sein: *dicz puech ticht und sprah/her Wolfram von Eszenbah* (Ausg. F. Heinzle, S. 226, W 425 f.: „Herr Wolfram von Eschenbach dichtete und verfaßte dieses Buch").

Relativ aufwendig ist dagegen das Verfahren der Zuschreibung von Ulrichs von Etzenbach ‚Alexander' an Wolfram. Der Autor nennt sich mehrfach namentlich und spricht einige Male Wolfram an, wobei er Wirnts Urteil *leien munt nie baz gesprach* zitiert. Der Redaktor der Fassung *B macht nun Wolfram zum Verfasser des Textes, indem er die genannten Passagen streicht und an einer Stelle *ich Uolrich von Eschenbach* durch *ich Wolfrat* [!] *von Eschebach* ersetzt (27763; zu den Änderungen Toischer, 1888, S. VII).

Falls Seifrit diese Fassung *B vorgelegen hat, dann erklärt sich, daß er in seinem ‚Alexander' Wolfram dafür kritisiert (und Ulrich meint: Pawis, 1992, Sp. 1053), daß dieser die Kämpferscharen zu ausführlich beschrieben habe. Ulrichs ‚Alexander' umfaßt 28000 Verse, Seifrits Roman 9082 Verse. Das übliche *brevitas*-Argument ergänzt Seifrit nicht ohne Ironie: *es wuerd zu lang und wer enwicht;/ir erchennet doch chainen nit* (2669 ff.: „Es würde zu lang und brächte auch nichts, denn ihr kennt ja doch keinen von ihnen").

Falls Seifrit aber die Fassung *B nicht vorgelegen hat, konnte er durch die lobende Wolfram-Erwähnung in Ulrichs ‚Alexander' (124 ff.) zu dem Fehlschluß veranlaßt werden, Wolfram sei der Verfasser des ‚Alexander'. Ein solcher Fall liegt z.B. beim ‚Herzmaere' Konrads von Würzburg vor. In einer anonymen Überlieferung des Textes wird offenbar aufgrund der rühmenden Nennung Gottfrieds von Straßburg im Prolog dieser in der Überschrift als Verfasser angegeben (Fischer, 1968, S. 163 f., Anm. 95).

Eine Parallele dazu ist die einzige Hs. der ‚Kreuzfahrt Landgraf Ludwigs des Frommen', in der eine Hand des 16. Jh.s vermerkt: *Wolfram von Eschenbach dichte ditz buches* (Naumann, 1923, 180). Die Bemerkung dürfte auf der Wolframnennung (950 ff.) basieren, die Naumann auf Ulrichs von Etzenbach ‚Wilhelm von Wenden' zurückführt. Die Zuschreibung wird dann dadurch quasi offiziell, daß Peter Lambeck (Petrus Lambeccius) sie in seine ‚Commentarii' (1669, S. 980, Nr. CCCCXVIII) übernimmt.

Nicht immer liegen die Verhältnisse so einfach zutage. Bei der Zuschreibung der Münchener ‚Friedrich von Schwaben'-Hs. Cgm 5237 an Wolfram wird die Schreiberangabe *Goerg von Erlabach* einer Wolfenbütteler Hs. offenbar zunächst als Autorsignatur verstanden und dann auf Wolfram von Eschenbach uminterpretiert (Schirok, 2000, S. XXXVI–XXXVIII).

3.5 Wolfram als Teilnehmer am ‚Wartburgkrieg'

Während die genannten Zuschreibungen Wolframs epische Produktivität erweitern, erschließt ihm der ‚Wartburgkrieg' mit der Sangspruchdichtung ein ganz neues Betätigungsfeld.

Für Wolframs Bildung lassen sich aus seinem Werk widersprüchliche Vorstellungen ableiten. Während der Erzähler in der sog. Selbstverteidigung des Pz. und im Prolog des Wh. Buchgelehrsamkeit vehement in Abrede stellt, dokumentieren beide Texte überaus reichhaltiges Wissen, das kaum anders als über Bücher vermittelt (auf welchem Wege auch immer) denkbar ist. Gottfried wirft Wolfram nicht mangelnde Gelehrsamkeit vor, wofür er ja durchaus als Beleg seinen Kontrahenten hätte ‚zitieren' können, sondern unterstellt mit den *swarzen buochen* verwerfliche schriftliche Quellen. Wirnt sucht die widersprüchlichen Indizien zu harmonisieren, indem er Wolfram einerseits im Sinne von dessen eigenen programmatischen Aussagen als *leien*, andererseits dem Zeugnis der Texte entsprechend als *wîse* bezeichnet (→ S. 16).

Der ‚Wartburgkrieg' inszeniert nun in einzelnen Teilen eine Auseinandersetzung zwischen – pointiert formuliert – Wirnts ‚Wolfram' und Gottfrieds ‚Wolfram', wobei dieser den Namen Klingsor trägt, einer Figur aus dem ‚Parzival', die als *phaffe der wol zouber las* (Pz. 66,4: „zauberkundiger Gelehrter") eingeführt ist und von der es später heißt: *Clinschore ist staeteclîchen bî/ der list von nigrômanzî,/ daz er mit zouber twingen kan/ beidiu wîb unde man* (Pz. 617,11 ff.: „Clinschor verfügt jederzeit über die Mittel der schwarzen Magie, so daß er mit Zauber Frauen und Männer beherrschen kann").

Der ‚Wartburgkrieg' ist ein divergierend überliefertes, mehrfach erweitertes strophisches Textkonglomerat, vorwiegend in Dialogform, auf dessen spezielle Probleme hier nicht eingegangen werden kann (Übersicht: Brunner/Wachinger, 1991, S. 492–538; Wachinger, 1973; Wolf, 1973; Wachinger, 1999 und 2004 [b]). Es geht in unserem Zusammenhang lediglich um die unterschiedlichen Wolfram-Bilder, welche die einzelnen Teile (‚Fürstenlob', ‚Rätselspiel', ‚Zabulons Buch', ‚Stubenkrieg' und ‚Sonrat') zeichnen (Ragotzky, 1971, S. 45–91; Tomasek, 1994, S. 220–258; Kästner/Schirok, 2000, S. 121–148).

Im ‚Fürstenlob' reagiert Heinrich von Ofterdingen auf Wolframs Angriffe (*in priesters wîs muoz ich dich ban*; Ausg. Rompelman, S. 164, Str. 18,5: *ban* = „bannen"), indem er diesen als *Her Terramêr* (S. 165, Str. 19,1) anredet und damit Wh.-Anspielungen und -Zitate verbindet (S. 165, Str. 19,6 – Wh. 40,19). Das bedeutet, daß Heinrich sich die priesterliche Attitüde Wolframs verbittet, die ihm aufgrund von dessen Toleranz und Sympathie gegenüber den Heiden besonders unangemessen erscheint (Rompelman, 1939, S. 94–98). Die undogmatische Tendenz des Wh. ist hier also zutreffend erkannt.

Im ‚Rätselspiel', auf dessen Kernbestand ich mich beschränke, stellt Klingsor zunächst Wolfram, den er mit dem Wirnt-Zitat *daz leien munt nie baz gesprach* (S. 173, Str. 6,9; ebenso im ‚Stubenkrieg': Siebert, 1953, S. 373, Str. 6,2) charakterisiert, zwei Rätsel, die dieser zu lösen vermag. Auch weil er sich dabei auf *Sante Brandan* und dessen Buch beruft (Kästner, 1992), ist Klingsor irritiert: *Wer dich nu hât in leigen pfliht,/Wolferam, der waltet guoter witze niht:/diu kunst von astromîe ist dir gemeine* (S. 177, Str. 14,1–3: „Wer dich zu den Ungelehrten zählt, Wolfram, der ist nicht recht bei Verstand, denn du verfügst über die Wissenschaft der Astronomie"). Er prüft das aber nicht selbst, sondern schickt als Sachverständigen den *tiufel Nasion*, der Wolfram Fragen stellt, die sich auf astronomische Erscheinungen beziehen, welche im Pz. und im Wh. erwähnt sind (S. 179, Str. 17 – Pz. 715,16f.; 782,1 ff.; Wh. 2,2ff.; 216,6 ff.). Wolfram weist die Fragen zurück: *Mir ist niht kunt ir underscheit./daz dû mich drumbe vrâgest vil, daz ist mir leit/vür wâr, ich weiz niht, waz dîn vrâge meinet* (S. 179, Str. 18,1–3: „Ich habe für diese Dinge keine Erklärung. Daß du mir darüber so viele Fragen stellst, ist mir lästig. Ich weiß wirklich nicht, worauf deine Fragerei hinausläuft"). Das bedeutet wohl, daß Wolfram die Position vertritt, er könne über das in seinem Text Gesagte und von Nasion aus dem Zusammenhang Gerissene keine weiteren Erklärungen abgeben (vgl. Tomasek, 1994, S. 227). Nasion reagiert wütend: ‚*dû bist ein leige snippen snap*' *an dise want ich schrîben./Clingsor lâ die meisterschaft* (S. 180, Str. 19,7 f.: „‚Du bist ein Laie – snippen snap', das werde ich an diese Wand schreiben. Mach Clinschor die Meisterschaft nicht streitig"). Wolfram macht das Zeichen des Kreuzes, und zornig verschwindet der Teufel, nachdem er Klingsor aufgefordert hat, ihn nicht noch einmal zu bemühen, sondern sich selbst mit Wolfram auseinanderzusetzen. Allerdings räumt Nasion Klingsor wenig Chancen ein: Wolfram sei *sô cluoc, dû kanst dich müelich* [C: *niemer*] *des bewarn,/dir muoz an dînen êren misselingen* (S. 181, Str. 21,9 f.: „so beschlagen, daß du dich kaum [nicht] davor schützen kannst, daß dein Prestige leidet"). Damit hat „der anfangs scheinbar Schwächere den anfangs scheinbar überlegenen Herausforderer besiegt" (Ragotzky, 1971, S. 54). Zumindest täte – zurückhaltender formuliert – der Herausforderer Klingsor im eigenen Interesse gut daran, die Auseinandersetzung nicht fortzuführen. Die Charakterisierung Wolframs als klugen Laien entspricht in der Tendenz Wirnts Urteil (zu *kluoc* und *wîse* vgl. Trier, 1973).

In ‚Zabulons Buch' ist der agonale Aspekt vom Inhaltlichen aufs Darstellerische transponiert und damit inhaltlich neutralisiert. Die „Gegnerschaft der beiden Dialogpartner" im ‚Rätselspiel' erscheint „nun als Konkurrenz, den Stoff der seltsamen Geschichte ausführlicher und gefälliger als der Gegner präsentieren zu wollen" (Ragotzky, 1971, S. 69f.). Wolfram und Klingsor erscheinen gleichermaßen „als autorisierte Sachwalter der Wissenstradition und Wissenschaftsgeschichte der Astronomie" (Ragotzky, 1971, S. 74).

Im ‚Stubenkrieg' dagegen wird die Konstellation des ‚Rätselspiels' wiederaufgenommen. Die Kontroverse wird jedoch „nicht als Rätseldialog, sondern als eine Folge von Phasen wechselseitiger, sich steigernder Herausforderung" aktualisiert, von denen jede „nach dem gleichen Reizschema" abläuft (Ragotzky, 1971, S. 77). Das Ende ist mit dem ‚Rätselspiel' vergleichbar, wenn auch in gesteigerter Form. Die von Klingsor herbeigerufenen 12 Teufel räumen vor den von Wolfram zu Hilfe geholten 12 Aposteln das Feld (Ausg. Siebert, 1953, S. 379, Str. 21).

Im ‚Sonrat', der auf den ‚Stubenkrieg' folgt, kommt es dann zur expliziten Versöhnung der beiden Kontrahenten. Auf Klingsor Bitte *verzich mir, lieber Wolfferam* erwidert dieser *ich vergib dir all din schuld* (S. 385f., Str. 5,8 und 6,4).

Die Harmonisierung des Verhältnisses Wolfram-Klingsor setzt die Aufwertung Klingsors voraus (zu den Gründen Ragotzky, 1971, S. 81–83). Schon im ‚Rätselspiel' hatte Klingsor die Examinierung Wolframs in der ‚teuflischen' Disziplin der Astronomie nicht selbst übernommen, sondern an Nasion delegiert. Nach dem ‚Lohengrin' sind übrigens Wolframs Clinschor und der Klingsor des ‚Wartburgkrieges' nicht identisch, denn dieser erklärt: *mîns enn uren sîn schrîber was* (229: „Meines Großvaters Urgroßvater war sein Schreiber"; vgl. Füetrer, BdA 1774, und Krohn, 2001, S. 519f.).

Wolframs imaginierte Teilnahme am Sängerkrieg auf der Wartburg (zum Schauplatz Lemmer, 1990/91) bestimmt seine künftige Rolle als Meistersinger (Brunner, 1975), wobei er z.T. als Wolf Ron(e) o.ä. firmiert, bisweilen sogar unter beiden Namen, und damit doppelt geführt wird (Brunner, 1992, Sp. 162–164; vgl. *Ram der Wolfe* JT 3598).

3.6 Der Lügenvorwurf

Der Lügenvorwurf gegenüber der Dichtung reicht bis weit in die griechische Antike zurück. Bei Platon hat er (neben wichtigen inhaltlichen Aspekten) vor dem Hintergrund der Ideenlehre differenzierte und philosophisch fundierte Wurzeln. Aristoteles hatte die Diskussion durch die Unterscheidung der Aufgaben der Geschichtsschreiber einerseits und der der Dichter andererseits auf ein neues und tragfähigeres Fundament gestellt und der Dichtung gegenüber der Geschichtsschreibung einen höheren Stellenwert zuerkannt. Die römische Rhetorik und Poetik unterschied zwischen *historia*, *argumentum* und *fabula*. *Historia* ist das tatsächlich Geschehene; *fabula* ist das, was nicht geschehen ist und auch nicht geschehen kann, weil es unmöglich ist; *argumentum* ist das, was zwar nicht geschehen ist, aber doch geschehen könnte. Beim *argumentum* lag also ein auch theoretisch belastbarer Ansatzpunkt für die Dichtung im Sinne fiktionaler Literatur.

Die mittelalterlichen Literaturgegner argumentieren meist etwas schlichter. Für sie überliefern Theologie und Geschichtsschreibung die Wahrheit, Dichtung dagegen ist Lüge. Häufig werden in dieses Grundschema noch andere Aspekte einbezogen. Religiöse Literatur ist dem Seelenheil zuträglich, Dichtung schadet ihm. Lügenhafte Dichtung ist kunstvoll geschmückt, also verpflichtet Wahrheit zur Schmucklosigkeit bzw. signalisiert Schmucklosigkeit Wahrheit.

Thomasin von Zerklaere empfiehlt in seinem ‚Wälschen Gast' den jungen Adligen zunächst die Lektüre von Artusromanen: *Juncherren suln von Gâwein/hoeren, Clîes, Érec, Îwein,/und suln rihten sîn jugent/gar nâch Gâweins reiner tugent./volgt Artûs dem künege hêr,/der treit iu vor vil guote lêr* (1041–1046: „Die jungen adeligen Herren sollen von Gawein hören, von Clies, Erec und Iwein, und sie sollen sich in ihrer Jugend ganz nach Gaweins tadellosem Charakter ausrichten. Folgt Artus, dem erhabenen König; der ist euch Vorbild"). Zwar gilt: *die âventiure sint gekleit/dicke mit lüge harte schône:/diu lüge ist ir gezierde krône* (1118–1120: „Die Aventüreromane sind häufig mit Lüge bekleidet, und zwar sehr schön. Die Lüge ist geradezu ihr krönender Schmuck"). Aber: *ich schilt die âventiure niht,/swie uns ze liegen geschiht/von der âventiure rât,/wan si bezeichenunge hât/der zuht und der wârheit:/daz wâr man mit lüge kleit* (1121–1126: „Ich kritisiere die Romane nicht. Denn obwohl die *âventiure* uns zum Lügen veranlaßt, verweist sie doch auf höfisches Verhalten und Wahrheit. Das Wahre ist mit Lüge bekleidet"). Später wird sein Urteil *sub specie aeternitatis* negativer: *seht, Artûs was wol erkant/und ist ouch hiute genuoc genant:/nu sage mir, waz hilft in daz? / im taete ein pâter noster baz. / ob Artûs gots hulde haben sol, / er enbirt unsers lobes wol: / ist aver er in der helle grunde, / unser lop mêrt sîne sunde, / wan er uns materge gît / grôzer lüge zaller zît* (3535–3544: „Seht, Artus war berühmt, und auch heute spricht man noch von ihm. Aber sag mir, was hat er davon? Ein Vaterunser täte ihm besser. Wenn Artus Gottes Gnade erlangt hat, dann kann er auf unsere rühmenden Worte gut verzichten; ist er aber in der Tiefe der Hölle, dann vergrößert unser Rühmen seine Sünde nur noch, weil er uns alle Zeit den Stoff für gewaltige Lügen liefert"). Später kippt es dann wieder zurück: *Wâ ist Êrec und Gâwân / Parzivâl und Îwân? / ich weiz si ninder. daz geschiht / dâ von daz wir haben niht / Artûs inder imme lant. / lebt er, wir vunden sâ zehant / in der werlde rîter gnuoc / die sô vrum sint und gevuoc / daz mans möht heizen Îwaen* (6325–6333: „Wo ist Erec und Gawan, wo Parzival und Iwan? Ich weiß nicht, wo sie sind. Und das kommt daher, daß wir Artus nicht mehr im Lande haben. Lebte er noch, dann fänden wir auch sogleich in der Welt genügend Ritter, die so tüchtig und höfisch sind, daß man ihnen den Namen Iwan geben könnte").

Weniger skrupulös als Thomasin beurteilt Hugo von Trimberg im ‚Renner' die Romane über Erec, Iwein, Tristrant, Parzival oder Wigalois. Für die Leser gilt: *Swer des geloubt, der ist unwîs* (1226), und für die Autoren: *Mit sünden er sîn houbet toubt / Swer tihtet, des man niht geloubt* (1229 f.). Die Romane sind zwar bekannt (1221) und beliebt (16 183 ff.): *Doch sint diu buoch gar lügen vol* (21 644).

‚Der gute Wirt' (‚Der Wirt der Seele') ist ein Lob des Priesters, der mit den Sakramenten Kostbareres darreicht, „als David, Salomon und Alexander besaßen; ja die Wundertafel des Grals von *Tyterel*, *Aufferte* (Anfortas), *Firmitel* (Frimutel), und *Parcifal* war armselig gegen ihn, der dem Tisch Christi gleicht" (Wachinger, 2004, Sp. 578 f.).

Im ‚Großen Seelentrost' konstatiert der Erzähler: *Uele lude syn, de lesen wertlike boke vnde horen da na vnde vorlesen al ere arbeyt, wente se ne vinden dar nicht der selen trost. Ichteswelke lude leset boke van Persevalen vnde van Tristram vnde van Diderike van den Berne vnde van den olden hunen, de der werlde denden vnde nicht gode. Vnde in den boken en ys neyn nut, wente men en vint dar nicht der sele trost* (Ausg. Schmitt, S. 1,26–30: „Es gibt viele Leute, die lesen weltliche Bücher und richten sich danach und strengen sich vergebens an, weil sie darin nichts finden, was gut für die Seele ist. Manche Leute lesen Bücher von Perseval und von Tristram und von Dietrich von Bern und von den alten Hunnen, die der Welt dienten und nicht Gott. Und in diesen Büchern ist nichts Nützliches, denn man findet darin nichts, was gut für die Seele ist").

Ulrich von Pottenstein hält in seiner Vorrede zur ‚Dekalog-Auslegung' fest, daß es *lobleicher vnd pesser* wäre, in diesem Buch zu lesen als *in den püchern der alten sagmêr oder in dem Tytrell oder in Dietreichs von Pern vnd der andern rekchen streytpüchern, die nicht anders denn eytle ding leren vnd sagen* (Ausg. Baptist-Hlawatsch, S. 2,13–17).

Peter Suchenwirt betont die gegenüber literarischen Texten höhere Glaubwürdigkeit seiner Preisrede: *Was man in alten půchen sait/Von Parcival, von Gamuret,/Von Wyguloys, von Lantzulet,/Von manegen helden gůte tat,/Her Wolfram da nicht schulden hat,/Vil hundert iar ist iz gewesen/Vor im, er hat iz horn lesen* („Was man in alten Büchern von Parzival erzählt und von Gamuret, von Wyguloys, von Lantzulet und von den guten Taten vieler Helden – dafür kann man Herrn Wolfram nicht verantwortlich machen, denn es hat sich viele hundert Jahre vor ihm ereignet und er hat es nur vom Hörensagen"). Was er, Suchenwirt, dagegen lobend darstelle, *daz hat man offt und dik gesehen/mit sichtikleichen aůgen an* (X, 74 ff.: „das hat man immer und immer wieder mit eigenen Augen gesehen"). Bei aller Absetzung wird Wolfram jedoch eher in Schutz genommen, da er nicht Augenzeuge des Geschilderten war. Die Formulierung *er hat iz horn lesen* deutet darauf hin, daß Suchenwirt annahm, Wolfram habe nicht lesen können (Kratochwil, 1871, S. 21).

Daß Thüring von Ringoltingen sich in seiner ‚Melusine'-Übersetzung mehr als Historiker denn als Literat fühlt, zeigt seine Spitze gegen die Geschichten von Artus und den Rittern *von der tavelrond, es sig her Ywan und her Gawan, her Lantzelot, her Tristan, her Partefal*, denen seine Erzählung nicht nur im Hinblick auf ihre Abenteuerlichkeit, sondern vor allem im Hinblick auf ihren Wahrheitsgehalt überlegen sei (Ausg. Schneider, S. 128,33 ff.).

Ludwig von Eyb der Jüngere zum Hartenstein (Wenzel, 1980, S. 286–290; Rabeler, 2006) zeigt sich in den ‚Geschichten und Taten Wilwolts von Schaumburg' als Freund der *lateinischen und teutschen ritterpuecher, historien und cronicen* (Ausg. v. Keller, S. 3,11 f.), weist aber darauf hin, daß er *dise warhaftige geschichtn* in Prosaform (also sein Werk), *die umb reimes oder hohes rumbs willen mit kainer lügen vermischt*, nicht so darstellen könne, *wie dan her Wolfram von Eschimbach und vil ander maisterlich und kunstreich man, der kunst ich ein wais bin, ir gedicht gesetzt. Doch wirdet gesagt, das ein lauter warhait nit so vil kunst, behender sin, als geferbte lügen, bedürfen* (S. 5,8 f.; 19 ff.: „Doch sagt man, daß die reine Wahrheit bei der Darstellung nicht so viel Kunstfertigkeit und Geschick erfordert wie bunte Lügen"). In der ‚Klag des Historiensetzers' um den Tod Albrechts von Sachsen nennt er eine Reihe literarischer Figuren u. a. aus dem Wh. und dem Pz.: *Ei was wart auf*

Alischanz umb Mile und dem klaren Vivianz waßers aus augen vergoßen! Schionachtulander, Gamuret, Gawan, Tristant, Orilus, Lenteflurs, Galoes, Ilinot und der stark Morolt sint vast [heftig] *beweint, herzog Wilhelm der elter von Orliens, der wert Loherangrin, Hardis, Ardibollen, der klagparn Iter, Zitigast, Stoit und Gurzegrin* (S. 194,23 ff; vgl. auch S. 115,4 ff.).

Daß die Betonung der Kunstlosigkeit nicht immer ganz ernst zu nehmen ist, zeigt die ‚Erlösung', in der diese Argumentation ausgerechnet in einer Vierreimpartie erscheint: *Ich enkan nit vil gesmieren / noch die wort gezieren; / ich wil die rede vieren / âne allez florieren. / Geblûmet rede seit der grâl, / her Iwein und her Parzivâl, / und wie gewarp zû Cornewâl / Brangêne, Isôt, Tristan, Rewâl, / Und wie die klâre Blanzeflûr / bestricket in der minne snûr / mit Tristande durch amûr / heim zû Parmenîe fûr. / Solcher rede ich niht enger* (Ausg. Maurer, S. 26, 85–97: „Ich kann die Worte nicht herausputzen oder verzieren; ich will mein Werk gut machen ohne Blumenschmuck. Geblümte Rede findet sich in der Gralerzählung, in den Romanen von Herrn Iwein und Herrn Parzival und in den Geschichten, die berichten, was in Cornwall Brangäne, Isolde, Tristan und Rewal [Curnewal] taten und wie die schöne Blancheflur von der Liebe gefesselt mit Tristan [schwanger] ihrer Liebe wegen in die Heimat [Riwalins] nach Parmenie fuhr. Solche Darstellung ist nicht mein Ziel"; über Reim-Vorreden zu Prosa-Sachtexten Unger, 1969).

Freilich gibt es auch Gegenstimmen, welche die Lektüre literarischer Werke mit Nachdruck empfehlen: Im Testament des Grafen Gerhard von Sayn aus dem Jahre 1491 heißt es: *vnd wir wisen sy in den Tyterel vnd Brackenseil, das sy den wail durchlesen vnd dem volgen, want die hoirt yne und dem Adell zu zo wissen, vnd ist die gotlichste Lere, man in dutschen Boichern fynden magh, want da alle Doegent vnd Ere innesteit, wie die Fursten vnd Hern sich haben vnd regeren sullen* (Meier, 1889; danach Fechter, 1936, S. 41: „Und wir legen ihnen [den Söhnen] die Geschichte von Titurel und dem Brackenseil ans Herz, daß sie dieses Leitseil vom Anfang bis zum Ende lesen und ihm folgen, denn die Geschichte sollten sie und der Adel kennen; es ist die göttlichste Lehre, die man in deutschen Büchern finden kann, weil darin alle Tugenden und Ehren stehen, wie die Fürsten und Herren sich verhalten und die Herrschaft ausüben sollen").

Johannes Agricola empfiehlt: *Man lese Wigalois vom Rade / Partzival / könig Rucker / Dieterich von Bern / den alten Hildebrandt / den Renner / Ritter Pontus / und andere Deutsche geschichte / so wirt man wol finden / wes sich der Adel befleissen soll* (Ausg. Gilman, Bd. 1, S. 108, 21–25; vgl. Bd. 1, S. 3, 26 ff. und Bd. 1, S. 485,6 ff.).

3.7 Wolfram-Exzerpte in Chroniken

In die ‚Weltchronik'-Kompilation Heinrichs von München sind Passagen aus mehreren Texten inseriert (Ott, 1981, Sp. 831–837), darunter auch aus Wolframs Werken (D. Klein, 1998). Aus dem Pz. sind es in zwei Hss.-Gruppen zwei kleinere Passagen, welche dem Alten Testament zuzuordnen sind, nämlich die Tötung Abels durch Kain (Pz. 463,23–26 und 464,11–465,10 bzw. 464,11–29) und die Warnung Adams an seine Töchter, während der Schwangerschaft bestimmte *würze* zu sich zu nehmen (Pz. 518,1–30 bzw. 518,6–30; vgl. Vollmer, 1908, S. 18f., 27; Shaw, 1989). Wesentlich umfangreicher sind die historisch verstandenen Wh.-Exzerpte, die zwischen Ausschnitten aus der ‚Arabel' (Kiening, 1998) und solchen aus dem ‚Rennewart' stehen (→ S. 585f., 608). In der Wolfenbütteler Hs. cod. Guelf. 1.5.2 Aug. fol. sind in der entsprechenden Partie „insgesamt 2442 Verse Wolframs übernommen […] und um 300 eigene des Bearbeiters vermehrt worden", wobei der erste übernommene Vers Wh. 8,27 und der letzte Wh. 458,5 ist (Schröder, 1981 [b], S. XVIII, Übersicht S. XLVII–LII; Shaw, 2002).

Die von der Gattung her gesehen umgekehrte Entlehnungsrichtung, welche aber auf derselben Voraussetzung beruht, daß es sich nämlich hier wie dort um *res factae* handelt, ist im ‚Lohengrin' zu beobachten, für dessen historische Partien der Autor die ‚Sächsische Weltchronik' benutzt und versifiziert hat (Cramer, 1971, S. 130–156).

Für den Autor der ‚Oberrheinischen Chronik' ist König Ludwig fast nur als Sprungbrett zu Willehalm interessant: *Lůdewicus, sin [Karls] sún, der des Markins swester hatte, der in der heidenschaft gefangen lag, dem got half under Arabel, die kúnigen, die mit im fůr und sich lies toufen; dar umbe ir fatter kúning Terremer und ir brůder und kúning Tiebalt, ir man, und fil andere kúninge kamen úf Aleschantz und da stritten, do er verlör Fifianz und Mile, sinre swester kint, und ander fil lútz und half ime doch got und das riche und Rennúwart, das er Kibúrg, die kúnigen, und Orens, die búrg, und den sik behielt an den heiden* (Ausg. Maschek, S. 52,11 ff.).

In der zweiten (schwäbischen) Fortsetzung der ‚Kaiserchronik' kommt Rudolf von Habsburg nach seiner Wahl zum deutschen König zur Versammlung der Fürsten nach Frankfurt. Der Erzähler bemerkt: *man sach sô manic banier wagen, / daz ich niht rehte kan gesagen, / wie vil ir aller moht gesîn. / wan ainen spruch ziuh ich dar în, / den der werde dihtaer sprach, / her Wolfram von Eschenbach, / dô der künic Terramer / Orens beligen wolt mit her: / sus wart der baner zuovart, / als alle boume in Spehteshart / mit zendâl waern behangen* (318–328: „Man sah so viele Fahnen hin- und herwogen, daß ich nicht sicher sagen kann, wie viele es insgesamt waren. Aber ich will einen Ausspruch zitieren, den der berühmte Dichter Herr Wolfram von Eschenbach formuliert hat, als der König Terramer mit seinem Heer Orange belagern wollte: Die Banner zogen heran, wie wenn alle Bäume im Spessart mit Taft behängt wären"). Die letzten drei Verse sind ein Zitat aus Wh. 96,15–17.

‚Unser vrouwen klage' übernimmt Passagen aus der Klage Willehalms über Vivianz' Tod. Es entsprechen sich: Uvkl. 1154–1156 und Wh. 60,21–23; Uvkl. 1287–1291 und Wh. 60,28–61,2; Uvkl. 1292 und Wh. 61,9; Uvkl. 1293–1295 und Wh. 62,12–14. Die Zerstückelung des Wh.-Textes ist darauf zurückzuführen, daß der Autor der Marienklage die spezifisch auf Vivianz bezogenen Passagen überspringen muß (Bumke, 1959, S. 27 f., Anm. 42).

3.8 Ausblick

Von den besprochenen Zeugnissen scheint der sog. Sängerkrieg auf der Wartburg eine eher marginale (z.T. auch skurrile) Facette des Wolfram-Bildes darzustellen. Tatsächlich ist die Vorstellung vom Meistersinger Wolfram jedoch von nicht zu überschätzender Bedeutung für die Kenntnisse über den Autor und seine Werke im 17. und bis weit ins 18. Jh. hinein. Entscheidend ist dabei Cyriacus Spangenbergs Schrift ‚Von der edlen vnnd hochberüembten Kunst der Musica, vnnd deren Ankunfft, Lob, Nutz vnnd Wirckung, auch wie die Meistersenger auffkhommenn vollkhommener Bericht' (1598), die sich z.T. auf den ‚Stubenkrieg' stützt (Simrock, 1858, S. 318 ff.; Siebert, 1953; Blank, 1973/75). Neben ‚biographischen' Einzelheiten, wie dem Aufenthalt bei Hermann von Thüringen und der Teilnahme am Sängerkrieg, wird dort auch mitgeteilt, daß Wolfram „vil Teutsche lieder gemacht, sonderlich von Gamurret, vnnd deßen Sohn Parcifall, Item, vom Marggrauen Willhelm von Narbon, vnnd dem starckhen Rennewart" (Ausg. v. Keller, S. 121 f.). Auf Spangenberg fußen mit entsprechend umfangreichen Angaben sein Sohn Wolfhart sowie Hanmann (1658) in den Anmerkungen zu Opitz' ‚Buch von der Deutsche Poeterey' und Wagenseil (1697). Auf diese wiederum stützen sich weitere Autoren bis hin zu Zedlers ‚Universal Lexikon' (1734) und dem Verkaufskatalog des Tschudi-Nachlasses von 1767 (dazu im einzelnen Schirok, 2000, S. XVI–XL; vgl. auch Brunner, 1975, S. 32–65).

Gegen Ende des 18. Jh.s werden Abdrucke von Wolframs Werken publiziert, 1784 der Wh. durch Casparson nach der Kasseler Hs. Ka und im selben Jahr der Pz. durch Myller nach der St. Galler Hs. D (→ S. 724 ff., 733 f.). Fünfzig Jahre später markiert dann Lachmanns Gesamtausgabe (1833) den Beginn der wissenschaftlichen Beschäftigung mit Wolfram.

4. Anhänge

4.1 Prätexte und intertextuelle Bezüge

‚Wiener Genesis' (um 1060/80?)
‚Physiologus' (um 1070/um 1120)
‚Annolied' (um 1080)
‚Chanson de Roland' (um 1100)
‚Kaiserchronik' (um 1140/50?)
Gerhard von Cremona, Lateinische Übersetzungen arabischer Autoren (um 1145–87)
‚Brandans Meerfahrt' (um 1150)
‚Charroi de Nîmes' (um 1150)
‚Couronnement de Louis' (um 1150)
‚La Prise d'Orange' (nach 1150)
Wace, ‚Roman de Brut' (1155)
‚Roman de Thèbes' (um 1160)
‚Brief des Priesterkönigs Johannes' (um 1160/70)
‚Straßburger Alexander' (um 1170)
‚Chanson de Guillaume' (um 1170)
Chrestien de Troyes, ‚Erec et Enide' (um 1170)
Pfaffe Konrad, ‚Rolandslied' (1172?)
Eilhart von Oberg, ‚Tristrant' (um 1175/80?)
Chrestien de Troyes, ‚Cligès' (um 1176)
Chrestien de Troyes, ‚Lancelot' (um 1180)
Chrestien de Troyes, ‚Yvain' (um 1180)
Hartmann von Aue, ‚Erec' (um 1180)
Heinrich von Veldeke, ‚Eneasroman' (um 1170–74?/Abschluß 1185)
Chrestien de Troyes, ‚Perceval' (vor 1190)
‚Lucidarius' (um 1190/95)
Reinmar der Alte (um 1190/1210)
Hartmann von Aue, ‚Gregorius' (um 1190/1200)
Hartmann von Aue, ‚Iwein' (um 1190/1200)
‚Nibelungenlied' und ‚Nibelungenklage' (1191/1204)
Walther von der Vogelweide (vor 1198–um 1230?)
‚Aliscans' (um 1200)
‚Chevalerie Vivien' (um 1200)
‚Herzog Ernst B' (um 1208/09?)
Neidhart von Reuental (1210/40)

4.2 Wolframs Werke

Lyrik (vor ca. 1200/um 1220?)
‚Parzival' (um 1200/10)
‚Willehalm' (um 1210/20?): Der Erzähler führt sich als Verfasser des Pz. ein, geht auf Kritik am früheren Werk ein (→ S. 2f.) und stellt zahlreiche Bezüge her (→ S. 12f.).
‚Titurel' (um 1217/20?)

4.3 Nennungen Wolframs und seiner Werke

Unter Wolfram-Nennungen sind ohne Differenzierung auch Umschreibungen (wie *der von Eschenbach* u.ä.) verbucht. Als Nennung der Werke werden auch die Auftritte oder Erwähnungen von Figuren verstanden, soweit sie nicht unspezifisch sind (wie z.B. Artus). Spezifische Ortsnamen werden in der Regel angeführt (wie z.B. Pelrapeire), unspezifische dagegen nicht (wie z.B. Karidol).

Namen werden in der Normalform angeführt (z.B. Urjans statt Frians/Vrians; Galoes statt Galwes/Kaloes), da nicht nur die einzelnen Texte, sondern auch die Überlieferungsträger ein und desselben Textes in dieser Beziehung deutlich variieren. Bei starken Abweichungen ist eine Erklärung beigegeben (z.B. Seife [= Sangive], Munsalvalde [= Munsalvaesche]).

Bei Texten mit hoher Bezugsdichte werden zunächst die Wolfram-Nennungen, dann die Pz./Tit.- und am Ende die Wh.-Belege angeführt.

Für Texte, die als Fortsetzungen, Ergänzungen, Erweiterungen, Zusammenfassungen oder Gegenentwürfe praktisch mit demselben Figurenarsenal arbeiten wie die entsprechenden Wolfram-Texte, sind in der Regel keine Einzelnachweise durchgeführt.

Die Datierungen erfolgen nach den maßgeblichen Darstellungen und Ausgaben, nach dem ²VL und Heinzle (2002).

1201–1210

GOTTFRIED VON STRASSBURG, ‚TRISTAN UND ISOLD' (um 1210; → S. 15f.):
Höchstes Lob für Hartmann von Aue, scharfe Kritik an einem Autor (Wolfram), der als *des hasen geselle* (4638) bezeichnet wird (vgl. Hartmann von Aue, ‚Der arme Heinrich', 1123: *ir sît des hasen genôz*; beide Passagen stellt schon BMZ I, Sp. 640 a/b, zusammen).

WIRNT VON GRAFENBERG, ‚WIGALOIS' (um 1210/20; → S. 16):
her Wolfram,/ein wîse man von Eschenbach;/sîn herze ist ganzes sinnes dach;/leien munt nie baz gesprach (6343 ff.); Jeschute (6325); Parzival (6329); Gahmuret, Baldac (8244). Wirnts Urteil *leien munt nie baz gesprach* ist von Späteren oft wiederholt worden: ‚Wartburgkrieg' 6,9 (entsprechend ‚Lohengrin' 39); ‚Stubenkrieg' 6,2; Ulrich von Etzenbach, ‚Alexander' 127; Albrecht, ‚Jüngerer Titurel', Verfasserbruchstück 15; Konrad Grünenberg, Wappenbuch, Textbd. S. CXVIII; Froben Christoph von Zimmern, ‚Zimmerische Chronik', Bd. 2, S. 194, 33 f.

1211–1220

WINSBECKE (1210/20; → S. 33 f.):
Gahmuret, *der von des schiltes werdekeit/der moerin in ir herze brach* (Str. 18).

THOMASIN VON ZERKLAERE, ‚DER WÄLSCHE GAST' (1215/16; → S. 42 f.):
Parzival (1067, 1072, 1075, 6326).

STRICKER, ‚KARL DER GROSSE' (um 1220/50; → S. 12):
Terramer (die Wolframsche Namenform für den afrz. Namen Desramé) (12198).

STRICKER, ‚DANIEL VON DEM BLÜHENDEN TAL' (um 1220/50; → S. 23 f.):
Parzival (288, 311, 2854, 3533, 5101, 5115, 6962, 7177, 7195, 7200, 7238, 7305, 7417, 7427, 7859).

1221–1230

‚VIRGINAL' (2. V. 13. Jh.?):
Parzival (1045,12).

‚WARTBURGKRIEG' (älteste Schicht) (2. V. 13. Jh.?):
Wolfram und Clingsor als Teilnehmer (→ S. 39 ff.).

HEINRICH VON DEM TÜRLIN, ‚DIU CRÔNE' (nach ca. 1225?):
Korrektur des Pz. Gawein gelingt die Gral-Aventüre (→ S. 22 f.). Wolfram (6380); Parzival (1547, 2208, 2212, 2291, 5981, 6378, 6390, 9026, 13996, 16363, 23865, 23881, 24598, 25861, 25921, 25926, 29485). Viele Namen von Wolframs Roman sind durch andere ersetzt, z.B. Condwiramurs durch Blancheflur (die Chrestiensche Form), Urjans durch Lohenis von Rahaz, Plippalinot durch Karadaz, Orgeluse durch Mancipicelle. Einige Wolframsche Figuren sind namenlos geworden (z.B. Anfortas).

MARNER (um 1230/70):
ich sunge ein bíspel oder ein spel,/ein wârheit oder ein lüge,/ich sunge ouch wol, wie Titurel/templeise bî dem Grâle züge (Ausg. Strauch, XV, 16 [301 ff.]; Ausg. Willms, 7,16 [S. 257 ff.]).

1231–1240

REINBOT VON DURNE, ‚DER HEILIGE GEORG' (1231/53; → S. 34):
Der Erzähler setzt am Beginn seinen Auftrag zur Abfassung des ‚Heiligen Georg' durch Herzog Otto von Bayern mit Wolframs Auftrag zur Abfassung des Wh. durch Hermann von Thüringen in Beziehung (34–45); Willehalm (37, 42); Wolfram (41, 695); Gahmuret, Zazamanc (1560); Feirefiz (1676); Anfortas (2698).

RUDOLF VON EMS, ‚ALEXANDER' (I: vor ca. 1235, II: um 1240/54?; → S. 16 ff.):
Wolfram (3134).

RUDOLF VON EMS, ‚WILLEHALM VON ORLENS' (um 1235/40; → S. 16 f.):
Wolfram (2179, 7833); Parzival (2181); Gahmuret (7826, 7834); Willehalm (2183).

1241–1250

ULRICH VON TÜRHEIM, ‚RENNEWART' (nach 1243 – Fortsetzung des unvollendeten Wh.; → S. 18 f., 46):
Wolfram (157 f., 4543/46, 21 711, 36 478, wobei Ulrich-Nennungen meist in der Nähe stehen: *Von Eschenbach her Wolfram/und ich von Turkeim Ulrich* [36 478 f.]).

‚WIGAMUR' (vor ca. 1245?; → S. 24):
Gahmuret (W 2057, W/M 2199, W 3208, W 4758 f., S 4854, W/M/S 4878, W/M/S 4989, W/M/S 5036, W/M/S 5113); Gandin (W 3208); Lähelin (W 4744, W/M 4857); Ither (W/S 4843); Herzogin von Logroys [= Orgeluse] (W 923); Pelrapeire (W 903).

TANNHÄUSER (um 1245/65; → S. 36):
Gahmuret (IV, 34; X, 27); Parzival (IV, 37; IX, 46)

‚KÖNIG TIROL' (um 1250?):
Flegetanis, Anfortas (Rätselgedicht Str. 42); Gahmuret (Epische Fragm. D 2); Pz. 257,20 ~ Epische Fragm. B 6,7). Der Schottenkönig Vridebrant spielt am Beginn des Pz. eine Rolle (16,16; 25,2,20; 48,19; 58,7; 70,16).

1251–1260

‚EDOLANZ' (M. 13. Jh.?):
Neben Gawan (A 11, 24, 33, 59, 70 u. ö.) tritt der *pontschurn* auf (B 81, 87, 100, 152, 163, 201, 215, 244). Nach Schönbach (1881, S. 282) scheint das Willehalm-Epitheton *der punschûr* (Wh. 310,21; 335,10; 346,9) „von dem dichter des edolanz als titel, der zu einem eigennamen gemacht werden konnte, aufgefasst zu sein".

‚BLANSCHANDIN' (M. oder E. 13. Jh.):
Feirefiz und Parzival (II,59).

‚DIE BÖSE FRAU' (bald nach 1250; → S. 34):
Parzival (409); *Gahmuret und Belakân,/diu dô Feirefîzen,/den swarzen und den wîzen,/gebar von sîner frühte* (580 ff.).

BERTHOLD VON HOLLE, ‚DEMANTIN' (3. V. 13. Jh.):
Wolfram (4834, 11 670); Anschewin (= Feirefiz) (1206); Parzival (1207).

KONRAD VON STOFFELN, ‚GAURIEL VON MUNTABEL' (Autor bezeugt 1252–82; → S. 17, 24):
Wolfram (29); Parzival (Ausg. Achnitz, 5261; Ausg. Khull, 3858).

ULRICH VON LICHTENSTEIN, ‚FRAUENDIENST' (1255?):
Parzival (Ausg. Lachmann, S. 49,27; S. 124,4; S. 488,1,21; S. 490,11 = Ausg. Spechtler, S. 33,167; S. 82,398,4; S. 325,1543,7 und 1546,3; S. 326,1553,1); Ither (Ausg. Lachmann, S. 488,21; S. 490,3 = Ausg. Spechtler, S. 325,1546,3; S. 326,1552,1).

RUDOLF VON ROTENBURG (um 1257):
Parzival (Leich III,45); Gawan (Leich V,192).

1261–1270

ULRICH VON DEM TÜRLIN, ‚ARABEL' (1261/69 – Vorgeschichte zum ‚Willehalm'; → S. 19f., 46; Angaben nach *A, wenn nicht anders vermerkt):
Wolfram (4,7,22; 28,27; 46,19; 68,4; 272,2; Fortsetzung 589, 595, 601, 621, 826); Anfortas (200,6); Belacane (74,18; 304,6,12); Gahmuret (76,10; 200,10; 304,7; R 158,2); Herzeloyde (200,12; 304,13); Isenhart (74,18); Zazamanc (76,8).

PLEIER, ‚GAREL VOM BLÜHENDEN TAL' (vor ca. 1270?; → S. 32):
Die Pz./Tit.-Konstellation Ekunaver (480 u.ö.) – Klouditte – Florie – Artus-Sohn Elinot wird erst spät eingeführt (16742ff., 17007f., 17195ff.); Beacurs (17671, 20075, 20203); Urjans (3949, 3970, 5083, 5092, 5096 u.ö.); Gahmuret (4179); Galoes (4181, 7364); Gandin (4177); Gramoflanz (20077); Lammire (4192).

PLEIER, ‚TANDAREIS UND FLORDIBEL' (vor ca. 1270?; → S. 24, 32):
Antikonie (226, 235, 2437, 3416 u.ö.); Clamide (11918); Feirefiz (15271); Vergulaht (227, 11880, 14973, 15287 u.ö.); Gahmuret (2081); Gramoflanz (1694, 1971, 2302, 2650 u.ö.); Galoes (2082); Parzival (2540); auffällig *der minne gernde Tesereis* (2077) aus dem Wh.

PLEIER, ‚MELERANZ' (vor ca. 1270?; → S. 32):
Wolfram (109) als unerreichbares Vorbild. Seife [= Sangive] (129, 137, 143, 148); Lot (137); Beatus [= Beacurs] (151); Gawan (151 u.ö.); Itonje (153); Gundrî [= Cundrie] (154).

1271–1280

ALBRECHT, ‚JÜNGERER TITUREL' (vor 1272 [?]/vor 1294; → S. 24ff., 36f.):
Wolfram (244,4a; 266,2b; 499.A,4a; 1988.A,4b; 2143,4b; 2867,1a); Ram der Wolfe (3598,1a); *friunt von Blienvelde(n)* (608,4a; 5087,1a; 5295,1a).

‚DIETRICHS FLUCHT' (4. V. 13. Jh.; → S. 33):
solt ieman bejagen den Grâl/alsam der küene Parzivâl (489f.); Gral (429).

BRUN VON SCHÖNEBECK, ‚DAS HOHE LIED' (1276):
Beacurs (1369); *wa ist der baruch, der katholicus* (10320; vgl. Pz. 563,4ff.).

ULRICH VON ETZENBACH, ‚ALEXANDER' (vor 1278 – nach 1283; → S. 35f., 38):
Wolfram (124, 5370, 5992f., 7803, 8741); *leien munt gesprach nie baz* (127); Parzival, Ither (1707ff.); Gahmuret, Herzeloyde (3385ff.); Gramoflanz (3428ff.); Galoes, Gahmuret, Belakane, Feirefiz, Parzival (9878ff.); Herzeloyde (10314ff.); Gawan, Orgeluse und Gramoflanz (14668ff.); Willehalm (8748, 8753).

‚BRAUNSCHWEIGISCHE REIMCHRONIK' (1279/92; → S. 34):
ich wene, Kundrye uz dhem Grale/icht so wunderlich gereyte reyt (8974f. bei der Verspottung eines Magdeburgischen Bürgeraufgebots).

FRAUENLOB (HEINRICH VON MEISSEN) (um 1280/1318):
Göttinger Ausgabe: Wolfram (V,115,1; V,117G,7); Gahmuret (IV,12,8; IV,13,10; VII,27,2); Gawan (VII,27,4); Walwan (VII,27,5); Gral (V,47,14); Parzival (V,47,13; VII,27,1; VII, 27,17); Titurel (VII,27,2); Willehalm (VII,27,6); Rennewart (V,9,15);

Vivianz (V,13,18). Es bleiben nach der Ausgabe Ettmüller (von Thomas [1939] als unecht oder sehr zweifelhaft bezeichnet und von der Göttinger Ausgabe Frauenlob abgesprochen): Gahmuret (359,6); Isenhart (359,8); Condwiramurs (354,7); Gurzgri (357,16); Tschionatulander (359,10); Anfortas (359,13; 360,16); Terramer (354,9).

‚GÖTTWEIGER TROJANERKRIEG' (um 1280; → S. 37):
Die Wolfram-Nennungen fallen unter zwei Kategorien: 1. Der Erzähler bezeichnet sich als *ich Wolfram* oder läßt sich vom Rezipienten oder der Frau Minne/Venus als Wolfram anreden (704, 2902, 3462, 3576, 3711, 5615, 7496, 7509, 9017, 13969, 16249, 22933, 25155). 2. Wolfram ist als Quelle bezeichnet (169, 7403, 7903, 10031, 10209, 12837, 15173, 15964, 17027, 18554, 24037).

HERMANN DAMEN (1280/1300):
Wolveram und Klinsor genant von Ungerlant, / diser tzwier tichte ist meisterlîch irkant (Schweikle, 1979, S. 39; HMS 3, S. 163, III,4,11 f.).

1281–1290

‚ZWEITE (SCHWÄBISCHE) FORTSETZUNG DER KAISERCHRONIK' (1281; → S. 46 f.):
Wolfram, Terramer, Oransche (323–325); *sus was der banner zuovart, / als alle boume in Spehteshart / mit zendâl waern behangen* (326–328 = Wh. 96,15–17).

‚SEIFRIED HELBLING' (um 1282/99; → S. 35):
Wolfram (XIII,22.83); Gahmuret, Parzival (XIII,80); Feirefiz (XIII,20); Gahmuret (II,1307); Feirefiz, Secundille, Orilus, Parzival, Anfortas (III,149 ff.); Gahmuret, Herzeloyde, Parzival, Orilus, Gramoflanz, Gawan, Orgeluse (XV,107 ff.).

‚LOHENGRIN' (um 1285; → S. 27 f., 46 – Lohengrin-Nennungen und -Umschreibungen bleiben unberücksichtigt):
Wolfram (38/40, 91, 102, 111, 162, 171, 227, 298, 1071 f., 2295, 7635); Parzival (457, 485, 521, 591, 602, 2147, 7101); Gawan (459, 531, 2286); Bezug auf das Geschehen in Zazamanc (6653 ff.); Lohengrin erklärt seine Herkunft: Gandin, Gahmuret, Parzival, Herzeloyde, Pelrapeire, Gahardyz [= Kardeiz] (7098 ff.).

REGENBOGEN (um 1290/1320):
Wolfram (Frauenlob, Ausg. Ettmüller, 168,7); *Die meister habent wol gesungen, / her Frouwenlop Klingsôr und der von Eschenbach* (Schweikle, 1970, S. 39).

1291–1300

DER DÜRING (E./spätes 13. Jh.):
Parzival (I,11).

HUGO VON TRIMBERG, ‚DER RENNER' (nach 1290?; → S. 43):
Parzival (1223, 16191, 21640).

‚REINFRID VON BRAUNSCHWEIG' (nach 1291; → S. 35):
Wolfram (16681, 10421 und 16584 beziehen sich auf Titurelles buoch, d. h. den ‚Jüngeren Titurel'; Anfortas (143, 16660, 16673); Feirefiz (8925, 15285, 16654, 20158);

Gahmuret (15281, 16605, 20159); Gawan (8931, 20159); Gral (142, 783, 790, 2078, 10418, 15318, 16669); Gramoflanz (17378, 20163); Herzeloyde (9239, 15321); Jeschute (2194); Condwiramurs (15316); Munsalvalde [= Munsalvaesche] (144, 10418, 16669); Orgeluse (16667); Orilus (20163); Parzival (8925, 15320, 16678, 20158); Pelrapeire (15316); Schastel marveile (8923, 16665); Pompejus und Ipomedon (16592, 19945); Schionatulander (15244, 16651, 20406); Secundille (15284, 16658); Sigune (15238, 15245); Taburnit (16656, 19404, 20440); Titurel (143); Titurelles buoch (= ,Jüngerer Titurel') (10422, 16586); Zazamanc (15279, 16611); Alischanz (14859, 16149, 16758, 17554, 18439); Alise (23368, 23375, 23379); Arofel (16756, 17106, 17553); Baligan (16156, 19952); Giburg (9242, 14863, 14883, 15306); Loys (23367); Mile (14860); Orense (14855); Rennewart (23363, 23378, 23387, 23407); Terramer (16157, 19958, 23363, 23385, 23392, 23403, 23413); Tesereiz (18438); Vivianz (14860, 20164); Willehalm (14854, 14883, 17107, 23369).

HEINRICH VON FREIBERG, ,DIE RITTERFAHRT JOHANNS VON MICHELSBERG' (um 1295?; → S. 35):
Parzival, Gawan (17); Gahmuret (19); Willehalm, Titurel (21); Schionatulander (32); Sigune (37); Johann von Michelsberg als *der niuwe Parzival* (178).

ULRICH VON ETZENBACH, ,WILHELM VON WENDEN' (vor 1297; → S. 38):
Wolfram (4710).

HIRZELIN, ,GEDICHT VOM KRIEGE ZWISCHEN ALBRECHT I. UND ADOLPH (IM JAHRE 1298)' (1298 oder wenig später; → S. 35):
Terramer (1); Oransche (10); Willehalm (13); Naribon, Alischanz (15).

,UNSER VROUWEN KLAGE' (E. 13. Jh.; → S. 47):
Verse 1154–1156 entsprechen Wh. 60,21–23; Verse 1287–1291 entsprechen Wh. 60,28–61,2; Vers 1292 entspricht Wh. 61,9; Verse 1293–1295 entsprechen Wh. 62,12–14.

,SCHÜLER ZU PARIS' A (E. 13. Jh.):
Herzeloyde (621/901); Sigune (622/902).

JOHANN VON KONSTANZ, ,MINNELEHRE' (um 1300):
Gawan, Parzival (758 f.).

HEINRICH VON NEUSTADT, ,APOLLONIUS VON TYRLAND' (um 1300?; → S. 34):
Protefal/Parceval/Parcival (19678); Gral (19679). Aus der Verbindung des Apollonius mit der Mohrenkönigin Palmina geht der auf der einen Seite schwarze, auf der anderen Seite weiße Sohn Garamant hervor (14281 ff.).

,WOLFDIETRICH D' (um 1300?; → S. 37):
Autorfiktion *daz sag ich, Wolfram der werde / meister von Eschenbach* (V,133,3).

,LOCCUMER ARTUSROMAN'-FRAGMENT (um 1300):
Isenhart, Anschouwe, Gahmuret (B 2r, 6 ff.).

,KLAGE VOR FRAU MINNE' (um 1300/1. H. 14. Jh.):
Der Epilog „stellt die klagende Frau als Vorbild der Treue in einer Anspielung – ohne daß dieser Name fällt – neben Sigune" (Glier, 1971, S. 187).

'FRAU MINNE WARNT VOR LÜGEN' (wohl um 1300):
Gahmuret (37); *die hochgeborne moerin* (39); Parzival (97ff.; nach Glier, 1971, S. 103).

1301–1310

'DAS LEBEN DER HEILIGEN ELISABETH' (um oder kurz nach 1300):
Wolfram (190).

'DER MINNE FREIGEDANK' (A. 14. Jh.):
Gunderie [= Gawans Schwester Cundrie] (16).

'LEIPZIGER ARABEL-BEARBEITUNG' (A. 14. Jh. – Kurzfassung der 'Arabel' Ulrichs von dem Türlin; → S. 20).

'DER ROTE MUND' (1. H. 14. Jh.):
Wolfram (6); Orgeluse, Condwiramurs (24); Sigune (27); Jeschute, Cunneware (31).

'DIE ERLÖSUNG' (A. 14. Jh.; → S. 45):
Gral, Parzival (89f.).

'KREUZFAHRT LANDGRAF LUDWIGS DES FROMMEN' (1301; → S. 38):
Wolfram (955, 1797); Terramer (1796); Willehalm (1799). Die einzige Hs. wurde im 16. Jh. mit der Bemerkung versehen: *Wolfram von Eschenbach dichte ditz buches* (Ausg. Naumann, S. 180).

OTTOKAR VON STEIERMARK, 'REIMCHRONIK' (um 1301/1319; → S. 36):
Wolfram (39196, 45314, 94897); Gahmuret (38898, 45324); Parzival (38899); Litmarveile (39206); Schionatulander (17992, 39210); Sigune (17994, 39209); Willehalm (3256, 21853); Akarin (45317); Giburg (33076); Vivianz (3257, 21854); Heinrich von Narbonne (33073); Terramer (33075, 45316, 48298); Tesereiz (45316); Arofel (45317). Unberücksichtigt bleiben die Fälle namenloser Könige, deren Herrschaftsbereich (z.T. unter Weglassung des Personennamens) aus dem Wh. übernommen zu sein scheint, z.B. der *kunic von Cordubin* (47164) und *der künec Goriax von Kordubin* (Wh. 74,9) oder der *kunic von Valfunde* (47171) und *der künic von Valfundê,/der starke, küene Halzebier* (Wh. 17,28f.).

1311–1320

FRIEDRICH KÖDIZ VON SALFELD, 'DAS LEBEN DES HEILIGEN LUDWIG' (1314–23):
Wolfram (Ausgabe Rückert, S. 9,16f.; S. 11,26f., 30f.; S. 12,5,8,27,29,30; S. 13,1).

JOHANN VON WÜRZBURG, 'WILHELM VON ÖSTERREICH' (1314; → S. 32f., 35, 38):
Wolfram (14517f., 14545); Gahmuret (12295, 12298, 14099); Gardevias (14520); Kaylet von Spangen (12239, 12247, 12256, 12299, 14059, 14093, 14259, 14265, 14368, 14453, 14853, 14893, 15189, 16272, 17037, 17589, 17620, 17956); Ither (17096); Parzival (12291, 17596); Sigune (14531, 14535, 14539); Schionatulander (12293, 14525, 14531); Terramer (7724).

‚FRIEDRICH VON SCHWABEN' (nach 1314?; → S. 35, 38):
Anfortas (4821); Feirefiz (4817); Gral (4821); Orilus (1460); Parzival (4817); Schionatulander (1459, 4826); Sigune (1457, 4826); Titurel (4821); Alischanz (1507, 1511); Arabel (1387, 1403); Giburg (1402, 1436, 1438, 1441); Terramer (1386, 1425); Tibalt (1391, 1426); Vivianz (1508); Willehalm (1392, 1396, 1406, 1440, 1505, 4823).

EGEN VON BAMBERG, ‚DAS HERZ' (um 1320/40):
Anfortas (27).

HEINZELIN VON KONSTANZ, ‚VON DEM RITTER UND VON DEM PFAFFEN' (wohl um 1320–40):
Parzival (327).

1321–1330

‚DIE MINNEBURG' (2. V. 14. Jh.):
Anfortas (4563); Gahmuret (2992); Gral (204); Munsalvaesche (203); Schastel marveile (154); Schionatulander (4539); Sigune (4156, 4537); Titurel (als Werktitel = ‚Jüngerer Titurel') (4157); Vivianz (4534); Willehalm (4532).

HERMANN FRESSANT, ‚DER HELLERWERTWITZ' (2. V. 14. Jh.):
Parzival (592); Gawan (598); Gahmuret (601).

ÖSTERREICHISCHER BIBELÜBERSETZER, ‚KLOSTERNEUBURGER EVANGELIENWERK' (um 1330):
Wolfram (Kornrumpf, 2004 [a], Sp. 1104; [b], S. 114, Anm. 50).

1331–1340

CLAUS WISSE/PHILIPP COLIN, ‚RAPPOLTSTEINER PARZIFAL' (1331–36; → S. 28 ff.):
Wolfram (845,18; 845,23); Parzival (845,22).

KONRAD VON AMMENHAUSEN, ‚SCHACHZABELBUCH' (1337; → S. 33):
Gramoflanz (19 326).

‚TOTENKLAGE AUF GRAF WILHELM III. VON HOLLAND' (1337):
Wolfram (14 f.).

‚OBERRHEINISCHE CHRONIK' (1337 und spätere Fortsetzungen; → S. 46):
Markins [= Willehalm] (Ausg. Maschek, S. 52,9); Arabel (S. 52,10); Terramer (S. 52,12); Tibalt (S. 52,12); Alischanz (S. 52,13); Vivianz (S. 52,13); Mile (S. 52,14); Rennewart (S. 52,15); Giburg (S. 52,15); Oransche (S. 52,16); Lohengrin (S. 54,22–26).

‚CRONICA REINHARDSBRUNNENSIS' (um 1338/40/49):
Wolfram (Ausg. MGH, S. 571,42; S. 573,3,8,9 f.; S. 574,3,5).

1341–1350

LUPOLD HORNBURG (1347–48; → S. 33):
Wolfram (Lied 1,5; 3,10); Parzival (Lied 3,6).

PETER SUCHENWIRT (1347/49–95; → S. 36, 44):
Wolfram (X,78); Parzival und Gahmuret (X,75); *er went, er hab den gral/erfohten als her Partzival* (XXXI,189 f.).

‚DER GROSSE SEELENTROST' (vor ca. 1350; → S. 43):
Parzival (Ausg. Schmitt, S. 1,28).

‚DOROTHEA' (um 1350):
Variation des Elsternbildes: *Der werlde zagel, buch und snabel/Recht alsam ein schachzabel/Gewizet und geswerzet ist* (7–9). Wenig später: *Und heben uns an die blanken/Mit reinen gedanken* (17 f.; entspricht etwa Pz. 1,14 f.).

HEINRICH DER TEICHNER (um 1350/65; → S. 33):
Parzival (Ausg. Niewöhner, Nr. 277,50; Pz. als umfangreiches Buch 316,39; 383,77); Gahmuret (383,77); Gelehrtheit (*von natur und von got*) vs. Ungelehrtheit (*nach den puechstaben*) (442,202 ff.).

1351–1360

MEISTER ALTSWERT, ‚DER KITTEL' (2. H. 14. Jh.; → S. 36):
Artus, Gahmuret und Parzival als Gemälde (Ausg. Holland/Keller, S. 37,26–38,5).

SEIFRIT, ‚ALEXANDER' (1352; → S. 38):
Wolfram (2673).

1371–1380

HEINRICH VON MÜNCHEN, ‚WELTCHRONIK' (um 1380?):
Übernahme von ‚Parzival'- und ‚Willehalm'-Exzerpten (→ S. 46).

1381–1390

HUGO VON MONTFORT (um 1390–1423):
Parzival (Ausg. Hofmeister, Nr. 5,70,159,386); Schionatulander (Nr. 15,92); Orilus (Nr. 15,95); Ehkunat (Nr. 15,96); Parzival (Nr. 15,99); Titurel (Nr. 15,161 [=JT]; Nr. 18,200 [=JT]); Gral (Nr.15,101,103; Nr. 28,207,215,389,427).

1391–1400

BRUDER HANS (nach 1391; → S. 33):
Wolfram (1659).

‚DER WÜRTTEMBERGER' (Überlieferung 1393; → S. 37):
Autorfiktion *dicz puech ticht und sprah / her Wolfram von Ezzenbah* (Ausg. F. Heinzle, S. 226, W 425).

ULRICH VON POTTENSTEIN, KATECHETISCHES WERK (E. 14./A. 15. Jh.; → S. 44):
Titurel (Ausg. Baptist-Hlawatsch, S. 2,15).

‚DES MINNERS ANKLAGEN' (14./15. Jh.):
Gahmuret und die *morinne* (14 ff.; 326 f.).

‚DIE ZWÖLF TRÜNKE' (‚ZWÖLF KRÄFTE DES WEINS') (14./15. Jh.; → S. 36):
Wolfram (Ausg. Sappler, S. 280,35).

1401–1410

‚DER TRAUM' (1. H. 15. Jh.):
Gawan, Parzival (109); Gral (110).

‚STANDHAFTIGKEIT IN LIEBESQUAL' (1. H. 15. Jh.):
Secundille (84,5); Schionatulander (84,6).

‚LORENGEL' (wohl 15. Jh.; → S. 28):
Wolfram (W 2,8); Parzival (K 11,5; K 15,7/W 23,7; K 21,5; K 25,1; K 35,1/W 48,1; W 74,10; W 78,8); Gral (W 75,5,7,8; W 78,9).

‚DAS MINNETURNIER' (15. Jh.; → S. 34):
Wolfram (524 f.); Parzival (1106); Schionatulander (1112, 1162); Sigune (1113, 1162, 1174); Gardevias (1172); Giburg (1120); Willehalm (1121).

‚GLAUBENSBEKENNTNIS EINES LIEBENDEN' (Überlieferung 15 Jh.):
Gardevias, Brackenseil (138 f.).

EBERHARD VON CERSNE, ‚DER MINNE REGEL' (1404):
Wolfram (560); Secundille (359); Gral (X, 4; XIV, 2,4).

JOHANNES ROTHE, ‚THÜRINGISCHE LANDESCHRONIK' (1407–18):
Wolfram (Ausg. Weigelt, S. 49,7 f.; S. 50,10 f.,15,17,28,30,34,36).

1411–1420

JOHANNES ROTHE, ‚EISENACHER CHRONIK' (nach 1414):
Wolfram (Ausg. Weigelt, S. 104,36 f.; S. 106,6 f.,11,14,26,28,29,32,34,37).

1421–1430

JOHANNES ROTHE, ‚ELISABETHLEBEN' (nach 1421):
Wolfram (Ausg. Schubert/Haase, 239, 597 f., 607, 612, 636, 638, 643, 654, 663, 671).

1431–1440

‚Segen der fernen Geliebten' (‚Das Kreuz in der Luft') (Überlieferung 1433):
Gral (22).

‚Der Knappe und die Frau' (‚Die Liebesnacht des Knappen') (Überlieferung 1433):
Herzeloyde (127); Gahmuret (129); Sigune, Schionatulander (132); Willehalm (182); Alischanz (185); Giburg (189).

Johannes Hartlieb, ‚Namenmantik' (um 1438/39):
Gawan, Ekunat, Orilus, Schionatulander, Gahmuret, Parzival (Schmitt [1962], S. 293,8–10; Weidemann [1964], S. 14, 148).

Michel Beheim (um 1440/74):
Wolfram (Ausg. Gille/Spriewald, Nr. 161,21; Nr. 283,49).

Konrad (Kunz) Nachtigall (um 1440/80):
Wolfram (Brunner, 1989, S. 16, Nr. 14).

1441–1450

‚Klage der Tugenden' (Überlieferung M. 15. Jh.):
„Zwei Anspielungen auf einen Dorzing (?, v. 146, 234), einmal im Zusammenhang mit dem Gral und Parzival, einmal mit dem König Salomo, bleiben vorerst dunkel" (Glier, ²VL 4, Sp. 1168).

‚Rat einer Jungfrau' (Überlieferung M. 15. Jh.):
Wolfram (257 – nach Karnein, ²VL 7, Sp. 1006).

Konrad Bollstatter, ‚Losbuch' (1450/75):
Terramer (fol. 122r, 122v); Parzival, Titurel, Lohengrin (139v); Wolfram (142v).

1451–1460

Hermann von Sachsenheim, ‚Der Spiegel' (um 1452); ‚Die Mörin' (1453); ‚Das Schleiertüchlein' (um 1455); ‚Die Unminne' (um 1455); ‚Die Grasmetze' (um 1455); ‚Der goldene Tempel' (1455); ‚Jesus der Arzt' (ohne Datierungsindiz). Die folgenden Angaben nach Huschenbett, 2005 (J = ‚Jesus der Arzt'; Sl = ‚Schleiertüchlein'; Sp = ‚Spiegel'; G = ‚Grasmetze'; M = ‚Mörin'; U = ‚Unminne'). Unspezifische Orts- (z.B. Karidol) und Eigennamen (z.B. Artus, Keie) bleiben wie stets in der Regel unberücksichtigt (→ S. 34f.).
Wolfram (Sp 840, Sp 1388, U 37).
Figuren aus dem Pz. bzw. Tit./Jüngeren Titurel': Anfortas (M 483, Sl 140, Sp 136, Sp 280); Antanor (Sp 1147); Baruc (Sl 173, Sl 596); *blutes zehern dry* (Sl 103, Sl 564, Sp 1064); Brabant (Sl 1807); Brackenseil (Sl 700, Sp 1664); Feirefiz (M 1223, M 4112, Sp 841); Frimutel (Sl 153); Gahmuret (Sl 144, Sl 598); Gawan (M 3709, M 4257, M 4813, M 5562, Sp 1333, Sp 2541); Herzeloyde (M 1343, Sl 142); Ither (J 111); Jeschute (Sp

870); Loherangrin (Sl 1807); Schastel marveile (M 3708, Sp 846); Lot (Sp 1332, Sp 2540); Orgeluse (M 3709, Sp 137); Orilus (Sp 870, Sp 1128, Sp 1770); Parzival (J 110, M 1342, M 4114, M 4256, M 4814, Sl 100, Sl 1800, Sp 278, Sp 871, Sp 1062, Sp 1773); Schionatulander (Sl 135, Sl 334, Sp 1125, Sp 1767); Secundille (G 107, M 482); Sigune (Sl 700, Sp 1130, Sp 1517, Sp 1649, Sp 1762); Titurel (M 1603, Sl 152, Sl 330, Sl 791, Sl 1389).
Figuren aus dem Wh.: Alise (M 641); Arabel (M 402); Arofel (M 4850, Sp 1111); Vivianz (M 638, Sp 1108); (Gîbôez) von Kler der Schachtalür (M 2456); Irmenschart (Sp 1104); Mile (Sp 1108); Rennewart (M 640); Terramer (M 208, M 2458); Tervigant (M 719, M 1052, M 2507); Tesereiz (M 638); Willehalm (M 4851).
Zitate: M 2456 ff. – Wh. 334,17 f.; M 4112 ff. – Pz. 744,29 ff.; Sp 1562 ff. – Pz. 1,26 ff.

‚DIE BLAUE REDE' (2. H. 15. Jh.):
Filistander [=Schionatulander; vgl. Huschenbett, 1962, S. 97] (342); Parzival (343).

‚DER GUTE WIRT' (‚DER WIRT DER SEELE') (Überlieferung 3. V. 15. Jh.; → S. 43):
Gral, Titurel, Aufferte [= Anfortas], Firmitel [= Frimutel], Parzival (Wachinger, 2004 [a], Sp. 579).

‚DEN JUNGEN DIE MINNE, DEN ALTEN DER WEIN' (‚JUNGE FRAU UND ALTER MANN') (Überlieferung 1454):
Parzival (46).

THÜRING VON RINGOLTINGEN, ‚MELUSINE' (1456; → S. 44):
Gawan, Parzival, Willehalm (S. 128,35–37).

KOLMARER LIEDERHANDSCHRIFT (um 1459/62 – zur Herkunft der Texte Schirok, 1982, S. 121):
Gral, Parzival (6,241 f.; 8,61 f.); Parzival (15,52; 49,4); Gahmuret (49,5); Schionatulander, Gramoflanz, Feirefiz, Titurel (49,9–11); Orgeluse (49,19); Gral, Repanse (49,21 f.); Alise (49,24); Gawan, Parzival, Gral (61,50 f.); Parzival (81,61); Wolfram (82,2).

‚HYSTORIA VON DEM WIRDIGEN RITTER SANT WILHELM' (Überlieferung um 1460/1470 – Prosa-Kurzfassung der Trilogie ‚Arabel'-,Willehalm'-,Rennewart'; → S. 20 f.).

1461–1470

JAKOB PÜTERICH VON REICHERTSHAUSEN, ‚EHRENBRIEF' (1462; → S. 20):
Wolfram (100,7; 127,4 ff.); ‚Titurel' [=JT] (100,1); ‚Parzival' (101,1); ‚Willehalm' (101,2; 102,2 [gemeint sind hier ‚Arabel' und ‚Rennewart']); ‚Lohengrin' (101,3); Eschenbach (Ort) (128,3).

GESPRÄCHSBÜCHLEIN KAISER MAXIMILIANS I. (nach 3. 9. 1467):
esne fortior quam siffridus et parcivallis (Zappert, 1858, S. 278,204).

1471–1480

HANS FOLZ (nach ca. 1470? – um 1500?):
Wolfram (Ausg. Mayer, Nr. 94,34); vgl. Brunner, 1989, S. 26, Nr. 16.

ULRICH FÜETRER, ‚BUCH DER ABENTEUER (1. BUCH = GRALEPEN)' (1473–78; → S. 30, 32).

ULRICH FÜETRER, ‚BUCH DER ABENTEUER (2. BUCH)' (1478–81 – zur genealogischen Verknüpfung von ‚Seifrid von Ardemont' und ‚Persibein' mit dem ‚Parzival' → S. 33).

ULRICH FÜETRER, ‚LANNZILET' (1484/87):
Wolfram (108,4); Parzival (Vorrede Z. 13,19; 208,3; 925,6); Munsalvaesche (208,4). – Die Vorrede ist weitgehend identisch mit der Füetrers zum Prosaroman (um 1467), der auf den deutschen ‚Prosa-Lancelot' zurückgeht und daher hier unberücksichtigt bleibt.

‚ANTELAN' (um 1480; → S. 24):
Parzival (Ausg. Harms, Str. 8,3; 11,1; 12,1; 13,1; 18,1; 19,4; 22,1; 25,1; 26,1; 27,1; 28,1).

NOTIZ ZU WOLFRAM IM MENTELIN-DRUCK (wohl noch 15. Jh.):
→ Forschung: Puff (2000).

1481–1490

‚VON EINEM SCHATZ' (Überlieferung 1483):
Gral (14,1; 26,2; 28,5); Parzival (28,4).

‚DER WEG ZUR BURG DER TUGENDEN' (‚DER LIEBENDE UND DIE BURG DER EHRE')
(Überlieferung 1483):
Gral (6,6); Schionatulander (100,5).

KONRAD GRÜNENBERG, ‚WAPPENBUCH' (1483):
Wolfrüm fryher von Eschenbach, layenmund nie bas gesprach, ain frank (Textbd., S. CXVIII; Tafelbd. I, Fig. XCIXb).

1491–1500

TESTAMENT DES GRAFEN GERHARD VON SAYN (1491; → S. 45):
Titurel, Brackenseil (Fechter, 1935, S. 41).

RAINER GRONINGEN, ‚SCHICHTSPIEL' (1492):
Parzival (3984); als Personenname S. 492,12 (zur literarischen Namengebung vgl. Schirok, 1982, S. 158–171).

‚DAS TIROLER (GROSSE) NEIDHARTSPIEL' (Überlieferung 1492/93):
Parzival (Bd. 1, S. 406,8; 407,6 f.; 422,6).

AUGUSTIN VON HAMMERSTETTEN, ‚HYSTORI VOM HIRS MIT DEM GULDIN GHURN UND DER FÜRSTIN VOM PRONNEN' (1496; → S. 34):

Schionatulander (399, 639); Sigune (399, 401, 640); Orilus (401); Titurel (408); Parzival (568); Blutstropfenszene (569, 571 f.); Condwiramurs (570); in einem Widmungsgedicht innerhalb der Hs. Gotha B 271: *herr Tyterel/Und her Wolfram von Eschenpach* (192 f.; E.Busse, 1902, S. 14).

‚SPRUCH VON DEN TAFELRUNDERN' (E. 15. Jh.; → S. 32):
Titurel (14); Frimutel (19); Anfortas, Trevrizent (22); Ither (51); Schionatulander (55); Sigune (58); Gandin (59); Galoes (63); Gahmuret (63, 67, 81); Belakane (68, 72); Feirefiz (73, 79); Secundille (78); Herzeloyde (83); Parzival (87, 95); Clamide, Kingrun (89); Pelrapeire (90); Condwiramurs (91); Schenteflurs (92); Gurnemanz (93); Kardeiz (97); Loherangrin (97, 100); die Herzogin von Brabant (101); Ehkunaht (107); Clauditte (109); Gardevias (111); Cidegast, Orgeluse (113 f.); Gramoflantz (141); Ittania [= Itonje] (143); Lischoys und der Turkoyte (150); Vergulaht, Kingrisin (151); kunig Grimisel [= Kingrimursel] (152).

1501–1510

‚DER FALSCHEN KLAFFER LIST' (Überlieferung A. 16. Jh.):
Der Dichter tröstet die klagende Frau „mit dem Hinweis auf einzelne vorbildliche Liebesschicksale aus den Epen Wolframs von Eschenbach (196^r ff. Nennung von Wilhalm von Orlans, Dypolt, Arabel, Artus, Parzival u.a.)" (Brandis, ^{2}VL 2, Sp. 708).

LUDWIG VON EYB DER JÜNGERE ZUM HARTENSTEIN, ‚GESCHICHTEN UND TATEN WILWOLTS VON SCHAUMBURG' (1507; → S. 44):
Wolfram (Ausg. v. Keller, S. 5,19); Parzival, Schionatulander (S. 115,5 f.); Alischanz, Mile, Vivianz, Schionatulander, Gahmuret, Gawan, Orilus, Schenteflurs, Galoes, Ilinot, Lohengrin, Ither, Cidegast, Gurzgri (S. 194,23–28).

1521–1530

‚LIEBESKLAGE I' (Überlieferung 1524–26):
Gardevias (84); Sigune (85); Schionatulander (87); Anfortas (107); Parzival (111); Parzival und die Blutstropfen (126 ff.); Condwiramurs (129); Loherangrin (190); Elise, Herzogin von Brabant (191 f.).

JOHANNES AGRICOLA (1529; → S. 45):
Parzival (Ausg. Gilman, Bd. 1, S. 108,22; 485,6); Titurel (S. 485,6).

LIEDER DER HEIDELBERGER HS. PAL. 343 (Überlieferung 1550):
Parzival (Lied 154,2); Gral (154,4).

VALENTIN VOIGT (1558):
Wolfram (Brunner, 1989, S. 20, 22).

FROBEN CHRISTOPH VON ZIMMERN, ‚ZIMMERISCHE CHRONIK' (vor 1567):
Wolfram (Ausg. Barack/Herrmann, Bd. 2, S. 194,6,22 f.,26,33,35).

1598-1697

CYRIACUS SPANGENBERG, ‚VON DER EDLEN VNND HOCHBERÜEMBTEN KUNST DER MUSICA [...]' (1598; → S. 47):
Zu Wolfram und den Ereignissen des Sängerkriegs (S. 121 ff.); Wolfram habe *vil Teutsche lieder gemacht, sonderlich von Gamurret, vnnd deßen Sohn Parcifall, Item, vom Marggrauen Willhelm von Narbon, vnnd dem starckhen Rennewart* (S. 122,1 f.). Die Formulierungen Spangenbergs werden meist wörtlich übernommen von

WOLFHART SPANGENBERG, ‚VON DER MUSICA' (1614/21; → S. 47):
Zu Wolfram S. 42–44 und 47–51; zu Gahmuret/Parzival und Willehalm/Rennewart S. 43, 16 f. 19 f.; vgl. auch W. Spangenbergs ‚Singschul' (1600): Wolfram (S. 125,361), und ‚Anmütiger Weißheit LustGarten' (1621): *der Alt Meistersinger Wolffram von Eschebach* (S. 493,14 f.). Außerdem versieht

ENOCH HANMANN MARTIN OPITZ' ‚BUCH VON DER DEUTSCHEN POETEREY' (erstmals erschienen 1624) ab 1645 mit Zusätzen aus Cyriacus Spangenberg (in der Ausgabe von 1690 z.B. entsprechen Hanmanns S. 94–119 [am Ende mit Auslassungen] Spangenbergs S. 114–135). Zu Gahmuret/Parzival und Willehalm/Rennewart S. 107 (→ S. 47). Ebenso werden C. Spangenbergs Formulierungen übernommen von

JOHANN CHRISTOPH WAGENSEIL, ‚BUCH VON DER MEISTER-SINGER HOLDSELIGEN KUNST' (1697; → S. 47):
Wolfram sowie Gahmuret/Parzival und Willehalm/Rennewart (S. 510), zum Sängerkrieg noch bis S. 515.

Literatur

Texte (zugleich Register zu 4.3: Nennungen Wolframs und seiner Werke)

Ein deutsches Adambuch. Nach einer ungedruckten Handschrift der Hamburger Stadtbibliothek aus dem XV. Jahrhundert, hg. und unters. von Hans Vollmer, Programm Hamburg 1908.
Johannes Agricola, Die Sprichwörtersammlungen [1529], hg. von Sander L. Gilman, 2 Bde. (Ausgaben deutscher Literatur des XV.-XVIII. Jahrhunderts), Berlin/New York 1971.
[Albrecht] Albrechts von Scharfenberg Jüngerer Titurel [vor 1272?/vor 1294] [ab Bd. 3: Albrechts Jüngerer Titurel], hg. von Werner Wolf [ab Bd. 3: von Kurt Nyholm], Bde. 1, 2/1, 2/2, 3/1, 3/2, 4 (DTM 45, 55, 61, 73, 77, 79), Berlin 1968–1995. – Verfasserbruchstück, in: Albrecht von Scharfenberg, Der Jüngere Titurel, ausgew. und hg. von Werner Wolf (Altdeutsche Übungstexte 14), Bern 1952, S. 78–80.
[Aliscans M] La versione franco-italiana della ‚Bataille d'Aliscans': Codex Marcianus fr. VIII [=252]. Testo con introduzione, note e glossario, a cura di Günther Holtus (Beihefte zur ZfrPh 205), Tübingen 1985. – The Song of Aliscans, transl. by Michael A. Newth (Garland Library of Medieval Literature B85), New York/London 1992.

Meister Altswert [2. H. 14. Jh.], hg. von W. Holland und A. Keller (StLV 21), Stuttgart 1850.
Antelan [um 1480] → Forschung: Harms (2009).
Augustin von Hammerstetten, Hystori vom Hirs mit dem guldin ghurn und der Fürstin vom pronnen [1496], → Forschung: E. Busse (1902).
Michel Beheim, Die Gedichte [1440/74], nach der Heidelberger Hs. Cpg. 334 unter Heranziehung der Heidelberger Hs. Cpg. 312 und der Münchener Hs. Cgm. 291 sowie sämtlicher Teilhandschriften hg. von Hans Gille, Ingeborg Spriewald, Bd. 1–3 (DTM 60, 64, 65), Berlin 1968–1972.
Berthold von Holle, Demantin [3. V. 13. Jh.], hg. von Karl Bartsch (StLV 123), Tübingen 1875.
Blanschandin [M. od. E. 13. Jh.], in: Meyer-Benfey (1920), S. 155–165.
Die blaue Rede [2. H. 15. Jh.], in: Mittelhochdeutsche Minnereden II, Nr. 7.
Die böse Frau [bald nach 1250], Daz buoch von dem übeln wibe, hg. von Ernst A. Ebbinghaus (ATB 46), Tübingen, 2. Aufl., 1968.
Konrad Bollstatter [1450/75], Ein Losbuch in Cgm 312 der Bayerischen Staatsbibliothek, komm. von Karin Schneider, 2 Bde., Wiesbaden 1978.
Braunschweigische Reimchronik [1279/92], hg. von Ludwig Weiland (MGH Deutsche Chroniken 2), Berlin 1877 [Neudruck Dublin/Zürich 1971].
Bruder Hans → Hans.
Brun von Schonebeck [Schönebeck] [1276], hg. von Arwed Fischer (StLV 198), Tübingen 1893.
Chrétien de Troyes, Der Percevalroman (Le Conte du Graal), übers. und eingeleitet von Monica Schöler-Beinhauer (Klassische Texte des Romanischen Mittelalters in zweisprachigen Ausgaben 23), München 1991.
Chronik der Grafen von Zimmern → Froben Christoph von Zimmern.
Colin, Philipp → Wisse, Claus.
Cramer, Thomas → Die kleineren Liederdichter.
Cronica Reinhardsbrunnensis [um 1338/40/49], in: MGH Scriptores 30,1 (1896), S. 514–656.
Hermann Damen [1280/1300], in: HMS 3, S. 160–170; → Forschung: Schlupkoten (1913). – Text auch in: Dichter über Dichter (1970), S. 39.
Deutsches Heldenbuch, Tle. 1–5, Berlin 1866–1873 [Neudruck Berlin (ab Tl. 2: Dublin)/Zürich 1963–1968].
Dichter über Dichter in mittelhochdeutscher Literatur, hg. von Günther Schweikle (Deutsche Texte 12), Tübingen 1970.
Dietrichs Flucht [4. V. 13. Jh.], in: Deutsches Heldenbuch 2, S. 55–215.
Dorothea [um 1350] → Forschung: L. Busse (1930).
Der Dürinc [Ende/spätes 13. Jh.], in: ²KLD 1, S. 54–58.
Eberhard von Cersne, Der Minne Regel [1404], Lieder. Edition du manuscrit avec introduction et index par Danielle Buschinger. Edition des mélodies par Helmut Lomnitzer (GAG 276), Göppingen 1981.
Edolanz [M. 13. Jh.?], in: Meyer-Benfey (1920), S. 145–150.
Egen von Bamberg [um 1320/40] → Forschung: Mordhorst (1911).
Eilhart von Oberge, hg. von Franz Lichtenstein (QuF 19), Straßburg 1877.
Eilhart von Oberg, Tristrant I. Die alten Bruchstücke, hg. von Kurt Wagner (Rheinische Beiträge und Hülfsbücher zur germanischen Philologie und Volkskunde 5), Bonn/Leipzig 1924.

Eilhart von Oberg, Tristrant. Synoptischer Druck der ergänzten Fragmente mit der gesamten Parallelüberlieferung, hg. von Hadumod Bußmann (ATB 70), Tübingen 1969.
Die Erlösung [A. 14. Jh.]. Eine geistliche Dichtung des 14. Jahrhunderts, auf Grund der sämtlichen Handschriften zum erstenmal kritisch hg. von Friedrich Maurer (Deutsche Literatur in Entwicklungsreihen. Reihe: Geistliche Dichtung des Mittelalters 6), Leipzig 1934.
Der falschen Klaffer List [Überlieferung A. 16. Jh.], Tilo Brandis, ‚Der falschen Klaffer List', in: ²VL 2 (1980), Sp. 707 f.
Hans Folz [nach ca. 1470? – um 1500?], Die Meisterlieder aus der Münchener Originalhandschrift und der Weimarer Handschrift Q 566 mit Ergänzungen aus anderen Quellen, hg. von August L. Mayer (DTM 12), Berlin 1908; → Forschung: Brunner (1989).
Fortsetzung der Kaiserchronik → Kaiserchronik.
Frau Minne warnt vor Lügen [wohl um 1300] → Ingeborg Glier, ‚Frau Minne warnt vor Lügen', in: ²VL 2 (1980), Sp. 850 f.
[Frauenlob] Heinrich Frauenlob von Meißen [um 1280/1318], Leiche, Sprüche, Streitgedichte und Lieder. Erläutert und hg. von Ludwig Ettmüller (BDGNL 16), Quedlinburg/Leipzig 1843. – Leichs, Sangsprüche, Lieder. Aufgrund der Vorarbeiten von Helmuth Thomas, hg. von Karl Stackmann und Karl Bertau, Tl. 1: Einleitungen, Tl. 2.: Apparate, Erläuterungen (Abhh. der Akad. der Wiss. in Göttingen, Philolog.-hist. Klasse, 3. Folge, 119–120), Göttingen 1981.
Hermann Fressant, Hellerwertwitz [2. V. 14. Jh.] → Forschung: Rosenfeld (1927).
Friedrich von Schwaben [nach 1314?]. Aus der Stuttgarter Handschrift, hg. von Max Hermann Jellinek (DTM 1), Berlin 1904.
Froben Christoph von Zimmern [gest. 1567], Zimmerische Chronik, urkundlich berichtet von Graf Froben Christof von Zimmern, gest. 1567, und seinem Schreiber Johannes Müller, gest. 1600, nach der von Karl Barack besorgten 2. Ausg. neu hg. von Paul Herrmann, 4 Bde., Meersburg/Leipzig 1932.
[Ulrich Füetrer/Fuetrer] Die Gralepen (Buch der Abenteuer) [1473–78], nach der Münchener Handschrift Cgm 1 unter Heranziehung der Wiener Handschriften Cod. vindob. 2888 und 3037 und der Münchener Handschrift Cgm 247 hg. von Kurt Nyholm (DTM 57), Berlin 1964. – Das Buch der Abenteuer. Nach der Handschrift A (Cgm. 1 der Bayerischen Staatsbibliothek), Tl. 1: Die Geschichte der Ritterschaft und des Grals [1473–78] […], Tl. 2: Das annder púech [1478–81], hg. von Heinz Thoelen (GAG 638, 1–2), Göppingen 1997. – Lannzilet [1484–87] (Aus dem Buch der Abenteuer) Str. 1–1122, hg. von Karl-Eckhard Lenk (ATB 102), Tübingen 1989. – Lannzilet (Aus dem Buch der Abenteuer) Str. 1123–6009, hg. von Rudolf Voß (Schöninghs mediävistische Editionen 3), Paderborn [u.a.] 1996. – Merlin [1473–78] und ‚Seifrid de Ardemont' [1478–81] von Albrecht von Scharfenberg in der Bearbeitung Ulrich Fuetrers, hg. von Friedrich Panzer (StLV 227), Tübingen 1902. – Persibein [1478–81]. Aus dem ‚Buch der Abenteuer', hg. von Renate Munz (ATB 62), Tübingen 1964.
Gauriel von Muntabel → Konrad von Stoffeln.
Gerhard Graf von Sayn [1491], Testament → Forschung: Fechter (1935), S. 41.
Gesamtabenteuer. Hundert altdeutsche Erzählungen, hg. von Friedrich Heinrich von der Hagen, 3 Bde., Stuttgart/Tübingen 1850 [Neudruck Darmstadt 1961].

Gesprächsbüchlein Kaiser Maximilians I. [nach 3. 9. 1467] → Forschung: Zappert (1858), S. 278.
Glaubensbekenntnis eines Liebenden [Überlieferung 15. Jh.], in: Mittelhochdeutsche Minnereden II, Nr. 17.
Der Göttweiger Trojanerkrieg [um 1280], hg. von Alfred Koppitz (DTM 29), Berlin 1926.
Gottfried von Straßburg, Tristan und Isold [um 1210], hg. von Friedrich Ranke, Text, 7. Aufl., Berlin 1963. – Tristan, hg. von Karl Marold, 3. Abdruck mit einem durch F. Rankes Kollationen erweiterten und verbesserten Apparat bes. und mit einem Nachwort vers. von Werner Schröder, Berlin 1969. – Tristan, nach dem Text von Friedrich Ranke neu hg., ins Neuhochdeutsche übers., mit einem Stellenkommentar und einem Nachwort von Rüdiger Krohn, 3 Bde. (Universal-Bibliothek 4471–4473), Stuttgart 2006 [Bd. 1, 11. Aufl.]; 2007 [Bd. 2, 9. Aufl.]; 2005 [Bd. 3, 7. Aufl.].
Rainer Groningen, Schichtspiel [1492], in: Die Chroniken der niedersächsische Städte, Braunschweig, Bd. 2 (Die Chroniken der deutschen Städte 16), Leipzig 1880.
Der Große Seelentrost [vor ca. 1350]. Ein niederdeutsches Erbauungsbuch des vierzehnten Jahrhunderts, hg. von Margarete Schmitt (Niederdeutsche Studien 5), Köln/Graz 1959.
Konrad Grünenberg, Wappenbuch [1483], in Farbdruck neu hg. von R. Graf Stillfried-Ancántara/Ad. M. Hildebrandt, 1 Text- und 2 Tafelbde, Frankfurt a.M. 1884.
Der gute Wirt (Der Wirt der Seele) [Überlieferung 3. V. 15. Jh.]: Burghart Wachinger, 2004, Sp. 578 f.
Klara Hätzlerin, Liederbuch, hg. von Carl Haltaus (BDGNL 8), Quedlinburg/Leipzig 1840, [Neudruck mit einem Nachwort von Hanns Fischer (Deutsche Neudrucke), Berlin 1966].
Enoch Hanmann → Martin Opitz.
Bruder Hans, Marienlieder [nach 1391], hg. von Michael S. Batts (ATB 58), Tübingen 1963.
Johannes Hartlieb [um 1438/39] → Forschung: Schmitt (1962) und Weidemann (1964).
Hartmann von Aue, Erec. Mit einem Abdruck der neuen Wolfenbütteler und Zwettler Erec-Fragmente, hg. von Albert Leitzmann. 7. Aufl. [bes. von Kurt Gärtner] (ATB 39), Tübingen 2006. – Erec, hg. von Manfred Günter Scholz, übers. von Susanne Held (Bibliothek des Mittelalters 5 = Bibliothek deutscher Klassiker 188), Frankfurt a.M. 2004. – Erec. Mittelhochdeutsch/Neuhochdeutsch, hg., übers. und komm. von Volker Mertens (Universal-Bibliothek 18530), Stuttgart 2008. – Gregorius, Der arme Heinrich, Iwein, hg. und übers. von Volker Mertens (Bibliothek des Mittelalters 6 = Bibliothek deutscher Klassiker 189), Frankfurt a.M. 2004. – Gregorius, hg. von Hermann Paul, neubearb. von Burghart Wachinger, 15. Aufl. (ATB 2), Tübingen 2004. – Iwein, hg. von G.F. Benecke und K. Lachmann, neu bearb. von Ludwig Wolff, 7. Ausg., 2 Bde., Berlin 1968.
Heinrich Frauenlob → Frauenlob.
Heinrich von Freiberg [Ritterfahrt um 1295?]. Mit Einleitungen über Stil, Sprache, Metrik, Quellen und die Persönlichkeit des Dichters, hg. von Alois Bernt, Halle 1906.
Heinrich von München [um 1380?] → Forschung: Kiening (1998), Schröder (1981), Shaw (1989).

Heinrich von Neustadt, Apollonius von Tyrland [um 1300?] nach der Gothaer Handschrift. ‚Gottes Zukunft' und ‚Visio Philiberti' nach der Heidelberger Handschrift, hg. von Samuel Singer (DTM 7), Berlin 1906.

Heinrich der Teichner, Die Gedichte [um 1350/65], hg. von Heinrich Niewöhner, 3 Bde. (DTM 44, 46, 48), Berlin 1953–1956.

Heinrich von dem Türlin, Diu Crône [nach ca. 1225?], zum ersten Male hg. von Gottlob Heinrich Friedrich Scholl (StLV 27), Stuttgart 1852 [Neudruck Amsterdam 1966]. – Die Krone (Verse 1–12281). Nach der Handschrift 2779 der Österreichischen Nationalbibliothek, nach Vorarbeiten von Alfred Ebenbauer/Klaus Zatloukal/Horst P. Pütz, hg. von Fritz Peter Knapp/Manuela Niesner (ATB 112), Tübingen 2000. – Die Krone (Verse 12282–30042). Nach der Handschrift Cod. Pal. germ. 374 der Universitätsbibliothek Heidelberg, nach Vorarbeiten von Fritz Peter Knapp/Klaus Zatloukal, hg. von Alfred Ebenbauer/Florian Kragl (ATB 118), Tübingen 2005.

Heinrich von Veldeke, Eneasroman, mhd./nhd., nach dem Text von Ludwig Ettmüller ins Nhd. übers., mit einem Stellenkommentar und einem Nachwort von Dieter Kartschoke (Universal-Bibliothek 8303), Stuttgart 1986. – Eneasroman. Die Berliner Bilderhandschrift mit Übersetzung und Kommentar, hg. von Hans Fromm. Mit den Miniaturen der Handschrift und einem Aufsatz von Dorothea und Peter Diemer (Bibliothek des Mittelalters 4 = Bibliothek deutscher Klassiker 77), Frankfurt a.M. 1992.

Heinzelin von Konstanz [wohl um 1320–40], [hg.] von Franz Pfeiffer, Leipzig 1852. – Heinzelin von Konstanz, Von dem ritter und dem pfaffen, in: Cramer, Kleinere Liederdichter 1, S. 393–403.

Helbling, Seifried [um 1282/99], hg. von Joseph Seemüller, Halle 1886.

Hermann von Sachsenheim, hg. von Ernst Martin (StLV 137), Tübingen 1878. – Die Grasmetze [um 1455], in: Mittelhochdeutsche Minnereden II, Nr. 18. – Jesus der Arzt [um 1455?], in: Ausgabe Martin, S. 272 ff. – Die Mörin [1453]. Nach der Wiener Handschrift ÖNB 2946, hg. und komm. von Horst Dieter Schlosser (Deutsche Klassiker des Mittelalters 3), Wiesbaden 1974. – Der Schleier (Sleigertüchlein) [um 1455], in: Meister Altswert, S. 203 ff. – Der Spiegel [um 1452], in: Meister Altswert, S. 129 ff. – Der Goldene Tempel [1455], in: Ausgabe Martin, S. 232 ff. – Die Unminne [um 1455], in: Mittelhochdeutsche Minnereden II, Nr. 13.

Hirzelin, Gedicht vom Kriege zwischen Albrecht I. und Adolph (im Jahre 1298) [1298 oder wenig später], in: Diutiska […], hg. von Eberhard Gottlieb Graff, Bd. 3, Stuttgart/Tübingen 1829 [Neudruck Hildesheim/New York 1970], S. 314–323.

Lupold Hornburg, Von allen Singern [1347/48], in: Cramer, Kleinere Liederdichter 2, S. 61 f.

Hugo von Montfort [um 1390–1423], Das poetische Werk, hg. von Wernfried Hofmeister, mit einem Melodie-Anhang von Agnes Grond, Berlin/New York 2005.

Hugo von Trimberg, Der Renner [nach 1290?], hg. von Gustav Ehrismann, 4 Bde. (StLV 247, 248, 252, 256), Tübingen 1909–1911 [Neudruck mit einem Nachwort und Ergänzungen von Günther Schweikle (Deutsche Neudrucke), Berlin 1970].

Hystoria von dem wirdigen ritter sant Wilhelm → Willehalm (Prosaroman).

Johann von Konstanz, Die Minnelehre [um 1300], hg. von Frederic Elmore Sweet, Paris 1934. – Die Minnelehre, nach der Weingartner Liederhandschrift unter Berücksichtigung der übrigen Überlieferung hg. von Dietrich Huschenbett, Wiesbaden 2002.

Johann von Würzburg, Wilhelm von Österreich [1314], aus der Gothaer Handschrift hg. von Ernst Regel (DTM 3), Berlin 1906.

Den Jungen die Minne, den Alten der Wein (Junge Frau und alter Mann) [Überlieferung 1454], in: Zwölf Minnereden des Cgm 270, hg. von Rosemarie Leiderer (Texte des späten Mittelalters und der frühen Neuzeit 27), Berlin 1972, S. 66–69.

Kaiserchronik, Zweite schwäbische Fortsetzung [1281], in: Kaiserchronik eines Regensburger Geistlichen, hg. von Edward Schröder (MGH DC 1/1), Hannover 1892, Neudruck München 1984, S. 409–416.

Klage vor Frau Minne [um 1300/1. H. 14. Jh.] → Glier, 1971, S. 185–187.

Klage der Tugenden [Überlieferung M. 15. Jh.] → Ingeborg Glier, Klage der Tugenden, in: ²VL 4 (1983), S. 1167f.

Die kleineren Liederdichter des 14. und 15. Jahrhunderts, hg. von Thomas Cramer, 4 Bde., München 1977–1985.

Der Knappe und die Frau (Die Liebesnacht des Knappen) [Überlieferung 1433], in: Lieder-Saal 3, S. 305–314.

Friedrich Ködi(t)z [1314–23], Das Leben des heiligen Ludwig, Landgrafen in Thüringen, Gemahls der heiligen Elisabeth, nach der lateinischen Urschrift übers. von Friedrich Ködiz von Salfeld, hg. von Heinrich Rückert, Leipzig 1851.

Kolmarer Liederhandschrift [um 1459/62], hg. von Karl Bartsch (StLV 68), Stuttgart 1862.

König Tirol [um 1250?] → Winsbecke.

Konrad von Ammenhausen, Das Schachzabelbuch [1337], hg. von Ferdinand Vetter (Bibliothek älterer Schriftwerke der deutschen Schweiz. Ergänzungsbd.), Frauenfeld 1892.

Konrad von Stoffeln, Gauriel von Muntabel [Autor bezeugt 1252–82]. Eine höfische Erzählung aus dem 13. Jahrhundert, zum ersten Male hg. von Ferdinand Khull, Graz 1885 [Neudruck mit einem Nachwort und Literaturverzeichnis von Alexander Hildebrand, Osnabrück 1969]. – Gauriel von Muntabel. Der Ritter mit dem Bock, neu hg., eingeleitet und komm. von Wolfgang Achnitz, Tübingen 1997.

Die Kreuzfahrt des Landgrafen Ludwigs des Frommen von Thüringen [1301], hg. von Hans Naumann (MGH DC 4/2), Berlin 1923 [Neudruck Dublin (u.a.) 1973].

Laurin und der Kleine Rosengarten, hg. von Georg Holz, Halle a.d. Saale 1897.

Leben der heiligen Elisabeth [um oder kurz nach 1300], vom Verfasser der Erlösung, hg. von Max Rieger (StLV 90), Stuttgart 1868.

Leipziger Arabel-Bearbeitung [A. 14. Jh.] → Forschung: Schröder (1981).

Liebesklage I [Überlieferung 1524–26] → Forschung: Dietl (1999), S. 385–399.

Die Lieder der Heidelberger Handschrift Pal. 343 [Überlieferung 1550], hg. von Arthur Kopp (DTM 5), Berlin 1905.

Lieder-Saal. Sammlung altteutscher Gedichte, aus ungedruckten Quellen, [hg. von Joseph Freiherr von Lassberg], 3 Bde., St. Gallen [u.a.] 1820–1825 [Neudruck Darmstadt 1968].

Loccumer Artusroman-Fragment [um 1300] → Hartmut Beckers, Ein vergessenes mittelniederdeutsches Artuseposfragment (Loccum, Klosterbibliothek, Ms. 20), in: Niederdeutsches Wort 14 (1974), S. 23–52.

Lohengrin [um 1285] → Thomas Cramer, Lohengrin. Edition und Untersuchungen, München 1971.

Lorengel [wohl 15. Jh.], édité avec introduction et index par Danielle Buschinger. Mélodie éditée par Horst Brunner (GAG 253), Göppingen 1979.

Ludwig von Eyb der Jüngere zum Hartenstein, Die Geschichten und Taten Wilwolts von Schaumburg [1507], hg. von Adelbert von Keller (StLV 50), Stuttgart 1859.
Lupold Hornburg → Hornburg.
Der Marner [um 1230/70], hg. von Philipp Strauch (QuF 14), Straßburg 1876 [Neudruck mit einem Nachwort, einem Register und einem Literaturverzeichnis von Helmut Brackert (Deutsche Neudrucke), Berlin 1965]. – Lieder und Sangsprüche aus dem 13. Jahrhundert und ihr Weiterleben im Meistersang, hg., eingeleitet, erl. und übers. von Eva Willms, Berlin/New York 2008.
Meisterlieder der Kolmarer Handschrift → Kolmarer Liederhandschrift.
Meyer-Benfey, Heinrich (Hg.): Mittelhochdeutsche Übungsstücke, 2. Aufl., Halle 1920.
Der Minne Freigedank [A. 14. Jh.]: Die zehen Gebote der Minne. Ein Gedicht aus der lezten Hälfte des XIII. oder dem Anfange des XIV. Jahrhunderts, in: Bern. Ios. Docen, Miscellaneen zur Geschichte der teutschen Literatur 2, München 1807, S. 171–188.
Die Minneburg [2. V. 14. Jh.]. Nach der Heidelberger Pergamenthandschrift (Cpg 455) unter Heranziehung der Kölner Handschrift und der Donaueschinger und Prager Fragmente, hg. von Hans Pyritz (DTM 43), Berlin 1950.
Des Minners Anklagen [14./15. Jh.] → Wilhelm Seelmann, Des Minners Anklagen, in: Jahrbuch des Vereins für niederdeutschen Sprachforschung 8 (1882), S. 42–63.
Das Minneturnier [15. Jh.], in: Mittelhochdeutsche Minnereden I, Nr. 10.
Mittelhochdeutsche Minnereden I. Die Heidelberger Handschriften 344, 358, 376, 393, hg. von Kurt Matthaei (DTM 24), Berlin 1913.
Mittelhochdeutsche Minnereden II. Die Heidelberger Handschriften 313 und 355; die Berliner Handschrift Ms. germ. fol. 922, auf Grund der Vorarbeit von Wilhelm Brauns hg. von Gerhard Thiele (DTM 41), Berlin 1938.
Mittelhochdeutsche Novellenstudien → Forschung: Rosenfeld (1927).
Konrad (Kunz) Nachtigall [um 1440/80] → Forschung: Brunner (1989).
[Neithartspiel] Das Tiroler (Große) Neithartspiel [Überlieferung 1492/93], in: Fastnachtspiele aus dem fünfzehnten Jahrhundert, hg. von Adelbert von Keller, Bd. 1 (StLV 28), Stuttgart 1853 [Neudruck Darmstadt 1965], Nr. 53.
Oberrheinische Chronik [1337 und spätere Fortsetzungen], in: Deutsche Chroniken, hg. von Hermann Maschek (Deutsche Literatur in Entwicklungsreihen. Reihe: Realistik des Spätmittelalters 5), Leipzig 1936, S. 41–66.
Österreichischer Bibelübersetzer [um 1330] → Forschung: Kornrumpf (2004 [a] [b]).
Opitz, Martin, Buch von der deutschen Poeterey [1624]. – Die weiteren Auflagen des 17. Jh.s sind aufgeführt in: Martin Opitz, Weltliche Poemata, 1644, 2. Teil, mit einem Anhang: Florilegium variorum epigrammatum, unter Mitwirkung von Irmgard Böttcher und Marian Szyrocki hg. von Erich Trunz (Deutsche Neudrucke, Reihe Barock 3), Tübingen 1975. Bibliographie von Marian Szyrocki, Nr. 55 (Ausgabe 1624), 159–162 (1634), 172 (1635), 202 (1638), 245 (1641), 256 (1645), 260 (1647), 262 (1650), 267 (1658), 278 (1690). In den Ausgaben von 1645, 1650, 1658 und 1690 ist Enoch Hanmann auf dem Titelblatt genannt.
Ottokar von Steiermark, Österreichische Reimchronik [um 1301/19], hg. von Joseph Seemüller, 2 Bde. (MGH DC 5,1.2), Berlin 1890–1893 [Neudruck Dublin/Zürich 1974].

Pleier [vor ca. 1270?], Garel von dem blüenden tal. Ein höfischer Roman aus dem Artussagenkreis, hg. von M. Walz, Freiburg 1892. – Garel von dem bluenden Tal, hg. von Wolfgang Herles (Wiener Arbeiten zur germanischen Altertumskunde und Philologie 17), Wien 1981. – Meleranz, hg. von Karl Bartsch (StLV 60), Stuttgart 1861 [Neudruck mit einem Nachwort von Alexander Hildebrand, Hildesheim/New York 1974]. – Tandareis und Flordibel. Ein höfischer Roman, hg. von Ferdinand Khull, Graz 1885.

Jacob Püterich von Reicherzhausen (Reichertshausen), Der Ehrenbrief [1462], hg. von Theodor von Karajan, in: ZfdA 6 (1848), S. 31–59. – Der Ehrenbrief, hg. von Fritz Behrend/Rudolf Wolkan, Weimar 1920.

Rappoltsteiner Parzifal → Wisse, Claus.

Rat einer Jungfrau [Überlieferung M. 15. Jh.] → Alfred Karnein, Rat einer Jungfrau, in: ²VL 7 (1989), Sp. 1006.

Regenbogen [um 1290/1320] → Frauenlob, Ausg. Ettmüller, Str. 168; Dichter über Dichter, S. 39.

Reinbot von Durne, Der heilige Georg [1231/53]. Mit einer Einleitung über die Legende und das Gedicht, hg. und erkl. von Ferdinand Vetter, Halle 1896. – Der heilige Georg [1231/53], nach sämtlichen Handschriften hg. von Carl von Kraus (Germanische Bibliothek 3,1), Heidelberg 1907.

Reinfrid von Braunschweig [nach 1291], hg. von Karl Bartsch (StLV 109), Tübingen 1871 [Neudruck Hildesheim (u. a.) 1997].

Reinmar, Lieder. Nach der Weingartner Liederhandschrift (B), mhd./nhd., hg., übers. und komm. von Günther Schweikle (Universal-Bibliothek 8318), Stuttgart 1986.

Der rote Mund [1. H. 14. Jh.], in: Verzeichnis der Doctoren, welche die philosophische Facultät in Tübingen im Decanatsjahre 1873 bis 1874 ernannt hat. Beigefügt ist die altdeutsche Erzählung vom rothen Munde, hg. von Adelbert von Keller, Tübingen 1874, S. 6–20.

Johannes Rothe, Eisenacher Chronik [nach 1414], in: Thüringische Landeschronik und Eisenacher Chronik, hg. von Sylvia Weigelt (DTM 87), Berlin 2007, S. 99–135. – Elisabethleben [nach 1421]. Aufgrund des Nachlasses von Helmut Lomnitzer hg. von Martin J. Schubert/Annegret Haase (DTM 85), Berlin 2005. – Thüringische Landeschronik [1407–18], in: Thüringische Landeschronik und Eisenacher Chronik, hg. von Sylvia Weigelt (DTM 87), Berlin 2007, S. 1–98.

Rudolf von Ems, Alexander [1235–1240/54]. Ein höfischer Versroman des 13. Jahrhunderts, zum ersten Male hg. von Victor Junk, 2 Bde. (StLV 272, 274), Leipzig 1928–1929 [Neudruck Darmstadt 1970]. – Willehalm von Orlens [1235/40], hg. aus dem Wasserburger Codex der fürstlich Fürstenbergischen Hofbibliothek in Donaueschingen von Victor Junk (DTM 2), Berlin 1905.

Rudolf von Rotenburg [um 1257], in: ²KLD 1, S. 359–393.

Von einem Schatz [Überlieferung 1483], in: Mittelhochdeutsche Minnereden und Minneallegorien der Wiener Handschrift 2796 und der Heidelberger Handschrift Pal. germ. 348, hg., übers. und unters. von Michael Mareiner, Bd. 1: Von einem Schatz. Eine mittelhochdeutsche Minneallegorie, Edition und Übersetzung (EHS 1/1058), Bern [u. a.] 1988.

Schüler zu Paris A [E. 13. Jh.] → Forschung: Rosenfeld (1927).

Schweikle, Günther (1970) → Dichter über Dichter.

Seelentrost → Der Große Seelentrost.

Segen der fernen Geliebten (Das Kreuz in der Luft) [Überlieferung 1433], in: Lieder-Saal 2, S. 377–381.

Seifried Helbling → Helbling.

Seifrit, Alexander [1352], aus der Straßburger Handschrift hg. von Paul Gereke (DTM 36), Berlin 1932.

Sonrat → Wartburgkrieg.

Cyriacus Spangenberg, Von der edlen vnnd hochberüembten Kunst der Musica, vnnd deren Ankunfft, Nutz, vnnd Wirckung, auch wie die Meistersenger auffkhommenn vollkhommener Bericht [1598], unter dem Titel: Von der Musica und den Meistersängern hg. durch Adelbert von Keller (StLV 62), Stuttgart 1861.

Wolfhart Spangenberg, Sämtliche Werke, hg. von András Vizkelety/Andor Tarnai. – Bd. 1: Von der Musica [1614/21], Singschul [1600], bearb. von András Vizkelety, Berlin/New York 1971. – Bd. 6: Anmütiger Weißheit LustGarten 2 [erschienen 1621], bearb. von Andor Tarnai, Berlin/New York 1982.

Spruch von den Tafelrundern [E. 15. Jh.], hg. von Hermann Menhardt, in: Beitr. (Tübingen) 77 (1955), S. 136–164, 316–332.

Standhaftigkeit in Liebesqual [1. H. 15. Jh.], in: Mittelhochdeutsche Minnereden und Minneallegorien der Prager Handschrift R VI Fc 26, hg., übers. und unters. von Michael Mareiner, Bd. 1: Standhaftigkeit in Liebesqual. Eine mittelhochdeutsche Minneallegorie, Edition und Übersetzung (EHS I/1650), Bern [u.a.] 1998.

Der Stricker [1220/50], Daniel von dem Blühenden Tal [1220/50], hg. von Michael Resler (ATB 92), Tübingen 1983. – Karl der Große [1220/50], hg. von Karl Bartsch (BDGNL 35), Quedlinburg/Leipzig 1857 [Neudruck mit einem Nachwort von Dieter Kartschoke (Deutsche Neudrucke), Berlin 1965].

Stubenkrieg → Wartburgkrieg.

Suchenwirt, Peter, Werke [1347/49–95] aus dem vierzehnten Jahrhunderte. Ein Beytrag zur Zeit- und Sittengeschichte, zum ersten Mahle in der Ursprache aus Handschriften hg., und mit einer Einleitung, historischen Bemerkungen und einem Wörterbuche begleitet von Alois Primisser, Wien 1827 [Neudruck Wien 1961].

Der Dichter Tannhäuser [um 1245/65], Leben – Gedichte – Sage, hg. von Johannes Siebert, Halle 1934. – Tannhäuser, Poet and Legend. With Texts and Translations of his Works, hg. von J. W. Thomas, Chapel Hill 1974.

Thomasin von Zirklaria, Der Wälsche Gast [1215/16], hg. von Heinrich Rückert (BDGNL 30), Quedlinburg/Leipzig 1852 [Neudruck mit einer Einleitung und einem Register von Friedrich Neumann (Deutsche Neudrucke), Berlin 1965].

Thüring von Ringoltingen, Melusine [1456], nach den Handschriften kritisch hg. von Karin Schneider (Texte des späten Mittelalters und der frühen Neuzeit 9), Berlin 1958.

Tirol und Fridebrant → Winsbecke.

Totenklage auf Graf Wilhelm III. von Holland [1337], in: Germania 6 (1844), S. 251–271.

Der Traum [1. H. 15. Jh.], in: Altdeutsche Wälder 2, hg. durch die Brüder Grimm, Frankfurt 1815 [Neudruck Darmstadt 1966]. Die Fassung im Liederbuch der Klara Hätzlerin, S. 127–130, weist keine Pz.-Bezüge auf.

Ulrich von Eschenbach [Etzenbach], Alexander [vor 1278 – nach 1283], hg. von Wendelin Toischer (StLV 183), Tübingen 1888. – Wilhelm von Wenden [vor 1297], kritisch hg. von Hans-Friedrich Rosenfeld (DTM 49), Berlin 1957.

Ulrich von Lichtenstein [1255?]. Mit Anmerkungen von Theodor von Karajan, hg. von Karl Lachmann, Berlin 1841. – Frauendienst, hg. von Franz Viktor Spechtler (GAG 485), Göppingen 1987.
Ulrich von Pottenstein [E. 14./A. 15. Jh.], Dekalog-Auslegung. Das erste Gebot, Text und Quellen, hg. von Gabriele Baptist-Hlawatsch (TTG 43), Tübingen 1995.
Ulrich von Türheim, Rennewart [nach 1243]. Aus der Berliner und Heidelberger Handschrift, hg. von Alfred Hübner (DTM 39), Berlin 1938.
Ulrich von dem Türlin, Arabel [1261–69]. Die ursprüngliche Fassung und ihre Bearbeitung, kritisch hg. von Werner Schröder, Stuttgart/Leipzig 1999. – Willehalm. Ein Rittergedicht aus der zweiten Hälfte des dreizehnten Jahrhunderts, hg. von S. Singer (Bibliothek der mittelhochdeutschen Literatur in Boehmen 4), Prag 1893.
Unser vrouwen klage [E. 13. Jh.] → Gustav Milchsack, Unser vrouwen klage, in: Beitr. 5 (1878), S. 193–357.
Virginal [2. V. 13. Jh.?], in: Deutsches Heldenbuch 5, S. 1–200.
Valentin Voigt [1558] → Forschung: Brunner (1989).
Volks- und Gesellschaftslieder des XV. und XVI. Jahrhunderts [Überlieferung 1550]. I. Die Lieder der Heidelberger Handschrift Pal. 343, hg. von Arthur Kopp (DTM 5), Berlin 1905.
Wagenseil, Johann Christoph, Buch von der Meister-Singer Holdseligen Kunst [1697] (aus: De civitate Noribergensi commentatio, Altdorf 1697), hg. von Horst Brunner (Litterae 38), Göppingen 1975.
Walther von der Vogelweide, Leich, Lieder, Sangsprüche, 14., völlig neubearb. Aufl. der Ausgabe Karl Lachmanns mit Beiträgen von Thomas Bein und Horst Brunner, hg. von Christoph Cormeau, Berlin/New York 1996.
Der Wartburgkrieg [älteste Schicht 2. V. 13. Jh.?/Fortsetzungen 2. H. 13. Jh.], hg., geordnet, übers. und erl. von Karl Simrock, Stuttgart/Augsburg 1858. – Der Wartburgkrieg, kritisch hg. von Tom Albert Rompelman, Amsterdam 1939. – Teilpublikationen: Parodie und Polemik in mittelhochdeutscher Dichtung. 123 Texte von Kürenberg bis Frauenlob samt dem Wartburgkrieg nach der Großen Heidelberger Liederhandschrift C, hg. von Günther Schweikle (Helfant-Texte 5), Stuttgart 1986. – Johannes Siebert, Virgils Fahrt zum Agetstein, in: Beitr. 74 (1952), S. 193–225. – Johannes Siebert, Wolframs und Klingsors Stubenkrieg zu Eisenach, in: Beitr. 75 (1953), S. 365–390.
Der Weg zur Burg der Tugenden (Der Liebende und die Burg der Ehre) [Überlieferung 1483], in: Mittelhochdeutsche Minnereden und Minneallegorien der Wiener Handschrift 2796 und der Heidelberger Handschrift Pal. germ. 348, hg., übers. und unters. von Michael Mareiner, Bd. 10: Der Liebende und die Burg der Ehre. Eine mittelhochdeutsche Minneallegorie, Edition und Übersetzung (EHS 1/922), Bern [u.a.] 1986.
Wigamur [vor ca. 1245?]. Kritische Edition – Übersetzung – Kommentar, hg. von Nathanael Busch, Berlin/New York 2009.
Willehalm (Prosaroman) [Überlieferung um 1460/70] → Holger Deifuß, Hystoria von dem wirdigen ritter sant Wilhelm. Kritische Edition und Untersuchung einer frühneuhochdeutschen Prosaauflösung (Germanistische Arbeiten zu Sprache und Kulturgeschichte 45), Frankfurt a.M. [u.a.] 2005.
Wilwolt von Schaumburg → Ludwig von Eyb der Jüngere zum Hartenstein.
Winsbeckische Gedichte [1210/20] nebst Tirol und Fridebrant [um 1250], hg. von Albert Leitzmann (ATB 9), 3. Aufl. [von Ingo Reiffenstein], Tübingen 1962.

Wirnt von Gravenberc, Wigalois der Ritter mit dem Rade [um 1210/20], hg. von J. M. N. Kapteyn, Bd. 1: Text (Rheinische Beiträge und Hülfsbücher zur germanischen Philologie und Volkskunde 9), Bonn 1926. – Wigalois, Text der Ausgabe von J. M. N. Kapteyn, übers., erl. und mit einem Nachwort vers. von Sabine Seelbach und Ulrich Seelbach, Berlin/New York 2005.

Claus Wisse und Philipp Colin, Parzifal [1331–36]. Eine Ergänzung der Dichtung Wolframs von Eschenbach, zum ersten Male hg. von Karl Schorbach (Elsässische Litteraturdenkmäler aus dem XIV.-XVII. Jahrhundert 5), Straßburg/London 1888 [Neudruck Berlin/New York 1974].

Wolfdietrich D [um 1300?], in: Deutsches Heldenbuch 4, S. 11–236.

Wolfram von Eschenbach, hg. von Karl Lachmann, 7. Aufl. [neu bearb. und mit einem Verzeichnis der Eigennamen und Stammtafeln vers. von Eduard Hartl], Bd. 1: Lieder, Parzival und Titurel [mehr nicht erschienen], Berlin 1952. – Wolfram von Eschenbach, Parzival, nach der Ausgabe Karl Lachmanns rev. und komm. von Eberhard Nellmann, übertr. von Dieter Kühn, 2 Bde. (Bibliothek des Mittelalters 8/1–2 = Bibliothek deutscher Klassiker 110), Frankfurt a.M. 1994 [Rez.: Bernd Schirok, ZfdA 128 (1999), S. 222–239] [Taschenbuchausgabe (Deutscher Klassiker Verlag im Taschenbuch 7), Frankfurt a.M. 2006]. – Wolfram von Eschenbach, Parzival. Studienausgabe. Mhd. Text nach der sechsten Ausgabe von Karl Lachmann. Übersetzung von Peter Knecht. Mit Einführungen zum Text der Lachmannschen Ausgabe und in Probleme der Parzival-Interpretation von Bernd Schirok, 2. Aufl., Berlin/New York 2003. – Wolfram von Eschenbach, Titurel, hg., übers. und mit einem Kommentar und Materialien vers. von Helmut Brackert und Stephan Fuchs-Jolie, Berlin/New York 2002. – Wolfram von Eschenbach, Titurel. Mit der gesamten Parallelüberlieferung des Jüngeren Titurel, kritisch hg., übers. und komm. von Joachim Bumke und Joachim Heinzle, Tübingen 2006. – Wolfram von Eschenbach, Willehalm. Nach der Handschrift 857 der Stiftsbibliothek St. Gallen. Mhd. Text, Übersetzung, Kommentar, hg. von Joachim Heinzle, mit den Miniaturen aus der Wolfenbütteler Handschrift und einem Aufsatz von Peter und Dorothea Diemer (Bibliothek des Mittelalters 9 = Bibliothek deutscher Klassiker 69), Frankfurt a.M. 1991 [rev. Taschenbuchausgabe (Deutscher Klassiker Verlag im Taschenbuch 39), Frankfurt a.M. 2009]. – Wolfram von Eschenbach, Willehalm. Nach der Handschrift 857 der Stiftsbibliothek St. Gallen, hg. von Joachim Heinzle (ATB 108), Tübingen 1994.

Der Württemberger [Überlieferung 1393], Untersuchung, Texte, Kommentar von Franziska Heinzle (GAG 137), Göppingen 1974.

Zimmerische Chronik → Froben Christoph von Zimmern.

Zwölf Trünke [14./15. Jh.], in: Heinrich Kaufringer, Werke, hg. von Paul Sappler, Bd.1: Text, Tübingen 1972, Anhang unter dem Titel: Zwölf Kräfte des Weins, S. 278–285.

Forschung

Adelung, Johann Christoph, Chronologisches Verzeichnis der Dichter und Gedichte aus dem Schwäbischen Zeitpuncte, in: Magazin für die Deutsche Sprache II, 3, Leipzig 1784, S. 13–15.

Ars und Scientia im Mittelalter und in der Frühen Neuzeit. Ergebnisse interdisziplinärer Forschung. Georg Wieland zum 65. Geburtstag, hg. von Cora Dietl/Dörte Helschinger, Tübingen/Basel 2002.

Ashcroft, Jeffrey, „dicke Karel wart genant": Konrad's Rolandslied and the Transmission of Authority and Legitimacy in Wolfram's Willehalm, in: Jones/McFarland (2002), S. 21–43.

Baptist-Hlawatsch, Gabriele (1995) → Texte: Ulrich von Pottenstein.

Becker, Peter Jörg, Handschriften und Frühdrucke mhd. Epen. Eneide, Tristrant, Tristan, Erec, Iwein, Parzival, Willehalm, Jüngerer Titurel, Nibelungenlied und ihre Reproduktion und Rezeption im späteren Mittelalter und in der frühen Neuzeit, Wiesbaden 1977.

Becker, Philipp August, Die altfranzösische Wilhelmsage und ihre Beziehung zu Wilhelm dem Heiligen. Studien über das Epos vom Moniage Guillaume, Halle 1896 [Neudruck Genf 1974]. – Das Werden der Wilhelm- und der Aimerigeste. Versuch einer neuen Lösung (Abhandlungen der philologisch-historischen Klasse der Sächsischen Akademie der Wissenschaften 44,1), Leipzig 1939.

Bertau, Karl, Deutsche Literatur im europäischen Mittelalter, 2 Bde., München 1972/73.

Blank, Walter, Die deutsche Minneallegorie. Gestaltung und Funktion einer spätmittelalterlichen Dichtungsform (Germanistische Abhandlungen 34), Stuttgart 1970. – Straßburger Meistersang und C. Spangenbergs Traktat ‚Von der Musica und den Meistersängern', in: Alemannica. Landeskundliche Beiträge. Festschrift für Bruno Boesch zum 65. Geburtstag (Alemannisches Jahrbuch 1973/75), Bühl 1976, S. 355–372.

Brodführer, Eduard, Hornburg, Lupold, in: VL 2 (1936), Sp. 488–491.

Brunner, Horst, Die alten Meister. Studien zur Überlieferung und Rezeption der mittelhochdeutschen Sangspruchdichter im Spätmittelalter und in der frühen Neuzeit (MTU 54), München 1975. – Dichter ohne Werk. Zu einer überlieferungsbedingten Grenze mittelalterlicher Literaturgeschichte (Mit einem Textanhang: Die Dichterkataloge des Konrad Nachtigall, des Valentin Voigt und des Hans Folz), in: Überlieferungsgeschichtliche Editionen und Studien zur deutschen Literatur des Mittelalters. Kurt Ruh zum 75. Geburtstag, hg. von Konrad Kunze [u.a.], Tübingen 1989, S. 1–31. – Ron(e), Wolf, in: ²VL 8 (1992), Sp. 162–164. – (Hg.) Studien zur ‚Weltchronik' Heinrichs von München, 1. Überlieferung, Forschungsbericht, Untersuchungen, Texte (Wissensliteratur im Mittelalter 29), Wiesbaden 1998. – ‚Wigamur', in: ²VL 10 (1999), Sp. 1060–1063. – Wolfram von Eschenbach (Auf den Spuren der Dichter und Denker durch Franken 2), Gunzenhausen 2004.

Brunner, Horst/Wachinger, Burghart (Hg.) Repertorium der Sangsprüche und Meisterlieder des 12. bis 18. Jahrhunderts, Bd. 5: Katalog der Texte, Älterer Teil Q–Z, bearb. von Frieder Schanze/Burghart Wachinger, Tübingen 1991, S. 492–538.

Büttner, Edgar, Die Überlieferung von Unser vrouwen klage und des Spiegel (Erlanger Studien 74), Erlangen 1987.

Bumke, Joachim, Wolframs Willehalm. Studien zur Epenstruktur und zum Heiligkeitsbegriff der ausgehenden Blütezeit (Germanische Bibliothek. Reihe 3), Heidelberg 1959. – Die Wolfram von Eschenbach Forschung seit 1945. Bericht und Bibliographie, München 1970. – Mäzene im Mittelalter. Die Gönner und Auftraggeber der höfischen Literatur in Deutschland 1150–1300, München 1979. – Parzival und Feirefiz – Priester Johannes – Loherangrin. Der offene Schluß des Parzival

Wolframs von Eschenbach, in: DtVjs 65 (1991), S. 236–264. – Wolfram von Eschenbach (Sammlung Metzler 36), 8. Aufl., Stuttgart/Weimar 2004.

Burmeister, Heike Annette, Nochmals zur Überlieferung von Wolframs Willehalm und Heinrichs von Hesler Evangelium Nicodemi, in: Wolfram-Studien 15 (1998), S. 405–410.

Busch, Nathanael (2009) → Texte: Wigamur.

Busse, Erich, Augustin von Hamersteten. Ein Beitrag zur Geschichte der deutschen Litteratur im Ausgange des Mittelalters, Diss. Marburg 1902.

Busse, Lotte, Die Legende der heiligen Dorothea im deutschen Mittelalter, Diss. Greifswald 1930.

Cormeau, Christoph, Wigalois und Diu Crône. Zwei Kapitel zur Gattungsgeschichte des nachklassischen Aventiureromans (MTU 57), München 1977.

Cramer, Thomas (1971) → Texte: Lohengrin. – (1979) → Texte: Kleinere Liederdichter. – Lohengrin, in: ²VL 5 (1985), Sp. 899–904 [a]. – Lorengel, in: ²VL 5 (1985), Sp. 907–909 [b].

Dallapiazza, Michael, Wolfram von Eschenbach: Parzival (Klassiker-Lektüren 12), Berlin 2009.

Deifuß, Holger, Willehalm (Prosaroman) (Buch vom heiligen Wilhelm, Prosa-Willehalm), in: ²VL 10 (1999), Sp. 1151–1154. – (2005) → Texte: Willehalm (Prosaroman).

Dietl, Cora, Sein Name lebt noch heute. König Artus und sein Hof in deutschen und niederländischen Minnereden, in: Neuphilologische Mitteilungen 98 (1997), S. 1–13. – Minnerede, Roman und „historia". Der Wilhelm von Österreich Johanns von Würzburg (Hermaea NF 87), Tübingen 1999.

Dreeßen, Wulf-Otto, Bruder Hans, in: ²VL 3 (1981), Sp. 435–440.

von Ertzdorff, Xenja, Rudolf von Ems. Untersuchungen zum höfischen Roman im 13. Jahrhundert, München 1967.

Ettmüller, Ludwig (1866) → Texte: Frauenlob.

Fechter, Werner, Das Publikum der mittelhochdeutschen Dichtung (Deutsche Forschungen 28), Frankfurt a.M. 1935 [Neudruck Darmstadt 1966].

Fischer, Hanns, Studien zur deutschen Märendichtung, Tübingen 1968.

Gerhardt, Christoph, Die Metamorphosen des Pelikans. Exempel und Auslegung in mittelalterlicher Literatur. Mit Beispielen aus der bildenden Kunst und einem Bildanhang (Trierer Studien zur Literatur 1), Frankfurt a.M. [u.a.] 1979. – Daz werc von salamander bei Wolfram von Eschenbach und im Brief des Priesters Johannes, in: Ars et ecclesia. Festschrift für Franz J. Ronig, hg. von Hans-Walter Stork/Christoph Gerhardt/Alois Thomas (Veröffentlichungen des Bistumsarchivs Trier 26), Trier 1989, S. 135–160. – Rez. Deifuß (2005), in: ZfdA 136 (2007), S. 261–271.

Gerok-Reiter, Annette, Figur und Figuration Kaiser Karls. Geschichtsbewußtsein in Rolandslied und Willehalm, in: Ars und Scientia (2002), S. 173–191.

Gillespie, George, Wolframs Beziehung zur Heldendichtung, in: Studien zu Wolfram von Eschenbach (1989), S. 67–74.

Glier, Ingeborg, Artes amandi. Untersuchungen zu Geschichte, Überlieferung und Typologie der deutschen Minnereden (MTU 34), München 1971.

Golther, Wolfgang, Parzival und der Gral in der Dichtung des Mittelalters und der Neuzeit, Stuttgart 1925.

Hall, Clifton D., A complete concordance to Wolfram von Eschenbach's Parzival (Garland reference library of the humanities 995) (Contextual concordances), New York [u.a.] 1990.

Harms, Björn-Michael, Der Artushof dankt ab. Heldenepisches Erzählen im Antelan. Mit einer Edition und einer Übersetzung, in: Freiburger Universitätsblätter 48/183 (2009), S. 75–95.

Haug, Walter, Literaturtheorie im deutschen Mittelalter. Von den Anfängen bis zum Ende des 13. Jahrhunderts, 2. Aufl., Darmstadt 1992.

Heinzle, Joachim, Mittelhochdeutsche Dietrichepik. Untersuchungen zur Tradierungsweise, Überlieferungskritik und Gattungsgeschichte später Heldenepik (MTU 62), München 1978. – (1991) → Texte: Wolfram von Eschenbach, Willehalm. – (Hg.) Das Mittelalter in Daten. Literatur, Kunst, Geschichte, 750–1520. Unter Mitwirkung von Hartmut Beckers, Dorothea und Peter Diemer, Harald Ehrhardt, Jörg O. Fichte, Albert Gier, Helmut Hucke, Peter Christian Jacobsen, Chris E. Paschold, Alfred Thomas, Hildegard L.C. Tristram, durchges. und erg. Neuausgabe (Universal-Bibliothek 17040), Stuttgart 2002.

Hennings, Thordis, Französische Heldenepik im deutschen Sprachraum. Die Rezeption der Chansons de Geste im 12. und 13. Jahrhundert – Überblick und Fallstudien, Heidelberg 2008.

Höcke, Holger, Willehalm-Rezeption in der Arabel Ulrichs von dem Türlin (EHS 1/1586), Frankfurt a.M. [u.a.] 1996.

Hoffmann, Werner, Mittelhochdeutsche Heldendichtung (Grundlagen der Germanistik 14), Berlin 1974.

Hotz, Walter, Burg Wildenberg im Odenwald. Ein Herrensitz der Hohenstaufenzeit, Amorbach 1963.

Hübner, Alfred (1938) → Texte: Ulrich von Türheim, Rennewart.

Humphreys, Gillian M., Wolfram von Eschenbach's Willehalm. Kinship and Terramer. A Comparison with the M version of Aliscans (GAG 657), Göppingen 1999.

Huschenbett, Dietrich, Hermann von Sachsenheim. Ein Beitrag zur Literaturgeschichte des 15. Jahrhunderts (PhStQu 12), Berlin 1962. – Albrecht, Dichter des Jüngeren Titurel, in: ²VL 1 (1978), Sp. 158–173. – Hermann von Sachsenheim, in: ²VL 3 (1981), Sp. 1091–1106. – Hermann von Sachsenheim. Namen und Begriffe. Kommentar zum Verzeichnis aller Namen und ausgewählter Begriffe im Gesamtwerk (Würzburger Beiträge zur deutschen Philologie 34), Würzburg 2007.

Johnson, L. Peter, Die höfische Literatur der Blütezeit (1160/70–1220/30) (Geschichte der deutschen Literatur von den Anfängen bis zum Beginn der Neuzeit, hg. von Joachim Heinzle, Bd. II/1), Tübingen 1999.

Jones, Martin H./McFarland, Timothy (Hg.) Wolfram's Willehalm. Fifteen Essays, Rochester (NY)/Woodbridge 2002.

Kästner, Hannes, Der zweifelnde Abt und die mirabilia descripta. Buchwissen, Erfahrung und Inspiration in den Reiseversionen der Brandan-Legende, in: Reisen und Reiseliteratur im Mittelalter und in der Frühen Neuzeit, hg. von Xenja von Ertzdorff/Dieter Neukirch (Chloe. Beihefte zum Daphnis 13), Amsterdam/Atlanta 1992, S. 389–416.

Kästner, Hannes/Schirok, Bernd, Ine kan decheinen buochstap. Dâ nement genuoge ir urhap. Wolfram von Eschenbach und „die Bücher", in: Als das wissend die meister wol. Beiträge zur Darstellung und Vermittlung von Wissen in Fachliteratur und Dichtung des Mittelalters und der frühen Neuzeit. Walter Blank zum 65. Geburtstag, hg. von Martin Ehrenfeuchter/Thomas Ehlen, Frankfurt a.M. [u.a.] 2000, S. 61–152.

Kellner, Beate, Literarische Kontexte und pragmatische Bezugsfelder im spätmittelalterlichen Roman Friedrich von Schwaben, in: Dialoge. Sprachliche Kommunikation in und zwischen Texten im deutschen Mittelalter. Hamburger Colloquium 1999, hg. von Nikolaus Henkel, Tübingen 2003, S. 135–158.

Keppler, Stefan, Wolfram von Eschenbach und das Kloster Bronnbach. Möglichkeiten der Schriftstiftung in einem regionalen Netzwerk, in: ArchStud 239 (2002), S. 241–267.

Kern, Peter, Rezeption und Genese des Artusromans. Überlegungen zu Strickers Daniel vom blühenden Tal, in: ZfdPh 93 (1974) Sonderheft, S. 18–42. – Die Artusromane des Pleier (PhStQu 100), Berlin 1981.

Kiening, Christian, Der Willehalm Wolframs von Eschenbach im karolingischen Kontext. Formen narrativ-historischer Aneignung eines „Klassikers", in: Studien zur Weltchronik Heinrichs von München (1998), S. 522–568.

Klein, Dorothea, Die Weltchronik Heinrichs von München. Ergebnisse der Forschung, in: Studien zur Weltchronik Heinrichs von München (1998), S. 199–239.

Klein, Klaus, Neues Gesamtverzeichnis der Handschriften des Rennewart Ulrichs von Türheim, in: Wolfram-Studien 15 (1998), S. 451–493.

Kleinschmidt, Erich, Literarische Rezeption und Geschichte. Zur Wirkungsgeschichte von Wolframs Willehalm im Spätmittelalter, in: DtVjs 48 (1974), S. 585–649.

Knapp, Fritz Peter, Baiern und die Steiermark in Wolframs Parzival, in: Beitr. 110 (1988), S. 6–28. – Leien munt nie baz gesprach. Zur angeblichen lateinischen Buchgelehrsamkeit und zum Islambild Wolframs von Eschenbach, in: ZfdA 138 (2009), S. 173–184.

Kolb, Herbert, Niemen hie ze Wildenberc, in: ZfdPh 105 (1986), S. 382–385.

Kornrumpf, Gisela, Österreichischer Bibelübersetzer, in: ²VL 11 (2004), Sp. 1097–1110 [a]. – Nova et vetera. Zum Bibelwerk des österreichischen Laien der ersten Hälfte des 14. Jahrhunderts, in: Metamorphosen der Bibel. Beiträge zur Tagung ‚Wirkungsgeschichte der Bibel im deutschsprachigen Mittelalter' (Vestigia Bibliae 24/25 [2002/2003]), Bern [u. a.] 2004, S. 103–121 [b].

Kratochwil, Franz, Der österreichische Didaktiker Peter Suchenwirt, sein Leben und seine Werke, in: Jahresbericht des K. K. Ober-Gymnasiums in Krems am Schlusse des Schuljahres 1871, Krems 1871, S. 3–54.

Krauß, Henning, Romanische Heldenepik, in: Europäisches Hochmittelalter, hg. von Henning Krauß (Neues Handbuch der Literaturwissenschaft 7), Wiesbaden 1981, S. 145–180.

Krohn, Rüdiger, „habt ir von Klinsor nye vernumen?", in: Verführer, Schurken, Magier, hg. von Ulrich Müller/Werner Wunderlich (Mittelalter Mythen 3), St. Gallen 2001, S. 509–527.

Kunitzsch, Paul, Die orientalischen Ländernamen bei Wolfram (Wh. 74,3 ff.), in: Wolfram-Studien 2 (1974), S. 152–173.

Kurz, Johann Baptist, Heimat und Geschlecht Wolframs von Eschenbach, Ansbach 1916; 2. Aufl. [unter dem Titel: „Wolfram von Eschenbach. Ein Buch vom größten Dichter des deutschen Mittelalters"], Ansbach 1930.

Lambeck, Peter (Petrus Lambeccius), Commentarii de Augustissima Bibliotheca Caesarea Vindobonensi, Bd. 2, Wien 1669.

Lemmer, Manfred, Die Wartburg – Musensitz unter Landgraf Hermann I.?, in: JbOsw 6 (1990/91), S. 31–43.

Lorenz, Andrea, Der Jüngere Titurel als Wolfram-Fortsetzung. Eine Reise zum Mittelpunkt des Werks (Deutsche Literatur von den Anfängen bis 1700. 36), Bern [u. a.] 2002.

Maak, Hans-Georg, Das sprachlich-stilistische Vorbild von Ulrich Füetrers Abenteuerbuch, in: ZfdPh 93 (1974) Sonderheft, S. 198–217.
Manuwald, Henrike, Medialer Dialog. Die „Große Bilderhandschrift" des Willehalm Wolframs von Eschenbach und ihre Kontexte (Bibliotheca Germanica 52), Tübingen/Basel 2008.
Martin, Ernst (1878) → Texte: Hermann von Sachsenheim.
Maurer, Friedrich/Rupp, Heinz (Hg.) Deutsche Wortgeschichte 1 (Grundriß der Germanischen Philologie 17,1), 3. Aufl., Berlin/New York 1974.
Meier, John, Mhd. Miscellen, 1. Zum Titurel, in: AfdA 15 (1889), S. 217–218.
Menhardt, Hermann (1955) → Texte: Spruch von den Tafelrundern.
Mertens, Volker, Der deutsche Artusroman (Universal-Bibliothek 17 609), Stuttgart 1998. – Der Gral. Mythos und Literatur (Universal-Bibliothek 18 261), Stuttgart 2003. – Wolfram als Rolle und Vorstellung. Zur Poetologie der Authentizität im Jüngeren Titurel, in: Geltung der Literatur. Formen ihrer Autorisierung und Legitimierung im Mittelalter, hg. von Beate Kellner/Peter Strohschneider/Franziska Wenzel (PhStQu 190), Berlin 2005, S. 203–226.
Mettke, Heinz, Wolfram in Thüringen, in: Studien zu Wolfram von Eschenbach (1989), S. 3–12.
Meves, Uwe, Die Herren von Durne und die höfische Literatur zur Zeit ihrer Amorbacher Vogteiherrschaft, in: Die Abtei Amorbach im Odenwald. Neue Beiträge zur Geschichte und Kultur des Klosters und seines Herrschaftsgebietes, hg. von Friedrich Oswald/Wilhelm Störmer, Sigmaringen 1984, S. 113–143.
Miller, Bob, Eine deutsche Versübersetzung der lateinischen Vita Adae et Evae in der Weltchronik Heinrichs von München, in: Studien zur Weltchronik Heinrichs von München (1998), S. 240–332.
Mohr, Wolfgang (Hg.) Wolfram von Eschenbach, Titurel, Lieder. Mittelhochdeutscher Text und Übersetzung (GAG 250), Göppingen 1978.
Mordhorst, Otto, Egen von Bamberg und „die geblümte Rede" (Berliner Beiträge zur germanischen und romanischen Philologie, Germanistische Abteilung 30), Berlin 1911.
Naumann, Hans (1923) → Texte: Die Kreuzfahrt des Landgrafen Ludwigs des Frommen von Thüringen.
Nellmann, Eberhard (1994) → Texte: Wolfram von Eschenbach, Parzival. – Zu Wolframs Bildung und zum Literaturkonzept des Parzival, in: Poetica 28 (1996), S. 327–344. – Der Lucidarius als Quelle Wolframs, in: ZfdPh 122 (2003), S. 48–72. – Parzival (Buch I–VI) und Wigalois. Zur Frage der Teilveröffentlichung von Wolframs Roman, in: ZfdA 139 (2010), S. 135–152.
Neukirchen, Thomas, Die ganze aventiure und ihre lere. Der Jüngere Titurel Albrechts als Kritik und Vervollkommnung des Parzival Wolframs von Eschenbach (Beihefte zum Euphorion 52), Heidelberg 2006.
Nyholm, Kurt (1964) → Texte: Fuetrer, Ulrich, Buch der Abenteuer, Teil 1. – Fuetrer, Ulrich, in: ²VL 2 (1980), Sp. 999–1007. – Pragmatische Isotypien im Jüngeren Titurel. Überlegungen zur Autor-Hörer/Leser-Situation, in: Wolfram-Studien 8 (1984), S. 120–137.
Ott, Norbert H., Heinrich von München, in: ²VL 3 (1981), Sp. 827–837.
Pawis, Reinhard, Seifrit, in: ²VL 8 (1992), Sp. 1050–1055.
Puff, Helmut, Ein Rezeptionszeugnis zu Wolfram von Eschenbach vom Ausgang des Mittelalters, in: ZfdA 129 (2000), S. 70–83.

Rabeler, Sven, Niederadlige Lebensformen im späten Mittelalter. Wilwolt von Schaumberg (um 1450–1510) und Ludwig von Eyb d. J. (1450–1521) (Veröffentlichungen der Gesellschaft für Fränkische Geschichte IX, 53), Stegaurach 2006.

Ragotzky, Hedda, Studien zur Wolfram-Rezeption. Die Entstehung und Verwandlung der Wolfram-Rolle in der deutschen Literatur des 13. Jahrhunderts (Studien zur Poetik und Geschichte der Literatur 20), Stuttgart [u.a.] 1971.

Ridder, Klaus, Mittelhochdeutsche Minne- und Aventiureromane. Fiktion, Geschichte und literarische Tradition im späthöfischen Roman. Reinfried von Braunschweig, Wilhelm von Österreich, Friedrich von Schwaben (QuF 12 [246]), Berlin [u.a.] 1998.

Rischer, Christelrose, Literarische Rezeption und kulturelles Selbstverständnis in der deutschen Literatur der „Ritterrenaissance" des 15. Jahrhunderts. Untersuchungen zu Ulrich Füetrers Buch der Abenteuer und dem Ehrenbrief des Jakob Püterich von Reichertshausen (Studien zur Poetik und Geschichte der Literatur 29), Stuttgart [u.a.] 1973.

Rompelman, Tom Albert (1939) → Texte: Wartburgkrieg.

Rosenfeld, Hans-Friedrich, Mittelhochdeutsche Novellenstudien, I. Der Hellerwertwitz, II. Der Schüler zu Paris (Palaestra 153), Leipzig 1927.

Ruh, Kurt, Bemerkungen zur Liebessprache in Wolframs Titurel, in: Studien zu Wolfram von Eschenbach (1989), S. 501–512.

Ruß, Hubert, Die Edelfreien und Grafen von Truhendingen. Studien zur Geschichte eines Dynastengeschlechtes im fränkisch-schwäbisch-bayerischen Grenzraum vom frühen 12. bis frühen 15. Jahrhundert (Veröffentlichungen der Gesellschaft für Fränkische Geschichte IX, 40), Neustadt a.d. Aisch 1992.

Schirok, Bernd, Parzivalrezeption im Mittelalter (Erträge der Forschung 174), Darmstadt 1982. – Zin anderhalp an dem glase geliehet. Zu Lachmanns Konjektur geleichet und zum Verständnis von Parzival 1,20 f., in: ZfdA 115 (1986), S. 117–124. – Ein rîter, der gelêret was. Literaturtheoretische Aspekte in den Artusromanen Hartmanns von Aue, in: Ze hove und an der strâzen. Die deutsche Literatur des Mittelalters und ihr „Sitz im Leben". Festschrift für Volker Schupp zum 65. Geburtstag, hg. von Anna Keck/Theodor Nolte, Stuttgart/Leipzig 1999, S. 184–211. – (Hg.) Wolfram von Eschenbach, Willehalm. Abbildung des ‚Willehalm'-Teils von Codex St. Gallen 857 mit einem Beitrag zu neueren Forschungen zum Sangallensis und zum Verkaufskatalog von 1767 (Litterae 119), Göppingen 2000. – (2003) → Texte: Wolfram von Eschenbach, Parzival. Hartman der Ouwaere, des hasen geselle und Gottfried von Straßburg. Poetologische Konzepte und literarische Umsetzungen, in: Studien zur deutschen Sprache und Literatur. Festschrift für Konrad Kunze zum 65. Geburtstag, hg. von Václav Bok/Ulla Williams/Werner Williams-Krapp (Studien zur Germanistik 10), Hamburg 2004, S. 20–44.

Schlupkoten, Paul, Herman Dâmen. Untersuchung und Neuausgabe seiner Gedichte, Diss. Marburg 1913.

Schmitt, Wolfram, Hans Hartliebs mantische Schriften und seine Beeinflussung durch Nikolaus von Kues, Diss. Heidelberg 1962.

Schönbach, Anton E., Neue Bruchstücke des Edolanz, in: ZfdA 25 (1881), S. 271–287.

Schreiber, Albert, Neue Bausteine zu einer Lebensgeschichte Wolframs von Eschenbach (Deutsche Forschungen 7), Frankfurt a.M. 1922 [Neudruck Hildesheim 1975].

Schröder, Werner (Hg.) Eine alemannische Bearbeitung der Arabel Ulrichs von dem Türlin (Texte und Untersuchungen zur Willehalm-Rezeption 1), Berlin/New York 1981 [a]. – (Hg.) Die Exzerpte aus Wolframs ‚Willehalm' in der ‚Weltchronik' Heinrichs von München (Texte und Untersuchungen zur Willehalm-Rezeption 2), Berlin/New York 1981 [b]. – Arabel Studien I–VI (AWLM 1982/6; 1983/6; 1984/9; 1988/6; 1988/7; 1993/4), Mainz/Wiesbaden 1982–1993. – Zur Wolfram-Kenntnis im Reinfrit von Bruneswic, in: Aspekte der Germanistik. Festschrift für Hans-Friedrich Rosenfeld zum 90. Geburtstag, hg. von Walter Tauber (GAG 521), Göppingen 1989, S. 123–145. – (1999) → Texte: Ulrich von dem Türlin, Arabel.

Seemüller, Joseph (1886) → Texte: Helbling, Seifried.

Shaw, Frank, Die Parzival-Zitate bei Heinrich von München, in: Studien zu Wolfram von Eschenbach (1989), S. 183–196. – Willehalm as History in Heinrich von München's Weltchronik, in: Jones/McFarland (2002), S. 291–306.

Siebert, Johannes (1934) → Texte: Tannhäuser. – (1952) → Texte: Wartburgkrieg. – (1953) → Texte: Wartburgkrieg.

Simrock, Karl (1858) → Texte: Wartburgkrieg.

Stackmann, Karl, Frauenlob und Wolfram von Eschenbach, in: Studien zu Wolfram von Eschenbach (1989), S. 75–84.

Steger, Hugo, Wolfram von Eschenbach, in: Fränkische Klassiker, hg. von Wolfgang Buhl, Nürnberg 1971, S. 34–50. – Abenberc und Wildenberc. Ein Brief mit einem Vexierbild zu einer alten Parzival-Frage, in: ZfdPh 105 (1986), S. 1–41.

Steppich, Christoph J., Zu Wolframs Vergleich der Antikonie mit der Markgräfin auf Burg Haidstein (Pz. 403,21–404,10), in: ABäG 53 (2000), S. 187–230.

Stock, Markus, Alexander in der Echokammer. Intertextualität in Ulrichs von Etzenbach Montagewerk, in: Dialoge. Sprachliche Kommunikation in und zwischen Texten im deutschen Mittelalter. Hamburger Colloquium 1999, hg. von Nikolaus Henkel, Tübingen 2003, S. 113–134.

Strohschneider, Peter, Ulrich von Türheim, in: ²VL 10 (1999), Sp. 28–39. – Fürst und Sänger. Zur Institutionalisierung höfischer Kunst, anläßlich von Walthers Thüringer Sangspruch 9,V [L. 20,4], in: Literatur und Macht im mittelalterlichen Thüringen, hg. von Ernst Hellgardt/Stephan Müller/Peter Strohschneider, Köln [u.a.] 2002, S. 85–107.

Studien zur Weltchronik Heinrichs von München, Bd. 1: Überlieferung, Forschungsbericht, Untersuchungen, Texte, hg. von Horst Brunner (Wissensliteratur im Mittelalter 29), Wiesbaden 1998.

Studien zu Wolfram von Eschenbach. Festschrift für Werner Schröder zum 75. Geburtstag, hg. von Kurt Gärtner und Joachim Heinzle, Tübingen 1989.

Thomas, Helmuth, Untersuchungen zur Überlieferung der Spruchdichtung Frauenlobs (Palaestra 217), Leipzig 1939.

Thomas, Neil, Wirnt von Gravenberg's Wigalois. Intertextuality and interpretation (Arthurian studies 62), Cambridge [u.a.] 2005 [a]. – Wirnts von Gravenberg Wigalois und die Auseinandersetzung mit der Parzival-Problematik, in: ABäG 60 (2005), S. 129–160 [b].

Toischer, Wendelin (1888) → Texte: Ulrich von Eschenbach.

Tomasek, Tomas, Das deutsche Rätsel im Mittelalter (Hermaea NF 69), Tübingen 1994.

Trier, Jost, Der deutsche Wortschatz im Sinnbezirk des Verstandes. Die Geschichte eines sprachlichen Feldes, Bd.1: Von den Anfängen bis zum Beginn des 13. Jahrhunderts (Germanische Bibliothek 2/31), Heidelberg 1931; 2. Aufl., 1973.

Unger, Helga, Vorreden deutscher Sachliteratur des Mittelalters als Ausdruck literarischen Bewußtseins, in: Werk – Typ – Situation. Studien zu poetologischen Bedingungen in der älteren deutschen Literatur. Hugo Kuhn zum 60. Geburtstag, hg.

von Ingeborg Glier/Gerhard Hahn/Walter Haug/Burghart Wachinger, Stuttgart 1969, S. 217–251.

Volfing, Annette, Parzival and Willehalm: Narrative Continuity? (2002), in: Jones/McFarland (2002), S. 45–59.

Vollmann-Profe, Gisela, Der Prolog zum Heiligen Georg des Reinbot von Durne, in: Befund und Deutung. Zum Verhältnis von Empirie und Interpretation in Sprach- und Literaturwissenschaft. Hans Fromm zum 26. Mai 1979 von seinen Schülern, Tübingen 1979, S. 320–341.

Vollmer, Hans (1908) → Texte: Adambuch.

Wachinger, Burghart, Sängerkrieg. Untersuchungen zur Spruchdichtung des 13. Jahrhunderts (MTU 42), München 1973. – Der Wartburgkrieg, in: ²VL 10 (1999), Sp. 740–766. – Wissen und Wissenschaft als Faszinosum für Laien im Mittelalter, in: Ars und Scientia (2002), S. 13–29. – Der gute Wirt (Der Wirt der Seele), in: ²VL 11 (2004), Sp. 578–579 [a]. – Der Sängerstreit auf der Wartburg. Von der Manesseschen Handschrift bis zu Moritz von Schwind (Wolfgang-Stammler-Gastprofessur für Germanische Philologie. Vorträge 12), Berlin/New York 2004 [b].

Wehrli, Max, Geschichte der deutschen Literatur vom frühen Mittelalter bis zum Ende des 16. Jahrhunderts (Geschichte der deutschen Literatur von den Anfängen bis zur Gegenwart 1) (Universal-Bibliothek 10294), Stuttgart 1980.

Weidemann, Bodo, Kunst der Gedächtnüß und De mansionibus. Zwei frühe Traktate des Johann Hartlieb, Diss. FU Berlin 1964.

Wennerhold, Markus, Späte mittelhochdeutsche Artusromane. Lanzelet, Wigalois, Daniel von dem Blühenden Tal, Diu Crône. Bilanz der Forschung 1960–2000 (Würzburger Beiträge zur deutschen Philologie 27), Würzburg 2005.

Wenzel, Horst, Höfische Geschichte. Literarische Tradition und Gegenwartsdeutung in den volkssprachigen Chroniken des hohen und späten Mittelalters (EHS 1/284), Bern [u. a.] 1980.

Westphal-Schmidt, Christa, Studien zum Rennewart Ulrichs von Türheim, Frankfurt a.M. 1979.

Wilhelm, Friedrich, Antike und Mittelalter. Studien zur Literaturgeschichte, I. Über fabulistische Quellenangaben, in: Beitr. 33 (1908), S. 286–339.

Winter, Martin, Gedanken zur Heimat- und Bildungsfrage Wolframs von Eschenbach, in: Alt-Gunzenhausen. Beiträge zur Geschichte der Stadt Gunzenhausen 40 (1983), S. 29–81.

Wittmann-Klemm, Dorothee, Studien zum Rappoltsteiner Parzifal (GAG 224), Göppingen 1977. – Rappoltsteiner Parzifal (Der alte und der nuwe parzefal), in: ²VL 7 (1989), Sp. 993–1000.

Wolf, Herbert, Zum Wartburgkrieg. Überlieferungsverhältnisse, Inhalts- und Gestaltungswandel der Dichtersage, in: Festschrift für Walter Schlesinger, hg. von Helmut Beumann, Bd. 1 (Mitteldeutsche Studien 74/I), Köln/Wien 1973, S. 513–530.

Zappert, Georg, Über ein für den Jugendunterricht Kaiser Maximilian's I. abgefasstes lateinisches Gesprächsbüchlein, in: SBKA 28 (1858), S. 193–280.

Ziegeler, Hans-Joachim, Der herzoge Liddamus. Bemerkungen zum 8. Buch von Wolframs Parzival, in: „Texte zum Sprechen bringen". Festschrift für Paul Sappler, hg. von Christiane Ackermann/Ulrich Barton/Anne Auditor/Susanne Bongards, Tübingen 2009, S. 107–117.

Zimmermann, Gisela, Kommentar zum VII. Buch von Wolfram von Eschenbachs Parzival (GAG 133), Göppingen 1974.

B. Die Lieder

von Franz-Josef Holznagel

1. Die Überlieferung – **2. Die Lyrik des Textdichters und Melodie-Erfinders Wolfram von Eschenbach in den Handschriften des 13. und frühen 14. Jahrhunderts** – 2.1 Die Handschriften – 2.2 Die Überlieferungssituation – 2.3 Echtheit – Unechtheit/Zyklusbildung – 2.4 Liedtypen – 2.5 Versbau und Strophenformen – 2.6 Die Lieder – 2.6.1 Die Tagelieder (Lied I, II, V, VII) und die Tagelied-Parodie (Lied IV) – 2.6.2 Die Werbelieder (Lied III, VI, VIII, IX) – **3. Wolfram und die meisterliche Liedkunst**

1. Die Überlieferung

Die Überlieferungsgeschichte der Lyrik, die im Mittelalter und in der Frühen Neuzeit mit dem Namen Wolframs von Eschenbach verbunden worden ist, läßt sich in zwei aufeinander aufbauende und klar abgegrenzte Phasen gliedern. Die erste Phase zeigt Wolfram als Verfasser von lyrischen Texten, die in Hss. des 13. und frühen 14. Jh.s tradiert werden, und zwar nach den Gepflogenheiten, die sich im Verlaufe des 13. Jh.s für die schriftliche Aufzeichnung von Minnesang, Sangspruch und Leichdichtung etabliert haben (vgl. Holznagel, 1995, S. 21–88): Sie werden zu Corpora zusammengestellt, die (mit Ausnahme der Handschrift G) unter einem Namen stehen, der den Textautor vermerkt, welcher wiederum mit dem Erfinder der Strophenformen identisch ist und der mutmaßlich auch die Melodien komponiert hat (obwohl diese in den klassischen Minnesang-Hss. nur selten notiert werden und im Falle der Lieder Wolframs fehlen). Aus dieser Phase der Überlieferung haben sich vier Textzeugen erhalten, die insgesamt neun Lieder Wolframs (mit 34, z. T. mehrfach aufgezeichneten Strophen) aufweisen. Vgl. MF[38] I–IX sowie Holznagel, 1995, S. 540 f.

In der zweiten Phase der Überlieferung wird Wolfram von Eschenbach nicht mehr als Verfasser von Texten präsentiert, sondern lediglich als Erfinder von Tönen, die in der ‚Kolmarer Liederhandschrift' und den anderen Sammlungen der meisterlichen Liedkunst des 14.–17. Jh.s mit neuen Texten unbekannter Verfasser unterlegt werden. Dieses Rezeptionsphänomen erklärt sich aus dem Bemühen der Meistersänger, die aktuelle lyrische Produktion durch die Übernahme von Melodien (oder auch nur von metrischen Schemata) zu legitimieren, die (zu Recht oder zu Unrecht) als das Eigentum der großen vorbildlichen Lyriker des 13. und frühen 14. Jh.s gelten, zu denen auch Wolfram von Eschenbach gehörte. Vgl. Brunner 1975.

2. Die Lyrik des Textdichters und Melodie-Erfinders Wolfram von Eschenbach in den Handschriften des 13. und frühen 14. Jahrhunderts

2.1 Die Handschriften

G = München, Bayerische Staatsbibl., Cgm 19; ostalem.-bair.; um 1250 (→ II, S. 942)

Die Hs. ist vor allem eine Sammlung mit Texten Wolframs von Eschenbach (Pz., Tit.), außerdem findet sich als Nachtrag aus der 2. Hälfte des 13. Jh.s eine Prosaauflösung von Strickers ‚Der nackte Bote'. Auf der Rückseite eines nachträglich angenähten Einzelblattes (Bl. 75v) stehen (ohne Initialen, aber noch von einer der Haupthände) die Lieder I und II. Die Aufzeichnung erfolgte anonym; die Zuschreibung an Wolfram von Eschenbach stützt sich lediglich auf den Überlieferungsverbund sowie auf sprachlich-stilistische und literarische Übereinstimmungen mit den Tageliedern in B und C.

Vollfaksimile: Augst/Ehrismann/Engels, 1970; Stolz [u.a.], 2008. – Schwarzweißabbildungen: Wapnewski, 1972, Tafel II. – Diplomatischer Abdruck der Texte: Augst/Ehrismann/Engels, 1970, Bd. 2, Bl. 75v; Wapnewski, 1972, S. 18 u. 92. – Forschung in Auswahl: Schneider, 1987, Bd. 1. Textband, S. 150–154; Klein, 1992.

A = Heidelberg, Universitätsbibl., Cpg 357 (‚Kleine Heidelberger Liederhandschrift'); alem.; um 1270–1275 (→ II, S. 942)

Der Codex ist die früheste erhaltene Sammelhandschrift mit mhd. Lyrik des 12. und 13. Jh.s. Auf Bl. 30v steht (von der Hand des Hauptschreibers und unter der Autorsignatur *VVOLFRAM VON ESCHEBACH*) das Lied VII; auf Bl. 26r hat derselbe Schreiber die Strophe IX,1 unter dem Namen *GEDRVT* eingetragen (= Gedrut A 30).

Vollfaksimile: Blank, 1972; <http://diglit.ub.uni-heidelberg.de/diglit/cpg357>. – Schwarzweißabbildungen: Wapnewski, 1972, Tafel I (Wolfram-Corpus) – Diplomatischer Abdruck der Wolfram-Strophen: Wapnewski, 1972, S. 44–50. – Diplomatischer Abdruck der Gedrut-Strophe: Pfeiffer, 1844, S. 144. – Forschung (in Auswahl): Kornrumpf, 1981 [a]; Schneider, 1987, Bd. 1: Textband, S. 184–186; Holznagel, 1995, S. 89–120 [u. Reg.].

C = Heidelberg, Universitätsbibl., Cpg 848 (,Große Heidelberger Liederhandschrift', ,Codex Manesse'); Zürich; um 1300 (mit Nachträgen bis 1330/35) (→ II, S. 942)

Der Codex Manesse ist die wichtigste und berühmteste Sammelhandschrift mit lyrischen Texten des 12., 13. und frühen 14. Jh.s. Das Wolfram-Corpus findet sich auf den Blättern 149v–150v: Bl. 149v zeigt das bekannte Bild des Grundstockmeisters mit der Autorsignatur *her wolfran von Eschilbach* (Abb. 3), auf den Blättern 150r/v stehen die Lieder III–IX (eingetragen von der Hand A_S). Auf Bl. 395v hat dann der Schreiber E_S noch einmal unter dem Namen *Rubin von Rŭdegêr* die Strophe IX,1 notiert (= Rubin und Rüdiger C 3). Das unmittelbar vorausgehende Bild auf Bl. 395r (von dem Maler N II) spielt mit seiner Pastourellenszenerie so deutlich auf das erste Lied des Kol von Niunzen an, daß eine Vertauschung der beiden Miniaturen sehr wahrscheinlich ist (vgl. Wachinger, 1992). Unter dieser Vorgabe steht die Miniatur, die ursprünglich für das Rubin-und-Rüdiger-Corpus geplant war, auf Bl. 394r (Jagdszene mit einem adeligen Herrn und seinem Helfer: ebenfalls ein Bild von dem Maler N II).

Vollfaksimile: Codex Manesse, 1975–1979; <http://digi.ub.uni-heidelberg.de/diglit/cpg848>. – Schwarzweißabbildungen: Müller, 1971 [a]; Wapnewski, 1972, Tafel IV–V (nur die Texte des Wolfram-Corpus). – Diplomatischer Abdruck: Wapnewski, 1972, S. 44–50, 116–120, 146, 174, 198–200, 230–234 (Wolfram-Corpus ohne Lied IX); Pfaff/Salowsky, 1984, Sp. 536–542 (Wolfram-Corpus), sowie Sp. 1329 f. (Rubin-und-Rüdiger-Corpus). – Forschung (in Auswahl): Kornrumpf, 1981 [b], 1988; Holznagel, 1995, S. 140–207 [und Reg.]; Henkes-Zin, 2004.

B = Stuttgart, Württembergische Landesbibl., Cod. HB XIII 1 („Weingartner Liederhandschrift'); Bodenseeraum (Konstanz?); Anfang des 14. Jh.s (mit Nachträgen) (→ II, S. 942)

In der zweiten großen illustrierten Sammelhandschrift der mhd. Lyrik des 12. und 13. Jh.s sind auf den Seiten 178 f. Wolframs Lieder III–V aufgezeichnet worden (noch von der Hand des Hauptschreibers, aber ohne Autornennung und ohne Bild). Auf dem linken Blattrand von S. 178 findet sich, neben der Initiale von B 4, die nachträgliche Notiz [*t*]*agwiß* (durch Beschnitt des Buchblocks fehlt der erste Buchstabe). Die Verfasserschaft Wolframs ist über die Parallelüberlieferung in C gesichert.

Vollfaksimile: Die Weingartner Liederhandschrift, 1969; <http://digital.wlb-stuttgart.de/purl/bsz319421317>. – Schwarzweißabbildungen: Wapnewski, 1972, Tafel III. – Diplomatischer Abdruck der Lieder: Die Weingartner Liederhandschrift 1969, S. 178 f.; Wapnewski, 1972, S. 116–120, 146, 174. – Forschung (in Auswahl): Holznagel, 1995, S. 121–139; Kornrumpf, 1999; Holznagel, 2001, S. 118.

2.2 Die Überlieferungssituation

Der (im Vergleich mit der Überlieferung der Lieder Walthers von der Vogelweide oder Neidharts) schmale Bestand von 34 Strophen in Hss. und die verhältnismäßig geringe Mehrfachbezeugung der Texte zeigen, daß die Tradierung der Wolframschen Lyrik unter keinem guten Stern stand. Eine Ursache dafür liegt darin, daß die Lieder Wolframs in den großen Sammelbecken der Lyriküberlieferung, den gemeinsamen Vorstufen der Handschriften A, B, C und E (*AC, *BC, *EC), offenbar nur schwach vertreten waren: Aus der gemeinsamen Sammelüberlieferung *AC (vgl. dazu Kornrumpf, 1981[a]) stammt zunächst einmal nur das Lied VII, und wie die in A und C übereinstimmende Zuweisung an Wolfram zeigt, wurden diese vier Strophen von Anfang an unter dem Namen ihres Verfassers gesammelt.

– Nach dem Zeugnis der Lesarten kommt überdies noch aus *AC die Strophe IX,1, die in A unter ‚Gedrut' und in C unter ‚Rubin und Rüdiger' steht – allerdings firmierte diese Strophe dort wohl kaum als Eigentum Wolframs, sondern war vermutlich Teil einer anonymen Sammelüberlieferung, die (ähnlich wie die Minnesang-Florilegien in KLD² i, KLD² o, KLD² p) nur ausgewählte Anfangsstrophen unterschiedlicher Autoren enthielt und die erst nachträglich (und in A und C divergierend) unter

Autorennamen gestellt wurde (vgl. dazu u.a. Kornrumpf, 1981 [a], Sp. 580–582; Wachinger, 1992, Sp. 298).
– Die in der Strophenreihung übereinstimmenden und in den Lesarten sehr oft zusammengehenden Lieder III–V wurden in C und B aus einer gemeinsamen Vorlage exzerpiert, die allerdings nicht mit der großen, illustrierten Sammlung *BC identisch sein dürfte, die den Grundstock sowohl des Codex Manesse als auch der Weingartner Liederhandschrift gebildet hat. Gegen die Herkunft der drei Lieder aus dieser Quelle spricht, daß es sich bei dem kleinen Wolfram-Corpus in B um einen Nachtrag handelt, der ohne Miniatur auf Blättern nachgetragen worden ist, die für Erweiterungen der Walther-Sammlung freigehalten worden waren (vgl. Holznagel, 1995, S. 134 f.).

Als Fazit läßt sich demnach festhalten, daß die Lieder Wolframs in *BC und *EC ganz fehlten und in *AC nur sporadisch (und wohl nur z.T. unter seinem Namen) tradiert wurden.

Charakteristisch für die schriftliche Rezeption der Wolframschen Lieder ist ferner, daß auch jenseits der *AC-, *BC- und *EC-Tradition jedes Anzeichen für eine größere, autorbezogene Sammlung (etwa in der Art des Neidhart-Corpus in der Riedegger Hs.) fehlt: „Wahrscheinlich gab es im 13. Jahrhundert keine zuverlässige Sammlung der Lieder [Wolframs]" (Bumke, 2004, S. 37). Das, was sich auf der Basis des heute noch Erhaltenen rekonstruieren läßt, besitzt jedenfalls auch außerhalb dessen, was in den gemeinsamen Vorstufen zirkulierte, durchweg den Charakter des eher Beiläufigen, Sporadischen. Das gilt schon für das bereits erwähnte Kleincorpus, das in B und C Eingang gefunden hat, dies gilt erst recht für die Unica in G (Lied I und II) oder die restlichen C-Strophen, die nicht aus *AC stammen (Lied VI–IX).

Daß diese trümmerhafte Überlieferung ein repräsentatives Bild von der lyrischen Produktion Wolframs abgibt, ist mehr als fraglich. So scheint schon die Stilisierung des autobiographisch konturierten Erzählers, der sich in der sog. Selbstverteidigung des Pz. (114,12 f., → S. 2 f., 210) explizit auf seine Sangeskunst bezieht (vgl. 337,5 f.), nur schlecht zu dem schmalen Werk zu passen, das die Hss. präsentieren. Außerdem läßt sich anhand einer Notiz in der ‚Zimmernschen Chronik' belegen, daß es eine Lyriksammlung gegeben haben muß, in der nachweislich auch Wolframs Texte vertreten waren, die heute aber nicht mehr existiert (vgl. Schanze, 1988). Von daher ist es also durchaus wahrscheinlich, „daß Wolfram mehr Lieder gedichtet hat, als uns erhalten sind" (Bumke, 2004, S. 37; vgl. hierzu auch die ähnlichen Einschätzungen von Borck, 1979, S. 10, oder von Speckenbach, 2000, S. 237).

2.3 Echtheit – Unechtheit/Zyklusbildung

Aufgrund ihres dezidiert autorbezogenen Zugriffs übertrug die Minnesangphilologie den emphatischen Werkbegriff des 19. Jh.s lange Zeit ungeprüft auf die anders gelagerten Verhältnisse des 13. Jh.s, um durch eine Sichtung der Überlieferung die Texte zu bestimmen, die sicher einem Verfasser zugesprochen werden können. Im Falle Wolframs führte dies zu der paradoxen, aber für die methodischen Ansätze der Echtheitsforschung bezeichnenden Situation, daß die Autorschaft der anonym tradierten Lieder I und II niemals ernsthaft zur Debatte stand, während die ‚Echtheit' der eindeutig unter Wolframs Namen überlieferten Lieder VII und VIII (ganz oder in Teilen) vehement bestritten wurde. Vgl. Wapnewski, 1972, S. 238–241; MF[36], Bd. 2, S. 120; KLD[2], Bd. 2, S. 696–707; kritisch dazu: Wisniewski, 1978; Achnitz, 2010.

Die Diskussionen über die Grenzen der lyrischen Œuvres sind inzwischen nahezu zum Erliegen gekommen, weil die damit verbundenen methodischen Probleme überdeutlich geworden sind. Hierzu zählt vor allem die zirkuläre Bewegung der Echtheitsüberlegungen, bei der das Endresultat der Kritik, nämlich die Kenntnis der autorspezifischen Eigenheiten, bereits vorausgesetzt werden muß, um das nicht zum Werk Gehörende auszugrenzen, aber auch ein zu enger und zu statischer Werkbegriff, der Schwankungen in der literarischen Qualität oder sprunghafte Wechsel in der literarischen Technik kaum oder nur unzureichend berücksichtigt (vgl. Bein, 1998). Statt im Ausgang von normativen Vorstellungen zur literarischen Qualität der Lieder die Überlieferung zu mustern, bietet es sich an, die faktisch unter dem Namen tradierten Texte zum Ausgangspunkt für die literarische Analyse zu machen; diesem Ansatz sind auch die folgenden Überlegungen verpflichtet, die alle neun Lieder, die in den Hss. des 13. und frühen 14. Jh.s Wolfram von Eschenbach zugeschrieben werden, berücksichtigen.

Während in den Echtheitsdiskussionen der Versuch unternommen wurde, die Außengrenzen von Wolframs lyrischem Werk zu definieren, zielten die Überlegungen zur Zyklusbildung darauf ab, durch die Analyse thematischer und formaler Merkmale das Verhältnis der als Wolframs Eigentum ausgewiesenen Lieder untereinander zu bestimmen, um auf diese Weise die Texte in eine exakte chronologische Reihung zu bringen. Als Grundlage für die Rekonstruktion der Liedabfolge dienten dabei im 19. Jh. vor allem biographische Gesichtspunkte wie die Annahme, daß Wolfram sich auf verschiedene Liebesverhältnisse eingelassen habe, die sich dann auch in seinen Texten widergespiegelt hätten (vgl. Schulz [San-

Marte], 1841, S. 12f.; Domanig, 1882; Kück, 1897). Nach der Verabschiedung einer ausschließlich biographischen Lesart von Wolframs Liedern wurde mit der Hilfe anderer Gesichtspunkte argumentiert, mit der angenommenen Perfektionierung der Metrik etwa (Plenio, 1916, der allerdings noch sehr dem biographischen Deutungsansatz verpflichtet ist) oder mit der unterstellten Symbolik von Zahlenverhältnissen (Hatto, 1950). Des weiteren spielte die vermutete Abnahme des Episch-Dramatischen (Mohr, 1948) eine Rolle, schließlich wurde der Versuch unternommen, aus der Untersuchung des Liedgeschehens (Thomas, 1956/57; Borck, 1959, Bd. 1, bes. S. 214–225) oder der Konfigurationen der Wächter-Figur (Wapnewski, 1958 und 1972, S. 245–258) Anhaltspunkte für die Entwicklung von Wolframs Lyrik zu gewinnen (wobei im Zentrum dieser Überlegungen immer die Tagelieder standen und die anderen Lieder eher beiläufig behandelt oder sogar ausgeklammert wurden). Der hohe argumentative Aufwand zur Plausibilisierung der Reihungsversuche stand dabei in einem krassen Gegensatz zur Validität der Resultate: „Wo scharfsinnige Erwägungen so verschiedene Ergebnisse zeitigen, scheint mir das ein Zeichen, daß das Problem unlösbar ist" (KLD², Bd. 2, S. 652).

2.4 Liedtypen

Kann Walther von der Vogelweide für sich beanspruchen, das thematisch wie formal am weitesten gespannte Œuvre um und nach 1200 geschaffen zu haben, in dem die drei großen lyrischen Subgenera der Zeit (Minnesang, Sangspruch und Leichdichtung) virtuos entwickelt werden, so ist Wolfram von Eschenbach der Meister eines spezifischen Subgenres, des Tageliedes. Dies zeigt sich bereits an der Verteilung der Liedtypen innerhalb seines Werks: Fünf der neun Stücke (Nr. I, II, IV, V, VII) gehören zum Genus des Tageliedes (wobei das Lied IV mit seinem kritischen Blick auf die Gattungstradition eine Sonderrolle einnimmt); lediglich vier Lieder (III, VI, VIII, IX) gehen andere Wege, indem sie sich in die Tradition des Werbeliedes einordnen.

Das Werbelied etabliert sich spätestens seit Rudolf von Fenis und Friedrich von Hausen als zentraler Subtyp der mhd. Liebeslyrik, um den herum sich eine ganze Anzahl verwandter literarischer Formen gruppiert (vgl. Müller, 1979 [a]; Tervooren, 1993, S. 11–39, bes. S. 28f.) und der über das 13. Jh. hinaus (vgl. Hübner, 2008) bis zum 15./16. Jh. nachweisbar ist (wenngleich mit zeitspezifischen Veränderungen – vgl. bes.

Wachinger, 1999 [b]; Janota, 2009). Dieser Liedtyp setzt einen männlich konturierten Sprecher voraus, der eine geliebte Frau aus einer Position der Distanz heraus adressiert oder über sie redet. Topische Elemente dieser Rede sind der Frauenpreis (vgl. Schweikle, 1995, S. 202 f.), die Bekundung von Dienstbereitschaft durch den Mann (vgl. Schweikle, 1995, S. 197, 201 f.) oder auch die mehr oder minder verhüllte Artikulation sexueller Wünsche (Schweikle, 1995, S. 197). Zumeist wird im Werbelied ein höfischer Kontext vorausgesetzt; über den konkreten sozialen Status des Sprechers und der umworbenen Dame geben die Texte allerdings keine Auskunft. Die in der älteren Forschung gängige Meinung, im Werbelied äußere sich ein Ritter, der seine verheiratete Herrin umwerbe und zum Ehebruch auffordere, ist durch die Texte nicht gedeckt (vgl. hierzu schon Salem, 1980). Ähnlich undeutlich bleibt die Referenz auf die Gesellschaft, die lediglich unter dem gattungstypischen Gesichtspunkt eingeführt wird, ob sie den Sprecher unterstützt (*vriunt*) oder aber (und dies häufiger) als Hindernis für die Liebenden wahrgenommen wird. Die antagonistischen Kräfte werden konkretisiert in der Instanz der *huote* (vgl. u. a. Heinrich von Veldeke MF^{38} 65,21) oder in der Person des *merkære* (vgl. etwa Meinloh von Sevelingen MF^{38} 13,14) (vgl. Hofmann, 1974). Zum Typus des Werbeliedes vgl. Salem, 1980; Müller, 1983, bes. S. 57–72; Tervooren, 1993; Schweikle, 1995, bes. S. 121–127; Hübner, 1996; Haferland, 2000.

Schon früh zeigt sich im Werbelied eine Ausdifferenzierung der Sprecher-Instanz. So kann das Ich nicht nur als Liebender, sondern auch als Vortragskünstler entworfen werden (Rudolf von Fenis MF^{38} 80,25), der öffentlich über Minne und Minnesang singt und auf diese Weise ein für die Gattung typisches Moment von poetologischer Reflexion erzeugt (vgl. Bein, 1996; Strohschneider, 1996; Tervooren, 1996). Hinzu kommt, daß das Ich (speziell bei Walther von der Vogelweide) den für den Sangspruch typischen Gestus des Lehrenden und des Kritikers übernehmen kann, der die Rede über Minne zum Medium für die Reflexion über den Zustand der Gesellschaft umwandelt (u. a. in L^{14} 56,14). Vgl. Hahn, 1986.

Ein weiteres Merkmal der Werbelied-Tradition, das besonders für das Verständnis von Wolframs Lied Nr. III wichtig ist, betrifft die Verdichtung der literarisch-musikalischen Kommunikation vor und um 1200, die sich u. a. darin bekundet, daß die Lyriker gezielt auf die Texte ihrer Dichterkollegen Bezug nehmen. Ein prominentes Beispiel ist das als ‚Reinmar-Walther-Fehde' bezeichnete intertextuelle Geflecht, das zwischen einigen Liedern Reinmars, Walthers von der Vogelweide und Heinrichs von Morungen besteht und auf das auch Wolfram von Eschenbach reagiert (im Pz. und evtl. auch im Lied Nr. III; kritisch dazu: Wachinger, 1973, S. 99f.). Zur Reinmar-Walther-Fehde vgl. zusammenfassend Bauschke, 1999, zu Lied III vgl. die Ausführungen weiter unten. Weniger überzeugend sind die Versuche, ein ähnliches intertextuelles Spiel zwischen den Texten Wolframs, Walthers von der Vogelweide und dem ‚Tristan' Gottfrieds von Straßburg zu rekonstruieren (vgl. u. a. Wapnewski, 1972, S. 30f.; Röll, 1980; Steer, 1989).

Bei dem zweiten lyrischen Subtyp, der in Wolframs Œuvre vertreten ist, handelt es sich um das Tagelied, das die Situation eines Paares am Morgen nach einer gemeinsam verbrachten Liebesnacht beschreibt und sich in mehreren Hinsichten vom klassischen Werbelied unterscheidet. Die erste Differenz betrifft die situative Einbettung der Rede: Während die Ich-Aussagen im Hohen Sang entweder gar keine Deixis auf einen spezifischen kommunikativen Kontext erkennen lassen oder aber (durch die Ausdifferenzierung der Sprecherrollen in den Liebenden und den Vortragskünstler) einen Sprechakt vor der Öffentlichkeit implizieren, bindet das Tagelied die Kommunikation zwischen den Liebenden an Orte, die einer öffentlichen Kontrolle entzogen sind (entweder einen außerhalb der höfischen Gesellschaft liegenden *locus amoenus* oder den intimen Raum des Schlafgemachs). Ein zweiter Unterschied zeigt sich daran, daß das Tagelied einen grundsätzlich episch-erzählenden Charakter besitzt und somit über zwei unterschiedliche Niveaus der textinternen Kommunikation verfügt: die Ebene des Erzählers und seiner Adressaten sowie die Ebene der agierenden Figuren. Als dritter Unterschied ist die anders gelagerte Konzeptualisierung der Minne zu nennen, wird doch im Tagelied eine Konfliktsituation thematisiert, die sich nicht vor der erwünschten Liebesvereinigung einstellt, sondern erst hinterher: Zentral ist für das Tagelied die Spannung zwischen dem Verlangen, nach einer gemeinsam verbrachten Nacht noch länger beieinander bleiben zu wollen, und der (von außen) an den Mann herangetragenen Notwendigkeit der Trennung.

Zur Tradition des Tageliedes vgl. die Textsammlungen (Scheunemann/Ranke, 1964; Hatto, 1965; Freund, 1983; Hausner, 1983; Backes, 1992) sowie die einschlägigen Forschungsarbeiten (de Gruyter, 1887; Schläger, 1895; Nicklas, 1929; Ohling, 1938; Müller, 1971b; Saville, 1972; Knoop, 1976; Müller 1979b; Rieger, 1979; Wolf, 1979; Rohrbach, 1986; Breslau, 1987; Beloiu-Wehn, 1989; Cormeau, 1992; Ranawake, 2003; Greenfield, 2006)

Aufgrund der Minnedarstellung, die den Hinweis auf erfüllte Sexualität nicht nur zuläßt, sondern die körperliche Hingabe der Liebenden direkt voraussetzt, wurde das Tagelied von der älteren Forschung als eine Art

‚Gratifikationsgattung' wahrgenommen, die den in der Minneklage auferlegten Verzicht auf körperliche Vereinigung kompensiere und die deshalb von der Frustration des ungelohnten Frauendienstes entlaste (vgl. das Forschungsreferat bei Cormeau, 1992, S. 697). Demgegenüber hat die neuere Forschung herausgestellt, daß es sich beim Tagelied weniger um einen Antityp des Werbeliedes handelt als vielmehr um eine Ergänzung, welche Aspekte der Minne darstellen kann, die im klassischen Hohen Sang fehlen, vor allem die „Liebesgemeinschaft und Totalität in der vorübergehenden Ausnahmesituation" (Cormeau, 1992, S. 706): Während das Werbelied die besondere Qualität der Liebe unter der Bedingung diskutiert, daß eine körperliche Erfüllung nicht (oder noch nicht) möglich ist, artikuliert sich im Tagelied die Erfahrung, daß der Moment der Erfüllung zeitlich begrenzt ist und von außen bedroht sein kann, daß die gemeinsame Bewältigung dieser Gefahr aber auch zu einer Verstärkung der Gefühle führt. In den Liedern Wolframs wird diese Verschränkung von Bedrohung und Empfindungssteigerung mit dem Begriff *urloup* gefaßt, der beides meint: den Moment des Abschieds und die letzte körperliche Vereinigung als Ausdruck einer Liebe, die gerade im Moment der Trennung als besonders intensiv erfahren wird (vgl. dazu u. a. Wapnewski, 1958, S. 330 f.; Borck, 1959, Bd. 1, S. 216; Wapnewski, 1972, S. 38, 163 u. Reg.; Wolf, 1979, S. 120–125).

Es ist für das deutsche Tagelied kennzeichnend, daß der epische Kern dieser lyrischen Subgattung auf vielfältigste Weise variiert werden konnte. Die Veränderungen betreffen dabei u. a.

– die formale Gestaltung (einfache Strophenformen stehen neben komplexen, kurze Lieder neben langen),

– die Erweiterung der Grundsituation durch eine zusätzliche Instanz wie den Wächter, die Zofe oder den hilfreichen Freund (s. dazu weiter unten), dann

– die Modifikation des sozialen Status der Liebenden durch die Verlagerung des Liedgeschehens in ein dörperliches Umfeld (Steinmar BSM[2] 26. Nr. 8; Mönch von Salzburg, März, 1999, W 3; Oswald von Wolkenstein Kl 48) sowie

– die Gattungsmischung – u. a. durch Referenzen auf den Sangspruch (Konrad von Würzburg, Schröder, 1970, Nr. 30), auf das Kreuzlied (Burggraf von Lienz, KLD[2] 36. Nr. I; Oswald von Wolkenstein Kl 17) oder das Einlaßlied, die ‚Serena' (Ulrich von Liechtenstein KLD[2] 58. Nr. XXXVI; Hugo von Montfort, Hofmeister, 2005, Nr. 8).

Des weiteren ist für die Tradition typisch, daß für die Darstellung der Grundsituation alle nur denkbaren Formen der textinternen Kommunikation genutzt werden: So kann sie entweder als Erzählung eines unkonturierten Sprechers gestaltet werden, in der die agierenden Personen selbst gar nicht zu Wort kommen (Wissenlo, KLD² 68. Nr. IV), oder aber als Figurenrede (im Monolog und im Dialog), in der dann wiederum die Erzählerinstanz sehr weit zurücktritt oder sogar fehlt. Darüber hinaus sind Mischformen bezeugt, in denen diese unterschiedlichen Sprechsituationen miteinander verbunden werden. Zu den Sprechsituationen vgl. u.a. Oswald von Wolkenstein Kl 40 (Monolog des Mannes), Hadloub BSM² 30. Nr. 14 (Monolog des Wächters), Dietmar von Eist MF³⁸ 39,18 (Dialog zwischen Mann und Frau), Markgraf von Hohenburg KLD² 25. Nr. V (Dialog zwischen der Liebenden und dem Wächter).

Die zweifellos wichtigste Veränderung betrifft die Aufnahme einer zusätzlichen kommunikativen Instanz, die entweder nur adressiert wird, oder aber in einen Dialog mit Ritter oder Dame treten kann. In den Liedern Wolframs wird diese dritte Sprecherrolle als Wächter gestaltet, der einerseits als Vertrauter der Liebenden erscheint, andererseits aber auch mit seiner Mahnung zum Aufbruch Außennormen repräsentiert (zur Wächterfigur vgl. Wapnewski, 1970 [a] und 1972, bes. S. 245–258, sowie zuletzt Kiening, 2003, S. 157–175, und Greenfield, 2006); außerdem eröffnet die Schaffung der Wächterrolle die Möglichkeit für eine poetologische Reflexion, in der zentrale Konstituenten dieses Diskurses über die Liebe verdeutlicht werden können (vgl. u.a. Kiening, 2003, S. 168–173). Gleichwohl ist die Integration des Wächters in die Liedhandlung keineswegs unumstritten. Bereits in den Liedern Wolframs wird er kritisch beleuchtet (Lied IV); manche Texte des 13. Jh.s beziehen sogar ihren Reiz aus seiner Demontage, indem sie den Tagesboten als unzuverlässige, bestechliche oder lächerliche Person charakterisieren (vgl. u.a. Burggraf von Lienz KLD² 36. Nr. I; Heinrich von Frauenberg BSM² 7. Nr. 1; Wenzel von Böhmen KLD² 65. Nr. III; Walther von Breisach KLD² 63. Nr. II). Andere Autoren haben ihn durch eine Zofe (Ulrich von Liechtenstein KLD² 58. Nr. XL) oder einen Freund (Steinmar BSM² 26. Nr. 5) ersetzt; Ulrich von Winterstetten kombiniert Dienerin und Wächter (KLD² 59. Nr. XXIX).

Die Tageliedsituation (mit und ohne Wächter) besaß offenbar ein so hohes Maß an Prägnanz, daß sie in anderen Liedtypen als Kontrastphänomen zitiert werden kann (vgl. die Texte bei Hausner, 1983, S. 159–164) oder sich in Texten anderer Gattungen widerspiegelt – u.a. in der Minnerede, im höfischen Roman, in der Kleinepik und der Reimchronistik, in der Heldenepik und im Fastnachtspiel (vgl. die Belege bei Hausner,

1983, S. 123–156). Vgl. überdies das geistliche Tagelied, das sich seit dem 13. Jh. als religiöses Gegenstück zu der weltlichen Liedgattung herausbildet (vgl. Schnyder, 2004).

Die Herkunft des deutschen Tageliedes liegt (allen Forschungsbemühungen zum Trotz) im dunkeln. Angesichts der enormen internationalen Verbreitung, die lyrische Texte mit Tagelied-Motiven gefunden haben (Hatto, 1965), wird man grundsätzlich davon ausgehen müssen, daß monokausale Erklärungen, welche die deutsche Liedtradition auf ein einziges literarisches Vorbild festlegen wollen, zu kurz greifen (Müller, 1979 [b], S. 346). Infolgedessen wird man mit dem Einfluß unterschiedlicher literarischer Traditionen rechnen müssen. Diskutiert wurde seit Scherer (1874) und Bartsch (1883) die Übernahme der Gattung aus der Romania, ferner die Literarisierung mündlich tradierter Liedkunst (vgl. etwa de Gruyter, 1887; Schläger, 1895; Kolb, 1958, S. 154–163) sowie der Rückgriff auf lateinische Morgenhymnen (Roethe, 1890; Wolf, 1979) oder auf Ovid (Schläger, 1895, S. 83–88; Schwietering, 1924, S. 63); gelegentlich wurden die Verbindungslinien bis in die mozarabische und iberische Lyrik hinein gezogen (Ecker, 1934; Frings, 1949). Allerdings gilt für alle diese Versuche die Warnung von Ulrich Müller: „Einfache Ähnlichkeit im Grundthema reicht […] nicht aus, um historische Abhängigkeit zu beweisen" (Müller, 1971 [b], S. 451).

Unter den verschiedenen Ursprungsthesen hat am meisten die Vorstellung Zustimmung gefunden, daß eine volkstümliche Schicht deutschsprachiger Tagelieder (deren Existenz u. a. durch MF[38] 39,18 bezeugt werde) unter dem Einfluß französischer Vorbilder weiterentwickelt worden sei (formal etwa durch die Ausdifferenzierung von Strophenform und Metrik, inhaltlich durch die Einführung der Wächterfigur und die Höfisierung des Liedgeschehens). In diesem Erklärungsmodell nimmt Wolfram von Eschenbach eine entscheidende Rolle ein, weil man in der Regel ihm jene Innovationskraft zuschreibt, welche die Gattung auf die literarische Höhe des zeitgenössischen Werbeliedes gebracht habe (vgl. u.a. Lachmann, 1833; de Gruyter, 1887; Borck, Bd. 1, 1959, S. 213; Wapnewski, 1972, S. 246; Bumke, 2004, S. 34, 37).

Die Forschung sieht sich indes vor das Problem gestellt, daß die Vorannahmen dieser Konstruktion allesamt nur schwer beweisbar sind. So steht schon der generellen These vom romanischen Einfluß auf die deutsche Tageliedtradition die spärliche und großteils späte Überlieferung der *albas* (und erst recht der *aubes*) entgegen (vgl. dazu Borck, 1959, Bd. 1, S. 179–190, 213; Knoop, 1976, S. 170–172; Müller, 1979 [b], S. 346; Rieger, 1979), zumal es bislang nicht gelungen ist, auch nur für ein einziges frühes deutsches Tagelied einen konkreten romanischen Prätext zu eruieren (Knoop, 1976, S. 7–15). Des weiteren muß daran erinnert werden, daß die provenzalischen und französischen Tagelieder formale und inhaltliche Merkmale aufweisen, die in der deutschen Tradition nicht oder nur selten nachweisbar sind (zu den Merkmalen vgl. Knoop, 1976, S. 170–183; Rieger, 1979, S. 44): Hierzu zählen der Refrain mit dem gattungstypischen Kennwort *alba* bzw. *aube* oder die Erwähnung des eifersüchtigen Ehemanns der Geliebten (des *gilos*). Schließlich muß auch die ansprechende Überlegung, daß die Wächterfigur von Wolfram in das deutsche Tagelied eingeführt worden sei, wegen der dürftigen Quellenlage und mit Blick auf die große Schwierigkeit, die lyrischen Texte um 1200 exakt zu datieren, als ungesichert gelten. Vgl. Roethe, 1890; Mohr, 1948; Knoop, 1976, S. 168f.; Wolf, 1979, bes. S. 74–152.

Als erste Beispiele des deutschen Tageliedes gelten der wächterlose Dialog Dietmars von Eist MF[38] 39,18 sowie eine anonyme Strophe aus dem Codex Buranus (Vollmann, 1987, Nr. 183,3); frühe ‚Spiegelungen' der Tradition finden sich überdies bei Heinrich von Morungen, Friedrich von Hausen, Albrecht von Johannsdorf oder Reinmar (Mohr, 1971; Wolf, 1979, S. 51–73). Spätestens in der Zeit um 1200 wird dieser Liedtyp mit Texten Wolframs von Eschenbach, Ottos von Botenlouben, des Markgrafen von Hohenburg und Walthers von der Vogelweide im deutschen Minnesang fest verankert; sie folgen durchweg dem Muster des Tageliedes mit Wächterfigur, das sich damit als eine Art literarischer Standard herauskristallisiert. Innerhalb dieser Gruppe besitzen die Lieder Wolframs aufgrund ihrer außerordentlichen literarischen Qualität eine Sonderstellung: Mit ihnen erreicht das deutsche Tagelied ohne Zweifel seinen ersten Höhepunkt.

Das Muster des Wächtertageliedes wird in der nachfolgenden Lyrik des 13. bis 15. Jh.s immer wieder aufgegriffen und dient überdies als Kontrastfolie für die vielfältigen Abwandlungen und Gegenentwürfe (s.o.). Ob sich darin ein direkter Einfluß Wolframs bezeugt (vgl. u.a. Borck, 1979, S. 11, Anm. 8, oder Bumke, 2004, S. 37) oder lediglich die Beharrungskraft eines von mehreren Autoren in etwa gleichzeitig entwickelten Typus (Wolf, 1979, bes. S. 73–152; Behr, 1996), ist in der Forschung umstritten. Die Frage, welche Texte des 13. Jh.s nicht nur die allgemeine Kenntnis des Wächtertageliedes voraussetzen, sondern direkt auf die Lieder Wolframs Bezug nehmen, bedürfte einer erneuten Untersuchung. Deutlich markiert sind Übernahmen bei Ulrich von Liechtenstein (vgl. u.a. Hanemann, 1949, S. 124; KLD[2], Bd. 2, bes. S. 547; Borck,

1979, S. 11, Anm. 8); zur wahrscheinlichen Rezeption Wolframs durch Walther von der Vogelweide vgl. den abwägenden Forschungsüberblick bei Scholz, 1966, S. 108–119.

2.5 Versbau und Strophenformen

Der Strophen- und Versbau der Wolframschen Lieder ist mehrfach einer ausführlichen Analyse unterzogen worden (u. a. von Plenio, 1916; Hanemann, 1949, S. 36–63; Borck, 1959; Wapnewski, 1972; KLD², Bd. 2, S. 646–707). Die Forschung hatte dabei alle Mühe mit dem Liederdichter Wolfram, „dessen Verse gewaltige Ausdruckskraft besitzen, aber wenig Glätte zeigen" (KLD², Bd. 2, S. 660). So verweigern sich die Lieder Wolframs nicht nur einer strengen Regelung des Versbeginns (durch Auftakte oder die sog. Fugung der Verse), vielmehr sind auch im Versinnern Abweichungen (wie die zweisilbige Senkung, der Hiat oder die Tonbeugung) möglich. Im Gegenzug zu älteren Arbeiten, die massiv in den überlieferten Text eingegriffen haben, um die unterstellte Konvergenz mit dem Regelsystem der mhd. Lyrik herzustellen (vgl. u. a. Plenio, 1916, oder Hanemann, 1949, trotz einzelner Kritik an vorgängiger Forschung), akzeptieren Borck (1959) und Wapnewski (1972) größere Lizenzen im Versbau (kritisch dazu Nellmann, 1977, der eine weitergehende Berücksichtigung des faktisch Überlieferten einfordert).

Besondere Probleme bereitete die Interpretation der Verslänge. Unter der Vorgabe, daß die Verseinheit durch den Reim bestimmt wird (vgl. Wapnewski, 1972, S. 24 u. ö.), zeigt die Überlieferung in den Liedern II, V und VII Kurzverse, die (im Falle der letzten beiden Texte) in der Handschrift C durch Reimpunkte angezeigt werden (wenn auch nicht konsequent). Lachmann hatte dagegen die Kurzverse in den Stollen von Lied VII zu zäsurierten, binnengereimten Langzeilen zusammengezogen; die meisten Editionen sind ihm darin gefolgt (mit Ausnahme von Wapnewski, 1972; kritisch dazu Nellmann, 1977, S. 390). Nach Bartschs Untersuchungen zum Reim (Bartsch, 1867, bes. S. 147f.) ist dann auch für die Lieder II und V die Existenz solcher Langzeilen erwogen worden (vgl. u. a. die Edition in KLD²). Umgekehrt wurde z. B. der siebenzeilige Vers 8 des Liedes Nr. I nach dem Vorbild Lachmanns in zwei Zeilen zerlegt, obwohl ein Blick in die Lyrik um 1200 zeigt, daß Siebenheber auch sonst in den Liedern Wolframs und seiner Zeitgenossen vorkommen (vgl. Borck, 1959, Bd. 1, S. 98). Wapnewski (1972) und MF[38] halten sich bei der Edition dieser Lieder stärker an die Überlieferung.

Unabhängig von den Details lassen sich die neun Lieder hinsichtlich ihrer Strophenform in zwei Gruppen einteilen. Die erste Gruppe umfaßt die Lieder I, II, III, VI, VIII und IX, die ganz eindeutig nach dem Bauplan der dreiteiligen Kanzonenstrophe (AAB) gebaut sind, während es sich bei den Liedern der zweiten Gruppe (Lied IV, V, VII) um verschiedene Sonderformen handelt, in denen diese klassische Strophenform mehr oder minder stark verändert wird. Innerhalb der ersten Liedgruppe lassen sich dann noch einmal die vergleichsweise ‚schweren' Kanzonen I, II, VIII und IX (mit einzelnen Zeilen, die verhältnismäßig lang sind, sowie einem Gesamtumfang von 10 Versen oder mehr) unterscheiden von Liedern mit eher schlanken Strophenbauplänen. Zu den letzteren zählen das Lied VI und besonders das Lied III, das sich mit seinen sechs schlichten Vierhebern dem metrischen Bau der Reimpaardichtung annähert.

Die drei Lieder der zweiten Gruppe zeigen mehrere Verfahren, die Grundstruktur der Kanzone zu modifizieren. Das erste besteht darin, im zweiten Stollen andere Reimklänge zuzulassen als im ersten Stollen, so daß die beiden Eingangspassagen nur noch in der Anzahl und der Länge der Verse sowie in der Kadenz übereinstimmen. Dies ist in Lied VII zu beobachten, das überdies durch die große Zahl an Waisen auffällt. Das zweite Verfahren findet sich in Lied V und betrifft die Binnendifferenzierung des Abgesanges in zwei metrisch identische, lediglich in den Reimklängen abgewandelte Teilstücke, die am Ende durch eine einzeilige Coda erweitert werden. Diese Struktur (AA-BB'-C) könnte durchaus von Bauprinzipien des Leichs angeregt sein; in jedem Fall nähert sich der Ton dem später so beliebten Reprisenbar an. Die dritte Modifikationstechnik kann man als ‚Spaltung' des Abgesanges bezeichnen; sie bestimmt die Struktur des Liedes IV. Dabei werden zwei Quasi-Stollen (B = V. 3–5 und B' = V. 6–8) zwischen zwei Abgesangsteile (A = V. 1 f.; A' = V. 9 f.) geschoben, so daß eine umarmende Struktur A-BB'-A' entsteht. Die Teile des ‚Abgesangs' könnten nach Wapnewski sogar gleich gewesen sein, bevor sie sich im Verlaufe des Überlieferungsprozesses auseinanderentwickelten (vgl. dazu bes. Wapnewski, 1972, S. 151 f.).

2.6 Die Lieder

Die folgende Übersicht verhandelt zunächst die Tagelieder, weil diese aufgrund ihrer außerordentlichen literarischen Qualität zu Recht als die Meisterstücke Wolframs gelten und sie auch quantitativ sein lyrisches Œuvre bestimmen. In einem zweiten Abschnitt werden dann die anderen

Texte vorgestellt. Überlegungen zur Liedchronologie und zur Zyklusbildung werden dabei bewußt ausgeklammert; auch die Echtheitsdiskussionen werden nur insoweit berührt, als sie für die Gesamtbeurteilung der Texte von Belang sind.*

2.6.1 Die Tagelieder (Lied I, II, V, VII) und die Tagelied-Parodie (Lied IV)

Die Ausführungen zu den Tageliedern beschreiben die Besonderheit der Texte vor allem mit Blick auf ihren Aufbau, die Konturierung der Figuren und ihre sprachlich-stilistische Seite (zentrale Motive; Bildlichkeit):

– Der Liedaufbau der episch organisierten Wolframschen Tagelieder ergibt sich, da sich der Ort der Handlung nicht ändert, hauptsächlich aus einer Strukturierung des erzählten Vorganges; in diesem Zusammenhang ist vor allem das Verhältnis von zeitdeckendem Monolog oder Dialog und zeitraffender Erzählung wichtig. Daneben sind im Falle von Liedern, die mit Dialogelementen arbeiten, die Abfolge der Redebeiträge und die Strategien ihrer Verknüpfung zu beachten.

– Die agierenden Figuren (Dame, Ritter, Wächter) werden sowohl von dem weitgehend unkonturierten Erzähler als auch von den anderen Sprechern beschrieben; darüber hinaus werden die Redenden oftmals über ihre Selbstaussagen charakterisiert.

– Typisch für Wolfram ist, daß der ganze Liedtext oftmals von einem regelrechten Netz von zentralen Motiven überzogen ist, in denen sich die Grundsituation des Textes kondensiert. Oftmals werden gerade am Ende des Liedes signifikante Ausdrücke wieder aufgegriffen; außerdem können solche Motivwiederholungen dazu genutzt werden, die Bedeutungsnuancen von wichtigen Begriffen der höfischen Semantik zu verdeutlichen.

---

* Die Grundlage für alle Zitate ist die Edition in MF[38], die alle 9 Lieder enthält, welche die frühe Überlieferung unter Wolframs Namen tradiert, und sich im Unterschied zu anderen Ausgaben bei Eingriffen in den handschriftlich tradierten Text eher zurückhält. Um die Referenz auf ältere Arbeiten zu ermöglichen, wird zu Beginn eines jeden Abschnitts die Zählung nach Lachmann angegeben. Eine Tabelle verdeutlicht die Überlieferungslage. Die metrische Form der Texte kann einer Kurzformel entnommen werden, welche die Hebungsanzahl, die Kadenzen (männlich/weiblich) und die Reimklänge notiert (das Zeichen x markiert eine Waise; mehrere Waisen werden durch Indizes unterschieden, die Abkürzung K bezeichnet einen Kornreim); wegen der oftmals ungeregelten Versanfänge wird auf die Angabe von Auftakten verzichtet.

G 1–3: MF[38] I/L[6] 3,1 *Den morgenblic bî wahtaeres sange erkôs*

G	Ausgabe	A	B	C
1	1/L[6] 3,1	–	–	–
2	2/L[6] 3,12	–	–	–
3	3/L[6] 3,23	–	–	–

Weitere Editionen (Auswahl): Hanemann, 1949, S. 4f.; Brinkmann, 1952, S. 362; Borck, 1959, Bd. 1, S. 113; Leitzmann, 1963, S. 185f.; Sayce, 1967, S. 120f.; Wapnewski, 1972, S. 18–20; KLD[2] 69, Nr. I; Mohr, 1978, S. 82f.; Freund, 1983, S. 245f.; Backes, 1992, S. 88–91; Kasten, 1995, S. 534–537; Edwards, 2004, S. 288f.

Metrik: 5ma 3wb 5mc :| 4md 7me 5me 4md (V. 2,9 ist überfüllt). Vers 8 wurde u. a. von Lachmann (1833), KLD[2], Mohr (1978) in zwei Verse zu 4 und 3 Hebungen (mit Waise) aufgelöst (vgl. Wapnewski, 1972, S. 24).

Texttyp: Tagelied mit wenig ausgeprägter Wächterrolle und dominanter Frauenklage.

Lied I ist durch eine klare temporale Gliederung bestimmt: Jeder der drei Strophen entspricht ein bestimmtes Stadium im Anbruch des Tages. Str. 1 beschreibt, wie eine Dame heimlich in den Armen des Geliebten liegt, als der allererste *morgenblic* den anbrechenden Tag ankündigt. Str. 2 wird durch das zunehmende Hellerwerden des Lichts bestimmt, das auch von dem verriegelten Fenster nicht aufzuhalten ist. Str. 3 ist schließlich dem Zeitpunkt gewidmet, an dem der Tag ganz präsent ist. Diese zeitliche Struktur wird von dem Erzähler, der über eine interne Fokalisierung die Sicht der handelnden Figuren wiedergibt, in die Bewegung des personifizierten Morgens übersetzt und damit gewissermaßen verräumlicht: Der Tag ist erst noch fern und lediglich an einem ersten Lichtblitzen erkennbar, rückt dann immer näher, bis er schließlich den Raum erfüllt, in dem sich die Liebenden befinden.

Diesen drei Stadien des Morgenanbruchs werden drei unterschiedliche Reaktionsweisen des Paares zugeordnet: „der Vorgang des Tages entspricht dem Vorgang der Liebe" (Wapnewski, 1972, S. 37). Im ersten Stadium steht die Frau im Mittelpunkt, die auf eine doppelte Weise beschrieben wird. Zum einen lenkt der Erzähler die Aufmerksamkeit auf ihre Tränen, die ihren von Trauer und Verlustangst geprägten inneren Zustand anzeigen; zum anderen präsentiert sie sich selbst über einen Sprechakt, der an den Tag gerichtet ist und in dem sie sich als eine aus dem ganzen Kosmos Herausgefallene bezeichnet: Alle Tiere, die wilden wie die gezähmten, freuten sich über den Tagesanbruch – nur sie alleine nicht, weil ihr *vriunt* vom Schein des Morgens verjagt werde (1,7–10). Im zweiten Stadium wendet sich die Dame nicht mehr nach außen, sondern nach innen und formuliert in einer Wir-Perspektive die Programmatik gegenseitiger *triuwe*. Dazu greift sie auf eine biblische Metonymie zurück: Zwei Herzen, die sich in einem einzigen Leib befinden (*et erunt duo in carne una* Gen. 2,24; vgl. bes. Hanemann, 1949, S. 25, sowie Wapnewski, 1972, S. 27 f., und Lindemann, 1995). Im dritten Stadium, als der Tag den Liebenden schon ganz nahe gekommen ist, ergreift der Mann die Initiative und nimmt *urloup*, indem er die abschließende körperliche Vereinigung anregt, wobei das Näherkommen der hellen, glatten Körper und die Umarmung der Liebenden in auffälliger Weise die in Str. 2 entwickelte Vorstellung von der ideellen Verbindung der Liebenden im gemeinsamen Leib aufnimmt.

Bei der Informationsvermittlung ist der Erzähler dominant: Auf ihn entfallen die Aufgesänge der ersten beiden Strophen sowie der Text der gesamten 3. Strophe. Er eröffnet das Lied mit drei Zeilen, die mit wenigen Worten die zentrale Thematik der Gattung Tagelied aufrufen: Die Dame liegt heimlich in den Armen ihres Geliebten, nimmt das erste Aufleuchten des Tages wahr und verliert aus diesem Grunde jede Freude (1,1–3). Dann berichtet er von dem Fortschreiten des Tages (2,1 f.; 3,3) und von den Reaktionen der Liebenden (2,3–6; 3,1–6). Eine Besonderheit des 1. Liedes findet sich im Abgesang der 3. Strophe. Hier unterstreicht der Erzähler die Einzigartigkeit der eben im Medium der Narration entwickelten Szenerie, indem er auf eine besondere Form des Unfähigkeitstopos zurückgreift: Er unterstellt nämlich, daß ein Maler oder ein Zeichenkünstler, wenn er die Liebenden so sehen könnte, wie sie im Text erschienen, nicht in der Lage sei, dieses Bild angemessen wiederzugeben (3,7f.). Dies betont nicht nur das ‚Malerische' der Situation, sondern behauptet in einer fiktiven Konkurrenz der Künste die selbstbewußte Überlegenheit der Wortkunst im allgemeinen und die Ausdrucksfähigkeit des Autors im besonderen (vgl. dazu besonders Borck, 1979, S. 15 f.; zu anderen Deutungen der vielinterpretierten Stelle vgl. Wapnewski, 1972, S. 30–32, sowie Reusner, 1980, S. 302 f.).

Von den Figuren wird in Lied I vor allem die liebende Frau beleuchtet, der auch die beiden in die Erzählung inserierten Monologe zugeordnet sind (in den Abgesängen der Str. 2 und 3). Wie der Überblick über die Zeitstruktur gezeigt hat, wird sie zunächst in einer eher passiven, auf Reflexion und Klage konzentrierten Haltung präsentiert. In Str. 2 übernimmt sie dann, indem sie von sich aus die Nähe des Geliebten sucht, eine aktivere Rolle. Diese Aktivität wird schließlich in der 3. Strophe von dem Mann erwidert und intensiviert, der in den ersten beiden Strophen kaum in Erscheinung tritt. Er wird lediglich vom Erzähler kurz erwähnt, dann erscheint er in einer Zeile als Objekt des Nachdenkens der Frau (1,10) und später als Adressat ihrer Gedanken (2,6–10). Als Handelnder wird er jedoch erst in der dritten Strophe eingeführt, als derjenige von den beiden, der sich zum *urloup* entschließt. Wie in anderen Tageliedern Wolframs auch wird über ihn gesprochen, aber er selbst kommt nicht zu Wort. Stumm bleibt hier auch der Wächter, der in Lied I lediglich als Tagesbote fungiert, dessen Gesang die Handlung in Gang setzt (*Den morgenblic bî wahtaeres sange erkôs/ein vrouwe* […]: 1,1 f.); die kommunikativen Möglichkeiten hingegen, die sich aus der Einführung dieser Figur in die Tagelied-Tradition ergeben, werden in diesem Text nicht entfaltet.

Auffällig ist das Netz von zentralen Motiven, das den Text überspannt: „Die Strophen sind verbunden durch das Wiederauftauchen des Gleichen in neuer Beleuchtung" (Mohr, 1948, S. 161). Das gilt besonders für das zentrale Motiv der Tränen, das alle drei Strophen so stark miteinander verbindet (1,5 f.; 2,5 f.; 3,4), daß sich an seiner konkreten Ausgestaltung die liedinterne Entwicklung ablesen läßt: In Str. 1 verdeutlichen die Tränen der Dame ihre innere Betroffenheit, in Str. 2 werden von ihren Tränen ihre Wangen begossen und die ihres Geliebten: Sie sind damit zugleich ein Zeichen der Gemeinsamkeit wie der Trauer über die künftige Trennung. In dieser Weise wird der Hinweis auf die weinenden Augen auch in der Str. 3 eingesetzt – jetzt allerdings im Kontrast zum *süezen* Kuß, der auf die mittlerweile vollzogene körperliche Vereinigung hinweist. Andere zentrale Motive beziehen sich auf das Voranschreiten des Tages (vgl. 1,1 *morgenblic*; 2,1 und 3,3 *tac*), das Leid der Liebenden (vgl. 1,4 *vreuden vil verlôs*; 2,3 *des wart in sorge kunt*; 3,9 *ir beider liebe doch vil sorgen truoc*; 3,1 *trûric man*) und die von ihnen gesuchte körperliche Nähe (vgl. 1,2 f. *dâ si tougen/an ir werden vriundes árm lâc*; 2,4 *diu vriundîn den vriunt vast an sich dwanc*; 3,2–6 *ir liehten vel, diu slehten,/kômen nâher, swie der tac erschein./weindiu ougen – süezer vrouwen kus!/sus kunden sî dô vlehten/ir munde, ir bruste, ir arme, ir blankiu bein*). Vgl. Wapnewski, 1972, S. 38.

Zu Lied I vgl. u. a. HMS I,1, S. 228; Mohr, 1948, S. 159–161; Hanemann, 1949, bes. S. 4 f., 22–27, 49–54, 64–73, 97 f., 104–111; Borck, 1959, Bd. 1, bes. S. 86–113, 214–217, Bd. 2, S. 25–36; Scholz, 1966, S. 116–118; Wapnewski, 1969; Heinzle, 1972; Wapnewski, 1972, bes. S. 15–40 (und Reg.); Nellmann, 1974; MF[36], Bd. 2, S. 118; KLD[2] II, S. 657–662; Borck, 1979; Wolf, 1979, S. 117–152; Reusner, 1980; Kokott, 1983/84; Wölfel, 1986; Borck, 1989; Sayce, 1989; Wynn, 1989; Backes, 1992, S. 242–244; Kasten, 1995, S. 1051–1055; Greenfield, 2006.

G 4–8: MF[38] II/L[6] 4,8 *Sîne klâwen*

G	Ausg	A	B	C
4	1/L[6] 4,8	–	–	–
5	2/L[6] 4,18	–	–	–
6	3/L[6] 4,28	–	–	–
7	4/L[6] 4,38	–	–	–
8	5/L[6] 5,6	–	–	–

Weitere Editionen (Auswahl): Hanemann, 1949, S. 6f.; Brinkmann, 1952, S. 360f.; Borck, 1959, Bd. 1, S. 131f.; Leitzmann, 1963, S. 186f.; Sayce, 1967, S. 122f.; Wapnewski, 1972, S. 92–95; KLD² 69, Nr. II; Mohr, 1978, S. 76–79; Freund, 1983, S. 246; Backes, 1992, S. 90–93; Kasten, 1995, S. 536–539; Edwards, 2004, S. 289–292.

Metrik: 2wa 4mb 4mc :| 4md 4me 4md 6me (V. 1, 8 ist überfüllt, V. 4,10 und V. 5,10 sind unterfüllt). Die Verse 1 und 2 sowie 3 und 4 wurden u. a. von Borck (1959), Leitzmann (1963) und KLD² zu binnengereimten Langzeilen zusammengefaßt (vgl. Wapnewski, 1972, S. 96f.).

Texttyp: Tagelied mit ausgearbeiteter Wächterrolle und dominantem Dialog zwischen Wächter und Dame.

Der Liedaufbau von Lied II ist durch einen markanten Schnitt zu Beginn der Str. 5 bestimmt (Wapnewski, 1972, S. 107–109; Kühnel, 1993, S. 150): Während die ersten vier Strophen als regelmäßige Wechselrede zwischen Wächter (Str. 1 und 3) und Dame (Str. 2 und 4) gestaltet worden sind, in welcher der Erzähler gänzlich zurücktritt, folgt nun eine Passage, die wiederum auf jede Präsentation eines Sprechaktes der Figuren verzichtet. Anders als in Lied I, wo über große Strecken Erzählung und Figurenrede miteinander verschränkt sind, gliedert sich dieser Text also in einen gewissermaßen ‚dramatischen' Abschnitt, in dem Wächter und Dame wie auf einer Bühne agieren, um einen für die Gattung ‚Tagelied' typischen Konflikt zwischen den Werten der *minne* und der höfischen Gesellschaft argumentativ auszufechten (Str. 1–4), und einen ‚epischen' Abschnitt (Str. 5), der den Text mit einer Erzählung beendet, die sich wegen ihres relativ in sich abgeschlossenen Charakters als eine Art ‚Tagelied im Tagelied' präsentiert.

Aus dieser charakteristischen Verteilung von Erzählung und Figurenrede leiten sich zwei darstellungstechnische Besonderheiten des Liedes ab. Zum einen kann die typische Tageliedsituation zunächst nur im Rückgriff auf die Figurenrede eingeführt werden. In diesem Zusammenhang ist vor allem der Sprechakt des Wächters zu Beginn des Textes aufschlußreich, der alle notwendigen Gattungsindikatoren in sich vereint: Die zeitliche Markierung der Situation wird ermöglicht durch ein höchst eindrucksvolles Eingangsbild (1,1–6), das diesen Text zum zweifellos bekanntesten Tagelied Wolframs gemacht hat, das Bild von dem personifizierten Tag, der wie ein Drache oder ein Raubvogel mit seinen Klauen die Wolken zerreißt (vgl. hierzu u.a. Hanemann, 1949, S. 113–115; Borck, 1959, Bd. 1, S. 217, Bd. 2, S. 86, Anm. 25; Wapnewski, 1972, S. 103f.; Wolf, 1979, S. 132). Die Örtlichkeit, die Kemenate der Dame, ergibt sich dann aus der Bemerkung des Wächters, er sorge sich darum, wie er den Mann aus dem Raum, in den er ihn am Abend zuvor geführt habe, wieder herausbringen könne (1,8–9). Außerdem spiegeln sich in dieser Rede sowohl die genretypische Konzeption der gefährlichen und heimlichen Liebe (samt der Notwendigkeit des morgendlichen Aufbruchs) als auch die Haltung des Wächters, der ein Vertrauter der Liebenden (und speziell des Mannes) ist, zugleich aber auch die Werte der Außenwelt an das Paar herantragen muß. Eine weitere Konkretisierung der Tageliedsituation findet sich dann in der ersten Aussage der Dame – etwa wenn sie ihren Gesprächspartner als *wahtaer* bezeichnet und dessen Rede als Gesang klassifiziert (2,1).

Zum anderen erfolgt auch die Charakterisierung der Figuren nicht über den Erzähler; sie erhalten vielmehr über ihre eigenen Sprechakte Kontur (sowie über die Reaktionen, die sie auf ihre Äußerungen erhalten). Dabei werden Wächter und Dame zunächst als Vertreter von zwei Wertewelten vorgestellt, die sich durch eine Vielzahl systematischer Oppositionen (Tag und Nacht; hell und dunkel; außen und innen; öffentlich und heimlich) unterscheiden (Kühnel, 1993, bes. S. 163), sich im Verlauf des Gespräches jedoch aufeinander zu bewegen. Der Wächter erscheint zunächst als Vertreter der Außenwelt, der mit dem Hinweis auf die Gefährlichkeit der Situation zum Aufbruch des Ritters drängt und damit den Ansprüchen der Gesellschaft eine Stimme gibt (1,6–10). Eine genauere Analyse seiner Rede zeigt indes, daß der Wächter das Geschehen keineswegs von einem einheitlichen Standpunkt aus betrachtet; vielmehr verfügt er über zwei Perspektiven: Ein Blick geht nach außen und nimmt den aufziehenden Tag wahr; ein anderer richtet sich nach innen, auf die Liebenden, deren Trennung eingefordert wird. Diese Doppelung der Perspektive (vgl. hierzu auch Wölfel, 1986) ist überdies mit einer sich überkreuzenden Bewertung des Gesehenen verbunden, denn während die Sicht des Wächters auf den von außen herandrängenden Tagesdämon von den Normen des ‚Innen' gesteuert wird (bedrohlich ist der Tag wohl kaum für den Wächter oder die höfische Gesellschaft, sondern nur für das Paar, für das er sich verantwortlich fühlt), ist sein Blick in die Kemenate geprägt von den Vorstellungen des ‚Außen' (z. B. wenn er den Geliebten mit dem Ausdruck *wert* charakterisiert [1,7], der auf dessen Hochschätzung durch die Gesellschaft abzielt).

Diesem differenzierten, abwägenden, rationalen Sprechakt steht die einseitige, hochgradig emotionale Rede der Frau entgegen (Str. 2), die keine andere Sichtweise als die der Liebenden gelten läßt und die deshalb auch alles unternimmt, um zu verhindern, daß die an sie herangetragenen Normen in ihre Welt eindringen. Zur Abwehr dieser Normansprüche klagt sie zunächst über die Nachricht, die der Wächter stets am Morgen überbringe, und deutet damit, wie auch in 4,6 und 4,9 f., an, daß die im Lied beschriebene Situation keineswegs einmalig ist, sondern sich offenbar regelmäßig wiederholt (Kühnel, 1993, S. 156; Kiening, 2003, S. 165–167). Ferner möchte sie, daß der Wächter schweige, damit ihr *geselle* weiterhin bei ihr bleiben könne. Diesem Wunsch verleiht sie auf eine doppelte Weise Nachdruck. Sie appelliert einerseits an sein Wohlwollen, an sein Entgegenkommen (*triuwe*: 2,8), andererseits bietet sie ihm für sein Schweigen einen nicht weiter konkretisierten Lohn (daß hier ein regelrechtes „Dienst-Lohn-Verhältnis" vorliegt, wie Wapnewski, 1972, S. 105, vermutet, ist angesichts der Selbstcharakterisierung des Wächters in 1,10 unwahrscheinlich; vgl. hierzu auch Reusner, 1980, S. 307). Es ist unschwer zu erkennen, daß dieser ‚Bestechungsversuch' auf einem magischen Konzept von Sprache beruht, demzufolge die Macht über den Sprecher und das Gesagte einen direkten Einfluß auf das Bezeichnete selbst erzeugt. Vorgeführt wird also ein nahezu religiöser Gestus der Bannung, bei dem die Kraft des im Wort formulierten Wunsches gegen die Faktizität der Welt antritt. Dabei wird diese Sprachhandlung keineswegs als naiv vorgeführt, an ihr wird vielmehr ein Akt der Auflehnung gegen die ungewollte Realität erkennbar, der seinerseits dazu dient, die außerordentlichen Emotionen der Frau zu verdeutlichen und den von ihr vertretenen absoluten Anspruch der Liebe auf Selbstbestimmung zu illustrieren.

Dem Wunsch der Dame nach einem Hinausschieben der Trennung widerspricht der Wächter in seiner Replik dezidiert (*Er muoz et hinnen/ balde und ân sûmen sich*: 3,1 f.). Er fordert vielmehr mit Blick auf die Gefährlichkeit der Situation (3,6) den baldigen *urloup* (3,3) und streicht damit erneut und gegen den Widerstand seiner Gesprächspartnerin die Gültigkeit der Außennormen heraus. Daß er das Tageliedgeschehen gleichwohl immer noch aus beiden Perspektiven sieht, macht sich an der Anrede *süezez wîp* (3,3) bemerkbar, die ganz aus der Perspektive des liebenden Mannes gesprochen wird (vgl. dazu auch Wapnewski, 1972, S. 105f.). Außerdem führt er in seiner Doppelrolle als Vertreter der höfischen Normen und als Vertrauter der Liebenden den gattungstypischen Konflikt zwischen *minne* und Gesellschaft einer überraschenden Lösung zu, die auf die Teilung der Einflußbereiche hinausläuft: Er schlägt vor, zum gegenwärtigen Zeitpunkt (*nu*: 3,3) die Liebesbegegnung zu beenden, um sie *her nâch* (3,5) wieder aufzunehmen. Diese Teilung der Sphären, die den Liebenden mit Blick auf die zukünftigen Genüsse einen zeitweiligen Verzicht aufzwingt, wird dann im Abgesang direkt auf die Tageszeiten bezogen, dergestalt, daß dem ‚Innen' die Nacht und dem ‚Außen' der Tag gehören sollen. Damit wird das von der Dame reklamierte Eigenrecht der Liebe keineswegs geleugnet, allerdings wird es mit dem Vorschlag des Wächters stark relativiert.

Die Frau reagiert dementsprechend abweisend. Sie stellt dem Wächter frei zu singen, was ihm behage, fordert aber in jedem Fall, daß der Geliebte bei ihr bleibe. Statt (wie in Str. 2) die Wirklichkeit über die Magie des gesprochenen Wortes beeinflussen zu wollen, wird die Realität nun völlig von ihr negiert und die Wächterrede somit irrelevant: Für das Erreichen ihres Zieles ist es gleichgültig geworden, was der Wächter singt. Im Abgesang verschärft sich die Tonart dann noch einmal, wird jetzt doch der direkte Vorwurf geäußert, daß der Wächter das Paar stets zu früh geweckt (4,6) und ihr den Geliebten zu oft aus den *blanken armen* entrissen (4,9f.) habe.

Wie in der 2. Strophe weigert sich die Dame also, die Geltung der vom Wächter vertretenen Außennormen zu akzeptieren, und anders als bei ihrem Gesprächspartner fehlt in ihrer Argumentation jedes Anzeichen einer ‚Entwicklung': Dargestellt ist vielmehr der Versuch, mit unterschiedlichen persuasiven Strategien die Trennung vom Geliebten zu verhindern resp. hinauszuzögern. Erst am Schluß der 4. Strophe (und in metrisch exponierter Position) wird dann doch eine überraschende gedankliche Kehrtwende vollzogen, indem die Dame aus der Erinnerung an vergangene Erlebnisse (4,4–10) heraus die Sicherheit gewinnt, daß sie den Ritter trotz seiner Abwesenheit immer im Herzen behalten wird (4,10), wird doch mit diesem Rückgriff auf das aus dem Minnesang (vgl. u.a. MF[38] 3,1; 81,38; 103,22; 125,5) bestens bekannte Bild vom Wohnen des Geliebten im Herzen (vgl. dazu Ohly, 1977) zum ersten Mal die Realität akzeptiert und zugleich eine Strategie für die Bewältigung der Situation entwickelt. Vgl. Kühnel, 1993, S. 159; Kiening, 2003, S. 167.

Damit endet das Gespräch zwischen Wächter und Dame, das sich im nachhinein weniger als ein echter Dialog als ein Ringen um die diskursive Macht entpuppt (Kühnel, 1993, S. 150; Kiening, 2003, S. 166). Die abschließende 5. Strophe bietet ein ‚Tagelied im Tagelied' („eine Kurzfassung oder Chiffre der Kunstform ‚Tagelied'"; Reusner, 1980, S. 308), das in wenigen Versen alle topischen Elemente der Gattung enthält (die optischen und akustischen Boten des Tages in 5,1–3, das Erschrecken der Dame in 5,4, die Warnung des Wächters in 5,3 und 5,8 sowie schließlich der *urloup*, die letzte innige Vereinigung vor dem Abschied, in 5,9 f.); zugleich aber erscheinen diese Hinweise auf die Gattungstradition als explizite Motivwiederholungen, die semantische Brücken zu allen vorangehenden Strophen bauen (vgl. hierzu auch Wapnewski, 1972, S. 110 f.):

– Die Blicke, die der Tag durch die Fensterscheiben wirft (5,1 f.), verweisen auf die Personifikation des dämmernden Morgens als klauenbewehrtes Ungetüm (1,1–6).

– In der doppelten Erwähnung des Wächters (5,3; 5,8) spiegeln sich seine Aussagen in den Strophen 1 und 3 sowie die Apostrophierungen seiner Person durch die Dame (2,1; 4,2).

– Das *erschricken* der liebenden Frau (5,4) und ihre Sorge um den Mann (5,5) referieren auf ihre Ausführungen in den Strophen 2 und 4 (und speziell auf ihre Aussage in 4,5).

– Das Aneinanderdrängen von Brust und Brust (5,6) und der Kuß (5,10) lesen sich als Echo des Verses 3,10, in dem der Wächter das Verhalten der Liebenden in der Nacht charakterisiert.

– Schließlich verweist die Formulierung *minne lôn* (5,10) sowohl auf das Miteinander, das dem Paar von dem Wächter in 3,4 f. für die Zukunft in Aussicht gestellt wird, als auch auf die frühere Zusammenkunft der Liebenden, die von der Dame rückblickend im Bilde des reziproken Spiels von Geben und Nehmen der *minne* gefaßt wird (4,3; 4,7).

Wieder aufgenommen wird in 5,9 auch der Begriff *urloup*, der bereits in der Wächterrede der 3. Strophe gefallen ist (3,3). Allerdings meint er an dieser Stelle etwas anderes: Während er in Strophe 5 ganz in dem Sinne verstanden werden soll, den Wolfram diesem Wort gegeben hat, als Ausdruck für die körperliche Vereinigung vor dem Abschied also, wird es von dem Wächter in einer engeren, konventionelleren Bedeutung eingesetzt, die vor allem auf die Notwendigkeit der Trennung abzielt. Dieses Spiel mit unterschiedlichen Bedeutungen, mit dem das Tagelied Probleme der höfischen Semantik diskutiert, steht in diesem Lied nicht isoliert da. Als ein zweites Beispiel wäre die Ambiguisierung des Wortes *triuwe* zu erwähnen, das zweimal im Text erscheint (in 2,8 und 3,7). In 2,8 wird es von der Dame benutzt, die damit lediglich die moralische Billigkeit des Wächters meint, an die sie appelliert, um den Geliebten länger in ihrer Kemenate halten zu können. Für die Art der *triuwe*, welche die Frau im Auge hat, ist es bezeichnend, daß ihr mit einem Lohnangebot nachgeholfen werden muß (2,9f.). Im Unterschied dazu meint der Ausdruck in der Rede des Wächters (3,7) eine schon längst existierende, verbindliche Rechtsbeziehung zwischen dem Ritter und dem Wächter, die nicht käuflich ist und die auch – laut der Aussage der 1. Strophe – nicht über ein Vasallitätsverhältnis hergestellt worden ist. Sie ergibt sich vielmehr aus einer inneren Verpflichtung des Wächters, welche sich wiederum auf eine Hochschätzung des Ritters und seiner Qualitäten (*tugent*) stützt (*sîn vil manigiu tugent mich daz leisten hiez*: 1,10). Eine dritte Wiederaufnahme der gleichen Art (wörtliche Reprise mit veränderter Bedeutung) zeigt sich in der Verwendung des Wortes *lôn* in 2,9 und 5,10.

Betrachtet man das Lied abschließend nochmals mit Blick auf die Gestaltung der textinternen Instanzen, so zeigt sich, daß der Text gegenüber dem 1. Lied die Gewichte merklich verschiebt, obwohl er von einer ähnlichen Grundkonstellation (Erzähler – Dame – Wächter – Ritter) ausgeht: So wird der Erzähler, der das erste Lied von Anfang an beherrscht und schon durch die Quantität der Verse, die auf ihn entfallen, dominiert, in Lied II erst sehr spät eingeführt; außerdem werden die narrativen Passagen auf die 5. Strophe eingegrenzt. Zurückgedrängt wird auch die Präsentation der liebenden Frau, während dem Wächter, der im ersten Lied lediglich kurz erwähnt wird, eine große Entfaltungsmöglichkeit eingeräumt wird. Noch geringer als in Lied I ist überdies die Präsenz des Ritters, der lediglich in einem einzigen Vers agiert (4,7) und ansonsten nur als Gegenstand der Reflexion von Wächter (1,7–10; 3,1–8) und Dame (2,10; 4,1–10) erscheint.

Thematisch verschiebt sich der Akzent von der Darstellung der Frauenklage und des *urloubes* hin zu einer diskursiven Erörterung, in der die Tageliedsituation im Lichte unterschiedlicher Normsysteme betrachtet wird. Verändert wird überdies die Zeitstruktur. Entsteht in Lied I durch den regelmäßigen Wechsel von zeitraffenden und zeitdeckenden Passagen der Eindruck eines gleichmäßigen Erzähltempos, so schwankt die Erzählgeschwindigkeit in Lied II beträchtlich. Nachdem der Beginn des Liedgeschehens mit dem Bild von dem aufsteigenden Tagesungeheuer eingeleitet worden ist, schreitet die Handlung zunächst in einem Erzähltempo voran, das wegen der zeitdeckenden Wechselrede von Wächter und Dame als außerordentlich gering eingeschätzt werden muß. Im Kontrast dazu beschleunigt sich dann die Erzählgeschwindigkeit in der 5. Strophe: Obwohl der abschließende Teil des Liedgeschehens mit der Trennung der Liebenden deutlich mehr Zeit beansprucht als die vorangegangene Wechselrede, wird dieser Zeitabschnitt in nur wenigen Versen gestreift, weil die Übereinstimmung von erzählter Zeit und Erzählzeit zugunsten einer nicht unbeträchtlichen durativen Raffung aufgegeben wird. Der Effekt dieses Wechsels in der Zeitgestaltung ist, daß das Lied II die Auflehnung der Dame gegen die von dem Wächter vertretene Außenwelt in das Zentrum des Interesses rückt, während der *urloup* (und damit eines der Hauptthemen von Lied I) lediglich gestreift wird.

Außerdem gibt es eine auffällige Korrespondenz zwischen den Wünschen der Frau und dem Erzähltempo in den Strophen 1–4: In der Welt des Liedes ist es der Liebenden nicht vergönnt, den Wächter zum Schweigen zu bewegen, um auf diese Weise die Zeit anzuhalten; der Autor Wolfram ist hingegen so sehr Herr über seine Textwelt, daß er ihren Bedürfnissen nachkommt und ihr einen Moment verlangsamten Erzähltempos schenkt, in dem sie ihre Gefühlslage artikulieren und gegen die Ansprüche des ‚Außen' verteidigen kann, bevor dann der ungeliebte Abschied kurz und mit vergleichsweise hoher Erzählgeschwindigkeit abgehandelt wird.

Eine weitere Differenz zu Lied I besteht darin, daß hier die Künstlichkeit der dargestellten Welt besonders stark herausgestrichen wird. So ist etwa auf die Gestaltung der Gesprächssituation hinzuweisen, die schon wegen des Umstandes, daß die 1. Strophe zugleich die Ansprache an ein verborgenes Liebespaar ist und ein öffentlicher Weckruf, nur als gänzlich unrealistisch bezeichnet werden kann (vgl. Bumke, 1991, S. 41 f.). Hinzu kommt, daß der Sprechakt des Wächters dezidiert und gleich mehrfach (2,1; 4,2; 5,3) als Gesang bezeichnet wird (vgl. u.a. Kiening, 2003, S. 168, mit weitergehenden poetologischen Überlegungen zur Wächterrolle).

Zu Lied II vgl. u.a. Mohr, 1948, S. 156–158; Hanemann, 1949, bes. S. 6f., 27f., 54–56, 74–77, 98f., 111–118; Borck, 1959, Bd. 1, bes. S. 114–131, 217–220, Bd. 2, S. 37–41; Wapnewski, 1970a; Heinzle, 1972; Wapnewski, 1972, bes. S. 89–112 (und Reg.); MF[36], Bd. 2, S. 118; Johnson, 1978; KLD[2], Bd. 2, S. 662–664; Borck, 1979; Wolf, 1979, bes. S. 117–152; Reusner, 1980, bes. S. 306–309; Kokott, 1983; Wack, 1984; Wölfel, 1986; Borck, 1989; Sayce, 1989; Wynn, 1989; Backes, 1992, S. 244f.; Kühnel, 1993; Kasten, 1995, S. 1056–1058; Kiening, 2003, bes. S. 161–169; Greenfield, 2006.

C 6–8: MF³⁸ V/L⁶ 6,10 *Von der zinnen*

C	Ausgabe	A	B
6	1/L⁶ 6,10	–	6
7	2/L⁶ 6,25	–	7
8	3/L⁶ 6,40	–	8

Weitere Editionen (Auswahl): Hanemann, 1949, S. 8f.; Brinkmann, 1952, S. 359f.; Borck, 1959, Bd. 1, S. 44f.; Leitzmann, 1963, S. 188f.; Sayce, 1967, S. 123f.; Wapnewski, 1972, S. 116–121; KLD² 69, Nr. V; Mohr, 1978, S. 78–81; Freund, 1983, S. 247–249; Backes, 1992, S. 94–97; Kasten, 1995, S. 542–547; Edwards, 2004, S. 294–297.

Metrik: 2wa 4wb 2mc :| 2wd 2wd 2wd 2me, 2wf 2wf 2wf 2me, 4me. Die Makrostruktur kann als Kanzonenstrophe interpretiert werden (mit einem in sich zweigeteilten Abgesang und einer Coda); denkbar ist indes auch (wie im Falle von Lied IV) eine leichartige Form A (2wa 4wb 2mc) A (2wa 4wb 2mc) B (2wd 2wd 2wd 2me) B' (2wf 2wf 2wf 2me) C (4me). Vgl. Wapnewski, 1972, S. 122–124.

Texttyp: Tagelied mit dominantem Wächtermonolog.

Der Aufbau des dreistrophigen Liedes ist (wie im Falle von Lied II) durch den Kontrast zwischen zeitdeckenden und raffenden Passagen gekennzeichnet. In den Str. 1–2 wird ohne jede Vermittlung durch den Erzähler ein Monolog des Wächters entfaltet, in dem er den Tag ankündigt, die Liebenden zum Aufbruch auffordert, in dem er aber vor allem sein Verständnis des Wächteramtes reflektiert. Die Schlußstrophe bietet dagegen nur eine knappe Erzählung vom *urloup* (3,15), in die wenige Worte des Ritters inseriert sind, mit denen er seiner Trauer über die Notwendigkeit des Aufbruchs Ausdruck verleiht (3,4–6).

Schon diese Verteilung von Wächtermonolog und Erzählung weist auf die charakteristische Personenkonstellation dieses Liedes hin. Die Dame, die in Lied I das Liedgeschehen vollständig bestimmt, wird hier nur zweimal und sehr kurz in den Blick genommen. Zum einen richtet der Wächter drei Verse an sie, in denen er sie auffordert, den Schmerz des Abschieds wegen der erhofften Wiederkehr des Geliebten zurückzudrängen (2,4–6); zum anderen erwähnt der Erzähler fast beiläufig, daß der Ritter ihre Klage nur ungern vernommen habe (3,1–3). Dieser Sprechakt der Frau wird jedoch (anders als in den Liedern I, II und VII) überhaupt nicht entfaltet. Das mag auf ein Überlieferungsproblem hinweisen (vgl. Mohr, 1948, S. 158, oder die Überlegung von Bumke, die Wapnewski, 1972, S. 132, zitiert); vielleicht setzt der Text aber auch bewußt eine Leerstelle, die von den Kennern der Tagelied-Tradition und speziell der Wolframschen Lyrik ohne Schwierigkeiten gefüllt werden kann. Der Ritter dagegen, der in anderen Liedern oftmals ohne Stimme bleibt, kommt nun in diesem Text zu Wort – wenn auch nur sehr kurz (vgl. hierzu auch Lied VII): Er formuliert in einer fast sentenzhaft anmutenden, gänzlich unpersönlichen Weise (vgl. Wapnewski, 1972, S. 136 f.) seine Trauer darüber, den *vröiden vunt* (3,6) verloren zu haben, und setzt sich damit in einen Kontrast zu den Klagen der Frau in den Liedern I, II und VII, die nicht nur umfangreicher gestaltet sind, sondern die überdies sehr viel deutlicher auf das Leid abzielen, das beide, den Ritter wie die Dame, betrifft. Dominiert wird der Text jedoch eindeutig von dem Wächter, der in seiner Adresse an die beiden Liebenden vor allem seine Auffassung von den Aufgaben und den Qualitäten des Wächters erläutert und damit sein eigenes Tun legitimiert.

Eingeführt wird er mit der Ankündigung, nun, da er die Zinne verlasse, sein Singen *in tagewîse* (1,1) zu beenden. Diese Äußerung läßt sich wohl am besten so verstehen, daß mit *sanc* (ähnlich wie in Lied II) die Ankündigung des Tages gemeint ist, deren Anfang dann in 2,13 f. zitiert wird *(durch wolken dringet / tagender glast)*, während die Präpositionalphrase *in tagewîse* andeutet, daß die Beendigung des Gesangs mit dem Vortrag einer (anderen) Melodie verbunden wird. Unter dieser Vorgabe wären die Strophen 1 und 2 mit dieser nun zu singenden *tagewîse* identisch. Dafür spricht nach Wapnewski (1972, S. 127) vor allem ein logisches Moment: „Ein Wächter, der die programmatische Erklärung, seinen Gesang nun einstellen zu wollen, verbindet mit dem Vortrag eines zweistrophigen Liedes, verliert an Glaubwürdigkeit." (Zu der Stelle vgl. u. a. Johnson, 1978, S. 314; Beloiu-Wehn, 1989, S. 47; Speckenbach, 2000, S. 233). Die Rolle des Wächters ist damit (wie in Lied II) von Anfang an gedoppelt. Zum einen ist er derjenige, der auf den Zinnen wacht und den Tagesanbruch anzeigt. Zum anderen wird er als Sänger vorgestellt, dessen *sanc* zumindest in eine erkennbare Parallele zur Produktion von Tageliedern gestellt wird, so daß sich hier noch stärker als in Lied II eine literarische Figur und der reale, textexterne Autor annähern (vgl. auch Reusner, 1980, bes. S. 311 f., der den Wächter allerdings zur regelrechten Figuration Wolframs erklärt). Diese Doppelbeleuchtung der Wächterrolle wird auch im weiteren Verlauf des Textes aufrechterhalten.

Im Vordergrund steht zunächst die Selbstrechtfertigung des Wächters, für die er auf verschiedene Argumente zurückgreift. In Str. 1 verweist er zunächst auf seine vasallitischen Tugenden. Die Liebenden, denen bereits das gegenseitige Gewähren von Liebe Lob, Zustimmung und Anerkennung einbringe *(und obe si prîse / ir minne wern*: 1,5 f.), mögen auch seine *lêre* ernst nehmen, die *consilium et auxilium* umfaßt (vgl. Kasten, 1995, S. 1066): Wenn jemand Rat (*raete*: 1,13) und Hilfe (*helfe*: 1,14) von ihm erbäte, würde er ihm diese tatsächlich (*deswâr*: 1,12) gewähren (vgl. Speckenbach, 2000, S. 234; anders Wapnewski, 1972, S. 138 f., oder Edwards, 1989, die aus 1,11 eine Drohung des Wächters oder ein Ausspielen seiner Macht herauslesen). Auf der Basis dieses aus dem Lehnswesen entlehnten Ethos kann er den Ritter wecken und ihn ermahnen, auf sich aufzupassen (*ritter, wache, hüete dîn*: 1,15). In Str. 2 wird diese Haltung explizit zur rechten Grundeinstellung aller Wächter stilisiert und mit dem Ausdruck *triuwe* bezeichnet (2,2); sie gelte es im Dienste für diesen hochgeschätzten Ritter (2,3) nicht in Verruf zu bringen.

Nachdem er solchermaßen seine Zuverlässigkeit unterstrichen hat, begründet er fernerhin seine Tätigkeit mit dem Hinweis auf eine Aufteilung der Funktionen, die durch die Situation der heimlichen Liebe geboten ist: Die Dame brauche angesichts der Hoffnung auf die Wiederkehr des Geliebten (2,4–6) nicht an den Schmerz der Trennung zu denken; es sei ohnehin besser, die Aufgabe, den richtigen Moment des Abschieds zu bestimmen, an den Wächter zu delegieren – schließlich wäre es ja nicht gut, wenn der, welcher sich der Liebe hingeben wolle, sich auch noch um des *meldes last*, die Last der Tagesankündigung, kümmern müßte (2,7–10 – vgl. zu der komplizierten Stelle u. a. Wapnewski, 1972, S. 130; Kasten, 1995, S. 1066). Der Wächter dagegen reagiere bereits beim ersten Strahl der Sonne in der kurzen Sommernacht (2,11 f. – vgl. hierzu u. a. Speckenbach, 2000, S. 236; andere Deutungen der Stelle bei Hanemann, 1949, S. 60, oder Kartschoke, 1972). Es ist bezeichnend für die Doppelrolle des Wächters, daß an dieser Stelle, die eigentlich seine helfende, unterstützende Funktion unterstreichen soll, nochmals seine Aktivität als Sänger betont wird, ja es wird sogar das Incipit des von ihm vorgetragenen Liedes zitiert: *durch wolken dringet / tagender glast* (mit Anspielung auf die in II,1,2 erwähnten Wolken oder die in II und VII beschriebenen Helligkeitseffekte des anbrechenden Tages). Solchermaßen als Sänger und als Vertrauter des Paares ausgewiesen, wendet sich der Wächter dann nochmals (und in ganz ähnlicher Formulierung wie in 1,15) an den Liebenden, den er – in der Übernahme der Perspektive, welche die Dame einnimmt (vgl. die ähnliche Fokalisierung in II,3,3) – als *süeze* bezeichnet (2,15): *hüete dîn, wache, süezer gast!* (zur Perspektive vgl. auch Wölfel, 1986, S. 115).

Die als Narration gestaltete Strophe 3 bringt das Lied relativ schnell, ja fast hastig zum Abschluß (vgl. u. a. Mohr, 1948, S. 159; Wapnewski, 1972, S. 137): Zunächst wird vermerkt, daß der Ritter (trotz der Klage der Dame) gehen muß; danach kommt er selbst zu Wort und verleiht seiner Betroffenheit Ausdruck (s. o.), bevor dann eine Schilderung des Abschieds folgt. Diese setzt ein mit verhältnismäßig deutlichen Hinweisen auf die körperliche Vereinigung (*unvrömedez rucken,/gar heinlîch smucken,/ir brüstel drucken*: 3,11–13) (vgl. Hanemann, 1949, S. 121 f.), jedoch wird mit dem nachgeschobenen *und mê dannoch* (3,14) die weitere Ausmalung der Situation an die Phantasie der textexternen Rezipienten delegiert.

Die Eigenart des Liedes scheint darin zu liegen, daß es die herausgestellten Wächterleistungen zu den Bedingungen der Möglichkeit des in 3,11–13 geschilderten Liebesgenusses erklärt (vgl. Borck, 1959, Bd. 1, S. 220). Wapnewski (1972, S. 138), hat dies so verstanden, daß in Lied V „das gänzliche, die Grenze des Würdelosen streifende Angewiesensein, ja Ausgeliefertsein des Herrn an den Knecht demonstriert" werde (kritisch dazu u. a. Reusner, 1980, S. 311 f., Anm. 34; Speckenbach, 2000, S. 238 f.). Kasten (1995, S. 1067) erwägt umgekehrt, ob nicht in der Anrede *süezer gast* ein besonders vertrautes Verhältnis zwischen Wächter und Ritter angezeigt werde, so daß die eigentliche Pointe des Liedes darin bestünde, eine nach dem Muster von Girauts de Bornelh *Reis glorios* stilisierte Männerfreundschaft zur Voraussetzung der Tageliedliebe zu machen (Kasten, 1995, S. 1067). Reusner (1980, bes. S. 311 f.) entwickelt die These, daß das Lied V die gegenseitige Abhängigkeit von Wächter und Liebespaar beschreibe; ins Poetologische gewendet hieße das, daß Wolfram von Eschenbach mit dem Lied Nr. V die von ihm so intensiv genutzte Dreierkonstellation ‚Wächter – Ritter – Dame' reflektiert und gerechtfertigt hätte.

Der Text endet mit der Nennung des Programmwortes *urloup* (3,15) und einem für Wolframs Lyrik typischen Spiel mit der Wiederaufnahme von Schlüsselbegriffen. Hier ist es der Begriff *prîs* (3,15), der auf das Verb *prîsen* aus 1,5 verweist. Die beiden Ausdrücke sind in den Kontexten, in denen sie stehen, ausgesprochen erläuterungsbedürftig, weil es jedes Mal um die heimliche Liebe geht, die möglichst nicht bekannt werden soll, und dies steht in einem Kontrast zur Semantik von *prîs* und *prîsen*, deren Verwendung die Vorstellung einer Person oder einer Gruppe voraussetzt, die Zustimmung oder Lob ausspricht: „*prîs* und *prîsen* sind häufige und typische Bezeichnungen Wolframs für die Hochschätzung durch die Aussenwelt" (Hanemann, 1949, S. 78). Zum grundsätzlichen Verständnis dieser Stellen ist darauf zu verweisen, daß Wolfram auch an anderen Stellen Wertbegriffe des ‚Außen', der Öffentlichkeit, nutzt, um Personen oder Vorgänge aus der Welt der Liebenden zu charakterisieren (vgl. II,1,7 oder II,1,10). Gleichwohl fragt sich, wer denn dem Paar den hier angesprochenen *prîs* für das gegenseitige Gewähren der Minne (für das *minne wern*) erteilen soll. Sofern man nicht von der unbefriedigenden Annahme ausgehen möchte, daß sich Ritter und Dame gegenseitig preisen, könnte dies vielleicht eine ideale Gemeinschaft der Liebenden sein, die dem Paar das Lob aussprechen würde, wenn sie von seiner Minne erführe, oder der Wächter, der die Liebenden beobachtet. Möglicherweise ist damit sogar das textexterne Publikum adressiert; vielleicht sollten diese Stellen aber auch mehrere Deutungen zulassen. In jedem Fall greift das Substantiv *prîs* im Schlußvers das Verb *prîsen* aus der 1. Strophe variierend auf; damit wird die Wichtigkeit des damit bezeichneten Konzeptes der öffentlichen Annerkennung der Liebenden betont. Außerdem entsteht dadurch (ungeachtet der Schwierigkeiten seiner Deutung) eine regelrechte Rahmung des Textes: „In der Wiederaufnahme dieses Wortes rundet sich das Lied" (Mohr, 1948, S. 158). Innerhalb dieses Rahmens existiert, wie in anderen Liedern Wolframs auch, ein Netz, das auf den variierenden Reprisen von Schlüsselbegriffen basiert. Hinzuweisen ist auf

– die zweifache Aufforderung an den Ritter, sich in acht zu nehmen, die durch ihre metrische Stellung als letzter Vers der Strophen 1 und 2 und wegen der sehr ähnlichen Formulierung an den für die romanische Tradition so charakteristischen Alba-Refrain erinnert (vgl. überdies den echten Kehrreim mit der Aufforderung an den Ritter bei Otto von Botenlouben KLD[2] 41. Nr. XIII), dann

– die mehrfache Verwendung der Worte *minnen* und *minne* (1,4; 1,6; 2,8), ferner

– die Opposition *mîn munt* (2,12: Mund des Wächters) und *sîn munt* (3,3: der Mund des Ritters) und schließlich

– auf den Gesang des Wächters, der in beiden Monologstrophen explizit thematisiert wird (1,1–3; 2,12–14).

Zu Lied V vgl. u. a. Mohr, 1948, bes. S. 158 f.; Hanemann, 1949, bes. S. 8 f., 28–31, 56–60, 77–81, 101, 118–122; Borck, 1959, Bd. 1, bes. S. 14–45, 220, Bd. 2, S. 4–12; Wapnewski, 1970b; Kartschoke, 1972; Wapnewski, 1972, bes. S. 113–141 (und Reg.); MF[36], Bd. 2, S. 119; KLD[2], Bd. 2, S. 662–664; Wolf, 1979, bes. S. 117–152; Reusner, 1980, bes. S. 309–314; Edwards, 1989; Wynn, 1989; Backes, 1992, S. 246 f.; Kasten, 1995, S. 1063–1069.

C 14–17: MF³⁸ VII/L⁶ 7,41 *Ez ist nu tac*

C	Ausgabe	A	B
14	L⁶ 7,41	1	–
15	L⁶ 8,9	2	–
16	L⁶ 8,21	3	–
17	L⁶ 8,33	4	–

Weitere Editionen (Auswahl): Hanemann, 1949, S. 10f.; Brinkmann, 1952, S. 363f.; Borck, 1959, Bd. 1, S. 148f.; Leitzmann, 1963, S. 190–192; Sayce, 1967, S. 125f.; Wapnewski, 1972, S. 44–51; KLD² 69, Nr. VII; Mohr, 1978, S. 84–87; Freund, 1983, S. 249–251; Backes, 1992, S. 98–101; Kasten, 1995, S. 542–547; Edwards, 2004, S. 292–294.

Metrik: 2ma+2ma+2mx$_1$ 3mb, 2mc+2mc+2mx$_2$ 3mb, 4md 4md, 4mx$_3$ 5wx$_4$ 4wx$_5$, 3we 4mx$_6$ 7we. Vgl. den anders gelagerten Gliederungsvorschlag bei Wapnewski (1972, S. 56), der überdies mit Thomas (1956/57, S. 50) einen Kornreim (K) ansetzt und deshalb Vers 12 der MF³⁸-Edition in zwei Zeilen zergliedert: 2ma 2ma 5mb, 2mc 2mc 5mb, 4md 4md, 4mx$_1$ 5wx$_2$ 4wx$_3$, 3we 10mK 3we. Kritisch dazu Nellmann, 1977, S. 389–392.

Texttyp: Tagelied als Abschiedsdialog zwischen Dame und Ritter und sehr weit zurückgenommener Wächterrolle.

Der Aufbau des Liedes VII ist wie in Lied I durch die Kombination von Figurenrede und Erzählung bestimmt. Eröffnet wird es durch einen extrem verknappten Ausruf des Wächters, der lediglich den Tag ankündigt, um sich sofort wieder von der Bühne des Liedes zu verabschieden (zur Identifizierung der Sprecherrollen in der 1. Strophe vgl. ausführlich Wapnewski, 1972, S. 68–71). Danach wird der Text weitgehend bestimmt durch den Dialog zwischen Dame und Ritter, wobei die Strophen 1 und 4 auf die Frau, die Strophen 2 und 3 auf den Mann entfallen, so daß eine umarmende Gesamtstruktur entsteht (Mohr, 1948, S. 162, erwog eine Umstellung der letzten beiden Strophen; dafür gibt es keine Grundlage: vgl. Wapnewski, 1972, S. 81; KLD², Bd. 2, S. 694). Die Sprechakte der Liebenden werden ab Strophe 2 durch verhältnismäßig kurze, an den Strophenbeginn plazierte Einschübe des Erzählers verbunden, in denen das Liedgeschehen skizziert wird (das Aufwachen des Paares im Morgengrauen sowie die Betroffenheit des Ritters, der daraufhin die Nähe seiner Geliebten sucht in 2,1–5; die Verfluchung des Tages durch die Liebenden und die Schilderung des *urloubes* in 3,1–9; die Klage der Frau über den Aufbruch des Ritters in 4,1–2) und die mit *Inquit*-Formeln (2,6; 3,10; 4,3) die Identität der Sprecher anzeigen. Diese Kombination von zeitraffenden und zeitdeckenden Passagen bewirkt ein eher ruhiges Erzähltempo (vgl. hierzu auch Hanemann, 1949, S. 123, die davon spricht, daß in Lied VII der ‚dramatische' Charakter gegenüber dem ‚lyrischen' zurückgedrängt worden sei); die systematische Abnahme der Hinweise auf die Nacht und der gezielte Einsatz temporaler Adverbien (vgl. Wapnewski, 1972, S. 80 f., der auf die häufige Verwendung von *nu/nuo* hinweist; zu ergänzen wäre das *dô* in 2,4) erzeugen den Eindruck eines regelmäßigen Zeitverlaufes in vier Phasen, in denen (wie in Lied I) der schrittweisen Zunahme der Helligkeit die verschiedenen Reaktionen des Paares zugeordnet werden: [1.] der Tagesanbruch und die Klage der Frau über die Situation und ihre Sorge um den Mann; [2.] die Wahrnehmung des Morgengrauens durch den Mann und seine Klage über die Situation sowie das Einander-Näherrücken der Liebenden; [3.] das Anbrechen des Tags und seine Verfluchung durch die Liebenden; letzte Vereinigung und Abschiedsgruß des scheidenden Ritters; [4.] die abschließende Rede der Frau mit der Klage, daß mit dem Abschied jede Freude verlorengehe, der Sorge um das Wohlergehen des Mannes sowie dem Wunsch nach baldigem Wiedersehen (mit der Tilgung jeglicher zeitlicher Deixis). Dieser Zeitfluß wird lediglich in Str. 3 durch das eindrucksvolle Bild von den drei Sonnen, deren Strahlen nicht zwischen die Körper des sich umarmenden Paares hindurchleuchten könnten, für einen Moment stillgestellt, um dann im 1. Stollen der Str. 4 durch eine Passage mit großer Raffungsintensität für einen kurzen Moment beschleunigt zu werden.

Als eine Besonderheit dieses Textes ist festzuhalten, daß das erzählte Geschehen gegenüber den Liedern I, II und V gewissermaßen nach hinten hinausgeschoben wird. Die körperliche Vereinigung bildet hier nicht den Abschluß des Liedes, sondern sie erscheint in der Mitte der vorletzten Strophe. Auf den *urloup* folgt noch der Abschiedsgruß des Ritters an die Dame (3,10–12) und dann die letzte Rede der Frau, in der sie ihrer Trauer über die nun unausweichlich gewordene Trennung und schließlich ihrer Angst um den Mann Ausdruck verleiht. Mit diesem Rückgriff auf die ältere Tradition der Frauenklage (Wolf, 1979, S. 123) verlagern sich in diesem Lied die Akzente deutlich. Geht es in den Liedern I, II und V vor allem darum, an der Auflehnung gegen das Unvermeidliche die außerordentliche Größe der Liebe vorzuführen, die dem allerletzten Moment der Trennung noch einmal eine besonders intensive Vergewisserung der gegenseitigen *minne* abtrotzt, ist der Blick in Lied VII stärker auf die Zukunft gerichtet. Schon der Ritter antizipiert mit seiner Hoffnung, daß die Liebe ihn wieder zu ihr zurückbringen werde (2,11 f.), und mit der Bitte, der Schild ihrer *güete* möge ihn künftig behüten, die Zeit nach der Trennung, und dies tut auch die Dame, wenn sie im Moment der Trennung ihre Aufmerksamkeit auf die Gefahren richtet, die auf den Ritter zukommen könnten. Ihre *sorge* ist denn auch der charakteristische Schlüsselbegriff dieses Textes, der bereits am Anfang (in 1,6) erscheint (flankiert von dem Term *kumber* in 1,10) und mit dem das Lied auch beendet wird (4,12).

Dieser besonderen Gestaltung des Tageliedgeschehens entspricht es, daß Merkmale, die für die anderen Tagelieder typisch sind, fehlen. So wird nicht nur auf die Diskussion mit dem Wächter (und damit die Erörterung des Normkonfliktes zwischen ‚außen' und ‚innen'), sondern ebenso auf das bedrohliche Näherrücken des personifizierten Tages verzichtet (vgl. Hanemann, 1949, S. 123): Gefährlich ist in diesem Lied nicht die heimliche Liebe, sondern das Leben außerhalb der geschützten Sphäre der Liebenden. Auf diesem Eindruck beruht offensichtlich auch die Überlegung von Mohr, daß hier „das letzte Zusammensein der Liebenden vorm Aufbruch des Ritters auf die *reise*, den Kriegszug in fremde Lande" geschildert werde (Mohr, 1948, S. 163 f.; kritisch dazu: Wapnewski, 1972, S. 81; KLD², Bd. 2, S. 694). Unter dieser Vorgabe würde hier eine Gattungskontamination vorliegen, wie sie später auch beim Burggrafen von Lienz oder im Œuvre Oswalds von Wolkenstein nachweisbar ist.

Unterstützt wird die Programmatik des Liedes durch zwei Momente, die miteinander in Zusammenhang stehen: den relativ hohen Anteil an dialogischer Männerrede (immerhin werden von den 30 Versen, in denen sich in Lied VII eine Figur äußert, 10 dem Liebhaber zugeordnet; vgl. 2,6–12 und 3,10–12), und eine besondere Art der literarischen Gestaltung der Sprechakte, welche den Eindruck eines Austausches von Gedanken und Empfindungen evoziert (Hanemann, 1949, S. 124, hält fest, daß die Liebesauffassung in diesem Lied nicht so „egozentrisch" sei): Mann und Frau klagen gemeinsam über den bevorstehenden Abschied und versuchen auch gemeinsam, Strategien für die Bewältigung der drohenden Trennung zu entwickeln. Diese Gegenseitigkeit wird besonders deutlich an den Schlüssen der Strophen 1–3, in denen es zu regelrechten „Schutzanrufungen" (Wapnewski, 1972, S. 76) kommt: Die Frau erbittet sich, daß der *hôhste vride* den Mann, um den sie sich sorgt (1,6), wieder in ihren Arm zurückbringt (1,12); der Ritter bittet umgekehrt, daß die *minne* ihm helfe, die Dame wiederzufinden (2,12), und daß ihre *güete* für die Zeit der Trennung sein Schutzschild sein möge (3,11 f.). Außerdem zeigt sich die Reziprozität dieser Kommunikation daran, daß die Liebenden ihr Verhältnis zueinander mit der Hilfe der gleichen Leitbegriffe wie *vröide* (2,12; 4,3) oder *güete* (3,11; 4,8) bestimmen.

Unverkennbar ist dabei der religiöse Unterton – insbesondere in der Rede der Frau (Wapnewski, 1972, S. 76–78): Die Dame möchte den Geliebten am liebsten vor der Außenwelt verbergen und greift zur Formulierung dieses Wunsches das biblische *custodi me ut pupillam oculi* (Ps. 178,1) modifizierend auf (1,8); außerdem erfleht sie in Anspielung auf ein Paulus-Wort (Phil. 4,47) den Schutz Gottes für den scheidenden Geliebten (1,12). Eine ‚Kontrafaktur' geistlicher Rede läßt sich im Ansatz auch in den Sprechakten des Mannes entdecken (Wapnewski, 1972, S. 77–79); es ist jedoch unverkennbar, daß dieser stärker auf einen Minne-Diskurs referiert (vgl. hierzu auch Reusner, 1980, S. 304), etwa wenn er zu seiner Hilfe die Macht der Minne, welche die *saelde* beeinflußt, erbittet oder die *güete* seiner Dame zum Schutzschild erklärt (vgl. Wolf, 1979, S. 140, der darin eine Steigerung in der Abfolge der Schlußpointen erblickt, die von der ‚Gottesanrufung' in Str. 1 über die Apostrophe der Minne in Str. 2 bis hin zum Vertrauen auf die Geliebte in Str. 3 reicht, und aus diesem Grund „die menschliche Minnegegenseitigkeit als das eigentliche Kraftzentrum" des Liedes bezeichnet).

Wie in den anderen Tageliedern Wolframs auch ist der Text von mehrfach verwandten Leitwörtern durchzogen, die sich hier in auffälliger Weise auf eher abstrakte Phänomene beziehen (neben *sorge* wären zu nennen: *vröide*, *minne* oder *güete*); ferner ist nochmals auf die bereits erwähnte leitmotivische Verwendung von *tac* und *naht* hinzuweisen (Wapnewski, 1972, S. 75–81). Schließlich ist festzuhalten, daß das Lied VII seine thematische Schwerpunktsetzung dadurch unterstreicht, daß es (wie die anderen Tagelieder auch) einen mehrfach verwandten Ausdruck in seinen unterschiedlichen Bedeutungen vorführt. Dieses Mal handelt es sich um den Ausdruck *urloup*. Eingeführt wird der Begriff in der Strophe 3. Dort erscheint er exakt in dem Sinne, wie ihn auch die anderen Tagelieder gebrauchen, nämlich als Chiffre für die Verschmelzung aus Liebesvereinigung und Trennungsschmerz, die vom Erzähler explizit erläutert wird, wenn er den Begriff (*nu merket wie*: 3,3) als das Ineinander von Vergnügen (*schimpf*) und Trauer (*klage*) bestimmt. Um so erstaunlicher ist, daß das Wort wenige Verse später, in der abschließenden Rede der Dame, bar jeglicher Doppeldeutigkeit gebraucht wird, und zwar in einer uneingeschränkt negativen Konnotation, so daß man von einer regelrechten Pejorisierung des Begriffs sprechen kann: Hier meint *urloup* das schmerzhafte Abstandnehmen von jeglicher Freude, die vollständig (*gar*) schwindet, wenn der Ritter nicht mehr anwesend ist (4,3f.). Spätestens an dieser Stelle zeigt sich, daß das Lied VII gegenüber den anderen Tageliedern einen anderen Grundcharakter besitzt. Verhandelt wird in diesem Text nicht mehr (nur) der lust-

und leidvolle Moment des Überganges zwischen Nacht und Tag, der heimlichen Welt der Liebe und der Welt der Öffentlichkeit, sondern vor allem die sich anschließende Sorge der Frau um das Wohlergehen des Ritters und dessen Hoffnung, daß die Liebe ihn schützen und zur Dame zurückführen werde (vgl. hierzu auch Wolf, 1979, S. 141–143, der indes das Verhältnis zu den anderen Liedern zu teleologisch sieht).

Zu Lied VII vgl. u. a. Mohr, 1948, bes. S. 162–164; Hanemann, 1949, bes. S. 10 f., 31 f., 60–62, 81–85, 100, 122–125; Borck, 1959, Bd. 1, bes. S. 132–149, 220–222, Bd. 2, S. 42–27; Wapnewski, 1972, bes. S. 41–87 (und Reg.); MF³⁶, Bd. 2, S. 120; KLD², Bd. 2, S. 692–696; Wolf, 1979, bes. S. 135–143; Reusner, 1980, bes. S. 303–306; Backes, 1992, S. 247 f.

C 4–5: MF³⁸ IV/L⁶ 5,34 *Der helden minne ir klage*

C	Ausgabe	A	B
4	1/L⁶ 5,34	–	4
5	2/L⁶ 6,1	–	5

Weitere Editionen (Auswahl): Hanemann, 1949, S. 12 f.; Brinkmann, 1952, S. 365; Borck, 1959, Bd. 1, S. 62; Leitzmann, 1963, S. 188; Sayce, 1967, S. 127; Wapnewski, 1972, S. 146 f.; KLD² 69, Nr. IV; Mohr, 1978, S. 88 f.; Freund, 1983, S. 247; Backes, 1992, S. 102 f.; Kasten, 1995, S. 542 f.; Edwards, 2004, S. 297 f.

Metrik: 3ma 3ma, 3wb 3wb 2mc, 3wd 3wd 2mc, 4mx 2mc (Vers 2,1 f. und 2,10 sind überfüllt). Die Form läßt sich unterschiedlich interpretieren. Es könnte sich entweder um eine leichartige Struktur nach dem Muster ABB'A' [A (3ma 3ma) B (3wb 3wb 2mc) B' (3wd 3wd 2mc) A' (4mx 2mc)] handeln oder um eine ‚gespaltene Weise', eine Variante der Kanzonenstrophe, bei der zwei metrisch (bis auf die Endreime) übereinstimmende Versikelgruppen als Quasi-Stollen fungieren (B = V. 3–5 und B' = V. 6–8), die durch zwei ähnliche (und evtl. sogar ursprünglich identische) Abgesangsteile (A = V. 1 f.; A' = V. 9 f.) umrahmt werden (vgl. dazu bes. Wapnewski, 1972, S. 151 f.).

Texttyp: Reflexion auf die Gattung Tagelied/kritische Auseinandersetzung mit der Wächterrolle.

Der außerordentlich oft interpretierte Text gehört strenggenommen nicht in die Gattung Tagelied, weil er lediglich auf die Konstituenten der Gattung verweist, um damit auf ihre Außengrenzen aufmerksam zu machen: Das Lied ist denn auch eher diskursiv organisiert als narrativ und rückt damit ganz in die Nähe der Sangsprüche mit Minnethematik (vgl. dazu bereits Hanemann, 1949, S. 125). Das zweistrophige Lied wird eröffnet mit einer Adresse an den Wächter (1,9), in der wesentliche Elemente des Genres genannt werden. Es findet sich der Hinweis auf die Heimlichkeit der Liebe (*der helden minne*: 1,1) und auf den gesungenen Wächterruf, der zur Zeit des aufgehenden Morgensterns (1,9) den Tag ankündigt (1,1 f.), dann wird die gattungstypische Ambivalenz des *urloubes* aufgerufen (die hier als temporale Sequenz gefaßt wird, bei der das *sûre* dem *süezen* nachfolgt: 1,3), und schließlich wird die Trennung des Paares angesprochen (1,6). Charakteristisch für die Behandlung des Themas ist indes, daß die Gattungstradition in einem distanzierten und kritischen Licht erscheint, wird doch der Wächter aufgefordert, von der Liebe, die nur unter der Bedingung der sich unmittelbar anschließenden Trennung zu haben ist, zu schweigen: *dâ von niht sinc* (1,10). In der zweiten Strophe folgt dann ein „Räsonnement über die Gefahrlosigkeit der ehelichen Liebe" (Kasten, 1995, S. 1061): Jeder, der bei seiner Gattin liege und dabei den Blicken der *merkaere* entzogen sei, brauche nicht am frühen Morgen und unter Einsatz seines Lebens (*ûf sîn leben*: 2,8) aufzubrechen (2,1–8); eine zärtliche Ehefrau (*Ein offeniu süeze wirtes wîp*: 2,9) garantiere eine *minne*, bei der diese Gefahren vermieden werden könnten. Eine besondere Pointe der Strophen besteht überdies darin, daß sie nicht einfach nur das allgemeine Modell des Tageliedes in Erinnerung rufen, sondern daß sie gleich mehrfach auf die Lieder Wolframs verweisen (insbesondere auf die Lieder II und V: vgl. Wapnewski, 1972, S. 165).

So klar sich die beiden Strophen als kritische Wendung gegen das Tagelied im allgemeinen und gegen die Lieder II und V Wolframs im besonderen darbieten, um so unklarer ist es, wer sie formuliert. Die älteren Arbeiten interpretierten sie ungebrochen biographisch – als Reflex auf die mutmaßliche Eheschließung des Dichters (Kück, 1897, S. 105; Plenio, 1916). In anderen Forschungen werden die beiden Strophen als ideologische Stellungnahme eines gewissermaßen in sich zerrissenen Dichters gewertet, der als Epiker von den Gestaltungsmöglichkeiten der Gattung Tagelied angezogen worden sei, der indes die dort propagierte Liebeskonzeption mit seiner Haltung zur Ehe, die er im Pz. und im Wh. entwickelt habe, nicht in Einklang hätte bringen können und der sich deshalb von seiner eigenen Tageliedproduktion verabschiedet habe (vgl. u. a. Scholte, 1947, bes. S. 411–413, oder Hanemann, 1949, S. 126; in ähnlicher Weise auch Wolf, 1979). Auch für Borck und Wapnewski scheint festzustehen, daß sich im Lied IV Wolfram selbst zu Wort melde: So meint Borck (1959, Bd. 1, S. 55), daß sich Wolfram in diesem Lied den hintergründigen Scherz erlaube, ausgerechnet in einem Tagelied „der ehelichen Liebe zu huldigen". Wapnewski (1972, S. 167) erblickt in dem Preis der Ehe, der in Lied IV angesprochen wird, ein Scheinlob und erklärt deshalb den Text zu einer Selbstparodie: „Es mag den unkonventionellen, experimentierfreudigen, neugierigen Wolfram gereizt haben, sich selbst zu widerlegen innerhalb des Spielraums seines Dichtens, und da er Grenzen vor allem da anzuerkennen scheint, wo er die Chance hat, sie zu überschreiten, versagte er sich nicht der Versuchung, der Sequenz seiner Tagelieder eine Pièce hinzuzufügen, die das Tagelied auftreten läßt als Antitagelied: Aufhebung des Tageliedes mit seinen eigenen Mitteln." Die jüngere Forschung (Mertens, 1983; Kiening, 2003) nimmt diesen Gedanken auf (kritisch dazu Wolf, 1979), wendet ihn jedoch stärker ins Poetologische. Zu der Überzeugung, daß es Wolfram vor allem darauf ankam, durch die Negation der Gattungskonventionen die Bedingungen der Möglichkeit eines Sprechens innerhalb dieser Grenzen aufzuzeigen, paßte es sehr gut, wenn man die 2. Strophe als die Äußerung einer literarischen Instanz (des Wächters etwa oder auch der Dame) auffaßte (Hinweise zu diesem Ansatz bei Kasten, 1995, S. 1062).

Zu Lied IV vgl. u.a. Scholte, 1947, bes. S. 411–413; Hanemann, 1949, bes. S. 12f., 32, 63, 85, 101, 125–127; Borck, 1959, Bd. 1, bes. S. 132–149, 220–222, Bd. 2, S. 42–27; Wapnewski, 1972, bes. S. 143–169 (und Reg.); MF[36], Bd. 2, S. 118f.; KLD[2], Bd. 2, S. 683–686; Wolf, 1979, bes. S. 119f. und 143–148; Reusner, 1980, bes. S. 314–316; Mertens, 1983; Backes, 1992, S. 249f.; Kiening, 2003, bes. S. 170–173.

2.6.2 Die Werbelieder (Lied III, VI, VIII, IX)

C 1–3: MF[38] III/L[6] 5,16 *Ein wîp mac wol erlouben mir*

C	Ausgabe	A	B
1	1/L[6] 5,16	–	1
2	2/L[6] 5,22	–	2
3	3/L[6] 5,28	–	3

Weitere Editionen (Auswahl): Hanemann, 1949, S. 14f.; Brinkmann, 1952, S. 364f.; Borck, 1959, Bd. 1, S. 85; Leitzmann, 1963, S. 187f.; Sayce, 1967, S. 118f.; Wapnewski, 1972, S. 174f.; KLD[2] 69, Nr. III; Mohr, 1978, S. 92–95; Kasten, 1995, S. 540f.; Edwards, 2004, S. 298f.
  Metrik: 4ma 4mb :| 4mc 4mc.
  Texttyp: Werbelied-Parodie.

Das dreistrophige Lied entfaltet eine Gedankenfolge, die – wenigstens auf den ersten Blick – wenig Kohärenz aufweist: Str. 1 präsentiert einen

Ich-Sprecher, der in einer klassischen Werbesituation um die Erlaubnis bittet, eine Frau *mit triuwen* ansehen zu dürfen. Dieser Wunsch wird dann im Rückgriff auf zwei Metaphern, die aus dem Bereich der Vogeljagd stammen, verdeutlicht: Zum einen stilisiert sich der Sprecher zum Falken, dessen *gir* (1,3) darauf gerichtet ist, seine Augen dorthin zu wenden, wo die Dame ist. Zum anderen vergleicht er sich mit einer Eule, wenn er behauptet, er sei so *iuwelenslaht*, daß sein Herz die Dame auch in *vinster naht* erkennen könne (1,6). Offensichtlich wird hier der Topos von den Augen des Herzens aktualisiert, das Bild wird allerdings dadurch undeutlich, daß der Sprecher hier zwei differente, wenngleich verwandte, Bildspenderbereiche übereinander blendet (den Falken, der über den Terminus technicus *gir verhaben* in 1,3 f. aufgerufen wird, und die Eule). Außerdem fällt die Divergenz zwischen der Stärke der Bilder und dem vergleichsweise harmlosen Wunsch, die Dame lediglich betrachten zu dürfen, auf (dessen Erfüllung dann überdies noch von dem *urloup* der Frau abhängig gemacht wird). Während die 1. Strophe die zaghafte Annäherung des Sprechers an die Dame thematisiert, verhandelt die 2. Str. mit der Hilfe formelhafter Wendungen die ebenfalls topische Hoffnung auf den *helfelîchen gruoz*, für den der Sprecher verspricht, einen andauernden Dienst zu leisten (2,1–3). Da noch größere Wunder geschehen sind als das Entgegenkommen seiner Dame, glaubt er, daß vielleicht einmal ein Tag erstrahle, an dem man ihm zugestehe, diese *vröide* erreicht zu haben. Auch hier waltet ein Mißverhältnis zwischen dem enormen Aufwand und dem lachhaft geringen Effekt. Str. 3 schließlich arbeitet wiederum mit einem ornithologischen Bild: So wenig wie ein Storch der Saat schade, so wenig würden die Frauen durch den Ich-Sprecher einen Nachteil erleiden (3,1 f. – zu dem bild vgl. jetzt Achnitz, 2010, S. 281–284). Der Text schließt mit der Ankündigung, daß er eine Dame, die sich schuldhaft gegen ihn gewendet habe (3,4 f.), unbeachtet lasse: Er wolle sich nicht mit Zorn belasten, sondern sich um die Mäßigung seiner Affekte (*zühte*: 3,6) kümmern.

Die Inkohärenzen, die der Text bietet, sind so evident, daß in älteren Arbeiten eine Diskussion darüber angestoßen wurde, ob nicht die dritte Strophe als selbständiges Lied gelesen werden müsse (vgl. Wapnewski, 1972, S. 179). Die genauere Lektüre zeigt indes, daß dieses Lied ein klar identifizierbares thematisches Zentrum besitzt: Es arbeitet damit, daß sich der Ich-Sprecher auf der Basis merkwürdig divergenter Bilder aus dem Bereich der Vogelwelt (in Str. 1 und 3) und mit der Hilfe abgegriffener Formeln des Minnesangs (in Str. 2) zu einem Ausbund von Harmlosigkeit stilisiert, der die Anforderung der höfischen Kultur an die Sozialdisziplin der Männer gewissermaßen übererfüllt. Schon der Befund, daß in diesem Lied die Karikatur eines Liederdichters auftritt, deutet darauf hin, daß dieser Text nur als Parodie gemeint sein kann. Seit Scholte (1947) und den weiterführenden Untersuchungen von Wapnewski (1958 und 1972) kann die Zielrichtung des Textes exakter bestimmt werden: Er richtet sich, wie durch die Fülle der Allusionen, Responsionen und Antithesen belegt ist (vgl. dazu u.a. Scholte, 1947, S. 414f.; Wapnewski, 1972, S. 186–193; KLD², Bd. 2, bes. S. 669f.), auf Walthers von der Vogelweide Lied *Ein man verbiutet ein spil âne pfliht* (L¹⁴ 111,22), das seinerseits wieder zentrale Motive aus den Liedern Reinmars parodiert, vor allem die überzogene religiöse Metaphorik des Auferstehungstages aus MF³⁸ 170,1 sowie die Schachmetaphorik und die Idee des Kußraubes aus MF³⁸ 159,1 (vgl. Bauschke, 1999, S. 59–76).

Die Pointe von Lied III dürfte vor allem darin liegen, daß hier Walthers Reaktion auf Reinmars Spiel mit der Idee des gestohlenen Kusses aufs Korn genommen wird: Wenn der Ich-Sprecher in L¹⁴ 111,30 die eher harmlose erotische Phantasie aus Reinmars Lied mit den Worten zurückweist *bezzer waere mîner frowen senfter gruoz*, so überantwortet Wolfram hier ein werbendes Ich der Lächerlichkeit, dem jede zugreifende Art in Liebesdingen abhanden gekommen ist. Hier kommt nun wirklich ein Minnesänger zu Wort, der *mit vuoge und ander spil* (L¹⁴ 111,37) das Entgegenkommen seiner Dame erreichen will. Daß speziell Walther von der Vogelweide das Ziel von Wolframs Kritik darstellt, kann im übrigen aus den ornithologischen Vergleichen erschlossen werden: Sicherlich kann sich die ironische Stilisierung des werbenden Ich als Falke, Eule und Storch auf der Basis der Metapher von dem Minnesänger als Singvogel (zu diesem Bildfeld vgl. Obermaier, 1995, bes. S. 328–333) generell gegen alle Dichter von Liebesliedern richten (Scholte, 1947, S. 415; Wapnewski, 1972, S. 192), Hauptgegner dürfte indes dann doch Walther von der Vogelweide sein (Schiendorfer, 1983).

Eine zweite Bedeutungsschicht des Textes könnte sich aus dem Vergleich zwischen der dritten Strophe und dem Pz. ergeben. Dafür gibt es zwei Gründe. Zum einen findet sich in der sog. Selbstverteidigung Wolframs bekannte Stellungnahme gegen Reinmars Schachmetaphorik, welche auch in L¹⁴ 111,22 attackiert wird, so daß zwischen dem Lied III und der Selbstverteidigung ein thematischer Zusammenhang besteht (in beiden Fällen geht es um die literarische Auseinandersetzung mit den Liedern Walthers und Reinmars). Zum anderen präsentiert Wolfram von Eschenbach auch in der Selbstverteidigung (und am Schluß des VI. Buches) ein Sprecher-Ich, das sich im Konflikt mit einer (nicht weiter konkretisierten) Dame befindet – mit dem großen Unterschied freilich, daß der Erzähler in Pz. 114,5–18 von seinem Zorn dezidiert nicht ablassen möchte, während das Ich in 3,4–6 ja gerade von sich behauptet, den Haß zurückstellen zu wollen. Da der Sprecher in der Selbstverteidigung autobiographisch konturiert ist (*ich bin Wolfram von Eschenbach*) und sich überdies als Minnesänger präsentiert (*unt kan ein teil mit sange*), wurde auf der Grundlage dieser Gemeinsamkeiten zwischen den beiden Texten auch die 3. Strophe von Lied III als Selbstaussage Wolframs gedeutet und (bis hin zu KLD²) in ein unhaltbares Geflecht von autobiographischen Spekulationen über das sich wandelnde Verhältnis Wolframs zu der Unbekannten hineingezogen (vgl. hierzu die ausführliche Kritik von Schiendorfer, 1983, bes. S. 156). Auch Wapnewski (1972, S. 191) kann sich der Suggestion einer autobiographischen Lesart nicht ganz entziehen, wenn er der Meinung ist, daß Wolfram in der 3. Strophe die Maske des Parodisten fallen lasse und jetzt gewissermaßen in eigener Sache spräche. Für die Annahme eines solchen Rollenwechsels findet sich im Text selbst kein Anhaltspunkt. Statt dessen bietet es sich an, das ganze Lied als intertextuelles Spiel zu lesen, etwa in der Weise, daß hier ein bewußter Kontrast zu dem sich als widerborstig stilisierenden Erzähler im Pz. aufgebaut wird, dies wiederum in der Absicht, den Minnesang, speziell aber Walthers Entgegnung auf Reinmar zu parodieren – im Unterschied zur Selbstverteidigung, die ja hauptsächlich Reinmars Schachmetaphorik ins Visier nimmt (ähnlich bereits Schiendorfer, 1983, S. 160–183, dessen Thesen im einzelnen noch zu diskutieren wären).

Zu Lied III vgl. u.a. Kück, 1897; Scholte, 1947, bes. S. 413–416; Hanemann, 1949, bes. S. 14f., 32f., 41, 86–88, 101f., 128–130; Wapnewski, 1958; Borck, 1959, Bd. 1, bes. S. 76–85, Bd. 2, S. 22–24; Scholz, 1966, bes. S. 135–154; Wapnewski, 1972, bes. S. 171–194 (und Reg.); Wachinger, 1973, S. 99f.; MF³⁶, Bd. 2, S. 118; KLD², Bd. 2, S. 664–682; Mertens, 1983, S. 234–236; Schiendorfer, 1983, S. 156–255; Bauschke, 1999, S. 73f.; Achnitz, 2010, S. 279–284.

C 9–13: MF[38] VI/L[6] 7,11 *Ursprinc bluomen*

C	Ausgabe	A	B
9	1/L[6] 7,11	–	–
10	2/L[6] 7,17	–	–
11	3/L[6] 7,23	–	–
12	4/L[6] 7,29	–	–
13	5/L[6] 7,35	–	–

Weitere Editionen (Auswahl): Hanemann, 1949, S. 16 f.; Brinkmann, 1952, S. 358 f.; Borck, 1959, Bd. 1, S. 74; Leitzmann, 1963, S. 189 f.; Sayce, 1967, S. 119 f.; Wapnewski, 1972, S. 198–201; KLD² 69, Nr. VI; Mohr, 1978, S. 90–93; Kasten, 1995, S. 546–549; Edwards, 2004, S. 299–301.

Metrik (vgl. Wapnewski, 1972, S. 202–204): 4wa 7mb :| 4mc 6mc (V. 4,6 ist überfüllt). Die Verse 2 und 4 wurden u. a. von Plenio (1916, S. 85 f.) und Brinkmann (1952) geteilt bzw. als binnengereimte Langzeilen aufgefaßt (kritisch dazu u. a. Borck, 1959, Bd. 1, S. 63 f.; Wapnewski, 1972, S. 203).

Texttyp: Werbelied-Parodie (?).

Der Text wird mit einer zweistrophigen Passage eröffnet, in der sich das Sprecher-Ich von den Handlungen der Singvögel absetzt: Während die *waltsinger* (1,5) ihre alten Lieder lediglich im Frühjahr erklingen lassen, erklärt das Ich, daß es ein *niuwez singen* (1,3) beherrsche, das selbst dann noch vorgetragen werden könne, *sô der rîfe liget* (1,4). Die Nachtigall habe während der hellen Maienzeit keine Ruhe gehabt, jetzt aber sei es der Sprecher, der wach sei und singe *ûf berge und in dem tal* (2,6). Die Bedeutung dieser Entgegensetzung erschließt sich, wenn man beachtet, daß hier (ähnlich wie in Lied III) die Vogelmetapher als Bezeichnung der Minnesänger genutzt wird: Offenbar setzt der Text einen Sänger in Szene, der sich von den literarischen Leistungen anderer Lyriker absetzen möchte.

Der solchermaßen als Novität und als Überbietung des ‚alten Minnesangs' eingeführte Gesang des Sprechers präsentiert sich indes in den Strophen 3–5 als Collage von Elementen, die sich nach Kasten (1995, S. 1068) „in den herkömmlichen Bahnen des Werbelieds bewegen (Klagegestus, Bitte um ‚Lohn', Ergebenheitsbekundung, Preis der Frau)".

Wie dieser ‚Stilbruch' bewertet werden kann, ist in der Forschung umstritten. Rompelmann (1942) versteht den Text als ein „Meisterstück der Persiflage" (S. 194), das gegen den Minnesang, speziell aber gegen Walther von der Vogelweide gerichtet sei, und versucht diese These durch Motivparallelen zwischen den Liedern Walthers und dem Lied VI zu stützen (kritisch dazu Scholz, 1966; zustimmend Schiendorfer, 1983, S. 425–432, Anm. 185). Auch Röll (1980) erblickt in dem Lied eine vorwiegend kritische Tendenz; im Unterschied zu Rompelmann versucht er jedoch, es in den Kontext der von ihm vermuteten Auseinandersetzung Wolframs mit Gottfried von Straßburg einzuordnen: Wolfram zitiere in Lied VI direkt den Literaturexkurs, um sich gegen Gottfrieds Walther-Lob zu wenden. Die Gegenposition zu den Parodie-Thesen wird von Mohr (1956) formuliert: Er sieht zwar punktuell „polemische Spitzen" (S. 85) und konstatiert auch Bezüge zur ‚Reinmar-Walther-Fehde' (vor allem in 5,4) oder ein ironisches Spiel mit dem Namen Walthers („man glaubt plötzlich, aus den Wörtern ‚*vogel*' und ‚*walt*-singer' den Namen ‚*Walt*-her von der *Vogel*weide' herausschauen zu sehen" [ebd.]). Trotzdem möchte er dieses Lied als einen ernsthaften Versuch Wolframs verstanden wissen, der vor allem durch formale Brillanz besteche, die sich beispielsweise an den Vokalklängen, den Reimordnungen sowie der Bildlichkeit ablesen lasse (vgl. hierzu auch Wisniewski, 1978, S. 41–43, die das Lied in den Kontext einer literarischen Debatte um die *güete* der Dame einordnen möchte und starke Konvergenzen zur Haltung Walthers von der Vogelweide sieht). Symptomatisch für die unsichere Einschätzung des Liedes durch die Forschung ist die schwankende Haltung Wapnewskis (1972). Einerseits folgt er im wesentlichen der Einschätzung von Mohr, schränkt allerdings das Lob auf den Verfasser dahingehend ein, daß Wolframs polemisch-ironisches Verhältnis zum Minnesang ihn daran gehindert habe, „trotz der perfekten Adaptation der lyrischen Attitüde ein ‚großes Gedicht' zu verfassen" (S. 223). Andererseits entwickelt er dann doch die These, daß es sich bei diesem Ton um einen „programmatischen Gegensang" handele (S. 224), ja um eine regelrechte „Demontage" der gesamten Minnelyrik. Eine neue Perspektive eröffnet Mertens (1983, S. 236–239), der auf der Grundlage metrischer Ähnlichkeiten zu zwei Gedichten Hartmanns und Reinmars (MF^{38} 211,27 und MF^{38} 177,10) ein intertextuelles Spiel annimmt, bei dem Wolfram auf Strophenform und Melodie der beiden mutmaßlichen Prätexte zurückgegriffen habe, um sich zugleich durch die Montagetechnik in den Strophen 3–5 von der „verbrauchten Konventionalität" des von seinen Vorgängern formulierten Dienstmodells der Liebe zu distanzieren.

Zu Lied VI vgl. u. a. Kück, 1897; Scholte, 1947, bes. S. 413, Anm. 1; Hanemann, 1949, bes. S. 16 f., 34, 42–45, 88–93, 102, 130–132; Borck, 1959, Bd. 1, bes. S. 63–74, Bd. 2, S. 20 f.; Scholz, 1966, bes. S. 120–134; Wapnewski, 1972, bes. S. 195–226 (und Reg.); MF^{36}, Bd. 2, S. 118; KLD^2, Bd. 2, S. 688–692; Wisniewski, 1978, S. 41–43; Mertens, 1983, S. 236–239; Schiendorfer, 1983, bes. S. 425–432, Anm. 185; Johnson, 1999 [a], S. 40; Lieb, 2001, S. 204–206; Achnitz, 2010, S. 284–288.

C 18–23: MF[38] VIII/L[6] 9,4 *Guot wîp, ich bitte dich minne*

C	Ausgabe	A	B
18	L[6] 9,4	–	–
19	L[6] 9,15	–	–
20	L[6] 9,26	–	–
21	L[6] 9,37	–	–
22	L[6] 10,1	–	–
23	L[6] 10,12	–	–

Weitere Editionen (Auswahl): Hanemann, 1949, S. 18–21; Leitzmann, 1963, S. 192–194; Wapnewski, 1972, S. 230–235; KLD² 69, Nr. VIII; Mohr, 1978, S. 94–99; Edwards, 2004, S. 301–304.
    Metrik: 3wa 2mb 4mc :| 4md 3we 3we 6md (oder: 2x+4md).
    Texttyp: Werbelied mit Frauenpreis.

Das Lied besitzt einen klaren zweiteiligen Aufbau, der sich u. a. an der Divergenz in der Sprechhaltung und in der Bildlichkeit zeigt: Die Str. 1–3 präsentieren sich als eine werbende Apostrophe an die abweisende Dame, die in der sprachlichen Gestaltung einige Züge aufweist, die gut zu Wolframs Stil zu passen scheinen – der Vergleich zwischen der sich entziehenden Gunst der Frau mit einem flüchtigen Tier etwa (1,7 f.), dann der Vergleich ihrer Brust mit der eines Falken (2,4–6) oder der Hinweis auf den Meteorstein, der eher zu erweichen wäre als die harte Haltung der Dame (3,8–11). Die Str. 3–6 sind dagegen als eine mit Beschreibungen durchsetzte Preisrede zu qualifizieren, welche die inneren wie die äußeren Vorzüge der Geliebten herausstreicht und im Unterschied zum Liedanfang eine deutlich konventionellere Bildlichkeit zeigt (vgl. etwa die betaute Rose in 4,3 oder den roten Rubin als Vergleichspunkt für den topisch roten Mund in 5,2 f.).
    Die meisten Wolfram-Kenner halten den ganzen Ton für unecht (vgl. Wapnewski, 1972, S. 238–241); eine wichtige Ausnahme macht Paul (1874, der als erster die Zweigliedrigkeit des Textes herausarbeitete und dann wenigstens den ersten Teil des Gedichts für Wolfram reklamierte (zustimmend Kück, 1897 oder Hanemann, 1949). Wapnewski (1972, S. 238–241) verbindet die Überlegungen von Paul mit der Einschätzung der anderen Forscher, in dem er gleich zwei anonyme Dichter am Werke sieht, einen Wolfram-Nachahmer und einen zweiten Verfasser, der eher in einer konventionellen Stilrichtung verankert sei. Die sicherlich origi-

nellste Haltung zum Echtheitsproblem entwickelte Scholte (1947, S. 416–419), der den Text kurzerhand zu einer Selbstparodie Wolframs erklärte.

Einen anderen Weg beschreitet Wisniewski (1978), die den Text in seiner Gegebenheit und auch seine handschriftliche Zuweisung an Wolfram ernster nimmt als ihre Vorgänger. Ihr Ansatzpunkt ist es, den Text in eine literarische Diskussion um die *güete* der Dame einzuordnen, an der sowohl Wolfram (in der Selbstverteidigung) wie auch Walther von der Vogelweide beteiligt gewesen seien: Diesen Diskurs erklärt sie zum thematischen Fluchtpunkt des Liedes; er werde zu Beginn wie am Ende durch den Schlüsselbegriff *guot* markiert (1,1 und 6,3). Außerdem interpretiert sie den von Paul herausgestellten zweiteiligen Aufbau des Textes als gekonnten Aspektwechsel, mithin als bewußte rhetorische Strategie, und versucht gerade den zweiten Teil des Liedes literarisch aufzuwerten, indem sie einen stufenartigen Aufbau der Argumentation nachzeichnet und ein Netz von Leitwörtern eruiert. Vgl. jetzt auch Achnitz, 2010, S. 288–294.

Zu Lied VIII vgl. u.a. Paul, 1874; Kück, 1897, bes. S. 94f.; Scholte, 1947, bes. S. 416–419; Hanemann, 1949, bes. S. 18–20, 34f., 45–47, 93–96, 103, 132–135; Wapnewski, 1972, bes. S. 227–244 (und Reg.); MF[36], Bd. 2, S. 120; KLD[2], Bd. 2, S. 696–704; Wisniewski, 1978; Achnitz, 2010, S. 288–294.

C 24–26: MF[38] IX/L[6] S. XII *Maniger klaget die schoenen zît*

C	Ausgabe	A	C₂
24	L[6] XII,1	Gedrut 30	Rubin und Rüdiger 3
25	L[6] XII,11	–	–
26	L[6] XII,21	–	–

Weitere Editionen (Auswahl): Hanemann, 1949, S. 21; KLD[2] 69, Nr. IX; Edwards, 2004, S. 305f.
  Metrik: 4ma 3mb 5mc :| 6md 4me 3me 5md (Vers 2,8 ist überfüllt).
  Texttyp: Werbelied (mit Minneklage und Lohn-Forderung).

Das dreistrophige Lied verbindet klassische Merkmale des Werbeliedes miteinander. Str. 1 ist der Minneklage gewidmet: So mancher bedaure den Verlust der *liehten tage* (1,2); das Leid, das hingegen dem Ich-Sprecher von einer Frau zugefügt worden sei, könne weder durch die Schönheit der Natur (*vogel singen; bluomen schîn*: 1,7) noch durch die Qualität anderer menschlicher Beziehungen (1,8 f.) gemindert werden. Die gegenwärtige Situation wird dann in Str. 2 durch den Rückblick auf die Vergangenheit erklärt: Selbst die außergewöhnlichen Dienstleistungen des Ich-Sprechers haben zu keinem Lohn geführt (2,1–6); außerdem spielt der Abgesang (im Rückgriff auf die Reinmar-Walther-Fehde, und zwar speziell auf die Verse MF^{38} 158,27–30 und L^{14} 73,11–16) den Gedanken durch, was passierte, wenn einer der beiden das Leben verlöre: Stürbe sie, dann bliebe er auf immer ohne Lohn, stürbe er, dann wüßte er niemanden, dem er diese *nôt* vererben könnte (vgl. dazu Heinrich von Morungen MF^{38} 125,10). Str. 3 leitet daraus wiederum die Bitte um Entgegenkommen ab – gleichwohl endet der Text mit einem Vorwurf an die Dame: *Manlîch dienst* und *wîplîch lôn* hätten sich doch immer die Waage gehalten; allein in ihrem Falle träfe diese Regel nicht zu (3,7 f.).

Das Lied ist u.a. wegen formaler und inhaltlicher Eigenheiten als ‚unecht' klassifiziert worden (vgl. hierzu die Überlegungen in KLD^2, Bd. 2, S. 704–707); Wisniewski (1978) versucht dagegen plausibel zu machen, daß es sich bei diesen Strophen nicht nur um eine gekonnte Persiflage auf Lieder Walthers von der Vogelweide (L^{14} 13,33 sowie L^{14} 72,31) und Reinmars (MF^{38} 158,1) handele, sondern (aufgrund der in Str. 3 geäußerten Kritik an der *güete* der Dame) um jenes Scheltlied, das „die in der Selbstverteidigung angedeuteten verheerenden Wirkungen gehabt" habe (S. 50). Vgl. jetzt auch Achnitz, 2010, S. 294–298.

Zu Lied IX vgl. u.a. Behaghel, 1889; Kück, 1897, bes. S. 95 f.; Hanemann, 1949, bes. S. 21, 48, 96, 132–135; MF^{36}, Bd. 2, S. 120; KLD^2, Bd. 2, S. 704–707; Wisniewski, 1978; Achnitz, 2010, S. 294–298.

3. Wolfram und die meisterliche Liedkunst

Die unter Pkt. 2 verhandelte Lyrik Wolframs von Eschenbach dürfte bereits kurz nach dem Abschluß der Weingartner Liederhandschrift kaum noch bekannt gewesen sein, jedenfalls sind diese Lieder, soweit sich dies auf der Grundlage der erhaltenen Textzeugnisse erschließen läßt, nicht weiter abgeschrieben worden; außerdem fehlt es an klaren Hinweisen darauf, daß sie den Lyrikern des späten Mittelalters bekannt gewesen sind. Stattdessen erscheint der Name Wolframs in gänzlich anderen Kontexten:

Die Lieder 129

– Bereits im Codex Manesse wird Wolfram zu einer literarischen Figur des ‚Wartburgkrieges'. Zwischen den Texten dieses Kombattanten im Sängerwettstreit und den Wolframschen Liedern besteht weder in inhaltlicher noch in formaler Hinsicht irgendeine Verbindung. Gleichwohl gibt es insofern eine Beziehung zu dem historischen Autor, als der ‚Wartburgkrieg'-Dichter mit der Fiktion arbeitet, daß der von ihm geschilderte Sängerkrieg am Hofe von Wolframs Gönner Hermann von Thüringen stattgefunden habe (vgl. Ragotzky, 1971, S. 45–91; Wachinger, 1973 und 1999a).

– Diese Überblendung von historischem Autor und literarischer Rolle ist die Grundlage für die Nennung von Wolframs Namen im Kontext von poetologischen Reflexionen in der Sangspruchdichtung (vgl. u.a. RSM ¹Beh/161a [= Gille/Spriewald 1968–1972, Bd. 2, Nr. 161]; RSM ¹Damen/2/4 [= HMS Bd. 3,1. Ton III, Str. 4]), unter denen die sog. Selbstrühmung Frauenlobs als besonders markantes Beispiel hervorsticht (RSM ¹Frau/2/55 und 57 [= GA V,115 und 117G]). Ziel dieser Sprüche ist es, die Qualität des eigenen literarischen Schaffens im Vergleich zu den Leistungen kanonischer Sangspruchautoren herauszustellen. Vgl. Wachinger, 1973, bes. S. 247–275; Obermaier, 1995, bes. S. 236–240; Wachinger, 2006, S. 876–879.

– Als Ergänzung oder Fortsetzung dieser Kanonbildung sind die Texte der Meistersänger zu verstehen, in denen sich Kataloge mit den Namen vorbildlicher Sangspruchautoren finden oder in denen die Ursprungssage der meisterlichen Liedkunst, die Erzählung von den zwölf alten Meistern, präsentiert wird. Im Kontext dieser meistersängerischen Literaturgeschichtsschreibung wird auch mehrfach der Name Wolframs genannt (wenngleich in einer oftmals verzerrten Schreibweise wie *Wolf Ron*, *Wolffgang Rahn* oder *Wolffgang Rohn* – vgl. RSM, Bd. 16, 1996, S. 211). Als Beispiele sind u.a. Texte von Konrad Nachtigall (RSM ¹NachtK/5/2 = Cramer, 1977–1985, Bd. 2, S. 384–390), Regenbogen (RSM ¹Reg/4/510 = Bartsch, 1862, Nr. LXXXII) oder Adam Puschmann (RSM ²Pus/13a-d) zu nennen. Vgl. Brunner, 1975, bes. S. 12–31, und 1985; Brunner/Rettelbach, 1985.

Als Folge dieses Bemühens der Meistersänger um eine historische Fundierung ihrer Kunst ist auch das Verfahren zu sehen, bekannte Strophenschemata (und evtl. die dazu gehörenden Melodien) mit den Namen von berühmten Sangspruchautoren zu verbinden. Im Zuge dieses Prozesses werden dann auch einige Töne Wolfram von Eschenbach zugeschrieben (vgl. RSM, Bd. 2,1, S. 318–320). Es handelt sich dabei vor allem um den ‚Goldenen Ton', der in der frühen Überlieferung einem

Sangspruchautor namens ‚Gast' (RSM ¹Gast) zugesprochen worden ist, aber auch von Boppe verwendet worden ist (RSM ¹Bop/7; vgl. Kornrumpf, 1980, Sp. 1103), ferner die ‚Höhnweise' oder ‚Heunenweise', eine Version des ‚Hildebrandstons', bei der auch die Anverse reimen, sowie die ‚Mühlweise', die unstollige Form des ‚Tirol und Fridebrant'-Komplexes aus dem Codex Manesse (vgl. RSM, Bd. 5, S. 580–582).

Der Rubrikator der Kolmarer Liederhandschrift erwägt überdies noch Wolfram als Erfinder des ‚Geschwinden Tons', der ansonsten unter dem Namen von Rumslant firmiert (vgl. RSM, Bd. 5, S. 579). Manche Überlieferungszeugen weisen Wolfram noch Töne aus dem ‚Wartburgkrieg' zu: Die ‚Jenaer Liederhandschrift' führt unter seinem Namen den ‚Schwarzen Ton' und die ‚Wiltener Handschrift' den ‚Fürstenton'. Ungesichert ist dagegen, ob die Sammler des 15. und frühen 16. Jh.s Lieder im ‚Bernerton' (bzw. im ‚Herzog-Ernst-Ton') mit der (metrisch nahezu identischen) ‚Flammweise' in Verbindung gebracht haben, da diese erst in nachreformatorischer Zeit als Erfindung Wolframs gilt (vgl. RSM, Bd. 5, S. 579 f.). In den Hss. des 16. und 17. Jh.s werden dann überdies einige andere Töne mit Wolfram von Eschenbach verbunden, für die eine frühere Bezeugung unter diesem Tonerfindernamen fehlt. Es handelt sich dabei um den ‚(Langen) Kreuzton', eine Variante von Frauenlobs ‚Grünem Ton', den ‚Kurzen Ton' sowie den ‚Langen Ton' (vgl. Brunner, 1975, S. 151; RSM, Bd. 2/1, S. 318–320).

Welche Texte in den Wolfram zugeschriebenen Tönen gedichtet worden sind, soll im folgenden skizziert werden. Dabei konzentriert sich die Übersicht auf die Überlieferung des 15. und 16. Jh.s; die Ausführungen folgen dabei der Chronologie der Hss., in denen diese Texte erscheinen:

[ohne Sigle] Hamburg, Staats- und Universitätsbibl., Cod. germ. 6; Elsaß; 1451–1452 (→ II, S. 944)

Die Epenhandschrift stammt von der Hand des Schreibers Jordan, der sich im Codex zweimal nennt und dem auch die Hs. gehörte. Zum Grundstock der Sammlung gehören Wolframs ‚Parzival' (Hs. G° = L) und der ‚Wigalois' Wirnts von Grafenberg. Dieser Grundbestand ist am Anfang und am Ende der Hs. erweitert worden. Nach den beiden Epen hat Jordan kleinere Prosastücke und Reimpaargedichte nachgetragen, auf den Seiten 2–6 notierte er hingegen zwei Meisterlieder mit Erzählungen von Treueproben (‚König Artus' Horn', S. 2–4, und ‚Luneten Mantel', S. 4–6). Das Lied von ‚König Artus' Horn' (RSM ¹Wolfr/2/2b *Konig artus uber tisch sass*; 9 Strophen; ohne Melodie) ist im ‚Goldenen Ton' verfaßt, der in der ‚Kolmarer Liederhandschrift' als Erfindung Wolframs gilt (s. u.); es erzählt, daß von einer unbekannten jungen Frau ein kostbares Trinkhorn aus Elfenbein an den Artushof gebracht wird, um den Ehebruch hochgestellter Damen zu offenbaren: Für den Fall, daß die Gattin untreu geworden sein sollte, ergießt es seinen Inhalt über den trinkenden Ehemann, sobald dieser das Gefäß an seine Lippen führt. Sieben Könige (unter ihnen auch Artus) müssen auf diese Weise von den Verfehlungen ihrer Gemahlinnen erfahren; lediglich dem König von Spanien, der die schönste Frau von allen hat, bleibt diese Schmach erspart.

Edition von ‚König Artus' Horn': Ellis, 1947, S. 255–258 (nach der Hamburger und der Berliner Hs. [s. u.]). – Forschung in Auswahl: Becker, 1977, S. 92–94; Schanze, 1982–1984, Bd. 2, S. 173 (u. Reg.); RSM, Bd. 1, S. 169f., Bd. 5, S. 581.

k = München, Bayerische Staatsbibl., cgm 4997 (‚Kolmarer Liederhandschrift'); rheinfränk.; um 1460

In der Hauptsammlung der meisterlichen Lieddichtung wird Wolfram nach dem Zeugnis der Beischriften als Tonerfinder von drei Liedern geführt, wovon die ersten beiden wegen der Verwendung desselben Tons zu einem Kleincorpus zusammengefaßt werden:

– Bl. 730rv: RSM ¹Wolfr/2/1a (*Was sol ein keyser one recht*) im ‚Goldenen Ton' (mit der Beischrift: *Jn wolframs guldin tone von eschelbach*); 3 Strophen mit Melodie (Text von Str. 1 unter den Noten). Es handelt sich um einen Dreierbar, in den die erste von zwei Strophen aus dem Sangspruch des Gastes (BSM² 27. Nr. 1a), eines oberdeutschen Lyrikers aus der Mitte des 13. Jh.s, integriert worden ist (vgl. Baldzuhn, 2002, S. 398–401). Thematisch handelt es sich um ein Heischelied, das vor dem Hintergrund der (aus dem Gast-Ton übernommenen) Klage über die verkehrte Welt den Wunsch nach Reichtum und sozialer Integration artikuliert und demjenigen, der die alte soziale Ordnung, das Gold, das zu Blei geworden war, wiederherstellen möchte, seine Lehre anempfiehlt. Hierzu zählen u. a. die Ehrfurcht vor der Gottesmutter sowie die Freigebigkeit und Freundlichkeit gegenüber den armen *friunden* und dem *ellenden gast*. Der Vergleich zwischen dem rechten *ordo* und dem Metall Gold hat evtl. zu dem Tonnamen geführt; die ostentative Erwähnung des Fremden ist evtl. ein später Reflex des Autornamens ‚Gast' (Kornrumpf, 1980, Sp. 1103).

– Bl. 730r–731r: RSM ¹Wolfr/2/2a (*Kung artus uber tisch saß* = ‚König Artus' Horn'), ebenfalls im ‚Goldenen Ton' (mit der Beischrift *Ein anders* [im ‚Goldenen Ton'] *von kunig artus horn*); 9 Strophen (ohne eigene Melodieaufzeichnung). Die Fassung in k unterscheidet sich kaum von der Version der Hamburger Hs.

– Bl. 739r–740r: RSM ¹Wolfr/4/2 (*Got in sinem obern trone sprach*) in der ‚Mühlweise', in dem charakteristischen, unstollig gebauten Ton von ‚Tirol und Fridebrant' (mit der Beischrift *Jn der mülwyse her wolframs von eschelbach* – vgl. Brunner, 1970, S. 150). Die 17 Strophen ohne Melodie (der Text von Str. 1 steht zwar unter Notenlinien, die Melodie ist aber nicht eingetragen worden) erzählen die Weihnachtsgeschichte nach (von Gottes Ratschluß bis zur Anbetung durch die Hl. Drei Könige); der Text ist möglicherweise unvollständig (er endet in der ersten Spalte von Bl. 740r; danach folgen 7 leere Spalten). Der Tonname erklärt sich nach Kornrumpf (1990, S. 157 f.) daraus, daß er an das Mühlenrätsel aus dem ‚Tirol und Fridebrant'-Komplex des Codex Manesse (Leitzmann/Reiffenstein, 1962, Str. 14–24) erinnere; die Verbindung zu Wolfram von Eschenbach als Tonerfinder ergibt sich ihrer Einschätzung nach daraus, daß in der ‚Wartburgkrieg'-Fassung des Codex Manesse die (unter deutlichem Wolfram-Einfluß stehenden) ‚Tirol'-Gedichte zitiert würden. Ob mit dem in der Strophe C 77 (Pfaff/Salowsky, 1984, Sp. 740 f.) erwähnten *kúnig dirol* tatsächlich die Sprecherinstanz im Rätselgedicht gemeint war, läßt sich indes kaum sichern.

– Außerdem erwähnt der Schreiber der Hs. auf Bl. 776r, daß Wolfram von manchen Kennern auch noch als Urheber des (anderwärts Rumslant zugeschriebenen) ‚Geschwinden Ton' (¹Rums/1) angesehen werde: *Jm geswinden ton meinster Rumslant Etlich sprechen Wolframs* (Brunner 1975, S. 78 f.).

Faksimile: Müller/Spechtler/Brunner, 1976. – Diplomatischer (Teil-)Abdruck der Wolfram zugeschriebenen Töne: Bartsch, 1862, S. 535 f., Nr. CLIV; BSM² 27. Nr. 1a (= RSM ¹Wolfr/2/1a); Bartsch, 1862, S. 542–546, Nr. CLX (= RSM ¹Wolfr/4/2). – Edition der Melodie zu RSM ¹Wolfr/2/1a: Runge, 1896, S. 162, Nr. 107 (mit dem Text der 1. Strophe aus k); BSM², S. 395, Melodie Nr. 2 (mit dem Text der 1. Strophe des Gast-Tones in C). – Forschung (in Auswahl): Brunner, 1970 und 1975; Petzsch, 1978; Schanze, 1982–1984, bes. Bd. 1, S. 35–86, Bd. 2, S. 58–83, und 1985; Wachinger, 1985; RSM, Bd. 1, S. 205–208, Bd. 5, S. 579–582; Kornrumpf, 1990; Rettelbach, 1993; Schneider, 1996, S. 423–444; Baldzuhn, 2002.

w = München, Bayerische Staatsbibl., cgm 5198 ('Wiltener Handschrift'); Tirol; um 1500

Die Schreiber dieses Meisterliedcodex haben ein großes Interesse an den Namen der Textdichter und Tonerfinder; Wolfram wird indes nicht erwähnt. Es findet sich lediglich eine leicht veränderte Fassung von 'König Artus' Horn' [RSM ¹Wolfr/2/2c] (Bl. 103r–104v), die jedoch dem falschen Ton (Konrads von Würzburg 'Aspis') zugeordnet wird (RSM, Bd. 5, S. 581). Der Text zeigt gegenüber der Hamburger Hs. und k einen Stollentausch in der dritten Strophe, der sich auch in der Fassung der Hs. q findet (s. u.).

Edition von 'König Artus' Horn' (nach w): Zingerle, 1860. – Forschung in Auswahl: Schanze, 1982–1984, Bd. 1, S. 103–108, Bd. 2, S. 122–133; Schanze, 1985 und 1987, bes. Sp. 349–351; RSM, Bd. 1, S. 213f., Bd. 5, S. 581.

q = Berlin, Staatsbibl. Preußischer Kulturbesitz, mgq 414 ('Naglerscher Meisterliedcodex'); Nürnberg; 1517/18

In der Meisterliedersammlung des Hans Sachs finden sich zwei Lieder, die über Beischriften Wolfram von Eschenbach als Tonerfinder ausweisen: Auf Bl. 344v–346r steht eine (eher w als k nahestehende) Fassung von 'König Artus' Horn' mit einem Stollentausch in der 2. und der 3. Strophe (RSM ¹Wolfr/2/2d: *Jnn dem guldin don wolferans von eschenpach 9 lieder*), und auf Bl. 437rv hat Hans Sachs drei Strophen in der 'Höhnweise' eingetragen (RSM ¹Wolfr/3/1 *Jn der hön beis wolfferans 3 lieder*). Die 'Höhnweise' oder 'Heunenweise' ist eine Variante des 'Hildebrandstons', bei dem sich auch die Anverse reimen; sie ist der Ton des 'Wunderer' und anderer jüngerer, strophischer Heldenepen wie des 'Dresdner Laurin' (vgl. Brunner, 1970, S. 152–154; Heinzle, 1999, S. 153f.). Im 16. und 17. Jh. gehört diese Strophenform zum festen Repertoire der mit dem Namen Wolframs verbundenen Töne; seit dem Ende des 16. Jh.s sind zu ihr Melodien erhalten – u.a. in den Meisterliedsammlungen von Benedikt Watt (Berlin, Staatsbibl. Preußischer Kulturbesitz, mgf 25 [um 1603]; Nürnberg, Stadtbibl., Will III. 784 [nach 1600]) und in der Hs. Nürnberg, Stadtbibl., Will III 792 (nach 1672) (vgl. Brunner, 1970, S. 153f.). Der Tonname leitet sich vermutlich aus der Lokalisierung des 'Wunderer' am Hof von König Etzel ab, ist demnach als 'Hunnenweise' (mhd. *hiunenwîse*) zu verstehen (Brunner, 1970, S. 152). Das Lied RSM

¹Wolfr/3/1 *Got grües die meister alle* beschreibt die Aufführung eines Liedes im Rahmen eines Gesangswettstreites und ist aus diesem Grund ein typisches Produkt der Meistersinger: Die anwesenden *meister* werden von dem Sprecher-Ich gegrüßt, das sich als jemand vorstellt, der *vmb meinen pfennig* singt und sich dabei von den Merkern Unterweisung erhofft. Am Ende des Liedes erfolgt eine Segensbitte an die Hl. Dreifaltigkeit.

Edition von ‚König Artus' Horn': Ellis, 1947, S. 255–258 (nach der Hamburger Hs. [s.o.] und dem Berliner Codex). – Edition des Liedes RSM ¹Wolfr/3/1: fehlt. – Forschung in Auswahl: Ellis, 1946; Schroeder, 1946; Stackmann, 1959, Bd. 1, S. CXX–CXXVIII; Brunner, 1970; Schanze, 1982–1984, Bd. 1, S. 114–131, Bd. 2, S. 92–115; Schanze, 1985 und 1987, bes. Sp. 352–354; RSM, Bd. 1, S. 213f., Bd. 5, S. 581.

Das RSM (Bd. 5, S. 579f.) zählt zur Wolfram-Überlieferung auch noch das Erzähllied vom Grafen von Rom (RSM ¹Wolfr/1/1; Edition: Keller 1855, S. 168–172), das sich anonym und ohne Tonangabe im Hausbuch des Ulrich Mostl findet (München, Bayerische Staatsbibl., cgm 5919; Regensburg; 1501–1510; Bl. 340r–343r). Die Form des Liedes stimmt mit der ‚Flammweise' überein, die (allerdings erst in nachreformatorischer Zeit) unter dem Namen Wolframs von Eschenbach firmierte (u.a. in den Hss. Nürnberg, Stadtbibl., Will III. 784 [um 1600], Will III. 782 [1. Hälfte des 17. Jh.s] und Will III. 792 [nach 1672] sowie in dem 1588 abgeschlossenen ‚Singebuch' von Adam Puschmann – vgl. dazu Brunner, 1970, bes. S. 156f.). Da indes das metrische Schema der ‚Flammweise' mit dem ‚Bernerton', der weit verbreiteten Strophenstruktur des ‚Eckenliedes', übereinstimmt und die Zuschreibung an Wolfram als Tonerfinder erst sehr spät erfolgt, bleibt es ganz unsicher, ob die Sammler des 15. und frühen 16. Jh.s diesen Text tatsächlich mit Wolframs Namen in Verbindung gebracht haben. Der erzählende Grundcharakter des Liedes und das zentrale Reisemotiv verbinden den Text viel eher mit dem ‚Herzog Ernst G', der ebenfalls im ‚Bernerton' verfaßt ist (der dann unter dem Einfluß dieses Liedes auch unter der Bezeichnung ‚Herzog-Ernst-Ton' tradiert wird).

Literatur

Achnitz, Wolfgang, Wolfram als Minnesänger. Intertextualität und Autoreferentialität der Liebeslyrik um 1200, in: ZfdA 139 (2010), S. 277–298.

Augst, Gerhard/Ehrismann, Otfried/Engels, Heinz (Hg.), Wolfram von Eschenbach. Parzival, Titurel, Tagelieder. Cgm 19 der Bayerischen Staatsbibliothek München, Faksimilebd. und Textbd. [Transkription der Texte von Gerhard Augst, Otfried Ehrismann und Heinz Engels mit einem Beitrag zur Geschichte der Handschrift von Fridolin Dreßler], Stuttgart 1970.

Backes, Martina (Hg.), Tagelieder des deutschen Mittelalters. Mittelhochdeutsch/ Neuhochdeutsch. Ausgewählt, übersetzt und kommentiert von Martina Backes. Einleitung von Alois Wolf (Universal-Bibliothek 8831), Stuttgart 1992.

Baldzuhn, Michael, Vom Sangspruch zum Meisterlied. Untersuchungen zu einem literarischen Traditionszusammenhang auf der Grundlage der Kolmarer Liederhandschrift (MTU 120), Tübingen 2002.

Bartsch, Karl, (Hg.), Meisterlieder der Kolmarer Handschrift (StLV 68), Stuttgart 1862 [Neudruck Hildesheim 1998]. – Der innere Reim in der höfischen Lyrik, in: Germania 12 (1867), S. 129–194. – Die romanischen und deutschen Tagelieder, in: Karl Bartsch, Gesammelte Vorträge und Aufsätze, Freiburg i.Br./Tübingen 1883, S. 250–317.

Bauschke, Ricarda, Die „Reinmar-Lieder" Walthers von der Vogelweide. Literarische Kommunikation als Form der Selbstinszenierung (GRM Beiheft 15), Heidelberg 1999.

Becker, Peter Jörg, Handschriften und Frühdrucke mhd. Epen. Eneide, Tristrant, Tristan, Erec, Iwein, Parzival, Willehalm, Jüngerer Titurel, Nibelungenlied und ihre Reproduktion und Rezeption im späteren Mittelalter und in der frühen Neuzeit, Wiesbaden 1977.

Behaghel, Otto, Zu Wolfram, in: Germania 34 (1889), S. 487–490.

Behr, Hans-Joachim, Die Inflation einer Gattung: Das Tagelied nach Wolfram, in: Lied im deutschen Mittelalter. Überlieferung, Typen, Gebrauch. Chiemsee-Colloquium 1991, hg. von Cyril Edwards/Ernst Hellgardt/Norbert H. Ott, Tübingen 1996, S. 195–202.

Bein, Thomas, Das Singen über das Singen. Zu Sang und Minne im Minne-Sang, in: Jan-Dirk Müller (1996), S. 67–92. – „Mit fremden Pegasusen pflügen". Untersuchungen zu Authentizitätsproblemen in mittelhochdeutscher Lyrik und Lyrikphilologie (PhStQu 150), Berlin 1998.

Beloiu-Wehn, Ioana, Der tageliet maneger gern sanc. Das deutsche Tagelied des 13. Jahrhunderts. Versuch einer gattungsorientierten intertextuellen Analyse (EHS 1/1168), Frankfurt a.M. [u.a.] 1989.

Blank, Walter (Hg.), Die Kleine Heidelberger Liederhandschrift. Cod. Pal. Germ. 357 der Universitätsbibliothek Heidelberg, Bd. 1: Faksimile, Bd. 2: Einführung von Walter Blank (Facsimilia Heidelbergensia 2), Wiesbaden 1972.

Borck, Karl Heinz, Wolframs Lieder. Philologische Untersuchungen. Habil.schr. [Masch.], Münster 1959. – Wolframs Tagelied Den morgenblich bi wahtaers sange erkôs. Zur Lyrik eines Epikers, in: Studien zur deutschen Literatur. Festschrift für Adolf Beck zum 70. Geburtstag, hg. von Ulrich Fülleborn/Johannes Krogoll (Probleme der Dichtung 16), Heidelberg 1979, S. 9–17. – Urloup er nam – nu merket wie! Wolframs Tagelieder im komparatistischen Urteil Alois Wolfs. Eine kritische

Nachbetrachtung, in: Studien zu Wolfram von Eschenbach. Festschrift für Werner Schröder zum 75. Geburtstag, hg. von Kurt Gärtner/Joachim Heinzle, Tübingen 1989, S. 559–568.
Breslau, Ralf, Die Tagelieder des späten Mittelalters. Rezeption und Variation eines Liedtyps der höfischen Lyrik, Diss. FU Berlin 1987.
Brinkmann, Hennig (Hg.), Liebeslyrik der deutschen Frühe in zeitlicher Folge, Düsseldorf 1952.
Brunner, Horst, Epenmelodien, in: Formen mittelalterlicher Literatur. Festschrift für Siegfried Beyschlag zu seinem 65. Geburtstag, hg. von Otmar Werner/Bernd Naumann (GAG 25), Göppingen 1970, S. 149–178. – Die alten Meister. Studien zu Überlieferung und Rezeption der mittelhochdeutschen Sangspruchdichter im Spätmittelalter und in der frühen Neuzeit (MTU 54), München 1975. – Neidhart bei den Meistersingern, in: ZfdA 114 (1985), S. 241–254.
Brunner, Horst/Rettelbach, Johannes, DER VRSPRUNG DES MAYSTERGESANGS. Ein Schulkunst aus dem frühen 16. Jahrhundert und die Kolmarer Liederhandschrift, in: ZfdA 114 (1985), S. 221–240.
BSM² = Die Schweizer Minnesänger. Nach der Ausgabe von Karl Bartsch neu bearbeitet und hg. von Max Schiendorfer, Bd. 1: Texte, Tübingen 1990.
Bumke, Joachim, Wolfram von Eschenbach (Sammlung Metzler 36), 6. Aufl., Stuttgart 1991; 8. Aufl., Stuttgart/Weimar 2004.
Codex Manesse. Die Große Heidelberger Liederhandschrift. Faksimile-Ausgabe des Codex Pal. Germ. 848 der Universitätsbibliothek Heidelberg. Interimstexte von Ingo F. Walther, Frankfurt a.M. 1975–1979. – Koschorreck, Walter/Werner, Wilfried (Hg.), Codex Manesse. Die große Heidelberger Liederhandschrift. Kommentar zum Faksimile (Ganymed), Kassel 1981.
Cormeau, Christoph, Zur Stellung des Tageliedes im Minnesang, in: Festschrift Walter Haug und Burghart Wachinger, hg. von Johannes Janota [u.a.], 2 Bde., Tübingen 1992, Bd. 2, S. 695–708.
Cramer, Thomas (Hg.), Die kleineren Liederdichter des 14. und 15. Jahrhunderts, 4 Bde., München 1977–1985.
Domanig, Karl, Wolfram von Eschenbach und seine Gattin. Ein Exkurs, in: Historisches Jahrbuch der Görres-Gesellschaft 3 (1882), S. 67–81.
Ecker, Lawrence, Arabischer, provenzalischer und deutscher Minnesang. Eine motivgeschichtliche Untersuchung. Bern/Leipzig 1934 [Neudruck Genf 1978].
Edwards, Cyril, Von der zinnen wil ich gen. Wolfram's peevish watchman, in: MLR 84 (1989), S. 358–366. – (Hg.) Wolfram von Eschenbach. Parzival with Titurel and the love-lyrics (Arthurian Studies 56), Cambridge 2004 [mit einer Edition der Lieder].
Ellis, Frances H., Analysis of Berlin MS. Germ. Quart. 414, in: PMLA 61 (1946), S. 947–996. – The Meisterlied of the Magic Drinking Horn in Berlin 414, in: PhQu 26 (1947), S. 248–258.
Freund, Sabine (Hg.), Deutsche Tagelieder. Von den Anfängen der Überlieferung bis zum 15. Jahrhundert. Nach dem Plan Hugo Stopps (Germanische Bibliothek 7/2), Heidelberg 1983.
Frings, Theodor, Minnesänger und Troubadours (Vorträge und Schriften. Deutsche Akademie der Wissenschaften zu Berlin 34), Berlin 1949.
GA = Stackmann, Karl/Bertau, Karl (Hg.), Frauenlob (Heinrich von Meißen), Leichs, Sangsprüche, Lieder, auf Grund der Vorarbeiten von Helmuth Thomas, Tl. 1: Einleitungen, Texte, Tl. 2: Apparate, Erläuterungen (Abhandlungen der Akademie der

Wissenschaften in Göttingen. Philologisch-historische Klasse 3. Folge 119–120), Göttingen 1981.
Gille, Hans/Spriewald, Ingeborg (Hg.), Die Gedichte des Michel Beheim, 3 Bde. (DTM 60, 64, 65), Berlin 1968–1972.
Greenfield, John, wahtaere, swîc. Überlegungen zur Figur des Wächters im tageliet, in: Die Burg im Minnesang und als Allegorie im deutschen Mittelalter, hg. von Ricarda Bauschke (Kultur, Wissenschaft, Literatur 10), Frankfurt a.M. [u.a] 2006, S. 41–61.
de Gruyter, Walter, Das deutsche Tagelied, Diss. Leipzig 1887.
Haferland, Harald, Hohe Minne. Zur Beschreibung der Minnekanzone (ZfdPh Beihefte 10), Berlin 2000.
Hahn, Gerhard, Walther von der Vogelweide oder Ein Spruchdichter macht Minnesang, in: Romantik und Moderne. Neue Beiträge aus Forschung und Lehre. Festschrift für Helmut Motekat, hg. von Erich Huber-Thoma/Ghemela Adler, Frankfurt a.M./Bern/New York 1986, S. 197–212.
Hanemann, Lotte, Die Lieder Wolframs von Eschenbach, Diss. [Masch.], Hamburg 1949.
Hatto, Arthur T., On Beauty of Numbers in Wolfram's Dawn Songs (An Improved Metrical Canon), in: MLR 45 (1950), S. 181–188. – (Hg.) Eos. An Enquiry into the Theme of Lovers' Meeting and Partings at Dawn in Poetry, London [u.a.] 1965.
Hausner, Renate (Hg.), Owê dô tagte ez. Tagelieder und motivverwandte Texte des Mittelalters und der Frühen Neuzeit (GAG 204), Göppingen 1983.
Heinzle, Joachim, Textkritische Notiz zu Wolframs erstem Tagelied, in: ZfdA 101 (1972), S. 143–145. – Einführung in die mittelhochdeutsche Dietrichepik, Berlin/New York 1999.
Henkes-Zin, Christiane, Überlieferung und Rezeption in der Großen Heidelberger Liederhandschrift (Codex Manesse), Diss. Aachen 2004.
HMS = Hagen, Friedrich Heinrich von der (Hg.), Minnesinger. Deutsche Liederdichter des zwölften, dreizehnten und vierzehnten Jahrhunderts, aus allen bekannten Handschriften und früheren Drucken gesammelt und berichtigt, mit den Lesarten derselben, Geschichte des Lebens der Dichter und ihrer Werke, Sangweisen der Lieder, Reimverzeichnis der Anfänge, und Abbildungen sämmtlicher Handschriften, Teil 1–4, Leipzig 1838 [Neudruck Aalen 1963]; Teil 5: Bildersaal altdeutscher Dichter. Bildnisse, Wappen und Darstellungen des XII. bis XIV. Jahrhunderts. Nach Handschriftengemälden, vornämlich der Manesse'schen Sammlung und anderen gleichzeitigen bildlichen Denkmalen und dahin gehörigen Bild- und Bauwerken. Mit geschichtlichen Erläuterungen. Zugleich als Ergänzung der Minnesingersammlung, Berlin 1856 [verkl. Neudruck Aalen 1963].
Hofmann, Winfried, Die Minnefeinde in der deutschen Liebesdichtung des 12. und 13. Jahrhunderts. Eine begriffsgeschichtliche und sozialliterarische Untersuchung, Diss. Würzburg 1974.
Hofmeister, Wernfried (Hg.), Hugo von Montfort. Das poetische Werk. Mit einem Melodie-Anhang von Agnes Grond, Berlin/New York 2005.
Holznagel, Franz-Josef, Wege in die Schriftlichkeit. Untersuchungen und Materialien zur Überlieferung der mittelhochdeutschen Lyrik (Bibliotheca Germanica 32), Tübingen/Basel 1995. – Typen der Verschriftlichung mittelhochdeutscher Lyrik vom 12. bis zum 14. Jahrhundert, in: Entstehung und Typen mittelalterlicher Lyrikhandschriften. Akten des Grazer Symposions 13.–17. Oktober 1999, hg. von Anton Schwob/András Vizkelety/Andrea Hofmeister-Winter (JbIG A 52), Berlin [u.a.] 2001, S. 107–130.

Honemann, Volker/Palmer, Nigel (Hg.), Deutsche Handschriften 1100–1400. Oxforder Kolloquium 1985, Tübingen 1988.

Hübner, Gert, Frauenpreis. Studien zur Funktion der laudativen Rede in der mittelhochdeutschen Minnekanzone, 2 Bde. (Saecula spiritalia 34–35), Baden-Baden 1996. – Minnesang im 13. Jahrhundert. Eine Einführung (Narr-Studienbücher), Tübingen 2008.

Janota, Johannes: Ich und sie, du und ich. Vom Minnelied zum Liebeslied (Vorträge der Wolfgang Stammler Gastprofessur für Germanische Philologie 18), Berlin/New York 2009.

Johnson, L. Peter, Sîne klâwen. An interpretation, in: Dennis H. Green/L. Peter Johnson, Approaches to Wolfram von Eschenbach. Five Essays (Mikrokosmos 5), Bern/Frankfurt a.M./Las Vegas 1978, S. 295–336 [S. 335f.: Excursus VI: The wahtaer's use of pronouns of address]. – Nochmals zur Kultur des Natureingangs, in: Natur und Kultur in der deutschen Literatur des Mittelalters. Colloquium Exeter 1997, hg. von Alan Robertshaw/Gerhard Wolf /Frank Fürbeth/Ulrike Zitzlsperger, Tübingen 1999, S. 31–40.

Kartschoke, Dieter, Ein sumer bringet (Zu Wolframs Tagelied Von der zinnen wil ich gen), in: Euphorion 66 (1972), S. 85–91.

Kasten, Ingrid (Hg.), Deutsche Lyrik des frühen und hohen Mittelalters, Edition der Texte und Kommentare von Ingrid Kasten, Übersetzungen von Margherita Kuhn (Bibliothek des Mittelalters 3 = Bibliothek deutscher Klassiker 129), Frankfurt a.M. 1995 [Taschenbuchausgabe (Deutscher Klassiker Verlag im Taschenbuch 6), Frankfurt a.M. 2005].

Keller, Adelbert von (Hg.), Erzählungen aus altdeutschen Handschriften gesammelt, (StLV 35), Stuttgart 1855.

Kiening, Christian, Zwischen Körper und Schrift. Texte vor dem Zeitalter der Literatur, Frankfurt a.M. 2003.

Kl = Karl Kurt Klein (Hg.), Die Lieder Oswalds von Wolkenstein. Unter Mitwirkung von Walter Weiß und Notburga Wolf. Musikanhang von Walter Salmen, neubearb. und erw. von Hans Moser/Norbert Richard Wolf /Notburga Wolf (ATB 55), 3. Aufl., Tübingen 1987.

KLD² = Carl von Kraus (Hg.), Deutsche Liederdichter des 13. Jahrhunderts, Bd. 1 Text, Bd. 2.:Kommentar [bes. von Hugo Kuhn], 2. Aufl. Tübingen 1978 [durchges. von Gisela Kornrumpf].

Klein, Thomas, Die Parzivalhandschrift Cgm 19 und ihr Umkreis, in: Wolfram-Studien 12 (1992), S. 32–66.

Knoop, Ulrich, Das mittelhochdeutsche Tagelied. Inhaltsanalyse und literarhistorische Untersuchungen, Marburg 1976.

Kokott, Hartmut, Zu den Wächter-Liedern Wolframs von Eschenbach: ein schimpf bi klage (VII,3,4), in: Acta Germanica 16 (1983/84), S. 25–41.

Kolb, Herbert, Der Begriff der Minne und das Entstehen der höfischen Lyrik (Hermaea N.F. 4), Tübingen 1958.

Kornrumpf, Gisela, Gast, in: ²VL 2 (1980), Sp. 1102–1104. – Heidelberger Liederhandschrift A, in: ²VL 3 (1981), Sp. 577–584 [a]. – Heidelberger Liederhandschrift C, in: ²VL 3 (1981), Sp. 584–597 [b]. – Die Anfänge der Manessischen Liederhandschrift, in: Honemann/Palmer (1988), S. 279–296 [erweiterte Fassung in: Gisela Kornrumpf, Vom Codex Manesse zur Kolmarer Liederhandschrift. Aspekte der Überlieferung, Formtraditionen, Texte, Bd. 1 (MTU 133), Tübingen 2008, S. 1–31]. –

Die Kolmarer Liederhandschrift. Bemerkungen zur Provenienz, in: Ja muz ich sunder riuwe sin. Festschrift für Karl Stackmann zum 15. Februar 1990, hg. von Wolfgang Dinkelacker/Ludger Grenzmann/Werner Höver, Göttingen 1990, S. 155–169 [erweiterte Fassung in: Kornrumpf (2008) (s. o.), S. 257–274]. – Weingartner Liederhandschrift, in: ²VL 10 (1999), Sp. 809–817.

Kück, Eduard, Zu Wolframs Liedern, in: Beitr. 22 (1897), S. 94–114.

Kühnel, Jürgen, Das Tagelied. Wolfram von Eschenbach: Sîne klâwen, in: Gedichte und Interpretationen. Mittelalter, hg. von Helmut Tervooren (Universal-Bibliothek 8864) Stuttgart 1993, S. 144–168.

L⁶ = Karl Lachmann (Hg.), Wolfram von Eschenbach, 6. Aufl., Berlin 1926.

L¹⁴ = Christoph Cormeau (Hg.), Walther von der Vogelweide. Leich, Lieder, Sangsprüche. Neuauflage der Ausgabe Karl Lachmanns mit Beiträgen von Thomas Bein/Horst Brunner, 14. Aufl., Berlin/New York ¹⁴1996.

Lachmann, Karl (Hg.), Wolfram von Eschenbach, Berlin 1833.

Leitzmann, Albert (Hg.), Winsbeckische Gedichte nebst Tirol und Fridebrant, neubearb. von Ingo Reiffenstein (ATB 9), 3. Aufl, Tübingen 1962. – (Hg.) Wolfram von Eschenbach, 5. Heft: Willehalm Buch VI–IX, Titurel, Lieder (ATB 16), 5. Aufl., Tübingen 1963.

Lieb, Ludger, Die Eigenzeit der Minne. Zur Funktion des Jahreszeitentopos im Hohen Minnesang, in: Literarische Kommunikation und soziale Interaktion. Studien zur Institutionalität mittelalterlicher Literatur, hg. von Beate Kellner/Ludger Lieb/Peter Strohschneider (Mikrokosmos 64), Frankfurt a.M. [u.a.] 2001, S. 183–206.

Lindemann, Dorothea, zwei herze und ein lîp. Zu Wolframs erstem Tagelied, in: bikkelwort und wildiu maere. Festschrift für Eberhard Nellmann zum 65. Geburtstag, hg. von Dorothea Lindemann/Berndt Volkmann/Klaus-Peter Wegera (GAG 618), Göppingen 1995, S. 144–150.

März, Christoph (Hg.), Die weltlichen Lieder des Mönchs von Salzburg. Texte und Melodien (MTU 114), Tübingen 1999.

Mertens, Volker, Dienstminne, Tageliederotik und Eheliebe in den Liedern Wolframs von Eschenbach, in: Euphorion 77 (1983), S. 233–246.

MF³⁸/MF³⁶ = Hugo Moser/Helmut Tervooren (Hg.): Des Minnesangs Frühling. Unter Benutzung der Ausgaben von Karl Lachmann/Moriz Haupt/Friedrich Vogt/Carl von Kraus, Bd. 1: Texte, 38. Aufl., Stuttgart 1988; Bd. 2: Editionsprinzipien. Melodien, Handschriften, Erläuterungen, 36. Aufl., Stuttgart 1977.

Mohr, Wolfgang, Wolframs Tagelieder, in: Festschrift Paul Kluckhohn und Hermann Schneider, gewidmet zu ihrem 60. Geburtstag, Tübingen 1948, S. 148–165 [wieder in: Wolfgang Mohr, Gesammelte Aufsätze, Bd. 2: Lyrik (GAG 300), Göppingen 1983, S. 275–294]. – Ursprinc bluomen …, in: Die Deutsche Lyrik. Form und Geschichte, Bd. 1: Interpretationen vom Mittelalter bis zur Frühromantik, hg. von Benno von Wiese, Düsseldorf 1956, S. 78–89 [wieder in: Wolfram von Eschenbach, hg. von Heinz Rupp (WdF 57), Darmstadt 1966, S. 570-584; Wolfgang Mohr, Gesammelte Aufsätze, Bd. 2: Lyrik (GAG 300), Göppingen 1983, S. 261–274]. – Spiegelungen des Tagelieds, in: Mediaevalia litteraria. Festschrift für Helmut de Boor zum 80. Geburtstag, hg. von Ursula Hennig/Herbert Kolb, München 1971, S. 287–304. – (Hg.) Wolfram von Eschenbach. Titurel. Lieder. Mhd. Text und Übersetzung (GAG 250), Göppingen 1978.

Müller, Jan-Dirk (Hg.), „Aufführung" und „Schrift" in Mittelalter und Früher Neuzeit (Germanistische Symposien. Berichtsbände 17), Stuttgart/Weimar 1996

Müller, Ulrich (Hg.), Die Große Heidelberger („Manessische") Liederhandschrift, in Abbildungen hg. von Ulrich Müller, mit einem Geleitwort von Wilfried Werner (Litterae 1), Göppingen 1971 [a]. – Ovid „Amores" – alba – tageliet. Typ und Gegentyp des „Tageliedes" in der Liebesdichtung der Antike und des Mittelalters, in: DtVjs 45 (1971), S. 451–480 [b] [wieder in: Der deutsche Minnesang. Aufsätze zu seiner Erforschung, hg. von Hans Fromm, Bd. 2 (WdF 608), Darmstadt 1985, S. 362–400]. – Ein Beschreibungsmodell zur mittelhochdeutschen Lyrik – ein Versuch, in: ZfdPh 98 (1979), S. 53–73 [a]. – Tagelied (mittelhochdeutsch), in: Reallexikon der deutschen Literaturgeschichte, hg. von Klaus Kanzog/Achim Masser, 2. Aufl., Bd. 4, Berlin/New York 1979, S. 345–350 [b]. – Die mittelhochdeutsche Lyrik, in: Lyrik des Mittelalters. Probleme und Interpretationen, Bd. 2, hg. von Heinz Bergner (Universal-Bibliothek 7897), Stuttgart 1983, S. 7–227.

Müller, Ulrich/Spechtler, Franz Viktor/Brunner, Horst (Hg.), Die Kolmarer Liederhandschrift der Bayerischen Staatsbibliothek München (cgm 4997), 2 Bde. (Litterae 35/1,2), Göppingen 1976.

Nellmann, Eberhard, Swie der tac erschein. Zu Wolframs erstem Tagelied, in: Studien zur deutschen Literatur und Sprache des Mittelalters. Festschrift für Hugo Moser zum 65. Geburtstag, hg. von Werner Besch/Günther Jungbluth/Gerhard Meissburger/Eberhard Nellmann, Berlin 1974, S. 113–118. – Zu Wapnewskis Ausgabe der Wolframlieder [Rezension], in: ZfdPh 96 (1977), S. 383–393.

Nellmann, Eberhard/Kühn, Dieter (Hg.), Wolfram von Eschenbach, Parzival, nach der Ausgabe Karl Lachmanns rev. und komm. von Eberhard Nellmann, übertr. von Dieter Kühn, 2 Bde. (Bibliothek des Mittelalters 8/1–2 = Bibliothek deutscher Klassiker 110), Frankfurt a.M. 1994 [Rez.: Bernd Schirok, ZfdA 128 (1999), S. 222–239] [Taschenbuchausgabe (Deutscher Klassiker Verlag im Taschenbuch 7), Frankfurt a.M. 2006].

Nicklas, Friedrich, Untersuchungen über Stil und Geschichte des deutschen Tageliedes (Germanische Studien 72), Berlin 1929 [Neudruck Nendeln/Lichtenstein 1967].

Obermaier, Sabine, Von Nachtigallen und Handwerkern. „Dichtung über Dichtung" in Minnesang und Sangspruchdichtung (Hermaea NF 75), Tübingen 1995.

Ohling, Herta, Das deutsche Tagelied vom Mittelalter bis zum Ausgang der Renaissance, Diss. Köln 1938.

Ohly, Friedrich, Cor amantis non angustum. Vom Wohnen im Herzen, in: Friedrich Ohly, Schriften zur mittelalterlichen Bedeutungsforschung, Darmstadt 1977, S. 128–155.

Paul, Hermann, Kritische Bemerkungen zu mhd. Gedichten. 1. Zu Wolframs Liedern, in: Beitr. 1 (1874), S. 202–205.

Petzsch, Christoph, Die Kolmarer Liederhandschrift. Entstehung und Geschichte. München 1978.

Pfaff, Fridrich (Hg.), Die große Heidelberger Liederhandschrift. In getreuem Textabdruck. Teil 1: Textabdruck, Heidelberg 1909; 2. Aufl., 1984 [bearb. von Hellmut Salowsky mit einem Verzeichnis der Strophenanfänge und 7 Schrifttafeln].

Pfeiffer, Franz (Hg.), Die alte Heidelberger Liederhandschrift (StLV 9/3), Stuttgart 1844.

Plenio, Kurt, Beobachtungen zu Wolframs Liedstrophik, in: Beitr. 41 (1916), S. 47–128.

Ragotzky, Hedda, Studien zur Wolfram-Rezeption. Die Entstehung und Verwandlung der Wolfram-Rolle in der deutschen Literatur des 13. Jahrhunderts (Studien zur Poetik und Geschichte der Literatur 20), Stuttgart [u.a.] 1971.

Ranawake, Silvia, Tagelied, in: Reallexikon der deutschen Literaturgeschichte, hg. von Jan-Dirk Müller [u.a.], 3. Aufl., Bd. 3, Berlin/New York 2003, S. 577–580. – Sprecherrollen im spätmittelalterlichen Tagelied, in: Gattungen und Formen des europäischen Liedes vom 14. bis zum 16. Jahrhundert, hg. von Michael Zywietz/ Volker Honemann/Christian Bettels, (Studien und Texte zum Mittelalter und zur frühen Neuzeit 8) Münster [u.a.] 2005, S. 189–202.

Rettelbach, Johannes, Variation – Derivation – Imitation. Untersuchungen zu den Tönen der Sangspruchdichter und Meistersinger (Frühe Neuzeit 14), Tübingen 1993.

von Reusner, Ernst, Wolfram von Eschenbach über individuelles Vermögen (lêre) und gesellschaftliche Bindung (minne). Eine Untersuchung über seine Tagelieder, in: ZfdA 109 (1980), S. 298–316.

Rieger, Dietmar, Tagelied („Alba"), in: Grundriß der romanischen Literaturen des Mittelalters, Bd. 2/1,5, Heidelberg 1979, S. 44–54.

Roethe, Gustav, Rez. de Gruyter, in: AfdA 16 (1890), S. 75–97.

Rohrbach, Gerdt, Studien zur Erforschung des mittelhochdeutschen Tageliedes. Ein sozialgeschichtlicher Beitrag (GAG 462), Göppingen 1986.

Röll, Walter, Wolfram von Eschenbach, Ursprinc bluomen, in: Wolfram-Studien 6 (1980), S. 63–82.

Rompelmann, Tom Albert, Walther und Wolfram. Ein Beitrag zur Kenntnis ihres persönlich-künstlerischen Verhältnisses, in: Neophilologus 27 (1942), S. 186–205.

RSM = Horst Brunner/Burghart Wachinger/Eva Klesatschke/Dieter Merzbacher/ Johannes Rettelbach/Frieder Schanze (Hg.), Repertorium der Sangsprüche und Meisterlieder des 12. bis 18. Jahrhunderts, 16 Bde., Tübingen 1986–2002.

Runge, Paul (Hg.), Die Sangesweisen der Colmarer Handschrift und die Liederhandschrift Donaueschingen. Leipzig 1896 [Neudruck Hildesheim 1965].

Salem, Laila, Die Frau in den Liedern des „Hohen Minnesang". Forschungskritik und Textanalyse, Frankfurt a.M. [u.a.] 1980.

Saville, Jonathan, The medieval erotic Alba. Structure and meaning, New York/London 1972.

Sayce, Olive (Hg.), Poets of the Minnesang, ed. with introduction, notes and glossary, Oxford 1967. – Die Syntax der Lieder Wolframs, in: Studien zu Wolfram von Eschenbach. Festschrift für Werner Schröder zum 75. Geburtstag, hg. von Kurt Gärtner/Joachim Heinzle, Tübingen 1989, S. 535–548.

Schanze, Frieder, Meisterliche Liedkunst zwischen Heinrich von Mügeln und Hans Sachs, 2 Bde. (MTU 82–83), München/Zürich 1982–1984. – König Artus' Horn I, in: ²VL 5 (1985), Sp. 69f. – Meisterliedhandschriften, in: ²VL 6 (1987), Sp. 342–356. – Zur Liederhandschrift X, in: Honemann/Palmer (1988), S. 316–329.

Scherer, Wilhelm, Deutsche Studien II. Die Anfänge des Minnesangs, Prag 1874; 2. Aufl., Wien 1891.

Scheunemann, Ernst/Ranke, Friedrich (Hg.), Texte zur Geschichte des deutschen Tageliedes (Altdeutsche Übungstexte 6), 2. Aufl., Bern 1964.

Schiendorfer, Max, Ulrich von Singenberg, Walther und Wolfram. Zur Parodie in der höfischen Literatur (Studien zur Germanistik, Anglistik und Komparatistik 112), Bonn 1983.

Schläger, Georg, Studien über das Tagelied. Ein Beitrag zur Literaturgeschichte des Mittelalters, Jena 1895.

Schneider, Karin, Gotische Schriften in deutscher Sprache. I. Vom späten 12. Jahrhundert bis um 1300, Textbd. und Tafelbd., Wiesbaden 1987. – Die deutschen

Handschriften der Bayerischen Staatsbibliothek München. Die mittelalterlichen Handschriften aus Cgm 4001–5247, neu beschrieben (Catalogus codicum manu scriptorum Bibliothecae Monacensis 5/7), Wiesbaden 1996.

Schnyder, André (Hg.), Das geistliche Tagelied des späten Mittelalters und der frühen Neuzeit. Textsammlung, Kommentar und Umrisse einer Gattungsgeschichte (Bibliotheca Germanica 45), Tübingen/Basel 2004.

Scholte, Jan Hendrik, Wolframs Lyrik, in: Beitr. 69 (1947), S. 409–419.

Scholz, Manfred Günter, Walther von der Vogelweide und Wolfram von Eschenbach. Literarische Beziehungen und persönliches Verhältnis, Diss. Tübingen 1966.

Schröder, Edward (Hg.), Konrad von Würzburg. Kleinere Dichtungen, Bd. 3: Die Klage der Kunst, Leiche, Lieder und Sprüche, 4. Aufl., Dublin/Zürich 1970 [mit einem Nachwort von Ludwig Wolff].

Schroeder, Mary Juliana, Topical Outline of Subject Matter in the Berlin Ms. Germ. Quart. 414, in: PMLA 61 (1946), S. 997–1017.

Schulz, Albert (San-Marte) (Hg.), Lieder, Wilhelm von Orange und Titurel von Wolfram von Eschenbach, und der jüngere Titurel von Albrecht in Übersetzung und im Auszuge nebst Abhandlungen über das Leben und Wirken Wolfram's von Eschenbach und die Sage vom heiligen Gral (Leben und Dichten Wolfram's von Eschenbach 2), Magdeburg 1841.

Schweikle, Günther, Minnesang (Sammlung Metzler 224), 2. Aufl., Stuttgart 1995.

Schwietering, Julius, Einwürkung der Antike auf die Entstehung des frühen deutschen Minnesangs, in: ZfdA 61 (1924), S. 61–82.

Speckenbach, Klaus, Tagelied-Interpretationen zu Wolframs „Von der zinnen" (MF V) und Oswalds „Los, frau, und hör" (Kl. 49), in: Germanistische Mediävistik, hg. von Volker Honemann/Tomas Tomasek (Münsteraner Einführungen Germanistik 4), 2. Aufl., Münster 2000, S. 227–253.

Stackmann, Karl (Hg.), Die kleineren Dichtungen Heinrichs von Mügeln. Die Spruchsammlung des Göttinger Cod. Philos. 21, 3 Bde. (DTM 50–52), Berlin 1959.

Steer, Georg, Das lebende paradîs. Der Tristan Gottfrieds von Straßburg und die Tagelieder Wolframs von Eschenbach, in: Germanistische Tangenten. Deutschbritische Berührungen in Sprache, Literatur, Theatererziehung und Kunst, hg. von Herta-Elisabeth Renk/Margaret Stone (Eichstätter Beiträge 25. Abteilung Sprache und Literatur 9), Regensburg 1989, S. 13–21.

Stolz, Michael [u. a.] (Hg.), Münchener Wolfram-Handschrift (Bayerische Staatsbibliothek, Cgm 19) mit der Parallelüberlieferung zum Titurel. Parzival, Titurel, Tagelieder, Digitalfaksimile, Simbach a.I. 2008 [CD-ROM mit einem Begleitheft].

Strohschneider, Peter, „nu sehent, wie der singet!" Vom Hervortreten des Sängers im Minnesang, in: Jan-Dirk Müller (1996), S. 7–30.

Tervooren, Helmut (Hg.), Gedichte und Interpretationen. Mittelalter (Universal-Bibliothek 8864), Stuttgart 1993. – Die „Aufführung" als Interpretament mittelhochdeutscher Lyrik, in: Jan-Dirk Müller (1996), S. 48–66.

Thomas, Helmuth, Wolframs Tageliedzyklus, in: ZfdA 87 (1956/57), S. 45–58 [wieder in: Wolfram von Eschenbach, hg. von Heinz Rupp (WdF 57), Darmstadt 1966, S. 585–601].

Vollmann, Benedikt Konrad (Hg.), Carmina Burana. Texte und Übersetzungen, mit den Miniaturen der Handschrift und einem Aufsatz von Peter und Dorothee Diemer (Bibliothek des Mittelalters 13 = Bibliothek deutscher Klassiker 16), Frankfurt a.M. 1987.

Wachinger, Burghart, Sängerkrieg. Untersuchungen zur Spruchdichtung des 13. Jahrhunderts (MTU 42), München 1973. – Kolmarer Liederhandschrift, in: ²VL 5 (1985), Sp. 27–39. – Rubin und Rüdiger, in: ²VL 8 (1992), Sp. 297f. – Der Wartburgkrieg, in: ²VL 10 (1999), Sp. 740–766 [a]. – Liebeslieder vom späten 12. bis zum frühen 16. Jahrhundert, in: Mittelalter und frühe Neuzeit. Übergänge, Umbrüche und Neuansätze, hg. von Walter Haug (Fortuna Vitrea 16), Tübingen 1999, S. 1–29 [b]. – (Hg.) Deutsche Lyrik des späten Mittelalters (Bibliothek des Mittelalters 22 = Bibliothek deutscher Klassiker 191), Frankfurt a.M. 2006.

Wack, Mary F., Wolfram's Dawn Song „Sîne klâwen", in: Traditio 40 (1984), S. 235–249.

Wapnewski, Peter, Wolframs Walther-„Parodie" und die Frage der Reihenfolge seiner Lieder, in: GRM NF 8 (1958), S. 321–332. – Wolfram von Eschenbach: Den morgenblich bi wahtæres sange erchos (Lachmann Nr. 1), in: Interpretationen mittelhochdeutscher Lyrik, hg. von Günther Jungbluth, Bad Homburg v.d.H./Berlin/Zürich 1969, S. 227–246. – Wächterfigur und soziale Problematik in Wolframs Tageliedern, in: Der Berliner Germanistentag 1968. Vorträge und Berichte, hg. von Karl Heinz Borck/Rudolf Henß, Heidelberg 1970, S. 77–89 [a]. – Wolframs Tagelied: Von der zinnen wil ich gen (Lachmann Nr. 5), in: Wolfram-Studien 1 (1970), S. 9–27 [b]. – Die Lyrik Wolframs von Eschenbach. Edition, Kommentar, Interpretation, München 1972.

Die Weingartner Liederhandschrift, Bd. 1: Faksimile, Bd. 2: Textband [neben Beiträgen von Wolfgang Irtenkauf/Kurt Herbert Halbach/Renate Kroos mit einem diplomatischen Abdruck von Otfrid Ehrismann], Stuttgart 1969 [Neudruck Textband 1989].

Wisniewski, Roswitha, Stil und Gehalt der (unechten?) Wolframlieder VIII und IX, in: Philologische Studien. Gedenkschrift für Richard Kienast, hg. von Ute Schwab/Elfriede Stutz (Germanische Bibliothek), Heidelberg 1978, S. 41–53.

Wolf, Alois, Variation und Integration. Beobachtungen zu hochmittelalterlichen Tageliedern, Darmstadt 1979.

Wölfel, Barbara, wahtære und urloup. Untersuchungen zu binären Motiven in den Tageliedern Wolframs von Eschenbach, in: Spuren. Festschrift für Theo Schumacher, hg. von Heidrun Colberg/Doris Petersen (Stuttgarter Arbeiten zur Germanistik 184), Stuttgart 1986, S. 107–120.

Wynn, Marianne, Wolfram's Dawnsongs, in: Studien zu Wolfram von Eschenbach. Festschrift für Werner Schröder zum 75. Geburtstag, hg. von Kurt Gärtner/Joachim Heinzle, Tübingen 1989, S. 549–558.

Zingerle, Ignaz Vinzenz, Das goldene Horn, in: Germania 5 (1860), S. 101–105.

C. Darstellungsmittel und Darstellungsformen in den erzählenden Werken

von Heiko Hartmann*

1. Sprachstil – 1.1 Reimsprache – 1.2 Wortschatz – 1.3 Syntax – 1.4 Rhetorische Mittel – 1.5 Sprichwörter und Sentenzen – **2. Versbau** – 2.1 Der Reimpaarvers – 2.2 Die ‚Titurel'-Strophe – **3. Bildlichkeit** – 3.1 Bildbereiche – 3.2 Dekonstruktion und Brechung – **4. Gliederung und Struktur** – 4.1 ‚Bücher' – 4.2 Dreißigerabschnitte – 4.3 Repetition und Responsion – 4.4 Doppelwege? – **5. Erzähltechnik** – 5.1 Der Erzähler – 5.2 Einbeziehung des Publikums – 5.3 Verweisen und Verknüpfen – 5.4 Auserzählen – 5.5 Verzögern-Verhüllen-Enthüllen – 5.6 Perspektivierung – 5.7 Intertextuelle Bezüge – 5.8 Zeit und Raum – **6. Komik** – **7. Erzähltheorie** – **8. Zusammenfassung**

Die Sprache und die Poetik der Romane Wolframs von Eschenbach haben seit jeher in der Forschung besondere Beachtung gefunden. Denn es gibt um 1200 keinen anderen volkssprachigen Dichter, der zum einen mit solcher Freiheit und so ostentativ die Regeln der Schulpoetik umgeht und einen individuellen Erzählstil entwickelt und zum anderen eine profilierte Erzählerfigur konzipiert, die – für die Zeit ganz ungewöhnlich – an wichtigen Stellen immer wieder markant als Regisseur hervortritt, die Romanhandlung erläuternd und bewertend begleitet und zur Selbstreflexivität der Texte beiträgt, indem sie in ihren subjektiven Kommentaren die Art und Weise des Erzählens selber zum Thema macht (→ S. 209 ff.). Wolfram arbeitet auf originelle Weise mit der Sprache und den Möglichkeiten des Reims, spielt vieldeutig mit Bildern und Metaphern, durchwirkt seine Romane mit einem verzweigten Geflecht aus Bezügen und Verweisen, bindet das Publikum wirkungsvoll in das Geschehen ein und perspektiviert die Handlung mit den Mitteln einer raffinierten Zeit- und Raumregie immer wieder neu.

Es herrscht daher in der Forschung Konsens darüber, daß Wolframs hochkomplexe Poetik, die zu einer „eigenwilligen Zickzackbewegung

---

* Abschnitte 1.2, 1.4, 2.1, 2.2, 5.1, 5.4, 6 und Übersetzungen unter Mitwirkung von Joachim Heinzle.

des Erzählablaufs" führt (Wehrli, 1984, S. 306), neben der Rezeptionslenkung vor allem eines bezweckt: durch das Aufbrechen der Linearität und Monophonie der Romanhandlung vielfältige Sinnbezüge offenzulegen und sowohl die Protagonisten als auch die Welt, in der sie sich bewegen, als mehrdimensional („elsternfarben") abzubilden. Insbesondere im Pz. ist die Wahrheit des Erzählten stets eine relative, sie ist polyphon und gewinnt Kohärenz erst aus der Zusammenschau verschiedener, zeitlich und räumlich oft getrennter Ereignisse und bündelnder Erzählerkommentare. Der von Brüchen und Irrwegen gekennzeichnete Erkenntnisweg Parzivals wird gewissermaßen in den narrativen Umwegen der Erzählung gespiegelt (vgl. Bumke, 2004, S. 213–215).

Die Darstellungsformen Wolframs haben insofern unmittelbare Auswirkungen auf das Menschen- und Weltbild der Romane, das heißt, sie sind nicht äußerlich, sondern ein wichtiges Element des poetischen Programms. Dieses erscheint „wie ein Ruck in Richtung auf den neuzeitlichen Roman, der durch wechselnden Schauplatz, wechselndes Personal und zeitliche Breite einen Eindruck der komplexen Verschlungenheit des Innen- und Außenlebens der Personen hervorruft" (Johnson, 1999, S. 334). Zudem verlangen Wolframs Darstellungsformen dem Publikum einiges ab, indem sie es zum Mitgestalter einer fiktionalen Wahrheit machen, deren innere Widersprüche und Spannungen es aushalten muß, wenn es zu einem angemessenen Verständnis der Erzählung gelangen – und das heißt: den Reifungsprozeß des Helden mitvollziehen – will (vgl. Haug, 1992, S. 155–178).

1. Sprachstil

1.1 Reimsprache

Wolframs Individualität beginnt bereits mit seiner Art und Weise des Umgangs mit dem Reim. Er verwendet zwar den in der höfischen Epik gebräuchlichen vierhebigen Reimpaarvers mit vorwiegend oberdeutscher Reimsprache (→ S. 161 f.), doch erlaubt er sich gewisse Freiheiten. Schon die ältere Forschung hat beobachtet, daß Wolfram auf die Reinheit der Reime „keine besondere Sorgfalt" verwendet (Ehrismann, 1927, S. 269; vgl. Zwierzina, 1898; Martin, 1903, S. LXXXI–LXXXV; Bumke, 2004, S. 28 f.) und sich häufig mit Assonanzen und konsonantisch ungenauen Reimen zufrieden gibt. So reimt er z.B. *diu lieht gemâl* mit *Parzivâl* (Pz. 619,9), *porten* mit *vorhten* (Pz. 182,5 f.), *Razalîc* mit *wîp* (Pz. 46,1 f.),

Diphthonge mit Monophthongen (z.B. Pz. 572,1 f.: *fuoz-guz*) und lange Vokale mit kurzen (Wh. 455,13: *mâc-lac*). Besonders häufig greift er auf die anspruchslosen Reimpaare *riuwe-triuwe*, *kint-sint* und *wîp-lîp* zurück (vgl. Ehrismann, 1927, S. 269).

Es scheint ihm nicht um manieristische „Reimkünsteleien" (Ehrismann, 1927, S. 269) zu gehen, sondern die Form ist in seinen Epen der Aussage oft untergeordnet. Deshalb verwendet er z.B. gerne exotische Namen als Reimwörter, um der Schilderung auch akustisch eine Atmosphäre des Fremdartigen und Besonderen zu geben (vgl. Pz. 216,7 f.; *Dîanazdrûn-Bertûn*; Wh. 248,25 f.: *aldâ-Alamansurâ*). Im Pz. wird dieses Verfahren u.a. in den Listen mit klangvollen Schlangen- (Pz. 481,8–10) und Steinnamen (Pz. 791,1–30) anschaulich (vgl. Lofmark, 1965), in denen die fremdartigen Termini so miteinander gereimt werden, daß dadurch die Wunder der geschilderten Welt für das Publikum geradezu hörbar werden. „Der Reim bringt oft ein ungewöhnliches Wort herbei, und dieses führt zu einer neuen Vorstellungsreihe" (Wehrli, 1984, S. 306 f.). Auch Pointierungen werden durch Wolframs Reimtechnik möglich: Er legt zuweilen durch Reime das Schwergewicht der Aussage auf bestimmte Wörter des Verses oder bindet Wörter aufeinanderfolgender Verse so zusammen, daß eine Verstärkung der Bedeutung erreicht wird. Dies ist z.B. der Fall bei der Verwünschung Parzivals durch den Knappen auf der Gralsburg (‚*ir sît ein gans./möht ir gerüeret hân den flans*'; Pz. 247,27 f.: „Ihr seid eine Gans. Hättet Ihr doch das Maul bewegt") oder bei Parzivals Geständnis gegenüber Signe, in dem der Reim den Rednerwechsel überspringt (‚*ich hân gevrâget niht.*'/‚*ôwê daz iuch mîn ouge siht*'; Pz. 255,1 f.: „Ich habe nicht gefragt." „Ach je, daß Ihr mir unter die Augen kommt"). Wolfram setzt die Reime an solchen Stellen offenkundig bewußt als Mittel der Dramatisierung und Perspektivierung des Geschehens ein.

1.2 Wortschatz

Auch Wolframs Wortschatz zeichnet sich gegenüber anderen zeitgenössischen Dichtern durch verschiedene Besonderheiten aus. So hat man schon früh (Jaenicke, 1860; vgl. Martin, 1903, S. LXVIf.) bemerkt, daß er eine Reihe auffälliger Wörter gebrauchte, die bei anderen höfischen Dichtern – vor allem bei Hartmann von Aue und Gottfried von Straßburg – nicht oder nur ganz vereinzelt vorkommen. Dazu gehören Helden-Bezeichnungen wie *helt, degen, recke, wîgant* und entsprechende Epitheta wie *balt* „kühn", *ellenthaft* „tapfer" (dazu das Substantiv *ellen* „Tapferkeit"), *snel* im Sinne von „stark", weiter Wörter aus der Sphäre des Kampfes wie *wîc* „Kampf, Krieg", *ecke* „Schneide (einer Waffe)", *marc* „Streitroß", *dürkel* „durchlöchert", *verch* „Leib, Leben(skraft)", aber auch Wörter wie *künne* „Geschlecht" oder *gemeit* „froh". Man hat früher angenommen, daß es sich um veraltete oder veraltende Wörter handelt, die in der Umgangssprache der Zeit nicht mehr geläufig waren (Panzer, 1903, S. 16 ff.; vgl. Wießner/Burger, 1974, S. 229 ff.). Das ist heute genauso fraglich geworden wie die Annahme, daß ihr archaisierender Gebrauch ein Charakteristikum und Gattungsmerkmal der Heldendichtung gewesen ist, an der sich Wolfram orientiert habe (vgl. Splett, 1987; Gottschall, 1999, S. 278 f.). Faktum bleibt, daß Wolfram mit dieser Wortwahl signifikant von der stilistischen Linie abweicht, die durch Hartmann und Gottfried bezeichnet wird. Vielleicht gehört sie zu seiner Selbststilisierung als unverbildeter Ritter-Dichter, durch die er sich von den *litterati* unter den höfischen Romanautoren bewußt abzusetzen versucht (vgl. Johnson, 1999, S. 325 f.; → S. 210). Denn daß er die höfische Terminologie vollkommen beherrscht, zeigt u. a. sein Einsatz französischen Vokabulars.

Besonders bei der Schilderung ritterlicher Ausrüstungen und Turniere bietet Wolfram die ganze moderne französische Fachsprache auf, oft als erster: *zimierde* („Helmdekor"), *kurteis* („höfisch"), *turney* („Kampfspiel"), *zindâl* („Seidenstoff"), *banier* („Lanzenfähnchen"), *fier* („stattlich, prächtig"), *poulûn* („Prunkzelt"), *rabbîn* („Galopp"), *garzûn* („Knappe"), *pusîne* („Trompete"), *tambûr* („Trommel"), *stivâl* („hoher Lederschuh"), *soldier* („Soldritter"), *poinder* („Lossprengen des Reiters"), *betschelier* („junger Ritteranwärter"), *vesperîe* („Vorturnier"), *punieren* („stoßend mit der Lanze anrennen"), *komûne* („Heeresaufgebot einer Stadt"), *covertiure* („Pferdedecke") usw. (vgl. Suolahti 1929/1933; Wießner/Burger, 1974, S. 209 f.; Vorderstemann, 1974). Wolfram zeigt sich in Sachen Turniersprache auf der Höhe der Zeit und steht darin Hartmann und Veldeke in nichts nach. Auch dieses Wortgut wird von ihm möglicherweise sehr bewußt eingesetzt, denn es verleiht den Kampfschilderungen nicht nur höfisches Kolorit und macht sie interessant und anschaulich, sondern unterstützt seine Rolle als Ritter-Poet, der sich mit den *termini technici* seines Standes bestens auskennt. Auch ganze französische Phrasen kommen vor, z. B. als Grußformel im Brief der französischen Königin Ampflise an Gahmuret (Pz. 76,11: *bien sei venûz, bêâs sir*) oder in Anlehnung an Chrestien als Reihe von Kosewörtern Herzeloydes für den neugeborenen Parzival (Pz. 113,4: *bon fîz, scher fîz, bêâ fîz*). Sie müssen mit ihrem fremdartigen Klang für das Publikum besonders reizvoll gewesen sein, ebenso wie die Mischung von Deutsch und Französisch (Pz. 658,27: *mal unde bêâ schent*). Häufig begegnet auch die wohl aus Hartmanns ‚Erec' übernommene *fil-li*-Formel (*fil li roy Gandîn*; Pz. 80,15: „Sohn des Königs Gandin"). Zuweilen liefert Wolfram die Übersetzung der französischen Einsprengsel gleich mit, z.B. zu *mâvesin* (*den argen nâchgebûr*; Wh. 163,16f.: „den üblen Nachbarn") oder zu *temperîe* (*als wir gemischet nennen*; Wh. 420,2f.: „was wir als Mischung bezeichnen").

Verschiedentlich bildet er französische Wörter ‚falsch', z.B. *schahtelacunt* für *burcgrâve* (Pz. 43,19; korrekt: *conte del chastel*) und *laschantiure* („Zauberer") aus *l'enchanteor* (Pz. 416,21), oder er nutzt französische Lautungen für originelle Namenbildungen (z.B. Pz. 251,2: *Munsalvaesche* aus *mont sauvage / salvaige*; Pz. 517,16: *Malcrêatiure* aus *male creature*; Pz. 43,16: *Lachfilirost* aus *Lach fil li Rost*). Die ältere Forschung hat in solchen Freiheiten einen Hinweis auf Wolframs mangelnde Französischkenntnisse gesehen und aus ihnen geschlossen, daß er viele der von ihm benutzten Fremdwörter nur vom Hörensagen her kannte. Mit dieser Einschätzung ist man heute vorsichtiger, denn es muß immer damit gerechnet werden, daß Wolfram ganz bewußt mit französischen Wörtern und Lauten spielt, weil der fremde Klang einerseits humoristische Effekte ermöglicht, andererseits aber Orte und Figuren mit einer Aura des Geheimnisvollen und Fremdartigen umgibt. Französische Wörter und Wendungen wären dann Teil eines komplexen erzählerischen Registers, das Wolfram bei der Ausgestaltung seiner fiktionalen Romanwelt gekonnt zieht (vgl. Nellmann, 1996; Wyss, 2000). „Man wird sogar damit rechnen müssen, daß viele der fremdklingenden Wörter den Zuhörern kaum verständlich waren und daß der Dichter das nicht nur in Kauf genommen, sondern beabsichtigt hat" (Bumke, 2004, S. 24). Hinzu kommt, daß es noch keine deutsch-französischen Wörterbücher gab und gelegentliche sprachliche Lapsus und Mißverständnisse angesichts des Umfangs und der Komplexität der französischen Vorlagen durchaus nachvollziehbar sind (vgl. Nellmann, 1994, S. 420). Wolframs Art und Weise des Umgangs mit französischem Sprachmaterial ist daher weniger Indiz für eine limitierte Beherrschung des Französischen als für seine Souveränität als Erzähler und Sprachschöpfer.

Zu den französischen Wörtern kommen solche aus dem Flämischen, deren Gebrauch als „höfisch-vornehm galt" (Bumke, 2004, S. 25; vgl. Wießner/Burger, 1974, S. 213ff.), z.B. *trecken* (Pz. 62,29: „ziehen"), *hârsenier* (Pz. 75,29: „Kettenkapuze"), *gehiure* (Pz. 75,9: „edel"). Vereinzelt findet sich auch Lateinisches: So verwendet Wolfram wiederholt den Terminus *epitafium* (z. B. Pz. 107,30; 470,24; Wh. 73,27: „[Grab-]Inschrift"), gebraucht die Gottesbezeichnung *Altissimus* (Wh. 100,28: „der Höchste") oder benutzt die Entsprechung zwischen lat. *at* und mhd. *aver* („aber", „dagegen") für ein Wortspiel (Tit. 145 f.; vgl. Heinzle, 1972, S. 202). Wieviel Latein er tatsächlich konnte, ist umstritten (sehr skeptisch zuletzt Knapp, 2009, S. 182 f.). In jedem Fall unterstreichen auch die lateinischen Einsprengsel die europäische Weite seines sprachlichen Horizonts – aus welchen Quellen auch immer sein Wissen sich gespeist haben mag.

Besonders kreativ erweist sich Wolfram bei der Schöpfung von Neologismen, die sich nur in seinen Romanen finden. Sie dokumentieren – ungeachtet der Varianz der Überlieferung – seine Souveränität und sein Selbstbewußtsein im Umgang mit der Sprache seiner Zeit. Für Formen wie z. B. *wolkenlîch* (Wh. 53,7: „Wolken mitführend"), *selpschouwet* (Pz. 148,23: „offenkundig"), *valscheitswant* (Pz. 296,1: „einer, an dem keine Unredlichkeit ist"), *mangenswenkel* (Pz. 212,15: „Strick an der Wurfmaschine"), *strâlsnitec* (Tit. 130,2: „mit einem Pfeil verwundet"), *sternblic* (Pz. 103,28: „Sternenblitz") oder *gehundet* (Tit. 136,2: „mit einem Hund versehen") verzeichnen die Wörterbücher Wolframs Romane als einzige Belegstelle. Er verwandelt Substantive in Adjektive, bildet mit den Suffixen *-lîch* und *-baere* neue Attribute und schafft originelle Komposita, die nicht selten ganze Sätze komprimieren und zu einer Mehrdeutigkeit führen, deren Verständnis und Übersetzung Kopfzerbrechen bereiten (vgl. Martin, 1903, S. LXVII). Mit seinem Wortwitz und seinem sprachlichen Erfindungsreichtum steht Wolfram unter den zeitgenössischen Romanautoren einzig dar. „Ein oft gewalttätiges, oft spielerisches Umspringen mit den Möglichkeiten der Sprache führt zu dem ‚krumben' Stil, der dann – im Sinne des rhetorischen Asianismus – als wolframsche Manier nachgeahmt werden konnte" (Wehrli, 1984, S. 307).

Auffällig ist, daß im Zentrum des reichen Wortschatzes, den Wolfram in seinen Epen entfaltet, bestimmte Leitwörter stehen, die gewissermaßen das ethisch-theologische Rückgrat seines Erzählprogramms bilden und immer wieder aufgerufen werden: *kiusche, riuwe, triuwe* und – als Kontrast – *zwîvel*. Sie wurden bereits eingehender untersucht (vgl. Schröder, 1959; Kolb, 1975; Kruse/Rössler, 1991; Brackert, 2000). Diese Begriffe benennen die Säulen der Tugendhaftigkeit, wie Wolfram sie als vorbildlich erachtet, und spannen das menschliche Dasein aus zwischen dem Gebot zur – christlich verstandenen – Lauterkeit und Zuverlässigkeit, dessen entsagungsvolle Erfüllung immer auch mit Leid einhergeht, und der Versuchung zu religiösem Zweifel, d. h. zum Unglauben, der zum Verlust des Seelenheils führt. Gott selbst ist *ein triuwe* (Pz. 462,19;

dazu Nellmann, 1994, S. 673). Wolfram webt so in seine Romane ein Wortfeld hinein, das wie ein roter Faden den ethischen Maßstab für die Beurteilung des in der Handlung Geschilderten stets präsent hält (vgl. Wehrli, 1984, S. 309–314).

Ein differenziertes Wolfram-Wörterbuch bzw. eine linguistisch-poetologische Gesamtwürdigung von Wolframs Wortschatz sind ein Desiderat der Forschung (vgl. Bumke, 2004, S. 22–25).

1.3 Syntax

Wolframs Satzbau wird immer wieder als besonders charakteristisch für seinen ‚krummen' Stil (vgl. Wh. 237,11) genannt (vgl. Bumke, 2004, S. 25–28). Wenngleich zahlreiche Merkmale der Syntax in seinen Werken bereits in den Stellenkommentaren und in verschiedenen Einzeluntersuchungen beschrieben wurden, fehlt bislang eine systematische Darstellung, die sowohl linguistische als auch erzähltechnische Aspekte berücksichtigt.

Generell läßt sich sagen, daß Wolframs Satzbau nicht auf Eleganz und Eingängigkeit abzielt, sondern von Brüchen, Inkongruenzen und harten Fügungen gekennzeichnet ist und anders als bei anderen höfischen Autoren auch Konstruktionen aufweist, die sonst nur aus Heldenepen oder mündlichem Sprachgebrauch bekannt sind. Wolfram scheint es – anders als z.B. Gottfried – an manchen Stellen mehr um „überraschende Effekte und eine irritierende Wirkung" (Bumke, 2004, S. 26) als um geschliffene, wohlrhythmisierte Sätze zu gehen. Seine von Sprüngen und unscharfen Bezügen gekennzeichnete Syntax spiegelt gewissermaßen auf der Satzebene die Erzählstruktur des Romanes im Ganzen wider (→ S. 209 ff.). Die neuere Forschung sieht in den zahlreichen Anakoluthen, Parenthesen, Ellipsen usw. weniger ein Indiz für Wolframs Autodidaktentum und fehlende sprachliche Versiertheit, sondern fragt zum einen nach den jeweiligen narrativen Funktionen dieser Stilmittel (vgl. Lähnemann/Rupp, 2001) und zum anderen nach ihrem Beitrag zur Konstituierung einer Erzählerfigur, die sich – offenbar in Abgrenzung zu Hartmann und Gottfried – gerade nicht als *litteratus*, sondern als Ritter inszeniert (vgl. Johnson, 1999, S. 325 f.; → S. 210). Insgesamt verleiht Wolframs Syntax den Romanen einen unverwechselbaren Ton und stellt hohe Ansprüche an das Publikum, das die z.T. verschlungenen Satzbaupläne nachvollziehen und auflösen muß (vgl. Wehrli, 1984, S. 307).

Zu Wolframs Stileigentümlichkeiten gehören u.a. Anakoluthe (Satzbrüche) wie *den man noch mâlet für daz lamp,/und ouchz kriuze in sîne klân,/den erbarme daz tâ wart getân* (Pz. 105,22–24: „den man noch heute als Lamm darstellt, und auch das Kreuz in seine Klauen, dem möge zu Herzen gehen, was dort geschah"), elliptische Sätze ohne finites Verb wie *swære, die er muose tragn* (Pz. 70,30: „Gewicht, das er tragen mußte") sowie Parenthesen, die den Satz unterbrechen und einen ergänzenden Gedanken einschieben, z.B. *dô daz grüezen wart getân/(daz ors was müede und ouch der man),/maneger bete si gedâhten* (Pz. 163,27–29: „als die Begrüßung erfolgt war – das Pferd war müde, und der Mann ebenfalls –, nahmen sie sich viele Bitten vor"; vgl. Lühr, 1991). Auf der grammatischen Ebene finden sich viele Inkongruenzen, z.B. zwischen dem Numerus des Prädikatsverbums und dem des Subjekts (*constructio ad sensum*; vgl. Gärtner, 1970) in Fällen wie *daz inre volc gemeine gar/gâhten an die zinnen*" (Wh. 227,18f.: „die gesamte Burgbesatzung [= alle, die in der Burg waren] eilten zu den Zinnen") oder *dô verjach/ir ougen dem herzen sân* (Pz. 28,30–29,1: „da übermittelte ihre Augen [= ihr Augenpaar] sogleich dem Herzen"); ungewöhnliche (reimbedingte) Wortstellungen, etwa *vil schilde der ganzen* (Wh. 383,6); plötzlicher Übergang von indirekter in direkte Rede, z.B. *vor der küngîn wart vernomn/daz ein gast dâ solte komn/ûz verrem lande,/den niemen dâ rekande./ ‚sîn volc daz ist kurtoys,/*[…] *dô sageten si mir sunder wanc,/ez wære der künec von Zazamanc*' (Pz. 61,29–62,16: „Bei der Königin erfuhr man, ein Fremder komme aus einem fernen Land, den niemand hier kenne. ‚Seine Leute sind höfisch, […] Da sagten sie mir ohne Umschweife, es wäre der König von Zazamanc'"; vgl. Schröder, 1973); wiederholter Verzicht auf Konjunktionen, die die Bezüge zwischen Satzgliedern präzisieren, vorangestellte Nominative wie z.B. *sîne schiltriemen,/swaz der darzuo gehôrte,/was ein unverblichen borte* (Pz. 37,2–4: „seine Schildriemen, was von denen dazugehörte, das war ein schimmerndes Seidenband") oder schwer zu durchschauende komprimierte Sätze vom Typ *Artûss juncherrelîn/spranc einez underz houbet sîn* (Pz. 690,9f.: „[von] Artus' Edelknaben lief einer unter seinen Kopf [= lief zu ihm und stützte ihm den Kopf]"). In diesen Zusammenhang gehört auch die bei Wolfram häufige *constructio apo koinou* (→ S. 156).

Insgesamt ergibt sich das Bild einer großen Bandbreite syntaktischer Phänomene, die zum Teil unkonventionell und vordergründig nicht regelgerecht sind. Wie man heute weiß, ist jedoch in jedem einzelnen Fall zu prüfen, ob Wolfram sich nur einen Lapsus leistet, eine unübliche Wortstellung für den Reim braucht, Formen der mündliche Sprache einfließen läßt usw., oder ob sein Satzbau ein bewußt gewähltes poetisches

Gestaltungsmittel ist, etwa zur Verstärkung von Details oder zur Steigerung der Anschaulichkeit. Denn die von seiner Satzstruktur geforderten Sprechpausen, das Vorziehen semantisch wichtiger Satzglieder oder die parenthetische Verknüpfung verschiedener Aspekte eines Geschehens können Nuancierungen und Bedeutungsöffnungen schaffen, die mit glatten, konventionellen Sätzen nicht zu erreichen gewesen wären.

1.4 Rhetorische Mittel

Ungeachtet seines relativ freien Umgangs mit grammatischen und syntaktischen Konventionen (vgl. Bumke, 2004, S. 25–28) und dem Befund, daß er grundsätzlich „den rhetorisch geschliffenen Stil verschmäht" (Nellmann, 1994, S. 415) und „nicht dem rhetorischen Ideal der Klarheit und Ebenmäßigkeit verpflichtet ist" (Bumke, 1999, Sp. 1392), sind auch bei Wolfram Anlehnungen an einzelne Lehren der Rhetorik unverkennbar. Sie sind allerdings nicht Selbstzweck und dienen nicht primär der Ausstellung dichterischer Kunstfertigkeit, sondern haben im Kontext der Programmatik der Werke spezifische narrative Funktionen.

Es ist eine offene Frage, ob Wolfram seine Kenntnisse nur mittelbar durch das Studium der volkssprachigen Romane Veldekes und Hartmanns erworben oder die einschlägigen lateinischen Texte der *artes dictandi* selber konsultiert hat (vgl. Nellmann, 1973, S. 165–180). Die ältere Forschung meinte, er sei „ungeschult in Rhetorik und Dialektik" gewesen (Ehrismann, 1927, S. 266). Das würde zu Wolframs Selbstaussage passen, nicht schriftgelehrt zu sein (vgl. Pz. 115,25–30; Wh. 2,19–22). Im Widerspruch dazu stehen jedoch die von ihm – wenngleich weniger vielfältig und kunstvoll als etwa von Gottfried von Straßburg – eingesetzten rhetorischen Elemente, die durchaus ein gewisses Interesse an rhetorischen Kunstgriffen und ihrem effektvollen Einsatz erkennen lassen. Da eine systematische Darstellung der rhetorischen Stilmittel in Wolframs Romanen bislang fehlt, können hier nur einige besonders charakteristische Beispiele gegeben werden. Ältere Überblicksdarstellungen finden sich u. a. bei Förster, 1874, Kinzel, 1874, und Martin, 1903, S. LXVII–LXIX.

Besonders gerne verwendet Wolfram das Stilmittel der Synekdoche, d. h. *pars-pro-toto*-Formulierungen, insbesondere im Zusammenhang mit Sinneswahrnehmungen. Augen, Ohren usw. stehen für die ganze Figur: *sîn ouge ninder hûs dâ sach* (Pz. 60,5: „sein Auge [= er] sah dort nirgendwo ein Haus"); *daz dechein ôre nie/dehein sîn untât vernam* (Pz. 160,12 f.: „daß kein Ohr [= niemand] von irgendeiner Untat hörte, die er begangen hätte"); *ouge noch ôre nie innen wart,/daz sîn herze ie enpfienge wanc* (Wh. 368,8f.: „weder ein Auge noch ein Ohr [= niemand] hatte jemals wahrgenommen, daß sein Herz [= er] jemals schwankend geworden wäre") usw. Aber auch andere Körperteile, vor allem die Hand, das Herz oder der ganze Leib, können die Person repräsentieren: *mîn munt hin wider dir des giht* (Pz. 62,22: „mein Mund sagt [= ich sage] das zu Dir"); *der hant nie sicherheit gebôt* (Pz. 85,26: „deren Hand nie Unterwerfung gelobt hatte [= die nie ... gelobt hatten]"); *swes lîp sîn zürnen ringet* (Pz. 113,23: „wessen Leib [= wer] seinen Zorn geringachtet"); *sîn hant vaht sige der kristenheit* (Wh. 285,13: „seine Hand [= er] erkämpfte der Christenheit den Sieg"); *des herze truoc ir minnen last* (Pz. 34,16: „dessen Herz [= er] trug die Last der Liebe zu ihr") usw. Die gleiche Funktion erfüllen auch Wappenzeichen. Im Turnier vor Kanvoleiz läßt Wolfram z.B. die Helm- und Schildembleme miteinander kämpfen, auch wenn die Ritter, die sie führen, gemeint sind: *dem anker volgete nâch der strûz* (Pz. 72,8: „dem Anker folgte der Vogel Strauß"). Solche Synekdochen, die Wolfram schon bei Hartmann und Veldeke finden konnte, dienen sicher an zahlreichen Stellen primär der Versfüllung oder der Reimbildung. Doch darin erschöpft sich ihre Funktion nicht, denn als rhetorisches Mittel beleben sie den Ausdruck, verhindern Wiederholungen und legen den Akzent auf bestimmte Organe des Wahrnehmens oder Handelns und intensivieren so den Eindruck von der betreffenden Tätigkeit.

Wiederholt verwendet Wolfram eine bestimmte Form der *amplificatio* (der Steigerung der Aussage), die darin besteht, daß eine Gestalt dadurch gerühmt wird, daß sie mit anderen, besonders ausgezeichneten Gestalten in Beziehung gesetzt wird, die allein sie übertreffen. So heißt es von Willehalm: *âne den keiser Karlen nie/sô werder Franzoiser wart erborn* (Wh. 3,30–4,1: „außer Kaiser Karl gab es nie einen so hochgeborenen Franzosen"), oder von Orgeluse: *âne Condwîrn âmûrs/wart nie geborn sô schoener lîp* (Pz. 508,22f.: „außer Condwiramurs wurde nie eine so schöne Frau geboren"). Eggers, 1989, hat in dieser Art der „preisenden und dennoch von der höchsten Stufe eingeschränkten Hervorhebung" (S. 18) die rhetorische Figur des *incrementum* (der graduell aufsteigenden Bezeichnung eines Gegenstands) erkannt und in ihrem Gebrauch eine Besonderheit von Wolframs Stil gesehen.

In der Forschung wird auch immer wieder Wolframs Hang zu Periphrasen hervorgehoben, die der Nennung von Figuren dienen, ohne daß deren Namen fallen. Solche Umschreibungen dienen gemäß den Lehren der Rhetorik in erster Linie der poetischen Ausschmückung und Abwechslung und lassen sich schon in der Bibel finden. Bei Wolfram können sie sowohl wichtigen Figuren als auch Gott und Christus gelten: *Aller manne schœne ein bluomen kranz* (Pz. 122,13: „ein Blütenkranz der Schönheit aller Männer" = Parzival); *ein wurzel der güete/und ein stam der diemüete* (Pz. 128,27 f.: „eine Wurzel der Vortrefflichkeit und ein Stamm der Demut" = Herzeloyde); *Diu magtuomlîche minne im gap* (Pz. 805,1: „die ihm jungfräuliche Liebe gewährt hatte" = Sigune); *der durch sant Silvestern einen stier/Von tôde lebendec dan hiez gên,/unt der Lazarum bat ûf stên,/der selbe half daz Anfortas/wart gesunt* (Pz. 795,30–796,4: „der durch St. Silvester einem Stier befehlen ließ, vom Tod aufzustehen und lebendig davonzugehen, und der Lazarus aufforderte aufzustehen, ebender bewirkte, daß Anfortas gesund wurde" = Gott); *den man noch mâlet für das lamp,/und ouch kriuze in sîne klân,/den erbarme daz tâ wart getân* (Pz. 105,22–24: „den man noch heute als Lamm mit dem Kreuz in den Klauen malt, dem möge zu Herzen gehen, was damals geschah" = Christus) usw. Wolframs Zuhörer müssen mitdenken, um zu erfassen, wer hier jeweils gemeint ist. Zudem bringen die Periphrasen Attribute der bezeichneten Figur ins Spiel, die zur aktuellen Textstelle gut passen und offensichtlich bewußt aufgerufen werden. Daß bei Anfortas' Heilung ausgerechnet zwei göttliche Auferweckungswunder erwähnt werden oder bei dem heimtückischen Anschlag auf Gahmuret Christus als Opferlamm angerufen wird, ist sicher kein Zufall. Die Funktion der Personenumschreibungen geht somit bei Wolfram über die Variation des Stils weit hinaus. Sie reichern die Erzählung mit weiteren Bezügen und Bedeutungsdimensionen an und perspektivieren das Geschilderte.

Auch jenseits figurenbezogener Periphrasen ist Wolfram überaus produktiv im Erfinden von originellen sprachlichen Umschreibungen. Sie können zur Verstärkung z. B. mit *zil*, *kraft* oder *site* und mit den Hilfswörtern *lêren* und *vermîden* oder, bei Verneinungen, mit *kranc* oder *laz* gebildet sein: *ûz der freuden zil* (Pz. 105,4: „aus der Zeit der Freude"); *mit getriulîcher liebe kraft* (Pz. 671,4: „mit der Kraft getreuer Liebe"); *nâch zühte site* (Pz. 83,10: „nach der Art der Höflichkeit"); *jâmer lêrt in herzenleit* (Pz. 320,4: „Trauer lehrte in Herzenskummer"); *dâne wart tjostieren niht vermiten* (Wh. 333,18: „da wurde Tjostieren nicht vermieden"); *einen starken rîter niht ze kranc* (Pz. 174,18: „einen starken Ritter, nicht zu schwach"); *sîn snelheit, diu ist niht ze laz* (Wh. 272,6: „seine Schnelligkeit ist nicht zu träge"). In jedem einzelnen Fall ist immer zu prüfen, ob die Periphrase wirklich „nur formale Bedeutung hat" (Ehrismann, 1927, S. 266) und komfortable Reime ermöglicht, oder – denn damit muß bei Wolfram immer gerechnet werden – ob durch sie semantische Nuancen gesetzt werden, die für die Bedeutung der jeweiligen Stelle relevant sind.

Daß Wolfram auch speziellere rhetorische Stilmittel kennt, wird in seinen Epen immer wieder sichtbar. So kennt er etwa die – besonders von Gottfried kunstvoll eingesetzte – *annominatio,* d.h. die effektvolle Reihung von Wörtern des gleichen Stammes (*figura etymologica*), z.B. in *dar nâch er swære trünke tranc* (Pz. 132,3: „starke Trünke trank er danach"); *ich [...] kan och minneclîcher/minne enphân und minne gebn* (Pz. 77,13–15: „ich kann auch liebevoller Liebe empfangen und Liebe geben"); *der klingen alsus klungen* (Pz. 69,16. „deren Klingen so klangen"). Geläufig ist ihm auch der Pleonasmus, d.h. die tautologische oder synonymische Präzisierung, etwa in Formulierungen wie *si was ein maget, niht ein wîp* (Pz. 60,15: „sie war ein Mädchen, keine Frau") oder *der frouwen trûrec, niht ze geil* (Pz. 257,5: „der traurigen Dame, nicht allzu froh"). Sehr häufig begegnen in Wolframs Romanen Ellipsen, d.h. um das finite Verb, Artikel oder Pronomina verkürzte Sätze vom Typ *hôhe fürhe sleht getennet* (Pz. 73,5: „tiefe [Acker-]Furchen [wurden] glatt gestampft"), die keine syntaktischen Lapsus darstellen, sondern meistens gezielt eingesetzt werden, besonders in dramatischen und bewegten Szenen wie Schlacht- und Turnierschilderungen. Wolfram arbeitet mit der Stilfigur des *hysteron proteron*, d.h. der Voranstellung des zeitlogisch Folgenden, z.B. wenn die Bauern in Soltâne die *vogele würgn und vâhen* (Pz. 119,3: „Vögel erwürgen und fangen"), oder bei Willehalms Abschied von Giburg: *al weinende wart er ûz verlân,/diu porte sanfte ûf getân* (Wh. 105,17f.: „unter Tränen wurde er hinausgelassen, das Tor leise geöffnet"). Und besonders häufig macht er Gebrauch von der Figur des *apo koinou*, d.h. dem gleichzeitigen Bezug eines mittleren Satzgliedes auf den ihm vorausgehenden und nachfolgenden Satzteil (vgl. Gärtner, 1969), z.B. in Herzeloydes Gewittertraum (*dâ si mit kreften ruorte/manc fiurîn donerstrâle/die flugen al zemâle/gein ir* (Pz. 103,30–104,3: „wo sie gewaltig trafen viele feurige Donnerblitze die flogen alle auf sie zu") oder bei Rennewarts Auftritt am Hof zu Munleun: *nû kom im dar genâhet/mit hurt ein poinder daz niht liez,/den zuber man im umbe stiez* (Wh. 189,28–30: „nun kam auf ihn zu ein lanzenstoßender Reitertrupp unterließ es nicht, ihm den Zuber umzustoßen"). Oft hat dieses Stilmittel eine Verflechtung zweier separater Themen und damit eine Verdichtung der Aussage an signifikanter Stelle zur Folge. Syntaktische Brüche, Ellipsen, Anakoluthe usw. (→ S. 151 ff.) müssen in Wolframs Werken daher immer auch auf ihre mögliche rhetorische bzw. semantische Funktion hin befragt werden.

Wolfram ist ein Meister der *descriptio,* der ausmalenden Beschreibung (Ekphrasis) von Figuren, Sachen und Orten. Ein Beispiel dafür ist z.B. die eindrucksvolle, mit Erzählerkommentaren angereicherte Darstellung der

Armut im von Clamide belagerten Pelrapeire (vgl. Pz. 183,5–184,26): Da sieht man dünne Bäuche, aschfahle Gesichter, herausstehende Hüftknochen, eingeschrumpfte Haut über den Rippen usw. Wolfram gestaltet hier eine Szene des Hungers, die hinsichtlich ihrer Plastizität in der mittelalterlichen Literatur ihresgleichen sucht. Ein anderes Beispiel ist die Beschreibung der häßlichen Gralbotin Cundrie (vgl. Pz. 312,15–314,10): Wolfram macht diese exotische Gestalt so anschaulich, daß dem Publikum ihr schwarzer Zopf, ihre Hundeschnauze, ihre Eberzähne, ihre Bärenohren und ihre Löwenkrallen furchteinflößend vor Augen stehen. Als letztes Beispiel möge die für den Hof befremdliche Erscheinung Willehalms bei seiner Ankunft in Laon genügen (vgl. Wh. 127,14–129,7): Ungepflegt, mit rostverschmierter Haut und wirren Haaren, zugleich aber in kostbarer ritterlicher Kleidung, zeigt sich der Held in voller Rüstung am Königshof. Das Publikum hat so den Markgrafen wie auf einem Gemälde vor Augen und wird ihm sowohl mit Sympathie begegnen als auch das Entsetzen der Königin nachvollziehen können. Wolfram sprengt immer wieder die Grenzen des rhetorischen Regelwerks für literarische Beschreibungen und umgeht jede Linearität, wie man sie u.a. von Veldeke her kennt. Er mischt die *descriptio* mit subjektiven Erzählerkommentaren, Fragen an das Publikum, scheinbar unpassenden Assoziationen und phantasievoller Bildlichkeit. Er macht Beschreibungen zu „Erlebnisberichten" (Bumke, 2004, S. 222) und erweist sich als von den Vorgaben der Regelpoetik ungewöhnlich freier Erzähler, und dies nicht nur in bezug auf die Struktur seiner Beschreibungen, sondern auch auf deren Inhalte, die vielfach gerade nicht das Typische und Ideale, sondern das Fremdartige und Irritierende bieten. Seiner eigenen Zeit ist er mit dieser bemerkenswert ‚modernen' Wirklichkeitsauffassung zweifellos weit voraus.

Rhetorische Strategien nutzt Wolfram auch in den zahlreichen Devotions- und *brevitas*-Formeln, mit denen er die Darstellung sowohl strafft als auch steigert, denn was man nicht hinreichend schildern kann, muß unermeßlich groß oder intensiv sein (vgl. Nellmann, 1973, S. 159–164). Im Wh. vermag der Erzähler z.B. die vielen verschiedenen Schlachtrufe der heidnischen Heeresverbände nicht angemessen wiederzugeben: *ine mac niht wol benennen gar/allen den ruoft der heiden sunder schar,/waz sie kragierten,/sô si pungierten* (Wh. 372,1–4: „ich kann gar nicht alle Rufe der Einzeltrupps der Heiden nennen, und was sie schrien, wenn sie attackierten"). Auch die ins Auge fallende Pracht des Helmschmucks von vier Heidenkönigen ist kaum zu schildern: *die geflôrierten künege viere,/iu enmöhte niemen schiere/ir zimierde benennen* (Wh. 372,27–29: „die vier geschmückten Könige – niemand könnte Euch kurzgefaßt ihr Helmdekor beschreiben"). Im Pz. kapituliert der Erzähler vor der Aufgabe, die edle Abkunft der Gawan unterstehenden Ritter Orgeluses und Clinschors darzustellen: *in möht iu niht gar bediuten / ir namn und wan si wârn erborn* (Pz. 728,22 f.: „ich könnte Euch ihre Namen und ihre Herkunft nicht vollständig mitteilen"). Neben solchen topischen Erzählerbemerkungen verwendet Wolfram Formeln der Kürze und des Verschweigens (*praeteritio*), die ebenfalls der „Beschleunigung, Steigerung und Konzentration" (Nellmann, 1973, S. 164) dienen. So will er z.B. die vielen Ritter bei Jeschutes und Parzivals Empfang am Artushof aus Zeitgründen nicht alle nennen: *ir namn ich wol genennen kan, / wan daz ichz niht wil lengen* (Pz. 277,8 f.: „ihre Namen kann ich sehr wohl nennen, aber ich will's nicht zu lang machen"). Im Wh. ruft er Gahmurets Bestattung und Grab aus dem Pz. zwar auf, führt die Details aber nicht weiter aus: *wie sprach sîn eppitafium* [...] / *die rede lâzen wir nû sîn* (Wh. 73,27–74,2: „was auf seinem Epitaph stand, davon wollen wir jetzt nicht sprechen"). Und nach dem Turnier von Bearosche macht sich der Erzähler nicht die Mühe, die besten Ritter alle einzeln aufzuführen, weil es ihm zu anstrengend ist: *ich wurde ein unmüezec man* (Pz. 388,5: „ich würde ein gestreßter Mann").

In all diesen Formeln, die primär der Erzählökonomie dienen und nicht biographistisch gedeutet werden dürfen, greift Wolfram durchaus auf das Repertoire der klassischen Rhetorik zurück. Es ist aber fraglich, ob er selbst die einschlägige lateinische Literatur, z.B. Cicero und Quintilian, studiert hat, oder ob er solche Formeln bei Veldeke und Hartmann vorgefunden und dann selbst eingesetzt hat. Während die ältere Forschung (z.B. Brinkmann, 1928; Curtius, 1948) noch davon überzeugt war, daß die volkssprachige Literatur des Mittelalters stark von den Vorgaben der antiken Rhetorik geprägt war und die Verfasser ihre Regeln gut kannten und getreu umsetzten, ist man heute – insbesondere bei einem Autor wie Wolfram – vorsichtiger damit, eine direkte Abhängigkeit anzunehmen. Denn daß im Pz., im Wh. und im Tit. rhetorische Strategien zum Einsatz kommen, steht außer Frage, doch sie wurden bereits von Wolframs literarischen Vorgängern entwickelt, und zwar weitgehend unabhängig von der Tradition der Schulrhetorik. „In keinem Fall braucht eine direkte Einwirkung der Rhetorik auf Wolfram angenommen zu werden" (Nellmann, 1973, S. 179).

Dies gilt insbesondere auch für die verschiedenen Strategien der Publikumsadressierung (*interrogatio, dubitatio* usw.), der Beglaubigung (*narratio probabilis*), der Gliederung (*transitio*) und der affektiven Kommentierung (*exclamatio*), durch die Wolframs Erzählerfigur auf charakteristische Weise ausgezeichnet ist (→ S. 128 f.).

1.5 Sprichwörter und Sentenzen

Die neuere Forschung hat nachgewiesen, daß Wolfram gezielt Sprichwörter und Sentenzen in seine Texte integriert und mit ihnen über die aus anderen höfischen Romanen vertrauten didaktischen Intentionen hinaus sowohl die Figur des Erzählers konstituiert als auch rezeptionslenkende Perspektivierungen des Erzählten vornimmt (vgl. Nellmann, 1973, S. 130–132; Eikelmann/Tomasek, 2002; Reuvekamp, 2007). Einen Katalog aller Sprichwörter in Wolframs Werken und eine Dokumentation der ihnen jeweils zugrunde liegenden Traditionen bietet jetzt Tomasek, 2009. Auffällig ist bei Wolfram vor allem, daß sich zwischen Schilderung und sentenziöser Bewertung ein Widerspruch auftun kann, was nicht nur zu humoristischen Effekten, sondern gemäß seiner Strategie der Uneindeutigkeit auch zur produktiven Verunsicherung des Rezipienten führt (vgl. Bumke, 2004, S. 219).

Vielfach haben Sentenzen bei Wolfram – wie auch bei Hartmann und Veldeke (vgl. Nellmann, 1973, S. 130 f.) – die Funktion, Ereignisse im Roman durch den Rekurs auf Weltwissen, das der Erzähler mit seinem Publikum teilt, so zu generalisieren, daß das fiktionale Geschehen an die Wirklichkeit außerhalb der Literatur angebunden und als exemplarisch ausgewiesen wird. Dies führt u. a. zu einer Vergegenwärtigung und Autorisierung des Erzählten, denn das Schicksal der Romanfiguren wird dadurch mit den alltäglichen Erfahrungen des Publikums verknüpft und so nachvollziehbar. Kurz vor Herzeloydes Alptraum, der auf den Tod Gahmurets vorausweist, beklagt der Erzähler z. B. mit einem Sprichwort, daß das Leben unbeständig ist und Glück und Leid häufig nahe beieinander liegen: *alsus vert diu mennischeit,/hiute freude, morgen leit* (Pz. 103,23 f.: „so ergeht es der Menschheit: heute Freude, morgen Leid"; vgl. Wh. 280,13–281,16). Herzeloyde war auf dem Höhepunkt des Glücks, nun stürzt sie der Tod ihres Mannes in tiefes Leid. Das Sprichwort ordnet diese Wendung der Ereignisse vergegenwärtigend der grundsätzlichen Instabilität der außerliterarischen Welt zu. Es läßt ein singuläres Romangeschehen als Konsequenz einer universalen Lebensgesetzlichkeit erscheinen (vgl. Hartmann, 2000, S. 289 f.).

Ganz ähnlich funktioniert das Sprichwort „Hochmut kommt vor dem Fall" in der Rede Trevrizents, in der Parzival als warnendes Beispiel das Schicksal des Anfortas vorgehalten wird, der immerfort leiden muß, weil er sich einst dem Laster der *superbia* ergeben und als Minneritter gegen die Gesetze des Grals verstoßen hat: *hôchvart ie seic unde viel* (Pz. 472,17: „Hochmut ist immer aufgestiegen und wieder abgestürzt"). Die Trevrizent in den Mund gelegte sprichwörtliche Ermahnung richtet sich nicht nur an den noch immer draufgängerischen Helden, sondern macht Anfortas zum Exempel für das Lebensgesetz von Aufstieg und Fall des Überheblichen, der – wie Lucifer (vgl. Pz. 471,15–28) – keine *diemüete* (Pz. 473,4) kennt (vgl. Reuvekamp, 2007, S. 134–136).

An zahlreichen Stellen wird mithilfe von Sprichwörtern die Handlung erklärt und motiviert, z. B. vor Kanvoleiz, wo Gahmuret nach seinem Turniererfolg voller Kummer ist, weil er sich nach Belakane, seiner heidnischen Gemahlin, zurücksehnt. Der Erzähler kommentiert: *wan jâmer ist ein schärpher gart* (Pz. 90,11: „denn Kummer ist ein scharfer Stachel"). Gahmurets Liebeskummer wird mit einem Stachelstock verglichen, mit dem man Ochsen antreibt. Das Sprichwort macht Gahmurets emotionale Unfreiheit in einem einzigen Vers anschaulich.

Als Beispiel für ironischen Sprichwortgebrauch wird in der Forschung immer wieder die Badeszene im Pz. genannt (vgl. Pz. 166,21–167,30): Am Hof des Gurnemanz nimmt Parzival am Morgen ein Bad und wird dabei von Edelfräulein bedient. Sie waschen und massieren ihn und verlassen diskret den Raum, bevor der Held aus dem Badezuber steigt. Der Erzähler vermutet, daß sie den schönen Jüngling durchaus gerne einmal nackt gesehen hätten (*ich wæn si gerne heten gesehn,/ob im dort unde iht wære geschehn*; Pz. 167,27 f.: „ich glaube, sie hätten nur zu gern gesehen, ob ihm dort unten etwas zugestoßen war"), und preist dann unvermittelt die Aufrichtigkeit der Frauen: *wîpheit vert mit triuwen* (Pz. 167,29: „es gehört zum Wesen der Frauen, Mitgefühl zu haben"). Ähnlich wird auch Herzeloyde als Idealbild aller Frauen gelobt (vgl. Pz. 116,13 f.), so daß das Sprichwort in der Badeszene als „unpassend oder komisch" (Bumke, 2004, S. 219; vgl. Nellmann, 1973, S. 131 f.; Nellmann, 1994, S. 545) erachtet wurde. Diese Lesart ist allerdings nicht die einzig mögliche: Das Sprichwort könnte sich auch auf die Fürsorglichkeit der Frauen beziehen, die im rechten Augenblick weggehen und sich besorgt fragen, ob Parzival im zurückliegenden Kampf mit Ither auch am Unterleib Verletzungen erlitten hat (vgl. Reuvekamp, 2007, S. 73–76). Es wäre dann ganz ernst gemeint und ohne jede Ironie. Die Spannung zwischen der etwas anzüglichen Vermutung des Erzählers und seinem gleichzeitigen Lob der *triuwe* der Frauen würde so als „raffiniertes Gestaltungsmittel im Rahmen der Erzählerstilisierung" (Reuvekamp, 2007, S. 75) verständlich.

Sprichwörter und Sentenzen sind bei Wolfram somit viel mehr als bei Hartmann und Veldeke ein wichtiges Element der Erzähltechnik: Sie haben zweifellos auch eine didaktische Funktion, doch gleichzeitig dienen sie der – nicht immer eindeutigen – Perspektivierung des Geschehens und erweisen den Erzähler als Souverän der Geschichte, der die Ereignisse nicht nur in größere Lebenszusammenhänge einzuordnen versteht, sondern über Sentenzen – zuweilen spannungsreich – seine subjektive Sicht der Dinge transportiert und dadurch die Mehrdeutigkeit des Geschilderten aufdeckt. Wolfram arbeitet auf diese Weise an der Konstituierung des Romans als fiktionaler und selbstreflexiver Textgattung mit (vgl. Reuvekamp, 2007, S. 138 f. und 167–170).

Das Handbuch von Tomasek, 2009, liefert nun reiches Material für die systematische Erforschung der literarischen Einbindung und Funktion der Sprichwörter und Sentenzen in Wolframs Romanen.

2. Versbau

2.1 Der Reimpaarvers

Wolfram orientiert sich im Pz. und im Wh. grundsätzlich am vierhebigen höfischen Reimpaarvers, wie ihn Veldeke, Hartmann und dann Gottfried verwenden (vgl. Martin, 1903, S. LXXIV–LXXXV; Wagenknecht, 2007, S. 48–53). Doch geht er mit seiner Art, Verse zu bauen und zu verbinden, wiederum ganz eigene Wege. Daß er die Reinheit der Reime vielfach der Klangwirkung und der Verstärkung der Aussage unterordnet, wurde schon gesagt (→ S. 146 f.). Besonderheiten der metrischen Struktur betreffen vor allem die Versfüllung und die Behandlung der Versgrenzen.

In klarem Gegensatz zu seinem Vorgänger Hartmann, der kurze, leicht gefüllte Verse bevorzugt, liebt Wolfram „überladene Auftakte, lange Verse, schwere, oftmals vielsilbige Taktfüllungen" (Lomnitzer, 1972, S. 111). Berüchtigt sind die Listen klingender Namen (vgl. Pz. 770,1–30; 772,1–23), bei deren Aufzählung er – wohl in humoristischer Absicht – die Verse förmlich sprengt. In das andere Extrem geht Wolfram bisweilen beim Einsatz der sog. ‚beschwerten Hebung', dem Verfahren, wichtige Wörter oder Namen durch einsilbige, d.h. senkungslose, Takte versrhythmisch hervorzuheben. Öfter läßt er hier nicht nur zwei betonte Silben aneinanderprallen, sondern mehrere, z.B. *sî hiez Jéschûtè* (Pz. 130,2) oder – gänzlich ohne Senkung im Vers – *Cúndwír ámúrs* (Pz. 283,7 u. ö.; vgl. Heusler, 1956, S. 118 f.). Bestimmend für Wolframs Versstil sind aber überlange, überschwere Verse. Lachmann hat sich in seiner Ausgabe bemüht, sie zu verkürzen und leichter zu machen, wo immer es ihm möglich schien. Er hat scheinbar überzählige Wörter gegen das

Zeugnis der Überlieferung ‚ausgeklammert' (z. B. Pz. 321,18: *von hiute [über] den vierzegisten tac*) und geradezu obsessiv die Verse durch die Wahl oder die Ansetzung kontrahierter Formen verschlankt (z. B. Pz. 265,15: *vastern* für *vaste er in*, oder Pz. 281,24: *sâbnts* für *des âbents*). Solche „Schrumpfformen" (Nellmann, 1994, S. 428), die nur zum Teil in den Hss. bezeugt sind, prägen das Erscheinungsbild der Texte in der Ausgabe. Sie täuschen einen ‚korrekten' Versbau vor, der weder dem individuellen Sprachstil Wolframs noch der primären mittelalterlichen Rezeptionsform, dem Hören des mündlichen Vortrags, gerecht wird (vgl. Bumke, 2004, S. 28 f.).

Mit den langen, schwer gefüllten Versen relativiert Wolfram das „Gehörserlebnis des Viertakters" (Lomnitzer, 1972, S. 112). In die gleiche Richtung wirkt die häufige Verwendung des harten Enjambements, das die Versgrenzen überspielt (vgl. Horacek, 1954/1955). Dabei greift der Satz ohne syntaktischen Einschnitt über das Versende hinaus in den folgenden Vers hinein und endet oder erreicht einen syntaktischen Einschnitt mitten in diesem, z. B. *getriwe und ellenthaft ein man/was Keie: des giht mîn munt* (Pz. 296,22 f.: „ein treuer und mutiger Mann/war Keie: das sage ich").

Alles in allem gewinnt man den Eindruck, daß Wolframs Verskunst darauf ausgerichtet ist, die Form in den Dienst des Inhalts, der Aussage, zu stellen. Dabei lotet er beständig die Grenzen der Formgebung aus, die „durch Reim und metrischen Rahmen" gesetzt sind (Lomnitzer, 1972), und scheut sich nicht, sie immer wieder auch zu überschreiten.

2.2 Die ‚Titurel'-Strophe

Wolframs Neigung, Konventionen in Frage zu stellen, zeigt sich in besonderer Weise im Formexperiment des Tit.-Romans. Er ist nicht in den genretypischen Reimpaarversen verfaßt, sondern in Langzeilenstrophen, d. h. in der Form, die damals im Begriff war, sich durch das Vorbild des ‚Nibelungenliedes' als Gattungsspezifikum der Heldenepik zu etablieren. Solche strophischen Epen waren für Gesangsvortrag (mit Instrumentbegleitung) bestimmt. Ob das auch für den Tit. gilt, muß – entgegen z. T. sehr dezidierter Äußerungen in der Forschung – allerdings offen bleiben. In der Hs. A des JT ist zwar eine Melodie überliefert, doch ist es mehr als unwahrscheinlich, daß sie von Wolfram (oder vom Dichter des JT) stammt (vgl. Bumke/Heinzle, 2006, S. XIXf.; → S. 470).

Der Bau der Tit.-Strophe läßt sich auf folgendes Schema beziehen:

4kl (v) : 4kl   a
4kl (v) : 6kl   a
6kl   b
4kl (v) : 6kl   b

Das heißt: Die Strophe setzt sich aus zwei Verspaaren zusammen, die jeweils durch Endreim verbunden sind (aa bb). Das erste Verspaar besteht aus einer Langzeile mit vierhebigem An- und Abvers und einer Langzeile mit vierhebigem An- und sechshebigem Abvers, das zweite Verspaar aus einer sechshebigen unzäsurierten (‚langen') Zeile und wiederum einer Langzeile mit vierhebigem An- und sechshebigem Abvers. Die Anverskadenzen sind klingend oder voll (männlich), die Endkadenzen klingend. Der überlieferte Text fügt sich diesem Schema, das im JT klar erkennbar ist (s. u.), freilich nur bedingt. Zwar lassen sich die meisten Verse mit seiner Hilfe interpretieren, wenn man bereit ist, in größerem Umfang Senkungssynkopen und mehrsilbige Senkungen im Verseingang und im Versinnern zu akzeptieren, z. B. Str. G 110:

Dines rátès, dines tróstès   dinèr húldè
bedárf ich mít einándèr,   sit ích algérnde nach vríunde jámer dúldè,
vil quélehàfter nót. daz ist unwéndèc.
er quélt mine wílde gedánkè   án sin bánt. ál min sín ist im béndèc.*

Im einzelnen stößt die Analyse aber auf erhebliche Schwierigkeiten. Nicht nur gibt es fast immer mehrere Interpretationsmöglichkeiten (so auch in der Beispielstrophe), es begegnen auch Verse, die – scheinbar oder tatsächlich – zu kurz oder zu lang sind oder bei denen die Zäsur nicht an der Schemastelle zu liegen scheint (vgl. Bumke/Heinzle, 2006, S. XXIff.). Man muß wohl damit rechnen, daß Wolfram den Text in unfertigem Zustand hinterlassen hat oder daß er die Metrik von vornherein offen und variabel konzipierte (vgl. Mohr, 1977; → S. 479). Beweisen läßt sich hier allerdings nichts.

---

* „Deinen Rat, Deinen Trost, Dein Wohlwollen:/alles zusammen brauche ich, da ich voll Verlangen nach dem Geliebten Kummer leide,/sehr quälenden Schmerz. Das ist unabwendbar./Er zwingt meine ungezähmten Gedanken an seine Fessel. Mein ganzer Sinn ist an ihn gebunden."

Der Dichter des JT hat die Tit.-Str. im Sinne des Schemas reguliert und das Regelmaß durch die Einführung von obligaten Zäsurreimen in der ersten und zweiten Zeile unterstrichen. Durch ihn (den man mit Wolfram identifizierte; → S. 27, 292, 468) ist sie zu einer „Modeform" (Mohr, 1978, S. 109) in der spätmittelalterlichen Epik und Lyrik geworden (Nachweise bei Wolf, 1955, S. XI).

3. Bildlichkeit

3.1 Bildbereiche

Schon früh wurde in der Wolfram-Forschung auf die Vielfalt der Bilder und Vergleiche in den erzählenden Werken hingewiesen (vgl. Kinzel, 1874; Bock, 1879; Martin, 1903, S. LXXIIf.). Auch Veldeke und Hartmann kennen bildliche Rede, doch die Variationsbreite und Vielschichtigkeit der Vergleiche bei Wolfram ist um 1200 einzigartig. Sie stammen aus den verschiedensten Bereichen: aus Landbau und Handwerk, aus Würfelspiel und Tanz, aus dem Tier- und Pflanzenreich, aus Seefahrt und Kampf, aus Handel und Malerei. Sie haben die Funktion, die Handlung zu beleben und anschaulicher zu machen, und sie perspektivieren das Geschehen, indem sie neue, z.T. überraschende Bedeutungen der geschilderten Ereignisse und Figuren offenlegen. Nicht selten enthüllen sie das ‚Wesen' einer Sache oder eines Vorgangs.

So findet z.B. die Würfelspielmetapher, die schon Hartmanns ‚Erec' kennt, besonders häufig Anwendung bei Kampfschilderungen (vgl. Tauber, 1987, S. 69–74): Rittertum und Kampf sind mit all ihren Unwägbarkeiten selbst wie ein Glücksspiel (*diu gebot an sölhem topelspil/kund er wol strîchen unde legen*; Wh. 427,26f.: „bei solchem Würfelspiel war er gut im Bieten und im Nehmen"; *rîterschaft ist topelspil*; Pz. 289,24: „Ritterschaft ist Würfelspiel"), und im Turnier fallen besiegte Ritter wie ein – schlecht geworfener – Würfel vom Pferd (*die solch gevelle nâmen,/ir schanze wart gein flust gesagt*; Pz. 60,20f.: „die so fielen, deren Wurf wurde als Verlust gerechnet", d.h. die fielen wie ein Würfel bei einem mißglückten Wurf). Alles, was einem an Positivem zufällt, kann ein Glückswurf (*schanze*) sein, z.B. die Minne (*dir zelt regîn de Franze/der werden minne schanze*; Pz. 88,3f.: „die Königin von Frankreich teilt Dir den Glückswurf edler Liebe zu"), eine ungünstige Augenzahl bezeichnet hingegen eine Niederlage (*manec unsüeze schanze/wart getoppelt dâ der heidenschaft*; Wh. 415,16f.: „viele bittere Würfe wurden den Heiden da gewürfelt"). Schließlich gleicht das Erzäh-

Darstellungsmittel und Darstellungsformen in den erzählenden Werken 165

len in seinem unberechenbaren, offenen Verlauf selbst einem Würfelspiel (*swer mit disen schanzen allen kan,/an dem hât witze wol getân*; Pz. 2,13f.: „wer bei all diesen Würfen mithalten kann, der ist mit Verstand gesegnet"), und die *âventiure* schreitet in Spielzügen voran, die Neues einführen, ohne daß der Ausgang des Geschehens schon feststeht (*hiest der âventiure wurf gespilt,/und ir begin ist gezilt*; Pz. 112,9f.: „damit ist der [erste] Wurf der Geschichte ausgespielt und ihr Anfang gesetzt"). Die Spielmetapher belebt somit nicht nur Schlacht- und Turnierschilderungen, sondern führt mitten ins Herz der neuartigen Poetik des Pz. (vgl. Nellmann, 1994, S. 449).

Die Seefahrt bemüht Wolfram ebenfalls häufig in Schlachtschilderungen. Im Wh. wird der Heidenkönig Kliboris von Bernhard von Brubant erschlagen. Die Helmfigur des Heiden, ein Schiff, versinkt in der Welle des Blutes (*in die barken gie der bluotes wâc:/swer marnaere drinne waere gewesen,/dâ möhte unsanfte sîn genesen*; Wh. 411,8–10: „in das Schiff strömte die Blutwoge: wer Seemann drin gewesen wäre, hätte da nicht überlebt"). Im Pz. spielt Wolfram auf ähnliche Weise mit der Anker-Zimier Gahmurets, als der Held vor Kanvoleiz seinem Neffen verspricht, den gegnerischen König Hardiz im übertragenen Sinne mithilfe seines Ankers auf den Meeresgrund zu schicken (*mîn anker vaste wirt geslagn/durch lenden in sîns poinders hurt:/er muoz selbe suochen furt/hinderm ors ûfme grieze*; Pz. 68,10–13: „mein Anker wird kräftig in seinen Angriff geschlagen, um festen Grund zu finden: er selber muß sich eine Furt hinter dem Pferd auf dem Sand suchen"). Als Willehalm den Verlust Rennewarts beklagt, preist er den treuen Freund mithilfe von Schiffsmetaphorik als unverzichtbaren Wegweiser und Kraftspender (*dû waere mîns kieles ruoder/und der rehte segelwint,/dâ von al Heimrîches kint/hânt gankert roemische erde*; Wh. 453,18–21: „Du warst das Ruder meines Schiffs und der rechte Segelwind, mit dessen Hilfe alle Söhne Heimrichs in römischem Grund geankert haben"). Ritterliche Kämpfe und Fahrten erscheinen wie Schiffsreisen, weil sie genauso gefährlich und bewegt sind.

Gerne verwendet Wolfram auch Bilder aus dem Bereich des Landbaus. Der Tod erscheint als Sämann, die Reihen der Ritter in der zweiten Schlacht auf Alischanz als sein Acker (*dô der tôt sînen sâmen/under si gesaete*; Wh. 361,16f.: „als der Tod seinen Samen unter sie säte"). In der Schlacht wirken Ritter wie Hagel, der hart auf dem Feld einschlägt (*ich bin ze disem strîte komen/sô der schûr an die halme*; Wh. 390,26f.: „ich bin in diesen Kampf gekommen wie Hagelschlag aufs Stoppelfeld"). Und mit düsterer Ernte-Metaphorik kündigt der Erzähler das Unheil an, das der Provence nach Willehalms Flucht mit Arabel durch die anrückenden Heere

König Terramers bevorsteht: *nû wuohs der sorge ir rîcheit,/dâ vreuden urbor ê was breit:/diu wart mit rehten jâmers sniten/alsô getret und überriten:/von gelücke si daz nâmen,/hânt vreude noch den sâmen/der Franzoiser künne* (Wh. 8,15–21: „nun wuchs dem Unglück reiche Ernte zu, wo sich früher das Feld des Glücks ausgebreitet hatte: das ist in einer rechten Jammer-Mahd derart zerstampft und überritten worden, daß die Franzosen nur durch Zufall Saatgut für neues Glück zurückbehalten haben"). Das Feld mit seinem Wechsel von Aussaat und Ernte, das schutzlos den Einflüssen der Witterung und der Zerstörung durch marodierende Truppen ausgeliefert ist, stellt eine geeignete Metapher dar für alles Werden und Vergehen und kann so zur Illustrierung der Handlung dienen, in der Freude und Leid, Leben und Tod wachsen oder dahinschwinden wie Getreide auf dem Acker. Bilder aus dem Bereich der Landwirtschaft müssen in der durch und durch agrarischen Gesellschaft des Mittelalters für das Publikum besonders eindrucksvoll gewesen sein.

Nicht minder vielfältig sind die Vergleiche und Metaphern aus dem Gebiet des Handels und des Geldes. Das *phant* („Unterpfand", „Bürgschaft") steht ähnlich wie bei Hartmann z.B. häufig für einen hohen Einsatz, etwa des eigenen Lebens in der Schlacht, das erst beim Jüngsten Gericht ‚zurückerstattet' wird (*dâ wart des tôdes pflihte/in dem strîte wol bekant:/ze bêder sît si sazten pfant,/diu nimmer mugen werden quit/vor der urtellîchen zît*; Wh. 402,10–14: „da nahm der Tod im Kampf sein Recht wahr: auf beiden Seiten gab man Pfänder, die nicht vor dem Jüngsten Tag ausgelöst werden"). Wolfram verwendet die Pfand-Metapher außerdem gerne zur Bezeichnung von Relationen zwischen emotionalen Zuständen, z.B. bei der Schilderung des Kampfes zwischen Gawan und Parzival, den letztlich keiner von beiden gewinnen kann, weil der Sieger leidvoll erkennen müßte, daß er einen Freund und Verwandten getötet hat (*von swem der prîs dâ wirt genomen,/des freude ist drumbe sorgen pfant*; Pz. 680,16f.: „wer auch immer da den Sieg davonträgt, seine Freude [darüber] ist ein Unterpfand des Leids"). Das Unglück Isenharts, der im Kampf für Belakane stirbt, wird als Verpfändung seiner Freude beschrieben (*sîn freude diu stuont phandes*; Pz. 52,30: „seine Freude war verpfändet"). Schließlich ist es wieder die Schlachtschilderung, die von der Metaphorik profitiert: In der zweiten Alischanz-Schlacht wird der harte Kampf der Christen mit den Geschäften eines Kaufmanns verglichen, dessen ‚Waren' unbarmherzige Schwerthiebe sind: *hurtâ, wie die getouften/ borgeten und verkouften/manegen wehsel âne tumbrel!/etslîches wâge was sô snel,/daz si in sancte nider unz in den tôt*; Wh. 373,21–25: „hei, wie die Getauften viele Waren ohne Fuhrwerk borgten und verkauften! Die Waage von manch einem war so schnell, daß sie ihn niedersenkte bis zum Tod"). Der Aspekt des Gebens und Nehmens ist in der Regel das *tertium comparationis*, das die Handelsmetapher für die Belebung der Darstellung so fruchtbar macht.

Als letztes Beispiel sei hier die Bildlichkeit rund um die Jagd erwähnt (vgl. Heinig, 2010). Sie war ein wichtiger Teil des adeligen Lebens und Selbstverständnisses, und insofern verwundert es nicht, daß Wolfram wie die anderen höfischen Epiker diesen Bildbereich häufig aufruft. So versuchen z. B. die Reichsfürsten, im Angesicht des riesigen heidnischen Heeres Rennewart zum Rückzug zu bewegen, und malen ihm aus, wie zu Hause köstlicher Wein wie ein aufgescheuchter Hirsch aus den Fässern strömt, und daß es manchmal besser ist, wie der starke Eber vor den schwächeren Jagdhunden zu fliehen (*wir sulen ouch hoeren klingen / den wîn vome zapfen springen / als den hirz von ruore.* [...] *küen eber zagehaften hunt / vliuhet z'eteslîcher zît*; Wh. 326,23–327,5: „wir werden auch den Wein rauschen hören, wenn er vom Zapfen springt wie der aufgescheuchte Hirsch. [...] Der kühne Eber flieht bisweilen vor dem feigen Hund"). Vor Alischanz wird das christliche Heer, das unablässig den Sarazenen nachstellt, mit einem Jagdhund verglichen, der die einmal aufgenommene Spur nicht mehr verläßt (*sus wurben, die dâ wâren / verdecket mit der toufe, / sô der edele vorloufe, / der sîner verte niht verzaget / und ungeschütet nâch jaget, / swenn er geswimmet durh den wâc*; Wh. 435,10–15: „so machten es die, die getauft waren, wie der edle Jagdhund, der nicht von seiner Spur läßt und, ohne sich zu schütteln, weiterjagt, wenn er durch ein Wasser schwimmt"). Im Pz. werden die in Kanvoleiz versammelten Ritter als Gejagte der Minne bezeichnet (*ritter die diu minne jagt*; Pz. 65,27: „Ritter, die die Minne antreibt").

Wolframs Bilder und Vergleiche zeichnen sich durch eine für die Literatur der Zeit ungewöhnliche Originalität und Vielfältigkeit aus. Wenngleich auch bei ihm manches topisch und schon von Veldeke und Hartmann her vertraut ist, so komponiert er die traditionellen Motive doch häufig ganz neu und erfindet ungewöhnliche, kraftvolle Bilder, die sich so nur in seinen Romanen finden und an Vitalität die Beispiele in den Werken seiner literarischen Vorgänger übertreffen. Besonders häufig sind Personifikationen, etwa der Sterne als Diener, die der Nacht das Quartier bereiten (*unt daz man durch diu wolken sach / des man der naht ze boten jach, / manegen stern, der balde gienc, / wand er der naht herberge vienc*; Pz. 638,3–6: „und man durch die Wolken hindurch die sah, die man Boten der Nacht nennt, viele Sterne, die es eilig hatten, weil sie der Nacht Quartier machten"), d.h., der ganze Kosmos ist belebt und hat Funktionen, oft solche, die Teil der ritterlichen Kultur sind. Wolframs anspruchsvolle Metaphern ziehen das mittelalterliche Publikum in die Welt des Textes hinein, indem sie Lebenssphären aufrufen, die den Zuhörern vertraut sind, allerdings auch deren „Geistesgegenwart" (Wehrli, 1984, S. 307) einfordern. Darüber hinaus beleben und vertiefen sie die Handlung, indem sie nicht nur plastische Bilder bieten, sondern das Geschehen implizit deuten und in größere Zusammenhänge einordnen.

3.2 Dekonstruktion und Brechung

Im Zusammenhang mit der Erzählstrategie der narrativen Mehrdeutigkeit und Ambivalenz ist immer wieder betont worden, daß Wolfram mit humoristischer Intention Bilder bewußt konterkariert, indem er mit ihrer Entfaltung zugleich ihre Dekonstruktion mitliefert (→ S. 206 ff.). Dieser „Humor bewirkt Relativierung im Dienst neuer Bezüge, Auflösung zugunsten neuer Synthese, ist dynamisches Raumschaffen, Öffnung auf neue Wirklichkeiten hin" (Wehrli, 1984, S. 307).

Als Belege für diese These werden immer wieder zwei Stellen aus dem Pz. angeführt: Zum einen die Beschreibung Antikonies, der Geliebten Gawans. Antikonie ist so schlank und wohlgeformt, daß der Erzähler ihre Gestalt mit einem Hasen am Bratspieß und ihre Taille mit der einer Ameise vergleicht (Pz. 409,26–28 und 410,2–4). Diese Vergleiche haben die Forschung seit jeher irritiert. Sie hat in ihnen einen „komischen Verfremdungseffekt" (Bumke, 2004, S. 223) gesehen und Wolfram einen „grotesken" Humor (Nellmann, 1994, S. 648) bescheinigt. Wie das mittelalterliche Publikum diese Vergleiche verstanden hat, wissen wir freilich nicht, und Humor ist bekanntlich eine historisch relative Kategorie. Daß Hase und Ameise also – um 1200 – durchaus ernst gemeint waren, um Antikonies anziehenden Körper, der Gawan in seinen Bann schlägt, wirkungsvoll zu schildern, kann nicht ausgeschlossen werden, auch wenn diese Vergleiche im Rahmen einer literarischen Frauenbeschreibung singulär sind. Ob hier – nach mittelalterlichem Verständnis – bewußt metaphorische Kontrapunkte gesetzt werden, ist insofern eine offene Frage.

Die andere Stelle betrifft die Wirkung Orgeluses auf Gawan. Als er die Herzogin von Logroys erblickt, steigt die Liebe wie ein kräftiger Niesreiz in ihm auf, ohne daß er sich dagegen wehren kann (*ist diu nieswurz in der nasn/dræte unde strenge,/durch sîn herze enge/kom alsus diu herzogîn,/durch sîniu ougen oben în*; Pz. 593,14–18: „wie die Nieswurz [eine Heilpflanze, aus der man Schnupfpulver gewinnt] in der Nase schnell und streng wirkt, so drang die Herzogin durch die Enge seines Herzens, von oben [kommend] durch seine Augen ein"). Der Vergleich ist zweifellos ungewöhnlich, gleichwohl muß auch hier nicht von Dekonstruktion der Bildlichkeit gesprochen werden, sondern es könnte sich schlicht um ein originelles Bild für die unvermeidliche Gewalt der Minne handeln, die einen überkommt und die man nicht zurückhalten kann. „Vergleichspunkte sind das Einfallstor (Nase bzw. Augen) und die prompte und heftige Wirkung" (Nellmann, 1994, S. 729).

Wolfram sucht offenbar nach innovativen Bildern, die seine literarischen Vorbilder noch nicht kannten. Er vermeidet bewußt verbrauchte Formeln und Topoi und hat den Anspruch, Neues und Überraschendes zu bieten. Dabei gerät ein Bild manchmal etwas ‚schief‘, z. B. das Lob des toten Vivianz, von dem Willehalm sagt, daß er von solcher Süße war, daß ein einziger Zeh von ihm das ganze Meer süß gemacht hätte (vgl. Wh. 62,11–14; dazu Heinzle, 1991, S. 883). Solche Einfälle mögen den modernen Rezipienten befremden. Wie das weitaus weniger fiktionserfahrene Publikum zu Wolframs Zeit diese Bilder aufgenommen hat, bleibt jedoch im dunkeln. Die These von der humoristischen Einlage ist zumindest insofern fragwürdig, als die Kontexte der jeweiligen Stellen dezidiert nicht zum Lachen einladen: Antikonies Schönheit soll wirklich abgebildet werden, Gawans Verliebtheit soll geschildert und Vivianz' Heiligkeit, die ohnehin keine Scherze verträgt, ohne Einschränkung gepriesen werden. Vielleicht sind solche für den heutigen Geschmack ‚krummen‘ Bilder ein Indiz für Wolframs Autodidaktentum. Zumindest ist in jedem einzelnen Fall stets der Textzusammenhang zu berücksichtigen und die Motivgeschichte zu befragen, bevor man Wolfram eine quasi moderne Technik der subtilen Dekonstruktion eigener Bilder unterstellt.

4. Gliederung und Struktur

4.1 ‚Bücher'

Wolframs Romane haben nicht nur eine komplexe Struktur auf der Ebene der Erzählung, z. B. durch die Verschränkung der von der Gahmuret/Feirefiz-Geschichte eingerahmten Parzival- und Gawan-Handlung mit zwei Haupthelden im Pz. oder der strukturprägenden Gegenüberstellung der beiden Schlachten auf Alischanz im Wh., sondern auch auf der Ebene der formalen Textgliederung.

Karl Lachmann, der erste Herausgeber der Werke Wolframs, hat den Pz. und den Wh. in ‚Bücher' eingeteilt (→ S. 171 zum Pz., 172 zum Wh.). Der Gralroman umfaßt in seiner Edition von 1833 sechzehn, das Kreuzzugsepos neun Bücher. Die Einteilung in ‚Bücher' – „angesichts der Versicherung Wolframs, daß seine Dichtung kein Buch sei (115,29 ff.), eher ein Witz" (Bumke, 2004, S. 196) – hat Lachmann nicht willkürlich vorgenommen. Neben inhaltlichen Aspekten ist es zum einen der Wechsel des Protagonisten (Parzival – Gawan), der jeweils den Beginn eines neuen Buches motiviert, zum anderen sind es die großen Initialen in der St. Galler Hs., an der sich die kritischen Texte orientieren (Pz. D / Wh. G).

Beide Kriterien wurden allerdings von Lachmann nicht konsequent angesetzt, und so gibt es zahlreiche Abweichungen und Ausnahmen. Bereits in den Hss. schwanken Zahl und Position der Großinitialen beträchtlich (→ S. 323 ff. zum Pz., 601 ff. zum Wh.; vgl. Bumke, 2004, S. 195–198 und 353). Ob die Einteilung in Bücher bereits ein Teil von Wolframs eigener Konzeption war, wissen wir nicht. Denn die Textzeugen spiegeln Redaktionsprozesse wider, nicht Verfasserintentionen. Insofern sind in den Hss. die Großinitialen primär auf die individuelle Gliederungsabsicht ihrer jeweiligen Schreiber zurückzuführen, die all jene Sinnabschnitte markieren wollten, die ihnen als besonders relevant erschienen. Lachmanns Bucheinteilung kann sich also nicht in jedem Fall auf die handschriftliche Überlieferung berufen. Gleichwohl ist sie bis heute beim Zitieren des Pz. und des Wh. maßgeblich, weil sie für beide Romane inhaltlich sinnvolle Strukturschemata stiftet (vgl. Schirok, 2003, S. LXXXIVf.):

Bucheinteilung und Handlungsstruktur im ‚Parzival'

‚Buch'	Erzählerreden	Gahmuret / Feirefiz-Handlung	Parzival-Handlung	Gawan-Handlung
1	Prolog (1,1–4,26)	Patelamunt (Belakane)		
2	Selbstverteidigung (114,5–116,4)	Kanvoleiz – Baldac (Herzeloyde)		
3	‚Prolog' (116,5–27)		Soltane – Artushof – Graharz	
4			Pelrapeire	
5	Bogengleichnis (241,8–30)		Munsalvaesche	
6	1. Minne-Exkurs (291,1–293,16) Keie-Exkurs (296,13–297,29) ‚Epilog' (337,1–30)		Artushof	
7	‚Prolog' (338,1–30)			Bearosche
8				Schampfanzun
9	Aventiure-Exkurs (433,1–435,1) Kyot-Exkurs (453,1–455,22)		Pz. bei Trevrizent	
10	Adam-Exkurs (518,1–519,1) 2. Minne-Exkurs (532,1–534,8)			Logroys
11				Schastel marveile
12	3. Minne-Exkurs (583,1–587,14)			
13				Joflanze
14			Artushof (Kampf Pz. – Gawan)	
15		Artushof (Kampf Pz. – Feirefiz)		
16	Epilog (827,1–30)	Munsalvaesche – Brabant – Indien		

Bucheinteilung und Handlungsstruktur im ‚Willehalm'

Buch	*Erzählerreden*	Alischanz	Munleun	Oransche
1	*Prolog* (1,1–5,14) *Giburg-Exkurs* (30,21–31,20)	*1. Schlacht* (Niederlage der Christen – Vivianz' Tod – Flucht nach Oransche)		
2				
3			Unehrenhafter Empfang – Mißhandlung der Königin – Hilfszusage des Königs – Rennewart	
4				
5				Religionsgespräch – Wiedersehen und Festmahl – Rennewarts Zornausbruch
6				
7		*2. Schlacht* (Sieg der Christen – Verschwinden Rennewarts)		
8				
9				

4.2 Dreißigerabschnitte

Unterhalb der Ebene der ‚Bücher' hat Lachmann den Pz. und den Wh. in Gruppen von jeweils 30 Versen eingeteilt (→ S. 323 ff. zum Pz., 601 ff. zum Wh.). Beide Werke werden daher heute unter Angabe der Nummer des betreffenden ‚Dreißigers' und des Verses zitiert (z. B. Pz. 795,29; Wh. 3,11 usw.). Der Pz. umfaßt 827 solcher Dreißigerabschnitte, der (unvollendete) Wh. 467.

Sie sind ebenso problematisch wie die ‚Bücher', denn sie haben zwar eine gewisse Grundlage in der Überlieferung, doch eben nicht durchgängig (vgl. Schirok, 2003, S. LXXXV–LXXXVII). In der St. Galler Hs. des Pz. (D) und Wh. (G) findet sich – mehr oder weniger regelmäßig und nicht immer mit Inhalt und Syntax korrespondierend – alle 30 Verse eine

Kleininitiale. Andere Hss. verfahren in bezug auf dieses Gliederungszeichen jedoch sehr unterschiedlich, gerade auch die älteren. Möglicherweise sind die Kleininitialen in einer frühen Textaufzeichnung nicht mehr als ein – im Verlauf der Überlieferung dann ‚verrutschtes' – Schmuckelement gewesen, durch das das erste Wort einer Spalte besonders ausgezeichnet wurde (vgl. Bumke, 2004, S. 199), denn nicht immer kennzeichnen sie konturierte Sinnabschnitte.

Die Markierung von Dreißigergruppen wird von der Forschung zumeist späteren Redaktoren zugeschrieben, nicht Wolfram selbst, denn „daß die Dreißiger-Gliederung auf Wolfram zurückgeht und daß die Dreißiger-Gruppen ursprünglich überall syntaktische oder erzähltechnische Einheiten bildeten, ist nicht zu sichern" (Bumke, 2004, S. 354). Dennoch ist nicht zu bestreiten, daß es in Wolframs Romanen Dreißiger-Gruppen gibt, die zugleich klare thematische Einheiten bilden, z.B. die sog. Selbstverteidigung (Pz. 114,5–116,4), die aus zwei ‚Dreißigern' besteht, Auflistungen und Beschreibungen aus genau 30 Versen (z.B. Pz. 261,1–30: Orilus' Rüstung; 791,1–30: Steine an Anfortas' Bett) oder die sukzessive Beschreibung der unüberschaubaren Ritterscharen auf Alischanz in Dreißigerschritten (Wh. 362,1–365,30). Die Einteilung in auch inhaltlich sinnvolle Gruppen aus 30 Versen ist Wolframs Romanen somit durchaus inhärent, und die Forschung hat daraus den Schluß gezogen, daß sie vielleich doch schon „in unmittelbarer Autornähe" (Bumke, 2004, S. 198) vorgenommen worden sein könnte.

Eberhard Nellmann hat die These aufgestellt, daß sich die Dreißigerabschnitte nicht erst der Redaktion durch die Schreiber der Hss., sondern schon der Produktion durch Wolfram selbst verdanken. Er vermutet, daß Wolfram seinen Text auf Wachstafeln geschrieben oder diktiert hat, bevor er von einem Schreiber in eine Pergamenthandschrift übertragen wurde, und daß diese Wachstafeln einem Text mit maximal 30 Verszeilen Platz boten (vgl. Nellmann, 1994, S. 415f.). Wolframs Arbeitstechnik wäre dann einer der Gründe für den spezifischen Erzählrhythmus in seinen Epen.

4.3 Repetition und Responsion

Wolfram komponiert seine Romane als komplexe Netze aus Verweisen und Bezügen (→ S. 183 ff.). Die erzählte Welt hat räumliche und zeitliche Tiefe. In diese Strategie fügen sich auch die zahlreichen Wiederholungen von Orten, Figuren und Stationen ein, die der Handlung wie in einem Koordinatensystem ein Raster aus signifikanten Bezugspunkten unterlegen und sie gleichzeitig vorantreiben, indem mit jeder Wiederholung immer auch eine bedeutungsvolle Variation einhergeht, die das frühere Motiv im Sinne einer Steigerung weiterentwickelt (vgl. Schirok, 2003, S. CXXVI–CXXIX). Beispiele für solche Repetitionen sind im Pz. das zweimalige Eintreffen des Helden auf der Gralburg (vgl. Pz. 226,10–248,16; 792,10–797,12), Gahmurets zwei Ehen (vgl. Buch I und II), Parzivals vier Begegnungen mit Sigune (vgl. Pz. 138,9–142,2; 249,11–255,30; 435,2–442,26; 804,21–805,17), die beiden Auftritte der häßlichen Gralbotin Cundrie (vgl. Pz. 312,2–318,30; 778,13–786,30), Parzivals viermalige Einkehr am Artushof (vgl. Pz. 147,11–153,20; 305,7–333,30; 694,23–733,30; 755,30–786,30), das zweimalige Zusammentreffen mit Jeschute (vgl. Pz. 129,18–137,30; 256,11–271,23) und die drei Aufenthalte in Trevrizents Klause (vgl. Pz. 268,25–30; 452,13–502,30; 797,16–799,13). Im Wh. sind es die beiden großen Schlachten auf Alischanz, die den epischen Rahmen bilden (vgl. Buch I–II und VII–IX). Zwischen diesen Stationen liegen stets zahlreiche andere Ereignisse, so daß die Wiederholungen die Funktion von epischen Knotenpunkten haben, von denen aus die bisherige Handlung perspektiviert und erhellt wird.

Parzivals erster Besuch auf der Gralburg steht im Zeichen des Versagens und der Schuld: Parzival versäumt es, nach dem Gral und dem Grund für Anfortas' Leiden zu fragen, und so gellt der Fluch eines Knappen hinter ihm her, als er am nächsten Morgen über die Zugbrücke davonreitet. Parzivals Unbeholfenheit auf Munsalvaesche beschwört die zentrale Krise des Romans herauf, deren Behebung dem ganzen folgenden Geschehen die Richtung gibt. Der zweite Besuch des Helden steht dagegen im Zeichen der Reifung und Erlösung: Die Mitleidsfrage befreit Anfortas von seinem Leiden und macht Parzival zum Gralkönig. Die beiden Szenen auf Munsalvaesche sind die zentralen Pole des Romans, zwischen denen sich der Bogen der allmählichen Erkenntnis Parzivals mit seinen einzelnen Stationen ausspannt. Die Besuche auf der Gralburg stehen sich antithetisch gegenüber und markieren die Eckpunkte eines Entwicklungsweges, der das Zentrum der Handlung bildet.

Auch Parzivals Besuchen in Trevrizents Klause eignet ein Moment der Steigerung. Beim ersten Mal streift Parzival rein zufällig die Einsiedelei seines Onkels. Er schwört Orilus dort auf ein Reliquiar, daß Jeschute ohne Schuld ist (vgl. Pz. 269,4–270,4). Zu einer Begegnung mit Trevrizent kommt es nicht. Der zweite Besuch führt hingegen zu dem großen Gespräch zwischen dem gottfernen Helden und dem Eremiten, in dem Parzival sowohl seine Herkunft als auch die Geheimnisse des

Grals und der Heilsgeschichte offengelegt werden. Dies ist das zentrale Lehrgespräch des ganzen Romans, der entscheidende „Wendepunkt" (Kuhn, 1956, S. 174), und es führt Parzival zu der Selbsterkenntnis und Umkehr, die ihn auf die Gralherrschaft vorbereitet. Bei der dritten Begegnung korrigiert sich Trevrizent und bekennt, daß er Parzival früher in bezug auf die gefallenen Engel die Unwahrheit gesagt hat. Er wollte ihn von der vergeblichen Suche nach dem Gral abhalten: *ez was ie ungewonheit,/daz den grâl ze keinen zîten/iemen möhte erstrîten:/ich het iuch gern dâ von genomn* (Pz. 798,24–27: „es war seit jeher ausgeschlossen, daß jemals jemand den Gral auf dem Weg des Kampfes hätte gewinnen können, daher hätte ich Euch gerne davon abgebracht"). Die Gespräche mit Trevrizent sind Stufen einer sukzessiven Enthüllung der heilsgeschichtlichen Bedeutung des Grals und der Rolle Parzivals, d.h. der zielführenden Selbsterkenntnis des Helden (vgl. Bumke, 2004, S. 89–93).

Eine besondere Bedeutung kommt den Begegnungen Parzivals mit seiner Cousine Sigune zu. Beim ersten Mal enthüllt Sigune ihm seine Identität (*deiswâr du heizest Parzivâl*, Pz. 140,16: „wahrlich, du heißt Parzival"). Beim zweiten Mal – Parzival hat soeben auf Munsalvaesche versagt – erklärt sie ihm das Schicksal Frimutels und Anfortas' und verurteilt ihn, weil er beim Gral die erlösende Frage nicht gestellt hat (*ir lebt, und sît an sælden tôt*, Pz. 255,20: „ihr lebt und seid doch tot in bezug auf euer Heil"). Beim dritten Mal – Schionatulander ruht inzwischen in einem Sarkophag und Sigune verbringt ihr Leben, von Cundrie versorgt, als Inkluse – vergibt sie ihm und weist ihm den Weg zur Gralburg (*nu helfe dir des hant,/dem aller kumber ist bekant*, Pz. 442,9f.: „nun helfe Dir die Hand dessen, der alle Sorgen kennt"). Beim vierten Mal schließlich – Parzival ist Gralkönig und auf dem Höhepunkt seines Ruhms – ist Sigune tot. Man bettet sie an der Seite ihres unverwesten Geliebten. Signes Trauer und Treue zieht sich wie ein roter Faden durch die verschlungenen Wege Parzivals. Ihre Heiligkeit ist ein Kontrapunkt zu seiner anfänglichen Unbeholfenheit und Unreife und hält ihm einen Spiegel vor (vgl. Bumke, 2004, S. 212). Die trauernde Sigune steht für die Ambivalenz jeder Ritterschaft, die zwischen Leben und Tod, Freude und Leid aufgespannt ist und erst von Parzival aufgelöst und in eine höhere Form ritterlichen Dienstes überführt werden wird. Immer wieder wird Sigune daher in ihrer statuarischen Pietà-Haltung (vgl. Bertau, 1983, S. 259–285) als Warnung und Maßstab zugleich in die *âventiuren*-Reihe eingeschoben. Vor dem Leid, das Ritterschaft mit sich bringt, flüchtet sie sich in Weltentsagung. Parzival ist ein anderer Weg bestimmt: Ihm wird als Gralkönig die Vollendung und Transzendierung des Rittertums obliegen.

Auch Cundrie hat zwei Auftritte, die sich antithetisch gegenüberstehen. Beim ersten Mal trifft der Fluch der häßlichen Gralbotin Parzival nach seinem Versagen auf Munsalvaesche mit ganzer Härte: *gein der helle ir sît benant/ze himele vor der hôhsten hant:/als sît ir ûf der erden,/versinnent sich die werden./ir heiles pan, ir sælden fluoch,/des ganzen prîses reht unruoch!/ir sît manlîcher êren schiech,/und an der werdekeit sô siech,/kein arzet mag iuch des ernern* (Pz. 316,7–15: „Ihr geltet im Himmel vor der höchsten Hand [= Gott] als zur Hölle bestimmt: ebenso seid Ihr es auf der Erde, wenn die Edlen bei Verstand sind. Ihr Bann des Heils, Ihr Fluch des Glücks, Ihr vollkommene Verachtung echten Ruhms! Ihr seid scheu in bezug auf das, was das Ansehen eines Mannes ausmacht, und so krank in bezug auf Würde, daß Euch kein Arzt davon heilen kann"). Nebenbei offenbart sie Parzival, daß er einen heidnischen Bruder namens Feirefiz hat (vgl. Pz. 317,3–10) und gemahnt ihn an die vorbildliche *triuwe* seiner Eltern (vgl. Pz. 317,11–318,4). Bei ihrem zweiten Auftritt, der bis ins Detail dem ersten gleichgestaltet ist, bringt sie eine Heilsbotschaft. Demütig bittet sie Parzival um Vergebung für ihre frühere Schmährede, denn sie hat ihm die Nachricht zu überbringen, daß er zum Gralkönig berufen wurde: *daz epitafjum ist gelesen:/du solt des grâles hêrre wesen* (Pz. 781,15f.: „die Inschrift [am Gral] wurde gelesen: Du sollst Herr des Grals sein"). Zugleich teilt sie Parzival mit, daß er zwei Söhne hat (vgl. Pz. 781,17–22). Die Wiederholung ihres Botendienstes birgt somit nicht nur die auf Parzival bezogenen Gegensätze Schuld/Vergebung und Schmach/Triumph und markiert dadurch den jeweiligen Entwicklungsstand des Helden, sondern bringt zugleich die sukzessive Enthüllung wichtiger Verwandtschaftsverhältnisse mit sich, die Parzival bisher unbekannt waren.

Die Repetitionen und Responsionen von Szenen, Figuren und Motiven insbesondere im Pz. sind mehr als bloß strukturelle Parallelen oder narrative Klammern. Sie konstituieren ein Grundprinzip der Poetik Wolframs: die stufenweise bzw. nachträgliche Nennung und Erhellung wichtiger Zusammenhänge und Hintergründe, die dem Helden wie auch dem Leser bislang unbekannt oder zumindest unklar waren (vgl. Schirok, 2003, S. CXXXII–CXXXV; → S. 191 ff.). Nicht nur Parzival geht einen Weg der sukzessiven Erkenntnis, sondern auch der Rezipient: „Der Zuhörer – und das deckt sich mit dem, was im Prolog verlangt worden ist – soll mit dem Helden mitgehen; die Rätsel, vor denen dieser steht, sollen auch dem Publikum nicht vorzeitig aufgehellt werden" (Haug, 1992, S. 168). Die Handlung kehrt deshalb gewissermaßen immer wieder an dieselben signifikanten Orte – Sigunes Klause, Munsalvaesche, Fontane la salvatsche, Plimizoel – und zu denselben zentralen

Gestalten – Sigune, Anfortas, Trevrizent, Artus – zurück und gipfelt nach dem Durchlaufen mehrerer komplementärer und sich steigernder Kreise schließlich in Parzivals Erlösungswerk auf Munsalvaesche. Raum und Zeit werden so zu „Bedeutungsträgern" (Bumke, 2004, S. 202) und die wiederholt aufgerufenen Stationen zu handlungsleitenden Momenten der Verdichtung von Information und Erinnerung, die sich gegenseitig bespiegeln und der Erzählung sowohl ‚nach hinten' historische Tiefe geben als auch die Progression ‚nach vorne' sichern. Die Repetitionen erinnern das Publikum an bereits Bekanntes, und durch die spannungsvolle Differenz zwischen den parallelen Szenen vermag es zu ermessen, wie sich seit dem letzten Vortragsabend der Held und die Welt, durch die er sich bewegt, verändert haben.

4.4 Doppelwege?

Auf den ersten Blick scheint Wolfram im Großbau des Pz. durchaus dem klassischen Schema des arthurischen Doppelweges zu folgen (vgl. Kuhn, 1948; zur Diskussion über die Geltung des in der neueren Forschung umstrittenen Schemas zuletzt Gerok-Reiter, 2007). Der Held zieht aus, bestreitet zahlreiche *âventiuren* (darunter: Überwältigung Jeschutes, Tötung Ithers, Befreiung Pelrapeires) und erringt mit Condwiramurs Frau und Königreich. Das Versagen auf der Gralburg ist dann die große Zäsur und Krisis, die erneutes jahrelanges Umherziehen mit vielen – oft nur angedeuteten – Bewährungsproben nach sich zieht. Dieser zweite Cursus, in dem es im Unterschied zu den Romanen Hartmanns primär um die Versöhnung des Helden mit Gott geht, gipfelt schließlich in einer umfassenden, ins Transzendente weisenden Aufhebung aller Dissonanzen und Spannungen durch Parzivals Berufung zum Gralkönig (vgl. Mertens, 1998). „Die Grundlinien des arthurischen Modells blieben bei dieser Abwandlung zwar erhalten, aber sie greift so tief ein, daß man sich fragen muß, ob das Konzept dabei nicht doch seinem Prinzip nach aus den Angeln gehoben worden ist" (Haug, 1992, S. 155).

Denn es geht bei Wolfram nicht in erster Linie um die Wiederherstellung der Integrität des Artushofes, die bei Hartmann das Movens der Handlung ist (vgl. Cormeau/Störmer, 1985, S. 174–178), sondern um die Selbsterkenntnis des Helden und die Wiederherstellung seiner Beziehung zu Gott. Und diese läßt sich nicht ‚machen' oder selber herbeiführen, sondern wird infolge der Gnade Gottes geschenkt. Darin besteht der fundamentale Unterschied zum klassischen Doppelweg-Schema, in dem ein Ritter durch das vorbildliche Bestehen zahlreicher Bewährungsproben seine *êre* und damit die *vreude* des Hofes aktiv wiederherstellt.

Wolfram greift zweifellos auf die Poetik des Artusromans zurück, wie sie ihm im ‚Erec' und im ‚Iwein' begegnete, und auch im Pz. finden sich ‚Doppelwege': Parzival bricht vom Artushof auf, um die Erbansprüche Ithers gegenüber Artus abzuwehren. Er tötet den Roten Ritter, gewinnt Condwiramurs durch ritterliche Heldentaten und kehrt nach den Ereignissen auf Munsalvaesche an den Artushof zurück, wo er feierlich in die Tafelrunde aufgenommen wird. Man könnte diesen Verlauf „schemagerecht" (Haug, 1992, S. 155) nennen, wenn nicht Parzivals Schuld – der Verwandtenmord und die unterlassene Mitleidsfrage – die scheinbar wiedergewonnene Idealität unterschwellig in Frage stellen würde. Als Cundrie mit ihrer Verfluchung in den Ring platzt, tritt diese Schuld offen zutage und macht der Harmonie ein Ende. Der erste Kreis restituiert die vormalige Stabilität der Rittergesellschaft also mitnichten, sie war und ist unverändert brüchig und voll innerer Spannungen. „Eine bislang stereotype Episode, die aus ihrer Position im Modell ihren Sinn bezog und in ihrer strukturellen Funktion aufging, wird also von Wolfram in einer Weise linear verknüpft, daß das traditionelle Konzept der sinntragenden Episodenstruktur an einem entscheidenden Punkt durchbrochen erscheint. Der erste Handlungskreis schließt sich denn auch auf höfischritterlicher Ebene nicht mehr völlig harmonisch" (Haug, 1992, S. 157).

Der zweite Kreis beginnt mit Parzivals erneutem Aufbruch, er ist jahrelang ein Heimatloser und Fahrender, bricht mit Gott, und versteht erst durch das Gespräch mit Trevrizent und die Verwandtenkämpfe mit Gawan und Feirefiz, daß er der göttlichen Vergebung und Gnade bedarf. Erst diese Einsicht macht ihn fähig, Anfortas zu erlösen und Gralkönig zu werden. Neben dem vordergründigen höfisch-ritterlichen Bewährungsweg läßt Wolfram also wie auf der Tonspur eines Filmes einen zweiten, ethisch-religiösen Erkenntnisweg herlaufen. Dies bedeutet gegenüber dem klassischen Doppelwegschema eine erhebliche Komplexitätssteigerung, denn die volle Integrität des Helden wie der ritterlichen Welt ist im Pz. erst in dem Moment wiederhergestellt, als beide Wege gleichermaßen vollendet sind und sich ritterlicher Ruhm mit religiöser und ethischer Reife verbindet.

Es ist aber nicht nur diese Ausdifferenzierung und programmatische Umdeutung, die Wolframs ‚Doppelwege' von den früheren Artusromanen unterscheidet, sondern auch sein Erzählstil. Bei Chrestien und Hartmann erscheinen die Romane als eine Kette von Episoden (*âventiuren*), die linear auf den Helden zugeschnitten sind und in ihrer Gesamtheit nur durch ihn und durch Mittel der Wiederholung, Steigerung und Spiegelung Kohärenz erlangen. Ihre Reihung ist final motiviert, d. h., sie laufen auf ein vorgegebenes Ziel zu, und die meisten Figuren der Episoden sind dem Helden funktional untergeordnet (vgl. Haug, 1971; Cormeau/Störmer, 1985, S. 174–178). Wolframs Poetik ist weitaus komplexer: Seine Methode ist es gerade, Linearität zu durchbrechen, mit überraschenden Wendungen aufzuwarten und sowohl die Protagonisten als auch die Stationen der Handlung als mehrdimensional und ambivalent zu inszenieren und dadurch jede Einsinnigkeit zu vermeiden. Mit den linearen, final motivierten und weitgehend vorhersehbaren Handlungsverläufen in Hartmanns Romanen läßt sich Wolframs Erzählfluß nur noch bedingt vergleichen. Der ‚Doppelweg' ist unter der Oberfläche zwar noch als strukturelles Schema zu erkennen, aber er hat seine zeitliche und räumliche Homogenität und seine mythische Symbolstruktur weitgehend eingebüßt: „In seiner Konstruktion von Relationalität revoziert Wolfram das Umschlagen vom Heute ins Gestern, indem er alles Gestern im Heute aufblitzen läßt, verwandelt, aber ohne Dauer. Der epische Fluß enthält auf diese Weise nahezu in jedem Augenblick die Negation der Momentaneität in sich" (Bertau, 1972–1973, S. 838). Wolframs Held geht keine vorgezeichneten, eindeutigen Wege mehr, sein Ziel wird bewußt offen gehalten, und er erreicht es nur über viele Um- und Irrwege. Dabei scheint es so, „als würden sich alle Positionen gegenseitig aufheben oder relativieren, als gäbe es überhaupt nichts Verbindliches mehr außer dem überlegenen Humor des frei schaltenden Erzählers. [...] Im Wechsel der Perspektiven bleibt eine Ordnung erkennbar, die auf einen doppelten Erkenntnisprozeß ausgerichtet ist: auf die Selbsterkenntnis Parzivals und auf den parallel laufenden Reflexionsprozeß der Zuhörer, die im Mitvollzug der Handlung zu der Einsicht geführt werden, wie eine von Widersprüchen und Gegensätzen zerrissene Welt wieder heil wird" (Bumke, 1990, S. 175 f.).

Wolfram verändert das überkommene ‚Doppelweg'-Schema also erheblich und verleiht ihm eine neue Qualität. Er ersetzt den linearen Stationenweg durch ein komplexes Netz von Sinnbezügen. Die symbolische Struktur tritt hinter die existenzielle Identitätssuche des Protagonisten zurück (vgl. Haug, 1971, S. 699), und die traditionelle Polarität von Gut und Böse verliert ihre Eindeutigkeit. Wolfram ersetzt den idealtypischen Handlungsverlauf, wie er ihm in Chrestiens und Hartmanns Romanen begegnet ist, durch eine offene Welt, die nur über die in ihr wirksamen Relationen und Perspektiven beschreibbar ist. „An die Stelle des Thesenromans, der anhand seiner Symbolstruktur demonstriert und dessen Verständnis deshalb über das Erfassen dieser Struktur läuft, ist eine epische Darstellung getreten, die einen fortschreitenden Erfahrungsprozeß meint, mit dem man sich Schritt für Schritt identifizieren muß" (Haug, 1971, S. 705).

5. Erzähltechnik

5.1 Der Erzähler

Als eines der hervorstechendsten Charakteristika der Romane Wolframs gilt die Figur eines ‚Erzählers', von der man annimmt, daß sie gezielt zur Lenkung der Rezeption eingesetzt wird (grundlegend Curschmann, 1971; Nellmann, 1973). Es ist neuerdings mit Recht darauf hingewiesen worden, daß es problematisch ist, die Erzähler-Kategorie, die in der Erzählforschung an neuerer Literatur entwickelt wurde, ohne weiteres auf die mittelalterliche Literatur anzuwenden (vgl. Glauch, 2009, S. 77 ff.): „Den typischen Fall, daß der Erzähler einer Geschichte einen Namen hat, der nicht identisch ist mit dem Namen des Autors auf dem Titelblatt, gibt es in der mittelalterlichen Literatur nicht" (ebd., S. 77). Wo sich der ‚Erzähler' im Pz. und im Wh. mit Namen nennt, lautet dieser Name *Wolfram von Eschenbach* (→ S. 1 ff.). Über die historische Identität des Autors Wolfram wissen wir so gut nichts. Daher sind wir nicht in der Lage, die Sprecherinstanz, die uns in den Texten entgegentritt, mit einem lebensweltlichen Autorsubjekt abzugleichen. Wir können aber leicht feststellen, daß diese Sprecherinstanz eine wohlkalkulierte narrative Größe ist, die eine wichtige Rolle beim Aufbau der fiktionalen Welt spielt (was nicht ausschließt, daß autobiographische Momente in ihre Konstruktion eingegangen sind; vgl. Nellmann, 1973, S. 11–13). Die Rede von ‚Wolframs Erzähler' behält somit ihren guten Sinn (vgl. Bumke, 2004, S. 215–218).

Dieser Erzähler ist im Vergleich zu den Werken der literarischen Vorgänger ungewöhnlich präsent. Weder bei Hartmann noch bei Veldeke findet sich ein Erzähler, der so markant das Geschehen kommentiert und perspektiviert, und in dessen Exkursen und poetologischen Äußerungen das Handwerk des Erzählens selber so substantiell zum Thema wird. Wolframs Erzähler führt eine bis dahin unbekannte poetische Selbstreflexivität in die Literatur ein und stiftet eine besondere Beziehung zwischen Text und Publikum, die für den Pz. und den Wh. geradezu konstitutiv ist (vgl. Nellmann, 1994, S. 424).

Wolframs Erzähler entwirft sich als Ritter mit Namen (*ich bin Wolfram von Eschenbach*; Pz. 114,12), einer Biographie, divergierenden Charaktereigenschaften und diversen Wünschen und Abneigungen (vgl. Nellmann, 1973, S. 11–33). Manches Mal hätte er gerne eine der geschilderten Damen geküßt (vgl. Pz. 450,1–4), dann wieder ist er froh, nicht den Kämpfen und Gefahren ausgesetzt zu sein, in denen sich seine Helden gerade befinden (vgl. Pz. 542,20–22). Wiederholt weist er auf seine wirtschaftlich schlechte Situation hin (vgl. Pz. 184,27–185,8), gibt sich einmal als Hausbesitzer (vgl. ebd.) und verantwortungsbewußter Familienvater (vgl. Pz. 216,28–217,6) zu erkennen, dann wieder als unglücklich Liebender (vgl. Pz. 287,10–18) und kampfprobter Ritter, der jede Buchgelehrsamkeit ablehnt (vgl. Pz. 115,11–30). Sein unverbildetes dichterisches Talent bewertet der Erzähler an einigen Stellen sehr selbstbewußt und positiv (vgl. Pz. 114,12f.; Wh. 2,19–22), an anderen hingegen selbstkritisch und bescheiden (vgl. Pz. 738,1–3) bis hin zu der erstaunlichen Behauptung, er sei Analphabet (vgl. Pz. 115,27). Er ruft andere zeitgenössische Autoren auf (u.a. Veldeke, Hartmann, Walther, Neidhart) und positioniert sich in ihrer Runde selbstbewußt als ebenbürtiger Dichter (vgl. Nellmann, 1973, S. 29f.; → S. 197ff.).

Daß diese Erzählerfigur nicht umstandslos autobiographisch gedeutet werden kann – was die ältere Forschung getan hat (vgl. z.B. Golther, 1922, S. 206) –, erhellt schon daraus, daß sich die Erzählerfigur keine kohärente ‚Biographie' gibt, sondern ihre Eigenschaften proteushaft wechselt, wenn dies der Erzählung zugute kommt. Der Erzähler hat als Kontrast oder zur Verstärkung der Schilderung jeweils den Wesenszug, die Meinung, die Lebensweise usw., die eine Szene intensiviert oder belebt, auch wenn es dadurch im Gesamtbild seiner Attribute zu Widersprüchen kommt (vgl. Reuvekamp-Felber, 2001). Das zeigt, daß er eben keine von der Erzählung unabhängige Instanz, sondern selbst eine Funktion der Erzählung ist. Wenn der Erzähler z.B. vor Kanvoleiz beim Anblick der in heftige Reiterkämpfe verwickelten Turnierritter sagt, er brauche so etwas nicht und bleibe lieber auf seinem kleinen Pferd sitzen (vgl. Pz. 75,21f.), oder wenn er bekennt, daß er ein solches Wegegeld, wie es der Schultheiß in Orleans von Willehalm erhält, nämlich den Tod, nicht gerne kassieren würde (vgl. Wh. 113,26–30), dann dient der Kommentar sowohl der Verstärkung der Darstellung als auch indirekt der Einbeziehung des Publikums, zu dem der Erzähler sich gesellt, weil er mit den Helden ebenso wenig mithalten kann bzw. möchte wie die Zuhörer.

Soll die besondere Pracht von Gegenständen hervorgehoben werden, so behauptet der Erzähler, daß er selber solche Kostbarkeiten nicht besitzt, z.B. bei der Schilderung des mit Brokat bedeckten Bettes Parzivals auf der Gralburg (vgl. Pz. 242,27–30). Und wenn die erotische Ausstrahlung weiblicher Lippen betont werden soll, so bedauert der Erzähler, daß es ihm leider nie vergönnt war, solch einen Mund zu küssen, z.B. die Lippen Jeschutes (vgl. Pz. 130,14–16). Der Erzähler macht sich klein, um die Sympathie des Publikums zu erheischen, und steigert dabei gleichzeitig die Dimensionen bzw. die Intensität des Geschilderten. „Der Erzähler – ein Antiparzival, ein Antigawan – erfüllt also innerhalb der Romanwelt die Funktion des humoristischen Kontrasts" (Nellmann, 1973, S. 16). Er perspektiviert und nuanciert die Erzählung und gehört – für mittelalterliche Verhältnisse ungewöhnlich prominent – zu Wolframs *dramatis personae*.

Wolframs Erzähler stellt immer wieder den Kontakt zum Publikum her, beglaubigt und autorisiert das Geschilderte, gliedert, rhythmisiert und rafft die Darstellung, kommentiert und bewertet die Ereignisse und exponiert sich als souveräner Lenker der Geschichte (vgl. Nellmann, 1973, S. 34–164). Kaum jemals vor oder nach Wolfram ist in der mittelalterlichen Literatur eindrucksvoller demonstriert worden, daß poetische Wahrheit immer eine vermittelte – und damit relative – ist (vgl. Pz. 734,5–7).

5.2 Einbeziehung des Publikums

In den gleichen poetologischen Zusammenhang wie die Erzählerfigur gehört auch Wolframs Umgang mit seinem (fiktiven) Publikum (vgl. Nellmann, 1973, S. 35–50). Im Pz. und im Wh. werden die Zuhörer intensiv angesprochen und einbezogen, um das Geschilderte zu vergegenwärtigen und die Distanz zwischen der erzählten und der realen Welt zu verringern. Immer wieder ruft Wolfram das Publikum auf, aufmerksam zuzuhören (*welt ir nu hœren wie sie hiez?*, Pz. 84,8: „wollt Ihr jetzt hören, wie sie hieß?"; *nû hœrt ein ander mære*, Pz. 110,10: „hört jetzt eine andere Geschichte"; *nû hoeret, waz Rennewart nû tuo!*, Wh. 365,21: „hört jetzt, was Rennewart nun tut"), besonders beim Wechsel von Szenen und Protagonisten, oder er spricht es als Zuschauer an (*seht, die versuonde Gahmuret*, Pz. 100,22: „seht, die versöhnte Gahmuret"; *seht, ob ir deheiner sî versniten!*, Wh. 57,27: „schaut, ob von denen einer umkam"), als wäre es bei den Ereignissen unmittelbar zugegen. Die Zuschauer werden sogar am Erzählvorgang selbst beteiligt, indem ihnen suggeriert wird, sie könnten den Fortgang der Erzählung beeinflussen und die Reihenfolge der Ereignisse mitbestimmen (*nu erloubt im daz er müeze hân/ander wâpen denne im Gandîn/dâ vor gap*, Pz. 14,12: „erlaubt ihm jetzt, ein anderes Wappen zu führen, als jenes, das ihm einst Gandin gegeben hatte"; *welt ir, noch swîg ich grôzer nôt./nein, ich wilz iu fürbaz sagen*, Pz. 403,10 f.: „wenn Ihr wollt, dann sage ich noch nichts von großer Gefahr. Nein, ich will Euch weiter davon erzählen"). Diese Erzählereingriffe dienen zumeist der Spannungserzeugung und Gliederung und binden das Publikum wirkungsvoll in den Erzählvorgang ein. Wolfram holt es immer wieder aus der Rolle des Rezipienten heraus und macht es scheinbar zum Mitgestalter, z. B. auch durch die Aufforderung, die Helden zu loben (*mit lobe wir solden grüezen/die kiuschen unt die süezen/Antikonîen*; Pz. 427,5–7: „preisen sollten wir die sittsame und liebliche Antikonie"), zu beklagen (*nu sult ir si durch triwe klagn*; Pz. 137,27: „jetzt sollt Ihr sie aus Mitgefühl beklagen"), ihnen alles Gute zu wünschen (*doch solten nu getriuiu wîp/heiles wünschen disem knabn*; Pz. 129,2 f.: „doch sollten jetzt wohlmeinende Frauen diesem Knaben Heil und Segen wünschen") usw. Er gibt – wohl in Anlehnung an Veldeke und Hartmann – vor, Fragen aus dem Plenum aufzugreifen (*wie sîn schilt gehêret sî?*; Pz. 70,27: „wie kostbar sein Schild ausgestattet ist?"; „*ob diu sper ganz beliben?*", Wh. 24,18: „ob die Lanzen ganz blieben?"; *wer sol der dritten porten pflegen,/diu ûz gienc gein dem plâne?*", Wh. 97,28 f.: „wer soll das dritte Tor bewachen, das auf die Ebene hinausführte?"). Und durch das kollektivierende *wir* begibt sich der Erzähler oft ganz zu seinen Zuhörern und stiftet eine Gemeinschaft der Wissenden und mit den Protagonisten Vertrauten (*nu hœrt wie unser rîter var*, Pz. 16,19: „nun hört, wie es unserem Ritter ergeht"; *sus kom unser tœrscher knabe/geriten eine halden abe*, Pz. 138,9 f.: „so kam unser närrischer Jüngling einen Abhang hinabgeritten"). Die Vortragssituation wird durch solche Strategien ungemein belebt und intensiviert. Der enge Publikumskontakt geht sogar so weit, daß der Erzähler das Publikum aufgrund der engen Komplizenschaft für die Wahrheit des Erzählten mitverantwortlich macht (vgl. Pz. 238,8–17). Zu dieser Art der Inanspruchnahme des Publikums gibt es bei den Vorgängern nichts Vergleichbares. Sie verweist auf Wolframs neuen „Anspruch genuiner Wahrheitserfahrung im fiktionalen Medium" (Haug, 1992, S. 173).

5.3 Verweisen und Verknüpfen

Wolfram gestaltet in seinen Werken einen epischen Kosmos, in dem alle Ereignisse durch vielfältige Bezüge miteinander verbunden sind. Das Verwandtschaftsmotiv ist bekanntlich eines der markantesten Mittel zur

Kohärenzstiftung in Wolframs Romanen (vgl. Schmid, 1986). Dadurch entsteht nicht nur im ganzen eine komplexe, von bedeutungsvollen Korrespondenzen durchzogene Erzählwelt, sondern auch jede einzelne Szene oder Figur wird durch ihre Verknüpfung mit anderen Handlungselementen semantisch aufgeladen und positioniert. Wieder ist es der Erzähler, der auf kunstvolle Weise den Rezipienten dazu führt, Zusammenhänge herzustellen und zu erkennen und so sein Bild von der erzählten Welt nach und nach zu vervollständigen (vgl. Haug, 1992, S. 156–159).

In diesen Zusammenhang gehört nicht nur die wiederholte Aufrufung von Motiven, Figuren und Orten (→ S. 173ff.), in ihn gehören auch gezielte Bemerkungen des Erzählers, die voraus- oder zurückweisen und vor allem eine gliedernde und spannungserzeugende Funktion haben. Als Parzival sich zum ersten Mal der Gralburg nähert und damit auf die handlungsleitende Krise zusteuert, faßt der Erzähler z. B. das kommende Geschehen in der Formulierung zusammen: *swâ nu getriwe liute sint,/die wünschn im heils: wan ez muoz sîn/daz er nu lîdet hôhen pîn,/etswenne ouch freude und êre* (Pz. 224,6–9: „wo immer jetzt mitfühlende Leute sind, die mögen ihm Glück und Segen wünschen: denn es ist jetzt unvermeidlich, daß er große Not erfährt, bisweilen jedoch auch Glück und Ruhm"). Auf ähnliche Weise werden die Abenteuer Gawans (Orgeluse, Schastel marveile) angekündigt: *Ez naehet nu wilden maeren,/diu freuden kunnen laeren/und diu hôchgemüete bringent:/mit den bêden si ringent* (Pz. 503,1–4: „es nähert sich jetzt seltsamen Geschichten, die Freude rauben können und hochgemuten Stolz bringen: an diesen beiden arbeiten sie sich ab"). Besonders häufig sind solche Vorausdeutungen im Wh., wohl nicht zuletzt wegen seiner Nähe zur heldenepischen Tradition, die vielfältige Formeln zur Verknüpfung früherer mit späteren Ereignissen kennt (vgl. Burger, 1969): *Arabeln Willalm erwarp,/dar umbe unschuldic volc erstarp./diu minne im leiste und ê gehiez,/,Gîburc' si sich toufen liez./waz heres des mit tôde engalt!* (Wh. 7,27–8,1: „Willehalm hatte Arabel gewonnen, wofür schuldlos viele starben. Die ihm Liebe gewährt, die Ehe versprochen hatte: ,Giburg' ließ die sich taufen. Wieviele Heerscharen haben das mit dem Leben bezahlen müssen!"). Einen besonderen Ausdruckswert haben sie im Tit., wo sie, dicht gesetzt im zweiten Fragment, „eine traurig-altertümliche Patina über das Geschehen" breiten (Burger, 1969, S. 277).

Wichtiger als diese allgemeinen Verweise sind aber die mannigfaltigen Themenstränge, die Wolfram sinnstiftend miteinander verwebt. So läßt er z.B. beim Turnier von Kanvoleiz in der Vorgeschichte von Parzivals Eltern verschiedene Protagonisten auftreten, die später eine wichtige Rolle in der Haupthandlung spielen, z.B. Gurnemanz und Gawan, diesen noch im Knabenalter (vgl. Pz. 65,26–67,30). Immer wieder begegnen sich Figuren zufällig im Verlauf der Handlung, bevor sie in neuen Konstellationen zu einer direkten Begegnung finden. Wolfram hat mit dieser Technik u. a. die Parzival- und die Gawan-Handlung kunstvoll miteinander verzahnt: Beide Ritter brechen am gleichen Tag vom Artushof auf (vgl. Pz. 331,1–333,30 und 335,1–30); in der Schlacht von Bearosche (vgl. Pz. 383,23–384,1) stehen sie sich in den gegnerischen Kontingenten gegenüber, ohne sich zu erkennen; in Schampfanzun erfährt Gawan, daß Vergulaht kurz zuvor von Parzival besiegt und zur Gralsuche verpflichtet wurde (vgl. Pz. 424,15–425,14); an Schastel marveile, wo Gawan die 400 Damen aus der Macht Clinschors befreit, ist Parzival ebenfalls vorbeigekommen (vgl. Pz. 559,9–30); schließlich begegnen sich beide Helden unmittelbar im Kampf (vgl. Pz. 679,1–680,30). Wolfram konstruiert also immer wieder Kontaktstellen, an denen sich die Helden begegnen, und stiftet so eine zusammenhängende und zugleich topographisch profilierte Erzählwelt, in der trotz des Wechsels der Handlungsträger beide Figuren mit ihren Gemeinsamkeiten und Unterschieden stets präsent bleiben (vgl. Mohr, 1958).

Auch die Wege anderer Figuren kreuzen sich, z.B. trifft Gahmuret seinen Vetter Kaylet schon lange vor dem Turnier Herzeloydes im Orient (vgl. Pz. 47,23–48,5), und Trevrizent hat Parzivals Vater einst in Sevilla getroffen (vgl. Pz. 497,22–498,20). Nicht immer kommt diesen Begegnungen eine größere Bedeutung zu, doch tragen sie zur Inszenierung einer Handlung von großer räumlicher und zeitlicher Tiefe bei (→ S. 202ff.), in der alles mit allem zusammenhängt und quasi heilsgeschichtlich prädisponiert ist. Besonders signifikant ist die Verknüpfung zwischen der Gralburg und Schastel marveile über die Figur Cundries: Die Gralbotin versorgt Sigune mit Essen (vgl. Pz. 438,29–439,5) und Artus' Mutter Arnive auf dem Zauberschloss mit Medizin (vgl. Pz. 579,24–580,1). Dadurch werden die beiden erlösungsbedürftigen Orte miteinander in Beziehung gesetzt und die Gawan- und Parzival-Handlung parallelisiert. Eine andere Verbindung zwischen den beiden Romanteilen ist z.B. die frühere Liaison zwischen dem leidenden Gralkönig Anfortas und der Herzogin Orgeluse, Gawans Geliebter, die erst nach und nach zutage tritt (vgl. Pz. 616,19–29).

Die Kohärenzstiftung erfolgt z.T. über unscheinbare Details, die immer wieder aufgerufen werden und die Erinnerung an bereits Erzähltes wachhalten. Als Parzival z.B. zum ersten Mal in Trevrizents Einsiedelei kommt, ohne seinen Onkel zu treffen, sieht er dort die herrenlose Lanze Taurians neben einem Reliquiar stehen und nimmt sie mit (vgl. Pz.

268,28 f. und 271,10–13). Später wird das scheinbar nebensächliche Requisit wichtig für die Verknüpfung dieses ersten Besuches mit dem großen Religionsgespräch am gleichen Ort und der Bestimmung der Zeit, die inzwischen vergangen ist (vgl. Pz. 460,1–27; → S. 203).

Bedeutungsvolle Verknüpfungen stiftet Wolfram aber auch durch Figuren, die an verschiedenen Stellen des Pz. genannt werden, selbst aber kein Eigenleben in der Handlung entfalten. Eine solche ist z. B. Ampflise, die französische Königin. Sie war einst die Minnedame Gahmurets, und nach dem Tod ihres Mannes begehrt sie ihn zu heiraten (vgl. Pz. 69,29–70,6; 76,1–77,18; 87,7–88,6; 94,17–95,4; 97,13–98,14). Ampflise hat – und auch das nur vermittelt durch einen Brief und Boten – eigentlich nur im zweiten Buch einen Auftritt. Sie hat kein eigenes Profil, sondern dient lediglich der Steigerung der schwierigen Situation, in der sich Gahmuret in Kanvoleiz befindet, als drei Frauen gleichzeitig Anspruch auf ihn erheben, und zur Illustration der *triuwe* Gahmurets, der, damit die Geschichte weitergeht, ehrenhaft aus seiner Ehe mit Belakane gelöst werden muß, damit er Herzeloyde heiraten kann (vgl. Hartmann, 2000, S. 162 f.; Brüggen, 2004). Aber auch unbedeutende Figuren läßt Wolfram nicht fallen. Denn an späterer Stelle kommt Ampflise erneut vor. Man erinnert sich am Artushof im Zusammenhang mit Parzivals Vater an sie: *Amphlîse diu gehêrte / ouch Gahmureten lêrte, / dâ von der helt wart kurtoys* (Pz. 325,27–29: „die berühmte Ampflise hatte Gahmuret unterwiesen, wodurch der Held courtois geworden war"). Und Antikonie verweist später auf Ampflises *minne* zu Gahmuret, um Gawans sexuelle Annäherungen abzuwehren: *ich erbiutz iu durch mîns bruoder bete, / daz ez Ampflîse Gahmurete / mînem oeheim nie baz erbôt, / âne bî ligen* (Pz. 406,3–6: „ich komme euch auf Bitten meines Bruders so entgegen, daß Ampflise meinem Onkel Gahmuret nie mehr entgegengekommen ist, außer mit ihm zu schlafen"). Ampflise wird also immer wieder als ideale Minnedame aufgerufen. Sie lebt fort „im gedanklichen Horizont des Erzählers und in den Köpfen des epischen Personals" (Brüggen, 2004, S. 181). Damit trägt sie zu einem der vielen Memorialstränge bei, die Wolfram durch den Roman legt. Verschiedene Zeitstufen und Situationen werden so miteinander verflochten, daß immer wieder „die immanente Historizität der Textwelt" (Brüggen, 2004, S. 183) sichtbar wird.

Die größte Verknüpfung von Räumen und Zeiten leistet die Figur des Feirefiz. Sie verknüpft nicht nur die Elterngeschichte mit dem Hauptstrang des Romans, sondern auch den Orient mit dem Okzident, d. h. die Pole der ganzen damals bekannten Welt. Der gescheckte Heide wird am Ende von Buch I als Frucht der Liebe zwischen Gahmuret und Belakane

Darstellungsmittel und Darstellungsformen in den erzählenden Werken 187

geboren (vgl. Pz. 57,15–28), um erst in Buch XV wieder zu erscheinen, dann aber als märchenhaft prächtiger, höfischer Ritter, der auf der Suche nach seinem Vater nach Europa kommt und – zunächst gegen ihn kämpfend – seinen Halbbruder Parzival kennenlernt (vgl. Pz. 735,5–748,12). Am Artushof begegnet er auch Gawan (vgl. Pz. 758,6–20), wird in die Tafelrunde aufgenommen (vgl. Pz. 774,8–778,12), reitet mit Parzival und Cundrie nach Munsalvaesche (vgl. Pz. 786,14–30), läßt sich dort taufen (vgl. Pz. 817,4–818,23) und bringt schließlich das Christentum nach Indien (vgl. Pz. 822,23–30). Der Pz. mündet in eine große Synthese aller Handlungsstränge, und die Figur des Feirefiz verbindet das westliche mit dem östlichen Rittertum, Europa mit dem Orient, die Gralburg mit dem Heiligen Land, das Christentum mit der muslimischen Welt (vgl. Müller, 2008). Somit ist Feirefiz nicht nur das epische Bindeglied zwischen den Zeiten und Räumen, die die Handlung umspannt, sondern verknüpft auch die ethischen und religiösen Sphären, zwischen denen sich die Erzählung – konflikt- und spannungsreich – bewegt, denn der „Orient steht für eine kosmische Dimension von Raum und Zeit, für Heilsgeschichte und Eschatologie, für märchenhaften Reichtum und Wunderapparate, und er bildet einen bedeutungsvollen Hintergrund für die gesamte Handlung" (Bumke, 2004, S. 192).

Wolframs ausgefeilte Technik der Kohärenzstiftung ist in der deutschen Literatur um 1200 ein Novum. Auch beeindruckt, wie es ihm gelingt, die zahlreichen thematischen Stränge in seinen Romanen zu einem komplexen epischen Geflecht zu verbinden, ohne über die vielfältigen Motive und Figuren die Kontrolle zu verlieren. Die Verknüpfung von Themen ist bei Wolfram nie nur eine rein äußerliche und geht in ihrer Funktion über eine technische Vernetzung von Erzählstoffen weit hinaus. Vielmehr führt sie ins Herz der Poetik seiner Romane, in deren Zentrum die sinnstiftende Befriedung einer gesellschaftlich und religiös gespaltenen Welt steht (vgl. Schwietering, 1941).

5.4 Auserzählen

Mit großer Souveränität handhabt Wolfram auch einzelne Motive, die er über weite Strecken der Handlung so aufeinander abstimmt, daß es nicht zu sachlichen Brüchen oder Widersprüchen kommt. Nebenbemerkungen oder kleine Details, die scheinbar unbedeutend sind, werden an späterer Stelle vielfach wichtig, weil sie dann das Verhalten der Figuren oder den Verlauf der Ereignisse erklären. Mithilfe unscheinbarer Elemente der Erzählung gestaltet er sorgfältig konstruierte Handlungsketten, in denen frühere Szenen spätere kausal stimmig motivieren und überhaupt erst möglich machen. Kein Detail scheint zufällig, alles ist sinnvoll komponiert und wird erzählerisch fruchtbar gemacht.

Ein Beispiel dafür sind z.B. Isenharts Zelt und Rüstung. Gahmuret befreit Patelamunt von der Belagerung durch den schottischen König Vridebrant, der den Tod seines Vetters Isenhart im Minnedienst für Belakane rächen will. Beiläufig erwähnt die Mohrenkönigin, daß Isenhart einst sein Prunkzelt und seine gesamte ritterliche Rüstung weggegeben hat, um ohne Schutz allein im Vertrauen auf seine Kampfkraft für sie ritterliche Bewährungsproben zu bestehen und sie so zu beeindrucken (vgl. Pz. 27,13–22). In einem dieser Kämpfe fand er den Tod (vgl. Pz. 27,23–28,9). Nun brandschatzen die Schotten Belakanes Land, Isenharts riesiges Zelt haben sie dabei und in ihrem Lager vor Patelamunt aufgebaut (vgl. Pz. 27,16–18). Isenharts Erbe geht an Gahmuret über, nachdem er Vridebrant besiegt hat (vgl. Pz. 52,23–53,14; 54,11–16). Er läßt alles eilig auf sein Schiff bringen und verläßt schon bald heimlich das Heidenland. Das Zelt spielt dann wieder vor Kanvoleiz bei Herzeloydes Turnier eine Rolle (vgl. Pz. 61,8–17), und Gahmuret kämpft dort in Isenharts prächtiger Rüstung, zu der u.a. der verhängnisvolle Diamanthelm (*adamas*) gehört (vgl. Pz. 70,13–21). Die Requisiten dienen somit nicht nur der Verknüpfung der Herzeloyde- mit der Belakane-Handlung, sind nicht nur Staffage, sondern begründen, wie der als erbeloser Königssohn ausgezogene Held in den Besitz so kostbarer Gegenstände kommt, die noch dazu später als Verhandlungsort (vgl. Pz. 82,30–89,2) und als Grund für Gahmurets Tod (vgl. Pz. 105,1–106,28) bedeutsam werden. Wolfram reichert seinen Roman somit nicht nur um des Effektes willen mit eindrucksvollen Details an, sondern erzählt sie aus, ruft sie wiederholt auf und nutzt sie phantasievoll für die Motivierung und semantische Vertiefung der Handlung. Denn das düstere Leitmotiv ,Tod durch Ritterschaft', für das Isenharts Zelt und Rüstung stehen, wird durch die Requisiten auch in der Gahmuret-Handlung als Menetekel stets präsent gehalten, und dem aufmerksamen Publikum werden diese Hinweise, die im Vortrag möglicherweise besonders betont wurden, nicht entgangen sein (vgl. Noltze, 1995, S. 125f. und 185–187; Hartmann, 2000, S. 68; Stock, 2008).

Die gleiche Strategie begegnet im Zusammenhang mit Erkennungsszenen (vgl. Green, 1982). Als Parzival, von der Gralburg kommend, zum zweiten Mal Sigune begegnet, erkennt sie ihn an der Stimme (vgl. Pz. 251,28). Man muß daraus schließen, daß sein Gesicht verhüllt ist.

Darstellungsmittel und Darstellungsformen in den erzählenden Werken 189

Tatsächlich hat er sich beim Aufbruch von der Burg von Kopf bis Fuß gewappnet (vgl. Pz. 246,24–26). Über seinen Helm wird dabei nichts gesagt, aber wir wissen dennoch, wie er aussieht: Er ist mit einer *barbiere* versehen, einer Metallplatte vor dem Gesicht, in der nur Atemlöcher und schmale Sehschlitze ausgespart sind. Das ergibt sich zwingend daraus, daß Parzival die Rüstung Ithers trägt, den er mit seinem Jagdspieß durch den Augenschlitz der *barbiere* getroffen hatte (vgl. Pz. 155,7–11). Nachdem er Sigune verlassen hat, trifft Parzival alsbald auf Jeschute. Sie erkennt ihn an seiner Schönheit (vgl. Pz. 258,1–4). Parzivals Schönheit ist eines der Schlüsselmotive, auf die immer wieder angespielt wird und die wesentlich zur Kohärenz der Erzählung beitragen (vgl. Johnson, 1978). Hier verweist das Motiv zurück auf die unselige erste Begegnung Jeschutes mit Parzival. Damals hatte Jeschute Orilus gesagt, ein Tor von außergewöhnlicher Schönheit habe sie überfallen (vgl. Pz. 133,15–18), und den Mißtrauischen damit ungewollt davon überzeugt, daß sie mit dem Eindringling intim geworden war (vgl. Pz. 133,21 f.). Wenn Jeschute Parzival nun an seiner Schönheit wiedererkennt, muß jener inzwischen den Helm abgenommen haben. Und tatsächlich wird erzählt, daß Parzival, nachdem er Sigune verlassen hatte, aus Kummer und wegen der Hitze des Tages zu schwitzen begann, deshalb den Helm abnahm und auch die *vintaile* löste, einen Zipfel des Kettenpanzers, der das Kinn und die untere Gesichtshälfte unter der *barbiere* bedeckt (vgl. Pz. 256,5–10). Auch ein Hinweis auf Parzivals Schönheit fehlt hier nicht: Sein Gesicht ist vom Rost der *barbiere* befleckt, doch seine Stattlichkeit strahlt durch den Schmutz hindurch. Als er sich dann zum Kampf mit Orilus bereitmacht, greift der Erzähler das Detail erneut auf: Er merkt ausdrücklich an, daß Parzival die *vintaile* wieder befestigt und den Helm aufsetzt und zurechtrückt, damit er gute Sicht durch die Schlitze hat (vgl. Pz. 260,12–15). Die Angabe, daß der Tag heiß war, ist nebenbei der erste Hinweis auf die Jahreszeit, die, wie sich zeigen wird, im Zusammenhang der Erzählung von großer Bedeutung ist. Wolframs Dramaturgie ist höchst stringent und kennt in diesem Fall keine Lücken.

Zahlreiche weitere Beispiele für das Auserzählen scheinbar nebensächlicher Motive ließen sich aufzählen. Exemplarisch sei hier Gawans vortreffliches Pferd Gringuljete genannt, dem Wolfram – wohl nach dem Vorbild des ‚Rolandsliedes' und des ‚Erec' (vgl. Nellmann, 1994, S. 562 f.) – eine wechselvolle Geschichte gibt (vgl. Johnson, 1968; Ohly, 1985). Das Pferd aus Munsalvaesche (vgl. Pz. 540,26 f.) gehört zuerst dem Gralritter Lybbeals (vgl. Pz. 473,24–30), dann Lähelin (vgl. Pz. 261,27–30; 340,1–6; 540,28 f.), Orilus (vgl. Pz. 339,26–28; 540,30;

545,28f.), Gawan (vgl. Pz. 339,26–30; 340,29–341,2; 432,25f.; 541,1f.; 597,21–23), Urjans (vgl. Pz. 522,26–30; 540,17–24; 545,30f.; 620,4f.), Lischoys (vgl. Pz. 545,13–15) und schließlich wieder Gawan (vgl. Pz. 678,9f.). Wolfram behält über die jeweilige Zuordnung des Pferdes nicht nur jederzeit die Kontrolle, sondern ruft den Namen und die Herkunft des Pferdes, die Gralburg, immer wieder auf (*von Munsalvaesche Gringuljete*; Pz. 597,21), so daß es zu einem der vielen Bindeglieder zwischen der Gawan- und der Parzival-Handlung wird und Gawan auf besondere Weise auszeichnet. Schließlich treffen mit Gringuljete und Parzivals Pferd zwei Gralrösser im Kampf aufeinander (vgl. Pz. 679,23–26). Sie spiegeln die Verwandtschaft und ritterliche Ebenbürtigkeit der beiden Helden wider. Die zahlreichen verschiedenen Besitzer Gringuljetes geben dem Pferd nicht nur eine ‚Vergangenheit', sondern laden es mit negativer und positiver Bedeutung auf, so daß in ihm wichtige Stationen der Gawan-Erzählung zusammengefaßt werden und es im Gespräch zwischen Parzival und Trevrizent sogar zum Movens der Handlung werden kann (vgl. Nellmann, 1994, S. 598 und 628). Gringuljete ist somit einer der vielen motivischen Fäden, die kohärenz- und sinnstiftend den Pz. durchziehen (→ S. 183 ff.) und von Wolfram gezielt in den Roman hineingewoben werden.

Auch im Wh. finden sich Beispiele für Wolframs kunstvolle Gestaltung von Handlungsketten, die von Nebenmotiven getragen werden. In der ersten Alischanz-Schlacht erschlägt Willehalm Arofel, den Bruder des obersten Heidenherrschers (vgl. Wh. 81,12), und legt zur Tarnung dessen Rüstung an (vgl. Wh. 81,23–29). Mithilfe dieser Taktik gelingt es ihm zunächst, sich ungeschoren durch die feindlichen Truppen zu schlagen (vgl. Wh. 83,24–29). Doch schon bald durchschauen die Heiden die List, denn unter der Rüstung schaut ein Zipfel von Willehalms französischem Pelzrock hervor (vgl. Wh. 84,20–27). Aufgefordert sich zu stellen, tötet Willehalm Tesereiz in der Tjost und entkommt (vgl. Wh. 87,27–88,30), aber nur, um nun in Orange in seiner fremden Rüstung mit dem Emblem aus Samarkand (vgl. Wh. 232,6–9) von Giburg nicht erkannt und abgewiesen zu werden (vgl. Wh. 89,9–90,23). Um seine Identität zu beweisen, stürzt Willehalm sich in den Kampf gegen die heidnischen Belagerer und nutzt nun wieder den Tarneffekt der erbeuteten Rüstung (vgl. Wh. 91,4–11). Aber Giburg traut ihm noch immer nicht und verlangt, daß er den Helm abnimmt und eine bestimmte Narbe zeigt (vgl. Wh. 91,27–92,22). Erst dieses Kennzeichen überzeugt Giburg, die sich von Arofels Rüstung zu größter Vorsicht genötigt sah. Das Requisit wird also intensiv genutzt, um Willehalms Identität in dieser Phase des Romans unkenntlich zu machen. Dadurch, daß dies bei verschiedenen Adressaten zu unterschiedlichen Bewertungen und Reaktionen führt, kann die an sich nebensächliche Beute aufgrund ihrer semantischen Ambivalenz zum wichtigen Movens der Handlung werden. Das Beispiel zeigt erneut, daß Wolfram kein Detail ungenutzt läßt und jedes noch so periphere Accessoire erzählerisch produktiv zu machen versteht. Das Potential seiner Figuren und Motive wird im Verlauf der Handlung planvoll auserzählt und in eine chronologisch und logisch stimmige Abfolge von Ereignissen eingebracht. Dabei beweist Wolfram eine außergewöhnliche Geistesgegenwart: Kaum ein Detail, kaum ein erzähllogischer Zusammenhang geht ihm verloren, alles wird explizit reflektiert und hat Hintergrund, Bedeutung und Funktion.

5.5 Verzögern – Verhüllen – Enthüllen

Als besonders charakteristisch für Wolframs Stil wird insbesondere seine Technik der sukzessiven Enthüllung von Zusammenhängen gesehen (vgl. Wehrli, 1954; Curschmann, 1971; Bumke, 2004, S. 210–213). Während in anderen zeitgenössischen Heldenepen („Nibelungenlied') und Artusromanen („Erec', ‚Iwein') eher linear erzählt wird und Informationen zum Verständnis einer Szene direkt mitgeliefert werden, arbeitet Wolfram vielfach mit Motiven und Andeutungen, die an Ort und Stelle für den Rezipienten zunächst rätselhaft bleiben und erst viel später erklärt werden. Auf diese Weise erzeugt er nicht nur Fragedruck und hält die Aufmerksamkeit seines Publikums hoch, sondern vertieft die Erzählung, unter deren Oberfläche noch weitere Informationen liegen, die die Zuhörer vorerst nur erahnen können. Ihnen wird das Bild einer weiten, noch viele Details verbergenden Erzählwelt, eines vielschichtigen „Weltgewebes" (Bertau, 1972–1973, S. 780), suggeriert, das geheimnisvoll ist und in dem man sich notgedrungen dem Rhythmus des Erzählers anpassen muß, der frei darüber entscheidet, was er preisgeben will und was noch nicht. Maßstab ist für ihn wiederholt der ‚richtige Zeitpunkt', an dem sich Themen von selbst aus dem Verlauf der Ereignisse ergeben (vgl. Pz. 453,1–10). Die Eigengesetzlichkeit der *âventiure* wird vorgeschoben, um das souveräne Regiment des Erzählers über seinen Stoff zu legitimieren, der über einen reichen Fundus an entsprechenden Formeln verfügt, um das Erzähltempo beliebig zu verlangsamen und Erläuterungen auf später zu vertagen (vgl. Nellmann, 1973, S. 74–129).

Wolfram hat diese Methode des Andeutens und Verzögerns im Prolog des Pz. (vgl. Pz. 1,1–4,26) und im berühmten Bogengleichnis (vgl.

Pz. 241,8–30) geradezu zum Programm erhoben (→ S. 209 ff.): Sein Erzählen nimmt sich die Freiheit, ohne Rücksicht auf Chronologie und Linearität hin und her zu springen (obwohl dem Roman durchaus eine differenzierte Zeitstruktur eingeschrieben ist; → S. 202 ff.), er hebt und schließt den Vorhang seiner Bühne, wie es ihm beliebt, und er hält es beim Erzählen mit der gespannten – und das heißt: krummen – Sehne des Bogens, durch die die Geschichte erst Fahrt aufnimmt, auch wenn das manch einen, der sie lieber mundgerecht und der Reihe nach vorgesetzt bekäme, überfordert.

So durchzieht Wolfram den Pz. mit einer Reihe von Motivketten, die sich erst nach und nach erschließen, so daß der Rezipient den Erkenntnisweg des Helden mitgehen muß. Als Parzival nach dem verhängnisvollen Mahl auf der Gralburg hinausgeführt wird, erblickt er z.B. in einer Kemenate einen besonders schönen Greis auf einem Spannbett (vgl. Pz. 240,25–30). Doch sofort schließt man die Tür, und der Erzähler teilt mit, daß er die Identität des alten Mannes erst später bekanntgeben wird, *sô des wirdet zît* (Pz. 241,5: „wenn es an der Zeit ist"). Erst viele hundert Verse weiter wird Trevrizent Parzival erklären, daß er auf Munsalvaesche Titurel gesehen hat, seinen weisen Urgroßvater (vgl. Pz. 501,19–502,3), der später das Taufbecken für Feirefiz anfertigen lassen wird (vgl. Pz. 816,22 f.). Beim Bankett auf der Gralburg sieht Parzival eine geheimnisvolle Lanze, von der Blut herabrinnt (vgl. Pz. 231,17–30). Wieder ist es Trevrizent, der die Bedeutung des Requisits kennt: Es handelt sich um den vergifteten Speer, der einst Anfortas im Kampf verletzte und den man nun immer in die Wunde einführt, wenn die Schmerzen unerträglich werden, weil er bei Frost die Kälte aus dem Gewebe zu ziehen vermag (vgl. Pz. 479,26 f.; 489,22–490,30; 492,17–493,14). Das Blut an der Lanze zeigt an, wenn Anfortas besonders leidet und man das Eisen tief in die Wunde stoßen muß, um eine Wirkung zu erzielen. Auch dieses Zeichen veranlaßt Parzival aber nicht zum Fragen. Und so sind es viele Phänomene, die der Held in Munsalvaesche gesehen hat, die erst viel später erhellt werden. Der Rezipient bleibt über weite Strecken des Romans genauso ahnungslos wie Parzival. Dies gilt z.B. auch für den Gral, der im V. Buch in einer Prozession feierlich hereingetragen wird (vgl. Pz. 235,23 f.), dessen Herkunft und religiöse Bedeutung aber erst im IX. Buch aufgedeckt werden (vgl. Pz. 452,30; 453,23–455,1; 468,1–471,29). Warum auf der Gralburg Trauer herrscht, deren Indizien Parzival bei seinem ersten Besuch überall wahrnimmt (vgl. Pz. 227,7–16), erfahren der Held wie das Publikum erst viel später (vgl. Pz. 479,25–480,24; 787,1–792,8). Doch es sind nicht nur die Geheimnisse des Grals, deren Auflösung Wolfram lange hinauszögert, sondern auch andere Umstände, die bei ihrer ersten Erwähnung nicht gleich verständlich sind: Warum Herzeloyde im II. Buch Königin zweier Länder und Witwe ist (vgl. Pz. 60,9–17), erfährt man erst in der Mitte des Romans, obwohl diese Tatsache die Grundlage für das Turnier von Kanvoleiz ist: Sie wurde vom Gralhof als Mädchen König Castis zur Frau gegeben, die Ehe blieb durch dessen frühen Tod aber kinderlos, und sie erbte die Länder Waleis und Norgals (vgl. Pz. 494,15–30). Auch ihr Drachentraum kurz vor Gahmurets Tod (vgl. Pz. 103,25–104,24) erfährt erst durch Trevrizent eine Deutung: Der Drache, den sie im Traum stillte und der sich dann plötzlich losriß, stellte niemand anderen als Parzival dar, der im III. Buch seine Mutter verläßt und ihr dadurch das Herz bricht (vgl. Pz. 476,27–30). Im IX. Buch mit dem zentralen Gespräch zwischen Parzival und Trevrizent werden also viele Rätsel gelöst und undeutliche Motive präzisiert, so daß nach den Offenbarungen des Einsiedlers sowohl der Held als auch der Rezipient die vergangenen Ereignisse mit anderen Augen sehen und den kommenden mit neuem Wissen begegnen.

Wolframs Erzählstil stellt in dieser Hinsicht um 1200 etwas völlig Neues dar, und er ist bei Chrestien so nicht vorgebildet. Nicht nur die „chaotische Unbegreiflichkeit der Welt" (Bertau, 1972–1973, S. 779) findet sich in den gezielt gesetzten Unterbrechungen, Aussparungen und temporären Dunkelheiten der Erzählung gespiegelt, sondern das Publikum wird auf einen Reifeweg geschickt, der parallel zum Weg des Helden verläuft und den Zuhörern immer nur so viel an Neuem zumutet, wie es schon zu fassen imstande ist (vgl. Schirok, 2003, S. CXVI–CXVIII). In diesem poetischen Konzept kommt ein hohes Bewußtsein für die Möglichkeiten der Fiktion zum Ausdruck.

5.6 Perspektivierung

Perspektivierung bedeutet bei Wolfram zum einen die kunstvolle Lenkung der Aufmerksamkeit des Lesers, z. B. durch die Aufforderung, jetzt hierhin und nun dorthin zu schauen, häufig mit der überleitenden Formel *nû seht* (vgl. Nellmann, 1973, S. 37–40; Bumke, 2004, S. 230). Seine Erzählungen leben von Visualisierungen, besonders bei Turnier- und Schlachtschilderungen, in denen zwischen der großen Totale à la Altdorfers ‚Alexanderschlacht' und der kleinen Einzelszene hin und her geschwenkt und so der Eindruck eines bewegten, dramatischen Kampfgetümmels erzeugt wird. Besonders eindrucksvoll läßt sich das an der zweiten Alischanz-Schlacht zeigen (vgl. Wh. Buch VIII/IX), bei deren Wiedergabe der Erzähler ständig zwischen der Beschreibung riesiger angreifender Scharen und der Schilderung filigraner Ausrüstungsdetails und einzelner Kampfhandlungen wechselt, den Blick des Zuhörers wie mit einer Kamera strukturierend durch das unüberschaubare Geschehen leitet und seine literarischen Vorgänger erzähltechnisch weit hinter sich läßt (vgl. Czerwinski, 1975; Bumke, 2004, S. 281, 311f. und 364f.).

Perspektivierung bedeutet bei Wolfram aber zum anderen die Beeinflussung der Meinung des Publikums zu den geschilderten Ereignissen. Dabei ist eines der hervorstechendsten Merkmale seiner Erzählkunst die Multiperspektivität der Darstellung. Denn daß die Handlung von Kommentaren, Ausrufen und Wünschen des Erzählers begleitet und so perspektiviert wird, ist eine Technik, die bereits Hartmann von Aue beherrscht. Das Besondere an Wolframs Romanen ist jedoch, daß der Erzähler Bewertungen des Geschehens und der Figuren vornimmt, die sich nicht nur untereinander widersprechen oder im Verlauf der Erzählung ändern, sondern sogar im Kontrast zur Handlung stehen können, so daß eine Uneindeutigkeit entsteht, die eine schlüssige Interpretation erschwert. Dieses Phänomen reiht sich in das Repertoire erzählerischer Verfahren ein, auf die Wolfram bei der Ausgestaltung seiner polyphonen, stets relationalen Erzählwelt zurückgreift, um Perspektiven aus mehreren Richtungen zu schaffen oder immer wieder zu relativieren. Dem Publikum bleibt es überlassen, aus den vielfältigen Sinnangeboten eine eigene Sicht auf die Ereignisse abzuleiten und sich selbst ein Urteil zu bilden. Die Multiperspektivität des Erzählens bedeutet die Aufwertung der Rezipienten zur letzten Entscheidungsinstanz, doch ist diese Ermächtigung nur eine scheinbare, denn der Souverän über die Vielfalt der Perspektiven bleibt letztlich stets der Erzähler (vgl. Nellmann, 1973, S. 129–149; Schirok, 2003, S. CXXIII–CXXV; Bumke, 2004, S. 229–232).

Gahmuret, Parzivals Vater, ist ein Beispiel für den Kontrast zwischen Handlung und Erzählerbewertung. Er wird vom Erzähler unentwegt als Ritter voller Treue, Tugend und Selbstbeherrschung gepriesen, der *site phlac, den rehtiu mâze widerwac* (Pz. 13,3f.: „so lebte, wie es dem rechten Maß entsprach"). Wolfram nennt ihn *kiusche* (Pz. 5,22: „beherrscht", „demütig") und – vermittelt durch die panegyrische Grabinschrift – Sieger über alle *valscheit* (Pz. 108,27). Und dennoch geht ein Riß durch die Vita dieses Musterritters, den es nirgendwo lange hält, der rastlos nach immer neuer ritterlicher Bewährung im Kampf sucht und dafür zweimal eine schwangere Frau verläßt, im Falle Belakanes sogar heimlich und unter fadenscheinigem Vorwand. Die Forschung kommt daher zu sehr unterschiedlichen Bewertungen der Figur und sieht in ihr z.T. sogar einen Gegenentwurf zu Parzival (vgl. Ortmann, 1973; Haug, 1990).

Vielstimmig ist auch die Bewertung von Parzivals Versagen auf der Gralburg. Die Lehre des Gurnemanz konsequent anwendend, keine aufdringlichen Fragen zu stellen, hält Parzival sich *durch zuht* (Pz. 239,10: „um der Etikette zu genügen") zurück und versäumt die von allen auf Munsalvaesche sehnlichst erwartete Mitleidsfrage. Der Erzähler bedauert dieses folgenschwere Versäumnis zwar (vgl. Pz. 240,3–9), verteidigt Parzival aber mit dem Argument, daß er noch reifen müsse: *dennoch mêr im was bereit/scham ob allen sînen siten* (Pz. 319,6f.: „doch verfügte er weiterhin über Ehrgefühl als herausragende Eigenschaft"). Signe und Cundrie hingegen bezichtigen ihn der schwersten Schuld und verfluchen ihn (*gunêrter lîp, verfluochet man!*, 255,13: „Verworfener, verfluchter Mensch"; *gein der helle ir sît benant*, Pz. 316,7: „zur Hölle seid Ihr bestimmt"). Später begegnet Signe Parzival allerdings sehr viel versöhnlicher, und das Mitleid siegt über die Verurteilung (*al mîn gerich/sol ûf dich, neve, sîn verkorn*, Pz. 441,18f.: „alle Vorwürfe, die ich Dir machte, Vetter, nehme ich zurück"). Auch Cundrie bittet Parzival für ihre harsche Verdammung später um Verzeihung: *si viel mit zuht, diu an ir was,/Parzivâle an sînen fuoz,/si warp al weinde umb sînen gruoz,/sô daz er zorn gein ir verlür/und âne kus ûf si verkür* (Pz. 779,22–26: „mit aller Höflichkeit, die ihr zu Gebote stand, fiel sie Parzival zu Füßen, weinend bat sie ihn um freundliches Entgegenkommen, daß er seinen Zorn auf sie aufgebe, auch ohne Friedenskuß"). Trevrizent zählt das Versagen auf Munsalvaesche zwar zu Parzivals Hauptsünden (vgl. Pz. 501,1–4), vergibt ihm aber am Ende (vgl. Pz. 502,25–28). Der Erzähler umstellt das zentrale Thema des Romans somit nicht nur mit einer Vielzahl divergierender Stimmen, sondern gestaltet diese Bewertungen in sich dynamisch, d.h., sie können sich ändern (vgl. Schirok, 2003, S. CXXIV). Das eine gültige Urteil über die Ereignisse auf Munsalvaesche gibt es nicht. Es wird dem Publikum jedenfalls nicht bequem mitgeliefert.

Auch im Wh. läßt sich diese Strategie der polyphonen Perspektivierung nachweisen. Der Erzähler erklärt die Motive hinter dem Verhalten von Figuren und entschuldigt sie dadurch, in diesem Falle Willehalm: Er mißhandelt seine Schwester, die Königin, packt sie an den Haaren und reagiert völlig unbeherrscht auf die unfreundliche Reserviertheit des Hofes in Laon (vgl. Wh. 147,11–148,2). Daß dieses Verhalten nicht ritterlich ist, steht außer Frage. Doch der Erzähler nimmt Willehalm in Schutz. Er habe schließlich nur an Giburgs Not gedacht und eine verlustreiche Schlacht hinter sich: *des twanc in minne und ander nôt,/mâge und ouch manne tôt* (Wh. 163,9 f.: „Liebe und Leid zwangen ihn dazu, der Tod von Blutsverwandten und Vasallen"). Wolfram perspektiviert das Geschehen und gibt eine Bewertung vor. „Das Publikum wird nicht mit der Erzählung allein gelassen, wie das vor allem bei Chrestien geschieht. Es soll das Handeln der Figuren verstehen können, soll sie nicht nur von außen agieren sehen" (Nellmann, 1973, S. 134).

Neben der Verteidigung von Protagonisten stehen Wolframs Erzähler viele Formeln und Techniken zu Gebote, die Ereignisse zu bewerten und dem Publikum dadurch eine Deutungsrichtung vorzugeben: Kritik, Vermutungen, Klagen und Ausrufe, Sorgen und Wünsche usw. (vgl. Nellmann, 1973, S. 129–158). Auch die Herstellung bedeutungsvoller Bezüge zu anderen Texten gehört zu diesen Techniken (→ S. 197 ff.). Der Erzähler übermittelt nicht nur die Geschichte, sondern ist zugleich ihr Kommentator, freilich nicht immer ohne innere Widersprüche. Eine besondes subtile Form der Perspektivierung sind Erläuterungen, die vordergründig darauf abzielen, daß etwas nicht so sei, wie man denken könne, aber gerade dadurch Vergleichsoptionen ins Spiel bringen, die die Handlung tönen, obwohl behauptet wird, um sie gehe es hier gerade nicht. Wenn z. B. gesagt wird, daß einer der Feinde des Kalifen, gegen die Gahmuret in die Schlacht zieht, zwar Pompeius heiße, dieser aber nicht zu verwechseln sei mit dem Gegner Caesars im alten Rom, dann fällt natürlich dadurch erst recht ein negatives Licht auf den Babylonier, denn Caesar galt im Mittelalter als vorbildlicher Herrscher (vgl. Schirok, 1988). Und wenn von Willehalms Sternenbanner, das die Reichsfahne ersetzt, in der zweiten Alischanz-Schlacht gesagt wird, man solle dabei ja nicht an den Stern von Bethlehem denken (vgl. Wh. 369,16–21), dann macht gerade diese Warnung das Emblem zum Zeichen der Rettung und des Heils, denn im Zeichen dieses Sterns wird das heidnische Heer vernichtend geschlagen (vgl. Hartmann, 2002, S. 170). So sind die Romane Wolframs von subtilen Markierungen durchzogen, die das Geschehen einordnen, semantisch aufladen und bewerten, allerdings nicht im Sinne eines kohärenten Systems: Erst im Mitvollzug der stets nur relativen Wahrheit, die hier narrativ vermittelt wird, erschließt sich dem Rezipienten der ganze Reichtum der von Wolfram inszenierten, multiperspektivisch verfaßten fiktionalen Welt.

5.7 Intertextuelle Bezüge

Volkssprachige Texte des Mittelalters stehen per se in einem Dialog mit anderen Texten, indem sie nicht nur vielfältige ‚Texte' im weitesten Sinne aus dem Themen- und Bilderreservoir ihrer jeweiligen Zeit aufnehmen und verarbeiten, sondern indem sie fast immer Vorlagen haben, zumeist lateinische oder altfranzösische, die sie bearbeiten, ergänzen und neu gestalten. Der wichtigste intertextuelle Bezug des Pz. ist insofern Chrestiens ‚Perceval', des Wh. das altfranzösische Heldenepos ‚Aliscans' und des Tit. in großen Teilen Wolframs eigener Pz., in dem die Geschichte von Sigune und Schionatulander angelegt ist, aber nicht ausgeschrieben wird.

Neben den eigentlichen Quellen verarbeitet Wolfram in den erzählenden Werken eine Vielzahl von Leittexten der mittelalterlichen Kultur (→ S. 9 ff. und 394 ff., tabellarische Übersicht S. 48), allen voran der Bibel (u.a. Evangelien, Apokalypse), aber auch der Chronistik (‚Kaiserchronik', Wilhelm von Tyrus) und der Wissensliteratur (‚Lucidarius'). Auch die altfranzösische Literatur (u.a. ‚Cligés', ‚Roman de Thèbes') und die Artus- und Heldenepik seiner Zeit hat er gut gekannt und erzählerisch aufgenommen, wie die Verwendung von Namen, Orten und Motiven beweist (vgl. Gillespie, 1989; Nellmann, 1994, S. 414). Die christliche Kunst ist mit ihrer Ikonographie allpräsent: Sowohl die Darstellung Christi als Opferlamm mit Siegesfahne (vgl. Pz. 105,22 f.) als auch die apokalyptischen Elemente in Herzeloydes Drachentraum (vgl. Pz. 103,25–104,30) haben hier ihre Wurzeln. Die Gralprozession auf Munsalvaesche ruft u.a. Gebräuche der kirchlichen Liturgie auf. Wolfram muß über eine breite Bildung verfügt, die Kultur seiner Zeit sehr wach verfolgt und Zugang zu gelehrten Quellen oder Beratern gehabt haben. Anders wären die weit ausgreifenden, z.T. sehr speziellen Welt- und Literaturbezüge, die seine Romane auszeichnen, nicht denkbar. Das Gros der Forschung geht deshalb heute davon aus, daß Wolfram kein ungebildeter Analphabet war, wie er selbst mehrfach behauptet, sondern daß diese Selbststilisierung ein Teil seiner Erzählerrolle – und damit der Fiktion – ist und daß er als (adeliger?) Hofdichter zweifellos über eine ganz ungewöhnliche Belesenheit verfügt hat, auch wenn er vielleicht keine Ausbildung im Lesen und Schreiben, d.h. in der lateinischen Schrifttradition an einer geistlichen Schule, genossen hat (vgl. Bumke, 2004, S. 5–9).

Intertextuelle Bezüge im engeren Sinne lassen sich in Wolframs Romanen vielfach nachweisen und werden von ihm ganz bewußt zur Perspektivierung des Geschehens eingesetzt (→ S. 193 ff.). Sie können explizit markiert sein oder unmarkiert in der Gestalt auffälliger Motivparallelen auftreten. Explizit aufgerufen werden Heinrich von Veldeke, Hartmann von Aue, das ‚Nibelungenlied', das ‚Rolandslied', Walther von der Vogelweide und Neidhart (vgl. Draesner, 1993).

Wolfram bezeichnet Veldeke als seinen *meister* (Wh. 76,24) und überlegenes Vorbild in der Kunst der Beschreibung (vgl. Pz. 404,28–30). Im ‚Eneas' habe er treffend gezeigt, wie die Minne zu gewinnen sei (vgl. Pz. 292,18–21). Unterlegenheitsbeteuerungen dieser Art („Fachleutetopos") sind eine erzähltechnische Methode, Beschreibungen einerseits abzukürzen, andererseits das zu Beschreibende implizit zu steigern, indem der Erzähler vorgibt, nur der berühmte Vorgänger sei der Pracht einer Rüstung oder der Schönheit einer Frau in seiner Geschichte künstlerisch gewachsen gewesen (vgl. Nellmann, 1973, S. 159–164).

Poetisch noch interessanter sind die zahlreichen impliziten Anspielungen auf Veldeke, die Wolframs genaue Kenntnis des Textes verraten. Im Wh. führt z. B. Noupatris ein Banner, das Amor mit Wurfspeer und Salbenbüchse zeigt. Dieses Motiv stammt aus dem ‚Eneas' und kennzeichnet den Heidenkönig als Minneritter (vgl. Heinzle, 1991, S. 849). Giburg wird bei Willehalms Rückkehr nach Orange als hervorragende Verteidigerin der Burg gelobt, die sogar noch Camilla mit ihrem Amazonenheer bei der Schlacht vor Laurente übertrifft (vgl. Wh. 229,27–30). Besonders im Pz. ist Veldekes Roman stets präsent, z. B. bei Gahmurets Ankunft in Kanvoleiz, wo sein riesiges Zelt aufgebaut wird, das nur von 30 Pferden getragen werden kann (vgl. Pz. 61,13–15), während im ‚Eneas' für das Zelt des Helden schon 20 ausreichen (vgl. Hartmann, 2000, S. 69). Gahmurets Edelsteinsarg (vgl. Pz. 107,1–15) ruft Veldekes detailliert beschriebene Grabanlagen auf (vgl. Hartmann, 2000, S. 314 f.). Der große Minne-Exkurs im VI. Buch (vgl. Pz. 291,1–293,16) rekurriert auf Lavines Monolog (vgl. Nellmann, 1994, S. 607). König Vergulahts Burg wirkt auf Gawan viel prächtiger als einst Didos Hauptstadt Karthago auf Eneas (vgl. Pz. 399,11–14). Und wenn Feirefiz die Göttin Juno dafür preist, daß sie ihn mithilfe günstiger Winde zu Parzival gebracht hat (vgl. Pz. 750,1–10), so wird das kundige Publikum ebenfalls an den ‚Eneas' denken, in dem Juno als Wettergöttin starke Seestürme entfesselt (vgl. Nellmann, 1994, S. 762). Im Tit. werden im Minne-Dialog zwischen den Kindern Sigune und Schionatulander (Str. 50 ff.) Motive und Wendungen aus dem ‚Eneas' zitiert (vgl. Bumke/Heinzle, 2006, S. 64 ff. zu 57,1 f.; 58; 63,3 f.; 64,1). – Viele weitere Bezüge ließen sich nennen, die bis zur Übernahme einzelner Wörter und Namen reichen (vgl. Schwietering, 1921 und 1924; Hofmann, 1930).

Wolfram bindet seinen Roman durch solche intertextuellen Verweise an den in der höfischen Gesellschaft wohlbekannten ‚Eneas' an, wertet ihn durch die Einreihung in die literarische Tradition auf und schafft sich einen erzählerischen Bezugspunkt, mittels dessen er seine Figuren und Schauplätze wirkungsvoll inszenieren und ggf. sogar als großartiger und interessanter darstellen kann. Als „rhetorisches Musterbuch" (Brunner, 2003, S. 152) höfischen Erzählens wirkt Veldekes Text auch in Wolframs Liebeskonzeption hinein, in der die Minne als überwältigende, Männer wie Frauen verführende und Seelenqualen hervorrufende Macht beschrieben wird (*frou Minne, iu solte werren/daz ir den lîp der gir verwent,/dar umbe sich diu sêle sent*; Pz. 291,28–30: „Frau Minne, es sollte Euch leid tun, daß Ihr den Leib in übler Weise begehrlich macht, wodurch die Seele [im Jenseits] leidet").

Wolframs zweites Vorbild ist Hartmann von Aue. Er wird als Inbegriff des Artus-Dichters aufgerufen, als Parzival zum ersten Mal an den Artushof kommt und der Erzähler ihm Hartmann als Fürsprecher an die Seite stellt: *mîn hêr Hartman von Ouwe,/frou Ginovêr iwer frouwe/und iwer hêrre der künc Artûs,/den kumt ein mîn gast ze hûs./bitet hüeten sîn vor spotte* (Pz. 143,21–25: „Monsieur Hartmann von Aue, Ginover, Eurer Herrin, und Eurem Herrn, dem König Artus, kommt ein Gast von mir ins Haus. Sorgt dafür, daß er vor Spott bewahrt bleibt"). Bis in einzelne Motive und Namen hinein läßt sich Wolframs genaue Kenntnis des ‚Erec' und des ‚Iwein' nachweisen (vgl. Schnell, 1973; Wand, 1989). Die Frauengestalten Hartmanns nutzt er zumeist als negative Kontrastfiguren: Lunete rät ihrer Herrin Laudine rasch wieder zu heiraten, und zwar ausgerechnet Iwein, der gerade ihren Ehemann erschlagen hat. Sigune wird demgegenüber als Vorbild an Treue und Beständigkeit in der Liebe gepriesen (vgl. Pz. 253,10–17; 436,4–10). Enite soll, so die Drohung des Erzählers, sogar *durch die mül gezücket* (Pz. 144,1: „durch die Mühle gezogen") werden, wenn Hartmann es nicht schafft, den ganz und gar unstandesgemäß gekleideten Helden am Artushof davor zu bewahren, ausgelacht zu werden (vgl. Pz. 143,29–144,2). Und als Gawan in Ascalun eintrifft und dort von Vergulaht mit allen Ehren willkommen geheißen wird, ist Erecs Empfang am Artushof der Vergleichsmaßstab, der in Ascalun sogar noch überboten wird (vgl. Pz. 401,6–22). Den Vergleich nutzt Wolfram zu einer gerafften Rekapitulation des ersten Teils des ‚Erec' und bindet seinen Roman dadurch an Genre und Renommee des Vorgängers an.

Auch auf Hartmanns Romane wird immer wieder implizit angespielt. Wenn z. B. der Erzähler darauf Wert legt festzustellen, daß Gahmuret im Turnier vor Kanvoleiz den Helm nur abbindet, um Luft zu schnappen, nicht um zu prahlen (vgl. Pz. 75,26–28), dann ist das als Seitenhieb gegen Erec zu lesen, der in Prurin demonstrativ seine Tapferkeit zur Schau stellt, indem er tollkühn ohne Helm und Rüstung kämpft (vgl. Hartmann, 2000, S. 159 f.). Gahmurets Vertrag mit Herzeloyde, der Ehe und Ritterschaft durch das Zugeständnis eines monatlichen Turniers harmonisieren soll (vgl. Pz. 97,7–10), liest sich wie eine Antwort auf die im ‚Erec' und ‚Iwein' thematisierte Problematik des Ausgleichs zwischen beiden Verpflichtungen, an dem Hartmanns Helden zunächst scheitern (vgl. Nellmann, 1994, S. 506). Aufmerksamen Zuhörern dürften auch strukturelle Bezüge zu Hartmanns Romanen nicht entgangen sein: So verweisen z. B. Gawans energische Fragen an Plippalinot zu den Damen in den Fenstern von Schastel marveile (vgl. Pz. 554,23–557,2) – im gezielten Kontrast zu Parzivals Schweigen auf Munsalvaesche – auf Erecs Fragen vor dem Kampf in Mabonagrins Baumgarten (vgl. Nellmann, 1994, S. 718), und Gawans ungewollter Kampf gegen Parzival (vgl. Pz. 679,1–680,30) ruft jenen zwischen Gawein und Iwein auf, in dem sich die Kombattanten zunächst ebenfalls nicht erkennen (vgl. Nellmann, 1994, S. 747). Daß Wolframs sich als ungebildeter Dichter und poetisches Naturtalent inszeniert (*ine kan decheinen buochstap*, Pz. 115,27: „ich kann keinen Buchstaben [lesen und schreiben]"), ist wohl zuallererst eine Antwort auf Hartmanns selbstbewußte Ausstellung seiner Gelehrsamkeit in den Prologen des ‚Armen Heinrich' und des ‚Iwein' und insofern eine erzählpolitische, keine biographische Aussage (vgl. Hartmann, 2000, S. 389; Bumke, 2001, S. 131 ff.).

Nicht minder vielfältig sind die intertextuellen Bezüge zum ‚Nibelungenlied', das Wolfram nachweislich gut gekannt hat. Ihm entnimmt er nicht nur Ortsnamen (*Zazamanc, Azagouc, Ninnivê* usw.), sondern auch Material zur Charakterisierung von Figuren: König Vergulahts Vasall Liddamus scheut den Kampf und gilt als feige (vgl. Pz. 417,21–39). Als wegen Gawans sexueller Zudringlichkeit gegenüber Vergulahts Schwester Antikonie ein Gerichtskampf zwischen Gawan und Landgraf Kingrimursel angesetzt wird, bekennt Liddamus, daß er keine Lust zu einem solchen stellvertretenden Kampf hätte und beruft sich auf den Küchenmeister Rumolt (vgl. Pz. 420,25–30), der im ‚Nibelungenlied' König Gunther rät, der Einladung Kriemhilts ins Hunnenland lieber nicht zu folgen und es sich stattdessen in Worms bei Speis und Trank wohl sein zu lassen (vgl. Bumke, 1996, S. 572 ff.; Wyss, 1995). Die Diskussion darüber, ob bei der Bewältigung von Konflikten heroisch-kämpferischem oder politisch-taktischem Verhalten der Vorzug zu geben sei, wird mithilfe des ‚Nibelungenliedes' bis zu Vergulahts Intervention dann noch weitergeführt, indem Kingrimursel kontert, daß sich die Nibelungen trotz Rumolts Rat *unbetwungen/ûz huoben dâ man an in rach/daz Sîvride dâ vor geschach* (Pz. 421,8–10: „ohne gezwungen zu sein, sich dorthin auf den Weg machten, wo man an ihnen rächte, was Siegfried zuvor widerfahren war"), und Liddamus unter Bezug auf die Dietrichsage retourniert, Sibeche, der Ratgeber König Ermenrichs, sei schließlich trotz seiner Feigheit reich und mächtig gewesen (vgl. Pz. 421,23–28). Motive des ‚Nibelungenliedes' und der Heldendichtung werden so zu Vorbildern für die Selbstauslegung von Figuren bei Wolfram und zu Argumenten in Redeszenen.

Der Wh., der der Heldenepik noch näher steht als der Pz., ruft das ‚Nibelungenlied' ebenfalls auf. Dies wird z.B. deutlich in der Szene am Königshof in Laon, in der Willehalm stolz und herausfordernd wie ein Richter mit dem Schwert über den Knien vor den Reichsfürsten sitzt (vgl. Wh. 141,5–10) und mit dieser Gebärde, die an Hagens vergleichbar provokativen Auftritt vor Kriemhilt erinnert (vgl. Heinzle, 1991, S. 936f.), Empörung hervorruft.

Als Intertext für den Wh. noch wichtiger ist aber das ‚Rolandslied' des Pfaffen Konrad (vgl. Ashcroft, 2002; Gerok-Reiter, 2002; Bastert, 2010; → S. 12, 548ff., 653ff.). Es wird ständig präsent gehalten: Karls Kampf gegen die Heiden und die Schlacht von Roncevaux werden z.B. als Vergleich herangezogen, um die Übermacht der Heiden in der ersten Alischanz-Schlacht zu beschreiben (vgl. Wh. 178,22–24). Wolfram übernimmt heidnische Herrschertitel, z.B. *admirât* für Baligan, den obersten Befehlshaber (vgl. Wh. 432,16). Bernhard von Brubant, Willehalms Bruder, ruft nach dem Sieg über das Heidenheer die christlichen Truppen mithilfe eines Horns zusammen, das Rolands Olifant an Lautstärke weit übertrifft (vgl. Wh. 447,1–5). Und wie Baligan im ‚Rolandslied' will auch Terramer, der oberste Heidenherrscher im Wh., Paris, Aachen und Rom, d.h. die politischen und geistlichen Zentren der Christenheit, erobern (vgl. Wh. 339,30–340,11). Intertextuelle Bezüge stiften selbst noch unscheinbare Details, z.B. Wappen: Terramers Emblem ist der Gott Kahun, der auf einem Greifen reitet (vgl. Wh. 441,4–18). Obwohl das nicht stimmt, behauptet der Erzähler, daß auch Baligan in der Schlacht gegen Karls Heer dieses Wappen geführt habe. Ungeachtet dieses Lapsus werden durch die Verknüpfung die beiden ‚Kreuzzüge' zur Rettung des christlichen Abendlandes miteinander in Beziehung gesetzt und in ihrer welthistorischen Bedeutung parallelisiert (vgl. Hartmann, 2002, S. 170f.).

Im Pz. rekurriert u.a. Herzeloydes Angsttraum (vgl. Pz. 103,25–104,24) strukturell auf Karls Träume (vgl. Nellmann, 1994, S. 509), und wenn der gefallene Gahmuret bei den Heiden als Gott verehrt wird (vgl. Pz. 107,19–24), so dürfte wieder das ‚Rolandslied' im Hintergrund stehen, denn dort werden die Heiden nicht nur wie bei Wolfram als Polytheisten dargestellt, sondern der von Turpin getötete Sigelot wird von ihnen ebenfalls angebetet (vgl. Hartmann, 2000, S. 319).

Vertreter des Minnesangs nennt der Auch-Liederdichter Wolfram nur zwei: Der eine ist Walther von der Vogelweide, dessen Kritik am unziemlichen Lebensstil des Thüringer Hofes er aufruft, um dem Artushof zu seinem *ûzgesinde* (Wortspiel zu *ingesinde*) abweisenden Truchseß Keie zu gratulieren (vgl. Pz. 297,16–28), und dessen ‚Spießbratenspruch' er zitiert, um die Szene mit dem von Rennewart gegrillten Koch humorvoll zu kommentieren (vgl. Wh. 286,19–22; dazu Heinzle, 1991, S. 1013f.). Der andere ist Neidhart, der in seinen Liedern immer wieder das unstandesgemäße Verhalten der Bauernburschen beklagt, die wie Ritter bewaffnet einherstolzieren. Wolfram betont daher, daß Neidhart es wohl kritisiert hätte, wie Rennewart direkt neben der Königin in voller Rüstung an der Tafel sitzt, während Willehalm nichts dagegen hat (vgl. Wh. 312,9–16; dazu Heinzle, 1991, S. 1027f.).

Zusammenfassend läßt sich sagen, daß Wolframs literarische Anspielungen nicht nur einen sehr weiten literarischen Horizont erkennen lassen, der von der Heldensage über den höfischen Roman bis zum Minnesang reicht, sondern daß er Intertextualität gezielt als erzählerisches Mittel nutzt: zur Einordnung seiner Werke in die Gattungstradition, zur Perspektivierung und Charakterisierung von Szenen und Figuren, zur Steigerung und Illustration, zur Gliederung und – insbesondere im Wh. – zur Anbindung der Handlung an welt- und heilsgeschichtliche Ereignisse, die die Bedeutung des Erzählten über die Grenzen des Textes hinaus erweitern. Offenbar konnte Wolfram davon ausgehen, daß zumindest ein Teil des Publikums in der Lage war, sein z.T. subtiles Spiel mit der Tradition zu verstehen.

5.8 Zeit und Raum

Die Forschung hat immer wieder betont, daß Wolfram im Unterschied zu den Quellen und zur zeitgenössischen Literatur seinen Romanen eine nachvollziehbare Zeitstruktur eingeschrieben hat und Zeit und Raum gezielt als Darstellungsmittel verwendet (vgl. Weigand, 1938; Störmer-Caysa, 2007). Er legt großen Wert auf präzise Zeit- und Ortsangaben und ‚historisiert' dadurch das Geschehen (vgl. Nellmann, 1994, S. 672; Schirok, 2003, S. CXXVI–CXXIX). Zum anderen läßt sich auch bei diesen narrativen Kategorien beobachten, daß es Wolfram um die zeitliche und räumliche Weitung seiner Erzählwelt geht, die dadurch universal und grenzenlos wird und irdische Dimensionen transzendiert.

Zeitlich erstreckt sich der Pz. über fünf Generationen, die von Gandin, Gahmurets Vater (vgl. Pz. 8,19; 498,26), bis zu Loherangrins Kindern (vgl. Pz. 781,18; 826,2–9) reichen. Die Erzählung erscheint zeitlich gestuft, indem Wolfram der Parzival-Handlung eine Eltern-Geschichte vorschaltet, die Chrestien nicht bietet (Buch I/II), und nach dem Finale auf der Gralburg mit Feirefiz und Loherangrin eine Zukunftsperspektive im Sinne eines offenen Endes entwirft (Buch XV/XVI). Nimmt man die sukzessive gelieferten Informationen zu Verwandtschaftsverbindungen usw. hinzu, so reicht die Zeit der Handlung sogar bis in die Vorzeit, d. h. bis zu Mazadan, dem Stammvater der Artus- und Anschevin-Sippe, zurück (vgl. Pz. 56,17). Kombiniert wird dieser weite Ausgriff in Vergangenheit und Zukunft mit der Heilsgeschichte, wie sie durch die Bibel offenbart wird (vgl. Pz. 463,17–467,10), der planetaren Zeit, die sich in Planetenkonstellationen und Himmelsbotschaften manifestiert (vgl. Pz. 453,23–454,30; 489,24–490,12), den Jahreszeiten und den Höhepunkten des Kirchenjahres, vor allem Karfreitag (vgl. Pz. 448,7) und Pfingsten (vgl. Pz. 281,18). Die Zeit, in der die Gralgeschichte spielt, ist zugleich kosmische Zeit und Heilszeit und umspannt die ganze Schöpfung (vgl. Bumke, 2004, S. 200 f.). Diese Weitung der erzählten Zeit ins Universale ist in der Romanliteratur um 1200 einzigartig und macht den Pz. zu einem „Lebensbuch" mit einem „Zug zur Totalität" (Wehrli, 1984, S. 301). Parzival fällt infolge seiner Sünden aus dieser Totalität heraus und verliert jedes Zeitgefühl (vgl. Pz. 447,19–30). Erst Trevrizent holt ihn durch die Berechnung der seit seinem ersten Besuch in der Einsiedelei verflossenen Jahre (vgl. Pz. 268,25–30) in die göttliche Zeit- und Heilsordung zurück (vgl. Pz. 460,16–27). Zeitbewußtsein ist somit gleichbedeutend mit Gottesnähe und rechtem christlich-ritterlichem Lebenswandel.

Innerhalb dieses universalen Zeitrahmens arbeitet Wolfram auch auf der Ebene der Handlung sehr bewußt mit Zeitangaben. Trevrizent rechnet Parzival mithilfe eines Psalters genau vor, daß er viereinhalb Jahre gott- und orientierungslos herumgeirrt ist (vgl. Pz. 460,22 f.). Ginover weiß etwa drei Wochen später, daß es genau viereinhalb Jahre und sechs Wochen her ist, daß Gawan und Parzival am Plimizoel den Artushof verlassen haben (vgl. Pz. 646,14–18). Von Jeschute wird gesagt, daß Orilus sie nach Parzivals Überfall mehr als ein Jahr lang körperlich meidet (vgl. Pz. 139,20 f.). Bei Chrestien sind es nur wenige Wochen (vgl Nellmann, 1994, S. 530 f.). Auch Parzivals Aufenthalt in Pelrapeire verlängert Wolfram gegenüber seiner Quelle auf etwa ein Jahr (vgl. Nellmann, 1994, S. 566). Andere Episoden rückt er näher aneinander, um sie inhaltlich zu verbinden: Im Unterschied zu Chrestien trifft Parzival schon einen Tag nach dem Kampf gegen Orilus am Artushof ein (vgl. Pz. 308,4–309,2). Die zentralen Ereignisse auf Munsalvaesche und die Blutstropfenepisode werden dadurch zeitlich deutlicher aufeinander bezogen: *sîn triwe in lêrte daz er vant, / snêwec bluotes zäher drî, / die in vor witzen machten vrî. / sîn pensieren umben grâl / unt der küngîn glîchiu mâl, / iewederz was ein strengiu nôt: / an im wac für der minnen lôt* (Pz. 296,2–8: „seine treue Liebe brachte ihn wieder zu drei Blutstropfen im Schnee, die ihm das Bewußtsein nahmen. Sein Denken an den Gral und das Muster, das der Königin glich, beides war eine große Pein: bei ihm überwog aber das Gewicht der Liebe"). Der sommerliche Schnee, der die Blutstropfenepisode erst möglich macht, ist eine Folge des Umlaufs des Saturn (vgl. Pz. 489,24–490,8), der Kälte bringt und Anfortas leiden läßt. Kosmische Vorgänge können somit irdische Rhythmen durcheinander bringen und zeituntypische Erscheinungen hervorrufen: *diz mære ist hie vast undersniten* (Pz. 281,21: „die Geschichte ist hier sehr bunt gescheckt"). Wichtig ist vor allem auch die zeitliche Synchronisierung der Gawan- und der Parzival-Handlung, die anders als bei Chrestien dazu führt, daß beide Handlungsstränge über weite Strecken parallel verlaufen und sich immer wieder kreuzen können (vgl. Nellmann, 1994, S. 703 f.; Bumke, 2004, S. 200 f.).

Wolfram hält die Präzision bei Zeitangaben auch im Wh. durch. Anfang und Ende der Tage sind genau gekennzeichnet (*des morgens*, Wh. 316,14; *ez begunde et nâhen der naht*, Wh. 447,11), zehn Tage liegen zwischen der Hilfszusage Heimrichs und der Aufstellung des Heeres (vgl. Wh. 186,2–7; 186,21 f.; 197,6 f.), die beiden Schlachten auf Alischanz dauern jeweils zwei Tage usw. Angesichts der Thematik des Epos kaum verwunderlich, ist Zeit im Wh. immer auch eine heilsgeschichtliche Kategorie. Dies wird nicht nur an der terminologischen Gleichsetzung von Kampftagen mit endzeitlichen Gerichtstagen deutlich (*urteillîcher tac*, Wh. 13,4 u. ö.; vgl. Heinzle, 1991, S. 838), sondern auch durch Anspielungen auf den Jüngsten Tag der Apokalypse, als dessen Vorwegnahme die ‚Kreuzzüge' gegen die Heiden und das Martyrium der Christen gewertet werden (vgl. Wh. 303,11–30; dazu Kartschoke, 2000).

Wolframs Tendenz zur universalen Ausdehnung seiner Erzählwelt läßt sich auch an seiner Raumkonzeption zeigen. Der Pz. umspannt räumlich die ganze um 1200 bekannte Welt und führt Orient und Okzident zusammen. Erreicht wird diese Erweiterung, die sich bei Chrestien nicht findet, insbesondere durch die Rahmenerzählung von Gahmuret und Feirefiz. Durch sie erhält Parzivals Gralherrschaft kosmische Dimensionen (vgl. Hartmann, 2000, S. 411 f.). Während der Bereich der Gralburg topographisch in märchenhafter Unbestimmtheit bleibt, benennt Wolfram anders als Chrestien Orte und Länder auffällig genau und reichert die Handlung mit über 100 realen Ortsnamen aus Europa, Afrika und Asien an (*Alexandrîe, Antwerp, Babilôn, Brâbant, Indîâ, Kaukasas, Nantes, Stîre, Wâleis* usw.). Durch diese Einbettung der Ereignisse in die reale Topographie wird die ganze Welt zum Schauplatz der Erzählung. Das macht den Roman für das Publikum nicht nur interessanter und farbiger, sondern verleiht den Ereignissen um den Gral eine welt- und heilsgeschichtliche Bedeutung. Die Namen tragen eine realistische Komponente in den Roman hinein, durch die die Grenze zwischen Fiktion und Realität verschwimmt (vgl. Wynn, 1961).

Wie bei der Zeit bedeutet der Verlust des Raumgefühls im Pz. nicht nur Orientierungs-, sondern auch Heillosigkeit. Parzival zieht nach dem Versagen auf Munsalvaesche ziellos umher, und sein Weg beschreibt Kreise, die mehrfach an den gleichen Punkt zurückkehren (Sigunes Klause, Trevrizents Einsiedelei, Plimizoel usw.; → S. 173 ff.). Erst nach dem Gespräch mit Trevrizent und dem Kampf mit Gawan (vgl. Buch XIV) gestaltet er seinen Weg durch den Raum der Erzählung wieder aktiv und zielgerichtet. Seine Ziele heißen nun Condwiramurs und der Gral (vgl. Pz. 732,1–733,20). Über die Raumsemantik macht der Erzähler auf diese Weise implizit Aussagen über den Zustand der Welt und der Figuren, die er auf seine Bühne gestellt hat.

Im Wh. lassen sich die gleichen Beobachtungen machen: Über die zentralen Schauplätze Alischanz, Orange und Laon hinaus weitet der Erzähler durch Hinweise und Ausgriffe in die Vergangenheit den Blick über Frankreich hinaus auf Italien, England und Deutschland. Über die Heiden und ihre Königreiche und Besitztümer kommen der ganze Orient und Afrika ins Spiel (→ S. 654 ff.). Wolfram würzt das Epos über das Inventar seiner Vorlage hinaus mit über 90 fremdländisch klingenden Namen wie *Muntespîr, Oupatrîe* oder *Tananarke*, die für ferne Länder und Reiche stehen. Wieder sind auch viele reale Namen dabei, z. B. *Mecká, Provenze* oder *Marsilie* (Marseille), und wieder wird das Geschehen mittels dieser Erzählstrategie nicht nur ‚historisiert‘, sondern hinsichtlich seiner Bedeutung auf die ganze Welt ausgedehnt (vgl. Bumke, 2004, S. 354 f.), so daß der Kampf zwischen Willehalm und Terramer als die entscheidende Schlacht zwischen dem christlichen Abendland und dem heidnischen Orient um die Weltherrschaft erscheint (vgl. Knapp, 1974). Es handelt sich – passend zur „universal-anthropologischen Sicht" des Epos auf die Menschheit (Kiening, 1993, S. 217) – um die gleiche Tendenz zur räumlichen Universalisierung des Geschehens, wie sie im Pz. begegnet. Dem Thema der militärischen Konfrontation der Weltzonen unterlegt Wolfram allerdings den mildernden Gedanken der Gleichheit aller Menschen vor Gott als Geschöpfe, durch den jede Trennung zwischen den religiösen Räumen im Zeichen der Nächstenliebe und Barmherzigkeit überwunden wird (vgl. Kiening, 1993, S. 216–221; → S. 670ff., 691 ff.).

6. Komik

Auffällig ist, wie Wolfram seine Romane mit Scherzen, humorvollen Kommentaren und Witzen würzt, und dies auch an Stellen, die eigentlich keine Scherze vertragen, und oft in einer Weise, die zur Situation nicht recht paßt oder verwirrend ist. Dies gilt z. B. für die von Otto Unger so genannten „zweistufigen Scherze", die sich selber aufheben, etwa wenn Wh. 275,14 ff. von Rennewarts schwerer Stange gesagt wird, ein leichter Wagen hätte unter ihr geächzt (vgl. Gerhardt, 1976, S. 4f.). Wolfram kennt eine Fülle von Witz-Typen, denen allen gemeinsam ist, daß sie häufig über die Funktion eines *comic relief* deutlich hinausgehen und neue Bedeutungsnuancen und Bezüge einbringen, die subtil zur sinnstiftenden Vielstimmigkeit und Verwobenheit der Texte beitragen. Vom „banalen Witz bis zum blasphemischen Scherz, der auch vor dem Heiligen nicht haltmacht" (Bumke, 2004, S. 366), ist alles dabei. Im Pz. und im Wh. ist der Humor „das Mittel, neue Dimensionen zu öffnen, die Dinge in unverhoffte neue Beziehung zu stellen, zu relativieren, aber auf andere Wirklichkeiten hin, und er ermöglicht damit jenes bewegte und gespannte Gefüge, das Wolframs Erzählwelt bedeutet" (Wehrli, 1954, S. 207). Wolfram spielt z. B. mit der Doppeldeutigkeit und Etymologie von Wörtern, malt Verstöße gegen die höfische Norm (Nacktheit, Tischsitten, Häßlichkeit usw.) gerne besonders plastisch aus, kennt eine Vielzahl komischer Vergleiche für siegreiche und unterlegene Ritter im Kampf und leistet sich manch derben Scherz gerade über sexuelle Themen, den Hartmann und Gottfried sicher vermieden hätten (vgl. Bertau, 1977, S. 60–109; Ridder, 2002; Bumke, 2004, S. 224–228 und 366 f.). In diesem humoristischen Repertoire kommt wieder die bemerkenswerte Subjektivität zum Tragen, durch die Wolframs Romane auf besondere Weise geprägt sind. Witze und Scherze tragen zur Konstitution einer Erzählwelt bei, in der alles vieldeutig und abgründig ist und sich die erzählerische Wahrheit gerade aus einer Vielzahl von – durchaus widersprüchlichen – Perspektiven ergibt. Bertau sieht in Wolframs Humor sogar ein Fenster zur seelischen Verfassung des Dichters und sucht den Antrieb in einer „fundamentalen Differenz zur höfischen Gesellschaft", zu der Wolfram eine „aggressive Grundeinstellung" habe (Bertau, 1977, S. 109).

Besonders kreativ ist Wolfram im Erfinden komischer Vergleiche für Kampfhandlungen. Gahmuret verspricht z. B. Kaylet in Kanvoleiz, seinen heraldischen Anker fest in den Boden der Angreifer zu rammen, während Hardiz *muoz selbe suochen furt / hinderm ors ûfme grieze* (Pz. 68,12f.; → S. 165). Der Turnierplatz wird so zum Meer und dessen Sandboden für den einen Halt, für den anderen Untergang.

Mehrdeutig ist z. B. auch das subtile Spiel mit dem Wort *ouge* im Erzählerkommentar zu Parzivals Versagen auf der Gralburg: Der Knappe, der Parzival am Morgen danach verflucht, ziehe sich zu früh aus dem Würfelspiel zurück, ohne daß Parzival die Chance auf Revanche bekomme, nachdem er so glücklos *den wurf der sorgen* (Pz. 248,10) getan und verloren habe. Gesehen habe er den Gral schließlich mit eigenen Augen, das seien nicht die Augen des Würfels gewesen (vgl. Pz. 248,10–13). Durch das Spiel mit den Bedeutungen von *ouge* wird die Würfelspielmetapher, die Wolfram so gerne verwendet (→ S. 164f.) und die hier die Schicksalhaftigkeit der Ereignisse anzeigt, gleich wieder relativiert. An dieser wichtigen Stelle kommt dadurch zum Ausdruck, daß sich etwas Todernstes ereignet hat, was überhaupt nichts mit einem Spiel zu tun hat. Der Erzähler operiert mit der Würfelspielmetapher, stellt deren Angemessenheit mittels des Scherzes aber sogleich vielsagend wieder in Frage.

Derbe Späße erlaubt Wolfram sich u. a. bei der Bewirtung Gawans und Kingrimursels durch die schöne Antikonie: Trotz der Attraktivität der jungen Damen im Raum reißt bei keinem Schenken das Strumpfband, d. h. keiner zieht sich aus (vgl. Pz. 423,29f.). Bertau spricht von „Entkleidungsphantasien" (Bertau 1977, S. 86). Der Erzähler treibt seine Männerwitze noch weiter, indem er – mittels der Terminologie der Falknerei verhüllt – bekennt, daß es ihn sexuell sehr stimuliert hätte, die beginnende Schambehaarung der Mädchen zu sehen: *heten si geschæret / als ein valke sîn gevidere: / dâ rede ich niht widere* (Pz. 424,4–6: „hätten sie sich gemausert wie ein Falke: dagegen hätte ich nichts einzuwenden"; vgl. Nellmann, 1994, S. 655). Selbst solche Anzüglichkeiten, die wohl vor allem das männliche Publikum erfreuen sollten, entbehren nicht einer erzählerischen Funktion. Denn anders als zuvor (vgl. Pz. 406,28–407,10; 409,22–410,12) hat Gawan sich diesmal infolge der nachhallenden Ereignisse des VIII. Buches unter Kontrolle, auch wenn wieder eine erotische Spannung in der Luft liegt, d.h., die höfische Domestizierung der Gefühle hat Fortschritte gemacht.

Über weibliche Nacktheit macht der Erzähler auch im Falle der unglücklichen Jeschute seine Scherze, hier unter Einbeziehung eines Wortspiels: Sie zieht mit Orilus einher und ist infolge seiner Strafmaßnahmen inzwischen ganz ärmlich gekleidet und ungepflegt. Ihr Gewand ist in einem so erbärmlichen Zustand, daß sie fast nackt ist. Dazu der Erzähler: *nantes iemen vilân,/der het ir unreht getân:/wan si hete wênc an ir* (Pz. 257,23–25: „wenn jemand sie *vilân* genannt hätte, der hätte ihr unrecht getan, denn sie hatte wenig an"). Der Witz besteht in der Doppeldeutigkeit von *vilân*: 1. „unhöfischer, bäurischer Mensch" (frz.); 2. *vil an*, d.h. „viel Kleidung tragend". Mit der zweiten Möglichkeit arbeitet der Witz: Jeschute hatte kaum noch etwas an, deshalb kann man sie nicht *vilân* nennen (vgl. Bertau, 1977, S. 61 f. und 70 f.). Solche Wortspielereien demonstrieren Wolframs hohes Sprachbewußtsein und seine intellektuelle Präsenz noch im letzten Detail.

Der Wh. unterscheidet sich hinsichtlich der Zahl und Art der Witze kaum vom Pz., bis auf eine wichtige Nuance: Sie haben vor allem mit Schlacht und Tod zu tun und stehen vor einem düsteren Hintergrund, der das Lachen eigentlich verbietet (vgl. Bumke, 2004, S. 366 f.). Die Grausamkeit und Unbarmherzigkeit des Glaubenskampfes sind der Grund, in dem sie wurzeln.

So spielt der Erzähler z.B. mit der Helmzier des Heiden Kliboris, einem Schiff. Als Bernhart von Brubant Kliboris erschlägt, imaginiert er eine Blutwoge, die in das Schiff strömt und jeden Seemann getötet hätte (vgl. Wh. 411,8–10; → S. 165). „Das Blut strömt aus dem Ritter heraus, strömt ins Schiff hinein, der Ritter verblutet, der metaphorische Seemann ertrinkt" (Bertau, 1977, S. 82). Um die immer neu heranflutenden Scharen der Heiden in der Schlacht zu veranschaulichen, scherzt Wolfram, Terramers Heer müsse wohl schwanger sein und ständig neue Ritter gebären, weil sonst nicht zu begreifen sei, woher der konstante Nachschub heidnischer Truppen komme (vgl. Wh. 392,25–393,2). Die Assoziationskraft des Erzählers führt z.T. zu grotesken Vergleichen. So ist z.B. die Pracht der Ausstattung von Poidjus' Heer von den Pferden genauso wenig zu bewältigen wie das Wasser des Bodensees von einem Entenmagen (vgl. Wh. 377,4–11; vgl. Kartschoke, 2002). Und die Vielzahl der Ritter, die Orange belagern, gleichen einem heftigen Sturzguß: *Oransch wart umbelegen,/als ob ein wochen langer regen/niht wan rîter güzze nider* (Wh. 99,1–3: „Orange wurde so umlagert, als hätte ein wochenlanger Regen nichts als Ritter heruntergeschüttet").

Selbst Szenen voller Brutalität würzt Wolfram noch mit komischen Vergleichen. Als Rennewart des Spottes der Edelknaben in Laon überdrüssig ist, packt er einen von ihnen und zerschmettert ihn an einer Säule, so daß *der knappe, als ob er waere vûl,/von dem wurfe gar zespranc* (Wh. 190,16 f.), d. h. wie faules Obst aufplatzt. Wie solche derben Bilder in der höfischen Gesellschaft aufgenommen wurden, wissen wir nicht. Denn es handelt sich – aus heutiger Sicht – um eine „tödliche Komik, über die man nicht mehr lachen kann" (Bumke, 2004, S. 366). Offenbar gehören solche komischen Brechungen zur Strategie des Erzählers, „Distanz zum Erzählten zu schaffen und die Zuhörer dazu zu bewegen, das Gehörte zu hinterfragen" (ebd., S. 358; vgl. Wehrli, 1954, S. 207 f.). Sie sind Teil der Technik des Relativierens und Perspektivierens (→ S. 193 ff.), die Wolfram einsetzt, um Eindeutigkeit zu vermeiden und ein *parriertez* („bunt geschecktes"; Pz. 281,21 f.) *maere* zu erzählen, das von Gegensätzen und Kontrasten lebt (vgl. Bumke, 2004, S. 210).

7. Erzähltheorie

Wolframs erzählende Werke enthalten nicht nur eine implizite Poetik, sondern der Erzähler äußert sich auch immer wieder explizit zu seiner dichterischen Zielsetzung und Methode. Seine poetologischen Exkurse, besonders im Pz., sind allerdings hochkomplex, entziehen sich einer geschlossenen Interpretation, erscheinen in ihrer Metaphorik z. T. widersprüchlich, sprunghaft und dunkel und ergeben alles andere als ein kohärentes poetologisches Programm. Sie führen gewissermaßen selbst vor, worüber sie sprechen: das Konzept der Uneindeutigkeit und der Relativität erzählerischer Wahrheit. Die Literatur zu Wolframs Erzähltheorie ist Legion, daher kann hier nicht mehr als ein Aufriß geboten werden (vgl. Haug, 1992, S. 155–196; Schirok, 1986, 1990, 2002 und 2003, S. CI–CXVIII; Bumke, 2004, S. 203–207).

Im Pz. und im Wh. gibt es insgesamt sechs zentrale Stellen, an denen sich Wolfram zu seiner Poetik äußert, und dies mit für mittelalterliche Verhältnisse ganz ungewöhnlicher Intensität und Tiefe der Reflexion:
1. Im Pz.-Prolog (vgl. Pz. 1,1–4,26): Hier wird Wolframs Verfahren des perspektivischen, sprunghaften Erzählens legitimiert. Der Prolog enthält nicht nur ein Lob elsternfarbener, d. h. wie Parzival und andere Protagonisten charakterlich ambivalenter Menschen, an denen durch ihr Wesen *sint beidiu teil,/des himels und der helle* (Pz. 1,8 f.: „an denen etwas von beiden ist, vom Himmel und von der Hölle"), sondern er präferiert die

Erzähltmethode ‚hakenschlagender', d.h. wie ein aufgescheuchter Hase hin und her springender Vergleiche und Bilder (vgl. Pz. 1,18 f.), wie sie vor allem für den Pz. typisch ist. Denn *stiure*, d.h. die Anforderungen an den Rezipienten, und *lêre* der Geschichte *vliehent unde jagent, / si entwîchent unde kêrent, / si lasternt unde êrent* (Pz. 2,10–12: „fliehen und jagen, sie entweichen und kommen zurück, sie bringen Schande und Ruhm"). Nur derjenige kann da mithalten, der den unberechenbaren Würfen (*schanzen*) des erzählerischen Würfels folgen kann (vgl. Pz. 2,13–16). Der Rezipient muß also intellektuell reif und beweglich genug sein, um Wolframs neue dynamische Erzählweise nachzuvollziehen. Er wird dann eine Geschichte voller Wunder vernehmen, die so ambivalent ist wie ihre Protagonisten und alle Gegensätze des Daseins in sich vereinigt, indem sie gleichermaßen *von liebe und von leide* und von *fröud und angest* spricht (Pz. 3,30–4,1).

2. Im Wh.-Prolog (vgl. Wh. 1,1–5,14): Der Prolog ist vor allem ein Gebet an den dreieinigen Gott und eine Demutsgeste des Erzählers, der sich als ungelehrt bezeichnet und als Quelle seiner dichterischen Inspiration allein seine persönliche Einsicht (*sin*) nennt (vgl. Wh. 2,19–22). Er bittet Gott um die Fähigkeit, seinem Stoff erzählerisch gerecht zu werden (vgl. Wh. 2,23–27) und kündigt an, daß es abermals um *minne und ander klage* (Wh. 4,26: „Liebe und Leid") gehen wird, diesmal aber entsprechend der Gattung ‚Heiligenlegende' infolge der Treue Willehalms und Giburgs zu Christus. Sein Stoff sei heilig und ausgezeichnet durch *wirde* („Würdigkeit") und *wârheit* (Wh. 5,11) und daher mit keinem anderen Werk in deutscher Sprache zu vergleichen.

3. In der sog. Selbstverteidigung (vgl. Pz. 114,5–116,4): Hier empfiehlt sich Wolfram nicht nur mit seinem vollen Namen als versierter Minnesänger (vgl. Pz. 114,12 f.), sondern grenzt sich durch die Inszenierung als kampfmutiger Ritter (vgl. Pz. 115,11–20) und im Lesen und Schreiben unerfahrenes Naturtalent (vgl. Pz. 115,25–116,4) von Vorgängern wie Hartmann oder Veldeke ab, die gerade auf ihre Belesenheit Wert legen. Seine Geschichte entspringe hingegen nicht der Buchgelehrsamkeit, sondern komme ganz *âne der buoche stiure* (Pz. 115,30: „ohne Unterstützung von Büchern") aus.

4. Im viel diskutierten ‚Bogengleichnis' (vgl. Pz. 241,1–30): Es entfaltet in wechselnden, logisch nicht bruchlos komponierten Bildern eine Poetik der Umwege, Einschübe und Verzögerungen, d.h. der chronologischen und semantischen Heterogenität, wie Wolfram sie in seinen erzählenden Werken zum dominierenden Stilprinzip erklärt. Der Bogen ist krumm, die Sehne ist gerade. Die Erzählung gleiche aber eher der Sehne, die sich unvermittelt verändern, d.h. gespannt und dadurch krumm wer-

den könne, während der hölzerne Bogen statisch sei. Die Sehne hingegen sei dynamisch, und erst ihre Spannung gebe dem Pfeil Tempo und Richtung. Mit anderen Worten: Die Erzählweise führt den Sinn der Geschichte erst dann ans Ziel, d.h. zum richtigen Verständnis, wenn sie wandelbar ist und sich den Bedürfnissen der Handlung anpaßt. Das kann zwar im ganzen zu einem ‚krummen', nicht gerade schulmäßigen Erzählstil führen, doch befreit gerade er den Zuhörer aus seiner Rolle des passiven Konsumenten und verankert das Geschehen dadurch, daß es nicht ‚mundgerecht' und eingängig dargeboten wird, im Bewußtsein des Publikums. Denn wer nur die rasche, oberflächliche Unterhaltung sucht, ist bei Wolfram fehl am Platz. Wer den verschlungenen Weg des Erzählers und seiner Protagonisten aus Bequemlichkeit nicht mitgehen wolle, werde den Sinn der Geschichte nicht erfassen. Dieser lasse sich eben nur in der Polyphonie und kaleidoskopischen Verfaßtheit des Textes finden, und wem das zu anstrengend sei, der werde so wenig von dem *maere* mitbekommen, *daz ez noch paz vernaeme ein boc / odr ein ulmiger stoc* (Pz. 241,29 f.: „daß selbst ein Bock oder ein verfaulter Baumstamm es besser verstehen würde").

5. Im Prolog zum VII. Buch des Pz. (vgl. Pz. 338,1–30): Hier rechtfertigt Wolfram die ungewöhnliche Entscheidung, seinen Roman mit zwei unabhängig voneinander agierenden Helden, Parzival und Gawan, auszustatten. Der Erzähler sieht in dieser Mehrsträngigkeit einen Vorteil, indem sie nämlich die Realität dadurch wahrheitsgemäßer abbilde, daß sie Parzival mit Gawan einen Vergleichsmaßstab gegenüberstelle. Erzählerische Wahrheit konstituiert sich also über Gegensätze, neben Parzivals Welt gibt es manch andere Weisen der ritterlichen Lebensbewältigung, die den Weg des künftigen Gralkönigs relativieren und perspektivieren: *diu prüevet manegen âne haz / derneben oder für in baz / dan des maeres hêrren Parzivâl* (Pz. 338,5–7: „die Aventüre befaßt sich gern oder noch lieber mit anderen neben dem Herrn der Geschichte, Parzival").

6. Im *Âventiure*-Exkurs (Pz. 433,1–434,10): Wieder handelt es sich um eine Überleitung, diesmal von der Gawan- zurück zur Parzival-Handlung, und sie inszeniert ein Gespräch zwischen dem Erzähler und *frou âventiure*, in dem die personifizierte Erzählung aufgefordert wird mitzuteilen, was Parzival in der Zwischenzeit widerfahren ist und welche Entwicklung er genommen hat. Dieser Dialog ist eine originelle Erfindung Wolframs, und sie hat insofern poetologische Relevanz, als sie die sonst so dominante Erzählerrolle relativiert. Nun wird die Geschichte selbst als Akteurin dargestellt, die den Fortgang der Handlung bestimmt. Der Erzähler ist offenbar von ihren Informationen abhängig und nur ihr

Sprachrohr. Die *âventiure* hat ein Eigenleben. Durch diese Spaltung der Erzählerinstanz wird freilich der Erzähler nur scheinbar zu demjenigen degradiert, der beim vorgegebenen Stoff den Inhalt abholt. In Wirklichkeit bleibt er die maßgebliche Instanz für die Strukturierung und Vermittlung der Geschichte.

Die poetologischen Passagen bestätigen alle erzähltechnischen Verfahren, die in Wolframs Texten zu beobachten sind, insbesondere die chronologisch und strukturell oft sprunghafte, perspektivierende und mehrdeutige Entfaltung des Stoffes und die bewußt angelegte Ambivalenz von Figuren und Motiven.

Die Forschung hat seit ihren Anfängen lebhaft darüber diskutiert, ob es über diese Erzählweise eine literarische Diskussion zwischen Wolfram und Gottfried von Straßburg gegeben hat, der mit seiner Formstrenge und virtuosen Reimtechnik im ‚Tristan' geradezu wie ein Antipode erscheint (→ S. 15f.). Festgemacht hat man diese Vermutung an Gottfrieds Literaturexkurs, in dem er Hartmanns Dichtungen als *ebene unde sleht* (‚Tristan' [ed. Marold] 4659: „geglättet und gerade") preist und ihr als Kontrast die Machwerke der *vindære wilder maere* (4663: „Erfinder unverständlicher Geschichten") gegenüberstellt, die mehr Schein als Sein böten, wie ein (wolframscher?) Hase *ûf der wortheide/hôchsprünge* (4637f.: „auf der Wiese der Wörter hohe Sprünge") vollführten und mit trügerischen *bikelworten* (4639: „hingewürfelten Wörtern") ihr Publikum täuschten. Die ältere Forschung hat aus Gottfrieds Bemerkungen sogar eine öffentlich ausgetragene Dichterfehde zwischen Wolfram und Gottfried konstruiert. Beweisen läßt sich all das nicht. Wolfram erwähnt Gottfried mit keinem Wort. Auch Wolfram nennt seinen vermeintlichen Kontrahenten nirgends beim Namen, und seine Absetzung von jeglicher Buchgelehrsamkeit dürfte kaum auf Gottfried zu beziehen sein, sondern ist eher ein Seitenhieb auf Vorgänger wie Hartmann und Veldeke. Der ‚Tristan' wird zeitlich ohnehin später angesetzt als der Pz. Ob Wolframs Verweis im Wh.-Prolog auf Kritiker am Pz., die *baz ir rede waehten* (Wh. 4,24: „ihre Dichtung schöner putzten"), auf Gottfried abzielt, läßt sich nicht eindeutig sagen (vgl. Heinzle, 1991, S. 826). Die Frage, ob es zwischen den beiden bedeutendsten deutschsprachigen Epikern des Mittelalters eine literaturtheoretische Kontroverse gegeben hat, ist daher nicht sicher zu beantworten. Die Anspielungen Gottfrieds im Literaturexkurs des ‚Tristan' passen allerdings so gut zu den poetologischen Metaphern des Pz.-Prologs, und die Stilprinzipien beider Autoren sind zweifellos so unterschiedlich, daß eine kritische Bezugnahme Gottfrieds auf Wolfram auch nicht gänzlich auszuschließen ist (vgl. Nellmann, 1988; Hoffmann, 1995).

8. Zusammenfassung

Es ist nicht einfach, zu einer Gesamtwürdigung der Darstellungsmittel und -formen in den erzählenden Werken zu gelangen, da sich Wolframs Poetik einer eindeutigen terminologischen Festlegung und Systematisierung entzieht. Bereits dieser Befund führt aber in die Mitte von Wolframs Stil und zu den erzählerischen Mitteln, die ihn tragen: zu den Freiheiten, die er sich bei der Verwendung des Reims, beim Wortschatz und hinsichtlich der Versgestaltung nimmt; zu den vielen ausgefallenen Bildern und Vergleichen; zu den bedeutungsvollen Szenen-Repetitionen und strukturellen Spiegelungen; zur Ausgestaltung eines souveränen, stark hervortretenden und das Geschehen kommentierenden Erzählers; zu den subtilen Techniken des Verknüpfens von Motiven und Handlungssequenzen; zur spannungssteigernden Methode des Verschweigens und späteren Enthüllens; zur Multiperspektivität des Erzählens, die u. a. durch literarische Bezüge gestützt wird; zur Ausweitung der Handlung in nahezu grenzenlose zeitliche und räumliche Dimensionen; zu einem das Geschehen sowohl einordnenden als auch relativierenden Humor usw. Wolframs Darstellungsmittel, die in der mittelalterlichen Literatur ihresgleichen suchen und literarhistorisch schon auf kommende Epochen vorausweisen, lassen sich hinsichtlich ihrer Wirkung mit drei Begriffen erfassen:

1. *Perspektivität*: Sie verhindern Eindeutigkeit und erzeugen stattdessen eine Polyphonie von Perspektiven und Bedeutungen, deren Gesamtheit erst die erzählerische Wahrheit ausmacht. Wahrheit wird als relationale Kategorie dargestellt und der Weg zu ihrer Erkenntnis als anspruchsvoller Prozeß beschrieben, den sowohl die Protagonisten als auch die Rezipienten durchlaufen müssen.

2. *Totalität*: Sie verbinden Wörter, Szenen, Figuren, Motive, Räume, Zeiten usw. zu einem großen Weltzusammenhang, in dem nicht nur alles mit allem verkettet ist, sondern in dem durch überraschende Kombinationen der Elemente ständig neue Sinnbezüge hergestellt werden. Wolfram entwirft die Welt als einen dynamischen Raum von unendlicher Bedeutungsfülle, die durch die Sprache und ihr Verknüpfungs- und Erkenntnispotential erschlossen werden kann.

3. *Universalität*: Sie sprengen die engen Grenzen des fiktionalen Textes und binden das Geschehen zum einen durch Bezüge zu realen Ereignissen sowie Orts- und Ländernamen an die Zeitgeschichte an, zum anderen weiten sie die zeitliche und räumliche Ausdehnung des Erzählten bis ins Universale und Kosmische, so daß vor allem der Pz. als ‚Welt-

buch' bezeichnet werden kann, in dessen Handlung es letztlich um die ganze Menschheit und die ganze Schöpfung geht.

Wolframs Erzählstil führt zu einer für das mittelalterliche Denken noch ungewohnten Dynamisierung der Welt, und dies sowohl in bezug auf gesellschaftliche Zustände als auch auf das individuelle Erkenntnisvermögen und Seelenleben. Alles kann sich verändern, ist im Werden, und kann – je nach Perspektive – immer wieder anders bewertet werden. „Noch immer ist das Subjekt getragen und bestimmt von einer im Absoluten ruhenden göttlichen Ordnung; sein Leben und sein Abenteuer empfängt seinen Sinn aus dieser Objektivität – nur daß eben Schöpfungsordnung und Heilsgeschichte als Seelengeschichte, als Begegnung und Prozeß, realisiert werden" (Wehrli, 1954, S. 213). Gelenkt wird dieser Prozeß von einem dominant hervortretenden Erzähler, den die Forschung nicht von ungefähr als Wolframs eigentliche Hauptfigur und als Vermittler einer geradezu „modern anmutenden Subjektivität" (Bertau, 1977, S. 109) bezeichnet hat.

Literatur

Ashcroft, Jeffrey, „dicke Karel wart genant": Konrad's Rolandslied and the Transmission of Authority and Legitimacy in Wolfram's Willehalm, in: Wolfram's Willehalm. Fifteen Essays, hg. von Martin H. Jones/Timothy McFarland, Rochester (NY)/Woodbridge 2002, S. 21–43.

Bastert, Bernd, Helden als Heilige. Chanson de geste-Rezeption im deutschsprachigen Raum (Bibliotheca Germanica 54), Tübingen 2010.

Bertau, Karl, Deutsche Literatur im europäischen Mittelalter, 2 Bde., München 1972–1973. – Versuch über tote Witze bei Wolfram, in: Acta Germanica 10 (1977), S. 81–137 [wieder in: Bertau (1983), S. 60–109 (zit.)]. – Regina lactans. Versuch über den Ursprung der Pietà bei Wolfram, in: Karl Bertau, Wolfram von Eschenbach. Neun Versuche über Subjektivität und Ursprünglichkeit in der Geschichte, München 1983, S. 259–285.

Bock, Ludwig, Wolframs von Eschenbach Bilder und Wörter für Freude und Leid (QuF 33), Straßburg 1879.

Brackert, Helmut, Zwîvel. Zur Übersetzung und Interpretation der Eingangsverse von Wolframs von Eschenbach Parzival, in: Blütezeit. Festschrift für L. Peter Johnson zum 70. Geburtstag, hg. von Mark Chinca/Joachim Heinzle/Christopher Young, Tübingen 2000, S. 335–347.

Brinkmann, Henning, Zu Wesen und Form mittelalterlicher Dichtung, Halle 1928 [Neudruck Darmstadt 1979].

Brüggen, Elke, Schattenspiele. Beobachtungen zur Erzählkunst in Wolframs Parzival, in: Wolfram-Studien 18 (2004), S. 171–188.

Brunner, Horst, Geschichte der deutschen Literatur des Mittelalters im Überblick (Universal-Bibliothek 9485), 2. Aufl., Stuttgart 2003.

Bumke, Joachim, Die vier Fassungen der Nibelungenklage. Untersuchungen zur Überlieferungsgeschichte und Textkritik der höfischen Epik im 13. Jahrhundert (QuF 8 [242]), Berlin/New York 1996. – Geschichte der deutschen Literatur im hohen Mittelalter, München 1990 (Geschichte der deutschen Literatur im Mittelalter 2), München 1990. – Wolfram von Eschenbach, in: ²VL 10 (1999), Sp. 1376–1418. – Die Blutstropfen im Schnee. Über Wahrnehmung und Erkenntnis im Parzival Wolframs von Eschenbach (Hermaea NF 94), Tübingen 2001. – Wolfram von Eschenbach (Sammlung Metzler 36), 8. Aufl., Stuttgart/Weimar 2004.

Bumke, Joachim/Heinzle, Joachim (Hg.), Wolfram von Eschenbach, Titurel. Mit der gesamten Parallelüberlieferung des Jüngeren Titurel, Tübingen 2006.

Burger, Harald, Vorausdeutung und Erzählstruktur in mittelalterlichen Texten, in: Typologia Litterarum. Festschrift für Max Wehrli, hg. von Stefan Sonderegger/ Alois M. Haas/Harald Burger, Zürich 1969, S. 125–153.

Cormeau, Christoph/Störmer, Wilhelm, Hartmann von Aue. Epoche – Werk – Wirkung (Arbeitsbücher zur Literaturgeschichte), München 1985.

Curschmann, Michael, Das Abenteuer des Erzählens. Über den Erzähler in Wolframs Parzival, in: DtVjs 45 (1971), S. 627–667.

Curtius, Ernst Robert, Europäische Literatur und lateinisches Mittelalter, Tübingen/ Basel 1948.

Czerwinski, Peter, Die Schlacht- und Turnierdarstellungen in den deutschen höfischen Romanen des 12. und 13. Jahrhunderts, Diss. FU Berlin 1975.

Draesner, Ulrike, Wege durch erzählte Welten. Intertextuelle Verweise als Mittel der Bedeutungskonstitution in Wolframs Parzival (Mikrokosmos 36), Frankfurt a.M. [u.a.] 1993.

Eggers, Hans, Eine ungewöhnliche Form der Amplificatio in den Epen Wolframs von Eschenbach, in: Studien zu Wolfram von Eschenbach. Festschrift für Werner Schröder zum 75. Geburtstag, hg. von Kurt Gärtner/Joachim Heinzle, Tübingen 1989, S. 13–18.

Ehrismann, Gustav, Geschichte der deutschen Literatur bis zum Ausgang des Mittelalters, 2. Teil: Die mittelhochdeutsche Literatur/II. Blütezeit, München 1927 (Handbuch des deutschen Unterrichtes an höheren Schulen VI/2/2,1), München 1927 [Neudruck 1965].

Eikelmann, Manfred/Tomasek, Tomas, Sentenzverwendung in mittelhochdeutschen Artusromanen. Ein Zwischenbericht mit einem Beispiel aus dem späten Artusroman, in: Pragmatische Dimensionen mittelalterlicher Schriftkultur. Akten des Internationalen Kolloquiums 26.–29. Mai 1999, hg. von Christel Meier [u.a.], München 2002, S. 135–160.

Förster, Paulus Traugott, Zur Sprache und Poesie Wolframs von Eschenbach, Diss. Leipzig 1874.

Gärtner, Kurt, Die constructio απο κοινου bei Wolfram von Eschenbach, in: Beitr. (Tübingen) 91 (1969), S. 121–259. – Numeruskongruenz bei Wolfram von Eschenbach. Zur constructio ad sensum, in: Wolfram-Studien 1 (1970), S. 28–61.

Gerhardt, Christoph, Vrou Uotes triuwe (Wolframs Willehalm 439,16 f.), in: ZfdA 105 (1976), S. 1–11.

Gerok-Reiter, Annette, Figur und Figuration Kaiser Karls. Geschichtsbewußtsein in Rolandslied und Willehalm, in: Ars und Scientia im Mittelalter und in der Frühen Neuzeit. Ergebnisse interdisziplinärer Forschung. Georg Wieland zum 65. Geburtstag, hg. von Cora Dietl/Dörte Helschinger, Tübingen/Basel 2002, S. 173–

191. – Erec, Enite und Lugowski, C. Zum ‚formalen Mythos' im frühen arthurischen Roman. Ein Versuch, in: Impulse und Resonanzen. Tübinger mediävistische Beiträge zum 80. Geburtstag von Walter Haug, hg. von Gisela Vollmann-Profe [u.a.], Tübingen 2007, S. 131–150.

Gillespie, George, Wolframs Beziehung zur Heldendichtung, in: Studien zu Wolfram von Eschenbach. Festschrift für Werner Schröder zum 75. Geburtstag, hg. von Kurt Gärtner/Joachim Heinzle, Tübingen 1989, S. 67–74.

Glauch, Sonja, An der Schwelle zur Literatur. Elemente einer Poetik des höfischen Erzählens (Studien zur historischen Poetik 1), Heidelberg 2009.

Golther, Wolfgang, Die deutsche Dichtung im Mittelalter 800–1500 (Epochen der deutschen Literatur 1), 2. Aufl., Stuttgart 1922.

Gottschall, Dagmar, Recke, in: ZfdA 128 (1999), S. 251–281.

Green, Dennis H., The art of recognition in Wolfram's Parzival, Cambridge [u.a.] 1982.

Hartmann, Heiko, Gahmuret und Herzeloyde. Kommentar zum zweiten Buch des Parzival Wolframs von Eschenbach, 2 Bde., Herne 2000. – Heraldische Motive und ihre narrative Funktion in den Werken Wolframs von Eschenbach, in: Wolfram-Studien 17 (2002), S. 157–181.

Haug, Walter, Die Symbolstruktur des höfischen Epos und ihre Auflösung bei Wolfram von Eschenbach, in: DtVjs 45 (1971), S. 668–705 [wieder in: Walter Haug, Strukturen als Schlüssel zur Welt. Kleine Schriften zur Erzählliteratur des Mittelalters, Tübingen 1989, S. 483–512]. – Parzival ohne Illusionen, in: DtVjs 64 (1990), S. 199–217 [wieder in: Walter Haug, Brechungen auf dem Weg zur Individualität. Kleine Schriften zur Literatur des Mittelalters, Tübingen 1995, S. 125–139]. – Literaturtheorie im deutschen Mittelalter. Von den Anfängen bis zum Ende des 13. Jahrhunderts, 2. Aufl., Darmstadt 1992.

Heinig, Dorothea, Die Jagd im Parzival Wolframs von Eschenbach. Stellenkommentar und Untersuchungen, Diss. Marburg 2010 [online unter: <http://archiv.ub.uni-marburg.de/diss/z2010/0646/>] [Druckausgabe als Beiheft zur ZfdA in Vorbereitung].

Heinzle, Joachim, Stellenkommentar zu Wolframs Titurel. Beiträge zum Verständnis des überlieferten Textes (Hermaea NF 30), Tübingen 1972. – (Hg.) Wolfram von Eschenbach, Willehalm. Nach der Handschrift 857 der Stiftsbibliothek St. Gallen. Mhd. Text, Übersetzung, Kommentar, mit den Miniaturen aus der Wolfenbütteler Handschrift und einem Aufsatz von Peter und Dorothea Diemer (Bibliothek des Mittelalters 9 = Bibliothek deutscher Klassiker 69), Frankfurt a.M. 1991 [rev. Taschenbuchausgabe (Deutscher Klassiker Verlag im Taschenbuch 39), Frankfurt a.M. 2009].

Heusler, Andreas, Deutsche Versgeschichte, Bd. 2 (Grundriß der germanischen Philologie 8/2), 2. Aufl., Berlin 1956.

Hoffmann, Werner, Die vindaere wilder maere, in: Euphorion 89 (1995), S. 129–150.

Hofmann, Gustav, Die Einwirkung Veldekes auf die epischen Minnereflexionen Hartmanns von Aue, Wolframs von Eschenbach und Gottfrieds von Strassburg, Diss. München 1930.

Horacek, Blanka, Die Kunst des Enjambements bei Wolfram von Eschenbach, in: ZfdA 85 (1954/1955), S. 210–229.

Jaenicke, Oskar, De dicendi usu Wolframi de Eschenbach, Diss. Halle 1860.

Johnson, L. Peter, Lähelin and the Grail Horses, in: MLR 63 (1968), S. 612–617. – Parzival's beauty, in: Dennis H. Green/L. Peter Johnson, Approaches to Wolfram von

Eschenbach. Fife Essays (Mikrokosmos 5), Bern/Frankfurt a.M./Las Vegas 1978, S. 273–294. – Die höfische Literatur der Blütezeit (1160/70–1220/30) (Geschichte der deutschen Literatur von den Anfängen bis zum Beginn der Neuzeit, hg. von Joachim Heinzle, Bd. II/1), Tübingen 1999.

Kartschoke, Dieter, Erzählte Zeit in Versepen und Prosaromanen des Mittelalters und in der Frühen Neuzeit, in: ZfGerm NF 10 (2000), S. 477–492. – Die Ente auf dem Bodensee. Zu Wolframs Willehalm 377,4ff., in: ZfdPh 121 (2002), S. 424–432.

Kiening, Christian, Wolfram von Eschenbach: Willehalm, in: Interpretationen. Mhd. Romane und Heldenepen, hg. von Horst Brunner (Universal-Bibliothek 8914), Stuttgart 1993, S. 212–232.

Kinzel, Karl, Zur Charakteristik des Wolframschen Stiles, in: ZfdPh 5 (1874), S. 1–36.

Knapp, Fritz Peter, Die große Schlacht zwischen Orient und Okzident in der abendländischen Epik: ein antikes Thema in mittelalterlichem Gewand, in: GRM NF 24 (1974), S. 129–152. – Leien munt nie baz gesprach. Zur angeblichen lateinischen Buchgelehrsamkeit und zum Islambild Wolframs von Eschenbach, in: ZfdA 138 (2009), S. 173–184.

Kolb, Herbert, Vielfalt der kiusche. Eine bedeutungsgeschichtliche Studie zu Wolframs Parzival, in: Verbum et Signum, Bd. 2: Beiträge zur mediävistischen Bedeutungsforschung. Studien zu Semantik und Sinntradition im Mittelalter, hg. von Hans Fromm/Wolfgang Harms/Uwe Ruberg, München 1975, S. 233–246.

Kruse, Antje/Rössler, Gerda, Untersuchungen zu Begriffsinhalt und literarischer Funktion des Wortes triuwe in Wolframs Parzival, in: Geist und Zeit. Wirkungen des Mittelalters in Literatur und Sprache. Festschrift für Roswitha Wisniewski zu ihrem 65. Geburtstag, hg. von Carola L. Gottzmann/Herbert Kolb, Frankfurt a.M. 1991, S. 123–150.

Kuhn, Hugo, Erec, in: Festschrift für Paul Kluckhohn und Hermann Schneider, Tübingen 1948, S. 122–147 [wieder in: Kuhn (1959), S. 133–150, 265–270 (zit.)]. – Parzival. Ein Versuch über Mythos, Glaube und Dichtung im Mittelalter, in: DtVjs 30 (1956), S. 161–198 [wieder in: Kuhn (1959), S. 151–180, 271–277 (zit.)]. – Dichtung und Welt im Mittelalter (Hugo Kuhn, Kleine Schriften 1), Stuttgart 1959; 2. Aufl., 1969.

Lähnemann, Henrike/Rupp, Michael, Erzählen mit Unterbrechungen. Zur narrativen Funktion parenthetischer Konstruktionen in mittelhochdeutscher Epik, in: Beitr. 123 (2001), S. 353–378.

Lofmark, Carl J., Name lists in Parzival, in: Mediaeval German Studies. Presented to Frederick Norman by his students, colleagues and friends on the occasion of his retirement, London 1965, S. 157–173.

Lomnitzer, Helmut, Beobachtungen zu Wolframs Epenvers, in: Probleme mhd. Erzählformen. Marburger Colloquium 1969, hg. von Peter F. Ganz/Werner Schröder, Berlin 1972, S. 107–132.

Lühr, Rosemarie, Zur Parenthese im Mittelhochdeutschen. Eine pragmatische Untersuchung, in: Sprachwissenschaft 16 (1991), S. 162–226.

Martin, Ernst (Hg.), Wolfram von Eschenbach, Parzival und Titurel, Tl. 2: Kommentar (Germanistische Handbibliothek IX,2), Halle 1903 [Neudrucke Halle 1920; Darmstadt 1976].

Mertens, Volker, Der deutsche Artusroman (Universal-Bibliothek 17609), Stuttgart 1998.

Mohr, Wolfgang, Parzival und Gawan, in: Euphorion 52 (1958), S. 1–22 [wieder in: Wolfram von Eschenbach, hg. von Heinz Rupp (WdF 57), Darmstadt 1966, S. 287–318; Mohr (1979), S. 62*–93*]. – Zur Textgeschichte von Wolframs Titurel, in: Wolfram-Studien 4 (1977), S. 123–151 [wieder in: Mohr (1979), S. 237*–265*]. – Zu Wolframs Titurel, in: Wolfram von Eschenbach. Titurel, Lieder. Mhd. Text und Übersetzung, hg. von Wolfgang Mohr (GAG 250), Göppingen 1978, S. 101–161. – Wolfram von Eschenbach. Aufsätze (GAG 275), Göppingen 1979.

Müller, Nicole, Feirefiz – das Schriftstück Gottes (Bayreuther Beiträge zur Literaturwissenschaft 30), Frankfurt a.M. 2008.

Nellmann, Eberhard, Wolframs Erzähltechnik. Untersuchungen zur Funktion des Erzählers, Wiesbaden 1973. – Wolfram und Kyot als vindaere wilder maere. Überlegungen zu Tristan 4619–88 und Parzival 453,1–17, in: ZfdA 117 (1988), S. 31–67. – (Hg.), Wolfram von Eschenbach, Parzival, nach der Ausgabe Karl Lachmanns rev. und komm. von E. N., übertr. von Dieter Kühn, 2 Bde. (Bibliothek des Mittelalters 8/1–2 = Bibliothek deutscher Klassiker 110), Frankfurt a.M. 1994 [Taschenbuchausgabe (Deutscher Klassiker Verlag im Taschenbuch 7), Frankfurt a.M. 2006]. – Produktive Mißverständnisse. Wolfram als Übersetzer Chrétiens, in: Wolfram-Studien 14 (1996), S. 134–148.

Noltze, Holger, Gahmurets Orientfahrt. Kommentar zum ersten Buch von Wolframs Parzival (4,27–58,26) (Würzburger Beiträge zur deutschen Philologie 13), Würzburg 1995.

Ohly, Friedrich, Die Pferde im Parzival Wolframs von Eschenbach, in: Settimane di studio del Centro italiano di studi sull'alto medioevo 31 (L'uomo di fronte al mondo animale nell'alto medioevo) (1985), S. 849–927, 929–933 [wieder in: Studium generale. Vorträge zum Thema Mensch und Tier. Tierärztliche Hochschule Hannover, Bd. VII, Wintersemester 1988/89, Hannover 1989, S. 70–104; Friedrich Ohly, Ausgewählte und neue Schriften zur Literaturgeschichte und zur Bedeutungsforschung, hg. von Uwe Ruberg/Dietmar Peil, Stuttgart/Leipzig 1995, S. 323–364].

Ortmann, Christa, Ritterschaft. Zur Frage nach der Bedeutung der Gahmuret-Geschichte im Parzival Wolframs von Eschenbach, in: DtVjs 47 (1973), S. 664–710.

Panzer, Friedrich, Das altdeutsche Volksepos. Ein Vortrag, Halle 1903.

Reuvekamp, Silvia, Sprichwort und Sentenz im narrativen Kontext. Ein Beitrag zur Poetik des höfischen Romans, Berlin/New York 2007.

Reuvekamp-Felber, Timo, Autorschaft als Textfunktion. Zur Interdependenz von Erzählerstilisierung, Stoff und Gattung in der Epik des 12. und 13. Jahrhunderts, in: ZfdPh 120 (2001), S. 1–23.

Ridder, Klaus, Narrheit und Heiligkeit. Komik im Parzival Wolframs von Eschenbach, in: Wolfram-Studien 17 (2002), S. 136–156.

Schirok, Bernd, Diu senewe ist ein bîspel. Zu Wolframs Bogengleichnis, in: ZfdA 115 (1986), S. 21–36. – Namendubletten im Parzival Wolframs von Eschenbach: Pompeius (niht der von Rôme entran/Julîus dâ bevor), in: BzN 23 (1988), S. 403–448. – Swer mit diesen schanzen allen kan, an dem hat witze wol getan. Zu den poetologischen Passagen in Wolframs Parzival, in: Architectura poetica. Festschrift für Johannes Rathofer zum 65. Geburtstag, hg. von Ulrich Ernst/Bernhard Sowinski (Kölner germanistische Studien 30), Köln/Wien 1990, S. 119–145. – Von „zusammengereihten Sprüchen" zum „literaturtheoretische[n] Konzept". Wolframs Programm im Parzival: die späte Entdeckung, die Umsetzung und die Konsequenzen für die Interpretation, in: Wolfram-Studien 17 (2002), S. 63–94. – (Hg.), Wolfram von Eschenbach, Parzival. Studienausgabe. Mhd. Text nach der sechsten Ausgabe von Karl Lachmann. Übersetzung von Peter Knecht. Mit Einführungen zum Text der Lachmannschen Ausgabe und in Probleme der Parzival-Interpretation von B. Sch., 2. Aufl., Berlin/New York 2003.

Schmid, Elisabeth, Familiengeschichten und Heilsmythologie. Die Verwandtschaftsstrukturen in den französischen und deutschen Gralromanen des 12. und 13. Jahrhunderts (Beihefte zur ZfrPh 211), Tübingen 1986.

Schnell, Rüdiger, Literarische Beziehungen zwischen Hartmanns Erec und Wolframs Parzival, in: Beitr. (Tübingen) 95 (1973), S. 300–332.

Schröder, Werner, Zum Wortgebrauch von riuwe bei Hartmann und Wolfram, in: GRM NF 9 (1959), S. 228–234 [wieder in: Schröder (1989), S. 41–47]. – Übergänge aus oratio obliqua in oratio recta bei Wolfram von Eschenbach, in: Beitr. (Tübingen) 95 (1973) Sonderheft (Festschrift für Ingeborg Schröbler zum 65. Geburtstag, hg. von Dietrich Schmidtke/Helga Schüppert), S. 70–92 [wieder in: Schröder (1989), S. 99–121]. – Wolfram von Eschenbach. Spuren und Werke (W. Sch., Wolfram von Eschenbach. Spuren, Werke, Wirkungen. Kleinere Schriften 1956–1987, Bd. 1), Stuttgart 1989.

Schwietering, Julius, Die Demutsformel mittelhochdeutscher Dichter, Berlin 1921 (Abhandlungen der Königlichen Gesellschaft der Wissenschaften zu Göttingen. Phil.-hist. Kl. NF XVII/3) [wieder in: Schwietering (1969), S. 140–215]. – Einwirkung der Antike auf die Entstehung des frühen deutschen Minnesangs, in: ZfdA 61 (1924); 61–82 [wieder in: Schwietering (1969), S. 237–253]. – Wolframs Parzival, in: Von deutscher Art in Sprache und Dichtung, hg. von Gerhard Fricke/Franz Koch/Klemens Lugowski, Bd. 2: Die Frühzeit, Stuttgart 1941, S. 235–248 [wieder in: Schwietering (1969), S. 314–325]. – Philologische Schriften, hg. von Friedrich Ohly/Max Wehrli, München 1969.

Splett, Jochen, Das Wortschatzargument im Rahmen der Gattungsproblematik des Nibelungenliedes, in: Nibelungenlied und Klage. Sage und Geschichte, Struktur und Gattung. Passauer Nibelungengespräche 1985, hg. von Fritz Peter Knapp, Heidelberg 1987, S. 107–123.

Stock, Markus, Das Zelt als Zeichen und Handlungsraum in der hochhöfischen deutschen Epik. Mit einer Studie zu Isenharts Zelt in Wolframs Parzival, in: Innenräume in der Literatur des deutschen Mittelalters. XIX. Anglo-German Colloquium Oxford 2005, hg. von Burkhard Hasebrink/Hans-Jochen Schiewer/Almut Suerbaum/Annette Volfing, Tübingen 2008, S. 67–85.

Störmer-Caysa, Uta, Grundstrukturen mittelalterlicher Erzählungen. Raum und Zeit im höfischen Roman (De Gruyter Studienbuch), Berlin/New York 2007.

Suolahti, Hugo, Der französische Einfluß auf die deutsche Sprache im dreizehnten Jahrhundert, 2 Tle., Helsinki 1929, 1933 (Mémoires de la Société Néo-Philologique de Helsingfors 8, 10).

Tauber, Walter, Das Würfelspiel im Mittelalter und in der frühen Neuzeit. Eine kultur- und sprachgeschichtliche Darstellung (EHS 1/959), Frankfurt a.M. [u.a.] 1987.

Tomasek, Tomas, Artusromane nach 1230, Gralromane, Tristanromane, in Zusammenarb. mit Hanno Rüther/Heike Bismark (Handbuch der Sentenzen und Sprichwörter im höfischen Roman des 12. und 13. Jahrhunderts, hg. von Manfred Eikelmann/Tomas Tomasek, Bd. 2), Berlin/New York 2009.

Vorderstemann, Jürgen, Die Fremdwörter im Willehalm Wolframs von Eschenbach (GAG 127), Göppingen 1974.

Wagenknecht, Christian, Deutsche Metrik. Eine historische Einführung (C. H. Beck Studium), 5. Aufl., München 2007.
Wand, Christine, Wolfram von Eschenbach und Hartmann von Aue. Literarische Reaktionen auf Hartmann im Parzival, Herne 1989.
Wehrli, Max, Wolfram von Eschenbach: Erzählstil und Sinn seines Parzival, in: DU 6/5 (1954), S. 17–40 [wieder in: Max Wehrli, Formen mittelalterlicher Erzählung. Aufsätze, Zürich/Freiburg i.Br. 1969, S. 195–222 (zit.)]. – Geschichte der deutschen Literatur vom frühen Mittelalter bis zum Ende des 16. Jahrhunderts (Geschichte der deutschen Literatur von den Anfängen bis zur Gegenwart 1 = Universal-Bibliothek 10294), 2. Aufl., Stuttgart 1984.
Weigand, Hermann J., Die epischen Zeitverhältnisse in den Graldichtungen Crestiens und Wolframs, in: PMLA 53 (1938), S. 917–950 [wieder in: Hermann J. Weigand, Fährten und Funde. Aufsätze zur deutschen Literatur, hg. von A. Leslie Willson, Bern/München 1967, S. 7–38].
Wießner, Edmund/Burger, Harald, Die höfische Blütezeit, in: Deutsche Wortgeschichte, hg. von Friedrich Maurer/Heinz Rupp, Bd. 1 (Grundriß der germanischen Philologie 17/1), 3. Aufl., Berlin 1974, S. 189–253.
Wolf, Werner (Hg.), Albrechts von Scharfenberg Jüngerer Titurel, Bd. 1 (DTM 45), Berlin 1955.
Wynn, Marianne, Geography of Fact and Fiction in Wolfram von Eschenbach's Parzival, in: MLR 56 (1961), S. 28–43 [wieder in: Marianne Wynn, Wolfram's Parzival. On the Genesis of its Poetry (Mikrokosmos 9), Frankfurt a.M. [u.a.] 1984, S. 134–159; 2. Aufl. 2002, S. 131–154].
Wyss, Ulrich, Ich taete ê als Rûmolt. Ein Aperçu zur nibelungischen Intertextualität, in: 3. Pöchlarner Heldenliedgespräch. Die Rezeption des Nibelungenliedes, hg. von Klaus Zatloukal (Philologica Germanica 16), Wien 1995, S. 187–202. – Herbergen ist loischiern genant. Zur Ästhetik der fremden Wörter im Willehalm, in: Blütezeit. Festschrift für L. Peter Johnson zum 70. Geburtstag, hg. von Mark Chinca/Joachim Heinzle/Christopher Young, Tübingen 2000, S. 363–382.
Zwierzina, Konrad, Beobachtungen zum Reimgebrauch Hartmanns und Wolframs, in: Abhandlungen zur germanischen Philologie. Festgabe für Richard Heinzel, Halle 1898, S. 437–511 [separat: Halle 1898].

D. ‚Parzival'

I. Abriß der Handlung

von Joachim Heinzle

Buch I (1,1–58,26): Der Erzählung ist ein Prolog vorangestellt (1,1–4,26). Der Erzähler reflektiert zunächst über gute und verworfene Menschen im allgemeinen, törichte und kluge Rezipienten des vorliegenden Werks im besonderen und über die angemessene Art, mit diesem umzugehen. Dann erörtert er das rechte Verhalten von Männern und – vor allem – Frauen. Schließlich wendet er sich der zu erzählenden Geschichte zu, die *von grôzen triuwen* (4,10: „großer Treue") handle. Ihr Held wird als ruhmreicher Kämpfer und Liebling der Frauen vorgestellt, der allerdings nur „langsam verständig" (4,18: *traeclîche wîs*) werde. Von Seiten der Erzählung (4,24: *maereshalp*) ist dieser Held noch nicht geboren. Es wird zuerst die Geschichte seiner Eltern erzählt.

Nach dem Tod des Königs Gandin von Anschouwe geht dessen Herrschaft auf Galoes, den älteren seiner zwei Söhne, über. Nach dem Recht des Landes bleibt der jüngere Sohn Gahmuret ohne Erbe. Das ehrenvolle Angebot des Bruders, als Hausgenosse (7,3: *ingesinde*) an seinem Hof zu leben, lehnt er ab. Er will in die Fremde ziehen, um Rittertaten zu vollbringen und die Gunst der Frauen zu erwerben. Sein Bruder und seine Mutter Schoette statten ihn mit Pferden, Knappen, Gold, Edelsteinen und kostbaren Stoffen üppig aus. Auch eine Frau, „die seine Freundin war" (12,11: *ein sîn friundîn*), schickt ihm ein reiches Geschenk. Die Frau ist, wie sich später herausstellt, Ampflise, die Königin von Frankreich. Gahmuret zieht in den Orient und kämpft erfolgreich für den Baruch (den Kalifen) von Bagdad, der im Krieg mit den Brüdern Ipomidon und Pompeius von *Babilôn* (Alt-Kairo in Ägypten?) liegt. Wo immer er im Orient zwischen Marokko und Persien Gelegenheit zu kämpfen findet, zeichnet er sich aus, und sein Ruhm verbreitet sich. Zum Zeichen, daß er ein fahrender Ritter auf der Suche nach Land ist, führt er einen Anker im Wappen.

Auf seinen Fahrten verschlägt ihn ein Seesturm an die Küste des Königreichs Zazamanc, dessen Bewohner Mohren sind, „dunkel wie die Nacht" (17,24: *vinster sô diu naht*). Er läuft in den Hafen der Residenzstadt Patelamunt ein, die von zwei Heeren belagert wird, und bietet seine Hilfe bei der Verteidigung der Stadt an. Der Burggraf der Königin erkennt an dem Ankerwappen den Helden, der sich im Dienst des Baruch ausgezeichnet hatte. Er gewährt ihm Unterkunft und meldet der Königin Belakane das Eintreffen des Ritters. Er rühmt dessen Kampftüchtigkeit und versichert ihr, daß der Fremde aus königlichem Geschlecht stammt und ihr ebenbürtig ist. Sie läßt ihn zu sich bitten und erzählt ihm, was es mit der Belagerung auf sich hat: Ihr Verehrer Isenhart, der König von Azagouc, hatte auf ihren Wunsch ohne Harnisch gekämpft, um ihr seine Ergebenheit als Minnediener zu beweisen. Er wurde im Lanzenkampf von einem Fürsten Belakanes, Prothizilas, getötet. Um ihn zu rächen, war sein Verwandter Fridebrant von Schottland mit einem Heer vor Patelamunt erschienen. Dieses wird nun von den Heeren Isenharts und Fridebrants belagert (Fridebrant selbst ist inzwischen wieder abgereist, um sein eigenes Land gegen einen Angriff zu verteidigen). Gahmuret sagt Belakane seine Hilfe zu. Sie werden von Liebe zueinander ergriffen. Am nächsten Tag besiegt Gahmuret im Kampf die Führer beider Heere. Diese müssen die Belagerung aufgeben. Gahmuret und Belakane halten Beilager. Gahmuret ist jetzt Belakanes Gemahl und König von Zazamanc. Es kommt zur Versöhnung mit den Belagerern, unter denen – im Heer Fridebrants – auch Verwandte Gahmurets sind: sein Vetter Kaylet von Hoskurast, der König von Spanien, und dessen Neffen Gaschier und Killirjacac. Gahmuret wird auch König von Isenharts Land Azagouc, und er erhält ein Prachtzelt aus Isenharts Besitz, das dieser zusammen mit seiner Rüstung Fridebrant geschenkt hatte. Auch diese Rüstung, die Fridebrant mitgenommen hatte, soll Gahmuret bekommen. Ihr Prunkstück ist der „Adamas", ein Helm, der aus einem Diamanten (mhd. *adamas*) gefertigt ist. Die Belagerer ziehen ab. Gahmuret läßt das Prachtzelt auf ein Schiff bringen. Er sagt den Leuten, er wolle es nach Azagouc bringen, doch ist das gelogen (54,16: *mit der rede er si betrouc*).

Gahmuret liebt seine „schwarze Frau mehr als sein Leben" (54,21 f.: *doch was im daz swarze wîp / lieber dan sîn selbes lîp*). Doch die Sehnsucht nach ritterlichen Taten läßt ihn nicht ruhen, und schon nach wenigen Wochen macht er sich heimlich zu Schiff davon. Der schwangeren Belakane hinterläßt er einen Brief. In wohlgesetzten Worten versichert er sie seiner Liebe, wenn sie sich taufen lasse, und nennt ihr seine Ahnen, damit das Kind weiß, von wem es abstammt. Zur rechten Zeit bringt Belakane – die ohne weiteres bereit gewesen wäre, Christin zu werden – einen Sohn zur Welt, der schwarz und weiß gescheckt ist. Sie nennt ihn Feirefiz mit dem Beinamen Anschevin (nach Gahmurets Heimat Anschouwe).

Ein Jahr ist vergangen, seit Gahmuret Patelamunt befreit hat. Sein Schiff wird noch immer von Stürmen auf dem Meer umhergetrieben. Auf hoher See begegnet er einem Schiff mit Gesandten Fridebrants, die Belakane um Frieden bitten sollen. Sie haben Isenharts Rüstung mit dem

Adamas bei sich und liefern sie Gahmuret aus. Der landet schließlich in Sevilla, in Kaylets Land Spanien.

Buch II (58,27–116,4): Von Sevilla reist Gahmuret nach Toledo, um Kaylet aufzusuchen, und erfährt dort, daß dieser zu einem Turnier geritten ist. Er zieht ihm nach und kommt nach Kanvoleiz, die Hauptstadt von Waleis (Wales), wo viele Ritter versammelt sind. Herzeloyde, die jungfräuliche Königin des Landes, hat ein Turnier ausgeschrieben: Der Sieger soll ihre Hand und ihre beiden Länder – neben Waleis noch Norgals (Nordwales) – erhalten. Gahmurets Knappen schlagen Isenharts Prachtzelt auf der Ebene vor der Stadt auf. Man meldet der Königin seine Ankunft. Hochmodisch gekleidet, ein Bein lässig vor sich auf den Hals des Pferdes gelegt, reitet Gahmuret mit einem Zug von Musikanten in die Stadt. Als er Herzeloyde erblickt, richtet er sich im Sattel auf wie ein Jagdvogel, der nach der Beute giert (64,8: *als ein vederspil, daz gert*). Kaylet erfährt von seiner Anwesenheit und eilt mit seinen Neffen Gaschier und Killirjacac zu ihm. Gahmuret empfängt sie in seinem Zelt und läßt sich berichten, welche Ritter zu dem Turnier gekommen sind. Kaylet bittet Gahmuret, ihm um ihrer Verwandtschaft willen im Turnier gegen den Herzog von Brabant und dessen Schwager Hardiz, den König von Gascone, zu helfen, die ihn haßten. Gahmuret sagt seine Hilfe zu, und Kaylet reitet zurück. Auf der Ebene finden bereits einzelne Kämpfe statt, mit denen sich die Ritter auf das Turnier am kommenden Tag vorbereiten. Dieses „Vorabendturnier" (68,24: *vesperîe*) entwickelt sich zu einem Massenkampf zwischen einem „inneren" und einem „äußeren" Heer. Gahmuret, der zunächst nur zugesehen hat, legt Isenharts prächtige Rüstung mit dem Adamas an und greift auf der Seite des „inneren" Heers in den Kampf ein. Er sticht einen Gegner nach dem anderen vom Pferd. In einer Kampfpause erscheint eine Gesandtschaft Ampflises unter der Führung eines Kaplans, der Gahmuret einen Brief der Königin übergibt. Sie teilt ihm darin mit, daß ihr Mann gestorben ist, bietet ihm ihre Hand und ihr Königreich an und fordert ihn auf, im Turnier als ihr Minneritter zu kämpfen – in Herzeloyde sieht sie keine Konkurrentin: „ich bin schöner und reicher" (77,13: *ich bin schoener unde rîcher*). Gahmuret begibt sich wieder in den Kampf. Er trifft auf einen Fürsten aus Anschouwe, der den Schild umgekehrt – die Spitze nach oben gerichtet – hält. Das ist ein Zeichen der Trauer: Galoes ist im Dienst einer Dame in einem Zweikampf getötet worden. Gahmuret verläßt den Kampfplatz und reitet zu seinem Zelt. Die Kämpfe gehen weiter. Erst die einbrechende Dunkelheit macht ihnen ein Ende. Herzeloyde sucht Gahmuret in seinem Zelt auf, wo eine Gesellschaft von Rittern versammelt ist. Kaylet und Killirjacac erscheinen. Sie waren von Rittern des äußeren Heers gefangen worden und bitten Gahmuret, sie durch Freilassung seiner Gefangenen auszulösen. Kaylet berichtet, man wolle in Anbetracht der harten Kämpfe auf das eigentliche Turnier verzichten; die *vesperîe* solle gewertet werden, und man sei einhellig der Meinung, daß der Preis Gahmuret gebühre. Herzeloyde bittet Gahmuret, das zu akzeptieren: „Meinem Anspruch, den ich auf Euch habe, sollt Ihr Genüge tun" (87,1 f.: *swaz mînes rehtes an iu sî, / dâ sult ir mich lâzen bî*). Erregt springt der Kaplan Ampflises auf und meldet deren Anspruch auf Gahmuret an. Herzeloyde fordert eine gerichtliche Entscheidung und entfernt sich. Gahmuret wird von Trauer übermannt: Er sehnt sich nach Belakane, und er ist betrübt über den Verlust des Bruders. Kaylet erzählt, wie dieser umgekommen ist, und berichtet, daß auch Schoette aus Kummer über den Tod des Sohnes gestorben ist. Am folgenden Tag wird das Turnier definitiv abgesagt. Herzeloyde bekräftigt nach dem Gottesdienst öffentlich ihren Anspruch. Gahmuret wendet ein, daß er bereits verheiratet ist. Herzeloyde verweist darauf, daß Belakane eine Heidin ist: „Verlaßt die Mohrin und nehmt meine Liebe. Das Christentum gilt mehr" (94,11 ff.: *ir sult die Moerinne / lân durch mîne minne. / des toufes segen hât bezzer kraft*). Auch Gahmurets Hinweis auf die älteren Rechte Ampflises verfängt nicht. Der Richter, den er und Herzeloyde anrufen, entscheidet zu deren Gunsten. Gahmuret beugt sich, bedingt sich aber von Herzeloyde aus, jeden Monat einmal zu einem Turnier reiten zu dürfen. Die Gesandten Ampflises reisen enttäuscht ab. Die anwesenden Ritter aus Anschouwe suchen Gahmuret auf, der nach dem Tod des Bruders ihr König ist. Er fordert sie auf, ihre Trauer zu beenden, und vertauscht das Ankerwappen mit dem Wappen seines Vaters: „In seinem Land hat mein Anker Grund gefunden" (99,14: *sîn lant mîn anker hât beslagn*). Gahmuret und Herzeloyde halten Beilager. Gahmuret läßt seine Gefangenen frei und versöhnt die Gegner. Die Turniergäste reisen ab.

Gahmuret reitet regelmäßig zu Turnieren und pflegt dabei ein Seidenhemd Herzeloydes über seiner Rüstung zu tragen. Das im Kampf zerfetzte Hemd trägt Herzeloyde dann auf der bloßen Haut. Eines Tages kommt die Nachricht, daß Ipomidon und Pompeius den Baruch wieder mit Krieg überzogen haben. Gahmuret eilt ihm zu Hilfe. Herzeloyde bleibt zurück. Nach einem halben Jahr hat sie im Mittagsschlaf einen schrecklichen Traum: Ein „Sternenblitz" (103,28: *sternen blic* – ein Komet?) reißt sie in die Lüfte, Funken umzucken sie, es donnert und regnet brennende Tränen; etwas packt ihre rechte Hand; dann säugt sie einen

Drachen, der ihr später den Leib zerreißt, schnell von ihr fortfliegt, so daß sie ihn nie wieder sieht, und ihr das Herz aus der Brust reißt. Sie schreit im Schlaf. Dienerinnen wecken sie. Da erscheint Gahmurets Oberknappe Tampanis und berichtet, daß sein Herr umgekommen ist: Ein feindlicher Ritter hatte den Adamas heimlich mit Bocksblut begossen und damit weich gemacht. So konnte Ipomidon im Kampf seine Lanze durch den Helm stechen und Gahmuret eine tödliche Kopfwunde beibringen. Der Baruch ließ Gahmuret nach christlichem Ritus in Baldac bestatten und ein prächtiges Grabmal für ihn errichten. Herzeloyde, die schwanger ist, wird ohnmächtig. Dann verfällt sie in maßloses Klagen, umfaßt ihren Leib, zerreißt ihr Hemd und preßt Milch aus ihren Brüsten. Man bringt ihr die todbringende Lanzenspitze und ihr blutbeflecktes Hemd, das Gahmuret in seinem letzten Kampf getragen hatte. Die Gegenstände werden wie Reliquien im Münster bestattet. Vierzehn Tage später bringt Herzeloyde Parzival zur Welt (dessen Namen der Hörer/Leser erst später erfährt): „Hier ist der erste Wurf der Geschichte getan und ihr Anfang gemacht, denn jetzt erst ist der geboren, dem diese Erzählung gehört" (112,9 ff.: *hiest der âventiure wurf gespilt,/und ir begin ist gezilt:/wand er ist alrêrst geborn,/dem diz maere wart erkorn*).

Bevor er mit der Erzählung fortfährt, schiebt der Erzähler eine ‚Selbstverteidigung' ein (114,5–116,4): Er hat sich den Zorn der Frauen zugezogen, weil er eine Frau haßt, die sich ihm gegenüber wankelmütig gezeigt hat: „Ich bin Wolfram von Eschenbach und verstehe mich auf Gesang (d.h. das Verfassen von Minneliedern?) und halte wie eine Zange den Zorn auf eine Frau fest" (114,12 ff.: *ich bin Wolfram von Eschenbach,/unt kan ein teil mit sange,/unt bin ein habendiu zange/mînen zorn gein einem wîbe*). Das Lob der guten Frauen wird er immer verkünden. Ihre Liebe will er aber nicht mit Gesang, sondern mit Schild und Speer verdienen, denn: „Rittertum (d.h. das Erzählen von Rittertaten?) ist meine Sache" (115,11: *schildes ambet ist mîn art*). Wenn die Frauen es nicht als Lobhudelei (115,21: *smeichen* „Schmeicheln") ansehen wollten, würde er mit der Erzählung fortfahren. Die sei freilich kein Buch, denn er könne keinen einzigen Buchstaben (115,27: *ine kan decheinen buochstap*): „Diese Geschichte geht ihren Weg ohne die Hilfe von Büchern" (115,29 f.: *disiu âventiure/vert âne der buoche stiure*).

Buch III (116,5–179,12): Herzeloyde zieht sich mit ihrem kleinen Sohn in die Einöde von Soltane zurück, um ihn davor zu bewahren, daß er mit dem Rittertum in Berührung kommt und das Schicksal seines Vaters erleidet. Ihre Leute weist sie an, Parzival nichts vom Rittertum zu sagen.

Der Prinz wächst unstandesgemäß auf. Sein Lieblingsspiel besteht darin, mit Pfeil und Bogen, die er selber schnitzt, nach Vögeln zu schießen. Immer wenn er einen Vogel getötet hat, bricht er in Tränen aus; und er muß auch weinen, wenn er die Vögel singen hört, kann aber nicht sagen, warum. Herzeloyde haßt deshalb die Vögel und befiehlt ihren Leuten, Jagd auf sie zu machen. Parzival bittet sie, die Vögel zu schonen. Sie gibt ihm recht: Es stehe ihr nicht zu, gegen Gottes Gebot zu handeln. „Ach, Mutter, was ist Gott" fragt Parzival darauf (119,17: *ôwê muoter, waz ist got?*). Sie erklärt ihm, Gott sei ganz Licht und helfe den Menschen zuverlässig; Parzival solle sich in der Not an ihn wenden. Gott stehe der Teufel gegenüber, der ganz schwarz sei. Parzival lernt, mit dem Jagdspieß – dem „Gabilot" – umzugehen und erlegt viele Hirsche. Auf einem seiner Jagdgänge sieht er drei Ritter in voller Rüstung heranreiten. Er hält sie für Gott, wirft sich ihnen in den Weg und bittet sie um ihre Hilfe. Ein vierter Ritter kommt heran. Es ist Karnahkarnanz, der Herr der drei. Sie verfolgen den Ritter Meljahkanz, der eine Jungfrau aus dem Land des Karnahkarnanz entführt hat. Parzival findet, daß Karnahkarnanz in seiner glänzenden Rüstung wie Gott aussieht, und fleht auch ihn um Hilfe an: „Hilf mir, hilfreicher Gott!" (122,26: *nu hilf mir, hilferîcher got*). Karnahkarnanz sagt ihm, daß er nicht Gott ist: er und die drei anderen seien vielmehr Ritter. Parzival fragt, wer denn Ritterschaft verleihe. Karnahkarnanz nennt ihm den König Artus. Er erkennt in dem strahlend schönen Jungen dessen vornehme Abkunft und versichert ihm, daß Artus ihn zum Ritter machen werde. Mit einem Segenswunsch verabschiedet er sich. Die vier Ritter stoßen auf Herzeloydes Bauern und erhalten die Auskunft, daß am Morgen zwei Ritter mit einem Mädchen vorbeigekommen seien. Sie reiten weiter. Die Bauern sind verzweifelt, weil es ihnen nicht gelungen ist, Parzival von den Rittern fernzuhalten. Der läuft zur Mutter und erzählt ihr von der Begegnung. Sie fällt in Ohnmacht. Als sie wieder erwacht ist, läßt sie sich alles berichten. Parzival teilt ihr seinen Entschluß mit, sich von Artus zum Ritter machen zu lassen, und verlangt ein Pferd von ihr. Sie kann das nicht verweigern, gibt ihm aber nur ein armseliges Pferdchen und kleidet ihn in ein Narrengewand in der Hoffnung, er werde von den Leuten verspottet und komme zurück. Am Vorabend seines Aufbruchs gibt sie ihm Verhaltensregeln. Bei Tagesanbruch reitet er los. Herzeloyde läuft ihm nach. Als sie ihn nicht mehr sieht, bricht sie vor Schmerz tot zusammen.

Parzival reitet in die Welt. Am nächsten Tag stößt er in einer Waldlichtung auf ein prächtiges Zelt, in dem eine Dame – halb aufgedeckt, nur mit einem Hemd bekleidet – schläft: Jeschute, die Gemahlin des Herzogs Orilus de Lalander. Parzival stürzt sich auf die Schlafende, küßt und umarmt sie, nimmt ihr einen Ring, den sie am Finger trägt, und reißt ihr die Brosche vom Hemd. Er befolgt damit allzu wörtlich den Rat seiner Mutter, sich um Ring, Kuß und Umarmung guter Frauen zu bemühen. Jeschute ist entsetzt und verstört. Schließlich gelingt es ihr, den Knaben zum Weiterreiten zu bewegen. Orilus, der von einem Kampf zurückkehrt, bemerkt an dem niedergetretenen Gras, daß ein Fremder im Zelt war. Er verdächtigt Jeschute der Untreue und bestraft sie: Die Gemeinschaft von Tisch und Bett wird aufgehoben; Jeschute darf künftig keine andere Kleidung haben als das Hemd, das sie bei Parzivals Überfall getragen hatte; Orilus zerschlägt den Sattel ihre Pferdes und flickt ihn notdürftig wieder zusammen. So muß sie sich mit ihm auf die Verfolgung Parzivals machen.

Der trifft unterdessen auf eine Frau, die laut klagend und sich ihre Zöpfe ausraufend, einen toten Ritter in ihrem Schoß hält. Die Frau ist Parzivals Cousine Sigune, der Ritter ihr Geliebter Schianatulander. Parzival hat Mitleid mit Sigune und will den Tod des Ritters rächen. Sigune fragt ihn nach seinem Namen. Er weiß ihn nicht und kann nur sagen, wie er zuhause gerufen wurde: „bon fils, cher fils, beau fils" (140,6: *bon fiz, scher fiz, bêâ fiz*). Daran erkennt Sigune, die in der Obhut ihrer Tante Herzeloyde aufgewachsen war, wer er ist und sagt ihm seinen Namen: „wahrlich, Du heißt Parzival" (140,16: *deiswâr du heizest Parzivâl*). Sie sagt ihm, daß er der Erbe dreier Länder ist, daß Lähelin ihm zwei Länder genommen und Lähelins Bruder Orilus Schianatulander erschlagen hat (das muß geschehen sein, als Parzival bei Jeschute im Zelt war). Schianatulander starb als Verteidiger von Parzivals Herrschaft, aber auch wegen einer Hundeleine: „die Leine eines Bracken hat ihn umgebracht" (141,16: *ein bracken seil gap im den pîn* – was es mit dieser Leine auf sich hat, bleibt dunkel; es wird erst im Tit. erzählt). Sigune verwünscht sich, daß sie die Werbung Schianatulanders nicht erhört hat: „Jetzt liebe ich ihn so, als Toten" (141,24: *nu minne i'n alsô tôten*). Parzival will Orilus stellen, doch Sigune weist ihn in die falsche Richtung, um ihn zu schützen. So gerät er auf die Straße nach Bertane (Britannien/Bretagne).

Ein Fischer, der ihn für Jeschutes Brosche beherbergt, führt ihn zu Artus' Residenz nach Nantes. Ein Ritter reitet ihm entgegen, dessen gesamte Rüstung rot ist. Es ist Ither von Gaheviez, der König von Kukumerland, Artus' Vetter. In der Hand hält er einen Pokal aus Gold. Er hat ihn von Artus' Tafel genommen, um seinen Anspruch auf Artus' Land Bertane geltend zu machen, und dabei versehentlich Wein auf die Königin geschüttet. Er bittet Parzival, der Königin zu sagen, daß er sie nicht absichtlich begossen hat. Er wartet darauf, daß einer der Ritter von der Tafelrunde gegen ihn antritt, um ihm den Pokal abzunehmen. Parzival verspricht ihm, die Bitte zu erfüllen, und begibt sich zu Artus' Hof. Der Knappe Iwanet, der ihm seine Freundschaft anbietet, führt ihn in den Saal vor den König. Parzival bittet diesen, ihn zum Ritter zu machen. Der König ist einverstanden und verspricht, ihn reich auszustatten. Parzival aber verlangt die Rüstung des roten Ritters. Auf Zuraten des Seneschalls – des Vorstehers der Hofhaltung – Keie willigt er ein, daß sich Parzival die Rüstung holt. Als Parzival das Gebäude verläßt, sieht ihn von einer Galerie herab die Dame Kunneware von Lalant, Orilus' Schwester, die noch nie gelacht hat. Sie wird erst dann lachen, wenn sie den sieht, der den höchsten Ruhm erworben hat oder erwerben wird – und bei Parzivals Anblick lacht sie. Keie hält es für schändlich, daß es ausgerechnet der ungehobelte Knabe ist, der sie zum Lachen bewegt, und verprügelt sie. Da sagt ihm der Ritter Antanor voraus, daß Parzival dereinst Kunneware rächen werde. Es sind die ersten Worte, die Antanor spricht, der erst sprechen wollte, wenn Kunneware lachen würde. Keie verprügelt auch ihn. Parzival ist Zeuge der Mißhandlungen und will Keie töten, kommt aber wegen des Gedränges nicht zum Schuß mit dem Gabilot. Er begibt sich zu Ither und verlangt dessen Rüstung. Der stößt ihn und das Pferdchen mit dem umgekehrten Ende seiner Lanze zu Boden und schlägt ihn. Da steht Parzival auf und schießt ihm den Gabilot durch den Sehschlitz des Helms ins Auge. Ither ist sofort tot. Parzival versucht vergeblich, ihm die Rüstung abzuziehen. Es gelingt ihm erst mit Iwanets Hilfe. Der legt ihm die Rüstung an und führt ihm Ithers Pferd zu. Parzival steigt mit einem Sprung in voller Rüstung auf – und gibt ein Bild von einem Ritter ab: „kein Maler hätte ihn schöner malen können als so, wie er da auf seinem Roß saß" (158,15 f.: *kein schiltaere entwürfe in baz/ denn alser ûfem orse saz*). Er bittet Iwanet, Artus den Pokal zurückzubringen, beklagt die Mißhandlung Kunnewares und reitet davon. Die Königin läßt unter großen Klagen Ither begraben.

Parzival reitet weiter und gelangt zur Burg des Fürsten Gurnemanz von Graharz. Er trifft ihn unter einer Linde vor der Burg an, erinnert sich an die Lehre seiner Mutter, den Rat eines alten Mannes zu suchen, und bittet ihn, ihm zu raten. Gurnemanz geht darauf gerne ein. In der Burg wird Parzival entwappnet. Als unter seiner Rüstung die Torenkleider zum Vorschein kommen, ist man peinlich berührt. Doch Gurnemanz überspielt die Situation und speist mit Parzival, der in unbändigem Hunger das Essen in sich hineinschlingt. Am nächsten Morgen wird er gebadet und vornehm gekleidet. Gurnemanz läßt sich erzählen, was Parzival erlebt hat, seufzt über den Tod Ithers und gibt Parzival dessen Beinamen: „er nannte ihn den Roten Ritter" (170,6: *den rôten ritter er in hiez*). Dann belehrt er ihn ausführlich darüber, wie ein höfischer Ritter und Herrscher sich zu verhalten hat, und weist ihn in die ritterliche Kampftechnik ein. Der Knabe lernt schnell. Die Leute am Hof wünschen, daß er Gurnemanz' Tochter Liaze zur Frau nehmen und den Fürsten so über den Tod seiner drei Söhne hinwegtrösten werde. Beim Nachtmahl bedient Liaze ihren Vater und Parzival. Nach vierzehn Tagen nimmt Parzival Abschied. Gurnemanz erzählt ihm die Geschichte vom Tod seiner drei Söhne und wünscht zu sterben, da Parzival seine Tochter und sein Land verschmähe. Parzival möchte zuerst ritterlichen Ruhm erwerben: dann werde er zurückkehren und um Liazes Hand anhalten. Gurnemanz ist untröstlich.

Buch IV (179,13–223,30): Von Sehnsucht nach Liaze gequält, reitet Parzival immer geradeaus durch unwegsames Land. Am Abend gelangt er nach Pelrapeire, der Hauptstadt von Brobarz. Dort herrscht seit dem Tod ihres Vaters Tampenteire die jungfräuliche Königin Condwiramurs. Stadt und Burg werden vom Heer Clamides, des Königs von Brandigan, belagert, der Condwiramurs gegen ihren Willen zwingen will, seine Frau zu werden. Infolge der Belagerung herrscht Mangel in der Stadt. Die Bewohner leiden Hunger, sind abgemagert und völlig entkräftet: „Die Bedauernswerten waren alle grau wie Asche oder gelb wie Lehm" (184,1 ff.: *ouch was diu jaemerlîche schar/elliu nâch aschen var,/oder alse valwer leim*). Parzival klopft ans Tor und wird eingelassen, als er seine Hilfe anbietet. Man entwappnet ihn und führt ihn zur Königin. Die empfängt ihn in Begleitung der Brüder ihres Vaters, der Herzöge Kyot und Manfilot von Katelangen (die beiden haben sich aus ihrer Herrschaft zurückgezogen – weshalb, wird im Tit. erzählt: → S. 443). Die Schönheit Condwiramurs' überwältigt und verwirrt Parzival, der wieder an Liaze denkt: „Liaze ist dort, Liaze ist hier" (188,2: *Lîâze ist dort,/Lîâze ist hie*). Eingedenk der Lehren Gurnemanz' schweigt er höflich, bis Condwiramurs das Wort an ihn richtet und ihn fragt, woher er kommt. Als sie erfährt, daß er in einem Tag von Graharz nach Pelrapeire geritten ist, kann sie es kaum glauben. Sie sagt Parzival, daß ihre Mutter Gurnemanz' Schwester war. Gurnemanz zu Ehren möge er den Mangel mit den Leuten in Pelrapeire teilen. Kyot und Manfilot versprechen ihr eine Lieferung von Lebensmitteln und entfernen sich. Ihre Boten kehren bald zurück und bringen das Versprochene. Die Lebensmittel werden auf Parzivals Rat unter die Leute verteilt, so daß ihm selbst und Condwiramurs „kaum eine Schnitte bleibt", die sie „ohne Zank teilen" (191,5 f.: *des bleip in zwein vil kûme ein snite:/die teiltens âne bâgens site*). In der folgenden Nacht schleicht Condwiramurs im Hemd zu Parzival, kniet vor sein Bett und weint. Von den Tränen, die ihn benetzen, wacht er auf. Nachdem er ihr versprochen hat, nicht mit ihr zu „ringen", legt sie sich neben ihn und erzählt ihm von Clamides Forderung, die sie strikt ablehnt, und von der Belagerung. In den Kämpfen ist Gurnemanz' Sohn Schenteflurs, der ihr zu Hilfe geeilt war, von Clamide und dessen Seneschall Kingrun getötet worden. Kingrun wird am nächsten Tag wieder vor Pelrapeire erscheinen. Parzival verspricht ihr, gegen ihn anzutreten. So geschieht es. Parzival besteht seinen ersten Ritterkampf und besiegt Kingrun. Der ergibt sich und wird von Parzival an den Artushof geschickt. Er soll dort berichten, daß er von dem Ritter besiegt wurde, um dessentwillen Cunneware geschlagen wurde, und deren Gefangener sein. Parzival kehrt in die Stadt zurück. Condwiramurs umarmt ihn und erklärt, keinen anderen zum Mann nehmen zu wollen. Die Bewohner der Stadt huldigen ihm als ihrem Herrn. Unterdessen werden zwei Segelschiffe von einem Sturm in den Hafen der Stadt getrieben. Parzival läßt zu einem guten Preis die Lebensmittel kaufen, die sie geladen haben. Die Hungersnot hat ein Ende: „Den Bewohnern der Stadt troff das Bratenfett in die Kohlen" (201,4: *den burgaern in die kolen trouf*). Zwei Nächte liegen Parzival und Condwiramurs nebeneinander im Bett, ohne sich berühren; erst in der dritten „flochten sie Arme und Beine ineinander" (203,6: *si vlâhten arm unde bein*). Doch Clamide gibt nicht auf. Er unternimmt einen neuen Versuch, die Stadt einzunehmen.

Unterdessen ist Kingrun am Artushof eingetroffen und hat seinen Auftrag erfüllt. Sein Bericht erfreut Cunneware und erschreckt Keie, der den „Kollegen" Seneschall auffordert, ihm zu helfen, Cunneware zu besänftigen: „Der Kessel ist uns untertan, mir hier und Dir in Brandigan. Hilf mir bei Deiner Ehre, Cunnewares Wohlwollen mit dicken Krapfen zu gewinnen" (206,29 ff.: *Der kezzel ist uns undertân,/mir hie unt dir ze Brandigân./hilf mir durch dîne werdekeit/Cunnewâren hulde umb krapfen breit*).

In Pelrapeire gehen die Kämpfe weiter. Als Clamide keine Chance mehr sieht, die Stadt zu nehmen, fordert er Parzival zum Zweikampf heraus. Der nimmt die Herausforderung an und besiegt ihn wie zuvor Kingrun. Auch Clamide muß zum Artushof ziehen und sich in die Gewalt Cunnewares begeben. Keie bekommt es noch mehr mit der Angst zu tun und entschuldigt sich bei Cunneware: Er habe sie „im Interesse höfischer Sitte" geschlagen, um ihr „besseres Benehmen beizubringen" (218,25 f.: *ich tetz durch hoflîchen site/und wolt iuch hân gebezzert mite*). Clamide klagt Kingrun sein Leid. Er kann nicht verschmerzen, daß er Condwiramurs nicht bekommen kann. Keies Verhalten wird allgemein verurteilt. Parzival und Condwiramurs leben in Glück und Eintracht. Eines Tages erklärt Parzival, er wolle seine Mutter besuchen und Aventüren bestehen. Condwiramurs läßt ihn ziehen.

Buch V (224,1–279,30): Parzival läßt sein Pferd laufen, wie es will. Wieder legt er an einem Tag eine ungeheure Strecke zurück und kommt gegen Abend an den See Brumbane. Nahe am Ufer liegt ein Fischerboot, in dem ein prächtig gekleideter Mann sitzt. Parzival fragt ihn, wo er eine Unterkunft für die Nacht finden könne. Der „traurige Mann" (225,18) weist ihm den Weg zu einer Burg, in der er ihn selbst bewirten wolle. Parzival findet die Burg – eine gewaltige Festung –, wird eingelassen und mit größter Freundlichkeit aufgenommen. Ein Kämmerer bringt ihm den Mantel der Herrin, der Königin Repanse de schoye. Er legt ihn um. Ein Witzbold (229,4: *ein redespaeher man* „redekundiger, beredter Mann") fordert ihn in beleidigendem Ton auf, vor dem Burgherrn zu erscheinen. Parzival wird zornig und hätte den Mann beinahe erschlagen. Die Anwesenden beruhigen ihn: der Mann habe sich nur einen Scherz erlaubt. Man führt Parzival in einen riesigen Saal, der festlich erleuchtet ist. Hundert Sitzbetten stehen da, die je vier Rittern Platz bieten. An drei gewaltigen Feuerstellen aus Marmor wird wohlriechendes Aloeholz verbrannt. Der Burgherr hat sich, in kostbare Pelze gehüllt, auf ein Spannbett vor der mittleren Feuerstelle setzen lassen. Er hat ein Leiden, zu dessen Linderung er Wärme sucht. Er bittet Parzival, sich zu ihm zu setzen. Vierhundert Ritter sind im Saal anwesend. Ein Knappe tritt ein. Er trägt eine Lanze, von deren „Schneide Blut ausging und den Schaft hinunterlief bis auf seine Hand" (231,20 f.: *an der snîden huop sich bluot / und lief den schaft unz ûf die hant*). Der Knappe geht mit der Lanze an den vier Wänden des Saales entlang und entschwindet rasch wieder durch die Tür, durch die er hereingekommen ist. Der Auftritt veranlaßt die Anwesenden zu lauter Klage. Durch eine stählerne Tür am Ende des Saals ziehen gruppenweise 24 prächtig gekleidete junge Fürstinnen und die Königin ein. Sie tragen Lichter und bringen Tischgerät: Tischgestelle aus Elfenbein, eine aus einem Hyazinth gearbeitete Tischplatte und zwei silberne Messer. Man installiert den Tisch vor dem König und Parzival und legt die Messer auf ihn. Zuletzt erscheint die Königin Repanse de schoye. Sie trägt „auf einem Tuch aus grüner Achmardiseide das herrlichste Paradies, Wurzel und Zweig zugleich. Das war ein Ding, das hieß der GRAL, der alles übertraf, was man auf Erden wünschen kann" (235,20 ff.: *ûf einem* *grüenen achmardî/truoc si den wunsch von pardîs,/bêde wurzeln unde rîs./daz was ein dinc, daz hiez der Grâl,/erden wunsches überwal*). Der Gral wird vor dem Burgherrn niedergesetzt. Repanse – „die Jungfrau mit der Krone" (236,21) – in der Mitte, verharren die Frauen in zeremonieller Aufstellung vor dem Tisch. Das Mahl beginnt. Hundert Kämmerer, hundert junge Adlige und fünfhundert Knappen bedienen. Der Gral spendet an Speisen und Getränken, was jeder wünscht. Parzival nimmt „aufmerksam die Pracht und das große Wunder" zur Kenntnis, aber „aus Höflichkeit stellte er keine Frage", denn „Gurnemanz hatte ihm den ehrlichen Rat gegeben, nicht viel zu fragen" (239,8 ff.: *wol gemarcte Parzivâl/die rîcheit unt daz wunder grôz:/durch zuht in vrâgens doch verdrôz./er dâhte ‚mir riet Gurnamanz/mit grôzen triwen âne schranz,/ich solte vil gevrâgen niht'*). Ein Knappe bringt ein Schwert herbei, das der Burgherr Parzival gibt: Er habe es selbst oft geführt, „bevor mich Gott am Körper verletzt hat" (239,26 f.: *ê daz mich got/ame lîbe hât geletzet*); wenn Parzival erfahre, was es mit der Waffe auf sich habe, werde sie ihn im Kampf schützen. Das Geschenk sollte Parzival den Anstoß geben zu fragen; hätte er es getan, wäre der Burgherr geheilt worden. Doch er fragt nicht. Die Tische werden abgeräumt, der Gral wird wieder hinaus getragen. Durch die Tür erhascht Parzival einen Blick in eine Kemenate, in der der schönste alte Mann liegt, den er je gesehen hat. Der Burgherr wünscht Parzival eine gute Nacht. Der zieht sich zurück und wird wiederum aufmerksam bedient. In der Nacht plagen ihn Alpträume: „Künftiges Leid sandte ihm im Schlaf seine Boten" (245,4 f.: *ir boten künftigiu leit/sanden im in slâfe dar*). Am nächsten Morgen findet er die Burg leer. Er vermutet, daß der Burgherr und seine Leute in den Krieg gezogen sind, und beschließt, ihnen zu helfen. Er legt seine Rüstung an, die man ihm bereitgelegt hat, gürtet seine beiden Schwerter – das Schwert Ithers, das er mitgebracht hatte, und das Schwert des Burgherrn – um und reitet aus der Burg. Ein Knappe, der die Zugbrücke bedient, schickt ihm einen Fluch nach: „Ihr seid eine Gans. Hättet Ihr doch das Maul aufgemacht und den Burgherrn gefragt! Großen Ruhm habt Ihr verspielt" (247,27 ff.: *ir sît ein gans./möht ir gerüeret hân den flans,/und het den wirt gevrâget!/vil prîss iuch hât betrâget*). Parzival folgt der Spur der Gralritter, die immer schwächer wird und sich schließlich verliert.

Er hört eine klagende Frauenstimme und findet eine Jungfrau, die auf einer Linde sitzt und den einbalsamierten Leichnam eines Ritters in den Armen hält. Er berichtet ihr, er komme von einer prächtigen Burg, die eine gute Meile entfernt liege. Die Jungfrau ist erstaunt und will es nicht glauben: Es gebe innerhalb von dreißig Meilen nur eine Burg, die heiße

Munsalvaesche und könne nur gefunden werden, wenn man sie nicht suche. Der Herr der Burg sei der König von Terre de salvaesche. Die Herrschaft über dieses Reich sei von Titurel auf dessen Sohn Frimutel gekommen, der im Kampf das Leben verloren habe. Er habe vier Kinder hinterlassen. Ein Sohn, Trevrizent, habe ein Leben in Armut gewählt, um für Sünde zu büßen. Ein zweiter Sohn, Anfortas, sei der Herr auf Munsalvaesche; er könne weder reiten noch gehen, weder liegen noch stehen. „Herr", sagt sie, „wärt Ihr dorthin zu den traurigen Leuten gekommen, dann wäre der Burgherr von großem Leid erlöst worden, das er schon lange hat" (251,21 ff.: *hêr, waert ir komen dar/zuo der jaemerlîchen schar,/sô waere dem wirte worden rât/vil kumbers den er lange hât*). Als Parzival bestätigt, daß er auf der Burg war, erkennt sie ihn an der Stimme (sein Gesicht ist unter dem Helm verborgen: → S. 188 f.), und sie sagt ihm, wer sie ist: Sigune, die den Leichnam Schianatulanders hält. Parzival hatte sie nicht erkannt, weil ihr Körper durch die unablässige Trauer verfallen ist. Sie bemerkt das Gralschwert an seiner Seite und erklärt ihm, wenn er den Zauberspruch kenne, der zu dem Schwert gehöre (253,25: *des swertes segen*), könne er es unbesorgt im Kampf führen; der Schmied Trebuchet habe es geschmiedet; es halte beim ersten Schlag, beim zweiten zerbreche es (wenn sein Besitzer nicht den Zauberspruch über die Klinge gesprochen hat?); repariert werden könne es im Wasser der Quelle Lac. Hoffnungsfroh fragt sie Parzival, ob er auf Munsalvaesche die erlösende Frage gestellt hat. Als er verneint, verflucht sie ihn. Sie will nichts mehr von ihm wissen. Untröstlich reitet er davon: „Daß er nicht gefragt hatte, als er bei dem traurigen Burgherrn saß, das betrübte den tapferen Helden sehr" (256,1 ff.: *Daz er vrâgens was sô laz,/dô'r bî dem trûregen wirte saz,/daz rou dô groezlîche/den helt ellens rîche*).

Er gerät auf die Spur zweier Pferde, eines beschlagenen und eines unbeschlagenen, und stößt alsbald auf eine Dame, die auf dem unbeschlagenen Pferd reitet. Dieses ist völlig abgemagert und heruntergekommen, und die Dame trägt nichts am Leib als ein völlig zerfetztes Hemd. Es ist Jeschute, die ihn sogleich erkennt (er hat inzwischen wegen der Hitze den Helm abgenommen: 256,7 ff.). Sie klagt, daß er sie in diese Lage gebracht habe. Parzival erklärt entrüstet, er habe keiner Frau ein Leid zugefügt, seit er Ritter sei. Jeschute weint und versucht, mit Armen und Händen ihre Blöße zu bedecken. Parzival will ihr seinen Umhang geben, doch sie lehnt aus Furcht vor Orilus ab. Der hat inzwischen das Wiehern von Parzivals Pferd gehört und reitet wutentbrannt herbei. Es kommt zum Kampf zwischen ihm und Parzival. Orilus unterliegt. Parzival läßt ihm unter zwei Bedingungen das Leben: Er muß zum Artushof reiten, sich Cunneware gefangen geben und Artus und die Königin in Parzivals Namen bitten, sie für Keies Schläge zu entschädigen. Und er muß die entehrende Behandlung Jeschutes beenden. Mit Orilus und Jeschute reitet Parzival zu einer Felsenklause, wo er einen Reliquienbehälter und eine bemalte Lanze findet. Es ist die Klause Trevrizents. Parzival schwört auf den Reliquienbehälter, daß Jeschute unschuldig ist, und gibt Orilus den Ring, den er ihr genommen hatte. Orilus steckt ihn Jeschute wieder an und legt ihr seinen Umhang um. Die Eheleute sind versöhnt. Parzival ergreift die bemalte Lanze, die vor der Klause an der Felswand lehnt (seine eigene Lanze war im Kampf gegen Orilus zerbrochen), nimmt Abschied und reitet davon

Orilus und Jeschute begeben sich zu ihrem Zelt. Sie schlafen miteinander und lassen sich pflegen. Ein Ritter meldet, daß Artus in der Nähe ein großes Zeltlager aufgeschlagen hat. Orilus und Jeschute reiten dorthin. Orilus wird von Artus und der Königin begrüßt und erfüllt den Auftrag, den der Rote Ritter ihm gegeben hat: Er gibt sich Cunneware (seiner Schwester) gefangen, und er bittet Artus und die Königin, sie zu entschädigen. Keie bekommt neuerdings den Zorn der Ritter und Damen zu spüren. Artus und die Königin erweisen Jeschute und Orilus höchste Ehre.

Buch VI (280,1–337,30): Artus war mit seinen Rittern aufgebrochen, um Parzival zu suchen und ihn in die Gesellschaft der Tafelrunde aufzunehmen. Das Heer lagert am Fluß Plimizoel. Den Falknern des Königs entfliegt ein Falke in den Wald, in dem Parzival die Nacht verbringt. Trotz der sommerlichen Jahreszeit schneit es. Am Morgen reitet Parzival weiter durch den Schnee, immer begleitet von dem Falken. Auf einer Lichtung liegen tausend Gänse. Der Falke stößt auf sie hinunter und schlägt eine von ihnen. Sie entkommt mit Mühe. Aus ihrer Wunde fallen drei Blutstropfen auf den Schnee. Sie erinnern Parzival an Condwiramurs: „Condwiramurs hier liegt Dein Abbild. Da der Schnee dem Blut seine Weiße entgegenstellte und das Blut den Schnee so rot machte, Condwiramurs, gleicht dem Dein beau corps: Das muß man von Dir sagen. Die Augen des Helden verglichen, wie es sich dort gebildet hatte, zwei Tropfen mit ihren Wangen, den dritten mit ihrem Kinn" (283,4 ff.: *Condwîr âmûrs, hie lît dîn schîn. / sît der snê dem bluote wîze bôt, / und ez den snê sus machet rôt, / Cundwîr âmûrs, / dem glîchet sich dîn bêa curs: / des enbistu niht erlâzen. / des heldes ougen mâzen, / als ez dort was ergangen, / zwên zaher an ir wangen, / den dritten an ir kinne*). Der Anblick versetzt ihn in einen trancehaften Zustand. Im Gedenken an seine Liebe zu Condwiramurs nimmt er nichts von seiner Umwelt wahr. Reglos sitzt er auf dem Pferd und starrt auf die Blutstropfen. Cunnewares Knappe kommt vorbei. Als er Parzival sieht, läuft er schreiend zurück ins Lager und verkündet, ein kampfbereiter Ritter halte in der Nähe und provoziere die Artusgesellschaft. Der Ritter Segramors, ein notorischer Heißsporn, nötigt Artus die Erlaubnis zu kämpfen ab und fordert Parzival heraus. Der schweigt beharrlich: Frau Minne hat ihn ihrer Gewalt. Als Segramors sein Pferd herumwirft, um Anlauf für die Lanzenattacke zu nehmen, wendet sich auch Parzivals Pferd um, so daß dieser die Blutstropfen nicht mehr sieht. Da gibt ihm „Frau Verstand", die Gegenspielerin von Frau Minne, das Bewußtsein wieder (288,14: *frou Witze im aber sinnes jach*). Er senkt die Lanze und sticht den Angreifer vom Pferd. Segramors' Pferd läuft zu seinem Stall. Segramors muß zu Fuß ins Lager zurückgehen. Parzival reitet wieder zu den Tropfen und „Frau Minne fesselte ihn" (288,30: *frou Minne stricte in an ir bant*): Er versinkt erneut in Trance. Segramors' Niederlage veranlaßt Keie, sich vom König die Erlaubnis zum Kämpfen geben zu lassen. Er will die Ehre des Artushofs rächen. (An dieser Stelle schiebt der Erzähler den ersten von drei Minne-Exkursen ein, in dem er schwere Vorwürfe gegen Frau Minne erhebt: 291,1–293,16.) Keie ergeht es wie Segramors: Durch eine Bewegung des Pferdes vom Anblick der Tropfen abgebracht, findet Parzival das Bewußtsein wieder und sticht ihn vom Pferd. Dieses kommt dabei um; Keie bricht sich den rechten Arm und das linke Bein. Parzival fällt erneut in Trance. Keie wird ins Lager getragen. Gawan bedauert ihn, erntet aber nur seinen Spott. Er reitet unbewaffnet hinaus zu Parzival. In Liebesdingen erfahren, durchschaut er sogleich die Situation, wirft seinen Mantel über die Tropfen und beendet so Parzivals Trance. Sie geben sich einander zu erkennen. Gawan führt Parzival ins Lager. Cunneware, die nun gerächt ist, begrüßt ihn voller Freude. Schnell spricht sich herum, daß der Rote Ritter gekommen ist. Artus begrüßt ihn überschwenglich. Unter allgemeiner Zustimmung wird er in die Gesellschaft der Tafelrunde aufgenommen. Man breitet ein großes rundes Seidentuch auf dem Gras aus. Es ersetzt die runde Tafel, die in der Residenz zu Nantes geblieben war. Die Damen und Herren nehmen Platz. Parzival sitzt zwischen Clamide und Gawan. Seine Schönheit überstrahlt alles.

Da reitet eine seltsame Gestalt auf einem Maultier herbei: die Gralbotin Cundrie la surziere. Hochgebildet und prächtig gekleidet, ist sie von grotesker Häßlichkeit: Ein schwarzer Zopf wie aus Schweineborsten hängt ihr über den Rücken; sie hat eine Nase wie ein Hund, Ohren wie ein Bär, Hände wie mit Affenhaut überzogen und Fingernägel wie Löwenklauen; aus ihrem Mund ragen zwei spannenlange Eberzähne; die

Augenbrauen sind zu langen Zöpfen geflochten. Sie hält vor Artus und erklärt ihm in harten Worten, das Ansehen der Tafelrunde sei durch die Anwesenheit Parzivals vernichtet. Parzival hält sie unter Beschimpfungen vor, daß er auf der Gralburg nicht gefragt hat, verflucht ihn und bricht in Tränen aus. Dann spricht sie von einer Aventüre, die alle anderen Aventüren in den Schatten stelle: Es geht um vier Königinnen und vierhundert Jungfrauen auf der Burg Schastel marveile. Weinend und klagend reitet sie davon.

Ein prächtig gerüsteter Ritter erscheint und klagt Gawan vor Artus des heimtückischen Mordes an seinem Herrn an. Wenn er es leugne, möge er sich ihm in vierzehn Tagen zum Gerichtskampf vor dem König von Ascalun in dessen Hauptstadt Schampfanzun stellen. Gawans Bruder Beacurs will den Kampf übernehmen, doch Gawan weist ihn ab. Er ist sich keiner Schuld bewußt. Auch der fremde Ritter will nicht gegen Beacurs kämpfen. Er erklärt, der Getötete sei der Sohn seines Vaterbruders und sein Herr gewesen. Er selbst sei Kingrimursel, der Landgraf von Schampfanzun. Er sagt Gawan sicheres Geleit zu und reitet davon.

Cundries Auftritt hat die Artusritter nicht nur betrübt, sondern auch erfreut. Denn sie hatte Parzival vorgeworfen, aus der Art geschlagen zu sein, und dabei seine Eltern und seinen Halbbruder genannt. So wissen die Artusritter, wer der Rote Ritter ist, und sie sind glücklich, Gahmurets Sohn zu den Ihren zählen zu können. Sie trösten ihn und Gawan. Clamide erklärt, er habe an Condwiramurs mehr verloren als Parzival am Gral. Auf seinen Wunsch gibt man ihm Cunneware zur Frau. Eckuba, die heidnische Königin von Janfuse, berichtet Parzival von Feirefiz, der schwarz und weiß gescheckt sei, und stellt sich als Belakanes Cousine vor. Sie zollt Parzival höchstes Lob. Doch der läßt sich nicht trösten. Er will sein Versagen wiedergutmachen, schließt sich selbst aus der Gesellschaft der Tafelrunde aus und nimmt Abschied. Als Gawan ihm Gottes Segen wünscht, bricht es aus ihm heraus: „Weh! Was ist Gott?" (332,1). Zornig sagt er Gott den Dienst auf. Seinen Haß will er ertragen. Cunneware legt ihm die Rüstung an. Er reitet davon. Große Aventüren stehen ihm bevor. Er wird für Condwiramurs und um den Gral kämpfen – und der Erzähler verrät, daß Herzeloydes Sohn „Miterbe" (333,30: *ganerbe*) beim Gral ist.

Viele Ritter machen sich auf, die Aventüre von Schastel marveile zu bestehen. Die Frauen, von denen Cundrie sprach, sind dort gefangen. Einer der Ritter, der Grieche Clias, war schon einmal dort und weiß, wer die vier Königinnen sind: Itonje und Cundrie, Arnive und Sangive. Gawan bricht mit drei Schilden, sieben Streitrössern und zwölf Lanzen nach Schampfanzun auf. Auch alle andern gehen ihrer Wege.

Der Erzähler will die Fortführung der Geschichte einem anderen überlassen, sofern ihm nicht eine Frau befiehlt, selbst weiter zu erzählen.

Buch VII (338,1–397,30): Der Erzähler setzt neu an. In einer Art Prolog erklärt er, Gawan, der Mann ohne Fehl und Tadel (338,1: *der nie gewarp nâch schanden*), solle nun für eine Weile der Held der Erzählung sein. Der „Herr der Geschichte" (338,7: *des maeres hêrre*), Parzival, müsse zurücktreten, denn wer seinen Freund auf Kosten anderer in den Himmel hebe, mache sich unglaubwürdig. Verständige Leute könnten solche Lügengeschichten nicht gutheißen.

Gawan, mit seinem Troß auf dem Weg nach Schampfanzun, begegnet einem gewaltigen Heereszug. Ein Knappe gibt ihm Auskunft: Es ist das Heer des Königs Poydiconjunz von Gors, in dessen Begleitung sich sein Sohn Meljacanz – der Frauenentführer aus Buch III – und der Herzog Astor de Lanverunz befinden. Diesem Heer wird ein zweites folgen, das der König Meljanz von Liz, der Brudersohn des Poydiconjunz, führt. Die Heere sind unterwegs nach Bearosche, wo Meljanz' Vasall, der Fürst Lyppaut, residiert. Von ihm war Meljanz nach dem Tod seines Vaters erzogen worden. Als Meljanz eines Tages Obie, die ältere der beiden Töchter Lyppauts, um ihre Liebe gebeten hatte, war er abgewiesen worden. Voller Zorn hatte er daraufhin Lyppaut, den er für Obies Haltung verantwortlich machte, den Kampf angesagt. Sein Onkel Poydiconjunz ist mit seinem Heer gekommen, um ihn zu unterstützen.

Gawan entschließt sich schweren Herzens, sich aus den Kämpfen herauszuhalten, um seinen Gerichtskampf nicht zu gefährden. Er reitet durch das Lager, das die Angreifer vor Berarosche aufgeschlagen haben, findet die Tore der Stadt vermauert und zieht weiter den Burgberg hinauf. Vom Palas der Burg aus mustern ihn Damen, unter ihnen die Fürstin und ihre beiden Töchter. Obie hält Gawan für einen Kaufmann, ihre jüngere Schwester, Obilot, widerspricht energisch: Der Mann sehe so gut aus, daß sie ihn zu ihrem Ritter haben wolle. Gawan, der das Gespräch mit anhören muß, schlägt sein Lager unterhalb der Burg auf. Obie schmäht Gawan, Obilot verteidigt ihn.

Inzwischen ist Lyppauts Bruder, der Herzog Marangliez von Brevigariez, mit einem Hilfsheer herangekommen und schlägt auf der anderen Seite der Stadt sein Feldlager auf. Lyppaut und seine Leute beschließen, die Feinde vor der Stadt anzugreifen. Sie reißen die Vermauerung der Tore nieder und stürmen hinaus. Es kommt zu einem gewaltigen Kampf mit dem Heer des Meljanz, der sich besonders hervortut. (Der Erzähler nennt diesen Kampf eine *vesperie*, ein „Vorabendturnier": 358,29 – tatsächlich wird nicht recht klar, ob es sich um ein Turnier oder um einen Ernstkampf handelt.) Poydiconjunz, der offenbar vorzeitige Verluste fürchtet, läßt sein Heer nicht eingreifen, doch ist der Herzog Astor von Lanverunz vom Kampf nicht abzuhalten. Poydiconjunz ist wütend auf ihn und auf Meljanz.

Obie, die Meljanz in Wahrheit liebt und stolz auf ihn ist, hält ihrer Schwester höhnisch vor: „mein Ritter und Deiner vollbringen hier ungleiche Taten" (358,2 f.: *mîn ritter unt der dîn/begênt hie ungelîchiu werc*). Um Gawan weiter zu verspotten, schickt sie einen Pagen zu ihm, der ihn fragen soll, ob er seine Pferde verkaufen wolle. Gawan jagt ihn zornig davon. Da schickt Obie einen anderen Knaben zum Burggrafen der Stadt, Scherules, und läßt ihn bitten, gegen Gawan einzuschreiten, den sie einen betrügerischen Kaufmann nennt. Scherules reitet zu Gawan, erkennt sofort, daß er es nicht mit einem Kaufmann, sondern mit einem Ritter zu tun hat, und lädt ihn in sein Haus ein. Gawan nimmt die Einladung an.

Obie läßt nicht locker. Sie schickt ein *spilwîp* (362,21: eine Musikantin, Tänzerin, Gauklerin) zu ihrem Vater, die Gawan als Betrüger anklagen soll. Lyppaut macht sich auf, um die Pferde und die Ausrüstung des angeblichen Betrügers zu beschlagnahmen, die er zur Entlohnung seiner Kämpfer gut gebrauchen kann. Unterwegs begegnet er Scherules, der sich für Gawan verbürgt. Lyppaut folgt ihm in sein Haus, erkennt ebenfalls sogleich, daß Gawan ein Ritter ist, heißt ihn willkommen und bittet ihn um Hilfe im Kampf gegen die Feinde. Gawan lehnt unter Hinweis auf seinen Gerichtskampf ab, verspricht aber auf das Drängen Lyppauts schließlich, es sich zu überlegen. Lyppaut verläßt das Haus des Scherules und stößt im Hof auf Obilot, die gekommen ist, um Gawan zu bitten, ihr Ritter zu sein. Lyppaut ermutigt sie.

Gawan umarmt Obilot, als sie eintritt, und dankt ihr dafür, daß sie ihn gegen ihre Schwester verteidigt hat. In gesetzten Worten bittet sie ihn, ihr Ritter zu sein und ihrem Vater zu helfen. Er verweist auf seinen Gerichtskampf, und erklärt ihr auch, daß sie erst fünf Jahre älter werden müsse, ehe sie „Minne geben" könne (370,15 – man kann daraus schließen, daß sie ein Kind von vielleicht sieben Jahren ist). Da kommt Gawan in den Sinn, daß ihm Parzival an jenem verhängnisvollen Tag am Artushof nahegelegt hatte, in seinem Gerichtskampf auf die Hilfe einer Frau zu vertrauen – d. h. aus der Liebe Kraft zu schöpfen –, und er willigt ein. Obilot verspricht ihm ein Liebespfand und verabschiedet sich.

Auf dem Weg zur Burg begegnet sie ihrem Vater und berichtet ihm von ihrem Erfolg. Lyppaut ist überglücklich und verspricht, ihr zu einem

Pfand zu verhelfen, das sie Gawan geben kann. Auf seine Bitte läßt die Fürstin Obilot ein neues Kleid aus kostbaren orientalischen Stoffen schneidern. Einen Ärmel dieses Kleides schickt sie Gawan als Liebespfand. Der ist entzückt und nagelt ihn auf seinen Schild.

In der Nacht treffen die Belagerten Vorkehrungen zur Verteidigung von Bearosche. Das Hilfsheer zieht in der Stadt ein, in der nun ein großes Gedränge von Rittern herrscht. Am Morgen entbrennt ein gewaltiger Kampf zwischen den Heeren. In Meljanz' Heer kämpft ein Ritter in roter Rüstung, dessen Namen niemand kennt.

Gawan erringt einen Sieg nach dem andern, überwindet auch Meljanz und schließlich Meljacanz. Damit ist der Kampf (der Erzähler spricht wieder von einem Turnier: 387,30) zuende. Auf der Seite der Verteidiger war der beste Kämpfer Gawan, auf der Seite der Angreifer jener rote Ritter. Der verpflichtet seine Gefangenen, entweder Meljanz auszulösen oder ihm den Gral zu erwerben oder, wenn das nicht möglich sein sollte, nach Pelrapeire zu reiten und der Königin dort zu sagen, der, der für sie gegen Kingrun und Clamide gekämpft habe, sehne sich nach dem Gral und nach ihrer Liebe (389,10: *dem sî nu nâch dem grâle wê,/ unt doch wider nâch ir minne*). Dann schenkt er die erbeuteten Pferde den Knappen und reitet davon: „er suchte nichts als Kampf" (390,9: *ern suochte niht wan strîten*).

Gawan schickt Obilot den Ärmel zurück, und sie legt ihn sogleich an. Die Gefangenen sind im Haus des Scherules versammelt. Man kommt überein, zur Burg zu ziehen, um Frieden zu schließen. Gawan übergibt seinen Gefangenen Meljanz seiner kleinen Minneherrin. Die reicht ihn sogleich als Gefangenen an ihre Schwester weiter, und „da erneuerten Frau Minne mit ihrer Gewalt und herzliche Zuneigung die Liebe der beiden" (396,21 ff.: *dâ meistert frou minne/ mir ir krefteclîchem sinne,/ und herzenlîchiu triuwe,/ der zweier liebe als niuwe*). Sie werden heiraten. Gawan nimmt zum großen Kummer Obilots Abschied und reitet davon.

Buch VIII (398,1–432,30): Gawan gelangt nach Ascalun. Auf dem Weg zur Burg von Schanpfanzun, die er vor sich liegen sieht, begegnet er dem König Vergulaht, der mit großem Gefolge auf der Reiherjagd ist. Der König war beim Versuch, verflogene Jagdfalken zu bergen, in einen Teich gefallen und hatte deshalb, der Sitte gemäß, sein Pferd und seine Kleider den Falknern überlassen müssen. Auf einem geliehenen Pferd, in fremden Kleidern begrüßt er Gawan überaus freundlich. Ohne zu wissen, wer der Fremde ist, bittet er ihn, nach Schampfanzun zu reiten und empfiehlt ihn seiner Schwester, die ihn unterhalten solle, bis er selbst nachkomme. Ein Ritter wird vorausgeschickt, der die Dame informieren soll.

In Schampfanzun wird Gawan von der Dame – sie heißt Antikonie – empfangen. Sie ist überaus attraktiv und einem erotischen Abenteuer nicht abgeneigt. Ihre Lippen „waren heiß, voll und rot" (405,19: *ir munt was heiz, dick unde rôt*), und ihr Begrüßungskuß ist alles andere als eine förmliche Geste. Die beiden kommen sich rasch näher. Im entscheidenden Augenblick betritt ein alter Ritter den Raum. Er erkennt Gawan und schreit Zeter und Mordio über den vermeintlichen Mörder seines ehemaligen Herrn. Auf das Geschrei hin rotten sich die Bewohner der Stadt zusammen und stürmen zur Burg. Gawan und Antikonie verschanzen sich an der Tür eines Turms. Gawan, der nicht gewappnet ist, benutzt den Verriegelungsbalken der Tür als Keule. Antikonie entdeckt ein Schachspiel. Sie bewirft die Angreifer mit den Schachfiguren, die groß und schwer sind, und Gawan gebraucht das Brett als Schild. Der Anblick der schönen jungen Frau – der Erzähler rühmt namentlich ihre Wespentaille – gibt Gawan Kraft, und so kommen viele Angreifer ums Leben.

Inzwischen ist Vergulaht eingetroffen und attackiert Gawan, der in den Turm flieht. Da erscheint der Landgraf Kingrimursel, der Gawan am Artushof zum Gerichtskampf geladen und ihm freies Geleit zugesichert hatte. Mit der Gewalt gegen Gawan wird seine Zusicherung gebrochen. Um seine Ehre besorgt, jagt er die Angreifer fort. Vergulaht will den Turm einreißen lassen. Kingrimursel schlägt sich auf die Seite Gawans. Vergulaht befiehlt seinen Leuten anzugreifen, doch die Leute protestieren. Da erklärt er eine Waffenruhe. (Der Erzähler betont, daß Gawan unschuldig ist, und nennt den wahren Mörder.) Antikonie und Kingrimursel halten Vergulaht vor, daß es Unrecht war, Gewalt gegen Gawan anzuwenden. Da ergreift der Fürst Liddamus das Wort. (An dieser Stelle beruft sich der Erzähler zum ersten Mal auf einen gewissen Kyot als seinen Gewährsmann. Der sei ein Provenzale, ein großer Dichter, der die Geschichte von Parzival in „heidnischer" Sprache kennengelernt und auf französisch wiedererzählt habe.) Liddamus rät, der König solle Gawan auf der Stelle aburteilen und ihn hinrichten lassen. Es kommt zu einem heftigen Wortwechsel zwischen ihm und Kingrimursel. Der nimmt Gawan das Versprechen ab, sich ihm in Jahresfrist zum Gerichtskampf in Barbigoel, der Residenz des Meljanz, zu stellen, sofern der König ihn ziehen lasse. Liddamus läßt nicht locker. Schließlich befiehlt der König beiden zu schweigen, fordert Antikonie auf, sich um Gawan und Kingrimursel zu kümmern, und zieht sich mit seinen Ratgebern zurück. Im Rat wird die Sache ausführlich erörtert. Schließlich berichtet Vergulaht, er sei von einem Ritter besiegt worden, der ihn verpflichtet habe, den Gral zu erwerben oder, wenn das im Verlauf eines Jahres nicht gelinge, nach Pelrapeire zu reiten und der Königin dort zu sagen, der Mann, der sie einst von Clamide befreite, wäre glücklich, wenn sie an ihn dächte. Liddamus schlägt vor, man solle Gawan diese Verpflichtungen auferlegen und ihn ziehen lassen.

Am nächsten Tag geleiten Antikonie und Kingrimursel Gawan vor den König. Gawan verpflichtet sich, an Vergulahts Stelle den Gral zu erwerben. Es kommt zu einer allgemeinen Versöhnung. Da stellt sich heraus, daß man im Verlauf der Auseinandersetzung Gawans Knappen gefangengenommen hatte. Sie werden freigelassen. Gawan bittet Kingrimursel, sie nach Bearosche zu bringen, von wo aus sie weiter zum Artushof reisen sollen. Er selbst macht sich auf die Suche nach dem Gral: „Ganz allein ritt er außergewöhnlichen Gefahren entgegen" (432,30: *er reit al ein gein wunders nôt*).

Buch IX (433,1–502,30): Frau Aventüre – die personifizierte Erzählung – klopft beim Erzähler an: Sie will in sein Herz hinein und ihm „Wunderbares" berichten (oder von einem „Wunder"? – 433,6: *ich wil dir nu von wunder sagn*). Er erkundigt sich angelegentlich, wie es Parzival in der Zwischenzeit ergangen ist. Die Aventüre berichtet, daß er zu Lande und zu Wasser durch die Welt gezogen ist und unentwegt gekämpft hat. Das Schwert, das Anfortas ihm auf der Gralburg geschenkt hatte, ist zerbrochen und wurde – wie Sigune einst vorhergesagt hatte (253,24 ff.) – in der Quelle Lac in Karnant wiederhergestellt. „Dieses Schwert half ihm, Ruhm zu erwerben" (434,30: *daz swert gehalf im prîss bejac*). Damit lenkt die Erzählung in die erzählte Gegenwart ein.

Parzival stößt in einem Wald auf eine Klause. „Da wollte Gott sich seiner annehmen" (435,12: *sîn wolte got dô ruochen*), kommentiert der Erzähler bedeutungsvoll. Am Fenster der Klause erscheint eine abgehärmte Frau. Es stellt sich heraus, daß es Sigune ist. Sie hat sich mit dem Sarg Schianatulanders einmauern lassen, als dessen Witwe sie sich betrachtet, obwohl es nie zur Ehe gekommen war. Parzival klagt ihr seine Sehnsucht nach dem Gral und nach Cundwiramurs. Sie hat Mitleid mit ihm und zeigt ihm die Spur des Maultiers der Gralbotin Cundrie, von der sie regelmäßig mit Essen vom Gral versorgt wird. Parzival folgt der Spur, die ihn nach Munsalvaesche führen könnte, verliert sie aber bald im unwegsamen Gelände: „So wurde der Gral abermals verloren" (442,30: *sus wart aber der grâl verlorn*).

Ein Gralritter reitet ihm entgegen und beschimpft ihn als Eindringling. Es kommt zur Tjost. Parzival bleibt Sieger, doch stürzt sich sein Pferd zu Tode. Der Gralritter entkommt zu Fuß. Parzival übernimmt sein Pferd und reitet weiter.

Eines Morgens begegnet ihm ein Zug von Rittern und Damen, an der Spitze ein graubärtiger Ritter, seine Gemahlin und ihre beiden jungen Töchter. Sie tragen graue härene Gewänder über dem bloßen Leib und gehen barfuß im Schnee, der über Nacht gefallen ist. Der „graue Ritter" (446,23) zeigt sich betrübt, daß Parzival in dieser „heiligen Zeit" (447,14) in voller Rüstung reitet, statt ein Büßergewand zu tragen. Parzival bekennt, daß er nicht weiß, wie weit das Jahr vorangeschritten ist, und beklagt sich über den vermeintlichen Treuebruch, den Gott an ihm begangen hat. Der Ritter klärt ihn darüber auf, daß Karfreitag ist – der Tag, an dem Gott sich für die Menschen geopfert hat –, und rät ihm, einen „heiligen Mann" (448,23) aufzusuchen, der in der Nähe lebe: der könne ihm helfen und ihn von seinen Sünden befreien, wenn er Reue zeige. Parzival, in dem zum ersten Mal wieder Hoffnung auf Gottes Hilfe aufkeimt, nimmt Abschied von den Büßern, legt die Zügel aus der Hand und treibt das Pferd nur mit den Sporen an – Gott soll es lenken: „Geh jetzt, wie Gott will!" (452,9: *nu genc nâch der gotes kür*). Das Pferd trägt ihn zur Einsiedelei von *Fontân la salvâtsche* („Wildquell"), wo der heilige Mann lebt, von dem der Pilger gesprochen hat. Es ist Anfortas' Bruder Trevrizent. „Von dem erfährt Parzival jetzt die Geheimnisse des Grals" (452,29 f.: *an dem ervert nu Parzivâl/ diu verholnen maere umben grâl*).

Hier schiebt der Erzähler einen Bericht über die Quellen der Gralgeschichte ein. Deren Grundlage (oder: „Urfassung"? – 453,14: *dirre âventiure gestifte*), einen Bericht in heidnischer Schrift, habe Kyot in Toledo gefunden. Sein Verfasser sei der hochgelehrte Heide Flegetanis gewesen. Der habe in den Sternen von einem „Ding namens Gral" (454,21) gelesen, das von Christen gehütet werde, seit Engel es verlassen hätten. Kyot habe in lateinischen Büchern nach dem Gralgeschlecht geforscht und sei in einer Chronik von Anschouwe fündig geworden. Da habe er gelesen, wie der Gral von Titurel über Frimutel auf Anfortas gekommen sei.

Parzival erkennt den Ort wieder, an dem Trevrizents Klause – eine Höhle in einer Bergwand – liegt. Dort hatte er einst gegen Orilus gekämpft und Jeschute dessen Huld wieder erworben. Trevrizent empfängt ihn freundlich und lädt ihn ein. Parzival bekennt sich als Sünder und bittet um Rat, den Trevrizent ihm gewähren will. Nachdem er Parzivals Pferd versorgt hat, geleitet Trevrizent den Gast in die Höhle. Bei einem Feuer führen sie ein langes Gespräch. Parzival bekennt seinen

Gotteshaß. Trevrizent belehrt ihn über die Barmherzigkeit Gottes, der „niemandem im Stich lassen" könne (462,28: *ern kan an niemen wenken*), und über den Gang der Heilsgeschichte vom Höllensturz Satans über den Sündenfall und die Kainstat bis zu Christi Erlösungswerk. Parzival berichtet von seiner Sehnsucht nach Condwiramurs und nach dem Gral. Die Sehnsucht nach der Frau lobt Trevrizent, die nach dem Gral erklärt er für töricht: den könne nur erlangen, wer dazu berufen sei. Er setzt Parzival auseinander, was es mit dem Gral auf sich hat. Der Gral, der auch *lapsit exillîs* heißt (469,7), ist ein Stein. Durch seine Kraft verbrennt der Vogel Phönix zu Asche, aus der er wiedersteht. Ein Mensch, der den Gral sieht, kann eine Woche lang nicht sterben. Jeden Karfreitag kommt eine Taube vom Himmel und legt eine Oblate auf den Gral. Von ihr empfängt er die Fähigkeit, alle nur denkbaren Speisen und Getränke zu spenden. Durch eine Inschrift am Rand des Steins beruft Gott Männer und Frauen zum Graldienst.

Im weiteren Verlauf des Gesprächs sagt Parzival, wer sein Vater war und bekennt, daß er Ither erschlagen hat. Trevrizent weiß nun, daß er den Sohn seiner Schwester Herzeloyde vor sich hat. Er erklärt dem Neffen, daß er in Ither einen Verwandten getötet hat, und daß seine Mutter aus Gram gestorben ist, nachdem er sie verlassen hatte. Dann klärt er ihn über die Verwandtschaftsverhältnisse und über das Leiden des Gralkönigs auf. Nicht nur Herzeloyde und der Gralkönig Anfortas sind seine Geschwister, sondern auch die Gralkönigin Repanse de schoye und die Mutter Sigunes, Schoysiane, die bei der Geburt der Tochter gestorben war. Anfortas hatte sich gegen das Gesetz des Grales vergangen, das vorschreibt, daß der Gralkönig nur eine Frau lieben darf, die ihm Gott durch eine Inschrift am Gral zubestimmt. Anfortas wählte sich selbst eine Geliebte und kämpfte als Minneritter für sie: „,Amor' war sein Schlachtruf" (478,30: *Amor was sîn krîe*). In einem Kampf gegen einen Heiden, der den Gral erobern wollte, wurde er durch einen Lanzenstoß an seinem Geschlechtsteil verletzt. Die Lanzenspitze, die mit einem Stück des Schaftes in der Wunde stecken blieb, war vergiftet. Um den König am Leben zu erhalten, wurde er vor den Gral getragen. Alle Heilungsversuche waren vergeblich. Eines Tages erschien eine Inschrift am Gral, die verkündete, es werde ein Ritter kommen, der Anfortas erlösen könne. Der werde geheilt sein, wenn der Ritter nach seinem Leiden frage: „Herr, was quält Euch?" (484,27: *hêrre, wie stêt iwer nôt?*). Anfortas könne dann nicht mehr König sein; die Herrschaft über den Gral gehe auf den Fragesteller über. Dieser dürfe aber unter keinen Umständen vorgewarnt werden, und er müsse die Frage am ersten Abend stellen, sonst verliere sie ihre Kraft (484,1 f.: *Frägt er niht bî der êrsten naht, / sô zergêt sîner frâge maht*). Einmal sei tatsächlich ein Ritter gekommen, habe in seiner Einfalt (484,28: *tumpheit*) aber nicht gefragt. Um die Mittagszeit unterbricht Trevrizent das Gespräch. Sie füttern Parzivals Pferd und nehmen selbst ein karges Mahl ein.

Als sie das Gespräch wieder aufnehmen, gesteht Parzival, daß er selbst jener Besucher war, der es versäumt hatte, die Frage zu stellen. Trevrizent tröstet ihn und erklärt ihm, was seinerzeit geschehen war. Durch den Einfluß des Saturn war es bitterkalt geworden – deshalb auch der unzeitige Schneefall –, und Anfortas litt furchtbar unter der Kälte. Man mußte die vergiftete Lanzenspitze in seine Wunde stoßen, um mit dem heißen Gift den Frost aus dem Körper zu ziehen. Die blutige Lanze hatte der Knappe bei Parzivals Besuch durch den Saal getragen. Die beiden Messer, die man auch gebracht hatte, dienten dazu, das Eis von der Lanzenspitze zu schaben. Mit bewegten Worten schildert Trevrizent noch einmal das Leiden des Königs, der nicht reiten noch gehen, nicht liegen noch stehen könne. Regelmäßig lasse er sich zum See Brumbane bringen, um sich an der frischen Luft vom fauligen Gestank der Wunde zu erholen. Daher nenne man ihn auch den „Fischer" (491,14). Parzival berichtet, daß er ihn damals auf dem See angetroffen hat, und erzählt von seinen Eindrücken auf der Gralburg. Trevrizent erklärt ihm, daß die Gralritter – sie heißen *templeise* („Tempelherren") – und die Graljungfrauen als Kinder zum Gral gebracht werden. Wenn in einem Land ein Herrscher oder eine Herrscherin fehlt, schickt man einen der Ritter oder eine der Jungfrauen dorthin. So war Parzivals Mutter dem König Castis von Waleis und Norgals zur Frau gegeben worden, doch war der König vor dem Vollzug der Ehe gestorben. Die jungfräuliche Königin war dann Gahmurets Gemahlin geworden. Solange sie beim Gral sind, ist den Gralrittern Frauenliebe untersagt. Trevrizent, der einst Gralritter war, hatte sich über dieses Verbot hinweggesetzt und war als Minneritter durch die Welt gezogen. Da war er auch Gahmuret begegnet, und zwar in Sevilla, als sich Gahmuret dort zu der Fahrt in den Orient einschiffte, von der er nicht zurückkehren sollte. Gahmuret hatte ihm einen Verwandten als Knappen überlassen: Ither, den dann Parzival erschlug. Zwei große Sünden habe Parzival auf sich geladen: „Ither hast Du erschlagen, Du mußt auch um Deine Mutter klagen" (499,21 f.: *Ithêrn du hâst erslagen, / du solt ouch dîne muoter klagen*). Die dritte Sünde, das Versäumen der Frage, solle Parzival „bei den anderen stehen lassen" (501,5: *die sünde lâ bî dn andern stên*).

Fünfzehn Tage verbringt Parzival bei Trevrizent. Eines Tages fragt er ihn nach dem schönen alte Mann, den er auf der Gralburg gesehen hatte. Trevrizent sagt ihm, daß es der alte Gralkönig Titurel war, der an Podagra leidet und durch den Anblick des Grals am Leben gehalten wird. Am Ende erteilt Trevrizent dem Neffen Absolution von seinen Sünden. „Sie trennten sich – wenn Ihr wollt, überlegt Euch, mit welchen Gefühlen" (502,29 f.: *von ein ander schieden sie:/ob ir welt, sô prüevet wie*).

Buch X (503,1–552,30): Die Erzählung wendet sich wieder Gawan zu. Wir erfahren, daß er und Vergulaht fristgemäß zum Gerichtskampf in Barbigoel erschienen waren und sich versöhnt hatten, nachdem sich herausgestellt hatte, daß sie verwandt waren und Gawan keine Schuld am Tod von Vergulahts Vater hatte. Jeder für sich waren sie weitergeritten, um den Gral zu suchen.

Eines Morgens begegnet Gawan auf einer Wiese einer Dame, die einen verwundeten Ritter im Schoß hält. Der Ritter ist ohnmächtig. Gawan, der sich mit Wunden auskennt, stellt aus einem Zweig ein Röhrchen her, führt es in die Wunde des Ritters ein und bittet die Dame, das Blut herauszusaugen. Der Ritter kommt zu sich und berichtet Gawan, daß er auf Aventüre ins Land Logroys gezogen war und daß ihn dort ein gewisser Lischoys Gwelljus in einer gewaltigen Tjost besiegt und verwundet hatte. Er bittet Gawan zu bleiben, doch der macht sich auf den Weg nach Logroys, um Lischoys zu stellen. Eine blutige Spur weist ihm den Weg zur Festung von Logroys. Am Burgberg bermerkt er eine Dame, deren außerordentliche Schönheit ihn fasziniert. Es ist die Landesherrin, die Herzogin Orgeluse de Logroys. Gawan bittet sie um ihre Liebe und erhält eine schroffe Abfuhr. Doch willigt sie ein, mit ihm zu ziehen, um zu sehen, ob er sich traut, für sie zu kämpfen. Sie läßt ihn ihr Pferd holen, das in einem Baumgarten steht, in dem Ritter und Damen tanzen und singen. Überzeugt, daß Orgeluse Gawan ins Verderben stürzen wird, warnen sie ihn. Gawan bleibt unbeeindruckt und reitet mit Orgeluse davon.

Auf dem Weg zu dem verwundeten Ritter kommt ihnen auf einem lahmenden Gaul ein Knappe nachgeritten, der Orgeluse eine Botschaft überbringen will. Es ist Malcreatiure, der Bruder der Gralbotin Cundrie. Wie seine Schwester ist er von grotesker Häßlichkeit, hat Eberzähne und Haare wie Igelstacheln. (Der Erzähler erläutert, daß die Geschwister Nachkommen von Töchtern Adams sind, die entgegen der Warnung ihres Vaters während der Schwangerschaft bestimmte Kräuter aßen, die die Leibesfrucht verdarben, so daß Mißgestalten geboren wurden. Die Königin Secundille, die Minneherrin von Parzivals Halbbruder Feirefiz, hatte das Geschwisterpaar Anfortas als Geschenk geschickt, um in Kontakt mit dem berühmten Gralkönig zu treten. Anfortas hatte Malcreatiure an Orgeluse weitergeschenkt.) Malcreatiure beschimpft Gawan.

Der packt ihn bei den Haaren und wirft ihn von seinem Gaul. Dabei schneidet er sich an den Igelhaaren die Hand blutig. Orgeluse lacht darüber. Als sie zu dem verwundeten Ritter gekommen sind, bindet Gawan diesem ein Heilkraut, das er unterwegs gepflückt hatte, auf die Wunde. Der Ritter erklärt Gawan, Orgeluse sei schuld an seiner Verwundung: Im Kampf mit Lischoys ging es um ihre Liebe. Er warnt Gawan vor ihr und bittet ihn, ihm weiterzuhelfen. Er soll die Geliebte des Ritters auf ihr Pferd heben und ihn selbst hinter sie setzen. In dem Augenblick, in dem Gawan der Dame aufs Pferd hilft, springt der Ritter auf Gawans Pferd Gringuljete, und Ritter und Dame reiten davon. Orgeluse lacht erneut.

Der Ritter kommt noch einmal kurz zurück, um sich zu vergewissern, daß er es mit Gawan zu tun hatte. Es ist der Fürst Urjans von Punturtoys. Er war einmal, nachdem er eine Jungfrau vergewaltigt hatte, von Gawan gefangengenommen und Artus überantwortet worden. Dieser hatte ihn zum Tod verurteilt, die Strafe aber auf Bitten Gawans umgewandelt: Urjans mußte vier Wochen lang aus einem Trog mit den Hunden essen. Orgeluse ist empört über die Aufhebung der Todesstrafe und will ihrerseits als Gerichtsherrin einschreiten, solange sich Urjans noch in ihrem Land aufhält. Sie gibt Malcreatiure, der inzwischen herangekommen ist, in heidnischer Sprache Anweisungen. Er macht sich zu Fuß davon. Gawan übernimmt unter dem Gelächter Orgeluses seinen Klepper. Hingerissen von ihrer Schönheit, macht er sich nichts aus ihrem Spott. (Im zweiten Minne-Exkurs räsoniert der Erzähler über die gewalttätige Macht der Minne und rühmt die wahre Liebe, die auf unverbrüchlicher wechselseitiger Verbundenheit beruhe: 532,1–534,8.)

Orgeluse und Gawan ziehen weiter. Auf der anderen Seite eines Flusses erblicken sie eine gewaltige Burg, in deren Fenstern Frauen sitzen: „vierhundert oder mehr waren es, unter ihnen vier von hoher Geburt" (534,29 f.). Sie reiten zum Anlegeplatz der Fähre, vor dem sich ein breiter Anger erstreckt, auf dem schon viel gekämpft wurde. Da bemerkt Gawan, daß ihm ein gewappneter Ritter nachreitet. Orgeluse prophezeit ihm eine schmähliche Niederlage, besteigt das eben angelandete Schiff und läßt sich übersetzen. Der heranstürmende Ritter ist Lischoys Gwelljus. Gawan besiegt ihn, obwohl er kein rechtes Kampfroß hat. Lischoys will lieber sterben, als sich ergeben, doch Gawan schont ihn. In Lischoys' Pferd, das er durch den Sieg erbeutet hat, erkennt er sein eigenes Pferd Gringuljete, das ihm Urjans entführt hatte.

Der Fährmann – Plippalinot, ein reicher ritterlicher Herr – kommt zurück und verlangt, sein angestammtes Recht einfordernd, Gringuljete: Wenn auf dem Anger eine Tjost stattfindet, steht ihm das Pferd des Verlierers zu. Gawan übergibt ihm statt des Pferdes Lischoys als Gefangenen. Hocherfreut lädt ihn Plippalinot in sein Haus auf der anderen Seite des Flusses ein. Gawan nimmt die Einladung an. Als er über seine Erschöpfung und seine unerfüllte Liebe klagt, erklärt ihm Plippalinot, in diesem Land, dessen Herr Clinschor sei, gehe es eben so, alles sei hier Aventüre (548,10: *gar âventiure ist al diz lant*). Sie setzen über. Gawan wird in Plippalinots prachtvollem Anwesen überaus zuvorkommend empfangen und bewirtet. Plippalinots Tochter Bene ißt mit ihm und bleibt auch bei ihm, als er sich schlafen legt: „Hätte er etwas von ihr begehrt, ich glaube, sie hätte es ihm gewährt" (552,27 f.: *het er iht hin zir gegert, / ich waen si hetes in gewert*). Aber er schläft sofort ein.

Buch XI (553,1–582,30): Gawan wacht in der Frühe auf und betrachtet voller Verwunderung die in der Nähe liegende Burg, in der noch immer die Frauen zu sehen sind. Er legt sich noch einmal hin und schläft wieder ein. Bene, die bei ihrer Mutter geschlafen hatte, geht zu ihm und wartet, bis er aufwacht. Er fragt sie nach den Frauen in der Burg. Sie erschrickt und verweigert die Auskunft. Als er nicht aufhört zu fragen, bricht sie in Tränen aus. Da erscheint ihr Vater. Er meint, sie weine, weil Gawan mit ihr geschlafen habe, und will sie trösten. Gawan erklärt die Situation und bittet Plippalinot um die Auskunft. Der ist bestürzt und weigert sich ebenfalls, etwas zu sagen; die Burg sei ein Schreckensort: „da ist allerhöchste Gefahr" (556,16: *dâ ist nôt ob aller nôt*). Gawan nimmt an, daß die Damen in der Burg in Not sind, und läßt nicht locker, bis Plippalinot Auskunft gibt: Das Land heißt Terre marveile, die Burg Schastel marveile. Auf ihr gibt es eine äußerst gefährliche Aventüre zu bestehen, an der noch jeder gescheitert ist. Gawan erinnert sich, daß einst Cundrie am Artushof von dieser Aventüre gesprochen hat. Er ist entschlossen, das Wagnis auf sich zu nehmen. Plippalinot erklärt ihm, die Frauen seien durch Zauber auf die Burg gebannt; wenn es Gawan gelinge, sie zu erlösen, werde er Herr des Landes. Beiläufig bemerkt Plippalinot, daß er am Vortag den Ritter über den Fluß gebracht hat, der Ither vor Nantes erschlagen hatte. Gawan fürchtet, Parzival sei ihm in Schastel marveile zuvorgekommen, erfährt aber zu seiner Beruhigung, daß er gar nicht nach der Aventüre gefragt hat. Bene legt Gawan die Rüstung an, Plippalinot gibt ihm seinen eigenen Schild und instruiert ihn: Vor der Burg werde er einen Händler antreffen. Dem solle er irgendetwas abkaufen und ihm sein Pferd dafür verpfänden. Die Burg werde er leer finden. In der Kemenate befinde sich ein Bett, Lit marveile, auf dem er Schlimmes erleiden werde. Gawan macht sich auf. Am Burgtor trifft er auf den Händler, der ungeheure Reichtümer zu verkaufen hat, sich aber weigert, mit Gawan, in dem er seinen künftigen Herrn zu sehen meint, ein Geschäft zu machen. Er nimmt Gawans Pferd in Obhut. Gawan betritt die Burg, die überaus prächtig ausgestattet ist, und gelangt in die Kemenate, in der das Bett steht. Der Boden der Kemenate, der aus geschliffenen Edelsteinen besteht, ist so glatt, daß Gawan Mühe hat, sich auf den Beinen zu halten. Das Bett hat Räder aus Rubinscheiben. Es weicht vor ihm zurück, bis es ihm gelingt, mit einem gewaltigen Satz mitten hineinzuspringen. Es schießt mit ihm rasend durch die Kemenate und stößt unter furchtbarem Getöse immer wieder an die Wände. Gawan deckt Plippalinots Schild über sich und bewahrt Ruhe. Das Bett bleibt in der Mitte des Raumes stehen. Nun geht zuerst aus fünfhundert Schleudern ein Steinhagel, dann aus fünfhundert Armbrüsten ein Pfeilhagel auf Gawan nieder. Der hat von den Geschossen am ganzen Leib blaue Flecken und Wunden. Ein ungeschlachter Kerl (569,30: *ein starker gebûr*) mit einer Keule betritt den Raum und geht auf Gawan zu. Er kündigt ihm zornig den Tod an und zieht sich wieder zurück. Ein Löwe, groß wie ein Pferd, kommt herein und stürzt sich auf Gawan. Nach hartem Kampf kann Gawan ihn töten. Ohnmächtig bricht er über dem toten Tier zusammen. Zwei Damen – ein junges Mädchen und die alte Königin Arnive – sehen ihn durch ein Fenster. Arnive schickt zwei Mädchen, die nachsehen sollen, ob der Ritter noch am Leben sei. Als sie bemerken, daß er atmet, holen sie Wasser und flößen es ihm ein. Er erwacht und erfährt, daß er die Aventüre bestanden hat. Die Mädchen entwappnen ihn und bringen ihn in ein Bett. Arnive versorgt seine Wunden und reibt ihn mit einer Heilsalbe ein, die Cundrie von Munsalvaesche gebracht hat. Sie wird dort zur Behandlung von Anfortas' Wunde verwendet. Arnive gibt ihm ein Schlafmittel, befiehlt den Frauen, sich leise zu verhalten, und läßt – zum Leidwesen der Frauen – den Palas absperren, damit keiner der Männer in der Burg vor dem nächsten Tag etwas von den Ereignissen erfahre. Gawan verschläft den ganzen Tag. Am Abend wird ihm von einer Schar Damen ein Essen serviert. Ihr Anblick weckt in ihm die Sehnsucht nach Orgeluse. Er bittet die Damen sich zu setzen, doch sie lehnen aus Höflichkeit ab. Als er gegessen hat, schläft Gawan wieder ein.

Buch XII (583,1–626,30): Der Erzähler beschreibt Gawans Sehnsucht nach Orgeluse. Im dritten Minne-Exkurs (583,1–587,14) hält er Frau Minne vor, was sie Liebenden angetan hat, darunter – eine wichtige Vorausdeutung – Gawans Schwester Intonje, die den König Gramoflanz liebt. Er fordert sie auf, Gawan am Leben zu lassen.

Gawan wirft sich, vom Gedanken an Orgeluse gequält, unruhig auf dem Bett hin und her. Am Morgen begibt er sich in den Palas, über dem sich eine Säule in einem Turmbau erhebt, der über eine gedeckte Wendeltreppe erreichbar ist. Es ist eine Zaubersäule, die Clinschor hergebracht hatte. In einer Art Panorama-Projektion mit Teleskop-Effekt spiegelt sich in ihr die Gegend ringsumher. Gawan steigt hinauf und betrachtet fasziniert das Wunderwerk. Da tritt die alte Königin Arnive mit ihrer Tochter Sangive und deren Töchtern Cundrie (*Cundrîe* im Unterschied zur Gralbotin *Cundrîe*) und Intonje hinzu. (Dem aufmerksamen Leser ist klar, daß dies die vier Damen sind, von denen die Gralbotin gesprochen hatte. Es handelt sich um Gawans Großmutter, Mutter und Schwestern.) Auf Arnives Aufforderung begrüßt Gawan die drei jüngeren Damen mit einem Kuß. Trotz deren Schönheit kommt ihm Orgeluse nicht aus dem Sinn. Arnive erklärt ihm, daß man in der Wundersäule alles sieht, was sich im Umkreis von sechs Meilen abspielt, und berichtet, daß sie der Königin Secundille in Thabronit gestohlen wurde. Plötzlich sieht Gawan in der Säule Orgeluse in Begleitung eines kampfbereiten Ritters. Er ist sofort entschlossen, gegen den Ritter zu kämpfen, den Arnive den „Turkoyten" (Leibwächter?) nennt. Trotz eindringlicher Bitten der besorgten Damen, das Wagnis nicht einzugehen, läßt sich Gawan die Rüstung anlegen und reitet auf Gringuljete davon, zunächst zu Plippalinot.

Der sagt ihm, daß der Turkoyte noch unbesiegt ist und geschworen hat, nie mit dem Schwert zu kämpfen, sondern sich sogleich zu ergeben, wenn ihn ein Gegner mit der Lanze vom Pferd stoße. Er führt Gawan mit seiner Fähre über den Fluß und reicht ihm Schild und Lanze. Der Turkoyte kommt herangesprengt. Es gelingt Gawan, ihn auf Anhieb vom Pferd zu werfen. Orgeluse scheint das nicht zu beeindrucken. Sie verhöhnt Gawan, der sie bittet, ihr weiterhin als ihr Ritter dienen zu dürfen. Er reitet mit ihr davon, während Plippalinot auf seine Bitte den Turkoyten zur Burg führt, wo die Damen sich um ihn kümmern sollen.

Unter dem Eindruck von Orgeluses Schönheit vergißt Gawan seine Wunden. Sie verspricht ihm ihre Liebe, wenn er ihr einen Kranz vom Zweig eines bestimmten Baumes bringe, den der Ritter hüte, der ihr all ihr Glück genommen habe. Sie führt ihn zu einer Schlucht, in der der reißende Strom Sabins fließt. Auf der anderen Seite befindet sich der Baum, von dem Gawan den Zweig brechen soll. Eine Furt zu passieren, die Li gweiz prelljus genannt wird (bei Chrestien *Li Guez Perrilleus* „Die Gefährliche Furt"), scheint nicht rätlich. Orgeluse fordert Gawan auf, über die Furt hinweg mit dem Pferd die Schlucht zu überspringen. Gawan wagt den Sprung und stürzt mit Gringuljete in den Fluß. Nur mit

Mühe gelingt es ihm, sich selbst und das Tier zu retten. Er reitet zu dem Baum, bricht den Zweig ab und windet ihn als Kranz um seinen Helm. Da kommt der Hüter des Baumes angeritten. Er hat gelobt, immer nur mit zwei Gegnern zugleich zu kämpfen. Deswegen verschmäht er es, Gawan anzugreifen. Er ist auch nicht in Rüstung, sondern in hochmodischer Kleidung erschienen. Auf der Hand trägt er einen Sperber, den ihm Gawans Schwester Intonje als Geschenk gesandt hatte. Er erkennt, daß Gawan das Abenteuer auf Schastel marveile bestanden hat und daß er als Minneritter Orgeluses hier ist. Er erzählt ihm, daß er selbst vergeblich um Orgeluse geworben und im Ritterdienst für sie ihren Mann Cidegast erschlagen habe. Seine Liebe gelte aber jetzt der jungen Itonje. Er bittet Gawan als den Herrn von Schastel marveile, ihm bei seiner Werbung zu helfen, und Itonje, die er noch nie gesehen hat, einen Ring als Liebespfand zu überbringen. Gawan fragt ihn, wer er sei, und erfährt, daß er den König Gramoflanz vor sich hat, den Sohn des Königs Irot, den Gawans Vater Lot heimtückisch erschlagen habe. Da Lot inzwischen gestorben ist, will er den Vater an Lots Sohn Gawan rächen. Um ihn im Kampf zu töten, mach er eine Ausnahme von seinem Grundsatz, nur gegen zwei Ritter zugleich anzutreten. Gawan ist entrüstet, daß Gramoflanz den Vater seiner Geliebten verleumderisch einen Verräter nennt und ihren Bruder töten will. Er gibt sich zu erkennen und bietet Gramoflanz an, sich ihm in einem Gerichtskampf zu stellen. Gramoflanz akzeptiert das. Er will in sechzehn Tagen mit fünfzehnhundert Damen auf der Ebene von Joflanze zum Kampf erscheinen. Gawan solle die Damen aus Schastel marveile mitbringen und auch seinen Onkel Artus mit dem gesamten Hofstaat dazubitten. Er lädt Gawan ein, ihn in seine Stadt Rosche Sabbins zu begleiten, doch der lehnt ab. Er will so zurückkehren, wie er hergekommen ist. Dieses Mal gelingt der Sprung. Gawan verhängt Gringuljete die Zügel, und das Pferd nimmt so geschickt Anlauf, daß ein neuerlicher Sturz vermieden wird.

Gawan steigt ab und richtet Gringuletes Sattelgurt. Orgeluse hat es eilig, zu ihm zu reiten, steigt ebenfalls ab und fällt vor ihm auf die Knie. Sie beklagt die Mühen und Leiden, die er auf sich genommen hat, und erzählt ihm unter Tränen vom Schicksal Cidegasts, den sie über alles geliebt hatte. Sie bittet Gawan um Verzeihung dafür, daß sie ihn so übel verspottet hat. Sie habe ihn auf die Probe stellen wollen, und er habe die Prüfung bestanden. Gawan bittet sie, auf der Stelle mit ihm zu schlafen. Aber sie lehnt ab: „an einem Arm in Eisen bin ich noch nie warm geworden" (615,3f.: *an gîsertem arm/bin ich selten worden warm*). Bei anderer Gelegenheit werde sie ihm gern zu Willen sein. Jetzt wolle sie erst einmal mit ihm nach Schastel marveile reiten. Auf dem Weg dorthin erzählt sie ihm, daß sie den Minnedienst des Anfortas angenommen habe, um die Tötung Cidegasts zu rächen. Im Kampf für sie habe er die schreckliche Wunde bekommen. Von ihm habe sie auch die Reichtümer erhalten, die vor dem Tor von Schastel marveile feilgeboten werden. Sie habe sie Clinschor gegeben, um Frieden mit ihm zu haben. Man habe vereinbart, daß sie dem Ritter, der das Abenteuer bestehe, ihre Liebe antrage. Hätte er abgelehnt, sollten die Reichtümer an sie zurückfallen. Clinschor habe ihren Leuten erlaubt, in seinem ganzen Land Ritterschaft zu üben. Viele Ritter habe sie auf Gramoflanz gehetzt. Die zu reich gewesen seien, um Sold zu nehmen, habe sie um ihre Liebe kämpfen lassen. Nie habe ein Mann ihrer Schönheit widerstehen können außer einem, der eine rote Rüstung getragen habe. Der habe fürchterlich unter ihren Rittern gewütet und ihr einen Korb gegeben. Er habe eine Frau, die schöner sei als sie, habe er zornig gesagt: „Die Königin von Pelrapeire, so heißt die Schöne; ich selber heiße Parzival. Ich will Eure Liebe nicht. Der Gral macht mir Sorgen genug" (619,8 ff.: *von Pelrapeir diu künegîn, / sus ist genant diu liebt gemâl: / sô heize ich selbe Parzivâl. / ichn wil iwer minne niht: / der grâl mir anders kumbers gibt*). Sie fragt Gawan, ob es falsch war, diesem Ritter ihre Liebe anzutragen. Er verneint es nachdrücklich. Als sie sich der Burg nähern, bittet er sie, niemandem dort seinen Namen zu sagen.

Plippalinot und seine Tochter Bene setzen die beiden über. Während der Überfahrt nimmt Bene Gawan die Rüstung ab, gibt ihm ihren Mantel und serviert Gawan und Orgeluse ein köstliches Mahl. Die Damen von Schastel marveile sehen von der Burg aus zu. An der Landungsstelle warten viele Ritter, die ihre Reiterkünste vorführen. Orgeluse fragt Plippalinot nach dem Schicksal von Lischoy Gwelljus, den Gawan dem Fährmann als Gefangenen gegeben hatte. Plippalinot ist bereit, ihn für die Harfe „Schwalbe" freizugeben, der Königin Secundille gehört hatte und von Anfortas Orgeluse geschenkt worden war. Gawan, dem die Harfe jetzt gehört, ist bereit, Lischoys freizukaufen und auch den Turkoyten – er heißt Florand von Itolac – freizugeben. Auf Schastel marveile werden Gawan und Orgeluse freudig empfangen.

Arnive führt Gawan in sein Gemach und kümmert sich um seine Wunden. Er bittet sie, ihm einen Boten zur Verfügung zu stellen. Man läßt einen jungen Mann kommen. Er muß schwören, niemandem etwas von seinem Auftrag zu verraten. Dann schreibt Gawan einen Brief, in dem er Artus bittet, mit allen seinen Rittern und Damen nach Joflanze zu kommen, wo er einen Kampf zu bestehen habe. Er befiehlt dem Boten, sich in Artus' Lager zu begeben und dort zuerst bei der Königin vorzusprechen. Was sie ihm rate, das solle er tun. Er dürfe aber nicht sagen, daß Gawan Herr auf Schastel marveile geworden sei und daß er selber zum Hofstaat dieser Burg gehöre. Der Bote macht sich eilig auf den Weg. Arnive fängt ihn ab und fragt ihn, worin sein Auftrag bestehe. Er verweigert die Auskunft und reitet davon.

Buch XIII (627,1–678,30): Auf Schastel marveile herrscht Feststimmung. Gawan hat den ganzen Tag geschlafen. Als er aufwacht, bringt man ihm ein prächtiges Gewand. Er gibt Befehl, auch für Lischoys und den Turkoyten ein solches Gewand zu beschaffen, und läßt sie zu sich bitten. Alle drei legen die Gewänder an, die aus einer kostbaren Seide angefertigt sind, die aus Secundilles Stadt Thasme stammt. Sie begeben sich in den Palas, wo die Ritter und Damen versammelt sind. Orgeluse zuliebe gibt Gawan Lischoys und dem Turkoyten die Freiheit. Er bittet Sangive und seine Schwestern, beiden einen Begrüßungskuß zu geben. Dann läßt er sich von Bene, die mit Lischoys gekommen war, Intonje zeigen und setzt sich zu ihr. Er berichtet ihr von Gramoflanz' Liebe und übergibt ihr den Ring, den Gramoflanz ihm für sie gegeben hatte. Sie gesteht, daß sie diesen Ring kennt: Sie hatte ihn Gramoflanz als Unterpfand ihrer Liebe gesandt; er dient als Liebeszeichen zwischen ihnen. Sie beklagt, daß sie Gramoflanz' Feinde küssen mußte. Gawan verspricht ihr seine Hilfe.

Die Ritter und die Damen von Schastel marveile werden einander gegenüber an den Wänden des Palas plaziert. Sie kennen sich nicht: Solange Clinschors Zauber wirkte, hatten sie getrennt in der Burg leben müssen. Ein Festmahl wird serviert. Die Damen werden von Mädchen, die Herren von Knappen bedient. Die Blicke gehen hin und her. Nach dem Mahl spielt man zum Tanz auf. Jeder Ritter schreitet zwischen zwei Damen. Als der Tanz beendet ist, setzen sich Ritter und Damen zusammen und sprechen von Liebe. Gawan zieht sich mit Orgeluse zurück. Sie schlafen zum ersten Mal miteinander: „Er fand das richtige Heilkraut, das ihn gesund machte, so daß er keine Beschwerden mehr hatte. Das Kraut war braun in weißer Umgebung" (643,28 ff.: *er vant die rehten hirzwurz,/diu im half daz er genas/sô daz im arges niht enwas:/Diu wurz was bî dem blanken brûn*).

Inzwischen ist Gawans Bote in Artus' Lager angekommen. Es ist früher Morgen. Der Bote trifft die Königin beim Gebet in der Kapelle an und übergibt ihr Gawans Brief. Sie erkennt sogleich die Handschrift und ist überglücklich. Seit dem Unglückstag am Plimizoel – es sei viereinhalb Jahre und sechs Wochen her –, als Cundrie Parzival verflucht hatte und auch Gawan und andere von ihren Vertrauten den Artushof verlassen hatten, sei sie nicht mehr glücklich gewesen. Sie rät ihm, sich erst einmal zu verstecken und dann am Vormittag unter allen Anzeichen, ein dringliches Anliegen zu haben, durch die versammelten Ritter und Knappen zum König vorzudringen, ihm den Brief zu übergeben und Gawans Sache auch vor ihr und den Damen öffentlich zu vertreten. Auf ihre Frage, wo Gawan sich befinde, verweigert er höflich die Auskunft. Ihrem Rat folgend, überbringt er Artus den Brief. Der ist hocherfreut und erklärt sich sogleich bereit, Gawans Wunsch zu erfüllen. Die Ritter und Damen des Hofes stimmen zu; nur Keie gibt, wie üblich, einen abfälligen Kommentar ab. Reich beschenkt, macht sich der Knappe auf den Rückweg. Bei seiner Ankunft in Schastel marveile versucht Arnive erneut, ihn auszuhorchen. Er bleibt verschwiegen und überbringt Gawan Artus' Zusage.

Frohgemut erwartet Gawan nun die Ankunft der Artusgesellschaft. Eines Tages sitzt er im Gespräch mit Arnive und bittet sie, ihm zu sagen, was es mit dem Wunder von Schastel marveile auf sich hatte. Sie berichtet: Clinschor, Herzog von Terre de Labur (Terra di Lavoro in Campanien) und Nachkomme Vergils (der im Mittelalter als großer Zauberer galt), liebte Iblis, die Gemahlin des Königs Ibert von Sizilien, und sie erhörte ihn. Als Ibert die beiden in flagranti erwischte, schnitt er dem in Iblis' Armen schlafenden Clinschor das Geschlechtsteil ab: „Mit einem Schnitt wurde Clinschor zum Kapaun gemacht" (657,8 f.: *zeim kapûn mit eime snite / wart Clinschor gemachet*). Der geschändete Clinschor erlernte im Orient die Zauberkunst und trachtete nur noch danach, Männern und Frauen Böses anzutun. Um Frieden vor ihm zu haben, übereignete ihm König Irot von Rosche Sabins – Gramoflanz' Vater – den Berg, auf dem er Schastel marveile errichtete, und das Land im Umkreis von acht Meilen. Mit seiner Zauberkunst bannte er Männer und Frauen aus aller Welt in die Burg. Nachdem der Zauber gebrochen ist, wird er keinen Anspruch mehr auf Burg und Land erheben. Arnive bittet Gawan, Clinschors Gefangene freizulassen und beklagt ihr eigenes Schicksal. Gawan verspricht, ihr wieder zu einem glücklichen Leben zu verhelfen.

Am selben Tag erreicht Artus' Zug die Höhe von Schastel marveile. Gawan und Arnive sehen, wie auf der anderen Seite des Flusses bei der Landungsstelle das Lager aufgeschlagen wird. Er bittet Bene, ihren Vater alle Schiffe wegschließen zu lassen, und gibt ihr die Harfe „Schwalbe" mit. Er verschweigt, daß es sich um Artus' Heer handelt, und fordert die Ritter auf Schastel marveile auf, ihm zu helfen, falls das Heer versuchen sollte, die Burg anzugreifen. Die Artusritter hatten beim Zug durch Logroys schwere Kämpfe mit Orgeluses Leuten zu bestehen. Die Verluste auf beiden Seiten waren groß. Der Erzähler tadelt Gawan für seine Heimlichtuerei: Wenn er Orgeluse informiert hätte, wäre es nicht zu den Kämpfen gekommen. Am nächsten Morgen reitet das Heer weiter nach Joflanze.

Auch Gawan schickt sich an, dorthin zu ziehen. Schon am Vortag hatte er vier Ritter zu seinen Hofbeamten – Kämmerer, Mundschenk, Truchseß und Marschall – bestimmt. Den Marschall schickt er voraus und verrät ihm, daß es Artus' Heer ist, das bei Joflanze lagert, und daß der König sein Onkel ist. Der Marschall soll Stillschweigen darüber bewahren. Mit großer Mannschaft macht er sich auf den Weg und läßt Gawans Lager neben dem des Artusheers aufschlagen. In diesem spricht sich herum, für wen es bestimmt ist und daß Gawan noch am selben Tag erwartet werde. Der zieht nun seinerseits mit seinen Rittern und Damen prunkvoll nach Joflanze. Freudig und mit ausgesuchter Höflichkeit werden sie von Artus und der Königin begrüßt. Artus erfährt, wer die fünf Damen in Gawans Begleitung sind (Arnive, Sangive, Cundrie, Itonje und Orgeluse). Er berichtet von den Kämpfen gegen Orgeluses Leute. Man vereinbart, daß diese und die von ihnen gefangengenommenen Artusritter ebenfalls nach Joflanze kommen sollen. Gawan bezieht sein Lager. Viele Artusritter besuchen ihn. Keie macht seine üblichen unfreundlichen Bemerkungen. Am nächsten Morgen treffen Orgeluses Leute ein und werden in Gawans Lager untergebracht. Artus läßt Gramoflanz durch einen Boten bitten, möglichst rasch zu dem Kampf mit Gawan zu kommen. Der läßt sich unterdessen von Lischoys und dem Turkoyten die Ritter vorstellen, die für Orgeluse gekämpft hatten, und begrüßt sie freundlich. Dann legt er die Rüstung an und reitet auf Gringuljete davon. Am Ufer des Sabins sieht er einen Ritter halten. „Von diesem ausgezeichneten Mann", sagt der Erzähler, „habt Ihr wohl früher schon gehört: Diese Geschichte ist an den eigentlichen Stamm gekommen" (678,28 ff.: *von dem selben werden manne/ mugt ir wol ê hân vernomn:/ an den rehten stam diz maere ist komn*).

Buch XIV (679,1–733,30): In merkwürdiger Blindheit hält Gawan den Ritter, den er an seiner roten Rüstung erkennen müßte, für Gramoflanz, weil er einen Kranz aus einem Zweig des bewußten Baums trägt. Um seiner Ehre willen fühlt er sich verpflichtet zu kämpfen. Sie sprengen aufeinander zu, stoßen sich gegenseitig vom Pferd und setzen den Kampf zu Fuß mit den Schwertern fort.

Unterdessen sind Artus' Boten bei Gramoflanz eingetroffen, der ein riesiges Lager aufgeschlagen hat, in dem sich viele Ritter und Damen versammelt haben, die von überall her gekommen sind. Die Boten wer-

Abriß der Handlung

fen ihm vor, durch die Herausforderung Gawans die Ehre des Königs zu kränken. Gramoflanz besteht auf dem Kampf. Auf dem Rückweg treffen die Boten auf Parzival und Gawan, die noch immer kämpfen. Gawan steht vor der Niederlage. Als die Boten seinen Namen rufen, wirft Parzival entsetzt sein Schwert fort und macht sich schwere Vorwürfe. Er gibt sich zu erkennen. Gawan beruhigt ihn.

Die Heere von Artus und Gramoflanz haben ihre Lager bezogen. Zwischen den Lagern hat man einen breiten Streifen frei gelassen, auf dem der Gerichtskampf stattfinden soll. Ritter aus beiden Lagern haben den Kampf zwischen Parzival und Gawan verfolgt. Gramoflanz kommt in Begleitung Benes hinzu. Die ist erschrocken über den Zustand Gawans, der zu Tode erschöpft ist, und wischt ihm weinend Blut und Schweiß aus den Augen. Gramoflanz schlägt vor, den Gerichtskampf auf den folgenden Tag zu verschieben. Parzival bietet ihm an, an Stelle Gawans gegen ihn zu kämpfen. Gramoflanz lehnt ab. Bene hält ihm zornig vor, daß er gegen den kämpfen wolle, der als Herr Itonjes über die Erfüllung seiner Liebe zu entscheiden habe. Er bittet sie, Itonje seiner Liebe zu versichern, und erwähnt, daß sie Gawans Schwester ist. Bene, die das nicht gewußt hatte, ist außer sich und verflucht Gramoflanz.

Gawan, Bene und Parzival begeben sich ins Lager. Gawan und Parzival legen kostbare Gewänder von gleicher Machart an. Gawan fordert Parzival auf, vier Damen aus seiner, Parzivals, Verwandtschaft einen Besuch abzustatten (gemeint sind Gawans Großmutter, Mutter und Schwestern – Parzival ist mit ihnen über den Ahnherrn Mazadan verwandt). Parzival lehnt ab, weil er sich wegen Cundries Fluch schämt, aber Gawan besteht auf dem Besuch. Bei den vier Damen befindet sich auch Orgeluse, die von Parzival verschmäht worden war. Es ist ihr peinlich, ihn zu küssen. Gawan verbietet Bene, Itonje etwas von dem bevorstehenden Gerichtskampf zu sagen. Das Essen wird aufgetragen. Auf Gawans Anweisung muß Orgeluse zu ihrer Beschämung neben Parzival Platz nehmen und ihn bedienen. Itonje ist beunruhigt über die heimlichen Tränen, die Bene vergießt.

Nach dem Mahl erscheinen Artus und Gynover und begrüßen Parzival mit allen Ehren. Die Ritter Orgeluses, Clinschors und Artus' machen ihm ihre Aufwartung. Parzival bittet, ihn wieder in die Tafelrunde aufzunehmen. Artus sagt das auf der Stelle zu. Dann bittet er Gawan, er möge ihm den Kampf gegen Gramoflanz schenken. Gawan lehnt ab. Man begibt sich zur Nachtruhe.

Am nächsten Morgen reiten Parzival und Gramoflanz bei Tagesanbruch in voller Rüstung aus und treffen aufeinander. Sie attackieren sich sofort, ein heftiger Kampf entbrennt. Inzwischen hat sich Gawan auf den Gerichtskampf vorbereitet. Beide Heere kommen zum Kampfplatz und werden Zeuge des Kampfes zwischen Parzival und Gramoflanz. Artus und Gawan auf der einen und drei Herren aus der Begleitung Gramoflanz' auf der anderen Seite treten dazwischen und beenden den Kampf, als Parzival gerade im Begriff ist, den Sieg zu erringen. Gawan bietet dem erschöpften Gramoflanz an, den Gerichtskampf um einen weiteren Tag zu verschieben. Gramoflanz nimmt an und zieht sich zurück. Man rät ihm, Boten an Artus zu schicken, die ihn bitten sollen, dafür zu sorgen daß kein anderer als Gawan gegen ihn antrete. Gramoflanz gibt den Boten einen Brief und den Ring für Itonje mit und hält sie an, diese genau zu beobachten, um festzustellen, ob sie Sehnsucht nach einem Geliebten hat.

Itonje hat nun erfahren, daß es ihr Bruder ist, der gegen Gramoflanz kämpfen soll. Sie bricht in wilde Klagen aus. Arnive und Sangive führen sie beiseite in ein kleines Zelt. Arnive läßt Artus zu sich bitten. Intonje klagt ihm ihr Leid und bittet ihn, den Kampf zu verhindern. Gramoflanz' Boten, zwei Knappen, erscheinen vor dem Zelt. Bene geht zu ihnen. Sie übergeben ihr Brief und Ring für Itonje und bitten sie, ihnen Audienz bei Artus verschaffen. Sie bringt Brief und Ring zu Itonje ins Zelt. Intonje gibt den Brief Artus zu lesen. Der Brief überzeugt ihn davon, daß Gramoflanz Itonje liebt, und er verspricht, den Kampf zu verhindern. Itonje bittet ihn, mit Hilfe Benes und der beiden Boten eine Begegnung mit Gramoflanz zu arrangieren. Artus bittet die drei, Gramoflanz zu bewegen, ihn in Begleitung höfischer Leute aufzusuchen. Er wolle Versöhnung stiften zwischen ihm und Orgeluse. Gawans Bruder Beakurs werde Gramoflanz auf halbem Weg empfangen, wenn er komme.

Bene und die beiden Knappen überbringen Gramoflanz die Botschaft. Der ist hocherfreut. In Begleitung mehrerer Fürsten und eines großen Gefolges macht er sich auf den Weg. Beakurs empfängt ihn in Begleitung von mehr als fünfzig vornehmen jungen Herren. Beakurs' Schönheit beeindruckt Gramoflanz. Als er mit seiner Begleitung vor Artus erscheint, wird er von diesem und von Gynover begrüßt. Artus fordert ihn auf zu sehen, ob unter den anwesenden Damen eine sei, die er liebe. Er erkennt Itonje an ihrer Ähnlichkeit mit Beakurs. Mit Artus' Erlaubnis küssen sie sich. Artus begibt sich mit Gramoflanz' Onkel Brandelidelin, dem König von Punturtoys, in ein anderes Zelt. Die Herren vereinbaren, eine friedliche Lösung herbeizuführen.

Artus und Gawan erlangen von Orgeluse die Zusage, sich mit Gramoflanz zu versöhnen, wenn dieser davon abstehe, Gawans Vater zu beschuldigen. Artus teilt das Gramoflanz mit, und dieser ist sofort einverstanden. Gramoflanz und Orgeluse geben sich den Versöhnungskuß. Artus gibt Gramoflanz Itonje zur Frau. Gawans andere Schwester Cundrie wird mit Lischoys Gwelljus und Sangive, die Witwe von Gawans Vater, mit dem Turkoyten verheiratet: „Artus teilte freigebig Damen aus" (730,11: *Artûs was frouwen milte*). Orgeluse erklärt öffentlich Gawan zum Herrn über sich und über ihr Land. Der Tag klingt festlich aus.

Parzival verzehrt sich in Sehnsucht nach seiner Frau und nach dem Gral. Er legt allein die Rüstung an, sattelt sein Pferd und reitet heimlich davon. „Man hörte am Morgen über seinen Weggang klagen. Als er sich entfernte, brach der Tag an" (733,29 f.: *man hôrt sîn reise smorgens klagn./do er dannen schiet, do begundez tagn*).

Buch XV (734,1–786,30): In einem Wald trifft Parzival auf einen Ritter, dessen Rüstung von unerhörter Pracht ist. Der Erzähler erläutert, daß es sich um einen mächtigen Heidenkönig handelt, der als Minneritter der Königin Secundille mit fünfundzwanzig Heeren unterwegs ist. Er hat die Streitmacht in Schiffen zurückgelassen, die in einem natürlichen Hafen vor dem Wald vor Anker liegen. Parzival und der Heide attackieren sich sogleich mit den Lanzen, die beide zerbrechen. Sie setzen den Kampf mit Schwertern fort, zuerst zu Pferd, dann zu Fuß. Als der Heide unter einem mächtigen Schlag Parzivals in die Knie geht, zerbricht dessen Schwert – es ist das Schwert, das er einst Ither abgenommen hatte: „Gott wollte nicht länger zulassen, daß Parzival die Beute aus dem Leichenraub in seiner Hand hatte" (744,14 ff.: *got des niht langer ruochte,/daz Parzivâl daz rê nemen/in sîner hende solde zemen*). Der Heide bricht sogleich den Kampf ab und fragt Parzival, wer er sei. Als Parzival aus Stolz die Auskunft verweigert, stellt er sich selbst vor: Feirefiz Anschevin. Parzival ist empört. Er sei selbst ein Anschevin, der König des Landes Anschouwe. Er bittet Feirefiz, den Helm abzunehmen, und erkennt den Halbbruder an der gescheckten Hautfarbe, von der ihm einst Eckuba berichtet hatte. Sie geben sich den Versöhnungskuß und rühmen sich gegenseitig. Feirefiz berichtet, daß seine Mutter Belakane aus Sehnsucht nach Gahmuret gestorben ist. Um seinen Vater zu sehen, sei er hierhergekommen. Er ist bestürzt, als Parzival ihm sagt, daß Gahmuret tot ist. Nun will er ihm sein Heer zeigen, doch Parzival schlägt vor, gemeinsam in Artus' Lager zu reiten, wo viele schöne Frauen versammelt seien. Der Hinweis auf die Frauen überzeugt Feirefiz.

Am Artushof wird Feirefiz neugierig gemustert. Gawan empfängt die beiden, gibt ihnen kostbare Gewänder und läßt ein Festmahl servieren.

Auch die hohen Damen – Orgeluse, Arnive, Sangive, Cundrie – sind zugegen. Auf Gawans Bitte unterrichtet sein Freund Jofreit den König Artus und bittet ihn, Gawan mit seiner Hofgesellschaft aufzusuchen, damit Feirefiz einen würdigen Empfang bekomme. Nach dem Mahl erscheint Artus mit seinen Rittern und Damen, unter ihnen auch Gramoflanz und Itonje. Nach der Begrüßung setzt sich Artus zu Feirefiz. Sie machen sich gegenseitig Komplimente. Feirefiz berichtet von Secundille und seinem Dienst für sie, Artus erzählt ihm von Anfortas und Orgeluse und von Parzivals Kämpfen in Joflanze; auch von Parzivals Sehnsucht nach dem Gral spricht er. Auf seine Bitte nennen Feirefiz und Parzival in langen Listen die Namen der von ihnen besiegten Gegner.

Artus beschließt, ein großes Fest zu Ehren Feirefiz' zu veranstalten, und läßt über Nacht eine prachtvolle Tafel vorbereiten. Am nächsten Tag werden Gramoflanz, Lischoys, der Turkoyte und Feirefiz in die Tafelrunde aufgenommen. Man versammelt sich zu einem prächtigen Mahl an der Tafel. Da erscheint, höchst modisch gekleidet, eine verschleierte Dame auf einem kostbar herausgeputzten Pferd. Auf ihrem schwarzem Umhang sind Turteltauben aufgestickt – das Zeichen des Grals. Sie bittet Artus und die Königin, ihr bei ihrem Anliegen zu helfen, fällt vor Parzival auf die Knie und fleht ihn an, ihr zu verzeihen. Artus und Feirefiz können ihn dazu bewegen. Da springt die Dame auf und wirft die Verhüllung ab: Es ist die Gralbotin Cundrie. In feierlicher Rede teilt sie mit, daß Parzival durch die Inschrift am Gral zum Gralkönig bestimmt wurde und daß auch Condwiramurs und ihrer beider Sohn Loherangrin zum Gral berufen sind. (Als Parzival sie verließ, war Condwiramurs mit den Zwillingen Loherangrin und Kardeiz schwanger. Kardeiz wird die Länder Parzivals erben.) Sie beschwört den Stand der Sterne, der Parzival günstig ist. (Hochgelehrt bezeichnet sie die Sterne mit ihren „heidnischen", d.h. arabischen Namen, von denen der Erzähler sagt, daß Feirefiz sie kannte.) Ihre Rede schließt mit einem Preis Parzivals: „Du hast der Seele den Frieden erkämpft und dir, in Sorgen ausharrend, mit Geduld das Glück in diesem Leben erworben" (782,29 f.: *dû hâst der sêle ruowe erstriten/und des lîbes freude in sorge erbiten*). Parzival weint vor Glück. Er soll sich einen Begleiter nach Munsalvaesche aussuchen und entscheidet sich für Feirefiz. Der bittet die anwesenden Herren, nicht abzureisen, ehe er ihnen seine Reichtümer gezeigt und sie beschenkt habe. Man sagt ihm das zu, und er schreibt einen Brief, den Boten zu den Schiffen bringen. Cundrie, Parzival und Feirefiz brechen auf. Am dritten Tag werden ungeheure Schätze aus Feirefiz' Schiffen herbeigebracht und verteilt.

Buch XVI (787,1–827,30): Die Erzählung wendet sich dem leidenden Anfortas zu. Der wünscht nichts sehnlicher als den Tod, doch setzt man ihn gegen seinen Willen regelmäßig dem Anblick des Grals aus, damit er nicht stirbt. Man hofft noch immer auf den Erlöser. So gut es geht, versucht man, seine Qualen zu lindern. Wie bei Parzivals erstem Besuch auf der Gralburg stehen die Sterne ungünstig, so daß die Wunde unsägliche Schmerzen verursacht.

Parzival, Feirefiz und Cundrie nähern sich der Gralburg. Ein Wachtrupp will sie angreifen, aber die Gralritter erkennen noch rechtzeitig Cundrie, die ihrerseits Feirefiz hindert anzugreifen. Auf Parzivals Bitte reitet sie zu den Gralrittern und sagt ihnen, wen sie vor sich haben. Sie steigen ab und begrüßen unter Freudentränen Parzival und Feirefiz. Auf Munsalvaesche werden Parzival und Feirefiz freudig empfangen. Man nimmt ihnen die Rüstung ab, gibt ihnen Prachtgewänder und bewirtet sie. Dann werden sie zu Anfortas geführt. Der begrüßt die beiden freundlich und bittet Parzival, er möge sich dafür einsetzen, daß man ihm erlaube zu sterben. Unter Tränen fragt Parzival, wo der Gral aufbewahrt werde. Man sagt es ihm. Er wendet sich in die angegebene Richtung und fällt zu Ehren der Dreifaltigkeit dreimal auf die Knie. Dann stellt er die Frage: „Onkel, was quält dich?" (795,29: *oeheim, waz wirret dier?*). Anfortas ist auf der Stelle gesund und erstrahlt in einer Schönheit, die die Schönheit aller anderen Männer in den Schatten stellt. Man erklärt Parzival zum Gralkönig und huldigt ihm.

Inzwischen ist auch Condwiramurs zum Gral gerufen worden. Mit den Zwillingen Loherangrin und Kardeiz ist sie in Begleitung ihres Onkels Kyot und anderer vornehmer Männer nach Terre de salvaesche aufgebrochen. In dem Wald, in dem Parzival einst die drei Blutstropfen im Schnee gesehen hatte, wird ein Lager errichtet. Dort soll Parzival sie abholen. Er bricht mit einer Truppe von Gralrittern auf und macht auf dem Weg Station bei Trevrizent. Der ist glücklich über Anfortas' Heilung und bittet Parzival um Vergebung dafür, daß er ihn angelogen habe: „Um Euch vom Gral abzubringen, habe ich gelogen, als ich sagte, wie es sich mit ihm verhalte" (798,6f.: *ich louc durch ableitens list / vome grâl, wiez umb in stüende* – worin die Lüge bestand, bleibt unklar). Parzival geht darauf nicht ein, versichert Trevrizent, daß er auch künftig auf seinen Rat zähle, und verabschiedet sich hastig: Es zieht ihn zu seiner Frau. Er reitet die Nacht hindurch und erreicht bei Tagesanbruch Condwiramurs' Lager. Kyot begrüßt ihn hocherfreut und führt ihn zu ihrem Zelt. Condwiramurs liegt im Schlaf, neben ihr die Zwillinge Loherangrin und Kardeiz. Kyot weckt sie. Überglücklich fallen sich Parzival und Condwiramurs in die Arme. Man läßt sie allein im Zelt: „Wenn ihm je Blut und Schnee einmal den Verstand genommen haben (auf der Wiese hier hatte er sie liegen sehen), dann gab ihm Condwiramurs eine Entschädigung für solche Not: Sie hatte sie bei sich" (802,1 ff.: *Gezucte im ie bluot unde snê/geselleschaft an witzen ê/(ûf der selben ouwe erz ligen vant),/für solhen kumber gap nu pfant/ Condwîr âmûrs: diu hetez dâ*). Erst spät am Vormittag verlassen Parzival und Condwiramurs das Zelt. Eine Messe wird gefeiert, dann begrüßt Parzival seine Vasallen und läßt sie ihre Lehen von dem kleinen Kardeiz empfangen, der zu seinem Nachfolger bestimmt ist. Das Kind wird gekrönt. Nach einem Mahl trennt man sich. Condwiramurs' Begleiter machen sich mit dem jungen König Kardeiz auf den Rückweg, Condwiramurs und Loherangrin ziehen mit Parzival und den Gralrittern nach Munsalvaesche. Ihr Weg führt sie an Sigunes Klause vorbei. Sie finden die Einsiedlerin tot über dem Sarg des Geliebten. Parzival läßt den Deckel des Sarges entfernen. Der einbalsamierte Leichnam Schianatulanders ist unverwest. Man legt die tote Sigune zu ihm und verschließt den Sarg wieder.

Sie reiten durch die Nacht nach Munsalvaesche, wo sie schon erwartet werden. Nach allseitiger Begrüßung – Cundwiramurs küßt Feirefiz, Anfortas und Repanse de schoye – versammelt man sich zur Gralzeremonie. Wie bei Parzivals erstem Besuch wird der Gral in feierlicher Prozession von Repanse herbeigetragen und spendet Speise und Trank. Feirefiz wundert sich sehr. Er kann den Gral nicht sehen, sondern nimmt nur das grüne Seidentuch wahr, auf dem Repanse ihn trägt. Die Schönheit der Gralträgerin überwältigt ihn. Secundille ist vergessen. Vor Liebesschmerz werden die weißen Stellen an seinem Körper blaß. Anfortas bemerkt seine Not und verweist ihn an Parzival: der könne ihm helfen. Man wundert sich, daß Feirefiz den Gral nicht sieht. Der alte Titurel kennt den Grund: Feirefiz ist Heide, und kein Heide kann den Gral sehen. Man bittet Feirefiz, sich taufen zu lassen. Der fragt, ob die Taufe ihm in der Liebe helfe. Parzival verspricht ihm, er dürfe um Repanse werben, wenn er sich taufen lasse. Am folgenden Tag versammelt man sich vor dem Gral. Feirefiz erklärt sich bereit, sich von seinen Göttern loszusagen, den Feind des Christengotts zu bekämpfen und dessen Gebote zu achten – wenn er nur Repanse bekomme. Man neigt das Taufbecken, das aus einem Rubin gearbeitet ist, in die Richtung des Grals, und es füllt sich mit Wasser, das genau die richtige Temperatur hat. Ein Priester tauft Feirefiz. Jetzt sieht auch er den Gral. An diesem erscheint eine Inschrift, die eine neue Regel verkündet: Wenn ein Gralritter als Herr in ein fremdes Land geschickt wird, darf ihn niemand dort nach seinem Namen oder seiner Herkunft fragen, sonst muß er das Land wieder verlassen. Diese Vorschrift ergeht, weil man beim Gral nichts mehr von Fragen wissen will, nachdem Anfortas so lange auf eine Frage hatte warten müssen.

Elf Tage bleibt Feirefiz auf Munsalvaesche. Dann reitet er mit Repanse zurück zu seiner Flotte. Anfortas begleitet sie mit einer großen Schar von Gralrittern bis zum Wald von Carcobra. Dort schickt er Cundrie zum Burggrafen und läßt ihn bitten, das Geleit zu übernehmen. Der Burggraf empfängt Feirefiz mit großen Ehren und führt ihn über das jetzt fast verwaiste Feld von Joflanze zu seinem Heer. Bei diesem sind inzwischen Boten aus Tribalibot eingetroffen, die Secundilles Tod gemeldet haben. Jetzt erst kann sich Repanse so recht auf die Fahrt freuen. In Indien wird sie einen Sohn zur Welt bringen, den man Priester Johann nennen wird. (Beiläufig erfahren wir, daß Tribalibot der einheimische Name für Indien ist.) Feirefiz wird dafür sorgen, daß das Christentum in ganz Indien bekannt wird.

Beim Gral wächst Loherangrin zu einem tapferen Ritter heran. Er wird ins Herzogtum Brabant geschickt, wo eine Dame regiert, die nur einen von Gott gesandten Mann als Gemahl akzeptieren will. Ein Schwan zieht Loherangrin in einem Schiff nach Antwerpen. Er erklärt sich bereit, die Herzogin zu heiraten – unter der Bedingung, daß sie ihn niemals fragt, wer er ist. Sie willigt ein, und er wird ihr Mann. Eine Zeit glücklicher Herrschaft beginnt. Aber eines Tages übertritt die Herzogin das Frageverbot. Der Schwan erscheint und bringt Loherangrin zurück zum Gral.

In einem Epilog erklärt der Erzähler, Kyot, der die Geschichte von Parzival richtig erzählt habe, sei mit Recht wütend, wenn Meister Christian von Troyes sie verdorben habe. Ihm selbst, Wolfram von Eschenbach, bleibe nun nichts weiter zu sagen. Im Blick auf Parzival resümiert er: „Wer sein Leben so beendet, daß Gott nicht durch die Schuld des Leibes um die Seele gebracht wird, und dabei doch die Gunst der Welt mit Würde behält, dann ist das der Mühe wert" (827,129 ff.: *swes lebn sich sô verendet,/daz got niht wirt gepfendet/der sêle durch des lîbes schulde,/und der doch der werlde hulde behalten kan mit werdekeit,/daz ist ein nütziu arbeit*). Wenn er, der Erzähler, die Geschichte um einer Frau willen zum Ende gebracht habe, dann schulde die ihm süße Worte (827,29 f.): *ist daz durh ein wîp geschehn,/diu muoz mir süezer worte jehn.*

II. Der Stoff: Vorgaben und Fortschreibungen*

von VOLKER MERTENS

1. Die (Er-)Findung des Grals: Chrestien de Troyes – 2. Keltisches Spielmaterial – 3. Christliches Spielmaterial: Robert von Boron – 4. Keine Geheimnisse? Wolframs ‚Parzival‘ – 5. Ein arthurisches Abenteuer: ‚Diu Crône‘ – 6. Ein neuer Gralheld: Galahad – 7. Der Gral verschwindet: Albrechts ‚Jüngerer Titurel‘ – 8. Der Gral und der Schwanritter – 9. Alles über den Gral: ‚Der niuwe Parzival‘ – 10. Die letzte Synthese: Ulrich Füetrer

Der Ursprung des Grals liegt im Dunkeln. Man hat in ihm einen Urmythos der Menschheit, ein Herrschaftsritual der keltischen Völker – oder ein christliches Heilssymbol erkennen wollen. Letztere Auffassung ist die zugleich älteste (der Gral als Gefäß für das Altarssakrament) und jüngste, achtzig millionenfach verbreitet (Maria Magdalenas Nachkommen als ‚Gefäß‘ von Jesu Blut: Dan Brown). Schon bei seinem ersten literarischen Auftritt hat der Gral eine christlich-religiöse Dimension – aber nicht nur diese. Mit dieser Gestaltung hat eine Untersuchung zu beginnen.

1. Die (Er-)Findung des Grals: Chrestien de Troyes

Chrestien de Troyes schrieb den ‚Perceval‘, seinen letzten höfischen Roman, Ende der 1180er Jahre, er blieb unvollendet, da sein Auftraggeber, Philipp von Elsaß, auf dem dritten Kreuzzug am 1. Juni 1191 vor Akkon verstarb. Eben dieser habe ihm, so sagt Chrestien im Prolog, ein Buch als Quelle übergeben (66 f.); auch späterhin spricht der Erzähler von einer schriftlichen Vorlage (2723, 2807). Eine solche (in lateinischer Sprache gedachte?) hat sich nicht auffinden lassen. Sie ist vermutlich aus zwei Gründen fingiert: Einmal soll so die Eigenart des Stoffes herausgestellt, zum anderen dessen religiöse Würde akzentuiert werden. Chrestien grenzt sich damit von seinen eigenen Artusromanen wie ‚Erec et Enide‘ ab, für die er auf mündlich überlieferte Stoffe zurückgreift. Die Besonderheit des ‚Perceval‘ diesen gegenüber liegt in der spirituellen

---

* In die Abschnitte 2, 3, 5 – 8 und 10 sind Formulierungen aus Mertens, 2003, eingegangen.

Dimension und für diese liefert „das Buch" die Legitimation. Wir tun also gut daran, in Chrestien den Autor zu sehen, der mit dem Gral ein älteres, ihm mündlich zugekommenes Erzählmotiv christlich gedeutet und dieses zuerst mit dem Wort *Graal* verbunden hat; daß er die Vagheit, die den Gral kennzeichnet, im Lauf der Erzählung völlig beseitigt hätte, ist eher unwahrscheinlich.

Er beginnt mit der Kindheit des Helden, dem „Sohn der Witwe" (74), der in der Einöde aufwächst, da sein verarmter Vater in der chaotischen Zeit nach dem Tod des Königs Uther Pendragon (des Vaters von König Artus) sich in den Wald zurückgezogen hatte und dort nach dem Tod der beiden älteren Söhne vor Gram gestorben war. Perceval (seinen Namen erhält er erst später) begegnet glänzenden Rittern und will werden wie sie: er verläßt seine Mutter, die daraufhin aus Kummer stirbt, und geht an den Artushof. Dort tötet er einen Provokateur, den Roten Ritter, mit einem Wurfspieß. Er eignet sich dessen Rüstung an, Artus fühlt sich von seinem schlimmsten Feind befreit und hätte den jungen Mann gern an seinem Hof gehabt, dieser reitet jedoch fort und kommt zu Gornemant. Dort erwirbt er die ritterlich-kämpferischen Fertigkeiten, die ihm bisher fehlten. Sein nächstes Abenteuer bringt ihm Land und Frau: Er befreit die belagerte Blancheflor und gewinnt ihre Liebe, tritt jedoch die ihm zugefallene Landesherrschaft nicht an, sondern verläßt seine Freundin, um nach seiner Mutter zu suchen.

Dieser erste Teil enthält ein zentrales Element der bisherigen Artusromane, den Gewinn von Liebe und Herrschaft. Nun müßte schemagemäß der Sturz des Helden von der erreichten Höhe folgen: Perceval kommt nach einem einsamen Ritt an einen reißenden Fluß. Das ist ein Hindernis, das in der keltischen Mythologie die Schwelle zur Anderswelt markiert. Ein Fischer in einem Boot weist ihm den Weg zu einer Burg. Dort findet Perceval eben diesen in einer Säulenhalle auf einem reichen Bett; wegen einer Krankheit kann er sich nicht erheben. Er läßt dem Gast ein kostbares Schwert überreichen und hängt es ihm selbst um. Die Waffe ist von höchster Qualität, allerdings gibt es die Gefahr, daß es bei einer Gelegenheit zerbrechen könnte, von der nur der Schmied weiß. Die Schwertgabe war für die Hörer/Leser unschwer als Herrscherinvestitur zu erkennen, der Held jedoch versteht diese Bedeutung nicht. Ein weiteres, nun auch für das Publikum mysteriöses Ritual folgt: Ein Knappe mit einer Lanze, von deren Spitze ein Blutstropfen herabläuft, betritt den Saal. Perceval staunt, erinnert sich jedoch an das Gebot Gornemants, nicht zu viel zu reden (3209). Darauf folgen zwei Knappen mit Leuchtern und hinter ihnen ein Edelfräulein mit „einem Graal". Chrestien verwendet das Wort als Sachbezeichnung (und nicht als Eigennamen), es handelt sich, wie wir erfahren, um eine weite goldene, mit Juwelen besetzte Schale; sie ist so groß, daß man Fische wie Hecht, Lamprete oder Lachs in ihr hätte servieren können (6421). Anschließend folgt ein zweites Fräulein mit einer silbernen Platte. Der Gral wird in einen anderen Raum gebracht; Perceval liegt die Frage auf der Zunge, wen man mit dem Gral bediene (3244), aber er wagt nicht, sie zu stellen. Während des folgenden reichen Mahles wird der Gral bei jedem Gang vorüber getragen.

Das geheimnisvolle Ritual hat vornehmlich höfische und nur wenige kirchlich-liturgische Züge: Höfisch ist der Aufzug mit schönen jungen Frauen (sie durften keine kirchlichen Geräte berühren), weltlich-märchenhaft der Zusammenhang mit dem üppigen Essen (man denkt an eine Tischlein-deck-dich-Wirkung des Grals). Kerzen spielen sowohl bei Hof wie in der Kirche eine wichtige Rolle. Ein Gral ist ein höfisches Tafelgeschirr; die gut bezeugte Wortform stammt von lateinisch *gradale* und bezeichnet eine flache große Schüssel, in der man Speisen stufenförmig anordnet; in der Kirche kommt so etwas nicht vor. Der silberne Teller (dessen Funktion nicht erklärt wird) kann weltlich, aber auch liturgisch sein: eine Patene. Die Lanze ist das geheimnisvollste Objekt, möglicherweise eine Reliquie. Es scheint, als habe der Erzähler bewußt ein undurchsichtiges Konglomerat von Höfischem, Liturgischem und Mythischem hergestellt. Was der Held falsch macht, worin er versagt, wird nur angedeutet: Er hätte fragen sollen – nach der Bedeutung der Lanze und nach der Funktion der Schüssel. Die Fragen „Warum blutet die Lanze?" und „Wen bedient man mit dem Gral?" hätten, so erfährt Perceval nach Verlassen der Gralburg von seiner Cousine, den kranken Fischer geheilt und ihn wieder herrschaftsfähig gemacht. In dieser Begegnung errät der Held seinen Namen, ein Symbol dafür, daß sein Versagen ihn zur Selbsterkenntnis führt.

Er kommt wiederum zum Artushof und wird dort mit größter Freude aufgenommen. Doch am dritten Tag des Festes erscheint das Häßliche Fräulein und verflucht Perceval wegen seines Schweigens vor dem Gral und der schlimmen Folgen für den Herrscher und sein Land. Daraufhin erklärt der Protagonist, er werde keine Ruhe finden, ehe er nicht die Geheimnisse der blutenden Lanze und des Grals erfahren habe, also eben die, die er erfragen sollte. Weitere Auskünfte über den Gral (aber nicht über die Lanze) erhält er fünf Jahre später von einem Eremiten: er habe die Frage versäumt, weil er seiner zusammenbrechenden Mutter nicht geholfen habe; diese Sünde habe ihn stumm gemacht. Er erfährt, daß der

Gralherr sein Vetter, der Einsiedler sein Mutterbruder ist. Mit dem Gral bediene man den Vater des kranken Fischers, Percevals zweiten Mutterbruder; er lebe seit fünfzehn Jahren von einer Hostie, die in der Schüssel gebracht wird.

Chrestien hat den Gral mit der mütterlichen Welt verbunden: Auf der Suche nach der Mutter kommt der Held auf die Burg; dort regieren mütterliche Verwandte; die Verfehlung der Mutter gegenüber verhindert das Stellen der erlösenden Frage. Daß Perceval selber Gralherr geworden wäre, wird nicht gesagt; das einzige Indiz dafür scheint die Übergabe des Schwertes zu sein. Vielleicht hätten also die richtigen Fragen Perceval als herrschaftsfähig und -würdig erwiesen. Die Antworten hätten dann den Grund für die Verwundung des Burgherrn (eine Verfehlung als Ursache? „Ihn schlug sein eigener Speer"?) und die Verwandtschaft des Fragenden mit dem Herrschergeschlecht („man bedient Deinen Mutterbruder") enthüllt und ihm damit seine Pflichten und seinen Platz in der Genealogie (und der Herrschaftsfolge) zugewiesen.

Die religiöse Dimension ist wenig deutlich, sie wird erst in den Erläuterungen des Eremiten, daß der Gral eine sehr heilige Sache sei (6425) und eine Hostie enthalte, präsentiert, ist jedoch nicht äußerlich: Perceval erlebt mit Hilfe des Eremiten sein Versagen vor Lanze und Gral als Sündenfolge und wird so zur Erkenntnis seiner Sündhaftigkeit geführt; aus dieser Einsicht heraus vermag er Buße zu tun. Das Frageritual wirkt also als Prüfstein für einen selbstverantwortlichen Umgang mit den Bedingungen einer ethisch-religiösen Existenz. Inwieweit das auf eine Neukonzeption des Rittertums zielt, ist in der Erzählung kaum deutlich gemacht, wohl aber aus dem Prolog abzuleiten, wenn dort der Auftraggeber Philipp als Verkörperung eines Ritterideals gerühmt wird, in dem Gerechtigkeitsliebe, Aufrichtigkeit und Frömmigkeit verbunden sind (25f.). Mit einiger Vorsicht läßt sich daraus folgern, daß Chrestien zwei Funktionen der Fragen thematisieren wollte: die Herrschaftserneuerung und die persönliche Umkehr, wobei letztere als Voraussetzung für erstere konzipiert ist. Es sieht so aus, als wäre die genealogisch-politische Dimension vorgängig und Chrestien hätte die religiöse hinzugebracht, da sie erst spät in die Geschichte eingeführt wird und verbaler Erläuterungen bedarf, sich nicht, wie erstere in verständlichen Ritualen manifestiert – allerdings war der Frageritus nicht so evident, daß er nicht durch die Schwertinvestitur hätte ergänzt werden müssen. Seltsam isoliert bleibt die blutende Lanze; der Eremit erwähnt sie zwar, sie wird aber aus der Biographie des Helden ansatzweise entfernt, indem Gauvain verpflichtet wird, sie zu suchen und dem Bruder des liebebereiten Burgfräuleins zu bringen, dem er auf der Burg Escavalon nahegekommen war. Anscheinend war die Lanze in Percevals Werdegang nicht so gut funktionalisierbar wie der Gral.

Der Besuch auf der geheimnisvollen Burg wirkt wie ein kaum verstehbarer Ausschnitt aus einem größeren Zusammenhang, fast wie ein „Palimpsest", eine „Überschreibung" eines älteren Skripts im Sinn von Genette (1994). Das ist eine spezielle Technik Chrestiens – ob er geplant hat, das Ganze zu enthüllen, muß offen bleiben. Jedenfalls wird in den Fortsetzungen und in den vom ‚Perceval' inspirierten Erzählungen eben das versucht: einen solchen Zusammenhang herzustellen, zuerst von Robert von Boron, am umfassendsten und am eindrücklichsten im ‚Prosa-Lancelot'.

Die Gauvain-Abenteuer haben kaum etwas Mysteriöses. Sie sind aus dem Fundus der arthurischen Motive geschöpft und für die Hörer/Leser leicht verständlich. Die Befreiung der Wunderburg scheint nach Percevals zukünftiger Erlösung der Gralgesellschaft modelliert. Wie aber steht es mit erschließbaren Quellen für letztere?

1. Die Lanze: Es könnte sich um die in der Bibel genannte Lanze des Longinus handeln, mit der Jesu Seite geöffnet wurde, so daß Blut und Wasser herausfloß. Sie wurde immer wieder einmal aufgefunden, so beim ersten Kreuzzug (Morris, 1984); ferner erhoben die byzantinischen Kaiser den Anspruch, die echte zu besitzen. Sie war eine Passionsreliquie von höchster Bedeutung. Anders die Lanze, die zu den wichtigsten Reichskleinodien gehörte; sie wurde mit der des hl. Mauritius identifiziert; erst im 13. Jahrhundert begann man, sie als die Longinus-Lanze anzusehen. Der Blutstropfen verweist auf einen Reliquientyp, der in dieser Zeit und in dem Raum der Abfassung des Romans häufiger vertreten war: eine Blutreliquie, sei es des Blutes Jesu oder eines Märtyrers. Am nächsten im Umfeld Chrestiens findet sich die Heiligblut-Reliquie von Brügge. Diese Ampulle mit Christi Blut soll (nach späterer Überlieferung) von Dietrich von Elsaß (dem Vater von Chrestiens Auftraggeber Philipp) aus dem Heiligen Land mitgebracht worden sein. Eine weitere Ampulle gehörte Markgraf Balduin von Flandern (1035–1067). Die Balduine waren die Vorläufer der Elsässer Dynastie mit Dietrich und seinem Sohn. Es scheint also in Flandern eine besondere Faszination durch Blutreliquien gegeben zu haben, und Chrestien könnte daran angeknüpft und Philipp in die Tradition seiner Vorläufer und seines Vaters gestellt und damit seine Herrschaft legitimiert haben. Jedoch deutet nichts darauf hin, daß die Gral-Lanze als Reliquie zu verstehen sein soll. Es gibt keine Verehrung, wie sie einem solch heiligen Gegenstand zu-

käme. Allerdings wurden sowohl die Reichslanze wie die heiligen Lanzen als Werkzeuge göttlicher Hilfe geführt und genossen nicht als Blutreliquien kultische Verehrung; die Gral-Lanze aber scheint keine entsprechende Wirkung von Schutz und Hilfe zu haben. Sie bleibt in den Rahmen politischer oder christlicher Kultobjekte nicht integrierbar.

2. Der Gral: Wir haben zwei Dimensionen zu unterscheiden: das Objekt und seine Funktion einerseits, die Frage nach dieser auf der anderen Seite. Im ‚Perceval' geht es nicht um Besitz oder Verfügung über den Gral, sondern über die Frage nach ihm, die für den Fragenden Initiationscharakter zu haben scheint. – Wie kommt Chrestien dazu, ein höfisches Luxusgeschirr aus Gold (es gibt weitere Belege dafür) zum Zentrum eines Rituals zu machen? Liturgische Gefäße waren meist vergoldet, selten auch aus Gold, sahen aber anders aus – sie waren hoch und schmal: Kelche. Gemäß der biblischen Tradition wurde allerdings beim Letzten Abendmahl sowohl ein Kelch (*calix*) wie eine Schüssel (*catinus*; Mc 14,21) verwendet, letztere gibt es jedoch nicht im liturgischen Gebrauch. Allerdings erscheint sie in der Ikonographie des 11. Jh.s: die Figur der Ecclesia fängt in einer entsprechenden weiten flachen Schale das Blut Jesu unter dem Kreuz auf (Barber, 2004, S. 155). Von Blut ist allerdings im Zusammenhang des Grals nicht die Rede, wohl aber von einer Hostie. So wird ein Bezug zur Eucharistie hergestellt und sehr gut informierte Hörer/Leser könnten die Schale mit dem *catinus* des Letzten Abendmahls assoziiert haben. Dann mußte sie irritieren, daß eine Frau das Objekt trug, denn heilige Gegenstände durften, wie gesagt, nur von Männern berührt werden. Es folgt zudem keine liturgische oder paraliturgische Andacht, sondern ein höfisches Festmahl, bei dem der Gral vorbeigebracht wird, ohne daß er besonders verehrt würde. Ein liturgisch-ritueller Ursprung der Frage ist ebenfalls mehr als unwahrscheinlich. Bei kirchlichen Ritualen wird der Initiand gefragt, so bei der Taufe oder beim öffentlichen Bekenntnis oder auch der König bei der Königsweihe, nicht er muß fragen. Aus christlichem Ritual und Brauchtum lassen sich die Gralrequisiten nicht erklären.

2. Keltisches Spielmaterial

Es liegt nahe, daß Chrestien im ‚Perceval' ähnlich wie im Fall von Hirschjagd und Sperberkampf in ‚Erec et Enide', der Gewitterquelle im ‚Yvain' und dem „Land aus welchem niemand wiederkehrt" im ‚Karrenritter' auf Motive aus der keltischen Tradition, die ihm mündlich zukamen, zurückgegriffen hat. Sie war an den anglonormannischen und nordfranzösischen Höfen durch Berufserzähler präsent, für die der Name des Bleheris/Blihis/Bledri exemplarisch steht. Im Keltischen gibt es entsprechende Objekte und Riten. Dieses Motivreservoir ist ein anderes als die genannten Feengeschichten, die den Gewinn einer andersweltlichen Frau zum Thema haben: hier geht es um Herrschaftsübertragung. Deshalb wurden sie von Chrestien gewählt, denn in seinem ‚Perceval' sollte das bisherige Romanprogramm der Problematisierung des Verhältnisses von Subjektivität (Liebe) und Gesellschaft überlagert werden durch eine religiös-ethische Sinnfindung und -stiftung von Herrschaft. Chrestien sind die Motive von Blutspeer, Gral und Frage sicher nicht durch noch existente, vielleicht christlich überformte pagane Rituale zugekommen (Weston, 1920), sondern in narrativ-fiktionaler Gestalt. Daß diese Erzählungen noch die Aura einer kultischen Vergangenheit trugen, ist gut möglich.

Historische Zeugnisse für derartige Rituale fehlen, sie scheinen sich allerdings in verschiedenen literarischen Texten zu spiegeln. Deren Aufzeichnung erfolgte spät, meist erst am Ende des Mittelalters, aber ihre Entstehung wird weit früher (9. – 11. Jh.) vermutet. Bei aller gebotenen Skepsis gegenüber solchen Rückdatierungen wegen der Unfestigkeit mündlicher Überlieferung wird man doch annehmen, daß sich Bedeutungszusammenhänge rekonstruieren lassen, die in den mündlichen Erzählungen, auf die Chrestien zurückgriff, präsent waren.

Zwei Quellentypen sind zu unterscheiden: einmal die irischen archaischen ‚historischen' Erzählungen und dann die romanhaften kymrischen ‚Mabinogion', die zumeist von der französischen Erzählliteratur überformt sind (in unserem Fall ist es der ‚Peredur': s. u.).

Als Beispiel für ersteren Typus sollen zwei Texte dienen: ‚Baile in scáil' (‚Die poetische Ekstase des Phantoms') aus dem altirischen Königszyklus und ein Gedicht aus dem ‚Lébor Gabóla Érenn' (‚Buch der Invasionen Irlands'), beide auf das 11. Jh. angesetzt.

Im ersten Werk wird von König Conn erzählt: Er tritt auf den mythischen Schicksalsstein Lía Fáil, der unter dem zukünftigen König Irlands aufschreit (s. u.). Dann wird er in die Anderswelt geführt, wo ihn eine junge Frau, gekrönt mit einer goldenen Krone, in einer Halle erwartet; sie verkörpert die Herrschaft über Irland. Der Gott Lug, der Herrscher über das Jenseits (*scáil*, „das Phantom"), wird von ihr gefragt, wen sie mit dem roten Bier in dem goldenen Becher in ihrer Hand bedienen soll: Lug nennt Conn und zählt seine Nachkommen auf, bestimmt sein Geschlecht damit zur Herrschaft über Irland. Der zukünftige König erhält als sicht-

Der Stoff: Vorgaben und Fortschreibungen 271

bares Zeichen der Erwählung das goldene Gefäß. Motivparallelen mit dem ‚Perceval' sind die die Person indizierende Frage, die in der Form vergleichbar ist („wen bedient ...?"), und das Herrschaft designierende Gefäß. Die Unterschiede sind jedoch mindestens ebenso deutlich: die Frage wird nicht vom Initianden gestellt, sondern von der Personifikation der Herrschaft; und der, der sie erhalten soll und erhält, bleibt stumm. Es wäre also eine Umbesetzung der Rollen von Fragendem und Gefragtem, sei es in der mündlichen Tradition, sei es durch Chrestien erfolgt.

Neben dem ‚Baile in scáil' wird der ‚Lébor' als Beleg für die Existenz entsprechender heiliger Objekte angeführt. Die *Túatha Dé Danann*, die Götter Irlands, verfügen über vier magische Gegenstände (Keating, S. 214):

Sie brachten vier Talismane von fern,
Die Häupter von Danas heiligen Stämmen:
Ein Schwert, einen Stein, einen schönen Kessel
Und einen Speer, starke Krieger zu fällen.
Lía Fáil aus Fálian,
Der aufschreit unter dem König von Irland
[...]
Aus Murias eine starke Gabe,
Den Kessel der Daghda, der Tapferen.

Bei dem Stein handelt es sich um den bereits erwähnten Schicksalsstein; die Funktion des Kessels bleibt unklar. Das Schwert ist eine Waffe, kein symbolisches Herrschaftszeichen. Die Bezüge zu den Gralrequisiten bleiben also vage.

Zur narrativen Quellengruppe zählt der ‚Peredur' aus dem Zyklus, der seit der Erstpublikation im Jahre 1838 ‚Mabinogion' (‚Jugendgeschichten von Helden') genannt wird (Goetinck, 1975). Die älteste (fragmentarische) Überlieferung stammt aus der Zeit um 1300 (‚Das weiße Buch von Rhydderch'). Dort sind auch kymrische Adaptionen von Chrestiens ‚Yvain' (‚Die Dame von der Quelle') und ‚Erec et Enide' (‚Gereint') überliefert. Beim ‚Peredur' ist die ‚Rekeltisierung' evident, vermutlich handelt es sich um einen Rückgriff auf mündliches Material (wie es ähnlich Chrestien vorlag) und eine Intergration beider Quellen. Der walisische Text entspricht also nicht der Vorlage des ‚Perceval', sondern enthält nur mit dieser gemeinsame Motive.

Vor allem der erste Teil ist stark vom französischen Roman geprägt: Peredur wächst bei seiner verwitweten Mutter auf; sie hält ihn in Unkenntnis der ritterlichen Welt. Die Begegnung mit Rittern zieht ihn an den Artushof. Die Mutter gibt ihm vor dem Aufbruch gute Ratschläge, denen er wörtlich folgt, so küßt er (mit dessen Einwilligung) ein Zeltfräulein und erhält ihren Ring. Am Artushof provoziert ein Ritter (der hier kein Roter Ritter ist) den König, indem er die Königin heftig schlägt. Kei, der Seneschall des Königs, gibt Peredur den Auftrag zum Kampf mit dem Beleidiger; Peredur besiegt den Provokateur; Owein hilft dem jungen Ritter bei der Entkleidung der Leiche und dem Anlegen der Rüstung.

Dem ‚Peredur' fehlt ein wichtiges Motiv aus Chrestiens Jugendgeschichte: Bei ihm hat der Held eine Sünde begangen, die ihm später die Gralfrage „auf der Zunge abschneidet", denn er hat seine Mutter beim Ausritt umsinken sehen und ihr, in seinem Drang zur Ritterwelt befangen, nicht geholfen, sich also unterlassener Hilfeleistung schuldig gemacht.

Peredur besteht Abenteuer, die es bei Chrestien nicht gibt, denn der Held ist schon von Natur aus ein gewandter Kämpfer, muß es nicht erst werden wie Perceval.

In den nächsten beiden Szenen sind die Bezüge auf Chrestien deutlicher: Peredur kommt zu einem grauhaarigen Mann, der anscheinend eine Lähmung hat, denn er humpelt. Er stellt sich als Peredurs Mutterbruder heraus und rät ihm, nicht nach Seltsamem zu fragen. Der Held reitet weiter und kommt zu einem zweiten Grauhaarigen. Dort durchschlägt er dreimal die eiserne Säule der Burghalle, wobei sein Schwert zerbricht. Zweimal gelingt es ihm, es zusammenzufügen, beim dritten Mal bleibt er erfolglos: ein Zeichen dafür, daß er erst Zweidrittel seiner Stärke erreicht hat. Auch hier ist er ein selbsterschaffener Held, er erhält das Schwert nicht (wie bei Chrestien) vom Gastgeber. Dieser gibt sich als sein Oheim (ein zweiter Mutterbruder) zu erkennen. Während er sich mit ihm unterhält, kommen zwei junge Männer (die der erste Oheim beim Fischen beobachtet hatte) und tragen einen riesigen Speer, von dem drei Ströme Blutes herablaufen; die Gesellschaft bricht in lautes Klagen aus, der Oheim aber und Perceval schweigen. Darauf treten zwei Mädchen ein, die eine Schüssel tragen, in der ein abgeschlagener Kopf in Blut schwimmt. Es gibt weitere Klagen, aber weder Peredur noch sein Mutterbruder sagen ein Wort.

Wenn dies dem ursprünglichen Gralritual entsprechen sollte, so handelte es sich um einen Memorialritus für einen Erschlagenen mit der Mahnung zur Rache. Ähnliche Inzitationsmuster gibt es im Artusroman, z. B. im ‚Prosa-Lancelot'. Der Besucher soll den Vollzug der Rache übernehmen, ob er sich durch eine Frage als dafür geeignet erweisen muß, bleibt an dieser Stelle unklar. Die Warnung des ersten Onkels, nicht zu fragen, könnte dafür sprechen, andererseits auch ein dysfunktionales Relikt aus dem ‚Perceval' sein, ähnlich wie ein Moment in der folgenden Begegnung mit dem Braunhaarigen Fräulein: Sie klagt ihn an, am Tod der Mutter schuld zu sein, wovon bisher nicht die Rede war. Das Fräulein ist Peredurs Pflegeschwester, eine Figur, die in der späteren Tradition als Percevals Schwester eine wichtige Nebenrolle spielt. In der nächsten Abenteuerfolge befreit und erwirbt der Held eine Frau, zieht jedoch weiter (gegenüber Chrestien umgestellt). Dann wehrt er die neun Hexen von Gloucester ab, die eine Burgherrin bedrohen, erhält von ihnen Unterweisung im Gebrauch der Waffen und wird mit einem Pferd ausgestattet; er ist nun ein andersweltlich geweihter Ritter. Es folgt die Blutstropfenszene nach Chrestien sowie eine Abenteuerreihe ohne Parallelen bei diesem. Nach vierzehn Jahren kommt Peredur wieder zum Artushof, wo das Schwarze Mädchen erscheint und Peredur wegen seines Versagens auf der Burg des lahmen Königs anklagt. Angesichts der blutenden Lanze habe er versäumt, nach Ursache und Bedeutung zu fragen; hätte er es getan, wäre der König geheilt und das Reich befriedet worden. Hier wird zum ersten Mal das Frageversäumnis als Verfehlung angesprochen, das Braunhaarige Fräulein hatte ihn nur der Schuld am Tode seiner Mutter bezichtigt. (Bei Chrestien klagt die Blutsverwandte Cousine, die ihr entspricht, ihn auch des Gralversagens an.) Das Schwarze Mädchen bezichtigt außerdem Gwalchmei, ihren Herren verräterisch erschlagen zu haben; er bricht zusammen mit Peredur auf, der die Bedeutung der Lanze erfahren will. Gwalchmei erlebt auf seinem Weg zur Burg ein Abenteuer (das der Escavalon-Episode bei Chrestien entspricht) mit der Tochter des Mannes, den er erschlagen haben soll. Anschließend werden nur noch Geschehnisse um Peredur berichtet: Am Karfreitag trifft er auf einen Priester, der ihn bekehrt und bei dem er drei Tage bleibt; dann aber bricht er zur Burg der Wunder auf. Auf dem Weg dorthin erlebt er Abenteuer, die z. T. in die Chrestien-Fortsetzungen aufgenommen sind, wie das Spiel an einem magischen Schachbrett. Schließlich erreicht er eine Burg mit einem gelähmten Grauhaarigen (dem ersten Oheim?), wo sich nun auch Gwalchmei eingefunden hat. Ein blonder Jüngling behauptet, Peredurs Vetter zu sein, der ihn in Gestalt des Schwarzen Mädchens begleitet habe; auch die Lanze und die Schüssel mit dem blutigen Haupt habe er getragen; der Kopf sei der von Peredurs Vetter (anscheinend ein zweiter Cousin), der von den Hexen von Gloucester getötet wurde. Peredur, so ist prophezeit, werde ihn rächen; mit Hilfe von König Artus werden die Hexen dann auch getötet. Damit schließt die Erzählung. Peredur scheint also auf die ‚Gralburg' zurückgekehrt zu sein, aber eine erneute Begegnung mit den mythischen Requisiten findet nicht statt, sie werden lediglich in Erinnerung gerufen. Von den beiden konkurrierenden Motiven, Frage und Rache, ist nur letzteres noch präsent. Eine mit der Rache an den Hexen verbundene Herrschaftsübertragung wird nicht ausdrücklich vorgenommen. Stattdessen wird der anfängliche Bezug des Helden zum Artushof bekräftigt; dafür dient ein Motiv aus der walisischen Tradition, wo Artus als Bekämpfer von Hexen vorkommt.

Der ‚Peredur' behandelt also zwei Integrationsprozesse: Einmal findet der Held, der in der Einsamkeit aufgewachsen ist, in seine Verwandtschaft, was durch die Übernahme der Rache (die durch die Prophezeiung vorbestimmt ist) als kämpferische Leistung Peredurs vollzogen wird; daneben steht die Integration in den Artushof, an den der Held zurückkehrt und mit dessen Hilfe er das finale Racheabenteuer besteht. Der ‚Gral', offensichtlich kein Trinkgefäß (wie in der irischen Tradition), sondern eine weite Schale, ist hier Symbol für die Familienintegration durch Übernahme der Racheverpflichtung, mitverstanden scheint die (nicht ausgeführte) Herrschaftsübertragung; die Fragethematik spielt hingegen nur eine Nebenrolle. Das Bedeutungspotential des ‚Grals' bleibt größer und offener als seine vielschichtige und motivreiche, teils reihende, teils ähnlich wie bei Chrestien strukturierte erzählerische Verwirklichung. Sie hat ein Problem des Kriegeradels zum Thema: die Verbindung von geblütshaft übertragener Herrschaft und kämpferischer Qualifikation.

Zwar wird die ‚Gral'-Thematik durch ihre Wiederkehr am Schluß herausgehoben, aber die dominierende Vielzahl anderer mythischer und folkloristischer Motive, die z. T. im Zeitrafferstil eingebracht werden, ist einer stringenten Erzählstruktur abträglich. Die Struktur scheint dem Autor weniger wichtig zu sein als der narrative Reiz der Fülle walisisch-nationalen und internationalen Erzählguts, das z. T. aus dem Französischen (Chrestien und seinen Fortsetzungen) übernommen, aber mit Heimischem kaum trennbar vermischt wurde, so daß Fragen nach der ‚Ursprünglichkeit' schwer beantwortbar sind.

Wenn man aus dem Konglomerat von keltischen und französischen Motiven unter Einbeziehung der altirischen Texte eine vorchrestiensche mündliche Erzählung herauszufiltern versucht, könnte sie folgendermaßen ausgesehen haben:

Ein Königssohn wächst außerhalb der Gesellschaft auf und kommt, ohne es zu wissen, zu seinen Verwandten. Bei diesen erwirbt er kämpferische Fertigkeiten. Die Herrschaft seiner Sippe ist in Gefahr, sie sucht

Der Stoff: Vorgaben und Fortschreibungen 275

einen Rächer für angetane Gewalt. Der junge Mann muß eine symbolisch gestellte Aufgabe lösen, die mit einem Blutspeer und einer Blutschüssel gestellt wird. Vielleicht wird ihm das Erbschwert überreicht. Die Übernahme der Rache erfolgt durch eine Frage, die ihm gestellt wird und die erkennen läßt, daß er um seine Aufgabe und seine genealogische Position weiß. Er vollzieht die Rache und übernimmt die Herrschaft.

Ob es bereits einen doppelten Kursus von Versagen und Erfolg beim Racherätsel gab, bleibe dahingestellt; dieses Erzählmodell gilt zwar als typisch für den höfischen Roman, ist aber ein universales narratives Schema.

In dieser Erzählung hatten die Gralrequisiten einen evidenten Sinn, sie sind gleichzeitig okkasionell (Rache) wie universal (Herrschaftssymbole). Die Form der Schüssel läßt sich aus ihrer Funktion erklären. Der Held war eher der Befragte als der Frager, wie das bei Initiationsriten der Fall ist.

Die Umkehr der Rollen wäre dann Chrestiens Erfindung, durch die er den Helden vom Kommunikationsunfähigen zum Kommunikationsfähigen gemacht hat. Die Bezeichnung *Graal* für das obskure Objekt ist vermutlich ebenfalls Chrestiens Einfall gewesen, der es damit in den höfischen Bereich integrierte und so seine Rätselhaftigkeit noch vergrößerte.

Daß Wolfram Erzählmotive aus dem keltischen Fundus verwendete, die nicht im ‚Perceval' vorkommen, ist nicht wahrscheinlich. Die einzige Übereinstimmung mit dem ‚Peredur': daß der Vater des Helden getötet wurde, bevor sich die Mutter in die Einsamkeit zurückzog (im ‚Perceval' ist er mit ihr in den Wald geflohen: 450–481), kann nicht als signifikant gelten. Auch die Tatsache, daß bei Wolfram der Gral ein Stein ist und unter den magischen Gegenständen der *Túatha Dé Danann* ebenso wie in ‚Baile in scáil' der Schicksalsstein vorkommt, verweist wohl nicht darauf, daß Wolfram dieses Motiv kannte; ich vermute, daß er den Stein als interreligiöses Symbol in Auseinandersetzung mit der Verchristlichung durch Robert von Boron gewählt hat (s.u.). Auch daß Wolfram für die Gahmuret-Geschichte vom sog. Bliocadran-Prolog (dieser erzählt die Geschichte von Percevals Vater Bliocadran) beeinflußt wurde, ist wenig wahrscheinlich, denn seine Vorlage enthielt diese späte Zutat zu Chrestiens Text nicht (Fourquet, 1966, S. 105–116).

3. Christliches Spielmaterial: Robert von Boron

Chrestiens unvollendetes Werk rief eine Fülle von Ergänzungsunternehmungen hervor; einige schlossen sich direkt an den ‚Perceval' an und setzten ihn auf unterschiedliche Weise fort (s. u.). Am radikalsten ging Robert von Boron vor, der bald nach 1200 den Gral neu konzipierte. Er wollte anscheinend die mythischen Dunkelheiten beseitigen und ging konsequent weiter auf dem Weg, den Chrestien schon eingeschlagen hatte: der Verchristlichung (Baumgartner, 1991). Robert hat in einem von ihm begonnenen und entworfenen, aber nicht ganz ausgeführten Zyklus den Gral als Reliquie und Kultgegenstand ersten Ranges fest in die christliche Geschichte eingebunden und die Verknüpfung mit Artus, die Chrestien hergestellt hatte, ebenfalls als historischen Prozeß gefaßt. Für letzteres griff er auf die chronikalische Artusliteratur zurück: Geoffreys von Monmouth ‚Historia Regum Britanniae' bzw. ihre französische Adaption im ‚Roman de Brut' (Brutus = Ahnherr der Briten) des Klerikers Wace. Indem er die bei Chrestien eher assoziative ‚Heiligkeit' des Grals, in dem man eine Hostie überbringt, aufgreift und zum höchsten steigert, macht er aus ihm die heiligste Reliquie Jesu und damit das Zentrum eines elitären Kults: Der Gral ist bei ihm das Abendmahlsgefäß; außerdem hat Joseph von Arimathia, ein Jünger Jesu, bei der Kreuzabnahme das Blut darin aufgefangen. Das vergossene Blut Jesu ist das Mittel, mit dem er die Welt erlöst hat; das Gefäß, in dem es sich befand (oder sogar noch befindet) ist daher allen anderen Jesus-Reliquien (wie dem heiligen Rock oder dem Abdruck des Gesichtes Jesu auf dem Schweißtuch der Veronika) weit überlegen. Der Gral hat folglich besondere gnadenspendende Fähigkeiten, und denen, die ihn reinen Herzens verehren, offenbart sich durch ihn der Heilige Geist. Er bildet das Zentrum einer religiösen Kultgemeinschaft, die einen parakirchlichen Rang einnimmt, nicht mit der offiziellen römischen Kirche identisch ist, aber anscheinend auch nicht in Konkurrenz zu ihr steht. Robert macht durch umfangreiche Bezüge auf die Bibel deutlich, daß er der christlichen Lehre folgt, wie sie die Kirche verkündet. Wohl aber beansprucht er für seine Gralgemeinde eine geheimnisumwitterte Erwähltheit, die als häretisch angesehen werden konnte; sie in Zusammenhang mit manichäischen oder katharischen Lehren zu bringen, ist jedoch nicht möglich. Den – nur literarisch vertretenen – Gralkult darf man nicht als Abbild tatsächlicher Geheimbündlerei ansehen, sondern als dichterische Projektion einer idealen, weil geistlichen Idealen verpflichteten Ritterschaft, die Ähnlichkeiten mit den Ritterorden aufweist. Joseph war ein geeigneter ‚Spitzenahn' des Kults, weil er, anders als die Apostel, zum jüdischen Adel gehörte. Im Gral symbolisiert sich das Programm einer Sakralisierung der Ritterschaft nicht als Usurpation geistlicher Befugnisse oder gar Ämter, sondern als Heiligung des Waffengebrauchs und als ‚Ritterschaft des Geistes', als Selbstdisziplinierung. Robert hat einen dreiteiligen Zyklus geplant, sicher aber nur den ersten Teil verfaßt: Einzig der ‚Joseph von Arimathia' (früher: ‚Estoire del Graal') ist als vollständiger Versroman (3514 Verse) erhalten.

Der ‚Joseph' wendet sich an jeden Sünder, nicht an die höfische Gesellschaft, und beansprucht damit eine ständisch universale Geltung: Es geht um die Heilsgeschichte vom Alten Testament bis zur Geburt des Erlösers und deren Voraussetzung in der Ursünde der Stammeltern Adam und Eva. Dann folgen Episoden aus dem Leben Jesu, unter anderem die Salbung durch Maria Magdalena und das Abendmahl. Ein Jude bringt das Abendmahlgefäß an sich; über Pontius Pilatus gelangt es zu Joseph; der fängt darin das Blut Jesu auf, als er ihn vom Kreuz abnimmt. Nach der Auferstehung gerät er in den Verdacht, den Leichnam Jesu gestohlen zu haben und wird eingekerkert. Jesus selbst bringt ihm das kostbare Gefäß. Er soll es weitergeben an drei Personen, aber er erfährt noch nicht, an wen. Jesus erklärt ihm dann die liturgische Funktion: Das Gefäß (*veissel*) soll jetzt Kelch (*calices*) genannt werden; der Name *Graal* erscheint hier noch nicht. Robert hat das Problem der Gefäßform also durch ein göttliches Dekret gelöst.

In einem neuen Erzählabschnitt wird die besondere Bedeutung dieses heiligen Gegenstandes im Unterschied zur Wirkung der wichtigsten Berührungsreliquie Jesu, des Tuchs der Veronika, gezeigt: Der lepröse Kaisersohn Vespasian sucht Heilung. Jesus, erfährt er, konnte Aussätzige heilen, daher stellt er Nachforschungen an und – nachdem Pilatus die ganze Geschichte Jesu ausführlich erzählt hat – stößt auf Veronika, die mit dem Abbild Jesu die Heilung ermöglicht. Als Zentrum kultischer Handlungen ist dieses jedoch ungeeignet, dafür wird nun das heilige Gefäß eintreten. Vespasian will den Tod Jesu an den Juden rächen und zieht mit Heeresmacht nach Judäa. Joseph unterrichtet den Kaisersohn im christlichen Glauben, dieser zerstreut die Juden in die ganze Welt. Auch Joseph zieht in die Fremde; er nimmt seine Schwester Enygeus und seinen Schwager Bron (Hebron) mit. Joseph erhält den Auftrag, nach dem Vorbild der Abendmahlstafel einen Tisch aufzustellen, darauf das Gefäß und davor den ersten Fisch, den Bron gefangen hat. Das Motiv des Fisches verbindet die bei Chrestien zu finden Vorstellung vom Gral als einer Fischschüssel mit dem Fisch als Christussymbol: griechisch *Ichthys* kann als Akronym (***Iesous* Christos Theiou Ýos Soter** = „Gottes Sohn Erlöser") gelesen werden. Später erfahren wir, daß Bron deshalb „der reiche Fischer" genannt (und also mit Chrestiens Gralherrn identifiziert) wird. Das ganze Volk wird berufen. Alle empfinden die Gnade des Mahls, nur die Sünder nicht; sie fragen nach dem Gefäß, das diese Wirkung hat, und man sagt ihnen, daß es *Graal* heißt, weil es allen Gerechten „angenehm" ist. Erst an dieser Stelle fällt der Name *Graal*; Robert macht ein etymologisierendes Wortspiel mit altfranzösisch *agreer* „angenehm sein". Ein Graldienst wird für die dritte Stunde, die Todesstunde Jesu eingerichtet. Und weil diese Sache wahr ist, soll das Werk die „Geschichte (Estoire) des Graal", und nicht „Roman" heißen, sagt Robert (und meint damit die ganze Trilogie). Die liturgisch-repräsentative Dimension des Gralkults lehnt sich an die Messe an; das gemeinsame Mahl wird jedoch stärker als dort, wo die Wandlung von Brot und Wein im Zentrum steht, ausagiert. Der Gral ist also kein ‚neues Sakrament', sondern Zentrum einer eucharistischen Andacht.

Joseph erhält eine göttliche Botschaft durch einen Engel und erfährt, daß nach ihm Bron das Gefäß hüten wird. Dieser soll mit dem Gefäß ins Abendland ziehen und den dritten Mann (*tierz hom*) erwarten: seinen Enkel. Joseph gibt das Amt seinem Schwager weiter, dieser geht fort. Damit schließt die Geschichte. Sie ist mitunter etwas konfus erzählt, aber die Tendenz ist klar: die Vorgeschichte des Grals zu berichten, ihn mit der christlichen Heilsordnung zu verknüpfen und eine Genealogie der Gralhüter zu etablieren.

Robert hat die Verwandtschaftsverhältnisse gegenüber Chrestien modifiziert. Bei ihm sind es nicht zwei, sondern drei Generationen. In der ersten Generation gibt es zwei Hüter: Joseph und seinen Schwager Bron, den „Reichen Fischer". Die zweite Generation hat nichts mit dem Gral zu tun, erst die dritte: Perceval wird Gralhüter, der dann nicht seinen Vetter (wie bei Chrestien), sondern seinen Großvater erlöst und ihm nachfolgt. Die Änderung erfolgte vermutlich, um die in der historischen Realität ungewohnte matrilineare Abkunft des Gralhelden aus der Hüterfamilie durch die väterliche zu ersetzen und damit den Anspruch auf die Nachfolge (die bei Chrestien ja nicht berichtet wird) zu bekräftigen.

4. Keine Geheimnisse? Wolframs ‚Parzival'

Für die Bücher III bis zur Mitte von Buch XIII folgt Wolfram dem Handlungsverlauf des ‚Perceval' bis in Details, adaptiert ihn jedoch erweiternd und kommentierend gemäß seinen Sinngebungsbedürfnissen. Für Buch XIII (Mitte) bis Buch XVI hatte er keine Quelle, sondern entwickelte die Erzählung selbständig auf der Basis von Chrestiens ‚Yvain' bzw. Hartmanns von Aue ‚Iwein' mit dem doppelten Zentrum Laudine- und Artushof analog zum Gral- und Artusbereich. Die Loherangrin-Episode am Schluß hat ihren eigenen Ursprung und relativiert das gute Ende.

Für die ersten beiden Bücher konnte Wolfram auf Orientmotive zurückgreifen, wie sie in der französischen Literatur z.B. im ‚Ipomedon' des Hue de Rotelande (Ende 12. Jh.) und im anonymen ‚Joufrois' entwickelt sind (Panzer, 1940, S. 16–45). Anregungen mögen aus Heinrichs von Veldeke ‚Eneas-Roman' (Dido – Belakane) gekommen sein. Man hat den Reflex politisch aktueller Konstellationen erkennen wollen: die Geschichte der Anjou oder des englischen Königs Richard I. Löwenherz (1157–1199). Wolfram gibt durch diese Diaphanie seiner Figuren dem Roman eine geschichtliche Aura; sie korrespondiert der Ausweitung zum ‚Weltroman' durch die Einbeziehung des Orients.

Mit dem Aufwachsen Parzivals in der Einöde schließt der Erzähler an Chrestiens ‚Perceval' an, jedoch erhält die Mutter Herzeloyde einen ‚Heiligenschein', um ihr ständisch und dynastisch höchst anstößiges Verhalten zu rechtfertigen: In ihrer Ablehnung des höfischen Lebensstils wählt sie eine spirituell höhere Lebensform; als Herzeloyde *lactans*, die ihren Sohn persönlich stillte, erhält sie marienähnliche Züge.

Die Jugendgeschichte verläuft ähnlich wie bei Chrestien, mit einem bedeutsamen Unterschied: Anders als Perceval sieht Parzival seine Mutter nicht umfallen, macht sich also nicht der unterlassenen Hilfe schuldig; folglich kann auch sein Versagen vor dem Gral nicht Sündenfolge sein. Neu auf Parzivals Weg ist die erste Begegnung mit seiner Cousine (mit dem anagrammatischen Namen Sigune). Durch sie erfährt der Held schon jetzt, wie er heißt; er macht sich also nicht seinen Namen als Versager. Im Fall des Totschlags am Roten Ritter (Ither) pointiert Wolfram das grundsätzliche Problem der ritterlichen Lebensform: den Verstoß gegen das fünfte Gebot. Der Held wird Ritter durch Leichenraub, denn er eignet sich Ithers Rüstung und Schwert an. Bei Gurnemanz erhält er eine rudimentäre Unterweisung in Christen- und Sittenlehre, darunter den verhängnisvollen Ratschlag, nicht zu viel zu fragen. Beim Eintreffen auf der Burg der Condwiramurs (Chrestiens Blanchefleur) zeigt sich gleich die Wirkung: Sie muß das Wort an ihn richten; er wagt es, entgegen dem höfischen Comment, nicht, sie anzusprechen. Der Erzähler zeigt damit, daß die zu wörtliche Befolgung des Rates Grund für Parzivals Frageversäumnis sein wird, damit also fehlende Erfahrung, nicht, wie bei Chrestien, die Sündhaftigkeit. Das wird durch eine gegenüber der Vorlage hinzugefügte Episode nochmals verdeutlicht: Parzival vermag gegenüber der scherzhaften Provokation durch einen Hofnarren nicht angemessen zu reagieren. Die Darstellung der Gralszene ist an Chrestien orientiert, allerdings sind höfische Pracht und weltlicher Aufwand deutlich gesteigert: Die Prozession besteht aus fünfundzwanzig schönen Frauen, deren modische Kleidung ausführlich beschrieben wird. Während Perceval hätte fragen müssen, wen man mit dem Gral bediene, unterdrückt Parzival die Frage, was es mit dem Hof auf sich habe, sie wäre also eine allgemeine (nicht genealogisch funktionalisierbare) Neugiersfrage gewesen; in ihrer Veränderung durch den Helden wird sein Reifungsprozess sinnfällig. Wolfram verdoppelt die Investitursymbolik: Parzival erhält neben dem Schwert den Mantel der Gralträgerin. Die Mantelleihe soll ihn mit der Herrscherfunktion des Schutzes ausstatten und die kämpferische und richtende Bedeutung des Schwertes komplettieren.

Der Gral ist keine Schüssel mehr, mit der man jemanden bedienen könnte (korrespondierend zur veränderten Frage), sondern *ein dinc*, höchste Erfüllung irdischer Wünsche, *Grâl* ist sein Name (keine Sachbezeichnung). Man erfährt erst durch Trevrizent, daß der Gral ein Stein ist, der den Namen *lapsit exillîs* trägt, ungeheuer schwer, außer für die jungfräuliche Gralträgerin, und groß genug, daß Inschriften darauf erscheinen können. Der Gral spendet Speise und Trank (bei Chrestien geht er nur beim Mahl vorüber). Vom Einsiedler erfahren Held und Publikum, daß er auf den Beginn der Schöpfung zurückgeht, in die Zeit des Abfalls des Erzengels Luzifer, der zum Satan wurde. Die im Kampf der Engel neutral gebliebenen hüteten den Stein (bis zu Christi Geburt?) und übergaben ihn dann den von Gott erwählten Gralhütern aus der Titurel-Familie, zu der auch Parzival über seine Mutter gehört. Unterstützt werden die Bewahrer des Steins von Rittern und Jungfrauen, die schon als Kinder von Gott berufen werden. Sie konstituieren eine ordensähnliche Gemeinschaft, deren Name *templeise* (468,28) auf die Tempelritter, den ersten geistlichen Ritterorden (gegründet 1120), verweist. Nicht nur der Gral erhält eine Geschichte, auch die Lanze, aber sie hat gar nichts Christliches: Sie ist ein medizinisches Instrument, das die Schmerzen des

Gralkönigs lindern soll, indem es in die Wunde eingeführt wird. Ob sie mit der Waffe identisch ist, mit der er an den Hoden verletzt wurde, wird nicht gesagt. Das Blut an der Lanze ist das Blut des Gralherren. Wolfram identifiziert also beide Gralrequisiten nicht mit christlichen Reliquien. Wie Robert entwirft er eine Vorgeschichte des Grals, die zwar religiös, aber nicht biblisch und auch weniger eindeutig heilsgeschichtlich geprägt ist, sondern einen religiösen Synkretismus anzielt. Das wird schon beim Ursprung der Gralgeschichte deutlich: Flegetanis, ein Heide, liest in den Sternen von einem Ding „Gral" und schreibt dann eine Erzählung über die ersten Hüter und die für diese notwendigen Eigenschaften (453,23–455,1). Flegetanis ist ein Sternkundiger, er versteht also die „Sternenschrift", dabei hilft ihm anscheinend seine väterlich arabische Abstammung sowie die Eigenschaft, mütterlicherseits von Salomo abzustammen. Diese Erzählung findet der Provenzale Kyot in Toledo; sie ist anscheinend auf Arabisch abgefaßt (und mit hebräischen Buchstaben geschrieben, wie bei judeo-arabischen Texten nicht selten?); Voraussetzung für das Verständnis scheint zu sein, daß Kyot Christ ist, jedoch Arabisch beherrscht (455,15–22). Ähnlich wie Robert mit seinem Rückgriff auf die geschichtliche Artusliteratur beginnt Kyot in lateinischen (und volkssprachigen?) Chroniken von Britannien, Frankreich und Irland die Geschichte der Hüterfamilie zu suchen (Wolfram nennt die drei Herkunftsländer der Gralmaterie!). Er verwirft jedoch diese Erzählungen (455,2 ff.) und findet das Gesuchte *ze Anschouwe* (455,12), also wohl in Anjou. Er schreibt dann seine Geschichte des Grals und der Graldynastie in französischer Sprache (nicht in okzitanischer!) nieder. Wolfram bezeichnet diesen Text als seine eigentliche Quelle und wertet Chrestiens Fassung ab (827,1). Die Informationen über den Gral werden (mit Ausnahme der Beschreibung der Gralprozession und der ersten Erwähnung der neutralen Engel 454,24–30) nicht vom Erzähler gegeben, sondern dem Einsiedler Trevrizent in den Mund gelegt. Wird dieser durch seine Lüge über die neutralen Engel als unzuverlässig dargestellt (Schuhmann, 2008)? Im IX. Buch behauptet er, Gott könne sie erlösen, aber er wisse nicht, was mit ihnen geschehen sei, im XVI., Gott habe sie zur Verdammnis bestimmt – seine Wege sind undurchschaubar (Herberichs, 2011).

Es gibt also eine Delegation der Verantwortung für die Gralinformationen: Der Erzähler überträgt sie an Trevrizent, dieser an Kyot, der wiederum an Flegetanis und die Chroniken, der Heide hingegen rekurriert auf die Sternschrift – hat er sie richtig gelesen? Die Gralaussagen sind ein prekäres Konstrukt; ihre Eindeutigkeit verschwimmt, und so stellt Wolfram bei aller Historisierung doch wieder ein ‚mythisches Rauschen' her. Er hat religiöse Vorstellungen verschiedener Glaubensgemeinschaften synkretistisch zusammengeführt: Die neutralen Engel kommen vielleicht aus dem Judentum, der Gral als Stein aus dem Islam (Kaaba) wie auch das Tuch, auf dem er getragen wird (Grün, die Farbe des Propheten); der Phönix, der durch die Kraft des Grals verbrennt und sich erneuert, auf antike Vorstellungen (Wolf, 1950). Wolfram hat anscheinend die Biblisierung des Grals durch Robert bewußt konterkariert (Haferland, 1994; Mertens, 2004) und ein interreligiöses Symbol daraus gemacht. Das korrespondiert mit seiner Haltung im ‚Willehalm' – er blieb darin ohne Nachfolger (Mertens, 2004).

Die Begegnung mit dem Einsiedleroheim baut Wolfram zum spirituellen Zentrum seines Romans aus, er hat die gut 300 Verse Chrestiens um etwa das Siebenfache erweitert. Dieses betrifft nicht nur die Auskunft über den Gral, sondern auch über die Gralsippe und Parzivals Platz in ihr, so daß er nunmehr weiß, daß seine Position die des Gralkönigs sein sollte – wenn er denn erwählt würde. Er beichtet Trevrizent seine Sünden und erhält die Absolution. Die Gawan-Abenteuer folgen im wesentlichen den Vorgaben Chrestiens, Wolfram hat die Parallelen zwischen der Wunderburg-Aventüre und der Gralburg verstärkt – so gleich zu Beginn durch die Mahnung, daß Gawan nicht nach ihr fragen soll (556,15). Bemerkenswert ist Parzivals Neuformulierung der Gralfrage. Sie ist schon im IX. Buch von der Neugiers- zur Mitleidsfrage geworden („Herr, was ist mit Eurer Krankheit?"), im XVI. Buch enthält sie zusätzlich Parzivals Erkenntnis der dynastischen Beziehungen: „Oheim, was quält Dich?" Das alte Thema der Herrschaftsübertragung ist hier angesprochen, Parzival wird folgerichtig Gralkönig, aber er hat sich nicht durch seine erfolgreichen Kämpfe dafür qualifiziert, sondern durch seine Erkenntnis, „daß wir vor Gott immer Unrecht haben" (Kierkegaard), durch seinen Gewinn von Subjektivität und Autonomie gerade im Wissen, wo ihre Grenzen sind – vergleichbar Gregorius oder dem Armen Heinrich Hartmanns von Aue. Der Erzähler relativiert den optimistischen Schluß durch die Geschichte von Parzivals Sohn Loherangrin, der nach dem Gesetz des Grals zur Fürstin von Brabant geschickt wird und sie heiratet. Diese verstößt jedoch gegen das Gralgebot, nicht nach der Herkunft des Ritters zu fragen, so daß Loherangrin sie verlassen muß. Damit wird er jedoch als Nachfolger seines Vaters disqualifiziert (Bumke, 1991; Brunner, 1991), die Herrschaft müßte dann der einzige Abkömmling der Titurelsippe in weiblicher Linie antreten: der Priester Johannes, der Sohn von Parzivals Halbbruder Feirefiz und der Gralträgerin. Wolfram hat also die Frage, auf die er das Gralabenteuer konzentriert hatte, ironisch gewendet (jetzt ist sie unpassend!) und damit vor einfachen ‚magischen' Lösungen gewarnt: der Roman kann keine Lehre vermitteln, jeder muß selbst seine eigenen Erfahrungen fruchtbar machen.

Der Gralstoff wird im Pz. zwar einerseits für den Selbsterkenntnisprozeß des Helden funktionalisiert, andererseits geht er nicht darin auf. Durch die genannte mythische Dimension des unbestimmten ‚Rauschens' behält er ein Faszinationspotential für spätere Dichter.

5. Ein arthurisches Abenteuer: ‚Diu Crône'

Heinrich von dem Türlin integriert den Gral in die Artuswelt und macht damit seine Außenstellung rückgängig, die ihm Wolfram gegeben hatte (→ S. 22f.). Der Gral erhält eine Stellung als höchstes Abenteuer, vermittelt jedoch keine spirituelle oder gesellschaftlich-politische Bedeutung mehr. Die ‚Crône' (um 1230) beginnt als Artusroman, denn der Gralheld ist nun Gawein. Nach vielen Abenteuern kommt er zum Gral. Vorangeschaltet ist eine sog. Wunderkette (Keller, 1997), eine in fast kinematographischer Abfolge gezeigte Sequenz von meist fürchterlichen Begegnungen, in die sich der Held jedoch nicht einbringt. Diese ‚Wunder' verweisen zumeist bildlich (aber nicht inhaltlich) auf die folgende erste Gralbegegnung. Das ist schon mit der ersten Episode der Fall: Gawein trifft auf eine Jungfrau mit einem toten Ritter, die Parzival anklagt, daß er die Frage versäumt hat. Es handelt sich um ein Bild von Wolframs Sigune. Anders als Parzival läßt Gawein sie weiterreiten und fragt nicht, was es mit ihr für eine Bewandtnis hat. Dann erblickt er ein Schwert und einen Speer, die über zwei weißen Pferden schweben und sechshundert Ritter jämmerlich töten. Es handelt sich um die Gralrequisiten, denen Gawein jetzt nachreitet. Er begegnet einem schönen nackten Mädchen und einem mit Ketten gefesselten Riesen, dem die Vögel das Fleisch abreißen. Auch hier fragt er nicht, was es damit auf sich hat. Eine reich geschmückte alte Frau auf einem Dreihorn läßt die häßliche Gralbotin erahnen. Sie führt einen Mohren an einem Strick, den sie mit einer Geißel schlägt; auch jetzt greift Gawein nicht ein. Ein schwarzer Ritter trägt in der rechten Hand einen abgeschlagenen Frauenkopf an den Zöpfen, er wird von einem roten Ritter verfolgt. Dieser verweist wiederum auf den ‚Parzival', auf den Roten Ritter. Auf einer Rosenweide liegt ein Jüngling mit einem Pfeil durch die Augen, mit Eisenketten an ein Bett gefesselt; vor ihm eine tote Jungfrau mit einem Zwerg im Arm, daneben ein

Ritter mit einer Herzwunde, verursacht durch eine Lanze. Der Jüngling fächelt feurigen Wind auf die Rosen, so daß sie verdorren. Der verwundete Ritter läßt an den Gralkönig denken, der blinde Jüngling an Parzival, der die Wunder sieht, aber nicht ihre Bedeutung erkennt und die Hoffnung der Gralleute welken läßt. Wiederum fragt Gawein ausdrücklich nicht. Er muß ein Wasser überqueren (ein Hinweis auf die Anderswelt). Er kommt zu einer Burg; der Pförtner begrüßt ihn mit Namen und führt ihn in einen geschmückten Palast, wo ein weiß gekleideter alter Mann sitzt und Gawein begrüßt, der jedoch vom Pförtner in eine Kapelle geleitet wird, wo er ein Schwert und eine Lanze erblickt, die stark blutet. Ein Donnerschlag läßt ihn das Bewußtsein verlieren. Am nächsten Tag erwacht er und hört einen Geistlichen in der Kapelle die Messe lesen, sieht ihn jedoch nicht. Mit dem alten Mann geht er zu Tisch, als eine Prozession erscheint: Vier Jungfrauen tragen vier Kerzenleuchter, danach kommt eine Jungfrau, die ein kristallenes Gefäß voll frischem Blut trägt. Sie holt aus einem Futteral eine goldene Röhre, durch diese trinkt der alte Mann das Blut aus der Schale. Gawein stellt keine Fragen, die Tafel wird aufgehoben. Am nächsten Tag erwacht er auf freiem Feld. Obwohl es nicht ausdrücklich gesagt wird, handelt es sich hier sicherlich um einen Gralbesuch: Die Requisiten: Schwert, Lanze und Schale sind vertreten; eine Frage wird erwartet; und das Nichtwissen des Helden, wo er sich befindet, gehört wie im Pz. zum ersten Gralbesuch. Anders als dort handelt es sich jedoch nicht um eine eigentliche Probe; die Schande, die Gawein befürchtet, tritt nicht ein. Die Darstellung des Grals hält bewußt die Schwebe zwischen christlichen und nichtchristlich-mythischen Phänomenen: Blutmagie und Eucharistie sind verbunden; das Gefäß ist eine Schale, enthält aber nicht eine Hostie, sondern Blut; das Trinken durch ein Röhrchen entspricht allerdings einem, vor allem für Kleriker üblichen, eucharistischen Gebrauch der Kelchkommunion. Das Motiv der Blutröhre ist aus der ersten Chrestien-Fortsetzung adaptiert (s. u.).

Eine der folgenden Aventürenreihen bezieht sich auf Wolframs Pz., auf das, was von Gawan im VII. und VIII. und X. bis XIII. Buch erzählt wird. Es handelt sich um eine reduzierte Reécriture, die signifikante Änderungen vornimmt. Die bemerkenswerteste von ihnen ist die Marginalisierung des Liebesaspekts; selbst die Begegnung mit der Schachspieldame Seimoret (Antikonie) involviert Gawein nicht in eine Liebesbeziehung. Wie bei Wolfram endet die Auseinandersetzung mit der Verpflichtung Gaweins, zum Gral zu fahren. Ebenfalls nach dem Pz. werden die Abenteuer um Orgeluse (hier: Mancipicelle) und die Wunderburg (hier: Salie) erzählt. Gawein besteht diese Aventüre. Vor dem zweiten Gralbesuch warnt ihn die Schwester des Zauberers Gansguoter, Manbur, auf der Gralburg einzuschlafen und die Frage zu „versitzen". Doch vorher kommt es nach einer Wasserprobe des Über-den-See-Schwimmens zu einer Feuerprobe in einer dritten Wunderkette; u. a. reitet ein alter Mann auf einem Monster und trägt einen Kelch – beides Verweise auf den Gralherrn bzw. den Gral selber. Eine menschenleere Burg bewirtet den Helden mit Essen und Trinken; beim Verlassen ruft ein Mädchen, daß er auch die Liebe der Burgherrin hätte haben können, woran Gawein (im Unterschied zu Wolframs Helden) ja grundsätzlich nicht interessiert ist. Die menschenleere Burg weist zurück auf Gaweins ersten Gralbesuch, die Worte des Mädchens kontrafazieren die Verfluchung Parzivals nach dem Gralversagen. Mit einem gläsernen Schloß wird wieder der Bildbereich der ersten Gralbegegnung evoziert. Dann trifft Gawein auf zwei Gefährten, offensichtlich eine Übernahme aus der französichen ‚Queste', wo Galaad mit Bors und Perceval zum Gral kommt (s. u.). Wieder wird Gawein offensichtlich auf der Gralburg erwartet: man begrüßt ihn namentlich. Wieder ist der weißgekleidete alte Mann dort (den Gawein beim ersten Besuch nachts tot gefunden hatte). Gawein nimmt neben ihm Platz; der alte Herr ist nicht krank (im Unterschied zum Gralkönig bei Wolfram). Ein Jüngling legt ein Schwert auf den Tisch, und während die Gefährten einschlafen, erscheint die Gralprozession: zwei Mädchen mit Leuchtern, zwei junge Männer mit dem Speer und zwei Jungfrauen. Sie tragen eine Schale (*tobliere*), die nun jedoch nicht aus Kristall, sondern aus Gold ist. Nach ihnen erscheint die schönste Frau, die eine goldgeschmückte Reliquienkapsel bringt; nach ihr eine Jungfrau, die weint und klagt. Gawein erkennt Manbur, die ihn über die Schwierigkeiten auf der Gralburg informiert hatte. Der Speer wird auf den Tisch gestellt und verwandelt sich in drei große Blutstropfen, die in die Schale fallen. Der alte Mann trinkt dieses Blut und nimmt aus der Reliquienkapsel ein Stück Brot, von dem er den dritten Teil ißt. Gawein weiß, daß er fragen muß, und will daher wissen, was dieses Wunder bedeutet. Die Frage löst große Freude aus; sie kann jedoch nicht beantwortet werden. Es ist der Gral, den Gawein erblickt. Über das Erblicken hinaus sind Erklärungen nicht möglich: Die göttlichen Geheimnisse darf keine Zunge zu verkünden wagen. Der alte Mann verschwindet mit den Burgbewohnern, nur Manbur mit ihren Mädchen bleibt zurück; ob auch der Gral entrückt wird, wird nicht eindeutig gesagt. Die Frage hat die Gralgesellschaft zum Tode erlöst, denn die Verweise darauf, daß es sich bei der Gralburg um eine Welt zwischen Leben und Tod handelt, waren deutlich: Die rein magische Rolle der Frage ist also evident.

Gawein funktioniert genau nach den Vorgaben, anders als Parzival bei Wolfram, der die Mechanik dadurch vermieden hatte, daß sein Held die Frage umformulierte. Ob der Gralherr mit dem Zauberer Gansguoter identisch ist, wird offen gelassen; Gawein soll auch nicht Gralkönig werden, für ihn bleibt das Stellen der Gralfrage folgenlos. Er bricht also zum Artushof auf, wo es wiederum ein großes Hoffest gibt. Die Aventüren sind prinzipiell fortsetzbar; anders als in der ‚Queste' sind keinesfalls alle möglichen Abenteuer bereits bestanden. Die Gralaventüre dient, da sie die höchste ist, lediglich dazu, ein Weitererzählen uninteressant zu machen; unmöglich ist es jedoch nicht. Durch Gaweins Rückkehr in die Artuswelt erweist sich der Gral als lediglich eine unter den arthurischen Aventüren.

Die ‚Crône' richtet sich einmal gegen Gawans Minneaffinität im Pz. und in den anderen Artusromanen, relativiert aber vor allem den Gral sowohl in seiner transzendenten wie in seiner lebensgeschichtlichen Bedeutung für den Helden (Mentzel-Reuters, 1989). Sie ist ein Abenteuerroman *par excellence* und trägt daher zu Recht den Titel ‚Krone der Abenteuer'. Sinndimensionen werden nicht über die Struktur entfaltet; es gibt keinen zielgerichteten Weg des Helden, nur verschiedene – wenngleich an Bedeutung gesteigerte – Abenteuerfolgen, die immer an den Artushof zurückführen. Diese Abenteuer tragen auch keinen Sinn außerhalb von sich selbst. Sie verweisen weder auf den Gewinn von Liebe und Land, noch auf den Weg zum gerechten und friedenschaffenden Königtum. Der Reiz der Erzählung liegt vielmehr im Spiel mit den Sinndimensionen von Tod und Leben: Gawein muß sich immer wieder mit dem Tod auseinandersetzen; Todesbilder durchziehen den Roman, der immer wieder zum Horrorpanoptikum wird. Während der klassische Artusheld seinen Sinn in der Unterordnung unter die Vorgaben von Liebes- und Herrschaftsbewährung findet, der Gralheld den Sinn des Lebens in der Suche nach dem Gral und dem schließlichen Finden erlebt, gibt es hier nur punktuelle Möglichkeiten der Sinnerfahrung, eine narrative Subjektivierung, die prinzipiell unabgeschlossen bleibt. Der Gral ist weder das Höchste, was man auf Erden wünschen kann, wie bei Wolfram, noch die Gewährung der beseligenden Schau wie in der ‚Queste', sondern allein der Weg dorthin ist die höchste Herausforderung an den Ritter, die aber subjektiv folgenlos bleibt. Von da aus gesehen, kann man Heinrichs Roman sehr wohl einen ‚Anti-Gralroman' nennen.

Der Stoff: Vorgaben und Fortschreibungen 287

6. Ein neuer Gralheld: Galahad

Um 1220/30 entsteht in Frankreich mit dem ‚Prosa-Lancelot' eine umfangreiche Kompilation von Rittergeschichten, zentriert um den ‚ersten Ritter' Lancelot. Sie umfaßt drei Teile: den ‚Eigentlichen Lancelot' (‚Lancelot propre'), die ‚Queste del Saint Graal' und die ‚Mort Artu'. Der erste Teil des ‚Lancelot' wurde vor 1250 ins Deutsche übertragen, der zweite Teil mit der ‚Queste' um 1300, die ‚Mort Artu' noch später. In diesen Zyklus wird der Gralstoff in einer neuen Konzeption integriert.

Der Erzähler will die Totalität des Stoffes bieten. Einen wichtigen Handlungsstrang entlehnt er dem ‚Karrenritter' Chrestiens von Troyes: die Entführung der Königin durch Meliagant und ihre schließliche Befreiung durch ihren Geliebten, Lancelot. Der gelangt auch auf die Gralburg Corbenic. Gauvain, der schon vor ihm dort gewesen war, hat die Aventüre nicht bestanden, auch den Gral nicht erkannt, denn ihn interessierte die unübertrefflich schöne Gralträgerin mehr als das kelchartige Gefäß, das sie hält. Lancelot weiß, als er den Gral erblickt, daß es sich um einen sehr heiligen Gegenstand handelt, aber er erkennt nicht, daß es der Gral ist, denn die Sünde des Ehebruchs mit der Königin macht ihn unfähig dazu. Er wird unter der Vorspiegelung, die Königin befinde sich auf der Nachbarburg, dort hingelockt, wo ihn in einem dunklen Gemach die Tochter des Gralkönigs erwartet. Sie will von ihm einen Sohn empfangen und mit diesem ihr Land erretten. Lancelot läßt sich täuschen und zeugt in dieser Nacht den späteren Gralhelden Galahad. Der Gralheld entspringt also einem ungewollten Liebesverrat an der Königin: Für den Gewinn des Grals ist der Bruch mit der weltlichen Liebe notwendig; andererseits wird durch Lancelots Vaterschaft deutlich gemacht, daß der Gralheld ein Ritter sein muß und kein Mönch.

Die konkrete Gralvorstellung im ‚Lancelot' und dann in der ‚Queste' ist die Roberts von Boron: Es ist die Abendmahlsschüssel, die einem Kelch gleicht und in einer besonderen Kapelle aufbewahrt wird; eine Taube fliegt durch ein Fenster und trägt in ihrem Schnabel ein goldenes Räuchergefäß, das den Palast mit süßem Duft erfüllt. Der Gral füllt die Tische mit allen schönen Speisen, aber er selbst enthält keine Hostie, mit ihm bedient man niemanden; und so gibt es auch die Frage, wie sie im ‚Perceval' erwartet wird, nicht. Dort ist die Frage sinnvoll, weil es eine doppelte Probe gibt, d. h. die Frage einmal versäumt, dann aber doch gestellt wird. Dieses Schema ist im ‚Prosa-Lancelot' aufgegeben. Auch eine Frage nach den Wundern des Grals kann es nicht geben, weil der vollkommene Gralheld sie erkennt, ohne zu fragen, aus seiner Kraft heraus.

Verschiedene Ritter kommen zum Gral und scheitern mehr oder weniger schmählich. Als die Tochter des Gralkönigs mit ihren Sohn zum Hof kommt, gelingt es ihr, Lancelot noch einmal in das Bett zu locken. Die Königin verflucht ihren Liebhaber. Er verliert darüber den Verstand. Nach zwei Jahren kommt er auf die Gralburg und wird durch die Gnade des Grals geheilt. Der Gralkönig bietet ihm sein Reich an. Lancelot aber lehnt ab, weil er zur Königin zurückkehren möchte. Lange Zeit später kommt er zum Artushof; ein Einsiedler verkündet, daß am Pfingstfest der Gralritter erscheinen werde. Damit endet der eigentliche Lancelot-Teil und der zweite, die ‚Queste', beginnt.

In ihr wird sich die ritterliche Suche als Lebensform anders als im ‚Lancelot' nicht mehr auf Personen, sondern auf den Gral richten; alle Ritter brechen auf, und damit wird die bisherige immanente Orientierung durch die transzendente abgelöst. Das wird schon am Beginn deutlich: Galahad wird zum Ritter geschlagen, aber nicht am Artushof, sondern in der Kapelle eines Nonnenklosters. Da jedoch Lancelot seinem Sohn die Ritterwürde verleiht, bleibt die Verbindung des spirituellen Rittertums mit dem höfischen gewahrt. Lancelot war am Tag Johannes des Täufers an den Artushof gekommen, Galahad kommt am Pfingstfest: Johannes ist der Vorläufer Jesu, Pfingsten das Fest der Erfüllung und der Gründung der Kirche. Die Vorausdeutungen auf den vollkommenen Ritter häufen sich: Auf dem „Gefährlichen Sitz" erscheint eine Inschrift, daß er am heutigen Tage besetzt werden soll; auf dem Fluß schwimmt ein Steinblock mit einem Schwert herbei, das für den besten Ritter bestimmt ist. Galahad setzt sich auf den „Gefährlichen Sitz" und zieht auch das Schwert aus dem Stein. Dieser Initiationsritus entspricht dem bei der Königserwählung von Artus, er zeigt also die Ablösung des arthurischen Rittertums durch das Gralsrittertum an. Dann erscheint der Gral mit Donnerschlag und hellstem Licht. Er ist mit einem weißen Seidentuch bedeckt und erfüllt den Raum mit süßem Duft und bedeckt die Tische mit den gewünschten Speisen. Alle Ritter, an der Spitze Gauvain, machen sich auf zur Gralsuche. Galahad gewinnt einen Schild, den nur der höchste Ritter tragen darf; er ist von weißer Farbe mit einem roten Kreuz. Der Schild geht auf die Zeit Josephs von Arimathia zurück; das Kreuz zeigt ihn als Christusritter.

Lancelot erfährt ein weiteres Mal seine Begrenztheit vor dem Gral. Er beichtet einem Eremiten, daß er durch seine Liebe zur Königin vom Pfade des Heils abgewichen ist. Perceval wird von einer Einsiedlerin erklärt, daß nur drei Ritter die Gralsuche vollenden werden: er selbst, Bors und Galahad. Sexuelle Keuschheit wird zum entscheidenden Qualifikationsmerkmal. Das zeigt die Versuchung Percevals durch eine Frau, der er beinahe nachgibt; durch dieses Eingehen auf die Sünde ist Perceval Galahad unterlegen. Der dritte Gralritter, Bors, hatte schon früher, ähnlich wie Lancelot, infolge einer Täuschung einen Sohn gezeugt; Galahad allein bleibt von jeder sexuellen Sünde frei.

Die drei Gralsucher werden von Percevals Schwester auf ein magisches Schiff geführt, das durch eine Inschrift als das Symbol von religiöser Treue und christlichem Glauben gekennzeichnet ist. Dort befindet sich ein wunderbares Schwert, das dem besten Ritter bestimmt ist, der es in Reinheit führen soll. Auch dieses Schwert geht, wie das Schiff selbst, zurück in die Frühzeit des Grals. Der Versuch, es unrechtmäßig zu ziehen, hatte zur Verwundung des Königs Parlan geführt, der mit dem verwundeten Gralkönig gleichgesetzt wird. (Es handelt sich um den „Schmerzlichen Schlag"; hier ist die Position des verwundeten Königs in der Gralgenealogie nicht völlig klar, an einigen Stellen erscheint er als der Vater des Gralkönigs Pelles, an anderen wird er mit diesem identifiziert.) Auf dem Schiff befindet sich ein kostbares Bett, das aus dem Baum des Paradieses gemacht wurde. Damit erscheint die letzte Suche der drei Gralhelden als Erfüllung der Heilsgeschichte vom Beginn der Schöpfung an. Schließlich macht Percevals Schwester für das Schwert einen neuen Gürtel aus ihrem Haar für Galahad: Das ist als Entsprechung zu Lancelots Schwert, das ihm von der Königin verliehen wurde, zu verstehen. Auch hier stattet eine Frau den besten Ritter mit dem Schwert aus, aber, anders als die Königin, ist sie ihm nicht in sündiger Liebe verbunden; als geistliche Gefährtin des Gralhelden wird sie ihr Leben in christlicher Nächstenliebe opfern, und ihre Leiche wird schließlich auf der Gralburg bestattet, nachdem sie in der Nachfolge Christi ihr Blut für eine aussätzige Burgherrin gegeben hat. Mit Percevals Schwester bezieht der Erzähler die sündelose Frau mit in die Gralwelt ein und zeigt so die Möglichkeit der Vollkommenheit für alle Menschen ohne Unterschied des Geschlechts.

Gott führt Lancelot und Galahad zusammen. Lancelot gelangt zum zweiten Mal zur Gralburg. Doch anders als Perceval in Chrestiens Erzählung kann er sein früheres Versagen nicht wieder gut machen, vielmehr werden ihm seine Grenzen erneut aufgezeigt: Er kommt zur Gralkapelle, kann aber die Tür nicht öffnen. Sie geht schließlich von selbst auf, und ein großes Licht bricht aus ihr hervor. Er erblickt den heiligen Gral auf einem Silbertisch, um ihn herum Engel mit Kerzen und Rauchfässern und einen alten Priester, der die Messe liest. Im Augenblick der Elevation der Hostie sieht Lancelot drei Männer oberhalb der Hände des

Priesters; zwei von ihnen legen den Jüngsten in die Hände des Mannes. Es handelt sich um eine Verkörperung der Trinität. Da Lancelot den Eindruck hat, der Priester werde unter der Last zusammenbrechen, stürzt er in den Raum, wird aber zu Boden geworfen und hinausgetragen. Der Gral wird hier mit der Liturgie der Messe verbunden; Vorbild dafür ist die sog. ‚Gregormesse', eine Legende von Papst Gregor dem Großen, in der ihm Christus auf seine Bitten hin in der Gestalt des Schmerzensmannes erscheint, um die vollkommene tatsächliche Wandlung von Brot und Wein in Leib und Blut zu beweisen. Alle Dimensionen einer eigenen (Para-)Liturgie, die dem Gral bei Robert zukommen, sind zugunsten des traditionellen Ritus getilgt. Die drei Gralhelden kommen nach Corbenic, wo sie von König Pelles willkommen geheißen werden. Vier Engel bringen auf einem prachtvollen Thron den ersten christlichen Bischof Josephus, den Sohn Josephs von Arimathia. Weitere Engel erscheinen. Einer von ihnen bringt die heilige Lanze; das herablaufende Blut wird vom Gral aufgefangen. Josephus liest die Messe; bei der Elevation verwandelt sich die Hostie in das Jesuskind. Nach dem heiligen Ritus sehen die drei Gralhelden den blutenden Schmerzensmann aus dem Gral aufsteigen. Er reicht als erstem Galahad den Gral, dann den anderen. Galahad heilt mit dem Blut der Lanze den verwundeten König. Die letzten Geheimnisse des Grals aber werden erst in der orientalischen Stadt Sarras enthüllt, weil der Gral in Logrien, dem Land des Königs Artus, nicht richtig geehrt wird. Gott führt Galahad, Perceval und Bors dorthin; es erscheint auch das Schiff mit dem Leichnam von Percevals Schwester, der dort begraben wird. Der König der Stadt setzt die Gralritter gefangen, die vom heiligen Gral ernährt werden. Nach einem Jahr stirbt der König, und die Einwohner der Stadt wählen Galahad zu ihrem Herren. Er erbaut einen prächtigen Schrein für das heilige Gefäß. Nach einem weiteren Jahr erlebt Galahad wieder eine Messe des Bischofs Josephus, der ihm den Gral reicht, so daß Galahad in ihm die höchsten Geheimnisse erschauen kann. Er bittet daraufhin Gott, ihn in das ewige Leben zu berufen, und stirbt. Aus dem Himmel erscheint eine Hand, die Gral und Lanze an sich nimmt und beides für immer der Erde entrückt. Perceval wird Einsiedler, Bors kehrt zum Artushof zurück und berichtet die Abenteuer vom heiligen Gral, die der König aufschreiben läßt. Mit dem Auszug des Grals aus Logrien wird das Artusreich als sündig abqualifiziert und im nun einsetzenden Schlußabschnitt, der ‚Mort Artu', geht es folgerichtig zugrunde. Die doppelte Wahrheit des ‚Lancelot' von weltlichem und geistlichem Rittertum ist zugunsten der einfachen Wahrheit des Grals aufgegeben.

Der Schluß des ‚Prosa-Lancelot' ist eine Ritterdämmerung. Das Artusreich geht zugrunde und die weltlich höfischen Werte erweisen sich als nichtig. Bestehen bleibt allein das jenseitige Heil, das durch Bekehrung und sündenloses Leben erreicht wird. Der Ritterkampf im Dienste Gottes und der Nächsten wird nicht problematisiert, wenn er mit der Orientierung auf das jenseitige Heil und sexueller Keuschheit verbunden ist. Das ist die Vereinigung von ritterlichem und mönchischem Geist, und man wird auch hier den Versuch einer Neubegründung kämpferischen Handelns sehen: Es geht um die Aufwertung des Rittertums durch die Übernahme und Integration geistlicher Ideale.

7. Der Gral verschwindet: Albrechts ‚Jüngerer Titurel'

Ausgangspunkt des Romans in über 6300 siebenzeiligen Strophen ist Wolframs Tit., von dem zwei Teile insgesamt 175 Strophen bieten (→ S. 25 ff., 466 ff.). Der Tit. gehört zum Parzivalstoff; dort sind auch die Grundzüge der Haupthandlung vorgegeben. Wolfram entwickelt die Geschichte von Sigune und Tschionatulander, die im Pz. nur episodischen Charakter besitzt. Ob der Gral in ihr vorkommen sollte, ist unklar. Wichtig ist nun nur die Zugehörigkeit zur Gralsippe.

Der Beginn des ersten Teils holt weit aus. Er stellt das Gralgeschlecht vor mit dem alten König Titurel, der die Herrschaft seinem Sohn Frimutel übergibt. Dieser hat fünf Kinder: Anfortas, Trefrizent, Urrepanse de Schoye, Schoysiane und Herzeloyde. Schoysiane stirbt bei der Geburt ihrer Tochter Sigune; diese wird von ihrem Vaterbruder aufgenommen und wächst zusammen mit dessen Tochter Condwiramurs auf. Nach dem Tod ihres Onkels kommt sie in die Obhut Herzeloydes; dort lernt sie Gahmurets Knappen Tschionatulander kennen. Ihre tragische Liebesgeschichte, die aus den Sigune-Begegnungen im Pz. entwickelt ist, wird zum Gegenstand des Torsos. Wolfram hat womöglich einen Text geplant, der offen und rätselhaft bleiben sollte und die am Schluß des Pz. Gestalt gewordene Unmöglichkeit, durch Literatur Erfahrung zu vermitteln, in der Torsohaftigkeit realisiert. Wie die Geschichte Loherangrins am Ende des Pz. die optimistische Utopie des Gralschlusses nahezu in ihr Gegenteil verkehrt, zumindest aber infrage stellt, so stehen hier Tod und Leid am Ende, ohne daß eine transzendente Einordnung geboten würde. Indem die Liebes- und Todesgeschichte von Sigune und Tschionatulander in den großen Rahmen des Gralherrschertums gestellt wird, erscheint sie als prototypisches Scheitern der Liebe in dieser Welt;

jedenfalls wird im Erhaltenen das Unheil nicht durch das Gralheil aufgehoben oder auch nur relativiert. Die Wahl einer Strophe, die sonst der untergangsorientierten Heldenepik vorbehalten ist, weist ebenfalls auf eine solche negative Sicht. Rätselhaft bleibt dabei die ausführliche Exposition der Gralfamilie, die nicht allein mit einem genealogisch begründeten Psychogramm erklärt werden kann, etwa, daß die Mitglieder des Gralgeschlechts zu radikalen Lebensentwürfen neigen und Sigune daran Teil hat. Vielmehr scheint eine deutliche Relativierung der Heilsgarantie des Grals und damit eine negative Vereindeutigung des Pz. angestrebt zu sein.

Die Integration der Wolframschen Texte in ein umfassendes Werk steht im Zusammenhang mit der allgemeinen Tendenz, die unvollendet gebliebenen Romane vom Anfang des 13. Jh.s mit einer Fortsetzung zu versehen, wie im Falle von Gottfrieds von Straßburg ‚Tristan‘ und Wolframs Wh. Der Autor Albrecht, dessen Herkunftsnamen wir nicht kennen, beendete den ‚Jüngeren Titurel‘ (so der Titel seit Anfang des 19. Jh.s) um 1270. Albrecht schreibt bis Strophe 5961 unter dem Namen Wolframs und beansprucht damit dessen schon im frühen 13. Jh. bezeugte Autorität als Erzähler und Vermittler von religiöser Lehre in Laienmund. Letztere nimmt im JT großen Raum ein, immer wieder werden ethische und religiöse Betrachtungen und Belehrungen eingeschoben. Der JT spielt in der Herrschaftszeit des Königs Artus, die in den welthistorischen Prozeß eingeordnet wird; Bezugspunkt ist vor allem die Geburt Christi. Die chronikalische Struktur tritt sowohl im Zusammenhang mit Artus wie mit dem Gral immer wieder hervor. Die Geschichte des Grals bildet den Rahmen um die Abenteuer, in denen Tschionatulander die Hauptrolle zufällt; erst im Schlußteil wird er durch Parcifal abgelöst. Die Bezüge auf Wolframs Gralroman werden immer wieder aktualisiert, indem bestimmte Episoden daraus vorausgesetzt bzw. nacherzählt werden. Albrecht nimmt für sich in Anspruch, das, was der Pz. impliziert enthält, ans Licht zu bringen (Str. 86). Die Geschichte des Gralgeschlechts beginnt mit der Übertragung der Ritterschaft, der *Translatio militiae*, von Troja nach Rom. Albrecht hat die Lücken der Gralgenealogie Wolframs zu beseitigen versucht und dessen historisierendes Konzept konsequenter verfolgt. Die Gralfamilie kommt aus Kleinasien: Senabor von Kappadozien ist der Ahnherr; als erster wird sein Sohn Parille getauft, fünfhundert Jahre vor der Zeit des Königs Artus. Parille heiratet die Tochter des Kaisers Vespasian (der in Roberts von Boron ‚Joseph‘ eine wichtige Rolle hatte). Parille erhält Frankreich, das er zum Christentum führt; Anjou und Cornwall werden von seinen Brüdern regiert.

Ihrem Geschlecht entspringen Gandin, Gahmurets Vater, und König Marke, der Gemahl Isoldes. Parille wird auf einem Spanienfeldzug getötet und von seinem Sohn Titurison gerächt. Dieser heiratet Elizabel von Aragon, und deren Sohn wird der erste Gralkönig Titurel sein. Ein Engel bringt ihm den Gral; erst am Schluß des Werkes erfahren wir, daß es sich um die aus einem Stein gehauene Abendmahlsschüssel Jesu handelt, die von Joseph von Arimathia aufbewahrt worden war. Albrecht bringt hier Wolframs Vorstellung vom Gral als einem Stein und die Roberts von Boron als Schale zur Deckung. Titurel wird von Engeln zum Muntsalvatsch gewiesen, wo er einen Palast baut. Der Gral schwebt dort aus göttlicher Kraft; niemand berührt oder trägt ihn. Titurel verteidigt den Gral vor den Heiden und baut ihm einen Tempel auf einem Berg aus Onyx. Es ist eine gewaltige Rotunde mit zweiundzwanzig Chören und einer Nachahmung des Himmelsgewölbes auf ehernen Säulen. Die Fenster sind aus Kristall und Beryll und mit Bildern aus Edelsteinen geschmückt. Der Hauptchor mit einem Altar des Heiligen Geistes weist nach Osten; daneben stehen die Altäre von Maria bzw. Johannes und die der zwölf Apostel. Der Gral befindet sich in einem eigenen Gehäuse im Tempel. Drei Türen im Süden, Westen und Norden führen herein. Das Gebäude ist reich ausgestattet mit Statuen und Tafelbildern, mit einer Orgel und mechanischen Kunstwerken. Es ist für den Kirchenbau des Mittelalters typisch, daß die spirituelle Bedeutung des Kults und die weltliche Macht der Erbauer mit architekturalem Glanz und kunsthandwerklicher Fülle konnotiert ist.

Man hat als Quelle für Albrechts Vorstellungen romanische Zentralbauten wie St. Gereon in Köln, byzantinische wie die Hagia Sophia, antike und sogar iranische Konzeptionen verantwortlich gemacht. Der Graltempel ist ein Abbild des Kosmos, mit einem Gewölbe, das den Himmel nachbildet, und einem Fußboden, der das Meer darstellt, insofern sich unter einer Kristallplatte nachgebildete Meerestiere mit Hilfe einer pneumatischen Mechanik bewegen. Der Tempel steht auch für das himmlische Jerusalem; er ist das Paradies auf der Erde. Der Gral weist Titurel eine Frau zu und benennt vierhundert Knappen und achtzig Jungfrauen zu seinem Dienst. Frimutel, der Sohn Titurels, hat mit Clarisse von Granat zwei Söhne, Anfortas und Trefrizent, sowie drei Töchter (Schoysiane, Urrepanse de Schoye und Herzeloyde, die Mutter Parcifals). Mit Strophe 500 beginnt der erste Wolfram-Text in umgedichteter Form (wegen des leicht veränderten Strophenbaus) und mit vielen Einschüben. Titurel spricht über den Gral, die Erwählten, die Zehn Gebote, deutet Teile der Architektur und der Ausstattung des Tempels im allegorischen Sinne. Schließlich verkündet er, daß Frimutel Gralkönig werden wird. Schoysiane wird mit Kyot aus Katelangen verheiratet; sie stirbt im Kindbett, nachdem sie Sigune zur Welt gebracht hat. Diese und Schionatulander werden die Protagonisten des Folgenden. Schließlich kommt die von Wolfram bekannte Geschichte Parcifals mit seinem Versagen auf der Gralburg. Die Frageunterlassung Parcifals hat hier einen höheren Sinn, denn Anfortas hatte für seine Sünden nicht lange genug gebüßt. Sigune klärt Parcifal über die Besonderheit des Gralschwertes auf. In einem Kampf tritt er für die überragende Schönheit von Condwiramurs ein; dabei zerbricht es und wird, wie vorhergesagt, in Karnant geheilt. Daß Parcifal Gralkönig und Anfortas geheilt wird, wird nur als Bericht gegeben. Der Erzähler verzichtet darauf, weitere Einzelheiten von den Kämpfen von Parcifals Sohn Kardeiz mit Lehelin zu erzählen.

An dieser Stelle nennt er sich erstmals mit dem Namen Albrecht. Anlaß ist ein Gönnerwechsel, jedoch ist die neue Verfasserrolle an dieser Stelle poetologisch begründet: Der, wenn auch lockere Bezug auf Wolframs Werke ist zuende, Albrecht muß die Geschichte nach anderen Quellen und eigener Erfindung beenden. Er zieht Bilanz, was Wolfram nicht erzählt habe: die Geschichte von Parcifals Söhnen und von Condwiramurs; was der Gral eigentlich ist; wer den Gral nach Urrepanse, die ja Feirefiz geheiratet hat, tragen soll. Zunächst ist es Gaschiloie, die bei Wolfram im Zusammenhang mit der Gralprozession genannt wurde, dann Armidale, die Tocher von Parcifal und Condwiramurs. Die Geschichte von Parcifals Sohn Lohangrin wird nach seinem Abschied aus Prabant (das er wegen der gestellten Frage verlassen mußte) berichtet. Er heiratet Pelaie, die aufgrund seiner Vorfahren um seine Beständigkeit fürchtet, weil sie von Gahmuret und von Parcifals langem Fernbleiben weiß. Eine Kammerfrau rät ihr, ein Stück Fleisch ihres Ehemannes zu verzehren, was Pelaie jedoch von sich weist. Eine Intrige führt dazu, daß ihre Verwandten Lohangrin zu diesem Zweck den linken Fuß nehmen wollen; er verteidigt sich und wird dabei getötet. Die anderen Nachkommen Parcifals erhalten später den Gral. Dieser aber will in den Orient, wo die Christenheit nicht so sündig ist wie im Abendland, sondern zunimmt. Parcifal leitet den Zug, an dem auch Titurel teilnimmt. In Marseille schifft man sich ein. Sie kommen nach Petitmont, wo die Bürger einen Tempel bauen und die Stadt in *Grals* umbenennen. Die Gralritter fahren jedoch weiter und gelangen nach Indien. Feirefiz erfährt von der Ankunft des Grals. Mit Urrepanse begrüßt er Parcifal und Condwiramurs zusammen mit Armidale. Feirefiz erzählt von einem reichen König, der sich Priester Johann nennt und über die drei Indien und damit

Dreiviertel der gesamten Welt regiert. Seine Länder liegen nahe am Paradies. Der großartige Graltempel wird nach Indien versetzt, und der heilige Bau wird zum Wallfahrtsort noch vor Rom und Aachen. Titurel spricht noch einmal über den Gral, der *Jaspis* und *Silix* heißt (eine Erläuterung von Wolframs *lapsit exillîs*) und von der falschen Abendmahlsschale, die in Konstantinopel gezeigt wird, zu unterscheiden ist. Er hat ihn fünfhundert Jahre lang gehütet, jetzt stirbt er. In Zukunft aber wird niemand mehr vom Gral gespeist, und die Könige leben auch nicht so lange wie Titurel. Priester Johann bietet Parcifal die Herrschaft an, und der Gral bestimmt, daß Parcifal König werden soll und selbst Priester Johann genannt wird; er soll jedoch nicht länger als zehn Jahre herrschen, weil er seine Mutter nicht hinreichend geehrt hat. Nach ihm wird die Herrschaft auf den Sohn von Feirefiz und Urrepanse übergehen, und alle Gralkönige werden den Namen Priester Johann tragen. Indien ist hier das spirituelle Reich, nicht das der gängigen Wunder und Reichtümer. Man wird die Ahnung von buddhistischen Klöstern und erhebenden Bergregionen eher als Grundlage sehen denn die Abenteuerfahrten Alexanders. Albrecht hat die Orientvorgaben der ‚Queste' mit Wolframs Indienperspektive (Priester Johannes) verbunden und weiter ausgebaut.

Quellen für Albrecht sind Wolframs Tit. und Pz., dann vor allem Roberts von Boron ‚Joseph' und, vermutlich in der französischen Fassung, die ‚Queste', daneben andere Romane, darunter auch Heinrichs von dem Türlin ‚Crône'. Albrecht eliminiert die Ambivalenzen von Wolframs Gralroman mit seiner Relativierung durch den Loherangrin-Schluß, der besagt, es gebe keine verbindliche Lehre, der die Hörer/Leser nachfolgen könnten. Ganz anders Albrecht: Die Lehre wird auf zwei Ebenen vermittelt, einmal durch die Handlung, zum anderen durch moralische Auslegungen und Kommentare. Die teils den Personen, teils dem Erzähler in den Mund gelegten Tugendlehren erscheinen unter heilsgeschichtlicher Perspektive, nicht nur, indem sie häufig auf die Bibel verweisen oder sich auf Gott als Spender der Tugenden beziehen, sondern auch durch ihre Einbettung in den heilsgeschichtlich begründeten erzählerischen Zusammenhang, denn der Gral als Abendmahlsschüssel ist ein Objekt aus der Heilsgeschichte, mit dem historischen Erscheinen Jesu verbunden. Durch die Entrückung des Grals nach Indien wird er für das Abendland unerreichbar. Seine Wirklichkeit wird jedoch nicht aufgehoben, denn der Graltempel bleibt als besonders geheiligter Wallfahrtsort bestehen.

8. Der Gral und der Schwanritter

Wolfram hatte als erster die Schwanrittersage mit dem Gral verbunden (die Einbeziehung in der vierten Fortsetzung von Chrestiens ‚Perceval' von Gerbert de Montreuil kannte er sicher nicht). Anlaß der Verknüpfung ist das Fragetabu: Der Schwanritter darf nicht nach seiner Herkunft gefragt werden. Das verknüpft Wolfram scheinbar spielerisch mit der Fragebedingung für die Gralnachfolge und die Erlösung des leidenden Königs. Damit relativiert er die Gralutopie. Sein Schwanritter, dem er (nach einer altfranzösischen Chanson de geste) den Namen Loherangrin gibt, scheitert; mit ihm wird die Gralgenealogie erneut infrage gestellt. An Wolframs Verbindung knüpft der anonyme Autor des mittelalterlichen ‚Lohengrin' (bald nach 1280) an (→ S. 27f.): Er legt ihn im Anschluß an das sog. Rätselspiel aus dem ‚Wartburgkrieg' der Gestalt Wolframs in den Mund. In 767 zehnzeiligen Strophen erzählt er, wie die Fürstin Elsam (auch Elsani) von Prabant von Friedrich von Telramunt verklagt wird, ihr Eheversprechen gebrochen zu haben. In ihrer Not bricht sie vom Fuß eines Jagdfalken ein Glöckchen und läutet damit, um Hilfe zu erlangen. Dieses Läuten wird am Gral (in Indien) vernommen und beunruhigt Artus mit seinen Helden und Parzival, die sich dort befinden. Man versucht, den Gral zu einer Auskunft über die Ursache des Läutens zu bewegen. Erst nach verschiedenen Zeremonien gelingt es: Eine Frau in Bedrängnis braucht einen Helfer. Der Gral benennt Parzivals Sohn Lohengrin, und als dieser aufbrechen will, kommt eine von einem Schwan gezogene Barke, die ihn nach Prabant bringt.

Wie der Gral im ‚Lohengrin' zu denken ist, wird nicht klar: auf ihm erscheinen Inschriften wie in Wolframs Pz. Die Verbindung mit dem christlichen Kult ist deutlich enger als bei Wolfram. Es gibt mehr Liturgisches, allerdings auch drei elegant gekleidet Jungfrauen, die dem Gral zu Ehren Falken fliegen lassen. Es werden jedoch keine festlichen Mahlzeiten aufgetischt.

In Antwerf ist ein Gerichtskampf angesetzt, um die Klage Friedrichs von Telramunt zu entscheiden. Lohengrin erscheint auf der Schwanenbarke; Elsani holt ihn ans Land; beide verlieben sich ineinander. Lohengrin kämpft für sie und siegt, wobei ihn der Anblick der Geliebten motiviert, ganz wie es in den höfischen Romanen der Fall ist. Nach seiner Niederlage wird Friedrich hingerichtet. Lohengrin will, seinem Auftrag getreu, zurück zum Gral, Elsani aber beansprucht ihn als Ehemann, und er wird ihr zugesprochen (wie Herzeloyde Gahmuret im Pz.). Daraufhin stellt er eine Bedingung, daß sie eine bestimmte „Rede" unterlassen müsse; worum es sich handelt, erfährt aber nur sie. Nach der Hochzeit leistet Lohengrin dem Kaiser Heerfolge. Er zeichnet sich in vielen Kämpfen für Kaiser und Reich aus und kehrt nach langer Zeit zu seiner Frau zurück. Nun kommt es zur Katastrophe: Früher einmal hat Lohengrin beim Turnier den Herrn von Kleve verletzt, und dessen Frau provoziert Elsani zur Frage nach Lohengrins Abkunft. Sie begründet den Bruch des Gebots vor allem mit der Sorge um die Geblütsreinheit ihrer Kinder. Lohengrin erklärt dann öffentlich vor Kaiser und Fürsten, daß er ihr die Frage verboten habe, nennt seine Herkunft, die Umstände seiner Aussendung und die notwendige Rückkehr zum Gral nach Indien. Er befiehlt Frau und Kinder dem Kaiser und der Kaiserin, seinen Söhnen vermacht er Horn und Schwert als Herrschaftszeichen, seiner Frau einen Ring. Der Schwan holt ihn zurück zum Gral, die Herrschaftsnachfolge aber bleibt in Prabant gesichert.

Die Schwanrittersage ist ursprünglich eine genealogische Sage, die von mehreren Geschlechtern in Anspruch genommen wird. Sie führt diese (vergleichbar der Melusinengeschichte) auf einen andersweltlichen Spitzenahn zurück; die genealogische Dimension spielt in allen mittelalterlichen Fassungen eine große Rolle. Der Gral dient hier lediglich dazu, der andersweltlichen Herkunft Lohengrins nicht nur eine mythische, sondern auch eine christliche Weihe zu geben, ihn zu einer eindeutig positiven Gestalt zu machen im Unterschied zu andersweltlichen Gestalten wie etwa Melusine. Das Interesse richtet sich hier jedoch mehr auf die Kaiser- und Reichsgeschichte als auf die des Hauses Prabant: Der Kaiser wird durch die im Gralritter Lohengrin verkörperte Hilfe Gottes als gerechter und friedenstiftender Herrscher ausgezeichnet.

9. Alles über den Gral: ‚Der niuwe Parzival'

Zwischen 1331 und 1336 entstand im Elsaß eine Kompilation von Wolframs Pz. mit dem ‚Perceval' Chrestiens, dessen anonymem Prolog, der ‚Elucidation', und mit seinen Fortsetzungen, den beiden anonymen und der Manessier zugeschriebenen. Damit sollte die Überlieferung möglichst vollständig präsentiert werden (→ S. 28 ff.).

Der Komplex der Chrestien-Ergänzungen ist schwer zu entwirren. Nur in vier Hss. ist der ‚Perceval' allein überliefert, in elf gibt es eine oder mehrere der insgesamt vier Fortsetzungen, die zusammen einen Bestand von ca. 60 000 Versen ausmachen. In den ‚Niuwen Parzifal' sind 36 426 Verse aus dem Französischen aufgenommen worden, darunter eine substantielle Auswahl aus der 484 Verse umfassenden ‚Elucidation' im ‚Prologus' (504 Verse). In den Ergänzungen ergeben sich Wiederholungen und Widersprüche zu Wolframs Text, die von den Bearbeitern weitgehend eliminiert werden (Wittmann-Klemm, 1977).

Der ‚Niuwe Parzival' beginnt mit Wolframs Prolog und der Geschichte Gahmurets, nach Vers 112,12 ist die Bearbeitung der ‚Elucidation' eingeschoben (‚Prologus').

Diese ist nur im Manuskript P (Mons 331/206) zusammen mit Chrestien und den drei ersten Fortsetzungen überliefert und wird dem Meister Blihis zugeschrieben (s.o.). Es ist ein Text mit vielen schwer verständlichen und unlogischen Einzelheiten. Die deutsche Übertragung verzichtet auf den ersten Teil, die Warnung zur Geheimhaltung, berichtet dann von den Jungfrauen vom Berge (afrz. *puis*, sonst meist als „Quelle" verstanden), die den Vorübergehenden Speise und Trank boten, bis König Amangon und seine Ritter sie vergewaltigten und die goldenen und silbernen Näpfe raubten. Das beendete das Ritual und beförderte die Verwüstung des Landes und die Schwierigkeit, die Burg des reichen Fischers zu finden. Jetzt kommt der Artushof ins Spiel: Die Ritter wollen die Jungfrauen vom Berge rächen, finden jedoch nur ihre Nachfahren, die von Rittern beschützt werden. Gawan besiegt Plyopliris (Blihos Bliheris) und schickt ihn an den Artushof, der sich aufmacht, den Hof des reichen Fischers zu suchen. Gawan und Parzifal finden ihn; letzterer erfährt, wozu der Gral dient (280 f.), fragt aber nicht, warum die Lanze blutet und das Schwert, das auf der Bahre eines Toten liegt, zerbrochen ist. Der Leser erfährt, daß Parzifal später erkennt, warum die Gralgesellschaft klagt und daß die Gralprozession unter lautestem Jammer dreimal täglich stattfindet und das Blut von der Lanze durch eine Röhre in ein Gefäß läuft. Der König tritt mit höfischer Pracht gekleidet auf, der Gral kommt selbständig aus einer Kammer, während ein Festmahl stattfindet. Parzifal wird zum zweiten Mal auf die Burg gelangen und der Erzähler wird dann über das Gebirge, den Gral und die blutende Lanze Auskunft geben, berichten, daß das wüste Land wieder fruchtbar wird, ferner vom Kastel Orgullus erzählen, das von den Artusrittern nicht erobert werden kann. Der Bearbeiter geht nicht darauf ein, daß der Gral sieben Mal gefunden wird und die Lanze die des Longinus ist (El. 355) sowie Lancelot ebenfalls zum Gral kam (El. 373f.), weil letzteres nicht in den Fortsetzungen vorkommt. Mit der Adaption der ‚Elucidation' ist anscheinend keltisches Material ins Deutsche gelangt, das sonst nicht vorkommt: die Jungfrauen vom Berge (vom Brunnen) und die vielleicht ursprüngliche Bedeutung des Schwertes als Racheaufforderung für einen Getöteten.

Der Stoff: Vorgaben und Fortschreibungen   299

Nach dem ‚Prologus' beginnt Wolframs Text bei Vers 112,13, also mit dem Ende des II. Buches, wo der Erzähler ankündigt, von der Jugend des Helden zu erzählen. Er folgt Wolfram bis zur gütlichen Beilegung des Konflikts zwischen Gawan und Gramoflanz, wonach eine Prosanotiz den Übergang zum *welschen Parzefale*, d.h. zur ersten Fortsetzung, der ‚Continuation Gauvain', ankündigt. Darauf folgen sieben Minnesangstrophen. Die erste Fortsetzung knüpft daran an, daß Gauvain verpflichtet worden war, die Lanze zu suchen. Er kommt auf die Gralburg und sieht die Gralprozession mit dem Blutspeer und dem *werden gral*; er wundert sich über die lauten Klagen. Dann wird die (aus der ‚Elucidation' bekannte) Bahre mit dem Toten sowie dem zerbrochenen Schwert gebracht, und Gawan fragt nach dieser. Bevor er eine Auskunft erhalten kann, muß er das Schwert zusammenfügen, was ihm nicht gelingt. Nach vielen Abenteuern kommt er zum zweiten Mal zur Gralburg, kann aber das Schwert wieder nicht zusammenfügen. Dennoch sagt man ihm, daß die Lanze die Longinuslanze sei (272,19 ff.); was es mit dem Schwert auf sich hat (das den „schmerzlichen Schlag" führte, infolge dessen das Land wüst liegt), erfährt er nicht, da er einschläft. Es folgt (mit einer kurzen Prosaeinleitung 314,5) die zweite Fortsetzung (‚Continuation Perceval') mit Percevals Abenteuern im Dienst einer Dame mit einem magischen Schachbrett und weiteren Aventüren, die mit dem Gral nichts zu tun haben (u.a. trifft er auf seine Schwester). Er kommt zum zweiten Mal zum Gral (602,35), nachdem er in einer Kapelle auf ein rätselhaftes Arrangement gestoßen war: einen erschlagenen Ritter, neben dem eine Kerze brennt, die von einer schwarzen Hand gelöscht wird; einem kleinen Kind auf einem Baum und einen anderen Baum voller brennender Kerzen. Er sieht die Lanze und den *heiligen grol* (613,18 – erstmals mit diesem Beiwort) sowie das zerbrochene Schwert und er stellt die Fragen: wen man mit dem Gral bedient (nach Chrestien) und nach der Geschichte von Lanze und Schwert. Er erfährt von der geistlichen Bedeutung des Kindes; auf die anderen Fragen kann er jedoch erst Antwort erhalten, wenn er das Schwert zusammengefügt hat, was ihm auch gelingt. Die Lanze, so sagt ihm der König, der jetzt (mit Wolfram) Anfortas heißt, ist die Longinus-Lanze und der Gral der Kelch, in dem das Blut Jesu aufgefangen und der von Joseph (von Arimathia) in das Abendland gebracht wurde (nach Robert); mit dem Schwert wurde der *leidige slac* geführt (618,5), der den Bruder des Königs tötete, und zwar von Partinias, an dem Parzifal den Toten rächt (mit der Geschichte der Lanze hat die dritte Fortsetzung begonnen). Bevor er das vollenden kann, muß er weitere Abenteuer bestehen; einmal erscheint ihm der Heilige Gral, von einem Engel getragen, um ihn zu stärken. Er bringt das Haupt des erschlagenen Partinias auf die Gralburg, wodurch der König geheilt wird. Beim folgenden reichen Mal wird der Gral dreimal in den Festsaal getragen und füllt die Tische mit edlen Speisen. Der König erfragt Parzifals Namen und gibt sich als sein Oheim zu erkennen; Parzifal aber will seine Nachfolge erst nach dem Tod seines Verwandten antreten. Nun folgt der Erzähler wieder Wolfram mit der Begegnung zwischen Parzifal und Fervis, der Erwählung zum Gral, Taufe und Hochzeit des Halbbruders. Für die Krönung im Beisein von König Artus greift der Adaptor nochmals auf die dritte Fortsetzung zurück: Wieder werden die Gralrequisiten, das heilige Objekt, die Blutlanze und die Patene herumgetragen, wieder füllen sich die Tische, und Parzifal berichtet vom Gral und seinen Abenteuern. Nach einem kurzen Bericht von Parzifals Herrschaft und der Verheiratung weiblicher Verwandter folgt schließlich die Übergabe seines Landes an König Malun (der nur hier erscheint). Die Erzählung schließt mit der Geschichte Loherangrins nach Wolfram. Der Epilog berichtet von dem Auftrag Ulrichs von Rappoltstein an Philipp Colin und Claus Wisse, die zusammen mit dem Juden Samson Pine und zwei Schreibern den ‚Niuwen Parzifal‘ erstellt haben. Hier erscheint das Werk als *minnenbuch*, und tatsächlich zielen einige Momente (die Minnesangstrophen, Abenteuer im Dienst von Damen in den Fortsetzungen) auf diese Dimension der Erzählung.

Die Integration der ‚Elucidation‘ und der Fortsetzungen in Wolframs Werk ist nicht ohne Widersprüche möglich gewesen, so gerade was die Gralfrage, die dreimal gestellt wird (‚Elucidation‘, zweiter Gralbesuch, dritter Gralbesuch), und die Gralrequisiten (Schwert) und ihre Geschichte (Longinusspeer, Blutkelch Jesu) angeht. Die Gralerzählungen im Gefolge Chrestiens waren so ausgeufert und hatten so viel heterogenes Material aufgenommen, daß alle Geschichten um den Gral nur mit großen internen Widersprüchen zu haben waren.

10. Die letzte Synthese: Ulrich Füetrer

Der Gralmythos, in welcher Gestalt auch immer, war am Ende des Mittelalters noch lebendig. Das wird in der großen Abenteuer-Kompilation Ulrich Füetrers deutlich, die eine Summe der Ritterbücher gibt (→ S. 30ff.). Das hohe Ansehen, das die Gralgeschichte durch Wolfram und Albrecht bekommen hatte, ist noch nicht verblaßt, wohl aber die ihr ursprünglich eigene Bedeutung.

Das ‚Buch der Abenteuer' besteht aus drei Teilen: Der erste bietet die Geschichte des Grals und des Artusreichs, der zweite erzählt von sieben vorbildlichen Rittern, der dritte ist eine strophische Fassung des ‚Prosa-Lancelot'. Füetrer verwendet die modifizierte Strophe des JT und übernimmt damit dessen Anspruch auf Bedeutung. Im Jahre 1481 beginnt er mit seinem monumentalen Werk (Bastert, 1993). Zu Anfang steht eine Geschichte des Gralgeschlechts nach dem JT einschließlich des Tempelbaus, jedoch auf die wichtigsten Fakten gekürzt.

Der Erzähler beginnt mit Senabor und Parille, nennt Titurison und Titurel. Der Tempelbau nimmt ganze vier Strophen ein gegenüber 734 im JT. Danach wird Frimutel mit seinen Kindern genannt; hier fügt Ulrich Elemente aus Wolframs Pz. an, nämlich die Abenteuerfahrten von Trefrezent und Anfortas. Danach folgt er dem Grundschema des Robert-von-Boron-Zyklus, der nach dem ‚Joseph', der Vorgeschichte des Grals, mit dem ‚Merlin' die Vorgeschichte des Artusreiches anschließt. Füetrer geht allerdings noch weiter zurück. Gemäß der Andeutung Albrechts über die Herkunft des Rittertums aus Troja arbeitet er den Trojanischen Krieg nach Konrad von Würzburg ein. Jetzt folgt die Geschichte Merlins nach einer unbekannten französischen Vorlage, die letztlich auf Robert von Boron zurückgeht, aber durch Elemente aus späteren Fassungen des ‚Joseph' und aus Geoffreys von Monmouth ‚Historia Regum Britanniae' erweitert wird. Gamoreths Abenteuer werden nach Wolframs Pz. erzählt, ebenso die Geburt Parcevals und Hertzenlawts Rückzug in die Einsamkeit. Dann beginnt die Tschionachtulander-Sigune-Liebe nach dem JT bis zum Tode des jungen Helden. Parcevals Jugend nach Wolfram wird in stark gekürzter Fassung geboten: Auf der Gralburg ist die Mantelgabe eine Kleiderausstattung unter anderem; es gibt keine Schwertschenkung; die Gralprozession besteht aus einem Knappen mit dem blutigen Schwert, dann kommen zwölf Jungfrauen mit zwei Messern und schließlich die Gralträgerin; Parceval unterläßt die Frage ausdrücklich seiner guten Erziehung wegen. Die Krankheit des Burgherrn kommt nur bei der Begegnung mit dem „traurigen Fischer" zur Sprache, der auch „der traurige Gastgeber" heißt. Der Gral selber wird *ain masse* genannt, was eigentlich ein ungeformtes Stück Metall bezeichnet und die Vorstellungen Wolframs (nicht von Menschenhand geformt) und Chrestiens (Gefäß aus Edelmetall) zu verbinden scheint. Ulrich harmonisiert auch die Gralhistorie nach Wolfram/Albrecht und dem ‚Joseph': Nach der ersten Graltafel wird das heilige Gefäß von Gott wegen der Sünden der Menschen in den Himmel geholt und später der Gralsippe wieder übergeben. Parceval wird am Artushof von Gundrie verflucht. Es folgen Gawans

Abenteuer vor Bearotsch und in Tschamphentzun. Parcevals weitere Aventüren erzählt Ulrich nach dem JT: die Begegnung mit Sigune, ihre Informationen über das Gralschwert, verschiedene Kämpfe und Turniere, das Zerbrechen des Schwertes, seine Zusammenfügung. Parceval kommt am Karfreitag zu Trefrezent, was in stark gekürzter Form nach Wolframs IX. Buch berichtet wird. Er erfährt von seinem Oheim die Geschichte des Gralherren Anfortas, der durch die vergiftete Lanze eines Heiden verwundet wurde. Am Gral sei eine Inschrift erschienen, es werde ein Ritter kommen, der ihn durch die Frage erlöse. Daraufhin beichtet Parceval sein Frageversäumnis und berichtet von der Speisung der Gralgesellschaft; diese Kraft erhalte der Gral, so sagt Trefrezent (mit Wolfram), von einer Hostie, die eine Taube jeden Karfreitag bringt. Die Hostie wird auf den Gral gelegt, zieht sich dann zusammen und sinkt in den Stein (eine Vorstellung, die sich bei Wolfram nicht findet). Jeden Samstag wird der Gral vor Anfortas gebracht, dadurch bleibt dieser am Leben. Aus seiner Wunde rinnen blutige Tropfen; mit den beiden silbernen Messern, die Parceval gesehen hat, wird das Blut von der Wunde abgeschnitten. Im Unterschied zu Wolframs Trevrizent formuliert Füetrers Einsiedler die Gralfrage nicht vor. Die Geschichte des Grals wird nicht weiter berichtet, weil sie ja nicht zu dem stimmt, was im Merlin-Teil erzählt worden war: Dort war es der Abendmahlskelch, der Joseph von Arimathia von Jesus selbst übergeben wurde und für den er die Graltafel eingerichtet hatte; der Widerspruch zu der Auffassung als „Masse" wird nicht aufgelöst. Nach der Einkehr bei Trefrezent folgen Gawan-Abenteuer, die auf die ‚Crône' zurückgehen. In dem Maße, in dem Parceval zusätzliche Abenteuer aus dem JT erhält, wird auch Gawan mit einer gegenüber dem Pz. erweiterten Abenteuerfolge ausgestattet, um das Gleichgewicht beider Helden zu wahren. Nach einer gekürzten ersten Wunderkette folgt das Abenteuer bei dem „Altherren": Beim ersten Gralbesuch findet Gawan den Burgherren auf einem Bett, das an Pracht das Titurels am Gral übertrifft. Nach dem Mahl sieht er vier Jungfrauen mit Kerzen und eine fünfte, die einen Napf aus Gold trägt, der mit vielen Edelsteinen besetzt ist. Dieser ist mit frischem Blut gefüllt, in dem eine Hostie schwimmt. Der „Altherre" ißt die Hostie und trinkt das Blut durch eine goldene Röhre, wie in der ‚Crône' berichtet. Gawan erblickt noch eine schöne Kapelle. Als alles dunkel wird, tastet er sich in den Palast zurück und sieht den „Altherren" tot und prachtvoll aufgebahrt, die Burg aber ist verlassen. Im Stall legt er sich schlafen; am nächsten Morgen findet er sich auf freiem Feld. Ähnlich wie bei Heinrich von dem Türlin bleibt unklar, ob es sich wirklich um eine Gralbegegnung handelt: Einerseits hat Ulrich die Bezüge verstärkt, indem er von Titurel spricht und die Hostie einführt, andererseits denkt Gawan, anders als in der ‚Crône', nicht an eine Frage, der Rätselcharakter der Aventüre bleibt also gewahrt. Es folgen weitere Abenteuer aus der ‚Crône', bevor der Erzähler zu Wolfram zurückkehrt und die Ereignisse aus Buch X bis XIII in komprimierter Form berichtet. Ulrich greift hier nicht auf die Neufassung in der ‚Crône' zurück. Es kommt zum Kampf zwischen Gawan und Parceval, dann zwischen Parceval und Gramoflans und schließlich zur allseitigen Versöhnung. Im Zweikampf zwischen Parceval und Ferafis zerbricht das Itherschwert, und beide erkennen sich als Brüder. Sie gehen an den Artushof, wo Gundrie erscheint und verkündet, daß Parceval zum Gralkönig ernannt ist. Ferafis ist ebenfalls zum Gral berufen. Auf der Burg läßt sich Parceval vor den Gral führen; er wirft sich vor ihm nieder und betet für die Heilung des Anfortas, die dann auch, ohne daß die Frage gestellt wird, erfolgt. Ferafis kann den Gral nicht sehen; er läßt sich taufen, um Urrepanse heiraten zu können, mit der er in seine Länder zieht. Es folgen weitere Gawan-Abenteuer nach der ‚Crône'; eine Gralbotin (es ist nicht Gundrie, sondern ein schönes Mädchen) verkündet Gawan, daß Artus mit seinem Gefolge zur Gralburg berufen ist. Näheres darüber aber weiß Ulrich, wie er sagt, nicht. Die zweite Chrestien-Fortsetzung ist ihm offensichtlich unbekannt; vermutlich stammt das Motiv aus dem mhd. ‚Lohengrin' (s. o.). Es folgen die Abenteuer Lohergrims, wobei seine Erwählung als Befreier und seine Fahrt mit der Schwanenbarke ausführlich dargestellt werden. Er verbietet Els, nach Namen und Herkunft zu fragen, und heiratet sie. Kämpfe des Helden schließen sich an; daran schließen die Intrige der Frau von Kleve, die Frage sowie sein Abschied und der Tod von Els. Er heiratet Pelaye; es folgt die Geschichte mit dem Stück Fleisch aus seinem Bein und der Tod nach dem JT. In Montsalvatsch ist Parcevals Tochter Elis Gralträgerin geworden. Sie liest am Gral, daß dieser nicht in Salvaterre bleiben will. Er wird daher nach Indien überführt, Parceval wird für zehn Jahre Herrscher unter dem Namen Priester Johann, dann folgt ihm der erste Sohn von Ferafis. Damit endet der erste Teil des ‚Buchs der Abenteuer'. Der Gral spielt noch einmal eine Rolle im dritten Teil, dem ‚Lannzilet' (6143 Strophen). Grundlage ist hier der ‚Prosa-Lancelot' mit ‚Queste' und ‚Mort Artu'. Damit entstehen Widersprüche zum ersten Teil des ‚Buchs der Abenteuer', einmal in der Tatsache, daß nicht mehr Parcifal, sondern jetzt Galat der Gralheld ist, dann auch bei der Art der Überführung des Grals in den Orient und seinem weiteren Schicksal dort. Während er am Ende des ersten Teils zur Rechtsinstanz geworden war, die das Unrecht ausrottet (wer in Sünden gefunden wird, dem schlägt man ein Loch in die Hand; büßt er, so wird es wieder heil), wird er hier in den Himmel entrückt. Die geistliche Sinngebung des ‚Prosa-Lancelot' wird jedoch weitgehend aufgegeben. Zwischen Lannzilet und Ginevra besteht nur eine höfische, nicht eine körperliche Liebesbeziehung, so daß von Ehebruch keine Rede sein kann. Dementsprechend fehlen die Relativierungen von Lancelots Rittertum durch seine Sünde, und das Artusreich geht auch nicht an den Folgen des Ehebruchs zugrunde. Die höfische Minne in ihrer Spannung zwischen höchstem weltlichen Gut und Todsünde unter geistlicher Perspektive ist jetzt offensichtlich kein wirkmächtiges Paradigma mehr.

Das fünfte Buch des dritten Teils adaptiert die ‚Queste'. Ulrich erwähnt, daß er ‚Merlin' und ‚Kyot' gelesen habe. Beide sind ihm die Gewährsmänner für die über Wolfram und Albrecht hinausgehende bzw. von ihm abweichende Geschichte vom Gral. Ulrich folgt weitgehend seiner Vorlage, reduziert aber auch hier geistliche Auslegungen: Galat wird in einer Abtei zum Ritter, er sitzt auf dem „Gefährlichen Sitz" und gewinnt das Schwert. Der Gral erscheint, speist alle, und Galat gelobt als erster die Gralsuche, alle anderen Ritter schließen sich an. Er gewinnt den weißen Schild mit dem roten Kreuz (unter diesem Zeichen hatte schon König Evalet in der ersten Gralzeit gesiegt); die Geschichte des Schildes wird ausführlich dargestellt. Es folgen Rittertaten Galats, Gawans, Lannzilets und Parcifals sowie Hestors. Die drei Gralritter kommen zum Salomonsschiff, dessen Verbindung mit dem Paradiesesholz hier nicht berichtet wird. Galat erhält das Davidsschwert und Parcifals Schwester gürtet es ihm um; sie opfert ihr Blut und Leben für die aussätzige Burgherrin. Lannzilet scheitert auf der Gralburg; als er die Gralmesse sieht, darf er nicht in die Kapelle vordringen und kehrt zum Artushof zurück. Galat, Parcifal und Boort kommen zum Gral; Joseph von Arimathia (nicht Josephus, wie in der ‚Queste') erscheint; zwei Engel bringen den Gral. Joseph erklärt, daß es sich sowohl um die Schüssel für das Osterlamm wie den Kelch für den Wein handle, der von Gott selbst *Gral* genannt wurde. Er teilt zwölf Hostien aus; ein Kind, das in der Schüssel erscheint, bricht die Stücke von seinem eigenen Leibe. Ein Engel bringt die blutende Lanze, und Galat bestreicht den verwundeten König damit und heilt ihn. Es bleibt eine gewissen Unklarheit, ob nur der Kelch als Gral bezeichnet wird oder beide heilige Reliquien zusammen; jedenfalls sollen die drei Gralritter sie und die Graltafel zum Schiff bringen. Sie segeln nach Sarras. Tafel und Gral werden auf die Burg geholt. Ein Schiff bringt den Leichnam von Parcifals Schwester, die dort begraben wird; an ihrem Grab werden Kranke geheilt, was zu einer Ausbreitung des Glaubens führt. Der König will die Christen vertreiben, so daß Engel den Gral in den Himmel holen. Das findet hier zu einem früheren Zeitpunkt als in der ‚Queste' statt. Galat ist die beseligende Schau nicht zugestanden. Hier zeigt sich Ulrichs Tendenz, die mystische Wirkung des Grals zugunsten seiner dekorativen und liturgischen zurückzudrängen. Die drei Ritter werden gefangen gesetzt, als jedoch der König stirbt, wird Galat sein Nachfolger. Er regiert als ein gerechter Herrscher, der Frieden und gutes Gericht schafft, und bekehrt viele zum Christentum. Nach einem Jahr stirbt er sündenrein und wird neben Parcifals Schwester begraben. Hiermit unterstreicht Füetrer das Motiv der geistlichen Brautschaft. Parcifal wird Klausner, stirbt als Heiliger und wird ebenfalls bei seiner Schwester bestattet. Boort hingegen zieht nach Britannien und erzählt die Abenteuer, die Artus aufschreiben läßt. Das sechste Buch bringt die ‚Mort Artu' nach der mhd. Prosa. So schlägt das ‚Buch der Abenteuer' den großen Bogen vom Beginn des Rittertums bei den Trojanern bis zu seinem Ende in der Gestalt von König Artus und seinen Helden, vor allem Lancelots. Die bunte Welt der Vergangenheit, die hier gemalt wird, kann die Gegenwart am Münchener Hof verschönern, für den Füetrer gearbeitet hat. Vorbildlich sein kann sie allenfalls in der Erkenntnis ihrer Endlichkeit und der Notwendigkeit einer Wendung zu Gott, die jedoch eher aufgesetzt wirkt.

Literatur

Texte

[Albrecht] Albrechts von Scharfenberg Jüngerer Titurel [ab Bd. 3: Albrechts Jüngerer Titurel], hg. von Werner Wolf [ab Bd. 3: von Kurt Nyholm], Bde. 1, 2/1, 2/2, 3/1, 3/2, 4 (DTM 45, 55, 61, 73, 77,79), Berlin 1968–1995.
Dan Brown, The Da Vinci Code, New York/London 2003 [deutsch: Sakrileg, Bergisch Gladbach 2004)
Chrétien de Troyes, Perceval. Altfranzösisch/deutsch, übers. und hg. von Felicitas Olef-Krafft (Universal-Bibliothek 8649), Stuttgart 1991.
[Chrestien, Perceval-Fortsetzungen] The Continuations of the Old French Perceval of Chrétien de Troyes, hg. von William Roach, 5 Bde., Philadelphia 1949–1983.
[Ulrich Füetrer/Fuetrer] Das Buch der Abenteuer. Nach der Handschrift A (Cgm. 1 der Bayerischen Staatsbibliothek), Tl. 1: Die Geschichte der Ritterschaft und des Grals [...], hg. von Heinz Thoelen (GAG 638/1), Göppingen 1997. – Lannzilet (Aus dem Buch der Abenteuer) Str. 1–1122, hg. von Karl-Eckhard Lenk (ATB 102), Tübingen 1989. – Lannzilet (Aus dem Buch der Abenteuer) Str. 1123–6009,

hg. von Rudolf Voß (Schöninghs mediävistische Editionen 3), Paderborn [u.a.] 1996.

Heinrich von dem Türlin, Die Krone (Verse 1–12281). Nach der Handschrift 2779 der Österreichischen Nationalbibliothek, nach Vorarbeiten von Alfred Ebenbauer/Klaus Zatloukal/Horst P. Pütz, hg. von Fritz Peter Knapp/Manuela Niesner (ATB 112), Tübingen 2000. – Die Krone (Verse 12282–30042). Nach der Handschrift Cod. Pal. germ. 374 der Universitätsbibliothek Heidelberg, nach Vorarbeiten von Fritz Peter Knapp/Klaus Zatloukal, hg. von Alfred Ebenbauer/ Florian Kragl (ATB 118), Tübingen 2005.

[Lohengrin] Thomas Cramer, Lohengrin. Edition und Untersuchungen, München 1971.

[Der niuwe Parzifal] Parzifal von Claus Wisse und Philipp Colin (1331–1336). Eine Ergänzung der Dichtung Wolframs von Eschenbach, zum ersten Male hg. von Karl Schorbach (Elsässische Literaturdenkmäler aus dem XIV.-XVII. Jahrhundert 5), Straßburg/London 1888 [Neudruck Berlin/New York 1974].

Peredur, in: Helmut Birkhan, Keltische Erzählungen vom Kaiser Arthus, Teil 1 (Erzählungen des Mittelalters Bd. 1), Wien ²2004, S. 108–176.

[Prosa-Lancelot, frz.] Lancelot. Roman en prose du XIIIe siècle, hg. von Alexandre Micha, 9 Bde., Paris/Genève, 1978–83.

[Prosa-Lancelot, dt.] Prosalancelot I–V. Nach der Heidelberger Handschrift Cod. Pal. germ. 147, hg. von Reinhold Kluge, ergänzt durch die Handschrift Ms. allem. 8017–8020 der Bibliothèque de l'Arsenal Paris, übers., komm. und hg. von Hans-Hugo Steinhoff, Bde. 1, 2: Lancelot und Ginover I, II (Bibliothek des Mittelalters 14, 15 = Bibliothek deutscher Klassiker 123), Bde. 3, 4: Lancelot und der Gral (Bibliothek des Mittelalters 16, 17 = Bibliothek deutscher Klassiker 183), Bd. 5: Die Suche nach dem Gral. Der Tod des Königs Artus (Bibliothek des Mittelalters 18 = Bibliothek deutscher Klassiker 190), Frankfurt a.M. 1995–2004.

Robert de Boron, Joseph d'Arimathie, hg. von Richard O'Gorman, Toronto 1995.

Forschung

Barber, Richard, Der Heilige Gral, München 2004.

Bastert, Bernd, Der Münchner Hof und Ulrich Füetrers Buch der Abenteuer. Literarische Kontinuität im Spätmittelalter, Frankfurt a.M. [u.a.] 1993.

Baumgartner, Emanuelle, Robert de Boron et l'imaginaire du livre du Graal, in: Arturus Rex, Bd. 2, hg. von Willy van Hoecke [u.a.], Leiden 1991, S. 259–268.

Brunner, Horst, Von Munsalvaesche wart gesant/der den der swane brahte. Überlegungen zur Gestaltung des Schlusses von Wolframs Parzival, in: GRM NF 41 (1991), S. 369–384.

Bumke, Joachim, Parzival und Feirefiz – Priester Johannes – Loherangrin. Der offene Schluß des Parzival von Wolfram von Eschenbach, in: DtVjs 65 (1991), S. 236–264.

Fourquet, Jean, Wolfram d'Eschenbach et le Conte del Graal. Les divergences de la tradition du Conte del Graal de Chrétien et leur importance pour l'explication du texte du Parzival (Publications de la Faculté des Lettres et Sciences humaines de Paris-Sorbonne. Série Études et Méthodes 17), Paris 1966.

Genette, Gérard, Die Erzählung, München 1994.

Goetinck, Glenys, Peredur. A Study of Welsh Tradition in the Grail Legends, Cardiff 1975.
Haferland, Harald, Die Geheimnisse des Grals. Wolframs Parzival als Lesemysterium?, in: ZfdPh 113 (1994), S. 23–51.
Herberichs, Cornelia, Wissen von den Engeln?, in: Beitr.133 (2011) [im Druck].
Keating, Geoffrey, The History of Ireland [Foras Fearsa ar Éirian, ca. 1650], übers. von David Comyn/Patrick C. Dineen, Electronic Edition by the CELT-Team 2010 [online unter: <http://www.ucc.ie/celt/online/T100054/>].
Keller, Johannes' Diu Crône Heinrichs von dem Türlin. Wunderketten, Gral und Tod (Deutsche Literatur von den Anfängen bis 1700 2), Bern [u.a.] 1997.
Knapp, Fritz Peter, Der Gral zwischen Märchen und Legende, in: Beitr. 118 (1996), S. 49–68.
Loomis, Roger Sherman, The Grail: From Celtic Myth to Christian Symbol, Cardiff 1963 [Taschenbuchausgabe Princeton 1991].
Matthews, John (Hg.), The Household of the Grail, Bodmin (Cornwall) 1990.
Mentzel-Reuters, Arno, Vröude. Artusbild, Fortuna- und Gralkonzeption in der Crône des Heinrich von dem Türlin als Verteidigung des höfischen Lebensideals (EHS 1/1134), Frankfurt a. M. [u.a.] 1989.
Mertens, Volker, Der Gral. Mythos und Literatur (Universal-Bibliothek 18261), Stuttgart 2003. – Geschichte und Geschichten um den Gral, in: Kulturen des Manuskriptzeitalters, hg. von Arthur Groos/Hans Jochen Schiewer (Transatlantische Studien zu Mittelalter und Früher Neuzeit 1), Göttingen 2004, S. 237–258.
Morris, Colin, Policy and Visions: The case of the Holy Lance at Antioch, in: War and Government in the Middle-Ages, hg. von John Gillingharn [u.a.], Woodbridge/Totowa 1984, 33–46.
Panzer, Friedrich, Gahmuret. Quellenstudien zu Wolframs Parzival (Sitzungsberichte der Heidelberger Akademie der Wissenschaften. Philosophisch-historische Klasse 1939/40,1), Heidelberg 1940.
Schuhmann, Martin, Reden und Erzählen. Figurenrede in Wolframs Parzival und Titurel (Frankfurter Beiträge zur Germanistik 49), Heidelberg 2008.
Weston, Jessie L., From Ritual to Romance, Cambridge 1920 [Neudruck New York 1957].
Witttmann-Klemm, Dorothee, Studien zum Rappoltsteiner Parzifal (GAG 224), Göppingen 1977.
Wolf, Werner, Der Vogel Phönix und der Gral, in: Studien zur deutschen Philologie des Mittelalters. Friedrich Panzer zum 80. Geburtstag am 4. September 1950 dargebracht, hg. von R. Kienast, Heidelberg 1950, S. 73–95.
Zatloukal, Klaus, Salvaterre. Studien zu Sinn und Funktion des Gralsbereichs im Jüngeren Titurel (Wiener Arbeiten zur Germanischen Altertumskunde und Philologie 12), Wien 1978.

III. Überlieferung

III.1. Die Handschriften und die Entwicklung des Textes

von Bernd Schirok

1. Die Lachmannsche Methode, ihre Voraussetzungen und das Problem der ‚Fassungen' – **2. Die Gruppierung der Handschriften** – 2.1 Die Gruppierung der vollständigen Handschriften – 2.2 Die Gruppierung der Fragmente – 2.3 Übersicht über die Gruppierung der vollständigen Handschriften und Fragmente – **3. Das Problem der ‚Mischhandschriften'** – **4. Die Fassungen *D und *G** – 4.1 Der Wegfall der Unterschiede zwischen *D und *G in den Büchern VIII–XI – 4.2 Der Versbestand der Fassungen *D und *G – 4.3 Die Dreißiger- und Bucheinteilung – 4.4 Der Wortlaut der Fassungen *D und *G – **5. Der Prozeß der Textverbreitung** – **6. Einzelüberlieferung und Überlieferungsverband**

1. Die Lachmannsche Methode, ihre Voraussetzungen und das Problem der ‚Fassungen'

Karl Lachmann, der erste Herausgeber der Werke Wolframs, formulierte als sein Ziel, „daß uns möglich gemacht werden sollte Eschenbachs gedichte so zu lesen wie sie ein guter vorleser in der gebildetsten gesellschaft des dreizehnten jahrhunderts aus der besten handschrift vorgetragen hätte" (Lachmann, 1833, S. VI = Schirok, 2003, S. XII). Lachmann glaubte, mittels der später nach ihm benannten Methode der Textkritik aus einer mehr oder weniger großen Zahl divergierender Hss. eines Werkes die Textgestalt rekonstruieren zu können, die der ursprünglichen so nahe wie möglich kommt. Der Grundgedanke der Methode ist bestechend einfach. Die Schreiber selbst markieren ihre Position im Überlieferungsprozeß, der in Form eines Stammbaums (Stemma) abgebildet werden kann, indem sie Versehen ihrer Vorlage (z.B. eine Auslassung) übernehmen und diese durch eigene Fehler (z.B. eine weitere Auslassung) vermehren und die übernommenen und die zusätzlichen eigenen weitervererben. Aus dieser Position im Tradierungsprozeß ergibt sich der Stellenwert der jeweiligen Hs. für die Rekonstruktion des ursprünglichen Textes.

Ein solches Stemma könnte folgendermaßen aussehen (in Klammern die in der traditionellen Textkritik übliche Begründung für die Positionierung der Hss.):

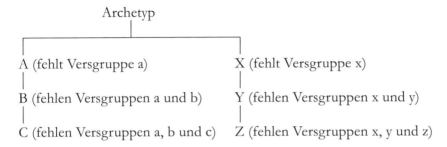

Die Lachmannsche Methode ist ein hervorragendes Instrument – solange sich ihr Gegenstand, der Überlieferungsprozeß, so verhält, wie die Methode es voraussetzt. Dazu müssen nach Karl Stackmann vier Bedingungen erfüllt sein (Stackmann, 1964, S. 246f.; zum letzten Punkt Heinzle, 1978, S. 100):

„1. Die Überlieferung muß geschlossen sein, d.h. am Anfangspunkt der für uns überschaubaren Tradition muß ein einziger, fest umrissener Archetypus stehen.

2. Die Überlieferung muß ausschließlich vertikal verlaufen, jeder Abschreiber darf nur den Text einer einzigen Vorlage wiedergeben.

3. Die Verwandtschaft der an der Überlieferung beteiligten Handschriften muß auf Grund einwandfrei erkannter Fehler bestimmt sein.

4. Die an der Überlieferung beteiligten Schreiber müssen mit dem Vorsatz gearbeitet haben, den Wortlaut ihrer Quelle getreu wiederzugeben."

Für die Überlieferung mittelalterlicher Texte gelten diese Prämissen offenbar ganz oder teilweise nicht.

Zu 1 und 4: Besonders die erste Bedingung trifft häufig nicht zu, weil sich für viele mittelalterliche deutsche Texte die Existenz verschiedener ‚Fassungen' abzeichnet. Fassungen sind Versionen ein und desselben Werkes, die einen je eigenen Gestaltungswillen dokumentieren (Bumke, 1996, S. 32).

Das Stemma, das oben als Beispiel für das Vorgehen der traditionellen textkritischen Methode gegeben wurde, scheint eine voraussetzungslose Rekonstruktion aufgrund des Versbestandes der sechs beteiligten Hss. (A B C X Y Z) zu sein. Tatsächlich handelt es sich aber um eine Konstruktion, die auf mehreren Hypothesen beruht, nämlich (1) daß die

Hss. A und X aus dem Archetyp mit dem Ziel getreuer Wiedergabe abgeschrieben worden sind, (2) daß jeder der beiden Schreiber dabei versehentlich eine Versgruppe ausgelassen hat und (3) daß der ursprüngliche Versbestand des Archetyps durch Kombination der Hss. A und X wiedergewonnen werden kann.

Schon die Vorstellung, die Schreiber hätten ausschließlich das Ziel gehabt, ihre Vorlage getreu wiederzugeben, ist höchst zweifelhaft und strahlt auf die Annahme aus, die Divergenzen im Versbestand müßten auf versehentliche Auslassungen zurückzuführen sein. Das ist eine Möglichkeit, aber nicht die einzige. Hs. A könnte durchaus, wie das Stemma es voraussetzt, an einer Stelle, an der Hs. X vollständig war, versehentlich die Versgruppe a ausgelassen haben, und entsprechend könnte Hs. X an einer Stelle, an der Hs. A vollständig war, versehentlich die Versgruppe x ausgelassen haben. Denkbar wäre aber auch, daß die Auslassungen nicht versehentlich, sondern bewußt erfolgt sind. Und ebensogut könnte statt einer versehentlichen oder bewußten Auslassung in Hs. A bzw. Hs. X an den entsprechenden Stellen in Hs. X bzw. Hs. A ein ergänzender Zusatz vorliegen. In diesen Fällen bewußten Vorgehens wäre für A und X ein je eigener Gestaltungswille zu konstatieren, und A und X hätten den Status von Fassungen. Bei Fassungen aber ist es *per definitionem* nicht möglich, mit der Vorstellung eines Archetyps zu operieren und mit textkritischen Verfahren in dessen Richtung vorzudringen. Abgesehen davon würde ein solches egalisierendes Vorgehen Intention und Anspruch der Fassungen verfehlen (Heinzle, 1978, S. 100).

Vielleicht läßt sich das Phänomen der Fassungen und der sinnvolle Umgang mit ihnen an einem Beispiel aus der neueren Literatur verdeutlichen. Goethes Roman ‚Die Leiden des jungen Werthers' liegt in zwei Fassungen von 1774 und 1787 vor. Kein Mensch käme auf die Idee, aus der Kombination beider Texte eine Art Archetyp zu (re)konstruieren. Die einzig sinnvolle Editionsform ist der parallele Abdruck der beiden Fassungen (Ausgabe Luserke, 1999).

Joachim Bumke hat auf die terminologischen Probleme hingewiesen, die notwendig bei dem Versuch entstehen, Fassungen mit der herkömmlichen Terminologie zu beschreiben. Aus dem Frageinteresse der klassischen Textkritik erkläre es sich, „daß praktisch alle Begriffe, die für die Beschreibung von Textabweichungen zur Verfügung stehen, von der traditionellen Betrachtungsweise geprägt sind. Ob man von Kürzungen oder Erweiterungen spricht, von Umstellungen oder Verschiebungen, von Ergänzungen oder Auslassungen, von Ersatz oder Neuformulierung: immer wird mit diesen Begriffen schon eine bestimmte Änderungsrichtung suggeriert und damit die Vorstellung von primären und sekundären Textteilen. Für die Beschreibung epischer Fassungen sind diese Begriffe untauglich" (Bumke, 1996, S. 51 f.; Bumkes eigene Beschreibungsvorschläge S. 390–455; Übersicht S. 397 f.).

Zu 2: Wenn in unserem Stemma der Schreiber B außer seiner Vorlage A noch eine Hs. aus dem anderen Überlieferungszweig zur Verfügung gehabt hätte, könnte er die in seiner Vorlage A fehlende Versgruppe a daraus ergänzt bzw. die Zusatzpartie aus dem anderen Überlieferungszweig übernommen haben. B würde dann nur die eigene Auslassung der Versgruppe b aufweisen. Nach der traditionellen Textkritik könnte dann weder B aus A abgeschrieben sein, weil B die Lücke a nicht hat, noch könnte aus demselben Grund C eine Abschrift aus B sein (zum bemerkenswerten Wandel in der Einschätzung des Phänomens ‚Kontamination' auf allerdings brüchiger methodischer Grundlage Bumke, 1996, S. 29 f.; Heinzle, 1973, S. 154).

Zu 3: „Die Fehlerbestimmung war der schwächste Punkt der klassischen Textkritik. Der sorglose Umgang mit dem Fehlerbegriff trägt die Hauptschuld daran, daß manchen textkritischen Arbeiten jede Verbindlichkeit abgeht" (Bumke, 1996, S. 49). Diese Schwächen können sogar dort nicht geleugnet werden, wo die Leistungsfähigkeit der Textkritik generell optimistisch beurteilt wird. So zitiert Gesa Bonath Lachmanns Urteil, daß in der Pz.-Überlieferung „nachlässigkeit, willkür und verbesserungssucht ohne sonderliches geschick" zu beobachten sei, um dann hinzuzufügen: „aber es ist nicht zu sagen, auf welcher Seite der Fehler liegt" (Bonath, 1970, S. 18).

Paradoxerweise war es Lachmann selbst, der in der Vorrede zur Wolfram-Ausgabe die Voraussetzungen der Methode in Frage stellt, wenn er schreibt: „Die zahlreichen handschriften des Parzivals [...] zerfallen [...] in zwei klassen [*D und *G], die durchgängig einen verschiedenen text haben, nur daß im achten und den drei [in der Ausgabe 1833 versehentlich „zwei"] folgenden büchern (398–582) der gegensatz fast ganz verschwindet." Die beiden Klassen deuten „nicht auf eine von dem dichter selbst ausgehende verschiedenheit", sind also keine Autorvarianten. Dagegen spreche die mangelnde Qualität, wobei Lachmann wohl abwechselnd teils die eine, teils die andere Klasse im Blick zu haben scheint. Seine Äußerungen zum Verhältnis von *D und *G sind höchst widersprüchlich. So pendelt er zwischen Gleichbewertung von *D und *G und Präferierung von *D. Zunächst stellt er fest, es sei „eine schwäche meines textes, daß er im ganzen der ersten klasse [*D] folgt: ich habe sie vorgezogen, weil ich mich bei ihr selten gezwungen sah zu den lesarten der andern [*G] zu greifen, die mehr unbezweifelt falsches oder aus falscher besserung entstandenes darbietet." Dann aber konstatiert er, daß „in den allermeisten fällen die lesart der einen klasse mit der andern von gleichem werth ist, und der vorzug den ich *Ddd* gebe, der wahrheit im ganzen abbruch thut [...]" (Lachmann, 1833, S. XV, XVIII = Schirok, 2003, S. XVI, XVIIIf.).

Wenn Lachmann von „klassen" spricht, deren Lesarten „von gleichem werth" seien, so beschreibt er damit offenbar das, was Karl Stackmann als „gleichwertige Parallelversionen" (Stackmann, 1964, S. 264) und Joachim Bumke als „Fassungen" bezeichnet. Lachmanns Windungen und Widersprüche deuten an, daß er die Probleme durchaus gesehen hat, ohne ihnen im Rahmen traditioneller textkritischer und editorischer Vorstellungen gerecht werden zu können, die auf die Rekonstruktion eines Textes abzielen. Infolgedessen zieht Lachmann aus der Existenz zweier Klassen „von gleichem werth" nicht die Konsequenzen, welche die neuere Mediävistik (jedenfalls zum Teil) aus dem Vorliegen von Fassungen ableitet. Während man heute die Eigenständigkeit von Fassungen bei der Edition durch eine entsprechende Druckanordnung verdeutlicht (‚Nibelungenklage' Bumke, 1999; Wolframs ‚Titurel' Bumke/Heinzle, 2006), konstruiert Lachmann seinen einen Text dadurch, daß er die beiden Klassen miteinander kombiniert.

Lachmanns Verunsicherung ist gut nachvollziehbar. Denn tatsächlich ist es merkwürdig, daß es vor Beginn der für uns greifbaren Überlieferungsgeschichte zur Ausbildung von Fassungen gekommen ist. Offenbar waren die Texte zunächst unfest und verfestigten sich dann, während man „nach der Theorie der Textkritik [...] eher das Gegenteil erwartet" hätte: „einen relativ geschlossenen Text in der Anfangsphase, in der Nähe des Originals, und ein vielfaches Auseinandergehen im Verschlechterungsprozeß der Überlieferung" (Bumke, 1996, S. 32). So aber zeigt sich, daß sich die einzelnen Hss., wenn man gewissermaßen von ‚unten' bei den erhaltenen Textzeugen ansetzt, relativ sicher zu Gruppen ordnen lassen, während das Verhältnis dieser Gruppen zueinander und zum Archetyp bzw. zum Original nicht genau bestimmbar ist (Bumke, 1996, S. 30f.) oder unentscheidbar Alternativen zuläßt. Im Stemma herrscht also ‚unten' klare Sicht und ‚oben' Hochnebel (vgl. Bumke, 1996, S. 30–32).

2. Die Gruppierung der Handschriften

2.1 Die Gruppierung der vollständigen Handschriften*

Lachmann hatte alle von ihm genutzten Überlieferungsträger den beiden Klassen *D und *G zugeteilt, wobei er für den Druck von 1477 konstatierte, daß dieser zum größten Teil zu *G, in sechs Partien aber zu *D gehöre. Gruppierungen innerhalb der Klassen konnte er mit Ausnahme von G, I und dem Fragm. E (= F 17 nach Bonath/Lomnitzer, 1989) nicht erkennen, da ihm aus jeder der später festgestellten anderen Gruppen nur jeweils eine Hs. zur Verfügung stand (Schirok, 2003, S. LXXVf.). Später grenzte Ernst Martin (1900, S. XXIf.) innerhalb von *D die Binnengruppe *mno ab, Eduard Hartl (1928) innerhalb von *G die sog. Wiener Mischhandschriftengruppe *W ($G^n G^\delta G^\mu G^\varphi$) [= TUVW] und später (Hartl, 1952, S. L = Schirok, 2003, S. XL) die „Vulgataklasse *M" ($GG^m G^o G^v$) [= GILM]. Gesa Bonath untersuchte die *G-Hss., wobei sie charakteristischerweise an der Basis bei der Einteilung in die Kleingruppen *GI, *LM, *OQR, *TUVW und Z sicher ist, während sie auf höherer Ebene für die Beziehungen dieser Gruppen zueinander alternative Vorschläge unterbreitet. Sie selbst präferiert eine Zweiteilung in *GI und γ (= alle *G-Hss. außer *GI). Votiere man gegen diese Konstellation, so ergäben „sich zwei Möglichkeiten, die Hss. [...] zueinander in Beziehung zu setzen: Entweder man nimmt mit Hartl die Gruppe ($GG^m G^o G^v$) [= *GILM] an und stellt dieser eine Gruppe *$G^k G^\tau G^\chi$ (*W) G^χ [= *OQR (TUVW) Z] gegenüber, oder man rechnet mit *GI, *LM und *OQR Z als drei gleichberechtigten Gruppen" (Bonath, 1971, S. 162). Da Bonath Hartls *W [= *TUVW] nicht eigens untersucht hat, sondern sich auf Hartl (1928 und 1952) stützt und zu Z konstatiert, daß diese „unter den vollständigen Hss. [...] keine näheren Verwandten" hat (Bonath, 1971, S. 176), scheint es sinnvoll zu sein, für *G zunächst von fünf Gruppen auszugehen: *GI, *LM, *OQR, *TUVW und *Z. Für die *D-Hss. ist mit Bonath eine Aufteilung in 'D und *mno anzunehmen (Bonath, 1971, S. 11; vgl. Heinzle, 1993, S. 61, Anm. 37, und S. 62).

Die jüngsten beiden Arbeiten von Gabriel Viehhauser-Mery (2009) und Robert Schöller (2009) haben die Gruppen *m (= mno) und *T

---

* In diesem Beitrag werden – wie auch sonst in diesem Handbuch – die von Heinzle (1993, S. 62) vorgeschlagenen Siglen verwendet. In folgenden Fällen weichen diese Siglen von den bisher üblichen ab (neu = alt): I = G^m, L = G^o, M = G^v, O = G^k, Q = G^τ, R = G^χ, T = G^n, U = G^μ, V = G^δ, V' = $G^{\delta\delta}$, W = G^φ, Z = G^χ.

(= TUVW) bestätigt (vgl. die Rezensionen von Bumke, 2010, und Schirok, 2011). Hinsichtlich der schwierigen Frage, ob die beiden Gruppen als Fassungen im Sinne Bumkes zu bezeichnen sind, akzentuieren die Arbeiten vorsichtig bzw. entschieden.

Während Viehhauser-Mery zurückhaltend diskutiert, ob es sich bei *m um eine Fassung, um eine Nebenfassung oder um eine Bearbeitung handelt, ist sich Robert Schöller sicher, daß *T eine Fassung darstellt. Allerdings sind die Verhältnisse innerhalb dieser Gruppe nicht sonderlich günstig, was Textbestand und Vorlagenwechsel betrifft. T endet bereits bei 572,30, und Schöller ist unsicher, ob T (abgesehen von 36,15–157,24, wo T einer anderen Vorlage folgt als die übrigen *T-Hss.) in den anderen Partien stets *T repräsentiert (Schöller, 2009, S. 200, Anm. 354). U ist sehr stark gekürzt, V ist ab Buch XV nach einer *m-Vorlage geschrieben, und im Bereich davor mittels einer *m-Vorlage nachkorrigiert, W weist zahlreiche Eigenheiten auf. Die Fassung *T wird von Schöller auch unterschiedlich positioniert, wobei z.T. zwischen Textbestand, Textformulierung und Textgliederung differenziert wird, z.T. aber auch alle drei Aspekte ineinanderprojiziert werden: *T wird teilweise in *D-Nähe angesiedelt, teilweise zwischen *D und *G gesehen, teilweise wird die Eigenständigkeit von *T akzentuiert. Obwohl im Hinblick auf *T noch einige Fragen offen zu sein scheinen, sind die von Schöller dieser Fassung zugerechneten Überlieferungsträger in der Tabelle (→ S. 328) mit dem eigenen Symbol ♦ bezeichnet.

2.2 Die Gruppierung der Fragmente

Den Fragmenten hat man lange Zeit keine allzu große Aufmerksamkeit gewidmet, obwohl sie zahlenmäßig den größten Teil der Überlieferungsträger darstellen und jeweils vordem vollständige Hss. repräsentieren. In den Hss.-Verzeichnissen wurden sie meist in einer Art Systemzwang den *D- oder den *G-Hss. zugeschlagen, obwohl das nicht selten aus verschiedenen Gründen problematisch sein kann. Die Bruchstücke können zwar durchaus charakteristische *D- oder *G-Lesarten aufweisen, sie können aber auch *D- und *G-Lesarten nebeneinander zeigen oder gar keine spezifischen Lesarten erkennen lassen, z.B. wenn sie aus dem Bereich der Bücher VIII–XI stammen, in dem der Gegensatz zwischen *D und *G nicht vorhanden ist. Bei dem meist geringen Umfang der Bruchstücke muß häufig die Unsicherheit in Kauf genommen werden, ob die erhaltene Textstrecke für die ganze Hs. repräsentativ ist.

Erst 1989 haben Gesa Bonath und Helmut Lomnitzer ein zuverlässiges Verzeichnis der Fragment-Überlieferung des Pz. vorgelegt, das – soweit es sich ermitteln ließ – über die Zuordnung zu *D bzw. *G hinaus auch die Zugehörigkeit der Bruchstücke zu den Binnengruppen angibt. Ergänzend konnte Hartmut Beckers 1992 für vier Fragmente niederdeutsche Schreiber wahrscheinlich machen. Sabine Rolle hat schließlich auf der Grundlage von „Kollationen der vollständigen Handschriften für die Bücher III sowie IX–XVI" (Rolle, 2001, S. 19) 29 Fragmente erneut untersucht, die in diesen Bereich fallen und deren Einordnung ihr noch nicht hinreichend abgesichert erschien. Im Gegensatz zu Bonath/Lomnitzer, die in der Regel nur ihre Ergebnisse mitteilen, begründet Rolle ihre Entscheidungen ausführlich anhand des Lesarten-Materials. Am Ende ihrer Arbeit bietet sie eine tabellarische Übersicht über alle Überlieferungsträger, also auch über die vollständigen und die von ihr nicht eigens behandelten fragmentarischen. Im allgemeinen entsprechen ihre Ergebnisse denen von Bonath/Lomnitzer, in Einzelfällen modifiziert Rolle (z.B. F 8, F 36, F 42); zu abweichenden Einschätzungen kommt sie z.B. bei F 16 und F 49. Rolle erwägt vorsichtig explizit die Existenz einer dritte Fassung neben *D und *G (Rolle, 2001, S. 54, S. 68, Anm. 6, S. 73; vgl. dazu unten den Abschnitt über die Mischhandschriften S. 318f.). Bei der Auswertung von Bonath/Lomnitzer und Rolle habe ich mich bei abweichenden Voten der Entscheidung angeschlossen, die mir überzeugender schien. Wo sich ein solches Kriterium nicht abzeichnete, bin ich der vorsichtigeren Einordnung gefolgt, habe also z.B. ein Fragment eher zu *D als zu 'D gestellt.

2.3 Übersicht über die Gruppierung der vollständigen Handschriften und Fragmente

Für die Binnengruppen von *D und *G sind die von Bonath/Lomnitzer und Rolle analysierten Fragmente von entscheidender Wichtigkeit. Denn wenn man allein die vollständigen Hss. zugrunde legt, entsteht ein verzerrtes Bild, was den zeitlichen und räumlichen Ansatz sowie die Anzahl der Gruppenmitglieder betrifft. Unter Einbeziehung der Fragmente ergibt sich für die einzelnen Hss.-Gruppen folgendes Bild:

D (2. Drittel 13. Jh.), obd.

zu 'D: F 14 (1. Hälfte 13. Jh.), alem.
F 1 (2. Hälfte 13. Jh.), ofrk.
F 2 (2. Hälfte 13. Jh.), md.
F 10 (Ende 13./Anfang 14. Jh.), bair.
F 15 (Ende 13./Anfang 14. Jh.), obd.

m (um 1445), alem.; n (um 1450), alem.; o (um 1450), alem.

zu *mno: F 6 (2. Hälfte 13. Jh.), alem.
F 16 (2. Hälfte 13. Jh.), alem.
F 69 (1. Hälfte 14. Jh.), alem.

G (Mitte 13. Jh.), alem.; I (Mitte 13. Jh.), bair.

zu *GI: F 34 (um 1300), bair.
zu G: F 20 (Mitte 13. Jh.), alem.
zu I: F 17 (Mitte 13. Jh.), alem.
F 49 (Ende 14. Jh.), bair.

L (1451–1452), alem.; M (1435–1440), hess.

zu *LM: F 23 (1. Hälfte/Mitte 13. Jh.), bair.
zu L: F 22 (Mitte 13. Jh.), thür.
F 39 [319,24–359,2] (1. Hälfte 14. Jh.), alem.
zu M: F 19 (Mitte 13. Jh.), bair.
F 43 (1. Hälfte 14. Jh.), alem.
F 45 (Mitte 14. Jh.), wnd.

O (4. Viertel 13. Jh.), bair.; Q (3. Viertel 15. Jh.), schwäb.; R (1467), alem.

zu *OQR: F 21 (Mitte 13. Jh.), bair.
F 25 (Mitte/2. Hälfte 13. Jh.), alem.
F 18 (2. Hälfte 13. Jh.), bair.
F 60 (Ende 13. Jh.), bair.
zu *QR: F 40 (Anfang 14. Jh.), bair.
zu R: F 39 [bis 319,18 und ab 498,2] (1. Hälfte 14. Jh.), alem.

T (2. Hälfte 13. Jh.), alem.; U (1331–1336), rhfrk.; V (2. Hälfte 14. Jh.), alem.; W (1477), alem.

    zu *T: F 26 (Ende 1. Viertel 13. Jh.), alem., bair., md./ofrk. Merkmale (Schöller, 2009, S. 60 f.).
              F 32 (70er Jahre 13. Jh.), alem. – Nach Schöller, 2009, S. 79, zeigt „das Fragment im Bereich des Prologs eine Nähe zu *T und in den Folgeversen eine Nähe zu *QR".
              F 42 (4. Viertel 13. Jh.), alem. – Zugehörigkeit zu *T kann nach Schöller, 2009, S. 121, „als wahrscheinlich, wenn auch nicht als endgültig bewiesen angesehen werden".

Z (1. Hälfte 14. Jh.), ofrk.

    zu Z: F 48 (2. Hälfte 14. Jh.), bair.
             F 58 (1. Hälfte 14. Jh.), rhfrk.

'D erhält also einen Zuwachs von 5 Fragmenten. Die Gruppe besteht durchgängig aus frühen Zeugen, die von der 1. Hälfte des 13. bis zum Ende des 13./Anfang des 14. Jh.s reichen und im bair., alem., ofrk. und md. Raum entstanden sind.

Die rein alem. Gruppe *mno, deren vollständige Hss. aus der Mitte des 15. Jh.s stammen, erhält durch die Fragmente drei weitere ebenfalls alem. Zeugen, von denen zwei aus der 2. Hälfte des 13. Jh.s stammen und damit rund zwei Jh. früher liegen als die vollständigen Hss.

Bei *GI stammen die beiden vollständigen Hss. und zwei der Fragmente aus der Mitte des 13. Jh.s. Die beiden anderen Fragmente werden auf das Ende des 13. und das Ende des 14. Jh.s datiert. Alle Überlieferungsträger weisen alem. oder bair. Merkmale auf.

*LM wird durch die 6 Fragmente zur zweitgrößten Gruppe, die zeitlich von der 1. Hälfte/Mitte des 13. Jh.s bis zur Mitte des 15. Jh.s reicht. Räumlich deckt die Gruppe den alem., bair., hess., thür. und wnd. Bereich ab.

*OQR avanciert durch ebenfalls 6 Fragmente zur umfangreichsten Gruppe, die zeitlich von der Mitte des 13. bis zum 3. Viertel des 15. Jh.s reicht und im bair.-alem. Raum enstanden ist.

Die mehr oder weniger vollständigen Überlieferungsträger der Gruppe *TUVW setzen in der 2. Hälfte des 13. Jh.s ein und reichen über die 1. und die 2. Hälfte des 14. Jh.s bis 1477. Der Schwerpunkt liegt im alem. Bereich mit einem Ausgriff ins Rhfrk. Die drei sicher oder wahrscheinlich zu *T gehörigen Fragmente stammen aus dem 13. Jh. (F 26 Ende 1. Viertel 13. Jh.) und sind im alem. Raum entstanden.

*Z reicht als einzige Gruppe nicht bis in 13. Jh. zurück. Alle drei Überlieferungsträger sind aber nicht sehr viel jünger und in der 1. bzw. der 2. Hälfte des 14. Jh.s im rhfrk., ofrk. und bair. Raum entstanden.

3. Das Problem der ‚Mischhandschriften'

Obwohl sich die Annahme einer Zweiteilung der Überlieferung in *D- und *G-Hss. im wesentlichen durchgesetzt hat, sind bei einzelnen Überlieferungsträgern immer wieder Beobachtungen gemacht worden, die auf eine Stellung zwischen *D und *G hindeuteten. Bereits 1910 hatte Feodor Kittelmann auf das Phänomen der ‚Mischhandschriften' aufmerksam gemacht, wenn etwa in dem Fragm. G^β (später G^α, heute F 40) auf engstem Raum (z.B. 652,21.22) *G- und *D-Laa. miteinander kombiniert werden. Kittelmann nahm an, daß dabei eine *G-Hs. als Vorlage zugrunde liege, in die *D-Laa. eingetragen waren, „welche Glossen dann gelegentlich von dem Abschreiber in den Text aufgenommen wurden" (Kittelmann, 1910, S. 32; das Material dort S. 27). Generell stellt er sich die Entstehung von Mischhandschriften folgendermaßen vor: „Durch Vergleichung zweier verschiedener Hss. (also in unserem Falle einer *D-* und *G-*Hs.) erkannte ein Schreiber deren vielfache Abweichungen. Er trug darauf in die eine Hs. Laa. der anderen sei es zwischen die Zeilen, sei es an den Rand ein. Ein späterer Schreiber, dem nun die Aufgabe wurde, diese Hs. zu kopieren, zog alsdann diese Glossen hin und wieder in seinen Text hinein, auf diese Weise eine bunte Mischung zweier abweichender Redaktionen herstellend" (Kittelmann, 1910, S. 4). Die Vorlage des letzten Schreibers wäre gewissermaßen ein von außen her gesehen fester, innen und für die Benutzer jedoch ein unfester Text. Bei weiteren Abschriften dieser Vorlage hätten die Abschreiber die verschiedenen Lesarten jeweils anders kombinieren können, so daß aus ein und derselben Vorlage ganz unterschiedliche Abschriften hätten entstehen können (Maas, 1960, S. 8f.; Stackmann, 1964, S. 248; Höver, 1971, S. 65–69, S. 93–101, bes. S. 100f.; Heinzle, 1978, S. 101; Bumke, 1996, S. 17 und Anm. 77; Schirok, 2001, S. 179f. und Anm. 73; zu möglichen Autorvarianten im Pz. Bonath, 1970, S. 67 [Pz. 257,23f.]; Bumke, [6]1991, S. 13 [Pz. 184,4]; zur Möglichkeit des Nachtrags von Pz. 69,29–70,6 auf den Rand Bonath, 1970, S. 64f., S. 102–105).

Im Ergebnis ähnliche Vorstellungen wie die genannten Untersuchungen vertritt Eduard Hartl in seiner Arbeit über die „Wiener Mischhandschriftengruppe *W" [= TUVW]. Hartl meint, man habe sich bislang „die Überlieferung recht einfach und bequem vorgestellt", indem man aus dem Archetyp einerseits *D und andererseits *G hervorgehen ließ. Es falle aber „wirklich schwer, anzunehmen, daß dies der Wirklichkeit entspricht" (Hartl, 1928, S. 149). Demgegenüber schlägt Hartl ein ungewöhnliches „Stammbild" vor, in dem vom „A(rchetypus)" senkrecht nach unten ein „Hauptstamm" über „*B" zu „*W" führt, wobei zwischen A und *B die *D-Hss. und zwischen *B und *W die *G-Hss. waagerecht nach rechts und links abzweigen. Nach Hartl ist es naheliegend „anzunehmen, daß sich *G aus *D entwickelt habe" und „die Gruppe *W mit ihren zahlreichen *D-Laa. nichts weiter als die Fortsetzung des Hauptstammes" darstellt (Hartl, 1928, S. 150f.; kritisch dazu Bonath, 1970, S. 39–51). Obwohl die Ausführungen im einzelnen nicht ganz klar sind, geht Hartl offenbar davon aus, daß die Laa. von *D stets verfügbar waren.

Im speziellen Fall von *W [= *TUVW] scheint Hartl teils von einer Dreiteilung, teils von einer Zweiteilung der Pz.-Überlieferung auszugehen. So stellt er gleich eingangs fest, daß „die Hss. *G^{n}G^{δ}G^{μ}G^φ [= *TUVW] eine eigene von *D wie von *G deutlich sich abhebende [also dritte] Gruppe bilden" (S. 1), während er später konstatiert, „schon ein flüchtiger Vergleich der Hss. G^{n}G^{μ}G^{δ}G^φ [= TUVW] (= *W) mit *G lehrt, daß diese 4 Hss. zu *G zu stellen sind" (Hartl, 1928, S. 34). In der Ausgabe von 1952 geht er von *W als „einem Seitenzweig der Klasse *G" aus (Hartl, 1952, S. LI = Schirok, 2003, S. XLI).

Für Hartls *W (=*T [*TUVW]) als eigenständige Fassung neben bzw. zwischen *D und *G plädiert entschieden Schöller (2009).

George Kreye spricht in seiner von Hartl angeregten Dissertation über G^τ [= Q] von „der veralteten Einteilung der Parzivalhss. in nur zwei Klassen", nach der „die Hs. G^τ eine Mischhandschrift zu nennen" wäre, „denn sie bietet, teilweise in Übereinstimmung mit *Dd*, Verse, die in **G* fehlen [...] und teilweise in Übereinstimmung mit *Ggg*, Verse, die in *Dd* fehlen [...]" (Kreye, 1940, S. 44). Unklar ist dabei, was an die Stelle der „veralteten Einteilung" treten soll. Möglicherweise war Kreye Hartls Einschätzung bekannt, G^τ [= Q] gehöre „mit G^α [= F 40] und G^χ [= R] zu einer besonderen, *W [= TUVW] nahestehenden Gruppe" (Hartl, 1952, S. LIII = Schirok, 2003, S. XLIII).

4. Die Fassungen *D und *G

Die Fassungen *D und *G unterscheiden sich im Versbestand und im Wortlaut. Schon Lachmann stellte fest, daß dies jedoch nur für die Bücher I–VII und XII–XVI gilt, nicht aber für die Bücher VIII–XI (Lachmann, 1833, S. XV = Schirok, 2003, S. XVI).

4.1 Der Wegfall der Unterschiede zwischen *D und *G in den Büchern VIII–XI

Die Unterschiede zwischen *D und *G und ihr Wegfall in den Büchern VIII–XI werden entweder (1) auf die Vorlagen oder (2) auf die Schreiber zurückgeführt.

1. Eberhard Nellmann erwägt: „Es gab früh zwei unterschiedliche Fassungen – nennen wir sie *D und *G. Bei einem Exemplar der einen Redaktion (*D oder *G) gingen vier Bücher verloren. Das lückenhafte Exemplar wurde abgeschrieben. Der Schreiber besorgte sich für die Lücke eine zweite Hs. – zufällig eine der anderen Redaktion" (Nellmannn, 1968, S. 18). Joachim Heinzle hat auf die Möglichkeit einer anderen Motivation für den Gebrauch von Vorlagen unterschiedlicher Fassungen hingewiesen, nämlich die gleichzeitige Arbeit mehrerer Schreiber, „wobei die Vorlage für die Bücher VIII–XI zufällig zu einem anderen Texttyp gehörte als die Vorlage(n) für die übrigen Bücher" (Heinzle, 1973, S. 152).

2. Dagegen vermutet Gesa Bonath, „daß *G von drei verschiedenen Schreibern angefertigt wurde, von denen einer die Bücher VIII–XI sehr zuverlässig abschrieb, die anderen die Bücher I–VII und XII–XVI ziemlich ungenau kopierten" (Bonath, 1971, S. 83; zu den Konsequenzen aus den jeweiligen Annahmen Heinzle, 1973, S. 152 f.).

Kaum beachtet wurden in der bisherigen Diskussion die Längen und die Abfolge der drei Partien:

Bücher I–VII	(1,1–397,30)	397 Dreißiger =	48,0 %
Bücher VIII–XI	(398,1–582,30)	185 Dreißiger =	22,4 %
Bücher XII–XVI	(583,1–827,30)	245 Dreißiger =	29,6 %

Die Verteilung ist sehr ungleichmäßig und könnte darauf hindeuten, daß nach knapp der Hälfte der Abschrift zur Beschleunigung des Verfahrens ein weiterer Schreiber beteiligt wurde, für den man wohl eine zweite Vorlage beschaffen mußte, weil sich mit zwei Schreibern bei einer Vorlage keine höheres Kopiertempo erzielen ließ. Denkbar wäre auch, daß der Schreiber der Bücher I–VII (aus welchen Gründen auch immer) ausfiel und die Arbeit von zwei anderen zu Ende geführt wurde. Auch in diesem Fall wäre eine zweite Vorlage erforderlich geworden.

Bei der Zweiteilung der Partie 398,1–827,30 könnte eine Rolle gespielt haben, daß man die Binnengrenze an eine in den Hss. durch Großgliederungszeichen markierte Stelle legen wollte. In diesem Fall kamen dafür 583,1 oder 679,1 in Frage, da 627,1 (Beginn von Lachmanns Buch XIII) sehr schwach markiert ist (Schirok, 1972, S. 446). Bei der Wahl von 679,1 als Grenze hätten sich Abschnitte von 281 und 149 Dreißigern ergeben, die Aufteilung wäre also sehr viel ungleichmäßiger gewesen als bei der Wahl von 583,1 als Grenze.

Robert Schöller hat jüngst vorsichtig die Möglichkeit erwogen, daß sich der ‚andere' Mittelteil, der durch den (wie immer zu erklärenden) Zusammenfall von *D und *G in diesen beiden Fassungen nicht mehr greifbar ist, in *T erhalten haben könnte (Schöller, 2009, S. 195–200).

4.2 Der Versbestand der Fassungen *D und *G

Zum Versbestand bemerkt Gesa Bonath: „Gemeinsam überliefern *D und *G 24 632 Verse, darüber hinaus hat *D 158 Verse, die in *G nicht erscheinen, *G 26 Verse, die in *D nicht erscheinen. Von den 26 nur in *G bezeugten Versen sind vier als unecht zu erweisen, weil sie der Beseitigung einer Assonanz dienen […]" (Bonath, 1970, S. 67; zu den „Minusverse[n]" von *D" und *G Bonath, 1971, S. 12 und S. 107f.). Die Divergenzen betreffen im wesentlichen drei größere Partien, die verallgemeinernd gesprochen in *D vorhanden sind und in *G fehlen. Allerdings bieten die Einzelhss. der *G-Fassung (die Fragmente der Übersichtlichkeit halber in runden Klammern) ein uneinheitliches Bild (vorhanden: +; nicht vorhanden: −):

	336; 337		770,5–30; 772,3–23	
D	+		+	(F 2 +)
m	+		+	(F 6 +)
n	+		+	
o	+		+	
G	–		–	
I	–		–	
L	–	(F 22 –) (F 39 –)	–	
M	–		–	(F 43 –)
O	–	(F 21 –)	[nur bis 555,21]	(F 18 –)
Q	+	(F 40 +)	+	
R	+		+	
T	+		[nur bis 572,30]	
U	+		+	
V	+		+	
W	+		+	
Z	+		–	(F 48 –)

Bei den Dreißigern 336 und 337 hängt die Beurteilung ihrer Überlieferung eng mit einer (scheinbar ganz anderen) Frage zusammen, nämlich der nach den Pz.-Kenntnissen Wirnts von Grafenberg, die im ‚Wigalois' greifbar sind. Kannte Wirnt nur Wolframs Bücher I–VI? Eberhard Nellmann hat diese These, die lange unbestritten galt, dann aber in Zweifel gezogen wurde, nun wieder entschieden und überzeugend vertreten. In diesem Fall könnten die Kenntnisse Wirnts auf einer Teilveröffentlichung der ersten sechs Pz.-Bücher beruhen, als deren Abschluß die Dreißiger 336 und 337 fungiert hätten. Für Nellmann sind sie „nichts anderes als ein wohlkalkulierter vorläufiger Abschluß des Romantorsos". 336 gibt „im Rahmen des Gesamtwerks durchaus überflüssige Mitteilungen", 337 wendet sich „an die verständigen Damen" und mündet in die „Bitte um einen Fortsetzungsauftrag (Adressat ist wieder eine Dame)" (Nellmann, 2010, S. 145). Nehme man „diese Bitte ernst (und das tut man allgemein), so können wir verstehen, daß die beiden Dreißiger später ausgeschieden werden sollten, sobald sie überflüssig geworden waren […], weil der Fortsetzungsauftrag inzwischen erteilt worden war. Die Tilgung funktionierte aber nur unvollkommen", möglicherweise weil „der Text schon ein Eigenleben führte" und „nicht mehr zurückzuholen war" (Nellmann, 2010, S. 146; zum Eigenleben vgl. auch S. 148–150).

Bei 770,5–30 und 772,3–23 haben offenbar die langen Namenlisten den Schreiber von *G dazu veranlaßt, „kurzen Prozeß" zu machen. Hier dürfte die Charakterisierung von *G als kürzende Bearbeitung angebracht sein. Dabei zeugt freilich „die Reduzierung der Namenlisten auf ein Minimum von 4 bzw. 3 Namen [...] von einer gewissen Verständnislosigkeit seitens des Schreibers; denn nach dem ganzen Aufbau der Szene erwartet man nicht eine so geringe Anzahl von besiegten Gegnern" (Bonath, 1971, S. 109). Auch die Initialensetzung belegt die Kürzung in den betroffenen Hss. (Schirok, 1972, S. 394 f.). Bei 336/337 gibt es dagegen keine erkennbaren Gründe für eine Weglassung. Die Initialensetzung kann hier, da es sich um vollständige Dreißiger handelt, nicht herangezogen werden. Auffällig ist, daß die einzelnen *G-Hss. mit Ausnahme von Z einheitlich verfahren; entweder sind alle drei Partien vorhanden oder alle drei nicht vorhanden.

4.3 Die Dreißiger- und Bucheinteilung

Wesentlich mehr Probleme als die größeren Lücken bereiteten Lachmann die kleineren. In der Vorrede zur Ausgabe von 1833 hatte er festgestellt: „echte verse fehlen jeder der zwei klassen" (Lachmann, 1833, S. XVIII = Schirok, 2003, S. XIX). Daraus ergab sich jedoch ein Problem. Denn wenn *D und *G im Versbestand an einer Stelle differieren und sich aufgrund der Gleichwertigkeit der Lesarten nicht beurteilen läßt, ob die umfangreichere Version der einen Fassung ‚echt' oder ‚unecht' ist, dann kann nicht ohne weiteres entschieden werden, ob die Verse der umfangreicheren Version in den Text aufzunehmen sind oder nicht. Für Lachmann gibt es jedoch ein (vermeintlich) „sicheres Kriterium der echten und unechten Verse", nämlich die Annahme, daß der Text „aus 827 Abschnitten von 30 Versen" besteht (Lachmann/Grimm, 1927, Bd. 1, S. 394; zur Entstehung der Buch- und Dreißigereinteilung Schirok, 1972, S. 23–45; zum sog. Reiseexemplar S. 591–628; Schirok, 2003, S. LXX–LXXIII und LXXXIV–LXXXVII).

Tatsächlich ist der Text in den Hss. mittels Lombarden, Kleininitialen oder Paragraphenzeichen in Abschnitte eingeteilt, die von 224,1 an (Beginn Buch V) regelmäßig 30 Verse umfassen oder sich auf einer kurzen Strecke zu einem Vielfachen von 30 ergänzen (28 + 32; 28 + 30 + 32 o. ä.). Davor gibt es ebenfalls eine Abschnittseinteilung, die jedoch unregelmäßig ist (28–32 Verse, aber auch geringere und höhere Umfänge) und sich auch nicht zu einer festen Bezugszahl ergänzt. Die Hss. stimmen für Lachmanns Bücher I–IV in der Plazierung der Abschnittskennzeichnung nicht immer überein und bieten ein etwas unübersichtliches

Bild. In der Hs. G setzt der Schreiber I (1,1–434,20) die Initialen nach einem bestimmten Schmuckmuster (Schirok, 1972, S. 97). In der Hs. I ist der Bereich 1,1–45,2 nicht erhalten. Die Hs. O führt im Bereich 1–125 singulär eine weitgehend regelmäßige Dreißigergliederung durch (vgl. Lachmanns Bemerkung im Apparat zu 125). Die Initialen der Hs. D werden bis 34,29 von T und (teilweise) dem Fragment 32 [G^r] aus dem 3. Viertel des 13. Jh.s bestätigt (zwischen 12,3 und 17,15 uneinheitlich). Danach differieren die Hss. stark. Ab 92,9 werden die D-Abschnitte bis 182,19 teils übereinstimmend, teils abwechselnd von I und T und anderen Hss. gestützt. Dann gehen die Hss. wieder weitgehend eigene Wege, bis bei 224,1 die regelmäßigen Dreißiger einsetzen (Schirok, 1972, S. 150–233). Lachmann hat die regelmäßige Gliederung der Partie nach 224,1 auf den Beginn rückübertragen. Pointiert gesagt: Die Dreißiger der Bücher V–XVI stammen aus den Hss., die der Bücher I–IV stammen von Lachmann. Ausschlaggebend wird gewesen sein, daß er für die Entscheidung über die Aufnahme nur in *D oder nur in *G bezeugter Verse in seinen Text ein festes Kriterium brauchte. Daß Lachmanns regelmäßige Dreißigereinteilung des Beginns nicht authentisch ist, ergibt sich schon daraus, daß die Großgliederungszeichen in diesem Bereich innerhalb der Dreißiger liegen (Beginn Buch II bei 58,27; Beginn Buch III bei 116,5; Beginn Buch IV bei 179,13).

Die handschriftlich gut bezeugte Groß- und Kleingliederung bietet den willkommenen Nebeneffekt, daß sie es nun doch erlaubt, hinter die Fassungen *D und *G zurückzukommen. Joachim Bumke hat die Stellung der Großgliederungszeichen in den vollständigen Hss. des 13. Jh.s (DGOIT) analysiert und in fünf Fällen Übereinstimmung bei vier und in fünf (bzw. sechs; zu 129,5 in T vgl. Schöller, 2009, S. 206, Anm. 390) weiteren Fällen Übereinstimmung bei drei der alten Hss. festgestellt. Daß die Übereinstimmungen nach 553,1 zurückgehen, liegt vermutlich am Ausfall von O und T. Würde man das Votum der Gruppenangehörigen auf die ausgefallenen Hss. übertragen, könnte man zusätzlich bei 734,1 und schwächer bei 679,1 (möglicherweise auch schwach bei 583,1) von handschriftlicher Sicherung ausgehen. Bumke folgert: „Diese Übereinstimmungen von Handschrift D mit den alten G-Handschriften bezeugen eine Redaktion des Textes, die früher stattgefunden hat als die Aufspaltung der Überlieferung in einen D-Zweig und einen G-Zweig. Auf diese Beobachtung ließe sich die Vermutung gründen, daß ein Grundstock an Groß-Initialen bis in Autor-Nähe zurückreicht" (Bumke, [8]2004, S. 197). Dafür könnte auch sprechen, daß die Textverschiedenheit zwischen *G und *D an einer Buchgrenze (VII/VIII) aufhört und an einer

Buchgrenze (XI/XII) wieder einsetzt. Der Beginn von Buch VIII ist ohnehin sehr gut bezeugt, der Beginn von Buch XII jedoch von den Hss. des 13. Jh.s nur in D (möglicherweise auch in der hier ausgefallenen Hs. O, wenn man das Zeugnis der Gruppenangehörigen Q und R für O gelten ließe).

Auch bei der Dreißiger-Einteilung (ab Buch V) bzw. der Abschnittseinteilung davor (Buch I–IV) könne man annehmen, daß sie „sehr früh in der Textgeschichte entstanden ist; möglicherweise in unmittelbarer Autornähe" (Bumke, [8]2004, S. 198).

Einen anderen Versuch, hinter *D und *G zurückzukommen, hat Gesa Bonath unternommen. Sie sieht wie schon Lachmann in der Einordnung der 8 Verse, die in allen Hss. zwischen 71,6 und 71,7 stehen, einen Fehler des Archetyps. Dabei ist zwar Lachmanns Umstellung hinter 69,28 (als 69,29–70,6) der Vorzug gegenüber Bonaths Einordnung vor 76,1 zu geben (Bonath, 1970, S. 64f.; Heinzle, 1973, S. 147f.), doch spielt das für das Beweisziel, daß die falsche Einordnung vor der Aufspaltung in *D und *G erfolgte, keine Rolle.

4.4 Der Wortlaut der Fassungen *D und *G

Für Ernst Martin hatte *G das Ziel, „Wolframs eigenartigen Stil der gewöhnlichen Ausdrucksweise der höfischen Dichter näher zu bringen". Es handele sich um „eine nachglättende Bearbeitung, welche schwerlich vom Dichter selbst herrührt […]" (Martin, 1900, S. XXXf.). Diese Linie ist von Martins Schüler Ernst Stadler weiter verfolgt worden, wobei er nicht *D und *G, sondern D und G untersucht und in G eine „Annäherung an den Stil Hartmanns von Aue" festzustellen glaubt (Stadler, 1906, S. 8). Gesa Bonath wendet sich gegen die Gleichsetzung von G und *G, bringt auch Gegenbeispiele gegen die vermeintliche Hartmann-Annäherung von *G, die „damit ad acta gelegt werden" könne, konstatiert gleichwohl eine „Tendenz zur Trivialisierung" in *G (Bonath, 1970, S. 27, 32f.). Demnach wäre *G eine Bearbeitung von *D. Mit Recht hat Joachim Heinzle darauf hingewiesen, daß „das von G. Bonath ausgebreitete Material […] noch kein endgültiges Urteil [erlaubt]. Erst eine detaillierte Analyse des gesamten Textes wird zeigen können, ob die Annahme eines dezidierten Bearbeitungswillens in *G hinfällig ist oder nicht" (Heinzle, 1973, S. 153). Ähnlich unsicher über die Autornähe der Fassungen konstatiert Eberhard Nellmann: „Welche der beiden Versionen Wolfram nähersteht, konnte bisher nicht endgültig geklärt werden"

(Nellmann, 1994, Bd. 2, S. 425). So ist die Situation nach wie vor äußerst unbefriedigend (zu den Möglichkeiten moderner elektronischer Technik und neuer Präsentationsformen Stolz, 2002 [a]).

Prüft man die Unterschiede im Wortlaut zwischen *D und *G, so ergibt sich ein Bild, das im Prinzip Bumkes Gegenüberstellung der A- und der B-Laa. von Hartmanns ‚Iwein' entspricht (Bumke, 1996, S. 33–36), z. B.:

	Lachmanns Text	Apparat Ggg.
79,5	*er hetz brâht von der heidenschaft*	*Er brahtez*
80,19	*dô bant er abe sînen helm*	*Man bant im*
81,16	*der Wâleisinne garzûn*	*Der chuniginne*
83,7	*ûf spranc der wirt vil schiere*	*Der wirt spranch uf*
83,30	*dâ saz ûf des sich hie fröut*	*Dar uf saz des*
85,1	*dô bôt man in daz trinken dar*	*Man bot in*
85,27	*mîn hêr Brandelidelîn*	*Der stolze br.*
86,21	*ein vesperîe ist hie erliten*	*Hie ist ein vesperie*
88,7	*Dô diu botschaft was vernomn*	*Diu botschaft was ouch vernomen*
88,10	*hinz im sprach si disiu wort*	*Si sprach hinze im*
89,5	*und gienc von ir wider în*	*Unde cherte von ir wider in*
93,5	*sîn kumber leider was ze grôz*	*Do was sin chumber al ze groz*
93,11	*Als der ander tac erschein*	*Des morgens do der tach*
93,29	*sî kômen dâ man messe sanc*	*fuoren*
95,18	*die vrechen sint sô hie gezemt*	*Hie sint die frechen so gezemet*
95,27	*als mir diu âventiure sagt*	*Als uns*

Bumke hält als Ergebnis seines Vergleichs zwischen den ‚Iwein'-Hss. A und B fest: „Gewiß sind die [...] Laa. nicht an allen Stellen gleichwertig; manchmal erscheint die eine, manchmal die andere passender oder besser. Aber nirgends läßt sich der Beweis führen, daß nur die eine Lesart richtig sein kann, die andere falsch sein muß" (Bumke, 1996, S. 36). Die als Beispiele angeführten Pz.-Lesarten sind ähnlich zu bewerten. Daraus ergibt sich: Wenn ein Herausgeber nicht wie Lachmann aus zwei bezeugten Fassungen einen nicht bezeugten Text kreieren will, dann muß er sich entweder für eine Hs. einer Fassung als Leiths. entscheiden oder die Fassungen in kritischer Bearbeitung parallel abdrucken.

Die Entscheidung, ob man sich *D oder *G anschließt oder beide berücksichtigt, hat für die Interpretation freilich nur geringe Folgen. Das Fehlen der Dreißiger 336–337 in einigen *G-Hss. hätte z. B. zur Folge, daß dort dem VI. Buch die Abrundung (336,1–30) und die Zusammenfassung der Frauenschicksale (337,1–22) fehlte, auf die der Prolog von Buch VII zu rekurrieren scheint (Schirok, 2003, S. CXII). Andererseits konnte die Bitte um einen Fortsetzungsauftrag (337,23–30) deplaziert wirken, wenn jedermann wußte, daß der Bitte längst entsprochen worden war (Nellmann, 2010, S. 145 f.). In anderen Werken wie dem ‚Nibelungenlied' oder dem ‚Iwein' (Fußfall Laudines) ist die Entscheidung, welcher Fassung man bei der Interpretation folgt, jedenfalls sehr viel folgenreicher.

5. Der Prozeß der Textverbreitung

Die Überlieferungsträger werden im folgenden zunächst nach der zeitlichen und räumlichen Einordnung sowie der *D- bzw. *G-Zugehörigkeit dargestellt und analysiert. Beide Kriterien sind nicht unproblematisch. Bei der zeitlichen Einordnung bin ich den vorliegenden Ansätzen gefolgt. Die räumliche Einordnung nach der Schriftsprache ist sicher noch problematischer, weil zahlreiche Interferenzen auftreten dürften (Heimat, Ausbildungs- und Tätigkeitsort des Schreibers; Vorlage und Vorlage der Vorlage, jeweils wieder mit denselben Überlappungsproblemen; eventuell Rücksichtnahme auf den Besteller usw.).

Vom Pz. gibt es nach derzeitigem Stand (→ II, S. 943 ff.) insgesamt 88 Überlieferungsträger, 16 mehr oder weniger vollständige Hss., 71 Fragmente und einen Druck. Einige Fragmente sind verschollen, eines ist verbrannt, bei einem ist nach Auktionsverkauf der Verbleib unbekannt. In den meisten Fällen sind aber durch Fotografien oder frühere Publikationen Inhalt, Entstehungszeit und Schreibsprache bekannt. Lediglich bei zwei Fragmenten (F 46 und F 67) lassen sich die Schreibsprachen nicht bestimmen, weil zu wenig bzw. gar kein Text bekannt ist (zur Einrichtung der Hss. Bumke, [8]2004, S. 251). In der Tabelle (vollständig erhaltene Überlieferungsträger sind unterstrichen) bedeuten:

- ● = *D zugeordnete Überlieferungsträger
- ■ = *G zugeordnete Überlieferungsträger
- ◆ = *T zugeordnete Überlieferungsträger (nach Robert Schöller, 2009)
- ▲ = Überlieferungsträger mit unsicherer oder nicht möglicher Zuordnung

Zeitliche und räumliche (Schriftsprache) Verteilung der Überlieferungsträger

	obd.				md.				nd.		?
	alem.	ofrk.	bair.	allg. obd.	rhfrk.	hess.	thür.	allg. md.	wnd.	ond.	
1.H.13.	●◆			■■							
1.H./M.13.			■								
M.13.	■■■ ■		■■ ■■	▲● ●	▲		■				
M./2.H.13.	■		■						●		
2.H.13.	▲●● ▲◆■		■■▲	■					●		
4.V.13.	▲◆◆		■								
E.13.			■■ ■■	■	▲						
E.13./A.14.	■		●■	●●		●				■	▲
A.14.			■■■	▲					●		
1.H.14.	◆◆■ ■■●	■■▲	▲		■		▲		■		
M.14.			■			▲▲			■		■
2.H.14.			▲■■		◆						
E.14.			■			■					
M./3.V.15.	●●● ■■■ ◆					■					
	30	3	25	9	5	4	3	2	2	2	2
	67				14				4		2

Nimmt man eine Jahrhundertbinneneinteilung in 1. Hälfte – Mitte – 2. Hälfte vor und mittelt die Angaben, die sich diesen Schemata nicht fügen, schlägt also die Ende 13. Jh./Anfang 14. Jh. datierten Überlieferungsträger zur Hälfte dem 13. und zur Hälfte dem 14. Jh. zu, dann ergibt sich folgendes Bild:

13. Jh.	1. Hälfte	4
	Mitte	16
	2. Hälfte	26
14. Jh.	1. Hälfte	22
	Mitte	5
	2. Hälfte	6
15. Jh.	Mitte und 3. Viertel	8

Die Entstehungszeit der Textzeugen beginnt also in der 1. Hälfte des 13. Jh.s und endet 1477. Ihre Schriftsprachen reichen vom Obd. bis zum Nd., vom Elsäss. bis zum Bair.-Österr.

Erwartungsgemäß hat der obd. Raum die größte Zahl von Überlieferungsträgern (67) aufzuweisen, gefolgt vom md. (14) und vom nd. Bereich (4). Innerhalb des Obd. liegt das Alem. leicht (30) gegenüber dem Bair. (25) vorn (vgl. Th. Klein, 1988, S. 125–128, mit etwas anderer Fragerichtung). Zeitlich gesehen ist ab der Mitte des 14. Jh.s ein starker Rückgang zu konstatieren (zur Zunahme der „Produktion von Epenhandschriften" um 1300 vgl. Bumke, 1996, S. 83). Die erneute Zunahme in der Mitte und im 3. Viertel des 15. Jh.s ist auf die Aufnahme des Werkes in die Programme Diebold Laubers und Johann Mentelins zurückzuführen, die sicherlich nicht ohne Marktanalyse oder entsprechende Kundenwünsche erfolgte. Von vorhandenem Interesse zeugen auch die vier anderen in diesem Zeitraum entstandenen Hss. Beim Druck ist zu berücksichtigen, daß von ihm eine Vielzahl von Exemplaren hergestellt wurde, welche den Markt für lange Zeit sättigte. Peter Jörg Becker schätzt die „Zahl der gedruckten Parzival- und Titurelexemplare eher auf ein halbes als auf ein ganzes Tausend je Titel" (Becker, 1977, S. 245). Heute sind vom Pz. noch 37 Exemplare erhalten (Schirok, 1982, S. 41–44). 1784 begründet Christoph Heinrich Myller (Müller) seinen (nach Mentelin) zweiten Druck damit, daß „der erste Anno 1477 gemachte Abdruck so selten wie Manuscript ist" (Myller, 1784, Titelblatt; zit. auch bei Neumann, 1952, S. 15; vgl. zu Myller u. S. 724 ff.).

Die *G-Zeugen dominieren die *D-Zeugen bei weitem. Diese versiegen am Anfang des 14. Jh.s, tauchen dann aber im 15. Jh. als Vorlage der

Lauber-Hss. wieder auf. Eine nicht unbeträchtliche Anzahl von Überlieferungsträgern ist *D bzw. *G nicht eindeutig zuzuordnen.

Der Umstand, daß von den vier frühesten Überlieferungsträgern einer zu *D, einer zu *T und zwei zu *G gehören, zeigt, daß die Fassungen schon mit Einsetzen der Überlieferung ausgebildet erscheinen. Offenbar hat es also „keine lückenlose schriftliche Tradition von der ersten Niederschrift bis zu den erhaltenen Handschriften gegeben" (Bumke, 1996, S. 3 f.).

6. Einzelüberlieferung und Überlieferungsverband

In sieben Hss. ist der Pz. zusammen mit einem oder mehreren (größeren) Werken überliefert. Im Fall des Druckes von 1477 scheint eine Überlieferungsgemeinschaft geplant und meist auch verwirklicht worden zu sein. Von den Fragmenten stammen zwei aus einer Hs. eines Überlieferungsverbands.

Die umfangreichste Sammelhandschrift ist D. Sie enthielt den Pz., das ‚Nibelungenlied' und die ‚Nibelungenklage', Strickers ‚Karl', Wolframs ‚Willehalm', Konrads von Fußesbrunnen ‚Kindheit Jesu' sowie Konrads von Heimesfurt ‚Unser vrouwen hinvart' (Heinzle, 2004). G stellt den seltenen Typ einer Werkausgabe dar (Pz., Tit., Lieder). L und M überliefern in unterschiedlicher Reihenfolge den Pz. und den ‚Wigalois' (zur Möglichkeit der Verbindung beider Texte schon in der Vorstufe *LM Bumke, 2004, S. 253). V und V' tradieren den Pz. zusammen mit dem zwischen die Bücher XIV und XV eingeschobenen ‚Rappoltsteiner Parzifal'. V' (Abschrift von V) bestand ursprünglich aus zwei Bänden, deren erster nicht erhalten ist. Z enthält neben dem Pz. den ‚Lohengrin'. Die Hs. verkörpert zusammen mit den Heidelberger Hss. Cpg 383 und Cpg 404, welche den ‚Jüngeren Titurel' bzw. den Wh. (zusammen mit Ulrichs von dem Türlin ‚Arabel' und Ulrichs von Türheim ‚Rennewart') überliefern, „eine stattliche Gesamtausgabe der im Mittelalter Wolfram zugeschriebenen oder wenigstens seinen Geist und Stil adoptierenden Werke" (Becker, 1977, S. 92; → S. 28, 625). Der Pz.-Druck von 1477 (W) und der Druck des ‚Jüngeren Titurel' aus demselben Jahr sind „meist in zusammengebundener Form überliefert [...], soweit sie in zeitgenössischen Einbänden vorliegen." Daraus ist zu schließen, daß dieser Verbund „wohl vom Verleger beabsichtigt worden war" (Becker, 1977, S. 245 f.). F 32 gehört mit dem Züricher ‚Tristan'-Fragment zu einer Sammelhandschrift, die Gottfrieds ‚Tristan' – wie die Seitenpaginierung beweist – ohne Fortsetzungen (hier ist Becker, 1977, S. 43, zu korrigieren) und danach den Pz. enthielt. F 9 gehört zusammen mit den Gothaer und Weimarer ‚Segremors'-Fragmenten zu einer großformatigen (470 × 350 mm) Sammelhandschrift, die aus der gleichen Werkstatt wie die Jenaer Liederhandschrift, vielleicht sogar vom selben Schreiber stammt (Schiewer, 1988, S. 229, Anm. 28).

Literatur

Texte

Die Nibelungenklage. Synoptische Ausgabe aller vier Fassungen, hg. von Joachim Bumke, Berlin/New York 1999.
[Wolfram von Eschenbach] Samlung deutscher Gedichte aus dem XII., XIII. und XIV. Iarhundert [hg. von Christoph Heinrich Müller (Myller)], [darin:] Parcival. Ein Ritter-Gedicht aus dem dreizehnten Iahrhundert von Wolfram von Eschilbach. Zum zweiten Male aus der Handschrift abgedruckt, weil der erste Anno 1477 gemachte Abdruck so selten wie Manuscript ist, Berlin 1783–1784 [Parcival: 1784]. – Hg. von Karl Lachmann, Berlin 1833; 7. Aufl., Berlin 1952 [neu bearb. und mit einem Verzeichnis der Eigennamen und Stammtafeln vers. von Eduard Hartl, Bd. 1: Lieder, Parzival und Titurel (mehr nicht erschienen)]. – Wolfram von Eschenbach, Parzival. Studienausgabe. Mhd. Text nach der sechsten Ausgabe von Karl Lachmann. Übersetzung von Peter Knecht. Mit Einführungen zum Text der Lachmannschen Ausgabe und in Probleme der Parzival-Interpretation von Bernd Schirok, 2. Aufl., Berlin/New York 2003. – Parzival, auf der Grundlage der Handschrift D hg. von Joachim Bumke (ATB 119), Tübingen 2008. – Parzival und Titurel, hg. und erkl. von Ernst Martin, Tl. 1: Text (Germanistische Handbibliothek IX,1), Halle 1900. – Parzival, nach der Ausgabe Karl Lachmanns rev. und komm. von Eberhard Nellmann, übertr. von Dieter Kühn, 2 Bde. (Bibliothek des Mittelalters 8/1–2 = Bibliothek deutscher Klassiker 110), Frankfurt a.M. 1994. – Titurel. Mit der gesamten Parallelüberlieferung des Jüngeren Titurel, kritisch hg., übers. und komm. von Joachim Bumke/Joachim Heinzle, Tübingen 2006.

Forschung

Becker, Peter Jörg, Handschriften und Frühdrucke mittelhochdeutscher Epen. Eneide, Tristrant, Tristan, Erec, Iwein, Parzival, Willehalm, Jüngerer Titurel, Nibelungenlied und ihre Reproduktion und Rezeption im späteren Mittelalter und in der frühen Neuzeit, Wiesbaden 1977.
Beckers, Hartmut, Sprachliche Beobachtungen zu einigen Parzival-Bruchstücken niederdeutscher Schreiber, in: Wolfram-Studien 12 (1992), S. 67–92.
Bonath, Gesa, Untersuchungen zur Überlieferung des Parzival Wolframs von Eschenbach, 2 Bde. (Germanische Studien 238–239), Lübeck/Hamburg 1970–1971.

Bonath, Gesa/Lomnitzer, Helmut, Verzeichnis der Fragment-Überlieferung von Wolframs Parzival, in: Studien zu Wolfram von Eschenbach. Festschrift für Werner Schröder zum 75. Geburtstag, hg. von Kurt Gärtner/Joachim Heinzle, Tübingen 1989, S. 87–149.

Bumke, Joachim, Wolfram von Eschenbach (Sammlung Metzler 36), 6. Aufl., Stuttgart 1991; 8. Aufl., Stuttgart/Weimar 2004. – Die vier Fassungen der Nibelungenklage. Untersuchungen zur Überlieferungsgeschichte und Textkritik der höfischen Epik im 13. Jahrhundert (QuF 8 [242]), Berlin/New York 1996. – (Hg.) Die Nibelungenklage. Synoptische Ausgabe aller vier Fassungen, Berlin/New York 1999. – Rez. Schöller (2009) und Viehhauser-Mery (2009), in: ZfdA 139 (2010), S. 240–249.

Bumke, Joachim/Heinzle, Joachim (2006) → Texte: Wolfram von Eschenbach, Titurel.

Hartl, Eduard, Die Textgeschichte des Wolframschen Parzival. I. Teil: Die jüngeren *G-Handschriften. 1. Abteilung: Die Wiener Mischhandschriftengruppe *W ($G^nG^\delta G^\mu G^\phi$) (Germanisch und Deutsch. Studien zur Sprache und Kultur 1), Berlin/Leipzig 1928. – (1952) → Texte: Wolfram von Eschenbach, hg. von Karl Lachmann.

Heinzle, Joachim, Rez. Bonath (1970–1971), in: AfdA 84 (1973), S. 145–157. – Mittelhochdeutsche Dietrichepik. Untersuchungen zur Tradierungsweise, Überlieferungskritik und Gattungsgeschichte später Heldenepik (MTU 62), München 1978. – Klassiker-Edition heute, in: Methoden und Probleme der Edition mittelalterlicher deutscher Texte. Bamberger Fachtagung 26.–29. Juni 1991. Plenumsreferate, hg. von Rolf Bergmann/Kurt Gärtner/Volker Mertens/Ulrich Müller/Anton Schwob (Beihefte zur editio 4), Tübingen 1993, S. 50–62. – St. Galler Handschrift 857, in: ^{2}VL 11 (2004), Sp. 481–485.

Höver, Werner, Theologia Mystica in altbairischer Übertragung. Bernhard von Clairvaux, Bonaventura, Hugo von Balma, Jean Gerson, Bernhard von Waging und andere. Studien zum Übersetzungswerk eines Tegernseer Anonymus aus der Mitte des 15. Jahrhunderts (MTU 36), München 1971.

Hofmeister, Rudolf Anton, Manuscript evidence in Wolfram's Parzival, Diss. Univ. of Illinois (Urbana-Champaign) 1971.

Kittelmann, Feodor, Einige Mischhandschriften von Wolframs Parzival (QuF 109), Straßburg 1910.

Klein, Thomas, Ermittlung, Darstellung und Deutung von Verbreitungstypen in der Handschriftenüberlieferung mittelhochdeutscher Epik, in: Deutsche Handschriften 1100–1400. Oxforder Kolloquium 1985, hg. von Volker Honemann/Nigel F. Palmer, Tübingen 1988, S. 110–167.

Kreye, George, Die Parzival-Handschrift G^t (Donaueschingen Nr. 70) (Ottendorf Memorial Series of Germanic Monographs 25), New York 1940.

Lachmann, Karl (1833) → Texte: Wolfram von Eschenbach.

[Lachmann/Grimm] Briefwechsel der Brüder Jacob und Wilhelm Grimm mit Karl Lachmann, im Auftrage und mit Unterstützung der Preußischen Akademie der Wissenschaften hg. von Albert Leitzmann, mit einer Einleitung von Konrad Burdach, 2 Bde., Jena 1927.

Luserke, Matthias (Hg.), Johann Wolfgang Goethe, Die Leiden des jungen Werthers. Studienausgabe. Paralleldruck der Fassungen von 1774 und 1787 (Universal-Bibliothek 9762), Stuttgart 1999.

Maas, Paul, Textkritik, 4. Aufl., Leipzig 1960.
Martin, Ernst (1900) → Texte: Wolfram von Eschenbach.
van Mulken, Margot, The Manuscript Tradition of the Perceval of Chrétien de Troyes. A stemmatological and dialectological approach, Diss. Amsterdam 1993.
Myller [Müller], Christoph Heinrich (1784) → Texte: Wolfram von Eschenbach.
Nellmann, Eberhard, Zur handschriftlichen Überlieferung des Parzival, in: Kolloquium über Probleme altgermanistischer Editionen. Marbach am Neckar, 26. und 27. April 1966. Referate und Diskussionsbeiträge, hg. von Hugo Kuhn/Karl Stackmann/Dieter Wuttke (Deutsche Forschungsgemeinschaft, Forschungsberichte 13), Wiesbaden 1968, S. 13–21. – Rez. Bonath 1970, in: Beitr. (Tübingen) 95 (1973), S. 450–456. – (1994) → Texte: Wolfram von Eschenbach. – Parzival (Buch I–VI) und Wigalois. Zur Frage der Teilveröffentlichung von Wolframs Roman, in: ZfdA 139 (2010), S. 135–152.
Neumann, Friedrich, Karl Lachmanns ,Wolframreise'. Eine Erinnerung an seine Königsberger Zeit, in: Jahrbuch der Albertus-Universität zu Königsberg/Pr. 2 (1952), S. 138–158 [wieder in: Wolfram von Eschenbach, hg. von Heinz Rupp (WdF 57), Darmstadt 1966, S. 6–37 (zit.)].
Rolle, Sabine, Bruchstücke. Untersuchungen zur überlieferungsgeschichtlichen Einordnung einiger Fragmente von Wolframs Parzival (Erlanger Studien 123), Erlangen/Jena 2001.
Schiewer, Hans-Jochen, Ein ris ich dar vmbe abe brach/Von sinem wunder bovme. Beobachtungen zur Überlieferung des nachklassischen Artusromans im 13. und 14. Jahrhundert, in: Deutsche Handschriften 1100–1400. Oxforder Kolloquium 1985, hg. von Volker Honemann/Nigel F. Palmer, Tübingen 1988, S. 222–278.
Schirok, Bernd, Der Aufbau von Wolframs Parzival. Untersuchungen zur Handschriftengliederung, zur Handlungsführung und Erzähltechnik sowie zur Zahlenkomposition, Diss. Freiburg i.Br. 1972. – Parzivalrezeption im Mittelalter (Erträge der Forschung 174), Darmstadt 1982. – Autortext – Fassung – Bearbeitung. Zu Werner Schröders Ausgabe der Arabel Ulrichs von dem Türlin, in: ZfdA 130 (2001), S. 166–196. – (2003) → Texte: Wolfram von Eschenbach. – Rez. Schöller (2009) und Viehhauser-Mery (2009), in: ZfdPh 130 (2011), S. 127–139.
Schöller, Robert, Die Fassung *T des Parzival Wolframs von Eschenbach. Untersuchungen zur Überlieferung und zum Textprofil (QuF 56 [290]), Berlin/New York 2009.
Stackmann, Karl, Mittelalterliche Texte als Aufgabe, in: Festschrift für Jost Trier zum 70. Geburtstag, hg. von William Foerste/Karl Heinz Borck, Köln/Graz 1964, S. 240–267 [zit.] [wieder in: Karl Stackmann, Mittelalterliche Texte als Aufgabe. Kleine Schriften I, hg. von Jens Haustein, Göttingen 1997, S. 1–25].
Stadler, Ernst, Über das Verhältnis der Handschriften D und G von Wolframs Parzival, Diss. Straßburg 1906.
Stolz, Michael, Wolframs Parzival als unfester Text. Möglichkeiten einer überlieferungsgeschichtlichen Ausgabe im Spannungsfeld traditioneller Textkritik und elektronischer Darstellung, in: Wolfram-Studien 17 (2002), S. 294–321 [a]. – Wolfram-Lektüre für die spätmittelalterliche Stadt. Erkundung einer literarischen Topographie am Beispiel des Berner Parzival, in: Germanistik in der Schweiz. Online-Zs. der SAGG 1 (2002) [<http://www.germanistik.unibe.ch/SAGG-Zeitschrift/1_02/>], S. 19–56 [b]. – Vernetzte Varianz. Mittelalterliche Schriftlichkeit im digitalen Medium, in: ,System ohne General'. Schreibszenen im digitalen Zeit-

alter, hg. von Davide Giuriato/Martin Stingelin/Sandro Zanetti (Zur Genealogie des Schreibens 3), München 2006, S. 217–244.

Viehhauser-Mery, Gabriel, Die Parzival-Überlieferung am Ausgang des Manuskriptzeitalters. Handschriften der Lauberwerkstatt und der Straßburger Druck (QuF 55 [289]), Berlin/New York 2009.

III.2. Die Bilderhandschriften und Bildzeugnisse

von BERND SCHIROK

1. **Vorbemerkungen** – 2. **Die Bilderhandschriften** – 2.1 Der Münchener Codex Cgm 19 (G) – 2.2 Der Münchener Codex Cgm 18 (O) – 2.3 Die Berner Handschrift AA 91 (R) – 2.4 Die Handschriften m (Wien, Cod. Vindob. 2914), n (Heidelberg, Cpg 339) und o (Dresden, M 66) – 2.5 Der Mentelin-Druck von 1477 (W) – 2.6 Übersicht über die Verteilung der Bilder in den Handschriften – 3. **Die Bildzeugnisse** – 3.1 Die ‚Parzival'-Darstellungen im Haus zur Kunkel in Konstanz – 3.2 Die Lübecker ‚Parzival'-Bilder – 3.3 Der Braunschweiger Gawan-Teppich

1. Vorbemerkungen

Das zunehmende Interesse der Mediävistik an den Bilderhandschriften und den textabgelösten Bildzeugnissen hat vor allem zwei ineinander greifende Gründe.

Zum einen setzte sich die Erkenntnis durch, daß „Überlieferung [...] nicht nur Text-, sondern auch Bild-Tradition" ist (Heinzle, 1992, S. 8) und die Bildzeugnisse somit einen genuinen Forschungsgegenstand darstellen. Das dokumentierte eindrucksvoll z.B. die Tagung der Wolfram von Eschenbach Gesellschaft 1990 in Marburg, die Problemen der Parzival-Philologie galt und bei der vier von zwölf Vorträgen den Bildzeugnissen gewidmet waren, davon drei vornehmlich oder ausschließlich den Handschriftenillustrationen (Ott, 1992; Saurma-Jeltsch, 1992; Curschmann, 1992), einer den Wandgemälden und Wandteppichen (Schirok, 1992; vgl. auch Lutz/Thali/Wetzel, 2002, 2005 und 2007).

Zum anderen ergab die Beschäftigung mit den Bildzeugnissen, daß diese überwiegend nicht einfach eine Umsetzung des Textes in ein anderes Medium darstellen, wie die ältere Forschung unterstellt hatte, die Abweichungen der Bilder gegenüber dem Text als ‚Fehler' registrierte. Vielmehr zeigte sich, daß die Bildzeugnisse gegenüber dem Text eigenständig verfahren (können) und daß sie durch Auswahl und Akzentuierung in ein spannungsvolles, bisweilen sogar gegensätzliches Verhältnis zum Text treten (können). In diesem Sinne erhält die „Bilderzählung geradezu die Qualität einer selbständigen Textfassung", wenn nämlich „dieselbe Szene im Bild ganz anders abläuft als im Text, obwohl es dieselbe Szene ist" (Bumke, 1996, S. 59 f.). In letzter Zeit ist hier eine gewisse vorsichtige Gegenbewegung gegen die Ausblendung des Textes zu konstatieren. So betonen Elke Brüggen und Hans-Joachim Ziegeler, daß „in einer Handschrift, welche die Schrift der Buchstaben und einen Bilderzyklus miteinander kombiniert, beide Zeichensysteme aufeinander bezogen" bleiben, „so daß die Frage, wie es im konkreten Einzelfall um die Textnähe oder -ferne der Bilder bestellt ist, ihre Berechtigung nicht gänzlich eingebüßt hat" (Brüggen/Ziegeler, 2002, S. 38). Henrike Manuwald plädiert dafür, beim gemeinsamen Auftreten von Text und Bildern in illustrierten Hss. den „Blick darauf zu richten, welche neuen Sinnebenen durch diese Kombination entstehen, was die inhaltlichen Bezüge zwischen Bild und Text, aber auch die Gliederung des Textes durch die Bebilderung angeht" (Manuwald, 2008, S. 21; vgl. Schirok, 1992, S. 189f.).

Grundsätzlich sind bei den Bildzeugnissen auch die äußeren Gegebenheiten zu berücksichtigen. Bei Wandgemälden und Wandteppichen zwingt schon der begrenzte zur Verfügung stehende Raum zu einer Auswahl. Hier kann der Illustrator entweder locker über den Text verteilte (,wichtige') Einzelszenen darstellen oder sich – dies ist das beliebtere Verfahren – auf einen Ausschnitt des Textes in entsprechend dichterer Bildabfolge konzentrieren. Bei den Hss. ist zwar theoretisch eine beliebig dichte Bebilderung denkbar, wobei innerhalb der Pz.-Überlieferung O mit ca. 300 geplanten Bildern den Spitzenplatz einnimmt. Eine noch dichtere Bebilderung zeigt die nur fragmentarisch erhaltene ,Große Bilderhandschrift' von Wolframs Wh. (Manuwald, 2008). Eine nach diesem System organisierte Pz.-Hs. käme auf knapp 2500 Bilder. Tatsächlich aber weisen die in den Pz.-Hss. realisierten Bildzahlen eine weit schmalere Bandbreite auf; die erfahrene Lauber-Werkstatt z.B. hat ihre Hss. mit 31 (m) bis 63 (o) bzw. 66 (n) Bildern ausgestattet.

Dabei muß offen bleiben, ob der Betrachter die Bilder einfach zur Kenntnis genommen hat, wie man ein Bild anschaut, dessen Titel und dessen Sujet man nicht kennt, oder ob er die Bilder zum Text in Beziehung setzen konnte, weil er den Text mehr oder weniger gut kannte, oder ob er gar mit dem Text so vertraut war, daß er die Bilder gegebenenfalls als vom Text abweichend einstufen konnte. Möglicherweise ist diese Frage bei den textabgelösten Wandgemälden und Wandteppichen anders zu beantworten als bei den illustrierten Hss., deren Bilder in den Text eingebettet sind. Auf jeden Fall wird man zwischen Bildzeugnissen mit und solchen ohne Zusatzinformationen unterscheiden müssen. So können Hss.-Bilder mit Namenbändern oder mit Beischriften – z.B. des Rubrikators – versehen sein, welche die Figuren identifizieren oder den

Bildinhalt (bisweilen unter Einbeziehung des Kontextes) erläutern. Wandgemälde und Wandteppiche können ebenfalls Namenbeischriften aufweisen oder auf Schriftbändern die Bilddarstellungen beschreiben, aber die Texteinbettung fehlt hier. Vor allem wird bei den Rezipienten zu differenzieren sein, ob sie über Lesefähigkeit verfügten, um die Zusatzinformationen zu verstehen. Allgemeingültige Aussagen sind hier sicher nicht zu treffen. Gut vorstellbar ist, daß der Betrachter von Bilddarstellungen mündliche Erläuterungen erhielt, die Text-Bild-Identitäten oder -Divergenzen erwähnen konnten oder nicht. Das Szenario, das Volker Schupp zu den ‚Iwein'-Bildern auf Rodenegg entworfen hat, ist jedenfalls sehr ansprechend und vielleicht auf andere Zeugnisse übertragbar (Schupp/Szklenar, 1996, S. 73–79; grundsätzlich Schupp, 1993).

2. Die Bilderhandschriften

Von den 16 vollständigen Hss. des Pz. (einschließlich des Drucks von 1477, aber ohne V') sind 6 mit Bildern versehen, der Druck war zur Bebilderung vorgesehen. Das ist ein hoher Prozentsatz, wenn man die vollständigen Hss. anderer Werke der Zeit um 1200 zum Vergleich heranzieht (Zahlen der Codices nach http://www.handschriftencensus.de/werke). Die einzige einigermaßen vollständige Überlieferung des ‚Erec' im Ambraser Heldenbuch ist nicht illustriert, dasselbe ist bei den 16 vollständigen ‚Iwein'-Hss. der Fall. Vom ‚Tristan' sind drei von 11 Hss. mit Bildern versehen (Ott, 2002, S. 154, Anm. 12), bei einer weiteren Hs. deutet eine Aussparung auf ein geplantes Bild (Becker, 1977, S. 48 f.). Das ‚Nibelungenlied' ist in 13 vollständigen Hss. überliefert, von denen zwei bebildert sind, eine davon allerdings nur mit einer Miniatur (Ott, 2002, S. 161 f., Anm. 41). Von den 13 ‚Wigalois'-Hss. sind zwei illustriert, eine weitere hat ausgesparte Bildräume und eine nachgetragene Federzeichnung; hinzukommt ein Fragment mit ausgesparten Bildräumen (Ott, 2002, S. 155, Anm. 15).

Trotz des relativ hohen Anteils bebilderter Hss. innerhalb der Pz.-Überlieferung war das Interesse der Forschung an den Illustrationen zunächst nicht gerade lebhaft. Karl Lachmann begnügte sich z. B. bei der Heidelberger Hs. n mit der lapidaren Bemerkung: „mit schlechten bildern" (Lachmann, 1833, S. XVI = Schirok, 2003, S. XVII). 1914 publizierte Karl Benziger die für lange Zeit einzige Monographie zu diesem Thema, sie bietet das Material aber nur in Ausschnitten und ist nicht frei von Versehen und Mißverständnissen. Nach der Veröffentlichung sämtlicher Bilder der Pz.-Hss. (Schirok, 1985) wurde die Diskussion lebhafter. Lieselotte E. Stamm-Saurma behandelte 1987 in einem grundlegenden Beitrag die Hss. aus der Lauber-Werkstatt. 2001 veröffentlichte sie ihre umfassende zweibändige Studie zur Lauber-Werkstatt. 2004 folgte von Anne Stephan-Chlustin die erste neuere monographische Interpretation der Pz.-Illustrationen in den Hss. (vgl. auch Obermaier, 2005).

2.1 Der Münchener Codex Cgm 19 (G)

Die älteste bebilderte Pz.-Hs. ist der Münchener Codex Cgm 19 (G) aus der Mitte des 13. Jh.s. Er weist ein separat eingefügtes Bilddoppelblatt (= 4 Seiten) mit je 3 übereinander liegenden (also insgesamt zwölf) Bildern auf (Abb. 4–7). Die Miniaturen sind „in Deckfarben und Gold" ausgeführt. Sie zeigen „einfache farbige Rechteckrahmen und Zwischenleisten in Gelb/Ocker und Orangerot" (Klemm, 1998, Textbd., S. 217). Dieses Erscheinungsbild hatte zu der Überlegung geführt, ob „die Miniaturen nach Skizzen für Wandteppiche gefertigt" wurden (Dreßler, 1970, S. 25). Daneben wird man aber als Vorbild auch an Illustrationen zu religiösen Texten denken, wie die Ambrosianische Bibel (Die Zeit der Staufer, 1977, Bd. 1, S. 267 f., und Bd. 2, Abb. 194; Klemm, 1998, Textbd., S. 218) oder den Bamberger Davidzyklus (Suckale-Redlefsen, 1986, Abb. S. 10–16; zum Cgm 19 dort S. 34; Saurma-Jeltsch, 1992, S. 128–138 und Abb. 30).

Die jeweils drei Bilder einer Seite zeigen die unterschiedlichen Hintergrundfarben blau, gold und grün, die nach einem bestimmten Schema abwechseln. Die Farben der ersten beiden Bilder der Recto-Seiten treten in den ersten beiden Bildern der Verso-Seiten in umgekehrter Reihefolge auf. Der Hintergrund des jeweils dritten Bildes ist auf der Recto- und der Verso-Seite identisch. Man könnte das als Wechsel von farblichem Chiasmus und Parallelismus bezeichnen.

Bl. 49r		Bl. 49v		Bl. 50r		Bl. 50v
grün		gold		blau		gold
	×				×	
gold		grün		gold		blau
blau	=	blau		grün	=	grün

Die drei Bilder jeder Seite sind auf ein bestimmtes Thema zentriert (Ott, 1992, S. 113). Die Darstellungen setzen nach Parzivals Kampf gegen

Gramoflanz ein. Die erste Bildseite „zeigt in drei Bildsequenzen die friedliche Konfliktlösung zwischen Gawan und Gramoflanz durch König Artus. [...] Unter Einbeziehung der formalen Einheit der Seite konstituieren die drei Einzelbilder gleichzeitig eine geschlossene narrative Einheit" (Unzeitig, 2004, S. 299 f.). Dabei mag überraschen, daß die Festszene am Beginn der folgenden Seite nicht als Abschluß des Vorangehenden gewertet wird (vgl. Stephan-Chlustin, 2004, S. 28), doch hat dieses Fest noch eine zweite, nach vorn weisende und hier offensichtlich dominierende Funktion. Denn die allgemeine Freude der Versammelten macht Parzival seine eigene Freudlosigkeit deutlich und veranlaßt ihn zum Aufbruch, der zur Begegnung mit Feirefiz führt (2. und 3. Bildstreifen). Die dritte Bildseite zeigt zunächst den Empfang von Parzival und Feirefiz bei Artus, dann das Festmahl, bei dem Cundrie auftaucht und die Berufung überbringt. Das dritte Register zeigt Cundrie, Parzival und Feirefiz auf dem Weg zur Gralburg. Von der vierten Bildseite spielen der erste Bildstreifen (Festszene) und dritte (Feirefiz wird getauft und zerschlägt die Götzenbilder) auf der Gralburg, während im mittleren Register die Begegnung Parzivals mit Condwiramurs und den Zwillingen Kardeiz und Loherangrin dargestellt ist (zur Text-Bild-Differenz Bumke, 1996, S. 59 f.). Die Themen der Bildseiten sind demnach:

Bl. 49r: Lösung des Konflikts zwischen Gawan und Gramoflanz
Bl. 49v: Parzival und Feirefiz
Bl. 50r: Parzivals Berufung
Bl. 50v: Parzival, Condwiramurs und Feirefiz auf der Gralburg.

Die thematische Geschlossenheit der Seiten wird von „einer rhythmischen Gliederung in Drinnen- und Draußen-Szenen" (Ott, 1992, S. 113) überspielt, die von außen nach innen führt (3 außen; 1 innen; 3 außen; 1 innen; 1 außen; 1 innen; 1 außen; 1 innen).

Die einzelnen Register zeigen abwechslungsreiche dynamische Symmetrien. So wechselt die Zahl der Zelte in den drei Registern der ersten Bildseite: 1 + 2; 2 + 1; 2 + 2. Der Blick wird in Bild 1 durch die Stellung der Pferde nach links, in Bild 2 etwa in die Mitte und in Bild 3 durch die zweite dargestellte Szene nach rechts gelenkt. In Bild 5 akzentuiert der Turm mit geöffneter Tür links die Situation von Parzivals Ausritt. Die Pferde haben zwischen Bild 5 und 6 hinter der Kulisse die Seiten gewechselt. In Bild 6 ist dem Text entsprechend Parzival an den Rand und der souverän sein Namenband präsentierende Feirefiz zur Mitte hin gerückt. In den Bildern 7 und 9 wird die nach rechts gerichtete Bewegung durch die Zelte bzw. die Gralburg abgefangen. Die Symmetrie der Mahlszene in Bild 8 wird durch die Figur der Cundrie und durch das rechts längere Tischtuch akzentuiert. Die entsprechende Tafeldarstellung in Bild 10 ist in mehrfacher Weise durch sich überlagernde Gliederungsmöglichkeiten dynamisiert; von den neun Figuren sind drei, nämlich die dritte, vierte und fünfte von links, durch (leere) Namenbänder und weitere Attribute (Vorlegemesser [wohl Parzival], Trinkgefäß, Hut [wohl Anfortas]) hervorgehoben, so daß sich eine Gliederung 2 + 3 + 4 ergibt, wobei der Abstand zwischen der dritten und vierten Figur von links eine Gliederung 3 + 6 nahelegt. Wiederum andere Möglichkeiten ergeben sich, wenn man von dem auffälligen Hutträger ausgeht (4 + 1 + 4) oder die Maße der Bildhälften zugrunde legt (4 + 5). Die unteren Bildstreifen der ersten und der letzten Bildseite sind als Doppelszenen ausgeführt, wobei diese in Bild 3 stärker integriert und die in Bild 12 stärker separiert sind.

Mit der Fokussierung auf Feirefiz wird dessen Rolle am Schluß wesentlich stärker als im Text akzentuiert. Feirefiz steht am Ende im Mittelpunkt. Seine Taufe und sein Abschwören gegenüber den alten Göttern werden ernst genommen, während sie im Text eher heiter-burleske Züge zeigen.

Die Bilder stehen auf den Blättern 49 und 50 zwischen den Textstellen 614,18 und 614,19 (innerhalb des Gesprächs zwischen Orgeluse und Gawan nach dessen Rückkehr aus dem Park des Gramoflanz). Da das erste Bild 709,13 ff. zum Inhalt hat, sind die Bildblätter vom Text her gesehen eigentlich zu früh plaziert. Es ergibt sich daher die Frage, ob an der Textstelle 614,18/19 vor den beiden erhaltenen Bildblättern vielleicht weitere mit der Illustration früherer Textpassagen gestanden haben könnten.

Der auffallend späte Einsatz der Bilder mit einer Szene erst des XIV. Buches legte zudem die Vermutung nahe, daß eventuell ursprünglich weitere Bildseiten vorhanden oder geplant waren. Fridolin Dreßler schätzt die Gesamtzahl der geplanten oder ehemals vorhandenen Bilder auf „84 oder gar 96" (Dreßler, 1970, S. 20), was 14–16 Bildblättern entspräche. Bei dieser Schätzung wird eine Rolle gespielt haben, daß der Cgm 51, die Münchener ‚Tristan'-Hs., 15 eingeschobene Bildblätter aufweist.

Möglicherweise verbergen sich unter den Bildern Maleranweisungen. Jedenfalls sind im Cgm 63 (Rudolf von Ems, ‚Willehalm von Orlens'), der in ähnlicher Weise mit Bildseiten versehen ist, die Farben der Bilder „zum Teil nachträglich verwischt, abgerieben und auch wohl absichtlich abgekratzt" worden, wodurch „die Bildvorschriften des Schreibers in kleinerer Notizschrift mitten im Raum der beabsichtigten Miniaturen" zu sehen sind (Schneider, 1987, Textbd., S. 242; Klemm, 1998, Textbd., S. 239–241, Tafelbd., Tafel VII, Abb. 612, 615–621).

2.2 Der Münchener Codex Cgm 18 (O)

Der Münchener Codex Cgm 18 (O) aus dem 4. Viertel des 13. Jh.s sollte eine reichhaltige Bebilderung erhalten. An ca. 100 Stellen ist vor allem am unteren bzw. oberen Seitenrand Raum für Bilder gelassen (zu andersformatigen Aussparungen Klemm, 1998, Textbd., S. 55). Da die Hs. nur bis 555,20 reicht, ist für den vollständigen Codex von ca. 150 frei gelassenen Partien auszugehen. Ausgeführt ist nur der erste Bildstreifen (Bl. 1v), welcher zwei gerahmte und mit Doppelleiste gegeneinander abgesetzte Darstellungen in Deckfarbenmalerei zeigt (Abb. 8). Hätten alle Bildstreifen in dieser Weise mit zwei Darstellungen gefüllt werden sollen, käme man auf ca. 300 Bilder (vgl. aber Ott, 1992, S. 114).

Der 1. Bildstreifen stellt links die Aufbahrung von Gahmurets Vater Gandin dar, rechts die Herrschaftsübernahme durch Gahmurets älteren Bruder Galoes (Abb. 8; Klemm, 1998, Tafelbd., Tafel VIII). Der 2. Bildstreifen zeigt links eine begonnene Federzeichnung des 15. Jh.s (Becker, 1977, S. 85).

Der Cgm 18 übernimmt offensichtlich die Text-Bild-Organisation einer anderen Textsorte, denn er „folgt einem Typ, der sich besonders in der Weltchronik-Ikonographie" durchgesetzt hat: „Der schmale Bildstreifen wird in zwei bis drei durch Rahmen getrennte Einzelszenen zerlegt, die in der Regel zeitlich oder inhaltlich aufeinanderfolgende Ereignisse schildern [...]" (Ott, 1992, S. 113; vgl. Ott, 1983, Abb. 10; Ott, 1984, S. 366, Abb. 6).

2.3 Die Berner Handschrift AA 91 (R)

Die Berner Hs. AA 91 (R) vom Jahr 1467 sei hier (vor den Lauber-Hss.) angeschlossen, weil sie Beziehungen zum Illustrationstyp von O aufweist (Curschmann, 1992). Die Rubriken und die Bilder zeigen verschiedene Auffälligkeiten.

Eine davon ist die Diskrepanz zwischen den Rubriken, die vom Wortlaut her offensichtlich als Illustrationsvorschriften gedacht sind, und den

Bildausführungen. Dabei kann man zwischen inhaltlichen und strukturellen Diskrepanzen unterscheiden. Die Anweisung für den Illustrator lautet bei Bild 27 (Bl. 165r – Abb. 9: *Hie sol man kundrien machen mit/der schwarczen kappen als da/vornen sy stat mit den czen vnd/mit dem munt vnd vff ir kleid/turttublin nach des grals vappen/vnd czu ir parczifaln mit dem/sy reit in botschafft wis vom gral // Hie rittent die botten hin mit/dem brieff zu feirefis habe* [„Hier soll man Cundrie darstellen mit dem schwarzen Umhang, wie sie da vorn abgebildet ist, mit den Zähnen und mit dem Mund und auf ihrem Gewand Turteltauben, dem Gralwappen entsprechend, und zu ihr Parzival, mit dem sie als Botschafterin des Grals ritt" // „Hier ritten die Boten mit dem Brief zu Feirefiz' Schiffen im Hafen"]). Hier liegt eine inhaltliche und eine strukturelle Diskrepanz vor. Die inhaltliche Diskrepanz besteht darin, daß der Illustrator Cundrie gegen die Anweisung als ‚normale' junge Dame darstellt (zum Text von R bei der Beschreibung Cundries Stolz, 2002, S. 14); als strukturelle Diskrepanz kann man bezeichnen, daß der zweite Teil der Anweisung des Rubrikators ignoriert und nur eine Szene dargestellt wird.

Strukturelle Diskrepanzen sind mehrfach zu beobachten. Die Bildüberschriften der Berner Hs. sind häufig mehrteilig, fordern z.B. zwei oder gar vier Szenen, während der Illustrator von diesen generell nur eine bildlich umsetzt. Das läßt sich nach Michael Curschmann damit erklären, daß der Verfasser der Bildüberschriften auf einen Codex vom Typ O rekurriert bzw. ihn buchstäblich ‚vor Augen' hat, während dem Illustrator dieser Typ offensichtlich unbekannt ist und er sich daher aus mehrteiligen Bildanweisungen eine Szene herausgreift (Curschmann, 1992, S. 160f.).

Diese Deutung würde auch eine zweite Merkwürdigkeit erklären, die unterschiedlichen Bildgrößen (Curschmann, 1992, S. 156f.). Für Bild 4 ist z.B. eine knappe halbe Kolumne (= eine knappe viertel Seite) freigelassen. Der Rubrikator fordert als Inhalt die Ritterbegegnung. Legt man das Format von Bild 4 zugrunde, so wäre es möglich gewesen, den Raum, den jetzt Bild 5 einnimmt, entsprechend der Anweisung des Rubrikators als Doppelbild (Aufbruch von der Mutter und Begegnung mit Jeschute) zu gestalten und den Raum, den jetzt Bild 3 einnimmt, mit den vier vom Rubrikator genannten Szenen (Bl. 20r: *vier figuren nach einander*) zu füllen (ebenso Stephan-Chlustin, 2004, S. 204 und Anm. 757; anders Curschmann, 1992, S. 160). Wenn der Illustrator also auch bei Forderungen nach zwei oder vier Bildern generell nur eine Illustration ausführt, so führt das tendenziell zu größerformatigen (bis ganzseitigen) Darstellungen, zu denen ohnehin Neigung besteht, wie die Überschreitung des Schriftspiegels nach unten bei Bild 5 zeigt.

Eine Erscheinung, die einerseits Curschmanns Herkunftsthese bestätigen und andererseits die Notwendigkeit der Szenenauswahl durch den Illustrator nachvollziehbar machen könnte, ist in den Rubriken zu den Bildern 6 und 7 zu beobachten (zu Bild 6: *Hie strit parczifal mit dem rotten ritter vnd fellt in zu tod vnd/leit sine wappen an vnd sicz vff sin ros also wunder vnd leit/den harnach vber sin narren kleid* [„Hier kämpft Parzival mit dem Roten Ritter und tötet ihn und legt seine Rüstung an und setzt sich auf sein prächtiges (?) Pferd und zieht die Rüstung über seine Narrenkleidung"]; zu Bild 7: *Hie wappnet Iwan den parczifal mit des rotten ritters geczug vnd zoch/im das pfärt dar daruff er prang one stegreiff vnd reit en weg* [„Hier legt Iwan(et) Parzival die Rüstung des Roten Ritters an, führte ihm das Pferd heran, auf das er ohne Steigbügel sprang und wegritt"]). Das Anlegen von Ithers Rüstung und das Besteigen des Pferdes sind also zweimal thematisiert, einmal ohne und einmal mit Iwan(et)s Erwähnung. Eine Erklärung könnte sein, daß die Vorlage an der Stelle des Bildes 6 ein Doppelbild hatte, das einerseits den Kampf gegen Ither und andererseits die zunächst vergeblichen Versuche Parzivals zeigte, dem Toten die Rüstung auszuziehen (155,19–156,17). Der Rubrikator könnte die Bemühungen um die Rüstung als Anlegen der Rüstung interpretieren und aus der Pferddarstellung ein Aufsitzen gemacht haben. An der Stelle von Bild 7 könnte ebenfalls ein Doppelbild gestanden haben, das Iwanets Hilfe bei der Wappnung und das Aufspringen auf das Pferd zum Inhalt hatte.

Eine weitere Auffälligkeit ist die sehr ungleichmäßige Verteilung der Bilder (Curschmann, 1992, S. 156). Der Codex umfaßt 177 Blätter (176 + 1; vgl. Archivbeschreibung von Wilhelm Joh. Meyer, o.J., Bl. 1) und weist 28 Bilder auf. Die Bilder verteilen sich wie folgt (Bl. 3a bleibt der Übersichtlichkeit halber unberücksichtigt):

Bl. 1–63   (63 Bll.):   20 Bilder
Bl. 64–117   (54 Bll.):   –
Bl. 118–128   (11 Bll.):   4 Bilder
Bl. 129–155   (27 Bll.):   –
Bl. 156–166   (11 Bll.):   4 Bilder
Bl. 167–176   (10 Bll.):   –

Die Verteilung der Bilder innerhalb des Codex zeigt bereits, daß der Schwerpunkt der Illustration im ersten Teil liegt (Bl. 1–63). Innerhalb dieser Partie mit ihren 20 Bildern zeigen sich weitere Akzentuierungen. Die Gahmuret-Handlung ist mit lediglich einem Bild vertreten. Besonders dicht bebildert ist Parzivals Kindheit und Jugend (Geburt, Hirschjagd, Ritterbegegnung, Jeschute, Ithertötung, Anlegen von Ithers Rüstung). Das IV. Buch ist auf die beiden Kämpfe Parzivals gegen Kingrun und Clamide reduziert, im Textbereich des V. Buches wird Parzival vor und in der Gralburg und beim Sieg über Orilus gezeigt. Das VI. Buch ist wieder dicht bebildert: Vier Illustrationen gelten der Blutstropfenszene, die vier anderen spielen im Bereich des Artushofes.

Das Aussetzen der Illustrationen in den folgenden 54 Bll. (64–117) könnte finanzielle Gründe gehabt haben (zu den Kosten für Schreiber und Maler Vollmer, 1912, S. 95; Stedje, 1968, S. 110f.). Es könnte aber auch als Unzufriedenheit des Rubrikators mit der Umsetzung der Anweisungen gedeutet werden. Die Wiederaufnahme der Illustrierung mit sehr viel geringerer Dichte im Bereich der Bll. 118–176 hätte dann wenigstens den Eindruck des Abbruchs vermieden, wie ihn O zeigt. Die Verteilung am Ende macht einen ausgewogenen Eindruck: vier Gawan- und vier Parzival-Szenen, von denen jeweils zwei enger zusammengehören (Gawan auf Litmarveile und seine Ohnmacht; Gawan im Park des Gramoflanz und seine Umarmung mit Orgeluse; Parzivals Kampf mit Feirefiz und die sich umarmenden Brüder; Parzival und Cundrie (im letzten Bild zusammen mit Feirefiz).

Eine andere Möglichkeit der Deutung wäre, die Verteilung der Bilder nicht als wie immer geartete Störung, sondern als programmatische Schwerpunktsetzung bzw. Aussparung aufzufassen und vermeintliche Fehler als bewußte Umgestaltungen. So glaubte Anne Stephan-Chlustin, schon beim Rubrikator eine „Bevorzugung des Artusstoffs" feststellen zu können, die dann „vom Illustrator bis zur Ausblendung des Gralsgeschehens weitergeführt worden" ist (Stephan-Chlustin, 2004, S. 241). Das soll im einzelnen hier nicht diskutiert werden. Wichtig scheint mir dabei aber (auch im Hinblick auf die folgenden Lauber-Hss.) die Unterscheidung von Rubrikator und Illustrator. Ob die Rubrik zum letzten Bild im Sinne einer „Bevorzugung des Artusstoffs" zu lesen ist, scheint mir fraglich (Bl. 166r: *Nun rittet kondrye parczifal/vnd der riche heiden parczifals/bruder mit ein andren vnd/wend czu dem gral als kondrye/parczifaln geseit hett wie er/Anfortas gesund machen sol/vnd herr ubern gral sin als vor stat* [„Nun reiten Cundrie, Parzival und der mächtige Heide, Parzivals Bruder, miteinander und wenden sich zum Gral, nachdem Cundrie Parzival gesagt hatte, wie er Anfortas gesund machen und Herr über den Gral sein sollte, wie es vorn steht"]). Das bedeutet, daß hier und in vergleichbaren Fällen stets sowohl die Illustrationsanforderung wie die tatsächliche Ausführung zu berücksichtigen sind.

Im Gegensatz zu den vorangegangenen und den folgenden Bilderhss. kennen wir beim Berner Codex das Entstehungsjahr, den Schreiber und den ersten Besitzer. Die Hs. wurde 1467 von Johann Stemheim (oder Steinheim) aus Konstanz geschrieben. Als Besitzer nennt sich, ebenfalls mit der Jahreszahl 1467, Jörg Friburger von Bern. „Seit 1457 war Jörg Freiburger Mitglied des Großen Rats in Bern, seit 1468 auch des Kleinen Rats, später Landvogt zu Lenzberg und auf der Grasburg und Schultheiß zu Murten" (Becker, 1977, S. 97; Schirok, 1982, S. 44; umfassend Stolz, 2002).

2.4 Die Handschriften m (Wien, Cod. Vindob. 2914), n (Heidelberg, Cpg 339) und o (Dresden, M 66)

Die drei Hss. m (Wien, Cod. Vindob. 2914), n (Heidelberg, Cpg 339) und o (Dresden, M 66) aus der Lauberwerkstatt sind reich illustriert. Die Wiener Hs. weist 25, die Heidelberger 64 und die Dresdner 46 ganz- oder fast ganzseitige kolorierte Federzeichnungen auf; in der Wiener Hs. finden sich zusätzlich 6 Bild- bzw. Kapitelüberschriften (zur „Verschleifung der beiden Genres" Saurma-Jeltsch, 2001, Bd. 1, S. 15) zu nicht ausgeführten Bildern; in der Heidelberger Hs. n gibt es zwei solcher Fälle; in o wurden 17 Bildseiten zu unbekannten Zeitpunkten entfernt, wie die Textverluste beweisen; damit ist in m von 31 und in n von 66 geplanten Bildern auszugehen; in o waren ursprünglich 63 Bildseiten vorhanden.

Die drei Codices weisen wie alle Lauber-Hss. auffällige Gemeinsamkeiten in der Auswahl der illustrierten Szenen auf. Es werden nämlich ganz überwiegend Handlungssequenzen wie Ankunft, Begrüßung, Mahl, Gespräch, Kampf, Verabschiedung und Aufbruch herausgegriffen. „Die manufaktenhafte Handschriftenproduktion [...] bedingt eine Illustrationsweise, die gekennzeichnet ist durch die Beschränkung auf wenige, leicht verfügbare Bildmuster, die, in ihrer Bedeutung ‚multivalent', für unterschiedlichste Textzusammenhänge benutzt werden können und ein relativ beschränktes, aber vielseitig verwendbares Bilder-Arsenal bereitstellen, aus dem die Illustratoren schöpfen" (Ott, 1984, S. 357). Ott verweist auf vergleichbare Erscheinungen in der Inkunabelillustration, wo „einerseits die gleichen Druckstöcke innerhalb eines Drucks mehrfach verwendet werden können, andererseits Holzschnitte aus Drucken unterschiedlichster Texte austauschbar sind" (Ott, 1984, S. 361). Er spricht von „Egalisierung", möchte den Begriff aber keineswegs negativ verstanden wissen. „Die multivalente Verfügbarkeit tradierter ikonographischer Muster hat vielmehr auch Zitatcharakter; durch die aktuelle Bedeutung des umakzentuierten Bildtyps scheint, wie vermittelt und gebrochen auch immer, seine ursprüngliche hindurch […]" (Ott, 1984, S. 363). In Einzelfällen mag das vielleicht zutreffend sein, zu verallgemeinern ist es aber sicher nicht. So wird etwa die Beschenkung Gahmurets durch seine Mutter ebenso wie die Übergabe der Geschenke an Marsilies in Strickers ‚Karl' aus der „Anbetung der Heiligen Drei Könige" abgeleitet, ohne daß daraus interpretatorische Folgerungen gezogen würden (Saurma-Jeltsch, 1992, S. 142 und Anm. 66; Saurma-Jeltsch, 2001, Bd. 2, Abb. 93). Höchst gewagt scheint mir dagegen die Interpretation der „Begegnung von Gurnemanz und Parzival als Variation der Heimsuchungs-Ikonographie", wenn darin über die „Anerkennung von Jesus durch den kleinen Johannes […] Parzivals Erwähltsein" zum Ausdruck kommen soll (Saurma-Jeltsch, 1992, S. 145 und Anm. 72).

Die „Verwendung identischer Bildformeln" (Saurma-Jeltsch, 2001, Bd. 1, S. 215) führt zu ähnlichen Gestaltungen unterschiedlicher Szenen innerhalb einer Hs. Vergleichbare Befunde zeigen zwar bisweilen auch andere Hss. (vgl. die Kampfdarstellungen der Berner Hs. R in den Bildern 8, 9, 12 und 15), bei den Lauber-Hss. sind sie aber besonders häufig (z. B. n 40: Gawan und Antikonie/n 49: Gawan und Orgeluse; o 5: Herzeloydes Ritter auf dem Weg zu Gahmuret/o 14: Parzival mit Gefolge auf dem Weg nach Pelrapeire; o 31: Gawan und Sigune/o 37: Gawan und Orgeluse [Bildnumerierung nach Schirok, 1985]). Dasselbe ist in unterschiedlichen Hss. festzustellen: Während in der Heidelberger und der Dresdner Hs. Condwiramurs um Hilfe bittend Parzival an seinem Bett besucht (n 24/o 16), hat die Wiener Hs. diese Illustration nicht, verwendet aber den Bildtyp modifiziert im V. Buch: Parzival bei Anfortas (m 6). In der zweiten ‚Bettszene' stimmen alle drei Hss. überein: Gawan auf Schastel marveile (m 17/n 55/o 40). Solche ‚Bettszenen' kommen mehr oder weniger variiert und unterschiedlich situiert auch in anderen Texten und Gattungen vor (vgl. Saurma-Jeltsch, 2001, Bd. 2, Abb. 260, 261, 275–277, 280–282, Tafel 30/2, 32/3). Die oben erwähnte Szene des Ausreitens von Herzeloydes Rittern (o 5/o 14) findet sich in ähnlicher Gestaltung in der Darmstädter Historienbibel (vgl. Saurma-Jeltsch, 2001, Bd. 2, Abb. 262: Ritt nach Chanaan; Abb. 263: Jacobs Söhne ziehen nach Ägypten).

Diese „kontextunabhängige Verwendung von Bildmustern muß […] sowohl von der arbeitstechnischen als auch von der inhaltlichen Seite betrachtet werden" (Saurma-Jeltsch, 2001, Bd. 1, S. 215). Daß die Auswahl solcher nicht einzeltextspezifischer Szenen das Geschäft der Illustratoren ungemein erleichtert, „der raschen Herstellungsweise dient" (Saurma-Jeltsch, 2001, Bd. 1, S. 216) und damit ein Unternehmen vom Umfang des Lauberschen wahrscheinlich erst ermöglicht, leuchtet ein. Der arbeitstechnische Aspekt scheint mir dabei der primäre zu sein, der dann sekundär zu Erscheinungsbildern führt, die insofern als programmatisch interpretiert werden können, als den an der Produktion Beteiligten ja klar gewesen sein muß, daß die Auswahl der zur Illustration vorgesehenen Szenen den Einzeltext ‚entspezifiziert' und die verschiedenen Texte und Gattungen homogenisiert. Werner Fechter geht vielleicht etwas zu weit, wenn er konstatiert, Lauber habe „seine Hss. in solcher Aufmachung" herausgebracht, „wie man sie wünschte; sonst hätten sie keine so große Verbreitung erlangen können" (Fechter, 1938, S. 142). Zweifellos aber wurde die Ausstattung, wie der Erfolg zeigt, zumindest akzeptiert und positiv aufgenommen.

Die Bilder sollten offenbar „nicht den Erzählverlauf illustrieren, also sicher keine Lesehilfe für die Geschichte bieten, sondern eine eigene Interpretation des Stoffes mit besonderen Schwerpunkten liefern." Diese ließen sich mit den Begriffen „Zeremonialisierung" und „Heroisierung" fassen. „Im Zentrum der einen Tendenz" stehe „die Entdramatisierung, während es bei der anderen um die Einführung des Helden ohne Krise, ohne Fehl und Tadel" gehe (Stamm-Saurma, 1987, S. 59f., 62).

Die Modifikation des Bildprogramms gegenüber dem Text erfolgt häufig dadurch, daß bestimmte Szenen illustriert, andere ausgespart werden. So wird Parzivals Aufenthalt bei Gurnemanz (abgesehen von der Darstellung der Ankunft in n 20 und o 12) durch je eine Szene illustriert. In m 5 ist es eine Unterweisungs- und Belehrungsszene, in n 21 und o 13 je eine Kampfszene. In m einerseits sowie in n und o andererseits wird also je eine Seite der ritterlichen Erziehung akzentuiert.

Parzivals erster Aufenthalt auf der Gralburg wird unter identischer Überschrift (m: *Wie parcifal ze munsalvaste kam do der gral vnd der siche anfortes was*) in m, n und o mit je einer Szene illustriert: Bild m 6 zeigt Parzival und noch eine weitere Figur am Bett des kranken Anfortas, der ein jugendliches Aussehen hat und Parzival auffallend ähnlich sieht; in n 27 kommen Parzival und ein Begleiter vor einer Burg an; in o 19 erscheint Parzival allein vor einer Burg, in der eine Figur zu sehen ist, die mit der Hand eine Zugbrücke hält. Während also n und o lediglich die Ankunft Parzivals vor der Gralburg zeigen, hat m die Parzival-Anfortas-Begegnung im Inneren zum Gegenstand. Man könnte sagen, daß hier die Illustrationen von n und o für die Lauber-Werkstatt typischer sind als die von m.

Entsprechendes gilt für die der Soltane-Darstellungen (Überschriften: *Wie frouwe herczeloide irren sun parczifalen jn einem walde zoch* [m]) in m 4

(Abb. 10: Vogeljagd) und n 14 (Abb. 11: unspezifische Gesprächsszene). Allerdings thematisiert o 8 (Abb. 12) ebenfalls die Vogeljagd.

Im Text angelegte Strukturen werden z. T. im Bild verdeutlicht. So werden in m 11, 12 und 13 Parzivals Begegnungen mit Sigune, mit dem Grauen Ritter und dessen Familie sowie die Ankunft bei Trevrizent im IX. Buch deutlich parallelisiert. Dagegen kommt es bei der Siguneszene und bei der Begegnung mit dem Grauen Ritter in n und o zu Divergenzen zwischen Text und Rubrik, welcher der Illustrator hier folgt. Vom Text aus gesehen leicht nachvollziehbar, unterlaufen dem Rubrikator von n 43 und o 31 (bzw. der Vorstufe) Versehen. Aus der Begegnung Parzival-Sigune wird eine Begegnung Gawan-Sigune. Der Rubrikator verkennt den tatsächlich etwas schwer zu durchschauenden Dialog zwischen der Frau Aventiure und dem Erzähler und kombiniert den im unmittelbar vorangehenden Text agierenden Gawan (432,3,14,26) mit der im Folgetext auftretenden Sigune (435,20,23) und läßt Gawan Sigune die Frage nach dem Schicksal Parzivals stellen, die im Text der Erzähler an Frau Aventiure richtet (433,8–434,10). Aus der Begegnung Parzivals mit dem Grauen Ritter machen n 44 und o 32, der Rubrik folgend, eine Tjost. Wahrscheinlich hat der Rubrikator das Stichwort *tjost* (444,1,15,16,19,27) aus dem Kampf mit dem Gralritter mental auf die Folgeszene projiziert. In m 12 ist die fehlerhafte Rubrik teilweise getilgt oder modifiziert, und die Darstellung dokumentiert genaue Textkenntnisse (446,21: *si giengen alle barfuoz*).

Sind derartige Fälle, in denen es aufgrund von Text-Rubrik-Divergenzen zu Text-Bild-Divergenzen kommt, nun als Fehler oder als programmatische Umakzentuierungen zu interpretieren? Lieselotte E. Stamm-Saurma möchte diese Alternative offenbar nur bedingt gelten lassen. Sie stellt bei Bildüberschriften Irrtümer gegenüber dem Text und Mißverständlichkeit keineswegs in Abrede, glaubt aber, daß in Fällen, in denen ein Fehler in die Illustrationsprogrammatik paßt, seine Übernahme begünstigt wird. Als illustratives Beispiel läßt sich anführen, daß in der Heidelberger Hs. n, die als „episch verbrämte Version eines Fechtbuches" (Saurma-Jeltsch, 1992, S. 149) gesehen werden kann, eben dieser Charakter das Mißverständnis *ritterschaft* = ‚Ritterschlag' (n 36) geradezu generiert (Stamm-Saurma, 1987, S. 49 f.).

„Am deutlichsten" wird nach Stamm-Saurma das „Konzept einer Neuinterpretation" bei der ersten Jeschute-Szene. In Bild 5 der Berner Hs. R beugt sich Parzival im Narrengewand – im Prinzip dem Text entsprechend – über die auf einem Bett liegende Jeschute und greift ihr an die Brust. In den Hss. m und o ist das Zusammentreffen von Parzival und Jeschute nicht bildlich umgesetzt und „also seines Gewichts durch die Weglassung enthoben" (Stamm-Saurma, 1987, S. 66). In der Heidelberger Hs. n ist die Szene quasi ‚entkernt'; die Mitte ist entfernt, Anfang und Ende sind stehen geblieben; dargestellt sind in den Bildern n 15 und n 16 Empfang und Abschied. Auf Bild 15 reichen sich Jeschute und Parzival die Hände. Die Rubrik formuliert, daß die Dame den Knappen *gar minneclichen enpfing*. Jeschute ergreift mit der linken Hand Parzivals rechten Ellenbogen; Parzival hat seinen Hut abgesetzt. Auf dem nächsten Bild ist Jeschute auf einer Burg zu sehen, über deren Zinnen sie dem zu Fuß mit aufgesetztem Hut davongehenden Parzival nachschaut, der in seinen Händen zwei Ringe präsentiert. Die Rubrik besagt zwar, daß der Knappe *vngesegent* („ohne Segenswunsch") von der Dame schied, aber in der Darstellung ist von dieser negativen Akzentuierung nichts zu spüren (vgl. unten zur Jeschute-Szene in Konstanz).

Ähnlich freundlich und gegen den Text ist die Begegnungsszene zwischen Gawan und Orgeluse in der Heidelberger und der Dresdner Hs. (Bild n 49 bzw. o 37) dargestellt (Rubrik in beiden Fällen: *Also her gawan gar herlich enpfangen/wart von der jungfro(u)wen*).

Auf der einen Seite dürfte man zumindest in einigen Fällen geneigt sein, die Uminterpretation von ‚Fehlern' als programmatisch für überzogen zu halten, z. B. wenn der Illustrator der Heidelberger Hs. n die Referenzidentität von Trevrizent und *wirt* nicht erkennt und deshalb Parzivals Gesprächspartner in n 45, n 46 und n 47 jeweils anders darstellt, und das mit der (ironischen?) Bemerkung kommentiert wird, hier scheine „das Prinzip einer möglichst großen Variation zu herrschen" (Saurma-Jeltsch, 1992, S. 147). Auf der anderen Seite gibt freilich die Entproblematisierung bei textabgelösten Bildzeugnissen (vgl. unten zu Konstanz und [ehemals] Lübeck) ebenso zu denken wie die krisenlosen nachklassischen Artusromane, die in den Prosaromanen des 15. Jh.s zu beobachtende „Tendenz zur Aufhäufung zeremonieller Szenen" und „der Verzicht auf harsche, extreme Gefühlsäußerungen, die den Bearbeitern offensichtlich unschicklich vorkamen" (Stamm-Saurma, 1987, S. 69).

Bei allen grundsätzlichen Gemeinsamkeiten zeigen die Illustratoren der Wiener Hs. m und der Heidelberger Hs. n aber doch auch ganz spezifische Eigenheiten, die entweder auf sie selbst oder auf besondere Wünsche der Besteller zurückzuführen sind. Bei der Wiener Hs. m fällt die Textnähe der Darstellungen auf (Beispiele bei Stamm-Saurma, 1987, S. 49, Anm. 40). Für die Heidelberger Hs. n ist die präzise Darstellung von Rüstungen und Waffen charakteristisch (Stamm-Saurma, 1987, S. 47 f.; Saurma-Jeltsch, 1992, S. 146–149).

2.5 Der Mentelin-Druck von 1477 (W)

Der Mentelin-Druck von 1477 (W) hat 32 Überschriften und 33 einspaltige Bildaussparungen (die erste Bildaussparung bei 1,1 ohne Überschrift), die eine Höhe von 13–22 (meist 14–17) Zeilen haben und bis 602,7 reichen. Eine Hochrechnung auf den ganzen Roman ergäbe 45 geplante Bilder. Sie ist jedoch höchst spekulativ, weil die Bildüberschriften und -aussparungen sehr ungleichmäßig verteilt sind. Auffällig spärlich ausgestattet sind das VII., VIII. und IX. Buch (Bildaussparungen bei 337,1 [Beginn von Buch VII bei 338,1] und bei 435,1 [Beginn von Buch IX bei 433,1]). Die Bildüberschriften sind teils knapp (179,7: *Hie rait her partzifal von grahars*), teils sind es umfangreiche Inhaltsangaben größerer Abschnitte, bei denen der Illustrator wohl eine Szene hätte herausgreifen müssen (223,15: *Hie rait her partzifal von pelrapi/er vnd kam in den gral vnd schiet/mit laide dar auß vmb das er nit/gefraget hatte*). Auffällig ist, daß der Grund für das *laid* angegeben ist.

Inhaltlich scheint der Druck wie die Lauber-Hss. eine gewisse Vorliebe für Ankunfts- und Aufbruchsszenen zu haben. Die ersten drei Überschriften lauten z. B.:

Pz. 13,3: *Hie fůr gamuret auß seinem lande/vnd kam gen baldag*
Pz. 15,15: *Hie kam gamuret gen zazamang*
Pz. 54,27: *Hie floch gamuret von zazamang/vnd kam auf den turney gen kan=/uoleiß · in dem lande zů valeiß er=/warb er die kunigin.*

Für die ins Auge gefaßte Illustration hat Peter Jörg Becker zwei Möglichkeiten erwogen. Entweder hatte Mentelin selbst den Plan einer „serienmäßigen Ausstattung der […] Drucke durch geschulte Buchmaler, die vermutlich auf den Stil Diebold Laubers zurückgegriffen hätten", oder aber die Exemplare sollten „nach Gusto und auf Rechnung des jeweiligen Eigentümers privat illuminiert werden […]. Dagegen spricht, daß kein illuminiertes Exemplar erhalten ist. Mentelins Tod im Jahre 1478 wird eine durch den Verlag in Auftrag zu gebende Ausmalung verhindert haben, und für eine individuell vorzunehmende Illuminierung fehlten den meisten Kunden die finanziellen Mittel oder die Verbindung zu entsprechenden Handwerkern" (Becker, 1977, S. 248 f.).

2.6 Übersicht über die Verteilung der Bilder in den Handschriften

Die folgende Übersicht verdeutlicht die Verteilung der Illustrationen in den einzelnen Bilderhss. Der obere Abschnitt der Tabelle („Text") gibt eine Gliederung des Textes nach den drei Haupthandlungsträgern mit den entsprechenden Buchangaben und dem jeweiligen prozentualen Anteil am Gesamttext. Der untere Abschnitt („Bilderhandschriften") zeigt die Anzahl und Verteilung der Bilder in den einzelnen Hss. und die prozentuale Verteilung auf die im oberen Abschnitt abgegrenzten Textbereiche. Als Bilder werden dabei auch gewertet: (1) die durch Überschrift markierten Stellen in den Hss. m und n, an denen für die Bilder versehentlich kein Platz gelassen wurde; (2) die entfernten Bilder der Hs. o; (3) die Bildaussparungen im Druck W.

Text

Hauptfigur	Gahmuret	Parzival	Gawan	Parzival	Gawan	Parzival
Bücher	I–II	III–VI	VII–VIII	IX	X–XIII	XIV–XVI
Text %	13,9 %	26,8 %	11,5 %	8,5 %	21,3 %	18,0 %

Bilderhandschriften

G	12	0	0	0	0	0	12 = 100 %
m	31	4 = 12,9 %	9 = 29,0 %	2 = 6,5 %	4 = 12,9 %	8 = 25,8 %	4 = 12,9 %
n	66	13 = 19,7 %	20 = 30,3 %	9 = 13,6 %	7 = 10,6 %	13 = 19,7 %	4 = 6,1 %
o	63	11 = 17,5 %	19 = 30,2 %	9 = 14,3 %	7 = 11,1 %	13 = 20,6 %	4 = 6,3 %
R	28	1 = 3,6 %	19 = 67,8 %	0	0	4 = 14,3 %	4 = 14,3 %
W	33	5 = 15,2 %	16 = 48,5 %	1 = 3,0 %	1 = 3,0 %	10 = 30,3 %	0

Bei einer gleichmäßigen Verteilung der Bilder müßten die Prozentzahlen im unteren Teil der Übersicht („Bilderhandschriften") denen im oberen Teil („Text") entsprechen. Tatsächlich zeigt sich, daß in einzelnen Hss. bestimmte Bereiche von der Illustration gänzlich ausgespart sind und daß in allen Hss. Schwerpunkte der Bebilderung sichtbar werden. So ist der erste Teil der Parzival-Handlung (Bücher III–VI), dessen Textanteil

26,8% beträgt, in W mit 48,5% der Bildaussparungen, in R sogar mit 67,8% der Bilder vertreten. Die Hss. n und o haben gegenüber der Hs. m nicht nur etwa doppelt so viele Bilder, sondern setzen auch andere Akzente als m. Während die Illustration der Bücher III–VI in den Hss. m, n und o prozentual etwa gleich ist und auch ungefähr dem Textanteil dieser Partie entspricht, ist die Illustrationsdichte in den Bücher XIV–XVI schon in Hs. m geringer, als der Textanteil erwarten ließe, und sie fällt in den Hss. n und o noch einmal deutlich ab.

3. Die Bildzeugnisse

3.1 Die ‚Parzival'-Darstellungen im Haus zur Kunkel in Konstanz

Die Pz.-Darstellungen im Haus zur Kunkel am Münsterplatz in Konstanz, die sich im selben Raum befinden wie die sog. Weberfresken, wurden 1936 wiederentdeckt, konnten aber erst 1988 zweifelsfrei identifiziert werden (Schirok, 1988; zuletzt Bihrer, 2007). Die Pz.-Wand ist wie die gegenüberliegende mit den Bildern der Weberinnen gegliedert: oben ein Rankenmuster, dann drei Bildstreifen und darunter ein Vorhangmuster. Sie ist 4,36 m breit und 2,86 m hoch, die Höhe der Bildstreifen beträgt je 0,60 m, so daß man auf eine ursprünglich reine Bildfläche von 4,36 × 1,80 m kommt. Allerdings weisen alle drei Streifen starke Beschädigungen auf. Die gravierendsten gehen auf einen Türdurchbruch des 19. Jh.s am rechten Rand zurück (Breite 1,21 m, Höhe 2,13 m), dem jeweils die knapp letzten Drittel des zweiten und dritten Registers vollständig zum Opfer gefallen sind. Auch die Zerstörungen am Ende des ersten Streifens dürften mit dem Durchbruch in Zusammenhang stehen. Hinzu kommen eine größere und eine kleinere Fehlstelle im ersten und zweiten Streifen und eine durchgehend waagerechte Beschädigung im unteren Streifen, die von einem eingelassenen Balken herrührt, auf dem eine Holzvertäfelung angebracht war. Die publizierten ‚Gesamt'-Aufnahmen (farbig: Wollkopf, 1988, S. 47, Abb. 12; Wunderlich, 1996, S. 8/9) schönen den Befund, indem sie den rechten Teil mit der Tür ausblenden, allerdings ist dort auch im oberen Register, das wohl durch den Türdurchbruch abgesackt war, kaum etwas zu erkennen (Schwarzweißaufnahme mit Tür: Saurma-Jeltsch, 2002, S. 323).

Die Darstellungen des ersten Registers beginnen mit der Geburtsszene (Herzeloyde auf dem Bett, eine Dienerin badet davor den kleinen Parzival). Lieselotte E. Saurma-Jeltsch wollte dahinter die Ikonographie der Geburt Christi sehen (Saurma-Jeltsch, 1999, S. 7), die dann z.B. auf Johannes den Täufer übertragen worden sei (Saurma-Jeltsch, 2002, S. 308; Ächtler, 2007, S. 294). Hinter dem Johannes-Bezug vermutete Andreas Bihrer eine Reverenz des Auftraggebers an den Patron des Stifts St. Johann (Bihrer, 2007, S. 210). Fraglich ist, wie weit eine solche darstellerische Parallele inhaltlich zu belasten ist. Dabei geht Norman Ächtler sicher zu weit, wenn er glaubt: „Parzival [!] vollzieht durch den Rückgriff auf ein christologisches Bildmuster somit eine ‚Imitatio Christi', wie wir sie aus Heiligenzyklen kennen. Damit wird die Auserwähltheit vor Gott verdeutlicht und das Leben des Protagonisten dem göttlichen Heilsplan unterstellt" (Ächtler, 2007, S. 294).

Auf die Geburtsdarstellung folgt eine größere zerstörte Partie, in der möglicherweise Parzivals Jagd mit dem Bogen, der in der Jeschute-Szene (wieder?) auftaucht, und die Ritterbegegnung dargestellt waren. Partiell erhalten sind der Abschied von der Mutter und die Jeschute-Begegnung. Diese ist auffälligerweise gegen den Text gestaltet, denn die Frau umarmt den Jungen liebevoll-zärtlich. Das erinnert sehr an die ‚Entschärfung' dieser Szene gegenüber dem Text in der Lauber-Hs. n 15, 16. Nicht nachvollziehbar ist mir Norman Ächtlers Interpretation, dargestellt sei „das unzüchtige Ausleben körperlicher Lust mit einer fremden Frau" (Ächtler, 2007, S. 287). Der zerstörte Schlußteil des ersten Registers könnte die Begegnungen mit Sigune und Ither enthalten haben. Dafür spricht, daß Sigune später noch einmal auftaucht und daß Parzival im zweiten Register nach der Überreichung des roten Kleidungsstücks, das wohl die Rüstung darstellen soll, als gewappneter Roter Ritter erscheint.

Das Ganze wäre leichter nachzuvollziehen, wenn im ersten Register Ither ebenso dargestellt gewesen wäre wie Parzival im zweiten. Daß dieser nach der Ithertötung als Roter Ritter vor der Artusrunde erscheint, ist eine geschickte Modifikation gegenüber dem Text. Das Bild (Abb. 13) zeigt so mit Parzival den Anlaß für die gespaltene Reaktion des Hofes: Begrüßung durch die beiden äußeren männlichen Figuren (mit der Krone Artus) und Trauergestus der beiden inneren weiblichen Figuren (mit der Krone Ginover). Die folgenden Szenen betreffen wohl den Aufenthalt bei Gurnemanz: Geleit zu einem Turm, Begrüßung durch Gurnemanz, Mahl mit ihm. Es folgt Parzivals Ankunft an einem Gebäude mit begrüßender Figur und zwei anderen, die den Gast ins Innere geleiten könnten. Das kann von der Abfolge nur Pelrapeire sein.

Das dritte Register beginnt mit einer Innenraumdarstellung (Dach), spielt also wohl noch in Pelrapeire. Die Deutung ist durch die Zerstörungen stark erschwert. Möglicherweise stellt die Eingangsszene Condwiramurs' nächtlichen Besuch bei Parzival und ihre Bitte um Hilfe dar. Die sich anschließende im oberen Teil zerstörte Frauenfigur könnte Condwiramurs meinen, die Parzival wieder verläßt. Daran könnte sich eine Kampfszene anschließen, von der aber nur das rechte nach links gewandte Pferd sicher zu erkennen ist. Rechts vom Turm ist ein senkrecht stehendes schmales zylindrisches Gebilde zu sehen, das Längs- und Querkerben aufweist und mit Stacheln versehen ist. Offensichtlich handelt es sich um ein Exemplar der im Text beschriebenen sog. Spanischen Reiter (205,17–24). Rechts davon ist eine Figur zu sehen, die ein nach links gewandtes Pferd mit auffällig präsentiertem Steigbügel hält. Von der Richtung des Pferdes liegt der Gedanke an Rückkehr nahe. Offenbar ist hier die Szene umgesetzt, in der Parzival nach erfolgreichem Kampf gegen Clamide ohne Benutzung des Steigbügels auf sein Pferd springt (215,19–24).

Die nächste Szene zeigt sehr fragmentarisch einen Reiter, der sich einem Turm mit einer wohl begrüßenden Figur darin nähert. Rechts vom Turm eine Frauengestalt. Vom Handlungsverlauf her dürfte es sich um Parzivals ersten Besuch auf der Gralburg handeln. Dafür spricht auch die folgende Szene: Parzivals Begegnung mit Sigune auf der Linde, deren trauernd geneigter Kopf am oberen Bildrand zu sehen ist.

Der verbleibende Raum und die bisherige kleinschrittige Darstellungsweise sprechen dafür, daß der Zyklus mit der Aufnahme Parzivals in die Artusrunde endet. Die Aussage, ich [B. S.] hätte „als letzte Szene des Zyklus die Aufnahme in die Gralsrunde" angenommen (Saurma-Jeltsch, 2002, S. 314, Anm. 165), beruht augenfällig auf einem Versehen der Verfasserin.

Im Anschluß an die Identifizierung der Bilder als Pz.-Darstellungen fanden die Fragen nach der Entstehungszeit und nach dem Auftraggeber erneutes Interesse (die älteren Vorstellungen referiert Bihrer, 2007, S. 188–190). Eine von Judith Oexle (Landesdenkmalamt Baden-Württemberg) veranlaßte dendrochronologische Untersuchung der Deckenbalken des betreffenden Raumes ergab übereinstimmend das Fälldatum Winter 1319/1320 (Schirok, 1992, S. 186; Bihrer, 2005, S. 479, Anm. 479). Zumindest dieser Teil des Hauses war also 1320 oder kurz danach neu errichtet worden. Aufgrund dieses Datums konnte Andreas Bihrer den Kustos Walter von Neunkirch bzw. von Rossberg als Auftraggeber ermitteln (Bihrer, 2005, S. 479; ausführlich Bihrer, 2007).

Der Umstand, daß die Weberinnen- und die Pz.-Darstellungen auf gegenüber liegenden Wänden ein und desselben Raumes angebracht sind, wirft die Frage auf, ob sich zwischen beiden eine programmatische Beziehung erkennen läßt. Dabei wurden verschiedene Aspekte ins Spiel gebracht, die sich keineswegs gegenseitig ausschließen.

Werner Wunderlich sah das komplementäre Frauenbild der beiden Bildzeugnisse als entscheidend an: „Dem Typus der arbeitsamen, fleißigen, geschickten und frommen Frau aus der städtischen Welt werden bekannte höfische Frauengestalten aus einer berühmten und beliebten Dichtung als Verkörperung von Liebe und Treue, Schönheit und Gesittung gegenübergestellt oder besser: hinzugesellt" (Wunderlich, 1996, S. 102).

Lieselotte E. Saurma-Jeltsch überzeugte Wunderlichs Fokussierung auf die Frauengestalten im Pz. nicht. Sie nahm vielmehr an, daß mit den Weberinnen-Darstellungen die *vita contemplativa*, mit den Pz.-Bildern die *vita activa* angesprochen sei (Saurma-Jeltsch, 2002, S. 307–313).

Norman Ächtler hält diese These zwar für „einleuchtend", es stelle sich jedoch „die Frage, warum der geistliche Mäzen zwei Motive aus der Profankunst wählte, obwohl ein solches Thema sehr viel deutlicher über die weit näherliegende Kombination eines Heiligenzyklus mit einem repräsentativen Marienzyklus hätte verbildlicht werden können" (Ächtler, 2007, S. 297). So werden für Ächtler die Pz.-Darstellungen zum Heiligenzyklus: „Die idealen Ritter wurden den Heiligen an die Seite gestellt, ihre Taten im Kontext christlicher Heilsgeschichte interpretiert. […] Parzivals Schicksal verläuft in heilsgeschichtlichen Bahnen. Durch seine ‚Imitatio Christi' Heiligen gleichgestellt, wird er zu einem idealen Ritter im Gottesdienst" (Ächtler, 2007, S. 298 f.). Diese Interpretation wird durch nicht tragfähige Spekulationen vorbereitet: Es sei „durchaus wahrscheinlich, dass die Darstellung des abschließenden Bildes Elemente des Artusfestes wie auch Parzivals Empfang auf der Gralsburg am Ende des Romans verknüpft hat. Parzival dürfte sowohl als Artusritter als auch als mythischer Gralsherrscher gekennzeichnet gewesen sein, etwa durch die Anwesenheit des Grals bei der Tafelrunde" (Ächtler, 2007, S. 291). Damit ergebe sich „eine bedeutsame Fusion. Parzival als vorzüglichster unter den Rittern wird zum Gralskönig und damit letztlich im übertragenen Sinne zu einem Stellvertreter Christi auf Erden" (Ächtler, 2007, S. 295).

Andreas Bihrer hebt in besonderem Maße auf die Persönlichkeit des Auftraggebers ab. „Die ‚Reduzierung' der höfischen Romane bei ihrer Visualisierung im 14. Jahrhundert auf adelig-höfische Lebensformen" lasse sich zwar „als Tendenz bei fast allen erhaltenen Zeugnissen nachweisen", für den „Aufsteiger Walter von Rossberg" sei jedoch zu vermuten, daß er „nicht nur seine Kenntnis adelig-höfischen Lebens repräsentiert sehen wollte, sondern gleichsam seinen Aufstieg mit dem Lebensweg Parzivals in Verbindung setzte" (Bihrer, 2007, S. 201). Auch in den Weberfresken deute sich das soziale Selbstverständnis des Auftraggebers an: „Die Darstellung des in Konstanz nicht ausgeübten Seidenhandwerks soll v. a. auf die Exklusivität des Stoffs und auf dessen damit exklusive Träger hinweisen. Zugleich demonstrierte der Auftraggeber sein Wissen, wie solch edle Stoffe hergestellt wurden, deren Träger er [als Chorherr von St. Johann] möglicherweise selbst war" (Bihrer, 2007, S. 204).

3.2 Die Lübecker ‚Parzival'-Bilder

Die Lübecker Pz.-Bilder wurden 1929 beim Abriß des Hauses Johannisstraße 18 entdeckt. Die Johannisstraße gibt es heute nicht mehr, sie wurde in ‚Dr.-Julius-Leber-Straße' umbenannt; und auch die Nr. 18 existiert nicht mehr, ein Kaufhausneubau nimmt das ganze Areal zwischen der Königstraße und der Breiten Straße ein (Schirok, 1992, S. 174–181).

Die Bilder befanden sich in einem Raum, der als „Festsaal des Hauses" fungierte (Burmeister, 1930/32, S. 114; Lageskizze dort nach S. 128) und dessen ursprüngliche Süd- und Westwand im Zuge von Umbaumaßnahmen im 17. und 18. Jh. zerstört worden waren. Daher waren nur Bilder auf der Ostwand und auf der Nordwand erhalten. Von einer ursprünglichen Bemalung der Südwand ist wohl auszugehen, während sie für die Westwand aufgrund der im Lübecker Hausbau der Zeit üblichen Höhe und Position der Fenster unwahrscheinlich ist. Die ursprünglichen Maße waren: Ostwand ca. 8,40 m; Südwand ca. 4,20 m; Westwand ca. 7,00 m; Nordwand ca. 4,60 m.

Die Bilder waren in Rundmedaillons von 75 cm Durchmesser gefaßt und Bestandteil eines 115 cm hohen Doppelfrieses, der unmittelbar unter den Deckenbalken verlief (zu ähnlich hoch angebrachten allerdings späteren Medaillons vgl. Eickhölter/Hammel-Kiesow, 1993, S. 183, Abb. 18) und dessen unterer Teil in flachen Arkaden eine Darstellung der Lebensalter des Menschen zeigt. Die Bilder konnten nicht erhalten werden, sie wurden aber vor der Zerstörung fotografisch und zeichnerisch dokumentiert (Schirok, 1993, Abb. 2–12; das Schlußbild [Abb. 7] etwas besser erkennbar bei Schirok, 1992, Abb. 35 [allerdings mit vertauschten Unterschriften von Abb. 35 und 36]; Aufnahmen verdanke ich Manfred Eickhölter, Lübeck). Der Erhaltungszustand der Bilder war sehr desolat.

Inhaltlich sind die Darstellungen auf der Ostwand unstrittig. Von einem ersten Medaillon waren nur noch Fragmente der Umrandung vorhanden; wahrscheinlich war die Geburt Parzivals dargestellt. Die folgenden Rundbilder zeigen (mit der Numerierung von Burmeister, 1930/32, S. 119f.): 1. Parzival und Herzeloyde; 2. Parzival auf der Jagd; 3. Parzival kniet vor einem Ritter, der auf seinem Pferd eine Frau mit sich führt (offenbar eine Kontamination zwischen dem Frauenräuber Meljakanz und seinem Verfolger Karnahkarnanz (Loomis, 1938, S. 75: „confusion" – vielleicht ist aber auch die erfolgreiche Befreiung der Dame vorweggenommen); 4. Parzivals Abschied von Herzeloyde und 5. Parzival bei Jeschute (Abb. 14); 6. Parzival und der Fischer, der durch einen Kahn auf Wellen charakterisiert ist; 7. Parzival vor der Tafelrunde des Königs Artus. Das ist mit einigen Auslassungen gegenüber dem Text (Sigune- und Ither-Begegnung vor Nantes) die Partie 112,5–148,30; sie umfaßt also knapp 37 Dreißiger bzw. 8 Rundbilder (die erschlossene Geburtsszene mitgerechnet). Es ist evident, daß selbst bei Einbeziehung der Westwand die Bilder – bei gleichbleibend kleinschrittiger Darstellung – nicht bis zum Ende des Romans reichen können. Mit der Westwand käme man auf zusätzlich 18 Rundbilder, ohne sie auf 10 Medaillons.

Auf der Nordwand wurden noch drei Bilder gefunden: 8. Zweikampf zweier Ritter zu Pferd; 9. zwei Ritter mit Begleitfigur; 10. nach rechts gewandte Figur mit erhobenem kelchähnlichen Trinkgefäß. Dabei wurde (allerdings sehr vorsichtig) für Parzivals Kampf gegen Feirefiz, die Erkennungsszene und die Darstellung Parzivals als Gralkönig votiert, mithin für das Ende des Romans (Burmeister, 1930/32, S. 120; Loomis, 1938, S. 76). Das würde aber, selbst wenn die gesamte Gawan-Handlung ausgeklammert worden wäre, für den nicht erhaltenen Zwischenbereich den Wechsel zu einer weniger kleinschrittigen Darstellungsweise voraussetzen.

Legt man die 37 Dreißiger in 8 Medaillons auf der Ostwand den Überlegungen zugrunde, so wären in den 5 Rundbildern der Südwand und den 8 der Westwand (deren unwahrscheinliche Bemalung vorausgesetzt) und den anzusetzenden 5 der Nordwand etwa 83 Dreißiger dargestellt und man käme auf ein Ende der Darstellungen im Bereich des 232. Dreißigers. Wenn man Schwankungen in der Erzähldichte und die Möglichkeit größerer Auslassungen (Gralburgaufenthalt, Sigunebegegnung) in Rechnung stellt, liegt die Vermutung nahe, daß die Darstellungen nicht über das VI. Buch hinausreichen. Es war daher erwogen worden, die letzte Szene als Artusfest des VI. Buches zu interpretieren. Beim drittletzten Medaillon konnte man dann an einen der Kämpfe Parzivals vor dem Artuslager oder an den Zweikampf zwischen Parzival und Orilus denken (Schirok, 1992, S. 178). Für diese letzte Möglichkeit spricht eine schwer erkennbare und daher bislang übersehene Einzelheit. Am rechten Rand des Medaillons (auf Höhe der heraldischen Lilie) ist ein Wasserwirbel zu sehen. Der Kampf zwischen Parzival und Orilus findet bei Trevrizents Klause statt, bei der sich nach der Schilderung des IX. Buches eine Quelle befindet (458,30), wobei der Maler seine Information sicher nicht dieser späteren Stelle entnahm, sondern wußte, daß zu einer *klôse* (268,27) eine Quelle gehört (Müssener, 1930, S. 31). Das vorletzte Bild dürfte dann am ehesten Jeschute, Orilus und Parzival darstellen, möglicherweise auch Cunneware, Parzival und Gawan.

Die vorgeschlagenen Datierungen lauteten: „second or third decade" des 14. Jh.s (Loomis, 1938, S. 75) bzw. „um 1330/40" (Brockow, 1993, S. 397) bzw. Mitte des 14. Jh.s (Burmeister, 1930, S. 127).

Das Haus befand sich 1304–1323 im Besitz von Martinus de Simitze, der damit als Auftraggeber wohl nicht in Frage kommt. 1323–1339 besitzt es Johannes de Safferan, der als Ratsherr 1327–1334 erscheint. 1339 wird es von den Brüdern Bernhard und Arnold Plescow gekauft (zu den Plescows vgl. Wiegandt, 1988). Im selben Jahr wird Bernhard Plescow Alleineigentümer. Er bezieht das Haus jedoch erst 1342; ab 1344 gehört er dem Rat an. 1366 gibt er seiner Tochter Geseke die Hälfte des Hauses als Mitgift. Bernhard Plescow stirbt 1368. Sehr wahrscheinlich dürfte er der Auftraggeber sein. Loomis plädiert entsprechend seiner etwas früheren Datierung für Johannes de Saff[e]ran (Loomis, 1938, S. 75).

3.3 Der Braunschweiger Gawan-Teppich

Der Braunschweiger Gawan-Teppich, der 1877 im Braunschweiger Kloster Hl. Kreuz lichtgeschützt verpackt und daher in guter farblicher Erhaltung aufgefunden wurde, ist 4,37 m breit (und in der Breite vollständig; vgl. im unteren Register das Pferd des Gramoflanz, von dem ein kleiner Teil auf dem rechten Fragment zu sehen ist) und 1,55 m hoch (und in der Höhe sehr wahrscheinlich unvollständig). Er befindet sich heute im Herzog-Anton-Ulrich-Museum, Burg Dankwarderode, in Braunschweig (Schirok, 1992, S. 181–183; zuletzt Leonie von Wilckens, 1994).

Erhalten sind fragmentarisch drei Bildstreifen mit jeweils darunter verlaufendem Schriftband. Die linke Hälfte des Fragments ist in relativ gutem und vollständigem Zustand. Dagegen ist von der rechten Hälfte nur das Schlußbild des ersten Streifens und der dritte Streifen erhalten (Gesamtaufnahme des Erhaltenen bei Schuette, 1930, Bd. 2, Tafel 3; von Wilckens, 1994, S. 42, Abb. 1).

Dargestellt sind Teile der Handlung der Pz.-Bücher X–XIII (Gawan und Orgeluse). Marie Schuette glaubte, daß „die Gawanepisode vollständig dargestellt" sei, nämlich „von der Begegnung mit Orgeluse bis zum Festmahl auf Schloß Marveile", und daß daher „auch die Höhe nicht mehr betragen" habe (Schuette, 1930, Bd. 2, S. 8 f.). Das trifft jedoch nicht zu. Die erste Begegnung und die Urjans-Geschichte mit dem Pferdraub sind nicht dargestellt, aber zum Verständnis des Folgenden wohl unverzichtbar.

Für die Unvollständigkeit des Erhaltenen und für die ursprüngliche Existenz eines oberen vierten Streifens sprechen auch die Textbänder. Sie lauten:

1. *VROUWEN · VP · DAT · PERT · DE · V · WNDEDE [·] RITTER · SPR[ANC]* („die Frau auf das Pferd"; oder „auf das Pferd sprang der verwundete Ritter")

2. *DAT · SCEP [·] GAWAN · MIT · LISOYS · STREIT · VN · CREC · H[E · S]IN · PERT · WEDER · DE · SCEPMAN · WOLDE [·] DEN · TOLEN · HAN · GAW[AN]* („das Schiff. Gawan kämpfte mit Lischoys und er bekam sein Pferd wieder. Der Fährmann wollte den Zoll")

3. *DAR · N[ ]QVAM · HE · VP · CASTEL · MARVEILE · DAR · EM · VE* („danach kam er nach Schastel marveile, wo ihm viel").

Das erste fragmentarisch erhaltene Schriftband ist syntaktisch unvollständig, gleichgültig, ob man *VP · DAT · PERT* zum Vorangehenden oder zum Folgenden zieht. Sein Text bezieht sich auf Ereignisse, die vor dem ersten erhaltenen Bild liegen. Entsprechend bezieht sich das zweite Schriftband auf den ersten erhaltenen Bildstreifen und der erste Teil des dritten Schriftbandes auf den zweiten Bildstreifen. Der nicht erhaltene zweite Teil des dritten Schriftbandes könnte das Auseinanderdriften durch eine summarische Formulierung aufgefangen haben (etwa: „wo ihm viel Not, aber auch große Freude zuteil wurde"); das ist jedoch nicht zwingend (zu den Schriftbändern der Wienhausener ‚Tristan'-Teppiche I und III vgl. Wilhelm, o.J., S. 15 und 22 f.). Aufgrund dieser Indizien nahm man den Verlust von „one or more rows" (Loomis, 1938, S. 73) bzw. überzeugender von nur einem Bildstreifen an (Ott, 1982/83, S. 10). Der Teppich dürfte damit ursprünglich ca. 2,10 m hoch gewesen sein.

Die Darstellung setzt mit der Textszene 534,9–12 ein: *Gâwân durch minne arbeit enphienc./ sîn frouwe reit, ze fuoz er gienc./ Orgelûse unt der degen balt/ die kômn in einen grôzen walt.* Das Bild zeigt links eine männliche Figur mit einem Schimmel, davor Gawan und die im Damensitz reitende Orgeluse. Gawan hat seine rechte Hand auf den Kopf des Schimmels gelegt. „Durch rechtsförmliches Anfassen" erhebt er Besitzanspruch auf das Pferd (Lade-Messerschmied, 1993, S. 197f.; Schmidt-Wiegand, 1971, Sp. 1414). Es handelt sich also bei dem Schimmel um Gawans Pferd Gringuljete, das von Urjans seinem rechtmäßigen Eigentümer entwendet worden war. Im nächsten Bild läßt sich Orgeluse von dem Fährmann Plippalinot übersetzen, während Gawan zurückbleiben muß. In der Szene rechts vom Schiff sieht man Gawans Kampf gegen Lischoys Gwelljus, zuerst mit den Lanzen zu Pferd, dann mit den Schwertern zu Fuß. Die letzte Szene der linken Hälfte ist stark zerstört. Sie zeigt Gawan, der sich nach rechts entfernt. Nach einer größeren Lücke stellt das letzte Bild des ersten Registers Gawans Abschied von Plippalinot und dessen Tochter Bene dar.

Der zweite Bildstreifen spielt auf Schastel marveile. An die Begegnung mit dem *krâmer* schließen sich folgende Szenen an: Gawan steht vor Litmarveile; Gawan liegt auf dem Bett und schützt sich mit dem Schild gegen Pfeile und Steine; Gawan tötet den Löwen (Abb. 15). Die stark fragmentierte Folgeszene muß die Auffindung Gawans durch die Frauen dargestellt haben. Eine von ihnen schaut durch das Fenster (573,30–574,2), zwei begeben sich auf Arnives Geheiß zu Gawan (575,1–7). Vom rechten Teil des mittleren Registers ist nur ein schmaler unterer Streifen vorhanden. Sicher erkennbar sind in der letzten Szene Wellen: Plippalinot setzt Gawan zum Kampf gegen den Turkoyten über.

Der dritte Bildstreifen schildert zunächst Gawans Lanzenkampf mit dem Turkoyten. Daß nicht in der üblichen Weise ein Schwertkampf angehängt ist, zeugt von Textkenntnis (596,23–30), denn der Turkoyte kämpft grundsätzlich nur mit der Lanze, nicht mit dem Schwert. Gawan und Orgeluse, die mit den Händen nach vorne weist, kommen an einen mauerartigen Turm. Gawan überwindet die Schlucht und bricht im Park des Gramoflanz, wie Orgeluse es verlangt hatte, einen Zweig von einem Baum. Es folgt Gawans Begegnung mit Gramoflanz, dessen Gestalt so stark zerstört ist, daß man die Vorzeichnung sieht. In der rechten Hälfte übergibt Gawan Orgeluse den Kranz, und sie bittet ihn um Verzeihung für ihr abweisendes Verhalten. Plippalinot setzt Gawan und Orgeluse wieder über. Die beiden reiten nach Schastel marveile, von wo ihnen Fanfarenbläser (vgl. 620,24f.) entgegenreiten. Es folgen eine schmalere und eine breitere Innenraumszene. Die Damen auf der Burg sehen den Ankommenden entgegen. Den Abschluß bildet das Hochzeitsfestmahl auf Schastel marveile, das rechts durch einen aus einer Tür nach links gewandten servierenden Knappen optisch geschickt gerundet wird (vgl. 637,1–14).

Die Geschlossenheit der Bildfolge auf dem Braunschweiger Teppich wird dadurch erzielt, daß die weiterführenden problematischen Aspekte ausgespart werden (Zweikampfvereinbarung zwischen Gawan und Gramoflanz; Feindschaft Orgeluses gegen Gramoflanz wegen der Tötung Cidegasts; Liebe zwischen Gramoflanz und Gawans Schwester Itonje; Feindschaft Itonjes gegen Orgeluse, weil diese Gramoflanz nach dem Leben trachtet).

Als Datierung des Teppichs wurde vorgeschlagen: „not later than 1340" (Loomis, 1938, S. 72), „Mitte des 14. Jahrhunderts" (Ott, 1982/83, S. 10), „um 1350–1360" (von Wilckens, 1994, S. 42), „2. Hälfte des 14. Jahrhunderts" (Schuette, 1930, Bd. 2, S. 12).

Zum Gawan-Teppich gehören noch weitere stilistisch eng verwandte Wollstickereien aus dem Hl. Kreuz Kloster (Schuette, 1927, Bd. 1, S. 12; Fouquet, 1971, S. 33). Ihre Nähe zu Wienhausener Arbeiten ist evident (von Wilckens, 1994, S. 53): „Bisher wurde angenommen, daß die Wienhausener Wollstickereien des 14. Jahrhunderts in Braunschweig und im Heiligkreuzkloster geschaffen worden seien [Schuette, 1930, Bd. 2, S. 8]. Könnte es sich aber auch umgekehrt verhalten, da dieses erst seit dem frühen 15. Jahrhundert ein Zisterzienserinnenkloster – wie Wienhausen von Anfang an – gewesen ist? Oder haben bereits die dortigen Benediktinerinnen solche Stickereien gearbeitet und standen mit den Wienhausener Zisterzienserinnen in engem Kontakt?"

Als Auftraggeber vermutet Pia Wilhelm „den niedersächsischen Adel, speziell [...] den braunschweigisch-lüneburgischen Fürstenhof" (Wilhelm, o. J., S. 7).

Literatur

Texte

Wolfram von Eschenbach, hg. von Karl Lachmann, Berlin 1833. – Parzival. Studienausgabe. Mhd. Text nach der sechsten Ausgabe von Karl Lachmann. Übersetzung von Peter Knecht. Mit Einführungen zum Text der Lachmannschen Ausgabe und in Probleme der Parzival-Interpretation von Bernd Schirok, 2. Aufl., Berlin/New York 2003.

Forschung

Ächtler, Norman, Der Ritter im Gottesdienst: Parzivals ikonographische Einbindung in die Heilsgeschichte. Die Parzival-Fresken in Konstanz müssen neu gelesen werden, in: Euphorion 101 (2007), S. 273–299.

Becker, Peter Jörg, Handschriften und Frühdrucke mhd. Epen. Eneide, Tristrant, Tristan, Erec, Iwein, Parzival, Willehalm, Jüngerer Titurel, Nibelungenlied und ihre Reproduktion und Rezeption im späteren Mittelalter und in der frühen Neuzeit, Wiesbaden 1977.

Benziger, Karl J., Parzival in der deutschen Handschriftenillustration des Mittelalters. Eine vergleichende Darstellung des gesamten vorhandenen Bildmaterials unter besonderer Berücksichtigung der Berner Handschrift Cod. AA 91 (Studien zur deutschen Kunstgeschichte 175), Straßburg 1914.

Bihrer, Andreas, Der Konstanzer Bischofshof im 14. Jahrhundert. Herrschaftliche, soziale und kommunikative Aspekte (Residenzforschung 18), Ostfildern 2005. – Adelig-höfisches Bewußtsein am Stift St. Johann in Konstanz. Die Wandmalereien im Haus „Zur Kunkel" und ihr Auftraggeber, in: Funktion und Form. Die mittelalterliche Stiftskirche im Spannungsfeld von Kunstgeschichte, Landeskunde und Archäologie, hg. von Sönke Lorenz/Peter Kurmann/Oliver Auge (Schriften zur südwestdeutschen Landeskunde 59), Ostfildern 2007, S. 187–210.

Brockow, Thomas, Katalog Nr. 42: Dr. Julius-Leber-Straße 18 (Johannisstraße 18), in: Eickhölter/Hammel-Kiesow, S. 395–397.

Brüggen, Elke/Ziegeler, Hans-Joachim, Der Tristanstoff und die Manuskriptkultur des Mittelalters. Text und Bild in der Kölner Tristan-Handschrift B, in: Der Tristan Gottfrieds von Straßburg. Symposion Santiago de Compostela, 5. bis 8. April 2000, hg. von Christoph Huber/Victor Millet, Tübingen 2002, S. 23–74.

Bumke, Joachim, Die vier Fassungen der Nibelungenklage. Untersuchungen zur Überlieferungsgeschichte und Textkritik der höfischen Epik im 13. Jahrhundert (QuF 8 [242]), Berlin/New York 1996.

Burmeister, Werner, Gotische Wandmalereien in einem Lübecker Bürgerhause, in: Zs. des Vereins für Lübeckische Geschichte und Altertumskunde 26 (1930/32), S. 113–128 und Abb. nach S. 128.

Curschmann, Michael, Der Berner Parzival und seine Bilder, in: Wolfram-Studien 12 (1992), S. 153–171 [wieder in: Michael Curschmann, Wort, Bild, Text. Studien zur Medialität des Literarischen in Hochmittelalter und früher Neuzeit, Bd. 1 (Saecvla spiritualia 43), Baden-Baden 2007, S. 283–301].

Dreßler, Fridolin, Die Handschrift Cgm 19 der Bayerischen Staatsbibliothek München, in: Wolfram von Eschenbach, Parzival, Titurel, Lieder. Cgm 19 der Bayerischen Staatsbibliothek München, Textbd., Stuttgart 1970, S. 5–30.

Eickhölter, Manfred/Hammel-Kiesow, Rolf (Hg.), Ausstattungen Lübecker Wohnhäuser. Raumnutzungen, Malereien und Bücher im Spätmittelalter und in der frühen Neuzeit (Häuser und Höfe in Lübeck 4), Neumünster 1993.

Fechter, Werner, Der Kundenkreis des Diebold Lauber, in: Zentralblatt für Bibliothekswesen 55 (1938), S. 121–146 und 650–653 [„Noch einmal Diebold Lauber"].

Fouquet, Doris, Wort und Bild in der mittelalterlichen Tristantradition. Der älteste Tristanteppich von Kloster Wienhausen und die textile Tristanüberlieferung des Mittelalters (PhStQu 62), Berlin 1971.

Heinzle, Joachim, Einleitung, in: Wolfram-Studien 12 (1992), S. 7 f.

Klemm, Elisabeth, Die illuminierten Handschriften des 13. Jahrhunderts deutscher Herkunft in der Bayerischen Staatsbibliothek, Textbd. und Tafelbd. (Katalog der illuminierten Handschriften der Bayerischen Staatsbibliothek in München 4 [1–2]), Wiesbaden 1998.

Lachmann, Karl (1833) → Texte.

Lade-Messerschmied, Ulrike, Die Gebärdensprache in der Wolfenbütteler Bilderhandschrift des Sachsenspiegels, in: Die Wolfenbütteler Bilderhandschrift des Sachsenspiegels. Aufsätze und Untersuchungen. Kommentarband zur Faksimile-Ausgabe, hg. von Ruth Schmidt-Wiegand, Berlin 1993, S. 185–200.

Loomis, Roger Sherman/Hibbard Loomis, Laura, Arthurian Legends in Medieval Art (The Modern Language Association of America. Monograph Series 9), London/ New York 1938.

Lutz, Eckart Conrad (Hg.), Paroles de murs: peinture murale, littérature et histoire au Moyen Âge. Sprechende Wände: Wandmalerei, Literatur und Geschichte im Mittelalter (Les cahiers du CRHIPA/Centre de Recherche en Histoire et Histoire de l'Art: Italie, Pays Alpins 10), Grenoble 2007.

Lutz, Eckart Conrad/Thali, Johanna/Wetzel, René (Hg.), Literatur und Wandmalerei I. Erscheinungsformen höfischer Kultur und ihre Träger im Mittelalter. Freiburger Colloquium 1998, Tübingen 2002. – (Hg.) Literatur und Wandmalerei II. Konventionalität und Konversation. Burgdorfer Colloquium 2001, Tübingen 2005.

Manuwald, Henrike, Medialer Dialog. Die „Große Bilderhandschrift" des Willehalm Wolframs von Eschenbach und ihre Kontexte (Bibliotheca Germanica 52), Tübingen/Basel 2008.

Meyer, Wilhelm Joh., Archivbeschreibung der Berner Pz.-Hs. Cod. AA 91, 2 Bll. [o.J.] [online unter: <http://www.handschriftencensus.de/3959>].

Müssener, Adolf, Der Eremit in der altfranzösischen nationalen und höfischen Epik, Diss. Rostock 1930.

Obermaier, Sabine, Lesen mit den Augen der Illustratoren. Mittelalterliche und neuzeitliche Blicke auf Wolframs Parzival, in: Gutenberg-Jahrbuch 80 (2005), S. 22–41.

Ott, Norbert H., Geglückte Minne-Aventiure. Zur Szenenauswahl literarischer Bildzeugnisse im Mittelalter. Die Beispiele des Rodenecker Iwein, des Runkelsteiner Tristan, des Braunschweiger Gawan- und des Frankfurter Wilhelm-von-Orlens-Teppichs, in: JbOsw 2 (1982/83), S. 1–32. – Ulrichs von Etzenbach Alexander illustriert. Zum Alexanderstoff in den Weltchroniken und zur Entwicklung einer deutschen Alexander-Ikonographie im 14. Jahrhundert, in: Zur deutschen Sprache und Literatur des 14. Jahrhunderts. Dubliner Colloquium 1981, hg. von Walter Haug/Timothy R. Jackson/Johannes Janota, Heidelberg 1983, S. 155–172. – Überlieferung, Ikonographie – Anspruchsniveau, Gebrauchssituation. Methodisches zum Problem der Beziehungen zwischen Stoffen, Texten und Illustrationen in Handschriften des Spätmittelalters, in: Literatur und Laienbildung im Spätmittelalter und in der Reformationszeit. Symposion Wolfenbüttel 1981, hg. von Ludger Grenzmann/Karl Stackmann (Germanistische Symposien. Berichtsbände 5), Stuttgart 1984, S. 356–386; Diskussionsbericht S. 387–391. – Zur Ikonographie des Parzival-Stoffs in Frankreich und Deutschland, in: Wolfram-Studien 12 (1992), S. 108–123. – Literatur in Bildern. Eine Vorbemerkung und sieben Stichworte, in: Lutz/Thali/Wetzel, 2002, S. 153–197.

Saurma-Jeltsch [Stamm-Saurma], Lieselotte E., Zuht und wicze: Zum Bildgehalt spätmittelalterlicher Epenhandschriften, in: Zs. des deutschen Vereins für Kunstwissenschaft 41 (1987), S. 42–70. – Zum Wandel der Erzählweise am Beispiel der illustrierten deutschen Parzival-Handschriften, in: Wolfram-Studien 12 (1992), S. 124–152. – Aufschlußreiche Hinterlassenschaften, in: Ruperto Carola. Forschungsmagazin der Universität Heidelberg 1999, Heft 1, S. 4–8. – Spätformen mittelalterlicher Buchherstellung. Bilderhandschriften aus der Werkstatt Diebold Laubers in Hagenau, 2 Bde., Wiesbaden 2001. – Profan oder sakral? Zur Interpretation mittelalterlicher Wandmalerei im städtischen Kontext, in: Lutz/Thali/Wetzel (2002), S. 283–327.

Schiewer, Hans-Jochen, Ein ris ich dar vmbe abe brach/Von sinem wunder bovme. Beobachtungen zur Überlieferung des nachklassischen Artusromans im 13. und 14. Jahrhundert, in: Deutsche Handschriften 1100–1400. Oxforder Kolloquium 1985, hg. von Volker Honemann/Nigel F. Palmer, Tübingen 1988, S. 222–278.

Schirok, Bernd, Der Aufbau von Wolframs Parzival. Untersuchungen zur Handschriftengliederung, zur Handlungsführung und Erzähltechnik sowie zur Zahlenkomposition, Diss. Freiburg 1972. – Parzivalrezeption im Mittelalter (Erträge der Forschung 174), Darmstadt 1982. – (Hg.) Wolfram von Eschenbach, Parzival. Die Bilder der illustrierten Handschriften (Litterae 67), Göppingen 1985. – Parzival in Konstanz. Wandmalereien zum Roman Wolframs von Eschenbach im „Haus zur Kunkel", in: Schriften des Vereins für Geschichte des Bodensees und seiner Umgebung 106 (1988), S. 113–130. – Die Parzivaldarstellungen in (ehemals) Lübeck, Braunschweig und Konstanz, in: Wolfram-Studien 12 (1992), S. 172–190. – Die Wandmalereien in der ehemaligen Johannisstraße 18, in: Eickhölter/Hammel-Kiesow (1993), S. 269–288. – Autortext – Fassung – Bearbeitung. Zu Werner Schröders Ausgabe der Arabel Ulrichs von dem Türlin, in: ZfdA 130 (2001), S. 166–196. – (2003) → Texte: Wolfram von Eschenbach.

Schmidt-Wiegand, Ruth, Gebärden, in: Handwörterbuch zur deutschen Rechtsgeschichte, Bd. 1, Berlin 1971, Sp. 1411–1419.

Schneider, Karin, Gotische Schriften in deutscher Sprache. I. Vom späten 12. Jahrhundert bis um 1300. Textbd. und Tafelbd., Wiesbaden 1997.

Schuette, Marie, Gestickte Bildteppiche und Decken des Mittelalters, 2 Bde., Leipzig 1927–1930.

Schupp, Volker, PICT-ORALES oder: Können Bilder Geschichten erzählen?, in: Poetica 25 (1993), S. 34–69.

Schupp, Volker/Szklenar, Hans, Ywain auf Schloß Rodenegg. Eine Bildergeschichte nach dem Iwein Hartmanns von Aue, Sigmaringen 1996.

Stamm-Saurma → Saurma-Jeltsch.

Stedje, Astrid, Die Nürnberger Historienbibel. Textkritische Studien zur handschriftlichen Überlieferung mit einer Ausgabe des Weidener Fragments (Deutsches Bibel-Archiv. Abhandlungen und Vorträge 3), Hamburg 1968.

Stephan-Chlustin, Anne, Artuswelt und Gralswelt im Bild. Studien zum Bildprogramm der illustrierten Parzival-Handschriften (Imagines medii aevi 18), Wiesbaden 2004.

Stolz, Michael, Wolfram-Lektüre für die spätmittelalterliche Stadt. Erkundung einer literarischen Topographie am Beispiel des Berner Parzival, in: Germanistik in der Schweiz. Online-Zs. der SAGG 1 (2002) [<http://www.germanistik.unibe.ch/SAGG-Zeitschrift/1_02/>], S. 19-56. – Begleitheft zum Digitalfaksimile der Berner Parzival-Handschrift (Burgerbibliothek, Cod. AA 91), Simbach am Inn 2009.

Suckale-Redlefsen, Gude, Der Buchschmuck zum Psalmenkommentar des Petrus Lombardus in Bamberg. Bamberg, Staatsbibliothek, Msc. Bibl. 59, Wiesbaden 1986.

Unzeitig, Monika, Zur Bildsequenz in der Parzival-Handschrift Codex Cgm 19, fol. 49r: Die ikonographische Darstellung der Konfliktlösung zwischen Gawan und Gramoflanz durch König Artus, in: Reisen – Erkunden – Erzählen. Bilder aus der europäischen Ethnologie und Literatur. Dieter Richter zum 65. Geburtstag, hg. von Michael Nagel (Presse und Geschichte. Neue Beiträge 10), Bremen 2004, S. 295–310.

Vollmer, Hans, Ober- und mitteldeutsche Historienbibeln (Materialien zur Bibelgeschichte und religiösen Volkskunde des Mittelalters 1), Berlin 1912.

Wiegandt, Jürgen, Die Plescows. Ein Beitrag zur Auswanderung Wisbyer Kaufmannsfamilien nach Lübeck im 13. und 14. Jahrhundert (Quellen und Darstellungen zur hansischen Geschichte N.F. 28), Köln/Wien 1988.

von Wilckens, Leonie, Die Bildfolge von Gawan auf dem gestickten Behang in Braunschweig, in: Niederdeutsche Beiträge zur Kunstgeschichte 33 (1994), S. 41–56.

Wilhelm, Pia, Kloster Wienhausen, Bd. 3: Die Bildteppiche, Wienhausen [o.J.].

Wollkopf, Peter, Wandmalereien in Konstanzer Bürgerhäusern von den Anfängen bis zur Renaissance. Eine Bestandsaufnahme, in: Ritter – Heilige – Fabelwesen. Wandmalereien in Konstanz von der Gotik bis zur Renaissance, hg. von den Städtischen Museen Konstanz – Rosgartenmuseum, Konstanz 1988, S. 35–118.

Wunderlich, Werner, Weibsbilder al fresco. Kulturgeschichtlicher Hintergrund und literarische Tradition der Wandbilder im Konstanzer „Haus zur Kunkel", Konstanz 1996.

Die Zeit der Staufer. Geschichte – Kunst – Kultur. Katalog der Ausstellung Stuttgart 1977, Bd. 1, Katalog, hg. von Reiner Haussherr, Bd. 2, Abbildungen, hg. von Christian Väterlein/Ursula Schneider/Hans Klaiber, Stuttgart 1977.

IV. Themen und Motive

von Bernd Schirok

1. Menschenbild – 2. Lebensordnungen – 3. Rittertum, Gewalt, Kampf, Krieg – 4. Artusroman und höfisches Fest – 5. Religion – 6. Wissen

1. Menschenbild

Das Menschenbild des Romans entwickelt der Erzähler vornehmlich im Prolog. In den ersten 14 Versen stellt er drei farblich differenzierte Menschentypen vor. Da ist zunächst der Elsternfarbige (1,1–9), bei dem die schwarze und die weiße Farbe, negative und positive Züge gemischt auftreten, der mithin *gesmaehet unde gezieret* ist (1,3: „der Schande trägt und Schmuck"). Ihm stehen die ungemischten Typen des ganz Schwarzen (1,10–12) und des ganz Weißen (1,13–14) gegenüber. Der Elsternfarbige ist durch seine Spitzenstellung und den Umfang der Ausführungen gegenüber dem ganz Schwarzen und dem ganz Weißen hervorgehoben. Der Grund ist offenbar, daß der Schwarze und der Weiße statische Typen sind, die enden, wie sie angetreten sind (1,10–14). Über sie ist in drei bzw. zwei Versen alles gesagt, was zu sagen ist. Im Gegensatz dazu ist der Elsternfarbige ein dynamischer Typ. Er befindet sich in einer Art instabilem Gleichgewicht, das dadurch zustande gekommen ist, daß er dem verderblichen *zwîvel* als Ausgleich *unverzaget mannes muot* entgegengesetzt hat (zur engeren bzw. weiteren Bedeutung von *zwîvel* vgl. Schirok, 2003, S. CIV). Da auf diese Weise *himel* und *helle* Anteil an ihm haben, kann er hoffnungsvoll sein, weil er sein Schicksal offengehalten hat. Wie es sich letztlich entwickelt, ist von seinem weiteren Verhalten abhängig.

Mit der Formulierung *diz vliegende bîspel* (1,15) kommt der Erzähler dann auf die Elster bzw. den von ihr verkörperten gemischten Menschentyp und die entsprechende Figurenzeichnung des Romans zurück, die nach seiner konstatierenden (und prognostizierenden) Aussage für die *tumben* erhebliche Verständnisprobleme darstellen. Walter Haug hat die auf den ersten Blick berechtigte Frage gestellt: „Ist der Gedanke, daß es Menschen gibt, die teils gut und teils böse sind, wirklich so ungewöhnlich, ja neu? [...] Merkwürdigerweise scheint sich bislang niemand daran gestoßen zu haben, daß hier die doch banale Tatsache des gemischten Menschentypus als etwas hingestellt wird, was die Intelligenz herausfordern soll" (Haug, 2001/2003, S. 151 f.). Man muß aber nur an die divergierenden Interpretationen z. B. der Figur Herzeloydes erinnern (Sassenhausen, 2007, S. 91–105), um zu erkennen, daß auf der Seite der Rezipienten und Interpreten offensichtlich ein Bedürfnis nach Eindeutigkeit besteht, das der Erzähler nicht zu bedienen bereit ist.

Bei der programmatischen Eingangsposition des gemischten Typs verwundert es nicht, daß der weitaus größte Teil der Figuren elsternfarbig ist. Das gilt zunächst für Parzivals Eltern. So verläßt Gahmuret seine schwangere Frau Belacane unter dem fadenscheinigen Vorwand der Glaubensverschiedenheit (55,24–27; 56,25 f.), eine ‚Einsicht', die ihm erst kommt, als sie gebraucht wird, und die sofort durch Belacanes spontane Bereitschaft, sich taufen zu lassen (56,27–30; 57,6–8), desavouiert wird. Ungeachtet dessen zollt Cundrie später im VI. Buch Gahmuret uneingeschränkte Anerkennung (317,11–15). Auch Herzeloyde bedient sich des Glaubensarguments, um Gahmurets Bindung an die Heidin Belacane als bedeutungslos erscheinen zu lassen (94,11–15). Ihr späterer Rückzug in die Isolation von Soltane nach Gahmurets Tod hat primär das Ziel, den Sohn vor dem Schicksal des Vaters zu bewahren (117,14 ff.). Dazu nimmt sie große persönliche Entbehrungen auf sich (116,15 ff.). Andererseits fließen auch egoistische Motive in ihr Handeln (Ebel, 1991, S. 31–37). Sie möchte ihren Sohn ganz für sich behalten. Dazu steckt sie ihn, als der Aufbruch nicht mehr zu verhindern ist, in Narrenkleider und hofft, daß er zu ihr zurückkommt, wenn er von den Leuten *geroufet unt geslagn* wird (126,28). Nach ihrem Tode preist der Erzähler sie jedoch uneingeschränkt als *ein wurzel der güete / und ein stam der diemüete* (128,27 f.).

Selbst Artus und Gawan sind keineswegs durchgängig positiv gezeichnet. Artus ist zunächst schwach und hilflos angesichts der Bedrohung seiner Macht durch Ither. Deswegen tritt er der zynischen und menschenverachtenden Argumentation Keies zumindest nicht entschlossen genug entgegen, sondern läßt den Dingen ihren Lauf (150,23–28). Ganz anders zeigt sich der König gegen Ende des Romans (726,8 ff.), wo er als prinzipientreuer, entschlossener, klug und geschickt agierender Friedensdiplomat mit Hilfe seines königlichen Partners Brandelidelin auf Initiative der Frauen eine Situation, die verfahrener kaum sein könnte, zu einem glücklichen Abschluß bringt. Auch Gawan nimmt, um seine obsessiv betriebene Inszenierung der großen Wiedererkennungsszene auf keinen Fall zu gefährden, kriegerische Auseinandersetzungen zwischen den Artusrittern und den Rittern Orgeluses in Kauf und ist aus demselben Grunde seiner ahnungslosen Schwester Itonje gegenüber unaufrichtig. Für beides wird er vom Erzähler explizit getadelt (636,6 ff.; 665,25 ff.).

Erwartungsgemäß selten sind ‚reine' Typen. Ausschließlich positiv gezeichnet sind z. B. Condwiramurs und Repanse de Schoye, ausschließlich negativ die Vergewaltiger Meljakanz und Urjans.

Um die Mitte des Prologs scheint der Erzähler in einem Resümee auf seine männlichen und weiblichen Rezipienten gesondert eingehen zu wollen: *Dise manger slahte unterbint/iedoch niht gar von manne sint./für diu wîp stôze ich disiu zil* (2,23–25: „Diese vielfältigen Unterscheidungen gelten nicht allein für die Männer. Für die Frauen setze ich folgende Maßstäbe"). Damit werden geschlechtsspezifische Unterschiede konstituiert und zugleich wieder relativiert. Denn wenn das Vorangehende nicht nur für die Männer Gültigkeit hat, dann dürfte das Folgende auch nicht ausschließlich für die Frauen gelten. Dennoch hat diese Fokussierung ihren Grund. Denn abgesehen davon, daß die Differenzierung es dem Erzähler ermöglichen wird, später auf die Frauen als eigene Rezipientengruppe zurückzugreifen (337,1–22), gibt es offenbar Themen, die zwar nicht die Frauen allein betreffen, die sich aber augenfälliger an ihnen demonstrieren lassen, z. B. das Verhältnis von äußerer Schönheit und inneren Werten. Ein Rubin, so der Erzähler, bleibt ein Rubin, auch wenn er in eine wertlose Messingfassung eingelassen wird, und eine billige Glasperle bleibt eine billige Glasperle, auch wenn sie eine kostbare Goldfassung erhält (3,11–19). Hier wird also die Vorstellung der Kalokagathie aufgebrochen und das Innere zum einzig gültigen Wertmaßstab erklärt.

Das gilt nun freilich auch wieder für die Männer. Cundrie setzt sich unter den Kategorien ‚außen' und ‚innen' zu Parzival in Beziehung: *ich dunke iuch ungehiure,/und bin gehiurer doch dann ir* (315,24 f.: „Ich scheine euch häßlich zu sein und bin doch viel schöner als ihr"), [...] *groezer valsch nie wart bereit/necheinem alsô schoenem man* (316,18 f.: „So durch und durch falsch war noch nie ein so schöner Mann").

Sehr viel komplizierter ist das Verhältnis von Äußerem und Innerem bei Orgeluse, der wohl komplexesten Frauenfigur des Romans. Ihr Äußeres wie ihr Inneres sind vielschichtig. Ihre strahlende Schönheit steht im Gegensatz zu ihrem höhnischen und beleidigenden Benehmen Gawan gegenüber. Der Erzähler warnt die Hörer jedoch, vorschnell den Stab über Orgeluse zu brechen, bevor man wisse, *wiez umb ir herze stüende* (516,8; vgl. zu Obie 366,1 f.). Sehr viel später erfahren Gawan und die Hörer von Orgeluse den Grund für ihr abweisendes Verhalten. Ihr Mann Cidegast ist von Gramoflanz getötet worden, und nun will sie Cidegast an Gramoflanz rächen lassen. Dabei ist sie auf der Suche nach Rittern für diese Aufgabe, allerdings nimmt sie dabei in Kauf, daß diese ins Verderben stürzen und den Tod finden (514,6–8). Einer der Ritter, die sie für sich gewonnen hat, ist der Gralkönig Anfortas, der in ihrem Dienst seine Verwundung erlitten hat, an der er dahinsiecht. Bei Gawan entschuldigt sich Orgeluse für ihre Schroffheit, und als sie die möglichen Folgen ihrer Rachepläne erkennt, gibt sie diese auf und versöhnt sich mit Gramoflanz. Nachdem Cundrie dann Parzivals Erwählung zum Gralkönig und damit Anfortas' Heilung verkündet hat, bricht Orgeluse vor Glück in Tränen aus, *daz diu vrâg von Parzivâle/die Anfortases quâle/solde machen wendec* (784,5–7: „daß Parzivals Frage Anfortas' Qual beenden würde").

Als der Erzähler zum ersten Mal auf seinen noch ungeborenen Protagonisten zu sprechen kommt, wird dieser vorausschauend mit den Worten charakterisiert: *er küene, traeclîche wîs* (4,18: „er war kühn, wurde aber erst allmählich einsichtig"). Der konstanten Tapferkeit wird eine langsam verlaufende Entwicklung auf dem Gebiet der *wîsheit* entgegengestellt, wobei sich in diesem Begriff „Ethisches, Religiöses und Intellektuelles unscheidbar verbinden" (Trier, 1973, S. 323; zum Topos *fortis et sapiens* Curtius, 1965, S. 179–188; Rupp, 1957, S. 104–106). Damit wird angedeutet, daß der Protagonist „auch Fehler macht, aus denen in einem mühsamen Lernprozeß Verhaltenskorrekturen hervorgehen müssen" (Blank, 1999, S. 213). Von daher wird verständlich, daß der Darstellung der Kindheits- und Jugendgeschichte Parzivals ein so großer Raum gewidmet ist (zuletzt mit der Interpretation als Entwicklungsroman Sassenhausen, 2007). Denn am Beispiel von Hartmanns ‚Erec' läßt sich zeigen, daß die Jugendlichkeit des Helden noch so oft betont werden kann (z.B. ‚Erec' 18, 145, 708, 711, 757, 765, 1138, 1264, 1266), daß sie aber ohne explizite Kindheits- und Jugenddarstellung kaum lebendig zu vermitteln ist. Hartmanns ‚Gregorius' und die ‚Tristan'-Romane Eilharts und Gottfrieds stellen Kindheit und Jugend ihrer Helden dar, aber sowohl die Protagonisten selbst als auch die Vermittlungsinstanzen und die vermittelten Inhalte unterscheiden sich fundamental von Wolframs Roman. Wenn der Erzähler Parzival als *traeclîche wîs* bezeichnet, dann klingt das wie ein Gegenprogramm zu Gregorius, welcher als *der jâre ein kint, der witze ein man* (‚Gregorius' 1180) charakterisiert wird. Parzivals Entwicklung ist nicht wie die Tristrants bzw. Tristans in vergleichbarem Maße an die Person eines höfischen Erziehers gebunden. Der Pz.-Erzähler bringt das auf die Kurzformel: *in zôch nehein Curvenâl* (144,20: „ihn hat kein Curvenal erzogen").

Parzival gewinnt Einsichten, und diese führen zu Veränderungen in seinem Verhalten. Im Anschluß an die Ithertötung, die den Protagonisten kaum berührt, bemerkt der Erzähler, *sît dô er sich paz versan,/ungerne het erz dô getân* (161,7 f.: „Als er später einsichtiger geworden war, da hätte er es gern ungeschehen gemacht"). Gurnemanz' Reaktion auf Parzivals Bericht vom Tode des Roten Ritters (170,3–6) und seine Lehren (171,25–30) scheinen bei Parzival ein Bewußtsein für das Unrecht der Tat zu wecken, wie sein bedauerndes Bekenntnis bei Trevrizent zeigt (475,5–12), das er ablegt, noch bevor er von seiner Verwandtschaft mit Ither erfahren hat.

Nach Parzivals Dienstaufkündigung gegenüber Gott (332,1–8), der ihn laut Cundrie bereits für die Hölle bestimmt hat, erfolgt nach über viereinhalbjährigem Herumirren ein – durch Sigune und den Grauen Ritter befördert – vorsichtig einlenkendes Erproben von Gottes Hilfsfähigkeit und Hilfsbereitschaft (451,9–452,12). Von Trevrizent nimmt Parzival dann mit neuem Gottvertrauen Abschied (741,26–30), was der Hörer/Leser mit charakteristischer Verzögerung erfährt (und die Interpreten nicht immer wahrgenommen haben).

Diese Anzeichen einer positiven Veränderung lassen es wohl nicht zu, *traeclîche wîs* so aufzufassen, wie Joachim Bumke es erwogen hat: „gar nicht *wîse*" (Bumke, 2001, S. 105 und Anm. 242, mit dem Hinweis auf 66,12, dort allerdings mit einem negativen Begriff verbunden). Bumke möchte davon nur in einer Beziehung Abstriche machen: „Am ehesten könnte man von einem fortlaufenden Erkenntnisfortschritt in Bezug auf Parzivals verwandtschaftliche Einbindung in die Artus- und in die Titurelfamilie sprechen" (Bumke, 2001, S. 99). Tatsächlich spielt für den einzelnen seine Verankerung im Sippenverband eine bestimmende Rolle. Deshalb deponiert Gahmuret, als er seine schwangere Frau Belacane verläßt, für seinen ungeborenen Sohn die Namensliste der männlichen (Ausnahme ist die Fee Terdelaschoye) Vorfahren, die zugleich im anderen Ast die Verwandtschaft mit Utepandragun (und damit mit Artus) dokumentiert (55,28–56,24). Durch die Heirat von Herzeloyde und Gahmuret (wie später durch die von Repanse und Feirefiz) kommt es zur Verbindung von Gral- und Artussippe, die mit unterschiedlichen Akzentuierungen über den gesamten Roman präsent gehalten wird, indem Parzival als *Gahmuretes* bzw. *Herzeloyden kint* (o. ä.) bezeichnet wird (Hall, 1990, S. 91 und 160).

Als Cundrie im VI. Buch Parzival verflucht, nennt sie Gahmuret namentlich (317,11), während Herzeloyde nur als *iwer muotr* bezeichnet wird (317,17). Cundrie sieht in Parzivals Schweigen offenbar vor allem einen Verstoß gegenüber der Verpflichtung aus dem väterlichen Erbe oder will das vor der Artusrunde so sehen. Diese Ausrichtung erklärt sich wohl daraus, daß es Cundrie hier darum geht, Parzivals ritterliche Existenz, seinen *prîs*, seine *êre* und seine *werdekeit* in Frage zu stellen (316,12–14). Nach der Verfluchung durch Cundrie bleibt der Erzähler zunächst in deren Perspektive: *hin reit Gahmuretes kint* (333,15), dann aber schwenkt er um und bezeichnet Parzival als den, *den Herzeloyde bar* (333,29: „geboren hat"). Als Sohn Herzeloydes ist er *ganerbe* (333,30), Mitglied der Gral-Erbengemeinschaft.

Bei der Berufung Parzivals rekurriert Cundrie auf die Verbindung von Artus- und Gralfamilie, indem sie Vater und Mutter namentlich nennt: *ôwol dich, Gahmuretes suon!/got wil genâde an dir tuon./ich mein den Herzeloyde bar* (781,3–5). Man könnte für die Notwendigkeit dieses Zusatzes anführen, daß auch Gahmurets Sohn Feirefiz anwesend ist, aber am Adressaten von Cundries Rede kann kein Zweifel bestehen, nachdem die Gralbotin Parzival zu Füßen gefallen ist und unter Tränen seinen *gruoz* erbeten hat (779,22–24). Somit ist die Funktion der Nennung Herzeloydes, die Abstammung von ihr als das entscheidende Moment hervorzuheben. Die gleiche Perspektivierung findet sich auch im Epilog (827,5–8).

Seine Einbindung in die Gralfamilie erfährt Parzival schrittweise von Sigune, von Cundrie und von Trevrizent. Am Ende kann er im Bewußtsein dieser Zugehörigkeit die von Trevrizent im IX. Buch neutral formulierte Erlösungsfrage: ‚*hêrre, wie stêt iuwer nôt?*' (484,27) in den familiären Code umsetzen: ‚*oeheim, waz wirret dier?*' (795,29).

Wolfram hat auch zu diesem Komplex eine Parallele in die Gawan-Handlung eingebaut. Sie besteht in der schrittweisen Erkenntnis der Identität der vier Königinnen auf Schastel marveile durch Gawan und die Hörer (Mohr, 1958, S. 314–318; Johnson, 1958). Cundrie hatte die Aufgabe gestellt, *vier küneginne/unt vier hundert juncfrouwen*, die sich *ze Schastel marveil* befinden, zu befreien (318,13–24). Der Grieche Clias hatte den Artusrittern (wohl nicht Artus und Gawan, die sonst hätten reagieren müssen) gesagt, von den vier Königinnen seien zwei alt und zwei *noch kint*, und er hatte ihre Namen genannt: *der heizet einiu Itonjê,/diu ander heizet Cundrîê,/diu dritte heizt Arnîve,/diu vierde Sangîve* (334,16–22). Als Gawan in die Nähe von Schastel marveile kommt, sieht er *in den venstern manege frouwen:/der was vier hundert ode mêr,/viere undr in von arde hêr* (534,28–30: *von arde hêr* = „von hoher Abstammung"). Nachdem er vom Fährmann Plippalinot gastfreundlich aufgenommen worden ist, versucht er hartnäckig zu erfahren, was es mit den Damen auf sich habe. Als er von Plippalinot hört, daß es sich um die Burg *Schastel marveil* handele (557,9), entgegnet Gawan, er habe von diesen Damen schon gehört (557,19). Nachdem Gawan den Löwen besiegt hat und ohnmächtig zusammengebrochen ist, wird Arnive (für den Hörer) erstmals namentlich genannt (574,5). Kurz darauf folgt mit dem Namen von Arnives Tochter die Aufklärung über das Verwandtschaftsverhältnis der vier Damen: *dô kom diu alte Arnîve,/und ir tohter Sangîve,/unde ir tohter tohter zwuo* (590,17–19). Arnive fordert nun Gawan auf, die anderen drei Damen zu küssen: *die clâren frouwen kuster dô,/Sangîven und Itonjê/und die süezen Cundrîê* (591,8–10). Der Hörer weiß nun Bescheid. Bei Gawans Begegnung mit Gramoflanz erfährt er dann noch, daß dieser einen *mûzersperwaere* („Sperber, der sich schon gemausert hat") mit sich führt, den ihm Itonje geschenkt hat, *Gâwâns süeziu swester* (605,3–7). Das erfährt dann auch Gawan, denn Gramoflanz bittet ihn, einem Mädchen auf Schastel marveile, das er liebe, ein *vingerlîn* zu überbringen (607,15): *diu ist des künec Lôtes kint* (606,29), *diu werde Itonjê* (607,12). Gawan dürfte sich nun über die vier Königinnen weitgehend im klaren sein, jedenfalls deutet seine Bitte an Orgeluse, in Schastel marveile seinen Namen zu verschweigen (620,1–10), darauf hin, daß er hier schon die Wiedererkennungsszene plant. Auf der Burg hat Gawan freilich zunächst Probleme, Gramoflanz' Bitte zu erfüllen, denn er muß sich erst erkundigen: ‚*welhez ist Itonjê?*' (631,6). Dann sagt er seiner Schwester, daß Gramoflanz sie liebe, wobei er hier schon etwas förmlich wird: *frouwe, hiez iur vater Lôt,/sô sît irz die er meinet,/nâch der sîn herze weinet:/unde heizt ir Itonjê,/sô tuot ir im von herzen wê* (633,12–16: „Meine Dame, wenn euer Vater Lot hieß, dann seid ihr es, die er liebt und deretwegen sein Herz traurig ist; und wenn ihr Itonje heißt, dann seid ihr es, die seinem Herzen Kummer bereitet"). Itonje nennt dann ihre *swester Cundrîê* mit Namen (634,29). Schließlich ist es soweit; nach Artus' Ankunft zelebriert Gawan, an den König gewandt, die große Anagnorisis-Szene: *sus sprach er zuo dem Bertûn/‚erkant ir Utepandragûn,/so ist diz Arnîve sîn wîp:/von den zwein kom iwer lîp./sô ist diz diu muoter mîn,/von Norwaege de künegîn./dise zwuo mîn swester sint'* (672,7–13: „So sprach er zu dem Bertunen: ‚Wenn ihr Utepandragun gekannt habt – dies ist Arnive, seine Frau; die beiden sind eure Eltern. Und dies ist meine Mutter, die Königin von Norwegen: Und diese beiden hier sind meine Schwestern'").

2. Lebensordnungen

Der Pz. zeigt zwei verschiedene Lebensordnungen, die Artusgesellschaft und die Gralgesellschaft. Die Gralgesellschaft hat einen festen Wohnsitz, die isoliert liegende und für Außenstehende unzugängliche Gralburg Munsalvaesche. Die Artusgesellschaft kann dagegen nicht in gleicher Weise mit einer Burg oder einem Ortsnamen belegt werden, denn sie ist mobil und steht allen offen. Der Artushof formiert sich „an verschiedenen und auch verschiedenartigen Standorten. Er kann in befestigten Burgen zusammentreten (Nantes, Artus' Hauptresidenz [147,11–14]; Karminal, Artus' Jagdschloß im Wald Brizljan [206,5–9]; Karidoel [280,2; 336,6]), sich in Städten versammeln (Dianazdrun [525,12–14]; Bems an der Korca [644,12–15]) oder sich als Zeltlager konstituieren, wie dies in der Ebene von Dianazdrun (216,5–12), am Plimizoel (274,26–29; 285,15) und vor Joflanze (670,17–19) der Fall ist" (Pratelidis, 1994, S. 78; vgl. Bumke, 1986, Bd. 1, S. 71–76). Am Ende zieht Artus *gein Schamilôt* (822,7).

Der Artushof ist Ausgangs- und Bezugspunkt des Rittertums. Auf Parzivals Frage an Karnahkarnanz: *'sage mir, wer gît ritterschaft?'* antwortet dieser: *'daz tuot der künec Artûs'* (123,6f.). Der Hof des Königs ist Zentrum und Anziehungspunkt für alle: *dar kom vremder liute vil, / die werden und die smaehen* (296,26f.). Die Erwähnung der *smaehen* („Verachtenswerten") hat hier vornehmlich die Funktion, Keies barsches Benehmen als notwendige Reaktion auf seine zwielichtige Klientel zu rechtfertigen (vgl. auch die Empfehlung an Hermann von Thüringen 297,16–29; → S. 7f.). Darüber hinaus ist aber evident, daß der Artushof auch Integrations- und Resozialisierungsinstanz ist. Ritter wie Orilus, Clamide und Gramoflanz, die man bei ihrem ersten Auftreten oder aufgrund ihrer Taten als außer- oder anti-arturisch einstufen würde, legen diesen Makel durch die Aufnahme in die Tafelrunde ab.

Artus ist auf respektvolle Distanz zu den Gralrittern bedacht. Als Segremors unbedingt gegen den Ritter kämpfen will, der vor dem Artuslager mit aufgerichteter Lanze Halt gemacht hat, warnt der König: *'wir nâhen Anfortases her, / daz von Munsalvaesche vert / untz forest mit strîte wert: / sît wir niht wizzen wâ diu stêt, / ze arbeit ez uns lîhte ergêt'* (286,10–14: „Wir nähern uns jetzt den Kriegern des Anfortas, die von Munsalvaesche kommen und den Wald mit Kampf verteidigen. Da wir nicht genau wissen, wo Munsalvaesche liegt, könnte es uns leicht übel ergehen"). Die Gralritter haben die Aufgabe, Munsalvaesche zu schützen und jede Annäherung zu verhindern. Als Parzival Trevrizent von seinem Besuch auf der Gralburg berichtet, weist ihn der Einsiedler auf die Gefährlichkeit der Gralritter hin: *si nement niemens sicherheit, / si wâgnt ir leben gein jenes lebn* (492,8f.: „Sie akzeptieren niemandes Sicherheitsversprechen, sie setzen ihr Leben gegen das ihres Gegners"). Die Vorsicht des Königs Artus ist also sehr berechtigt.

Dennoch bestehen die beiden Welten nicht isoliert und unabhängig voneinander, sondern sind aufeinander angewiesen. Bei der Gralgesellschaft liegt das daran, daß ihre Mitglieder mit Ausnahme des Königs zölibatär leben und sie sich daher von außen ergänzen müssen. Deshalb werden ihre Frauen und Männer in die (arturische) Welt gesandt, und ihre Kinder können dann von Gott wieder zum Dienst beim Gral benannt werden (495,1–6). Entgegen dieser Angabe werden aber offensichtlich auch Heidenkinder zum Gral berufen (817,8–10), was vermutlich auf eine größere Offenheit deuten soll.

Die Aussendung der Männer ist an die Bedingung gebunden, daß ein Land *hêrrenlôs* ist (494,7; vgl. 495,12) und das Volk von Gott einen Herrn erbittet. Diese Konstruktion soll wohl besagen, daß auch die Artuswelt auf die Gralwelt angewiesen ist. Als freilich Herzeloyde, die jungfräuliche Witwe des Königs Castis, einen Mann für sich und einen Herrscher für ihre Länder braucht, wendet sie sich nicht an Gott, sondern findet selbstbewußt eine eigenständige Lösung, und Loherangrins Mission scheitert aufgrund des neu eingeführten Frageverbots (818,24–819,8). Es sieht so aus, als wäre der Gralbereich auf den Artusbereich stärker angewiesen als dieser auf jenen.

Bei der Aussendung vom Gral in die Welt wird zwischen Männern und Frauen unterschieden: *got schaft verholne dan die man, / offenlîch gît man meide dan* (494,13 f.: „Gott bringt die Männer heimlich aus dem Gralbereich fort, während man die Jungfrauen ganz offen entläßt"; vgl. 495,1 f.). Warum die Aussendung der Männer heimlich geschieht, wird nicht ausdrücklich gesagt. Wahrscheinlich ist diese Praxis als Anknüpfungspunkt für die Schwanrittersage gedacht gewesen, die das Frageverbot impliziert. Denn welchen Sinn hätte die heimliche Aussendung, wenn die Herkunft später öffentlich gemacht werden dürfte? Hier hätte der Erzähler leicht eine Verbindung herstellen können. Umso erstaunlicher ist, daß das Frageverbot der Loherangrin-Geschichte anders begründet wird, nämlich als Folge von Parzivals Frageunterlassung (818,24–819,8; Nellmann, 1994, S. 784).

Das Frageverbot bleibt, wie auch immer begründet, ein Skandalon: „Damit ist das Scheitern dieser Herrschaft im Grunde vorprogrammiert: Wenn ein Land nicht weiß, wer sein Herr ist; eine Ehefrau ihren Ehemann nicht kennt; die Kinder nicht wissen, wer ihr Vater ist, so muß das früher oder später zu schweren Konflikten führen, weil ein Land sich über seinen Herrscher definiert, eine Ehefrau über ihren Ehemann, das Kind über seinen Vater" (Bumke, 1991, S. 243 f.). Der Pz.-Erzähler desavouiert das Frageverbot zusätzlich, indem er dafür eine skurrile Begründung gibt (819,3–8).

Artusgesellschaft und Gralgesellschaft verbindet, daß beide, wenn auch in sehr unterschiedlicher Weise, erlösungsbedürftig sind. In der Gralgesellschaft sind es der dahinsiechende Gralkönig und die Frauen und Männer auf Munsalvaesche, die auf Erlösung warten, in der Artuswelt ist es Clinschors Burg Schastel marveile mit vielen Rittern und Frauen und den vier Königinnen. Zwischen Schastel marveile und Munsalvaesche bestehen auffällige Parallelen. Das Schicksal beider Welten ist durch sexuelle Verfehlungen der Burgherren Clinschor und Anfortas ausgelöst. Beide werden in vergleichbarer Weise körperlich bestraft. In beiden Fällen spielt das Motiv des Fragens eine Rolle (zu Gawan vgl. 554,23–559,30). Beide Protagonisten kommen mit dem je anderen Bereich in Berührung. Vergulaht, der von Parzival besiegt und mit der Gralsuche beauftragt wurde, delegiert diese Aufgabe an Gawan. Parzival kommt in die Nähe von Schastel marveile, wo Orgeluse ihn vergeblich für sich zu gewinnen sucht.

Cundrie steht mit beiden Gruppen in engem Kontakt, sie bewegt sich frei zwischen ihnen hin und her und hat auch verbal den Anstoß zu beiden Erlösungstaten gegeben. Sie versorgt Sigune mit Nahrung (439,1–5), und deshalb könnte diese Parzival empfehlen, Cundries Spur zu folgen, um zur Gralburg zu gelangen, wenn sie nicht vergessen hätte, Cundrie zu fragen, *ob si dar/wolte kêrn ode anderswar* (442,17 f.: „ob sie dorthin auf die Gralburg zurückkehren oder anderswohin reiten wollte").

Cundrie und ihr Bruder Malcreatiure sind ein Geschenk der Königin Secundille, der Geliebten des Feirefiz, an den Gralkönig (519,21–23). Von den Geschwistern schenkt Anfortas Malcreatiure an Orgeluse weiter (519,27–30). „Hier wird zum ersten Mal eine Bekanntschaft zwischen Anfortas und Orgeluse angedeutet" (Nellmann, 1994, S. 709). Secundille, die von dem Gralkönig *künde* erhalten möchte (519,18–20), schickt ihm außerdem ein Geschenk, *daz niemen möhte vergelten:/man fündez veile selten* (519,24–26: „das niemand bezahlen könnte und das es auch gar nicht zu kaufen gäbe"). Auch diesen Schatz schenkt Anfortas Orgeluse (616,14–18), und die gibt ihn *durch vride* an Clinschor weiter (617,17 f.).

Als Cundrie den Artusrittern Schastel marveile als Ziel setzt, bemerkt sie: *ich wil doch hînte drûffe sîn* (318,24: „Noch heute abend werde ich dort sein"). Dabei rückt sie Schastel marveile und Munsalvaesche (318,19,29) eng aneinander. Cundrie hält sich häufig auf Schastel marveile bei Arnive auf und hat ihr eine Salbe gegeben, die Anfortas geholfen hat und mit der Arnive nun Gawan behandelt. Als Arnive dabei Munsalvaesche erwähnt, freut sich Gawan: *er wânde er waer dâ nâhe bî* (579,23–580,5). Offensichtlich glaubt er, der gerade Schastel marveile erlöst hat, noch auf

Gralsuche zu sein und sich seinem Ziel angenähert zu haben. Schastel marveile scheint Gawans Munsalvaesche zu sein. Als Cundrie am Artushof Parzivals Erwählung verkündet hat und Artus sie bittet, sich auszuruhen, fragt sie nach Arnive und reitet zu ihr (784,8–22).

So sind Artusbereich und Gralbereich in vielfacher Weise aufeinander bezogen und miteinander verflochten. Der Gralbereich ist dabei quasi unmittelbar zu Gott. Von daher mag man zu dem Schluß neigen, daß „die Überlegenheit des Gral-Hofes" über den Artushof „keine Frage" sei (Delabar, 1990, S. 184). Bei genauerem Hinsehen scheint das freilich nicht mehr ganz so sicher. Ohne auf inhaltliche Einzelheiten näher einzugehen, hatte auch Walter Haug kritisiert, die „‚Lösung', die das Gralsrittertum anbietet, beruht auf Askese und Ausgrenzung. Sie ist […] in ihrer Rückzugsmentalität mit der Flucht Herzeloydes und der Weltabkehr Sigunes zusammenzusehen […]. Die ‚Lösung', die das Gralsreich darstellt, vertritt eine traditionelle und gegenüber der Erfahrung, die Parzival macht, überholte Position" (Haug, 1990, S. 139, Anm. 19).

Von Gott stammen die Gesetze der Gralwelt, die das Liebesverbot, das mörderische Zweikampfverhalten und – höchst flexibel – das Fragen betreffen. Gott bestimmt die Mitglieder der Gralgemeinschaft, er benennt den Gralkönig und teilt ihm eine Frau zu. Vergleicht man damit den Stellenwert von *minne* und *âventiure* im Artusroman Hartmannscher Prägung, so fällt es mehr als schwer, dem Gralbereich einen höheren Wert zuzuerkennen. Denn *minne* und *âventiure* werden in der Gralwelt negiert bzw. pervertiert. Zum ritterlichen Kampf und zur Liebe heißt es bei Joachim Bumke, aus Trevrizents Erklärungen im IX. Buch (492,8f.) gehe hervor, „daß die Gralritter ihre Gegner in der Regel töten. Ob hier Motive der Kreuzzugsideologie hereinspielen, ist unsicher. Bestehen bleibt, daß Gott eine Gesellschaft gestiftet hat, die die Tötung von Menschen im Kampf vorsieht, während in der Artusgesellschaft die Tötung eines ritterlichen Gegners als eine Störung der gesellschaftlichen Ordnung angesehen wird. […] Ebenso ist das Verbot der geschlechtlichen Liebe in Munsalvaesche Teil der von Gott gewollten Ordnung. In Schastel marveile dagegen ist die Unterbindung von Liebesbeziehungen zwischen Rittern und Damen ein böser Zauber, den Clinschor aus Haß gegen die Menschheit über die Burg gelegt hat. Wie dieser Widerspruch aufzulösen ist, sagt der Text nicht. In beiden Punkten wirkt die Artusgesellschaft moderner und zivilisierter als die Gralgesellschaft" (Bumke, [8]2004, S. 185f.). Werner Williams-Krapp formuliert: „In ihrer starren Fixierung auf den höheren Wert der Gralgesellschaft haben Generationen von Interpreten übersehen, daß die Artuswelt letztlich die freudigere, die perspektivenreichere ist. [...] Nicht die Gralswelt, sondern die Artuswelt ist die letztlich menschlichere, die eigentlich humanere [...] und daher für den laikalen Leser vorbildlicher als die obskure Gralswelt, für die Wolfram keine konkrete Perspektive eröffnet [...]" (Williams-Krapp, 2003, S. 40f.).

Der Parzival-Erzähler sagt das so direkt nicht, aber er konstruiert die Welt des Grals in einer spannungsvoll unaufgelösten Widersprüchlichkeit, die zu denken gibt, und er stellt ihr mit dem Artusbereich eine Welt gegenüber, die zwar auch widersprüchlich ist, deren Mitgliedern es aber am Ende gelingt, die Widersprüche zu überwinden und zu dauerhaften Lösungen zu gelangen.

3. Rittertum, Gewalt, Kampf, Krieg

Einer Frau wird ihr Mann entrissen, Kindern ihr Vater geraubt, ein Land verliert seinen Herrscher – Wolframs Pz. endet, wie er begonnen hat: Der Tod Gandins steht am Anfang, der vom Gral erzwungene Aufbruch Loherangrins aus Brabant am Schluß.

Gewalt, Tod und Leid beherrschen das Geschehen. Gahmurets Vater Gandin regiert sein Land vorbildlich, *unz er lac tôt an rîterschaft* (5,28: „bis er im Ritterkampf getötet wurde"). Um die Liebe Belacanes zu gewinnen, kämpft Isenhart ohne Rüstung gegen Belacanes Fürsten Prothizilas; beide kommen um (27,11–28,5). Belacane beklagt *ir bêder tôt* (28,7). Vridebrant, der Isenhart rächen will, hat selbst vorher Hernant erschlagen (25,4f.). Gandin ist weder der erste noch der letzte seines Geschlechts, der im ritterlichen Kampf sein Leben läßt; sein Vater Addanz erleidet dasselbe Schicksal (56,5–9), und auch sein Sohn Galoes, Gahmurets Bruder, fällt in einer Tjost (80,14–18). Gahmurets Mutter Schoette überlebt den Tod ihres Mannes und ihres Sohnes nicht (92,27–30); später erwähnt Obie, daß auch Annore auf die Nachricht vom Tode ihres Geliebten Galoes gestorben sei (346,15–18). Gahmuret selbst stirbt im Kampf für den Baruc von Baldac (105,5). Gahmurets Frau Herzeloyde bricht tot zusammen, als ihr Sohn Parzival sie verläßt (128,16–22). Der erste Ritter, auf den Parzival nach seinem Aufbruch aus Soltane trifft, ist gerade von Orilus getötet worden: Schionatulander liegt im Schoß der verzweifelt klagenden Sigune (138,21–23). Sigune berichtet Parzival auch, daß Lähelin Turkentals getötet habe, einen von Parzivals Fürsten (128,8f.). Dem zweiten Ritter begegnet Parzival vor dem Artushof; Ither kommt durch Parzival zu Tode (155,7–11). Er wird von den Frauen beweint (155,12–18). Parzivals Lehrer Gurnemanz berichtet seinem Zögling, daß seine drei Söhne Schenteflurs, Lascoyt und Gurzgri im Kampf getötet worden seien; dieses Unglück habe seiner Frau den Tod gebracht und Gurzgris Frau Mahaute ihre Schönheit geraubt (177,27–178,26). Gurnemanz resümiert bitter: *sus lônt iedoch diu ritterschaft:/ir zagel ist jâmerstricke haft* (177,25 f.: „Das ist der Lohn des Ritterlebens; am Ende steht unentrinnbar das Leid"). In Pelrapeire heißt es von Condwiramurs: *die twanc urliuges nôt/und lieber helfaere tôt* (192,5 f.). Hier ist also ausdrücklich von ‚Krieg' (*urliuge*) die Rede (vgl. auch 41,28; 246,11; 363,3; 769,15). In den Kämpfen ist die Hälfte oder mehr von Condwiramurs' Leuten gefallen (194,21–25). Auch die Gegenseite hat Tote zu beklagen: Der Herzog Galogandres und der Graf Narant sowie *manec wert armman* haben den Tod gefunden (205,9–16; vgl. auch 215,30 f.; 219,19). Signe erzählt Parzival von Frimutel: *der lac von einer tjoste tôt,/als im diu minne dar gebôt* (251,9 f.), was Trevrizent später wiederholt, wobei er die *minne* als Movens etwas zurücknimmt (474,10–13). Am Artushof beschuldigt Kingrimursel (fälschlicherweise) Gawan, für den Tod seines Herrn verantwortlich zu sein (321,10). Trevrizent berichtet Parzival, daß der Gralritter Lybbeals im Kampf gegen Lähelin gefallen sei (473,22–26), daß seine Schwester Schoysiane die Geburt Sigunes nicht überlebt habe (477,2 f.) und daß Herzeloydes erster Mann Castis gestorben sei, bevor die Ehe vollzogen werden konnte (494,20 f.). In seiner Abrechnung mit der Frau Minne erwähnt der Erzähler den Artussohn Ilynot, der im Kampf für seine Geliebte Florie von Kanadic den Tod gefunden habe (585,29–586,4). Bei der Begegnung mit Gawan kommt Gramoflanz darauf zu sprechen, daß er Orgeluses *werden man* Cidegast getötet habe (606,6 f.), und er erhebt die Beschuldigung, daß sein Vater Irot durch Gawans Vater Lot zu Tode gekommen sei (608,11 f.). Artus erinnert Itonje an das traurige Schicksal ihrer Schwester Surdamur, die gestorben sei, als sie vom Tode ihres Mannes hörte (712,8 f.; vgl. ‚Cligès' 2621–2623).

Manche dieser Todesfälle werden mehrfach erwähnt (z.B. Galoes, Frimutel). Der Tod Schionatulanders wird durch die vier Siguneszenen präsent gehalten. Im Falle Cidegast wird die ganze Tragweite des Geschehens erst Schritt für Schritt enthüllt.

Freilich nehmen nicht alle Kämpfe ein blutiges Ende. Von Gahmuret wird in Zazamanc berichtet: *ze rehter tjost het er gevalt/vier und zweinzic rîter nidr,/und zôch ir ors almeistic widr./dâ wârn gevangen fürsten drî* (45,14–17: „In Tjosten hat er nach allen Regeln der Kunst vierundzwanzig Ritter zu Boden geworfen und von den meisten die Pferde mit sich genommen. Drei Fürsten waren seine Gefangenen"). Diese drei Kämpfe gegen Hiuteger,

Gaschier und Razalic sind vorher geschildert worden, und sie enden jeweils mit dem Sicherheitsversprechen der Unterlegenen (37,12–42,7). Gurnemanz schärft Parzival später ein, unterlegene Gegner zu schonen (171,25–30). Die Gegner seiner eigenen Söhne sind freilich nicht entsprechend verfahren. Parzival dagegen praktiziert das Gebot seines Lehrers nach seinen Siegen über Kingrun (197,27–199,14) und Clamide (212,17–215,18), wobei er gleichzeitig die Konditionen für die Gegner annehmbar gestaltet. Im Fall Orilus macht Parzival seine Bedingung, nämlich die Aussöhnung mit Jeschute, dem unterlegenen Gegner dadurch akzeptabel, daß er von sich aus Jeschutes Schuldlosigkeit auf seinen Eid nimmt (269,1–270,4).

Dabei weicht Parzival Kämpfen nicht aus, im Gegenteil. Das hat viele Interpreten irritiert. „Unbehagen" hat vor allem hervorgerufen, „daß die Gralwürdigkeit des Helden in seinem ständigen Kämpfen begründet sein soll" (Bumke, 2001, S. 93; vgl. Zutt, 1968; Jones, 1975).

Als Parzival nach der Verfluchung durch Cundrie den Artushof verläßt, bemerkt der Erzähler: *schildes ambet umben grâl/wirt nu vil güebet sunder twâl/von im den Herzeloyde bar* (333,27 f.: „Um den Gral wird Herzeloydes Sohn nun entschlossen viele Ritterkämpfe austragen"). Im VII. Buch heißt es über Parzival: *ern suochte niht wan strîten* (390,9). Am Beginn des IX. Buches werden Parzivals Kämpfe hervorgehoben (434,11–16). Gegenüber Trevrizent verbindet Parzival seine Suche nach Kampf eng mit seiner Gottesfeindschaft: *ichn suochte niht wan strîten./ ouch trage ich hazzes vil gein gote* (461,8 f.). Als er dann auf seine Sehnsucht nach dem Gral zu sprechen kommt (467,26), tadelt das der Einsiedler mit der Begründung: *jâne mac den grâl nieman bejagn,/wan der ze himel ist sô bekant/daz er zem grâle sî benant* (468,12–14: „Tatsächlich kann niemand den Gral erringen, es sei denn, er ist im Himmel so bekannt, daß er zum Gral berufen wird"). Auf Munsalvaesche sei *manc werlîchiu hant* (468,24), ein *werlîchiu schar* (469,1), eine ritterliche *bruoderschaft* (470,19; vgl. 473,5–8). Sie reiten *durch âventiur* aus und erringen *prîs* (468,26–30). Parzival sieht sich in den Aussagen Trevrizents nur bestätigt: *Mac rîterschaft des lîbes prîs/unt doch der sêle pardîs/bejagen mit schilt und ouch mit sper,/sô was ie rîterschaft mîn ger./ich streit ie swâ ich strîten vant,/sô daz mîn werlîchiu hant/sich naehert dem prîse./ist got an strîte wîse,/der sol mich dar benennen,/daz si mich dâ bekennen:/mîn hant dâ strîtes niht verbirt* (472,1–11: „Wenn man als Ritter mit Schild und Lanze im Leben Ruhm und für die Seele das Paradies erringen kann, so war ein solches Leben als Ritter immer mein Ziel. Ich habe stets gekämpft, wo immer ich Gelegenheit dazu fand, so daß meine Tapferkeit zu rühmen ist. Wenn Gott etwas vom Kämpfen versteht, dann muß er mich dorthin benennen, damit sie mich dort kennen; ich werde dort keinem Kampf aus dem Wege gehen"). Der Einsiedler bezeichnet das zwar als *hôchvart* (472,13,17), bringt aber keine inhaltlichen Korrekturen an.

Am Beginn des X. Buches sind in Parzivals Auftrag Vergulaht und in dessen Auftrag Gawan unterwegs *durch vorschen nâch dem grâle, / aldâ si mit ir henden / mange tjoste muosen senden*. Dazu erklärt der Erzähler: *wan swers grâles gerte, / der muose mit dem swerte / sich dem prîse nâhen. / sus sol man prîses gâhen* (503, 24–30: „Denn wer den Gral erringen wollte, der mußte sich mit dem Schwert Ruhm erwerben. So muß man nach Ruhm streben"). Der Aufenthalt bei Trevrizent hat freilich für Parzival eine entscheidende Änderung mit sich gebracht, wie sehr viel später beim Kampf gegen Feirefiz deutlich wird: *der getoufte wol getrûwet gote / sît er von Trevrizende schiet* (741,26 f.: *getrûwet gote* = „vertraute auf Gott"). Parzivals Kampf gegen die Ritter Orgeluses hat zwar defensiven Charakter (618,27–30), doch ist das nicht repräsentativ. Den Kampf zwischen Gawan und Parzival wollen beide Gegner (679,27), und vor dem Kampf gegen Gramoflanz erklärt Parzival: *ich kom durch strîten in sîn lant, / niwan durch strît gein sîner hant* (701,5 f.: „Ich bin in sein Land gekommen, um zu kämpfen, einzig und allein um gegen ihn zu kämpfen").

Die Kämpfe Parzivals gegen Gawan und gegen Gramoflanz werden durch Intervention von außen beendet, der erste durch die Knappen (688,17 f.), der zweite durch Artus und Brandelidelin (707,8–13), die damit ihre Rolle bei der Verhinderung des Kampfes Gawan-Gramoflanz vorbereiten. Dem Kampf von Feirefiz gegen Parzival, in dem von dessen neuem Gottvertrauen die Rede ist, wird durch Intervention von oben ein Ende gesetzt (744,10–18). Im Artuslager nennt der König gegenüber Feirefiz ausdrücklich Parzivals Kampfmotiv: *er suochet einen hôhen funt, / nâch dem grâle wirbet er* (769,24 f.). Das entspricht der Erzählerbemerkung am Beginn des X. Buches.

Nachdem Cundrie Parzivals Erwählung verkündet hat, wendet dieser sich mit Rückbezug auf Trevrizents Worte (468,12–14) an die Anwesenden: *en franzoys er zin allen sprach / als Trevrizent dort vorne jach, / daz den grâl ze keinen zîten / niemen möht erstrîten, / wan der von gote ist dar benant* (786,3–7: „In Französisch sagte er zu ihnen allen, die Worte Trevrizents wiederholend, daß niemand zu keiner Zeit den Gral erkämpfen kann, es sei denn, daß er von Gott dazu benannt ist"). Eberhard Nellmann stellt mit Recht fest: „Strenggenommen besagen beide Formulierungen, daß man den Gral *erstrîten* (bzw. *bejagen*) kann; Bedingung dafür ist die Berufung durch Gott [...]" (Nellmann, 1994, S. 771). Und auch am Ende betont der Erzähler die kämpferischen Qualitäten von Anfortas, Parzival und Feirefiz: *dâ sâ-*

zen dem grâle bî,/der aller besten rîter drî,/die dô der schilde pflâgen:/wan si getorstenz wâgen (815,17–20: „denn sie kannten keine Furcht"). Bei dem ehemaligen Gralkönig konstatiert der Erzähler mit unverhohlener Bewunderung: *Anfortas vor siechheit zît/sînen prîs gemachet hête wît/mit rîterschaft durch minne* (815,11–13).

Die Kritik an Parzivals Kämpfen wird von den Interpreten vor allem mit dem Hinweis auf die Gefahr verbunden, den Gegner dabei zu töten, wofür der Roman mehr als genug Beispiele liefert. Diese Gefahr ist zwar allgegenwärtig, doch hat die Regie die Haupthandlungsträger (mit Ausnahme Parzivals bei der Ither-Tötung) vor ihr bewahrt. Siege ohne tödlichen Ausgang dokumentieren etwa auch die Gegnerkataloge von Feirefiz und Parzival (769,29–770,30; 771,23–772,30).

Gawan nimmt eine besondere Position im Roman ein. Das gilt auch für sein Kampfverhalten. Er zeichnet sich allgemein durch Tapferkeit aus, aber ebenso durch kluge Besonnenheit und Zurückhaltung: *Gâwân der reht gemuote,/sîn ellen pflac der huote,/sô daz diu wâre zageheit/an prîse im nie gefrumte leit* (339,1–4: „Gawan hatte die richtige Einstellung; seine Tapferkeit war mit Vorsicht verbunden; von Feigheit freilich fiel nie ein Schatten auf seinen Ruhm"). Gleich bei seinem ersten Auftritt im VI. Buch unterscheidet er sich von Segremors und von Keie, die beide den Kampf gegen Parzival suchen, während Gawan unbewaffnet zu ihm reitet, psychologisch erfahren den Grund für seine besinnungslose Versunkenheit erkennt und ihn daraus löst (301,8–30). Diese Szene mahnt übrigens zur Vorsicht gegenüber der Gleichsetzung von Gawan und den Artusrittern.

Nach Gawans Beschuldigung und Herausforderung durch Kingrimursel bittet Gawans Bruder Beacurs darum, den Kampf stellvertretend bestreiten zu dürfen. Gawan lehnt die Bitte ab: *ine weiz war umbe ich strîten sol,/ouch entuot mir strîten niht sô wol:/ungerne wolt ich dir versagn,/wan daz ich müesez laster tragn* (323,27–30: „Ich weiß nicht, warum ich kämpfen soll, und mir macht das Kämpfen auch keinen Spaß; deshalb würde ich dein Angebot eigentlich gern annehmen, wenn ich damit nicht Schande auf mich zöge"). Gawan weiß, daß es keinen objektiven Grund für den Kampf gibt, er hat auch subjektiv keine Lust dazu, aber ihm ist klar, daß er sich ihm stellen muß. Als er am Ende des VII. Buches erkennt, daß Parzival auf der Gegenseite gekämpft hat, dankt er Gott dafür, daß es nicht zu einem Zusammentreffen im Kampf gekommen ist (392,24–393,2).

Den Kampf Gawans gegen Lischoys Gwelljus nimmt der Erzähler zum Anlaß für Kritik an den Motiven der Kontrahenten: *Wer solte se drumbe prîsen,/daz di unwîsen/striten âne schulde,/niwan durch prîses hulde?/sine heten niht ze teilen,/ân nôt ir leben ze veilen./ietweder ûf den andern jach,/daz er die schulde nie gesach* (538,1–8: „Wer wollte sie dafür auch noch preisen, daß sie in ihrem Unverstand ohne Grund gegeneinander kämpften – allein aus Ruhmsucht? Es gab zwischen ihnen keine ernsthaften Differenzen und also keinen Anlaß, ohne Not ihr Leben aufs Spiel zu setzen. Sie hätten sich sogar gegenseitig ihre Unschuld bezeugen müssen"). Mit Lischoys Gwelljus begegnet Gawan auch dem ersten von drei Rittern mit einem speziellen „Spleen" (Mohr, 1957, S. 275). Lischoys will bei einer Niederlage kein Sicherheitsversprechen abgeben, sondern lieber sterben (539,4). Das erinnert wohl nicht zufällig an die Gralritter (492,8 f.). Gawan kommt souverän mit der Marotte seines unterlegenen Gegners zurecht und läßt ihn am Leben (543,9–26). Die Ticks der beiden anderen: Der Turkoyte akzeptiert allein den Ausgang der Tjost: Wenn er dabei unterliegt, gibt er sich geschlagen und verzichtet auf eine Fortsetzung des Kampfes mit dem Schwert (596,23–30). Gramoflanz schließlich kämpft nie gegen einen einzelnen Ritter, sondern nur gegen mehrere (604,12–18). Das kommt Gawan bei ihrer Begegnung sehr entgegen: *Ungern ouch Gâwân mit im streit* (605,1).

Die Thematik der Gawan-Handlung ist vielschichtig. Das Thema Minne und Dienst mit den drei Frauenfiguren Obilot, Antikonie und Orgeluse spielt dabei (trotz der Einwände Rupps, 1983, S. 6) ebenso eine Rolle wie auf höchster Ebene die Wiederherstellung gestörter gesellschaftlicher Verhältnisse. Auf einer mittleren Ebene mit Verbindung zu den beiden anderen werden Konfliktlösungsmodelle durchgespielt. Im VII. Buch entscheiden letztlich Gawans Kampfsiege über Meljanz und Meljakanz (384,24–387,30). In Schanpfanzun wird eine Vereinbarung getroffen, nämlich den Kampf um ein Jahr zu vertagen (418,9–25) und für die Zwischenzeit die Gralsuche, die Parzival Vergulaht auferlegt hatte, an Gawan zu delegieren (428,13–26). Am komplexesten ist der dritte Konflikt der Gawan-Handlung. Die Ausgangslage scheint hoffnungslos zu sein. Mittels Diplomatie wird jedoch eine Versöhnung erreicht (Unzeitig-Herzog, 1998; Althoff, 2000). Die starke Artus-Szene am Ende ist sicherlich auch als Gegengewicht zu dem eher desolaten Bild zu werten, das der Hof im III. Buch abgibt, wobei der Pz.-Erzähler dieses Bild schon wesentlich positiver gezeichnet hat, als es die Vorlage bietet.

In Wolframs Roman sind nicht nur die Figuren ambivalent, sondern auch Erscheinungen wie Kampf und Gewalt. Sie bringen einerseits Unglück, Leid und Tod. Häufig wird geschildert, daß Gewalt gegen Unschuldige – und das sind meist Frauen – angewendet wird (Ernst, 1998).

Imane von der Beafontane wird von dem Ritter Meljakanz entführt, der *nôtnunft* (122,18: „Vergewaltigung") im Sinn hat. Jeschute wird von Orilus mißhandelt (135,25–136,8; 136,23–137,13), Cunneware von Keie geschlagen (151,21–152,23); dasselbe geschieht auch Antanor (153,7–13). Condwiramurs will sich eher das Leben nehmen als Clamide zu Willen zu sein (195,18–26). Meljakanz hat viele Frauen und Mädchen vergewaltigt (343,23–30), Urjans eine Botin sogar im Umkreis des Artushofes (525,11–30). Clinschor hält Frauen und Männer gefangen (637,16–23). Gramoflanz hat Orgeluse entführt und ein Jahr gefangen gehalten, ohne sein Ziel zu erreichen (606,8–13).

Andererseits stellen Kampf und Gewalt aber auch Mittel dar, die gestörte Ordnung wiederherzustellen. Die von dem Ritter Meljakanz entführte Imane wird – Ambivalenz des Ritterbildes – von dem Ritter Karnahkarnanz gerettet (122,13–20; 125,1–16). Orilus wird von Parzival besiegt, und Jeschute wird rehabilitiert. Keie wird durch Kampf schwer gestraft, Clamide wird besiegt und resozialisiert. Und letztlich ist Kampf erforderlich, wenn auch nicht ausreichend, um zum Gral zu gelangen.

4. Artusroman und höfisches Fest

Walter Haug hat die These vertreten, „der arthurische Roman Chrétiens de Troyes [...] sei nichts anderes als eine narrativ umgesetzte und ausgefaltete Diskussion über die Idee des höfischen Festes". Haug hat dabei vornehmlich den ‚Erec' und dessen Schlußaventüre *Joie de la Cort* im Auge, doch ist die These modifiziert durchaus zu verallgemeinern. „Diese ‚Freude des Hofes' zeigt sich konkret als ein Zustand, bei dem Inneres und Äußeres, Ethos und Form, Individuelles und Gesellschaftliches, Weltliches und Göttliches sich in einer beglückenden Balance befinden. [...] In der Perspektive dieses Ziels erscheint das Romangeschehen dann als ein Prozeß, über den die *joie* des arthurischen Hofes erreicht wird, genauer: in dem sie verloren geht, um am Ende wiederhergestellt zu werden" (Haug, 1989, S. 312; zum Fest Bumke, 1986, Bd. 1, S. 276–379). Verlust und Wiederherstellung von Freude und Harmonie bestimmen einzelne Episoden der Handlung wie den Artusroman im ganzen.

Im Pz. wird ein Verlust der Freude bereits im II. Buch beim Turnier von Kanvoleis mehr angedeutet als ausgeführt. Utepandragun hat seine Frau, die Mutter seines Sohnes Artus, auf nicht näher beschriebene Weise verloren, ein Ereignis, das *in stichet als ein dorn*. Artus ist im dritten

Jahr auf der Suche nach ihr (66,1–8). Der Komplex spielt dann bis zum VI. Buch keine Rolle, und als er wieder aufgenommen wird, ist zunächst kein Zusammenhang mit den Andeutungen des II. Buches zu erkennen.

Als Parzival im III. Buch zum ersten Mal an den Artushof kommt, ist der König mit Erbansprüchen seines Verwandten Ither konfrontiert. Er bezeichnet Ither als den, *der trûren mir durch freude stiez* (150,10). Parzival beseitigt vordergründig die Störung, indem er Ither tötet, doch die Folgen der Tat sind schwerwiegend, wie Ginovers Klage (160,1–30) und der distanzierende Kommentar des Erzählers (161,7f.) andeuten.

Mit Munsalvaesche rückt im V. Buch das zweite Zentrum des Romans in den Blick. Auch hier herrscht Freudlosigkeit: *selten froelîchiu werc/was dâ gefrümt ze langer stunt:/in was wol herzen jâmer kunt* (227,14–16: „Fröhliches Treiben gab es da schon seit langem nicht mehr. Sie hatten Herzeleid erfahren"). Beim Anblick einer blutenden Lanze brechen die Versammelten in lautes Wehklagen aus (231,15–26). Ansonsten ist und bleibt alles rätselhaft. Die Klage des Erzählers (240,3–9), die Verwünschung des Knappen (247,26–30) und das brüske Verhalten Sigunes (255,2–29) lassen erkennen, daß Parzival durch eine Frage die Situation hätte ändern können.

Zu Beginn des VI. Buches spielt zunächst die Tötung Ithers wieder eine Rolle. Während Ginover gegenüber Parzival den Tod Ithers beklagt (310,25–30), sieht Artus das Geschehen positiv. Denn er sucht *den der sich der rîter rôt/nante und im solh êre bôt/daz er in schiet von kumber grôz,/do er den künec Ithêren schôz,* um ihn in die Tafelrunde aufzunehmen (280,5–18: „den, der sich ‚Roter Ritter' nannte und ihm zu Ansehen verhalf, indem er ihn aus großer Bedrängnis befreite, als er den König Ither tötete"). Die festliche Zeremonie wird jedoch jäh unterbrochen, als Cundrie erscheint und zunächst Artus vorwirft, der Ruhm der Tafelrunde sei zerstört, weil Parzival in den Kreis aufgenommen wurde, wobei sie ausdrücklich die Tötung des Roten Ritters erwähnt (314,23–315,15). Dann verflucht sie Parzival, weil er den Gralkönig nicht nach seinem Leid gefragt habe. Den Artusrittern stellt Cundrie die Aventüre von Schastel marveile als Aufgabe. Nach ihr erscheint vor der Artusrunde der Landgraf Kingrimursel, der Gawan beschuldigt, seinen Herrn heimtückisch getötet zu haben, und ihn zum Kampf nach Schanpfanzun lädt.

Damit löst sich der Artushof weitgehend auf. Parzival begibt sich auf die Suche nach dem Gral, die Ritter ziehen aus, um Schastel marveile zu befreien, und Gawan begibt sich zum Gerichtskampf, um sich von dem Mordvorwurf zu befreien.

Nachdem dieser sich als ungerechtfertigt erwiesen hat, kommt Gawan nach Schastel marveile, und es gelingt ihm, die Zauberburg zu erlösen. Dann aber wird dieser glückliche Ausgang durch bedrohliche Verwicklungen überschattet. Gawan liebt Orgeluse, und Orgeluse verspricht Gawan ihre Liebe, wenn er ihr einen Zweig aus dem Park des Gramoflanz holt. Ihr Plan ist es, einen Kampf zwischen Gawan und Gramoflanz zu provozieren. Denn Orgeluse trachtet Gramoflanz nach dem Leben, weil der ihren Mann Cidegast umgebracht hat. Gramoflanz will gegen Gawan kämpfen, weil, so sein Vorwurf, Gawans Vater Lot seinen Vater Irot getötet habe. Er bittet Gawan, Artus und seinen Hof einzuladen, damit der Kampf vor großer Kulisse stattfinden kann. Im Gespräch erfährt Gawan, daß Gramoflanz seine Schwester Itonje, eine der Königinnen auf Schastel marveile, liebt. Gawan versucht, Gramoflanz den Widersinn der Konstellation deutlich zu machen: Gramoflanz werfe dem Vater seiner Freundin Hinterlist vor und wolle deren Bruder töten (609,1–26).

Gawan schickt seine Einladung an Artus. Am nächsten Tag findet ein Fest mit aller Prachtentfaltung statt, wobei es vornehmlich darum geht, das höfische Leben auf Schastel marveile, das Clinschor zerstört hatte, wiederherzustellen. Der Palas bietet zunächst ein Bild der Trennung: *dâ einhalp manec rîter was,/anderhalp die clâren frouwen* (630,4f.). Wolfgang Mohr erinnert das an den „Schlußball aus Großmutters Zeit" (Mohr, 1979, S. 175*). Früher hatten die Frauen und Männer überhaupt keinen Kontakt, jetzt sorgt Gawan für ihre schrittweise Annäherung. Am Ende ist die Trennung aufgehoben: *juncfrowen mit varwen glanz/sâzen dort unde hie:/die rîter sâzen zwischen sie* (641,2–4). Der Leitbegriff des Abschnitts ist *freude*.

Artus trifft ein, und Gawan bereitet sich darauf vor, ihn zu empfangen. Davor regelt er die Organisation seiner Herrschaft, indem er die vier Hofämter besetzt (666,23–30). Dann kommt es unter Gawans Regie zur großen Erkennungsszene zwischen Artus und den vier Königinnen, seiner Mutter, seiner Schwester und deren beiden Töchtern.

Artus schickt nun Boten zu Gramoflanz. Er bezeichnet dessen bevorstehenden Kampf gegen Gawan als *unwendec* (677,5: „unabwendbar"), um seine Pläne nicht vorzeitig erkennbar werden zu lassen. Artus bittet Gramoflanz möglichst bald um seinen Besuch, er bemüht sich also früh um persönlichen Kontakt zu Gramoflanz.

Zu Beginn des XIV. Buches kommt es, ohne daß sich die Gegner erkennen, zum Kampf Gawans gegen Parzival. Merkwürdigerweise wird dieser Kampf in den Interpretationen meist allein Parzival angelastet, obwohl doch Gawan genauso beteiligt ist und dieser auch erkennt, daß das Ambiente eigentlich nicht den Vereinbarungen entspricht

(679,20–22). Inzwischen erscheinen Artus' Boten bei Gramoflanz, der sich gerade seine Rüstung anlegen läßt. Auf ihrem Rückweg kommen sie an die Stelle, an der Gawan und Parzival miteinander kämpfen. Als sie Gawans Namen rufen, wirft Parzival sein Schwert fort und bezeichnet sich als *unsaelec unde unwert* (688,22). Kurz darauf kommt Gramoflanz hinzu und schlägt dem erschöpften Gawan vor, den Kampf um einen Tag zu verschieben. Gawan führt Parzival zu den vier Königinnen und zu Orgeluse. Parzival erinnert dabei an das gestörte Fest des VI. Buches und wird wieder in die Tafelrunde aufgenommen.

Vergeblich bittet Parzival Gawan, den Kampf gegen Gramoflanz an ihn abzutreten. Deshalb reitet er am nächsten Morgen heimlich aus und trifft auf Gramoflanz. Während sie kämpfen, rüstet sich Gawan. Als er zusammen mit Artus, Brandelidelin und anderen ausreitet, treffen sie auf die Kämpfenden. Sie unterbrechen den Kampf, und Gramoflanz gesteht seine Niederlage ein. Gawan schlägt Gramoflanz vor, wie dieser es zuvor getan hatte, den Kampf um einen Tag zu verschieben.

Die beiden abgebrochenen Kämpfe haben handlungslogisch eine wichtige Funktion, was bei der verbreiteten generellen Kampfkritik der Interpreten zu bedenken ist, für die der Text durchaus Ansatzpunkte liefert. Der Kampf Gawans gegen Gramoflanz, der letztlich glücklich verhindert wird, findet ‚in den Köpfen' der Beteiligten zweimal statt: Gawan glaubt gegen Gramoflanz zu kämpfen, trifft tatsächlich aber auf Parzival. Gramoflanz glaubt gegen Gawan zu kämpfen, trifft tatsächlich aber auf Parzival. Gawan unterliegt ‚im Kopf' Gramoflanz (= Parzival), und Gramoflanz unterliegt ‚im Kopf' Gawan (= Parzival). Die Lust auf einen ‚erneuten' Kampf dürfte sich danach bei Gawan, der ohnehin in dieser Beziehung zurückhaltend gezeichnet ist, und letztlich auch bei Gramoflanz in Grenzen halten, denn es wäre der Kampf zweier Verlierer. Das wird der Grund sein, weshalb der doppelte Sieger Parzival mehrfach demonstrativ präsentiert wird (694,26–695,20; 709,2–12; 717,21–30; 723,23–25; 727,19–21).

Gramoflanz schickt nun Boten zu Artus mit der Bitte, dafür zu sorgen, daß am nächsten Tag tatsächlich Gawan gegen ihn antrete. Itonje erkennt jetzt, *daz ir bruoder unt der liebste man,/den magt inz herze ie gewan,/mit ein ander vehten solden/unt des niht lâzen wolden* (710,11–14). Sie klagt Sangive und Arnive ihr Leid. Daraufhin nimmt Arnive das Heft in die Hand und läßt ihren Sohn Artus kommen. Der spricht mit Itonje und legt den Ansatzpunkt seiner Diplomatie fest: Gramoflanz werde nur durch seine Liebe zu Itonje umzustimmen sein. Als dann ein Brief von Gramoflanz an Itonje eintrifft und Artus erkennt, daß Gramoflanz

Itonje aufrichtig liebt, ist er entschlossen: *ich wil den kampf undervarn* (716,9: „verhindern").

Artus geht zu den jungen Boten, die Gramoflanz geschickt hat. Sie bringen die Bitte vor, nur Gawan zum Kampf gegen Gramoflanz antreten zu lassen. Artus versucht zu erreichen, daß Gramoflanz schon heute und nicht erst morgen zum Kampf zu ihm kommt. Auch wolle er *teidingen/zwischen im und der herzogin* (719,14f.: „vermittelnde Unterhandlungen führen"), und er verspricht Gramoflanz sicheres Geleit.

Gramoflanz trifft mit Gefolge, darunter Brandelidelin, bei Artus ein. Der hat seinen ersten Erfolg errungen: *Artûs hete aldâ genomn/vride von der herzogîn* (723,2f.). Artus behält seine Strategie fest im Blick und wendet sich an Gramoflanz: *ê ir sitzens beginnet,/seht ob ir keine minnet/dirre frouwen, und küsset sie* (724,15–17), eine Chance, die Gramoflanz nicht ungenutzt verstreichen läßt. Artus und Brandelidelin ziehen sich dann zu einem Gespräch unter vier Augen zurück und sind sich bald einig: *wir sulen den kampf understên* (726,27: „verhindern"). So kommt die vertrackte Situation zu einem guten Ende.

Der Erzähler kommentiert: *Arnîve diu guote,/Sangîve unt Cundrîê,/ die hete Artûs gebeten ê/an dirre suone teidinc./swer prüevet daz für kleine dinc,/der groeze waz er welle* (729,2–7: „die hatte Artus schon vorher zu diesem Versöhnungsgespräch eingeladen. Wer das für unbedeutend hält, der soll für bedeutend halten, was er will"). Und wenig später: *nu darf niemen sprechen wâ/Schoener hôchgezît ergienc* (730,30f.).

Noch einmal tritt massiert der Begriff *freude* auf (achtmal 733,5–25). Aber er hat jetzt einen anderen Zielpunkt. Angesichts der im Lager herrschenden Freude wird Parzival seine eigene Freudlosigkeit schmerzlich bewußt, und er verläßt den Bereich der Freude. Es kommt zum langen und erbitterten Kampf mit Feirefiz, der mit Gottes Eingreifen endet: Das Ither-Schwert zerspringt (744,10–18). Parzival reitet mit Feirefiz zunächst zu Gawans Lager. Gawan lädt Artus ein, *und Artûs warp ein hôchgezît* (774,13). Der Bezug zum *Plimizoeles plân* (775,7) wird ausdrücklich hergestellt. Und wie dort, so erscheint auch hier Cundrie. Sie, die dort Artus rüde angegangen und Parzival verflucht hatte, bittet nun Artus um Hilfe und Parzival um Verzeihung. Und sie verkündet feierlich Parzivals Erwählung zum Gralkönig.

Karl Bertau kommentiert: „Faßt man das Ganze der Bücher VII–XIV ins Auge, so bietet sich einem das Schauspiel eines gewaltigen epischen Crescendos." Immer „wieder türmt sich eine neues Happy-End auf die vorangegangenen." So entsteht ein „Super-Happy-End". Dabei bekommen wir (in Gestalt der Gegnerkataloge) „einen höheren Jokus in Form eines höfischen Brimboriums vorgeführt" (Bertau, 1973, Bd. 2, S. 1012–1017). Das alles ist nicht falsch, aber auch nicht ganz richtig. Was hier sichtbar wird in scheinbarer Umständlichkeit, im Verweilen beim Selbstverständlichen, im heiteren Kalauern und in kleinen Gags ist Ausdruck des Glücks über die Befreiung aus Verstrickungen, die unlösbar erschienen. Wenn der Erzähler bemerkt, es sei *selten worden naht,/wan deiz der sunnen ist geslaht,/sine braehte ie den tac dernâch./al daz selbe ouch dâ geschach:/er schein in süeze lûter clâr* (776,1–5: „Es ist kaum einmal Nacht geworden, ohne daß die Sonne – denn so ist sie nun einmal – nicht danach den Tag gebracht hätte. Und tatsächlich geschah das auch hier: Der Tag schien ihnen freundlich strahlend schön"), dann ist das vordergründig verstanden natürlich banal, auf die Situation übertragen, ist es freilich Ausdruck der wiedergewonnenen Freude.

So ist das große Fest gegen Ende des Romans die optimistisch bestätigende Demonstration menschlicher Möglichkeiten. „Kaum je vorher war *vreude*, gesellschaftliches Hochgefühl, so mächtig, auf so breitem Raum und in so unnachlaßlichem Crescendo erzeugt und gestaltet worden wie in den 160 Dreißiger-Abschnitten der Bücher XIII–XV" (Bertau, 1973, Bd. 2, S. 1019).

Das Folgende ist zunächst nur die Erfüllung und Umsetzung des Verheißenen, vor allem die Erlösung von Anfortas; *freude* kehrt auf Munsalvaesche ein (792,9,24; 793,2,20,30). Feirefiz' burlesker Weg über die Liebe zu Repanse zur Taufe wirbelt die Gralgesellschaft gehörig durcheinander und führt zu unerhörten Reaktionen: *Der wirt des lachte sêre,/und Anfortas noch mêre* (815,1 f.). Munsalvaesche zeigt Anzeichen von Menschlichkeit. Dann aber scheint die Erzählung über das Scheitern Loherangrins am Schluß alles wieder in Frage zu stellen. Sie endet (vor dem Epilog) mit dem rätselhaften Verspaar *hie solte Ereck nu sprechen:/der kund mit rede sich rechen* (826,29 f.). Das scheint eine Absage an die unmenschlichen Gralgesetze zu sein, eine Reverenz an Erec und seine menschliche Inkonsequenz (Schirok, 2005, S. 76 f.), an Hartmanns Roman und die arturische Welt und ihre *Joie*.

5. Religion

„Gegenüber der nivellierenden Verbindung von Gott und Welt in der üblichen Formel des höfischen Romans bringt Wolfram" nach Julius Schwietering „deutlich den Vorrang des Religiösen zum Ausdruck" (Schwietering, 1944, S. 50). Er belegt diese Auffassung mit dem fragmentarischen Zitat: *swes leben sich sô verendet,/daz got niht wirt gepfendet/ der sêle durch des lîbes schulde* [...] (827, 19–21: „Wenn jemand sein Leben so zu Ende führt, daß die Seele nicht aufgrund der Schuld des Leibes Gott genommen wird [...]"). Den zu seiner These weniger gut passenden Rest läßt er weg: *und der doch der werlde hulde/behalten kan mit werdekeit,/daz ist ein nützíu arbeit* (827,22–24: „und wenn er sich dabei doch die Gunst der Menschen mit Würde erhalten kann, dann hat sich die Mühe gelohnt"). Für Gustav Ehrismann „findet dieses Gedicht seine Vollendung erst in der höchsten Idee, in der religiösen. [...] Bestimmte Stellen sind es, die den Ideengehalt vornehmlich entwickeln: der Prolog I, 1,1–4,26; die drei Lehren: der Mutter III, 119,16–30, des Ritter-Oheims Gurnemanz III, 170,15–173,6, des Einsiedler-Oheims Trevrizent IX, 446,1–502,30; die Berufung Parzivals zum Gral durch Cundrie XV, 781,12–782,30; im B. XVI: Parzival und Trevrizent 797,16–798,30, die Taufe des Feirefiz 817,11–30" (Ehrismann, 1927, S. 256). Das sind – nebenbei bemerkt – 2037 von 24 810 Versen.

Nun sperren sich aber nicht nur die Parzival-Bücher, wie Schwieterings Zitat-Abbruch zeigt, sondern der gesamte Text gegen eine solche Zerlegung in weltliche und religiöse Partien. Beide Aspekte sind im Roman vielfach verschränkt und daher nicht zu trennen.

Daß ein Ritter vor einem Kampf die Messe besucht, ist sicher kein Zeichen besonderer Religiosität, aber auch nicht zu bagatellisieren. Als in Hartmanns ‚Erec' der Protagonist vor dem Kampf gegen Iders die Messe *von dem heiligen geiste* hört, bemerkt der Erzähler: *des phlegent si aller meiste/die ze ritterschefte sinnent/und turnieren minnent* (662–667). Am Morgen des Turniers am Artushof heißt es von Erec: *sîn êrste vart was ritterlich:/zuo der kirchen er gie* (2489 f.; vgl. auch 2539–2543; 8635–8645; ‚Iwein' 4821; 6587–6591). Selbst in Karnant besuchen Erec und Enite die Messe, wenn auch wohl nicht sonderlich andächtig (2937–2946).

Im Pz. ist in weitgehend allen Bereichen vom Zelebrieren der Messe die Rede. Buch I: Im heidnischen Zazamanc singt ein Kaplan für Gahmuret die Messe (36,6–8). Buch II: Nach dem Turnier von Kanvoleis wird Gahmuret eine Messe gesungen (93,29 f.). Buch III: Gurnemanz nimmt Parzival zur Messe mit und lehrt ihn *opfern unde segnen sich,/und gein dem tiufel kêrn gerich* (169,19 f.: „zu opfern, sich zu bekreuzigen und dem Teufel den Kampf anzusagen"). Buch IV: In Pelrapeire singt Condwiramurs' Kaplan die Messe (196,16–19). Buch VI: Artus hört die Messe im Lager am Plimizoel (307,13). Buch VII: In Bearosche wird für Gawan eine Messe gelesen (378,21–24). Buch VIII: In Schanpfanzun wird am Morgen eine Messe zelebriert (426,15). Buch IX: Zu Sigune bemerkt der

Erzähler, daß sie *selten* Gelegenheit hatte, einer Messe beizuwohnen (435,23 f.). Buch XIII: Als Gawan zu Artus aufbricht, hat er Lasttiere dabei, die *kappeln* (669,5) tragen, womit „zweifellos transportable Zelte" gemeint sind, „in denen die Messe gelesen werden kann" (Nellmann, 1994, S. 745). Buch XIV: Für Gawan zelebriert sogar ein Bischof die Messe, bevor er sich zum Kampf gegen Gramoflanz wappnet (705,1). Buch XV: Artus hört in seinem Lager die Messe (776,25–777,1). Buch XVI: In Condwiramurs' Lager feiert ein Priester die Messe (802,23).

Auch sonst werden außerhalb der Parzival-Bücher christliche Kulthandlungen erwähnt. Gahmuret legt vor seinem Tode bei seinem Kaplan die Beichte ab (106,21–25). Nicht nur Sigune (438,1) und Trevrizent (460,25 f.) lesen im Psalter, sondern auch Ginover (644,23 f.), die Gawans Bote in einer Kapelle kniend antrifft. Überhaupt bestehen Entsprechungen zwischen dem vermeintlich weltlichen und dem vermeintlich religiösen Bereich. So vertraut nicht nur Parzival auf Gottes *helfe* (451,13–22; 452,1–12), sondern auch Gawan (568,1–14). An beiden Stellen treten die Begriffe *helfen, helfe, helf(ec)lîch* massiert auf, an den beiden Parzival-Stellen zusammen achtmal, an der Gawan-Stelle sechsmal. Im VII. Buch wird Gawan als *der werden tavelrunder bote* apostrophiert, der seine *kraft* [...] *von gote* hat (380,11–13). Als er am Ende des VII. Buches erkennt, daß auf der Gegenseite Parzival gekämpft hat, dankt er dem Himmel dafür, *daz got ir strîtes gegenniet / des tages von ein ander schiet* (393,1 f.: „daß Gott ihr Aufeinandertreffen im Kampf an diesem Tag verhinderte").

Mit der Konzentration auf Parzivals Sünden manövrierte sich die Forschung etwas überstürzt „in das Dickicht der mittelalterlichen Theologie, und je entschiedener der Versuch gemacht wurde, den theologischen Gehalt des *Parzival* aus einer einheitlichen Konzeption zu begreifen, desto einseitiger erschien Wolfram als ein bernhardischer oder thomistischer oder augustinischer Geist" (Bumke, 1970, S. 165). Nur wenige Interpreten stellten explizit das Grundproblem des Parzivalstoffes heraus, nämlich die Verbindung wirklich oder scheinbar inkompatibler Elemente. Im Zentrum eines teilweise religiös argumentierenden Figurenumfeldes steht das Märchenmotiv der erlösenden Frage, deren Unterlassung von den Beteiligten z. T. als Sünde gewertet wird. Benedikt Mockenhaupt hat das Problem klar benannt, wenn auch seine eher aporetische Lösung kaum zu überzeugen vermag. Er sieht einen „Rest von Unklarheit" daraus resultieren, „daß Wolfram genötigt war, ein altes Märchenmotiv für seine ritterlich-ethische Dichtung umzuarbeiten." Man müsse daher akzeptieren, „daß die Erzählung vom Gral an einer bestimmten Stelle eben die Formulierung einer Frage erforderte und daß die Versäumnis dieser Forderung des Helden Schuld ausmachte." Hier liege „einfach Einfluß der Märchengesetzlichkeit vor" (Mockenhaupt, 1942, S. 71, S. 73).

Zwei Lösungswege wurden erprobt, um den Konflikt zwischen den beiden Bereichen zu entschärfen. Der erste zielt darauf, den Fragekomplex nicht als märchenhaft aufzufassen. Das tun innerhalb des Textes Sigune, Cundrie und Trevrizent, denen viele Interpreten gefolgt sind. Entscheidend ist dabei die interpretatorische Umpolung der ethisch indifferenten „magisch wirkenden Erlösungsfrage" (Nellmann, 1994, S. 585) zu einer ethisch aufgeladenen Mitleidsfrage (vgl. de Boor, 1962, S. 103 f.; dazu Bauer, 1963, S. 74 f. und S. 79). Die zweite Möglichkeit besteht darin, die Sündendiskussion so zu ‚enttheologisieren', daß unter Sünde nicht nur das bewußte und willentliche Handeln zu verstehen ist, sondern auch die Verantwortlichkeit für Taten oder Unterlassungen, welche unbewußt und unwillentlich geschehen sind. Theologisch gesehen, ist eine unbewußte und ungewollte Sünde eine *contradictio in adiecto*. Wenn also davon die Rede ist, daß Parzival Sünden „ohne sein Wissen und Wollen beging", daß Sünde „hier in keinem Falle beichttheologisch behandelt" sei oder daß bestimmte Sünden „keine Sünden im strengen Sinne sind" (Kuhn, 1956, S. 156 f.), dann ist der Begriff ‚Sünde' nicht mehr als theologischer Terminus verwendet.

Für eine solch weite Interpretation könnte sprechen, daß auch der Gral, seine Eigenschaften und seine Verbindung zu den neutralen Engeln, die sich in der Auseinandersetzung zwischen *Lucifer unt Trinitas* (471,17) für keine der beiden Seiten entschieden haben, nicht eng theologische Bezüge aufweisen. „Wer leugnet, daß im Gral christliche Kult- und Sakrament-Analogien sprechen, […] muß die Augen zumachen. Aber wer" ihn „direkt christlich, kirchlich, theologisch interpretiert, tut es auch" (Kuhn, 1956, S. 174).

Zum ersten Mal erscheint der Gral im V. Buch (zur Gralvorstellung allgemein Mertens, 2003). Parzival wird auf einer Burg Zeuge geheimnisvoller Vorgänge. So ziehen 24 Jungfrauen in feierlichem Zug in den Saal ein, gefolgt von der Königin: *ûf einem grüenen achmardî / truoc si den wunsch von pardîs, / bêde wurzeln unde rîs. / daz was ein dinc, daz hiez der Grâl, / erden wunsches überwal* (235,20–24: „Auf einem kostbaren grünen Seidentuch trug sie die Herrlichkeit des Paradieses, Wurzeln und blühende Zweige zugleich. Das war ein Ding, das hieß der Gral und übertraf alles, was man sich auf Erden wählen kann"). Die höfische Zeremonie geht nun in ein Mahl über, wozu der Erzähler anmerkt: *man sagte mir, diz sag ouch ich / ûf iwer ieslîches eit, / daz vorem grâle waere bereit / (sol ich des iemen triegen, / sô müezt ir mit mir liegen) / swâ nâch jener bôt die hant, / daz er al bereite vant / spîse warm, spîse kalt, / spîse niuwe und dar zuo alt, / daz zam und daz wilde. / esn wurde nie kein bilde, / beginnet maneger sprechen. / der wil sich übel rechen: / wan der grâl was der saelden fruht, / der werlde süeze ein sölh genuht, / er wac vil nâch gelîche / als man saget von himelrîche* (238,8–24: „Man sagte mir und das sage auch ich, und zwar auf eueren Eid (denn wenn ich einer Lüge aufsitze, dann tut ihrs auch), daß vor dem Gral bereitstand und man da vorfand, wonach man die Hand ausstreckte: warme Speisen, kalte Speisen, unbekannte Speisen und auch traditionelle, Fleisch von Haustieren und vom Wild. Nun fängt mancher an zu murren: das gabs ja noch nie. Der Einwand ist böswillig, denn der Gral war der Gipfel der Seligkeit und Fülle weltlicher Herrlichkeit, er reichte beinahe an das heran, was man vom Himmelreich erzählt"). Der Erzähler gibt also nach eigener Aussage nur weiter, was er selbst gehört hat. Das freilich nimmt er nicht auf s e i n e n Eid, sondern auf den seiner Zuhörer. Eberhard Nellmann kommentiert, der Erzähler ironisiere „die übliche Beglaubigungstechnik: Er läßt die Zuhörer das Unglaubliche beschwören und macht sie somit zu Komplizen [...]" (Nellmann, 1994, S. 582 f.; zur Diskussion um die Stelle Kratz, 1973, S. 429 f.). Jedenfalls läßt der Erzähler den Opponenten, dessen rationalistische Einwände (238,18) er selbst provoziert hatte, durch den Hinweis auflaufen, daß der Gral nur mit dem Himmelreich vergleichbar sei (vorbereitet 235,21,24). Das Unglaubliche könnte also doch wahr sein. Die Argumentation ähnelt einem Vexierbild, das umspringt, wenn man es fixiert zu haben glaubt. Bemerkenswert ist auch das Auftreten von Schreibern, die als Kontrolleure über die ausgeteilten goldenen Gefäße Buch führen, um Verlusten vorzubeugen (237,21–238,1), und der Hinweis auf die kulinarischen Innovationen, die der Gral zu bieten hat (238,16).

In der Auffindungslegende des IX. Buches (Ernst, 1985) heißt es von Flegetanis: *er jach, ez hiez ein dinc der grâl* (454,21). Außerdem wird eine *schar* (454,24) erwähnt, die später als die der neutralen Engel identifiziert wird. Als Parzival dann erfährt, daß Trevrizent beim Gral war, fragt er ihn, *wiez umben grâl dâ stüende* (468,22). Der Einsiedler erklärt ihm: *Dâ wont ein werlîchiu schar. / ich wil iu künden umb ir nar. / si lebent von einem steine: / [...] / er heizet lapsit exillîs. / [...] / der stein ist ouch genant der grâl* (469,1–7,28: „Da wohnen kampfbereite Leute. Ich will euch sagen, wie sie sich ernähren. Sie leben von einem Stein: [...] Er heißt lapsit exillis. [...] Der Stein wird auch ‚der Gral' genannt").

Das *dinc* heißt also *der grâl*, es ist ein *stein* und hat einen zweiten Namen, nämlich *lapsit exillîs* (zur hsl. Überlieferung Nellmann, 2000). Dieser Name gab Anlaß zu vielfältigen Deutungsspekulationen (vgl. die Übersicht bei Bumke, 2004, S. 139 f.), wobei die Interpreten in der Regel *lapsit* zu *lapis* ‚bessern' und *exillîs* durch ähnlich lautende Adjektive oder Präpositionalausdrücke (*ex*) ersetzen. Allein Benedikt Mockenhaupt behält *lapsit* bei. Sein Vorschlag lautet: *lapsit* (= *lapsus est*) *ex coelis* (Mockenhaupt, 1942, S. 145). Dagegen erwägt Sidney M. Johnson „a case of hocus-pocus on Wolfram's part, something that sounds like Latin to impress a gullible audience and to amuse the savants among his listeners?" (Johnson, 1999, S. 83; vgl. schon de Boor, 1962, S. 102)

Die wichtigste Eigenschaft des Grals (vollständige Zusammenstellung bei Bumke, 2004, S. 135–142) ist seine Verbindung zum Himmel. Ursprünglich war er in der Obhut der neutralen Engel, als deren Nachfolger Menschen von Gott berufen wurden (471,15–29). Seine Kraft erhält er von einer *oblât*, die jeweils am Karfreitag von einer weißen Taube gebracht und auf den Gral gelegt wird (469,29–470,8); auf dem Gral erscheinen die Namen der zum Gral Berufenen (470,21–30) sowie Weisungen (483,19–484,8); auch die Gesetze, nach denen die Gralgesellschaft zu leben hat, werden auf diesem Weg vermittelt sein (vgl. Tit. 6 f.). Für Heiden ist der Gral unsichtbar, was aber offenbar auf Munsalvaesche nicht allgemein bekannt ist (810,3–13; 813,9–22). Die durch die *oblât* vermittelte Kraft besteht darin, daß der Gral seine Gemeinschaft mit Nahrung und Getränken versorgt (470,9–20). Außerdem hat er lebenserhaltende Kraft. Wer ihn angesehen hat, kann in der folgenden Woche nicht sterben (469,14–17), außerdem altert er nicht (469,18–27).

Heilige Steine sind eine allgemein verbreitete Vorstellung (Eliade, 1954, S. 247–270). Oblate, Karfreitag und weiße Taube weisen jedoch eindeutig in christliche Kontexte, vor allem in den Umkreis der Eucharistielegenden (grundlegend Franz, 1902; im Anschluß daran Mockenhaupt, 1942, S. 129–149; Wessels, 1955; vgl. auch Rosenfeld, 1937, S. 423–426). Die Ernährung durch eine Hostie, die Bewahrung vor dem Tod (bzw. dem plötzlichen Tod) durch den Anblick der Hostie und vor dem Altern finden sich in zumindest ähnlicher Weise im Legendenbereich (Franz, 1902, S. 8 f., S. 37, S. 51; Wessels, 1955, S. 251–254).

Die verschiedenen Ansatzpunkte für die Vorstellung von den neutralen Engeln (biblische und patristische Ursprünge, mittelalterliche Bibelepik, Artussage und Grallegende, Kirchenschriftsteller des 12. Jh.s, Brandan-Legende) hat Ulrich Ernst zusammengestellt (Ernst, 2006, S. 95–102). Er verweist auf die parallele Trias von Menschentypen im Prolog (Ernst, 2006, S. 93 f.), wobei man auch an die triadischen Jenseitsvorstellungen (Himmel, Hölle, Fegefeuer) denken kann (Jezler, 1994).

Die Ersetzung der neutralen Engel durch Menschen dürfte mit der Annahme des zehnten Engelchores zusammenhängen (Wh. 308,1–30; Salmon, 1963; Lutz, 1983; Lutz, 1984, S. 170–172). Das Motiv, daß ein Heide den Gral nicht sehen kann, ist in der Auffindungslegende vorgebildet (453,18–22; Ernst, 2006, S. 94; vgl. Franz, 1902, S. 95, S. 103). Ulrich Ernst neigt zu den Annahme, daß Wolfram bei der Vorstellung der neutralen Engel „vor allem auf gelehrte theologische Diskurse rekurriert", und erwägt sogar, daß Trevrizents Widerruf „mit der sich in der ersten Hälfte des 13. Jahrhunderts fortschreitend etablierenden Inquisition zusammenhängen" könnte (Ernst, 2006, S. 106–108; zum Widerruf Schirok, 1987).

Festzuhalten bleibt jedenfalls, daß – ungeachtet möglicher Anregungen – die Ansicht vom Gral als Stein, seine Verbindung mit den neutralen Engeln und deren Ablösung durch Menschen, mithin die zentralen Komponenten des Gralkomplexes, auf Wolfram zurückgehen.

6. Wissen

Der Pz.-Erzähler vermittelt einen widersprüchlichen Eindruck von seiner Bildung. Einerseits bezeichnet er sich scheinbar als Analphabeten (*ine kan decheinen buochstap*; 115,27; → S. 2), andererseits demonstriert er umfangreiches Wissen auf verschiedensten Gebieten, dessen Erwerb ohne Buchlektüre kaum vorstellbar ist. Versuche, diesen Widerspruch zu beseitigen, indem man das Wissen als Allgemeingut bagatellisierte oder ausschließlich auf gelehrte Berater bzw. die (angebliche) Quelle Kyot zurückführte (dazu Kästner/Schirok, 2000), konnten nicht überzeugen. Zustimmung fand dagegen die Interpretation des vermeintlichen Analphabetismusgeständnisses als Polemik speziell gegen Hartmann von Aue, der seine Buchgelehrsamkeit am Beginn des ‚Armen Heinrich' (1–3) programmatisch herausgestellt hatte: *Ein rîter sô gelêret was/daz er an den buochen las/swaz er dar an geschriben vant* (ähnlich ‚Iwein' 21–30). Über diesem Konsens wird freilich leicht übersehen, daß damit das Problem nicht gelöst, sondern nur umformuliert ist. Denn Wolfram würde einerseits gegen die von Hartmann herausgestellte Buchgelehrsamkeit opponieren, andererseits aber genau wie dieser auf Bücher zurückgreifen. Der Pz.-Erzähler spitzt das Problem dann noch bis zum Paradox zu. Denn ausgerechnet an der Stelle, an der Chrestiens Roman einsetzt, konstatiert er: *disiu âventiure/vert âne der buoche stiure* (115,29 f.). Das aber ist zugleich die Lösung und kann nur bedeuten, daß für die *âventiure* nicht die Vorlage (*buoch*) das Entscheidende (*stiure*) ist, sondern das, was der Erzähler aufgrund seiner ritterlichen Lebenserfahrung (*schildes ambet ist mîn art*; 115,11) daraus macht (→ S. 2). Wenn also Bücher vehement abgewertet (*dâ nement genuoge ir urhap*; 115,28) und gleichzeitig intensiv genutzt werden, ist das kein Widerspruch, sondern lenkt den Blick statt auf die Quellen als solche auf deren literarische Gestaltung und damit auf den Erzähler. Dieser integriert in seinen Roman eine Vielzahl von Elementen aus anderen Texten und Textbereichen (vgl. Bumke, 2004, S. 5–12, 207–209, 232–247). Man kann das als „Setzen von Bezugssystemen" (Haug, 1979, S. 17) verstehen, wenn man die ursprünglich intendierte intratextuelle Perspektive zur intertextuellen erweitert (Draesner, 1993, S. 13) und überdies „Texte aus anderen Wissensbereichen" (Draesner, 1993, S. 452) einbezieht.

Die Bezüge zu anderen literarischen Texten (Draesner, 1993; Nellmann, 1996) können Vergleiche des Erzählers sein, so wenn er den Löwen, auf dem der ohnmächtige Gawan liegt, mit dem einschläfernden Kissen vergleicht, das in Eilharts ‚Tristrant' (6660–6804) Gymele dem Kahenis unterlegt (573,14–19). Einen stärkeren Eingriff in einen an sich abgeschlossenen Prätext bedeutet die Drohung an Hartmann, Enites Ansehen zu zerbröckeln (143,21–144,4). Wie dies geschehen kann, zeigt sich, wenn der Erzähler zu Condwiramurs konstatiert, ihre Schönheit übertreffe u.a. die Enites (187,12–19). Später findet der Erzähler in Lunete eine Figur Hartmanns, die ihm für Kritik geeigneter erscheint (253,10–17; 436,4–10). Bisweilen wird die Biographie eigener Figuren mit Vorgängerromanen verknüpft, so sind zwei der Söhne des Gurnemanz im Kampf gegen Iders und Mabonagrin, Erecs ersten und letzten Gegner, getötet worden (178,11–23), und so wird Jeschute zur Schwester Erecs gemacht (134,5–8; → S. 9). Die Funktion dieser Anbindung ist im letzten Fall zum einen die Parallelisierung der Paare Erec-Enite und Orilus-Jeschute, zum anderen die Herausstellung Parzivals gegenüber Erec, denn Orilus hat Erec besiegt, und Parzival wird Orilus besiegen. „Der Text erscheint unter dieser Perspektive als Teil einer Textkonstellation [...]" (Draesner, 1993, S. 13; zu Erec-Orilus-Parzival S. 206f.), er ist die vordere Zone einer sehr viel größeren literarischen Bühne, die dem Erzähler als Aktionsraum zur Verfügung steht.

Wird der Text auf diese Weise literarisch situiert, so werden daneben auch geographische und historische Bezüge hergestellt. Auffällig ist dabei, daß am Beginn und am Ende des Romans reale Orts- und Ländernamen als Schauplätze stehen. Es wird also aus realen Bereichen in fiktionale und aus diesen wieder in reale übergeblendet. Die Handlung setzt in Anschouwe (Anjou) in Frankreich ein (6,27). Gahmuret erringt dann Ruhm *ze Marroch unt ze Persîâ* [...], *ze Dâmasc und ze Hâlap* [...], *ze Arâbîe und vor Arâbî* (15,17 ff.). Vor Patelamunt (17,4), der Hauptstadt von Belacanes Königreich Zazamanc, kämpfen Ritter aus dem ganzen westlichen Europa (Normandie, Schottland, Frankreich, Spanien, Champagne, Grönland, Irland; vgl. Nellmann, 1994, S. 480). Vor Kanvoleis, der Hauptstadt von Herzeloydes Königreich Waleis (wohl Wales), wohin Gahmuret über Spanien und Toledo gelangt, wird es dann fiktionaler. Hier treten die „Vätergeneration des Artus- und Tristanromans (Utepandragun, Lot, Lac, Riwalin, Morolt)" auf und Figuren, die für die folgende Handlung wichtig sind (Nellmann, 1994, S. 491). Am Ende des Romans spielt die Handlung in *Indyân* (822,23), *Brâbant* (824,27) und *zAntwerp* (825,1).

Im IX. Buch tauchen in Trevrizents Schilderung seiner Fahrten, die ihn durch Europa, nach Asien und Afrika geführt haben (496,3 f.), neben fiktionalen auch viele reale geographische Namen auf (Knapp, 1988; Nellmann, 1994, S. 697–700): Zilje (Cilli/Celje), Friul (Friaul), Aglei (Aquileja), Rohas (Rohitscher Berg), Gandine (Candin/Haidin/ Hajdina), Greian (Grajenabach), Tra (Drau), Stire (Steiermark).

In Erzählervergleichen kommt (allerdings nicht durchgängig) Wolframs und seiner Hörer kleine Welt zur Sprache, Orte wie Trüdingen (184,24), Abenberg (227,13) und Dollnstein (409,8), die alle nicht weit von Wolframs-Eschenbach entfernt liegen (Steger, 1986; Karte S. 3; → S. 3 ff.).

Die große weite Welt spielt dann wieder bei der Beschreibung der Kostbarkeiten in und vor Schastel marveile eine Rolle, die durch die Mittel nicht aufgewogen werden können, über welche *von Marroch der mahmumelîn* (561,24; Kolb, 1988), *der bâruc von Baldac, der katolicô von Ranculat* und der Kaiser von Byzanz vor der Plünderung Konstantinopels (563,4–11) verfüg(t)en.

Die Personennamen und geographischen Namen im Gegnerkatalog des Feirefiz (770,1–30) stehen offenbar mit den ‚Collectanea rerum memorabilium' des Solinus in einer noch nicht genau geklärten Verbindung. Sie sind dort freilich weit über den Text verstreut, und die Wolframschen Namenformen sind außerdem gegenüber Solinus frei verändert (zu Katalogen Krischer, 1971; Kühlmann, 1973; Müller, 2003).

Einen großen Raum nehmen naturkundliche Wissenselemente ein. Sie stehen weitgehend mit der Verwundung des Gralkönigs und den Heilungsversuchen in Zusammenhang, haben also therapeutische Ziele; im einzelnen sind es kosmologische, astronomisch-astrologische, meteorologische, mineralogische, botanische und zoologische Elemente (Riha, 2003, S. 113). Vornehmlich in diesem Kontext finden sich auch die geistlich-religiös-theologischen Aussagen.

Im IX. Buch berichtet Trevrizent ausführlich von den Versuchen, die Wunde des Anfortas zu heilen bzw. die Schmerzen zu lindern. Ein Arzt entfernt zunächst die Lanzenspitze und Splitter des Schaftes aus der Wunde. Da die Lanze des heidnischen Gegners die Wunde vergiftet hat, sucht man in *arzetbuochen* nach Heilmitteln gegen Schlangengift. Die sechs genannten Schlangen (481,8–10) stammen aus dem Heilkräuterbuch des Pseudo-Apuleius, in welchem bei Pflanzen, die gegen Schlangengift helfen, die betreffenden Giftschlangen mit Beischrift ihrer Namen abgebildet sind (Groos, 1994, mit Abbildungen). Als das erfolglos bleibt, sucht man Kräuter aus den vier duftenden Paradiesflüssen zu gewinnen. Die Flüsse sind im Alten Testament genannt, über darin schwimmendes Obst, von dessen Duft die Leute am Ganges leben, wird jedoch nur im ‚Lucidarius' und im ‚Straßburger Alexander' berichtet (Nellmann, 2004). Als auch das keine Hilfe bringt, beschafft man sich einen Zweig, den die Sibylle dem Eneas als Schutz *für hellesch ungemach* (482,2) gegeben hatte (nach dem ‚Eneas' Heinrichs von Veldeke; dazu Nellmann, 1994, S. 689). Darauf versucht man es mit dem Blut des Pelikans, dann mit dem Herzen des Einhorns und mit dem auf seiner Stirn wachsenden Karfunkelstein. Pelikan und Einhorn werden im ‚Physiologus' behandelt. Wolframs Text hat freilich spezifische Ausprägungen, die z. T. im ‚Straßburger Alexander' belegt sind (zum Pelikan Gerhardt, 1979; zum Einhorn s. Einhorn, 1998, S. 216–222; Hagenmaier, 2003, S. 48–50). Schließlich beschafft man *ein wurz heizt trachontê* (483,6: „Natternwurz" [Nellmann, 1994, S. 690f.]). Dieses stammt wieder aus Pseudo-Apuleius, womit sich der Kreis schließt. Darauf erscheint auf dem Gral die Schrift, welche besagt, daß ein Ritter kommen werde und den Gralkönig von seinen Qualen befreien könne, wenn er Anfortas nach seinem Leid frage. Die Gralgemeinschaft beschränkt sich nun darauf, die Schmerzen zu *senften* (484,14).

Diesem Ziel dienen wohl auch die 58 Edelsteine am Bett des Anfortas (791,1–30). Die Passage steht nach der Berufung Parzivals durch Cundrie. Edelsteinkataloge (Engelen, 1978) finden sich schon im Alten und im Neuen Testament (Ex 28,17–21; 39,10–14; Ez 28,13; Apc 21,19–20), wobei dort die Zwölfzahl überwiegt. Sie erscheint auch in der Literatur, so im ‚Alexanderroman' des Pfaffen Lambrecht (6595–6614), im ‚Rolandslied' des Pfaffen Konrad (1553–1562) und in Hartmanns ‚Erec', wo beim Schmuck von Enites Pferd von elf nicht namentlich genannten

Steinen die Rede ist, zu denen als zwölfter *der liehte carbunculus* kommt („Erec' 7736–7749). Nicht der biblischen Zwölfzahl verpflichtet sind kleinere Edelsteingruppen bei Heinrich von Veldeke (kompakte Achtergruppen ‚Eneas' 162,3–9 und 253,26–29; etwas lockerer 243,40–244,4 und noch weiter auseinandergezogen 224,7–226,8). Im Pz. werden zunächst vornehmlich einzelne Edelsteine (häufig der Rubin), seltener kleinere Gruppen genannt. Der erste wirkliche Katalog (589,18–22) ist offensichtlich von Heinrich von Veldeke (‚Eneas' 253,26–29) angeregt. Beides sind Achterkataloge, sie sind teilidentisch, und der Pz.-Erzähler bezieht sich mit der Erwähnung von *froun Camillen sarc* (589,8) und dem *meister Jeômetras* (589,14) ausdrücklich auf die ‚Eneas'-Stelle. Der kleine Viererkatalog 741,6 f. ist durch die Erwähnung eines weiteren Edelsteins aufschlußreich, den man in der Heimat des Feirefiz *antrax*, hier aber *karfunkel* nenne (741,13 f.). Der Erzähler, der häufig (735,30; 773,18 f.) seine Kompetenz demonstrativ unter den Scheffel stellt, läßt sie hier kurz aufblitzen (vgl. Kolb, 1970, S. 126, mit Hinweis auf Isidor, ‚Etymologien' XVI, 14,1). Vollends deutlich wird sie dann in dem großen Katalog der 58 Edelsteine (791,1–30) nach ‚De lapidibus' (60 Edelsteine) des Marbod von Rennes (Roethe, 1901; Kolb, 1970; Ausgabe Riddle, 1977; Übersicht bei Haage, 1992, S. 101–107).

Therapeutische Maßnahmen spielen nicht nur im Gralbereich, sondern auch in den Gawan-Büchern eine Rolle. Einmal ist Gawan in der Rolle des Arztes (*er was zer wunden niht ein tôr*; 506,14: „Mit Wunden kannte er sich aus"), einmal in der des Patienten. Bei Chrestien heilt Gauvain Greoreas mittels einer Pflanze, für deren Wirksamkeit er sich auf botanisches oder medizinisches Schrifttum (*letre*) beruft (‚Perceval' 6904–6961; dazu Döffinger-Lange, 1998, S. 224 f.). Bei Wolfram läßt Gawan zur Rettung des Urjans Maßnahmen anwenden (506,5–19), die ein Wissen über medizinische Zusammenhänge dokumentieren (sollen), wobei es dabei gar nicht entscheidend ist, wie man die Verletzung medizinisch diagnostiziert und ob man die therapeutischen Prozeduren als realistisch oder fiktional einschätzt (Haage, 1985; Haferlach, 1991, S. 63 f.; Haage, 1992, S. 183 ff.; Riha, 1992; Nellmann, 1994, S. 705; Riha, 2004, S. 134–138). Auf jeden Fall helfen sie. Auf Schastel marveile ist Gawan nach der Tötung des Löwen ohnmächtig zusammengebrochen. Arnive schickt zwei junge Mädchen zu ihm, die feststellen sollen, ob er noch lebt. Mit einem vor seine Nase gehaltenen Zobelhaar erkennen sie, daß er atmet. Sie flößen ihm vorsichtig Wasser ein. Arnive versorgt Gawans Wunden mit Dictam und warmem Wein. Die Prellungen am Kopf behandelt sie mit einer Salbe, die sie von Cundrie erhalten hat. Dann versetzt sie ihn mittels einer *wurz* in tiefen Schlaf (von Haage/Keil, 1989, als künstlich erzeugtes Heilfieber interpretiert; skeptisch wegen der Art von Gawans Verwundung Nellmann, 1994, S. 724). Jedenfalls entsteht das Bild einer detaillierten und erfolgreichen medizinischen Versorgung.

Bei Trevrizent erfährt Parzival religiöse Belehrung. Der Einsiedler behandelt die Menschwerdung Christi (462,22–24), den Fall Luzifers (463,4–14), die Erschaffung Adams und Evas (463,17–19), den Sündenfall (463,20–22), sehr ausführlich Kain und Abel (463,23–464,22), theologisch nicht überzogen differenziert, aber verständlich die Erbsünde (465,5f.), die Prophezeiungen Platos und der Sibylle (465,21–27), die neutralen Engel (471,15–25). Außerdem plante Trevrizent, seinen Neffen auch über Kräuter zu belehren, doch mußte diese ‚Unterrichtseinheit' ausfallen, weil Schnee lag (485,10f.). Auch hört Parzival hier etwas über die Wirkung der Gestirne auf die Wunde des Anfortas (490,3–8; 492,23–493,8; 493,25–27).

Die Verbindung zwischen dem Gral und den Gestirnen, die in der Auffindungslegende eine Rolle spielt (454,9–30), erklärt wohl auch, daß Cundrie ihre Berufungsrede durch die Nennung der arabischen Planetennamen (782,6ff.) beglaubigt und ihr so Dignität verleiht (Seybold, 1906/07; Deinert, 1960; Kunitzsch, 1969).

Wolframs Quellen waren offenbar zahlreich, wobei er z.B. auf den deutschen ‚Lucidarius' mehrfach zurückgegriffen hat (Nellmann, 2003; eine vergleichbare Vermutung für den literarischen Sektor äußert Nellmann, 1996, S. 337–340, S. 343f.). Häufig läßt sich die Quelle nur sehr allgemein einkreisen (z.B. die Kreuzzugsberichte für die Bücher I und II; Kunitzsch, 1974 [a], vgl. aber auch Kunitzsch, 1974 [b], 1975). Manchmal kann sie freilich präzise angeben werden, wenn bei breit überlieferten Vorstellungen ein Überlieferungsstrang (hier der deutsche ‚Lucidarius') abweicht und der Pz. diese Abweichung übernimmt (zur Ausdehnung von Babylon, zu Adam und seinen Töchtern sowie zu Persida als Geburtsstadt der Zauberei vgl. Nellmann, 2003). Bisweilen glaubte man, nicht nur ein bestimmtes Werk als Quelle dingfest gemacht zu haben, sondern aufgrund der Lesarten eine bestimmte Handschrift(engruppe) (Lichtenstein, 1897, S. 76; Hagen, 1901, S. 188f.).

Umstritten und wohl auch nicht einheitlich zu beantworten ist die Frage, ob Wolfram seine Quellen mündlich übermittelt bekam oder ob er sie gelesen hat. Carl Lofmark hat für die Liste der besiegten Gegner des Feirefiz, die auf Solinus zurückgeführt wird, mündliche Vermittlung angenommen, da sich phonetische Übereinstimmungen bei graphischen Differenzen feststellen lassen (Lofmark, 1965, S. 160–163). Andererseits hält es Eberhard Nellmann für "schwer vorstellbar", daß Wolfram die Edelsteinnamen aus Marbods von Rennes ‚De lapidibus' "in Reime bringen konnte, ohne sie schriftlich vor sich zu haben" (Nellmann, 1994, S. 774). Da sich Lofmark und Nellmann auf unterschiedliche Stellen beziehen, könnten beide im Recht sein.

Wolfram ist bei der Integration von Wissenselementen höchst eigenständig verfahren. Chrestiens ‚Perceval' bietet kaum Ansatzpunkte, und die deutschen literarischen Texte, deren Kenntnis für Wolfram angenommen werden kann, enthalten zwar Wissensbezüge, allerdings in sehr viel geringerem Maße. Vor diesem Hintergrund mußten besonders die naturkundlichen Passagen ins Auge fallen. Gerade sie scheinen – wenn auch singulär bei den Zeitgenossen – Kritik hervorgerufen zu haben. Gottfrieds Urteil über Wolfram im sog. Literaturexkurs des ‚Tristan' (dazu Ernst, 1985; Nellmann, 1988; Müller-Kleimann, 1990; Nellmann, 1994) ist ein Totalverriß, ohne Namensnennung und den Gegner pluralisierend, was Wolfram später (Wh. 4,19–24) auffällig gelassen mit gleicher Münze heimzahlt (→ S. 16). Gottfried nimmt geschickt Formulierungen Wolframs auf und wendet sie quasi als Zitate gegen ihn (Nellmann, 1994, S. 464). Die Kritik betrifft neben anderem die Quellen, den Umgang damit und die Erzähltechnik: *vindaere wilder maere,/der maere wildenaere* (‚Tristan' 4665 f.); der Vorwurf lautet allgemein Trickbetrug: *die mit den ketenen liegent/und stumpfe sinne triegent* (4667 f.: "die mit Ketten betrügen und Leichtgläubige hinters Licht führen"); dann wird er konkreter und zielt auf alchemistische Betrügereien: *die golt von swachen sachen/den kinden kunnen machen* (4669 f.: "die Gold aus nichtigen Substanzen für Kinder herzustellen verstehen"); schließlich wird der Vorwurf erhoben, wertlosen Staub als wertvolles Arzneipulver auszugeben: *und ûz den bühsen giezen/stoubîne mergriezen* (4671 f.). Auf Wolfram zielt der ‚Tristan'-Erzähler wohl auch, wenn er bei der Heilung Tristans durch die ältere Isolde ausführliche medizinische Therapieschilderungen ablehnt (7935–7961; Krohn, Kommentar, 2008, S. 137 f.; Nellmann, 1994, S. 688; Haage, 1996, S. 1075–1077): er wolle kein Wort gebrauchen, *daz iuwern oren missehage/und iuwerm herzen widerstê* (7948 f.).

Die Wolfram-Passage des Literaturexkurses endet: *die selben wildenaere/si müezen tiutaere/mit ir maeren lazen gân:/wirn mugen ir da nach niht verstân,/als man si hoeret unde siht;/sôn hân wir ouch der muoze niht,/daz wir die glôse suochen/in den swarzen buochen* (4683–4690; → S. 15 f.). Diese Feststellung dürfte kaum auf die Erzähltechnik (Nellmann, 1988, S. 67) gemünzt sein. Vordergründig griffige Anknüpfungspunkte im Text sind dubiose Figuren wie Virgilius und sein Neffe Clinschor, Cundrie la surziere und

Kyot, dann Orte wie Neapel, Toledo (Waxman, 1916, S. 325–366) und Persida sowie Begriffe wie *zouber* und (in unterschiedlichen Kontexten) *nigrômanzî*. Tatsächlich dürfte die Schlußpassage aber vornehmlich auf die naturkundlichen und medizinischen Wissenselemente „mit teilweise magisch-superstitiösem Charakter" zielen (Ernst, 1985, S. 187; zum Thema Medizin und Scharlatanerie sowie Medizin und Magie Riha, 2004; Riha, 2005; allgemein Kieckhefer, 1992; Tuczay, 2003; Witte, 2007).

Wolfram ist weder der erste noch der letzte, bei dem extensive Wissenspräsentation zum Magievorwurf führt (zu Virgil Petzoldt, 1995; zu Albertus Magnus Sturlese, 1993, S. 387; Petzoldt, 1988; Riha, 2007, S. 146, mit weiteren spätmittelalterlichen und frühneuzeitlichen Beispielen; zu Dante Grauert, 1897, S. 72–76). Daß die Darstellung enzyklopädischen Wissens generell dem Vorwurf ausgesetzt ist, eine *superstitiosa scientia* zu sein, wird bei Isidor von Sevilla deutlich, der es in ‚De natura' für nötig hält, sich dagegen mit Sap 7,17 ff. zu verteidigen (Meier, 1984, S. 472 f.). Ähnlich verfährt Hrabanus Maurus in der ‚Praefatio ad Ludovicum regem' zu ‚De rerum naturis' (zum Titel Kottje, 1983, Sp. 187). Er zitiert Sap 7,7–21 (Meier, 1984, S. 495, Anm. 41) und sucht potentiellen Kritikern den Wind aus den Segeln zu nehmen, indem er konstatiert, sein vorliegendes Werk enthalte über die eigentlichen Gegenstände hinaus an Zusätzen *non pauca de fide catholica et religione Christiana: et e contrario de gentilium superstitione, et haereticorum errore, de philosophis et magis atque falsis diis* [...], *de lapidibus, lignis et herbis* [...] (MPL 111, Sp. 10: „nicht weniges über den katholischen Glauben und die christliche Religion, im Gegensatz dazu aber auch solches über heidnischen Aberglauben und Ketzerirrtümer, über Philosophen, Magier und falsche Götter, über Steine, Bäume und Pflanzen").

Befremden gegenüber der Wissenspräsentation ist auch in neueren Arbeiten nicht zu überhören. Nach Helmut de Boor „stopft" Wolfram „seine Werke mit Gelehrsamkeit voll wie kein Zweiter. Sie liegt oft wirr und kraus durcheinander; Wolframs Wissen ist so unsystematisch wie das eines echten Autodidakten" (de Boor, 1953, S. 92). Eduard Hartl konstatiert, Wolframs Gelehrsamkeit sei „(bezeichnend für den Laien) eine aufdringliche Gelehrsamkeit, ein krauses Wissen, wirr und ungeordnet" (Hartl, 1953, Sp. 1064). Für Hugo Kuhn (1956, S. 159) ist „die medizinische Salben-, Kräuter-, Tier- und Steinkunde" neben anderem „Wolframs eigenste skurrile Zutat zum Gralkomplex". Ulrich Engelen wirft Wolfram im Bezug auf den Edelsteinkatalog „selbstgefällige Entfaltung seines Wissens" vor, „wo er nur mitteilen [!] will, daß man alle

Mittel, auch die Edelsteine, zur Heilung von des Amfortas Wunde angewandt habe" (Engelen, 1978, S. 390).

Dagegen betont Wilhelm Deinert, „daß nirgendwo losgelöste Realien gelehrt werden [...]; Sterne und *trachonté* sind engstens mit der Erzählung und Klärung des eigentlichen Heilsthemas der Dichtung verknüpft" (Deinert, 1960, S. 22, Anm. 1). Er bezeichnet es als „Fehler", die (hier: kosmologischen) Wissenselemente „als Fremdkörper aufzufassen, als wissenschaftlichen Stoff, der nichts mit den menschlichen und poetischen Inhalten gemeinsam hat" (Deinert, 1960, S. 130). „Von lehrhaften Abschweifungen oder gar einem Zur-Schau-Stellen seines Wissens kann im Sternkundlichen nicht die Rede sein" (Deinert, 1960, S. 152). Das gilt für die anderen Gebiete gleichermaßen.

Kurt Ruh geht in seinem Beitrag über „Poesie und Gebrauchsliteratur" auf die Verflechtung dieser beiden Typen ein. „Einerseits ist Dichtung, vor allem epische Dichtung, förmlich durchwachsen und durchdrungen mit Elementen der Gebrauchsliteratur, andererseits – und das ist der interessantere Fall – kann zweckorientierte Gebrauchsliteratur unmittelbar in Poesie umschlagen, ästhetische Wirkungen auslösen." Das Beispiel für den ersten – nach Ruh allerdings weniger interessanten – Fall ist Wolfram: Er „vermittelt [...] naturwissenschaftliches Wissen, zur Hauptsache Curiosa und Mirabilia, so über trachonté/Drachenwurz, astrologische Konstellationen, einen reichen Katalog von Edelsteinen. Das sind Elemente von Gebrauchsliteratur" (Ruh, 1979, S. 8), die vorher definiert worden war als „Literatur, deren erklärter Zweck in der Vermittlung von Wahrheit und Wissen besteht" (Ruh, 1979, S. 1). Aber ist das tatsächlich das Ziel des Pz.-Erzählers? Bleiben wir bei Ruhs Beispiel, dem Edelsteinkatalog. Marbod will mit seinem Werk ohne Zweifel Wissen vermitteln. Kann man das aber auch für Wolfram annehmen, der Marbod ja auf die bloßen Edelsteinnamen reduziert, die umfänglichen Ausführungen zu den einzelnen Steinen wegläßt, die Wirkungen nur summarisch im Anschluß an den Katalog angibt und so mit 30 statt rund 700 Versen (ohne den Prolog) auskommt? Und wäre es für eine Wissensvermittlung, wäre sie intendiert, nicht sinnvoller, etwa die Planeten in deutscher statt in arabischer Sprache vorzustellen? So scheint hier eher Kurt Ruhs zweiter Fall vorzuliegen, daß nämlich „Gebrauchsliteratur unmittelbar in Poesie" umschlägt und „ästhetische Wirkungen" auslöst.

Ulrike Draesner hat den Blick auf die Verteilung der intertextuellen Bezüge innerhalb des Romans gelenkt. Sie weist darauf hin, daß „weder für Gawan noch für Parzival [...] der Einsatz intertextueller Verweise gleichmäßig über die gesamte Erzählung verteilt" ist. „Vielmehr zeichnet sich bei beiden Figuren eine starke Abnahme bis zu einem vollkommenen Versiegen des intertextuellen Referierens im Fortschreiten des Erzählens ab [...]" (Draesner, 1993, S. 379). Draesner sieht darin ein Abweichen von bereits bekannten Bahnen und das Beschreiten eigener Wege. Dagegen scheint für die naturkundlichen Wissenselemente komplementär zu gelten, daß sie auf das IX. Buch und das Ende des Romans (anders ausgedrückt: auf die Gralpartien) konzentriert sind, also zunehmende Tendenz aufweisen. Darin kann man ein Gegengewicht zu den übernatürlichen Zügen der Gralwelt sehen. Wieder anders sind die historisch-geographischen Bezüge mit unterschiedlichen Ausprägungen über den ganzen Roman verteilt, als Schauplätze am Beginn und am Ende, als Erzählerbemerkungen und Figurenbericht dazwischen. Wenn nach Eberhard Nellmanns Vermutung das zeitgenössische Publikum „an die Realität des Erzählten" geglaubt hat (Nellmann, 1996, S. 341), dann wird das auch auf die Historisierung und Geographisierung zurückzuführen sein.

Hatte Kurt Ruh von „Poesie und Gebrauchsliteratur" gesprochen, so könnte man mit Bernhard Dietrich Haage die von Alfred Karnein für eine spätere Zeit geprägte Formulierung vom „Bündnis von Poesie und Wissenschaft" auf den Pz. rückbeziehen (Haage, 1992, S. 207; Karnein, 1978, S. 322) oder mit Ulrich Ernst eine „Szientifizierung' seiner [Wolframs] Dichtung" konstatieren (Ernst, 1985, S. 189) oder auch mit Christel Meier von ‚Poesie und Natur' sprechen. Indem nämlich Wolfram naturkundliches Wissen in seinen Text integriert, spiegelt er die Elemente aus dem „Buch der Natur", die geordnet in das „Weltbuch" der Enzyklopädien eingegangen sind (Meier, 1984), in die Wirklichkeit seiner Romanwelt zurück, um ihr so Welthaltigkeit zu verleihen und seine Person zu profilieren. Mit etwas anderer Zielrichtung, nämlich im Hinblick auf die Darstellung der Sachkultur, spricht Joachim Bumke von dem Bemühen „um Genauigkeit und Wirklichkeitsnähe" (Bumke, 1990, S. 97). Darauf und auf Authentizität kommt es dem Erzähler etwa in der Einleitung zum Edelsteinkatalog besonders an: *die hoert hie nennen rehte* (790,30).

Literatur

Texte

Gottfried von Straßburg, Tristan, nach dem Text von Friedrich Ranke neu hg., ins Nhd. übers., mit einem Stellenkommentar und einem Nachwort von Rüdiger Krohn, 3 Bde. (Universal-Bibliothek 4471–4473), Stuttgart 2007 [Bd. 1, 12. Aufl.; Bd. 2, 9. Aufl.] – 2008 [Bd. 3, 8. Aufl.].

Hartmann von Aue, Erec, hg. von Manfred Günter Scholz, übers. von Susanne Held (Bibliothek des Mittelalters 5 = Bibliothek deutscher Klassiker 188), Frankfurt a.M. 2004. – Erec. Mit einem Abdruck der neuen Wolfenbütteler und Zwettler Erec-Fragmente, hg. von Albert Leitzmann, fortgef. von Ludwig Wolff, 7. Aufl. bes. von Kurt Gärtner (ATB 39), Tübingen 2006. – Erec. Mhd./Nhd., hg., übers. und komm. von Volker Mertens (Universal-Bibliothek 18530), Stuttgart 2008. – Gregorius, Der armer Heinrich, Iwein, hg. und übers. von Volker Mertens (Bibliothek des Mittelalters 6 = Bibliothek deutscher Klassiker 189), Frankfurt a.M. 2004. – Iwein, hg. von G.F. Benecke und K. Lachmann, neu bearb. von Ludwig Wolff, 7. Ausg., 2 Bde., Berlin 1968.

Heinrich von Veldeke, Eneasroman. Die Berliner Bilderhandschrift mit Übersetzung und Kommentar, hg. von Hans Fromm, mit den Miniaturen der Handschrift und einem Aufsatz von Dorothea und Peter Diemer (Bibliothek des Mittelalters 4 = Bibliothek deutscher Klassiker 77), Frankfurt a.M. 1992.

Hrabanus Maurus, De universo libri viginti duo [De rerum naturis], in: MPL 111, Sp. 9–614.

Isidor von Sevilla, De natura rerum. Traité de la nature, ed. par Jacques Fontaine (Bibliothèque de l'École des Hautes Études Hispaniques 28), Bordeaux 1960.

[Konrad] Das Rolandslied des Pfaffen Konrad, hg. von Carl Wesle, 3., durchges. Aufl. bes. von Peter Wapnewski (ATB 69), Tübingen 1985. – Hg., übers. und komm. von Dieter Kartschoke (Universal-Bibliothek 2745), Stuttgart 2001.

Pfaffe Lambrecht, Alexanderroman. Mhd./Nhd., hg., übers. und komm. von Elisabeth Lienert (Universal-Bibliothek 18508), Stuttgart 2007.

Marbod (von Rennes), Liber lapidum seu de gemmis, hg. von Johannes Beckmann, Göttingen 1799. – De lapidibus. Considered as a medical treatise, with text, commentary and C. W. King's translation, together with text and translation of Marbode's minor works on stones, hg. von John M. Riddle (Sudhoffs Archiv. Beihefte 20), Wiesbaden 1977.

C. Iulius Solinus, Collectanea rerum memorabilium, hg. von Theodor Mommsen, Berlin 1895.

Wolfram von Eschenbach, Parzival, nach der Ausgabe Karl Lachmanns rev. und komm. von Eberhard Nellmann, übertr. von Dieter Kühn, 2 Bde. (Bibliothek des Mittelalters 8/1–2 = Bibliothek deutscher Klassiker 110), Frankfurt a.M. 1994 [Taschenbuchausgabe (Deutscher Klassiker Verlag im Taschenbuch 7), Frankfurt a.M. 2006]. – Wolfram von Eschenbach, Parzival. Studienausgabe. Mhd. Text nach der sechsten Ausgabe von Karl Lachmann. Übersetzung von Peter Knecht. Mit Einführungen zum Text der Lachmannschen Ausgabe und in Probleme der Parzival-Interpretation von Bernd Schirok, 2. Aufl., Berlin/New York 2003.

Forschung

Althoff, Gerd, Wolfram von Eschenbach und die Spielregeln der mittelalterlichen Gesellschaft, in: Wolfram-Studien 16 (2000), S. 102–120.

Bauer, Gerhard, Parzival und die Minne, in: Euphorion 57 (1963), S. 67–96.

Bertau, Karl, Deutsche Literatur im europäischen Mittelalter, 2 Bde., München 1972–1973.

Blank, Walter, Determination oder Ordo? Parzivals Weg durch die Instanzen, in: Ze hove und an der strâzen. Die deutsche Literatur des Mittelalters und ihr „Sitz im Leben". Festschrift für Volker Schupp, hg. von Anna Keck/Theodor Nolte, Stuttgart/Leipzig 1999, S. 212–232.

de Boor, Helmut, Die höfische Literatur. Vorbereitung, Blüte, Ausklang. 1170–1250 (Geschichte der deutschen Literatur von den Anfängen bis zur Gegenwart 2), München 1953; 5. Aufl. 1962.

Bumke, Joachim, Die Wolfram von Eschenbach Forschung seit 1945. Bericht und Bibliographie, München 1970. – Höfische Kultur. Literatur und Gesellschaft im hohen Mittelalter, 2 Bde. (dtv 4442), München 1986. – Geschichte der deutschen Literatur im hohen Mittelalter (dtv 4552), München 1990. – Parzival und Feirefiz – Priester Johannes – Loherangrin. Der offene Schluß des Parzival Wolframs von Eschenbach, in: DtVjs 65 (1991), S. 236–264. – Die Blutstropfen im Schnee. Über Wahrnehmung und Erkenntnis im Parzival Wolframs von Eschenbach (Hermaea NF 94), Tübingen 2001. – Wolfram von Eschenbach (Sammlung Metzler 36), 8. Aufl., Stuttgart/Weimar 2004.

Curtius, Ernst Robert, Europäische Literatur und lateinisches Mittelalter, 5. Aufl., Bern/München 1965.

Deinert, Wilhelm, Ritter und Kosmos im Parzival. Eine Untersuchung der Sternkunde Wolframs von Eschenbach (MTU 2), München 1960.

Delabar, Walter, Erkantiu sippe unt hoch geselleschaft. Studien zur Funktion des Verwandtschaftsverbandes in Wolframs von Eschenbach Parzival (GAG 518), Göppingen 1990.

Döffinger-Lange, Erdmuthe, Der Gauvain-Teil in Chrétiens Conte du Graal. Forschungsbericht und Episodenkommentar (Studia Romanica 95), Heidelberg 1998.

Draesner, Ulrike, Wege durch erzählte Welten. Intertextuelle Verweise als Mittel der Bedeutungskonstitution in Wolframs Parzival (Mikrokosmos 36), Frankfurt a.M. [u.a.] 1993.

Ebel, Christine Katharina, Funktional-pragmatische und struktural-syntagmatische Aspekte des heilsgeschichtlichen Kontextes am Beispiel der Herzeloyden-Figur in Wolframs von Eschenbach Parzival, Diss. State Univ. of New York (Albany) 1991.

Ehrismann, Gustav, Geschichte der deutschen Literatur bis zum Ausgang des Mittelalters, 2. Tl.: Die mittelhochdeutsche Literatur, 2. Abschnitt: Blütezeit, 1. Hälfte (Handbuch des deutschen Unterrichts an höheren Schulen 6,2,2,1), München 1927 [Neudruck München 1965].

Einhorn, Jürgen W., Spiritalis unicornis. Das Einhorn als Bedeutungsträger in Literatur und Kunst des Mittelalters, 2. Aufl., München 1998.

Eliade, Mircea, Die Religionen und das Heilige. Elemente der Religionsgeschichte (Wort und Antwort 8), Salzburg 1954.

Engelen, Ulrich, Die Edelsteine in der deutschen Dichtung des 12. und 13. Jahrhunderts (MMS 27), München 1978.

Ernst, Ulrich, Kyot und Flegetanis in Wolframs Parzival. Fiktionaler Fundbericht und jüdisch-arabischer Kulturhintergrund, in: Wirkendes Wort 35 (1985), S. 176–195. – Liebe und Gewalt im Parzival Wolframs von Eschenbach. Literaturpsychologische Befunde und mentalitätsgeschichtliche Begründungen, in: Chevaliers errants, demoiselles et l'Autre. Höfische und nachhöfische Literatur im europäischen Mittelalter. Festschrift für Xenja von Ertzdorff zum 65. Geburtstag, hg. von Trude Ehlert (GAG 644), Göppingen 1998, S. 215–243. – Neue Perspektiven zum Parzival Wolframs von Eschenbach. Angelologie im Spannungsfeld von Origenismus und Orthodoxie, in: Das Mittelalter 11 (2006), S. 86–109.

Franz, Adolph, Die Messe im deutschen Mittelalter. Beiträge zur Geschichte der Liturgie und des religiösen Volkslebens, Freiburg 1902 [Neudruck Darmstadt 1963].

Gerhardt, Christoph, Die Metamorphosen des Pelikans. Exempel und Auslegung in mittelalterlicher Literatur. Mit Beispielen aus der bildenden Kunst und einem Bildanhang (Trierer Studien zur Literatur 1), Frankfurt a.M. [u.a.] 1979.

Grauert, Hermann, Neue Dante-Forschungen, in: Historisches Jahrbuch der Görres-Gesellschaft 18 (1897), S. 58–87.

Groos, Arthur, Wolframs Schlangenliste (Parzival 481) und Pseudo-Apuleius, in: Licht der Natur. Medizin in Fachliteratur und Dichtung. Festschrift für Gundolf Keil zum 60. Geburtstag, hg. von Josef Domes (GAG 585), Göppingen 1994, S. 129–148.

Haage, Bernhard Dietrich, Urjans Heilung (Pz. 506,5–19) nach der Chirurgia des Abū l-Qāsim Ḫalaf Ibn al-'Abbās az-Zahrāwī, in: ZfdPh 104 (1985), S. 357–367. – Studien zur Heilkunde im Parzival Wolframs von Eschenbach (GAG 565), Göppingen 1992. – Heilkunde im Tristan-Roman Gottfrieds von Straßburg, in: Lambertus Okken, Kommentar zum Tristan-Roman Gottfrieds von Straßburg, Bd. 2 (Amsterdamer Publikationen zur Sprache und Literatur 58), 2. Aufl., Amsterdam 1996, S. 1069–1107.

Haage, Bernhard Dietrich/Keil, Gundolf, Zum künstlich erzeugten Heilfieber in Wolframs Parzival, in: Studien zu Wolfram von Eschenbach. Festschrift für Werner Schröder zum 75. Geburtstag, hg. von Kurt Gärtner/Joachim Heinzle, Tübingen 1989, S. 343–355.

Haferlach, Torsten, Die Darstellung von Verletzungen und Krankheiten und ihrer Therapie in mittelalterlicher deutscher Literatur unter gattungsspezifischen Aspekten (Beiträge zur älteren Literaturgeschichte), Heidelberg 1991.

Hagen, Paul, Untersuchungen über Kiot, in: ZfdA 45 (1901), S. 187–217.

Hagenmaier, Winfried, Das Einhorn. Eine Spurensuche durch die Jahrtausende, München 2003.

Hall, Clifton D., A complete concordance to Wolfram von Eschenbach's Parzival (Garland reference library of the humanities 995), New York/London 1990.

Hartl, Eduard, Wolfram von Eschenbach, in: VL 4 (1953), Sp. 1058–1091.

Haug, Walter, Strukturalistische Methoden und mediävistische Literaturwissenschaft, in: Wolfram-Studien 5 (1979), S. 8–21. – Von der Idealität des arthurische Festes zur apokalyptischen Orgie in Wittenwilers Ring, in: Das Fest, hg. von Walter Haug/Rainer Warning (Poetik und Hermeneutik 14), München 1989, S. 157–179 [wieder in: Haug (1995), S. 312–331 (zit.)]. – Parzival ohne Illusionen, in: DtVjs 64 (1990), S. 199–217 [wieder in: Haug (1995), S. 125–139 (zit.)]. – Brechungen auf dem Weg zur Individualität. Kleine Schriften zur Literatur des Mittelalters, Tübingen 1995. – Das literaturtheoretische Konzept Wolframs von

Eschenbach. Eine neue Lektüre des Parzival-Prologs, in: Beitr. 123 (2001), S. 211–229 [wieder in: Walter Haug, Die Wahrheit der Fiktion. Studien zur weltlichen und geistlichen Literatur des Mittelalters und der frühen Neuzeit, Tübingen 2003, S. 145–159 (zit.)].

Jezler, Peter (Hg.), Himmel – Hölle – Fegefeuer. Das Jenseits im Mittelalter. Eine Ausstellung des Schweizerischen Landesmuseums in Zusammenarbeit mit dem Schnütgen-Museum und der Mittelalterabteilung des Wallraf-Richartz-Museums der Stadt Köln. Katalog von Peter Jezler, 2. Aufl., Zürich 1994.

Johnson, Sidney M., Gawan's Surprise in Wolfram's Parzival, in: GR 33 (1958), S. 285–292. – Doing his own thing: Wolfram's grail, in: A Companion to Wolfram's Parzival, hg. von Will Hasty (Studies in German literature, linguistics, and culture), Columbia (SC) 1999, S. 77–95.

Jones, Martin H., Parzival's Fighting and his Election to the Grail, in: Wolfram-Studien 3 (1975), S. 52–71.

Kästner, Hannes/Schirok, Bernd, Ine kan decheinen buochstap./Dâ nement genuoge ir urhap. Wolfram von Eschenbach und „die Bücher", in: Als das wissend die meister wol. Beiträge zur Darstellung und Vermittlung von Wissen in Fachliteratur und Dichtung des Mittelalters und der frühen Neuzeit. Festschrift für Walter Blank, hg. von Martin Ehrenfeuchter/Thomas Ehlen, Frankfurt a.M. [u.a.] 2000, S. 61–152.

Karnein, Alfred, Die deutsche Lyrik, in: Europäisches Spätmittelalter, hg. von Willi Erzgräber (Neues Handbuch der Literaturwissenschaft 8), Wiesbaden 1978, S. 303–329.

Kieckhefer, Richard, Magie im Mittelalter. Aus dem Englischen von Peter Knecht, München 1992.

Knapp, Fritz Peter, Baiern und die Steiermark in Wolframs Parzival, in: Beitr. 110 (1988), S. 6–28.

Kolb, Herbert, Isidorsche ‚Etymologien' im Parzival, in: Wolfram-Studien 1 (1970), S. 117–135. – Von Marroch der mahmumelîn. Zur Frage einer Spätdatierung von Wolframs Parzival, in: Euphorion 82 (1988), S. 251–260.

Kottje, Raymund, Hrabanus Maurus, in: ²VL 4 (1983), Sp. 166–196.

Kratz, Henry, Wolfram von Eschenbach's Parzival. An Attempt at a Total Evaluation (Bibliotheca Germanica 15), Bern 1973.

Krischer, Tilman, Formale Konventionen der homerischen Epik (Zetemata 56), München 1971.

Krohn, Rüdiger (2008) → Texte: Gottfried von Straßburg, Tristan, Bd. 3.

Kühlmann, Wilhelm, Katalog und Erzählung. Studien zu Konstanz und Wandel einer literarischen Form in der antiken Epik, Diss. Freiburg 1973.

Kuhn, Hugo, Parzival. Ein Versuch über Mythos, Glaube und Dichtung im Mittelalter, in: DtVjs 30 (1956), S. 161–198 [wieder in: Hugo Kuhn, Dichtung und Welt im Mittelalter (Hugo Kuhn, Kleine Schriften 1), 2. Aufl., Stuttgart 1969, S. 151–180, S. 271–277 (zit.)].

Kunitzsch, Paul, Die Planetennamen im Parzival, in: Zs. für deutsche Sprache 25 (1969), S. 169–174. – Die Arabica im Parzival Wolframs von Eschenbach, in: Wolfram-Studien 2 (1974), S. 9–35 [a]. – Die orientalischen Ländernamen bei Wolfram (Wh. 74,3 ff.), in: Wolfram-Studien 2 (1974), S. 152–173 [b]. – Quellenkritische Bemerkungen zu einigen Wolframschen Orientalia, in: Wolfram-Studien 3 (1975), S. 263–275.

Lichtenstein, Julius, Zur Parzivalfrage, in: Beitr. 22 (1897), S. 1–93.
Lofmark, Carl J., Name lists in Parzival, in: Mediaeval German Studies. Presented to Frederick Norman by his students, colleagues and friends on the occasion of his retirement, London 1965, S. 157–173.
Lutz, Eckart Conrad, In niun schar insunder geordent gar. Gregorianische Angelologie, Dionysius-Rezeption und volkssprachliche Dichtungen des Mittelalters, in: ZfdPh 102 (1983), S. 335–376. – Rhetorica divina. Mittelhochdeutsche Prologgebete und die rhetorische Kultur des Mittelalters (QuF 82 [206]), Berlin/New York 1984.
Meier, Christel, Grundzüge der mittelalterlichen Enzyklopädik. Zu Inhalten, Formen und Funktionen einer problematischen Gattung, in: Literatur und Laienbildung im Spätmittelalter und in der Reformationszeit. Symposion Wolfenbüttel 1981, hg. von Ludger Grenzmann/Karl Stackmann (Germanistische Symposien. Berichtsbände 5), Stuttgart 1984, S. 467–500, 501–503 [Diskussionsbericht von Joachim Behr].
Mertens, Volker, Der Gral. Mythos und Literatur (Universal-Bibliothek 18261), Stuttgart 2003.
Mockenhaupt, Benedikt, Die Frömmigkeit im Parzival Wolframs von Eschenbach. Ein Beitrag zur Geschichte des religiösen Geistes in der Laienwelt des deutschen Mittelalters (Grenzfragen zwischen Theologie und Philosophie 20), Bonn 1942 [Neudruck Darmstadt 1968].
Mohr, Wolfgang, Obie und Meljanz. Zum 7. Buch von Wolframs Parzival, in: Gestaltprobleme der Dichtung. Günther Müller zu seinem 65. Geburtstag am 15. Dezember 1955, hg. von Richard Alewyn, Bonn 1957, S. 9–20 [wieder in: Rupp (1966), S. 261–286 (zit.); Mohr (1979), S. 94*–119*]. – Parzival und Gawan, in: Euphorion 52 (1958), S. 1–22 [wieder in: Rupp (1966), S. 287–318 (zit.); Mohr (1979), S. 62*–93*]. – König Artus und die Tafelrunde. Politische Hintergründe in Chrétiens Perceval und Wolframs Parzival, in: Wolfgang Mohr, Wolfram von Eschenbach. Aufsätze (GAG 275), Göppingen 1979, S. 170*–222*.
Müller, Michael, Namenkataloge. Funktionen und Strukturen einer literarischen Grundform in der deutschen Epik vom hohen Mittelalter bis zum Beginn der Neuzeit (Documenta onomastica litteraria medii aevi, DOLMA, Reihe B, Studien 3), Hildesheim [u.a.] 2003.
Müller-Kleimann, Sigrid, Gottfrieds Urteil über den zeitgenössischen deutschen Roman. Ein Kommentar zu den Tristanversen 4619–4748 (Helfant Studien S 6), Stuttgart 1990.
Nellmann, Eberhard, Wolfram und Kyot als vindaere wilder maere. Überlegungen zu Tristan 4619–88 und Parzival 453,1–17, in: ZfdA 117 (1988), S. 31–67. – (1994) → Texte: Wolfram von Eschenbach, Parzival. – Zu Wolframs Bildung und zum Literaturkonzept des Parzival, in: Poetica 28 (1996), S. 327–344. – Lapsit exillis? Jaspis exillix? Die Lesarten der Handschriften, in: ZfdPh 119 (2000), S. 416–420. – Der Lucidarius als Quelle Wolframs, in: ZfdPh 122 (2003), S. 48–72.
Petzoldt, Leander, Albertus Magnus, in: Enzyklopädie des Märchens, Bd. 1, Berlin/New York 1977, Sp. 255–261. – Virgilius Magus. Der Zauberer Virgil in der literarischen Tradition des Mittelalters, in: Hören – Sagen – Lesen – Lernen. Bausteine zu einer Geschichte der kommunikativen Kultur. Festschrift für Rudolf Schenda zum 65. Geburtstag, hg. von Ursula Brunold-Bigler/Hermann Bausinger, Bern [u.a.] 1995, S. 549–568.
Pratelidis, Konstantin, Tafelrunde und Gral. Die Artuswelt und ihr Verhältnis zur

Gralswelt im Parzival Wolframs von Eschenbach (Würzburger Beiträge zur deutschen Philologie 12), Würzburg 1994.
Riddle, John M. (1977) → Texte: Marbod von Rennes.
Riha, Ortrun, Rez. Haage (1992), in: ArchStud 229 (1992), S. 356–359. – Mikrokosmos Mensch. Der Naturbegriff in der mittelalterlichen Medizin, in: Natur im Mittelalter. Konzeptionen – Erfahrungen – Wirkungen. Akten des 9. Symposiums des Mediävistenverbandes, Marburg, 14.–17. März 2001, hg. von Peter Dilg, Berlin 2003, S. 111–123. – Lüge, Selbstbetrug und die Wahrheit des Möglichen. Die Erfindung (in) der mittelalterlichen Medizin, in: Das Mittelalter 9 (2004), S. 123–138. – Medizin und Magie im Mittelalter, in: Das Mittelalter 10 (2005), S. 64–72. – „Die Zauberer sollst du nicht am Leben lassen". Magie in der mittelalterlichen Medizin, in: Die gezeigte und die verborgene Kultur, hg. von Bernhard Streck, Wiesbaden 2007, S. 145–163.
Roethe, Gustav, Wolframs Steinverzeichnis, in: ZfdA 45 (1901), S. 223–227.
Rosenfeld, Hans-Friedrich, Der hl. Christophorus. Seine Verehrung und seine Legende. Eine Untersuchung zur Kultgeographie und Legendenbildung des Mittelalters (Acta Academiae Abonensis, Humaniora 10,3), Åbo 1937.
Ruh, Kurt, Poesie und Gebrauchsliteratur, in: Poesie und Gebrauchsliteratur im deutschen Mittelalter. Würzburger Colloquium 1978, hg. von Volker Honemann/Kurt Ruh/Bernhard Schnell/Werner Wegstein, Tübingen 1979, S. 1–13.
Rupp, Heinz, Die Funktion des Wortes tump im Parzival Wolframs von Eschenbach, in: GRM NF 7 (1957), S. 96–106. – (Hg.) Wolfram von Eschenbach (WdF 57), Darmstadt 1966. – Die Bedeutung der Gawan-Bücher im Parzival Wolframs von Eschenbach, in: London German Studies 2 (1983), S. 1–17.
Salmon, Paul, Der zehnte Engelchor in deutschen Dichtungen und Predigten des Mittelalters, in: Euphorion 57 (1963), S. 321–330.
Sassenhausen, Ruth, Wolframs von Eschenbach Parzival als Entwicklungsroman. Gattungstheoretischer Ansatz und literaturpsychologische Deutung (Ordo 10), Köln [u. a.] 2007.
Schirok, Bernd, Ich louc durch ableitens list. Zu Trevrizents Widerruf und den Neutralen Engeln, in: ZfdPh 106 (1987), S. 46–72. – (2003) → Texte: Wolfram von Eschenbach, Parzival. – Die Inszenierung von Munsalvaesche: Parzivals erster Besuch auf der Gralburg, in: LwJb 46 (2005), S. 39–78.
Schwietering, Julius, Parzivals Schuld, in: ZfdA 81 (1944), S. 44–68 [wieder in: Julius Schwietering, Mystik und höfische Dichtung im Hochmittelalter, 2. Aufl., Darmstadt/Tübingen 1962, S. 37–70 (zit.)].
Seybold, Christian Friedrich, Die arabischen Planetennamen in Wolframs Parzival, in: Zs. für deutsche Wortforschung 8 (1906/1907), S. 147–151.
Steger, Hugo, Abenberc und Wildenberc. Ein Brief mit einem neuen Vexierbild zu einer alten Parzival-Frage, in: ZfdPh 105 (1986), S. 1–41.
Sturlese, Loris, Die deutsche Philosophie im Mittelalter. Von Bonifatius bis zu Albert dem Großen (748–1280), München 1993.
Trier, Jost, Der deutsche Wortschatz im Sinnbezirk des Verstandes. Von den Anfängen bis zum Beginn des 13. Jahrhunderts (Germanische Bibliothek, 3. Reihe), 2. Aufl., Heidelberg 1973.
Tuczay, Christa, Magie und Magier im Mittelalter (dtv 34017), München 2003.
Unzeitig-Herzog, Monika, Artus mediator. Zur Konfliktlösung in Wolframs Parzival Buch XIV, in: FMSt 32 (1998), S. 196–217.

Waxman, Samuel M., Chapters on Magic in Spanish Literature, in: Revue Hispanique 38 (1916), S. 325–463.
Wehse, Rainer, Frage, in: Enzyklopädie des Märchens, Bd. 5, Berlin/New York 1987, Sp. 23–29.
Wessels, Paulus Bernardus, Wolfram zwischen Dogma und Legende, in: Beitr. (Tübingen) 77 (1955), S. 112–135 [wieder in: Rupp (1966), S. 232–260 (zit.)].
Williams-Krapp, Werner, Wolfram von Eschenbach, Parzival, in: Große Werke der Literatur. Bd. 8. Eine Ringvorlesung der Universität Augsburg 2002/2003, hg. von Hans Vilmar Geppert, Tübingen 2003, S. 23–42.
Witte, Sandra, Zouber: Magiepraxis und die geschlechtsspezifische Darstellung magiekundiger Figuren in der höfischen Epik des 12. und 13. Jahrhunderts (Schriften zur Mediävistik 12), Hamburg 2007.
Zutt, Herta, Parzivals Kämpfe, in: Festgabe für Friedrich Maurer zum 70. Geburtstag, hg. von Werner Besch/Siegfried Grosse/Heinz Rupp, Düsseldorf 1968, S. 178–198.

V. Perspektiven der Interpretation

von BERND SCHIROK

1. Vorbemerkungen: Interpretationsperspektiven und Romanstruktur – 2. Perspektiven – 2.1 Perspektive I: Die Parzival-Handlung – 2.2 Perspektive II: Die Gawan-Handlung – 2.3 Perspektive III: Die Gahmuret-Handlung – 3. Fazit: Perspektiven als Interpretationsproblem

1. Vorbemerkungen: Interpretationsperspektiven und Romanstruktur

Die Betrachtung eines Gegenstandes setzt die Wahl eines Standpunktes voraus. Der Standpunkt bestimmt die Perspektive des Betrachters, und von der Perspektive hängt es ab, was der Betrachter von dem Gegenstand sieht (und was nicht) und wie er sieht, was er sieht. Das ist bei einem Text nicht anders. Dabei kann der Gegenstand oder Text die Wahl der einen oder anderen Perspektive nahelegen. Beim Pz. zeigt sich ein enger Bezug zwischen Interpretationsperspektiven und Romanstruktur, bei der sich drei Handlungsstränge unterscheiden lassen, die einerseits erzähltechnisch klar gegeneinander abgegrenzt, andererseits aber von der Handlungsführung her eng miteinander verflochten sind: „Der Poet hat mit Parcifals Ebentheuer Gamurets und Gawans verwebet" (Bodmer in: Myller, 1784, vor S. 1). Am Beginn steht die Geschichte Gahmurets, der zunächst Belacane, später Herzeloyde heiratet (Bücher I–II). Aus der ersten Ehe geht Feirefiz hervor, aus der zweiten Parzival. Im weiteren Verlauf des Romans wird die Handlung in mehrfachem Wechsel von zwei Helden getragen, zunächst von Parzival (Bücher III–VI), darauf von Gawan (Bücher VII–VIII), dann wieder von Parzival (Buch IX), danach erneut von Gawan (Bücher X–XIII) und schließlich bis zum Ende von Parzival (Bücher XIV–XVI). Die erzähltechnische Abgrenzung und handlungsmäßige Verflechtung läßt sich augenfällig an der Grenze der Bücher XIII/XIV demonstrieren. Buch XIII endet mit der Feststellung des Erzählers *an den rehten stam diz maere ist komn* (678,30: „Die Geschichte ist nun wieder auf dem richtigen Weg angekommen"). Das heißt, Gawan, der Handlungsträger der Bücher X–XIII, wird nun wieder durch Parzival abgelöst. Ohne das erzähltechnische Signal am Ende des XIII. Buches könnte man berechtigte Zweifel daran haben, ob tatsächlich Parzival durchgängig alleiniger Handlungsträger bis zum Schluß ist (vgl. den Vorschlag von Bumke, 2004, S. 194).

Der Aufbau von Wolframs Roman unterscheidet sich in mehreren Punkten von seiner Vorlage, die Fragment geblieben ist und bis zur Ankunft von Gauvains Boten am Artushof reicht (das entspricht etwa Pz. 644,16). Chrestiens ‚Perceval' enthält keine Geschichte des Vaters bzw. der Eltern. Der Roman setzt mit der Ritterbegegnung ein (das entspricht Pz. 120,11 ff.). Danach berichtet die Mutter Perceval lediglich, daß ihr Mann aus Kummer über den Tod von zwei älteren Brüdern Percevals gestorben sei. Wolframs Darstellung dagegen weist auffällige Parallelen zum ‚Bliocadran' auf (dazu Panzer, 1940, S. 52–56; Luttrell, 1998; Ausgabe Wolfgang, 1976). Die massierte Todesthematik (Bliocadrans elf Brüder sterben, zuletzt auch er selbst) könnte Wolfram angeregt haben, den Tod zum beherrschenden Thema der Eingangsbücher zu machen.

Der Pz.-Erzähler geht offenbar von der Erwartung seiner Hörer aus, daß die erste namentlich genannte Figur die Hauptperson des Romans sei. Um einer solchen Einschätzung vorzubeugen, weist er darauf hin, daß sein Protagonist am Beginn *maereshalp noch ungeborn* ist (4,24: „in der Geschichte noch gar nicht geboren"). Einen entsprechenden Hinweis gibt Chrestien im ‚Cligès' (1–17), der ebenfalls mit der Geschichte des Vaters beginnt.

Die Aufteilung in Perceval- bzw. Gauvain-Partien ist im französischen Roman vorgebildet, die Teile folgen dort aber so unverbunden aufeinander, daß sogar ihre Zusammengehörigkeit und damit die „Einheit des Gralromans" in Frage gestellt werden konnte (Döffinger-Lange, 1998, S. 12). Dagegen hat der Pz.-Erzähler die beiden Partien dadurch verflochten, daß er einerseits Parzival innerhalb der Gawan-Bücher im Hintergrund agieren und andererseits Gawan in den Parzival-Büchern (mit Ausnahme von Buch IX) auftreten läßt. Außerdem schaltet der Erzähler dem Beginn der Gawan-Handlung (Buch VII) einen begründenden Prolog vor: *Der nie gewarp nâch schanden,/ein wîl zuo sînen handen/ sol nu dise âventiure hân/ der werde erkande Gâwân./ diu prüevet mangen âne haz/ derneben oder für in baz/ dan des maeres hêrren Parzivâl* (338,1–7: „Der, dem nie Schändliches in den Sinn kam, der soll jetzt eine Zeitlang die Geschichte übernehmen, der edle und geachtete Gawan. Unvoreingenommen stellt die Geschichte nämlich viele auf die Probe, und zwar in gleicher Weise wie den eigentlichen Helden Parzival oder sogar noch mehr als ihn"). Das ist primär auf Gawan bezogen, kann aber auch so verstanden werden, daß es dem Erzähler generell um eine ausgewogene Figurendarstellung geht. Das Hauptargument dafür ist, daß die Konzentration des

Lichts auf einen Helden die anderen Akteure in den Schatten stelle und ihnen damit Unrecht tue: *swer sînen friunt alle mâl/mit worten an daz hoehste jagt,/der ist prîses anderhalp verzagt* (338,8–10: „Wer immer nur seinen Haupthelden in den höchsten Tönen preist, der hat für die anderen Figuren kein Lob mehr übrig"). Die fundamentalste Verflechtung wird, nachdem sie im IX. Buch (478,20) bedeutungsvoll ausgespart worden war, erst spät sichtbar: Orgeluse ist die Frau, in deren Dienst Anfortas seine Verwundung erlitten hat (616,11–26); man könnte sie daher als „Ur-Movens der gesamten Romanhandlung" bezeichnen (Emmerling, 2003, S. 325).

Wie die Parzival- und die Gawan-Partien miteinander verflochten sind, so ist auch der einleitende Gahmuret-Teil mit der Folgehandlung verbunden. Augenfälligstes Beispiel ist Feirefiz, dessen Geburt 57,15–28 berichtet wird und den dann Cundrie (317,4), Ekuba (328,29) und der Erzähler (519,3; 589,10) erwähnen, bevor er im XV. Buch selbst erscheint, gegen Parzival kämpft, mit diesem zur Gralburg reitet, die Gralträgerin Repanse de Schoye heiratet und mit ihr nach Indien zieht.

Verbindende Funktionen hat auch das Turnier von Kanvoleis im II. Buch, das zu der Ehe zwischen Herzeloyde und Gahmuret führt und die „Vätergeneration" zeigt (Brunner, 1983, S. 62). Es spielt zur Regierungszeit von Artus' Vater Utepandragun (65,30), also in vor-arturischer Zeit. Artus ist nicht anwesend, weil er auf der Suche nach seiner Mutter ist; *ein phaffe der wol zouber las* (66,4: „ein zauberkundiger Gelehrter") wird in rätselhafter Weise mit ihrem Verschwinden in Verbindung gebracht. Bei Utepandragun hält sich sein Schwiegersohn Lot von Norwegen und dessen kleiner Sohn Gawan auf, der brennend *gerne rîters tât* (66,21) vollbringen möchte, dafür aber noch zu schwach ist. Auch die Väter der Protagonisten anderer Romane nehmen an dem Turnier teil: Tristans Vater Riwalin (73,14) und Erecs Vater Lac (73,22). Genannt wird auch *der künec von Ascalûn* (67,13), dessen angebliche Tötung durch Gawan im VI. und VIII. Buch und zu Beginn des X. Buches eine Rolle spielt. Anwesend sind auch Brandelidelin (67,17) und Gurnemanz (68,22), die später als Schlichter bzw. Erzieher fungieren, schließlich Cidegast (67,15), dessen Tötung durch Gramoflanz ins Zentrum des Geschehens führt (Haug, 1990, S. 125) und von Wolfram „zum kausallogischen Ausgangspunkt seines Gesamtromans" gemacht worden ist (Emmerling, 2003, S. 154). Das Turnier von Kanvoleis ist ein Ereignis, an das sich die Artusritter noch lange genau erinnern (325,17–326,4).

Im IX. Buch erzählt Trevrizent seinem Neffen von einer Begegnung mit Gahmuret, die zeitlich gegen Ende des II. Buches anzusetzen ist.

Gahmuret habe ihn aufgrund seines Aussehens sofort als Herzeloydes Bruder erkannt (497,21–27) und ihm den Stein geschenkt, aus dem er sein Reliquienkästchen habe arbeiten lassen (498,7–12), das schon in der zweiten Jeschute-Szene eine Rolle gespielt hatte. Außerdem habe Gahmuret ihm Ither als Knappen überlassen.

Die programmatische Verflechtung von Gahmuret-, Parzival- und Gawan-Handlung soll offensichtlich einer isoliert-ausschnitthaften Betrachtung vorbeugen. Trotzdem wurde die Eingrenzung des Blicks auf die Parzival-Partien häufig praktiziert (zu Entsprechungen in der ‚Perceval'-Forschung vgl. Döffinger-Lange, 1998, S. 14). Diese Fokussierung wurde bisweilen damit gerechtfertigt, daß man die Gahmuret- und Gawan-Partien abwertete, wie übrigens auch Arbeiten zu Gahmuret zu einer Abwertung der Gawan-Abschnitte neigen (Richey, 1923, S. 61 f.; Cucuel, 1937, S. 97).

Um zwei Beispiele aus dem 19. Jh. anzuführen: Wilhelm Hertz moniert, für die „Vorgeschichte" seien „die mehr als 3300 Verse Wolframs […] entschieden zu viel". Man lese „sich müde, ehe der Held des Gedichtes geboren ist". Dagegen werde „die innere Wandlung Parzivals in der Darstellung auffallend vernachlässigt und dafür die Gawanepisode über Gebühr ausgesponnen" (Hertz, 1882, S. 29). Paul Piper glaubt in seiner Ausgabe, man könne „die Gawanabschnitte, ohne den Zusammenhang irgendwie zu schädigen, einfach weglassen, und dieses wird auch im folgenden Bande geschehen" (Piper, [1890], S. 121).

Vergleichbare Positionen finden sich aber durchaus noch in der Mitte des 20. Jh.s. So meinte Walter Johannes Schröder, die drei Teile des Romans seien „handlungsmäßig in sich geschlossen. Sie greifen zwar in bestimmter und bedeutsamer [!] Weise ineinander, können aber auch ohne Beachtung solcher Verflechtungen durchaus sinnvoll nebeneinander und unabhängig voneinander bestehen. Es ist keineswegs nötig, von Parzivals Herkunft zu wissen, um seinen Weg zum Gral zu verstehen. Auch die Gawanabenteuer könnten ohne Schaden für die Parzivalhandlung fehlen […]" (W. J. Schröder, 1953, S. 6).

Derartige Auslassungen sind sogar noch am Ende des 20. Jh.s in der Übersetzung von Dieter Kühn zu beobachten, der sich dafür auf die Urteile von Romanisten und Germanisten berufen zu können glaubt, die „im Tenor oft erstaunlich" übereinstimmten, daß nämlich die Gawan-Episoden „einen unverhältnismäßigen Umfang" einnähmen (Kühn, 1986, S. 232). Als Beleg zitiert er Gisela Zimmermann: „Fraglich bleibt, ob die Berufung auf dieses Kunstprinzip [der im Prolog von Buch VII begründeten eigenwertigen Behandlung von Nebenfiguren] ausreicht, die ungewöhnliche Quantität der Gawanpartien zu rechtfertigen" (Zimmermann, 1974, S. 24f.). Kühns eigene Reduktionsmaxime lautet: „keine Kürzungen in den Erzählabschnitten, in denen Parzival die Hauptfigur ist; einige Kürzungen in der Gahmuret-Vorgeschichte und in den Gawan-Episoden [...]" (Kühn, 1986, S. 232).

Die Selbstsicherheit, mit der sich die Interpreten, Herausgeber und Übersetzer ohne größere Skrupel über den Textbefund hinweggesetzt und ‚korrigierend' eingegriffen haben, ist erstaunlich. Vereinzelte Stimmen, die vom Umfang auf die Bedeutung der Gawan-Handlung schlossen (Keferstein, 1937, S. 259), verhallten ungehört. Erst als die Gawan-Partien ohnehin in den Fokus gerückt waren, erhielt die Quantität qualitative Bedeutung. So stellt Kurt Ruh im Hinblick auf Chrestien und Wolfram die rhetorische Frage: „Ist es beiden Erzählern wirklich zuzutrauen, annähernd die Hälfte ihres Werks, das höfisches Rittertum verdammen soll, eben diesem Thema, ins Heitere gewendet, zu widmen?" (Ruh, 1980, S. 89)

Die Fokussierung auf die Parzival-Bücher ist aber durchaus nachvollziehbar, denn Parzival wird mehrfach als der Hauptheld herausgestellt: Er ist es, *dem man dirre âventiure giht* (4,25), *dem diz maere wart erkorn* (112,12), er ist *diss maeres sachewalte* (112,17) und *dirre âventiur hêrre* (140,13); der Erzähler bezeichnet ihn als *des maeres hêrren* (338,7), als denjenigen, *des disiu maere sint* (455,22), und er konstatiert, als zum letzten Mal die Handlungsträgerschaft auf Parzival übergeht: *an den rehten stam diz maere ist komn* (678,30). Im Epilog kommt der Erzähler auf seinen angeblichen Gewährsmann Kyot zu sprechen, wobei auch hier Parzival im Mittelpunkt steht: *endehaft giht der Provenzâl,/ wie Herzeloyden kint den grâl/ erwarp, als im daz gordent was,/ dô in verworhte Anfortas* (827,5–8: „Bis zum Ende berichtet der Provenzale, wie Herzeloydes Sohn den Gral erlangte, wie es seiner Bestimmung entsprach, nachdem Anfortas ihn verwirkt hatte"). Wenige Verse später kehrt der Erzähler, der sich als *ich Wolfram von Eschenbach* (827,13) apostrophiert, seine eigene Rolle hervor, wieder mit eindeutigem Schwerpunkt: *sîniu kint, sîn hôch gesleht e/ hân ich iu benennet rehte,/ Parzivâls, den ich hân brâht/ dar sîn doch saelde het erdâht* (827, 15–18: „Seine Kinder und die Mitglieder seines erhabenen Geschlechts habe ich euch richtig mit Namen benannt, Parzivals nämlich, den ich an die Stelle geführt habe, die das Heil für ihn bestimmt hatte"). Am Beginn des Wh. schließlich rekurriert der Erzähler auf sein früheres Werk mit den Worten *swaz ich von Parzivâl gesprach* (4,20). Auch die Anteile der einzelnen Handlungsträger am Roman deuten auf Parzival als Protagonisten: Die Parzival-Handlung umfaßt 13 226 Verse (= 53,3 %), der Gawan-Teil 8130

Verse (= 32,8%) und die Gahmuret-Partie 3454 Verse (= 13,9%). Nimmt man die Gahmuret- und die Gawan-Bücher zusammen, so kommen diese aber auf immerhin 46,7%.

Gegenüber der Bevorzugung der Parzival- und der Vernachlässigung der Gahmuret- und Gawan-Partien ist nun bisweilen eine scheinbar gegenläufige Tendenz zu beobachten, die Gawan oder Feirefiz als *alter ego* Parzivals behandelt oder geradezu von der Identität der Figuren ausgeht. Georg Misch etwa bezeichnet „Gawan als das andere Ich des Helden" (Misch, 1927, S. 274). Walter Johannes Schröder interpretiert die Erinnerung Gawans an Parzivals Rat, im Kampf statt auf Gott lieber auf eine Frau zu vertrauen, und seine von Vergulaht übernommene Gralsuche sowie seine Beziehung zu Orgeluse so, daß Gawan „in allen drei Abenteuern auf Anweisung und an Stelle Parzivals" handele, und folgert: „Orgeluse liebt Parzival in Gawan. Es wird deutlich genug, daß Gawan und Parzival identisch sind; Gawan ist Parzival auf der Ebene realen Ritterlebens" (W. J. Schröder, 1953, S. 32). Peter Wapnewski spricht ebenfalls von der „Identität zwischen Parzival und Gawan" (Wapnewski, 1955, S. 125). Aus den Äußerungen von Gawan (689,25 ff.) und Feirefiz (752,7 ff.) nach ihren Kämpfen gegen Parzival schließt er: „Beide Kämpfe stritt Parzival mit sich selbst" (Wapnewski, 1955, S. 136). Zum Kampf Feirefiz-Parzival bemerkt er: „Der vor-trevrizentische Parzival steht im Kampf mit dem nach-trevrizentischen" (Wapnewski, 1955, S. 138).

Hier ist manches richtig, manches aber auch einseitig gesehen und verallgemeinernd überzogen. Parzival, Gawan und Feirefiz bleiben, wie der Fortgang der Handlung zeigt, eigenständige Figuren. Kurt Ruh hat die verschiedenen Facetten des Verhältnisses von Parzival und Gawan umsichtig differenziert und damit die Ansatzpunkte für die Aspekte Identität, Differenz und Parallelität benannt: „Vom Strukturschema [des Doppelwegs] her ist der Gawan-Zyklus stellvertretende Handlung [...], inhaltlich eine Ausfaltung der Gawan-Rolle, damit zugleich eine gegenbildliche Handlung zu derjenigen Parzivals, endlich ein auf Parallelität zu dieser ausgerichtetes Geschehen" (Ruh, 1980, S. 117). Karl Bertau urteilt: „Zwischen Gâwân und Parzivâl besteht nicht die Beziehung eines reinen Gegensatzes [...], sondern die Zweipoligkeit ist variabel zwischen Opposition und Identität, ohne sich je auf beide Extreme einzuschwören" (Bertau, 1973, Bd. 2, S. 982). Hier ließe sich auch, wenn man den Standpunkt des terrestrischen Beobachters mitdenkt, die Vorstellung einordnen, Parzival und Gawan kreisten „wie ein Doppelgestirn [...] umeinander" (Naumann, 1936, S. 69).

Auffällig ist, daß viele Arbeiten, die eine Komplementarität oder Identität zwischen Parzival und Gawan bzw. Feirefiz postulieren, Gawan bzw. Feirefiz kaum größere Aufmerksamkeit schenken als Untersuchungen, die sich von vornherein auf Parzival beschränken. Von daher ergibt sich der Verdacht, daß mit den Begriffen Komplementarität oder Identität die Lizenz in Anspruch genommen werden soll, sich nach einem kurzen salvierenden Seitenblick in gewohnter Manier weiterhin allein auf Parzival zu konzentrieren (ähnlich Bumke, 1970, S. 190).

2. Perspektiven

2.1 Perspektive I: Die Parzival-Handlung

Mit der einseitigen Perspektivierung auf Parzival wird dessen Lebensweg zum einzigen Inhalt des Romans, wobei die Interpretation schon im 19. Jh. entweder unter mehr weltlich-ethischen oder unter mehr geistlich-religiös-theologischen Aspekten erfolgte. Wenn Gustav Ehrismann zu Beginn des 20. Jh.s konstatiert, „die forschung der letzten jahre" neige „dazu, den weltlichen charakter von Wolframs Parzival mehr und mehr zu betonen und über den geistlichen gehalt hinaus in den vordergrund zu rücken" (Ehrismann, 1908, S. 405), dann hat dieses etwas pauschalierende Urteil vor allem Gotthold Bötticher Arbeit mit dem programmatischen Titel „Das Hohelied vom Rittertum" (1886) im Blick, gegen die sich Ehrismann mit der Forderung absetzt, daß „den theologischen fragen doch ein viel größerer raum gewährt werden" müsse. Seine eigene Mittelposition wird deutlich, wenn er einer anderen Untersuchung (Sattler, 1895) vorwirft, sie habe die theologischen Aspekte betont, „nicht aber die ritterlich-weltliche bedeutung in betracht gezogen" (Ehrismann, 1908, S. 405). Wolframs Position entspreche „nicht dem christentum der theologen, sie ist aber darum doch nicht unkirchlich". Sie sei „nur nicht theologisch-kirchlich, sondern laien-kirchlich" (Ehrismann, 1908, S. 455).

Benedikt Mockenhaupt sieht die weltliche und die religiöse Perspektive im Hinblick auf Passagen wie 501,17 f. und 827,19–24 als Einheit: „In der Parzivaldichtung soll als Sinn des menschlichen Lebens die Herstellung der Synthese von gottbezogener Frömmigkeit und weltoffener Diesseitsarbeit aufgezeigt werden" (Mockenhaupt, 1942, S. 32). Gawan spielt dabei eine merkwürdig geringe Rolle (Mockenhaupt, 1942, S. 112–122).

Wenn in der Folge das Pendel für einige Zeit wieder in Richtung einer dezidiert theologischen Deutung ausschlug, dann wohl deshalb, weil das Verhalten des Protagonisten im Text mit theologischen Begriffen belegt und in theologische Kontexte gestellt wird, die Sicherheit bei der Beurteilung der strittigen Schuldfrage versprachen. Das gilt nicht erst für Wolframs Roman, sondern bereits für Chrestiens ‚Percival‘. In beiden Romanen ist von *pechié* bzw. *sünde* die Rede. Die Theologie schien damit eine Art Archimedischen Punkt für die Interpretation bereitzustellen.

Trotz dieser Gemeinsamkeit unterscheiden sich Chrestien und Wolfram in der grundsätzlichen inhaltlichen Konzeption, was stets gesehen, und in der perspektivischen Erzähltechnik, was bisweilen ignoriert wurde.

Um mit den inhaltlichen Divergenzen zu beginnen: Bei Chrestien wendet sich Perceval beim Aufbruch von seiner Mutter noch einmal um und sieht, daß sie – einen Steinwurf von ihm entfernt – zusammengebrochen ist. Sie liegt ohnmächtig und wie tot da. Perceval kümmert sich jedoch nicht um sie, sondern treibt sein Pferd an und reitet davon. Diese Szene ist im französischen Roman der Dreh- und Angelpunkt. Sowohl Percevals Cousine als auch der Einsiedler erklären ihm später, daß er mit dem Tod der Mutter eine Sünde auf sich geladen habe und dies der Grund dafür sei, daß er auf der Gralburg die Fragen nicht gestellt habe bzw. nicht habe stellen können (3593 ff.; 6392 ff.).

Diese Verknüpfung der beiden Ereignisse fehlt bei Wolfram: Weder Sigune noch Trevrizent (oder Cundrie) stellen einen Kausalnexus zwischen dem Verlassen der Mutter (und ihrem dadurch ausgelösten Tod) und der Frageunterlassung her. Zudem hat Wolfram den entscheidenden Ansatzpunkt für Chrestiens suggestive Konstruktion, das lieblose Verhalten des Protagonisten, der sich nicht um die zusammengebrochene Mutter kümmert, nicht übernommen. Herzeloyde bricht erst in dem Augenblick zusammen, als Parzival außer Sichtweite ist, er die Mutter also nicht mehr sehen kann (128,18 ff.).

Wolframs zweite wichtige Veränderung betrifft die Ither-Szene. Bei Chrestien hat die Besiegung des Roten Ritters durch Perceval die Funktion, die Verbindung des Protagonisten zum Artushof herzustellen (Kellermann, 1936, S. 23). Der Rote Ritter ist der Feind des Königs Artus und erhebt offenkundig unberechtigte Ansprüche auf dessen Land. Seine Tötung ist als moralisch unanstößig dargestellt. Bei Wolfram erhält die Tötung des Roten Ritters dagegen einen ganz anderen Stellenwert. Ither wird gleich zu Beginn noch vor der Namensnennung als *Artûses basen sun* (145,11: „Sohn der Schwester von Artus' Vater") eingeführt; er ist von Artus' Vater Utepandragun erzogen worden (145,12), und er erhebt Erbansprüche gegen Artus (145,13f.), was später von Ginover wiederholt wird (160,9). Ob sie berechtigt sind oder nicht, bleibt im Dunkeln. Von Trevrizent erfährt Parzival, daß der Rote Ritter mit ihm verwandt ist (475,21 ff.). In der Ither-Szene des III. Buches wird Parzival freilich deutlich entlastet. Keie und Artus tragen Mitverantwortung. Die Tötung Ithers wird bei Wolfram zudem als unglücklicher Zufall dargestellt, während bei Chrestien Perceval bewußt auf das Auge des Roten Ritters zielt (1112f.).

Bei Chrestien wird Percevals Schweigen auf der Gralburg dreimal damit begründet, daß er sich an die Worte des Gornemanz erinnert (3202ff.; 3243ff.; 3290ff.). Auch bei Wolfram, der die drei Szenen in eine zusammenzieht, ist es der Gedanke an die Lehre des Gurnemanz, der Parzival schweigend verharren läßt (239,8ff.). Im VI. Buch begründet Parzival sein Schweigen erneut mit dem Rat des Gurnemanz (330,1 ff.). Außerdem gibt es starke Indizien dafür, daß die Gralgemeinschaft aus Furcht vor drohenden Sanktionen ihr Leid vor Parzival zu verheimlichen sucht, der dadurch an der Wahrnehmung dessen gehindert wird, auf das er reagieren soll (Schirok, 2005).

Bei der Beurteilung der Frageunterlassung kann man aus Chrestiens Rückbindung des Geschehens an den Tod der Mutter schließen, daß ihm die Qualifizierung des Vorgangs als Sünde des Protagonisten im theologischen Sinne, wenn man die Ereignisse auf der Gralburg für sich betrachtet, offenbar nicht recht eingeleuchtet hat. Er greift deshalb auf Augustins theologisches Modell zurück (Maurer, 1951, S. 85–97; Wapnewski, 1955, S. 85–114), nach dem ein *malum* (hier: die weiteren Leiden des Gralkönigs) nicht unbedingt direkt auf eine Sünde (hier: Percevals Frageunterlassung) zurückgehen muß, sondern als indirekter Grund eine frühere Sünde (hier: Percevals Rolle beim Tod der Mutter) fungieren kann, die nun ein weiteres *malum* hervorruft, das keine Sünde (*peccatum*), sondern eine Strafe für die frühere Sünde (*poena peccati*) darstellt.

Chrestien hat damit ein Problem gelöst und sich zwei andere eingehandelt. Zum einen stellt sich die Frage, ob der Wunsch der Mutter, Perceval bei sich zu behalten, überhaupt gerechtfertigt war und damit zu respektieren gewesen wäre (Köhler, 1970, S. 189f.). Zum anderen würde die Anrechenbarkeit des Todes der Mutter als Sünde voraussetzen, daß Perceval wußte, daß sein Abschied ihren Tod bedeutet und daß er diesen Tod gewollt bzw. zumindest billigend in Kauf genommen hat.

Gegenüber Chrestiens Konstruktion mit ihrer theologischen Fundierung hat Wolfram den Kausalnexus aufgegeben und den Ansatzpunkt der Argumentation getilgt. Damit ist der Kernbereich des Romans völlig neu konstituiert. Die drei Verantwortlichkeiten sind entkoppelt, sollen also offenbar jeweils für sich bewertet werden.

Auch die Verwundung des Königs hat bei Wolfram einen anderen Hintergrund als bei Chrestien. Im französischen Roman ist er in einer Schlacht verletzt worden (3509–3515), während bei Wolfram die Verstümmelung eine Strafe Gottes wegen der Übertretung der Gralgesetze darstellt.

Neben diesen inhaltlichen Veränderungen, die Wolfram gegenüber Chrestien vornimmt, spielen darstellerische und erzähltechnische Veränderungen eine mindestens ebenso große Rolle. Wolfram arbeitet nämlich anders als seine Vorlage mit unterschiedlichen Perspektiven. Bei Chrestien stimmen die Cousine und der Einsiedler in ihrer Beurteilung der Vorgänge überein. Da sie nur je einen Auftritt haben, relativieren oder korrigieren sie ihre Position auch nicht an späterer Stelle. Auch von der Seite des Erzählers erfolgt keine abweichende Stellungnahme. Die Handlungsdarstellung widerspricht der Figurensichtweise nicht, sondern bestätigt sie eher. Damit gibt es bei Chrestien keine divergierenden Perspektiven. Das ist bei Wolfram anders. Indem der Erzähler die drei Ereignisse in einer bestimmten Weise darstellt und aus unterschiedlichen Perspektiven beleuchtet und selbst kommentiert, zeigt er, daß es verschiedene Möglichkeiten der Beurteilung gibt.

Aufschlußreich sind besonders die Kommentare des Erzählers. Nach dem Tod Herzeloydes appelliert er: *doch solten nu getriwiu wîp/heiles wünschen disem knabn,/der sich hie von ir hât erhabn* (129,2–4: „Doch sollten mitfühlende Frauen diesem Jungen nun Glück und Segen wünschen, der hier von Herzeloyde aufgebrochen ist"). Nach der Ithertötung bringt er exkulpierend Parzivals *tumpheit* ins Spiel (161,5 ff.). Nach dem Verlassen der Gralburg bezeichnet er den Protagonisten als *der valscheite widersaz* (249,1: „das Gegenteil von Falschheit"), und nach der Verwünschung durch Sigune bemerkt er: *Daz er vrâgens was sô laz,/do'r bî dem trûregen wirte saz,/daz rou dô groezlîche/den helt ellens rîche* (256,1–4: „Daß er nicht fragte, als er bei dem traurigen Burgherrn saß, das bereute der tapfere Held zutiefst"). Wenn Cundrie ihn verflucht und ihm *valsch* vorwirft (316,18 f.), dann opponiert der Erzähler direkt (319,8). Wenn er Parzival dann *scham* zuspricht und hinzufügt: *scham gît prîs ze lône/und ist doch der sêle krône* (319,6–10: „Wer sich schämt, wird mit Ruhm belohnt, und außerdem ist es die Krone für die Seele"), dann werden damit einerseits die Ausführungen zur *scham* im Prolog (3,5 f.) wiederaufgenommen und andererseits Feststellungen präludiert, die später im Epilog erscheinen

(827,19–24). Parzivals Aufbruch zur Gralsuche begleitet der Erzähler mit der Bemerkung: *er was ouch ganerbe dar* (333,30: „er gehörte zum Kreis der Gralerben").

Es ist Sache der Hörer/Leser, die Handlungsdarstellung, die divergierenden Figurenperspektiven und die wertenden Kommentare des Erzählers zu registrieren, zu verstehen und ihren Stellenwert gegeneinander abzuwägen.

Da es bei Chrestien nur eine einheitliche Perspektive gibt, bei Wolfram dagegen mehrere konkurrierende Perspektiven, lassen sich Schlußfolgerungen, die für den monoperspektivischen ‚Perceval' durchaus beweiskräftig sind, nicht auf den polyperspektivischen Pz. übertragen. Tut man es trotzdem, so stellen sich notwendig Fehlschlüsse ein. Dabei ist es wohl kein Zufall, daß mit Wilhelm Kellermann ein Romanist derartige Übertragungen vornimmt und im Hinblick auf das Geschehen auf der Gralburg die Frage stellt: „Wie kämen [...] Sigûne und Cundrîe dazu, gegen Parzival den Vorwurf der Falschheit zu erheben (255,14–16; 314,28–315,6), wenn der Held nicht mit einer primären Schuld belastet wäre? Nein, Parzival hat durch die Unterlassung der Frage wirklich eine Schuld auf sich geladen, die er später als solche zu büßen hat." Auch in der „Trevrizentszene [...] wird eindeutig von Sünde, Verfehlung und Schuld gesprochen" (Kellermann, 1936, S. 105 f.). Diese Sicht findet sich aber in gleicher Weise bei Germanisten und Theologen. So konstatiert Benedikt Mockenhaupt, daß „die Schuld Parzivals [...] einhellig und von allen in einem schweren Verstoß gegen die *triuwe* erblickt [...] wird (Sigune 255,15f; Cundrie 316,2; Trevrizent 488,28)" (Mockenhaupt, 1942, S. 70). Im Roman sei „Parzivals Schuld stets festgehalten, so nach Cundrie besonders von Sigune und Trevrizent, jedoch die Personen, die mit dem Schicksalsweg Parzivals nicht enger verflochten werden, schließen sich in keiner Weise diesem Urteil an, sondern im Gegenteil bewahren sie dem Helden unverminderte Wertschätzung und Hochachtung: Artus, Eckuba, Cunneware, die ganze Hofgesellschaft (geradezu grotesk [!] die Verse 325,30ff), und allen voran geht der Dichter selbst mit den unzweideutigen Worten: *den rehten valsch het er vermiten* [...] (319,8)" (Mockenhaupt, 1942, S. 73 f.). Ähnlich stellt Julius Schwietering fest, „die versäumte Mitleidfrage" erfahre „durch die Sigune- und Cundrieszenen an betonter Stelle der Darstellung eine so unzweidutig harte Beurteilung, daß gar kein Zweifel bestehen kann, wie diese Verletzung der religiös-ethischen Grundtugend der *triuwe* [...] als schwerste Schuld angesehen werden muß" (Schwietering, 1944, S. 58). Auch Peter Wapnewski greift auf die Figurenperspektive zurück: Trevrizent verkündige

499,20 „seinem Neffen unmißverständlich: *du treist zwuo grôze sünde!* Das meint den Tod der Mutter, die Tötung Ithers. Und davon läßt sich kein Jota rauben" (Wapnewski, 1955, S. 77). Ebenso beruft sich Franz Rolf Schröder (1959) auf Sigunes und Cundries Verurteilungen im V. und VI. Buch (F. R. Schröder, 1959, S. 342f.).

Dagegen hat Friedrich Maurer das Problem der Figurenperspektiven früh und klar erkannt. Er wirft Schwietering daher vor, bei seinem Vorwurf der *untriuwe* gegenüber Parzival „dem Urteil der Sigune und Cundriens" zu folgen. „Denn sie werfen in der Tat Parzival Mangel an *triuwe*, Versagen der *triuwe* vor. Aber ist es wirklich die tiefste Meinung des Dichters, was Sigune und Cundrie [...] über Parzivals scheinbare *untriuwe* oder sein Wankendwerden in der *triuwe* äußern? Nur das Gesamt des Gedichts, speziell auch die eigenen, zahlreichen Stellungnahmen des Dichters" – wir würden heute vom Erzähler sprechen – „sagen etwas über diese letzte Meinung aus. Cundriens Vorwürfe können nicht entscheidend sein, wenn der Dichter zugleich in aller Form feststellt, daß sein Held die *triuwe* bewahrt hat, daß er aus bester Gesinnung gehandelt hat und noch handelt" (Maurer, 1951, S. 127). Diese Feststellung hindert Maurer allerdings nicht daran, später die Trevrizent-Perspektive als gültig anzusehen (Maurer, 1951, S. 135–140). Hier zeitigt ganz offenbar die positive Zeichnung des Einsiedlers ihre suggestive Wirkung, die Sympathie erweckt und trotz des (freilich späten) Widerrufs Kompetenz ausstrahlt.

1970 und 1971 erscheinen dann noch zwei Arbeiten, die aus theologischer Sicht eine Bilanz zu ziehen versuchen. G. Richard Dimler macht sich von der Figurenperspektive Trevrizents frei und geht von der Darstellung aus. Eine wirkliche Schuld werde nur durch den willentlichen und wissentlichen Verstoß gegen Gottes Gebot begründet. Das aber sei einzig und allein bei der Dienstaufkündigung Parzivals gegenüber Gott der Fall. Für Trevrizents gegenteiliges Urteil hat Dimler zwei mögliche Erklärungen. Entweder: „He is simply not on sound theological grounds if he believes Parzival to be guilty subjectively." Oder: „[...] Trevrizent is seeking a *metanoia*, a change of heart, from Parzival; he is not giving lessons in moral theology" (Dimler, 1970, S. 131).

Das Problem freilich, das sich dabei stellt, ohne daß es thematisiert würde, besteht darin, daß Cundrie Parzival für eine Sünde verflucht, die ihm gerade nicht als wissentliche und willentliche Sünde anzurechnen ist, und daß er aufgrund dessen Gott (genauer dem Gott, den ihm Cundrie vor Augen gestellt hatte) den Dienst aufkündigt und ihm mit Feindschaft begegnet. Wenn man in der Frageversäumnis keine Schuld sieht, liegt es nahe, für Parzivals Reaktion Verständnis aufzubringen: „Somit ist Parzivals trauernde Empörung subjektiv durchaus berechtigt" (Wapnewski, 1955, S. 97; von ganz anderen Voraussetzungen Weber, 1948, S. 48–51).

Wenn Dimler Trevrizents theologische Kompetenz anzweifelt (bzw. annimmt, daß der Einsiedler sie pastoralen Zielen unterordnet), dann steht er damit lediglich in der Direktheit seines Verdikts alleine. Denn auch Joachim Bumke stellt fest: „Parzivals ‚große Sünden' [das ist Trevrizent-Zitat 499,20] sind ungewollt und unwissentlich begangen worden" (Bumke, 1990, S. 168). Den Schluß, den Dimler ausspricht, überläßt Bumke dem Leser. Sachlich besteht kein Unterschied.

Walter Blank wirft einerseits Wapnewski mit Recht vor, Parzival hinsichtlich des Todes der Mutter aus der Perspektive Trevrizents zu messen, wenn er ihm „eine Mißachtung des vierten Gebots vorwirft" (Blank, 1971, S. 138). Andererseits aber beruft er sich selbst auf Trevrizent, wenn er zustimmend feststellt, dieser ordne „Parzivals *tumpheit* offenbar als *ignorantia vincibilis* und damit als schuldhaft ein" (Blank, 1971, S. 142).

Joachim Bumke fragt in seinem Forschungsbericht von 1970, warum „die Diskussion über die religiösen Probleme mit abrupter Plötzlichkeit" aufhörte; es sei „bis heute nicht recht klar, ob aus Überdruß an der ganzen Fragestellung oder weil man die strittigen Punkte für geklärt hielt" (Bumke, 1970, S. 11). Überdruß spielte sicher eine Rolle, von Klärung freilich konnte keine Rede sein. Aber die Möglichkeiten waren erschöpfend durchgespielt. Das Verlassen der Mutter und die Ithertötung (Wapnewski), die Ithertötung allein (Mohr, 1951/52), die Frageunterlassung (Schwietering), die Feindschaft gegen Gott (Mockenhaupt, Maurer, Dimler) wurden als entscheidende(s) Vergehen benannt. Andere Positionen sehen diese Taten oder Unterlassungen als Folgen der *tumpheit*, die als *ignorantia* auf die Erbsünde zurückzuführen sei (Maurer, Blank). Während Maurer dazu neigt, hierin kein persönliches Verschulden Parzivals zu sehen, spricht Blank von einer „schuldhaften Unwissenheit" (Blank, 1971, S. 143). Nach Maurer scheint also eine *ignorantia invincibilis* vorzuliegen, während Blank eine *ignorantia vincibilis* diagnostiziert.

Wenn keine der vorgeschlagenen Lösungen allgemein überzeugen konnte, dann lag das vor allem daran, daß sich die meisten Arbeiten auf die Aussagen einzelner Figuren (Sigune, Cundrie, Trevrizent) stützen, wobei sie diesen punktuellen Ansatz z. T. verbal nicht sonderlich deutlich werden lassen, indem sie statt von Sigune oder Cundrie von den „Sigune- und Cundrieszenen" oder statt von Trevrizent von dem „Text" oder der „Dichtung" sprechen. Dabei berücksichtigen sie auch nicht, daß die Perspektiven der Figuren nicht gleichbleibend sind, sondern daß sie im späteren Verlauf ihre Positionen abschwächen (Sigune) bzw. zurücknehmen (Cundrie) oder das Figurenurteil rollenbedingt ist (Trevrizent als Theologe, wenn auch als Laientheologe, freilich mit einem ganz und gar untheologischen Vorwurf gegen die *werlt* [475,13]), daß zusätzlich die Argumentation bestimmte Absichten verfolgt, nämlich Parzival zur Umkehr zu bewegen (Dimler, 1970, S. 131) und aus der Fixierung auf den Gral zu lösen, und daß außerdem die Handlungsdarstellung die Figurenurteile nicht stützt und die Erzählerkommentare ihnen sogar dezidiert widersprechen.

Christa Ortmann hat es mit Recht als die „Gefahr einer an geistlichen oder weltanschaulichen Inhalten interessierten Interpretation" bezeichnet, „daß sie die Geschichte künstlich an einer Stelle stagnieren läßt". Man hält quasi den Film an und beurteilt ihn aufgrund dieses Standbildes. „Von diesem Deutungsschicksal ist das IX. Buch am meisten betroffen worden" (Ortmann, 1973, S. 702). Der Pz.-Erzähler hatte im Prolog ganz in diesem Sinne vor vorschnellen Urteilen und vor Ungeduld gewarnt und in anspruchsvoller Komprimierung das abschreckende Beispiel der schwanzlos gewordenen Kuh angeführt (2,5–22; Schirok, 2003, S. CVII).

Offensichtlich mußte die Diskussion erst in ein gewisses Ermüdungsstadium gelangen, um sich neu ausrichten zu können. Dabei sind zwei unterschiedliche Positionen zu beobachten. Die erste behielt die Perspektive auf die Parzival-Handlung bei, gab jedoch die dezidiert theologische Sichtweise auf. Hugo Kuhn stellt fest: „Hinter der Suche nach direkten Sünden, nach einer kasuistischen Schuld in diesen großen Werken des Mittelalters steckt eine merkwürdig kleinliche, allzu ängstlich konkrete und historische Auffassung von der großen Dichtung, auch im Mittelalter. In den hohen Artusepen geht es ausdrücklich nicht um eine kasuistische, ritterethische oder moraltheologische Schuld – sondern um die Schuldzurechnung gerade für unzurechenbare Geschicke. Es geht, heißt das, um die Entdeckung des Gewissens, der Verantwortlichkeit und Verantwortungsübernahme überhaupt [...]. Nicht Bibel, Augustin, Thomas ‚lehren' diese Gedichte [...], sondern ein allerdings erstaunliches, in der mittelalterlichen Theologie ganz übersehenes Laiendenken, eine Laientheologie des Menschen in der irdischen Welt, von der uns fast nur die volkssprachliche Dichtung Zeugnis gibt" (Kuhn, 1956, S. 172 f.). Mit der Betonung der Laienfrömmigkeit wird ein früh geäußerter Gedanke wiederaufgenommen, der bis in die Gegenwart gültig ist (Ehrismann, 1908, S. 455; Bumke, 2004, S. 131).

Hugo Kuhn faßt dann das Verhältnis der Literatur zur Theologie in ein Bild, das wohl auch auf andere Bereiche übertragbar ist: „Theologische Einflüsse muß man sich mehr in der Form von Induktionsströmen vorstellen, als Anregung eines getrennten Stromkreises, nicht so sehr als direkte Leitung" (Kuhn, 1956, S. 173). Ähnlich wendet sich P. B. Wessels gegen den Eindruck, den man aus der vorangegangenen Diskussion durchaus gewinnen konnte: „Eine Dichtung ist nun einmal keine poetisierte theologische Abhandlung, auch nicht im Mittelalter" (Wessels, 1955, S. 236).

Die andere Position richtete überfällig den Blick auf die Gawan- und die Gahmuret-Partien. Dabei ist es nicht so, daß diese Handlungsteile in früheren Arbeiten überhaupt keine Rolle gespielt hätten, neu ist nur die Entschiedenheit, mit der man sich nun diesen Handlungsabschnitten zuwandte. Was man lange Zeit als einziges Thema des Romans wahrgenommen hatte, erwies sich nun als partiell. „Parzival ist der von Gott Erwählte, zum Gralskönig Prädestinierte. Sein Weg zum Gral, zu Gott, führt wohl durch die Welt ‚rehte enmitten durch', aber dieser Weg ist eine ‚Einbahnstraße'. Die Welt selbst in ihrer Buntheit, in ihrer Mischung von ‚ere', ‚triuwe', ‚minne', ‚schande', ‚schulde' und ‚haz', sie ist in den Gawanbüchern dargestellt" (Rupp, 1983, S. 17). Knapp 100 Jahre vorher hatte es schon einmal geheißen: „Nur durch Gawans Einführung und breite Behandlung wird der ‚Parzival' ein Totalgemälde ritterlichen Lebens" (Scherer, 1891, S. 179). Was damals überhört wurde, fand nun Beachtung.

2.2 Perspektive II: Die Gawan-Handlung

Die erste selbständige Arbeit zu den Gawan-Partien im Pz. stammt bereits aus dem Jahre 1853 (vgl. auch den Forschungsbericht von Kratz, 1973, S. 556–569). F. W. Rührmunds Aufsatz trägt den apologetischen Titel „Inwiefern ist die Episode von Gawan in Wolfram's von Eschenbach Parzival gerechtfertigt" (ohne Fragezeichen). Rührmund konstatiert, „die große und mannigfaltige Episode von Gawan" sei „streng genommen keine Episode, sondern ein durchaus nothwendiger Theil des Gedichtes". Parzival und Gawan seien „Gegensätze", worin „der Letztere im Allgemeinen die weltliche, der Erstere die geistliche Richtung des menschlichen Herzens, insbesondere aber des Ritterthums" repräsentiere. Gawan sei aber auch Ergänzung, die „deswegen nöthig" sei, „um an ihm diejenigen Züge im Ideal eines Ritters zu zeichnen, zu denen sich Parzival's Natur nicht eignete" (Rührmund, 1853, S. 19); beide seien „bei aller Verschiedenheit des Charakters und der Neigungen" durch Freundschaft verbunden (Rührmund, 1853, S. 23); daß der „Abschnitt von Gawan ein nothwendig integrirender Theil des Wolfram'schen Epos sei", ergebe sich schließlich daraus, daß Parzivals Überlegenheit im Kampf gegen Gawan seine wiedererlangte Artuswürdigkeit indiziere (Rührmund, 1853, S. 24).

Die Vorstellung, Parzival sei geistlich, Gawan dagegen weltlich ausgerichtet, erwies sich als langlebig, wenngleich es auch immer wieder zu einer Annäherung der beiden Figuren kam, indem Parzival nicht rein geistlich und Gawan nicht rein weltlich gesehen wurde. San-Marte konstatiert z. B., daß „auch die Abentheuer Gawans [...] ihre theologische Seite" haben, und führt dazu an, daß der Hinweis auf Schastel marveile im VI. Buch von Cundrie kommt. In gleiche Richtung deute Gawans „gewiß aufrichtig gemeintes Gebet auf dem Zauberbette" (San-Marte, 1862, S. 18).

Wesentlich negativer sieht Karl Lachmann Gawan. In einem Vortrag aus dem Jahre 1819, der erst 1879 veröffentlicht wurde, formuliert er, es solle „dem tiefen, auf das erhabenste gerichteten Parcival [...] der weltliche ritterliche üppige, ja unkeusche Gawan entgegengesetzt werden" (Lachmann, 1879, S. 302). Sehr wahrscheinlich hat sich Gawan durch die Szene mit Antikonie (406,28–407,9) Lachmanns Gunst verscherzt.

Im allgemeinen aber bemühen sich die Autoren des 19. Jh.s zum größten Teil um ein ausgewogenes Urteil, das einen Gegensatz konstatiert, ohne ihn provokativ zu betonen, und das eine Abwertung Gawans zu vermeiden sucht, ohne daß dies immer gelänge. Je knapper die Aussagen sind, desto weniger verwickeln sie sich in Widersprüche – und umgekehrt: „Der Gegensatz zwischen Kindern Gottes und Kindern der Welt lebt in Parzival und Gawan fort. Parzival ist tief, Gawan oberflächlich. Parzival ist seiner Gattin treu, Gawan eilt von einer Liebschaft zur anderen. Parzival wird des Grales gewürdigt, Gawan sucht ihn vergeblich. [...] Aber Parzival und Gawan sind Freunde, und wenn der Dichter jenem den Preis ertheilt, so fällt es ihm doch nicht ein, diesen zu verdammen" (Scherer, 1891, S. 179 f.).

Gustav Ehrismann konstatiert 1908 im Anschluß an Arbeiten des 19. Jh.s, „gegenüber Parzival als vertreter des höheren rittertums" stehe „Gawan als vertreter des niederen". Sie stellten jedoch „nicht gegensätze dar, sondern zwei stufen ein und derselben idee". Man müsse „sich hüten, Gawan als minderwertig anzusehen. er ist eine edle natur mit denselben guten veranlagungen wie Parzival, nur hat er sie nicht zu demselben sittlichen aufschwung gebracht wie dieser, denn er war nicht unter den berufenen. fast alle seine tugenden sind um einen grad geringer als die Parzivals [...]" (Ehrismann, 1908, S. 457). Ähnlich urteilt Ehrismann in seiner Literaturgeschichte, wobei er in Gawan und Parzival die „Antithese zweier Lebensformen" verwirklicht sieht und den Artushof mit dem Weltstaat und die Gralburg mit dem Gottesstaat gleichsetzt. Gawan sei „nicht sittlich minderwertiger als Parzival, sondern nur a n d e r s zu werten" (Ehrismann, 1927, S. 256, 261).

Dagegen hatte Gottfried Weber 1948 einen schroffen Gegensatz zwischen der höfisch-ritterlichen Artuswelt und der Gralwelt sehen wollen. Parzivals „Kampf mit Gawan soll nach des Dichters tatsächlichem Willen [...] dartun: die Ueberlegenheit Parzivals über den erlauchtesten Ritter des Artuskreises, den besten, den es bisher jemals gab, – soll erweisen, daß es jetzt ein Rittertum gibt, das wesenhaft höher steht als alles bisherige, vor dem jenes relativ höchste verblassen muß, wie in Nichts zergeht" (Weber, 1948, S. 134).

Joachim Bumke bemerkt zu Weber – und dies gilt auch für andere Beiträge –, es stimme im Hinblick auf die marginale Berücksichtigung der Gahmuret- und Gawan-Partien „bedenklich, daß eine Gesamtinterpretation der Dichtung die Hälfte des Textes außer acht lassen kann" (Bumke, 1970, S. 155).

Friedrich Maurer konstatiert 1951 immerhin: „Es wäre sehr aufschlußreich, dem Schicksal Gawans im einzelnen nachzugehen; denn [...] die Parallelen zur Parzivalhandlung gehen sehr weit [...]." Allerdings sei deutlich, daß Gawan „von Natur anders angelegt ist als Parzival, und daß vor allem seine Gedanken nicht so weit gehen, seine Ziele nicht so hochgesteckt sind" (Maurer, 1951, S. 121). Damit mußte freilich die ins Auge gefaßte genauere Analyse, da ihr Ergebnis bereits feststand, von vornherein als überflüssig erscheinen.

Für Helmut de Boor (1953) ist „Gawan [...] der ideale Vertreter der Artuswelt und bewährt sich in artushafter Aventiure. Parzival ist auch Artusritter und mußte es erst einmal werden. Aber er ist oder wird mehr als das; er durchbricht den Artuskreis in die höhere Region des Grals. [...] Denn dieser Artuswelt fehlt das Höchste: die Gottbezogenheit" (de Boor, 1953, S. 96, 109). Höchst aufschlußreich ist dabei, daß de Boor versucht, das offenbar als entscheidend empfundene Defizit der Gralgesellschaft wegzudiskutieren: „In diese gottbezogene Ritterschaft ist die große weltliche Daseinsmacht, die Minne, eingeordnet." Daß der Gral auch Mädchen zu seinem Dienst berufe, die Gralprozession von Frauen gebildet werde und der Gral sich nur von einer Jungfrau tragen lasse, führt ihn zu dem Schluß: „Durch die Aufnahme der Frau wird diese religiös erhöhte Ritterschaft zur höfischen Gesellschaft geformt" (de Boor, 1953, S. 111 f.).

Obwohl sich Ludwig Wolffs Beitrag von 1955 nicht zentral mit Gawan befaßt (vgl. aber Wolff, 1955, S. 269 f., S. 276), ist sein Aufsatz insofern von Bedeutung, als er einerseits eine dezidierte Gegenposition zu Gottfried Weber einnimmt („Eine Abwendung von den höfischen Werten will er [Wolfram] nicht" [Wolff, 1955, S. 277]) und andererseits sofort entschiedenen Widerspruch durch Herbert Kolb erhält: „Die größte Gefährdung, der sich der ritterliche Mann, selbst der zum Gral bestimmte, ausgesetzt sieht, ist das Streben nach Artusritterschaft und nach höfischer Minne, sind *âventiure*-Lust und Minnedienst in den Formen der weltlich-höfischen Gesellschaft" (Kolb, 1956, S. 73 f.).

Die Diskussion war also zwischen den Extremen in vollem Gange, als 1958 Wolfgang Mohrs entscheidender Aufsatz „Parzival und Gawan" erschien. Mohr versucht die Parallelen und Divergenzen terminologisch zu fassen, indem er Gawan und Parzival gleichen „Menschen*wert*" und „verschiedenes Menschen*tum*" zuspricht (Mohr, 1958, S. 288). Er betont die Parallelen, besonders die der beiden Erlösungsaufgaben Munsalvaesche und Schastel marveile. Unterschiedlich sei das Verhältnis beider zur Welt. „Gawan kennzeichnet, im Gegensatz zu Parzival, seine wache Weltbeherrschung" (Mohr, 1958, S. 305). Parzival dagegen habe Probleme, sich in der Welt zurechtzufinden. „Das Bild der einen Hauptgestalt relativiert sich, wenn man sie von der andern her betrachtet. Gawan, von der Parzival-Welt her gesehen, schwimmt heiter an der Oberfläche; er ist belustigend unkompliziert, wie er durch seine Welt der überraschenden Zufälle abenteuert. Umgekehrt: An Gawans Lebenssicherheit gemessen, wirkt Parzival rührend torenhaft und unbeholfen. Man kann fast darüber lächeln, wie er es mit sich selbst, mit seinen Mitmenschen und mit Gott so schwer hat, und wie er es Gott so schwer macht, ihm zu helfen. [...] Ich bringe es nicht fertig, Parzival und Gawan auf verschiedene sittliche oder religiöse Prinzipien zu reduzieren und dann gar zu folgern: Durch Parzivals innigere *triuwe* und tieferes Gottverhältnis werde die ritterliche Gesellschaft um Artus und Gawan in ihrer Gebrechlichkeit und Hohlheit bloßgestellt" (Mohr, 1958, S. 306 f.). Entscheidend ist, daß Mohr, indem er die Gawan-Handlung ernst nimmt, deren Thema nachvollzieht. Gawan stellt nicht erst durch die Erlösung von Schastel marveile „die Humanität in der höfischen Welt wieder her an der Stelle, wo sie gestört war" (Mohr, 1958, S. 297), sondern das gilt auch schon für Bearosche und für Schanpfanzun. Er bringt – selbst mehr oder weniger aktiv – gesellschaftliche Zustände, die in Unordnung geraten waren, wieder in Ordnung. Er wirkt „überall, wo er hinkommt, gleichsam als Katalysator der Menschlichkeit" (Mohr, 1958, S. 305).

Mohrs Beitrag bewirkte, daß in der Folge eine Vielzahl von Aufsätzen einzelne Figuren oder spezielle Probleme der Gawan-Bücher behandelte (um nur die zeitnahen zu nennen: Mohr, 1957; von Ertzdorff, 1962; Mohr, 1965 [a]; Mohr, 1965 [b]; Maurer, 1968; Zimmermann, 1972).
Einige Arbeiten versuchten jedoch, die alte Priorität Parzivals gegenüber Gawan zu halten, indem sie die Unterschiede zwischen beiden in den Vordergrund stellten. So besteht für Marianne Wynn zwischen Parzival und Gawan zwar eine „close connection"; abgesehen davon seien die beiden jedoch „separated by a fundamental disparity of destiny and personality". „Gâwân's sphere is subordinate to that of Parzival [...]" (Wynn, 1962, S. 163, 177, 193). Sydney M. Johnson resümiert: „Our results [...] would appear to contribute little to the idea of parallelism between Parzival and Gawan, since they tend to emphasize the differences between the two heroes" (Johnson, 1970, S. 115).
Demgegenüber hat Heinz Rupp 1983 noch einmal die 25 Jahre vorher geäußerten Grundgedanken Mohrs aufgegriffen und modifizierend vertieft. Er wendet sich vor allem dagegen, daß trotz Mohr immer noch die „Liebesabenteuer Gawans" als das Hauptthema dieser Partie angesehen werden. Es gehe vielmehr „um Störungen der ritterlichen Weltordnung, die durch [...] Gawan mit Hilfe von Frauen wieder entstört wird". Verursacht seien diese Störungen „durch menschliches Versagen" (Rupp, 1983, S. 6). Stärker als bei Mohr sind hier die Ursachen, die aktive Rolle Gawans und die Hilfe der Frauen akzentuiert. Rupp unterscheidet drei verschiedene „Spielräume [...]: 1. einen ritterlich-höfischen Spielraum; 2. einen stark religiös bestimmten, ritterlichen Spielraum; und 3. einen Raum, der meist vergessen oder übersehen wird, den Spielraum Gottes." – „Diese Räume stehen [...] nicht isoliert nebeneinander, sie überschneiden sich, greifen ineinander, und sie lassen sich auch nicht genau abgrenzen. Diese Spielräume lassen sich auch nicht durch die Haupthelden des Romans festlegen. Es gibt keinen reinen Gawan- und keinen reinen Parzival-Raum" (Rupp, 1983, S. 10).
An Rupps Beobachtung über die aktive Hilfe der Frauen könnte man Joachim Bumkes Aufsatz zu den „Geschlechterbeziehungen in den Gawanbüchern von Wolframs ‚Parzival'" (1994) und die 2003 erschienene Monographie Sonja Emmerlings mit (fast) gleichem Titel anschließen, der sich freilich als zu eng herausstellt, da – wenn auch knapp – auf die Parzival- und die Gahmuret-Handlung ausgegriffen wird. Emmerling behandelt „das Zusammenwirken von vier Konstituenten höfischer Geschlechterliebe, die der ‚Parzival'-Dichter als eng verzahntes Funktionsgefüge darstellt: Es sind dies das Bild der Frau und das des Helden sowie die

Konzeption von Minne und die Maximen ritterlichen Handelns" (Emmerling, 2003, S. 5). Nichts könnte augenfälliger demonstrieren, wie weit und intensiv die Gawan-Perspektive hier in den Gesamtroman ausstrahlt.

Der Perspektivenwechsel zur Gawan-Handlung brachte bislang weniger beachtete Themen wie Gewalt, Gesellschaftsdarstellung oder Geschlechterverhältnis in den Blick. Die gravierendsten Folgen freilich hatte der Wechsel für die Beurteilung des Verhältnisses von Artusgesellschaft und Gralgesellschaft. Ein latentes Unbehagen am Gralbereich war bereits hinter Helmut de Boors Anmerkungen zur vermeintlichen Bedeutung der Liebe auf Munsalvaesche zu spüren gewesen. Joachim Bumke hat genau diesen Ansatzpunkt 1982 für seine Zweifel an der Vorbildlichkeit der Gralgesellschaft gewählt: „Die Utopie des Grals. Eine Gesellschaft ohne Liebe?" Die kritische Sicht setzt sich dann in mehreren Beiträgen fort (Brunner, 1983; Bumke, 1991; Bumke, 2001; Emmerling, 2003; Williams-Krapp, 2003). 2004 hat das Thema „Artusgesellschaft und Gralgesellschaft" dann als eigener Abschnitt Eingang in die 8. Auflage von Bumkes Metzler-Band gefunden (Bumke, 2004, S. 181–189), dessen Auflagen als zuverlässiger Seismograph für wissenschaftsgeschichtliche Entwicklungen gelten können (Schmid, 2006).

2.3 Perspektive III: Die Gahmuret-Handlung

Die Gahmuret-Bücher fanden zunächst nicht als solche, sondern nur wegen ihrer Funktion für die folgende Handlung Aufmerksamkeit. Karl Lachmann machte zwei Gründe dafür geltend, „dass der Held des Gedichts erst nach dem 3300sten Verse geboren wird". Zum einen „sollte sein älterer Bruder späterhin plötzlich eingeführt werden" und zum anderen „konnte die vollkommene natürliche bildungslose Reinheit Parcivals, wenn sie sollte begriffen werden, nicht ohne Vorbereitung eintreten" (Lachmann, 1879, S. 293).

Ende des 19./Anfang des 20. Jh.s entstand erneutes Interesse an den Gahmuret-Büchern, das allerdings sekundär motiviert war (Forschungsbericht Noltze, 1995, S. 7–32). Es ging zum einen um die Frage nach der Quelle für die Partie, die bei Chrestien keine Entsprechung hat. Friedrich Panzer kam 1940 zu dem Ergebnis, Wolfram habe für die Eingangsbücher keine durchgängige Vorlage gehabt, vielmehr habe er auf die zeitgenössische Geschichte und auf zahlreiche literarische Quellen zurückgegriffen. Für die Zeichnung Gahmurets sei die historische Figur Richard Löwenherz von besonderer Bedeutung (Panzer, 1940, S. 72 f.).

Die andere Frage, die im Zusammenhang mit den Büchern I und II diskutiert wurde, war die nach der Abfassungszeit. Dabei war aufgrund unterschiedlicher Kriterien (literarische Qualität, sog. Schallanalyse, unhöfische Wörter, Reimtechnik, Form des Helmschmucks) überwiegend dafür votiert worden, daß die Bücher I und II entstehungsgeschichtlich nicht am Beginn der Arbeit am Roman anzusetzen seien, sondern eine spätere Abfassung wahrscheinlich sei. Ernst Cucuel hat die Vorschläge, die ebenso stark divergierten wie die zugrunde liegenden Kriterien, übersichtlich zusammengestellt (Cucuel, 1937, S. 4–24). Er selbst kommt zu dem Ergebnis, daß keiner der Vorschläge überzeuge, daß im Gegenteil die Vielzahl der Verbindungen zwischen den Gahmuret-Büchern und der folgenden Erzählung dafür spreche, daß die Überlieferungsreihenfolge mit der entstehungsgeschichtlichen identisch sei (Cucuel, 1937, S. 92–100). Die Bezüge der Eingangsbücher zum Folgenden hätten hier schon zu größerer Aufmerksamkeit gegenüber der Gahmuret-Handlung führen können. Zu Gahmuret hatte Cucuel ausgeführt, dieser lebe „mit Leib und Seele in seinem Rittertum. Er kennt keinen anderen Lebensinhalt, er geht auf in diesem Reckentum. So sehr, daß es ihm zum Schicksal wird" (Cucuel, 1937, S. 90). Auch diese spezifische Ausprägung des Rittertums rückte erst sehr viel später in den Blick. Wissenschaftsgeschichtlich ist das gut nachvollziehbar: Vorläufig dominierte noch die Parzival-Perspektive, und als schließlich der Perspektivenwechsel von den Parzival- zu den Gawan-Partien vollzogen war, standen ausschließlich diese einige Zeit im Brennpunkt des Interesses.

Die folgenden Beiträge verbindet, daß die Gahmuret-Bücher nicht ihr alleiniger Gegenstand sind. Die Vorgeschichte dient vielmehr als Anlaß oder Einstieg, um die Darstellung des Rittertums im ganzen Roman zu untersuchen. Damit markieren diese Arbeiten einen wissenschaftsgeschichtlichen Fortschritt gegenüber früheren eingegrenzteren Sichtweisen.

Christa Ortmann behandelt in ihrem Aufsatz über „*Ritterschaft*" das zentrale Thema der Eingangsbücher und einen der großen thematischen Komplexe des Gesamtromans. Dabei werden die Spannungen innerhalb des Textes herausgearbeitet, bisweilen allerdings auch so überzogen akzentuiert, daß sie eher als Brüche und Widersprüche erscheinen. So wird (partiell zutreffend) die „Negativkonsequenz der *ritterschaft*" betont, ihre „unglückstiftende und kummerbereitende Realität" (Ortmann, 1973, S. 689), wobei beim Kampf der Brüder am Ende „der ritterliche Kampf nicht nur als Brudermord, sondern letztlich als Selbstmord ritterlicher Existenz" interpretiert wird (Ortmann, 1973, S. 708). Daß es dazu im Roman gerade nicht kommt, sollte freilich nicht ganz aus dem Auge verloren werden. Stark verallgemeinernd wird das Darstellungsmittel der Komik als „Instrument einer ideologiekritischen Intention des Dichters" gesehen, „für den dieses ritterliche Ideal eine Leerformel geworden ist, die es darzustellen gilt, um sie als solche zu entlarven und zu zeigen, daß so der Ritterstand nicht ausreichend definiert werden kann" (Ortmann, 1973, S. 687, Anm. 21). Auf der anderen Seite freilich wird konstatiert, der Erzähler bekenne sich „mit seiner eigenen Person zum Thema seiner Geschichte, zum Thema *ritterschaft*" (Ortmann, 1973, S. 702, Anm. 25).

Auch Horst Brunner geht von den Gahmuret-Büchern aus und hat ebenfalls den Gesamtroman im Blick. Beim Turnier von Kanvoleis im II. Buch trete die „Vätergeneration" auf. Wolfram bringe damit „in die Zeitstruktur der Erzählung die Generationenfolge mit ein. Der Wechsel von einer Generation zur nächsten" sei jedoch für Wolfram „keineswegs ein bloß natürlicher, biologischer Vorgang. Es werden vielmehr zivilisatorische Unterschiede herausgearbeitet, die in der Perspektive des Romans historische Differenzen, historischen Wandel, ja kulturellen Fortschritt signalisieren". Wenn man das vom König Artus bestimmte Ritterbild des Hauptteils terminologisch als Bezugsgröße nehme, ließen sich im Pz. vier „Ritterwelten" unterscheiden (Brunner, 1983, S. 62f.): „1. die vor-arturische Ritterwelt der Partei der Mazadan-Sippe und ihrer Gegner vor Kanvoleis; 2. die arturische Ritterwelt; 3. die außer-, ja anti-arturische Ritterwelt des Hauptteils; 4. ein eigener Bereich ist schließlich die Welt des Gralsrittertums [...]." Die vor-arturischen Ritterwelt sei „als weite, bunte Welt des Abenteuers, des Kampfes und der Minne" ohne Mittelpunkt gezeichnet. Der Kampf sei „meist Ernstkampf, der auf den Tod des Gegners abzielt. Wenn auch Gahmuret selbst es vermeidet, seine Kontrahenten zu töten – im allgemeinen herrscht in dieser Welt der Totschlag" (Brunner, 1983, S. 63f.). Die arturische Ritterwelt sei demgegenüber „gänzlich neu strukturiert". Sie habe mit dem Artushof einen Mittelpunkt und ein Ziel. Und sie habe eine neue Ethik, für die Gurnemanz' Gebot stehe, unterlegene Gegner zu schonen (Brunner, 1983, S. 65f.). Die vor-arturische Lebensform sei damit jedoch nicht völlig untergegangen, freilich sei ihre Bewertung nun negativ, so daß sie als außer- bzw. anti-arturische Welt erscheine. Figuren, die außerhalb der arturischen Welt stehen, können entweder dort verharren (Meljakanz, Lähelin, Urjans) oder in die arturische Welt integriert werden (Clamide, Orilus, Gramoflanz). Zum Verhältnis Gralrittertum – Artusrittertum konstatiert Brunner, daß beide auf unterschiedlichen Gesetzen beruhen. „Ist nun dieses Gralsrittertum, das in seiner religiös-christlichen Geprägtheit in vieler Hinsicht im Gegensatz zum höfischen Artusrittertum steht, Wolframs definitive Äußerung über das Ideal des Rittertums? Man hat das häufig so gesehen, ich glaube aber insgesamt nicht ganz mit Recht" (Brunner, 1983, S. 71). Gerade wenn Brunner das Schonungsgebot des Gurnemanz hervorhebt, mutet das Kampfverhalten der Gralritter geradezu atavistisch an.

Helmut Brackert hatte schon 1979 mit Blick auf die Gahmuret-Bücher betont, „daß bestimmte, für den Roman entscheidende Szenenkonstellationen immer wieder auftreten und oftmals sogar gegen die Quelle eingeführt werden, wie z. B. die Verlassenheit der Frau, die den Mann im Kampf oder an die *aventiure* verliert, ein Schicksal, das fast alle Frauengestalten des Werkes miteinander teilen: Belacane, Herzeloyde, Condwiramurs, Sigune, Orgeluse, Amphlise, Liaze, Antikonie, Obie und, wenn auch in modifizierter Form, Jeschute […]" (Brackert, 1979, S. 186). 1989 hat er dann in seinem Beitrag „*der lac an ritterschefte tôt*. Parzival und das Leid der Frauen" erneut und vertiefend die Fatalität ausgeleuchtet, die beide Geschlechter trifft. Sie beherrscht die Eingangsbücher massiv, strahlt von dort aber über den Gesamtroman aus, ob als Faktum oder als Bedrohung oder als gebannte Gefahr.

Fast gleichzeitig kritisiert Walter Haug, die „Wolfram-Forschung" neige „dazu, die Bedeutung der Gahmuretbücher zu unterschätzen. […] Ich behaupte […], daß, wer den ‚Parzival' verstehen will, erst einmal die Gahmuretbücher verstehen muß. Sie bilden nicht nur eine äußerlich-handlungstechnische Einführung, sondern sie eröffnen thematisch den Zugang zu Wolframs Werk" (Haug, 1990, S. 127 f.). Dabei geht Haug von einer bis zum Ende reichenden Wirksamkeit der Gahmuret-Welt für Parzival aus. Für ihn schlössen sich die „Lösungsmöglichkeiten" aus, die gegen Ende des Romans zur Konfliktbeilegung im Artusbereich führen. „Er gehört der Gahmuretwelt an mit ihrer Gleichzeitigkeit von ritterlichem Glanz und tödlicher Fatalität" (Haug, 1990, S. 136). Dagegen spricht nun freilich, daß nach Haug „Parzival das Seine mit beiträgt", ja daß er sogar „entscheidend beim Versöhnungsprozeß am Artushof mitgewirkt, also auch die gesellschaftliche Möglichkeit der arthurischen Welt ergriffen und damit ihre Idealität gestützt hat" (Haug, 1990, S. 136, 139, Anm. 19).

Im Blick auf Gewalt, Krieg, Tod und Leid ergeben die Gahmuret- und die Gawan-Perspektive komplementäre Sichten, die gleichermaßen in die Parzival-Handlung hineinragen und sie durchziehen.

3. Fazit: Perspektiven als Interpretationsproblem

Der Roman bietet kein harmonisch einheitliches Bild, sondern zeigt unterschiedliche Perspektiven, die auch in sich irritierend uneinheitlich und widersprüchlich sein können und daher einen wachen Hörer/Leser erfordern. Denn die literarische Kommunikation ist ein Interaktionsprozeß zwischen dem Text bzw. dem Erzähler als Textorganisator und dem Hörer. Ihr Verhältnis ist symbiotisch, sie sind aufeinander angewiesen. Wenn der Prozeß gelingen soll, muß jede Seite ihren Teil dazu beitragen, wobei wechselseitiges Geben und Nehmen herrscht.

Der Pz.-Erzähler sieht seine Aufgabe offenkundig zunächst darin, dem Hörer spezifische Eigenheiten seiner Darstellung zu erläutern, damit dieser sich darauf einstellen kann (Schirok, 2003, S. CI–CXXXVII). Vom Hörer wird verlangt, daß er aufgeschlossen und bereitwillig (*gerne*) die Erläuterungen des Erzählers aufnimmt, um zu erfahren, *welher stiure disiu maere gernt/und waz si guoter lêre wernt* (2,7 f.). Die Geschichten fordern (*gernt*) also vom Hörer einen Beitrag (*stiure*), und sie geben (*wernt*) ihm im Gegenzug *guote lêre*. Worin die *stiure* und die *lêre* besteht, ist nicht gesagt. Lassen wir den Vers 2,9 zunächst einmal außer Betracht. Die Folgepassage beschreibt Eigenheiten der Geschichten: *beidiu si vliehent unde jagent,/si entwîchent unde kêrent,/si lasternt und êrent* (2,10–12: „sie tun jeweils das eine wie das andere: Sie fliehen und setzen nach; sie weichen zurück und kehren um; sie bringen Schande und verschaffen Ansehen"). Der Abschnitt formuliert in drei Begriffspaaren gegenläufige Handlungen und Wertungen, wozu sicher auch die verschiedenen Perspektiven und deren Wechsel gehören. Der bislang ausgeklammerte Vers 2,9 (*dar an si nimmer des verzagent*) verbindet das Vorangehende (*dar an*), also das Fordern von *stiure* und das Geben von *lêre*, mit dem Folgenden (*des*), also dem Hin und Her, der Ab- und Aufwertung, und er konstatiert, daß die Geschichte sowohl in der einen wie in der anderen Hinsicht unaufhörlich in Bewegung ist (*si nimmer verzagent*). Die Passagen 2,7 f. und 2,10–12 greifen also gewissermaßen wie Zahnräder ineinander, wobei 2,9 den ‚Motor' darstellt. Die *stiure* besteht also offenbar darin, sich auf die Eigenheiten der Geschichte einzustellen. Nur dadurch wird der Nachvollzug der Geschichte möglich, und darin besteht die gute *lêre*. Eine Handlung, die weniger komplex wäre, erforderte keine *stiure*, vermittelte aber auch keine *lêre*.

Der Erzähler nimmt zusammenfassend das Gelingen der literarischen Kommunikation in den Blick, wobei er indirekt vor falschem Verhalten warnt: *swer mit disen schanzen allen kan,/an dem hât witze wol getân,/der sich niht versitzet noch vergêt / und sich anders wol verstêt* (2,13–16: „Wer mit diesen Wechselfällen der Geschichte zurechtkommt, mit dem hat sein Verstand es gut gemeint. Das ist dann einer, der nicht träge herumsitzt und sich auch nicht kopflos verrennt, sondern verständig für sich seinen eigenen Standpunkt findet").

Literatur

Texte

Bliocadran. A prologue to the Perceval of Chrétien de Troyes. Edition and Critical Study, hg. von Lenora D. Wolfgang (Beihefte zur ZfrPh 150), Tübingen 1976.
Chrétien de Troyes, Der Percevalroman (Le Conte du Graal), übers. und eingel. von Monica Schöler-Beinhauer (Klassische Texte des Romanischen Mittelalters in zweisprachigen Ausgaben 23), München 1991.
Chrétien de Troyes, Cligès, auf der Grundlage des Textes von Wendelin Foerster übers. und komm. von Ingrid Kasten, Berlin/New York 2006.
[Wolfram von Eschenbach] Parcival. Ein Ritter-Gedicht aus dem dreizehnten Iahrhundert von Wolfram von Eschilbach. Zum zweiten Male aus der Handschrift abgedruckt, weil der erste Anno 1477 gemachte Abdruck so selten wie Manuscript ist, hg. von Christoph Heinrich Myller [Müller] (Samlung Deutscher Gedichte aus dem XII. XIII. und XIV. Iahrhundert, Bd. 1, Abt. 4), Berlin 1784. – Parzival. Studienausgabe. Mhd. Text nach der sechsten Ausgabe von Karl Lachmann. Übersetzung von Peter Knecht. Mit Einführungen zum Text der Lachmannschen Ausgabe und in Probleme der Parzival-Interpretation von Bernd Schirok, 2. Aufl., Berlin/New York 2003. – Willehalm. Nach der Handschrift 857 der Stiftsbibliothek St. Gallen, hg. von Joachim Heinzle (ATB 108), Tübingen 1994.

Forschung

Bertau, Karl, Deutsche Literatur im europäischen Mittelalter, 2 Bde., München 1972–1973.
Blank, Walter, Mittelalterliche Dichtung oder Theologie? Zur Schuld Parzivals, in: ZfdA 100 (1971), S. 133–147.
Bötticher, Gotthold, Das Hohelied vom Rittertum. Eine Beleuchtung des Parzival nach Wolframs eigenen Andeutungen, Berlin 1886.
de Boor, Helmut, Die höfische Literatur. Vorbereitung, Blüte, Ausklang. 1170–1250 (Geschichte der deutschen Literatur von den Anfängen bis zur Gegenwart 2), München 1953; 5. Aufl., 1962.
Brackert, Helmut, Wolfram von Eschenbach: Parzival, in: Winfried Frey/Walter Raitz/Dieter Seitz [u.a.], Einführung in die deutsche Literatur des 12. bis 16. Jahrhunderts, Bd. 1: Adel und Hof – 12./13. Jahrhundert (Grundkurs Literaturgeschichte), Opladen 1979, S. 158–196. – „der lac an ritterschefte tôt." Parzival und

das Leid der Frauen, in: Ist zwîvel herzen nâchgebûr. Festschrift für Günther Schweikle zum 60. Geburtstag, hg. von Rüdiger Krüger/Jürgen Kühnel/Joachim Kuolt (Helfant-Studien S 5), Stuttgart 1989, S. 143–163.

Brunner, Horst, Artus der wise höfsche man. Zur immanenten Historizität der Ritterwelt im Parzival Wolframs von Eschenbach, in: Germanistik in Erlangen. Hundert Jahre nach der Gründung des Deutschen Seminars, hg. von Dietmar Peschel (Erlanger Forschungen A/31), Erlangen 1983, S. 61–73.

Bumke, Joachim, Die Wolfram von Eschenbach Forschung seit 1945. Bericht und Bibliographie, München 1970. – Die Utopie des Grals. Eine Gesellschaft ohne Liebe?, in: Literarische Utopie-Entwürfe, hg. von Hiltrud Gnüg (suhrkamp taschenbuch 2012), Frankfurt a.M. 1982, S. 70–79. – Geschichte der deutschen Literatur im hohen Mittelalter (dtv 4552), München 1990. – Parzival und Feirefiz – Priester Johannes – Loherangrin. Der offene Schluß des Parzival von Wolfram von Eschenbach, in: DtVjs 65 (1991), S. 236–264. – Geschlechterbeziehungen in den Gawanbüchern von Wolframs Parzival, in: AbäG 38/39 (Mittelalterliches Schauspiel. Festschrift für Hansjürgen Linke zum 65. Geburtstag, hg. von Ulrich Mehler/Anton H. Touber) (1994), S. 105–121. – Die Blutstropfen im Schnee. Über Wahrnehmung und Erkenntnis im Parzival Wolframs von Eschenbach (Hermaea NF 94), Tübingen 2001. – Wolfram von Eschenbach (Sammlung Metzler 36), 8. Aufl., Stuttgart/Weimar 2004.

Cucuel, Ernst, Die Eingangsbücher des Parzival und das Gesamtwerk (Deutsche Forschungen 30), Frankfurt a.M. 1937 [Neudruck Hildesheim 1973].

Dimler, G. Richard, Parzival's Guilt: A Theological Interpretation, in: Monatshefte 62 (1970), S. 123–134.

Döffinger-Lange, Erdmuthe, Der Gauvain-Teil in Chrétiens Conte du Graal. Forschungsbericht und Episodenkommentar (Studia Romanica 95), Heidelberg 1998.

Ehrismann, Gustav, Über Wolframs Ethik, in: ZfdA 49 (1908), S. 405–465. – Geschichte der deutschen Literatur bis zum Ausgang des Mittelalters. 2. Teil: Die mittelhochdeutsche Literatur, 2. Abschnitt: Blütezeit, 1. Hälfte (Handbuch des deutschen Unterrichts an höheren Schulen 6,2,2,1), München 1927 [Neudruck München 1965].

Emmerling, Sonja, Geschlechterbeziehungen in den Gawan-Büchern des Parzival. Wolframs Arbeit an einem literarischen Modell (Hermaea NF 100), Tübingen 2003.

von Ertzdorff, Xenja, Fräulein Obilot. Zum siebten Buch von Wolframs Parzival, in: Wirkendes Wort 12 (1962), S. 129–140.

Haug, Walter, Parzival ohne Illusionen, in: DtVjs 64 (1990), S. 199–217 [wieder in: Walter Haug, Brechungen auf dem Weg zur Individualität. Kleine Schriften zur Literatur des Mittelalters, Tübingen 1995, S. 125–139 (zit.)].

Hertz, Wilhelm, Die Sage von Parzival und dem Gral (Deutsche Bücherei [3]), Breslau 1882.

Johnson, Sidney M., Parzival and Gawan: Their Conflicts of Duties, in: Wolfram-Studien 1 (1970), S. 98–116.

Keferstein, Georg, Die Gawanhandlung in Wolframs Parzival, in: GRM 25 (1937), S. 256–274.

Kellermann, Wilhelm, Aufbaustil und Weltbild Chrestiens von Troyes im Percevalroman (Beihefte zur ZfrPh 88), Halle/Saale 1936.

Köhler, Erich, Ideal und Wirklichkeit in der höfischen Epik. Studien zur Form der frühen Artus- und Graldichtung (Beihefte zur ZfrPh 97), 2. Aufl., Tübingen 1970.

Kolb, Herbert, Schola humilitatis. Ein Beitrag zur Interpretation der Gralerzählung Wolframs von Eschenbach, in: Beitr. (Tübingen) 78 (1956), S. 65–115.
Kratz, Henry, Wolfram von Eschenbach's Parzival. An Attempt at a Total Evaluation (Bibliotheca Germanica 15), Bern 1973.
Kühn, Dieter, Der Parzival des Wolfram von Eschenbach, Frankfurt a.M. 1986.
Kuhn, Hugo, Parzival. Ein Versuch über Mythos, Glaube und Dichtung im Mittelalter, in: DtVjs 30 (1956), S. 161–198 [wieder in: Hugo Kuhn, Dichtung und Welt im Mittelalter (Hugo Kuhn, Kleine Schriften 1), 2. Aufl., Stuttgart 1969, S. 151–180, S. 271–277 (zit.)].
Lachmann, Karl, Über den Parcival Wolframs von Eschenbach, in: AfdA 5 (1879), S. 290–304.
Luttrell, Claude, The Upbringing of Perceval Heroes, in: Arthurian Literature 16 (1998), S. 131–170.
Maurer, Friedrich, Leid. Studien zur Bedeutungs- und Problemgeschichte, besonders in den großen Epen der staufischen Zeit (Bibliotheca Germanica 1), Bern 1951; 3. Aufl., Bern/München 1964. – Die Gawangeschichten und die Buch-Einteilung in Wolframs Parzival, in: DU 20/2 (1968), S. 60–80 [wieder in: Friedrich Maurer, Dichtung und Sprache des Mittelalters. Gesammelte Aufsätze (Bibliotheca Germanica 10), 2. Aufl., Bern/München 1971, S. 421–442].
Misch, Georg, Wolframs Parzival. Eine Studie zur Geschichte der Autobiographie, in: DtVjs 5 (1927), S. 213–315.
Mockenhaupt, Benedikt, Die Frömmigkeit im Parzival Wolframs von Eschenbach. Ein Beitrag zur Geschichte des religiösen Geistes in der Laienwelt des deutschen Mittelalters (Grenzfragen zwischen Theologie und Philosophie 20), Bonn 1942 [Neudruck Darmstadt 1968].
Mohr, Wolfgang, Parzivals ritterliche Schuld, in: Wirkendes Wort 2 (1951/52), S. 148–160 [u.a. wieder in: Der arthurische Roman, hg. von Kurt Wais (WdF 157), Darmstadt 1970, S. 332–354; Mohr (1979), S. 14*-36*]. – Obie und Meljanz. Zum 7. Buch von Wolframs Parzival, in: Gestaltprobleme der Dichtung. Günther Müller zu seinem 65. Geburtstag am 15. Dezember 1955, hg. von Richard Alewyn, Bonn 1957, S. 9–20 [wieder in: Rupp (1966), S. 261–286 (mit einem „Nachtrag 1965"); Mohr (1979), S. 94*-119*]. – Parzival und Gawan, in: Euphorion 52 (1958), S. 1–22 [wieder in: Rupp (1966), S. 287–318 (zit.); Mohr (1979), S. 62*-93*]. – Landgraf Kingrimursel. Zum VIII. Buch von Wolframs Parzival, in: Philologia deutsch. Festschrift zum 70. Geburtstag von Walter Henzen, hg. von Werner Kohlschmidt/Paul Zinsli, Bern 1965, S. 21–38 [a] [wieder in: Mohr (1979), S. 120*-137*]. – Zu den epischen Hintergründen in Wolframs Parzival, in: Mediaeval German Studies. Presented to Frederick Norman by his students, colleagues and friends on the occasion of his retirement, London 1965, S. 174–187 [b] [wieder in: Mohr (1979), S. 138*-151*]. – Wolfram von Eschenbach. Aufsätze (GAG 275), Göppingen 1979.
Myller, Christoph Heinrich (1784) → Texte: Wolfram von Eschenbach.
Naumann, Hans, Der Staufische Ritter (Meyers kleine Handbücher 3), Leipzig 1936.
Noltze, Holger, Gahmurets Orientfahrt. Kommentar zum ersten Buch von Wolframs Parzival (4,27–58,26) (Würzburger Beiträge zur deutschen Philologie 13), Würzburg 1995.
Ortmann, Christa, Ritterschaft. Zur Frage nach der Bedeutung der Gahmuret-Geschichte im Parzival Wolframs von Eschenbach, in: DtVjs 47 (1973), S. 664–710.

Panzer, Friedrich, Gahmuret. Quellenstudien zu Wolframs Parzival (Sitzungsberichte der Heidelberger Akademie der Wissenschaften. Philosophisch-historische Klasse 1939/40,1), Heidelberg 1940.
Piper, Paul (Hg.), Wolfram von Eschenbach, 1. Tl.: Einleitung: Leben und Werke (Deutsche National-Litteratur 5,1), Stuttgart o. J. [1890].
Richey, Margaret F., Gahmuret Anschevin. A Contribution to the Study of Wolfram von Eschenbach, Oxford 1923.
Rührmund, F. W., Inwiefern ist die Episode von Gawan in Wolfram's von Eschenbach Parzival gerechtfertigt, in: Hagens Germania 10 (1853), S. 17–25.
Ruh, Kurt, Höfische Epik des deutschen Mittelalters, 2. Tl.: Reinhart Fuchs, Lanzelet, Wolfram von Eschenbach, Gottfried von Straßburg (Grundlagen der Germanistik 25), Berlin 1980.
Rupp, Heinz (Hg.), Wolfram von Eschenbach (WdF 57), Darmstadt 1966. – Die Bedeutung der Gawan-Bücher im Parzival Wolframs von Eschenbach, in: London German Studies 2 (1983), S. 1–17.
San-Marte [Albert Schulz], Parcival-Studien. Drittes Heft: Die Gegensätze des heiligen Grales und von Ritters Orden, Halle 1862.
Sattler, Anton, Die religiösen Anschauungen Wolframs von Eschenbach (Grazer Studien zur deutschen Philologie 1), Graz 1895 [Neudruck Hildesheim 1976].
Scherer, Wilhelm, Geschichte der Deutschen Litteratur, 6. Aufl., Berlin 1891.
Schirok, Bernd (2003) → Texte: Wolfram von Eschenbach. – Die Inszenierung von Munsalvaesche: Parzivals erster Besuch auf der Gralburg, in: LwJb 46 (2005), S. 39–78.
Schmid, Elisabeth, Rez. Bumke (2004), in: ZfdA 135 (2006), S. 115–119.
Schröder, Franz Rolf, Parzivals Schuld, in: GRM NF 9 (1959), S. 1–20 [wieder in: Rupp (1966), S. 341–368 (zit.)].
Schröder, Walter Johannes, Der dichterische Plan des Parzivalromans, in: Beitr. 74 (1952), S. 160–192, S. 409–453 [separat: Halle 1953 (zit.)].
Schweikle, Günther, Stiure und lêre. Zum Parzival Wolframs von Eschenbach, in: ZfdA 106 (1977), S. 183–199.
Schwietering, Julius, Parzivals Schuld, in: ZfdA 81 (1944/46), S. 44–68 [u. a. wieder in: Julius Schwietering, Mystik und höfische Dichtung im Hochmittelalter, 2. Aufl., Darmstadt/Tübingen 1962, S. 37–70 (zit.)].
Wapnewski, Peter, Wolframs Parzival. Studien zur Religiosität und Form (Germanische Bibliothek. 3. Reihe), Heidelberg 1955.
Weber, Gottfried, Parzival. Ringen und Vollendung. Eine dichtungs- und religionsgeschichtliche Untersuchung, Oberursel 1948.
Wessels, Paulus Bernardus, Wolfram zwischen Dogma und Legende, in: Beitr. (Tübingen) 77 (1955), S. 112–135 [wieder in: Rupp (1966), S. 232–260 (zit.)].
Williams-Krapp, Werner, Wolfram von Eschenbach, Parzival, in: Große Werke der Literatur. Bd. 8. Eine Ringvorlesung an der Universität Augsburg 2002/03, hg. von Hans Vilmar Geppert, Tübingen 2003, S. 23–42.
Wolff, Ludwig, Die höfisch-ritterliche Welt und der Gral in Wolframs Parzival, in: Beitr. (Tübingen) 77 (1955), S. 254–278 [wieder in: Ludwig Wolff, Kleinere Schriften zur altdeutschen Philologie, hg. von Werner Schröder, Berlin 1967, S. 195–216].
Wolfgang, Lenora D. (1976) → Texte: Bliocadran.
Wynn, Marianne, Parzival and Gâwân – Hero and Counterpart, in: Beitr. (Tübingen)

84 (1962), S. 142–172 [wieder in: Marianne Wynn, Wolfram's Parzival. On the Genesis of its Poetry (Mikrokosmos 9), Frankfurt a.M. (u. a.) 1984, S. 160–195 (zit.)].
Zimmermann, Gisela, Untersuchungen zur Orgeluseepisode in Wolfram von Eschenbachs Parzival, in: Euphorion 66 (1972), S. 128–150. – Kommentar zum VII. Buch von Wolfram von Eschenbachs Parzival (GAG 133), Göppingen 1974.

E. ‚Titurel'

I. Abriß der Handlung

von Joachim Heinzle

Erstes Fragment (Str. 1–125): Von Alter und Krankheit geschwächt, muß sich der Gralkönig Titurel aus seinem Amt zurückziehen. In feierlicher Rede übergibt er es an seinen Sohn Frimutel und rühmt dessen fünf Kinder: die Söhne Anfortas und Trevrezent und die Töchter Schoisiane, Herzeloude und Urrepanse de schoie. – Schoisiane und Herzeloude sind im heiratsfähigen Alter. Schoisiane wird die Gemahlin des Herzogs Kiot von Katelangen. Sie stirbt bei der Geburt ihrer Tochter Sigune. Kiot bittet seinen Bruder Tampunteire, von dem er sein Land zu Lehen hat, es auf Sigune zu übertragen, und zieht sich aus dem ritterlichen Leben zurück. Der dritte Bruder Manfilot tut es ihm nach. Tampunteire bringt das Kind Sigune zu seiner ebenfalls neugeborenen Tochter Kondwiramurs. Die Mädchen wachsen zusammen auf. – Zur selben Zeit stirbt Kastis, der König von Nurgals und Waleis. Er hatte Herzeloude zur Frau gewonnen. Obwohl es wegen seines Todes nicht zum Vollzug der Ehe gekommen war, erbt sie seine Länder. Im fünften Jahr von Sigunes Aufenthalt bei Tampunteire stirbt dieser. Herzeloude holt das Mädchen an ihren Hof. Dort wächst es heran.

Der Erzähler erklärt, übergehen zu wollen, wie Gahmuret Belakane verließ, Herzeloude gewann und sich von Anpflise, der Königin von Frankreich, lossagte. (Davon berichten die Bücher I und II des Pz.: → S. 223 ff.) Er will von „jungfräulicher Liebe" (32,4 G: *magetlîcher minne*) erzählen. Anpflise war einst ein Knabe aus fürstlichem Geschlecht zur Erziehung anvertraut worden. Er hieß Schoinatulander und war der Sohn des Gurzgri, des Sohnes von Gurnomanz von Graharz, und der Mahaute. „Er wird der Herr dieser Erzählung" (34,4 G: *er wirt dirre âventiure herre*). Anpflise hatte ihn Gahmuret als Knappen überlassen. Er hatte Gahmuret auf seiner Orientfahrt begleitet und war dann mit ihm nach Waleis zu Herzeloude gekommen. Dort, in der Hauptstadt Kanvoleiz, wächst er an der Seite Sigunes auf. Die Kinder werden von Liebe zueinander ergriffen: „Liebe zeigte sich da früh an zwei Kindern. Die war so rein, die ganze Welt hätte von ihrem Schmutz nichts darin finden können" (41,3 f. G: *minne huop sich vruo dâ von zwein kinden. / diu ergie sô lûterlîche, / al diu werlt möht ir truopheit dar under niht vinden*). In einem langen Gespräch gestehen sie sich ihre Liebe, aber Sigune erklärt Schoinatulander, er müsse sich erst als Ritter im Kampf bewähren, ehe sie ihn erhöre: „Mich hat Deine Jugend noch nicht auf die rechte Weise erworben. Du mußt mich erst unter dem Schild verdienen" (65,3 f.: *mich hât dîn jugent noch niht reht erarnet./ dû muost mich under schilteclîchem dache ê gedienen*). Schoinatulander erklärt, sein Leben fortan dem Dienst um ihre Liebe widmen zu wollen.

Das geschieht in der Zeit, in der Ipomidon und Pompeius den Baruch neuerlich mit Krieg überziehen. (Hier greift die Erzählung auf, was in Buch II des Pz. berichtet wird: → S. 226 f.) Gahmuret bricht heimlich mit einer Schar von Knappen auf, um ihm beizustehen. Auch Schoinatulander muß ihn begleiten. Er verabschiedet sich von Sigune, die ihn ihrer Treue versichert. Auch Gahmuret nimmt Abschied von Herzeloude. Sie werden sich nie mehr sehen, denn Gahmuret wird auf der Fahrt umkommen: „Mit seinem Tod starb ihr Glück. Man sah sie niemals mehr froh oder heiter" (73d,4: *mit sînem tôde ir vreude starp. man gesach si nimmer mêre vrô noch geile*). – Schoinatulander leidet unter der Trennung von Sigune. Vergeblich versucht er, seinen Schmerz zu verbergen. Erfahren in Liebesdingen, bemerkt Gahmuret, wie es um ihn steht und stellt ihn zur Rede: „Ich erkenne an Dir die Liebe; allzu deutlich ist ihre Spur" (89,1: *Ich spür an dir die minne; alze grôz ist ir slâge*). Schoinatulander gesteht seine Liebe zu Sigune und bittet Gahmuret, ihm bei seiner Werbung zu helfen. Gahmuret billigt seine Wahl, preist Sigune und sagt ihm seine Unterstützung zu. – Sigune leidet nicht weniger als Schoinatulander. Herzeloude bemerkt, daß ihr etwas fehlt, und sie gesteht ihre Liebe. Herzeloude billigt ihre Wahl und preist Schoinatulander. „Da war Liebe gestattet worden, mit Liebe festgemacht" (125,1: *Aldâ was minne erloubet, mit minne beslozzen*).

Zweites Fragment (Str. 126–164): Die Erzählung setzt unvermittelt wieder ein: „So hatten sie nicht lange geruht" (126,1: *sus lâgen si unlange*). Die Rede ist von Sigune und Schoinatulander, die sich in den Wald zurückgezogen haben. Sie hören das Gebell eines Jagdhundes, der ein flüchtiges Wild verfolgt. Schoinatulander fängt den Hund, der eine zwölf Klafter (ca. 20 m) lange Leine hinter sich her zieht, und bringt ihn Sigune. Die Leine besteht aus kostbaren Seidenbändern, auf denen mit goldenen Nägeln Edelsteine befestigt sind. Die Edelsteine bilden Buchstaben, die sich zu einem Text formieren. Der Text erstreckt sich auch auf das kostbare Halsband. Eine Dame hatte ihn vorgegeben. Der Hund – so steht es auf dem Halsband – hieß Gardeviaz, „das heißt auf deutsch: ‚Achte auf die Wege!'" (137,4: *Gardevîâz hiez der hunt. daz kiut tiuschen: ‚hüete der verte!'*). Sigune liest: „Auch wenn dies" – *Gardevîâz* – „der

Name eines Hundes ist", steht da, "ist das Wort auch edlen Menschen angemessen. Männer und Frauen mögen gut auf die Wege achten. Die leben hier in der Achtung der Welt, und im Jenseits wird ihnen Gnade zuteil" (138,2 ff.: *swie ditze sî ein bracken name, daz wort ist den werden gebaere./ man und wîp die hüeten verte schône!/ die varent hie in der werlde gunst und wirt in dort saelde ze lône*). Die Schrift teilt weiter mit: Clauditte, die Königin von Kanadic, hatte Hund und Seil ihrem Geliebten Ehkunat gesandt. Sie hatte das Land von ihrer Schwester Florie geerbt, die aus Schmerz über den Tod ihres Geliebten Ilinot gestorben war; Ilinot hatte als ihr Minneritter im Kampf das Leben verloren. Die Fürsten des Landes hatten von Clauditte verlangt, einen Mann zu nehmen, und sie hatte Ehkunat gewählt.

Sigune hat den Hund an die Stange ihres Zelts gebunden. Als sie den Knoten löst, um weiterzulesen, macht er sich los und entflieht – wie er am Morgen schon Ehkunat entsprungen war. Die Leine gleitet durch Sigunes Hände; dabei reißen die Steine die weiße Haut auf. Schoinatulander, der in einem Bach angelt, hört das Gebell des fliehenden Hundes. Er verfolgt ihn und zerreißt sich in dem dornigen Gelände die Beine. Der Hund entkommt. Schoinatulander fordert Sigune auf, den Verlust nicht schwer zu nehmen. Aber sie ist begierig, den Text zu Ende zu lesen, und besteht darauf, daß er ihr die Leine bringt. Erst dann will sie ihm ihre Liebe gewähren. Er akzeptiert bereitwillig: "Dann will ich mich gerne so um die Leine bemühen. Wenn man sie im Kampf gewinnen muß, dann will ich Leben und Ansehen verlieren oder ich bringe sie Dir zurück" (161,1 ff.: *sô wil ich gerne umbe daz seil alsô werben./ sol man daz mit strîte erholen, dâ muoz ich an lîbe und ane prîse verderben,/ oder ich bringe ez wider dir ze handen*). Sigune bekräftigt ihr Versprechen, Schoinatulander seine Bereitwilligkeit. Damit endet der Text.

II. Der Stoff: Vorgaben und Transformationen

von Thomas Neukirchen

1. Die Quellenfrage – 2. ‚Parzival' und ‚Titurel' – 2.1. Erstes Fragment – 2.2. Zweites Fragment – 3. ‚Titurel' und ‚Jüngerer Titurel'

1. Die Quellenfrage

Die ältere Tit.-Forschung ging davon aus, daß bis auf die Vorgaben Chrestiens die Geschichte von Sigune und Schoinatulander von Wolfram frei erfunden worden sei, so daß, um Ludwig Wolff exemplarisch zu zitieren, „die Handlung dieses Werkes ohne Vorlage nur aus der schöpferischen Phantasie des Dichters erwachsen ist" (Wolff, 1950, S. 116). Anregungen aus anderen Werken sind allerdings immer wieder ins Spiel gebracht worden. So begegnet ein Bracke, der einen Helden zu Abenteuern führt, häufig in der Literatur des Mittelalters, und so spielt etwa in einer französischen Erzählung des 12. Jh.s (Paien de Maisières, ‚La mule sanz frain' – vgl. Heinzle, 1972, S. 181) der Zaum eines Maultieres eine ähnliche Rolle wie das Brackenseil. Beziehungen gibt es offensichtlich auch zum ‚Eneas' Heinrichs von Veldeke, in dem Dido einen angeleinten Bracken mit auf die Jagd nimmt, die schließlich zur Vereinigung von Eneas und Dido führt (1766 ff.). Friedrich Ohly zufolge hat Wolfram zu dieser Passage des Eneas die „Gegenszene" geschaffen (Ohly, 1965, S. 178). Verwiesen wurde darüber hinaus auf die vom Pz. übernommenen orientalischen Namen (etwa *Alexandrîne* [auch Wh. 79,17] oder *Baldac* [auch Wh. 466,26 f.]), die vielleicht auf orientalische Quellen zurückgehen, sowie mit allerdings zu weitgehender Spekulation auf ‚De amore' (I, 468) des Andreas Capellanus (Classen, 1990). Einige Namen können ebenfalls nicht auf Chrestien zurückgeführt werden und lassen sich mit anderen Dichtungen in Verbindung bringen: so etwa *Kiot von Katelangen* (als *Giot* im ‚Lanzelet' Ulrichs von Zatzikhoven 8155 u. ö.), *Ipomidon* (Heinrich von Veldeke, ‚Eneas' 3315, und ‚Roman de Thèbes' 3427 u. ö.), *Katelangen* (Hartmann von Aue, ‚Erec' 1679) oder *Anpflîse*, ein Name, der „in der französischen Literatur recht häufig" begegnet (Heinzle, 1972, S. 64).

Seit Max Wehrli wird sogar mit der „Möglichkeit eines präexistierenden Schionatulanderromans" (Wehrli, 1974, S. 11) gerechnet, was Wolf-

Der Stoff: Vorgaben und Transformationen 447

gang Mohr nachdrücklich als These bekräftigte, indem er zum einen aus der für den Pz.-Rezipienten unverständlichen Bemerkung *ein bracken seil gap im den pîn* (Pz. 141,16 – s.u.) auf eine vorhandene Vorlage schloß (Mohr 1978, S. 123), und zum anderen vor allem auf die Bezeichnung Schoinatulanders als Dauphin hinwies (Mohr, 1978, S. 122): *der junge talfîn ûz Grasivalden* (Tit. 86,2). Dies verweist auf das Graisivaudan östlich von Grenoble und scheint eine französische Überlieferung nahezulegen. Der altfranzösische Titel *dalfin* (Dauphin) wurde im 12. und 13. Jh. von mehreren Grafen von Vienne und Albon geführt. Ob damit eine bestimmte historische Persönlichkeit ins Spiel gebracht werden sollte, ist unklar (Passage, 1984, S. 100 ff.). Aus der einzigen Quellenberufung im Tit. (146,4) ließe sich schließlich und immerhin die Möglichkeit eines vorgängigen Textes erhärten. Mit französischen Quellen hat man möglicherweise für die Gahmuret-Bücher im Pz. zu rechnen, über die sie dann auch auf den Tit. Einfluß ausgeübt haben könnten. Reine Spekulation bleiben Versuche, keltische Quellen ausfindig zu machen, die über einen französischen Lai vermittelt worden seien (Passage, 1984, S. 73 ff.).

Heute herrscht im allgemeinen die Auffassung vor, die Geschichte von Sigune und Schoinatulander sei im großen und ganzen die freie Erfindung Wolframs. Es wäre allerdings zu bedenken, ob damit nicht moderne literarästhetische Vorstellungen auf unangemessene Weise in einen mittelalterlichen Text projiziert werden. So gut wie alle Personen und Handlungsstränge des Tit. gehen auf den Pz. Wolframs zurück, der wiederum in wesentlichen Teilen an den ‚Perceval' Chrestiens gebunden ist. Zwar knüpft der Tit. an viele Passagen an, die im Pz. als von Chrestien abweichende ‚Neuschöpfungen' Wolframs angesehen werden können (die Gahmuret-Vorgeschichte, die konkrete Geschichte des Gralkönigtums, die Geschichte von Sigune und Schoinatulander), aber trotz dieser offensichtlichen *novitates* und bei aller zu erkennenden Freiheit hinsichtlich der Konzeption des Pz. und vor allem des Tit. handelt es sich bei den im Pz. begegnenden, von Chrestien abweichenden und im Tit. Wolframs ausgestalteten und fortgeführten ‚Neuschöpfungen' nicht um *creationes ex nihilo*: die Grundstruktur des Textes ist mit dem in Chrestiens ‚Perceval' vorgegebenen Gralkönigtum und damit mit der bei Chrestien zwar nicht ausgeführten, aber mitzudenkenden Notwendigkeit einer Geschichte ebendieses Gralkönigtums sowie mit der Vorgabe einer zwar bei Chrestien nur angedeuteten, aber doch notwendigen Geschichte von Percevals Cousine und ihrem toten Geliebten vorgegeben. Auch im Kleinen können einige Übereinstimmungen des Tit. mit dem durch den Pz. vermittelten ‚Perceval' aufgezeigt werden. So dürften etwa

Kiot oder Manfilot als Onkel Kondwiramurs ihr Vorbild in den zwei ergrauten Edelleuten sowie dem namenlosen Onkel der Blancheflor Chrestiens haben (‚Perceval' 1788 ff., 1910 ff.). Erst innerhalb dieses sicherlich weiten, aber eben doch vorgegebenen chrestienschen Rahmens mag man dann davon sprechen, daß „hier wohl erstmals eine fiktionale höfische Erzählung in deutscher Volkssprache vorliegt, die als Ganzes die Erfindung eines einzelnen Autors ist" (Brackert/Fuchs-Jolie, 2002, S. 5). Es ist dann aber eben dieser vorgegebene chrestiensche Rahmen, der das „Ganze" als Erfindung relativiert und diese von den Möglichkeiten der Moderne abgrenzt. Zwischen Vorlagengebundenheit und Genieästhetik liegt ein erst noch zu analysierender, zu beschreibender und begrifflich zu differenzierender literarästhetischer Raum.

Der Tit. bildet zusammen mit dem Pz. „einen epischen Weltzusammenhang" (Bumke/Heinzle, 2006, S. 476 zu 75,4). Einen solchen Weltzusammenhang, der bei Wolfram durch zwei selbständige epische Texte hergestellt, aber eben auch durch ihre verschiedenartigen ‚Töne' und äußeren Formen unterlaufen und mit etlichen Bruchstellen versehen wird, hat in der zweiten Hälfte des 13. Jh.s der Dichter Albrecht in seinem JT neu in einem Text als Einheit gestaltet, indem er die Tit.-Fragmente von der Handlung her gesehen auf den Pz. hin geöffnet und diesen damit aus seiner Sicht und mit Hilfe der neu ausgestalteten Strophenform des Tit. kritisch vervollkommnet, ergänzt und fortgesetzt hat. Ob die auf einen arthurischen Gralroman applizierte neue Strophenform eine für die Interpretation des Tit. bzw. JT neue Dimensionen eröffnet, muß erst noch grundsätzlicher erörtert werden.

2. ‚Parzival' und ‚Titurel'

Im folgenden werden die wichtigsten Zusammenhänge und Bezüge zwischen Pz. und Tit. erläutert.* Was das grundsätzliche Verhältnis der beiden Texte anbelangt, so wird davon ausgegangen, daß der Pz. den eigentlichen Ausgangstext darstellt, die Möglichkeit einer gewissen Simultanität soll damit nicht in Abrede gestellt werden.

---

* Auf einen jeweils vollständigen Nachweis der relevanten Belegstellen des Tit. im Pz. bzw. Wh. ist verzichtet worden. So wird etwa die Nennung Belakanes im Tit. (32,1) nicht durch eine vollständige Erschließung der entsprechenden Passagen im Pz. erläutert, und die Bedeutung etwa Herzeloides für den Tit. zieht nicht die vollständige Erfassung aller relevanten Textstellen im Pz. nach sich.

Von den stofflichen und inhaltlichen Zusammenhängen her gesehen, läßt sich der Tit. im Verhältnis zum Pz. im wesentlichen als nachgetragene oder vielleicht parallel entstandene vorgeschichtliche Dichtung der Sigune-Szenen und des Gralgeschlechtes im Pz. verstehen, bei der „ein Stück Hintergrund aus dem ‚Parzival' in den Vordergrund rücken [sollte], so daß für sie der Vordergrund des ‚Parzivals' [!] entsprechend zum Hintergrund werden mußte" (Mohr, 1978, S. 111). Die jeweiligen Perspektiven der Interpretation (→ S. 502 ff.) eröffnen Verständnismöglichkeiten, die von einer bloßen Ergänzung bis hin zu einer wie auch immer zu präzisierenden kritischen „Gegenperspektive" zum Pz. (Haug, 1980, S. 11) reichen.

Im Tit. werden 34 Personennamen genannt. Es sind dies:

Ahkarîn, Anfortas, Anpflîse, Belakane, Clauditte, Ehkunat von Berbester, Ehkunat de Salvasch Florîe, Florîe, Frimutel, Gahmuret, Gandin, Gurnemanz, Gurzgrî, Herman von Düringen, Herzeloide, Ilinot, Ipomidon, Kardeiz, Kastis, Kîot, Kondwîramûrs, Mabonagrîn, Mahaude, Manfilot, Parzival, Pompeius, Schoinatulander, Schoisîane, Sigûne, Swete, Tampunteire, Titurel, Trevrezent, Urrepanse de schoie.

Davon kommen 31 im Pz. vor, es gibt demnach drei neue Personennamen: *Ehkunat*, der Geliebte der *Clauditte*, *Clauditte* und *Ahkarin*, der dem Wh. entlehnt ist. Wirklich neu ist also lediglich das Liebespaar *Clauditte* und *Ehkunat*. Von den restlichen Namen (Herkunfts- und Tiernamen, geographische Namen etc.) des Tit. kommen die folgenden im Pz. vor:

Agremuntîn, Alexandrîne, Anschevîn, arabensch, Azagouc, Baldac, Brîtûn, Brûbarz, franzois, Franzois (Franzoisaere, Franzoser), Franzoisinne (Franzosín, Franzosinne), Graharz, Ispanege (Spange), Kanadic, Kanvoleiz, Katelange(n), Kingrivals, Muntsalvatsche, Nurgals, Pelrapeire, Sarrazîn, Schoi (Tschoi) de la kurte, Sibilje, Swarzwalt, tiu(t)sch, Waleis;

nicht im Pz. vor:

Berbester, Beuframunde, Bluome diu wilde, Gardevîaz, Grahardeiz (Graharzois, Graherdois), Grasivaldan, roemesch, Salvasch Florîe;

im Wh. vor:

Agremuntîn, Alexandrîne, Anschevîn, Azagouc, Baldac, Berbester, Brîtûn (Bertûn), franzois, Franzois (Franzoisaere, Franzoser), Franzoisinne (Franzosîn, Franzosinne), roemesch, Sarrazîn, Sibilje, Swarzwalt, tiu(t)sch;

nur im Tit. vor:

Beuframunde, Bluome diu wilde, Gardevîaz, Grahardeiz (Graharzois, Graherdois), Grasivaldan, Salvasch Florîe.

Keiner dieser zuletzt genannten Namen (mit Ausnahme von *Grahardeiz*: *Graharz* = *Gorhaut/Goort*, ‚Perc.' 1548, 1892) scheint auf Chrestien zurückzugehen.

2.1. Erstes Fragment

Der Tit. setzt mit der Geschichtlichkeit und der Erbfolge des Gralkönigtums ein. Der gealterte und kranke Gralkönig Titurel erkennt, daß er die Herrschaft über das Gralreich an seinen mit fünf Kindern gesegneten Sohn Frimutel abtreten muß (1–12). Wolfram nimmt damit Passagen des Pz. auf, in denen vom Gralkönig Titurel, von seinem Sohn Frimutel und Enkel Anfortas sowie dessen anderen vier Geschwistern die Rede ist. So heißt es kurz nach dem Empfang Parzivals auf der Gralburg, der Burgherr Anfortas sei *fil li roy Frimutel* (Pz. 230,4), und als Parzival neben dem Gralkönig sitzt und die Gralzeremonie beobachtet, sieht er durch die Tür in einem Nebenraum einen wunderschönen alten und ergrauten Mann auf einem Bett liegen (240,24–30): es ist der erste Gralkönig Titurel, der hier noch namen- und geschichtslos bleibt. Die Herkunft dieses Namens ist unsicher: er findet sich ohne Bezug zum Gralkönigtum auch in Hartmanns ‚Erec' (1651) und im ‚Lai de Tydorel'. Erst später und in immer neuen Ansätzen und Episoden erfährt der Rezipient des Pz. mehr über Titurel. Sigune klärt Parzival während ihrer zweiten Begegnung mit ihm darüber auf, daß Titurel das Gralreich seinem Sohn Frimutel vererbt habe (251,5–7), der Erzähler bemerkt während seiner Ausführungen über die geheimnisvolle Herkunft der *aventiure* des Grals, der gelehrte Kyot habe in Anschouwe das *maere* gelesen, wie der Gral von Titurel und seinem Sohn Frimutel auf Anfortas gekommen sei (455,17–19), und Trevrizent, der Sohn Frimutels, belehrt Parzival darüber, daß Titurel das

Gralwappen seinem Sohn Frimutel vererbt habe (474,10f.). Es ist dann ebenfalls Trevrizent, der, von Parzival nach jenem schönen alten Mann gefragt, mehr Aufklärung über Titurel verschafft. Dieser sei der erste Gralkönig und der Großvater Herzeloides gewesen, er leide an einer Krankheit mit dem Namen *pôgrât* („Podagra"), die nicht zu heilen sei; weil er den Gral so oft sehe, sei ihm seine Schönheit erhalten geblieben und könne er nicht sterben; in seiner Jugend habe er zahlreiche Tjoste bestanden (501,19–502,3). Schließlich spielt Titurel noch ganz am Schluß, im XVI. Buch des Pz., in zwei Passagen eine Rolle. Während eines Mahls auf der Gralburg stellt sich heraus, daß Feirefiz den Gral nicht sehen kann (810,3–13; 813,9–14). Es ist dann Titurel, der darüber aufklärt, daß Ungetaufte prinzipiell den Gral nicht sehen könnten (813,15–23), woraus sich im übrigen der Schluß ableiten läßt, daß der erste Gralkönig nicht alle Eigenschaften des Grals und somit nicht die gesamte ihm vom Gral mitgeteilte Gralgesetzgebung (*al mîn orden*; Tit. 6,3) seinen Erben mitgeteilt hat. Ein letztes Mal kommt Titurel ins Spiel, als Feirefiz sich zur Taufe entschließt, um der Liebe der Gralträgerin Repanse de schoye teilhaftig zu werden. Im Moment des Taufaktes bemerkt der Erzähler über den kostbaren Taufstein, Titurel *het in mit kost erziuget so* (816,23: „Titurel hatte ihn für teures Geld herstellen lassen"). Die Figur Titurels im Pz. verbürgt schließlich auch die im Tit. vorausgesetzte Erblichkeit des Grals im Geschlecht des ersten Gralkönigs.

Auch die Geschichte Frimutels läßt sich im Pz. nur durch über den Text verstreute Anspielungen erschließen. Einige Erwähnungen Frimutels, die ihn als Erben Titurels und Vater des Anfortas ausweisen, sind bereits genannt worden. Nach und nach wird zudem mitgeteilt, daß Frimutel fünf Kinder gehabt habe, von denen vier überlebt hätten, nämlich Anfortas, Trevrizent, Schoysiane (stirbt nach der Geburt Sigunes, s.u.), Repanse de schoye und Herzeloyde (251,11–20; 455,20; 477,1–3; 813,1–3; 818,18f.; 823,11–26). Aus verschiedenen Stellen geht hervor, daß Frimutel seine Frau auf vorbildhafte treue Weise geliebt habe und daß er in Minnedienst und Kampf gestorben sei (251,9f.; 474,12–17; 478,1f.). Trevrizent empfiehlt diese liebende Treue dem Frimutel ähnelnden Parzival (474,18–22); der Einsiedler erweist Frimutel darüber hinaus als seinen eigenen Vater (478,1f.). Schließlich wird im XVI. Buch des Pz. noch auf das Schwert Frimutels abgehoben, das mit einer Gravur des Schmiedes Trebuchet versehen gewesen sei; es ist vielleicht mit dem Schwert des Anfortas identisch.

Die weiteren folgenden Informationen der ersten 12 Strophen des Tit. finden sich ebenfalls im und entstammen, wenn man denn einer entsprechenden Chronologie der Werke folgen will, ausschließlich dem Pz.: das Gebot, der Gralkönig müsse demütig und frei von Sünde sein (Pz. 473,1–4; Tit. 7,1), die Verteidigung des Grals durch den Gralkönig zusammen mit den Templeisen (Pz. 454,27; 455,5 ff.; Tit. 11,4) sowie die Gralinschrift als Kommunikationsinstrument zwischen Gott und den Angehörigen des Gralreiches (vgl. etwa Pz. 470,21–30; Tit. 6).

Nicht aus dem Pz. zu erschließen sind der aus der Rückschau Titurels ersichtliche Minnedienst des ersten Gralkönigs (Tit. 3–5); die Anspielung darauf, daß Titurel noch andere Kinder hatte (von Rischoyde abgesehen, Pz. 84,10–12), die offensichtlich gestorben sind (Tit. 7); eine, allerdings unklare, Bemerkung Titurels über seinen Sohn Frimutel: *ûz der rîtterschaft muose ich dich ziehen* (Tit. 8); die Übergabe des Grals an Titurel; die Vermittlung der gesamten Gralgesetzgebung (*al mîn orden*) durch die Gralinschrift (Tit. 6) an Titurel, obwohl diese im Pz. zumindest indirekt naheliegt, und natürlich die gesamte Abdikationsrede.

Der dritte Gralkönig Anfortas wird im Tit. nur einmal genannt, und zwar in seiner Eigenschaft als Sohn Frimutels und Bruder des schnellen Trevrezent (9,3 – zu Trevrezent vgl. noch 127,3), er spielt sonst keinerlei Rolle, soweit man das bei einem Fragment behaupten kann. Damit aber läßt sich der Beginn des Tit. präziser bestimmen: er gestaltet die Geschichte des Gralkönigtums vor der Herrschaft des Anfortas. Dementsprechende oder darauf anspielende Passagen gibt es bei Chrestien nicht.

Da Trevrezent Gahmuret als Ritter erlebt und ihn getroffen hat, er zudem davon weiß, daß Gahmuret nach Baldac gereist ist (Pz. 496,22 ff., 497,21 ff., 498,17 ff.), und gleichzeitig erzählt, sein Bruder Anfortas habe ihn oft heimlich aus Munsalvaesche wegreiten lassen, um im Dienste einer Dame zu kämpfen (Pz. 495,13 ff.), war Anfortas also schon Gralkönig, als Gahmuret zum zweiten Mal zum Baruc reiste, und zu dieser Zeit auch noch nicht schwer verwundet, da Trevrezent noch als junger Mann (Pz. 497,30) als Ritter kämpft (Trevrezent entsagt dem ritterlichen Leben erst nach der schweren Verwundung des Anfortas: Pz. 480,10–13).

Insofern beim Wechsel von Titurel zu Frimutel Anfortas noch ein Kind sein dürfte und er noch zum Zeitpunkt seiner Berufung sehr jung ist (Pz. 478,7), Gahmuret aber schon während des Gralkönigtums des Anfortas *aventiure* sucht, und auch weil Trevrezent bemerkt, daß sie beide bei der Berufung seines Bruders noch „klein" waren (Pz. 478,7), müßte der Wechsel von Frimutel zu Anfortas, und damit der Tod Frimutels, weit vor der Enterbung Gahmurets und damit vor dem Beginn der Pz.-Handlung anzusetzen sein. Die chronologische Einordnung des Gralkönigtums Titurels wäre demnach sicherlich noch vor der Geburt Gahmurets vorzunehmen; der Beginn der Herrschaft seines Sohnes Frimutel ist mit Tit. 9f. (Frimutel übernimmt als Vater des Anfortas die Gralherrschaft) ebenfalls gewiß weit vor der Enterbung Gahmurets einzuordnen, nicht aber vor der Geburt Gahmurets, denn Anfortas wird noch vor seinem Bartwuchs, d. h. als Kind oder Jugendlicher zum Gralkönig berufen (Pz. 478,8 f.).

Mit den Folgestrophen Tit. 13–32 wird auf den Pz.-Beginn hingeführt und dieser schließlich mit einer Erzählerbemerkung über Gahmurets erste und zweite Ehe sowie die Königin Anpflise ausblickshaft überschritten (27, 32f.). Die eigentliche Handlungsführung jedoch ist auf die Geburt Signes und Schoinatulanders gerichtet. Zunächst wird von der Werbung Kiots von Katelangen um Schoisiane, die Tochter Frimutels, und ihrer beider Heirat berichtet, sie werden die Eltern Signes sein. Im Pz. werden Werbung und Heirat nicht ausdrücklich erwähnt (vgl. aber Pz. 800,6 f.), einige Male genannt werden hingegen ihre Elternschaft und Schoysianes Tod bei der Geburt, so im Gespräch Parzivals mit Trevrizent, im XVI. Buch, als Kyot sich bei der Ankunft Parzivals unweit des Plimizoels durch das Gralwappen an den frühen Tod seiner Gemahlin erinnert sieht (Pz. 477,1 ff., 799,28 ff.), oder als man den Tod Signes entdeckt (Pz. 805,3–12). Kiot wird im Tit. als *vürste* vorgestellt (13,4, 17,1, 20,1, 22,1, 99,2), im Pz. hingegen konkreter als *herzoge* (186,21, 477,4f., 797,4, 799,28f., 805,11). Im Tit. wie im Pz. fungiert der Vater Signes als Bruder des Königs Tampunteire, des Vaters der Kondwiramurs und des Kardeiz, und des Herzogs Manfilot. Im Tit. ziehen sich Kiot wegen des Todes Schoisianes und Manfilot wegen des Leids seines Bruders aus dem ritterlichen Leben zurück (22f.). Als solche Entsagende treten sie im Pz. am Hof der Kondwiramurs auf und begleiten sie die erste Begegnung Parzivals mit seiner zukünftigen Frau (186,21 ff.). Über beide Herzöge heißt es, sie hätten die Tochter ihres Bruders nach Pelrapeire gebracht, dem Rittertum entsagt, um die Liebe Gottes zu gewinnen (186,21 ff.), und in einem in einer wilden Schlucht gelegenen Jagdhaus gewohnt (190,20–24); auf die Motivation der Entsagung durch den Tod Schoysianes wird hier nur knapp angespielt (477,6). Kurz nach der Begrüßung durch Condwiramurs versprechen sie, für das bevorstehende Abendmahl die Speisen zu besorgen (190,9ff.). Im ‚Perceval', wo Wolframs Condwiramurs den Namen Blancheflor trägt, wird die Burgherrin bei der Begrüßung von zwei namenlosen, wegen eines nicht genauer spezifizierten Leids ergrauten Edelleuten begleitet (1788ff.), kurz darauf spricht Blancheflor von ihrem Onkel, der ein Prior und ein heiliger und frommer Mann sei und ihr fünf Brote und Likörwein für das Abendmahl geschickt habe (1910 ff.). Im Pz. fungiert Kyot schließlich darüber hinaus noch als Begleiter Parzivals zum Wiedersehen mit Condwiramurs und zur ersten Begegnung mit seinen Söhnen sowie als Erzieher des Kardeiz (805,11–13). Daß es in diesem Zusammenhang nach dem Tod Sigunes heißt: *der herzoge Kyôt/wesse wênc umb sîner tohter tôt,/des künec Kardeyzes magezoge* (805,11–13), ist vielleicht dadurch zu erklären, daß er, um seine Aufgabe als Erzieher wahrzunehmen, nicht zur Klause Sigunes mitgeritten ist, so daß er noch nichts vom Tod seiner Tochter weiß.

Nach dem Tod Schoisianes, von der sich der Gral als erste habe tragen lassen (Tit. 24,4), bittet Kiot seinen Bruder Tampunteire, Sigune mit Katelangen zu belehnen. Sigune wird daraufhin von Tampunteire nach Brubarz gebracht, wo sie zusammen mit Kondwiramurs aufwächst (Tit. 25). Im Pz. läßt sich der Gral nur von einer *kiuschen* Jungfrau tragen. Daß Schoysiane die erste Gralträgerin gewesen ist, wird hier allerdings nicht ausdrücklich gesagt. Genannt wird in diesem Zusammenhang stets ihre Nachfolgerin Repanse de schoye (Pz. 235,25 ff., 477,15 ff., 809,8 ff.). Im Tit. wird sie nur einmal als Tochter Frimutels erwähnt (s.o.). Tit. 25 scheint die Gleichaltrigkeit von Sigune und Kondwiramurs zu betonen. Dies steht im Widerspruch zu Pz. 805,3 ff., wo es heißt, Schoysiane, die bei der Geburt Sigunes doch gestorben ist, habe Condwiramurs aufgezogen. Brackert und Fuchs-Jolie erwägen, „daß Kondwiramurs nur kurze Zeit bei Schoysiane aufgezogen wurde, bis diese starb", sie könne „bis zu zwei Jahre älter" vorgestellt werden (Brackert/Fuchs-Jolie, 2002, S. 209).

Für das chronologische Verhältnis zwischen dem Tit. und dem Pz. ist die Angabe bedeutsam, daß genau in der Zeit, in der Sigune nach Brubarz gebracht wird, Kastis, der erste Gemahl der Herzeloide gestorben sei, ohne die Ehe vollzogen zu haben. Kastis habe zuvor Herzeloide Kanvoleiz und Kingrivals übereignet (Tit. 26 f.). Dies wird von einem Ausblick auf die künftige Ehe mit Gahmuret begleitet. Dieser Passage entsprechen Trevrizents Ausführungen im Pz., die noch ergänzen, daß Castis starb, als er sich auf der Heimreise befand (Pz. 494,15–30). Die im Pz. mit den genannten Hauptstädten verbundenen Länder Waleis und Norgals (vgl. etwa Pz. 494,23) werden im Tit. nur jeweils einmal genannt (35,3 und 76,1).

Als der Vater (Tampunteire) und der Bruder (Kardeiz) von Kondwiramurs sterben, wird Sigune von Herzeloide aufgenommen (Tit. 28 f.). Im Pz. wird der Tod von Vater und Sohn kurz erwähnt. Im Minneexkurs der Blutstropfenepisode wird *Frou minne* vorgeworfen, Kardeiz, nach dem später der Sohn Parzivals benannt wird, das Leben genommen zu

Der Stoff: Vorgaben und Transformationen 455

haben (Pz. 293,12 f.). Und als Parzival noch vor der Hochzeit die erste Nacht mit Condwiramurs verbringt, sagt diese, sie sei eine Waise (Pz. 194,18–20), später heißt es, Tampenteire habe Edelsteine und rotes Gold hinterlassen (Pz. 222,15–17) bzw. *ir vater hiez Tampenteire* (Pz. 425,8, vgl. noch 180,26 f.). Mit Blick auf die Handlung des Pz. bedeutet die Formulierung: *In den selben zîten* (Tit. 26,1: „zur selben Zeit"), daß im Tit. die kleine Sigune nach dem Tod des Kastis und vor dem Turnier vor Kanvoleiz von Herzeloide aufgenommen wird. Zwischen beiden Ereignissen ist wohl kein großer Zeitraum zu veranschlagen: als Sigune aufgenommen wird, dürfte Gahmuret gerade im Begriff sein, Belakane zu verlassen (Pz. 54,17 ff.). Man wird sich wohl vorzustellen haben, daß später Sigune im Wald von Soltane zumindest zeitweise anwesend war, denn während der ersten Begegnung Parzivals mit Sigune klärt diese Parzival nicht nur darüber auf, daß seine Mutter ihre Tante und daß sie bei seiner Mutter erzogen worden ist (Pz. 141,13; 477,7 f.), sondern sie gibt auch zu erkennen, daß sie Parzival bereits kennt (Pz 140,9 ff. – zu den Begegnungen Parzivals mit Sigune und der Konstellation in Chrestiens ‚Perceval' s. u.). Den Abschied von Belakane und wie Gahmuret Herzeloide gewinnt und sich von Anpflise trennt, übergeht der Erzähler in Tit. 32 und verweist diese Episoden damit indirekt in die Handlungszusammenhänge des Pz. Anpflise spielt im Tit. dennoch weiter eine im Pz. nicht erwähnte Rolle, denn ihr ist ein edles Kind anvertraut, das der Erzähler als *dirre aventiure herre* (34,4: „Herr dieser Erzählung") hervorhebt und das später von Gahmuret als *Anpflisen knappe* tituliert wird (86,4: „Anpflises Knappe"): es ist Schoinatulander, der im Pz. lediglich als toter Geliebter der Sigune in Erscheinung tritt (s. u.). Vom Pz. herkommend, weiß man spätestens ab hier, daß der Tit. auf den Tod hin erzählt ist (Haug, 1980).

Bevor der Erzähler des Tit. auf die Abstammung Schoinatulanders eingeht, bemerkt er noch, daß dieses Kind Gahmuret als Knappe „überlassen" worden sei, als Gahmuret die Schwertleite durch Anpflise empfing, und daß es Gahmuret auf eine Orientfahrt zum Baruch Achkarin begleitet habe und schließlich nach Waleis gebracht worden sei (34 f.). Im Pz. findet davon lediglich die Schwertleite Gahmurets durch Ampflise Erwähnung (Pz. 97,25–30). Diese Schwertleite müßte demnach in der nicht erzählten Jugend Gahmurets anzusiedeln sein, über die im Pz. immerhin einige Andeutungen gemacht werden (Pz. 8,20 ff.). Als Gahmuret sich von seinen Verwandten verabschiedet, befindet sich Schianatulander also längst in seinem Gefolge. Vom Tit. herkommend, könnte man demnach annehmen, daß Schianatulander Gahmuret mit den vier Kindern begleitet, die Gahmuret sich vor seinem Abschied von Bruder und Mutter erbittet, um dann in den Orient zu ziehen (Pz. 8,4f.). Pz. 13,16ff. mit der ersten Orientfahrt Gahmurets entspräche dann der Tit. 35 genannten Orientfahrt Gahmurets zusammen mit Schoinatulander. Die Bemerkung, daß Schoinatulander von Gahmuret aus dem Heidenland wieder zurückgebracht worden sei, und zwar nach Waleis, setzt natürlich auch Gahmurets Reisen durch viele heidnische Länder und seine Heirat mit Belakane voraus (Pz. 14,29ff.). Danach also erst wird Schoinatulander von Gahmuret nach Waleis bzw. Kanvoleiz gebracht. Die Beziehung zwischen Gahmuret und Anpflise ist im Pz. etwas breiter, wenn letzten Endes auch undeutlich ausgeführt. So versucht Ampflise während der Kämpfe in Kanvoleiz Gahmuret durch einen Brief und ihre Boten an ihre Minnebeziehung zu erinnern und ihn für sich zu gewinnen (Pz. 76,7ff.). Gahmuret kämpft zwar noch im Dienst Ampflises (Pz. 78,17ff.), aber er entscheidet sich schließlich für Herzeloyde (Pz. 87,7ff., 94,17ff., 97,13ff.). Die übrigen Bezugnahmen auf Anpflise im Tit. beziehen sich ausschließlich auf im Pz. nicht erwähnte Vorgänge, die sowohl Schoinatulander als auch Anpflise betreffen. So berichtet Tit. 48 von den Erfahrungen Schoinatulanders mit den von ihm an Gahmuret überbrachten Minnebriefen der Französin, und Tit. 90 davon, daß Anpflise Schoinatulander erzogen habe. In Tit. 93 erinnert Schoinatulander Gahmuret daran, daß er mit seinen Botendiensten dessen Minnekummer geteilt habe, und er mahnt ihn damit, nun sein Minneleid zu lindern. In Tit. 94 wird dies fortgeführt, indem Schoinatulander Gahmuret daran erinnert, welche Dienste er sonst noch für Gahmuret geleistet und daß er seine Verwandten und seine Herrin Anpflise ihm zuliebe verlassen habe. Schließlich wird in Tit. 116f. Anpflise noch einmal ins Spiel gebracht, wenn Herzloide befürchtet, die Königin der Franzosen könnte die Liebe zwischen Schoinatulander und Sigune und das damit verbundene Leid bewußt angestiftet haben, um sich dafür zu rächen, daß Gahmuret sich Herzeloide zugewendet hat.

In Tit. 36f. wird die Abstammung Schoinatulanders genannt, die sich so auch im Pz. findet. Schoinatulanders Großvater ist Gurnemanz von Graharz (36,2 – auch in Chrestiens ‚Perceval' 1548 und ‚Erec' 1695 [ed. Foerster 1675, ed. Roach 1675] und in Hartmanns ‚Erec' 1632); er ist im Pz. der Vater von drei getöteten Söhnen (177,27ff.) und der Liaze (188,4f.), der Onkel der Condwiramurs (189,27f.) sowie der höfische Lehrer Parzivals (162,6ff.); im Tit. kommt dies alles nicht zum Tragen. Brackert/Fuchs-Jolie (2002, S. 231) zufolge wird im Tit. ein ganz anderes Bild des Gurnemanz geschildert als im Pz., nämlich das eines „Haudegens" und „Rauhbeins". Davon ist in Tit. 36 jedoch in dieser Deutlichkeit nicht die Rede. Es ist zwar richtig, daß auf die höfische Sittsam- und Gelehrsamkeit des Lehrers Parzivals im Tit. nicht abgehoben wird, aber die im Tit. hervorgehobene Tüchtigkeit im Kampf wird auch im Pz. betont (68,27). Schoinatulanders Vater, also der Sohn des Gurnemanz, heißt Gurzgri und ist im Kampf um Schoi de la kurte gefallen (Tit. 36,4). Nur im Pz. wird ein zweiter Sohn Gurzgris genannt, Gandiluz, der zu den Knappen Gawans gehört (429,20). Schoinatulanders Mutter ist Mahaude, die Schwester des Pfalzgrafen Ehkunat von Berbester (Tit. 37,1 f.). So erzählt es auch im Pz. Gurnemanz (allerdings ohne die Erwähnung des Namens Berbester), der hier noch ergänzt, Gurzgri sei von Mabonagrin erschlagen worden (vgl. Pz. 429,20 f.), worauf Tit. 78,4 abhebt, und seine Mutter, also die Frau des Gurnemanz, sei darob gestorben (Pz. 178,15 ff.). Die Quelle für diese *aventiure* mit dem Namen Schoi de la kurte (Tit. 36,4; Pz. 178,21) ist Chrestiens bzw. Hartmanns ‚Erec'. Mahaude ist zudem die Schwester der Swete (Schoette), der Mutter Gahmurets. Schoinatulander scheint demnach ein „im weiteren Sinn […] ‚männlicher Verwandter'" (Heinzle, 1989, S. 490 f.) Gahmurets zu sein (Tit. 49), ein Umstand, der freilich Schwierigkeiten bereitet hat.

Der Bruder Mahaudes, Ehkunat von Berbester, ist identisch mit dem Ehkunat im Pz., der Kyngrisin, den Vater Vergulahts erschlagen hat (Pz. 413,13 ff.). Er ist von Ehkunat de Salvasch Floriê, der nur im Tit. eine Rolle spielt, zu unterscheiden (s. u.). Aus Tit. 118, wo es heißt, daß Anpflise das Kind Schoinatulander erzogen habe, *sît ez der brust wart enpfüeret* (118,1: „seit es der Mutterbrust entwöhnt worden war"), kann vielleicht gefolgert werden, daß Mahaude früh verstorben ist, sicher ist dies jedoch nicht. Im Pz. ist von einem solch frühen Tod nicht die Rede, hier heißt es allerdings angesichts des Todes von Gurzgri: *des verlôs Mahaute ir liehten schîn* (178,24: „dadurch verlor Mahaute ihre Schönheit").

Bevor der Tit.-Erzähler zur Liebe zwischen Sigune und Schoinatulander übergeht, begründet er noch, weshalb er den rühmenswerten Sohn Gurzgris nicht vor Sigune genannt habe: dies liege an ihrer auserwählten Abstammung aus der Gralsippe, die durch ihre Mutter Schoisiane verbürgt sei (38). Alle Angehörigen des Gralreiches seien Auserwählte, die hier auf Erden und im Jenseits immer selig seien. Wo auch immer der *sâmen* des Grals hingebracht werde, da müsse er Früchte bringen und vor *schande* schützen, und so sei denn auch Kanvoleiz ein derart auserwählter Ort. *des grâles diet* (Tit. 39,1: „Leute des Grals") entspricht im Pz. *des grâles schar* (etwa Pz. 473,11) bzw. *des grâles folc* (Pz. 500,15), auch hier wird, so im Gespräch Parzivals mit Trevrezent, darauf verwiesen, daß den Gralleuten die ewige Seligkeit sicher sei (Pz. 471,10–14).

So, wie die Erziehung Schoinatulanders durch Anpflise und die frühe Kindheit Sigunes bei Tampunteire und Kondwiramurs, schließlich bei Herzeloide im Pz. keine Rolle spielt, so ist hier auch keine Rede davon, daß Gahmuret sich der Erziehung des künftigen Liebespaares angenommen habe. Im Tit. hingegen *Der stolze Gahmuret disiu kint mit ein ander/in sîner kemenâten zôch* (T 42 f.: „Der stolze Gahmuret erzog persönlich dieses Kinder miteinander").

In den Strophen Tit. 42–66, in denen von der Kinderminne der beiden erzählt wird, gibt es, vom Minneexkurs und einigen Namennennungen abgesehen, keine Übereinstimmungen mit dem Pz.

Mit Tit. 67 f. knüpft die Handlung chronologisch an die zweite Orientreise Gahmurets im Pz. an, während der er dann den Tod finden wird (Pz. 101,21 ff.), der sowohl im Tit. als auch im Pz. vorausschauend beklagt wird (Pz. 102,22; Tit. 68,4 und 76). Zuvor hatte Gahmuret seiner Frau Herzeloyde das Versprechen abgenommen, turnieren zu dürfen, sobald er Lust darauf verspüre (Pz. 96,23 ff.). Davon ist im Tit. nicht die Rede. Beide Texte stimmen darin überein, daß es gegen die bei Chrestien nicht erwähnten Heiden Pompeius und Ipomidon geht, die Feinde des Baruc Achkarin. Anders als im Pz. wird im Tit. hervorgehoben, daß Gahmuret heimlich aufbreche (68, 72), begleitet von 20 höfischen Knaben und 80 gepanzerten Knappen ohne Schild; nur von Herzeloide nimmt er Abschied, der in Hs. M umfangreicher gestaltet ist (74). Betont wird an dieser Stelle die außergewöhnliche Liebe zwischen Gahmuret und Herzeloide. Zum Abschied schenkt Herzeloide ihrem Gemahl ein von ihr getragenes weißseidenes Hemd. Beim Lanzenkampf vor Baldac habe er es getragen (Tit. 74). Von einem solchen Abschied wird im Pz. nicht erzählt, allerdings wird hier kurz vor seinem Aufbruch die merkwürdige Gewohnheit Gahmurets erwähnt, ein weißes Seidenhemd der Königin über seinem Panzer zu tragen, nach seinen Kämpfen habe sie es wieder auf der nackten Haut getragen (Pz. 101,9 ff.).

Strophe Tit. 75 bietet mit einer irritierenden Stellung in G die einzige direkte Anspielung auf den Pz. Zunächst wird die Abschiedssituation aufgenommen und dann betont, daß man noch nie von einer größeren Liebe gehört habe, woraufhin folgt: *des wart sît Parzivâl an Sigûnen zer linden wol innen* (75,4: „Das erfuhr später Parzival genau von Sigune bei der Linde"). Auf wen auch immer dies zu beziehen ist (nur auf Herzeloide und Gahmuret, nur auf Schoinatulander und Sigune oder auf beide), die Vorausdeutung auf die zweite Begegnung Parzivals mit Sigune auf der Linde ist jedenfalls deutlich (Pz. 249,11–255,30).

Der Stoff: Vorgaben und Transformationen 459

Von Kanvoleiz begibt sich Gahmuret schließlich nach Sibilje (Tit. 76,1: „Sevilla"): hier endet im Tit. der Erzählstrang über Orientfahrt und Rückkehr. Im Pz. heißt es über die Hinreise lediglich: *dô schift er sich über mer* (102,19). Als Ankunfts- und Ausgangsort kann mit Pz. 58,22 und 496,25–29 jedoch ebenfalls Sibilje/Sevilla angenommen werden. Auch auf dieser Orientfahrt nimmt Gahmuret Schoinatulander mit, und auch dies hat keine Entsprechung im Pz. Schoinatulanders Begeisterung hält sich allerdings in Grenzen, denn die Reise bedeutet die Trennung von Sigune. Der Abschied ist durch ein kurzes Minnegepräch gestaltet (Tit. 69–71). Hs. M bietet als einzige Tit.-Handschrift in einer verstümmelten Strophe (76a) das Lob des Landgrafen Hermann I. von Thüringen, der als wichtigster Förderer der mhd. Literatur zur Zeit Wolframs gilt. Im Prolog des Wh. wird er als Vermittler der französischen Vorlage genannt (3,8f.). Im Pz. wird seine Generosität gepriesen (vgl. Wh 417,22–26), aber es werden auch die Zustände an seinem Hof kritisiert (Pz. 297,16–29). Die Formulierung in Tit. 76a,4 (*die <vor im> hin gescheiden <sint>*) läßt darauf schließen, daß Hermann bereits verstorben war; die Strophe liefert demnach einen „Terminus post quem zumindest für einen Teil des Tit.: das Todesdatum Hermanns, den 25. April 1217" (Bumke/Heinzle, 2006, S. 476). Ob Hermann der Auftraggeber des Tit. gewesen ist, bleibt allerdings unklar.

Zwischen den nun folgenden Passagen über das Liebesleid von Sigune und Schoinatulander sowie den Gesprächen zwischen Gahmuret und Schoinatulander sowie Herzeloide und Sigune (Tit. 77–125) gibt es, von den redenden Figuren, einigen Namennennungen und Genealogischem u. ä. abgesehen, kaum eine Verbindung zum Pz. Lediglich aus der Unterstellung Herzeloides, Anpflise könne aus Haß und Rache die Liebe der beiden geschürt haben (116 f.), weil Herzeloide ihr den Mann genommen hat, könnte ein Zusammenhang hergestellt werden (Pz. 76,7 ff.; 87,7 ff.; 94,17 ff.; 97,13 ff). Ihre Boten jedenfalls verlassen zornig den Hof der Herzeloyde (Pz. 98,8 ff.).

Daß Gahmuret sterben wird, geht aus dem Tit. deutlich genug hervor (68); über das Schicksal Schoinatulanders und Sigunes bis zur im zweiten Tit.-Fragment erzählten Brackenseilepisode gibt es im Tit. und natürlich auch im Pz. keine wie auch immer geartete Andeutung.

2.2. Zweites Fragment

Im zweiten Tit.-Fragment verweist nur wenig direkt auf den Pz. Lediglich das Brackenseil, die Geschichte von Ilinot und Florie, der Name Trevrezent und natürlich die beiden Hauptfiguren als solche können mit dem Pz. verbunden werden. Die Grundsituation entspricht keiner seiner erzählten Episoden. Das Brackenseil wird im Pz. von Sigune als Grund für den Tod Schianatulanders genannt. Dieses im Pz. ganz unverständliche Motiv ist im zweiten Tit.-Fragment breit ausgeführt.

Sigune und ihr toter Geliebter tauchen im Pz. genau vier Mal auf, immer in Verbindung mit Parzival. Wolfram hat die Konstellation Chrestiens ‚Perceval' entnommen, abgewandelt und erheblich ausgeweitet.

Im ‚Perceval' trifft der Held nach seinen Erlebnissen auf der Gralburg in einem Wald auf ein trauerndes, unter einer Eiche sitzendes „Fräulein" (3431: *pucele*), das in ihrem Schoß einen enthaupteten Ritter hält und einen klagenden Monolog führt, der den toten Ritter als ihren Geliebten erweist. Auf Percevals Frage, wer den Ritter getötet habe, antwortet das Fräulein nur knapp, dies habe am Morgen ein anderer Ritter getan. Sowohl das Fräulein als auch ihr enthaupteter Geliebter bleiben bei Chrestien namenlos. Danach folgt ein Gespräch über Percevals Besuch und Erlebnisse auf der Gralburg, dem sich das Entsetzen und die Trauer des Fräuleins über die nicht gestellten Fragen Percevals anschließen (3422–3611). In diesem Gespräch stellt sich heraus, daß das Fräulein Perceval kennt und seine „leibliche Cousine" ist (3600: *germaine cousine*); sie sei zusammen mit dem kleinen Perceval von seiner Mutter aufgezogen worden. Seine Mutter sei aus Gram über seine Sünde, die er an ihr begangen habe, gestorben. Die erlösenden Fragen habe er nicht gestellt als Folge ebendieser Sünde (3591–3601). Dies wird später von dem Einsiedler-Oheim präzisiert (6390 ff.). Perceval schlägt nun vor, den Totschläger zu verfolgen, um gegen ihn zu kämpfen. Das Fräulein aber will ihren Geliebten, mit dem sie offenbar eine erfüllte Liebe verband (3608–3611), nicht zurücklassen und weist Perceval den Weg, den der Ritter genommen hat. Zum Abschied folgt noch ein Gespräch über die Besonderheiten des Gralschwertes, das Perceval vom Gralkönig erhalten hatte (3654–3687). Bei Chrestien ist dies die einzige Begegnung der beiden.

Die mittelkymrische Erzählung ‚Peredur' aus dem 13. Jh., in der es ebenfalls zu einer Begegnung des Helden mit einer um ihren getöteten Geliebten trauernden Frau kommt, scheint den ‚Perceval' Chrestiens vorauszusetzen; ob hier dennoch vielleicht ältere keltische Formungen des Stoffes tradiert werden, muß Spekulation bleiben. In diesem walisischen Text erweist sich der Tote als Gemahl der Frau und diese selbst sich als die Pflegeschwester Peredurs, die vergeblich versucht, den Toten auf ein Pferd zu heben. Ihr Gemahl sei von einem Ritter, der sich im Wald aufhalte, erschlagen worden. Die Frau verflucht Peredur, weil er die Ursache für den Tod seiner Mutter sei; Gral und Lanze, die Peredur zuvor gesehen hatte, spielen hier keine Rolle. Anders als bei Chrestien und Wolfram wird der Tote von Peredur bestattet; anschließend besiegt er den Totschläger (Chrestiens Orguelleus, Wolframs Orilus) des Mannes seiner Schwester und zwingt ihn zur Heirat mit ihr.

Die erste Begegnung Parzivals mit Sigune im Pz. findet statt, nachdem Parzival Jeschute verlassen hat und aufs Geratewohl weitergeritten und kurz darauf zufällig die Schreie einer Frau hört. Wolfram hat die Szene also vorverlegt. Parzival findet eine ihm und dem Leser unbekannte Dame, die der Erzähler jedoch gleich mit dem Namen Sigune benennt. Sie hält in ihrem Schoß ihren toten Geliebten, der ebenfalls direkt mit seinem Namen Schianatulander eingeführt wird, stößt klagende Schreie aus und reißt sich ihre Zöpfe aus. Der tumbe Knabe wendet zunächst die Lehre seiner Mutter an, jedermann zu grüßen, und beginnt dann, nicht nach den Gründen, sondern lediglich nach der Person zu fragen, die Schianatulander verletzt bzw. getötet habe, er sei wohl von einem „Spieß" (*gabylôt*) getroffen worden, er wolle mit dem Totschläger kämpfen. Sigune ist von der Schönheit Parzivals angetan und betont, daß Schianatulander nicht durch einen *gabylôt*, sondern in einer Tjost und damit in einem ritterlichen Kampf den Tod gefunden habe. Parzivals fragendes Mitgefühl erweckt den Respekt Sigunes, und sie fragt nach seinem Namen, woraus sich die Aufklärung Parzivals über seinen Namen, über das verwandtschaftliche Verhältnis zwischen ihm und Sigune, seine Herkunft und sein Geschlecht ergibt. Anders als bei Chrestien erklärt nun Sigune anschließend das tragische Geschehnis genauer. Der Tote sei ein Fürst, der in ihrem Dienst, aber auch für die Herrschaft Parzivals in seinem Land gekämpft habe (Pz. 138,9–141,4). Ein Brüderpaar habe ihm schweren Schaden zugefügt: Lähelin halte zwei Länder Parzivals besetzt (eine Information, die Parzival bereits von seiner Mutter erhalten und die bei ihm den Entschluß zur Rache hervorgerufen hatte: Pz. 128,3 ff.) und dessen Bruder Orilus (Chrestiens Orguelleus de la Lande; Perc. 3817 ff.) habe zudem Schianatulander (vgl. Pz. 135,21–24; 439,30) und Galoes, den Onkel Parzivals (vgl. Pz. 134,24–26), erschlagen. Orilus ist demnach an der Besetzung der Länder Parzivals beteiligt; ob Schianatulander auch gegen Lähelin gekämpft hat, bleibt unklar. Die Nachricht vom Tod seines Bruders hatte Gahmuret während der Kämpfe vor Kanvoleiz erhalten (Pz. 80,6 ff.). In ihrem und im Dienst Parzivals, so Sigune weiter, habe Schianatulander sein Leben verloren (Pz. 141,2–24). Als Grund wird ohne nähere Darlegung die Hundeleine genannt (*ein bracken seil gap im den pîn*; Pz. 141,16: „Die Leine eines Bracken hat ihn umgebracht"), die im zweiten Tit.-Fragment eine zentrale Rolle spielt. Es schließt sich eine Äußerung Sigunes an, in der sie den Tod ihres Geliebten damit in Zusammenhang bringt, daß sie ihm ihre Liebe verweigert habe (Pz. 141,20 f.). In der Forschung herrscht Uneinigkeit darüber, ob dies als eindeutiges Schuldbekenntnis zu werten sei. Man darf zumindest von einer Problematisierung der Sigune-Gestalt sprechen, die vielleicht in Zusammenhang mit Belakane zu bringen wäre, die ebenfalls ihrem ersten Geliebten keine Liebe gewährt (Pz. 26,25 ff.). Parzival reitet schließlich mit dem Wunsch zur Rache fort (Pz. 138,9–141,30). Im Tit. ist das Verhältnis zwischen Sigunes Liebesverweigerung und dem Brackenseil klarer gestaltet: Sigune verlangt von Schoinatulander, ihr die mysteriöse Hundeleine zu bringen, erst dann könne er ihrer Minne teilhaftig werden. Auf den Pz. bezogen, heißt das, daß Schianatulander auf der ihm von Sigune abverlangten Suche nach dem Brackenseil den Tod gefunden hat. Inwiefern aus diesem Komplex für den Tit. bzw. Pz. eine Schuld Sigunes abzuleiten ist, bleibt undeutlich. In den anderen Begegnungen Parzivals mit Sigune und ihrem toten Geliebten gibt es keine Andeutungen auf eine mögliche Schuld Sigunes.

Nach Parzivals Besuch auf der Gralburg und nachdem er die Spur der Gralritter verloren hat, hört er – es ist dies die zweite Begegnung – die klagende Stimme einer Frau. Sie gehört der trauernden Sigune, die auf einer Linde sitzt und ihren toten einbalsamierten Geliebten im Schoß hält. Erneut bekundet Parzival sein Mitleid mit der dendritenartigen Sigune. Im Laufe des Gespräches über die Gralburg und das Gralgeschlecht von Titurel bis Anfortas erkennt Sigune Parzival an der Stimme, woraufhin sie in Erfahrung zu bringen versucht, ob er den Gral gesehen und die Not des Anfortas ein Ende gefunden habe. Allein, Parzival interessiert sich zunächst nur dafür, woher Sigune ihn kennt. In ihrer aufklärenden Antwort geht Sigune auf ihr Verwandtschaftsverhältnis ein und zollt Parzival für sein Mitleid über den Tod Schianatulanders Respekt, der in einer Tjost ums Leben gekommen sei, womit Sigune eine Charakterisierung Schianatulanders verbindet: *er pflac manlîcher güete* (252,23: „er war ein ganzer Mann"). Wenn dies die ritterliche Befähigung Schianatulanders bezeichnen soll, dann entspricht dies den Hoffnungen und Voraussagen im Tit., in denen von den künftigen ruhmreichen Rittertaten Schoinatulanders die Rede ist (Tit. 65 f., 95, 96 ff., 122–124). Mit

Parzivals Erinnerung an die erste Begegnung, seinem sehr pragmatischen Vorschlag, den Toten zu begraben, sich damit aber auch dem Leben neu zu öffnen, und einem Rekurs des Erzählers auf Hartmanns Lunete (Pz. 252,27–253,8; ,Iwein' 1967 ff.), wird die *triuwe* Sigunes erneut fokussiert, die sich auf die Erlösung des Anfortas richtet (Pz. 253,19 ff., vgl. 249,24 f.). Es folgen das Bekenntnis Parzivals, auf der Gralburg die erlösende Frage nicht gestellt zu haben, die Verfluchung durch Sigune und Parzivals Abschied. Schianatulander gerät in dieser Szene nicht mehr in den Blick (Pz. 249,11–255,30).

Parzivals dritte Begegnung mit Sigune erfolgt mit dem Wiedereintritt des Helden in die Handlung zu Beginn des IX. Buches. Parzival stößt in einem Wald auf eine Klause, in der er Sigune und den in einem Sarkophag begrabenen Schianatulander vorfindet, von dem es heißt, er habe nie Liebe erlebt. Erneut wird die *triuwe* der immer noch um ihren Geliebten trauernden Sigune hervorgehoben, was der Erzähler zum Anlaß nimmt, die *triuwe* der Frauen seiner Gegenwart zu reflektieren, abermals auch erkennt Parzival erst spät, mit wem er es zu tun hat, und erneut zeigt er sein Mitleid mit Sigune (Pz. 440,22). Hingegen erkennt Sigune Parzival diesmal nicht an der Stimme, sondern erst, nachdem er das *hersenier* (die Kapuze des Kettenpanzers) abgezogen hat. In einem Gespräch über seine Suche nach dem Gral und sein Liebesleid vergibt Sigune ihrem Cousin, der sie schließlich wegen seines übergroßen Leids um Hilfe bittet. Sigune verweist ihn zum Abschied auf die Spur der Gralbotin Cundrie, die ihn vielleicht nach Munsalvaesche führen könne (Pz. 435,1–442,26). Eine Inkluse erscheint auch in der ,Queste del Saint Graal' (ed. Pauphilet, S. 73 f.), sie erweist sich hier als Tante Percevals, die diesem vom Tod seiner Mutter berichtet.

Bei der vierten und letzten Begegnung ist Parzival bereits zum Gralkönig erwählt worden und unterwegs ins Gralreich. Als er an dem Wald vorbeikommt, in dem sich die Klause Sigunes befindet, wird er darüber informiert, daß in diesem Wald eine Jungfrau lebe, die beständig über dem Sarkophag ihres Geliebten trauere, sie sei *rehter güete ein arke* (Pz. 804,16: „ein Schrein der Vollkommenheit"). Als Parzival und sein Gefolge die Klause aufsuchen, finden sie Sigune in Gebetshaltung auf den Knien liegend tot auf. Man legt sie in den Sarkophag neben die Leiche ihres einbalsamierten und deshalb unverwesten Geliebten (Pz. 804,8–805,15).

Im Tit. berichtet der Inschriftentext des Brackenseils von dem Liebespaar Clauditte und Ehkunat de Salvasch Florie. In diesem Zusammenhang wird auch kurz vom Schicksal der Florie, der Schwester Claudittes, und ihres Geliebten Ilinot berichtet (140–143). Im Pz. wird die unglückliche Liebe zwischen Florie und Ilynot das erste Mal erwähnt, als Gawan gegen König Meljanz kämpft und dabei auf etliche Bertunen trifft, die auf dem Helm oder dem Schild als Emblem ein *gampilûn* (vermutlich ein Drache oder Chamäleon) tragen. Es ist dies auch das Wappenzeichen von Ilynot, des im Kampf getöteten Sohnes des Königs Artus. Dieses Wappen erinnert Gawan an das damit verbundene Leid seines Vetters und versetzt ihn so sehr in Trauer, daß er gegen die Bertunen nicht kämpfen will (Pz. 383,1–16). Die genaueren Umstände des Todes und auch die Geliebte Ilynots werden an dieser Stelle nicht genannt. Aufklärung darüber erfährt man erst später im Minneexkurs zu Beginn des XII. Buches. Gawan hat seine Aventüren auf der Burg Schastel marveile überstanden und ruht sich schwer verletzt aus. In dieser Lage plagt ihn Liebeskummer, was der Erzähler zum Anlaß nimmt, Frau Minne wegen ihres unglückseligen Einflusses anzuklagen. Unter den vielen tödlichen Liebesschicksalen, die Frau Minne vorgehalten werden, findet auch das Flories und Ilynots Erwähnung, der von Frau Minne in den Tod getrieben worden sei. Ilynot habe früh das Land seines Vaters verlassen und sei von Florie, der Königin von Kanadic, erzogen worden. Im Tit. wird lediglich der letzte Umstand erwähnt (141,4). Florie habe dann Ilynot dazu gedrängt (Pz. 586,8f. – so nicht im Tit.), in ihrem Dienst zu kämpfen, wodurch er schließlich den Tod gefunden habe (Pz. 585,29–586,11). Im Tit. ist hingegen noch davon die Rede, daß Florie ihrem Geliebten Ilinot ihre Liebe noch nicht geschenkt hatte und daß sie aus Liebeskummer gestorben sei (141f.).

Für die Erwähnung Trevrezents in Tit. 9,3 und 127,3 ist generell auf das im IX. und XVI. Buch des Pz. geführte Gespräch zwischen Parzival und Trevrezent zu verweisen (Pz. 456,1ff., 797,16ff.). Auf die Herkunft Trevrezents ist bereits eingegangen worden (s.o.). Daß Trevrezent sich durch eine besondere Schnelligkeit im Laufen auszeichnet (Tit. 127), findet sich nur im Tit. Dieser Hinweis auf seine Schnelligkeit ist nicht etwa ein „skurriles Motiv" (Brackert/Fuchs-Jolie, 2002, S. 393), sondern Anklang an antike Typisierungen, so gilt etwa auch Achilleus als schneller Läufer (Homer, ‚Ilias', IX,196).

Die Einordnung in den Geschehenszusammenhang des Pz. ist diffizil. Die Brackenseilepisode muß wegen des Alters der Protagonisten nach Gahmurets zweiter Orientfahrt liegen. Dem Pz. und der Vorausdeutung im Tit. (68,4) zufolge ist Gahmuret inzwischen von Ipomidon erschlagen und, wiederum dem Pz. zufolge, im Heidenland begraben worden. Im Pz. hat sein Gefolge die Rückkehr nach Kanvoleiz angetreten und Gahmurets bester Knappe Tampanis hat der entsetzten Hofgesellschaft vom Tod

Gahmurets berichtet. Herzeloyde bringt nun Parzival zur Welt und zieht sich mit ihrem Sohn aus der höfischen Welt in die Wildnis von Soltane zurück, wo Parzival heranwächst. Wie oben ausgeführt, dürfte Sigune zeitweise in Soltane mit Herzeloyde und dem kleinen Parzival gelebt haben. Schianatulander wird mit dem Gefolge Gahmurets die Heimreise angetreten haben und in Waleis mit Sigune zusammengetroffen sein. Da das zweite Tit.-Fragment nahelegt, daß Sigune mit Schoinatulander alleine unterwegs ist (sofern es sich bei dem *walt* von Tit. 129,1 nicht um den Wald von Soltane und damit um die nähere Umgebung Herzeloides handelt), Schoinatulander inzwischen französisch zu lesen imstande ist (Tit. 158) und der Erwerb des Brackenseils als Minnedienst verstanden wird (Tit. 160 ff.), darf man davon ausgehen, daß die ehemalige Kinderminne sich inzwischen zu einer gereifteren, wenn auch noch jugendlichen höfischen Minnebeziehung entwickelt hat und daß die Brackenseilepisode des zweiten Tit.-Fragments also eine gute Zeit nach der Geburt Parzivals anzusetzen ist (Parzival wird geboren, kurz nachdem Schianatulander, wie logisch anzunehmen ist, mit dem Gefolge Gahmurets aus dem Orient zurückkommt). Aus dieser Jugendlichkeit scheint sich aber abzuleiten, daß Schianatulander erst nach der im zweiten Tit.-Fragment erzählten Episode die Länder Parzivals gegen Lähelin verteidigt haben kann; daß er dies getan hat, erzählt Sigune Parzival während ihrer ersten Begegnung (141,2 ff., s.o.). Erschlagen worden ist Schianatulander von Orilus kurz vor dieser ersten Begegnung Parzivals mit Sigune (Pz. 135,21–24), das heißt also vor oder vielleicht während der Begegnung Parzivals mit Jeschute, da Orilus dies Jeschute nach ihrer Episode mit Parzival erzählt und den Tod Schianatulanders auf den Morgen terminiert. Der tumbe Parzival, der gerade erst seine Mutter verlassen hat, und Schianatulander, der bereits Parzivals Länder verteidigt hat, hätten sich also durchaus begegnen können. Die Brackenseilepisode des zweiten Tit.-Fragments ist demnach chronologisch auf jeden Fall eine gute Zeit nach der Geburt Parzivals und vor Parzivals Weggang aus Soltane einzuordnen, da nach seinem Abschied von seiner Mutter nur ein Tag und eine Nacht vergehen (Pz. 129,12 ff.), bevor er Sigune und dem toten Schianatulander begegnet, der, wie gesagt, nur kurz zuvor von Orilus erschlagen worden war. Es ist diese merkwürdige Konstellation zwischen Schianatulander, Lähelin und Orilus, die Albrecht, der Dichter des JT, im Rückgriff auf den Pz. u. a. aufgenommen und präziser ausgestaltet hat. Nur spekulieren kann man, ob Herzeloyde nach Soltane flieht, weil Lähelin kurz nach der Geburt Parzivals ihre Länder besetzt oder ob die Besetzung erst nach der Übersiedlung nach Soltane stattfindet (Yeandle, 1984, S. 38, 263).

3. ‚Titurel' und ‚Jüngerer Titurel'

In der zweiten Hälfte des 13. Jh.s (etwa um 1260–1270) nimmt ein Dichter namens Albrecht die zwei Tit.-Fragmente auf und integriert sie einem ca. 6300 Strophen umfassenden Epos, das heute in Abgrenzung zum ‚Älteren Titurel' Wolframs von Eschenbach der ‚Jüngere Titurel' genannt wird (→ S. 25 ff., 291 ff.). Dem Spätmittelalter ist der Name ‚Titurel' als Titel für den JT geläufig. Die Strophenform bezieht Albrecht von Wolfram, er verleiht ihr jedoch eine regelmäßigere Form (→ S. 164).

Neben den Erweiterungen und partiellen Umstrukturierungen der Tit.-Fragmente hat Albrecht die Genealogie Titurels und seine Berufung zum Gralkönig als Vorgeschichte, die Verknüpfung der beiden Fragmente mit dem neu erzählten Tod Gamurets und der Schwertleite Tschinotulanders sowie als umfangreichsten Teil Tschinotulanders Suche nach dem Brackenseil, die Rache für Gamurets Tod, Tschinotulanders und Sigunes weiteres Leben und Tod, Parzifals Aventüren und das Schicksal des Grals, um nur das Wichtigste zu nennen, hinzugedichtet. Durchsetzt ist das Epos mit zahlreichen gelehrten und lehrhaften Passagen, was dem Text ein eigentümliches Spannungsverhältnis zwischen *aventiure* und *lere* („Lehre") verleiht (dazu zusammenfassend Neukirchen, 2006, S. 331–359).

Es gibt 11 mehr oder weniger vollständige Hss. des JT, einen Druck von 1477 (J) sowie zahlreiche Fragmente (→ II, S. 960 ff.). Die komplexe Überlieferungslage läßt mindestens zwei Überlieferungszweige erkennen, die zum Teil erheblich voneinander abweichen. I: ABCDE (C erst ab JT 3558; D ab JT 4958 stark gekürzt); II: WXYZ (W erst ab JT 2822). Hs. K hatte wohl mit J eine gemeinsame Vorlage, beide stellen sich in der Regel zu II. Hs. H. scheint zwischen beiden Zweigen komplexitätsreduzierend und kürzend zu vermitteln (anders Röll, 1964). In der maßgeblichen Ausgabe von Werner Wolf und Kurt Nyholm wird ein kritischer Text nur des Überlieferungszweiges I geboten (Leithandschrift A), darüber hinaus ein diplomatischer Abdruck eines Vertreters des Überlieferungszweiges II (Hs. X), der weitgehend unerforscht ist. Die Wolfram-Fragmente sind ganz oder teilweise in 9 Hss. (ABDEHKXYZ), dem Druck von 1477 (J) sowie in 9 Fragmenten (Nr. 13, 14, 15, 18, 26, 39, 41/45, 54, 60 – vgl. Bumke/Heinzle, 2006, S. IXff.) überliefert.

Im JT finden sich alle auf uns gekommenen Strophen der Tit.-Handschriften G, H und M in mehr oder weniger bearbeiteter Form wieder (→ S. 476 ff.). Insgesamt besehen, scheint keine der Vorlagen-Handschriften eine G nahestehende Hs. gewesen zu sein, „vielmehr scheinen alle H und M nähergestanden zu haben [...]. Die 11 Mehrstrophen in HM stehen alle auch im Jüngeren Titurel" (Bumke, 2004, S. 420). Wegweisende texkritische Untersuchungen sind von Joachim Bumke (1971) unternommen worden, eine generelle Untersuchung der Inserierung der Tit.-Fragmente in den JT fehlt indes und muß, nicht nur in Hinblick auf die Erforschung des Tit., als Desiderat der Forschung gelten. Sie hätte die verschiedenartigen Einarbeitungen der Tit.-Fragmente, soweit es den Inhalt, Wortlaut, die Metrik, den Strophenbestand und die Strophenfolge betrifft, in die Hss. der jeweiligen Überlieferungszweige des JT zu analysieren. Nach der Beendigung der JT-Ausgabe durch Kurt Nyholm, der Edition der JT-Hs. H durch Werner Schröder (1994–1995) und Kurt Nyholm (1995), vor allem aber seit der Publikation der Tit.-Ausgabe von Bumke/Heinzle, in der die gesamte Überlieferung des Tit. im JT dokumentiert ist, sind die Voraussetzungen für eine solche Untersuchung besser denn je. Es fehlt allerdings eine kritische Edition des Überlieferungszweiges II des JT.

Der Name Albrecht fällt an unterschiedlichen Stellen des JT, allerdings nur in den Hss. ABCE sowie im Druck J, also nicht in Hs. D des Überlieferungszweiges I und nicht, vom Druck J abgesehen, in den Textzeugen des Überlieferungszweiges II. Hs. K bedarf diesbezüglich noch genauerer Untersuchung; Str. JT 5961, in der es heißt *ich, Albreht* (s.u.), fehlt hier allerdings ebenso mit Sicherheit wie die Namennennung Albrechts am Schluß, wie sie für Hs. C und den Druck J bezeugt ist, den Nyholm in dieser Hinsicht fälschlich mit Hs. K gleichsetzt (Bd. III/2, S. 488: „J = K", richtig hingegen Wolf, 1939, S. 110–112). Gesichert ist der Autorname Albrecht in Abgrenzung zum Namen der Erzählerfigur Albrecht vor allem durch das wohl zu keiner Hs. des JT passende sogenannte Verfasserfragment (Petzet, 1904). Es besteht aus 23 zum Teil verstümmelten Strophen. In dem Text, dem Anfang und Ende fehlen, spricht ein sich Albrecht nennender Dichter über sein Epos, das von Titurel, Sigune und Tschionatulander handle, und die große Dichtkunst Wolframs von Eschenbach. Gemeinhin wird das Verfasserfragment als Widmungs- oder Bittgedicht an Herzog Ludwig II. den Strengen von Baiern (gest. 1294, im Text als *phalntzgrave* (18,4), *der paier prinz* und *duc loys et palatinus* [20,3f.]) aufgefaßt, in dem Albrecht sein Werk verteidige. Ob Ludwig II. der Gönner Albrechts war, ist nicht sicher. Im JT wird an verschiedenen Stellen offensichtlich auf Mäzene angespielt (64, 5843f., 5961, eventuell 5993). Ob es sich dabei um historisch identifizierbare Fürsten handelt, ist umstritten (de Boor, 1973; Bumke, 1979; Kern, 1984; Neukirchen, 2006, S. 260–266). Neben Ludwig II. hat man vor allem an den Markgrafen Heinrich den Erlauchten von Meißen und seine Söhne Albrecht und Dietrich gedacht. Historische Daten über das Leben Albrechts fehlen völlig.

Die Besonderheit des JT besteht in seiner eigentümlichen Ausgestaltung der Erzählerrolle: Vom Prolog an bis Str. 5960 nennt sich der Erzähler *Wolfram von Eschenbach*; erst in Str. 5961 erhebt mit einer nunmehr berühmten Bemerkung ein zweiter Erzähler seine Stimme: *Die aventiure habende bin ich, Albreht, vil gantze* (5961,1 – nur im Überlieferungszweig I mit Ausnahme von D [!]). Er führt das Epos mit 366 Strophen (nach der Ausgabe Wolfs/Nyholms) zu Ende. Die ältere Forschung war der Ansicht, Albrecht sage damit, er kenne die *aventiure* des vollständigen ‚Älteren Titurel'; inzwischen ist auch die nicht unbegründete These formuliert worden, just diese *aventiure* meine die des Pz., die der Erzähler Albrecht im Gegensatz zu seinem Vorgänger Wolfram in ihrer Vollständigkeit zu kennen beanspruche (Neukirchen, 2004 und 2006). Bei diesem „Erzählermaskenspiel" handelt es sich jedenfalls „um eine poetologische Diskussion und nicht um eine tatsächliche Autorfiktion" (Mertens, 2005, S. 215).

Im Prolog wird der Erzähler Wolfram als jemand eingeführt, der seinen vorgängigen und nicht auf angemessene Weise erzählten Pz. selbstkritisch verbessern möchte. Bedeutsam ist dabei der nicht anfechtbare Umstand, daß im Prolog an keiner Stelle auf den ‚Älteren Titurel' Bezug genommen wird. Im Gegenteil, der Prolog endet mit den Worten: *swaz Parzival da birget, daz wirt zu liehte braht an vakel zunden* (86,4: „Was der ‚Parzival' da verbirgt, das wird ans Tageslicht gebracht, ohne dafür Fackeln entzünden zu müssen" – mit anderen Worten: dasjenige, was es hinsichtlich des Pz. und aus ihm heraus erzählend zu ergänzen und zu verbessern gilt, wird ohne Schwierigkeit ins Werk gesetzt). Diese ausschließliche Bezugnahme auf den Pz. im Prolog des JT setzt sich im weiteren Verlauf des Epos fort; nicht der ‚Ältere Titurel' wird von den Erzählern Wolfram und Albrecht als Bezugspunkt genannt, sondern stets der Pz. (vgl. etwa 318,1 f.; 328; 487; 552,1 f.; 4945; 5263; 5999,1–3). „Vor diesem Hintergrund wird auch verständlicher, daß im JT langsam, aber sicher die Handlung des Parzival eingeholt, parallel weitergeführt, ergänzt und überholt wird, daß nach Tschinotulanders Tod die Geschichte nicht zu Ende ist, sondern Parzifal Herr der *aventiure* wird, daß seine Begegnungen mit Sigune noch einmal neu und seine Reisen zum ersten Mal geschildert werden, daß das Geheimnis des Gralschwertes gelüftet wird und daß der Handlungsstrang um Orilus und Lehelin so großen Raum einnimmt" (Neukirchen, 2006, S. 330). Es ist dann nur folgerichtig, daß am Schluß Handlungsstränge weitergeführt werden, die sich ausschließlich aus dem Pz. ergeben und ihn zu einem Ende bringen (Lohrangrin, Parzifals Gralkönigtum, Feirefiz und Urrepans de Tschoie, die Kinder Kondwiramurs' und Parzifals, der Priesterkönig Johan). Dem entsprechen einige Aussagen des Erzählers (!) Albrecht gegen Ende des Textes. Bevor er ansetzt, vom Schicksal Parzifals und seiner Nachkommenschaft sowie vom Schicksal des Grals zu erzählen, beklagt er (wohl nicht ganz aufrichtig, wenn man dahinter den Autor Albrecht vermuten darf), daß der Beginn des Wh., aber auch der Schluß des Pz. kritisiert worden seien (5989), ja, man habe behauptet, Wolframs Kunst sei nicht versiert genug gewesen, um den Pz. richtig zu Ende zu erzählen (5991). Daß ausgerechnet an dieser Stelle, wo der Erzähler Albrecht über die Werke Wolframs und vor allem über den Pz. spricht, der ‚Ältere Titurel' nicht genannt wird, ist von kaum zu überschätzender Bedeutung. Zumindest soweit es den Überlieferungszweig I betrifft, muß man von einer poetologischen Abwesenheit des Tit. im JT sprechen.

Etwas anders hingegen steht es um die Hss. des Überlieferungszweigs II, in denen es einen Erzählerwechsel von Wolfram zu Albrecht nicht gibt: hier ist es die Erzählerfigur Wolfram, welche die Geschichte zu Ende erzählt. Zwar wird auch in diesen Hss. in den genannten Schlußpassagen auf den ‚Älteren Titurel' nicht abgehoben, jedoch sind die Tit.-Fragmente durch sogenannte Hinweisstrophen markiert, die sie somit hervorheben und derart ein Spezialproblem des JT darstellen (Neukirchen, 2003, 2006 und 2008). Unter Hinweisstrophen versteht man zwei Strophen, deren erste angeblich auf den Beginn des ersten Tit.-Fragments (JT 500) und deren zweite angeblich auf den Beginn des zweiten Tit.-Fragments (JT 1173) hinweist. Je nach Überlieferung können sie mit weiteren Strophen poetologischen Inhalts und einer Strophe, die zur Erzählung zurückführt, verbunden sein. Solche Hinweisstrophen gibt es in den Hss. des Überlieferungszweiges I nicht. In diesen steht die erste angebliche Hinweis- samt ihren Folgestrophen (JT 499 A-F) sinnvoll an ganz anderer heterofunktionaler Stelle (zwischen 919 und 920), während die zweite Hinweisstrophe in I ganz fehlt. Die sogenannten Hinweisstrophen in der Ausgabe Wolfs/Nyholms, die einen kritischen Text des Überlieferungszweiges I präsentiert, sind demzufolge in unzulässiger Weise hergestellt worden und müssen aus einem kritischen Text des Überlieferungszweigs I entfernt werden. Noch genauer bedacht werden muß der merkwürdige Umstand, daß die Hinweisstrophen zwar den Beginn der Tit.-Fragmente markieren, nicht aber deren Enden. Zu bedenken gälte es daher schließlich, ob nicht zumindest die erste sogenannte Hinweisstrophe im Überlieferungszweig II eher die vor der Inserierung des ersten Fragments erzählten *aventiuren* abschließt, anstatt auf dieses erste Fragment hinzuweisen, wobei freilich ein derartiger Abschluß als solcher ebenfalls den Beginn des ersten Tit.-Fragments bezeichnen würde. Ebenfalls nur im Zweig II findet sich eine Strophe, in der von den *lieden Titurelles* die Rede ist (1988 A,4), was, als ‚Titel' aufgefaßt, die hier größere Nähe der Textkomposition zum ‚Älteren Titurel' zu bestärken scheint. Sowohl die Existenz der Hinweisstrophen als auch von Str. 1988 A im Überlieferungszweig II dürfte darauf zurückzuführen sein, daß es im Zweig II keine Namennennung Albrechts gibt (von J abgesehen).

Die Frage, welche Fassung die ursprünglichere sei, bedarf noch genauerer und grundsätzlicherer Erörterung. Nur schwer zu entkräften dürfte allerdings dieses Argument Kurt Nyholms sein: „Die kompliziertere Textfassung von I wäre [...] kaum zu verstehen, wenn man sie als eine Bearbeitung von II betrachten möchte" (Nyholm, 1988, S. 259).

Auf Bl. I^v der Hs. A des JT findet sich eine Strophe mit Neumen, die mit dem Anvers *Jamer ist mir entsprungen* („Jammer ist mir erwachsen") beginnt und in der offensichtlich Sigune auf der Linde um ihren geliebten Tschinotulander trauert. Die Strophe findet sich weder im Tit. noch im JT und besagt wohl als Anweisung, „das Epos singt man nach der (womöglich bekannten) Melodie von" *Jamer ist mir entsprungen* (Mertens, 1970, S. 230 – vgl. Bumke/Heinzle, 2006, S. XIXf. und Abb. 9 und 10).

Die große Anzahl der Textzeugen belegt, daß der JT ein Erfolg war. 1477 ist er zusammen mit dem Pz. in Straßburg als Druck publiziert worden (Becker, 1977, S. 243–259), was dafür spricht, daß der JT in intertextueller Hinsicht unmittelbar auf den Pz. bezogen worden ist (vgl. o. S. 468). Dieser Erfolg dürfte nicht zuletzt auch darauf zurückzuführen sein, daß der JT lange als Werk Wolframs angesehen wurde. Dies läßt sich wohl am besten erklären, wenn man annimmt, daß die Hss. KWXYZ des Überlieferungszweiges II sowie Hs. D rezeptionsbestimmend waren, denn in ihnen fehlt der Name Albrecht (Hs. H ist zu lückenhaft, um hier Genaueres sagen zu können). 1462 bezeichnet der Edelmann Püterich von Reichertshausen in seinem Ehrenbrief an die Pfalzgräfin Mechthild den JT, den er als ein Werk Wolframs ansieht, als *haubt ab teutschen puechen* (Str. 100: „das oberste/bedeutendste der deutschen Bücher"). Von Wolframs Epos habe er gewiß 30 Exemplare gesehen, ohne daß doch die richtige Version darunter gewesen sei (Str. 142 [Püterich, 1920]). „Die breite Wirkung des ‚JT' im 14. u. 15. Jh." bezeugt auch „die Verwendung der ‚JT'-Strophe in 23, teils umfangreichen Werken" (Huschenbett, 1978, Sp. 170). Zu nennen sind etwa Heinrich von Mügeln, Hadamar von Laber, Hugo von Montfort oder Ulrich Füetrer (vgl. Krüger, 1986). Erst seit August Wilhelm Schlegel (1811) und Jacob Grimm (1812) setzte sich die Erkenntnis durch, daß der JT nicht auf Wolfram zurückgehen konnte und nur die zwei Tit.-Fragmente von diesem stammten.

Die Forschung hat sich mit dem JT lange sehr schwer getan. 1810 konnte er zwar noch als „herrliche Dichtung" gelten, deren „wahrhaft poetische Behandlung der Sprache unsre Bewunderung" erregt (Docen, 1810, S. 1 f.), aber spätestens seit der autoritären und also unbegründeten Einschätzung Karl Lachmanns, das Epos Albrechts sei ein „langweiliges, todtes, und geziertes Werk" (Lachmann, 1829, S. 353), galt der JT, von Ausnahmen abgesehen, für gut eineinhalb Jahrhunderte als epigonales Machwerk und Albrecht als ein nicht ganz ernst zu nehmender, von Wolfram völlig abhängiger Epigone. Zum Teil wird dieses Vorurteil, das sich aus ahistorischen Vorstellungen speist, bis heute geteilt.

Die ältere Forschung war zu sehr auf eingeschränkte Themen fixiert (z.B. auf den Graltempel, die Tit.-Fragmente oder die Gönnerfrage) und zu sehr konservativen Forschungspositionen verhaftet. Die wichtigsten weiterführenden Positionen der neueren Forschung seien, nur soweit es das Verhältnis zwischen Albrecht und Wolfram sowie zwischen Pz., Tit. und JT betrifft, kurz skizziert. Mit der 1971 erschienenen Dissertation von Hedda Ragotzky macht sich in der modernen Forschung das erste Mal das Bemühen bemerkbar, dem JT eine gewisse Eigenständigkeit und Albrecht ein gewisses Selbstbewußtsein zuzusprechen; aber auch hier wird das Bild von Albrecht als einem ehrfürchtigen Wolfram-Verehrer letztlich nicht aufgegeben. Insgesamt besehen, bleibt bis weit in die 90er Jahre des 20. Jh.s ebendieses Bild von Albrecht als dem abhängigen Epigonen des verehrten Wolframs erhalten, das vor allem von Werner Schröder zum Bild eines fast schon kriminellen Plagiators verzerrt worden ist (Schröder, 1982). Zwar war schon gelegentlich auf die Bedeutung des Pz. für den JT hingewiesen worden (etwa von Parshall, 1981), jedoch erst mit der Dissertation von Andrea Lorenz aus dem Jahr 2002 ist damit begonnen worden, die beschränkte Fixierung der JT-Forschung auf den Tit. Wolframs zu überwinden. Diskussionswürdig bleibt Lorenz' These von einer doppelten Fortsetzung, nämlich sowohl des Pz. als auch des Tit. durch Albrecht. 2003 habe ich die Textherstellung Werner Wolfs, soweit es die sogenannten Hinweisstrophen betrifft, kritisiert und 2004/06 Albrecht als Kritiker der aus seiner Sicht erzählerischen und ethischen Mangelhaftigkeit des Pz. Wolframs und damit des Dichters Wolfram beschrieben: Albrecht habe nicht den Tit. vervollständigt, sondern den Pz. mit Hilfe der Tit.-Fragmente und ihrer strophischen Form kritisch vervollkommnet und fortgesetzt (Neukirchen, 2003; 2004; 2006 – vgl. jetzt auch Volfing, 2007).

Literatur

Texte

[Albrecht] Albrechts von Scharfenberg Jüngerer Titurel [ab Bd. 3: Albrechts Jüngerer Titurel], hg. von Werner Wolf [ab Bd. 3: von Kurt Nyholm], Bde. 1, 2/1, 2/2, 3/1, 3/2, 4 (DTM 45, 55, 61, 73, 77, 79), Berlin 1955–1995.

Andreas aulae regiae capellanus/königlicher Hofkappelan, De amore/Von der Liebe. Libri tres/Drei Bücher. Text nach der Ausgabe von E. Trojel, übers. und mit Anmerkungen und einem Nachwort vers. von Fritz Peter Knapp, Berlin /New York 2006.

[Chrestien de Troyes] Kristian von Troyes, Erec und Enide. Textausgabe mit Variantenauswahl, Einleitung, erklärenden Anmerkungen und vollständigem Glossar, hg. von Wendelin Foerster, 2. Aufl., Halle 1909. – Les Romans de Chrétien de Troyes édités d'après la copie de Guiot (Bib. nat., fr. 794), I: Erec et Enide, hg. von Mario Roques (Les Classiques Français du Moyen Age 80), Paris 1990. – Chrétien de Troyes, Le Roman de Perceval ou Le Conte du Graal. Édition critique d'après tous les manuscrits, hg. von Keith Busby, Tübingen 1993.

Hartmann von Aue, Erec. Mit einem Abdruck der neuen Wolfenbütteler und Zwettler Erec-Fragmente, hg. von Albert Leitzmann, fortgef. von Ludwig Wolff, 7. Aufl. bes. von Kurt Gärtner (ATB 39), Tübingen 2006.

Heinrich von Veldeke, Eneasroman. Die Berliner Bilderhandschrift mit Übersetzung und Kommentar, hg. von Hans Fromm. Mit den Miniaturen der Handschrift und einem Aufsatz von Dorothea und Peter Diemer (Bibliothek des Mittelalters 4 = Bibliothek deutscher Klassiker 77), Frankfurt a.M. 1992.

Le Lai de Guingamor, Le Lai de Tydorel (12. Jahrhundert) (Romanische Texte zum Gebrauch für Vorlesungen und Übungen 6), Berlin 1922.

Paiens de Maisières, La mule sanz frain. An Arthurian Romance, ed. with Introduction, Notes and Glossary by Raymond Thompson, Diss. Yale Univ. 1911.

[Peredur] Historia Peredur vab Efrawc, hg. von Glenys Witchard Goetinck, Cardiff 1976. – Peredur, in: Helmut Birkhan, Keltische Erzählungen vom Kaiser Arthur, Tl. 1 (Erzählungen des Mittelalters 1), 2. Aufl., Wien 2004, S. 108–176.

Püterich von Reichertshausen, Der Ehrenbrief, hg. von Fritz Behrend und Rudolf Wolkan, 2 Bde., Weimar 1920.

La Queste del Saint Graal. Roman du XIIIe Siècle, hg. von Albert Pauphilet (Les Classiques Français du Moyen Age 33), 2. Aufl., Paris 1984.

Le Roman de Thèbes, hg. von Guy Raynaud de Lage, 2 Bde. (Le Classiques Français du moyen âge 94, 96), Paris 1966–1968.

Ulrich von Zatzikhoven, Lanzelet, hg. von Florian Kragl, Bd. 1: Text und Übersetzung, Bd. 2: Forschungsbericht und Kommentar, Berlin/New York 2006

Wolfram von Eschenbach, Titurel. Translation and Studies by Charles E. Passage, New York 1984. – Titurel, hg., übers. und mit einem Kommentar und Materialien vers. von Helmut Brackert/Stephan Fuchs-Jolie, Berlin/New York 2002. – Titurel. Mit der gesamten Parallelüberlieferung des Jüngeren Titurel, kritisch hg., übersetzt und komm. von Joachim Bumke/Joachim Heinzle, Tübingen 2006. – Willehalm. Nach der Handschrift 857 der Stiftsbibliothek St. Gallen. Mhd. Text, Übersetzung, Kommentar, hg. von Joachim Heinzle, mit den Miniaturen aus der Wolfenbütteler

Handschrift und einem Aufsatz von Peter und Dorothea Diemer (Bibliothek des Mittelalters 9 = Bibliothek deutscher Klassiker 69), Frankfurt a.M. 1991 [rev. Taschenbuchausgabe (Deutscher Klassiker Verlag im Taschenbuch 39) Frankfurt a.M. 2009].

Forschung

Becker, Peter Jörg, Handschriften und Frühdrucke mhd. Epen. Eneide, Tristrant, Tristan, Erec, Iwein, Parzival, Willehalm, Jüngerer Titurel, Nibelungenlied und ihre Reproduktion und Rezeption im späteren Mittelalter und in der frühen Neuzeit, Wiesbaden 1977.
Brackert/Fuchs-Jolie (2002) → Texte: Wolfram von Eschenbach.
Bumke, Joachim, Eine neue Strophe von Wolframs Titurel?, in: Euphorion 61 (1967), S. 138–142. – Zur Überlieferung von Wolframs Titurel. Wolframs Dichtung und der Jüngere Titurel, in: ZfdA 100 (1971), S. 390–431. – Titurelüberlieferung und Titurelforschung. Vorüberlegungen zu einer neuen Ausgabe von Wolframs Titurelfragmenten, in: ZfdA 102 (1973), S. 147–188. – Mäzene im Mittelalter. Die Gönner und Auftraggeber der höfischen Literatur in Deutschland 1150–1300, München 1979. – Wolfram von Eschenbach (Sammlung Metzler 36), 8. Aufl., Stuttgart/Weimar 2004.
Bumke/Heinzle (2006) → Texte: Wolfram von Eschenbach.
Classen, Albrecht, Eine neue Quelle für Wolframs von Eschenbach Titurel: Andreas' Capellanus De Amore, in: Von Otfried von Weißenburg bis zum 15. Jahrhundert. Proceedings from the 24th International Congress on Medieval Studies, May 4–7, 1989, hg. von Albrecht Classen (GAG 539), Göppingen 1991, S. 65–77 [auch in: Albrecht Classen, Utopie und Logos. Vier Studien zu Wolframs von Eschenbach Titurel (Beiträge zur älteren Literaturgeschichte), Heidelberg 1990, S. 9–31 (zit.)].
de Boor, Helmut, Drei Fürsten im mittleren Deutschland, in: Beitr. (Tübingen) 95 (1973) Sonderheft (Festschrift für Ingeborg Schröbler zum 65. Geburtstag, hg. von Dietrich Schmidtke/Helga Schüppert), S. 238–257.
Docen, Bernhard Joseph (Hg.), Erstes Sendschreiben über den Titurel, enthaltend: Die Fragmente einer Vor=Eschenbachischen Bearbeitung des Titurel. Aus einer Handschrift der Königl. Bibliothek zu München, hg. und mit einem Kommentar begleitet von B. J. Docen, Berlin/Leipzig 1810.
Haug, Walter, Erzählen vom Tod her. Sprachkrise, gebrochene Handlung und zerfallende Welt in Wolframs Titurel, in: Wolfram-Studien 6 (1980), S. 8–24 [wieder in: Walter Haug, Strukturen als Schlüssel zur Welt. Kleine Schriften zur Erzählliteratur des Mittelalters, Tübingen 1989, S. 541–553].
Heinzle, Joachim, Stellenkommentar zu Wolframs Titurel. Beiträge zum Verständnis des überlieferten Textes (Hermaea NF 30), Tübingen 1972. – Nachlese zum Titurel-Kommentar, in: Studien zu Wolfram von Eschenbach. Festschrift für Werner Schröder zum 75. Geburtstag, hg. von Kurt Gärtner/Joachim Heinzle, Tübingen 1989, S. 485–500.
Huschenbett, Dietrich, Albrecht, Dichter des Jüngeren Titurel, in: ²VL 1 (1978), Sp. 158–173.

Kern, Peter, Albrechts Gönner und die Wolfram-Rolle im Jüngeren Titurel, in: Wolfram-Studien 8 (1984), S. 138–152.
Krüger, Rüdiger, Studien zur Rezeption des Jüngeren Titurel (Helfant Studien S1), Stuttgart 1986.
Lachmann, Karl, Titurel und Dante [1829], in: Karl Lachmann, Kleinere Schriften zur Deutschen Philologie, Bd. 1, hg. von Karl Müllenhoff (Karl Lachmann, Kleinere Schriften 1), Berlin 1969, S. 351–357.
Lorenz, Andrea, Der Jüngere Titurel als Wolfram-Fortsetzung. Eine Reise zum Mittelpunkt des Werks (Deutsche Literatur von den Anfängen bis 1700. Bd. 36), Bern/Berlin 2002.
Mertens, Volker, Zu Text und Melodie der Titurelstrophe: Iamer ist mir entsprungen, in: Wolfram-Studien 1 (1970), S. 219–239. – Wolfram als Rolle und Vorstellung. Zur Poetologie der Authentizität im Jüngeren Titurel, in: Geltung der Literatur. Formen ihrer Autorisierung und Legitimierung im Mittelalter, hg. von Beate Kellner/Peter Strohschneider/Franziska Wenzel, Berlin 2005, S. 203–226.
Mohr, Wolfgang, Zu Wolframs Titurel, in: Wolfram von Eschenbach, Titurel. Lieder. Mhd. Text und Übersetzung, hg. von Wolfgang Mohr (GAG 250), Göppingen 1978, S. 101–161.
Nellmann, Eberhard (Hg.), Wolfram von Eschenbach, Parzival, nach der Ausgabe Karl Lachmanns rev. und komm. von Eberhard Nellmann, übertr. von Dieter Kühn, Bd. 2 (Bibliothek des Mittelalters 8/2 = Bibliothek deutscher Klassiker 110), Frankfurt a.M. 1994 [Taschenbuchausgabe (Deutscher Klassiker Verlag im Taschenbuch 7), Frankfurt a.M. 2006].
Neukirchen, Thomas, krumb und sliht. Über die sogenannten Hinweis- und Kunststrophen im Überlieferungszweig I des Jüngeren Titurel, in: ZfdA 132 (2003), S. 62–76. – dirre aventiure kere. Die Erzählperspektive Wolframs im Prolog des Jüngeren Titurel und die Erzählstrategie Albrechts, in: Wolfram Studien 18 (2004), S. 283–303. – Die ganze aventiure und ihre lere. Der Jüngere Titurel Albrechts als Kritik und Vervollkommnung des Parzival Wolframs von Eschenbach (Beihefte zum Euphorion 52), Heidelberg 2006. – Albrecht, Verfasser des Jüngeren Titurel, in: Killy Literaturlexikon. Autoren und Werke des deutschsprachigen Kulturraumes, 2. Aufl., hg. von Wilhelm Kühlmann, Bd. 1, Berlin 2008, S. 75–78.
Nyholm, Kurt, Redaktionelle Überlegungen zum Jüngeren Titurel, in: Sammlung – Deutung – Wertung. Ergebnisse, Probleme, Tendenzen und Perspektiven philologischer Arbeit. Mélanges de littérature médiévale et de linguistique allemande offerts à Wolfgang Spiewok à l'occasion de soixantième anniversaire par ses collègues et amis, hg. von Danielle Buschinger, Amiens 1988, S. 259–270.
Ohly, Friedrich, Die Suche in Dichtungen des Mittelalters, in: ZfdA 94 (1965), S. 171–184.
Parshall, Linda B., The Art of Narration in Wolfram's Parzival and Albrecht's Jüngerer Titurel (Anglica Germanica Ser. 2), Cambridge/New York 1981.
Passage (1984) → Texte: Wolfram von Eschenbach.
Petzet, Erich, Über das Heidelberger Bruchstück des Jüngeren Titurel, in: SBKBA 1903, München 1904, S. 287–320 sowie Tafel I und II.
Ragotzky, Hedda, Studien zur Wolfram-Rezeption. Die Entstehung und Verwandlung der Wolfram-Rolle in der deutschen Literatur des 13. Jahrhunderts (Studien zur Poetik und Geschichte der Literatur 20), Stuttgart [u. a.] 1971.

Röll, Walter, Studien zu Text und Überlieferung des sogenannten Jüngeren Titurel, Heidelberg 1964.
Schröder, Werner, Wolfram-Nachfolge im Jüngeren Titurel. Devotion oder Arroganz, Frankfurt 1982.
Volfing, Annette, Medieval Literacy and Textuality in Middle High German. Reading and Writing in Albrecht's Jüngerer Titurel (Arthurian and Courtly Cultures), New York 2007.
Wehrli, Max, Wolframs Titurel (Rheinisch-Westfälische Akademie der Wissenschaften. Geisteswissenschaften Vorträge G 194), Opladen 1974.
Wolf, Werner, Grundsätzliches zu einer Ausgabe des Jüngeren Titurel I, in: ZfdA 76 (1939), S. 64–113.
Wolff, Ludwig, Wolframs Schionatulander und Sigune, in: Studien zur deutschen Philologie des Mittelalters. Friedrich Panzer zum 80. Geburtstag, hg. von Richard Kienast, Heidelberg 1950, S. 116–130 [wieder in: Wolfram von Eschenbach, hg. von Heinz Rupp (WdF 57), Darmstadt 1966, S. 549–569; Ludwig Wolff, Kleinere Schriften zur altdeutschen Philologie, hg. von Werner Schröder, Berlin 1967, S. 246–261].
Yeandle, David N., Commentary on the Soltane and Jeschute Episodes in Book III of Wolfram von Eschenbach's Parzival (116,5–138,8), Heidelberg 1984.

III. Überlieferung

III.1 Die Handschriften und die Entwicklung des Textes

von Joachim Heinzle

1. Die Handschriften der alten Fragmente – 2. Die alten Fragmente in der Überlieferung des ‚Jüngeren Titurel' – 3. Verborgene Wolfram-Strophen

Verglichen mit der Überlieferung des Pz. und des Wh., von denen jeweils um die achtzig Textzeugen bekannt sind, ist die des Tit. mehr als spärlich: gerade einmal drei Hss. sind bekannt. Das erklärt sich nicht daraus, daß der Tit. weniger beliebt und verbreitet gewesen wäre als die beiden anderen Romane, es erklärt sich aus der Existenz des JT, der im Mittelalter und noch in der Frühzeit der Forschung als Werk Wolframs galt (→ S. 27, 735; aus der Zuschreibung des JT an Wolfram erklärt sich die Kennzeichnung des alten Textes als „Vor-Eschenbachisch" u. a. bei Docen, 1810). Mit derzeit 60 bekannten Textzeugen, darunter einem Druck von 1477, ist der JT zwar weniger breit überliefert als der Pz. und der Wh., aber doch sehr viel breiter als andere höfische Epen (→ II, S. 960 ff.). Wolframs Text ist in den JT eingearbeitet worden. Daher zählt die Überlieferung des JT partiell auch zur Überlieferung des Tit.

1. Die Handschriften der alten Fragmente

Die älteste und zugleich umfangreichste Hs. von Wolframs Tit. ist die Münchner Pz.-Hs. G, der Cgm 19 der Bayerischen Staatsbibliothek München (→ II, S. 959). Die Hs., die außer dem Pz. und dem Tit. noch zwei Lieder enthält, die mit an Sicherheit grenzender Wahrscheinlichkeit von Wolfram stammen (→ S. 84), ist gegen die Mitte des 13. Jahrhunderts im bairisch-ostalemannischen Dialektraum entstanden. Der Tit.-Text umfaßt 164 Strophen. Er besteht aus zwei Teilen, die in der Hs. nicht voneinander abgesetzt sind: einem längeren von 125 und einem kürzeren von 39 Strophen. In der Chronologie der Geschichte von Sigune und Schionatulander, die der Tit. erzählt, liegt zwischen den beiden Teilen ein

Zeitraum von mehreren Jahren (→ S. 465). Der zweite Teil setzt mitten im Geschehen ein; er endet mit Schionatulanders Aufbruch zur Suche nach dem Brackenseil; was folgt, wissen wir nur aus dem Pz. Für die Erklärung dieses Befundes gibt es theoretisch drei Möglichkeiten, von denen jede in der Forschung ihre Fürsprecher gefunden hat:

1. Die Überlieferung ist unvollständig; mehr oder weniger umfangreiche Teile des ursprünglichen Textes sind verlorengegangen.

2. Die Überlieferung umfaßt im wesentlichen den von Wolfram hinterlassenen Text; Wolfram hatte das Werk von vornherein als Fragment konzipiert, d.h. er hatte nicht die Absicht, mehr zu dichten

3. Die Überlieferung umfaßt im wesentlichen den von Wolfram hinterlassenen Text; Wolfram hatte die Absicht, mehr zu dichten, konnte das Werk aber – aus welchem Grund auch immer – nicht vollenden.

Diese dritte Möglichkeit hat am meisten für sich: „Die zwei inhaltlich nicht zusammenhängenden Fragmente waren sicherlich als Teile einer größeren Dichtung geplant. Deren Umfang und Inhalt läßt sich jedoch nicht sicher erschließen. Titurels Abschiedsrede könnte den Anfang gebildet haben. Zwischen den beiden Fragmenten fehlt mindestens Schionatulanders Rückkehr aus dem Orient. Unsicher ist, was nach dem 2. Fragment geplant war. Sollte danach von Schionatulanders Abenteuern auf der Suche nach dem Brackenseil bis zu seinem Tod im Kampf mit Orilus erzählt werden? Und sollten dann die 4 Sigune-Szenen im Pz., die von Sigunes Trauer bis zu ihrem Tod berichten, episch verbunden oder ausgeweitet werden? Sollte die Geschichte von Sigune und Schionatulander zuletzt wieder in die Geschichte der Gralkönige münden?" (Bumke, 1999, Sp. 1410).

Etwa ein halbes Jahrhundert jünger ist die im bairischen Dialektraum entstandene Hs. M. Von ihr sind nur einige Pergamentstücke erhalten, die aus dem Einband der lateinischen Sammelhs. 8° Cod. ms. 154 der Universitätsbibliothek München ausgelöst wurden und zusammen mit ihr aufbewahrt werden (→ II, S. 960). Außer den Tit.-Bruchstücken konnten aus dem Einband auch Pz.-Bruchstücke ausgelöst werden (→ II, S. 952, Nr. 34); sie stammen aus der selben Zeit und der selben Gegend, aber nicht aus der selben Hs. wie die Tit.-Bruchstücke. Bei diesen handelt es sich um je vier Längsstreifen aus zwei Blättern und ein stark beschnittenes Blatt, von dem auch ein Leimabklatsch der Verso-Seite auf dem hinteren Innendeckel des ehemaligen Trägerbandes erhalten ist. Der Text umfaßt 46 z.T. nur rudimentär erhaltene Strophen, die alle aus dem ersten Fragment stammen. Er weicht im ganzen beträchtlich vom G-Text ab. Die Abweichungen betreffen den Wortlaut, die Strophenfolge und vor allem den Strophenbestand: Unter den 46 Strophen befinden sich nicht weniger als neun, die nicht in G, wohl aber im JT stehen (29b, 30a, 30b, 31a, 73a, 73b, 73c, 73d, 76a).

Die dritte Hs.: H ist das berühmte ‚Ambraser Heldenbuch', eine umfangreiche Sammelhs., die in den Jahren 1504 bis 1515/16 für Kaiser Maximilian hergestellt wurde (Cod. Ser. nova 2663 der Österreichischen Nationalbibliothek Wien; → II, S. 959 f.). Der Text beginnt mit Str. 1 und bricht nach 68 Strophen mitten in der Spalte ab (eine Strophe wurde irrtümlich zweimal geschrieben, deshalb werden insgesamt 69 H-Strophen gezählt). Auch H weicht im Wortlaut, in der Strophenfolge und im Strophenbestand von G ab. In der überlieferten Textstrecke finden sich insgesamt sechs Strophen, die nicht in G, aber wiederum im JT stehen (29a, 29b, 30a, 30b, 31a, 47a). In der von H und M gemeinsam überlieferten Partie (s. u.) teilt H die nicht in G stehenden Strophen von M (29b, 30a, 30b, 31a). Im Wortlaut geht H teils mit M gegen G, teils mit G gegen M, weicht von Fall zu Fall aber auch sowohl von G als auch von M ab.

Gemeinsam überliefern die drei Hss. nur den Bereich von Str. 29b bis Str. 40. Das ist eine sehr schmale Textbasis, die nur unvollständige und vorläufige Aussagen über das Verhältnis der Texte zueinander erlaubt. Sieht man auf den Strophenbestand, kann man zwei Fassungen unterscheiden, die durch die Hs. G auf der einen, die Hss. M und H auf der anderen Seite vertreten werden. Nimmt man den Wortlaut hinzu, treten auch M und H auseinander. Besonders deutlich zeigt sich das in der nur in M und H enthaltenen Str. 30a,3–4 (Lob Sigunes):

M   *si reiniu vruht, durchliuhtec, valsches âne.*
       saelic sî diu muoter,   diu si truoc! daz was Tschoisîâne.*

H   *si reiniu vruht, gar lûter, valsches eine,*
       der werden Tschiosîânen kint,   glîcher art, diu kiusche, junge, reine!

(M: „[...] sie makelloses Geschöpf, von vollkommener Reinheit, ohne Falschheit./Gesegnet sei die Mutter, die sie gebar! Das war Tschoisiane" – H: „[...] sie makelloses Geschöpf, ganz rein, frei von Falschheit,/das Kind der edlen Tschiosiane, von gleichem Wesen, die Maßvolle, Junge, Makellose!"). Die Divergenz, die auch den Reim betrifft, hat durchaus Fassungscharakter (die M-Fassung stimmt zum JT).

---

* Text nach dem JT ergänzt.

Wie ist es zu der Fassungsbildung gekommen? Um die Frage zu beantworten, hat die ältere Forschung die Mehr-Strophen in H und M auf ihre „Echtheit" im Sinne von Wolframs Autorschaft überprüft und alle oder mehrere für „unecht" erklärt (zusammenfassend Bumke, 1973, S. 168 ff.; vgl. den Kommentar zu den einzelnen Strophen bei Heinzle, 1972, und Bumke/Heinzle, 2006). Damit erschienen M und H als Repräsentanten einer sekundären Textform, die entweder auf den JT hinführte (Franz, 1904, S. 6ff.) oder von ihm abhängig war (Pohnert, 1908, S. 15ff.). Als Merkmal der „Unechtheit" galten vor allem Zäsurreime in den Versen 1 und 2, die sich in fünf der Strophen finden (30a, 30b, 73b, 73c, 73d). In der vom Dichter des JT weiterentwickelten Form der Tit.-Strophe sind solche Zäsurreime obligatorisch (→ S. 164). Es ist aber nicht auszuschließen, daß sie schon Wolfram als sporadisch angebrachten Schmuck der Strophen verwendet hat (vgl. Bumke, 1973, S. 169 ff.; Bumke/Heinzle, 2006, S. XXI). Die anderen Gründe, die man für die „Unechtheit" einzelner Strophen angeführt hat, sind noch weniger stichhaltig. Umgekehrt ist nicht zu erkennen, daß G Strophen ausgelassen hätte (Klein, 1992, S. 63, hält es aufgrund der Kopierpraxis des Schreibers, der der Hauptschreiber auch des Pz.-Teils im Cgm 19 und der Münchner ‚Tristan'-Hs. Cgm 51 ist, für wahrscheinlich; zu den Kürzungen im Pz. vgl. Bumke, 2010). Auch auf der Ebene des Wortlauts gibt es keine Lesartenkonstellationen, die zuverlässige Aussagen über das genetische Verhältnis zwischen den Fassungen erlaubten. Die Frage muß offen bleiben: Wir haben es mit „gleichwertigen Parallelversionen" zu tun (Bumke, 1991, S. 295 f.; vgl. Heinzle, 2003, S. 11 f. – vergleichende Interpretation: Baisch, 2006, S. 321 ff.).

Es liegt auf der Hand, daß sich unter den gegebenen Umständen auch nicht ermitteln läßt, inwieweit Wolfram selbst an der Fassungsbildung beteiligt war. Mohr (1977) hat den Versuch unternommen, in allen drei Hss. Spuren von Wolframs Arbeit am Text aufzudecken. Er geht von der Annahme aus, daß die Dichtung aufgeschrieben wurde, als sie noch „im Entstehen begriffen war und nur undeutlich zeigte, was aus ihr werden sollte" (S. 123). Die Hs. G denkt er sich als Abschrift von Wolframs (diktiertem) Entwurf *G, „der seine erste, in vielem noch unfertige Konzeption festhielt", und zwar zusammen mit Korrekturen, die als „Rand- und Zwischenzeilenglossen" eingetragen waren (S. 124). Und er stellt sich weiter vor, daß auch die Vorlagen von H und M Zugang zu *G hatten und daß beim Kopieren immer wieder Glossen irrtümlich in den Kontext hineingenommen wurden. Die Hypothese erlaubt es, eine Reihe von Überlieferungskonstellationen plausibel zu erklären. Philologisch belastbar ist sie nicht (vgl. Baisch, 2006, S. 314 ff.).

2. Die alten Fragmente in der Überlieferung des ‚Jüngeren Titurel'

Insgesamt 18 Hss. und Hss.-Bruchstücke sowie der Druck von 1477 überliefern vollständig oder partiell die Passagen des JT, in denen die alten Fragmente eingearbeitet sind (Verzeichnis bei Bumke/Heinzle, 2006, S. Xff.).

Man hat schon früh bemerkt, daß nicht nur Albrecht, der Dichter des JT, sie benutzt hat, sondern daß sie im Lauf der Textgeschichte mehrfach herangezogen wurden (vgl. u. a. Franz, 1904, S. 31; Wolf, 1955, S. CIXff.; Röll, 1964, S. 113ff.; Bumke, 1971 [grundlegend] – vollständige Dokumentation des Materials jetzt bei Bumke/Heinzle, 2006, S. 100ff.). Einen umfassenden Textvergleich hat offenbar der Redaktor der Fassung II des JT vorgenommen (vgl. Röll, 1964, S. 113ff.; Bumke, 1971, S. 396ff.). In einer Reihe von Hss. gibt es daneben versprengte Übereinstimmungen mit dem alten Text. Die meisten von ihnen können auf Zufall beruhen, aber es gibt einige, bei denen dies mit Sicherheit auszuschließen ist. So findet sich in Hs. B die Strophe 147 (Lachmann 153) fast wörtlich und ohne Zäsurreim in der Form der Tit.-Hs. G, während die anderen Hss. eine tiefgreifende Bearbeitung des Textes mit dem schematypischen Zäsurreim bieten (vgl. Röll, 1964, S. 117; Bumke, 1971, S. 403f.). Das Eigenartige ist, daß es in B sonst keine spezifischen Berührungen mit den alten Fragmenten gibt. Wie es zu solchen isolierten Übereinstimmungen gekommen ist, bleibt unklar. Mohr (1977, S. 150) hat die Vermutung geäußert, „daß gewisse Partien von Wolframs Bruchstücken den Bearbeitern der JTit.-Fassungen im Gedächtnis gelebt haben könnten". Das ist einleuchtend, aber es erklärt einen Fall wie den der Str. 147 gerade nicht.

Was in der Überlieferung des JT als Text der alten Fragmente identifizierbar ist, stimmt weitgehend zu M bzw. H (in der von M und H gemeinsam bezeugten Partie im ganzen öfter zu H als zu M). Das bedeutet, daß sowohl dem Dichter des JT als auch dem Redaktor der Fassung II ein Text des M/H-Typs vorgelegen hat (die Möglichkeit, daß umgekehrt M und H den Text aus dem JT übernommen haben, kann ausgeschlossen werden: vgl. Bumke, 1971, S. 420ff., gegen Pohnert, 1908, S. 15ff.). Aufschlußreich sind gelegentliche Übereinstimmungen von JT/JT II mit G gegen M/H. Sie zeigen, daß G und M/H „nicht zwei grundsätzlich voneinander unabhängige Zweige der Überlieferung darstellen, sondern über vermittelnde Zwischenstufen […] miteinander verwandt sind" (Bumke, 1971, S. 417).

3. Verborgene Wolfram-Strophen

Es ist so gut wie ausgeschlossen, daß es nur in den zufällig erhaltenen Textstrecken Übereinstimmungen der von M und H vertretenen Fassung(en) mit dem JT gegen G gegeben hat. Auch im Bereich der allein von G bezeugten Partien dürfte in der Parallel-Überlieferung des JT Text der alten Fragmente verborgen sein. Das betrifft nicht zuletzt den Strophenbestand: Mit an Sicherheit grenzender Wahrscheinlichkeit stammt die eine oder andere der nur im JT erhaltenen Strophen in diesem Bereich aus den alten Fragmenten. Es ist verständlich, daß es die Forschung gereizt hat, nach solchen verborgenen Strophen zu fahnden.

Schon Lachmann (1833, S. XXIXf.) hat fünf Strophen, die er nur aus dem JT kannte, für „echt" gehalten (JT 754, 755, 761, 798, 803), sie aber vorsichtiger Weise nicht in seinen kritischen Text gesetzt, sondern es „des lesers eigener entscheidung überlassen", ob sie Wolfram zuzuschreiben seien oder nicht. Die später aufgefundene Hs. M hat Lachmanns Vermutung glänzend bestätigt: Drei dieser Strophen fallen in den von ihr überlieferten Bereich, und sie enthält tatsächlich zwei von ihnen (JT 755 = Tit. 73a, JT 761 = Tit. 76a). – Wesentlich weiter als Lachmann ging Karl Bartsch. Er hat Wolfram gleich zwei ganze Handlungsabschnitte des JT zugeschrieben und die mutmaßlich ursprüngliche Textgestalt rekonstruiert (1868; Ausgabe 1870–1871): JT 952–984 („Gahmurets Tod" als „Zweites Bruchstück" im Anschluß an das erste alte Fragment) und JT 1267–1297 („Der Abschied" als „Viertes Bruchstück" im Anschluß an das zweite alte Fragment). Albert Leitzmann (1901, S. 107 ff.) hat diesen wahrhaft tollkühnen Versuch, alten Text wiederzugewinnen, gründlich überprüft und nachgewiesen, daß er mißglückt ist. Bartschs Rekonstruktion hat in der Forschung keinen Fürsprecher mehr gefunden. – Seither hat nur noch Walter Röll (1964, S. 117 ff.) eine allein im JT überlieferte Strophe für Wolfram in Anspruch genommen. Es handelt sich um eine Strophe, die in einem Teil der Hss. die Passage einleitet, die dem zweiten Wolfram-Fragment entspricht. Nach Rölls Überlegungen könnte sie ursprünglich so gelautet haben (vgl. Bumke, 1967, S. 140):

Hie hebent wildiu maere. ez kom von unheile.
si lâgen mit gemache des morgens fruo. dô wart in ze teile
vil clagendiu nôt. diu wert unz an ir ende.
von fremder âventiure wurden si aller freuden gar ellende.

(„Hier hebt eine unerhörte Geschichte an. Es war ein Verhängnis./Sie ruhten früh am Morgen. Da kam/leidvolles Unglück über sie. Das währte bis an ihr Ende./Durch einen seltsamen Vorfall wurden sie aller Freuden ganz beraubt.") Das ist ohne Zweifel ein ausgezeichneter Text, den man Wolfram zutrauen möchte. Doch konnte Joachim Bumke zeigen, daß die Argumente, die Röll für Wolframs Verfasserschaft beigebracht hat, nicht ausreichen (Bumke, 1967; zustimmend dagegen Schröder, 1965, S. 35).

Die sachlichen und methodischen Schwierigkeiten, die der Wiedergewinnung von Wolfram-Strophen aus der Überlieferung des JT entgegenstehen, scheinen unüberwindlich zu sein. Bumke (1973, S. 168) hat sie benannt: „Grundsätzlich gibt es mehrere Argumente: ein inhaltliches, ein sprachliches, ein metrisches. Eine Strophe kann sachliche Aussagen enthalten, die für das inhaltliche Verständnis unerläßlich sind; dazu ist sofort zu sagen, daß ein solcher Fall nicht vorkommt. Ferner können sprachliche Eigentümlichkeiten begegnen, die auf Wolfram als Verfasser deuten. Albrecht hat jedoch alles getan, um seinem Werk einen Wolframschen Klang zu verleihen, und seine sprachliche Schulung an Wolfram zeigt sich überall; daher ist es ziemlich unwahrscheinlich, daß ein sprachliches Argument durchschlagende Beweiskraft haben kann. Schließlich können sich metrische Anhaltspunkte für eine Zuweisung an Wolfram finden. Aber die wichtigste metrische Neuerung des JT – die Einführung von Zäsurreimen in den ersten beiden Versen – ist in allen Strophen durchgeführt, und was sich etwa an metrischen Ungleichmäßigkeiten findet, kann sich leicht daraus erklären, daß Albrecht erst im Verlauf seiner Arbeit zu der strengen metrischen Form der späteren Partien gefunden hat." Das ernüchternde Fazit lautet, daß wir ohne eine neue Hs. der alten Fragmente keine neue Wolfram-Strophe kennenlernen werden.

Literatur

Baisch, Martin, Textkritik als Problem der Kulturwissenschaft. Tristan-Lektüren (Trends in Medieval Philology 9), Berlin/New York 2006.
Bartsch, Karl, Zwei neue Bruchstücke von Wolframs Titurel, in: Germania 13 (1868), S. 1–37. – (Hg.), Wolfram von Eschenbach, Parzival und Titurel (Deutsche Classiker des Mittelalters 9–11), hg. von Karl Bartsch, Tle. 1–3, Leipzig 1870–1871.
Bumke, Joachim, Eine neue Strophe von Wolframs Titurel?, in: Euphorion 61 (1967), S. 138–142. – Zur Überlieferung von Wolframs Titurel. Wolframs Dichtung und der Jüngere Titurel, in: ZfdA 100 (1971), S. 390–431. – Titurelüberlieferung und Titurelforschung. Vorüberlegungen zu einer neuen Ausgabe von Wolframs Titu-

relfragmenten, in: ZfdA 102 (1973), S. 147–188. – Untersuchungen zur Überlieferungsgeschichte der höfischen Epik im 13. Jahrhundert. Die Herbort-Fragmente aus Skokloster. Mit einem Exkurs zur Textkritik der höfischen Romane, in: ZfdA 120 (1991), S. 257–304. – Wolfram von Eschenbach, in: ²VL 10 (1999), Sp. 1376–1418. – Zur Textkritik des Parzival. Der Textbestand in den Handschriften D und G, in: ZfdA 139 (2010), S. 453–485.

Bumke, Joachim/Heinzle, Joachim (Hg.), Wolfram von Eschenbach, Titurel. Mit der gesamten Parallelüberlieferung des Jüngeren Titurel, Tübingen 2006.

Docen, B.J. (Hg), Erstes Sendschreiben über den Titurel, enthaltend: Die Fragmente einer Vor=Eschenbachischen Bearbeitung des Titurel. Aus einer Handschrift der Königl. Bibliothek zu München, hg. und mit einem Kommentar begleitet, Berlin/Leipzig 1810.

Franz, Erich, Beiträge zur Titurelforschung, Diss. Göttingen 1904.

Heinzle, Joachim, Stellenkommentar zu Wolframs Titurel. Beiträge zum Verständnis des überlieferten Textes (Hermaea NF 30), Tübingen 1972. – Zur Logik mediävistischer Editionen. Einige Grundbegriffe, in: editio 17 (2003), S. 1–15.

Klein, Thomas, Die Parzivalhandschrift Cgm 19 und ihr Umkreis, in: Wolfram-Studien 12 (1992), S. 32–66.

Lachmann, Karl (Hg.), Wolfram von Eschenbach, Berlin 1833.

Leitzmann, Albert, Untersuchungen ueber Wolframs Titurel, in: Beitr. 26 (1901), S. 93–156.

Mohr, Wolfgang, Zur Textgeschichte von Wolframs Titurel, in: Wolfram-Studien 4 (1977), S. 123–151 [wieder in: Wolfgang Mohr, Wolfram von Eschenbach. Aufsätze (GAG 275), Göppingen 1979, S. 237*-265*].

Pohnert, Ludwig, Kritik und Metrik von Wolframs Titurel (Prager Deutsche Studien 12), Prag 1908 [Neudruck Hildesheim 1974].

Röll, Walter, Studien zu Text und Überlieferung des sogenannten Jüngeren Titurel (Germanische Bibliothek. 3. Reihe), Heidelberg 1964.

Schröder, Werner, Rez. Röll (1964), in: AfdA 76 (1965), S. 27–39 [wieder in: Werner Schröder, Textüberlieferung und Textkritik (W. Sch., Kleinere Schriften, Bd. 6. 1965–1993), Stuttgart/Leipzig 1994, S. 26–39].

Wolf, Werner (Hg.), Albrechts von Scharfenberg Jüngerer Titurel, Bd. 1 (DTM 45), Berlin 1955.

III.2 Bilderhandschriften des ‚Jüngeren Titurel'

von DOROTHEA und PETER DIEMER

1. Die Fernberger-Dietrichsteinsche Handschrift – 2. Die Berleburger Handschrift

1. Die Fernberger-Dietrichsteinsche Handschrift

Nur zwei der zwölf bekannten Hss. des JT sind illustriert. Der – nach seinen Vorbesitzern so genannte – Fernberger-Dietrichsteinsche Codex aus dem frühen 15. Jh. (Hs. W), seit 1976 in München als Cgm 8470, ist eine künstlerisch wie materiell höchst anspruchsvolle Prachthandschrift auf Pergament, die mit 85 bildartig aufgefaßten Illustrationen in Deckfarben mit Gold ausgestattet ist. In seinem Reichtum und der Ausführlichkeit der bildlichen Darstellung nimmt der Münchner JT eine Sonderstellung in der mittelalterlichen Epenillustration ein (Wolf, 1968, Bd. II/2, S. X–XX, hat die Hs. erstmals genauer beschrieben und gibt eine vollständige Liste der Miniaturen, S. XVII–XX; weitere Literatur: Kraus, 1974, S. 83 und Abb. S. 2, 80–82, 143–145; Ziegler, 1977, S. 88 f., zum Stil der Miniaturen; Becker, 1977, S. 130–132; Pistor, 1983, bildet sämtliche Miniaturen ab, beschreibt sie und erläutert ihren Bezug zum Text; Kurras, 1986, untersucht die Funktion der Hs. als Stammbuch; Kurras, 1992, S. 24–27, gibt einige farbige Aufnahmen; → II, S. 962).

Die Hs. enthält nur den zweiten Teil des Epos, ab Str. 2822; über den Verbleib des ersten Bandes gibt es keinerlei Erkenntnisse (Wolf, 1968, S. XIV; Becker, 1977, S. 131). Dieser zweite Teil enthält heute 29 ganzseitige und 56 etwa halbseitige farbenprächtige Bilder; bis auf eine Ausnahme sind diese stets seitenbreit, gehen also über beide Schriftspalten.

Die Bildfelder sind mit doppelten Leisten gerahmt, meist innen farbig und außen in Gold. Sie werden oben oder unten von einer in Rot geschriebenen Bildlegende begleitet. Diese steht außerhalb des eigentlichen Schriftblocks und ist zuweilen, wenn der Platz nicht reichte, seitlich am Bild weitergeführt, also offenbar nach den Illustrationen eingetragen. Die Texte dieser Bildtitel gibt Pistor (1983) wieder, wobei sie jedoch die fast durchweg in der Hs. fehlenden, weil nicht mehr ausgeführten Initialbuchstaben wegläßt und Kürzungen überliest, was zu mißverständlichen Textformen führt.

Die Hintergründe der Bilder sind teils einfarbig, mit goldenem Rankendekor tapetenartig durchgemustert, wie er etwa in Böhmen, Frankreich, auch Italien vorkommt, teils wird durch gestrichelt schattierte Himmelsfarben von Weiß über Blau bis Schwarz eine Art atmosphärischer Hintergrund suggeriert. Dabei läßt sich keinerlei motivisch begründete Gesetzmäßigkeit in der Verteilung dieser beiden Modi erkennen: Szenen in freier Natur, mit Felsen und Bäumen, können eine ‚Rankentapete' oder auch einen ‚natürlichen' Hintergrund haben ebenso wie Szenen, die vor einer Architekturkulisse spielen. Die einfarbigen Rankengründe sind meist rot, selten grün, in einigen Bildern der trauernden Signue (Bl. 170v, 174r, 194v [Abb. 16], 198r, 233v), dem Motiv entsprechend, schwarz.

Da die Bildfelder recht groß sind – die Blätter messen 350 × 230 mm –, konnten die Maler Szenen mit zahlreichen Figuren gestalten, wobei die Aktionen Einzelner oder von Gruppen durchaus differenziert werden. Auf Bl. 2v beispielsweise reiten der Kalif von Bagdad und seine Gemahlin samt ihrem Gefolge dem Helden des Epos, Tschionatulander, entgegen, der ihnen gegen die Feinde beistehen wird; mit diesem Kapitel beginnt die Hs. (Abb. 17). Der Kalif, prächtig gekleidet und mit einem dreifach gewundenen Turban angetan (Pistor, 1983, S. 113, stellt Überlegungen zu der, wie sie meint, dreifachen, tiaraartigen Krone an, weil sie die Kopfbedeckung mißversteht), setzt im Hintergrund mit seinem Pferd im Sprung über einen Zaun; im Vordergrund reitet seine Gemahlin im Damensitz, links dazwischen ihr Reitergefolge, dargestellt als zwei Pferde und acht bekrönte Köpfe. Im folgenden Bild (Bl. 3r) sieht man die Frau des Kalifen mit vier ihrer Hofdamen, der Tschionatulander und ein Gefährte Geschenke überreichen, begleitet von drei weiteren Rittern. Durchaus wild bewegt können Reiter- und Schlachtszenen sein: drei Pferde hintereinander gestaffelt (Bl. 4v) (Abb. 18), elf Köpfe von Reitern (Bl. 66v), Ritter zu Pferd, die, von der Lanze getroffen, auf dem Pferderücken hintüberfallen (Bl. 62r, 97r [Abb. 19]), Massenszenen eines Turniers (Bl. 225v [Abb. 20]) oder aber die wüst übereinanderliegenden Toten nach der Schlacht, ein auf dem Rücken liegendes verendetes Pferd darunter, das die Hufe gen Himmel streckt, und die Raben als Nutznießer des Gemetzels (Bl. 75v) (Abb. 21). Klare Gesten lassen die Szenen sprechen: Ein Ritter aus dem Gefolge des breit aufgebaut dastehenden Kalifen schiebt den Arzt mit seiner Salbendose fort, der die gefallenen Heidenkönige Ypomidon und Pompeius balsamieren wollte; deren Leichname liegen im Vordergrund (Bl. 105v) (Abb. 22). Gesten der Trauer, so Tschionatulander vor dem Sarg Gahmurets (Bl. 108v

[Abb. 23]), des Mitleids, Herzeloyde und Sigune (Bl. 118v), des Schmerzes, Sigune über dem toten Geliebten (Bl. 173r, 182v, 194v [Abb. 16], 198r, 201v), der Begrüßung, des Abschieds erzählen das Geschehene deutlich. Besonders eindrücklich sind die Bilder von Sigune auf der Linde, trauernd über ihren Geliebten im Sarg vor ihr auf dem Baum, mit gefalteten Händen (Bl. 182v), den Kopf des Getöteten sanft berührend (Bl. 198v, 201v) oder ihn im Schoß haltend (Bl. 194v [Abb. 16]). Derjenige Teil des Baumes, auf dem Sigune, in ein großes graublaues Tuch gehüllt, sitzt, ist kahl, unter Bezugnahme auf Str. 5109 mit Erinnerung an die Turteltaube des ‚Physiologus‘, die nach der Trennung von ihrem Gatten keinen mehr erhört und sich deshalb auf keinen grünen Zweig mehr setzt (Pistor, 1983, S. 187). Hier ahnen wir einen belesenen Auftraggeber oder Planer der Bilder.

Man hat gerade in diesen Trauerszenen einen Zusammenhang mit christlichen Bildformulierungen gesucht, sie als „leise Assoziationen zum Vesperbild" (Pistor, 1983, S. 192), als frühe Darstellung der Pietà angesprochen oder die sich die Haare raufend klagende Sigune über dem Toten mit Samson und Delila ikonographisch in einer Linie sehen wollen (Schwab, 1989, S. 123 – ihre Beschreibung von Bl. 173r, der Kopf des Getöteten berühre „kaum den Schoß der Klagenden", ist nicht richtig: Tschionatulander liegt im Gras vor der knienden Sigune). Grundsätzlich wird man hiermit vorsichtig sein müssen: Der Vorrat der Epoche an sprechend darstellbaren Gesten ist nun einmal begrenzt und in Musterbüchern mehr oder weniger katalogisiert zu denken; sie in christlichem oder profan-epischem Zusammenhang vergleichbar anzuwenden, bedeutet noch keine inhaltliche Bezugnahme zu der anderen Sphäre. Die christliche Ikonographie des Spätmittelalters hat große Bereicherung aus Beobachtungen des profanen Alltags und Rituals gezogen. Und wie anders hätte der Illustrator des Münchner JT Signues Klage darstellen sollen, als der Tote vor ihr lag? Angesichts der sehr großen Zahl von Bildern im Münchner Codex ist es nicht verwunderlich, daß Haltungsmotive von Personen und Pferden oder bestimmte Gruppenbildungen in inhaltlich vergleichbaren Szenen häufig wiederverwendet werden. Die zwei Geschenke Übergebenden Bl. 3r und 117r (Abb. 24) folgen offenbar derselben Zeichnung, der stehende bärtige Kalif Bl. 111v, 112v (Abb. 25) und 121v, der sich nach hinten umwendende Mann mit dem tiefsitzenden Gürtel Bl. 164v (Abb. 26), 174r, 198v und so weiter. Besonders auffällig sind diese stets sich musterbuchartig wiederholenden Haltungsmotive bei den Pferden. Pferde konnte die Werkstatt sehr gut, im Schreiten und Galopp, von vorn gesehen, verkürzt von hinten, niedergebrochen (z. B. Bl. 62r und 99v), aber die verschiedenen Typen folgen jeweils auffallend exakt derselben Zeichnung, nur unterscheiden sich die Ausführungen in ihrer Feinheit. Dasselbe gilt für Naturmotive, Bäume, Gras, Felsen.

Diese Beobachtungen führen zur Frage der Malerwerkstatt, ihrer Organisation, einer Händescheidung. Daß die Qualität der Ausführung der Bilder schwankt, ist in der Literatur gesehen worden. Kraus (1974) schloß aus der Beobachtung auf einen „artist with one or more assistants" (S. 83), ebenso Hernad/Wagner, 2003: „Die Qualitätsunterschiede in der Zeichnung und der Modellierung der Figuren und Tiere sprechen für die Arbeit mehrerer Künstler" (S. 61). Über die gesamte Hs. ist die Farbigkeit nicht einheitlich, es gibt mehr in der hellen Tönung gehaltene Bilder, andererseits Illustrationen, in denen kräftige Farbtöne vorherrschen. Man meint, anhand solcher Merkmale einzelne Malerpersönlichkeiten zu fassen, doch bleiben nach unserem Eindruck die Qualitätsschwankungen so fließend, daß sich eine konkrete Händescheidung nicht anbietet. In einigen Bildern möchte man einen führenden Meister erkennen, der Geschenkübergabe Bl. 117r, der trauernden Sigune Bl. 194v. Dieses höchste Niveau der Malerei ist ausgezeichnet durch eine äußerst subtile Malerei – zum Plakat einer Ausstellung der Bayerischen Staatsbibliothek konnte man das Bild der trauernden Sigune auf DIN A 3 vergrößern!

Doch schon auf diesem obersten Qualitätsniveau bleiben stilistische Grenzen unscharf. Hingegen kann man fast durchgehend beobachten, daß auch den weniger exzellent ausgeführten Bildern im Prinzip die gleichen qualitätvollen Zeichnungen zugrunde liegen. So wird man annehmen, daß es sich um eine größere Werkstatt handelte, deren führende Kraft die Bilder vorgezeichnet hat, und mehrere Mitarbeiter diese Vorzeichnungen je nach Können ausgeführt haben. Qualitativ etwas heraus fallen zwei Bilder am Schluß mit der Fahrt nach Pitimont (Abb. 27). Besonders die Gesichter sind nicht allen gleich gut gelungen, wobei durchgehend das Niveau der Werkstatt hoch war.

Für eine solche arbeitsteilige Herstellung des Bilderzyklus und somit eine größere, leistungsfähige Werkstatt spricht nicht nur das künstlerische Niveau über eine große Zahl von Bildern hinweg, sondern auch die wichtige Beobachtung von Werner Wolf, daß „sich bisweilen unter den Farben noch dünne italienische Vorschriften für diese erkennen lassen" (Wolf, 1968, S. XIf.) Bei einer neuerlichen Betrachtung der Maloberflächen einzelner Bilder konnte keines dieser Worte gefunden werden, deshalb muß man annehmen, daß Wolf die Bilder mit kräftigem Licht von der Rückseite hat durchleuchten können (Karin Eckstein, München, wird in ihrer Dissertation zu Wolfs Lesung kritisch Stellung nehmen). Wolf hatte die Handschrift 1956 in der Bodmerschen Bibliothek in Genf/Cologny mehrere Tage untersuchen können; da für ihn die Entdeckung italienischer Maleranweisungen in einer deutschen Handschrift sicherlich nicht *a priori* zu erwarten war, hat man seiner Angabe durchweg Glauben geschenkt.

Dies um so mehr, als H. P. Kraus in New York, in dessen Händen sich die Hs. Anfang der 1970er Jahre zum zweiten Mal befand, Wolfs Beobachtung insofern ergänzte, als er in der Brackenseilszene Bl. 164v (Abb. 26) auf eben diesem Hundehalsband Worte einer italienischen Inschrift entziffert hat. Kraus (1974, S. 83) las: ... *ma vule* (?) *amor, ma la speranza*. Nach unserer Lesung erkennt man in gotischen Buchstaben, weiß auf Gold: ... *ma viue amor · ma*[i?] *la speranzia* (anläßlich der Betrachtung des Originals zusammen mit Elisabeth Wunderle und Karin Eckstein, beide Staatsbibliothek München, am 11. 3. 2009 erschien dies als die plausibelste Lesung). Die Striche am runden Stück der Leine scheinen keine Worte zu ergeben.

Es gibt keine äußeren Hinweise auf den Auftraggeber. Er muß es jedenfalls gewesen sein, der nicht nur die materielle Kostbarkeit des Codex in Pergament mit Gold bestimmte, sondern auch die ungewöhnlich große Zahl von Miniaturen. Was ihre Verteilung in der Hs. betrifft, fällt auf, daß es am Anfang, bis Bl. 107, nur ganzseitige Miniaturen gibt, heute noch 14. Danach überwiegen die halbseitigen Bilder, die in wesentlich dichterer Reihe folgen, innerhalb der nächsten 100 Folien allein 50 Miniaturen. Hat der Auftraggeber im Laufe der Arbeit mehr Szenen illustriert gewünscht?

Entstehungsregion und Datierung der Hs. müssen aus stilistischen Indizien erschlossen werden. Schon Wolf, von Franz Unterkircher in Wien beraten, hatte Südtirol vermutet, wegen der italienischen Maleranweisungen und der erkennbaren Einflüsse oberitalienischer Malerei, zum Beispiel in den Architekturdarstellungen, und er verwies darauf, daß es in Südtirol „damals mehrere Adelsgeschlechter gab, die sowohl Reichtümer genug hatten wie an der Erhaltung der höfischen Literatur interessiert waren" (Wolf, 1968, S. XI). Dieser Annahme, auf Oberitalien erweitert, wird man um so mehr zustimmen, nachdem in den letzten Jahrzehnten unsere Kenntnis der Profanmalerei in Norditalien und Südtirol, auch und besonders von zahlreichen Bilderfolgen in Wandmalerei und Buchillustration aus dem Arturischen Kreis, erheblich gewachsen ist (zuletzt in kurzem Überblick Cozzi, 2006). Epenillustrationen müssen in dem ganzen Kulturgebiet seit dem frühen 12. Jh. sehr beliebt gewesen sein, man denke an das Artus-Tympanon der Kathedrale von Modena. Zu erinnern ist an Burg Rodenegg, an die reich illustrierte Hs. des ‚Lancelot' in der Bibliothèque Nationale Paris (ms. fr. 118), lombardisch, um 1380; an die Fresken mit der Trojasage im Stadtpalast von Udine von 1364 (Cozzi, 2002); an Reste von 15 Szenen des ‚Lancelot' aus dem Ort Frugarolo in der Lombardei, um 1395; an ‚Tristan'-Fresken im Palazzo Ricchieri in Pordenone, um 1370/80; an Schloß Runkelstein oder die etwas späteren ‚Lancelot'-Fresken Pisanellos im Palazzo Ducale in Mantua. In Südtirol und Oberitalien jedenfalls wäre die Entstehung einer deutschsprachigen Hs. mit Sprachmischung in den Maleranweisungen zwanglos vorstellbar.

In der neueren Literatur wird die Frage nach der Herkunft der Hs. jedoch weniger zuversichtlich formuliert, nicht so sehr aufgrund von Zweifeln an Wolfs Argumentation als im etwas unglücklichen Verlauf der Forschung selbst begründet. Die kunstgeschichtliche Literatur hat weder Wolfs noch Kraus' Beobachtungen italienischer Inschriften zur Kenntnis genommen. Deshalb konnte Charlotte Ziegler in einem Aufsatz 1977 über den in Wien lokalisierten Maler Martinus Opifex die Ansicht vertreten, die Handschrift sei an dessen Werk anzuschließen und im böhmisch-österreichischen Bereich entstanden, ohne auf diese Fragen einzugehen (Ziegler, 1977, S. 88f.: „Die Stilwurzeln der Titurel-Handschrift liegen im innerösterreichischen Raum"; die Lokalisierung wiederholt in Ziegler, 1988, S. 27). Über allgemeine Stilmerkmale der Internationalen Gotik hinaus, welche aber von den Werken des Martinus Opifex deutlich hinter sich gelassen werden, ist uns allerdings keine signifikante Verwandtschaft nachvollziehbar. Pistor kennt zwar Wolf und Kraus, allerdings scheint ihr die grundsätzliche Relevanz der italienischen Schriften für die Frage der Lokalisierung nicht klar geworden zu sein, denn sie erwähnt sie nicht; der Eintrag von Becker (1977) ist ihr entgangen. So konnte es geschehen, daß in der kunsthistorischen Literatur zwei unverbundene Traditionslinien entstanden sind, Lokalisierung in Südtirol und in Böhmen/Innerösterreich. In manchen neueren Titeln wirkt dies nach, indem man sich um eine Harmonisierung der Thesen bemüht (Hernad/Wagner, 2003, S. 62; Baumstark/Koch 1995, Nr. 2, S. 139f., zitiert zwar Pistor, folgt jedoch Ziegler mit der Aussage: „Stilistisch gelten die Illustrationen als Schlüsselwerk zur Klärung der Entwicklung der österreichischen Buchmalerei des 15. Jahrhunderts").

Aus den italienischen Maleranweisungen ist zwingend zu schließen, daß der Meister der Werkstatt sich mit seinen ausführenden Kräften auf Italienisch verständigen konnte; Stilvergleiche für eine genauere Einordnung der Miniaturen wird man also am ehesten in Südtirol und Norditalien suchen. Zu bemerken ist auch, daß die Worte auf dem Brackenseil: *amor, speranzia* nicht dem JT entnommen sind, sondern italienische Lyrik in der Nachfolge Petrarcas anklingen lassen: Der Maler verstand das Objekt als Liebespfand und schrieb darauf, was er sich, von seinem Kulturkreis ausgehend, dafür als Motto passend vorstellte.

Als Datierung der Hs. wird gewöhnlich „um 1430" (Kraus, 1974, S. 83: „c. 1425"; Ziegler, 1977, S. 89, und Kurras, 1992, S. 25: „um 1430") oder „zweites Viertel 15. Jahrhundert" (Becker, 1977, S. 130: „1. Hälfte 15. Jahrhundert"; Hernad/Wagner, 2003, S. 60) angegeben. Genau genommen, läge zwischen diesen Angaben die Frage, ob man mit Pistor annehmen will, daß die Miniaturen die Kenntnis des Werkes von Pisanello (ca. 1397-ca. 1455) voraussetzen; sie ist bisher nie diskutiert worden. Pistor (1983, S. 100 f.) nimmt dies an, was eine Datierung erst in die 1440er Jahre impliziert. Davon rückt sie jedoch selbst vorsichtig ab, indem sie auf die Möglichkeit verweist, daß Zeichnungen Pisanellos, die als Vorbild gedient haben könnten, schon seine späten Werke vorausnahmen – eine etwas gepreßte These. Allerdings sind alle Motive, die Pistor für Ableitung von Pisanello anführt, schon wesentlich früher gängig.

Die Bereicherung unseres Vergleichsmaterials in den letzten Jahrzehnten, besonders durch Funde profaner Wandmalereizyklen in Norditalien, macht jedoch deutlich, daß die stilistischen Voraussetzungen für die Miniaturen in diesem Kulturkreis schon um 1370/1400 gegeben waren. Wie lange danach Werkstätten für Buchmalerei ihre Vorlagen weitertrugen, wird man im Einzelfall kaum sagen können (Cozzi, 2006). Vor diesem norditalienischen und Südtiroler Vergleichshintergrund jedoch wird man die Münchner Hs. eher etwas früher als bisher ansetzen. Stilistisch ist sie noch ganz und gar ein Werk der Internationalen Gotik. Motivisch gehört das ganze Repertoire bewegter Reiter, springender, von hinten und vorn verkürzter oder niedergebrochener Pferde im letzten Drittel des 14. Jh.s in Norditalien zum gebräuchlichen Motivschatz, Altichieros ‚Triumph der Fama' in einer Pariser Hs. um 1380 veranschaulicht, daß diese Entwicklung zur lebendigen Bewegung eng mit dessen Namen und dem des Tommaso da Modena verbunden ist (vgl. Kirsch, 1991, Fig. 1). Vieles Motivische an Figuren und Pferden wird man auch in der um 1380 datierten lombardischen Hs. des ‚Lancelot' (s. o.) gut vergleichbar finden, auch die Bäume, die dort wie im Münchner JT der bekannten Wiener Hs. des ‚Tacuinum Sanitatis' aus dem späten 14. Jh. gleichen (grundlegender Aufsatz v. Schlosser, 1895; Unterkircher 2004). Die Vergleiche ließen sich um vieles vermehren.

Augenfällig nahe der Stilstufe des Münchner JT steht die bekannte, vom Bischof von Trient Georg von Liechtenstein (reg. 1390–1419) in Auftrag gegebene und vor 1407 vollendete Ausmalung des Adlerturms des Castello di Buonconsiglio mit einem Monatszyklus (de Gramatica, 2002, mit Lit.; Curzel, 2002). Der Künstler der Wandmalereien des Adlerturms hieß Wenzel, stammte demnach am ehesten aus Böhmen. Seine Malerei zeigt aber italienischen Charakter, aus dem Veroneser Umkreis, was sich in den Architekturen, aber auch in der Darstellung von Landschaft und Pflanzen zeigt. Es ist somit wohl kein Zufall, daß das für die Cerruti in Verona gemalte ,Tacuinum Sanitatis' eben diesem Bischof Georg gehörte; es verkörpert geradezu die italienische Vorbildschicht, die den böhmischen (?) Maler beeinflußt hat. Gerade der Hof des aus Wien kommenden Bischofs in Trient und ein Werk wie der Adlerturm führen die internationalen Verknüpfungen der höfischen Kunst um 1400 vor Augen, ein Milieu derjenigen Art, aus dem man sich auch den Münchner JT entstammend vorstellt (Wetter, 2002).

Bei der Datierung kommt der paläographischen Einordnung der Schrift Gewicht zu. Man wird davon ausgehen, daß der Schreiber – Wolf nimmt eine einzige Hand an – deutschsprachig war. Eine neuerliche Einordnung wird Elisabeth Wunderle, München, verdankt: „Es handelt sich um eine schleifenlose Bastarda auf hohem kalligraphischem Niveau" (nicht Textura, wie manchmal fälschlich in der Literatur; zur Einordnung als Bastarda s. auch die Beschreibung von Karin Schneider, 1983). Eindeutig Elemente der Bastarda sind z.B. das einbogige *a* und die unter die Zeile gezogenen *f* und *s*. – Der kalligraphische Anspruch wird durch Anleihen aus der Textura/Textualis (z.B. Brechungen, Unterscheidung zwischen druckstarken Strichen und Haarstrichen; vgl. dazu Karin Schneider, 2009, S. 66) unterstrichen. Wichtiges Datierungsmerkmal: schleifenlos (keine Schleifen z.B. bei *l, b, h, d*). Vgl. dazu Schneider, 2009, S. 74: „Festzuhalten ist vorerst, daß eine Bastarda mit durchgehend oder teilweise schleifenlosen, glatten Oberschäften im deutschen Sprachraum kaum vor den zwanziger Jahren des 15. Jahrhunderts entstanden sein kann …" Vgl. auch Karin Schneider, 1994, S. XXIV ff.: Unter den datierten Hss. finden sich nur 12 mit einer komplett schleifenlosen Bastarda, und zwar aus der Zeit zwischen 1430 und 1450. – Eine Buchstabenform ist beachtenswert: das *x*-förmige *r* (gerader Schaft, kombiniert mit einem *c*-förmigen Teil); diese Form wird gerne bei bairisch-österreichischen Bastarden verwendet; sie ist schon im ersten Viertel des 15. Jh.s anzutreffen, häufiger seit den 30er Jahren. Diese *r*-Form ist beliebt bei kalligraphischen Bastarden und wird von Kanzleischreibern und überhaupt von Berufsschreibern bevorzugt (Schneider, 1994, S. XXVI f.).

Ihre späteren Schicksale haben Aussehen und Erhaltungszustand der Münchner Hs. erheblich geprägt. Sie war spätestens seit den 1580er Jahren im Besitz der Familie Fernberger, von Johann Fernberger zu Egenberg dem Jüngeren (1556–1600) ist sie zuerst als Stammbuch benützt worden: Rund tausend Einträge sind über die Ränder der Folien verteilt, der früheste 1583 datiert (Bl. 118v), bis in die 60er Jahre des 17. Jh.s (Wolf, 1968, S. XII–XVIII; Becker, 1977, S. 131 f.; Kurras, 1986, H. 2, S. 82–84 – die noch bei Becker, 1977, S. 131, wiederholte Angabe Wolfs, auf dem Vorsatzblatt IIr finde sich mit 1509 die früheste Jahreszahl der Hs., ist unrichtig: etwas rechts abgerückt findet sich eine 4, so daß 1594 zu lesen ist, zwischen den Zahlen ein O). Die Fernberger hatten in einer Wappenbesserung 1549 den Anker verliehen bekommen; das mag überhaupt der Anlaß gewesen sein, das Buch, in dem Parzival mit seinem Anker als Helmzier erscheint, zum Stammbuch zu nehmen.

Ob die Fernberger die Hs. schon in früheren Generationen besaßen, ist ungewiß. Es wäre denkbar, daß sich schon Johannes' gleichnamiger Großvater († 1553), Oberster Sekretär und Rat Ferdinands I., oberösterreichischer Vizedom und schließlich 1535 Erblandkämmerer in Österreich ob der Enns, der Anfang der 1520er Jahre aus Tirol nach Österreich gekommen war, für derlei interessierte; ihm war die erste deutsche Übersetzung der ‚Odyssee' gewidmet worden (Kurras, 1986, S. 82).

Einen Anhaltspunkt für diese Frage böte die erste eigentliche Textseite (Bl. 1r). Der Textblock entspricht den anderen im Format, die Seite ist jedoch an den Rändern mit Ranken verziert, die vielleicht – man wird dies jedoch nicht mit Sicherheit behaupten – in einem Motiv das Pentagramm des Fernbergerschen Wappens spielerisch zitieren. Allerdings ist der Stil dieser Ranke schwer einzuordnen, Renaissanceformen im Großen, dazu passend die großen Blüten, dagegen französische gotische Reminiszenzen im Blattwerk, am ehesten aus der ersten Hälfte oder gar Mitte des 16. Jh.s.

In den ersten Lagen des Codex ist eine ganze Anzahl von Blättern herausgeschnitten, von denen man vermuten darf, daß sie ebenfalls ganzseitige Bilder enthielten. Gewöhnlich nimmt man an, daß die Fernberger sie sukzessive verschenkt haben (Wolf, 1968, S. XIV, und die ihm folgende Literatur – Karin Eckstein wird u. a. unternehmen, anhand der Textlücken die Größe und eventuell die Darstellung dieser fehlenden Seiten zu erschließen). Sicher ist das jedoch nicht: Sie fehlten auf jeden Fall schon vor Herstellung des Ledereinbands, wie die Foliierung zeigt, denn in der rechten oberen Ecke der Rectoseiten findet sich eine durchgehende Paginierung, die stellenweise schon durch die Bindung beschnitten wurde. Nach der Bindung hat man deshalb dieselben Zahlen in der Blattmitte wiederholt.

Johann Fernberger der Jüngere, der das Buch zum Stammbuch machte, war ein weitgereister kaiserlicher Rat und Ritter; er lebte seit 1585 in Padua, wo er 1600 auch starb (in allen Angaben zu den Fernberger beziehen wir uns auf Kurras, 1986). Daß er ältere italienische Kunstwerke schätzte und dort auch erwarb, zeigt ein intarsierter Holzkasten, in den nachträglich eine spät-trecentistische Tafel mit Darstellung des hl. Antonius auf Goldgrund eingefügt wurde, vielleicht ursprünglich ein Predellenbild; rückseitig auf dieser hat Hans Fernberger sein Wappen, seinen Namen und das Motto *MIT ERN* angebracht (Bozen, Stadtmuseum C 209; AK Schloß Tirol 1995, S. 192f.; Motto und Titulatur dort offenbar verlesen).

Johann Fernberger d.J. hatte verfügt, daß die Hs. nach seinem Tod auf den Familiensitz Eggenberg verbracht werden und dort weiter als Stammbuch der Familie dienen solle. Auf seinen Tod in Padua im November 1600 und das von ihm bestimmte Schicksal seines Stammbuchs bezieht sich ein Eintrag auf Bl. 126v: *Nachdem Herr Hanß Fernberger etc., alß ihm diß Buoch hat geherdt, und solliches also angefangen, [...] 11 November A° 600 zu Padoa die schidtnahme petzalt, dem der Allmechtige Got geb genad. [...] der schriftlich hinder sein verlassen diß buoch nach seinem tot alher zum Egenbergg zu bringen und daselbst zu [...] seither ganzen hierin alleweil eingeschribnen ehrlichen Gesellschaft möge gedechtnuß auf zu behalten, es also fast zu continuieren hab ich C.L. Fernberger also solliches gethan und nun mehr bei mier, daß diß buoch [...] den 22. Januarij A° 601 alhie zu Egenbergg [...] nachvolgende geselschaft gemacht worden. Der Allmechtige geb allen so hierin [...] fried. Amen etc.* (Wolf, 1968, S. XV fand die Notiz unlesbar; der hier gegebene Transkriptionsversuch entstand in Gemeinschaft mit Frau Wunderle und Frau Eckstein). Sein Vetter Karl Ludwig (1569–1635), der eine darauf Bezug nehmende Notiz auf Bl. 126v eingetragen hat, hat das Buch weiter auf Eggenberg als Stammbuch benützt. Der letzte nachweisbare Besitzer war sein ältester Sohn Christoph Adam, ein Kunstsammler; das Geschlecht erlosch 1671.

Erst Christoph Adam hat den heutigen Ledereinband mit Messingbeschlägen herstellen lassen, wie sein Monogramm auf der Deckelrückseite zeigt. Einige Schriftseiten des Codex zeigen starke Bereibungen, wohl eine Folge davon, daß er erst im 17. Jh. gebunden worden ist. Innen auf den zwei Vorsatzblättern und dem Rückblatt hat er sich bemüht, dem Codex mit aus anderen Hss. ausgeschnittenen Bildern und Zieraten zusätzlich eine würdigere und auch inhaltlich passende Gestalt zu geben –

ob dies gleichzeitig mit dem Einband geschah und ob überhaupt in einer einzigen Unternehmung, bleibt zu klären. Bl. IIr/v und das recto des letzten Blattes wurden derart an den Rändern mit ausgeschnittenen Ranken- und Initialornamenten verziert. Das muß nach 1650 geschehen sein, denn auf Bl. IIv hat er in der Mitte sein 1650 datiertes Kupferstichportrait eingeklebt; eine mit der Randranke verbundene Initiale klebt jedoch über diesem Kupferstich.

Man hat angenommen, daß diese farbigen Ranken aus dem verlorenen ersten Band stammen, womit man eine vage Vorstellung von dessen Ausgestaltung gewonnen hätte (Wolf, 1968, S. XIV; Becker, 1977, S. 131, Anm. 5). Dies trifft jedoch nicht zu, wie bei der neuerlichen Untersuchung festgestellt werden konnte: Die nicht mehr gut klebende Initiale auf dem Rückblatt zeigt rückseitig Worte, die einer liturgischen Handschrift entstammen (festgestellt zusammen mit Elisabeth Wunderle und Karin Eckstein). Die eingeklebten Ranken und Initialen scheinen stilistisch ein- und derselben Hs. entnommen. Auch die gotischen Schriftreste auf Bl. IIv und 270v sind Abklatsche dieser Hs., hier waren also auch Ranken eingeklebt. Andere eingeklebte Reste von Stammbucheinträgen auf den Vorsatzblättern wurden möglicherweise von einem Papierumschlag der Hs. übertragen, der bei der Bindung verlorenging. Johann Fernberger hat, laut Kurras, mehrere mittelalterliche Hss. besessen, von denen einige erhalten sind. Aus solchen wird ebenfalls die auf dem ersten Blatt – einem Papierblatt – eingeklebte, stilistisch nicht zugehörige Kreuzigung herausgeschnitten sein sowie auch die auf Bl. IIr und hinten eingeklebten Stammbäume in Art einer *Arbor consanguinitatis* und *Arbor affinitatis* aus einer Hs. des 14. Jh.s.

2. Die Berleburger Handschrift

Die im Besitz der Fürsten von Sayn-Wittgenstein überkommene Papierhandschrift, die bis vor kurzem in Bad Berleburg aufbewahrt wurde (Hs. K), ist von ihrem Schreiber 1479 datiert und somit zwei Jahre nach dem ersten Druck des JT bei Johann Mentelin in Straßburg 1477 entstanden (Sayn-Wittgensteinische Schloßbibliothek, Ms. RT 2/1 [ehem. T 437]; → II, S. 961). Die Hs. ist derzeit (März 2009) in die Schweiz verbracht; das Institut für Deutsche Philologie des Mittelalters der Philipps-Universität Marburg konnte dort noch sämtliche Illustrationen, Initialen und Randillustrationen in Farbfotografien dokumentieren.

Der Codex ist so gut wie nicht untersucht, von seinen 41 ganzseitigen

Illustrationen sind bisher nur vier abgebildet (Heinzle, 1973, S. 36; Schwab, 1989, Abb. 26–28), Bilder wie Initialen und sonstiger Buchschmuck niemals beschrieben. Es ist eine gewisse Ironie der Forschungsgeschichte, daß alle drei Philologen, die den Berleburger JT besprechen, die Hs. selbst nie gesehen haben. Die bisherigen Angaben zur Hs. fußen auf Zarncke, 1877; dieser mußte sich jedoch in seiner kodikologischen Beschreibung, den Transkriptionen und Überlegungen zum Verhältnis der Berleburger Hs. zu anderen JT-Texten auf einen Kollegen der Jenaer Universitätsbibliothek verlassen, wohin damals die Hs. ausgeliehen war. Zu den Illustrationen äußert er sich infolgedessen nicht. Wolf (1955, S. LXVIf.) hatte zwar einen Mikrofilm zur Verfügung, geht jedoch in seinen Angaben nicht über Zarncke hinaus. Die Bilder beschäftigen ihn nicht, zumal er damals auch noch keine Vorstellung vom Aussehen der Illustrationen der Fernberger-Hs. haben konnte. Auch Becker (1977, S. 128–130, Nr. 7, mit Lit.) hat nach eigener Aussage die Hs. nicht im Original gesehen.

Der Schreiber des Codex, der Benediktinermönch Johannes Doyle von Gleiberg, hat seine Urheberschaft, das Vollendungsdatum 23. Oktober 1479 sowie den Adressaten, den Ritter Otto Winther, am Ende der Hs. ausführlich festgehalten: *Finit feliciter post incarnacionem Jesu millesimo quadringentesimo septuagesimo nono ipso die Seuerini episcopi ad utilitatem validi Otto Wintherre* und: *Scriptum per me Joh[annem] doyle de Glypperg sacerdot[em] vel dign[um] professum monachum ordinis sanctissimi benedicti Era annos mundi Sex milia sexingentos LXXVIII Era Cri[sti] autem M° CCCC° LXXIX* (Zarncke, 1877, S. 2; Becker, 1977, S. 129 – kleine Korrekturen aufgrund der neuen Fotos).

Die 41 Kapitelanfänge sind durch mehrfarbige Initialen ausgezeichnet, die fast die halbe Höhe des Schriftblocks einnehmen. Bis auf die ersten sind die meisten nicht vollendet, haben nur die grobe Form in ein oder zwei Farben oder Goldgrundierung angelegt, jedoch noch ohne jede Binnenzeichnung; bei manchen sieht man die flüchtige Vorzeichnung in Blei. Es gibt Buchstaben mit Ranken, manchmal mit einem Figürchen in der Mitte – einmal portraitiert sich der Schreiber als Erzähler (*höret diese mern* heißt es darüber) in seiner Mönchskutte mit einem schwungvoll ausflatternden Rotulus in Händen (*S*-Initiale von Kap. XXXVI [Abb. 28]), einmal ein ,Portrait' Herrn Wolframs (Abb. 29) –, aber auch etwa einen aus gotischen Bauteilen oder altertümlichen Flechtbändern konstruierten Buchstaben. Vielfach wird der breite Blattrand mit Ranken gefüllt, aber auch mit mancher Figur, Frauen mit Blumen (Abb. 29), einem Astronom mit Astrolabium (im Text daneben ist von Astronomie die Rede), grotesken Szenen mit einem Narren (Abb. 30) oder einem Bettler. All diese Zierate sind ziemlich summarisch und flüchtig gemalt, die meisten unvollendet, aber nicht ohne Schwung und mit einer gewissen Leichtigkeit, die dem ganzen einen heiteren Ton gibt – eine gemütliche Abwandlung der älteren grotesken, mitunter das Subversive streifenden Bordürenmalerei.

Die Anfänge der Kapitel sind am Rand durch eine römische Numerierung gekennzeichnet, einleitend steht eine mehr oder minder ausführliche Kapitelüberschrift in roter Schrift, deren Kurzform noch einmal am Schluß der Hs. als Liste erscheint (diese bei Zarncke, 1877, S. 7–9). In unregelmäßiger Folge sind am unteren Blattrand in roter Schrift die Verse der ‚Ilias Latina' eingetragen, ob vollständig, ist bisher nicht untersucht. Sie stehen immer außerhalb des eigentlichen Schriftspiegels, werden also nachträglich zugefügt sein, allerdings vom selben Schreiber (zu inhaltlichen Aspekten der Zusammenstellung des JT mit der ‚Ilias Latina' vgl. Becker 1977, S. 129, Anm. 3).

In unmittelbarer Nähe zu den Kapitelanfängen ist diesen jeweils eine ganzseitige, kolorierte Federzeichnung zugeordnet. Diese Zeichnungen sind rasch hingeworfen, nicht im Detail bemüht, die Gesichter durchaus wenig differenziert, die Handlungen jedoch meist mit Schwung dargestellt; die Szenen wirken anschaulich und die Bewegungen der Figuren nicht stereotyp, sondern wie *ad hoc* erfunden. Manche Bilder sind in einen Architekturrahmen mit gotischem Dekor eingefaßt, manche sind nur mit einem Strich umrandet oder stehen ganz frei im Raum. Vorherrschende Farben der zuweilen eher sparsamen Kolorierung sind Grün, Gelb, Brauntöne und Zinnober, Blau ist seltener.

Einen grundsätzlichen strukturellen Zusammenhang der Bebilderung der Berleburger Hs. von 1479 mit dem zwei Jahre zuvor erschienenen Straßburger Druck hat schon Zarncke erkannt: Im Druck ist bei den Kapitelüberschriften jeweils ein Raum in der Spalte frei gelassen worden, in den man offenbar Holzschnitte geplant hatte. Zahl und Verteilung der Bilder im Text entsprechen sich also im Druck und der Hs.

Allerdings hat schon Zarncke philologisch festgestellt, daß der Berleburger Text nicht eine direkte Kopie des Druckes ist, sondern beide auf zwei sehr ähnlich aufgebaute Vorlagen zurückgehen müssen; die Textschlüsse sind verschieden (Zarncke, 1877, S. 20; Wolf, 1955, S. LXVII; Becker, 1977, S. 179 hält die Hs. irrtümlich für eine Abschrift des Drucks). Ob man dasselbe für die Bilder annehmen kann, muß offen bleiben: Es ist durchaus nicht gesagt, daß dem Mönch Johannes eine illustrierte Hs. vorlag, ebenso könnte man sich fragen, ob ihn gerade die Leerstellen im Druck zu Eigenschöpfungen angeregt haben, auch wenn seinem Text eine andere Version zugrunde lag.

Stilistisch sind die Illustrationen und Marginalien, obgleich nicht übermäßig sorgfältig ausgeführt, durchaus von Interesse. Eine motivische Beziehung zu den Bildern der Münchner Hs. ist nirgends gegeben. Dennoch hat man den Eindruck, daß der Zeichner seine Figuren zuweilen bewußt altertümlich stilisierte: Manche Kleidungsmotive wirken archaisierend, so Harnische mit dem niedrig sitzenden Gürtel (Kap. III, Titurel baut Montsalvatsch [Abb. 31]), und besonders manche Frauengewänder sind weich fallend, es gibt reiche glockig laufende Säume in der Art des Weichen Stils. Ebenso wie ,um 1420' sieht zum Beispiel der Engel aus, der auf dem letzten Bild die Burg Montsalvatsch nach Indien fliegt (Abb. 32). Dagegen ist die Randfigur eines Narren, der sich mit einer grotesken Maske in der Initiale streitet, stilistisch ganz aus des Zeichners eigener Zeit (Abb. 30). Auch die Kanone im Feldlager (Kap. XXXI) ist natürlich ein zeitgenössisches Gerät (Abb. 33). Zuweilen denkt der Zeichner konkret heraldisch, zum Beispiel, wenn er (Kap. XXXII) das Banner des Kaisers mit einem Doppeladler versieht.

Auf den letzten Blättern hat sich der Schreiber und Maler Johannes Doyle von Gleiberg zusammen mit dem Empfänger der Hs., dem Ritter Otto Winther, in einer launigen Szene dargestellt, in Versen wird sie erläutert: Der Mönch hat vor Herrn Winther den Hut gezogen, den er noch in der Rechten hält; Winther verwehrt ihm die übertriebene Höflichkeit, da zieht er sich mit der anderen Hand seine Kapuze über den Kopf (Abb. 34). Die Verse ihrer Rede und Widerrede stehen über den Personen (Text bei Zarncke, 1877, S. 2, Anm.).

Bei den Kapitelüberschriften konnte es sich Johannes im zweiten Teil der Hs. nicht versagen, ihren Inhalt in Reimform zu bringen (Zarncke, 1877, S. 4–6); in diesen Versen spricht er häufig auch seinen Leser Otto Winther direkt an, z.B. Kap. XXXIII: *Wie tschyona^r der hochgemeit · Mit zweyen heiden köngen streyt · Die in gefuhert hatten uff griffen · Ott Winthers lat uch nit entschliffn · Horet ir solt aventür haben · Wie arabadille wart begraben*; Kap. XXXIV: *Wie tschyonatulander · Kam an orilus von lalander · Er warff in nider mit ritterschafft gut · Den beschüt syn amye resthut · Und sante sygun das brakken seyle · Owe Ott Winthers, groß unheyle · Geschach des baruchs bode wylde und auch was ritterschaft zylde · vor Gyngrifals Gaylett · und sin ohem Ekunett*; oder Kap. XLI: *Horet nu wilde aventüer · Otto winthers dan sie ist gehüre · Montsalvatz in salvater der berg · Mit der capell und allem werg · durch bede der werden diett · in einer nacht in indien schiet · priester Johan der hohe und edle man · Gab parci-*

fals rich der hies do als er Johan. Man gewinnt den Eindruck, daß der Benediktinermönch und sein Auftraggeber sich schon vorher gut kannten und daß das Buch ausgesprochen *ad hominem* geschrieben ist. Neben dem Bild der Hochzeit von Titurel und Richoude steht Winthers Wappen, schräg, als solle ein zweites dazukommen – sollte der Anlaß der Hs. Otto Winters Hochzeit gewesen sein? In der Schlußszene bleibt trotz der ‚Beschriftung' der Eindruck, daß man den Witz nicht ganz versteht, daß ein konkreter, persönlicher Scherz zwischen den beiden dahintersteht. Auffallend ist, daß sich in den persönlichen Anreden wie auch in dieser Zeichnung der Mönch und der Ritter ‚auf gleicher Augenhöhe' begegnen, ein Mönch, der sich übrigens auch nicht scheute, eine nackte Frau – Sigune, die vor Tschionatulander die Hüllen fallen läßt – zu zeichnen (Abb. 35); man wüßte gern mehr über beider Protagonisten Herkommen und Bildungshintergrund.

Zu Otto Winther und seiner Familie ist in der Literatur nichts in Erfahrung zu bringen; Zarncke nahm an, Graf Ludwig sen. von Wittgenstein († 1605), der eine reiche Bibliothek zusammengebracht hatte, habe die Hs. direkt von der Familie Winther an sich gebracht.

Johannes Doyle hingegen gewinnt durch zwei Quellen anderer Art noch etwas an Umriß. Er konnte aufgrund eines Eintrags von seiner Hand in einem Codex des 13. Jh.s mit Vergils ‚Georgica' als Mönch in der Benediktinerpropstei Johannisberg bei Hersfeld identifiziert werden; Demme (1891) bezeichnet ihn als deren Propst. Sein Eintrag in die ‚Georgica'-Hs. (Glasgow, Ms. Hunter 27) lautet: *Johannis doile de gliperg plebanus in huna Cenobita in monte sancti iohannis sub dominis Abbatibus Damnione* [sic?] *Wilhelmo et volperto Militauj scripsi haec pridie kalendas Marcias Anno Domini primo super Millesimum* […] (nach Young/Aitken, 1908, S. 26f.; Bekker 1977, S. 129, mit Verweis auf Lehmann, 1961, S. 92 – der Schluß des Datums fehlt). Johannes Doyle muß nicht nur ein Liebhaber klassischer Literatur gewesen sein, sondern sich aktiv mit der Sprache beschäftigt haben: Sein Eintrag bezieht sich offenbar auf zwei nachfolgende Seiten Notizen zu lateinischer Grammatik und einzelnen Wortbedeutungen. So liegt die Vermutung nahe, daß es auf seine Initiative zurückging, dem JT die Verse der ‚Ilias Latina' hinzuzufügen.

Mit diesem Eintrag kann man auch die Lebensspanne des Johannes etwas präzisieren: Er habe, schreibt er, unter den Äbten Damian (1481–83), Wilhelm (1483–93) und Volpert (1493–1513) als Mönch gelebt; es handelt sich um Äbte des Stifts Hersfeld. Demnach war er, als er 1479 den JT schrieb, noch nicht Mönch in Johannisberg. Der Eintrag in den ‚Georgica' selbst muß nach 1493 datieren, dem Regierungsantritt von Volpert; 1513 hat dieser dann seine Abtswürde niedergelegt und das Stift mit allen Besitzungen an Fulda übergeben.

Für die Zeit dazwischen gibt eine Hersfelder Nachricht dem Priester und Propst Johannes als ‚Kunstliebhaber' und Maler ein deutlicheres Profil. Die lokale, aus Quellen geschöpfte chronikalische Literatur berichtet, daß Johannes Doyle, Pfarrer in Haune, 1486–1490 Wandmalereien in der Abteikirche Hersfeld ausgeführt habe: „1486 – Johannes Doyle, später Propst von Johannesberg, als vorzüglicher Maler der damaligen Zeit bekannt, begann die Ausmalung des Domes alhier, die 1490 vollendet war" (Demme, 1891, S. 41). Von den Malereien gibt es keinerlei Reste, die Hersfelder Stiftskirche ist seit ihrem Brand im Siebenjährigen Krieg 1761 eine Ruine. Der Monograph der Stiftskirche Hersfeld, Wilhelm Neuhaus, hat vermutet, daß Johannes' Malerei „wahrscheinlich unter Benutzung der aus dem 12. Jahrhundert stammenden Ausschmückung der Kirche" geschehen sei (Neuhaus, 1955, S. 21f.); worauf er diese Annahme stützt, wird nicht erwähnt.

Die Identität des Malers in Hersfeld mit dem Besitzer der ‚Georgica' ist durch den dortigen Besitzereintrag gesichert, in dem er sich *plebanus de huna* nennt, Pfarrer in Haune, südlich von Hersfeld. Johannes hat sich also auch an größere malerische Werke gewagt, und dies nicht nur auf Papier, sondern in Wandmalerei. Gerade vor dem Hintergrund der stilistischen Eigenart der JT-Illustrationen erscheint uns aufschlußreich, daß er auch in der Stiftskirche offenbar ein gewisses Interesse an älteren Stilen in der Malerei zeigte. Im Gegenzug kann diese Nachricht endgültig belegen, daß der Mönch Johannes auch der Maler, nicht nur der Schreiber der Berleburger Hs. des JT war, wie es ja schon seine beiden ‚Selbstportraits' mehr als wahrscheinlich machen.

Eine vertiefte Untersuchung der Hs. ist sehr zu wünschen und nun durch die Marburger Fotokampagne in den Bereich des Möglichen gerückt; daß der Codex in Zukunft der Forschung im Original zur Verfügung steht, bleibt zu hoffen.

Literatur

[AK Schloß Tirol 1995] Eines Fürsten Traum. Meinhard II. – Das Werden Tirols. Tiroler Landesausstellung 1995. Schloß Tirol, Stift Stams, Dorf Tirol/Innsbruck 1995.

Baumstark, Reinhold/Koch, Michael (Hg.), Der Gral. Artusromantik in der Kunst des 19. Jahrhunderts [Katalog zur Ausstellung des Bayerischen Nationalmuseums, München, 25. Oktober bis 21. Januar 1995], Köln 1995.

Becker, Peter Jörg, Handschriften und Frühdrucke mhd. Epen. Eneide, Tristrant, Tristan, Erec, Iwein, Parzival, Willehalm, Jüngerer Titurel, Nibelungenlied und ihre Reproduktion und Rezeption im späteren Mittelalter und in der frühen Neuzeit, Wiesbaden 1977.

Castelnuovo, Enrico/de Gramatica, Francesca (Hg.), Il Gotico nelle Alpi 1350–1450.

Cozzi, Enrica, Fatti della Storia di Troia, in: Castelnuovo/de Gramatica (2002), S. 402 f. – Tristano e Isotta in Palazzo Ricchieri a Pordenone. Gli affreschi gotici di soggetto cavalleresco e allegorico, Pordenone 2006.

Curzel, Emanuele, Venceslao pittore a Trento. Un nuovo documento per l'attribuzione dei „Mesi" di Torre Aquila?, in: Castelnuovo/de Gramatica (2002), S. 339–341.

Demme, Louis, Nachrichten und Urkunden zur Chronik von Hersfeld, Bd. 1, Hersfeld 1891.

de Gramatica, Francesca, Il ciclo dei Mesi di Torre Aquila, in: Castelnuovo/de Gramatica (2002), S. 343–366.

Heinzle, Joachim (Hg.), Wolfram von Eschenbach, Titurel. Abbildung sämtlicher Handschriften mit einem Anhang zur Überlieferung des Textes im Jüngeren Titurel (Litterae 26), Göppingen 1973.

Hernad, Béatrice/Wagner Bettina, Albrecht, ‚Jüngerer Titurel', Cgm 8470, in: Deutsche Literatur des Mittelalters. Handschriften aus dem Bestand der Bayerischen Staatsbibliothek München mit Heinrich Wittenwilers Ring als kostbarer Neuerwerbung (Bayerische Staatsbibliothek München. Schatzkammer 2003/Patrimonia 249), München 2003, S. 60 f.

Kirsch, Edith W., Five Illuminated Manuscripts of Giangaleazzo Visconti, University Park (Pennsylvania) [u.a.] 1991.

Kraus, Hans P., Monumenta codicum manu scriptorum, New York 1974.

Kurras, Lotte, Die Münchener Titurelhandschrift als Stammbuch des Johann Fernberger von Egenberg, in: Codices manuscripti 12/2 (1986), S. 82–84. – Ritter und Turniere. Ein höfisches Fest in Buchillustrationen des Mittelalters und der frühen Neuzeit, Stuttgart/Zürich 1992.

Lehmann, Paul, Erforschung des Mittelalters, Bd. 4, Stuttgart 1961.

Neuhaus, Wilhelm, Die Stiftsruine. Das Bauwerk und seine tausendjährige Geschichte, Bad Hersfeld 1955.

Pistor, Emilie, Der Jüngere Titurel der Bayerischen Statsbibliothek München. Zur Illumination der höfischen Rittererzählung, Diss. München 1983.

von Schlosser, Julius, Ein veronesisches Bilderbuch und die höfische Kunst des XIV. Jahrhunderts, in: Jahrbuch der Sammlungen des Allerhöchsten Kaiserhauses 16 (1895), S. 144–230.

Schneider, Karin, Albrecht: Der Jüngere Titurel, in: Thesaurus librorum. 425 Jahre Bayerische Staatsbibliothek. Ausstellung, München 18. August – 1. Oktober 1983 (Bayerische Staatsbibliothek. Ausstellungskataloge 28), Wiesbaden 1983, S. 136 f.

(Nr. 53). – Die datierten Handschriften der Bayerischen Staatsbibliothek München, Tl. 1: Die deutschen Handschriften bis 1450, Stuttgart 1994. – Paläographie und Handschriftenkunde für Germanisten, 2. Aufl., Tübingen 2009.

Schwab, Ute, Zwei Frauen vor dem Tode (Verhandelingen van de Koninklijke Academie voor Wetenschappen, Letteren en Schone Kunsten van België. Klasse der Letteren 51/132), Brüssel 1989.

[Unterkircher] Tacuinum sanitatis in medicina. Codex Vindobonensis Series nova 2644 der Österreichischen Nationalbibliothek, komm. von Franz Unterkircher, Graz 2004.

Wetter, Evelin, Il mondo di Giorgio di Liechtenstein. L'internazionalità come programma, in: Castelnuovo/de Gramatica (2002), S. 323–338.

Wolf, Werner (Hg.), Albrechts von Scharfenberg Jüngerer Titurel, Bde. 1, 1/2 (DTM 45, 61), Berlin 1955–1968.

Young, John/Aitken, Patrick Henderson, A Catalogue of the Manuscripts in the Library of the Hunterian Museum in the University of Glasgow, Glasgow 1908.

Zarncke, Friedrich, Die Berleburger Handschrift des Titurel und der Schluß dieses Gedichtes, in: Germania 22 (1877), S. 1–16.

Ziegler, Charlotte, Zur österreichischen Stilkomponente des Buchmalers Martinus Opifex, in: Codices manuscripti 3/3 (1977), S. 82–94. – Martinus Opifex: ein Hofminiator Friedrichs III., Wien 1988.

IV. Perspektiven der Interpretation

von Thomas Neukirchen

1. Nachempfindung und Autorunmittelbarkeit: 1950–1970 – 2. Bewährte Tradition und produktive Neuansätze: 1970–1982 – 3. Das Ende des Erzählens: 1988–1996 – 4. Polysemie und Sinnverlust: 1996–2008 – 5. Was bleibt

Ein kritischer Forschungsbericht, der einen vorgegebenen Rahmen zu beachten hat, muß notwendigerweise eine Auswahl treffen und darüber hinaus differenziert Formuliertes zusammenfassen. Zum einen darf deshalb nur ein summarischer Überblick über die wichtigsten Positionen und Entwicklungen erwartet werden, zum anderen sind Auswahl und vor allem Hervorhebungen natürlich subjektiv gebunden. Aus diesem Grund wird im folgenden manchem Aufsatz wesentlich mehr Aufmerksamkeit zuteil als mancher Monographie.

Der Tit. Wolframs von Eschenbach hat schon früh große Wertschätzung erfahren. Jacob Grimm etwa konstatierte, Pz. und Wh. „können sich dem Titurel auf keine Weise messen" (Grimm, 1812, S. 118), und Karl Müllenhoff hielt ihn für „das höchste [!] in mittelhochdeutscher Poesie" (Müllenhoff, 1855, S. 15). Diese positive Einschätzung hat sich, wenn auch nicht immer so euphorisch, im 20. Jh. fortgesetzt und gehalten. So befand Hugo Kuhn über den Tit.: „Er ist das genialste Stück Literatur im deutschen Mittelalter, eine Meisterskizze" (Kuhn, 1952, S. 166).

Das heißt nicht, daß es keine Gegenstimmen gegeben hätte. Bereits bei Gervinus findet sich eine zwiespältige Einschätzung. Einerseits heißt es bei ihm, daß „Wolfram den übrigen Inhalt des Titurel bis auf ein ausgezeichnetes kleines Fragment liegen ließ" (Gervinus, 1849, S. 49), andererseits schreibt er, und hier wohl von seiner negativen Einschätzung des ‚Jüngeren Titurel' (JT) Albrechts beeinflußt: Wolfram „bearbeitete vom Titurel nur ein Fragment, weil nicht mehr Dichtenswerthes in dessen Inhalt für einen denkenden Dichter zu finden war" (S. 58f.). Helmut de Boor war gar der Meinung, der Tit. sei ein „Experiment", das nur soweit geführt worden sei, „wie es notwendig war, um zu zeigen, daß es undurchführbar war", „durch die Unvollendetheit" sei uns nicht viel verloren gegangen (de Boor, 1953, S. 125).

1964 hat dann Joachim Bumke in der ersten Auflage seiner Einführung in die Dichtung Wolframs festgestellt, daß die „kritischen Stimmen […] heute in der Überzahl sind" (S. 100); eine Feststellung, die Bumke noch in der fünften Auflage von 1981 aufrecht erhält (S. 164) und die 1973 in dem *mauvais mot* Karl Bertaus fragwürdige Gewißheit fand, der Tit. „scheint ein Spätstil-Gestammel, das sich dem bloßen Schmecken verweigert" (S. 1168).

Die Zeiten haben sich gewandelt: Seit der sechsten Auflage von Bumkes Einführung fehlt der Hinweis darauf, daß ‚heute' die kritischen Stimmen überwögen, und trotz Bertaus Fehlurteil hat die germanistische Mediävistik die ursprüngliche und ja im Grunde nie erloschene positive Einschätzung des Tit. zustimmend aufgenommen und weiterentwickelt. Die kritischen Stimmen sind inzwischen sogar vollständig verstummt, ja, es scheint zu Beginn des 21. Jh.s schlechterdings undenkbar zu sein, dem Tit. gegenüber eine literarästhetisch kritische Haltung einzunehmen. Letztendlich legt dieser Umstand, denkt man dialektisch, die Frage nahe, ob sich darin nicht auch eine gewisse Überdehnung und Überschätzung der Bedeutung der Fragmente Wolframs von Eschenbach ausdrückt.

Seit der Entdeckung der Tit.-Fragmente und der Erkenntnis, daß sie Wolfram zuzuschreiben seien, beschäftigte sich die Forschung bis 1945 im wesentlichen mit der Abgrenzung zum JT, der Einschätzung der Überlieferung, dem Textbestand, der Strophenfolge, der Fragmentfrage, der Metrik, dem Stil, der Abfassungszeit, dem lyrischen bzw. epischen Gepräge, der Stellung im Gesamtwerk. Einläßlichere Interpretationen bilden eher die Ausnahme. Erwähnenswert ist ein früher Aufsatz von Johannes Stosch, der trotz des fragwürdigen Begriffs des Volksepos bereits ‚modernere' Gedanken enthält. In Anschluß an Moriz Haupt und Karl Müllenhoff (Müllenhoff, 1875, S. 297) spricht er von den „Liedern" des Tit.: geplant war kein „roman", geplant waren „epische lieder […], in denen der dichter abschnitte seiner sage besungen hat" (Stosch, 1881, S. 190). Dementsprechend beurteilt er die narrative Kohärenz und nimmt damit Entscheidendes vorweg: „die verbindende erzählung ist abgerissen, kurz andeutend und springend, bald längst vergangenes hineinziehend, bald auf zukünftiges ein unerwartetes licht werfend" (S. 192). Bezüglich der Quellenfrage war Stosch der Meinung, daß Wolfram eine fremde Vorlage nicht gehabt habe: „das sujet war ihm in der fabel des Parzival gegeben, und mit originellem griff hob er es aus dem vollen sagenkreis heraus, um es auf eigene hand zu gestalten" (S. 192). Auch die moderne Ansicht, daß der Titurel „als Ganzes die Erfindung eines einzelnen Autors ist" (Brackert/Fuchs-Jolie, 2002, S. 5), ist also eine Erkenntnis des 19. Jh.s. Für Gustav Ehrismann hingegen stellen die beiden Teile des Tit. keineswegs Lieder dar, sondern dieser sei ein „episches Gedicht mit lyrischem Einschlag" (Ehrismann 1929, S. 289). Da der Einsatz *sus* beim zweiten Teil einen bestimmten Vorgang voraussetze, fehle zwischen Teil I und II die vermittelnde Situation (S. 292). Was die angenommene Schuld Sigunes betrifft, so dekretiert Ehrismann: „Der Minnekult als bloß höfische Galanterie gibt sich als verschrobene Laune einer überbildeten jungen Dame" (S. 293; so ähnlich schon Pfeiffer, 1859).

Noch zu Beginn der fünfziger Jahre des 20. Jh.s ist der Titurel ein Stiefkind der Wolfram-Forschung, muß seine eingängige Interpretation als Ausnahme gelten. Dies findet Ausdruck in einschlägigen Forschungsberichten der frühen Nachkriegszeit (W. J. Schröder, 1950; Horacek, 1952). So hält Hans Eggers, der exemplarisch zitiert sei, 1953/54 fest: „das Gesamtwerk Wolframs steht mehr denn je im Schatten des einen Parzival" (Eggers, 1953/54, S. 275).

1. Nachempfindung und Autorunmittelbarkeit: 1950–1970

Einen wirklichen Neuanfang indes machte Ludwig Wolff. Er war der erste, der sich „nach dem Kriege [...] mit dem schwierigen Text beschäftigt hat" (Bumke, 1970, S. 336). In seinem Beitrag aus dem Jahr 1950 geht Wolff davon aus, daß die Handlung des Tit. „nur aus der schöpferischen Phantasie des Dichters erwachsen ist" (Wolff, 1950, S. 549), und er sieht diese „Freiheit" auch in der strophischen Form des Textes verwirklicht; dem „Zusammenklingen von Gehalt und Form" ist denn auch sein Aufsatz gewidmet. Sicherlich nicht ganz unbeeinflußt von den (Neu-)Anfängen der werkimmanenten Interpretation folgt Wolff „nacherlebend" (S. 569) Inhalt und Form dieser „Minnedichtung" (S. 553), um, mit Emil Staiger ergänzend zu reden, zu „begreifen, was uns ergreift" (Staiger 1939, S. 11). Gleichzeitig und im Grunde der werkimmanenten Interpretation widersprechend, feiert in dieser Zeit die Autorunmittelbarkeit fröhliche Urständ. Es gibt wohl kaum eine grundsätzliche Aussage in Pz. und Tit., die in dieser Zeit nicht als unmittelbare Aussage des historischen Autors Wolfram von Eschenbach verstanden worden wäre. Erst mit den Beiträgen Max Wehrlis und Ulrich Wyss' zu Beginn der 70er Jahre ist hier ein Umdenken zu verzeichnen.

Der Tit., so Wolff, sei vom tragischen Ausgang im Pz. her entworfen und nähere sich wegen dieser pessimistischen Grundstimmung der Heldenepik (S. 551). Hinsichtlich des Fragmentstatus' nimmt Wolff aus heutiger Sicht eine ‚mittlere' Position ein, weder stuft er das Erhaltene als das Endgültige ein, noch verficht er die Meinung, die beiden Bruchstücke seien Bestandteile eines geplanten größeren Epos. Den beiden

Bruchstücken habe wohl noch ein dritter kurzer Abschnitt folgen müssen (S. 552), in dem lediglich vom Tode Schionatulanders und von der Trauer der sich schuldig bekennenden Sigune zu erzählen gewesen wäre (S. 561). Sigune aber mache sich insofern schuldig, als sie den freien Entschluß Schionatulanders zum höfischen Minnedienst in ihre ureigenste Forderung umwandelt, um somit mißbräuchlich „die Erfüllung irgendwelcher Wünsche zu gewinnen" (S. 561 f.). Der Verzicht auf die Paarreime und der Griff auf die strophische Form sei aus einem „lyrischen Grundanliegen" zu begreifen (S. 563).

Gleich drei Dissertationen widmen sich in den fünfziger Jahren der Sigune-Figur und den entsprechenden Szenen in Tit. und Pz.; die Ausbeute ist freilich gering. Neben bemühten textnahen Inhaltsanalysen stehen übertriebene symbolische Ausdeutungen etwa der Farben des Brackenseils (Rahn, 1958), rein spekulative Erklärungen von Zahlenverhältnissen mit Hilfe Jungscher Psychologie (ebd.), Analysen der Minnebegriffe, übertriebene Applikationen der Bedeutung der Pz.-Handlung auf den Tit. (Giese, 1952; Labusch, 1959) oder auch einfach nur unzureichend begründete Behauptungen. Das Verbindende der drei Untersuchungen besteht in der je unterschiedlich beantworteten Frage nach der Schuld Sigunes.

Während Giese die Schuld Sigunes in ihrer *tumpheit* verankert (Giese, 1952, S. 30), ist Sigune für Rahn „das weibliche Gegenbild zum Parzival" (Rahn, 1958, S. 25), die sich als solches des „Vergehens gegen die Nächstenliebe" schuldig gemacht habe (S. 78 f.), was sich freilich ausschließlich mit einer Stelle aus dem Pz. annähernd begründen läßt (Pz. 141,20 f., s. u.). Labusch hingegen meint, Sigunes Schuld bestehe darin, daß sie an die leichte Bedingung, das Brackenseil wiederzubeschaffen, „nicht die Gewährung ihrer Liebe" hätte knüpfen dürfen; es „geht nicht um die Unbilligkeit der Forderung, sondern um die Unangemessenheit des in Aussicht gestellten Lohnes" (Labusch 1959, S. 109; so ähnlich schon Stosch 1881, S. 189). Auch Schionatulander mache sich insofern schuldig, als er die „Verheißung" nicht hätte annehmen dürfen (S. 110). Die tiefere Ursache des falschen Handelns beider liege in ihrer „inneren Unreife" (S. 111).

Mit nur fünf Aufsätzen sind die sechziger Jahre rasch durchlaufen. Im Vordergrund stehen der Fragmentstatus (Richey, 1961), die ‚lyrische' Dimension des Textes (Richey, 1961; Simon, 1963), das Verhältnis zum Pz. (Richey, 1961; Könneker, 1965), zum Wh. (Könneker, 1965) und zu Gottfrieds ‚Tristan' (Simon, 1963), Wolframs möglicherweise geänderte Einstellung dem Höfischen im allgemeinen und der höfischen Minne im besonderen gegenüber (Könneker, 1965), Stilistisches (Springer, 1964) und, wie gehabt, die Frage nach der Schuld Sigunes (etwa Ohly, 1965). Es ist wohl nicht ganz zufällig, daß die originellste Arbeit aus dieser Zeit aus dem angelsächsischen Bereich stammt. Sie ragt mit ihrer unorthodoxen Sichtweise aus den in diesem Zeitraum publizierten Untersuchungen hervor.

In diesem 1961 erschienenen Aufsatz stuft Margaret F. Richey den Tit. nicht als unvollständiges Epos ein: Er „is not [...] an unfinished epic, nor can its two seperate parts be rigthly designated as ‚epische Fragmente', epic fragments. In form as in essence it is [...] a lyrical recreation of epic material derived from Parzival, constructed therefore not as a straightforward tale but as a series of situations with threads of connecting narrative: situations impregnated with lyrical feeling and with an element of personal drama in the texture as well" (Richey, 1961, S. 180). Für diesen Zweck habe Wolfram eine Strophe konstruiert, die in ihrer spezifischen Form „is the vehicle of a style too heightened and too embellished for pure story-telling" (ebd.), ein Argument, das durch den JT Albrechts natürlich entkräftet wird. Es sei „doubtful wether in the last resort Wolfram intended more" (S. 191). Die so verstandene situative Struktur des Tit. erinnere an die vier episch unverbundenen Siguneszenen im Pz.: in diesen „is no more approach to epic continuity than in the two seperate parts of Titurel" (S. 191).

Ganz anders faßt Barbara Könneker den Tit. als unvollendeten Text auf (Könneker, 1965, S. 35), in dem Wolfram versucht habe, „durch die Verknüpfung von Leidensthematik und Gralsthematik eine Brücke zu schlagen zwischen den so konträren Welten des *Parzival* und des *Willehalm*" (ebd.). Signe faßt sie als Kontrastfigur zu Parzival (S. 27), die den tragischen Ausgang schuldhaft verursache (S. 29). Könneker versteht freilich das Versagen Sigunes nicht nur als personale Schuld, sondern auch als eine Folge der „höfischen Erziehung, die sie in ihrem gefährlichen Geltungsanspruch noch bestärkte" (S. 32), dementsprechend sieht sie im Tit. die „Infragestellung der höfisch ritterlichen Minneideologie" (ebd.) gestaltet.

2. Bewährte Tradition und produktive Neuansätze: 1970–1982

Den verschiedenen Schuldzuweisungen an Sigune hat einige Jahre später Joachim Heinzle mit Recht entgegengehalten: „Bei nüchterner Betrachtung wird man feststellen müssen, daß alle Interpretationen, die in Sigunes Forderung eine Schuld sehen, letztlich auf eine einzige Stelle im P[arzival] angewiesen sind" (Heinzle, 1972, S. 214; vgl. Pz. 141,20f.); und: „Man kann ehrlicherweise nicht mehr sagen, als daß der Text des T[iturel] es zwar erlaubt, von Schuld zu sprechen, aber keineswegs dazu zwingt" (Heinzle 1972, S. 215). Ähnlich prägnant hatte das zuvor schon Joachim Bumke formuliert (Bumke, 1970, S. 342f.), und bis heute haben diese Feststellungen nichts an Gültigkeit verloren.

1971 ist von Joachim Bumke die Überlieferungssituation des Tit. mit dem Ergebnis untersucht worden, „daß das klassische Ziel aller textkritischen Arbeit, die Herstellung eines kritischen Textes, im Fall der alten Fragmente unerreichbar ist" (Bumke, 1971, S. 391; zur Kritik der Ausgaben seit Lachmann vgl. Bumke, 1973, S. 149–166). Joachim Heinzle hat daraus Konsequenzen gezogen und 1972 in seinem Stellenkommentar einen gereinigten G-Text und diplomatische Abdrucke der Hss. H und M geboten. Bis zu den neuen Ausgaben von Brackert/Fuchs-Jolie (2002) und Bumke/Heinzle (2006) war dieser Text samt seinem ausführlichen Stellenkommentar die wichtigste Interpretationsgrundlage, der sich 1978 die Edition von Wolfgang Mohr hinzugesellte, in der ebenfalls eine Abwendung von den textkritischen Versuchen seit Lachmanns Tagen vollzogen und Handschrift G als Leithandschrift zugrundegelegt wird. Mohr betrachtet allerdings darüber hinaus den Grundtext als einen von Wolfram selbst noch mit Korrekturen und Alternativformulierungen versehenen Entwurf (Mohr, 1977, S. 123f.; → S. 479).

Seit den sechziger Jahren und der Abkehr von der werkimmanenten Interpretation Staigerscher und Kayserscher Prägung öffnete sich die Germanistik bekanntlich vielfältigen neuen Strömungen. Daß diese Entwicklungen einen nennenswerten Einfluß auf die Erforschung des Tit. genommen hätten, kann man allerdings nicht sagen.

Im Gegenteil, einer der bedeutendsten und einflußreichsten Beiträge zum Verständnis des Tit. stammt von Max Wehrli, dessen literaturwissenschaftliche Position man vorsichtig-neutral als liberal-konservativ einstufen darf. In einem Vortrag aus dem Jahr 1973 will Wehrli „die innere Folgerichtigkeit" des „Unvollendet-Seins" des Tit. nachzuweisen versuchen (Wehrli, 1974, S. 8). Wolfram habe in einer „formal neuen

Fassung" (S. 13 f.) versucht, die in den „Siguneszenen des ‚Parzival' erst angedeutete Idee einer unbedingten, absoluten und doch *magtuomlîchen minne* neu und tiefer zu formulieren" (S. 15); dies allerdings nicht in der Weise einer klaren Sprache und eines kontinuierlichen Erzählflusses. Die von Wehrli nachgewiesenen ‚obskuren' Sprachfiguren leisteten einer „Isolierung vom Aussagegegenstand wie vom ganzen Erzählzusammenhang" Vorschub: „Eine entsprechende Tendenz zur Auflösung syntaktischer Ordnung [...] geht parallel dazu und entspricht ihrerseits wieder dem Zerfall des Erzählkontinuums" (S. 21). Das darin zum Ausdruck kommende Erzählerbewußtsein sei ebenso „problematisch, ja krisenhaft geworden" wie die generelle „Einstellung zur Möglichkeit, zur möglichen *wârheit* des Erzählens" (S. 22). Die mit der Figur der Sigune im Pz. verbundene Leidthematik sieht Wehrli im Tit. von Beginn an verankert: „Der Titurel wird [...] mit einem Katarakt des Leides eröffnet"; dieses Leid sei aber bei Wolfram „letzlich im Heilsplan angelegt" und „nicht als Folge irgend eines falschen Verhaltens zu deuten" (S. 24). Signe sei deshalb auch von Schuld frei, die Klage Sigunes im Pz. kein Schuldbekenntnis, sondern „Ausdruck ihrer unbedingten Liebe" (ebd.). Der Gedanke, daß der Tit. möglicherweise als „Zeichen eines literarischen Abenteuers, das am Unabsehbaren verstummte" (S. 25), gelten kann, beschließt den Vortrag.

Es sind vor allem Wehrlis wegweisende Ausführungen zum „Zerfall des Erzählkontinuums" und zur Krisenhaftigkeit des Erzählens, die bis heute Zu- und Widerspruch erregen.

Zu in manchen Bereichen ganz ähnlichen Ergebnissen ist Ulrich Wyss in einem im selben Jahr vorgelegten, von der kritischen Potenz der Frankfurter Schule geprägten „Versuch" gelangt. Im Tit. sei „der pädagogische Optimismus der Artusepik [...] mit dem tragischen Fatalismus der Heldenepik zusammengezwungen" (Wyss, 1974, S. 254). Diesen Gegensatz zum ‚Nibelungenlied' sieht Wyss auch in der Strophik des Tit. verwirklicht, in der „die melodischen Distinktionen verschwimmen" (S. 256) und die so den Text sowohl vom Heldenepos wie vom höfischen Roman entfernt (S. 257). Diese Destruktion der positiven Ansprüche höfischer Epik ergreife u. a. auch die Minne als einen höfischen Leitbegriff und realisiere sich derart im zweiten Fragment in einem Akt „negativer Erzählkunst" (S. 278). Mit einem nicht unproblematischen Rückgriff auf den Benjaminschen Begriff der Allegorie (kritisch dazu Haug, 1980, S. 22) deutet Wyss die Verwirrung aller Relationen im Tit. als „Selbstkritik des Erzählers" (S. 286) und damit als Kritik derjenigen Instanz, die „Genesis und Geltung epischer Gattungen überhaupt ermöglicht" (ebd.). Wolfram habe mit seinem Tit. „die unzulässige Idealisierung der Welt im Ritterroman" kritisiert (S. 289).

In dem 1980 erschienenen Band VI der Wolfram-Studien sind u.a. vier Beiträge zum Tit. versammelt, von denen der von Walter Haug sich zweifellos als der prominenteste und einflußreichste erwiesen hat.

Haug knüpft an die Bemerkung Wehrlis an, die Fragmente seien von der „inneren Folgerichtigkeit" des „Unvollendet-Seins geprägt" (Haug, 1980, S. 12), und weist noch einmal gründlicher die „Zerstörung des Erzählkontinuums" (S. 14) nach, die durch entsprechende Phänomene auf sprachlicher und metrischer Ebene begleitet werde (S. 17) und so auf eine „zerfallende Welt" (S. 18) hindeute, angesichts derer sich die Frage erhebe, ob ein positiver Ausweg im Tit. angelegt sei (S. 19f.). Den Ausgangspunkt für eine „Positivierung der ästhetischen Negativität" verortet Haug im Verhältnis zwischen Tit. und Pz. Blicke man von den vier Sigune-Szenen auf den Tit., werde deutlich, daß „vom Ende her erzählt wird" und daß es genau dieser Standpunkt sei, „von dem aus die zerfallende Welt, die gebrochene Darstellungstechnik und die Sprachkrise verständlich werden", ohne daß dabei schon ein kontinuierlicher Weg vom Tit. zurück zum Pz. führe (S. 20). Haug entwickelt schließlich die These, daß die Suche nach dem Brackenseil allegorisch als „Suche nach der wahren *triuwe*" zu verstehen sei (S. 21); Sigune erfahre diese als „eine *triuwe* über den Tod hinweg, eine Liebe, die im Tod besteht, die den Tod besiegt" (ebd.). Angesichts des Endes im Pz. lasse sich für Schionatulander ein arthurischer Wandlungsprozeß nicht mehr konstatieren; damit aber oder, um es prägnant mit Hermann Schneider zu sagen, mit dem „Helden als Leiche" (Schneider, 1943, S. 304) sei die „Konzeption der arthurischen *aventiure*" in Frage gestellt (Haug, 1980, S. 23). „Das bedeutet: Wolfram kann die Geschichte von Schionatulander deshalb nicht mehr erzählen, weil ein solches Erzählen keinen Erfahrungsprozeß mehr bieten würde", Schionatulanders Tod hebe „den *aventiure*-Roman seiner Idee nach aus den Angeln" (ebd.). Anders als Wyss (Wyss, 1974, s.o.) erwägt Haug jedoch abschließend die Möglichkeit, ob der Tit. nicht doch eher als Ergänzung zum Pz. aufzufassen sei. Als eine solche wären Pz. und Tit., wie auch der Wh., „parallele Versuche, mit der inneren Problematik des Artusromans fertig zu werden" (S. 24).

Die anderen Beiträge dieses Bands der Wolfram-Studien widmen sich dem Verhältnis zwischen Tit. und Pz. (Ortmann, 1980), Sigunes Liebesklage (Harvey, 1980) und der Figur der Ampflise in Pz. und Tit. (Gibbs, 1980). 1981 hat Siegfried Christoph darauf aufmerksam gemacht, daß Sigunes reuiges Verhalten im Pz. sich v.a. aus dem Bewußtsein ableite,

„the art of the Grail familiy" nicht erfüllt zu haben (Christoph, 1981, S. 66). Eine grundsätzliche Auseinandersetzung mit dem Begriff des Fragments stellt der Beitrag von Irene Hänsch dar (Hänsch 1982; vgl. Classen 1995).

3. Das Ende des Erzählens: 1988–1996

Im methodischen Bereich der Literaturwissenschaft herrscht seit den achtziger Jahren eine zum Teil impulsive Dynamik vor. Während die seit den sechziger Jahren entwickelten Theorien sich weiter differenzieren, werden neue Denkweisen, Erkenntnistheorien und Methoden entdeckt, entwickelt und rezipiert. Von Ansätzen im Bereich der *gender studies* bzw. der Dekonstruktion abgesehen, haben all diese neueren Theoriebildungen in der Tit.-Forschung kaum Niederschlag gefunden, für die überhaupt bis einschließlich 1987 keine weitere Publikation zu verzeichnen ist. Die wesentlichste These des Zeitraumes bis 1996 stammt von Walter Haug, der das Ende der narrativen Möglichkeiten im Tit. verwirklicht sieht.

1988 betont Elisabeth Schmid den Widerspruch zwischen der allegorischen Bedeutung des Brackens und des von der Erzählung produzierten Sinns (Schmid, 1988). Nach verschiedenen kleineren Beiträgen in der Festschrift für Werner Schröder (Heinzle/Gärtner, 1989) sieht 1992 Dick im Tit. eine „Modellrevision der Minnekonzeption" verwirklicht (S. 400).

Nach einer begrifflich unzureichenden Diplomarbeit über den *sin* (Hauer, 1992) und einem Versuch, den Tit. als Beispiel für eine Minnerede zu erweisen (Classen, 1993), hat sich 1994 dann Walter Haug im Rahmen eines Aufsatzes über „Erzählen in der Erzählung" erneut des Tit. angenommen, wobei er nun die Geschichte, die Sigune auf dem Brackenseil unbedingt zu Ende lesen will, genauer in den Blick nimmt. Sigune, so formuliert Haug, schickt ihren Geliebten „nicht wegen einer Hundeleine, sondern wegen einer Liebesgeschichte in den Tod. Das heißt: Das Erzählen, das Lesen von der Liebe, geht der erlebten Liebe vor"; damit ist erneut die Frage nach dem Verhältnis von Literatur und Leben gestellt, die in Hartmanns ‚Iwein'-Prolog nach Haugs Ansicht zugunsten fiktionaler Literatur beantwortet worden war (Haug, 1994, S. 315). Überraschend sei nun, daß derartige in die Erzählung hineingenommene narrative Reflexion im Tit. „als Fehlverhalten hingestellt wird" (S. 321). Wie sich aus dem Pz. ergebe, bereue Sigune, daß sie sich dem Geliebten nicht hingegeben hat, weil „sie meinte, die literarische Erfahrung der Lebenserfahrung vorziehen zu müssen" (ebd.). Daraus ergibt sich die Frage, ob Wolfram im Tit. die vorgängige Behauptung von fiktionaler Literatur als „einer der Wirklichkeit überlegenen Form der Erfahrung" eine Absage erteilt (ebd.). Dann hätte die „Fiktion [...] ihr primäres Recht verloren" (S. 322). Haug hat natürlich den Widerspruch gesehen, daß „diese Einsicht [...] wiederum durch Erzählen vermittelt" wird, und ihn aufgelöst, indem er darauf verweist, daß das Ergebnis dieses Widerspruchs mit dem Tit. tatsächlich vorliege: „Wolfram erzählt im ‚Titurel' nicht mehr, er kann nicht mehr erzählen", Erzählen habe sich „in Reflexion und Klage" verwandelt (ebd.).

Wie schon etwa 1963 Werner Simon versucht auch Michael Dallapiazza Verbindungen zwischen dem Tit. und dem ‚Tristan' Gottfrieds von Straßburg aufzuweisen (Dallapiazza, 1995), während Dietrich Huschenbett 1996 bemüht ist, den Tit. in die Gattung des Minne-Romans einzuordnen. Im selben Jahr hat Volker Mertens darauf hingewiesen, daß aus der Textstruktur des Tit. und dem Verzicht auf eine einheitliche Erzählerrolle (Mertens, 1996, S. 375) die Unmöglichkeit resultiere, „den Text auf einen bestimmten Sinn hin zu deuten. Weder wird die heldenepische Sinnlosigkeit und Grausamkeit des Lebens evoziert noch die höfische Sinngebung angeboten" (S. 376).

4. Polysemie und Sinnverlust: 1996–2008

Auch die Tit.-Forschung ist zumindest teilweise von den Fragestellungen der Postmoderne und des Poststrukturalismus und damit von der Behauptung der Relativität aller Aussagen nicht unberührt geblieben. Und so hat denn nicht ohne Grund Volker Mertens festgehalten: „In der überlieferten Form ist der Titurel [...] ein Text, dem nur eine ‚dekonstruktivistische' Lektüre gerecht wird" (Mertens, 1993, S. 209). Eine tatsächlich lupenreine dekonstruktivistische Lektüre des Tit. ist allerdings, soweit ich sehe, bislang nicht geleistet worden. Selbst die Autoren, die in semiotischer Hinsicht am weitesten gehen (Kiening/Köbele, 1998), sprechen noch von „hermeneutischen Perspektiven" (S. 265). Auch Bachtins Begriff der Dialogizität ist jüngst ins Spiel gebracht worden (Sager, 2006, S. 12; Schuhmann, 2008, S. 167 f.). In der Auseinandersetzung mit der Uneindeutigkeit des Textes am weitesten gegangen ist Helmut Brackert: Für ihn bildet das Erzählen im Tit. „in sich einen Sinnverlust" ab (Brackert, 1996, S. 174). Insgesamt besehen, sind alle neueren grundsätzlicheren Untersuchungen von Überlegungen über die uneindeutige Beziehung zwischen Signifikant und Signifikat geprägt. Häufig wird gerade diese Uneindeutigkeit bzw. Vieldeutigkeit als Positivum, ja geradezu als Kreativität gefaßt, ohne daß dies einmal näher begründet würde. Es ließe sich inzwischen beinahe von einer Metaphysik der Polysemie sprechen. Die zukünftige Tit.-Forschung hätte gerade in dieser Hinsicht die Bemühungen um methodische Reflexion zu verstärken.

Die Schrift des Brackenseils, den Akt des Lesens und damit das zweite Fragment nimmt 1996 Helmut Brackert genauer in den Blick (zum Akt des Lesens vgl. auch Classen, 1997). Er legt konzise dar, daß kaum zu unterscheiden ist, was als wörtlicher Text der Inschrift, was als indirekte Wiedergabe und was als additiver Erzählerkommentar einzustufen ist. In dieser mangelnden Klarheit macht Brackert die Intention des Erzählers aus (Brackert, 1996, S. 160f.), die sich auch in zahlreichen Signalen widerspiegele, welche „die Auflösung des höfischen Kultur- und Erzählzusammenhangs" ankündigen (S. 167f.). Diese Auflösung des höfischen Kontextes läßt sich Brackert zufolge als Signatur des ganzen Textes verstehen, der in einer Liebesgeschichte kulminiere, deren Protagonisten sich aus den Zwängen höfischer Muster nicht zu lösen vermögen und denen eine „eigene Liebes- und Lebensfähigkeit kaum mehr zu Gebote steht" (S. 171). Dieser Zwang münde in der Forderung Sigunes, Schionatulander nach der verlorenen Schrift auszusenden, einer Forderung, die an der alten Bewährungsform festhalte, obwohl „das Objekt des Begehrens ein anderes geworden" ist (S. 172): „Da die *schrift* auch ohne Kampf und Sieg wiederzubeschaffen wäre, ist mit dieser Veränderung des Objekts zugleich auch eine Entwertung des Helden verbunden" (ebd.). Ein Zeichen trete an die Stelle der Tat, und auch hier seien mit dieser Entwertung des Kampfes die „Wertnormen der höfischen Kultur" außerkraft gesetzt (S. 172). Sigunes maßloses Schriftbegehren deutet Brackert zugleich als „gestaute Sehnsucht nach Veränderung dieser leidvollen, lebenverhindernden Zwänge" (S. 172); zwei antithetische Themen seien damit in die Figur Sigunes eingelassen: „die Unmöglichkeit des Ausbruchs aus den fatalen Grenzen der höfischen Kultur und zugleich die durch die unermeßliche Leidproduktion ebendieser Kultur erzwungene Notwendigkeit ihrer Überwindung" (S. 173). Da Brackert eine „grundsätzliche Deutungsoffenheit des Werkes" verficht, hält er auch eine andere Deutung der einsamen Lektüre Sigunes für möglich. Diese „ließe sich verstehen als eine radikale Autonomisierung der Literatur", in der die Verbindung von Literatur und Leben aufgelöst sei, Sigune „hätte damit die Sinnsuche zu einem Thema der Literatur gemacht und nicht mehr zu einem Thema ihres Lebens" (S. 173). Für Brackert konstruiert der Erzähler die Geschichte, „als konstituiere sie sich erst als Geschichte im Versuch der Aufdeckung ihrer Unerkennbarkeit" (S. 174), solches Erzählen aber bilde „in sich einen Sinnverlust" (S. 174) ab. Brakkert plädiert abschließend für den offenen Fragmentcharakter des Tit. (S. 175).

So unterschiedlich die Ansätze von Wehrli, Wyss, Haug und Brackert auch immer sein mögen, in einem Punkt stimmen sie überein: Alle deuten den Tit. vor dem Hintergrund einer negativen Ästhetik, und so stehen die kaum 170 Strophen für einen „Zerfall des Erzählkontinuums" (Wehrli, 1973, S. 21), für eine „negative Erzählkunst" (Wyss, 1974, S. 278), für eine „gebrochene Erzählweise" (Haug, 1980, S. 18 f.) oder überhaupt für einen „Sinnverlust" (Brackert, 1996, S. 174).

In ganz anderer Hinsicht, nämlich nicht als „Ausdruck des ‚Versagens' oder ‚Scheiterns'", haben Susanne Köbele und Christian Kiening die Offenheit des Tit. gedeutet (Kiening/Köbele, 1998, S. 239). Sie gehen davon aus, daß das Verhältnis zwischen Pz. und Tit. nicht nur komplementär sei, „sondern ein auf paradoxe Weise simultanes" (S. 237). Sie rechnen mit der Möglichkeit, „die Titurel-Stücke böten nicht Ausschnitte aus einem noch nicht existierenden Ganzen, sondern dieses selbst" (S. 238). Aus diesem Grund schließen sie „eine integrale Interpretierbarkeit der Titurel-Stücke" als Möglichkeit nicht aus (S. 240). In einem auf das erste Tit.-Stück bezogenen Teil machen Köbele und Kiening deutlich, daß der ‚Titurel keine genauen Entsprechungen zwischen Zeichen und Bezeichnetem" zu etablieren scheint (S. 247). Dabei beschreiben sie eine Metaphorik (v. a. Natur und Jagd, Fangen und Entkommen, Binden und Lösen), die in der Schwebe hält, „ob bzw. auf welche Dauer Minne den Spielregeln der Kultur unterworfen werden kann" (S. 249); ebendiese spezifische Metaphorik tauche im zweiten Tit.-Stück als Konkretum der Handlung wieder auf, indem sich nun auf der Handlungsebene das im ersten Stück auf der Bildebene beobachtete „Prinzip, übertragene und literale Bedeutung einzelner Ausdrücke füreinander durchlässig werden zu lassen", wiederhole (S. 255). Köbele und Kiening erweisen abschließend das „Verhältnis der Tit.-Stücke als ein semiotisches". In beiden seien die Handlungen des Liebespaares „an Sprach- oder Schriftzeichen gekoppelt". Sigune und Schionatulander würden gezeigt als „ein Paar auf der Suche nach jenem Signifikat, das die Signifikanten verheißen, aber auch als unerreichbar kennzeichnen, das sie aufschieben, aber auch im Aufschub ersetzen" (S. 262). Vor diesem Hintergrund stellen Köbele und Kiening die Frage nach dem textuellen

Status neu. Wesentlicher als nach dem „Fragmentarischen des Vorhandenen" sei es, danach zu fragen, „wie Fragmentarisierungen im Vorhandenen der Komplexitätssteigerung des poetischen Prozesses dienen" (S. 264.). Vor diesem Hintergrund sei dann festzustellen, daß der „Text Ambiguitäten und Leerstellen poetisch funktionalisiert". Der „Sinn" des Tit. vermittle sich nicht mehr in der „Prozessualität einer gestuften *aventiure*-Reihe, sondern in der Potentialität eines Zeichengefüges, das immer neue Verweisungen ermöglicht und eine unbegrenzte Semiose hervorbringt" (ebd.). Köbele und Kienig leiten daraus einen Umgang mit dem Text ab, der nicht auf Vereindeutigung abzielen solle. Weniger auf die „Festschreibung narrativer Verhältnisse" als vielmehr auf die „Eröffnung hermeneutischer Perspektiven" solle die Aufmerksamkeit gerichtet werden. Als Beispiel dient ihnen die „Kategorie der ‚wilden Minne'", die im Umgang mit dem Text zur „Problemfigur eines Verstehens" werden könne. Das letzte Ergebnis bezieht sich dementsprechend auf die Metaphern des Tit.: „Momente der Vervielfältigung von Sinn, erweisen sie sich zugleich als die eigentlichen Evidenzen des Textes" (S. 265).

Neben einer ausführlichen Darlegung der auf Sigune bezogenen Handlungszusammenhänge in Pz. und Tit. (Braunagel, 1999, 2000) ist zudem auf einen interessanten Beitrag von Siegfried Christoph hinzuweisen, der „the inefficacy of advice" und „the inefficacy of an authoritative text" reflektiert (Christoph, 1999, S. 220). Nach einem ebenfalls engagierten Versuch, den behaupteten fragmentarischen Status des Tit. zu widerlegen (Krotz, 1999), ist 2000 erneut ein Vergleich zwischen ‚Tristan' und Tit. unternommen worden (vgl. Simon, 1963; Wehrli, 1974; Haug, 1980; Dallapiazza, 1995). Dabei gelangt Uta Drecoll in ihrer umfangreichen Untersuchung zu der These, daß in Tit. und ‚Tristan' zwei konträre Positionen zum Thema Liebe und Tod gestaltet werden. Während für Gottfried Liebeserfüllung im Diesseits möglich sei, werde sie von Wolfram „ins Nach-Zeitliche verlegt" (Drecoll, 2000, S. 325). Insofern ist der Titel der Arbeit „Tod in der Liebe – Liebe im Tod" Programm.

Von einigen Beiträgen abgesehen (Liebertz-Grün, 2001, über die „Poetik der Ambiguität"; Zmaila, 2002, über Sigunes Schuld) werden in jüngster Zeit häufig sozialpsychologische Ansätze verfolgt (Kästner, 2003; Sager, 2003[a] und [b]; Gephart, 2005; vgl. Huschenbett, 1996). Demgegenüber widmen sich vier neuere Untersuchungen dem Verständnis einzelner Verse (Brackert, 2003; Fuchs-Jolie, 2003 und 2004) bzw. der Textvarianz (Baisch, 2006; → S. 479), während Matthias Meyer, ausgehend von der Lektüre Sigunes, das Verhältnis von Fiktionalität und

Realität in den Blick nimmt (Meyer, 2006). Raum- und Zeitstrukturen im Tit. analysiert Alastair Matthews (Matthews, 2006). Einen Beitrag zur genaueren Profilierung der „textual representation of old age" im Mittelalter leistet Rasma Lazda-Cazers (Lazda-Cazers, 2007).

Die letzten größeren Arbeiten stammen von Alexander Sager (Sager, 2006) und Martin Schuhmann (Schuhmann, 2008). Während Schuhmann u. a. die Figurenrede der Sigune in Pz. und Tit. untersucht und dabei zu dem Ergebnis kommt, daß Wolfram „zwei unterschiedliche Figurenkonzeptionen in zwei unterschiedlichen Werken" in Szene gesetzt habe (S. 166), untersucht Sager die „representation of child socialization and of the relationship between socialization and character development" (Sager, 2006, S. 9). Nur auf einige wesentliche Punkte der vielfältigen Arbeit sei verwiesen. In methodischer Hinsicht zeichnet die Untersuchung sich dadurch aus, daß sie eine „fundamental ontological and biographical connection" zwischen Pz. und Tit. voraussetzt (S. 19) und damit die oft vorgebrachte Mahnung, es sei methodisch „mißlich, das spätere Werk aus der Sicht des früheren zu interpretieren" (Bumke 2004, S. 417), zurückweist. Sager sieht im Tit. zwei geschlechtsspezifische Modelle realisiert: „an idealized, ‚male' model of literary reception involving a rational, balanced approach to narrative *maere* analogous to the proper conduct of a knight [...]; and a female counter-model characterized by an erroneously displaced, affective relationship to lyrical *sanc*, a relationship deleterious to proper societal relations, leading the woman to privilege the literary text over the attention she owes to the knight and his chivalry" (S. 32). Diese beiden Rollen sieht Sager in den Reaktionen auf die Lektüre der Brackenseilinschrift verwirklicht (ebd.). Die Unterschiede von Schionatulander und Sigune arbeitet der Autor auch in anderer Hinsicht weiter aus (Kap. 3). Im vorletzten Kapitel analysiert Sager das auf das Liebespaar bezogene Verhältnis zwischen „secrecy", Öffentlichkeit und Subjektivität. Er kommt zu dem forschungskritischen Schluß, daß es eine Übereinstimmung zwischen der Kinderliebe, die zudem von den ‚erwachsenen' Vertretern der höfischen Gesellschaft gutgeheißen werde, und den höfischen Konventionen gebe und leitet daraus die These ab, daß die Gründe für das schließliche katastrophische Geschehen nicht in den höfischen Normen zu suchen seien, sondern „in the figures themselves, in what is granted to them as personal freedom [...]. This is [...] the true response of Titurel to Tristan Gottfried's" (S. 122). Im Zentrum des letzten Kapitels steht die Lektüre Sigunes. Sager gelangt zu dem ‚unzweideutigen' Schluß, daß es die Geschichte von Clauditte und Ehkunat sei, die sie nicht habe zu Ende lesen können, mit der sie sich identifiziere und die das Objekt ihrer Begierde bilde (S. 138, mit Versehen: „C. and Ilinot" statt „C. and Ehkunat"). Hier kommt dann die von Sager herausgearbeitete ‚literarische' Disposition Sigunes zum Tragen, die sie dazu antreibe, sich existentiell mit der Brackenseilinschrift zu identifizieren, Schionatulanders Warnung zurückzuweisen und die *aventiure* diesem vorzuziehen. Abschließend betont Sager noch einmal den engen Konnex zwischen Pz. und Tit. und die Relevanz der aus ihnen sich ergebenden „poetic biography" (S. 156 f.). Schionatulander hingegen erscheint am Ende als ein „anti-Parzival" (S. 156).

5. Was bleibt

Was bleibt, ist die Erkenntnis, daß die Tit.-Forschung weiterer Beiträge etwa zur Schuld Sigunes oder zu den vier Sigune-Szenen im Pz. nicht unbedingt mehr bedarf. Andere oft diskutierte Themenbereiche harren hingegen einer erneuten Untersuchung wie etwa die Frage nach dem fragmentarischen Status des Textes, die freilich allgemeiner und vor allem vergleichend behandelt werden müßte. Auch das Verhältnis zwischen Tit. und Pz. ist zwar häufig diskutiert worden. Notwendig wäre hier aber eine grundsätzlichere Auseinandersetzung, welche die Bezüglichkeit von Texten auf ihre Vorlagen generell in den Blick nimmt und dabei die entsprechende Begrifflichkeit wie Fortsetzung (vgl. Lorenz, 2002), Adaptation (vgl. Schmitz, 2007), Ergänzung, Wiederholung, Korrektur, Retextualisierung (vgl. Bumke/Peters, 2005) etc. klärt. Ebenso verlangt die Frage nach der Strophenform nach einer umfassenderen Klärung. Für den auffallenden Formwechsel wären zum einen ähnliche Beispiele wie etwa der wesentlich auf den Pz. bezogene JT zum Vergleich heranzuziehen; zum anderen solche Beispiele zu berücksichtigen, die „gegen den Hauptstrom der Tradition" (Heinzle, 1999, S. 64) einen Formwechsel in die ‚andere Richtung', also von der Strophe in den Reimpaarvers, unternehmen. Hier wären nicht nur die ‚Nibelungenklage', sondern auch etliche Texte aus der Dietrichepik zu berücksichtigen, wie etwa ‚Dietrichs Flucht', ‚Laurin' (mit einer strophischen Fassung!) oder ‚Biterolf und Dietleib'.

Mit den neuen Ausgaben von Brackert/Fuchs-Jolie (2002) und Bumke/Heinzle (2006) hat die Erforschung des „köstlichen Titurel" (Grimm, 1812, S. 127) eine editorische Grundlage erhalten, die, anders als in der Vergangenheit, sich in Zukunft kaum mehr ändern wird. *Laici et clerici* können nunmehr einerseits auf eine der besten Übersetzungen und einen der ausführlichsten Stellenkommentare (Brackert/Fuchs-Jolie) zurückgreifen und andererseits auf eine der besten Übersetzungen und die beste Dokumentation der Überlieferung des Tit. auch im JT (Bumke/Heinzle). Langfristig besehen, dürfte die Erforschung des Tit. um eine grundsätzliche Erforschung des JT nicht herumkommen, und zwar nicht schon deshalb, weil aus dem JT unmittelbar positive Verständnismöglichkeiten des Wolframschen Tit. zu erschließen wären; ganz im Gegenteil ließen sich gerade aus dem JT recht verzweifelte, aber eben auch beeindruckende Versuche erschließen, eine literarisch „zerfallende Welt, eine gebrochene Erzählweise, eine unorganische Sprache, eine zerstörte Syntax" (Haug, 1980, S. 18 f.), den „Zerfall des Erzählkontinuums" (Wehrli, 1973, S. 21) abzuwehren und ins Gegenteil zu verkehren. Um dies besser zu verstehen, muß man nicht unbedingt bei der Überlieferung des Tit. im JT ansetzen, denn die Einschätzung und Deutung des JT als eines selbständigen Textes ist grundsätzlich relativ unabhängig von der Art und Weise der Einarbeitung der Tit.-Fragmente. Wer aber bei der Inserierung ebendieser Fragmente ansetzt, wird möglicherweise gerade an der Albrechtschen kritischen Positivierung der negativen Ästhetik Wolframs (vgl. Neukirchen, 2006) weitere und vielleicht noch radikalere Rückschlüsse auf die Besonderheit des Tit. zu ziehen vermögen. Die Möglichkeit solcher Erkenntnisse hält nun sicherlich nur eine Tit.-Ausgabe im Bewußtsein, die die Überlieferung im JT berücksichtigt. Aus dieser Ausgabe von Joachim Bumke und Joachim Heinzle ließe sich im übrigen der Gedanke an eine neue grundlegende textkritische Untersuchung des gesamten Albrechtschen Epos ableiten: Sie ist schon seit vielen Jahrzehnten ein Desiderat der Forschung.

Schlußendlich bleibt eines auf irritierende Art gewiß: Wenn die Erforschung des Tit. Wolframs etwas deutlich macht, dann den eigentümlichen Umstand, daß der Text sich einer eindeutigen wissenschaftlichen Klassifizierung entzieht, und vielleicht ist es ja genau dies, was August Wilhelm Schlegel veranlaßte, ihm „Vorzüglichkeit" und den „ausgezeichnetsten Werth" zu attestieren (Schlegel, 1811, S. 301, 294), und was ihn bis heute so faszinierend macht. Der Tit. gehört zu den Texten der mittelalterlichen Erzählliteratur, von der Walter Haug – ihm gebührt das letzte Wort – sagt, daß sie, „sobald sie sich unabhängig macht, grundsätzlich, wenngleich verdeckt, subversiv" sei (Haug, 2003, S. 7).

Literatur

Texte

Wolfram von Eschenbach, Titurel. Lieder. Mhd. Text und Übersetzung, hg. von Wolfgang Mohr (GAG 250), Göppingen 1978. – Titurel, hg., übers. und mit einem Kommentar und Materialien vers. von Helmut Brackert/Stephan Fuchs-Jolie, Berlin/New York 2002. – Titurel. Mit der gesamten Parallelüberlieferung des Jüngeren Titurel, kritisch hg., übers. und komm. von Joachim Bumke/Joachim Heinzle, Tübingen 2006.

Forschung

Baisch, Martin, Textkritik als Problem der Kulturwissenschaft. Tristan-Lektüren (Trends in Medieval Philology 9), Berlin/New York 2006.
Bertau, Karl, Deutsche Literatur im europäischen Mittelalter, 2 Bde., München 1972–1973.
Brackert, Helmut, Sinnspuren. Die Brackenseilinschrift in Wolframs von Eschenbach Titurel, in: Erzählungen in Erzählungen. Phänomene der Narration in Mittelalter und Früher Neuzeit, hg. von Harald Haferland/Michael Mecklenburg (Forschungen zur Geschichte der älteren deutschen Literatur 19), München 1996, S. 155–175. – Ein slâfender leu als swære wart nie sô mîn wachendez gedenken. Bemerkungen zu Wolframs von Eschenbach Tit. 104,4 (La 99,4), in: Spurensuche in Sprach- und Geschichtslandschaften. Festschrift für Ernst Erich Metzner, hg. von Andrea Hohmeyer/ Jasmin S. Rühl/Ingo Wintermeyer, Münster [u.a.] 2003, S. 99–102.
Brackert, Helmut/Fuchs-Jolie, Stephan (2002) → Texte.
Braunagel, Robert, Wolframs Sigune. Eine vergleichende Betrachtung der Sigune-Figur und ihrer Ausarbeitung im Parzival und Titurel des Wolfram von Eschenbach (GAG 662), Göppingen 1999. – Die Frau in der höfischen Epik des Hochmittelalters. Entwicklungen in der literarischen Darstellung und Ausarbeitung weiblicher Handlungsträger, Ingolstadt 2001.
de Boor, Helmut, Die höfische Literatur. Vorbereitung, Blüte, Ausklang. 1170–1250 (Geschichte der deutschen Literatur von den Anfängen bis zur Gegenwart 2), München 1953; 5. Aufl., 1962.
Bumke, Joachim, Wolfram von Eschenbach (Sammlung Metzler 36), Stuttgart 1964; 5. Aufl., 1981; 6. Aufl., 1991; 7. Aufl., Stuttgart/Weimar 1997; 8. Aufl., 2004. – Die Wolfram von Eschenbach Forschung seit 1945. Bericht und Bibliographie, München 1970. – Titurelüberlieferung und Titurelforschung. Vorüberlegungen zu einer neuen Ausgabe von Wolframs Titurelfragmenten, in: ZfdA 102 (1973), S. 147–188.
Bumke, Joachim/Heinzle, Joachim (2006) → Texte.
Bumke, Joachim/Peters, Ursula (Hg.), Retextualisierung in der mittelalterlichen Literatur, Berlin 2005 (ZfdPh Sonderheft 124).
Christoph, Siegfried R., Wolfram von Eschenbach's Couples (Amsterdamer Publikationen zur Sprache und Literatur 44), Amsterdam 1981 [a]. – Wolfram's Sigune and

the Question of Guilt, in: GR 56 (1981), S. 62–69 [b]. – Authority and Text in Wolfram's Titurel and Parzival, in: DtVjs 73 (1999), S. 211–227.

Classen, Albrecht, Wolframs von Eschenbach Titurel-Fragmente und Johanns von Würzburg Wilhelm von Österreich. Höhepunkte der höfischen Minnereden, in: ABäG 37 (1993), S. 75–102. – Der Text, der nie enden will. Poetologische Überlegungen zu fragmentarischen Strukturen in mittelalterlichen und modernen Texten, in: LiLi 25 (1995), S. 83–113. – The Dangers and Promises of Reading, Two Medieval Viewpoints: Wolfram von Eschenbach and Geoffrey Chaucer, in: Medieval Perspectives 12 (1997), S. 46–63.

Dallapiazza, Michael, Männlich – Weiblich. Bilder des Scheiterns in Gottfrieds Tristan und Wolframs Titurel, in: Arthurian Romance and Gender. Masculin/Féminin dans le roman arthurien médiéval. Geschlechterrollen im mittelalterlichen Artusroman. Selected Proceedings of the XVIIth International Arthurian Congress, hg. von Friedrich Wolfzettel (Internationale Forschungen zur Allgemeinen und Vergleichenden Literaturwissenschaft 10), Amsterdam [u.a.] 1995, S. 176–182.

Dick, Ernst S., Minne im Widerspruch. Modellrevision und Fiktionalisierung in Wolframs Titurel, in: Der Buchstab tödt – der Geist macht lebendig. Festschrift zum 60. Geburtstag von Hans-Gert Roloff von Freunden, Schülern und Kollegen, hg. von James Hardin/Jörg Jungmayr, Bd. 1, Bern [u.a.] 1992, S. 399–420.

Docen, B.J. (Hg.), Erstes Sendschreiben über den Titurel, enthaltend: Die Fragmente einer Vor=Eschenbachischen Bearbeitung des Titurel. Aus einer Handschrift der Königl. Bibliothek zu München, Berlin/Leipzig 1810.

Drecoll, Uta, Tod in der Liebe – Liebe im Tod. Untersuchungen zu Wolframs Titurel und Gottfrieds Tristan in Wort und Bild, Frankfurt a.M. [u.a.] 2000.

Eggers, Hans, Wolframforschung in der Krise? Ein Forschungsbericht, in: Wirkendes Wort 4 (1953/54), S. 274–290.

Ehrismann, Gustav, Geschichte der deutschen Literatur bis zum Ausgang des Mittelalters, 2. Teil: Die mittelhochdeutsche Literatur, 2. Abschnitt: Blütezeit, 1. Hälfte (Handbuch des deutschen Unterrichts an höheren Schulen 6,2,2,1), München 1927 [Neudruck München 1965].

Fuchs-Jolie, Stephan, Schionatulander, der Hase und der Leser. Zum letzten Vers von Wolframs Titurel und zur Semantik von zage und verzaget, in: Spurensuche in Sprach- und Geschichtslandschaften. Festschrift für Ernst Erich Metzner, hg. von Andrea Hohmeyer/Jasmin S. Rühl/Ingo Wintermeyer, Münster [u.a.] 2003, S. 193–215. – al naz von roete (Tit. 115,1). Visualisierung und Metapher in Wolframs Epik, in: Wahrnehmung im Parzival Wolframs von Eschenbach. Actas do Colóquio Internacional 15 e 16 de Novembro de 2002, hg. von John Greenfield (Revista da Faculdade de Letras do Porto. Línguas e Literaturas 13), Porto 2004, S. 243–278.

Gärtner, Kurt/Heinzle, Joachim (Hg.), Studien zu Wolfram von Eschenbach. Festschrift für Werner Schröder zum 75. Geburtstag, Tübingen 1989.

Gephart, Irmgard, Textur der Minne: Liebesdiskurs und Leselust in Wolframs Titurel, in: ABäG 60 (2005), S. 89–128.

Gervinus, Georg Gottfried, Handbuch der Geschichte der poetischen National= Literatur der Deutschen, 4. Aufl., Leipzig 1849.

Gibbs, Marion E., Ampflise im Parzival und im Titurel, in: Wolfram-Studien 6 (1980), S. 48–53.

Giese, Ingeborg, Sigune. Untersuchungen zur Minneauffassung Wolframs von Eschenbach, Diss. [Masch.] Rostock 1952.
Grimm, Jacob, Rez. Docen (1810), in: Leipziger Literatur-Zeitung 1812, Nr. 301–302, Sp. 2401–2412 [wieder in: Jacob Grimm, Kleinere Schriften, Bd. 6, Berlin 1882 (Neudruck Hildesheim 1965), S. 116–127)].
Hänsch, Irene, Mittelalterliche Fragmente und Fragmenttheorie der Moderne. (Am Beispiel des Titurel und des Tristan.), in: Mittelalter-Rezeption II. Gesammelte Vorträge des 2. Salzburger Symposions „Die Rezeption des Mittelalters in Literatur, Bildender Kunst und Musik des 19. und 20. Jahrhunderts", hg. von Jürgen Kühnel/Hans-Dieter Mück/Ursula Müller/Ulrich Müller (GAG 358), Göppingen 1982, S. 45–61.
Harvey, Ruth, Zu Sigunes Liebesklage (Tit. 117–119), in: Wolfram-Studien 6 (1980), S. 54–62.
Hauer, Karin, Über den sin. Begehren und Gesetz in Wolframs Titurel, Wien 1992.
Haug, Walter, Erzählen vom Tod her. Sprachkrise, gebrochene Handlung und zerfallende Welt in Wolframs Titurel, in: Wolfram-Studien 6 (1980), S. 8–24 [wieder in: Walter Haug, Strukturen als Schlüssel zur Welt. Kleine Schriften zur Erzählliteratur des Mittelalters, Tübingen 1989, S. 541–553]. – Literaturtheorie im deutschen Mittelalter. Von den Anfängen bis zum Ende des 13. Jahrhunderts, Darmstadt 1985; 2. Aufl. 1992. – Lesen oder Lieben? Erzählen in der Erzählung, vom Erec bis zum Titurel, in: Beitr. 116 (1994), S. 302–323 [wieder in Walter Haug, Brechungen auf dem Weg zur Individualität. Kleine Schriften zur Literatur des Mittelalters, Tübingen 1995, S. 153–167]. – Die Wahrheit der Fiktion. Studien zur weltlichen und geistlichen Literatur des Mittelalters und der frühen Neuzeit, Tübingen 2003.
Heinzle, Joachim, Stellenkommentar zu Wolframs Titurel. Beiträge zum Verständnis des überlieferten Textes (Hermaea NF 30), Tübingen 1972. – Rez. Wehrli (1974), in: GRM 57 (1977), S. 339–342. – Einführung in die mittelhochdeutsche Dietrichepik, Berlin/New York 1999.
Horacek, Blanka, Wolframprobleme – 750 Jahre Parzival, in: Wissenschaft und Weltbild 5 (1952), S. 319–324, 371–373.
Huschenbett, Dietrich, Ehe statt Minne? Zur Tradition des Minne-Romans in Mittelalter und Neuzeit, in: Spannungen und Konflikte menschlichen Zusammenlebens in der deutschen Literatur des Mittelalters. Bristoler Colloquium 1993, hg. von Kurt Gärtner/Ingrid Kasten/Frank Shaw (Publications of the Institute of Germanic Studies 63), Tübingen 1996, S. 189–203.
Kästner, Hannes, minne und kintheit sint ein ander gram. Kinderminne bei Walther von der Vogelweide und einigen seiner Zeitgenossen, in: Poetica 34 (2002), S. 307–322.
Kiening, Christian/Köbele, Susanne, Wilde Minne. Metapher und Erzählwelt in Wolframs Titurel, in: Beitr. 120 (1998), S. 234–265 [überarb. Fassung unter dem Titel: „Metapher und Erzählwelt", in: Christian Kiening, Zwischen Körper und Schrift. Texte vor dem Zeitalter der Literatur, Frankfurt a.M. 2003, S. 247–275, 383–390].
Könneker, Barbara, Die Stellung der Titurelfragmente im Gesamtwerk Wolframs von Eschenbach, in: LwJb NF 6 (1965), S. 23–35.
Krotz, Elke, Der Leser an der Leine. Zu Wolframs Titurel, in: helle döne schöne. Versammelte Arbeiten zur älteren und neueren deutschen Literatur. Festschrift für Wolfgang Walliczek, hg. von Horst Brunner/Claudia Händl/Ernst Hellgardt/Monika Schulz (GAG 668), Göppingen 1999, S. 167–200.

Kuhn, Hugo, Die Klassik des Rittertums in der Stauferzeit 1170–1230, in: Annalen der deutschen Literatur, hg. von Heinz Otto Burger, Stuttgart 1952; 2. Aufl. 1971, S. 99–177.
Labusch, Dietlinde, Studien zu Wolframs Sigune, Diss. Frankfurt a.M. 1959.
Lazda-Cazers, Rasma, Old Age in Wolfram von Eschenbach's Parzival and Titurel, in: Old Age in the Middle Ages and the Renaissance. Interdisciplinary Approaches to a Neglected Topic, hg. von Albrecht Classen (Fundamentals of Medieval and Early Modern Culture 2), Berlin/New York 2007, S. 201–218.
Liebertz-Grün, Ursula, Erkenntnistheorie im Literalisierungsprozeß. Allegorien des lesens in Wolframs Metaerzählung Gardeviaz, in: GRM NF 51 (2001), S. 385–395.
Lorenz, Andrea, Der Jüngere Titurel als Wolfram-Fortsetzung. Eine Reise zum Mittelpunkt des Werks (Deutsche Literatur von den Anfängen bis 1700 36), Bern/Berlin 2002.
Matthews, Alastair, Holding it all together, time and space in Wolfram's Titurel, in: Oxford German Studies 35 (2006), S. 101–114.
Mertens, Volker, Wolfram von Eschenbach: Titurel, in: Interpretationen. Mhd. Romane und Heldenepen, hg. von Horst Brunner (Universal-Bibliothek 8914), Stuttgart 1993; 2. Aufl., 2004, S. 196–211. – Konstruktion und Dekonstruktion heldenepischen Erzählens: Nibelungenlied – Klage – Titurel, in: Beitr. 118 (1996), S. 358–378.
Meyer, Matthias, The end of the „courtly book" in Wolfram's Titurel, in: Courtly arts and the art of courtliness. Selected papers from the eleventh triennial congress of the International Courtly Literature Society, Univ. of Wisconsin – Madison, 29 July-4 August 2004, hg. von Keith Busby/Christopher Kleinhenz, Cambridge 2006, S. 465–476.
Mohr, Wolfgang, Zur Textgeschichte von Wolframs Titurel, in: Wolfram-Studien 4 (1977), S. 123–151 [wieder in: Wolfgang Mohr, Wolfram von Eschenbach. Aufsätze (GAG 275), Göppingen 1979, S. 237*-265*].
Müllenhoff, Karl, Zur Geschichte der Nibelunge Not, Braunschweig 1855. – [Nachbemerkung zu Wilhelm Herforth, Wolframs Titurel], in: ZfdA 18 (1875), S. 297.
Neukirchen, Thomas, Die ganze aventiure und ihre lere. Der Jüngere Titurel Albrechts als Kritik und Vervollkommnung des Parzival Wolframs von Eschenbach (Beihefte zum Euphorion 52), Heidelberg 2006.
Ohly, Friedrich, Die Suche in Dichtungen des Mittelalters, in: ZfdA 94 (1965), S. 171–184.
Ortmann, Christa, Titurel im Parzival-Kontext. Zur Frage nach einer möglichen Strukturdeutung der Fragmente, in: Wolfram-Studien 6 (1980), S. 25–47.
Peters, Ursula → Bumke, Joachim/Peters, Ursula.
Pfeiffer, Franz, Zum Titurel, in: Germania 4 (1859), S. 298–308 [S. 301–308 wieder in: Franz Pfeiffer, Freie Forschung. Kleine Schriften zur Geschichte der deutschen Litteratur und Sprache, Wien 1867, S. 85–93].
Pretzel, Ulrich/Bachofer, Wolfgang/Dreeßen,Wulf-Otto/Haas, Herta/Krogmann, Willy/Neubuhr, Elfriede, Bibliographie zu Wolfram von Eschenbach, 2. Auflage (Bibliographien zur deutschen Literatur des Mittelalters 2), Berlin 1968.
Rahn, Bernhard, Wolframs Sigunendichtung. Eine Interpretation der Titurelfragmente (Geist und Werk der Zeiten 4), Zürich 1958.
Richey, Margaret F., The Titurel of Wolfram von Eschenbach: Structure and Character, in: MLR 56 (1961), S. 180–193.

Sager, Alexander, Sozialisation und Minneordnung in Wolframs Titurel, in: Ordnung und Unordnung in der Literatur des Mittelalters, hg. von Wolfgang Harms/C. Stephen Jaeger/Horst Wenzel/Kathrin Stegbauer, Stuttgart 2003, S. 97–108 [a]. – Geheimnis und Subjekt in Wolframs Titurel, in: Beitr. 125 (2003), S. 267–291 [b]. – minne von maeren. On Wolfram's Titurel (Transatlantische Studien zu Mittelalter und Früher Neuzeit 2), Göttingen 2006.

Schlegel, August Wilhelm, Rez. Docen (1810), in: Heidelbergische Jahrbücher 1811, Nr. 68–70, S. 1073–1111 [wieder in: August Wilhelm Schlegel, Sämmtliche Werke, hg. von Eduard Böcking, Bd. 12, Leipzig 1847 (Neudruck Hildesheim/New York 1971), S. 288–321].

Schmid, Elisabeth, Dâ stuont âventiur geschriben an der strangen. Zum Verhältnis von Erzählung und Allegorie in der Brackenseilepisode von Wolframs und Albrechts Titurel, in: ZfdA 117 (1988), S. 79–97.

Schmitz, Silvia, Die Poetik der Adaptation. Literarische inventio im Eneas Heinrichs von Veldeke (Hermaea NF 113), Tübingen 2007.

Schneider, Hermann, Heldendichtung, Geistlichendichtung, Ritterdichtung. Neugestaltete und vermehrte Ausg. (Geschichte der deutschen Literatur 1), Heidelberg 1943.

Schröder, Walter Johannes, Grundzüge eines neuen Wolframbildes, in: Forschungen und Fortschritte 26 (1950), S. 174–178 [wieder in: Walter Johannes Schröder, rede und meine. Aufsätze und Vorträge zur deutschen Literatur des Mittelalters, hg. von Gisela Hollandt/Rudolf Voß/Wolfgang Kleiber, Köln/Wien 1978, S. 164–175].

Schuhmann, Martin, Reden und Erzählen. Figurenrede in Wolframs Parzival und Titurel (Frankfurter Beiträge zur Germanistik 49), Heidelberg 2008.

Simon, Werner, Zu Wolframs Titurel, in: Festgabe für Ulrich Pretzel zum 65. Geburtstag, hg. von Werner Simon/Wolfgang Bachofer/Wolfgang Dittmann, Berlin 1963, S. 185–190.

Staiger, Emil, Die Zeit als Einbildungskraft des Dichters. Untersuchungen zu Gedichten von Brentano, Goethe und Keller, 2. Aufl., Zürich 1953.

Springer, Otto, Playing on Words: A Stylistic Note on Wolfram's Titurel, in: Research Studies 32 (1964), S. 106–124.

Stosch, Johannes, Wolframs Titurellieder, in: ZfdA 25 (1881), S. 189–207.

Wehrli, Max, Wolframs Titurel (Rheinisch-Westfälische Akademie der Wissenschaften. Geisteswissenschaften Vorträge G 194), Opladen 1974 [wieder in: Max Wehrli, Gegenwart und Erinnerung. Gesammelte Aufsätze, hg. von Fritz Wagner/Wolfgang Maaz (Spolia Berolinensia 12), Hildesheim/Zürich 1998, S. 208–226].

Wolff, Ludwig, Wolframs Schionatulander und Sigune, in: Studien zur deutschen Philologie des Mittelalters. Friedrich Panzer zum 80. Geburtstag, hg. von Richard Kienast, Heidelberg 1950, S. 116–130 [wieder in: Wolfram von Eschenbach, hg. von Heinz Rupp (Wege der Forschung 57), Darmstadt 1966, S. 549–569; Ludwig Wolff, Kleinere Schriften zur altdeutschen Philologie, hg. von Werner Schröder, Berlin 1967, S. 246–261].

Wyss, Ulrich, Selbstkritik des Erzählers. Ein Versuch über Wolframs Titurelfragment, in: ZfdA 103 (1974), S. 249–289.

Zmaila, Anders Till, Sigunes Schuld. Eine Interpretation der Sigunedichtung Wolframs von Eschenbach im Kontext seines Gesamtwerks, Diss. Freiburg i.Br. 2003 [online unter: <http://www.freidok.uni-freiburg.de/volltexte/607>].

F. ‚Willehalm'

I. Abriß der Handlung

von JOACHIM HEINZLE

Buch I (1,1–57,28): Wie dem Pz. ist dem Wh. ein Prolog vorangestellt (1,1–5,14). Er setzt ein mit einem Gebet des Erzählers/Autors, der sich an die Trinität und dann je besonders an die drei göttlichen Personen wendet. Er bittet um Vergebung seiner Sünden und gibt seiner Heilsgewißheit Ausdruck. Sie gründet sich auf das Vater-Kind-Verhältnis zwischen Gott und dem Menschen, das durch die Menschwerdung Gottes in Christus ermöglicht wurde und individuell durch die Taufe begründet wird. Er rühmt die Allmacht des Schöpfers und Erhalters der Schöpfung, betont, daß er seine *kunst* – sein Wissen und Können – nicht aus Büchern schöpfe, sondern aus seinem *sin* – seiner Einsicht in die göttliche Wahrheit –, und bittet den Heiligen Geist um Inspiration für das zu beginnende Werk: „Hilfreich sende Deine Güte in mein Herz so ernste, weise Einsicht, daß ich in Deinem Namen einen Ritter preise, der Dich nie vergaß" (2,23 ff.: *diu helfe dîner güete / sende in mîn gemüete / unlôsen sin sô wîse, / der in dînem namen geprîse / einen rîter, der dîn nie vergaz*). Dieser Ritter ist der Held der Erzählung, der Markgraf Willehalm von Orange. Landgraf Hermann von Thüringen hat den Erzähler/Autor mit seiner Geschichte bekanntgemacht. Der ruft Willehalm als Heiligen an, der mit den Nöten der Ritter vertraut ist. Er – *Wolfram von Eschenbach* (4,19) – wird nun die Geschichte aus dem Französischen ins Deutsche bringen.

Graf Heimrich von Narbonne hat alle seine Söhne zugunsten seines Patensohns enterbt. Sie sollen aus eigener Kraft – im Dienst hoher Frauen und im Dienst Kaiser Karls (des Großen) – ihr Glück machen. Einer dieser Söhne ist Willehalm. Der Erzähler rekapituliert kurz seine Geschichte (wobei er Einzelheiten ausspart, die erst später nach und nach mitgeteilt werden): Willehalm hat als Markgraf der Provence das Reich gegen die Sarazenen zu verteidigen, die aus christlich-mittelalterlicher Sicht als Heiden betrachtet werden (→ S. 655). Er hat die Liebe der sarazenischen Königin Arabel gewonnen, die um seinetwillen ihren Gemahl verließ, auf den Namen Giburg getauft wurde und eine neue Ehe mit ihm einging. Willehalm hat Tibalt auch Herrschaftsgebiete in der Provence abgenommen. Was seither geschehen ist, übergeht der Erzähler. Er will gleich von der „Überfahrt des Heeres" (8,28) berichten: Um seinem Schwiegersohn Tibalt zur Rache für den Verlust der Frau und zur

Rückeroberung seiner Länder zu verhelfen, hat Giburgs Vater Terramer, der oberste Heidenherrscher, eine gewaltige Streitmacht aufgeboten. Er ist mit einer riesigen Flotte in der Provence gelandet. Auf der Ebene von Alischanz tritt dem Invasionsheer die zahlenmäßig weit unterlegene Truppe Willehalms entgegen. Es kommt zu einer blutigen Schlacht, in der sich die Gegner an Tapferkeit und Härte nicht nachstehen.

Der Erzähler lenkt den Blick auf zwei Ritter, die im Kampfgetümmel aufeinander treffen. Es sind der Heidenkönigs Noupatris von Oraste Gentesin, der als Minneritter einer Dame in den Krieg gezogen ist, und Willehalms Schwestersohn Vivianz, den Giburg großgezogen hatte. Beide zeichnen sich gleichermaßen durch Jugend, Schönheit und Tapferkeit aus. Sie stoßen sich gegenseitig die Lanzen durch Schild und Rüstung. Vivianz versetzt dem Gegner einen Schwerthieb auf den Kopf, der ihn auf der Stelle tötet, ist aber selbst schwer verletzt, denn Noupatris' Lanze hat ihn durchbohrt. Mit der Lanzenfahne gürtet er sich die heraushängenden Gedärme ein und reitet wieder in die Schlacht.

Der Kampf wogt hin und her. Die Heiden bringen immer neue Verbände ins Treffen. Die Christentruppe wird mehr und mehr reduziert. Vivianz kämpft trotz seiner Verletzung unverdrossen weiter. Er schließt sich mit acht anderen Fürsten zusammen. Im Handumdrehen erschlägt er sieben Heidenkönige und wird darauf von dem König Halzebier mit einem Schwerthieb vom Pferd gefällt. Bewußtlos bleibt er liegen. Seine acht Gefährten werden gefangengenommen. Als Vivianz wieder zu sich kommt, weist ihm der Erzengel Cherubin (!) den Weg. Er reitet vom Schlachtfeld und läßt sich an einer Quelle im Flußgebiet des Larkant unter einer Linde nieder. In einem inbrünstigen Gebet bittet er Gott, ihn vor seinem Tod noch einmal seinen Onkel Willehalm sehen zu lassen. Der Erzengel versichert ihm, daß die Bitte gewährt wird, und verschwindet. Vivianz streckt sich im Todeskampf und verliert das Bewußtsein.

Die Schlacht ist zu Ende. Willehalm sind von zwanzigtausend Mann nur vierzehn geblieben. Er will sich mit ihnen nach seiner Residenzstadt Orange zurückziehen, in der Giburg ohne militärischen Schutz zurückgeblieben ist. Die Flucht scheint zu gelingen, doch dann wird die Gruppe vom Heer des Königs Poufameiz angegriffen, das soeben von den Schiffen gekommen ist. Die Christen wehren sich tapfer. Willehalm erschlägt den König, verliert aber alle Gefährten und muß die Flucht allein fortsetzen. Er gerät in neue Kämpfe und erschlägt weitere Heidenkönige. Schließlich entkommt er seinen Verfolgern in die Berge.

Abriß der Handlung   527

Buch II (58,1–105,30): Als Willehalm bei einer Rast zurückblickt, sieht er das ganze Land von heidnischen Rittern bedeckt, „als wäre ein großer Wald aus nichts als Bannern aufgeschossen" (58,6 f.: *als ob ûf einen grôzen walt/niht wan banier blüeten*). Er versorgt sein Pferd Puzzat, das verletzt ist, und reitet weiter. Wenig später stößt er auf den sterbenden Vivianz und fällt vor Leid in Ohnmacht. Wieder erwacht, bindet er dem Sterbenden den Helm ab, bettet dessen Kopf in seinen Schoß und stimmt eine große Klagerede an. Vivianz erwacht aus seiner Ohnmacht, erkennt den Onkel und bittet ihn um Vergebung, falls er im Kampf feige gewesen sei: Damit hätte er sich versündigt, denn er hatte geschworen, nie vor einem Sarazenen zu fliehen. (In ‚Aliscans' hat Vivien tatsächlich für einen Augenblick das Gelübde vergessen und ist ein kurzes Stück weit geflohen. Wolfram hat das getilgt.) Willehalm macht sich schwere Vorwürfe, daß er den Jungen so früh zum Ritter gemacht und in die Schlacht geführt hat. Er reicht ihm die Kommunion. Vivianz stirbt, und im selben Augenblick verbreitet sich Wohlgeruch – das Zeichen der Heiligkeit. Willehalm hebt den Leichnam auf sein Pferd und reitet weiter, muß ihn aber schon bald herunterwerfen, als er angegriffen wird. Er kann die Gegner abschütteln, kehrt zu dem Toten zurück und wacht die Nacht über bei ihm. Am Morgen reitet er weiter.

Immer wieder wird er in Kämpfe verwickelt. Fünfzehn Heidenkönige dringen auf ihn ein, unter ihnen Giburgs Sohn Ehmereiz. Willehalm kämpft tapfer, tötet sieben der Könige und schlägt die andern acht in die Flucht. Ehmereiz verschont er um Giburgs willen. Dann greifen ihn die Könige Tenebruns und Arofel, der Bruder Terramers, an. Er kann Tenebruns töten und profitiert dann von einem Mißgeschick Arofels: Als dessen Pferd mit seinem zusammenprallt, reißt dem Heidenkönig die Befestigung des Beinschutzes ab. Willehalm durchtrennt ihm mit einem Schwerthieb den entblößten Oberschenkel, und Arofel stürzt vom Pferd. Hilflos fleht er Willehalm an, ihm das Leben zu schenken, und bietet ihm dafür ungeheure Reichtümer. Doch Willehalm denkt an Vivianz und seine anderen Verwandten, die die Heiden getötet haben, und schlägt Arofel den Kopf ab. Dann zieht er ihm die Rüstung aus, legt sie selber an, besteigt Arofels Pferd Volatin und reitet davon. Sein eigenes Pferd Puzzat läuft ihm schwer verletzt nach. Er rechnet damit, in Arofels Rüstung und auf Arofels Pferd nicht erkannt zu werden, und reitet betont langsam durch die feindlichen Reihen.

Aber die Heiden lassen sich nicht täuschen. Puzzat und der Hermelinpelz, den Willehalm unter der Rüstung Arofels trägt, verraten ihn. Man greift ihn an und jagt ihm nach: „Ein Trupp gab ihn dem andern weiter von Hand zu Hand wie einen Ball" (85,22 f.: *in gap ein schar der anderen schar/von hant ʒe hant als einen bal*). Der Heidenkönig Tesereiz, ein Verwandter Terramers, stellt ihn und fordert ihn auf, sich zu ergeben, falls er der Markgraf sei: den wolle er wegen seiner Liebe zu Giburg und wegen seines Tatenruhms nicht töten, sondern zum Heidentum bekehren. Willehalm läßt sich nicht darauf ein und tötet Tesereiz im Lanzenkampf. Scharen heidnischer Ritter attackieren ihn. Er flieht, Puzzat bleibt tot zurück. In einem Kastanienwäldchen entkommt er den Verfolgern und erreicht Orange.

Auf dem Wehrgang über dem Tor steht der alte Kaplan Steven. Willehalm begehrt Einlaß, doch der Kaplan glaubt nicht, daß er den Markgrafen vor sich hat. Auch Giburg, die dazukommt, hält ihn wegen seiner Rüstung und des ihr fremden Pferdes für einen Heiden und weist ihn ab. Da wird ein Trupp von fünfhundert gefangenen Christen mit Geißeln vorbeigetrieben. Giburg fordert Willehalm auf, ihnen zu helfen, wenn er der Markgraf sei. Willehalm stürzt sich auf die heidnischen Bewacher, die ihn für Arofel halten und fliehen. Eigenhändig zerschneidet er den Gefangenen die Fesseln. Doch Giburg ist immer noch nicht überzeugt und fordert ihn auf, ihr eine Narbe an der Nase zu zeigen, die er sich einmal im Kampf zugezogen hat. Er nimmt Helm und Kopfschutz ab. Giburg erkennt die Narbe und läßt das Tor öffnen. Ängstlich erkundigt sie sich nach Vivianz und den anderen Mitstreitern Willehalms. Er teilt ihr zu ihrem Schrecken mit, daß Vivianz gefallen ist. Als sie hört, daß ihr Vater Terramer selbst das Heidenheer befehligt, ist sie davon überzeugt, daß die Christen den Krieg nicht gewinnen können. Aber sie ist entschlossen, ihr Leben so teuer wie möglich zu verkaufen. Willehalm tröstet sie: Wenn es ihr gelinge, die Stadt zu halten, werde er Hilfe bei seinen Verwandten und beim König holen.

Die heidnischen Truppen rücken heran und schließen einen Belagerungsring um Orange. Willehalm besetzt die Mauern mit den fünfhundert befreiten Christen, denn außer ihm und dem Kaplan befindet sich sonst kein Mann in der Stadt. Kinder und Frauen schleppen Steine auf den Wehrgang. Als die Lage sich vorläufig beruhigt hat, ziehen sich Willehalm und Giburg in eine Kemenate zurück. Zärtlich pflegt sie seine Wunden, und sie schlafen miteinander. An Giburgs Brust schläft er ein. Weinend bittet sie Gott, sich über sie und Willehalm zu erbarmen, und beklagt Vivianz' Tod und Willehalms Not. Die Tränen benetzen Willehalms Wange und wecken ihn. Er tröstet sie und fordert sie auf zu entscheiden, ob er sie allein lassen und in Frankreich Hilfe holen oder ob er in Orange bleiben solle. Sie fordert ihn auf zu gehen und verspricht,

Orange solange wie möglich zu verteidigen. Als es Nacht geworden ist, läßt er sich die Rüstung Arofels anlegen. Giburg nimmt ihn in den Arm und ermahnt ihn, ihr treu zu bleiben und Liebesangebote der schönen Französinnen abzulehnen. Er verspricht es und gelobt, bis zu seiner Rückkehr nur Wasser und Brot zu sich zu nehmen. Man läßt ihn heimlich aus der Stadt. Auf Volatin reitet er in Richtung Frankreich davon. Die Heiden halten ihn für Arofel. So bleibt er unbehelligt.

Buch III (106,1–161,30): Immer neue heidnische Verbände rücken vor Orange an. Die Heiden beklagen die Gefallenen. Terramer ist tiefbetrübt über die gewaltigen Verluste, die ihm das kleine Christenheer zugefügt hat, und schwört dem Christengott Rache. Seiner Tochter will er einen qualvollen Tod bereiten. In einem nächtlichen Gespräch bietet er ihr drei Todesarten zur Auswahl an. Sie zeigt sich überzeugt, daß die Franzosen sie retten werden. (Man hat sich das Gespräch so vorzustellen, daß Giburg innen an einem Fenster der Festung, Terramer außen am Fuß der Mauer steht.) Als Terramer erkennt, daß er Orange nicht in einem Sturmangriff nehmen kann und daß die Eingeschlossenen auch nicht verhandeln wollen, läßt er Belagerungsmaschinen bauen. Giburg bleibt furchtlos. Um eine starke Besatzung vorzutäuschen, läßt sie die Toten mit Helm und Schild an den Zinnen aufstellen: „Die brachte keine Feigheit ins Wanken: Freude und Leid war denen eins" (111,23 ff.: *die newancten niht durh zageheit:/den selben was liep unde leit/ iewederz al geliche*).

Willehalm hat unterdessen Orléans erreicht. Er übernachtet in einer schäbigen Herberge und bricht früh wieder auf. Der „Richter" (Schultheiß?) der Stadt hält ihn an und verlangt Geleitgeld von ihm. Willehalm hält sich als Ritter nicht für zahlungspflichtig und weist die Forderung zurück. Der Richter will ihn festnehmen lassen. Willehalm widersetzt sich, schlägt ihm den Kopf ab und bahnt sich mit dem Schwert einen Weg durch die Menge, die ihn umdrängt. Man verfolgt ihn vor die Stadt. Er schlägt die Verfolger zurück und reitet in Richtung Munleun (Laon) davon. Die Bürger benachrichtigen den Grafen Ernalt – einen der Brüder Willehalms –, der über eine (nicht näher bestimmte) Machtstellung in der Stadt verfügt. Die Frau des Richters erhebt Klage über den Mörder ihres Mannes und muß sich von Ernalt sagen lassen, daß dessen Forderung nicht berechtigt war. Trotzdem will er den Ritter um des Königs und dessen Gemahlin, seiner Schwester, willen verfolgen: Man hat ihm gesagt, daß der Ritter im Kampf „Munschoi" gerufen hatte – das ist der Schlachtruf des Königs, den dieser Willehalm verliehen hatte. Ernalt reitet mit seinen Leuten los. Als Willehalm ihn hinter sich bemerkt, reißt er das Pferd herum. Sie sprengen mit eingelegten Lanzen aufeinander los, und Willehalm wirft Ernalt aus dem Sattel. Er ist entschlossen, ihn zu töten, fragt ihn aber nach seinem Namen. Als er ihn nennt, gibt auch Willehalm sich zu erkennen. Damit ist der Kampf beendet. Ernalt will Willehalm küssen, doch der weigert sich: Solange Giburg in Orange in Gefahr ist, wird kein Mund den seinen berühren. Ernalt erkundigt sich nach Giburg und den Verwandten. Als Willehalm ihm erzählt, was geschehen ist, bricht er in Tränen aus. Er sagt seine Unterstützung zu und rät Willehalm, nach Munleun zu reiten, wo König Ludwig in drei Tagen einen Hoftag abhalte. Dort werde er ihre Eltern und vier ihrer Brüder treffen. Ernalt lädt Willehalm ein, mit ihm in die Stadt zurückzureiten. Willehalm lehnt ab. Er will unverzüglich weiter nach Munleun, um den König und seine Verwandten um Hilfe zu bitten. Willehalm reitet davon, Ernalt kehrt zur Stadt zurück, klärt seine Leute auf und klagt ihnen sein Leid. Durch Boten läßt er Vasallen und Verwandte zusammenrufen.

Willehalm gelangt am Abend zu einem Kloster, wo man ihn gut versorgt. Als er am Morgen weiterreitet, läßt er Arofels kostbaren Schild zur Aufbewahrung zurück. Er erreicht Munleun und findet die Stadt voller Menschen. Man weicht vor ihm zurück, weil er in voller Rüstung erschienen ist: Das gehört sich nicht bei einer festlichen Zusammenkunft (wohl deshalb hatte Willehalm wenigstens den Schild nicht mitgenommen). Vor der königlichen Burg steigt er vom Pferd und legt Helm und Kopfschutz ab. Die Haut beschmiert vom Rost des Helms, Haare und Bart zerzaust, wirft er wilde Blicke um sich. Der König und die Königin betrachten ihn aus dem Fenster. Die Königin erkennt ihn und weiß sogleich, daß er wieder einmal ein Heer verloren hat und eine neues haben will. Sie will ihn nicht im Haus sehen und befiehlt, die Türen zu verschließen und ihn von der Schwelle zu weisen. Am Hof ist reges Kommen und Gehen, aber niemand kümmert sich um Willehalm. Da kommt ein Kaufmann herbei und lädt ihn höflich zu sich ein. Willehalm nimmt die Einladung an. Im Haus des Kaufmanns – er heißt Wimar – weist er die bereitgestellten Decken, Kissen und Polster ab und läßt sich ein Lager aus Gras und Klee zurechtmachen; auch das üppige Festmahl rührt er nicht an, sondern begnügt sich mit Wasser und Brot. Willehalm deutet an, daß er in einer Notlage ist, und stellt sich vor. Wimar ist hocherfreut, einen so hohen Gast beherbergen zu dürfen. Vor Zorn über die schlechte Behandlung am Hof kann Willehalm nicht schlafen und beschließt, sich zu rächen. Am Morgen legt er die Rüstung an und erklärt, dem König in Gegenwart der Fürsten den Schädel spalten zu wollen. Wimar bekommt es mit der Angst zu tun.

Willehalm reitet wieder zum Hof. Wimar stiehlt sich an ihm vorbei und sagt den Leuten, wer der Ritter ist. Da eilen viele zu ihm und begrüßen ihn freundlich, aber er beschimpft sie nur. Bald ist er wieder allein. Der König und die Königin ziehen in den Festsaal. Willehalm schließt sich der Menge an, die ihnen folgt, nimmt im Festsaal Platz und legt provokativ sein Schwert über die Knie. Die Versammlung gerät in Furcht. In festlichem Aufzug betreten Willehalms Eltern Heimrich und Irmschart und vier seiner Brüder den Saal. Heimrich und Irmschart werden vom Königspaar mit Küssen begrüßt. Irmschart nimmt neben der Königin, ihrer Tochter, Platz, Heimrich neben dem König. Willehalms Brüder werden von den Fürsten begrüßt. Er wird weiterhin geschnitten. Da steigt er, bebend vor Zorn, über die Sitzenden, baut sich vor dem König auf und beschimpft ihn. Seine Brüder eilen zu ihm, umarmen ihn und ermahnen ihn, sich zu mäßigen. Der König ergreift das Wort und versichert Willehalm, daß er ohne Grund klage: „Ihr wißt doch, es geschieht alles, was Ihr in meinem Land wünscht" (147,2 f.: *ir wizzet, al mîn lant,/swes ir drinne gert, daz ist getân*). Empört fällt ihm die Königin ins Wort: „Herrjeh, da bliebe für uns nichts übrig!" (147,7: *ouwê, wie wênic uns denne belibe!*). Willehalm packt erneut die Wut. Er reißt der Königin die Krone vom Kopf und packt sie an den Zöpfen. Er hätte ihr den Kopf abgeschlagen, wenn sich nicht Irmschart dazwischen geworfen hätte. Die Königin kann sich befreien und flieht in ihre Kemenate, wo sie auf ihre Tochter stößt, die ganz verwundert ist.

Im Saal begrüßt Heimrich jetzt Willehalm. Der lehnt höflich den Begrüßungskuß ab. „Mein Kuß ist in Orange geblieben" (149,5), erklärt er, berichtet von der Invasion Terramers und von der verzweifelten Lage Giburgs und bittet den Vater um Hilfe. Heimrich erklärt sich sofort bereit, alles in seinen Kräften Stehende zu tun, und läßt sich von der Schlacht berichten. Als er von den Verlusten hört, verliert er die Fassung. Den Rittern schießen die Tränen in die Augen. Irmschart fordert sie resolut auf, keine Memmen zu sein und die Hilfe für Willehalm in Angriff zu nehmen. Der schimpft noch immer über die Königin, unterstellt ihr ein Verhältnis mit Tibalt und nennt sie eine Hure. Da erscheint die Königstochter Alize, deren Schönheit und Anmut alle bezaubert, und wirft sich ihrem Onkel Willehalm zu Füßen. Willehalm hebt sie auf und umarmt sie. Sie redet ihm wegen seines Angriffs auf die Königin ins Gewissen. Er rechtfertigt sich, erklärt sich schließlich aber bereit, ihr zu verzeihen. Irmschart schickt Alize mit ihrem Sohn Buove von Komarzi und ihrem Verwandten Scherins zur Königin, die sich eingeschlossen hat. Dann stellt sie Willehalm gewaltige Mittel aus ihrem Vermögen für die Finanzierung seines Krieges in Aussicht.

Buch IV (162,1–214,30): Der Erzähler erklärt und entschuldigt Willehalms Verhalten: Aus Sorge um die geliebte Giburg und aus Schmerz über die Gefallenen habe er sich vergessen. Dann wendet er sich wieder den Ereignissen zu:

Die Königin will Alize und ihre Begleiter aus Furcht vor einem erneuten Übergriff Willehalms nicht einlassen. Erst als Alize ihr versichert, daß Willehalms Zorn verflogen ist, öffnet sie die Tür. Scherins berichtet ihr, was auf Alischanz geschehen ist. Sie ist bestürzt und sagt spontan massive Hilfe zu: Buove soll mit ihrem Geld alle Söldner im Reich anwerben. Dann kehrt sie in den Saal zurück. Willehalm bittet sie, den Tod der Verwandten zu beklagen und sie der Gnade Gottes anzubefehlen. Heimrich fordert sie auf, sich beim König für Willehalm einzusetzen. Mit ihren vier Brüdern Bernart, Buove, Gibert und Bertram begibt sie sich zu ihrem Gemahl. Sie werfen sich ihm zu Füßen, und sie bittet ihn, Willehalm zu unterstützen, denn Terramer „bringt Euch und das Reich in Schande" (169,19: *iuch und daz rîche er schendet*). König Ludwig reagiert ungnädig und erklärt, er werde sich beraten. Die Königin erklärt sich bereit, alle auszurüsten, die für Willehalm kämpfen wollen. Auch die vier Brüder sagen Willehalm ihre Hilfe zu. Dann bittet Heimrich den König, das Hoffest zu eröffnen. Willehalm kann von seiner Schwester nur mit Mühe beredet werden, ein Seidengewand anzulegen. Er läßt Wimar als Tischgenossen neben sich an der Tafel des Königs plazieren und schenkt ihm zweihundert Mark (eine sehr große Summe). Wiederum nimmt er nur Wasser und Brot zu sich. Nach Tisch wendet er sich an den König und fordert ihn auf, sich seine Sache zu eigen zu machen: „Ihr seid selber überrannt. Es ist mein Recht, daß ich Euch bitte, daß Ihr der römischen Krone ihr Reich verteidigt" (177,27 ff.: *ir sît selbe überriten./ich sol iuch billîchen biten,/daz ir roemischer krône ir rîche wert*). Der König erklärt erneut, er wolle sich beraten. Da packt Willehalm wieder die Wut. Er besteht darauf, daß der König zur Hilfe verpflichtet sei, und will ihm seine Lehen zurückgeben. Seine Brüder reden ihm das aus. Der König hält ihm sein ungebührliches Verhalten vor. Die Königin beschwört ihren Gemahl, an ihre gefallenen Verwandten zu denken, die auch die Verwandten seiner Tochter seien. Er bleibt reserviert und bittet die Anwesenden um Rat. Die Heimrich-Sippe bemüht sich, ihn zur Hilfe zu bewegen. Das Vorbild von Ludwigs Vater Karl wird beschworen. Am Ende willigt er ein: „Da handelte Karls Sohn wie Karl: Das war Giburgs Glück" (184,28 ff.: *der von Karel was erborn,/der begienc dâ Karels tücke:/daz was Gîburge gelücke*).

Auf Beschluß einer Reichsversammlung wird das Reichsheer aufgeboten. Binnen zehn Tagen will der König in Munleun Heerschau abhalten. Die Festgesellschaft geht auseinander. Der König bleibt mit seiner Gemahlin, seiner Tochter und Willehalm in Munleun. Eines Abends sehen die vier vom Fenster aus den Rittern und Knappen zu, die im Hof Ritterspiele treiben. Ein Knappe, der einen Zuber mit Wasser in die Küche trägt, bahnt sich einen Weg durch das Getümmel. Der Erzähler versichert, daß er über die Stärke von sechs Männern verfügt. Sein Gewand ist schäbig und vom Schmutz der Küche befleckt. Der Knappe heißt Rennewart. Der Erzähler gibt zu verstehen, daß er von hoher Geburt ist: Seine niedrige Stellung am Hof und sein ungepflegten Aussehen täuschten. Ein Reitertrupp wirft ihm den Zuber um. Er nimmt es geduldig hin und füllt ihn wieder. Als man den Zuber ein zweites Mal umwirft, wird er zornig. Er packt einen Knappen und schleudert ihn an eine Säule, daß er zerplatzt „wie eine faule Frucht" (190,16: *als ob er waere vûl*). Da fliehen alle. Auf Willehalms Frage erklärt der König, was es mit dem Jungen auf sich hat: Er ist ein Adliger, der entführt und an Händler verkauft worden war, die ihn an den französischen Königshof brachten. Der König würde ihn standesgemäß behandeln, wenn er sich taufen ließe; da er es ablehnt, läßt er ihn niedrige Dienste verrichten. Willehalm bittet den König, ihm den Knappen als Helfer zu geben, und läßt ihn zu sich kommen. Als er ihn französisch anredet, schweigt er, obwohl er die Sprache beherrscht. Erst als Willehalm „heidnisch und arabisch" (192,23) spricht, antwortet er. Willehalm fragt ihn aus. Rennewart beklagt sein unwürdiges Dasein, will sich aber nicht taufen lassen, obwohl er auf die Hilfe Christi baut, nachdem sein „Gott" Mohammed ihm nicht geholfen hat. Mit Freuden tritt er in den Dienst des berühmten Markgrafen und will ihm helfen, sich für die Niederlage auf Alischanz zu rächen. Willehalm befiehlt einem Juden, der Irmscharts Kriegskasse verwaltet, ihn mit Rüstung und Pferd auszustatten. Er will nur leichte Kleidung und als Waffe eine starke eisenbeschlagene Stange. Ein Pferd lehnt er ab.

Zum festgesetzten Termin ist das Reichsheer versammelt und erhält Befehl, sich am folgenden Tag nach Orléans in Marsch zu setzen. Inzwischen waren Rennewart in der Küche zum Scherz Haare und Kleider angesengt worden, worauf er mit seiner Stange alles kurz und klein geschlagen hatte. Willehalm tröstet ihn und verspricht ihm neue Kleider und einen neuen Haarschnitt. Am nächsten Morgen bricht das Heer auf. Willehalm hält mit seinem Pferd am Straßenrand und grüßt die Vorüberreitenden. Am Ende kommt Rennewart, der verschlafen hat. Willehalm fragt ihn nach seiner Stange. Er hat sie vergessen und eilt zurück, um sie zu holen, muß aber feststellen, daß die Köche sie versteckt haben. Er wütet fürchterlich, erschlägt den Küchenmeister, bekommt die Stange endlich wieder, kehrt zu Willehalm zurück und schließt sich dem Heer an. Willehalm reitet am Ende des Zugs.

Die Truppen nehmen bei dem Kloster Quartier, in dem Willehalm Arofels Schild zurückgelassen hatte. Es ist inzwischen abgebrannt. Der Abt berichtet dem König und der Königin, wie wertvoll der Schild gewesen ist. Der König äußert sein Befremden: Willehalm sei doch zu alt dafür, sich in einem Kampf auf Leben und Tod so herauszuputzen. Darauf erzählt Willehalm, wie er Arofel und die anderen Heidenfürsten tötete. Der König und die Königin rühmen ihn für seine Taten.

Am nächsten Tag ziehen die Truppen weiter nach Orléans. Dort unterstellt der König Willehalm das Reichsheer, übergibt ihm die Reichsfahne und gemahnt ihn an den Schlachtruf „Munschoie", mit dem Kaiser Karl viele Siege errungen habe. Rennewart kommt, um von der Hofgesellschaft Abschied zu nehmen. Alize bittet ihn um Verzeihung für das, was ihr Vater ihm angetan hat, und gibt ihm einen Kuß. Willehalm führt das Heer in Eilmärschen nach Orange. Als er aus der Richtung, in der die Stadt liegt, ein Feuer durch die Nacht leuchten sieht, fällt er in Angst und Verzweiflung.

Buch V (215,1–268,30): Der Erzähler blendet zurück: Es ist Giburg, die oft selber Waffen trägt, gelungen, das belagerte Orange zu halten. Während einer Waffenruhe kommt es erneut zu einem Gespräch zwischen ihr und ihrem Vater. Er versichert sie seiner Liebe – sie zu töten, hatte ihm der Baruch, das geistliche Oberhaupt der Heiden, auferlegt – und fleht sie an, zu kapitulieren und sich wieder zu den Göttern zu bekehren. In einem Religionsdisput über Macht und Ohnmacht des Christengottes und der Heidengötter beharrt sie auf der Überlegenheit des Christengottes und bekräftigt die Unverbrüchlichkeit ihrer Bindung an den Markgrafen. Die Belagerung zieht sich hin, bis die Belagerer den Verwesungsgeruch der Leichen und Tierkadaver nicht mehr ertragen können. Die Führer raten Terramer, das Heer vorübergehend abzuziehen. Er ist einverstanden, befiehlt aber noch einen nächtlichen Angriff auf Orange. Giburg kann die Festung wiederum verteidigen. Das gesamte Heidenheer zieht sich nach Alischanz zurück. Bei dem Angriff ist die Außenstadt von Orange niedergebrannt worden. Dieses Feuer ist es, das das heranreitende Reichsheer sieht.

Im Anblick des Feuers hält Willehalm eine Rede an das Heer und fordert die Ritter auf, die Heiden von allen Seiten anzugreifen. Am Morgen bläst man zur Attacke, die Truppen stürmen los. Durch den Rauch der brennenden Außenstadt erkennt Willehalm, daß seine Burg noch steht. Als Giburg das Reichsheer herannahen sieht, glaubt sie, die Heiden seien zurückgekehrt und legt mit ihren Frauen wieder die Rüstung an. Kampfbereit, mit hoch erhobenem Schwert erwartet sie die vermeintlichen Angreifer. In Begleitung Rennewarts erreicht Willehalm das Tor. Giburg hält ihn für einen Heiden und bedroht ihn. Als er nach Giburg fragt, erkennt sie seine Stimme und fällt vor Freude in Ohnmacht. Nach einer Weile kommt sie zu sich, öffnet das Tor und fällt Willehalm um den Hals. Als sie den riesigen Rennewart bemerkt, fürchtet sie sich, doch Willehalm beruhigt sie. Willehalm und Giburg ziehen sich zurück. Rennewart bleibt bei Volatin und sieht Arofels Wappen, das dem Pferd am Bug eingebrannt ist: „Es hätte den Knappen sehr geschmerzt, wenn ihm klar gewesen wäre, wie das Pferd erbeutet wurde" (232,10 ff.: *den knappen hete gar bevilt, / und het er sich versunnen, / wie daz ors wart gewunnen*). Giburg informiert Willehalm, daß ihr Knappe den abziehenden Heiden bis zur Brücke Pitit Punt (zwischen Orange und Alischanz) gefolgt ist und festgestellt hat, daß sie rasch davonreiten. Willehalm schickt einen Boten zu den Fürsten des Reichsheers, der sie vom Abzug der Heiden unterrichten und sie bitten soll, vor Orange ihr Lager aufzuschlagen. Er äußert den Wunsch, den versammelten Fürsten am Abend ein Festbankett zu geben. Dann begibt er sich mit ihr ans Fenster. Eng umschlungen, sehen sie, wie nach und nach Willehalms Brüder und sein Vater mit ihren Truppen eintreffen. Zusammen mit dem König Schilbert von Tandarnas kommt auch Willehalms jüngster Bruder Heimrich, der noch keine eigene Herrschaft erworben hat und deshalb den Beinamen *der schêtis* (altfrz. *chetis* „arm") trägt. Sie nehmen mit ihren Leuten im Lager des alten Heimrich Quartier.

Willehalm bittet Giburg, die Vorbereitungen für das Bankett zu treffen, und reitet zu den lagernden Truppen. Er lädt zuerst seinen Vater und dessen Gäste, den König Schilbert und den Schetis, dann seine anderen Brüder und die Fürsten des Reichsheers ein. Giburg und ihre Frauen reinigen sich vom Rost der Rüstungen, die sie getragen haben, und machen Toilette. Der Palas wird prachtvoll geschmückt. Die Gäste – der alte Heimrich an der Spitze – reiten in Orange ein. Beim Empfang durch Giburg läßt Heimrich dem Schetis und Schilbert den Vortritt. Giburg begrüßt sie mit einem Kuß. Heimrich führt die anderen Gäste zu Giburg und stellt sie vor. Dann nimmt er neben ihr Platz und dankt ihr in bewegten Worten für ihre Treue. Unter Tränen klagt sie ihm ihre Not. Sie gibt sich die Schuld für alles Leid und äußert ihre Trauer über den Tod der Christen, allen voran den des jungen Vivianz, aber auch ihrer heidnischen Verwandten. Auch von den Gesprächen, die sie mit ihrem Vater, ihrem Sohn Ehmereiz und ihrem Vetter Halzebier geführt hatte, erzählt sie. Sie hatten ihr vergeblich angeboten, allen Schaden, den sie im Land angerichtet haben, zu ersetzen und die acht gefangenen Fürsten freizulassen, wenn sie nur dem Christentum abschwören und zurückkehren wolle. Sie berichtet auch, daß man nach der Schlacht wunderbarer Weise die Leichen aller Christenritter in Steinsärgen bestattet auf dem Schlachtfeld gefunden habe. Den Anwesenden kommen die Tränen, doch freut man sich über die Nachricht, daß die acht vermißten Fürsten noch am Leben sind. Heimrich und seine Söhne danken Giburg. Bernhart von Brubant versichert ihr, daß er sie selbst im Austausch gegen seinen Sohn, den Pfalzgrafen Berhtram, der unter den Gefangenen ist, nicht ausliefern würde. Willehalm bittet Heimrich, als Hausherr zu fungieren und die Gäste von seinen Leuten bedienen zu lassen. Heimrich weist den Gästen ihre Plätze an und fordert sie auf zuzugreifen. Er selbst nimmt wieder neben Giburg Platz. Auf seine Frage, wer von den Heiden ihr am meisten zugesetzt hätte, erklärt sie, alle hätten gegen sie gewütet, nur nicht ihr Sohn Ehmereiz und die Truppen der gefallenen Könige Tesereiz und Noupatris: Ehmereiz hätte es als verächtlich angesehen, die eigene Mutter zu attackieren; die Männer der beiden Könige wollten als Minneritter keine Frau bekriegen. Heimrich bittet sie, ihre Tränen zu verbergen, um die Harmonie des Fests nicht zu gefährden und niemanden zu erschrecken.

Buch VI (269,1–313,30): Beim Festmahl greift Willehalm, dessen Gelübde nun erfüllt ist, tüchtig zu. Rennewart erscheint mit seiner Stange und erregt Aufsehen. Der Erzähler kommentiert: „Hereingekommen war der Sohn des unbestreitbar mächtigsten Herrschers jener Zeit" (269,28 ff.: *in gienc des rîchesten mannes sun,/des houbet krône bî der zît/truoc (daz was gar âne strît)*) – der Sohn Terramers. Sein Gesicht ist verschwitzt und staubig, doch leuchtet darunter seine große Schönheit hervor (der Erzähler sieht sich an den jungen Parzival erinnert). Alizes Kuß hatte ihm den Bart sprießen lassen. Heimrich erkundigt sich bei Giburg nach dem starken Jungen, und sie sagt ihm, was sie von Willehalm über ihn weiß. Ihr ist aufgefallen, daß er ihren Verwandten wie aus dem Gesicht geschnitten ist, und hat eine dunkle Ahnung: „Mein Herz vermutet in ihm etwas, das mich wieder und wieder seufzen läßt" (272,21 f.: *mîn herze* *giht eteswes ûf in,/dar umbe ich dicke siufzic bin*). Rennewart begibt sich zu Willehalm. Der schickt ihn zu Heimrich, der ihn bittet, neben Giburg Platz zu nehmen. Nun sieht man, daß sie sich gleichen wie ein Siegelabdruck dem anderen (abgesehen von Rennewarts Bart). Rennewart stopft gewaltige Mengen von Essen in sich hinein. Eine Schar von Knappen macht sich an seiner Stange zu schaffen, die an einer Säule lehnt. Rennewart warnt sie. Er hat stark getrunken und ist nicht mehr Herr seiner selbst. Als die Knappen die Stange umwerfen, stürzt er sich voll Zorn auf sie und bedroht sie mit ihr. Entsetzt fliehen sie aus dem Saal. Giburg hebt die Tafel auf. Die Fürsten kehren in ihr Lager zurück. Willehalm reitet von Zelt zu Zelt und kümmert sich darum, daß alle Leute mit Essen und Trinken versorgt werden. Für den kommenden Tag bittet er die Würdenträger zum Kriegsrat nach Orange.

Dort umsorgt Giburg mit ihren Frauen liebevoll den alten Heimrich, der, müde und von Kummer geplagt, bald einschläft. Dann zieht sie sich mit Willehalm zurück. Sie schlafen miteinander. Unterdessen balgt sich Rennewart mit den Knappen, die es nicht lassen können, ihn zu necken. Schließlich legt er sich mit seiner Stange in der Küche zum Schlafen. (Der Erzähler rekapituliert hier Rennewarts Geschichte und berichtet, daß die Händler ihm befohlen hatten, niemandem zu sagen, daß er Terramers Sohn ist. Doch hatte er es Alize anvertraut, mit der er in einer Kinderliebe verbunden ist. Er haßt seinen Vater und seine Verwandten, weil er irrtümlich annimmt, daß sie nichts für seine Befreiung tun. Sie wissen aber nicht, wo er sich aufhält.) In der Küche bereitet man das Essen für den kommenden Tag vor. Der Küchenmeister nimmt ein glühendes Scheit aus einem Herdfeuer und versengt dem schlafenden Rennewart den Bart. Der fährt auf, fesselt den Küchenmeister und wirft ihn unter einen Kessel in die starke Glut. Die Köche fliehen aus der Küche. Rennewart klagt laut sein Leid.

Am nächsten Morgen erscheinen die Fürsten auf der Burg. Man besucht gemeinsam die Messe. Als Willehalm sich nach dem Essen erkundigt, erfährt er, was in der Nacht in der Küche geschehen ist. Er bittet Giburg, Rennewart zu besänftigen. Sie geht zu ihm in die Küche, redet begütigend auf ihn ein und führt ihn zu den Schneidern, die ihm bessere Kleider nähen sollen. Er lehnt das Angebot ab. Giburg beklagt seinen versengten Bart. Sie läßt kein Auge von ihm: „Sie hatte etwas an ihm erblickt, vor dem ihr Herz erschrocken war" (290,17 f.: *eteswaz si an im erblicte,/dâ von ir herze erschricte*). Als sie ihn fragt, wer er sei, sagt er ihr nur, daß er von hoher Abkunft ist, und bittet sie, nicht weiter in ihn zu dringen. Auf ihre Bitte setzt er sich neben sie, sie nimmt ihn unter ihren Mantel. Im Gespräch erfährt sie, daß er den Heidengöttern anhängt und daß er eine Schwester hatte, deren Schönheit den Glanz der Sonne überstrahlte – Giburg möchte ihr in ihrer Jugend wohl ähnlich gesehen haben. Auf ihre Frage versichert er ihr, daß er Willehalm beistehen und sich auch an den Heiden rächen wolle. Sie bietet ihm die Rüstung des Heidenkönigs Sinagun an, der einst Willehalm gefangengehalten hatte. Sie hatte sie bei ihrer Flucht mit Willehalm mitgenommen. Rennewart läßt sich die Rüstung anlegen und nimmt widerstrebend auch Sinaguns Schwert. Giburg läßt ihn bei ihren Frauen zurück und begibt sich zur Messe.

Nach der Messe kommen die Fürsten zum Kriegsrat zusammen. Auch Giburg ist zugegen. Willehalm ergreift das Wort. Er berichtet von Greueltaten der Heiden und von seinen Verlusten, bittet die Anwesenden um ihre Hilfe und erinnert die Franzosen – die Führer des Reichsheers – an ihre Pflicht. Dann reden Willehalms Vater Heimrich und sein Bruder Bernhart von Brubant. Sie bekräftigen ihre Bereitschaft, für Willehalm zu kämpfen, und fordern die Franzosen auf, das auch zu tun. Die sind nicht bereit: Es genüge, daß Orange befreit sei; auch seien die Heiden abgezogen. Willehalms Brüder Berhtram von Berbester und Buove von Komarzi appellieren an ihre Ehre und an ihre Pflicht als Verteidiger des Glaubens. Da besinnen sie sich eines Besseren, erklären ihre Bereitschaft zu kämpfen und nehmen das Kreuz. Bevor der Rat auseinandergeht, erhebt sich Giburg und bittet um Gehör. Sie bekennt sich zu ihrer Schuld an dem Krieg, fordert die Fürsten auf, Rache für Vivianz an ihren Verwandten zu nehmen, die Heiden aber, wenn sie unterliegen sollten, ehrenhaft zu behandeln: „Hört auf die Lehre einer ungelehrten Frau: schont die Geschöpfe aus Gottes Hand!" (306,27 f.: *hoeret eines tumben wîbes rât,/schônet der gotes hantgetât!*). Unter Berufung auf die Bibel weist sie darauf hin, daß nicht alle Heiden verdammt sind, und erklärt auch die Heiden zu Kindern Gottes (→ S. 670 f.), denen er in seiner Allmacht sein Erbarmen schenken könne. Am Ende ihrer Rede spricht sie Tibalt von jeder Schuld frei, bekräftigt ihre Liebe zum Christengott und zu Willehalm und beklagt die Verwandten, die für seine Sache gefallen sind. Dann bricht sie in Tränen aus. Willehalms Bruder Gibert springt auf und nimmt sie in den Arm. Der Kriegsrat ist beendet.

Man versammelt sich zum Essen im Saal. Rennewart unterhält die Gäste mit seiner Stange. Die Ritter versuchen, sie vom Boden aufzuheben. Es gelingt nur Willehalm. Heimrich fordert die Anwesenden auf, in der gleichen Ordnung wie am Vortag Platz zu nehmen. Rennewart sitzt wieder neben Giburg. Als das Mahl beendet ist, formieren sich die Truppen und brechen auf.

Buch VII (314,1–361,30): Rennewart läuft neben dem Heer her und bestaunt die Ritter. Als er auf Willehalm stößt, fragt ihn dieser nach der Stange. Zu seiner Beschämung hat er sie vor Aufregung vergessen. Willehalm läßt sie holen. Das Heer schlägt ein Nachtlager auf. Beim Abmarsch am nächsten Morgen werden die provisorisch errichteten Hütten angezündet. Rennewart vergißt wiederum seine Stange. Er läuft zurück und findet sie unversehrt in der Glut. Das Feuer hat sie geschwärzt und härter gemacht.

Von einem Berg aus überblickt Willehalm die Ebene von Alischanz, die von den Fluten des Heidenheers bedeckt ist. In einer Rede an seine Truppen ermutigt er die Ritter, stellt es aber jedem anheim umzukehren. Die französischen Fürsten, die das Reichsheer befehlen, entschließen sich zum Rückzug. Willehalm teilt die verbliebenen Truppen in fünf Abteilungen ein, bestimmt die Führer und weist ihnen Schlachtrufe zu. Er läßt das Reichsbanner einziehen und seine eigene Fahne hissen, die einen goldenen Stern auf blauem Grund zeigt. Die Abziehenden haben inzwischen die Klamm von Pitit Punt erreicht. Dort tritt ihnen Rennewart mit seiner Stange entgegen und erschlägt sie reihenweise. Vergeblich versuchen sie, ihn zu überreden, mit ihnen zu ziehen. Da sie in der Klamm nicht fliehen können, geloben sie schließlich, doch zu kämpfen. Rennewart führt sie zum Heer zurück. Willehalm lobt sie für ihren Entschluß und läßt das Reichsbanner wieder entrollen. Sie sollen eine Abteilung unter der Führung Rennewarts mit dem Schlachtruf „Rennewart" bilden.

Ein Ritter aus der Truppe, die mit den Mitteln der Königin aufgestellt worden war, reitet voraus und stößt auf einen berittenen Späher der Heiden. Sie attackieren sich. Die Lanze des Franzosen fährt dem Heiden durch den Schild in den Arm, die des Heiden bleibt im Schild des Franzosen stecken. Beide reiten zu ihren Heeren zurück. Nun wissen die Heiden, daß eine neue Schlacht bevorsteht. Der Späher – es ist der Burggraf von Kler, der Residenzstadt Tibalts – informiert Terramer und hält ihm Untätigkeit vor. Vor drei Tagen schon war er vom Pferd geworfen worden, als die Franzosen – es war die nach Orange reitende Truppe Schilberts und des Schetis – die Heiden angegriffen und ihnen empfindliche Verluste beigebracht hatten. Als er hört, daß im Christenheer die Reichsfahne geführt wird, meint Terramer, König Ludwig rücke an. Als Nachkomme des Pompeius (des Rivalen Caesars) erhebt er selbst Anspruch auf das römische Reich. Er will Orange und Paris vernichten, den Thron in Aachen besteigen und dann Rom einnehmen: „So wollte er die römische Krone herrlich vor den Augen seiner Götter und der Heidenvölker tragen" (340,9 ff.: *sus wold er roemische krône/vor sînen goten schône/und vor al der heidenschefte tragen*; → S. 665 f.). Er beordert seine Fürsten zu sich und fordert sie auf, in den Kampf zu ziehen. Zehn Abteilungen sollen gebildet werden. Er stellt zunächst neun zusammen und benennt die Führer.

Unterdessen ist das Christenheer angerückt. Es kommt zu ersten Kämpfen. Terramer läßt Standbilder der Götter auf Ochsenkarren zum Schlachtfeld bringen. Jetzt erst formiert er die zehnte Abteilung, die er selber führt. Könige legen ihm Stück für Stück seine kostbare Rüstung an, während er laut über Giburgs Abfall und die Verluste in der ersten Schlacht klagt. Sorge bereiten ihm die Steinsärge, die über das Feld verstreut sind: Sie hindern seine Truppen, ihre Stoßkraft zu entfalten. (Beiläufig erfahren wir, daß die Körper in den Särgen von ihren Wunden und Verstümmelungen geheilt sind.) Unter dem Rasseln von tausend Tamburinen und dem Schmettern von achthundert Trompeten, reitet er auf seinem Pferd Brahane in die Schlacht. Die Karren mit den Götterstatuen werden mitgeführt.

Buch VIII (362,1–402,30): Die Schlacht kommt in Gang. Auf beiden Seiten wird tapfer und unerbittlich gekämpft. Rennewart erschlägt mit seiner Stange Reiter und Pferde, wo er sie treffen kann. Der Erzähler schildert die Attacken der verschiedenen Abteilungen beider Seiten und hebt die Taten ihrer Führer hervor. Es fällt ihm schwer, das Schlachtgeschehen in Worte zu fassen: „Da war Schlagen, Stechen, stoßendes Bedrängen. Sie kamen heftiger zusammen, als ich sagen könnte. Ich bin keinem böse, der es Euch besser schilderte. Seht, wie die Flut des Meeres auf und nieder wogt: So ging die Schlacht hin und her, hier auf dem Feld, dort auf den Hügeln" (391,30 ff.: *dâ was slahen unde stechen/und hurteclîchez dringen./si kunden sich baz bringen/z'ein ander, denne ich ez künne sagen./deheinen haz wil ich dem tragen,/swer'z iu baz nû künde./seht, wie des meres ünde/kan walgen ûf und ze tal:/sus vuor der strît über al,/hie ûf slihte, dort ûf lê*). Die Reihen der Christen lichten sich, auf der Seite der Heiden rücken immer neue Verbände nach. Die Abteilungen des Christenheers, die bis dahin getrennt voneinander gekämpft haben, werden zusammengedrängt. Terramer stößt ins Zentrum der Schlacht vor. Wie eine Flut überschwemmen seine Truppen das Schlachtfeld. Da scheint der Erzähler endgültig zu resignieren: „Wer es versteht, sie aufeinander loszulassen, wie es dem Rittertum gebührt, dem gebe ich die Erlaubnis, die Geschichte weiterzuerzählen, im Gedränge und an den Rändern oder wo auch immer die Hochgemuten ritten, wie von denen da um Lohn und Gunst der Frauen gekämpft wurde und wie ein Sturmangriff den andern nach neuer Sammlung in Bewegung setzt. Wäre einer hier, der die Erzählung weiterführen wollte, dem wäre ich sehr gewogen" (402,18 ff.: *swer si kan an gelâ-zen, / als ez der rîterschefte gezeme, / mit mînem urloube der neme / daz maere an sich mit worten, / ime gedrenge und an den orten / oder swâ die muotes rîchen riten, / wie wurde aldâ von den gestriten / nâch wîbe lôn und umb ir gruoz / und wie ein puneiz den anderen muoz / nâch koverunge werben. / swer nû lieze niht verderben / dirre âventiure maere, / deste holder ich dem waere*).

Buch IX (403,1–467,8/23): Mit einem Gebet an die heilige Giburg ergreift der Erzähler wieder das Wort: „Giburg, heilige Herrin, Deine Seligkeit gewähre mir dereinst den Anblick, Dich zu sehen, wo meine Seele Ruhe findet. Zum Ruhm Deiner Heiligkeit will ich Dich weiter preisen und die, die für Dich kämpften ..." (403,1 ff.: *Ei Gîburc, heilic vrouwe, / dîn saelde mir die schouwe / noch vüege, daz ich dich gesehe, / aldâ mîn sêle ruowe jehe. / durh dînen prîs, den süezen, / wil ich noch vürbaz grüezen / dich selben und die dich werten* ...).

Unter dem Ansturm von Terramers Truppen werden die Abteilungen der Christen wieder auseinandergetrieben. Sie wehren sich erbittert gegen die Übermacht. Der Heidenkönig Halzebier, der am Morgen die Schlacht eröffnet hatte, zieht sich mit seinen ermüdeten Truppen zu den Schiffen zurück. Rennewart und Ritter aus Willehalms Abteilung verfolgen sie. Der Pfalzgraf Berhtram und die anderen sieben Gefangenen aus der ersten Schlacht, die in einem der Schiffe in Gewahrsam sind, hören den Schlachtruf „Munschoie" und erwidern ihn. Rennewart befreit sie. Um sie mit Rüstungen und Pferden zu versorgen, erschlägt er heidnische Ritter. Als sie gerüstet und beritten sind, greifen sie in den Kampf ein. Der geht unter großen Verlusten weiter. Dank Rennewart, der reihenweise Gegner tötet, gewinnen die Christen nach und nach die Oberhand. Als Bernhart von Brubant Terramers Fahnenträger tötet, ist die Niederlage der Heiden besiegelt: Terramers Fahne fällt, die Reichsfahne und die anderen Fahnen der Christen flattern hoch auf über dem Schlachtfeld. Die Heiden fliehen teils zu den Schiffen, teils ins Gebirge. Terramer selbst ist gezwungen, zu den Schiffen zu reiten, wendet aber am Ufer, um mit seinen Truppen die heranstürmenden Christen abzuwehren. Rennewart kommt heran und sieht ihn kämpfen wie einen jungen Mann. Willehalm erkennt Terramer an seinem Wappen, unter dem einst Baligan im Kampf gegen Kaiser Karl gefallen war, attackiert ihn und versetzt ihm mit dem Schwert Schoiuse eine schwere Wunde. Rennewart erschlägt seinen Halbbruder Kanliun und weitere Heidenfürsten, die Terramer beschützen. Der kann schließlich schwerverletzt auf sein Schiff gerettet werden: „So schied von römischem Boden, der zuvor immer wieder Rom beansprucht hatte, bevor es zu dieser Niederlage gekommen war" (443,28 ff.: *sus schiet von roemischer erde,/der dâ vor dicke ûf Rôme sprach,/ê daz diu schumpfentiure geschach*). Hier und da kommt es noch zu einzelnen Kämpfen, dann ist die Schlacht vorüber.

Die Sieger suchen das Schlachtfeld nach gefallenen Verwandten und Freunden ab und machen Beute. Die Essens- und Weinvorräte der Heiden werden geplündert. Viele betrinken sich sinnlos. Am nächsten Morgen werden die gefallenen Christen zusammengetragen. Die einfachen Ritter begräbt man an Ort und Stelle. Die Vornehmen, die nach Hause überführt werden sollen, werden einbalsamiert. Langsam ziehen die Truppen ab. Willehalm ist verzweifelt, weil Rennewart vermißt wird. Sein Bruder Bernart von Brubant verweist ihm sein übermäßiges Klagen und schlägt vor, abseits vom Schlachtfeld ein Lager aufzuschlagen und nach Rennewart suchen zu lassen. Sollte er gefangen sein, habe man selber genügend Heidenfürsten gefangen, um ihn auslösen zu können. Er fordert Willehalm auf, sich die Gefangenen von den Fürsten ausliefern zu lassen und ansonsten keinen Anteil an der Beute zu verlangen. So geschieht es. Willehalm läßt die Gefangenen zu Heimrich bringen, der sie für seinen Sohn in Gewahrsam nimmt. Man legt sie in Ketten, nur der Vornehmste, der König Matribleiz von Skandinavien (!), darf sich auf sein Ehrenwort hin frei bewegen.

Willehalm erklärt Matribleiz, daß er ihm die Ehre erweise, weil er ein Verwandter Giburgs sei, und rühmt ihn als vorbildlichen Fürsten. Er beauftragt ihn, mit Hilfe von Gefangenen die Leichen der Heidenkönige vom Schlachtfeld zu holen und einbalsamieren zu lassen, und erzählt ihm von einer Entdeckung, die er gemacht hat: In Terramers Lager sei er auf ein großes Zelt gestoßen, in dem man dreiundzwanzig tote Heidenkönige aufgebahrt habe. Ein Priester sei bei ihnen. An jeder Bahre befinde sich ein Epitaph: „Genau verzeichnet liest man dort ihre Namen und ihre Reiche, woher jeder stammte und wie er umgekommen ist" (464,27 ff.: *man liset dâ kuntlîche/ir namen und ir rîche,/wannen ieslîcher was erborn/und wie er hât den lîp verlorn*). Er habe seine Fahne vor dem Zelt aufpflanzen lassen und Befehl gegeben, es vor Plünderern zu schützen. Er sage ihm das, weil er dort Balsam finden könne. Er solle die Leichen aller Heidenkönige in ihre Heimat bringen. Willehalm sagt ihm für den Transport alle Hilfe zu und entbindet ihn von seinem Ehrenwort. Terramer läßt er ausrichten, er schicke ihm die toten Könige nicht aus Furcht, sondern um das Geschlecht zu ehren, aus dem Giburg stamme; er sei bereit, in Frieden mit ihm zu leben, wenn er nicht verlange, daß er dem Christentum abschwöre und Giburg zurückgebe. Dann befiehlt er Matribleiz dem Schutz Gottes und stellt ihm ein Geleit. „So räumte er das Land der Provenzalen" (467,8: *sus rûmt er Provenzâlen lant*).

Mit dem zuletzt zitierten Vers 467,8 endet der Text in den meisten Hss. Nur die Hss. G und V führen ihn noch 15 Verse weiter bis Vers 467,23: Man weist Matribleiz den Weg; Willehalm klagt erneut; sein Bruder Gibert tröstet ihn. Mitten in einem Satz von Giberts Rede bricht der Text ab. – Die Frage, wie der Schluß zu beurteilen ist, wurde in der Forschung kontrovers beurteilt (→ S. 594f. und 697.). Meistens geht man davon aus, daß Wolfram den Text bis Vers 467,8 geführt hat. Mit diesem Vers ist ein gewisser Abschluß erreicht, doch ist es ganz unwahrscheinlich, daß die Dichtung damit im Sinne Wolframs vollendet ist (so vor allem Bodo Mergell, Wolfram von Eschenbach und seine französischen Quellen, Tl. 1: Wolframs Willehalm [Forschungen zur deutschen Sprache und Dichtung 6], Münster 1936, S. 176ff.). Dagegen spricht vor allem, daß das Schicksal Rennewarts offen bleibt. In der Quelle taucht Rainoart/Rennewart wieder auf, wird getauft und heiratet Aélis/Alize (→ S. 18 und 561). Auch im Wh. gibt es Hinweise auf eine geplante Weiterführung der Rennewart-Handlung: Der Erzähler kündigt an, daß Giburg später über die Identität Rennewarts aufgeklärt wird (291,2f.) und daß dieser das Pferd des gefallenen Heidenkönigs Poidwiz bekommt (420,22). Auch die Tatsache, daß der Text nicht mit einem vollen Dreißiger-Abschnitt endet (→ S. 603f.), ist ein Argument gegen die Annahme, daß das Werk als vollendet zu gelten hat. Sie spricht auch gegen die These, daß wir es mit einem Verlegenheits-Schluß zu tun haben, einem „Notdach", das Wolfram seiner Dichtung aufgesetzt hätte, weil er keinen befriedigenden Abschluß finden konnte (vgl. Joachim Bumke, Wolframs Willehalm. Studien zur Epenstruktur und zum Heiligkeitsbegriff der ausgehenden Blütezeit [Germanische Bibliothek. 3. Reihe], Heidelberg 1959, S. 34ff.). Am wahrscheinlichsten ist, daß der Wh. ein Fragment geblieben ist. So hat man es auch im Mittelalter gesehen: Der Fortsetzer Ulrich von Türheim und andere geben an, daß der Tod Wolfram am Abschluß gehindert hat (→ S. 594f.). Ulrich kannte den Wolfram-Text nur bis zum Vers 467,8. Es ist möglich, aber nicht zu beweisen, daß auch die 15 zusätzlichen Verse in den Hss. G und V noch von Wolfram stammen und der Vers 467,23 der letzte Wh.-Vers ist, den er gedichtet hat.

II. Der Stoff: Vorgaben und Fortschreibungen

von THORDIS HENNINGS

1. Die Erzähltradition von Guillaume d'Orange – 2. Wolframs ‚Willehalm' und die ‚Bataille d'Aliscans' – 3. Die Fortsetzungen – 3.1 Ulrich von Türheim: ‚Rennewart' – 3.2. Ulrich von dem Türlin: ‚Arabel' – 4. Wolframs ‚Willehalm' und die deutsche Karls-Tradition

1. Die Erzähltradition von Guillaume d'Orange

Alle einigermaßen wichtigen Fakten, welche von der Forschung zur Wilhelmssage eruiert worden sind, hat Joachim Bumke in der gebotenen Knappheit zusammengefaßt (Bumke, [8]2004, S. 375–381). Daran und an dem Handbuchartikel von Tyssens/Wathelet-Willem (2001) orientieren sich auch die folgenden Ausführungen. Dort findet sich auch zusätzliche Forschungsliteratur.

Wilhelm, Graf von Toulouse, lebte 752–812 (?), also zur Zeit Karls des Großen und Ludwigs des Frommen, der Südfrankreich gegen die einfallenden Sarazenen verteidigen mußte. Nach der ‚Chronik von Moissac' zeichnete sich Wilhelm insbesondere in der verlorenen Schlacht am Fluß Orbieu (?) bei Narbonne 793 und dann – nach Ermoldus Nigellus (‚Carmen in honorem Hludowici' um 824/826) – bei der fränkischen Eroberung Barcelonas 803 aus. 804 wurde er Mönch in Aniane (bei Montpellier) und dann 806, wohl nach dem Tod seiner Frau Witburg (Guiborc), in dem von ihm selbst gegründeten Einsiedlerkloster Gellone (das im 12. Jh. nach ihm in Saint-Guilhem-le-Désert umbenannt wurde). Dort ist er schon 925/926 als *sanctus Wilhelmus* bezeugt. Bald wurden hier auch einschlägige Wunderberichte gesammelt, welche dann alle in die ausführliche, aber äußerst faktenarme ‚Vita sancti Wilhelmi' Aufnahme fanden. Den Text dieser Vita kannte bereits der normannische Mönch Ordericus Vitalis (gest. 1142). Der Kult des Heiligen hatte sich nach der Translatio seiner Gebeine in Gellone 1139 rasch in halb Europa verbreitet.

Ordericus berichtet aber auch, fahrende Sänger (*ioculatores*) hätten allenthalben über ihn gesungen (‚Historia eccleciastica' VI, 3). Nur aus solchen Gesängen kann auch der Bericht in der Vita stammen, Wilhelm habe mit einem fränkischen Heer die Stadt Orange von den Sarazenen zurückgewonnen (,Vita sancti Wilhelmi', Kap. 6, S. 71). Denn die Verbindung mit Orange ist der älteren Geschichtsschreibung fremd. Hier ist vielmehr schon der Epenheld präsent, der ohne Zweifel ein Produkt der mündlichen Tradition ist (auch wenn viele Romanisten in der Nachfolge Bédiers noch immer nichts davon wissen wollen). Diese Tradition fassen wir auch in der ,Nota Emilianense' von ca. 1065/75, einem lateinischen Bericht in einer Madrider Handschrift über die Vernichtung der fränkischen Nachhut durch die Sarazenen bei Roncesvalles/Roncevaux 778 (hier fälschlich 816). Denn hier wird unter den Paladinen Karls des Großen auch ein *ghigelmo alcorbitanas* genannt, also der *Guillaume al corb nes* „mit der krummen Nase" (später *al cort nes* „mit der kurzen Nase") der Chansons de geste.

Gewiß sind in diesen Chansons mehrere historische Gestalten gleichen oder ähnlichen Namens – vergleichbar den Helden der germanischen Heldensage – mit Wilhelm von Toulouse verschmolzen, so unter anderen der in Orange residierende Wilhelm I., Graf der Provence (961–992) (Tyssens/Wathelet-Willem, 2001, S. 18). Guillaume d'Orange wird zum beliebtesten Epenheld der französischen Chansons de geste überhaupt. Aber der einzelne Krieger erscheint von Anfang an stets in ein Kollektiv eingebettet. Das heldenepische lateinische Hexametergedicht aus dem 10. Jahrhundert (?), welches im ,Haager Fragment' (950/1050) in Prosa aufgelöst erscheint, nennt namentlich nur Brüder Guillaumes, ihn selbst aber nicht (Tyssens/Wathelet-Willem, 2001, S. 20).

Den erhaltenen Chansons de geste geht zeitlich vielleicht ein Kurzepos von ca. 3500 Versen voran, die (anglo-normannische?) ,Chanson de Guillaume', falls sie denn schon aus dem frühen 12. Jh. stammt. Ausgeschlossen erscheint es jedoch nicht, daß es sich nur um einen Seitentrieb der Sage aus dem mittleren oder späteren 12. Jh. handelt. Die einzige (nicht-zyklische) Hs. läßt sich auf ca. 1225 datieren. Die Chanson erzählt von drei Schlachten in Spanien und dem ruhmvollen Tod des Helden Vivien (eventuell der historische Vivianus von Tours, gest. 851), dann noch von Guillaume und Rainouart. Der erste Teil (G1 = 1–1980) entspricht inhaltlich in etwa der ,Chevalerie Vivien', der zweite, ab dem Eingreifen Guillaumes (G2 = 1981–3554), der ,Bataille d'Aliscans'. Diese beiden Epen sind jedoch fast ausschließlich in zyklischen Handschriften des 13./14. Jh.s erhalten. Manche davon bieten nur den ,kleinen Zyklus' (vgl. die Anthologie von Boutet, 1996) mit den Epen ,Enfances Guillaume' – ,Couronnement de Louis' – ,Charroi de Nîmes' – ,Prise d'Orange' – ,Enfances Vivien' – ,Chevalerie Vivien' – ,Aliscans' – ,Bataille Loquifer' – ,Moniage Rainouart' und ,Moniage Guillaume'. Im ,großen Zyklus' erweitert sich der Kreis auf 24 oder gar 28 Epen. Das älteste Epos aus dem Zyklus ist ohne Zweifel ‚La Prise d'Orange'. Die erhaltene Fassung vom späten 12. Jh. geht vermutlich auf eine mündlich tradierte aus der ersten Hälfte des 12. Jh.s (1122?) zurück, aus der wohl auch die ‚Vita sancti Wilhelmi' geschöpft hat (s.o.). Der Verfasser oder Sänger der ‚Prise d'Orange' beteuert die Faktizität des erzählten Geschehens mit Verweis auf die in Brioude aufbewahrten Waffen Guillaumes, welche jeder Pilger dort sehen könne (7–10). Einer der wichtigsten Pilgerwege führte damals von Paris über Clermont-Ferrant, Brioude, Le Puy, Nîmes, Saint-Gilles, Gellone nach Santiago de Compostela in Spanien. Daraus zu schließen, daß der Klerus, um diese Stationen zu propagieren, die Jongleurs erst dazu motiviert hätte, die entsprechenden Sagen dazu zu erfinden, wie einst Bédier meinte, geht nicht an. Vielmehr hat hier gewiß die Kirche erst sekundär Kapital aus den umlaufenden Geschichten zu schlagen versucht. Aber eine legendarische Tendenz ist den Epen wohl von vornherein inhärent.

In der ‚Prise d'Orange' will Guillaume mit seinen Gefährten den Heiden mit List ihre Stadt Orange entreißen und die schöne Heidenkönigin Orable, Tiebauts Gattin, rauben. Er gewinnt ihre Gunst und kann sich zunächst mit ihrer Hilfe verteidigen, gerät dann aber doch in einen Hinterhalt. Dank der Fürsprache Orables werden er und seine Gefährten nicht getötet, sondern im Kerker eingesperrt. Nachdem Guillaume Orable die Ehe versprochen hat, schleust sie seinen Gefährten Guillebert durch einen unterirdischen Gang aus der Stadt heraus, damit dieser in Nîmes Hilfe holen kann. Durch den unterirdischen Gang dringen dann schließlich die christlichen Hilfstruppen in Orange ein und erobern die Stadt. Orable konvertiert zum christlichen Glauben, wird auf den Namen Guiborc getauft und heiratet Guillaume, der Orange zu seiner Residenz wählt. Das wird zum Ausgangspunkt für den Zyklus, vorerst den ‚kleinen'. Vermutlich zuletzt vorangestellt wurden die ‚Enfances Guillaume' mit Guillaumes erfolgreicher Werbung aus der Ferne um Orable und dem Entsatz des belagerten Narbonne. Schon vor der Mitte des 12. Jh.s erzählt man auch schon von der Krönung Ludwigs mit Hilfe Wilhelms, der Verteidigung des Reichs, dem Kampf gegen den Riesen Corsolt und Ludwigs Kaiserkrönung (s. ‚Le Couronnement de Louis'), dann von der mangelhaften Dankbarkeit Ludwigs und Wilhelms Eroberung des heidnischen Nîmes mittels einer ‚trojanischen' List (‚Charroi de Nîmes'). Damit ist die Vorgeschichte der ‚Prise d'Orange' geschaffen. Anschließend daran schildern die ‚Enfances Vivien' das Schicksal Viviens als Geisel und Sklaven bei den Heiden, die ‚Chevalerie Vivien' seine Ritterweihe, Schwur und erste Heidenkämpfe, die Herausforderung der Rache Desramés, Invasion und Beginn der Schlacht von Aliscans. Die ‚Bataille d'Aliscans' schildert dann den Tod Viviens, die Niederlage Wilhelms auf Aliscans und die mit Hilfe Rainouarts ausgeführte Rache (s. u.), die ‚Bataille Loquifer' die Entführung von Rainouarts Sohn und den siegreichen Kampf Rainouarts gegen den Riesen Loquifer von Loquiferne, die ‚Moniage Rainouart'* Rainouarts Profeß in Brioude, seine Kämpfe und seinen Tod und die ‚Moniage Guillaume' schließlich den Eintritt Guillaumes in das Kloster von Aniane, den Streit mit den Mönchen, den Rückzug nach Gellone, neuerliche Heidenkämpfe und den Tod des Markgrafen. Die einzelnen Epen dürften sozusagen in konzentrischen Kreisen um die ‚Prise d'Orange' herum entstanden sein, zuerst ‚Le Couronnement de Louis', dann ‚Le Charroi de Nîmes' und die ‚Bataille d'Aliscans'. Unklar bleibt das Verhältnis zu der konkurrierenden Sagenfassung von G1, wo Guiborc als Guillaumes Gattin in Barcelona residiert, Vivien früh im Kampf das Leben verliert, sein fünfzehnjähriger Bruder Gui an seine Stelle tritt und den Sieg bringt. Schon G2 paßt zu dieser Sagenfassung nicht, sondern stimmt im wesentlichen mit ‚Aliscans' überein.

Die verschiedenen handschriftlichen Aufzeichnungen der ältesten und kürzesten Epen des kleinen Zyklus tragen untrügliche – wenngleich dennoch von Tyssens, Boutet u. a. viel zu wenig beachtete – Merkmale mündlicher Überlieferung, die eine Rückführung auf einen Archetypus jeweils unmöglich machen. Für das zentrale und wichtigste Epos, das von der Schlacht auf Aliscans, scheint die Schriftlichkeit von Anfang an eine etwas größere Bedeutung gehabt zu haben, doch ist die *mouvance* des Textes trotzdem beträchtlich. Insbesondere gegen Ende nimmt die Zahl der erhaltenen Varianten von ganz unterschiedlicher Länge enorm zu. Daß es daneben auch etliche verlorene Varianten gab, bezeugen unter anderen die deutschen Bearbeitungen Wh., ‚Rennewart' und ‚Der Strit van Alescans' (Hennings, 2008).

---

* Für das frz. Maskulinum *le moniage* (< galloromanisch *monicagium* zu griech./lat. *monachus*) wird hier stets der feminine Artikel, also: ‚die' Moniage, verwendet (entsprechend der sonstigen deutschen Verwendung der frz. Lehnwörter auf -*age* (*Hommage, Libertinage* etc.).

2. Wolframs ‚Willehalm' und die ‚Bataille d'Aliscans'

Da der Inhalt des Wh. ja bereits ausführlich referiert wurde (→ S. 525 ff.), werden hier vor allem die wesentlichen Unterschiede zur französischen Vorlage markiert.

‚Aliscans' setzt die Kenntnis der im Guillaume-Zyklus unmittelbar vorhergehenden ‚Chevalerie Vivien' voraus. Dort wird berichtet, wie Vivien, der Neffe Guillaumes, anläßlich seines Ritterschlags den Eid schwört, niemals vor den Heiden zu fliehen. Wenig später kämpft er sieben Jahre lang unermüdlich gegen die Heiden. Nachdem er dem Heidenkönig Desramé ein Schiff mit 500 grausam verstümmelten Heiden nach Cordes geschickt hat, zieht dieser außer sich vor Zorn mit einem riesigen Heer nach Frankreich und greift die Franzosen auf der Ebene von Archamp an. Vivien weigert sich zunächst trotz der eindeutigen heidnischen Übermacht, die Hilfe Guillaumes anzufordern. Vollkommen chancenlos kämpfen die Franzosen weiter heldenhaft gegen die heidnische Übermacht. Erst nachdem er selbst schwer verwundet wurde und sein Heer immense Verluste erlitten hat, besinnt sich Vivien und entsendet Girart de Commarchis mit einem Hilfegesuch zu Guillaume nach Orange. Mit Guiborcs Unterstützung bietet Guillaume ein Heer von 20 000 Mann auf, darunter auch der erst 15 Jahre alte Guischardet, der Bruder Viviens, und begibt sich nach Archamp.

‚Aliscans' gibt sich als Fortsetzung der ‚Chevalerie Vivien' zu erkennen, denn die Schlachtschilderung geht sofort in medias res und greift auch das Motiv des zuvor von Vivien geleisteten Eides auf.

Wolfram weiß von alledem nichts. Entgegen allen ‚Aliscans'-Hss. setzt der Wh. mit einem Prolog (Wh. 1,1–5,14) ein, gefolgt von einem kurzen (stark abweichenden) Abriß über die Vorgeschichte der ersten Alischanzschlacht (Wh. 5,15–8,14). Die wohl wichtigste Abweichung ist die Motivation für den Einfall der Heiden. Der Krieg Terramers ist nicht in erster Linie gegen den tollkühnen Herausforderer Vivien (bei Wolfram ein noch ganz junger und unerfahrener Ritter) gerichtet, sondern gegen Willehalm, der Terramers Tochter Arabel einst dem Schwiegersohn Tibalt geraubt und zum christlichen Glauben bekehrt hat, und gegen den Kaiser Lois, der ihm das Römische Reich vorenthält. Die in der Vorgeschichte angedeutete frühere Gefangenschaft Willehalms bei Sinagun in Arabi, wo Willehalm in Liebe zu Arabel entbrennt und schließlich mit ihrer Hilfe fliehen kann, sowie die Eroberung von Orange sind eigentlich Gegenstand der ‚Prise d'Orange'. Die starken Abweichungen gegenüber dieser Chanson lassen die Vermutung zu, daß Wolfram sie (ebenso wie auch andere Chansons de geste) nicht in schriftlicher Form kannte, sondern wahrscheinlich auf dem Wege oraler Transmission nur eine grobe Kenntnisse anderer Chansons de geste bzw. Chansons-de-geste-Motive gewonnen hat. Ähnlich liegt der Fall bei der Herkunft des in der Vorgeschichte des Wh. erwähnten Enterbungsmotivs: Heimrich von Narbonne enterbt seine Söhne um eines vaterlosen Patenkindes willen und fordert seine Söhne auf, sich ihre Lehen im Dienste Kaiser Karls selbst zu erkämpfen (s. u.).

Die anschließende Schlachtschilderung (Wh. 8,15–57,28) umfaßt zwar beträchtlich mehr Verse (ca. 1300 bei Wolfram vs. 560 in M), stimmt im großen und ganzen mit der in ‚Aliscans' vorgegebenen Handlungsabfolge überein. Wolfram verstärkt allerdings die realistischen Züge. In der Vivianzhandlung, die beträchtlich kürzer ist als in ‚Aliscans', betont er hingegen die legendarischen Züge des Kreuzzugsmärtyrers Vivianz stärker (in ‚Aliscans' ist die Todesszene Viviens noch nicht dergestalt topisch-rhetorisch aufgeladen). Obschon Vivianz bei Wolfram keinen Augenblick an Flucht gedacht hat und zudem der Eid (s. ‚Chevalerie Vivien') nicht vorkommt, äußert der Sterbende gegenüber seinem Onkel überraschenderweise (und völlig unbegründet) doch die Angst, feige gewesen zu sein (Wh. 67,2).

In beiden Werken überleben von den Christen, abgesehen vom Markgrafen, nur einige in heidnische Gefangenschaft geratene Grafen (deren Anzahl und Namen differieren je nach französischer Hs.). Willehalms Rückzugsgefecht stimmt umfangsmäßig und inhaltlich weitgehend mit ‚Aliscans' überein. Einige zeitliche und räumliche Verschiebungen sind jedoch – neben einigen Abweichungen auf der Detailebene – zu verzeichnen: 1. Willehalm verschont Ehmereiz, Giburgs Sohn aus erster Ehe, ganz bewußt (ein Vorklang der Matribleizszene?). In ‚Aliscans' kommt Esmerec (Esmeré) nur deswegen mit dem Leben davon, weil er rechtzeitig den Rückzug angetreten hat. 2. Ohne Parallele in ‚Aliscans' ist die Sterbeszene des heidnischen Minneritters Tesereiz. Wolfram schildert dessen Tod in deutlicher Analogie zum christlichen Märtyrertod des Vivianz. In ‚Aliscans' umfaßt der Tod dieses Königs (Desréé) nur einen Vers (M 1640). 3. Neu ist auch die Charakterisierung des Heidenkönigs Arofel sowie die Stilisierung seiner Tötung durch Willehalm zur Verwandtenrache (Blutrache für Vivianz). Beinverletzung und Enthauptung sind jedoch identisch.

Neu ist auch die anschließende Schilderung des ehelichen Beilagers, das Willehalm und Giburg zumindest für kurze Zeit ihr Leid vergessen läßt (Wh. 99,1–101,26). Da diese Liebesszene (ebenso wie die spätere in

Wh. 279,1 ff.) der Auffassung von Liebe und Ehe in der Chanson de geste widerspricht, handelt es sich mit ziemlicher Sicherheit um eine Neuerung Wolframs. Von Minne ist in ‚Aliscans' nur an anderer Stelle (in bezug auf Rainouart) die Rede, und auch dort in weitestgehend topischer Ausgestaltung. Auch die nachfolgend erwähnte Kriegslist Giburgs sowie ihr Gespräch mit Terramer (sog. Religionsgespräch) sind ohne Parallele in ‚Aliscans'. Generell wirken dort Äußerungen religiöser Empfindungen, insbesondere der Heiden (Muslime), eher formalisiert und typisiert. Klagen wie die Terramers über die Macht des Christengottes sind in ‚Aliscans' kaum denkbar.

Die anschließende Orléansepisode findet sich hingegen auch in ‚Aliscans', weicht dort allerdings beträchtlich ab. Übereinstimmungen finden sich allerdings in einer entsprechenden Szene aus dem ‚Prosa-Guillaume'.

Die Hofszene von Laon/Munleun ist wiederum im Prinzip in beiden Werken gleich gestaltet. König Louis ist allerdings in ‚Aliscans' deutlich negativer gezeichnet. Er ist ziemlich defätistisch, wenig würdevoll. Er ist zwar prinzipiell bereit, Guillaume, der ihm einst die Krone sicherte (s. ‚Le Couronnement de Louis'), nachzugeben, neigt aber dazu, zu sehr auf seine Gattin (Blancheflor in M 2766, 2979 – im Wh. namenlos) zu hören. Diese sollte als Willehalms/Guillaumes Schwester gemäß der Sippentreue handeln, was sie jedoch nicht tut, und was ihr von Wolfram noch stärker angekreidet wird als in ‚Aliscans'. Sie ist die eigentliche treibende Kraft für die schmähliche Behandlung, die Willehalm am Hof erfährt. Die Königskritik weicht bei Wolfram eher einer Hofkritik, welche einerseits Willehalms Zorn ein wenig rechtfertigt, andererseits durch das Gegenbild von Alizes glänzender Erscheinung noch schärfer beleuchtet wird. In ‚Aliscans' beugt sich Louis schließlich dem Druck der *lignage narbonnais* und stellt das Reichsheer zur Verfügung. Bei Wolfram appelliert Willehalm an Lois' Verpflichtung, als König des Römischen Reichs dieses vor den Welteroberungsplänen Terramers zu schützen. Diese politische Rechtfertigung des Krieges als Reichskrieg ist ein Motiv, das nur im Wh. vorkommt.

Der im weiteren Handlungsverlauf auftretende heidnische Riese Rainouart/Rennewart, der Sohn des Emirs Desramé/Terramer, erfährt in beiden Werken bis zum Ende der zweiten Schlacht zwar in etwa dasselbe äußere Schicksal, die Gründe und inneren Motivationen seines Handelns sind aber grundverschieden. In ‚Aliscans' ist er in Frankreich am Königshof, wohin er als Sklave verkauft wurde, innerlich zum Christen geworden. Die Taufe hat ihm Louis jedoch – trotz mehrfacher ausdrücklicher

Bitte – verwehrt und ihm somit sowohl ein standesgemäßes Leben als auch die Annäherung an die Königstochter Aélis vorenthalten. Diese verliebt sich jedoch unvermittelt beim Abschied in ihn, umarmt ihn und entschuldigt sich für alles, was sie ihm angetan haben könnte (M 3928 f.). In einigen ‚Aliscans'-Hss. wird sogar die Hochzeit der beiden angekündigt. Die Hs. M weicht hier allerdings entscheidend ab (s. u.). Das Motiv der Kinderminne (geradezu ein Leitmotiv in Wolframs Werken) zwischen Rennewart und der Königstochter sowie den Abschiedskuß, der Auslöser für Rennewarts Bartwuchs ist und ihn zu Alizes künftigem Minneritter macht, gibt es hingegen nur bei Wolfram. Verglichen mit ‚Aliscans' sind in der Rennewarthandlung des Wh. sowohl die groteskburleske Komik als auch das mitunter extreme Maß an Brutalität in Rainouarts Verhalten (beides konstitutive Züge für die Gattung der Chansons de geste) deutlich abgeschwächt. Zudem hat sich Rainouarts äußerliches Attribut, die Stange (*tinel*), gewandelt. In ‚Aliscans' diente diese ursprünglich dazu, das Tragen von Wassereimern zu erleichtern. Als die Stange angebrannt wird und zerbricht, fällt Rainouart eine ganze Tanne und läßt sie mit Eisenbändern beschlagen. Auch diese fortan ausschließlich als Waffe dienende Stange heißt *tinel*, nach der der Träger dann den Spitznamen *Rainouart al tinel* trägt. Diesen Namen gibt es bei Wolfram ebensowenig wie die anfangs rein pragmatische Funktion der Stange.

Guiborcs Rolle in ‚Aliscans' ist, auch wenn sie eine in jeder Hinsicht starke Frau ist, vergleichsweise bescheiden. Sie versucht hier weder, ihren Vater zu bekehren noch ihre neuen christlichen Verwandten zur Milde gegenüber den Heiden im Falle eines Sieges zu bewegen. Vor allem aber empfindet sie keinerlei Schmerz über ihre verlorene oder verratene Sippenbindung zur muslimischen Seite. Sie steht fest auf christlichem Boden, ebenso wie ihr – ihr als solcher noch unbekannter – Bruder Rainouart, der zwar noch ungetauft ist, aber ganz ohne Gewissensbisse gegen seine muslimischen Verwandten kämpft.

So ist es in ‚Aliscans' Rainouart, der das erste Treffen der Christen anführt (bei Wolfram ist es Willehalm), nachdem er die Feiglinge (*couards*) aus dem französischen Heer in die Schlacht zurückgeprügelt hat. Ja, die ganze Schlacht wird in ‚Aliscans' weitgehend auf Rainouart zentriert. Seine unbändige Kraft allein bringt den Christen den Sieg, selbst wenn sie sich mitunter sogar für die eigene Seite zerstörerisch auswirkt. Rainouart metzelt die Heiden zu Tausenden nieder, darunter mehrere seiner Blutsverwandten. Sein Vater Desramé kann jedoch nach einem Zusammentreffen mit ihm schwer verwundet entkommen (im Wh. wird hier erneut Rennewart durch Willehalm ersetzt). Mit der Tötung Haucebiers rächt sich Rainouart für den Tod Viviens. Im Wh. hingegen wird Halzebier nicht von Rennewart getötet, sondern von den zuvor von Rennewart aus heidnischer Gefangenschaft befreiten christlichen Grafen. Die Befreiung der Gefangenen der ersten Schlacht durch Rainouart/Rennewart ist allen Fassungen sowie Wolfram gemeinsam. Die Zahl der vielen beschriebenen Zweikämpfe schwankt hingegen je nach Fassung erheblich. Von strategischen und taktischen Überlegungen, überhaupt von dem Versuch der Gestaltung einer Massenschlacht in Abteilungen, wie im 7. und 8. Buch des Wh., ist in ‚Aliscans‘ keine Rede. Wolfram hingegen zeichnet mit Hilfe simultaner Erzähltechnik und unterschiedlichen Gliederungssignalen ein klares Bild vom Verlauf der Massenschlacht und den auf beiden Seiten angewendeten militärischen Taktiken. Seine Schilderung der zweiten Alischanzschlacht gilt daher als „ein Novum in der mittelalterlichen Erzählliteratur" (Bumke, [7]1997, S. 210).

Nach dem schwer erkämpften Sieg kehren die Franzosen nach Orange zurück. Ab hier hat Wolframs Bearbeitung faktisch nichts mehr mit der Vorlage zu tun. Während im Wh. bekanntlich Rennewarts weiteres Schicksal nach seinem Verschwinden im unklaren bleibt, wird in ‚Aliscans‘ Folgendes berichtet: Nachdem Guillaume Rainouart versehentlich nicht zu dem anläßlich des Sieges stattfindenden Festessen eingeladen hat, droht dieser zornentbrannt damit, auf die Seite der Heiden überzuwechseln. Schließlich gelingt es aber Guiborc, Rainouart, in dem sie ihren verlorenen Bruder erkannt hat, mit Guillaume zu versöhnen. Rainouart konvertiert zum Christentum, erhält die Taufe und – das Folgende fehlt in der Hs. M! – die Hand von Aélis, der Tochter des französischen Königs. Anläßlich der Hochzeit belehnt Guillaume Rainouart mit Tortelose und Portpaillart. Im Zeitrafferstil wird nun die folgende Chanson, die ‚Bataille Loquifer‘, vorbereitet. In der Hochzeitsnacht wird Maillefer gezeugt, dessen Geburt der Mutter das Leben kostet und auch Rainouart vor Kummer nur noch sieben Jahre zu leben übrig läßt. Zuvor wird er aber noch den Riesen Loquifer besiegen. Maillefer wird nach seinem Aufwachsen bei den Heiden in Odierne über alle Erbländer bis nach Montnuble herrschen.

Die Hs. M endet mit der Rückkehr des von seinem Cousin Rainouart besiegten, auf Eid freigelassenen und nun die Taufe begehrenden Baudin/Baudus und dem Vollzug dieser Taufe durch den Erzbischof. Auch seine 20000 Gefährten werden getauft.

Wie ein Blick auf die erhaltenen ‚Aliscans‘-Hss. zeigt, differieren die verschiedenen Fassungen mitunter ganz beträchtlich. Für fundierte Aussagen über Wolframs Verhältnis zu seiner nicht erhaltenen französischen

Quelle, müßten alle erhaltenen ‚Aliscans'-Hss. herangezogen werden, auch diejenigen, die in den gedruckten Ausgaben (Guessard/Montaiglon, 1870; Wienbeck/Hartnacke/Rasch, 1903; Holtus 1985; Régnier 1990) nicht berücksichtigt wurden. Ansatzweise haben dies nur Nassau-Noordewier (1901), Bacon (1910), sowie für Teile des Werks Lofmark (1972) und Greenfield (1991) unternommen, während sich so gut wie alle anderen Forscher, soweit sie sich überhaupt mit der Quellenfrage beschäftigt haben (Wiesmann-Wiedemann, 1976, und Marly, 1982), jeweils nur auf eine der genannten Ausgaben stützen, von denen die sogenannte kritische von Wienbecke/Hartnacke/Rasch (Grundlage für die Untersuchung von Marly) gerade die ungeeignetste ist.

Die Überlieferungssituation von ‚Aliscans' kann hier nur angedeutet werden. Es gibt insgesamt 12 zyklischen Hss., eine Einzelhs. und einige Fragmente. Davon kommt aber schon aus chronologischen Gründen keine als direkte Vorlage für den Wh. in Betracht. Eine Ausnahme könnte höchstens die Arsenalhs. ars (olim a) (Paris, Bibliothèque de l'Arsenal 6562, Ende 12./Anfang 13. Jh.) darstellen. Sie ist zwar die älteste vollständige Hs., weicht jedoch vom Wh. am stärksten ab. Ein befriedigendes Handschriftenstemma läßt sich schon wegen der Interferenz schriftlicher und mündlicher Überlieferung nicht erstellen. Den höchsten Übereinstimmungsgrad weist der Wh. mit dem Text der Hs. M auf (Venedig, Biblioteca Marciana fr. VIII [= 252], 1. Hälfte 14. Jh.), der einzigen nicht-zyklischen ‚Aliscans'-Hs. Bacon führt allerdings 22 (mitunter fragliche) Textstellen an, wo der Wh. (teils gemeinsam mit anderen ‚Aliscans'-Hss.) nicht mit M zusammengeht (Bacon, 1910, S. 136–166). Der wohl markanteste Unterschied betrifft die Heirat von Rainouart mit Ermentrude trotz seiner Liebe zu Aelis (M 3873 ff.; vgl. auch ‚Chanson de Guillaume', 3500). Hier scheint M Spuren einer älteren Tradition (Ermentrude) bewahrt und mit der neueren (Aélis) vermischt zu haben. Nach M scheint der Wh. den ‚Aliscans'-Hss. L und V (= B1 und B2) am nächsten zu stehen. Obwohl diese beträchtlich von M abweichen, repräsentieren sie alle drei eine Kurzfassung der ‚Bataille d'Aliscans', in der (in Übereinstimmung mit dem Wh.) die Zweikämpfe Rainouarts gegen die Söhne des Borrel, gegen Agrapart, Crucados, Walegrape sowie gegen Grishart und Flohart (Eüré und Gohier) fehlen.

Im folgenden sollen nun in aller Kürze (nach Hennings, 2008, S. 142–157) die wichtigsten Handlungszüge bzw. Motive im Wh. diskutiert werden, welche entweder aus einer bestimmten Fassung von ‚Aliscans' oder aus einer anderen Chanson de geste stammen könnten. Ausgeklammert werden von vornherein psychologisch motivierte und interpretatorische Zusätze, die ohnehin problemlos einem Bearbeiter wie Wolfram zugetraut werden können.

1. Das in der Vorgeschichte erwähnte Enterbungsmotiv zugunsten eines vaterlosen Patenkindes sowie der Dienst der Angehörigen der Monglanersippe am Hof Karls des Großen kommen zwar nicht in den erhaltenen ‚Aliscans'-Hss., aber in mehreren Chansons de geste aus dem Guillaume-Zyklus vor, können also gewissermaßen als universelle Chansons-de-geste-Motiv angesehen werden. So gilt es in ‚Les Narbonnais' geradezu als Familientradition, die Söhne in ritterfähigem Alter auszusenden, damit sie selbständig im Königsdienst ein Lehen erwerben. Bereits Guillaumes Vorfahren dienten einst am Hofe Karls (s. ‚Girart de Vienne'). Von beiden Motiven könnte Wolfram am ehesten durch mündliche Vermittlung von Chansons-de-geste-Motiven Kenntnis erlangt haben.

2. Ebenfalls aus dem reichen – mündlich vermittelten? – Fundus der Chanson-de-geste-Motivik könnte Wolfram zu Giburgs Kriegslist und ihrem Religionsgespräch mit Terramer inspiriert worden sein, da sich auch hierfür gewisse, allerdings ungenaue Parallelen in der ‚Siège de Barbastre' (13. Jh.), dem ‚Prosa-Guillaume' (15. Jh.) und/oder den ‚Storie Nerbonesi', einer italienischen Prosakompilation des Guillaume-Zyklus von Andrea da Barberino (um 1400), finden.

3. Viel enger mit dem ‚Prosa-Guillaume' berühren sich Wolframs Abweichungen von ‚Aliscans' in der Orléansszene (Bacon, 1910, S. 102), so daß wir hier vielleicht eine verlorene abweichende Fassung von ‚Aliscans' greifen können, die Wolframs Vorlage (*W) entsprach.

4. Ungeklärt ist die Herkunft von Wolframs Kenntnis des Sargwunders von Aliscans/Alyscamps (*Elysii campi*) (s. Wh. 259,9 ff., 357,16; 386,4; 394,20 und 437,20), da dieses Motiv in keiner Chanson de geste auch nur ansatzweise überliefert ist. Historiographische und urkundliche Quellen berichten zwar in zumindest ähnlicher Weise davon (‚Kaiserchronik' 14885–14908; Rundschreiben des Erzbischofs von Arles, Michel de Mouriez, an die Christenheit; ‚Liber Sancti Jacobi'). Was davon Wolfram bekannt gewesen sein könnte, läßt sich aber nicht sagen (gegen Geith, 1977).

5. Terramers weltpolitische Ansprüche auf das Römische Reich könnten von der französischen Heldenepik zumindest angeregt sein. Denn in ‚Aliscans' (M 7142 f.) heißt es: *D'Ains la capele serai roy coroneç;/Looÿs ert de France desposez* („Ich werde in Aachen zum König gekrönt werden;/und Loys wird die Herrschaft über Frankreich entzogen"), und in ‚Le Couronnement de Louis' (462–469) behauptet der Heidenkönig

Galafre, er sei ein rechtmäßiger Erbe römischer Kaiser. Natürlich hört sich das bei Wolfram ganz anders an. Die Parallele bleibt dennoch auffällig (→ auch S. 665 f.).

6. Die auf die siegreiche Rückkehr der Christen nach Orange folgende Matribleizszene, die unmittelbar an Giburgs früheres Schonungsgebot anknüpft, wird gemeinhin als Wolframs geistiges Eigentum angesehen. Ganz sicher ist es jedoch nicht, da es in den ‚Storie Nerbonesi' zumindest eine partielle Parallele gibt. „Von einer Darstellung dieses Typs könnten Anregungen zu Willehalms Botschaft an Terramer, daß man die gefallenen Heidenkönige *schône nâch ir ê bestate* (465,19–20) gekommen sein" (Bumke, ⁸2004, S. 387). Allerdings findet sich eine gewisse Achtung vor den Heiden, ihrer Religion und Kultur, bereits seit Beginn des Wh. So gewährt Willehalm (im Unterschied zu Guillaume in ‚Aliscans') Giburgs Sohn Ehmereiz bereits in der ersten Alischanzschlacht ausdrücklich Schonung – ein Zug, der den Chansons de geste generell fremd ist (Lofmark, 1972, S. 58 f.).

Ingesamt erlaubt die Quellenanalyse nur beschränkte Erkenntnisse. Angesichts der eher sporadischen Motivübereinstimmungen mit anderen Chansons de geste (s. vor allem ‚Les Narbonnais', ‚Guibert d'Andrenas', ‚Siège de Barbastre', ‚Couronnement de Louis', ‚Charroi de Nîmes', ‚Prise d'Orange') schließe ich mich der Meinung von Bacon an, daß es keinen Grund gibt anzunehmen, Wolfram habe neben ‚Aliscans' noch andere Branchen des Zyklus im Wortlaut aus schriftlichen Quellen gekannt (anders Bumke, 1959, S. 13–18). Die Annahme solcher Quellen überschätzt die Bedeutung der Schrift bei der Transmission der Chansons de geste. Das gilt vor allem auch für die Bewertung von M, der – wie gesagt – einzigen nichtzyklischen Hs. der ‚Bataille d'Aliscans'. Neuerdings hat Bumke einige interessante Argumente gegen die seit Bacon vorherrschende Forschungsmeinung angeführt, die durch M repräsentierte Fassung von ‚Aliscans' sei die Vorlage für den Wh. gewesen bzw. habe ihr sehr nahegestanden (Bumke, ⁸2004, S. 385 f.). Ein Hauptargument für die Benutzung einer *M-Vorlage durch Wolfram ist eben die Tatsache, daß die Hs. den Text nicht als Teil eines Zyklus überliefert. Bumke wendet dagegen ein, der Text zeige „am Anfang und am Schluß [...] dieselben Spuren der Einarbeitung in den Zyklus wie alle anderen ‚Aliscans'-Handschriften" (S. 385). Doch könnte gerade der von Bumke herangezogene Vorverweis auf die im Zyklus nachfolgende ‚Bataille Loquifer' dafür sprechen, daß M wie die allermeisten anderen Codices auch nur die mittelbare oder unmittelbare Nachschrift eines mündlichen Vortrags ist (wenn man ihn nicht nach der üblichen, aber unwahrscheinlichen Hypothese als Signal für fingierte Mündlichkeit deuten will): *Cum vos orez, si n'i faylent diner,/De Renoard qi ocist Loqefer* (M 3220 f.: „Wie ihr hören werdet, wenn es dabei nicht an der Bezahlung mangelt,/von Rainouart, der Loquifer erschlug"). Diese Bemerkung ist vielleicht einfach aus dem mündlichen Vortrag stehengeblieben, der übrigens mitten in ‚Aliscans' die ‚Bataille Loquifer' als unmittelbar bevorstehend ankündigt (s. M 3218: *hui mes comenca cansons a enforcer* „Nun beginnt eine gewichtige Chanson"). Ob eine Epenhandschrift zyklisch ist, ergibt sich dagegen nur aus der Hs. selbst; und es gibt kein Indiz dafür, daß es sich bei M nur um ein fragmentarisches Manuskript handeln könnte. Wenn wir davon ausgehen, daß von der Mehrzahl der überlieferten Chansons de geste frühe mündlich überlieferte Vorstufen existiert haben, sind derartige ‚intertextuelle' Verweise keineswegs verwunderlich und absolut kein Beweis für eine schriftliche zyklische Überlieferung.

Aber auch wenn wir an der Ansicht festhalten, daß M bzw. *M eine nicht-zyklisch angelegte Hs. bzw. Fassung ist, so schmälert dies die Eigenleistung Wolframs natürlich nicht im geringsten. Außer von den beiden genannten französischen Dissertationen (Marly, 1982; Wiesmann-Wiedemann, 1976) wird sie auch von der gesamten Forschung gebührend herausgehoben. Betrachtet man auch die anderen Werke Wolframs, so erweist er sich zweifellos als ein mitunter sehr freier Bearbeiter. Man muß auch berücksichtigen, daß Wolfram beim Wh. genrebedingt deutlich engere Grenzen gesetzt waren als zum Beispiel bei der Bearbeitung des fragmentarischen ‚Conte du Graal' (Greenfield, 1991, S. 131; Lofmark, 1972, S. 71 ff.). Aber selbst wenn Wolfram hier grundsätzlich an den Handlungsverlauf gebunden war, so hat er doch das Werk durch neue Handlungsmotivationen der Protagonisten und vor allem durch seine Erzählerkommentare mit einem völlig neuen Geist erfüllt. Diesem Ergebnis der neueren Forschung ist vorbehaltlos zuzustimmen, selbst wenn sie sich die Arbeit durch Mißachtung oder Marginalisierung der Quellenkritik zu leicht gemacht hat.

Bei dieser gerät man, wie angedeutet, allerdings unweigerlich in die nach wie vor in der Forschung äußerst kontrovers eingeschätzte Oralitätsfrage hinein. Die Frage nach Wolframs nicht erhaltener französischer Vorlage kann als beantwortet gelten. Sie ist eine schriftliche gewesen. Ob die ‚Bataille d'Aliscans' schriftlich konzipiert wurde, zumindest in der ‚Urfassung', entzieht sich unserer Kenntnis, darf aber eher angenommen werden. Bei der Transmission ist dagegen meines Erachtens nach aller Wahrscheinlichkeit zumindest teilweise mit Oralität zu rechnen (Knapp, 2008). Daraus folgt, daß Wolfram nur die schriftliche Momentaufnahme eines an sich unfesten Textes kannte, die keiner erhalten Fassung als ganzer entspricht, sondern immer nur Teilen davon. Das erschwert die Quellenkritik ungemein, sollte aber vor voreiligen Schlüssen auf Wolframs eigenständige Änderungen der Handlung grundsätzlich warnen. Daß Wolfram hingegen etwas sprachlich, stilistisch, erzähltechnisch und gattungsmäßig völlig Neues geschaffen hat, steht natürlich außer Zweifel.

3. Die Fortsetzungen

Wie die ‚Bataille d'Aliscans‘, so steht auch Wolframs Wh. in den Hss. fast nie allein. Die größte Verbreitung hat er zusammen mit einer Vor- und Nachgeschichte, der ‚Arabel‘ Ulrichs von dem Türlin und dem ‚Rennewart‘ Ulrichs von Türheim, gefunden (→ S. 18 ff.). Acht der zwölf mehr oder weniger vollständig erhaltenen Wh.-Hss. enthalten auch diese beiden Epen, also den gesamten Willehalm-Zyklus (insgesamt über 60 000 Verse). Davon sind vier, die Kasseler, die Wolfenbütteler und zwei Wiener Codices, alle aus dem 14. Jh., prachtvolle Bilderhandschriften, was das hohe Ansehen der illustrierten Werke, vielleicht aber auch vornehmlich des Erzählstoffes, beim Adel glänzend bezeugt (→ S. 644 ff.).

Ein Vergleich mit der französischen zyklischen Überlieferung ist jedoch nur bedingt angebracht. In Frankreich wird auf diese Weise die gesamte Frühgeschichte des eigenen Königreichs, seiner Territorien und Adelsfamilien in deren genealogischer Verflechtung und Rivalität episch abgebildet (vgl. Heintze, 1991). Der deutsche Sprachraum hat zwar die karolingische Vergangenheit mit Frankreich gemeinsam, aber die Reichsteilung bringt dann doch einen Bruch mit sich, der zwar die Erinnerung an den großen Karl nicht vernichtet, aber einen rechtsrheinischen Neubeginn unter den sächsischen Kaisern zur Folge hat. Die lokalen Traditionen der westfränkischen Gebiete, ja sogar des noch beim Imperium Romanum verbleibenden, auch die Provence umfassenden Königreichs Burgund, entschwinden weitgehend dem eigenen Gesichtskreis. Zudem greift die deutsche Heldensage die germanische Überlieferung der Völkerwanderungszeit auf, kaum jedoch spätere deutsche, geschweige denn westfränkisch-französische Stoffe. Wenn dann französische Heldensage in Deutschland Beachtung findet, so nur als Geschichtsdichtung, und auch das nur vereinzelt, wohl nur nach zufälliger Verfügbarkeit schriftlicher Vorlagen.

Der heilige Wilhelm ist dem deutschen Publikum also wahrscheinlich vorerst nur durch Wolframs Meisterwerk bekannt und vertraut geworden, aber dies gleich in solchem Ausmaß, daß Wolframs vage Andeutungen des früheren Schicksals des Helden auf der einen Seite wie der Abbruch des Werks auf der anderen die Neugierde ausreichend weckten, um die Anfertigung einer Vorgeschichte und einer Nachgeschichte zu rechtfertigen. So etwas wie ein Zyklus entstand auf diese Weise schon. Doch mehr als drei Werke umfaßt er nicht, von denen allerdings das letzte, der ‚Rennewart‘, gewaltige Dimensionen annimmt. Ein wichtiges Band liefern auch wie im Französischen genealogische Verknüpfungen. Aber die Handlung geht inhaltlich kaum über zwei Generationen hinaus. Ja, sie reicht, abgesehen von den ‚Nebenhandlungen‘, nur von Wilhelms Jugend bis zu seinem Tod in hohem Alter. Fast nur in dieser Form hat die Geschichte Wilhelms in Deutschland aber hinfort gelebt. Nur so galt sie offenbar als vollständig.

Den ästhetischen Abstand zwischen Wolframs Werk und den Fortsetzungen wird man jedoch schwerlich übersehen. Nicht so ganz gewiß ist die völlige Rückkehr der Fortsetzer zur Kreuzzugsideologie vor Wolfram. Die überwiegende Tendenz der Forschung faßt Bumke zusammen, wenn er feststellt, daß die Fortsetzer der Werk-Konzeption Wolframs „offenbar mit Unverständnis gegenüberstanden" (Bumke, ^{8}2004, S. 397). Neueste Forschungen neigen dazu, dieses Urteil zumindest etwas abzuschwächen (Sabel, 2003; Bastert, 2005; Hennings, 2008).

3.1 Ulrich von Türheim: ‚Rennewart‘

Um die Mitte des 13. Jh.s oder einige Jahre (bzw. Jahrzehnte) später hat der ostschwäbische Ministeriale (?) Ulrich von Türheim seine Fortsetzung des Wh. vollendet. Dieses 36 518 Verse umfassende, von der Forschung mit dem Titel ‚Rennewart‘ versehene Werk setzt ein mit den letzten Kampfhandlungen des Riesen Rennewart vor dem Sieg der Christen in der zweiten Alischanzschlacht und schildert dessen weiteres Leben bis zum Tod. Gegen Ende des ‚Rennewart‘ (nach der Lebensgeschichte von Rennewarts Sohn Malefer) wendet sich Ulrich dann Willehalm von Orange, dem zentralen Helden des Wolframschen Werkes, zu. Ungeachtet seines immensen Umfangs ist der ‚Rennewart‘ bis ins 15. Jh. hinein stark rezipiert worden. Von seiner großen Beliebtheit zeugen die beträchtliche Anzahl von 39 erhaltenen Hss. und Fragmenten, die Illuminationszyklen und die Prosaauflösung im sog. ‚Zürcher Buch vom heiligen Karl‘. Der Schwerpunkt der hsl. Überlieferung des ‚Rennewart‘ liegt im schwäbisch-bairischen Raum und fällt in die erste Hälfte des 14. Jh.s.

Der ‚Rennewart' läßt sich in vier große Handlungsblöcke untergliedern: 1. ‚Rennewart I' (1–9297), 2. ‚Moniage Rennewart' (9298–26046), 3. Malefer-Teil (26047–33162) und 4. ‚Moniage Willehalm' (33163–36518). Mit Ausnahme des Malefer-Teils basiert das Werk auf französischen Chansons de geste aus dem Guillaume-Zyklus, und zwar einer nicht erhaltenen (Kurz-)Version der ‚Bataille d'Aliscans' (für ‚Rennewart I'), einer Version der ‚Moniage Rainouart' (für die ‚Moniage Rennewart') und einer verlorengegangenen (Kurz-)Redaktion der ‚Moniage Guillaume' (für die ‚Moniage Willehalm'). Als Vermittler der französischen Quelle(n) nennt Ulrich den Augsburger Bürger Otto den Bogner (‚Rennewart', 10277 ff.). Die noch in der jüngsten Forschung (Sabel, 2003; Bastert, 2010; Strohschneider, 1999, Sp. 36) vertretene Meinung, Ulrich habe außer den drei genannten französischen Chansons de geste auch die ‚Bataille Loquifer' bearbeitet, kann inzwischen als widerlegt gelten (Hennings, 2008, S. 378 f.).

Im weiteren folgen möglichst kurz gehaltene Inhaltsüberblicke über die vier Teile des ‚Rennewart'. Mit Ausnahme des Malefer-Teils wird zusätzlich ein grober inhaltlicher Vergleich mit den entsprechenden französischen Texten (s. rechte Spalte) durchgeführt. Bei denjenigen Passagen, die eine weitgehende Übereinstimmung im französischen Vergleichstext aufweisen, wird nur auf die entsprechenden Laissen verwiesen. Längere Textpassagen ohne Äquivalent im französischen (bzw. deutschen) Vergleichstext werden mit Querstrich kenntlich gemacht. Auf bedeutsamere Abweichungen wird hingegen näher eingegangen.

‚Rennewart I' (1–9297)	‚Aliscans' (Laisse CLVII–CIC)
Prolog (1–168)	–
Gespräch Rennewart (Rw.) – Terramer (T), gegenseitige vergebliche Bekehrungsversuche und anschließender Zweikampf. (169–531)	s. Laisse CLVII–CLIX
–	Angriff der Heiden auf Rainouart (R.), dessen Zweikampf mit Tenebré und anschließende Massenschlacht. (Laisse CLIX–CLX) Die Heiden wollen sich an R. für den Tod Haucebiers rächen. Im Kampf verlieren unzählige von ihnen ihr Leben. (Laisse CLXI–CLXV)

‚Rennewart I' (1–9297)	‚Aliscans' (Laisse CLVII–CIC)
Rw. erschlägt mehrere auf der Flucht befindliche Heidenkönige. T. entflieht nach Kordes. (532–619)	s. Laisse CLXVI–CLXVII
10000 in Alischanz zurückgelassene Heiden verwüsten ein Bohnenfeld. Bevor Rw. diesen Frevel rächt, erschlägt er 1500 weitere Heiden. Nur einem gewährt er *erbermde*. (620–929)	s. Laisse CLXVII und CLXXVIII–CLXXIX (die Tötung der 1500 Heiden fehlt hier, desgleichen die Schonung des einen Heiden)
Rw. siegt im Zweikampf über seinen heidnischen Cousin, den Riesen Baldewin (B.). Dieser gibt sein Taufversprechen und kehrt nach Falfunde zurück. Rw. tötet die 10000 Heiden, die das Bohnenfeld verwüstet haben. (930–1693)	s. Laisse CLXVI–CLXXIX (die dem Zweikampf vorausgehenden Reizreden sind hier jedoch beträchtlich länger, ebenso die Beschreibung von Baudus' Aussehen und die gesamte Bohnenfeldepisode)
Willehalm (W.) vergißt Rw. und reitet ohne ihn nach Orange zurück. Rw. schmiedet Rachepläne und erschlägt mit seinem *tinel* zwei der von W. aus gesandten Boten. Erst auf Betreiben Kyburgs (K.) stimmt Rw. schließlich der Versöhnung mit W. zu. (1694–2128)	s. Laisse CLXXX–CLXXXIV (hier erschlägt R. jedoch fünf Boten mit einem Dachfirst)
Nachdem Rw. seine Herkunft offenbart hat, erkennt K. in ihm ihren Bruder. Nach seiner Taufe verkündet Rw. seine Heiratspläne. Es folgen seine Schwertleite und seine Bewährung in einem Probelanzenritt. (2129–2831)	s. Laisse CLXXXIV[bde] (nach bBTLV[C]deM) und CLXXXVIII–CLXXXIX
Taufe von B. und 20000 Heiden aus seinem Gefolge. Im Anschluß entsendet W. Brautwerber zu König Loys, um im Namen Rw.s um die Hand von Alyze anzuhalten. (2832–3429)	s. Laisse CLXXXIX–CXC
Rw. leidet heftige Minnequalen. Gemeinsam mit W. und 500 Boten bricht er zu einer Reise an den frz. Königshof auf. (3430–3861)	–
Ankunft der Brautwerber am frz. Königshof. Nach der Androhung von Gewalt stimmt Loys den Hochzeitsplänen zu. (3862–4385)	s. Laisse CXCI–CXCIV (hier erteilt Louis seine Zustimmung jedoch sofort)

Der Stoff: Vorgaben und Fortschreibungen 561

‚Rennewart I' (1–9297)	‚Aliscans' (Laisse CLVII–CIC)
Alyze gesteht ihre Minne zu Rw. und anschließende Hochzeitsvorbereitungen. (4386–5004)	–
Hochzeit von Rw. und Alyze in Munleun (= Laon). Nach dem Vollzug des Beilagers prophezeit ein Engel den Tod Alyzes bei der Geburt des soeben gezeugten Sohnes. (5005–5667)	s. Laisse CXCIV–CXCV (die Hochzeit findet hier jedoch in Orange statt, das Beilager sowie die Botschaft des Engels fehlen bzw. finden sich an einer späteren Stelle [s. Laisse CIC]. Nur in der Hs. C finden sich sowohl das Beilager als auch der Vorverweis auf M.s und Aélis' Tod)
Erneut belagern T.s Heerscharen Orange. W. reitet nach Munleun, um Rw. um Hilfe zu bitten. Aus Liebe zu Alyze lehnt dieser das Hilfegesuch ab, und W. kehrt nach Orange zurück. In der Zwischenzeit haben die Heiden dank eines von Gott gesandten Unwetters die Flucht ergriffen. (5668–6901)	– (hier findet sich in Laisse CXCV lediglich ein Vorverweis auf Desramés baldigen Angriff auf Orange und darauf, daß Rainouart in diesem Kampf unzählige Heiden töten wird)
–	Hier kündigt der Erzähler die nachfolgende ‚Bataille Loquifer' an. Anschließend wird die Heimreise Aimeris und seiner Söhne und der Wiederaufbau von Orange geschildert. (Laisse CXCV–CIC)
Nachdem Rw. die Herrschaft über Portebaliart angetreten hat, fallen heidnische Heerscharen ein. Der Kampf endet mit dem Sieg der Christen (Sargwunder). Der von Rw. besiegte Pantanyse empfängt gemeinsam mit 15 000 Heiden die Taufe. (6902–8853)	s. Laisse CIC (hier finden sich allerdings nur ganz vereinzelte Übereinstimmungen. So fehlen z. B. der Einfall der Heiden sowie R.s Sieg über Pantanyse und dessen Taufe)
Der erste Teil des ‚Rennewart' endet mit der Geburt Malefers (M.), dem Tod Alyzes und M.s Taufe. (8854–9297)	s. Laisse CIC (hier wird auf Aélis' Tod bei Maillefers [M.] Geburt und auf dessen Taufe nur kurz vorausgewiesen)
‚Moniage Rennewart' (9298–26 046)	‚Moniage Rainouart' (Laisse I–CCVII)
M. wird entführt. Aus Trauer zieht sich Rw. vom weltlichen Leben zurück. (9298–9693)	s. Laisse I
M. wächst bei Tybalt (Ty.) in Kordes auf. (9694–10 247)	–

'Rennewart I' (1–9297)	'Aliscans' (Laisse CLVII–CIC)
Vor seinem Eintritt ins Kloster St. Julian zwingt Rw. einen schwarzen Mönch zum Kleidertausch und erschlägt einige Einwohner der Stadt Prides. Vor seiner Aufnahme tötet er den Pförtner des Klosters, erweist sich aber im weiteren trotz zahlreicher Verstöße gegen die Klosterregeln als sehr hilfreich im Kampf gegen heidnische Räuber. (10248–11589)	s. Laisse II–XXIX (der Kampf gegen die Räuber wird hier wesentlich detaillierter geschildert. Es handelt es sich um eine Räuberbande von 100 Räubern, die zum Teil sogar namentlich genannt werden)
M. wächst indessen in der Obhut Ty.s heran und verspricht, das diesem widerfahrene Unrecht und den Tod unzähliger Heiden an den Christen, allen voran an Rw. und W., zu rächen. (11590–11959)	s. Laisse XLIV–XLVI
Rw. plündert ein Schiff, erschlägt dessen heidnische Besatzung und läßt Ty. die toten Heiden als ‚Geschenk' überbringen. Daraufhin rüstet dieser zum Krieg gegen die Christen. M. hat indessen Zweifel an seiner Herkunft und ist fest entschlossen, seinen wahren Vater zu suchen. (11060–13169)	s. Laisse XXX–XXXIII (hier zeigen sich jedoch insbesondere bei den Namen Abweichungen) und XLIV–XLVIII (hier weiß M. allerdings, daß R. sein Vater ist, hält diesen aber für tot)
–	Als Kaufleute verkleidet, segeln die Heiden nach Bride (= Broiude) und locken R. aufs Schiff. Nachdem dieser alle Heiden erschlagen hat, treibt er hilflos auf dem Meer. Nach seiner Rettung kehrt er ins Kloster zurück. Indessen plündern die Heiden unter M.s Führung Portebaliart und ziehen weiter nach Orange. (Laisse XXXVI–LVII)
Belagerung von Orange und Ausfall der Christen. W. siegt im Zweikampf über Matusalan, der daraufhin sein Taufversprechen gibt, sowie über Ty. M. kämpft zwar auf Seiten der Heiden, tötet aber versehentlich einige von ihnen. Die Heiden setzen die Belagerung von Orange fort. (13170–15535)	s. Laisse LVIII–LXXII (W.s Zweikämpfe gegen Matusalan und Ty. sind hier allerdings ohne Entsprechung)
–	Zweikampf Guillaume (G.) – M. (Laisse LIX–LXX)

Der Stoff: Vorgaben und Fortschreibungen

‚Rennewart I' (1–9297)	‚Aliscans' (Laisse CLVII–CIC)
W. begibt sich auf die Suche nach Rw. und trifft auf diesen im Kloster St. Julian. Beide reiten gemeinsam nach Orange. Bei der Verfolgung von heidnischen Rittern sinkt Rw. im Moor ein und muß von W. herausgezogen werden. (15 536–16 565)	s. Laisse LXXIV–LXXXVI
Nach der Ankunft Rw.s und W.s in Orange wird ein alles entscheidender Zweikampf zwischen M. und Rw. vereinbart. In einer Kampfpause erkennen M. und Rw. einander, und Rw. berichtet über sein bisheriges Schicksal. (16 566–17 982)	s. Laisse LXXXVII–XCVI (die Schilderung des Zweikampfes weicht allerdings beträchtlich ab. Auch Rw.s Bericht über sein bisheriges Schicksal fehlt an dieser Stelle in der ‚Moniage Rainouart' [s. aber die Wiedererkennensszene zwischen R. und G. im Kloster, Laisse LXXVIII])
–	Es folgt eine Massenschlacht, die mit dem Sieg des christlichen Heeres und der Flucht der Heiden endet. Dank eines Wundersteins genesen R. und M. von ihren Wunden. (Laisse XCVI–XCIX)
M. will fortan die Heiden bekehren oder gegen sie kämpfen, verschont aber im weiteren selbst diejenigen, die hartnäckig die Taufe verweigern. Die Heiden geloben Frieden, nur Ty. schmäht M. und flieht nach Kordes. Matusalan und zahlreiche seiner Gefährten empfangen die Taufe. M. und W. führen ein Minnegespräch. (17 983–19 305)	–
–	Nachdem M. die Taufe empfangen hat, überträgt ihm G. die Herrschaft über Portebaliart. Es folgt M.s Heirat mit Ysoire. (Laisse C)
Rw. übergibt M. die Herrschaft über Portebaillart und kehrt ins Kloster zurück, wo er fortan ein vorbildliches Mönchsleben führt. (19 306–20 047)	s. Laisse C–CI

'Rennewart I' (1–9297)	'Aliscans' (Laisse CLVII–CIC)
W. kehrt nach Orange zurück. (20 048–20 216)	–
–	Ins Kloster zurückgekehrt, tötet R. den Pförtner und einige seiner Mitbrüder, die daraufhin gemeinsam mit dem Abt Henri Mordpläne schmieden. Nach einem Kampf gegen die als Mönche getarnten Heiden gerät R. in einen Sturm, erobert aber schließlich den Turm von Aiete, der von den Heiden belagert wird. M. und G. segeln nach Aiete. Nach einigen Kampfhandlungen wird ein alles entscheidender Zweikampf vereinbart. (Laisse CI–CLXXXVI) Hier schließt der sog. Gadifer-Teil an (Laisse CLXXXVI–CLXXXVIII)
T. schmiedet erneut Rachepläne. W. reitet nach Portebaliart, und ersucht M. um Hilfe. Auch Loys und die frz. Königin sowie sein Vater Heimrich und seine Brüder sagen ihre Hilfe zu. Anschließend begibt sich W. nach St. Julian und reitet gemeinsam mit Rw. nach Orange zurück. (20 217–21 903)	s. Laisse CVII–CXI (die Parallelen sind hier allerdings nur sporadisch)
In Orange überfallen 10 Heiden den schlafenden W. Daraufhin unternehmen die Christen einen Überraschungsangriff auf das heidnische Lager, der in einer Massenschlacht mündet. Beide Seiten erleiden unzählige Verluste. Selbst W. wird im Zweikampf gegen König Ignoledoch verwundet. Schließlich siegen die Christen, lassen Rw.s gefangene Brüder sowie Ty. frei und gestatten den Heiden, ihre im Kampf gefallenen Könige einbalsamieren zu lassen. T. erneuert seinen Friedensschwur. Nur Ty. zeigt sich unversöhnlich und schmäht M. erneut. Vor der Heimreise der Heiden erfolgt ein Einschub über Passiguweiz' Minne zu Kassine. (21 904–25 213)	–

'Rennewart I' (1–9297)	'Aliscans' (Laisse CLVII–CIC)
Rw. kehrt ins Kloster zurück, M. nach Portebaliart, und W. und K. führen ein friedliches und gottgefälliges Leben in Orange. Nach weiteren drei Jahren im Kloster stirbt Rw. Ein Engel verkündet sei Seelenheil. Auch W.s Eltern und seine Brüder sind im Laufe der Zeit verstorben. (25214–26046)	s. Laisse CCVII
–	Zwei Monate nach R. stirbt auch M. und wird in Gadiferne begraben. Nachdem Tiebaut von R.s und M.s Tod erfahren hat, fällt er in Gadiferne ein, verwüstet zahlreiche Länder und tötet unzählige Christen. Als G. und Guiborc von dem Einfall der Heiden und dem Tod R.s und M.s erfahren, herrscht in Orange Trauer. (Laisse CCVII)

Malefer-Teil (26047–33162)

26047–29687: Kämpfe gegen die Heiden in Baldag (= Bagdad) und Marroch (= Marokko)

M. segelt nach Falfunde und rüstet sich für eine Heerfahrt nach Baldag. Dort angekommen, fordert er unter anderen die Länder Baldag und Samargone und will Rache an Ty. üben. Nach anfänglicher Weigerung greifen die Heiden zu den Waffen, aber T. sieht sich schon kurz darauf genötigt, M. *fiantze* zu schwören. Während der anschließenden Friedensvereinbarungen ergreift Ty. die Flucht. Auf Betreiben der Söhne T.s wird der Kampf wieder aufgenommen, und wiederum verlieren zahlreiche Heiden ihr Leben. Dank T.s Unterwerfung versöhnen sich beide Parteien, und M. verkündet seine weiteren Eroberungspläne. Die Heiden sammeln daraufhin ihre Heerscharen, um gemeinsam mit M.s Heer gegen den König Faufaserat von Marroch zu ziehen, mit dem T. verfeindet ist. Doch M. zieht im Vertrauen auf Gottes Hilfe ohne das heidnische Heer nach Marroch und fordert Faufaserat zum Kampf heraus. Trotz ihrer eindeutigen zahlenmäßigen Unterlegenheit siegen die Christen, und M. stellt Faufaserat und die anderen Heiden vor die Wahl „Taufe oder Tod". Faufaserat gibt seine *fiantze*. Doch auf der Ebene von Astarat, wo sich alle Heerscharen (eingeschlossen der Truppen T.s) versammeln, verweigert Faufaserat sowohl die Taufe als auch die Übergabe seiner Länder an M. und verspricht diesem statt dessen die Hand Bearosines. Sein Sohn Gamelerot hingegen stimmt der Taufe zu und fleht M. um Frieden an. Nach der Übergabe der Länder an M. verlangt dieser zunächst die Zwangstaufe, ändert seine Absichten jedoch, nachdem ihm in der Nacht ein Engel die Botschaft überbracht hat, daß Faufaserat an seinem heidnischen Glauben festhalten wird und Gott ihm, M., die Königin Penteselie (P.) als künftige Ehefrau auserkoren hat. Nachdem Gamelerot und andere Heiden, darunter auch M.s Onkel Passiguweiz freiwillig die Taufe empfangen haben, gibt M. Gamelerot stellvertretend für Ty. einen Versöhnungskuß und macht sich auf den Weg nach Marroch. Dort erfolgen die Taufe Bearosines und ihre anschließende Hochzeit mit Passiguweiz. M. bricht mit 21 christlichen Königen und Gamelerot zur Weiterreise nach Asya auf.

29688–33162: Malefers Reise nach Asya und die Penteselie-Handlung
  Auf der Reise leidet M. heftige Minnequalen. An Land angekommen, siegen er und seine Gefährten über das Heer des Königs Tachalaz von Kappadocia. Dieser verweigert die Taufe, bleibt aber, dank Gamelerots Schonungsgebot am Leben. Das christliche Heer erreicht Regralataz, wo es nach M.s Sieg über vier Riesen bei der Burg Viprenate Raste über die Heiden siegt. Daraufhin unternimmt Befamereit, der König von Jerigente und Regralataz einen Überraschungsangriff, der wiederum mit dem Sieg der Christen und der Schonung der besiegten Gegner endet. Befamereit wird sogar gestattet, die gefallenen Heiden vom Schlachtfeld fortzuführen. In der Nacht erscheint M. erneut der Engel und verkündet das bevorstehende Zusammentreffen mit P. In Ephesus begegnen M. und P. einander an einer Quelle. Nach einem Begrüßungskuß unterwirft P. M. und zwingt ihn, ohne sein Gefolge mit ihr nach Ephesus zu reisen. Es folgt ein Bericht über das Wesen der Amazonen. In Ephesus angekommen, wird M. feierlich empfangen. Nach der Hochzeit vergibt M. Lehen an 23 Könige. Beide führen eine glückliche Ehe, aus der M.s und P.s Sohn Johannes erwächst, der seinen Vater an Stärke und Schönheit noch übertrifft. Als er herangewachsen ist, erhält er die Rüstung seines Urahnen Tanchanyse und kämpft an der Seite seines Vaters erfolgreich gegen drei Könige vom Wilden Meer, die in M.s Land Melitropia eingefallen sind. Angesichts dieses Kampferfolges äußert Johannes den Wunsch, in weiteren Heidenkämpfen großen Ruhm zu erwerben, was ihm P. jedoch verbietet, bis er sein 20. Lebensjahr erreicht hat. M. und P. führen weiterhin ein glückliches Leben. Der Erzähler weist hier auf den Tod M.s und P.s und ihrer beider Seelenheil voraus. Der Malefer-Teil endet mit einem Epilog (33127–33162).

Der Stoff: Vorgaben und Fortschreibungen 567

„Moniage Willehalm' (33163–36518)	‚Moniage Guillaume II'
K. und W. beschließen, dem weltlichen Leben zu entsagen. K. führt fortan das Leben einer Inkluse. (33163–33689)	– (Hier ist Guiborc bereits verstorben, und G. verläßt Portebaliart heimlich. Eine Parallele ist aber sein Entschluß, ins Kloster zu gehen.)
W. wird Mönch im Kloster St. Julian, kämpft gegen Holzdiebe und kümmert sich demütig um die Versorgung der Hühner. (33690–34158)	s. Laisse II–V (Hier tritt G. allerdings in das Kloster Aignienes ein. Der Kampf gegen die Holzdiebe fehlt, ebenso die Versorgung der Hühner.)
Nach acht Jahren stirbt K. Aus Trauer lebt W. fortan als Eremit. Seine Nahrung erhält er durch ein Speisewunder. (34159–34331)	– (Hier zeigt sich nur eine partielle Übereinstimmung: G.s Rückzug ins Eremitenleben.)
Umstellung der Räuberepisode (s. das Ende der ‚Moniage Willehalm', 35908–36110)	Die Mönche und der Abt schmieden Mordpläne. Unbewaffnet schicken sie G. in einen von Räubern bewohnten Wald. Dort wird er überfallen, setzt sich jedoch mit dem ausgerissenen Bein eines Saumpferdes erfolgreich zur Wehr. Die Episode endet mit dessen wundersamer Heilung. (Laisse VI–XXXII)
– (Hier zeigen sich nur vereinzelte Entsprechungen wie z.B. der Bau einer Eremitage. Die gesamte Episode wird an späterer Stelle berichtet, nach der Flucht der Heiden, s.u.)	Ins Kloster zurückgekehrt, tötet G. den Türsteher, den Prior und mehrere Mönche. Ungeachtet der Versöhnung, entschließt sich G., ein Eremitendasein zu führen. (Laisse XXXIII–XXXVI)
– (Hier bewohnt W. nur eine einfache Hütte im Wald. Der Bau des Klosters beginnt erst nach der Ysoré-Episode.)	Einkehr beim Einsiedler Gaidon. G. tötet fast alle Räuber, als diese nachts die Behausung Gaidons überfallen, und erbaut in der Einöde bei Montpellier ein Kloster (= das spätere Kloster Gellone). Dort siegt er mit göttlicher Hilfe über einen Riesen. (Laisse XXXVI–LI)
–	In der Synagonepisode wird G.s sieben Jahre währende Gefangenschaft in Palerne geschildert. Im Kampf gegen Heiden erringen die Franzosen den Sieg, und G. kehrt ins Kloster zurück. Es folgt ein Vorverweis auf seinen Kampf gegen Ysoré. (Laisse LI–LXXIX)

„Moniage Willehalm' (33 163–36 518)	‚Moniage Guillaume II'
Unter Matribuleiz fallen die Heiden in Paris ein. Der von Loys entsandte Knappe Bomesheitis berichtet W. von der Bedrängnis der Christen. Auf göttlichen Befehl begibt sich W. nach Paris. Zuvor vernichtet er Kräuter in seinem Garten (Unkrautepisode). (34 332–34 824)	Die entsprechende Passage in den Laissen LXXX–LXXXIV weicht beträchtlich ab (z. B. heißt der Knappe Anseys d'Auvergne, anstelle von Matribuleiz wird hier Ysoré genannt, und im Unterschied zur ‚Moniage Willehalm' wagt Louis hier einen Ausfall gegen die heidnischen Belagerer).
Die Heiden fliehen kampflos. W. erhält von Gott den Auftrag, bei Mumbasiliere ein Kloster zu erbauen. (34 825–35 184)	Für die gesamte Passage finden sich nur ganz sporadische Parallelen.
Dort erfährt W., daß der heidnische Riese Ysoré auf dem Weg nach Paris ist und begibt sich auf die Suche nach ihm. Der Zweikampf beider endet mit dem Tod Ysorés. (35 185–35 473)	s. Laisse LXXXVI–CIII (Hier begibt sich G. allerdings zunächst in das Kloster Aignienes, um dort sein Pferd und seine Waffen zu holen. Auch die Kampfschilderung weicht beträchtlich ab.)
W. arbeitet am Bau des Klosters und siegt über den Teufel, der den Bau einer Brücke mehrfach sabotiert hat. Die Kapelle des Klosters wird vom Bischof Cristan geweiht. (35 474–35 732)	s. Laisse CIII–CV (Der Bischof Cristan hat hier jedoch keine Entsprechung, und der Bau des Klosters erfolgte bereits vor G.s Kampf gegen Ysoré.)
W. überführt gemeinsam mit Cristan K.s Gebeine in die Kapelle. Während der Translation und auch später erweisen sich diese als wundertätig. (35 733–35 907)	–
35 908–36 110: Räuberepisode (= Umstellung gegenüber der ‚Moniage Guillaume').	Zur Räuberepisode s. o. (Laisse VI–XXXVI).
Nach ihrem Tod wird die frz. Königin in der Kapelle beigesetzt. W. führt ein streng asketisches Leben. Nach fünf Jahren stirbt er im Geruch der Heiligkeit, und seine Seele gelangt ins Paradies. W. ist fortan der Fürsprecher der Ritter. (36 111–36 476)	– (Hier ist der Eintritt von G.s Seele ins Paradies die einzige Übereinstimmung).
Nachwort: Ulrich ruft den Heiligen Willehalm an und bittet sein Publikum, Fürsprache für ihn einzulegen. (36 478–36 518)	Nachwort: Der Erzähler schließt mit einem Hinweis auf Saint Guilhem del Desert und einem Gebet. (Laisse CV)

Der Stoff: Vorgaben und Fortschreibungen

Neben der ‚Moniage Guillaume II' gibt es eine beträchtlich kürzere Version, die ‚Moniage Guillaume I'. Mit dieser stimmt der deutsche Text, sowohl was den Umfang als auch den Inhalt betrifft, an zahlreichen Stellen weitaus enger überein als mit der ‚Moniage Guillaume II'. Da die ‚Moniage Guillaume I' jedoch bereits mitten in der Schilderung der Belagerung von Paris durch den Riesen Ysoré (Laisse XXXIII) abbricht, stellt ab 35185 bis zum Ende der ‚Moniage Willehalm' die ‚Moniage Guillaume II' die alleinige Vergleichsbasis dar. Eine wichtige inhaltliche Gemeinsamkeit mit der ‚Moniage Guillaume I' ist folgende: Wenn Willehalm entgegen beiden französischen Moniages nicht in das Kloster Aigniennes (= Aniane), sondern in das Kloster Sankt Julian eintritt, so wird doch in der ‚Moniage Guillaume I' immerhin seine kurze Zwischeneinkehr im Kloster Saint-Julien geschildert. Da sich andererseits auch mehrfach ausschließliche Übereinstimmungen mit der ‚Moniage Guillaume II' nachweisen lassen, dürfte Ulrichs Vorlage für diesen Teil des ‚Rennewart' eine nicht erhaltene ‚Moniage original' gewesen sein, auf die auch die beiden französischen Moniages zurückgehen.

Wie die Gemeinsamkeiten auf der Ebene der *histoire* (s. die synoptischen Inhaltsüberblicke) zeigen, war Ulrich – ungeachtet der beträchtlichen Abweichungen von den französischen Vergleichstexten – generell durchaus bestrebt, zumindest das grobe Handlungsgerüst seiner jeweiligen französischen Vorlage zu übernehmen. Mitunter geht seine Vorlagentreue sogar so weit, diese wortgetreu zu übersetzen, Details wie z.B. französische Namensformen sowie für die Gesamthandlung vollkommen irrelevante Episoden zu übernehmen. Daß Ulrichs Abhängigkeit von den französischen Vorlagen noch weitaus höher gewesen sein dürfte, als es der Vergleich mit den entsprechenden gedruckten Chansons de geste zeigt, legen Übereinstimmungen mit handschriftlich überlieferten, aus den Lesartenapparaten zu rekonstruierenden Fassungen nahe (Hennings, 2008, S. 304–306). Viele der vermeintlich von Ulrich stammenden Abweichungen stellen sich als bloß scheinbare heraus. Man kann also mit Sicherheit davon ausgehen, daß sich weitere Parallelen in noch nicht gedruckten oder verlorenen Fassungen (*‚Aliscans', *‚Moniage Rainouart' und *‚Moniage Guillaume') finden ließen.

Insbesondere im ersten Drittel von ‚Rennewart I' (bis Baldewins Taufe, 3078), ist der Übereinstimmungsgrad mit dem Text der ‚Bataille d'Aliscans' (nach der Ausgabe von Wienbeck/Hartnacke/Rasch, 1903) sehr hoch. Das Bestreben, die französische Quelle zumindest in weiten Teilen recht getreu ins Deutsche zu übertragen, läßt den Schluß zu, daß auch die größeren Abweichungen, insbesondere die umfangreicheren

Kürzungen, zu einem Großteil bereits in *‚Aliscans' vorhanden waren. Hierbei dürfte es sich folglich um eine Kurzfassung handeln, die wie auch ‚Rennewart I' das Ende der zweiten Aliscansschlacht, Rennewarts Sieg über Baldewin, seinen Kampf gegen die Heiden im Bohnenfeld, sein Zerwürfnis mit Willehalm sowie die anschließende Versöhnung, Rennewarts Taufe, Schwertleite und Hochzeit mit Alyze und seinen Herrschaftsantritt in Portebaliart enthielt. Obgleich mit keiner der erhaltenen ‚Aliscans'-Hss. unmittelbar verwandt, dürfte sie, wie ein stichprobenartiger Textvergleich zeigt, insbesondere den Hss. L und V nahegestanden haben (Hennings, 2008, S, 304 ff.). Auch in diesen ist die Anzahl der Zweikämpfe, verglichen mit den Langfassungen, deutlich reduziert (so fehlen z. B. Rainouarts Zweikämpfe gegen die Heidenkönige Tenebré, Eüré und Haucebier). Es gibt also (zumindest für ‚Rennewart I') keinen Grund, mit Becker anzunehmen, Ulrich habe die Handlungsführung seiner französischen Vorlage derart stark verändert, daß man vermuten müsse, er habe sie nur kurz gehört und dann „nach dem losen Fluß der Erinnerungen, ohne sie durch erneutes Studium seiner Quelle aufzufrischen [...] darauf los gereimt" (Becker, 1896, S. 80). Allerdings steigt nach rund 3000 Versen die Anzahl der bedeutsameren inhaltlichen Abweichungen von den erhaltenen französischen Fassungen deutlich an. Ist hier *‚Aliscans' von allen überlieferten Hss. abgewichen, oder hat sich Ulrich im weiteren Verlauf stärker von seiner Vorlage gelöst? Feststeht, daß diejenigen Abweichungen, die eine Parallele in anderen deutschsprachigen epischen Werken – in erster Linie mit Wolframs Wh. – haben, Ulrich zugeschrieben werden können. Insgesamt finden sich in ‚Rennewart I' 12 gesicherte Übereinstimmungen mit dem Wh. Bei einigen handelt es um ausschließliche Übereinstimmungen, die sogar in deutlichem Widerspruch zum Text von ‚Aliscans' stehen, wie z. B. der Rückverweis auf den früheren Kuß zwischen Rennewart und Alyze (2633, vgl. Wh. 213,21 ff. u.a.). Aber auch die deutlich spürbare Tendenz, die Brutalität der Kampfschilderungen gegenüber dem französischen Text abzumildern und die Figur des Rennewart positiver zu gestalten (s. z. B. die Episode, wo Rennewart gegenüber einem Heiden *erbermde* zeigt, 834–929), sowie die gegenüber ‚Aliscans' weitgehend neu hinzugefügte und geradezu leitmotivisch wiederkehrende Minnethematik könnten auf den Einfluß des Wh. zurückzuführen sein. Zumindest gelangt Aderhold in ihrer Untersuchung über die Aspekte der Liebe im ‚Rennewart' zu dem Schluß, daß Ulrich, vor allem was die Bedeutung der ehelichen Liebe betrifft, sehr eng seinem Vorgänger folgt, wenngleich der konventionell-höfische Minnedienst, verglichen mit dem Wh., insbesondere auf christlicher Seite deutlich an Bedeutung verloren hat (Aderhold, 1997, S. 146–276, besonders S. 223 und 209). Zudem widersprechen die genannten Tendenzen diametral der typischen Erzählhaltung der französischen Chansons de geste. Abgesehen von den Übereinstimmungen mit dem Wh. findet sich im ‚Rennewart' eine beträchtliche Anzahl von Stereotypen und Topoi, die auch in anderen zeitgenössischen deutschsprachigen Werken, wie dem ‚Rolandslied', dem ‚Karl' des Stricker, dem ‚Alexanderroman', dem ‚Erec' oder dem Pz., vorkommen. Da es sich bei einigen dieser Stereotypen und Topoi zugleich um für Chansons de geste typisches Motivmaterial handelt, das also durchaus auch aus *‚Aliscans' entlehnt worden sein könnte, lassen derartige Textstellen keine gesicherten Rückschlüsse auf Ulrichs Arbeitsweise zu. Dennoch können wir zusammengefaßt festhalten: Beim ersten Teil des ‚Rennewart' handelt es sich um eine weitgehend getreue Übersetzung von *‚Aliscans' einerseits und einer aus anderen deutschsprachigen Werken schöpfenden Bearbeitung andererseits.

Ein größeres Ausmaß erreichen die inhaltlichen und quantitativen Abweichungen im zweiten Teil des ‚Rennewart', in der ‚Moniage Rennewart'. Wie ein Umfangsvergleich zeigt, ist der deutsche Text im Vergleich zur ‚Moniage Rainouart' (nach dem Text der Hs. C in der Ausgabe von Bertin, 1973) beträchtlich kürzer. Die Kürzungen erstrecken sich sogar mitunter auf ganze Handlungsblöcke (wie z.B. die Belagerung von Aiete und den Gadifer-Teil). Da diese extremen Kürzungen keine groben Verstöße gegen die Erzähllogik zur Folge haben, sondern mitunter sogar zwingend notwendig sind, um Widersprüche in der Handlungslogik des Gesamtwerkes zu vermeiden, erfordern sie einen bemerkenswert weitreichenden Überblick über die Gesamthandlung. Diesen erfordert auch ein Großteil der inhaltlich bedeutsameren Abweichungen. Hierzu zählen vor allem das grundlegend geänderte Verhältnis von Rennewart zu seinen Mitbrüdern und die ersten Anzeichen für ein friedliches Miteinander von Christen und Heiden an Stelle der stereotypen und anscheinend endlosen Spirale von Krieg und Rache in den französischen Chansons de geste. Was die Darstellung des Helden Rennewart anbelangt, so wird hier die bereits in ‚Rennewart I' anklingende Tendenz, diese Figur gegenüber dem französischen Text positiver darzustellen, weitergeführt und noch deutlich gesteigert. Während Rainouart nicht bereit ist, sich an die strengen Klosterregeln zu halten, im Zorn wiederholt seine Mitbrüder schlägt und sogar tötet und diese nicht nur seine unkontrollierten Wutausbrüche, sondern angesichts seines immensen Appetits auch eine Hungersnot im Kloster fürchten, ist Rennewart bei Ulrich deutlich weniger aggressiv und (wenngleich anfangs auch nicht immer mit Erfolg) durchaus bemüht, die Klosterregeln einzuhalten. Im Zusammenhang mit dieser grundlegenden Änderung der Figurenkonzeption stellt sich auch das Verhältnis von Rennewart zu seinen Mitbrüdern ganz anders dar. Während in der ‚Moniage Rainouart' die Mönche und insbesondere der Abt ausgesprochen negativ gezeichnet werden und selbst vor perfiden Mordplänen nicht zurückschrecken, um ihren verhaßten Mitbruder loszuwerden, sind im deutschen Text die Mitbrüder und der Abt Rennewart nach einigen Eingewöhnungsschwierigkeiten durchaus wohlgesonnen, da er sie von den Räubern erlöst und ihrem Kloster zu Wohlstand verholfen hat. Im weiteren Handlungsverlauf werden die Abweichungen immer deutlicher. In den letzten ca. 6000 Versen (20048–26046) finden sich in nur mehr sporadische Übereinstimmungen mit der ‚Moniage Rainouart'. So hat die weitgehend optimistische (auf den Malefer-Teil vorausweisende) Schlußgestaltung der ‚Moniage Rennewart' keine Parallele in der ‚Moniage Rainouart'. Sie kann definitiv Ulrich zugeschrieben werden, da sie zum einen deutliche Anklänge an die Matribleizszene des Wh. aufweist, und zum anderen offenbar ein bewußtes Gegenkonzept zu dem für die französischen Chansons de geste typischen Erzählmuster von scheinbar nicht endenden Kämpfen zwischen Heiden und Christen darstellt. Ulrich berichtet hier zunächst, wie Terramer erneut mit einem riesigen Heer in Orange einfällt und schemagerecht den zahlenmäßig unterlegenen Christen unterliegt. Als Schablone für diese weitgehend stereotype Schlachtschilderung dürfte die Beschreibung der zweiten Aliscansschlacht in ‚Aliscans' und im Wh. gedient haben. Nach dem Sieg der Christen konvertieren zahlreiche Heiden zum christlichen Glauben. Aber auch denjenigen, die am heidnischen Glauben festhalten, wird freier Abzug und die Einbalsamierung der gefallenen Könige gewährt, nachdem sie geschworen haben, nie wieder in christliche Länder einzufallen. Die hier anklingende Friedenspolitik wird im nachfolgenden Malefer-Teil, den Ulrich – so die allgemeine Auffassung der Forschung – ohne französische Vorlage gedichtet hat, breiter ausgeführt.

Derartige die Gesamtkonzeption betreffende Änderungen machen auch einen Großteil der extremen Kürzungen zwingend notwendig (wie z.B. die Tilgung der Mordpläne des Abtes Henri sowie der Fortsetzung der Heidenkämpfe) und setzen folglich einen kompetenten (recht freien) Bearbeiter voraus.

Dafür, daß es sich zumindest bei einem Großteil der inhaltlich bedeutsamen Abweichungen tatsächlich um Änderungen Ulrichs handelt und nicht um Übernahmen aus der *‚Moniage Rainouart', spricht, daß beispielsweise die Abschwächung des Brutalitätsgrades und die Bedeutung der Minnethematik generell der Erzählhaltung der französischen Chansons de geste widersprechen. Aussagekräftiger aber sind diejenigen Änderungen, die auf Ulrichs Unkenntnis der (im Guillaume-Zyklus unmittelbar auf ‚Aliscans' folgenden) ‚Bataille Loquifer' zurückzuführen sind (s. Hennings, 2008, S. 308f., 370f., 378f.). An Stellen, die inhaltlich unmittelbar an die in der ‚Bataille Loquifer' geschilderten Ereignisse anknüpfen, war Ulrich gezwungen, selbständig zu neuern bzw. zu ändern, um gravierende Brüche in der Erzähllogik zu vermeiden. So hat er beispielsweise im Unterschied zum französischen Text (anknüpfend an den Wh. und an ‚Rennewart I'), an Terramers traditioneller Herrscherrolle einerseits und an der negativen Darstellung Tybalts andererseits festgehalten. Tybalt tritt im gesamten ‚Rennewart' durchgängig als Terramers Schwiegersohn auf, dessen Haß auf die Christen (insbesondere auf Willehalm) schier unendlich scheint. In der ‚Moniage Rainouart' ist hingegen Tiébaut, da Desramé (= Terramer) infolge der in der ‚Bataille Loquifer' geschilderten Ereignisse für tot gehalten wird, das Oberhaupt der Heiden und genießt dementsprechend deren Respekt. Derartige, durch das Fehlen der ‚Bataille Loquifer' aus handlungslogischer Sicht zwingend notwendige Eingriffe in die französische Vorlage erfordern ein beträchtliches Maß an Selbständigkeit im Umgang mit der Quelle. Von Ulrichs Fähigkeiten als Bearbeiter zeugt überdies die enge inhaltliche Vernetzung durch zahlreiche intratextuelle Verweise auf ‚Rennewart I'.

Daß auch ein beträchtlicher Anteil an inhaltlich weniger bedeutsamen Abweichungen von Ulrich stammen dürfte, legen (zum Teil bereits für ‚Rennewart I' nachgewiesene) Übereinstimmungen mit dem Wh. und anderen deutschsprachigen Epen wie z. B. dem ‚Rolandslied' nahe, auch wenn es sich zu einem großen Teil um stereotype Erzählmuster und Topoi handelt.

Ulrichs Weg von einem anfangs möglichst getreu seiner Vorlage folgenden zu einem recht freien Bearbeiter erreicht seinen Höhepunkt im dritten Teil des ‚Rennewart'. Während im Französischen die Handlung um den Riesen Rainouart, der *Cycle Rainouart*, mit der ‚Moniage Rainouart' abschließt, an deren Ende der Tod Rainouarts und Maillefers berichtet wird, spinnt Ulrich hier völlig unabhängig von einer direkten Vorlage (ausgehend von vagen Andeutungen weitreichender Eroberungspläne Maillefers in *‚Aliscans' und der *‚Moniage Rainouart', von der Gahmuret-Feirefiz-Handlung im Pz. und dem nur vage angedeuteten Orientabenteuer Willehalms im Wh. sowie von den Eroberungszügen Alexanders des Großen) die Handlung um Rennewarts Sohn Malefer in über

7000 Versen weiter. Wenngleich er auch hier in vollen Zügen aus dem reichen Fundus an Stereotypen, Topoi und Erzählschemata aus anderen Werken der (klassischen) mhd. Literatur (allen voran dem Wh., dem Pz., dem ‚Trojaroman', dem ‚Nibelungenlied' und den sog. Brautwerbungsepen) schöpft, so kombiniert, variiert und ergänzt er die entlehnten Versatzstücke doch viel freier als in den anderen Teilen und fügt sie so in den Kontext ein, daß ein ‚neues' Handlungsgeflecht mit durchaus innovativen Zügen entsteht. Daher kann man ihm insbesondere für diesen Teil zumindest ein gewisses Maß an Originalität schwerlich absprechen. Ein Beispiel ist die Figur der ehemaligen Amazonenkönigin Pentesilie, eine Figur, die zwar an die Pentesiliefigur im ‚Trojaroman' sowie an die Brünhild im ‚Nibelungenlied' erinnert, die aber als ganze in ihrer Hybridität und Heterogenität in der zeitgenössischen Literatur ihresgleichen sucht. Das harte Urteil der älteren Rennewart-Forschung, der Malefer-Teil sei „gänzlich jeder originellen Erfindung bar" (Busse, 1913, S. 159), ist daher unbedingt zu revidieren, wenngleich der Malefer-Teil keineswegs als Neuschöpfung im engeren Sinne anzusehen ist. Überdies stellt Ulrich seine erzählerischen Qualitäten wiederum dadurch unter Beweis, daß er diesen Teil durch intratextuelle Bezüge eng mit den beiden vorhergehenden Teilen vernetzt und zuvor geknüpfte Handlungsfäden (wie z.B. die gegen Ende der ‚Moniage Rennewart' anklingende Friedenspolitik) wieder aufgreift.

Allerdings werden hier, wo er nicht auf eine direkte Vorlage zurückgreifen kann, auch rasch seine Grenzen deutlich. Denn der Malefer-Teil bezahlt seine ‚Originalität' mit eklatanter Inhomogenität und Hypertrophie. An vielen Stellen finden sich blinde Flecken, Widersprüche und mitunter sogar groteske Verzerrungen. So ist z.B. der geographische Rahmen von Malefers Orientabenteuern schlichtweg unsinnig, und auch das hier entworfene religiöse Weltbild weist vor allem gegen Ende deutliche Risse auf. Selbst die zuvor entworfene Friedensutopie durch Malefers und Penteselies Sohn Johannes wird wieder (zumindest ansatzweise) in Frage gestellt, da dieser offenkundig großen Gefallen am Heidenkrieg findet und sich – gemäß der traditionellen Kreuzzugsideologie – durch die Tötung der Heiden das ewige Seelenheil verdienen will (anders Aderhold, 1997, S. 288 f.).

Der letzte Teil des ‚Rennewart', die ‚Moniage Willehalm', knüpft nicht an den vorhergehenden Malefer-Teil, sondern an das Ende des zweiten Teils, der ‚Moniage Rennewart', an. Wie der Vergleich mit den erhaltenen Fassungen der ‚Moniage Guillaume' zeigt (s. die Ausgaben von Cloetta, 1906/1911), erweist sich Ulrich hier zum einen (ähnlich wie im ersten

Drittel von ‚Rennewart I') als ein recht getreuer, zum anderen als ein recht freier Bearbeiter. So finden sich, abgesehen von den starken Kürzungen, die – wie Übereinstimmungen mit der nur fragmentarisch erhaltenen Kurzfassung, der ‚Moniage Guillaume I', nahelegen –, großteils bereits in der *‚Moniage Guillaume' vorgeprägt gewesen sein könnten, beträchtliche Abweichungen in der groben Handlungsstruktur, die mit einiger Sicherheit Ulrich zugeschrieben werden können. Grundlegend abweichend von allen erhaltenen französischen Fassungen der ‚Moniage Guillaume' ist die Darstellung von Willehalms Leben im Kloster. Im deutschen Text wird der Held beträchtlich positiver dargestellt und die für die französischen Moniages charakteristische mönchsfeindliche Haltung sowie nahezu alle burlesken und gewalttätigen Züge der französischen Moniages werden vollständig getilgt. Statt des rauflustigen und eßfreudigen Helden, der immer wieder im Affekt einige Mitbrüder tötet und so deren Haß erregt, schildert Ulrich Willehalm als einen frommen, demütig die strengen Klosterregeln einhaltenden Klosterbewohner, der friedlich mit den Mitbrüdern lebt, schließlich das Leben eines strenge Askese übenden Eremiten und Klostergründers führt, um dann im Geruch der Heiligkeit zu sterben. Mit seiner vorbildlichen Lebensweise verkörpert Willehalm das Ideal des benediktinischen Mönchtums. Diesen Teil jedoch mit Westphal-Schmidt als Gegensatz zu den ersten beiden Teilen des ‚Rennewart' anzusehen (Westphal-Schmidt, 1979, S. 251), ist zweifelsohne verfehlt, da Ulrich bereits in der ‚Moniage Rennewart' das Verhältnis von Rennewart zu seinen Mitbrüdern in ähnlicher (allerdings abgeschwächter) Weise umgestaltet hat. Mit seiner konsequenten Umgestaltung des heldenepischen Stoffs der französischen Vorlage zu einer erbaulichen Heiligenlegende liefert Ulrich in der ‚Moniage Willehalm' die Begründung für die im Wh. (4,13 und 403,1) postulierte *sanctitas* Willehalms (und Giburgs) nach.

Forschungsgeschichtlich steht der ‚Rennewart', insbesondere was das Verhältnis zu seinen französischen Quellen anbelangt, deutlich im Abseits. Das mangelnde Interesse ist zu einem großen Teil auf die negativen Werturteile zurückzuführen, die bereits die älteste Forschung über Ulrichs Werk gefällt hatte. So hielt schon Jacob Grimm den ‚Rennewart' für ein „trockenes, geschwätziges Gedicht, das keinen Abdruck verdient" (J. Grimm, 1811, S. 24). Noch abfälliger äußerte sich Becker: „Ein abgeschmackteres und langweiligeres Machwerk als die Fortsetzung von Wolframs Willehalm kann man sich gar nicht denken. Ulrich von Türheim verfaßte sie […] mit einer Weitschweifigkeit, Plumpheit und seichten Redseligkeit, die dem Leser zur unausstehlichen Folter werden"

(Becker, 1896, S. 79). Aus Sicht der Romanisten erscheinen insbesondere die Abweichungen gegenüber den französischen Vergleichstexten, die diametral der Erzählhaltung der Chansons de geste widersprechen, als „geistlose und unverantwortliche Entstellungen" (Becker, 1896, S. 85). Aus Sicht der Germanisten wird der ‚Rennewart' hingegen oftmals viel zu streng an Wolframs Wh. gemessen. Der wohl schwerwiegendste Vorwurf der Forschung ist die angebliche Rückkehr Ulrichs zum blinden Kreuzzugsfanatismus (zuletzt Sabel, 2003, S. 170 f., 175 f. u. a.). Der kurz vor dem Abbruch des Wh. angestoßene Reflexionsprozeß hin zu einem künftigen friedlichen Miteinander von Christen und Muslimen werde, so Strohschneider, von Ulrich rundweg gekappt und das „Problemgebirge" des Wh. in „plane Steppe" verwandelt (Strohschneider, 1991, S. 348). Auch Westphal-Schmidt wirft Ulrich in diesem Zusammenhang „eklatante Problemlosigkeit" vor (Westphal-Schmidt, 1979, S. 266, zustimmend Sabel, 2003, S. 194 f. und Aderhold, 1997, S. 288 f.). Diese Ansichten übersehen offenkundig, daß Ulrich zwar nicht im ersten Teil seiner Wh.-Fortsetzung an die Matribleizszene des Wh. anknüpft, dafür aber in den beiden nachfolgenden Handlungsteilen. In der Endphase der zweiten Aliscansschlacht sah er offenbar keine Möglichkeit, Wolframs Erzählhaltung zu übernehmen, ohne den Handlungsgang seiner französischen Vorlage tiefgreifend zu stören, was seinem Anliegen als anfangs recht getreuem Bearbeiter widersprochen hätte. So verfolgt er zunächst den in *‚Aliscans' vorgegebenen erbarmungslosen Heidenkampf – ohne nennenswerte kritische Untertöne – weiter und nimmt dabei sogar gelegentlich inhaltliche Widersprüche mit dem Wh. in Kauf (s. z.B. die ‚Wiederauferstehung' des im Wh. 442,28 getöteten Tampasté, 542). Erst im weiteren Verlauf des ‚Rennewart', in welchem er sich zusehends von seiner Vorlage löst, um schließlich den Malefer-Teil ganz ohne Vorlage zu gestalten, knüpft er direkt (und wiederholt) an die Matribleizszene an und überbietet sie sogar mehrfach (s. übereinstimmend Bastert, 2005, S. 122 u. 130 f.). So ist schon kurz nach dem Beginn der Malefer-Handlung der blinde Automatismus ‚Tod oder Taufe' aufgehoben. Die Taufverweigerung Terramers, Tybalts, Faufaserats und anderer behindert den Friedensschluß nicht. Auf diese und andere Textstellen, in denen Ulrich eindeutig von der herkömmlichen Kreuzzugsideologie abweicht, weist zwar auch Sabel hin, gelangt allerdings zu dem Schluß, daß derartige Belege für religiöses Toleranzdenken im Sinne Wolframs im wesentlichen auf den Malefer-Teil beschränkt seien. Denn nur unter „der Bedingung christlicher Oberherrschaft ist eine Duldung der fremden Religion [...] möglich" (Sabel, 2003, S. 187). Für die übrigen Handlungsteile des ‚Rennewart' gelte jedoch – abgesehen von einigen „Ausnahmen" (S. 191) – nach wie vor die herkömmliche Kreuzzugsideologie: „theoretisch wird im Rennewart jede Art der Duldung einer anderen Religion ausgeschlossen. Nicht etwa die Schonung der Andersgläubigen wird propagiert, sondern die Vernichtung des Unglaubens" (Sabel, 2003, S. 176). Abgesehen von den deutlichen Anzeichen für Toleranz gegenüber der heidnischen Religion durch Schonung der besiegten Gegner, werden im Malefer-Teil auch ehemals verfeindete heidnische Parteien durch Versippung miteinander versöhnt, so daß „bei Malefers Aufbruch nach Asya [...] die Erde auf bemerkenswerte Weise pazifiziert und geordnet" ist (Strohschneider, 1991, S. 304). Schon aus diesem Grund wird man Strohschneiders Einschätzung des ‚Rennewart' als einer „kritische Alternative" zum Wh. nicht ohne weiteres teilen können (Strohschneider, 1991, S. 270). Der ‚Rennewart' ist vielmehr als Teil des reichen Stromes der nachklassischen deutschen Epik zu sehen, die sich den klassischen Werken, hier eben vor allen dem Wh., stofflich und gestalterisch in vielerlei Hinsicht eng verbunden fühlt und mit Vorliebe die unvollendet gebliebenen Werke fortsetzt. Daher ist es absolut nicht überraschend, daß sich im ‚Rennewart' zahlreiche Anspielungen auf das fortgesetzte Werk und direkte Entlehnungen, ja mitunter sogar wörtliche Zitate finden. Einen besonders großen Einfluß auf Ulrich hatte offenkundig auch die typisch wolframsche Darstellung der Minnethematik – ein Themenbereich, der in den Chansons de geste eine ausgesprochen marginale Rolle spielt. Gelegentlich unternimmt Ulrich sogar den Versuch, die Vielfalt der bei Wolfram vorkommenden Arten von Minnebindungen noch zu übertreffen (s. Aderhold, 1997, S. 146–276). Aber nicht nur Wolframs Œuvre, sondern die vorangehende mhd. Epik überhaupt hat im ‚Rennewart' allenthalben Spuren hinterlassen. Auch wenn der Originalitätsgrad im gesamten ‚Rennewart' nicht besonders hoch ist, so hat er doch vielfach die invertierten Versatzstücke so variiert und so mit dem Kontext verwoben, daß durchaus an einigen Stellen etwas Eigenständiges, Originelles im engeren Sinne, entstanden ist. Aber auch die Anklänge einer Friedenspolitik zwischen Christen und Heiden, das friedliche Miteinander von Rennewart und Willehalm mit den Klosterbrüdern und dem Abt, einige Änderungen in der Charakterisierung der Figuren sowie einige der Erzählerkommentare setzen ein vergleichsweise hohes Maß an Eigenständigkeit und Originalität voraus.

Die wichtigsten konzeptionellen Änderungen, die Ulrich entgegen den entsprechenden französischen Chansons de geste durchgeführt hat, lassen sich mit den Stichworten Gewaltreduktion und Hagiographisierung umschreiben. Das Bestreben, das für die Chansons de geste charakteristische hohe Maß an Brutalität beträchtlich zu reduzieren, findet sich im gesamten ‚Rennewart'. Die Hagiographisierung betrifft hingegen natürlich vorrangig die beiden Moniage-Teile, spiegelt sich aber auch im Malefer-Teil wider. So beruht beispielsweise die Ehe zwischen Malefer und Penteselie ausdrücklich auf göttlichem Befehl, die Namensgebung ihres gemeinsamen Sohnes Johannes erfolgt aufgrund einer göttlichen Offenbarung, und Malefer fungiert auf seinem Eroberungszug in den Osten, ähnlich wie Willehalm und Rennewart in ihren Kämpfen gegen die Räuber und Heiden, eindeutig als Gottes Werkzeug. Es ist also ein Mißverständnis, wenn Westphal-Schmidt einen dualistischen Gegensatz zwischen der hagiographischen Tendenz der ‚Moniage Willehalm' und dem Kreuzzugs- und Minnegeschehen der anderen Handlungsteile konstruiert (Westphal-Schmidt, 1979, S. 252).

3.2 Ulrich von dem Türlin: ‚Arabel'

Diese Vorgeschichte zu Wolframs Wh. ist weder im Werk selbst noch sonst in der Überlieferung mit einem eigenen Titel versehen worden. Singer, der erste Herausgeber, wählte die Bezeichnung ‚Willehalm' (Singer, 1893). Deutlich praktischer erweist sich hingegen die Umbenennung durch Werner Schröder in ‚Arabel', entsprechend dem Namen der weiblichen Hauptfigur (Schröder, 1981 und 1999). Nach dem deutlich an Wolframs Wh. orientierten gebetsartigen Prolog (*A 1,1–6,31) wird Folgendes erzählt:

Das Werk setzt ein mit der Geschichte von Willehalms Eltern. Graf Heimerich verteidigt sein Reich Naribon (Narbonne) erfolgreich gegen die immer wieder einfallenden Sarazenen, und befriedet darüber hinaus auch Portugal und die spanische Mark. Seine Gattin Irmenschart, Gräfin von Pavie (Pavia), hatte er einst auf einem Rachefeldzug Karls des Großen gegen die Heiden in der Lombardei nach der Katastrophe von Runzeval gewonnen und mit ihr sieben Söhne gezeugt. Doch seine größte Sorge gehört nicht diesen, sondern seinem Patenkind, Floret, nachdem dessen Vater in einem Kriegszug als sein Gefolgsmann das Leben verloren hat. Zu Gunsten des Patenkindes enterbt er seine eigenen Söhne Willehalm Acvrnoys, Bernhart, Kybert, Arnalt (Arnolt), Berhtram, Witschart und Buobe und sendet sie hinaus in die Welt, damit sie sich selbst Ehre und Besitz erwerben, und gibt ihnen eine umfassende Ritterlehre und den Rat, um den Lohn der Minne willen Dienst zu leisten, mit auf

Der Stoff: Vorgaben und Fortschreibungen   579

den Weg. Willehalm zeichnet sich fortan im Gefolge Kaiser Karls aus und erhält zum Lohn die spanische Mark als Lehen. Nach dem Tod Karls, sichert er dessen Sohn Loys die Nachfolge. Als Markgraf von Oransche tritt er widerstrebenden Vasallen kriegerisch entgegen und gibt dem jungen König seine Schwester zur Frau. Als ein heidnisches Heer unter König Terramer und Paligan einfällt, führt Willehalm die zahlenmäßig unterlegenen Christen zum Sieg, wagt sich aber bei der Verfolgung alleine zu weit vor und wird von der Überzahl der Fliehenden überwältigt und per Schiff nach Todjerne ins orientalische Reich von König Tybalt und Königin Arabel, Terramers Tochter, gebracht. Dort verliebt er sich auf den ersten Blick in Arabel, die dem weithin gerühmten Gefangenen Achtung und Wertschätzung entgegenbringt. Doch erst nach über sieben Jahren Kerkerhaft kommt es zu einer erneuten Begegnung mit ihr (im Rahmen der sog. Witwen-Episode, *A 80,10 ff.). In der Zwischenzeit hat Arabel Willehalm heimlich kleine Präsente und Annehmlichkeiten zukommen lassen, um ihm die Zeit der Gefangenschaft zu erleichtern. Als Tybalt sich einem neuen Heereszug Terramers anschließt, überträgt er ihr die Sorge um die Bewachung Willehalms. Vor seiner Abreise kommt es zu einem tränenreichen Abschied und einer zweimaligen Liebesnacht der Eheleute (*A 88,14 ff.; 91,17 ff.). Doch schon kurz nach der Abreise ihres Gatten, wünscht sie, den Gefangenen zu sehen (*Arabel nv niht wolte sparn,/sine wolte den Markraven sehen*, *A 97,6 f.). Anfangs hält Arabel ihrem Gatten durchaus die Treue, fühlt sich aber zu dem Gefangenen immer mehr hingezogen. Beim gemeinsamen Schachspiel hat Willehalm Gelegenheit, Arabel mit dem christlichen Glauben vertraut zu machen und ihr seine Liebe zu bekennen. Nach vier Tagen bekennt sich Arabel zur neu erwachten Liebe zum christlichen Gott und entschließt sich, zusammen mit vier edlen Fürstinnen, zur Flucht und Taufe. Sie arbeitet einen Fluchtplan aus und befreit den Markgrafen aus dem Verlies. Glücklich fallen die Liebenden einander in die Arme, tauschen Liebkosungen aus, beten aber auch gemeinsam. Auf eine körperliche Vereinigung verzichtet Willehalm zunächst (bis zum Vollzug der Taufe). Auf dem Fluchtschiff kommt es zum Kampf gegen die heidnische Besatzung, in dem Arabel und ihre Hofdamen Willehalm aktiv unterstützen. Ein Teil der Besatzung verliert in dem Kampf sein Leben, der Rest bittet um *sichervnge* und wird auf Arabels Bitte verschont (141,26 ff.). Die Flüchtlinge werden von sechzig heidnischen Schiffen unter der Führung Tybalts verfolgt und retten sich mit knapper Not auf die Christeninsel Montanar. Ein gewaltiger Sturm vernichtet die heidnische Flotte, und Arabel dankt dem einen und wahren Gott inbrünstig für die wunderbare Rettung. Nach 12 Tagen auf der Insel, in denen die Burggräfin von Montanar Arabel in die Sitten und Gebräuche der französischen Kultur eingeführt hat, nehmen Arabel und Willehalm Abschied. Angelangt in seinem Heimathafen Rivetinet, verständigt Willehalm seine Verwandten, auch Kaiser Loys begibt sich mit allen Edlen des Reiches nach Rivetinet. Dort wird ein prachtvolles sechstägiges Fest gefeiert, auf dem der Markgraf von seinen Abenteuern berichtet. Als der in Paris weilende Papst Leo gebeten wird, Arabel und ihr Gefolge zu taufen, lädt er alle nach Aveniun (Avignon) ein. Im Rahmen umfangreicher höfischer Feierlichkeiten wird Arabel auf den Namen Kyburg (Giburg) getauft und dann dem Markgrafen vermählt. Die Hochzeitsnacht und ein Bankett beenden den Handlungsgang. Ulrichs Werk bricht bei *A 312,10 (Schröder, 1999) offenkundig unvollendet ab.

Das Werk ist in zwei Fassungen, *A und *R (und einer Mischredaktion *C, einer Kontamination von *A und *R) überliefert. Beide Fassungen sind offenkundig unvollendet. Von *A sind eine vollständige Hs. und fünf Fragmente, von *R acht Hss. und 10 Fragmente erhalten. Abgesehen von zwei vollständigen Hss., ist Ulrichs Werk stets zusammen mit dem Wh. und dem ‚Rennewart' überliefert. Singer zufolge gehen *A und *R auf Ulrichs Original zurück (Singer, 1893). Für Schröder hingegen gilt *A als Abschrift des Originals, *R als Werk eines späteren Bearbeiters (Schröder, 1982–93 und 1999). Schröder dürfte recht haben. Ob dieser Bearbeiter nicht vielleicht doch mit Ulrich identisch sein könnte und vor allem ob das verlorene Original nicht bereits Varianten enthalten haben könnte, welche sowohl in *A wie in *R erhalten wären, läßt sich aber nicht sicher sagen (Schirok, 2001). Die 933 Verse, die sich in der Hs. A (Heidelberg, UB, cpg 395) an den abrupten Schluß bei *A 312,10 anschließen, stammen allerdings schwerlich von Ulrich, denn sie sind in fortlaufenden Reimpaaren, das übrige Werk aber in Abschnitten von (meist) 31 paargereimten Versen mit abschließendem Dreireim verfaßt. Mit dieser Fortsetzung in Reimpaaren wird die Handlungslücke zwischen Ulrichs und Wolframs Werk gänzlich geschlossen (glückliches Leben des Heldenpaares; Kaisertochter Alyze bei Giburg; ritterliche Erziehung und Schwertleite von Willehalms Neffen Vivianz in Oransche; Ankunft der zur Rache aufgebrochenen Sarazenen in der Provence), um das Werk in den Willehalm-Zyklus einzupassen. Als dessen Teil ist es in aller Regel überliefert, und zwar in der Vulgata-Fassung *R.

Den Autor und den Gönner verrät uns das Akrostichon der Verse *A 7,1–8,31: *MEISTER VLRICH VON DEM TVRLIN HAT MIH GEMACHET DEM EDELN CUNICH VON BEHEIM* (in *R 7,1–7,39 um die letzten fünf Wörter verkürzt). Da *A 8,23 f. zudem noch *Von dem kvnig in vier landen,/Otakker* spricht, läßt sich die Entstehung des Originals auf die Zeit zwischen 1261, da Otakar II. Přzemysl (1253–1278) zum König von Böhmen gekrönt wurde, und 1269, da er als viertes Land Kärnten erwarb, eingrenzen. Es liegt somit nahe, daß Ulrich zeitweise Hofdichter in Prag war.

Ob Ulrich die ‚Arabel' als selbständiges Werk geplant hat, welches erst der Redaktor durch Überarbeitung als reine Vorgeschichte zum Wh. erscheinen lassen wollte (McFarland, 1978, S. 58), wissen wir nicht. Doch auch wenn es in sich geschlossen ist und durchaus unabhängig vom Wh. rezipiert werden kann, so gelangt der Leser/Hörer doch „erst durch eine Kenntnis und Berücksichtigung der Wh.-Dichtung' [...] zu einem vollen Verständnis von Ulrichs Werk" (Aderhold, 1997, S. 145). Feststeht, daß Ulrichs ausdrücklicher Bezug auf Wolframs Wh. alles andere als äußerlich ist. Schröder geht jedoch zu weit, wenn er Ulrich lediglich als Nachahmer ansieht (Schröder, 1985, S. 22; dagegen u.a. Sabel, 2003, S. 197 ff.). Möglicherweise könnte neben der literarischen Prominenz der Willehalmgestalt zumindest am Rande der Kult des heiligen Wilhelm von Toulouse schon eine Rolle gespielt haben, auch wenn die ‚Arabel' kaum legendenhafte Züge trägt (gegen Höcke, 1996, S. 308). Der italienische Orden der Wilhelmiten versuchte nach seiner Ausbreitung (nach 1245) nördlich der Alpen, den tatsächlichen Gründer des Ordens, Wilhelm von Malavalle (gest. 1157), mit dem berühmten Wilhelm von Toulouse gleichzusetzen (Kleinschmidt, 1974). Im Jahr 1263 weihte der Bischof von Prag im Beisein des böhmischen Adels das Wilhelmitenkloster Ostrov südlich von Prag (Knapp, 2005, S. 63, mit Verweis auf Elm, 1962, S. 88).

Die ‚Arabel' ist ein typisches Beispiel der zugleich admirativen und ämulativen Wolfram-Rezeption des 13. Jh.s (zu dieser vgl. u.a. Ragotzky, 1971; Strohschneider, 1991). Schon der Prolog lehnt sich, wie gesagt, unmittelbar an Wolfram an (zu den Abweichungen gegenüber dem Wh. s. Sabel, 2003, S. 199 ff.), und auch die erzählte Handlung ist ganz aus der im Wh. nur angedeuteten Vorgeschichte entwickelt und dementsprechend auch mit Vorausdeutungen auf die im Wh. erzählte Handlung durchsetzt (vgl. Bastert, 2005, S. 122 f.). Laut eigener Aussage wollte Ulrich vorrangig die Umstände der Entstehung der Liebesbeziehung zwischen den beiden Haupthelden näher beleuchten (*A 4,1–8: *Han ich nv kvnst, die wil ich zeigen,/die min herze vil eigen-/lichen hat beslozzen,/der welt gar vngenozzen,/dvrch dis buoches angenge,/des materi vns vil enge/her Wolfram hat betiutet:/diu wirt nv baz beliutet*). Sein möglicherweise wichtigstes Anliegen war es, eine eindeutige Antwort auf die im Wh. offen gebliebene Frage, ob es zwischen Willehalm und Giburg bereits vor der Taufe zu einer körperlichen Vereinigung gekommen ist (s. Wh. 298,19 f.), zu geben (s. hierzu v. a. Aderhold, 1997, S. 115, 135 ff. u. a.). Nach allgemeiner Auffassung der Forschung hat Ulrich das Werk ohne Rückgriff auf französische Quellen verfaßt. Ungeklärt ist hingegen, ob er den ‚Rennewart' kannte. Inhaltliche Abweichungen (insbesondere in den Schilderungen des Beginns von Arabels und Willehalms Liebesbeziehung und ihrer gemeinsamen Flucht) sowie das Fehlen von intertextuellen Bezügen sprechen jedoch dagegen (s. u. a. Bastert, 2005, S. 123 und 126).

Wenngleich Ulrich betont, Wolfram keineswegs übertreffen zu wollen (*daz sprich ich niht vmbe daz, / daz mvnt ie gespreche bas . / ir svlt ez anderweit versten*, 4,9 ff.), so zeigen sich doch zumindest in formaler Hinsicht, auf den Gebieten der Metrik, Rhetorik und Topik, durchaus Ansätze dazu. Daß er hier des Guten zuviel getan hat, sollte man zugeben, selbst wenn man ihn nicht (wie Schröder, 1985) ungerechterweise nur an Wolfram messen will. Das Werk scheint vielerorts eher dem *genus demonstrativum* als dem *genus narrativum* anzugehören. Der von McFarland 1987 in dem Werk festgestellte Dreischritt vom Kriegsroman zum Minne- und Abenteuerroman und schließlich zum Repräsentationsroman führt allenthalben und namentlich gegen Ende nahezu zum Handlungsstillstand und zur endlosen Ausbreitung von deskriptiven Tableaus, aus denen sich vor allem die exakte Einhaltung höfischer Etikette ablesen läßt. Nach Sabel dienen sie allerdings namentlich dazu, den Prozeß von Arabels Assimilation an die christlich-okzidentale Lebenswelt darzustellen (Sabel, 2003, S. 244–248).

Ulrichs substantielle narrative Zutaten gegenüber den Andeutungen im Wh. sind nicht zahlreich und dann häufig unklar (meist infolge des dunklen Stils) und/oder widersprüchlich, mitunter derartig, daß sich der Redaktor gezwungen sieht einzugreifen (z. B. *R 11,7–11). Dennoch ergeben sich einige Akzentverschiebungen. So bleibt der Text, abgesehen von dem Gebetsprolog, Arabels Unterweisung im christlichen Glauben und den prächtigen geistlichen Zeremonien, weitgehend in der rein weltlich-höfischen Sphäre. Freudig greift Ulrich aus Wolframs Werk hauptsächlich die Minnethematik auf, weitet sie aus und taucht sie überwiegend in das helle Licht höfischer Freude (Höcke, 1996; Aderhold, 1997). Die für den Wh. charakteristischen leidvollen und tragischen Aspekte der Minne kommen bei Ulrich (abgesehen von kurzen vorausschauenden Verweisen auf das Handlungsgeschehen im Wh.) nicht vor. Dies bedeutet jedoch nicht, wie Schröder annimmt, daß Ulrich die „potentielle Tragik bei Wolfram […] nicht gesehen" habe (Schröder, 1984, S. 217).

Vielmehr hat er die Darstellung der Minne an die Lebenssituation der beiden Liebenden in seinem Werk angepaßt (Aderhold, 1997, S. 125 u.a.). Denn wie Aderhold zutreffend bemerkt, behandelt die ‚Arabel' ja „die erste Phase der Liebesbeziehung zwischen Arabel und Willehalm, die Entstehung ihrer Liebesgefühle füreinander, die Flucht und die erste Zeit ihres Zusammenlebens. Das ist eine Situation, die eher durch Hoffnung und Freude für den Liebenden geprägt ist [...]. Die leidvollen Erfahrungen, die Willehalm und Gyburc in Wolframs Dichtung durchzumachen haben, liegen hier noch in der Zukunft, wichtig ist zunächst die freudige Erfahrung ihrer sich erfüllenden gegenseitigen Liebe" (Aderhold, 1997, S. 125).

Verglichen mit der Minnethematik, ist das Thema des Heidenkampfes von marginaler Bedeutung. Doch dort, wo Kämpfe gegen Ungläubige geschildert werden, folgt Ulrich dem traditionellen Kreuzzugsdenken. Die Tötung von Andersgläubigen ist eine Selbstverständlichkeit, ihre (freiwillige) Bekehrung ein wünschenswerter Akt. Kreuzzugsideologische Reflexionen finden sich aber so gut wie nicht (Höcke, 1996, S. 151–174). Wenn Arabel Willehalm um Schonung für die überlebenden Heiden bittet: ‚la dich die gotes geschepft erbarmen,/herr, vnd la si dvrch mich leben!/si habent fiantz mir gegeben,/ir aller kraft schadet vns nu niht' (*A 143,8–11), so mag „das prinzipiell sehr wohl mit Gyburgs [...] Schonungsrede aus dem ‚Willehalm' vergleichbar" sein (Bastert, 2005, S. 127). Doch es geht hier nur um eine Schiffsbesatzung, nicht um ein ganzes Heer oder gar ein Volk. Zudem fehlt die theologische Fundierung des Schonungsgebots (s. dazu a. Sabel, 2003, S. 207 f.).

Viel wichtiger als der Glaubenskrieg ist der Kampf für Ehre und Minne (s. v.a. Aderhold, 1997, S. 117–130). Arabels erster und zweiter Gatte verdienen und erhalten beides. Auch die erotische Verbindung von Arabel und Tibalt wird sehr innig vorgestellt (s. insbesondere die zweimalige Liebesvereinigung vor Tibalts Abreise). Der entscheidende Unterschied liegt dann in der Christlichkeit der zweiten Ehe nach Arabels Taufe. Monika Schulz meint mit Bezug auf das damals in Kraft befindliche kirchliche ‚Privilegium Paulinum', dieser Ehe sei von Ulrich jeder Verdacht der Unrechtmäßigkeit, welchem sie bei Wolfram nicht ganz entzogen scheint, genommen. Allerdings gibt es im Text keinerlei Hinweis auf das Kirchenrecht, und stillschweigend wird es offenbar auch nicht buchstabengetreu eingehalten. Mehr Bedeutung kommt aber wohl ohnehin der These von Schulz zu, Arabel-Giburg werde mehrfach und somit rechtsverbindlich in Willehalms Sippenverband aufgenommen, welcher neben den Verwandten ersten Grades auch Kaiser und Papst einschließe, wodurch die spätere anfängliche Weigerung, Willehalm im Heidenkampf, der v. a. Giburgs wegen ausbricht, zu unterstützen, zum schweren Vertragsbruch werde (Schulz, 2005, S. 117–138).

Das hat mehr für sich als die Annahme, König Lois sei nach dem großen französischen König Ludwig VII. (gest. 1270 auf dem Kreuzzug) von Ulrich zum Vorbild eines mächtigen und prächtigen böhmischen Hofes stilisiert worden (McFarland, 1987). Das hier entworfene Ideal sollte wohl Allgemeingültigkeit beanspruchen dürfen, wobei natürlich nur die adelige Welt in den Blick genommen wird, die sich ganz nach der vorbildlichen französischen Hofkultur zu richten hat. Wolframs sowohl angst- wie respektvolle Wahrnehmung des orientalischen Fremden ist geschwunden. Unbeantwortbare weltanschauliche Fragen tun sich überhaupt keine mehr auf. Alles Leid ist dazu da, überwunden werden und schließlich der Freude und Harmonie Platz zu machen. So kann Höcke mit einigem Recht behaupten, die ‚Arabel' sei dem Dichter infolge „idealistischer und optimistischer Sinnstiftung" trotz aller Bewunderung für Wolfram „wohl ungewollt, gleichsam ‚unter der Hand' zu einer Art Anti-Willehalm geworden" (Höcke, 1996, S. 314). Sabel meint, Ulrich habe das Verhältnis der heidnischen zur christlichen Welt als typologische Steigerung (Synagoge-Ecclesia oder Eva-Maria) darstellen wollen. Da direkte diesbezüglich Erzählerbemerkungen fehlen, muß dies eine Vermutung bleiben, welche wohl die Gestaltungskraft des Autors überschätzt.

4. Wolframs ‚Willehalm' und die deutsche Karls-Tradition

In dem berühmten St. Galler Codex 857 (Wh.-Hs. G) geht ‚Karl der Große' von dem Stricker dem Wh. voran. Dasselbe läßt sich noch in der Hamburger Hs. (Wh.-Hs. Ha) aus dem 15. Jh. beobachten. Obwohl diese Kombination in der Wirkungsgeschichte gegenüber dem dreiteiligen Willehalm-Zyklus ganz in den Hintergrund tritt, bezeugt sie uns ein Geschichtsbild, welches den Wh. als selbstverständlichen Teil der *Memoria Caroli Magni* präsentiert. Der Stricker weist am Ende des ‚Karl' auf die Fortsetzung des Kampfes zwischen Karl und Baligan in der folgenden Generation (Ludwig und Terramer) hin (‚Karl der Große' 12192ff.; → S. 12) und folgt darin nur der Intention Wolframs, der selbst mehrfach diese Kontinuität herstellt, aber mitnichten daran denkt, sich dem dualistischen Weltbild des ‚Rolandsliedes' anzupassen. Ihm dient dieser Anschluß an den großen historischen Zusammenhang zuerst einmal dazu, seinem Werk auch den Status eines chronikalen Tatsachenberichts zu verleihen, als welcher ihm das ‚Rolandslied' offenbar gilt (Ashcroft, 2002, S. 22f., gegen Kiening, 1989, S. 207). Doch mag Wolfram, wie oben angedeutet, auch eine wie auch immer schattenhafte Ahnung von dem weiten Panorama der französischen Karls- und Wilhelmsepik und der darin geschilderten Kette heidnischer Invasionen in Frankreich gehabt haben, welche ja alle als die Folge von Kaiser Karls Rachefeldzug für Rolands Fall vorgestellt werden.

Wieweit sich Wolfram auf andere Zeugnisse der Karlstradition bezogen haben könnte, bleibt unklar. Selbst die Kenntnis der ‚Kaiserchronik' ist nicht zu sichern, wenn Wolfram das Sargwunder von Les Alyscamps nicht aus der entsprechenden Passage der Chronik (14885–14908), sondern aus dem ‚Liber Sancti Jacobi' (Geith, 1977) oder sonst woher bezogen haben sollte. Umgekehrt zitiert die zweite, die sogenannte ‚Schwäbische Fortsetzung der Kaiserchronik' (aus der Zeit nach 1310) aus dem Wh. (Nellmann, 1983, Sp. 960). Angesichts der siebzig im Wh. zu registrierenden expliziten Erwähnungen von Personen, Orten und Objekten, welche sicher oder wahrscheinlich aus dem ‚Rolandslied' stammen, liegt jedenfalls die Annahme nahe, Wolfram habe die Karlstradition fast ausschließlich daraus bezogen (vgl. Ashcroft, 2002). Aus Karls Heidenkampf werden Kampfruf und Waffen übernommen. Karls unbezweifelte Größe als Kaiser, Heerführer, Schützer der Kirche und Diener Gottes ist seinem Nachfolger als Maßstab vorgegeben. Der Sohn hat aber schon Schwierigkeiten bei der Thronbesteigung, verdankt die Krone dann der Hilfe Willehalms und vermag auch später das Erbe nicht wirklich auszufüllen, so daß wiederum Willehalm einspringen muß, zumal die kriegerische Bedrohung durch die Sarazenen sogar noch größer wird als zu Karls Zeiten (vgl. Cormeau, 1992). Wolfram meinte wohl, seine Kenntnis des ‚Rolandsliedes' mit seinem Publikum zu teilen. Wenn er auf jede namentliche Erwähnung von Autor und Werk verzichtet, will er offenbar jeden Gedanken an eine literarische Entlehnung aus der fiktionalen Erzählung eines Dichterkollegen von vornherein fernhalten (Ashcroft, 2002, S. 21).

Auf völlig andere Weise, jedoch wiederum mit direktem Rückgriff auf die Texte des Hochmittelalters werden in der zweiten Hälfte des 14. Jh.s wiederum die Geschichten Karls des Großen, Ludwigs des Frommen und des Markgrafen Willehalm dem Publikum als Kontinuum präsentiert. Die verlorene, aber aus der Wolfenbütteler Hs. (Cod. Guelf. 1.5.2 Aug. 2°, Sigle Wo1) einigermaßen rekonstruierbare Erstfassung der unter dem Namen Heinrichs von München bekannten ‚Weltchronik' baut insbesondere auf älteren Weltchroniken auf, benutzt für ihre Kompilation aber am Ende auch Exzerpte aus ‚Karl der Große', ‚Arabel', Wh. und ‚Rennewart' (→ S. 64, 608). Die vielleicht im salzburgisch-österreichischen Raum zusammengestellte Reimchronik (vgl. Knapp, 2004, S. 303–316) beraubt die gewählten Textausschnitte aus den älteren Werken größtenteils gerade ihrer speziellen literarischen Zutaten wie Briefe, Reden, Minneszenen, Naturbeschreibungen, Vergleiche, Allegorien, achtet aber einigermaßen darauf, effektive handlungsmäßige Widersprüche zu vermeiden, d. h. auch diejenigen, welche zwischen den herangezogenen Texten schon bestanden, nicht zu übernehmen. Damit Hand in Hand geht offenbar aber auch „eine Nivellierung der diskursiven Polyvalenz" der Texte „zugunsten einer alle anderen Stimmen dominierenden Diskurses, der die heilsgeschichtlich bedeutsame Konfrontation zwischen Christen und Heiden ohne jegliches Interesse für das ‚Recht des Anderen' schildert" (Bastert, 2005, S. 134). Warnungen vor der Überschätzung einer allenthalben wohl überlegten Textauswahl durch die Kompilatoren/Redaktoren scheinen allerdings angebracht. ‚Heinrich von München' schiebt 18 Verse aus der ‚Arabel' Ulrichs von dem Türlin gleich in seinen Prolog ein, mischt dann aber ohne erkennbares System eine Bearbeitung des Eingangsteiles von des Strickers ‚Karl' mit ‚Arabel'-Exzerpten, reproduziert hierauf unmittelbar Teile des Stricker-Textes, greift dann auf die ‚Kaiserchronik' zurück und schließt zuletzt die Willehalm-Trilogie an. Nach etwa 27 000 Versen zu Karl, Willehalm und Rennewart (die alle in der Redaktion b je nach Hs. vollständig oder fast vollständig weggelassen worden sind) „endet infolgedessen die Chronik mit dem frommen Sterben des großen Reichsfürsten und Heidenkriegers Willehalm im Kloster – ein Ausklang, der, wenn nicht unbedingt die heilsgeschichtliche, so doch mindestens die streng religiöse Ausrichtung dieser Weltchronik betont" (Knapp, 2004, S. 312).

Literatur

Texte

Aliscans, hg. von François Guessard/Anatole de Montaiglon, Paris 1870. – Aliscans. Kritischer Text von Erich Wienbeck/Wilhelm Hartnacke/Paul Rasch, Halle 1903. – [Aliscans M] La versione franco-italiana della ‚Bataille d'Aliscans': Codex Marcianus fr. VIII [= 252], hg. von Günther Holtus (Beihefte zur ZfrPh 205), Tübingen 1985. – Aliscans, hg. von Claude Régnier, 2 Bde (Les Classiques Français du

Moyen Age 110/111), Paris 1990. – The Song of Aliscans, transl. by Michael A. Newth (Garland Library of Medieval Literature B85), New York/London 1992.
Ermoldus Nigellus, Carmen in honorem Hludowici Caesaris Augusti, hg. von Ernst Dümmler, in: MGH Poetae II, Berlin 1884, S. 1–79.
La Chanson de Guillaume, hg. von François Suard, Paris 1991.
La Chanson de Roland. Edition critique par Cesare Segre. Nouvelle édition refondue, traduite d'italien par Madeleine Tyssens, Genf 2003.
Chronicon Moissacense, hg. von Georg P. Pertz, in: MGH SS I, Hannover 1826, S. 280–313.
Le Cycle de Guillaume d'Orange. Anthologie, hg. von Dominique Boutet, Paris 1996.
[Heinrich von München] Die Exzerpte aus Wolframs Willehalm in der Weltchronik Heinrichs von München, hg. von Werner Schröder, Berlin/New York 1981.
Das Rolandslied des Pfaffen Konrad, hg. von Carl Wesle. 3., durchges. Aufl. bes. von Peter Wapnewski (ATB 69), Tübingen 1985.
Ordericus Vitalis, Historia ecclesiastica, hg. von Marjory Chibnall, Bd. 3, Oxford 1972.
Ulrich von Türheim, Rennewart, aus der Berliner und Heidelberger Handschrift hg. von Alfred Hübner (DTM 38), Berlin 1938.
Ulrich von dem Türlin, Arabel. Die ursprüngliche Fassung und ihre Bearbeitung, krit. hg. von Werner Schröder, Stuttgart/Leipzig 1999. – Willehalm, hg. von Samuel Singer (Bibliothek der mhd. Literatur in Böhmen 4), Prag 1893.
Vita sancti Wilhelmi, in: Acta sanctorum ordinis sancti Benedicti, Saeculum quartum, Bd. 1, Venedig 1735, S. 67–83.
Wolfram von Eschenbach, Parzival. Studienausgabe. Mhd. Text nach der sechsten Ausgabe von Karl Lachmann. Übersetzung von Peter Knecht. Mit Einführungen zum Text der Lachmannschen Ausgabe und in Probleme der Parzival-Interpretation von Bernd Schirok, 2. Aufl., Berlin/New York 2003. – Willehalm. Nach der Handschrift 857 der Stiftsbibliothek St. Gallen. Mhd. Text, Übersetzung, Kommentar, hg. von Joachim Heinzle, mit den Miniaturen aus der Wolfenbütteler Handschrift und einem Aufsatz von Peter und Dorothea Diemer (Bibliothek des Mittelalters 9 = Bibliothek deutscher Klassiker 69), Frankfurt a.M. 1991 [rev. Taschenbuchausgabe (Deutscher Klassiker Verlag im Taschenbuch 39) Frankfurt a.M. 2009]. – Willehalm. Codex Vindobonensis 2670 der Österreichischen Nationalbibliothek, Kommentar von Fritz Peter Knapp, Tl. 1: Fol. 1–145, Tl. 2: Fol. 145v-351 (Glanzlichter der Buchkunst 14/1,2), Graz 2005.

Forschung

Aderhold, Susanne, mins hertzen wunne: Aspekte der Liebe im Willehalm Wolframs von Eschenbach, in der Arabel Ulrichs von dem Türlîn und im Rennewart Ulrichs von Türheim, Diss. Osnabrück 1997.
Alonso, Dámaso, La primitiva epica francesa a la luz de una Nota Emilianense, in: Revista de Filologia Española 37 (1953), S. 8–94.
Ashcroft, Jeffry, „dicke Karel wart genant": Konrad's Rolandslied and the Transmission of Authority and Legitimacy in Wolfram's Willehalm, in: Jones/McFarland (2002), S. 21–43.

Bacon, Susan Almira, The Source of Wolfram's Willehalm (Sprache und Dichtung 4), Tübingen 1910.
Bastert, Bernd, Rewriting Willehalm? Zum Problem der Kontextualisierungen des Willehalm, in: ZfdPh 124 (2005) Sonderheft (Retextualisierung in der mittelalterlichen Literatur, hg. von Joachim Bumke/Ursula Peters), S. 117–138. – Helden als Heilige. Chanson de geste-Rezeption im deutschsprachigen Raum (Bibliotheca Germanica 54), Tübingen 2010.
Becker, Philipp August, Die altfranzösische Wilhelmsage und ihre Beziehung zu Wilhelm dem Heiligen. Studien über das Epos vom Moniage Guillaume, Halle 1896.
Behr, Hans-Joachim, Literatur als Machtlegitimation, München 1989.
Bennett, Philip E., Heroism and Sanctity in the cycle de Guillaume, in: Jones/McFarland (2002), S. 1–19.
Brunner, Horst/Rettelbach, Josef/Klein, Dorothea (Hg.), Studien zur Weltchronik Heinrichs von München, 3 Bde. (Wissensliteratur des Mittelalters 29–31), Wiesbaden 1998.
Bumke, Joachim, Wolframs Willehalm. Studien zur Epenstruktur und zum Heiligkeitsbegriff der ausgehenden Blütezeit (Germanische Bibliothek. Reihe 3), Heidelberg 1959. – Wolfram von Eschenbach (Sammlung Metzler 36), 7. Aufl., Stuttgart/Weimar 1997; 8. Aufl. 2004.
Bushey, Betty C., Neues Gesamtverzeichnis der Handschriften der Arabel Ulrichs von dem Türlin, in: Wolfram-Studien 7 (1982), S. 228–286.
Busse, Eberhard Kurt, Ulrich von Türheim (Palaestra 121), Berlin 1913.
Cormeau, Christoph, ist mich von Kareln uf erborn/daz ich sus vil han verlorn? Sinnkonstitution aus dem innerliterarischen Dialog im Willehalm Wolframs von Eschenbach, in: Grundlagen des Verstehens mittelalterlicher Literatur. Literarische Texte und ihr historischer Erkenntniswert, hg. von Gerhard Hahn/Hedda Ragotzky (Kröners Studienbibliothek 663), Stuttgart 1992, S. 72–85.
Elm, Karl, Beiträge zur Geschichte des Wilhelmitenordens, Köln/Graz 1962.
Erdmann, Carl, Die Entstehung des Kreuzzugsgedankens, Stuttgart 1935.
Gärtner, Kurt, Zur Schreibsprache des Akrostichons in der Arabel Ulrichs von dem Türlin, in: Deutsche Literatur des Mittelalters in und über Böhmen, Bd. 2, hg. von Václav Bok/Hans-Joachim Behr, Hamburg 2004, S. 47–55.
Geith, Karl-Ernst, Die Sarkophage von Alyscamps in Wolframs Willehalm, in: ABäG 12 (1977), S. 101–117.
Greenfield, John T., Vivianz. An Analysis of the Martyr Figure in Wolfram von Eschenbach's Willehalm and in his Old French Source Material (Erlanger Studien 95), Erlangen 1991.
Greenfield, John T./Miklautsch, Lydia, Der Willehalm Wolframs von Eschenbach. Eine Einführung, Berlin 1998.
Grimm, Jacob, Rez. Museum für Altdeutsche Literatur und Kunst [...], in: Heidelbergische Jahrbücher der Literatur 1811, Nr. 10–11, S. 145–158, 161–166 [wieder in: Jacob Grimm, Kleinere Schriften, Bd. 6, Berlin 1866, S. 16–29 (Neudruck Hildesheim 1965) (zit.)].
Heintze, Michael, König, Held und Sippe. Untersuchungen zur Chanson de geste des 13. und 14. Jahrhunderts und ihrer Zyklenbildung (Studia romanica 76), Heidelberg 1991.
Hennig, Ursula, Frauenschilderungen im Willehalm Ulrichs von dem Türlin, in: Beitr. 81 (Tübingen 1959), S. 352–370.

Hennings, Thordis, Französische Heldenepik im deutschen Sprachraum. Die Rezeption der Chansons de Geste im 12. und 13. Jahrhundert – Überblick und Fallstudien, Heidelberg 2008.
Hiestand, Rudolf, „Gott will es!" Will Gott es wirklich? Die Kreuzzugsidee in der Kritik ihrer Zeit, Stuttgart 1998.
Höcke, Holger, Willehalm-Rezeption in der Arabel Ulrichs von dem Türlin, Frankfurt a.M. [u.a.] 1996.
Holladay, Joan A., Illuminating the Epic. The Kassel Willehalm Codex and the Landgraves of Hesse in the Early Fourteenth Century (College Art Association. Monograph on the Fine Arts 54), Seattle/London 1996.
Jones, Martin H./McFarland, Timothy (Hg.), Wolfram's Willehalm. Fifteen Essays, Rochester (NY)/Woodbridge 2002.
Kiening, Christian, Umgang mit dem Fremden. Die Erfahrung des „französischen" in Wolframs Willehalm, in: Wolfram-Studien 11 (1989), S. 65–85.
Klein, Klaus, Neues Gesamtverzeichnis der Handschriften des Rennewart Ulrichs von Türheim, in: Wolfram Studien 15 (1998), S. 451–493.
Kleinschmidt, Erich, Literarische Rezeption und Geschichte. Zur Wirkungsgeschichte von Wolframs Willehalm im Spätmittelalter, in: DtVjs 48 (1974), S. 585–649.
Knapp, Fritz Peter, Die Literatur des Spätmittelalters in den Ländern Österreich, Steiermark, Kärnten, Salzburg und Tirol von 1273 bis 1439. 2. Halbband: Die Literatur zur Zeit der habsburgischen Herzöge von Rudolf IV. bis Albrecht V. (1358–1439) (Geschichte der Literatur in Österreich von den Anfängen bis zur Gegenwart, hg. von Herbert Zeman. Bd. 2/2), Graz 2004. – (2005) → Texte: Wolfram von Eschenbach. – Das Dogma von der fingierten Mündlichkeit und die Unfestigkeit heldenepischer Texte, in: Chansons de geste im europäischen Kontext. Ergebnisse der Tagung der Deutschen Sektion der ICLS am 23. und 24. 4. 2004 in Köln, hg. von Hans-Joachim Ziegeler (Encomia Deutsch 1), Göttingen 2008, S. 73–88.
Kullmann, Dorothea, Verwandtschaft in epischer Dichtung. Untersuchungen zu den französischen „chansons de geste" und Romanen des 12. Jahrhunderts (Beihefte zur ZfrPh 242), Tübingen 1992.
Lofmark, Carl, Rennewart in Wolfram's Willehalm. A Study of Wolfram von Eschenbach and his Sources (Anglica Germanica Series 2), Cambridge 1972. – Das Problem des Unglaubens im Willehalm, in: Studien zu Wolfram von Eschenbach. Festschrift für Werner Schröder zum 75. Geburtstag, hg. von Kurt Gärtner/Joachim Heinzle, Tübingen 1989, S. 399–413.
McFarland, Timothy, Minne-translatio und Chanson-de-geste-Tradition. Drei Thesen zum Willehalm-Roman Ulrichs von dem Türlin, in: Geistliche und weltliche Epik des Mittelalters in Österreich, hg. von David McLintock [u.a.] (GAG 446), Göppingen 1987, S. 57–73.
Marly, Marie-Noël, Traduction et paraphrase dans Willehalm de Wolfram von Eschenbach, 2 Bde. (GAG 342/1.2), Göppingen 1982.
Mergell, Bodo, Wolfram von Eschenbach und seine Quellen. Tl. 1: Wolframs Willehalm (Forschungen zur deutschen Sprache und Dichtung 6), Münster 1936.
Mohr, Wolfgang, Willehalm, in: Wolfgang Mohr, Wolfram von Eschenbach. Aufsätze (GAG 275), Göppingen 1979, S. 266*–331*.
Nassau Noordewier, Johanna Maria, Bijdrage tot de beoordeeling van den Willehalm, Diss. Groningen 1901.

Nellmann, Eberhard, Kaiserchronik, in: ²VL 4 (1983), Sp. 949.964.
Peters, Ursula, Dynastengeschichte und Verwandtschaftsbilder. Die Adelsfamilie in der volkssprachigen Literatur des Mittelalters (Hermaea NF 85), Tübingen 1999.
Przybilski, Martin, sippe und geslehte. Verwandschaft als Deutungsmuster im Willehalm Wolframs von Eschenbach (Imagines Medii Aevi 4), Wiesbaden 2000.
Ragotzky, Hedda, Studien zur Wolfram-Rezeption. Die Entstehung und Verwandlung der Wolfram-Rolle in der deutschen Literatur des 13. Jahrhunderts (Studien zur Poetik und Geschichte der deutschen Literatur 20), Stuttgart 1971.
Runciman, Steven, Geschichte der Kreuzzüge, dt. von Peter de Mendelssohn, München 1968 [Neudruck 1975].
Rychner, Jean, La chanson de geste. Essai sur l'art épique des jongleurs, Genf/Lille 1955.
Sabel, Barbara, Toleranzdenken in mittelhochdeutscher Literatur (Imagines Medii Aevi 14), Wiesbaden 2003.
Schirok, Bernd, Autortext – Fassung – Bearbeitung. Zu Werner Schröders Ausgabe der Arabel Ulrichs von dem Türlin, in: ZfdA 130 (2001), S. 166–196.
Schröder, Werner (1983) → Texte: Wolfram von Eschenbach. – Arabel-Studien I–VI (AWLM 1982/6, 1983/ 4, 1984/9, 1988/6/7, 1993/4), Wiesbaden 1982–93. – Der Wolfram-Epigone Ulrich von dem Türlin und seine Arabel (Sitzungsberichte der Wissenschaftlichen Gesellschaft an der Johann Wolfgang Goethe-Universität Frankfurt a.M. 22/1), Wiesbaden 1985. – (1999) → Texte: Ulrich von dem Türlin.
Schulz, Monika, Eherechtsdiskurse. Studien zu König Rother, Partonopier und Meliur, Arabel, Der guote Gêrhart, Der Ring, Heidelberg 2005.
Strohschneider, Peter, Gotfrit-Fortsetzungen. Tristans Ende im 13. Jahrhundert und die Möglichkeiten nachklassischer Epik, in: DtVjs 65 (1991), S. 70–98. – Alternatives Erzählen. Interpretationen zu Tristan- und Willehalm-Fortsetzungen als Untersuchungen zur Geschichte und Theorie des Höfischen Romans, Habil.schr. [Masch.] München 1991. – Ulrich von Türheim, in: ²VL 10 (1999), Sp. 28–39.
Tyssens, Madeleine/Wathelet-Willem, Jeanne, La geste des Narbonnais (Cycle de Guillaume d'Orange) (Grundriß der romanischen Literaturen des Mittelalters 3: Les épopées romanes, tome 1/2, fascicule 3), Heidelberg 2001.
Westphal-Schmidt, Christa, Studien zum Rennewart Ulrichs von Türheim, Frankfurt a.M. 1979
Wiesmann-Wiedemann, Friederike, Le roman du Willehalm de Wolfram d'Eschenbach et l'épopée d'Aliscans. Étude de la transformation de l'épopée en roman (GAG 190), Göppingen 1976.
Wolf, Alois, Heldensage und Epos. Zur Konstituierung einer mittelalterlichen volkssprachlichen Gattung im Spannungsfeld von Mündlichkeit und Schriftlichkeit (ScriptOralia 68), Tübingen 1995.

III. Überlieferung

III.1 Die Handschriften des ‚Willehalm' und seiner Fortsetzungen und die Entwicklung der Texte*

von Christoph Gerhardt (†)

1. Vorbemerkung – 2. Das ‚Original' des ‚Willehalm' und sein Entstehungsprozeß – 2.1 Vorbemerkung zur Fragestellung von Abschnitt 2 und 3 – 2.2 ‚Autor' – ‚Werk' – ‚Fragment' – 2.3 Wie ‚dichtete' Wolfram? – 2.4 Das ‚Willehalm'-Fragment – Autograph oder Diktat – 2.5 Erste Verschriftlichung des ‚Willehalm' – 2.6 Gab es ‚Vorveröffentlichungen' von Teilen des ‚Willehalm'? – 2.7 Gab es nur ein ‚Urexemplar'? – 2.8 Gab es ein fehlerfreies ‚Urexemplar'? – **3. Das Aussehen des ‚Ur-**

---

* Eine in nahezu jedem Abschnitt stark erweiterte Fassung dieses Beitrags – insgesamt um mehr als die Hälfte – ist unter dem Titel „Der ‚Willehalm'-Zyklus. Stationen der Überlieferung von Wolframs ‚Original' bis zur Prosafassung" separat als Beiheft 12 zur Zeitschrift für deutsches Altertum (Stuttgart 2010) erschienen. Die Dezimalgliederung der beiden Fassungen ist identisch, obwohl im folgenden Beitrag einige Abschnitte ganz ausgegliedert wurden. Das soll zum einen die Kompatibilität beider Fassungen erleichtern und zum anderen den Leser auf das hier im Argumentationsgang Ausgegliederte hinweisen, über das er sich an der genannten Stelle informieren kann. Es handelt sich um die Abschnitte: 4.1 Die ‚Willehalm'-Illustrationen: Vorbemerkung – 4.2 Die ‚Willehalm'-Illustrationen: Buchgeschichtliche Aspekte – 6.2.3 Exkurs: Das Zeugnis der Eigennamen für die Kenntnis des ‚Willehalm' im Niederdeutschen – 6.3.3 Die Wiener Handschrift V: Der materiale Zustand – Pergamentrisse und -löcher – 6.4.3 Exkurs: Bemerkungen zum in Handschriften dokumentierten schreibsprachlich-dialektalen Aneignungsprozeß – 6.8.2 Die St. Galler Handschrift: Datierung – 6.8.3 Die St. Galler Handschrift: Lokalisierung – 8.1 Der Wortschatz des ‚Willehalm' in der handschriftlichen Überlieferung – 8.2 Aspekte von wolframspezifischer Syntax und Grammatik, Interpunktion und Akzentsetzung in der ‚Willehalm'-Überlieferung – 9. Ausblick und Desiderate – 10.1 Die indirekte Überlieferung: Heinrichs von München ‚Weltchronik' und das ‚Buch vom heiligen Wilhelm' – unter Berücksichtigung des ‚Zürcher Buch vom heiligen Karl': Vorbemerkung – 10.2.1 Die ‚Weltchronik' Heinrichs von München – 10.2.2 Das ‚Buch vom heiligen Wilhelm' – unter Berücksichtigung des ‚Zürcher Buch vom Heiligen Karl' – 10.3 Tendenzen der Kürzung und Bearbeitung – 10.4 Andeutungen zur ‚Willehalm'-Rezeption – 10.5 Wolframs ‚Willehalm' als Jugendbuch. Die betreffenden Gliederungspunkte bleiben im folgenden ausgespart. In der Separatfassung sind auch die einschlägigen Literaturangaben aktualisiert bzw. entsprechend den vermehrten Parallelen und einer verbreiteteren Darstellung erweitert.

exemplars' – 3.1 Die mise en page und die Textgestaltung des ‚Urexemplares' – 3.2 Die ‚Dreißigergliederung' – 3.3 Die ‚Buchgliederung' – **5. Die handschriftliche Überlieferung** – 5.1 Überblick über die Zahl der erhaltenen Textzeugen – 5.2 Überblick über die chronologische und diatopische Verteilung der Handschriften – **6. Ausgewählte Handschriften** – 6.1 Vorbemerkung – **6.2.1 Fragment 13**: Datierung – 6.2.2 Fragment 13: Die diatopische Verbreitung des ‚Willehalm'-Textes und die Überlieferung des ‚Willehalm' im Niederdeutschen – 6.2.4 Fragment 13: Die überlieferungsgeschichtlich-stemmatische Position – 6.2.5 Fragment 13: Kontamination als Überlieferungsphänomen – **6.3.1 Die Wiener Handschrift V**: Die Maleranweisungen – 6.3.2 Die Wiener Handschrift V: Der ‚klassische' Vers im Oberdeutschen des 14. Jahrhunderts und das Problem der Zyklusbildung – **6.4.1 Die Kölner Handschrift K**: Der Schreiber und sein Interesse an Strickers ‚Karl der Große' – 6.4.2 Die Kölner Handschrift K: Die Umformung ins Moselfränkische – 6.4.4 Die Kölner Handschrift K: Sind regionalsprachige Umsetzungen ‚Fassungen', ‚Versionen' oder ‚Bearbeitungen'? – 6.4.5 Die Kölner Handschrift: Mißverständnisse – **6.5.1 Die Kasseler Handschrift Ka**: Wolframs ‚Willehalm' als Fürsten- und Ritterheiliger – 6.5.2 Die Kasseler Handschrift Ka: Der deiktische Zeigefinger und andere Lesespuren – **6.6 Die Kölner Handschrift C**: Interpolationen und andere Veränderungen – Entfaltung von Sinnpotential? **6.7 Die Handschriftengruppe *WWo**: Der ‚zerschriebene' Text – **6.8.1 Die St. Galler Handschrift G**: Vorbemerkung – 6.8.4 Die St. Galler Handschrift: Die Gesamtkonzeption und das Fehlen einer ‚Gesamtausgabe' sämtlicher ‚Werke' Wolframs – 6.8.5 Die St. Galler Handschrift: Der ‚Willehalm'-Text und seine Vorstufen – **7. Der ‚Willehalm'-Prolog als Sonderfall der Überlieferung** – 7.1 Vorbemerkung – 7.2 Die lateinische Fassung – 7.3 Das deutsche Gebet

1. Vorbemerkung

„Schon im Kopf des Dichters also kann die ‚Textgeschichte' beginnen. Und im Kopf der Schreiber beginnt mitunter bereits die Überlieferungsgeschichte" (Lämmert, 1970, S. 100), die im weiteren Verlaufe gerade Bahnen oder verschlungene Pfade gehen kann, die sich später auch noch kreuzen oder offen bzw. verdeckt überlagern können. Das, was sich uns heute dann als philologisch erarbeitete historische Wahrheit zu erkennen gibt, läßt sich in einem Stemma zusammenfassen. Es sollte mit der vergangenen Wirklichkeit möglichst übereinstimmen, wird die Komplexität der Wirklichkeit, nicht nur weil es allzu schematisch ist, aber nur in den seltensten Fällen erreichen und darstellen – Mihm (1968) hat das in seiner Rezension über Schanzes Buch (1966) für Wolframs Wh. eindrücklich demonstriert, allgemein Neumann (1964, S. 688) formuliert.

2. Das ‚Original‘ des ‚Willehalm‘ und sein Entstehungsprozeß

2.1 Vorbemerkung

Einleitend will ich mich einer Frage etwas ausführlicher widmen, die weder im Allgemeinen (Brinker-von der Heyde, 2007, S. 160f.) noch im speziellen Fall des Wh. viel Aufmerksamkeit erfahren hat, vermutlich deswegen, weil man über den Bereich des Unbeweisbaren auch mit einer ‚Theorie der Lücke‘ nicht hinauskommen kann, obwohl mir dieser Frage gerade für den vorliegenden Fall besondere Bedeutung zuzukommen scheint. Ich meine nämlich die Frage nach dem, was – textkritisch gesprochen – dem ‚Original‘ vorausgeht, bzw. die Frage nach dessen Entstehungsbedingungen. Leider ist der Begriff ‚Original‘ sowohl durch die aus der Mode gekommene ‚klassische‘ textkritische Methode als auch durch den Begriff von ‚Originalität‘ der Ästhetik des 19. Jh.s belastet und heutzutage mit dem Vorwurf des ‚Anachronismus‘ behaftet, sollte aber trotzdem, mit aller Vorsicht gebraucht, nicht tabu sein (vgl. Baisch, 2002, S. 107f.).

2.2 ‚Autor‘ – ‚Werk‘ – ‚Fragment‘

Drei Vorbemerkungen halte ich in diesem Zusammenhang für wichtig, die ich ganz knapp und ohne mich hier auf eine weitergehende Diskussion einlassen zu können, ansprechen möchte, obwohl sie derzeit in der Literaturwissenschaft unter den verschiedensten Gesichtspunkten ausdiskutiert sind (u.a. Stackmann, 1998; R. Schnell, 1998; J.-D. Müller, 1999; Peters, 2000; Meier, 2000, S. 338–341; Baisch, 2002; Brinker-von der Heyde, 2007, Kap. 4 „Autoren und Texte"), allerdings ohne die Sprachgeschichte einzubeziehen.

Zum einen: Wir haben es bei Wolfram mit einem ‚Autor‘ zu tun, der mit großer Selbstüberzeugung und ausgeprägtem Autorbewußtsein von sich und seiner Dichtkunst spricht (Bumke, [6]1991, S. 25–27 [der Abschnitt fehlt Bumke, [8]2004]; Hartmann, 2000, S. 371; Baisch, 2002, S. 118f.), der als Laie wahrscheinlich Französisch lesen und parlieren, vielleicht ein bißchen Latein lesen konnte (Vorderstemann, 1974, S. 399f., 406; Nellmann, 2003, S. 48f., 68f.; Bumke, [8]2004, S. 5–9), sowie einige Kenntnisse der zeitgenössischen deutschen Literatur hatte (Nellmann, 2003, S. 49), für den ganz angemessen in der Prachthandschrift für König Wenzel IV., der Hs. W, sogar ein Autorbild erfunden worden ist (Abb. 53 – vgl. Krása, 1971, Abb. 26; Wachinger, 1992; Peters, 2000, S. 327f., 336–338, 344f., 349f.; Ernst, 2006, S. 165), und den ein deutlich charakteristisches und individuell geprägtes dichterisches Profil auszeichnet.

Zum anderen: In den Augen seines Autors handelt es sich beim Wh., ungeachtet aller entstehungsgeschichtlicher Problematik, die mit einem Fragment verbunden ist, gewiß um ein ‚Werk' (Baisch, 2002; Bumke, 2005, S. 44), an dessen Wortlaut er kaum tiefer eingreifende Veränderungen von fremder Hand gebilligt hätte (vgl. Bonath, 1970, S. 66; Grubmüller, 2001, S. 31–33; Quast, 2001, S. 40; Honemann/Roth, 2005, S. 217f.), auch wenn er sich dazu nicht expressis verbis geäußert hat (Quast, 2001, S. 44). Mit anderen Worten: Wolfram hatte ein „Bewußtsein von der zu wahrenden Integrität des eigenen Textes", „und dies auch gerade im materialen Sinne", und „er beansprucht für sich eine Originalleistung, nämlich eine auktorial verantwortete ideale Textgestalt" (Quast, 2001, S. 35, 40, 38). Schreibereingriffe jeder Art in die Besonderheiten des literarischen Werkes, deren reichliches Vorhandensein bereits im Mittelalter immer wieder wortreich beklagt oder auch erbeten, in vielen Fällen aber thematisiert worden ist (Schmidtke, 1982, S. 213f.; Grubmüller, 2001, S. 15–23; Quast, 2001, S. 40–44; Toussaint, 2003, S. 42 Anm. 3; vgl. u. 6.4.2), dürfte er nicht als ‚gleichwertige' Lesarten bzw. ‚Version', ‚Bearbeitung' oder ‚Fassung' anerkannt haben, jedenfalls nicht im Prinzip. Von puren Schreibfehlern, über die sich auch damals schon die Autoren geärgert haben (Grubmüller, 2001, S. 12–15), oder rein sprachlichen und metrischen Modifikationen, durch die ein erster Vorleser oder Schreiber kaum in Schwierigkeiten gebracht worden wäre und wenig Aufhebens von ihnen gemacht hätte (vgl. Wolf, 2008, S. 299), kann ich hier ganz absehen. Wolfs Arbeit von 2008 bringt für so viele der in diesem Beitrag angesprochenen Probleme und Aspekte grundsätzlich Wichtiges, daß ich mich mit einigen wenigen Verweisen begnügen muß; hier ist sein Kapitel III.2 „Der ‚Schreiber' als produktionstechnische und literarhistorische Größe" (S. 290–298) zu vergleichen.

Zum dritten: Wolfram hat den Wh. als Fragment hinterlassen (Kiening, 1991, S. 235–240; Greenfield/Miklautsch, 1998, S. 161–167) – wie eine Reihe anderer Autoren ihre jeweiligen Werke auch (Bumke, 2005, S. 29) –, und es spricht mehr dafür, daß er, ebenso wie Gottfried von Straßburg, vor der Vollendung des Werkes verstorben ist, wie Ulrich von Türheim im ‚Rennewart' (hg. von A. Hübner, 21711–21715) und Ulrich von Etzenbach im ‚Alexander' (hg. von W. Toischer, 7801–7808) oder auch die Minnerede ‚Der rote Mund' (hg. von A. von Keller, 6, 20–33.) bezeugen, als daß der Tod des Gönners, Landgraf Hermanns I. von Thüringen, oder ein anderweitiger, auf unbekannten Gründen beruhender Gönnerverlust dafür verantwortlich ist (Bumke, 1979, S. 16). Bei seinem Bekanntheitsgrad und seiner Wertschätzung als Dichter hätte Wolfram sicherlich ohne unüberwindliche Schwierigkeiten einen neuen Gönner finden (Johnson, 1999, S. 329) und das Fragment u.U. sogar mit mehr als einem ‚Notdach' abrunden können (vgl. E.-J. Schmidt, 1979, S. 578 f.), unter dem die wichtigsten Handlungsstränge wenigstens notdürftig zu einem vorläufigen, den Leser halbwegs zufriedenstellenden Abschluß gebracht worden wären.

2.3 Wie ‚dichtete' Wolfram?

Des weiteren wird den Zustand des hinterlassenen Fragments die Art und Weise beeinflußt haben, wie Wolfram dichtete. Der Versuch, auf diese Frage in verschiedenen Anläufen eine Antwort zu finden, ist zwar von den größten Unsicherheiten bestimmt, sollte deshalb aber nicht ausgeklammert bleiben.

Ob Wolfram in kurzer Zeit große Partien gedichtet hat, ob er, nach einer ersten Verteilung des Stoffes auf die einzelnen ‚Bücher' (vgl. Kleinschmidt, 1974, S. 594), an wenigen Wörtern und Versen oder einzelnen Episoden zeitaufwendig gefeilt hat, ob beide Vorgehensweisen sich abgewechselt und ergänzt haben oder aufeinander folgen sollten, ist für den Textzustand durchaus von Bedeutung. Vielleicht hat Wolfram zunächst vorläufige Formulierungen fixiert, die er in einem weiteren Durchgang mehr oder weniger intensiv, mehr oder weniger punktuell oder durchgehend hätte überarbeiten wollen. Eine solche Arbeitsweise ist auch bei neuzeitlichen Dichtern nicht ohne Parallelen, aber bereits für Petrarca bezeugt (König, 2007, S. 13–19, 31, Anm. 84; vgl. Curschmann, 2008, S. 34).

Mit einem derartigen Modell hätte man eine erste Erklärung für eine allzu lakonisch und fast beiläufig formulierte Einsicht Lachmanns (1833, S. XXXIII), die z.B. Bumke (1959, S. 7) bekräftigt hat: „glcichwohl ist auch mein text bei weitem so gut nicht als der des Parzivals", und die Greenfield/Miklautsch (1998, S. 273), wie so vieles andere auch (vgl. Kartschokes und Przybilskis Rezensionen von 1998 bzw. 2002), mißverstanden haben. Diesem Befund, der durch eine fehlende Schlußredaktion seitens des Autors erklärt werden könnte, trägt Lachmann insofern

Rechnung, als er der St. Galler Hs., die für den Pz. die Sigle D trägt, im Wh. die im Alphabet mit deutlichem Abstand folgende Sigle K gibt – in den Ausgaben von Schröder, 1978, und Heinzle, 1991, hat diese Hs. die Sigle G – und damit den Qualitätsunterschied andeutet. In einem Brief an Jacob Grimm (hg. von A. Leitzmann, juni-2. juli 1823, Bd. I, S. 408) schreibt Lachmann anläßlich der Erklärung der Dreißigergliederung über die „schlechten Heidelberger" Hss. des Pz.: „die ich aus verachtung Y nenne". Dies zeigt, daß die Verschiedenheit der Siglen für ein und denselben Kodex im Lachmannschen Sinne aussagekräftig ist; in seiner ‚Iwein'-Ausgabe oder beim ‚Nibelungen'-ABC ist Lachmann entsprechend vorgegangen.

2.4 Das ‚Willehalm'-Fragment – Autograph oder Diktat

Brachte Wolfram den Wh. eigenhändig zu Pergament (Meier, 2000, S. 345–351 „Der Autor als Schreiber seines Buches") oder diktierte er? Mir scheint, wenn es auch unbeweisbar ist, letzteres wahrscheinlicher zu sein (Hartmann, 2000, S. 387, insgesamt zu 115,27), nicht zuletzt auch deswegen, weil gerade das Diktieren von Autoren aller Gattungen seit der Antike bezeugt war (vgl. z. B. Plinius, Bd. 1, S. 12, 16, 39), im Mittelalter sehr oft bildlich dargestellt wird und dabei meist zwischen dem Inspiriert-Diktierenden und dem bloß Schreibenden unterschieden worden ist (vgl. z. B. Peters, 2000, S. 351–358; Meier, 2000, S. 355 f.). Denn es gehörte in der Regel zu den Aufgaben des Auftraggebers, für die materielle Grundversorgung eines Autors verantwortlich zu sein, d. h. die Vorlage bereitzustellen – in diesem Falle eine Version der Chanson de geste ‚Bataille d'Aliscans' – und die Bedingungen für die Verschriftlichung zu schaffen, also Schreiber und Schreibstoff zur Verfügung zu stellen (Honemann/Roth, 2005, S. 218–221, 223–226, mit einschlägigen grundsätzlichen Bemerkungen).

Selbst wenn über das Faktum des Diktierens Einigkeit bestehen sollte, so ist damit immer noch nur wenig über den Diktiervorgang an sich ausgesagt. Konnte z. B. Wolfram seinem ‚Sekretär', wie Thomas von Aquin, „aus seinem in *littera inintelligibilis* geschriebenen Konzept und in späteren Jahren vielleicht nur nach Notizen und Skizzen in die Feder diktieren" (Bischoff, 1979, S. 58)?

Wie und in welcher Gestalt Wolfram an den französischen Text gelangt ist und ob ihm u. U. ein ‚Übersetzer' behilflich zur Seite stand, ist unbekannt (vgl. Bumke, [8]2004, S. 9). Eine lateinische, als Übersetzungshilfe zwischen der französischen Quelle und der deutschen Nachdichtung vermittelnde Zwischenstufe, ist meines Wissens bisher nicht diskutiert worden, aber auch wenig wahrscheinlich. Immerhin verweisen, wie das ‚Rolandslied' zeigt, junge, laikale Belege auf einen älteren, wenn auch klerikalen Usus bei volkssprachigen Verschriftlichungen.

Wolframs Witzeln mit seinen französischen Sprachkenntnissen (Wh. 237,3–14, s. Heinzle, 1991, z.St.) erlaubt keinen sicheren Rückschluß auf seine tatsächlich vorhandene oder nichtvorhandene Fähigkeit, eine französische schriftliche Vorlage in ein Schriftdeutsch umzusetzen. Die Frage, ob Wolfram selbst schreiben konnte oder nicht, spielt hier keine Rolle.

Falls also Wolfram diktiert haben sollte (vgl. Ranke, 1917, S. 156f., Anm. 1), könnte er durch Gönnerverlust oder den eigenen Tod daran gehindert worden sein, das Diktat oder eine davon genommene Ab- bzw. Reinschrift zu korrigieren, u.U. zu ergänzen und metrisch-stilistisch zu verbessern.

Auch bei diesem Punkt könnte der Fragmentcharakter des Wh. von Einfluß auf den Wortlaut der Dichtung gewesen sein.

2.5 Erste Verschriftlichung des ‚Willehalm'

Für das Abfassen solch umfangreicher und insgesamt widerspruchsfreier Werke wie des Pz. und des Wh. (im Sinne von Jellinek/Kraus, 1893, S. 685f., 690, 692, 696f., 699, 712 – Beispiele aus dem Pz., keine aus dem Wh.; Jellinek/Kraus, 1897) muß man grundsätzlich eine immense Gedächtnisleistung des Dichters voraussetzen, selbst wenn in einem Zeitalter, in dem mündliche Überlieferungsformen noch allgemein üblich waren, generell mit einem gut funktionierendem Gedächtnis gerechnet werden kann. Wolfram konnte offensichtlich als „gedächtnisstarker Zuhörer" (Nellmann, 2003, S. 49, 72) aus einem mündlich in Gesprächen mit ‚Fachleuten' bzw. Geistlichen, also „bücherkundigen Gewährsmännern" (ebd., S. 49; auch Kunitzsch, 1996, S. 45, 92 spricht von „Gewährsmännern"), sowie mit Kreuzfahrern und ‚Orientreisenden' (vgl. G. und E. Dittrich, 1971, S. 958 f.) vermittelten, riesigen Vorrat an „reichhaltigem, breitgestreuten Wissen" (Nellmann, 2003, S. 49) oft mehr assoziativ als systematisch schöpfen. Obwohl z.B. Kunitzsch anläßlich der Wolframschen Orientalia, insbesondere der Namen, mehrfach die Meinung geäußert hat, daß „das Element mündlicher Berichte, von Augenzeugen etwa, [...] prinzipiell ausgeschaltet bleiben" sollte, und er „grundsätzlich" auf „schriftlichen Vorlagen und Quellen" besteht, aus denen Wolfram „sein Material, zumal seine Orientkenntnisse" bezogen hat (Kunitzsch, 1974, S. 152 und 153 [in der Aufsatzsammlung von 1996, S. 63 und 64]; vgl. ferner ebd., S. 8–10, 92 f., 102, 126, 166, 168), sollte bei „der wichtigen Frage nach Wolframs Bildung und Quellenkenntnis" (Nellmann, 2003, S. 51) immer mitbedacht sein, daß „Gespräche den Hintergrund zu jedem mittelalterlichen Werk bilden" (Pikkering, 1966, S. 47); vergleiche Lutz (2005, passim, z. B. S. 363–365) mit noch weiter ausgreifenden Vorstellungen von der Gesprächssituation eines jeden Textes.

Dennoch wird Wolfram Gedächtnisstützen gebraucht und benützt haben, insbesondere dann, wenn er diktiert haben sollte. Am ehesten kommen dafür Wachstafeln in Frage (vgl. Bischoff, 1979, S. 26–28), oder *cartulae*, d. h. kleine Pergamentstücke bzw. -reste (vgl. Bischoff, 1979, S. 57; Gerhardt, 1991, S. 116 mit Anm. 22). Doch lassen diese nur kurze Notizen zu, für umfangreiche Konzepte, Entwürfe, Handlungsskizzen, Probestücke, Quellennotizen, -exzerpte oder -verweise boten sie nicht genügend Platz. Eine vollständige Pergamenthandschrift allein für Vorarbeiten dürfte viel zu teuer gewesen sein, genügend vorhandener Papyrus stand Wolfram wie z. B. Vergil nicht zur Verfügung und Papier, wie den Späteren, auch nicht.

Ob es vor dem ‚Dedikationsexemplar' – ein Begriff, der nur mit nicht klar zu umreißenden Einschränkungen zu verstehen ist, gewissermaßen als Verständigungshilfe mit Kürzel-Charakter (vgl. Peters, 2000, S. 329–332; Toussaint, 2003, Kap. 2) – überhaupt ein vollständiges Manuskript gegeben hat und wie dieses gegebenen Falles ausgesehen, in welchem Zustand es sich befunden hat, entzieht sich unserer Kenntnis. Außerdem kann ein Autor durchaus an seinem Werk auch noch nach der Dedikation weitergearbeitet, am Detail gefeilt haben, mit der Dedikation muß nicht das Ende von *addenda et corrigenda* einhergegangen sein. Bei einem aus welchen Gründen auch immer fragmentarisch hinterlassenen Werk verschärft sich die diesbezügliche Problematik offenkundig beträchtlich. Gab es also so etwas wie ein unfertiges, vielleicht sogar ständig aktualisiertes Arbeitsexemplar Wolframs (Schirok, 2001, S. 168 f. mit Anm. 7; vgl. König, 1965, S. 221; König, 2007, S. 17). Oder gab es vor dem ‚Original' keine schriftliche Fassung, die den bis zum Abbruch des Wh. gedichteten Text vollständig enthalten hat? „Der bewegliche Text wäre aus Sicht dieser Textproduzenten als Vorstufe einer idealen Gestalt zu verstehen" (Quast, 2001, S. 40).

Aus was für Materialien wäre ein Torso-Dedikationsexemplar erstellt worden, das dann die Urhandschrift aller weiteren Überlieferung geworden sein dürfte? Anläßlich der nur in G und V überlieferten Schlußverse 467,9–23, deren ‚Echtheit' mehrfach angezweifelt worden ist (E.-J. Schmidt, 1979, S. 574–579), wird die durch den fragmentarischen Zustand des Wh. bestehende Unsicherheit besonders offensichtlich. Bei den Tit.-Fragmenten, für die Mohr (1977, S. 123 f., 148; → S. 479) ein sehr bedenkenswertes, hier einschlägiges Entstehungsmodell vorgeschlagen und durchdacht hat, ist sie noch viel gravierender; und sogar für den Pz. ist ausführlich das Pro und Contra diskutiert worden, ob u.a. die Verse 69,29–70,6 und 114,5–116,4, die sog. Selbstverteidigung, nachträgliche Einschübe sind (Hartmann, 2000, jeweils z.St.; zu weiteren Spekulationen Bonath, 1970, S. 66 und 68 f., Anm. 19). Schirok (1972, S. 476–490, 563–568) kommt nach ausführlicher Diskussion zu dem Ergebnis, daß „Wolfram die beiden Dreißiger 336 und 337 ursprünglich als Nachwort der Separatedition der Bücher I–VI konzipiert habe, die in einer Gesamtausgabe wieder entfernt werden sollten" (S. 563), und „daß Wolfram, nachdem die Separatedition mit den beiden Dreißigern 336 und 337 einmal in Umlauf war, erkannte, daß wegen der Verbreitung der Ausgabe bei einer Fortsetzung keine Textabstriche im ersten Teil mehr möglich waren, und daß er deshalb im zweiten Teil bei der weiteren Handlungsschilderung die Kenntnisse voraussetzte, welche die Leser aus dem Nachwort der Separatausgabe besaßen" (S. 565).

Der Fragmentcharakter des Wh. hat in der Forschung im wesentlichen für die Interpretation eine Rolle gespielt, deshalb ist hier dessen Bedeutung für die Entstehungs- und anfängliche Überlieferungsgeschichte herausgestellt worden, selbst wenn wir uns eingestehen müssen, so gut wie keine tatsächlichen Kenntnisse davon zu haben, wie das erste Schriftlichwerden so umfangreicher Dichtungen wie Wolframs Pz. und Wh. vor sich gegangen ist, wie sie vorbereitet, erarbeitet und abgeschlossen worden sind. Wir sind dafür auf Analogieschlüsse angewiesen, die auf Zeugnissen anderer Gattungen beruhen, bei denen Autographe aller Stadien des Entstehungsprozesses überliefert sind. Übertragungen derartiger Befunde auf großepische Dichtungen sind naturgemäß nur bedingt möglich, aber der einzige Weg, um zu konkreten Vorstellungen von den verschiedenen Stadien eines Verschriftlichungsprozesses zu gelangen, der von den ersten Anfängen bis zum fertigen, endgültigen Text belegt ist (vgl. Wolf, 2008, S. 289).

2.6 Gab es ‚Vorveröffentlichungen' von Teilen des ‚Willehalm'?

Allerdings ist die Sachlage dadurch noch unübersichtlicher und uneindeutiger, daß möglicherweise ein nicht abgeschlossenes Werk unter den Augen des Verfassers seinen Weg in die Öffentlichkeit gefunden, daß also in unserem Falle Wolfram selbst den Wh. mündlich oder schriftlich, in Teilen wie bei den zwei nicht unmittelbar aneinander schließenden Szenen des Tit. oder als ‚vollständiges' Fragment publik gemacht hat (Schröder, 1977, S. 11 f., 21, 35); auch Vergil las Augustus und seiner Schwester Octavia die drei bereits ausgeführten, aber nicht kontinuierlich aufeinander folgenden Bücher II, IV und VI der ‚Aeneis' vor (Bieler, 1965, S. 15).

Nicht ganz vergleichbar ist, daß es von Wolframs Pz. anscheinend Teilveröffentlichungen gegeben hat (Bumke, [8]2004, S. 247–249; Bumke, 2005, S. 26; → S. 322).

2.7 Gab es nur ein ‚Urexemplar'?

Schließlich ist noch ein weiterer Unsicherheitsfaktor zu nennen, nämlich der, daß es u. U. nicht nur ein ‚Original', sondern mehrere ‚Urexemplare' gegeben hat, die nicht nur auf den Autor zurückzuführen sind, sondern die auch noch durch Autorvarianten unterschiedliche Textstadien aufweisen und sogar durch ‚Mehrfachveröffentlichungen' konkurrierend bekannt gewesen sein können (vgl. Janota, 2004, S. 115; Schirok, 2001, S. 179 f.).

2.8 Gab es ein fehlerfreies ‚Urexemplar'?

Zwar handelt es sich bei allen bislang gemachten Überlegungen um Spekulationen, um mehr oder weniger ansprechende Wahrscheinlichkeiten (vgl. Gerhardt, 1991), aber dennoch ist es nicht unnütz, sich um das Entstehen des ersten Exemplars des Wh. Gedanken zu machen, weil gerade bei einem unvollendeten Werk sich für das ‚Urexemplar' bzw. die ‚Urexemplare' Probleme ergeben, die auf die Überlieferung Einfluß gehabt haben und sich in ihr widerspiegeln können. Denn nicht erst die Textentwicklung vom – im textkritischen Sinne – ‚Original' zum ‚Archetypus', die bekanntlich durch Fehler definiert wird (vgl. Gerhardt, 1991, S. 103 f.), sondern bereits der vor dem ‚Original' liegende Wortlaut könnte durch allerlei äußerliche Widrigkeiten beeinträchtigt, verunstaltet oder lückenhaft gewesen und ohne sorgfältige ‚Endredaktion' geblieben sein: man vergleiche das Abbrechen des Wh. mitten im Satz. Ein ‚Original' muß keineswegs, wie behauptet worden ist, ‚prinzipiell fehlerfrei' und frei von Widersprüchen gewesen sein (vgl. abermals Plinius, 2007, Bd. 1, S. 16; König, 1965, S. 218–222; Wolf, 2008, S. 287, Anm. 10, und S. 290, Anm. 20): genannt sei das Fehlen von zwei Versen im 57. ‚Dreißiger' des Wh. (vgl. Heinzle, 1991, S. 880).

3. Das Aussehen des ‚Urexemplars'

3.1 Die *mise en page* und die Textgestaltung des ‚Urexemplars'

Gesetzt den Fall, daß es vor dem ‚offiziellen' Dedikationsexemplar des Wh. eine Hs. gegeben hat, vielleicht ein ‚Handexemplar', dann stellen sich verschiedene neue, ins Detail gehende Fragen: Wies es die sog. Bucheinteilung auf (Bonath, 1970, S. 107–122; Bumke, ^{8}2004, S. 195–198, 353 f.)? Hatte es die am Pz. entwickelte und für den Wh. beibehaltene Dreißiger-Initialengliederung, deren Herkunft nicht geklärt ist (Bonath, 1970, S. 77–107; Bumke, ^{8}2004, S. 198 f., 354; Schröder, 1978, S. LXXXVI–LXXXVIII; vgl. zu beiden Gliederungsprinzipien den Forschungsüberblick von Schirok, 1972, bes. S. 23–65 und passim)? Beide Gliederungen, die Wolfram offenbar erst allmählich im Verlauf des Dichtungsprozesses für den Pz. herausbildete und die erst in ihrer Kombination das Innovative und Individuelle erkennen lassen (Palmer, 1989), waren, verkürzt gesprochen, sehr wahrscheinlich vom Autor selbst ‚gedichtet' und sind nicht nur äußerlich und nachträglich von einem Redaktor ‚aufgepflanzt' (Schanze, 1970, S. 170); anders, aber nicht überzeugend, Bumke (^{8}2004, S. 198 f., 354; Bumke, 2005, S. 25), obwohl die erstaunlicherweise bis heute gültige Einteilung des Wh. in neun ‚Bücher' von Lachmann stammt (1833, S. IX) und auf mehreren Konjekturen beruht. Denn fünf der ansonsten bucheinleitenden großen Schmuckinitialen in G bzw. Schmuckinitialen mit oder ohne Bilder und mit oder ohne *aventiure*-Beischrift in V hat Lachmann zwar kenntlich gemacht, aber für die Großgliederung nicht berücksichtigt – 58,1 (in V nur ein Bild); 126,1; 185,1; 246,1; 278,1; 446,1 (in V Schmuckinitiale mit zwei freigelassenen Zeilen für eine *aventiure*-Überschrift) – und dem Anfang von ‚Buch' VI 269,1 fehlt die Auszeichnung in G und V; das Prologende 5,15 ist in G mit einer kleinen Schmuckinitiale hervorgehoben, in den meisten anderen Hss. mit einer Initiale.

Waren die ‚Bücher' in besagtem Exemplar aber auch bereits optisch durch Initialen verschiedener Größe markiert? Denn diese Art der Auszeichnung und Ausstattung war einerseits Sache der Schreiber, kaum die des Autors (vgl. aber Honemann/Roth, 2005, S. 218; Wolf, 2008, S. 298–305), andererseits war es um diese Zeit noch keineswegs allgemeiner Brauch, volkssprachige Hss. überhaupt mit derartigen optischen Signalen zu versehen (Palmer, 2005; Plate, 2005, S. 302–305).

Vielleicht darf man sich die Situation der Hss.herstellung, die Wolfram vor Augen hatte und die ihn zur Ausbildung der Dreißigergliederung angeregt hat, einschließlich der Experimentierphase *mutatis mutandis* so vorstellen, wie sie Hoffmann (2000, S. 363f.) für den Schreiber V der St. Galler Hs. G herausgearbeitet hat: „Bei dieser Textgliederung dürfte es sich um nichts anderes als um eine modifizierte Art der Strophenabsetzung handeln, die der Schreiber nach der Beendigung des ‚Nibelungenliedes‘ in der ‚Klage‘ und dann auch in den beiden geistlichen Verserzählungen weiterführte. Auf jeden Fall aber waren für den Schreiber bei der Abschnittsgliederung vor allem ästhetische Gründe maßgebend, wie – neben dem Anfang der ‚Klage‘ – besonders die ‚Kindheit Jesu‘ zeigt, in der durchgehend 3 bis 5 Lombarden pro Spalte gesetzt sind, so daß jede Seite ein sehr regelmäßiges Schriftbild aufweist." Daneben sind aber auch andere Möglichkeiten der Einteilung und Auszeichnung eines Schriftzeugnisses durch ein hierarchisch gestaffeltes System von kleineren, größeren oder historisierten Initialen, Zierinitialen und Bildseiten in Betracht zu ziehen, die für Schreiber als anregendes Vorbild gedient haben können. Vor allem der Psalter kommt hier mit seinen mehrfachen, sich überlagernden Einteilungsordnungen von Gesamttext und Einzelpsalm, kombiniert mit der Drei- bzw. Vier-, Fünf-, Acht- oder Zehnerteilung in Frage (vgl. Kahsnitz, 1979, S. 117–133; Wolf, 2008, S. 96–100, bes. S. 100).

Das Schriftbild und der ästhetische Eindruck einer Seite mit dem Schmuck der Dreißiger-Initialen entfaltet sich erst deutlich sichtbar bei einer großformatigen, mehrspaltigen und mit abgesetzten Versen geschriebenen Hs., nicht aber bei einer kleinformatigen mit nicht abgesetzten Versen (vgl. Ranke, 1917, S. 160; Bonath, 1970, Beilage Bild 1–6). Zu weitreichend-spekulativer Deutung der Schreibung in abgesetzten bzw. nicht abgesetzten Versen vergleiche St. Müller (2005, S. 434). In diesem Zusammenhang ist auf den ältesten Überlieferungszeugen des Wh., Fragment 13 (→ S. 610ff.) zu verweisen: „Der kleinformatige Textzeuge [18 × 11,5 cm] ist, wie für die gleichzeitigen Hss. der genannten Texte charakteristisch, noch ganz archaisch einspaltig, schmucklos mit fortlaufenden Versen eingerichtet. In der ‚Willehalm'-Überlieferung bleibt diese Einrichtungsvariante allerdings singulär. Schon die wenig jüngeren

Kodizes sind allesamt zweispaltig mit abgesetzten und z. T. ausgerückten Versen ausgestattet" (Wolf, 2003, S. 233 f.); das verhältnismäßig kleine Format ist bei volkssprachigen Hss. aus dieser Zeit allerdings ganz unauffällig (Curschmann, 2008, S. 18, Anm. 25; anders, aber nicht überzeugend St. Müller, 2005, S. 424 f., 416).

Gab es Autor- bzw. Entstehungs-Varianten, mit denen z. B. Schröder (1978, S. XXXIII) theoretisch ganz zu Recht rechnet und sie in der textkritisch-editorischen Praxis – allerdings ohne zu erkennende Prinzipien (Heinzle, 1993, S. 59, Anm. 33) – auch ansetzt und als solche kennzeichnet? Textkritisch gesprochen, wären diese, die von den sog. ‚gleichwertigen' oder ‚Präsumptiv'- bzw. Überlieferungs-Varianten der Hyparchetypen zu unterscheiden sind, im ‚Original' bzw. in vorausliegenden Niederschriften anzusiedeln in Form von Interlinear- oder Marginalglossen, wie sie Fragment 13 überliefert. Gab es aus diesem ‚Handexemplar' schriftliche Vorveröffentlichungen einzelner Teile bzw. Stücke (→ S. 600) wie Schröder (1978, S. XXXIII), annimmt, u. U. mit Abweichungen gegenüber dem endgültigen Wortlaut? Auch an nachträglich im ‚Dedikationsexemplar' vorgenommene Korrekturen, Änderungen, Aktualisierungen u.a.m. (Schöller, 2007, S. 108 f.; vgl. Stackmann, 1997, S. 141 f.), die vom Autor noch selbst ausgeführt sein können oder im Nachhinein eine Autorintention verwirklichen, muß theoretisch mindestens gedacht werden (→ S. 600).

Insgesamt halte ich die mit Begriffen wie ‚Original', ‚Autorkorrektur' (vgl. König, 1965, S. 220), ‚zweite Auflage' (vgl. z. B. König, 1965, S. 222, Anm. 10) u.a.m. verbundenen Vorstellungen keineswegs für ein so ahistorisch-unangemessenes, „traditionelles literaturwissenschaftliches Beschreibungsinstrumentarium, das als unterkomplex gegenüber den mittelalterlichen Verhältnissen" zu verstehen ist (Baisch, 2002, S. 124), so daß sie die mittelalterlichen Produktionsbedingungen verfehlten (vgl. u. a. Stackmann, 1998, S. 30). Mit all dem Genannten muß gerechnet werden, nichts davon ist eindeutig beweisbar. Und was von diesen Problematiken kann und sollte eine Ausgabe des Wh. dokumentieren? Aus allen aktuellen theoretischen Anstrengungen lassen sich keine „editorischen Empfehlungen ableiten" (Schiewer, 2005, S. 49 f.).

3.2 Die ‚Dreißigergliederung'

Ausgangspunkt der Überlieferung ist eine ‚virtuelle', in ihrer Materialität unbestimmbare Hs. gewesen – wie auch immer sie zu Stande gekommen sein mag –, die die von Wolfram erstmals und zunehmend einigermaßen systematisch verwendete Dreißigergliederung durch Initialen bzw. Majuskeln aufgewiesen hat. „Daß bereits der Autor sein Werk so gezählt hat, glaubt heute wohl niemand mehr" (Bumke, ⁸2004, S. 198) – das mag wohl so sein, simplifiziert allerdings zu stark. Denn das Zählen allein ist sicherlich nicht Grund und Ursache für ‚Erfindung' und Verwendung der ‚Dreißiger'. Als Indiz hierfür kann man anführen, daß Ulrich von dem Türlin etwa anderthalb Generationen später dieses in seiner formalen Konsequenz für Wolfram spezifische Element nicht nur als strukturbildend erkannt und rezipiert, sondern weiterentwickelt und zu seinen Einunddreißigern bzw. den sog. ‚Laissen' mit vielleicht durch Wirnt von Grafenberg oder Heinrich von dem Türlin angeregtem abschließenden Dreireim (Wehowsky, 1936, S. 9–11; Achnitz, 2000, S. 252 f., 261–263) rhetorisch gesteigert hat (Schirok, 2001, S. 191–193; Faksimile V, 2005, Bd. I, S. 28).

Im Verlaufe der Überlieferungsgeschichte ist das Dreißigerprinzip in den meisten Hss. „zugunsten inhaltlich begründeterer Initialen durchbrochen worden", und von den vollständigen Hss. haben es nur G und die Wiener Hs. V einigermaßen über die Zeit gerettet (Schanze, 1970, S. 186, Anm. 29). Die allgemein übliche Auszeichnungspraxis mit Initialen in Hss. mit volkssprachigen Texten verschiedenster Gattungen hat sich gegenüber Wolframs Sonderweg durchgesetzt und damit ein äußerliches Charakteristikum seiner individuellen formalen Gestaltungskraft beseitigt; die Normalität hat über das Besondere die Oberhand behalten.

3.3 Die ‚Buchgliederung'

Entsprechendes gilt in einem weiteren Punkt: Denn trotz möglicher Zweifel (→ S. 170) wird auch die sog. Buchgliederung (→ S. 601 f.) in dieser Ausgangshandschrift der Überlieferung wohl in irgend einer Form optisch ausgezeichnet und hervorgehoben worden sein (mißverständlich beurteilt von P. und D. Diemer, 1991, S. 1093). Sie ist noch konsequenter als die Gliederung mit den Dreißigerinitialen in den Hss. aufgegeben und vollständig wiederum nur in G und V, jeweils unterschiedlich umgesetzt, tradiert worden.

In G gliedern ebenso wie im ‚Nibelungenlied' allein große Zierinitialen, in V und Fragment 55 (Schröder, 1978, S. XXXVIII) Schmuckinitialen bzw. Bilder, meist in Kombination mit *aventiure wie* ...-Überschriften (Gerhardt, 1971; Faksimile V, 2005, Bd. I, S. 7 f.). Großinitialen und *aven-*

tiure-Überschriften sind demnach funktionsgleich (Backes, 2006, S. 312). Sie geben einen Hinweis darauf, daß Wolfram sich für diese Gliederungstechnik, wie sie in G und V bewahrt worden ist, in nicht gezählte Großabschnitte höchstwahrscheinlich durch das ‚Nibelungenlied' hat anregen lassen (vgl. Lohse, 1980, S. 53). Nebenbei: Die Buchzählung im Wh. stammt ebenso wie im Pz. nicht von Lachmann selbst, sondern ist erst nach Lachmanns Anregung (1833, S. IX) von Moriz Haupt in der zweiten Auflage eingeführt worden.

Denn zum einen hat Wolfram das ‚Nibelungenlied', das als einziger volkssprachiger Text vor Wolfram eine derartige Gliederungstechnik aufweist, gekannt, wie Anspielungen auf es beweisen (z. B. Bumke, ^{8}2004, S. 11, 374). Zum anderen ist diese Art der Binnengliederung im Gegensatz zu didaktischer Dichtung der höfischen Epik, den Artus- und Antikenromanen in Frankreich und Deutschland, weitestgehend fremd (vgl. Backes, 2006, S. 309). Zum dritten wurden antiker Tradition gemäß in lateinischen Epen von Vergil, Lucan, Statius z. B. die Bücher gezählt. Besser würde man die ‚Bücher' also ihrer vermuteten Herkunft nach als *aventiuren* bezeichnen, auch wenn die Bezeichnung in Bezug auf das ‚Nibelungenlied' selbst erst jünger ist (vgl. bereits Lachmann, 1833, S. X; Braune, 1900, S. 185–192, bes. S. 189f., Anm. 2; Faksimile V, 2005, Bd. I, S. 38; grundlegend Lohse, 1980, s. besonders die Zusammenfassung S. 35f.).

Indem die für Wolframs Versromane typische äußerliche Kennzeichnung der ‚Bücher' im Verlaufe der Überlieferungsgeschichte eliminiert wird, übt einerseits sicherlich die Tradition höfischen Erzählens ihren Einfluß aus, insbesondere die Überlieferungssymbiose mit Ulrichs von Türheim ‚Rennewart', der ohne Markierung einer im übrigen kaum vorhandenen Groß- und Kleingliederung auskommt (Faksimile V, 2005, Bd. II, S. 3). Andererseits ist dies Faktum dennoch erstaunlich, da in den besonders verbreiteten Texttypen der Zeit, z. B. in Bibelhandschriften, Bucheinteilungen und -bezeichnungen mit Überschriftenfunktion, oft durch Bilder zusätzlich markiert, ganz selbstverständlich sind. Außerdem bürgern sich im 15. Jh. ganz generell Rubriken verschiedenster Provenienz und Funktion in volkssprachigen Texten ein (Palmer, 1989, S. 73–76; Backes, 2006; Stolz/Viehhauser, 2006), auch in solchen Texten, in denen sie ursprünglich gar nicht vorgesehen waren. Man vergleiche die ‚Kapitelüberschrift' im ‚Edolanz'-Fragment (Achnitz, 2000, S. 261 f. mit Anm. 45f.), die ‚Kapitelunterschriften' und Inhaltsverzeichnisse in den ‚Tristan'-Hss. des 15. Jh.s E, R und S (hg. von K. Marold, S. XLV–XLVII und S. XLIX–LI), die von Linke (1964) abgedruckten ‚Kapitelüberschriften' in den ‚Iwein'-Hss. f und p oder die ‚Eneas'-Hs. h.

In ihr „tragen die Bilder erklärende Unterschriften in rother Tinte und sind numeriert. Die Zahlen stehen am Kopf der Seite. Der Schreiber hat die Unterschriften und Zahlen als Capitelüberschriften und Capitelzahlen gefasst und darnach seinen Index zusammengestellt" (vgl. Heinrich von Veldeke, ‚Eneide', hg. von O. Behaghel, S. VI; Abdruck des Index S. VI–VIII).

Außerdem ist die *aventiure*-Gliederung in einigen heldenepischen Dichtungen praktiziert und ihre Kennzeichnung in den Hss. durchaus erhalten geblieben, z. B. im ‚Biterolf', ‚Ortnit' und ‚Wolfdietrich' oder in der ‚Kudrun', vor allem aber im ‚Nibelungenlied' selbst. „Außer der St. Galler Handschrift 857 (B) und der jungen [...] Handschrift k haben bekanntlich alle vollständigen Hss. des Nibelungenliedes Aventiurenüberschriften: A, C, D, I, a, b, d, und h. Hinzu kommen die Tabula des Ambraser Heldenbuch (d1) und das Darmstädter Aventiurenverzeichnis (m). Auch die fragmentarischen Hss. haben in der Regel Aventiurenüberschriften" (Lohse, 1980, S. 19).

Die Trennung von Heldenepik und höfischen Romanen wird in der handschriftlichen Überlieferung verhältnismäßig selten zu Gunsten eines handschriftlichen Miteinanders durchbrochen (Bumke, 2005, S. 39 f.). Man vergleiche z. B. die ‚Nibelungenlied'-Hs. n, die ferner ‚Alpharts Tod' und Johanns von Würzburg ‚Wilhelm von Österreich' enthält, und in der bemerkenswerter Weise die *aventiure*-Gliederung und -Überschriften des ‚Nibelungenliedes' aufgegeben worden sind (hg. von J. Vorderstemann, S. XIf.). Diese unterschiedenen Überlieferungssymbiosen mögen es befördert haben, auf die gattungsmischende äußerliche Kennzeichnung der nicht zählenden Bucheinteilung durch Überschriften vom Typ *aventiure wie* ... in den Hss. des Wh. zu verzichten, sie werden zumindest keinen Anlaß zu ihrer Bewahrung gegeben haben.

5. Die handschriftliche Überlieferung

5.1 Überblick über die Zahl der erhaltenen Textzeugen

„Mit knapp 80 vollständigen oder fragmentarisch erhaltenen Hss. zählt" der Wh. „zu den am besten überlieferten deutschsprachigen Werken des Mittelalters" (Bastert, 2005, S. 117) – der weltlichen Erzählliteratur, wie man präzisierend hinzufügen müßte; man vergleiche Bruder Philipps ‚Marienleben' mit derzeit 102 bekannten Hss. und Fragmenten der Versfassung und 22 einer Prosaauflösung. Rechnet man die sogenanten ‚Exzerpte' hinzu, hat die Anzahl der bekannten Textzeugen inzwischen „die Hundert überschritten" (Bumke, ⁸2004, S. 390).

Unabhängig von den beiden genannten Zahlen gilt es freilich zu bedenken, daß Fragmente von den Werken Ulrichs von dem Türlin und/ oder Ulrichs von Türheim ursprünglich den vollständigen Wh.-Zyklus umfaßt haben können (vgl. die Zusammenstellung in Bd. II, S. 991 ff., 996 ff.), so daß potentiell die Zahl der Hss. des Wh. höher liegen könnte. An dem vor kurzem gefundenen Jenaer Fragment einer ‚Rennenwart'-Hs. zeigt sich diese Problematik paradigmatisch: Fasbender (2006, S. 88) berechnet einen Umfang der vollständigen Hs. „von über 250 [Blättern] allein für die 36 518 Verse des ‚Rennewart'" und schließt daraus, daß es „nicht zu einer Handschrift gehörte, die die ganze Trilogie enthielt" (vgl. Fasbender, 2005, S. 189), ja er hält es sogar für ausgeschlossen, „daß in der Hs. des Jenaer Fragments ein ‚Willehalm' vorausging" (Fasbender 2005, S. 187 Anm. 5). Dieser Schluß scheint mir möglich, aber nicht zwingend zu sein, weil sich, entsprechend z. B. V, hochgerechnet nur ein unauffälliger Gesamtumfang von rund 360 Blättern ergäbe. Man vergleiche das von Fasbender (2005, S. 189 Anm. 9) selbst angeführte Beispiel oder die Hss. des Gesamtzyklus' V mit 351, C mit 366, E mit 367, Wo mit 386, Ka mit 396 und W mit 423 Blättern Umfang (allerdings handelt es sich bei V, Wo, Ka und W um Bilderhandschriften).

„Die verlorenen ‚Willehalm'-Hss., von denen wir durch Notizen in Bücherverzeichnissen etc. wissen, geben naturgemäß keine genaue Auskunft über ihren Inhalt, doch scheinen die meisten von ihnen den vollständigen ‚Willehalm'-Zyklus enthalten zu haben" (Gerhardt, 1970 [a], S. 371; P. J. Becker, 1977, S. 117–120). Jakob Püterich von Reichertshausen sei als Beispiel dafür genannt (‚Ehrenbrief', hg. v. F. Behrend/ R. Wolkan, 1920, Str. 101 f.), der allerdings als gemeinsamen Autor des ersten und dritten Teils *Ulrich von Türnheim* benennt (Behrend/Wolkan, 1920, Str. 101 f.).

5.2 Überblick über die chronologische und diatopische Verteilung der Handschriften

Unter den Wh.-Hss. sind – wenig überraschend – mehrere kostbare Prachthandschriften ebenso vorhanden (Frühmorgen-Voss, 1975, S. 54) wie schlichte Gebrauchshandschriften ohne weitergehendes ‚Anspruchsniveau' oder repräsentativen Charakter. Allerdings ist es methodisch nicht statthaft, sich für eine sozialgeschichtlich ausgerichtete Rezeptionsforschung allein auf die vollständigen Hss. zu beschränken und die Fragmente außer acht zu lassen, wie dies P. J. Becker (1977) getan hat, so daß seine Beobachtungen, Feststellungen und Schlußfolgerungen nur bedingt und mit Vorsicht verallgemeinert werden können (vgl. Gerhardt, 1985, S. 228, Anm. 136). Erst durch die Einbeziehung und „Auswertung der Fragmentüberlieferung ergibt sich", wie z. B. Plate (2005, S. 294) für den „unvermischten ‚Christherre-Chronik'-Text" gezeigt hat, „das volle Bild der räumlichen Verbreitung", das der sozialgeschichtlichen soweit als möglich, das der chronologischen ohnehin.

Die handschriftliche Überlieferung zerfällt, wie auch sonst meist, in zwei Überlieferungszweige, die zahlreichen Kontaminationen aufweisen (→ S. 612 ff.), wobei der α-Zweig, textkritisch gesprochen, der wichtigere, autornähere ist, der β-Zweig dagegen weit mehr Textzeugen aufweist, also so etwas wie den *textus receptus* bzw. die ‚Vulgatfassung' des Mittelalters repräsentiert. Von einer Nachzeichnung der weiteren stemmatischen Zusammenhänge kann ich hier absehen; dafür sei auf Schanze (1966) und Mihm (1968) verwiesen.

Zur chronologischen Verteilung der Wh.-Überlieferung s. Kleinschmidt (1974, S. 588), Bastert (2005, S. 117 f. Anm. 3) und Wolf (2003, S. 224). Daß nach Bastert 35 Textzeugen, entsprechend 45,5 %, bereits aus dem 13. Jh. stammen, ebenso viele aus dem 14, und zwar überwiegend aus der ersten Hälfte, und nur 7, entsprechend 9 %, aus dem 15. Jh., ist durchaus auffällig. Es wird nur geringfügig modifiziert, rechnet man, indem man das Schwergewicht auf das in der Zeit dominierende stofflich und nicht formal ausgerichtete Interesse legt, die in drei Hss. erhaltene Wh.-Prosaisierung sowie die Wh.-Kurzfassung der ‚Weltchronik' Heinrichs von München mit ein (vgl. die tabellarische Übersicht bei Wolf, 2003, S. 256: drei Hss. mit der kompletten Trilogie; zweimal nur der ‚Arabel'-Teil; zwei Wh.-Fragmente aus der ‚Weltchronik'; vgl. Shaw/Fournier/Gärtner, 2008). Der Begriff ‚Kurzfassung' bzw. ‚Wh.-Chronik' erscheint mir angemessener, als mit Schröder (1981 [b]) und anderen von ‚Wh.-Exzerpten' zu sprechen, wird doch mit diesem Begriff suggeriert, daß es sich nicht um ein gefügtes und zusammenhängendes Ganzes handele (Wolf, 2003, S. 249 f.). Baisch (2006, S. 300) hat völlig recht mit seiner Forderung: „Interpretationen von Kurzfassungen der höfischen Romane dürfen sich nicht nur mit den fehlenden Textstücken beschäftigen. Sie haben sich auch für das Gebliebene zu interessieren". Die Wh.-Überlieferung bricht also nicht erst „am Ende des 15. Jahrhunderts" ab (Bumke, [8]2004, S. 400), sie fängt bereits nach der Mitte des 14. Jh.s an, allmählich zu versiegen.

Die „höfische Memorialkultur" und die „höfische Geschichtsschreibung" in höfischer literarischer Gestaltung (Wolf, 2003, S. 252) verlieren offenbar im Verlaufe des 15. Jh.s endgültig an sprachlich-formalem Verständnis und stofflichem Interesse (immer noch wichtig H. Becker, 1930; vgl. Janota, 2004, S. 24f., 27, 194f., 255; Graf, 2002, mit sorgfältig abwägenden Überlegungen zur sog. ‚Ritterromantik'), und bereits im 14. Jh.entstehen keine neuen Artusepen und ähnliche weltliche Romane mehr. Dazu paßt, daß im Gegensatz zum Pz. und zum JT, beide in Straßburg 1477 bei Johann Mentelin gedruckt (Koppitz, 1980, S. 133–138), der Wh. nicht die Hürde der Drucklegung hat überwinden können und daß sogar schon in Diebold Laubers Werkstatt, obwohl 14 Hss. mit epischen Dichtungen aus der Zeit vor 1250 und fünf mit solchen aus der Zeit nach 1250 erhalten sind, im Unterschied zu Strickers ‚Karl' der Wh., genauso wie die mit ihm in Überlieferungssymbiose verbundenen Werke – Ulrichs von dem Türlin und Ulrichs von Türheim Vor- und Nachgeschichte zum Wh. – offenbar nicht abgeschrieben worden sind und auch nicht angezeigt wurden (vgl. Kiening, 1998, S. 524, und die Übersicht über Hss. aus Laubers Werkstatt bei Rapp, 1998, S. 147–149). Kleinschmidts, wenn auch auf den Pz. gemünzter Erklärungsversuch (1974, S. 588): „Die geringe Zahl von Hss. im 15. Jh. erklärt sich aus der vorwiegenden Verwendung von Papier als Schreibstoff, so daß Pergamentfragmente wie für die vorhergehenden Jahrhunderte nicht mehr vorkommen können", ist, für sich allein genommen, unzureichend.

Jakob Püterich von Reichertshausen hatte, wie er in seinem ‚Ehrenbrief' (Behrend/Wolkan, 1920, Str. 101 f.; 105) bezeugt, sowohl eine Hs. der Wh.-Trilogie als auch eine von Strickers ‚Karl' in seiner Bibliothek. Aufs Ganze gesehen gab es freilich, wie es scheint, keine Nachfrage mehr für diese Stoffkreise, und zwar sogar unabhängig von „dem Gegensatz zwischen Baiern und dem Westen" (Scherer, 1877, S. 16). „Man ist diesem Gegensatz, den zuerst Scherer scharf beleuchtet hat, weiter nachgegangen und hat gezeigt, daß im 15. Jahrhundert Bayern und Österreich mit ihrer einseitigen Nachahmung mittelalterlicher Dichtung hinter dem Südwesten, der von Italien, Frankreich und den Niederlanden Anregungen erhielt, bereits stark zurückgeblieben waren. Um 1446 noch hatte im Südwesten, im elsässischen Hagenau, Diebold Louber in seiner Schreibschule zahlreiche mittelalterliche Werke vervielfältigen lassen, zwanzig Jahre später aber ist der Geschmack hierfür in jenen Gegenden in starker Abnahme. Aus Schwabenland legt Herzogin Mechthild sprechendstes Zeugnis dafür ab" (Behrend/Wolkan, 1920, S. 7).

6. Ausgewählte Handschriften

6.1 Vorbemerkung

In den vergangenen Jahrzehnten hat sich die Forschung in der Hauptsache der verschiedensten methodischen Ansätzen verpflichteten Interpretation des Wh. zugewandt. Dem Textzustand und dem Wortlaut einzelner Wh.-Hss. hat sie sich dagegen kaum gewidmet, sieht man einmal von den stemmatisch-textkritischen Erörterungen Schanzes (1966) und von Stoschs (1971) ab, die, ebenso wie die Lauten und Formen gewidmete Darstellung von Domes, 1984, bei aller Gründlichkeit naturgemäß kein zusammenhängendes Bild von umfangreicheren Textpartien einzelner Hss. geben können, und von Hss.beschreibungen, insbesondere von solchen, die Fragmente betreffen. Außerdem: Obwohl philologische Fragen wie die nach der Syntax, dem Wortschatz und der Metrik ebenfalls zur Geschichte der Hss. des Wh. gehören, sind sie ungewöhnlich stark in den Hintergrund getreten (vgl. bereits Bumke, 1970, S. 90); was für Wolframs ‚Original'-Werke selbst gilt, trifft für die handschriftliche und Druck-Überlieferung erst recht zu.

Ich kann daher gemäß der Wh.-Forschung nur auf einige wenige ausgewählte Hss. und Fragmente den Blick richten, bei denen ich mich auf einen detaillierten Forschungsstand beziehen und stützen kann. Ein weiterer Grund für die jeweilige Auswahl war, daß schwerpunktartig und exemplarisch einige zusätzliche Gesichtspunkte der Überlieferungsgeschichte des Wh. angesprochen werden, freilich ohne Anspruch auf Systematik und Vollständigkeit; gelegentlich können Desiderate formuliert werden.

Auf Angaben zu den Hss., die Beschreibstoff, Format, Zahl der Spalten, Schriftart, Details zum Zustand der Fragmente und Ähnliches mehr betreffen, kann hier im Hinblick auf die Zusammenstellung in Bd. II (S. 973 ff.) verzichtet werden.

6.2.1 Fragment 13: Datierung

Fragment 13 (→ II, S. 975) sei hier exemplarisch hervorgehoben, ist es doch aus mehreren Gründen außerordentlich bemerkenswert (Schanze, 1966, S. 155–158; K. Schneider, 1987, S. 88 f.). Es überliefert Wh.-Text auf fünf erhaltenen Doppelblättern in unabgesetzten Versen. An den Blättern sind drei Schreiberhände zu unterscheiden, deren Schreibsprache bairisch ist. Sie sind „um oder bald nach 1220, vermutlich aber noch etwas später" (K. Schneider, 1987, S. 88) zu datieren und werden von Greenfield/Miklautsch (1998, S. 273) viel zu vage in die „erste Hälfte des 13. Jh.s" eingeordnet. Damit ist Fragment 13 der „älteste bekannte Textzeuge des Wh." (K. Schneider, 1987, S 88.), ja beinahe der höfischen Epik überhaupt, und reicht, bis unmittelbar in den Zeitraum hinein, in dem der Wh. entstanden ist: „Für den Beginn der Arbeit [sc. am Wh.] darf man wohl bis zum Beginn des zweiten Jahrzehnts – kaum darüber hinaus – hinaufgehen; das Ende kann noch in den Beginn des dritten fallen" (Heinzle, 1991, S. 792). Die auf der Analyse von zwei im Wh. vorkommenden Ortsnamen *Dannjatâ* und *Alamansurâ* beruhenden Argumente von G. und E. Dittrich (1971, S. 956–960) für eine Datierung des II. und III. Buches des Wh. auf frühestens 1218 bzw. 1221 (ebd., S. 960) sind weitgehend unbeachtet geblieben (vgl. aber Greenfield/Miklautsch, 1998, S. 23), obwohl Wolfram „bekanntlich mit Namen sorgfältig umgeht" (Nellmann, 2003, S. 53). Kiening (1998, S. 522) verweist noch darauf, daß „schon um 1220 Rudolf von Ems mit einem an Gott gerichteten Bittgebet Kaiser Ottos im ‚Guoten Gêrhart' (300–446) die Ausstrahlungskraft von Wolframs Gebetsprolog im Wh. offenbart".

6.2.2 Fragment 13: Die diatopische Verbreitung des ‚Willehalm'-Textes und die Überlieferung des ‚Willehalm' im Niederdeutschen

Fragment 13 zeigt ferner, wie schnell der Wh. aus Thüringen nach Bayern gelangt ist und überregionale Verbreitung gerade im gesamten süddeutschen Raum gefunden hat (vgl. Wolf, 2003, S. 231, 233).
Im Niederdeutschen allerdings scheint der Wh. keine Aufnahme gefunden zu haben (K. Schneider,1987, S. 161 f.; Kiening, 1998, S. 523 f.; doch vgl. P. J. Becker, 1977, S. 215–217; Beckers, 1992, S. 91 f.; Th. Klein, 2003), die durch Analysen der jeweiligen Schreibsprachen der Hss. mit wünschenswerter Eindeutigkeit nachweisbar wäre; nicht einmal eindeutig bei den Deutschordensrittern, bei denen doch eine Lektüre vom Ritterheiligen Willehalm leicht vermutet werden könnte (Kegel, 1905, S. 101). Denn der *codex discissus*, Fragment 22 und 31, vom Anfang des 14. Jh.s mit der Kombination von Wolframs Wh. und Heinrichs von Hesler ‚Nikodemusevangelium' kann nur vermutungsweise dem Deutschen Orden zugewiesen werden (Burmeister, 1998, S. 410); der Dialekt verweist ohnehin in den mitteldeutschen/ostmitteldeutschen Raum (ebd., S. 408).

Offenkundig ist der Text des Wh., sprachlich entsprechend der jeweiligen Region bearbeitet (Beckers, 1992, S. 67f.), im Gegensatz zum Pz. (ebd., S. 91), immerhin vereinzelt rheinabwärts bis ins Moselfränkische (Frg. 61; Hs. K) und Ripuarische (Handschrift C; u.U. Frg. 35 mittelrhein. [ripuar.]) vorgedrungen, wenn ich einmal hier vom Rheinfränkischen absehen darf (Frg. 74, 83, 85 rheinfr.; Frg. 51 rheinfr.-hess.). Ob er freilich die niederdeutsche Sprachgrenze bis weit in die norddeutsche Tiefebene hinein hat überspringen können (Beckers/Ott, 1994, S. 287–290), bleibt derzeit fraglich.

Eine sprachgeschichtliche Bilanzierung der Hss. und der Fragmente in Hinblick auf niederdeutsche Provenienz, so wie sie Beckers (1992, S. 69–90) für die Fragmente des Pz. vorgenommen und für die des Wh. angemahnt hat (ebd., S. 91), fehlt. Erst sie könnte in diesem Punkt Eindeutigkeit schaffen. Auf die Problematik der hochdeutsch schreibenden Niederdeutschen kann ich hier nur aufmerksam machen, nicht aber sie in extenso diskutieren (dazu vergleiche noch Tervooren/Bein, 1988, S. 11–15; Beckers, 1992; jüngst Th. Klein, 2003).

6.2.4 Fragment 13: Die überlieferungsgeschichtlich-stemmatische Position

Weiterhin ist die überlieferungsgeschichtlich-stemmatische Position von Fragment 13 besonders zu beachten. Es stammt nämlich aus einer Mischhandschrift, die ihrerseits bereits fünf Vorstufen aufweist (Schanze, 1966, S. 157). Fragment 13 beweist also mit aller Deutlichkeit, daß die entscheidenden und tiefergreifenden Bearbeitungen des Textes unmittelbar nach dem Entstehen bzw. ‚Erscheinen' des Werkes stattgefunden haben (Gerhardt, 1970 [b], S. 959, Anm. 4, und Gerhardt, 1991, S. 101; vgl. Schirok, 2001, S. 194; Wolf, 2003, S. 233; Plate, 2005, S. 3f., 51; Wolf, 2008, S. 234, 288; → auch S. 626f. zu diesem Problem, zu dem ich eine Reihe von Beispielen gesammelt habe und das eine eigene Behandlung verdiente). „Kontamination, so darf man jedenfalls aus der Willehalmüberlieferung schließen, ist eine Sache des 13. Jh.s, nicht des 14. und 15." (Mihm, 1968, S. 73). Die verschiedenen Redaktionen lagen bereits im 2. Viertel des 13. Jh. ausgebildet vor (K. Schneider, 1987, S. 142–145). Aber auch schon im 12. Jh. setzt die bearbeitende Überlieferung gleich nach dem Bekanntwerden einer volkssprachigen Dichtung ein. Der ‚alte Text' der ‚Kaiserchronik' (hg. von E. Schröder) aus der Mitte des 12. Jh.s wird von der im letzten Viertel des 12. Jh.s entstandenen ‚Vorauer Handschrift' als ältestem vollständigen Zeugen überliefert und ist gemäß Schröders Stemma (S. 33) bereits durch mehrere Zwischenstufen vom ‚Original' bzw. ‚Archetyp' getrennt, außerdem mit einer ‚Zweitvorlage' kontaminiert (Nellmann, 2001, S. 389; vgl. Wolf, 2008, S. 299f.).

Berücksichtigt man diesen überlieferungsgeschichtlichen Tatbestand, dann ist Bumkes Feststellung (⁸2004, S. 391): „Die Wh.-Überlieferung ist insofern schlechter als die des ‚Parzival', als nur eine der 12 vollständigen Hss. aus dem 13. Jahrhundert stammt", insofern zu relativieren, als die Datierung einer Hs. allein nicht unbedingt etwas über die Qualität ihrer Textüberlieferung aussagt; außerdem stammen immerhin 45% aller Textzeugen aus dem 13. Jh. In späteren Zeiten dagegen, wenn das aktuell-dringende, lebendige Interesse an den Dichtungen zurückgeht, wird der Wortlaut oft in sehr konservierender Art tradiert (vgl. Wolf, 2008, S. 296–298), bei der der Text vor allem sprachgeschichtlich bedingten Mißverständnissen und Veränderungen – auch metrischer Art – ausgesetzt ist (vgl. z.B. Graser, 2003), vom Austausch von *epitheta ornantia*, Ersatz von Fremdwörtern und Ähnlichem ganz zu schweigen (vgl. Gerhardt, 1991, S. 109, 113, 119, Anm. 30).

Zu guter Letzt ist noch als bedeutsam zu betonen, daß Fragment 13 „Korrekturen einer weiteren, kaum viel jüngeren Hand" aufweist (K. Schneider, 1987, S. 88, Anm. 52), die nicht aus der unmittelbaren Vorlage von Fragment 13 stammen können (Schanze, 1966, S. 157f.; → Abb. 36). Sie bezeugen Kontamination und lassen „die Entstehung von Mischhandschriften" „augenfällig" erkennen (ebd., S. 157; vgl. Schirok, 2001, S. 180 mit Anm. 73).

6.2.5 Fragment 13: Kontamination als Überlieferungsphänomen

Schanzes Stemma (1966, Beilage), zeigt übersichtlich an, daß insgesamt in der Wh.-Überlieferung überaus zahlreiche Kontaminationen stattgefunden haben. Als Gesamtphänomen sind sie ihr gesicherter Bestandteil. So urteilt ebenfalls – trotz z.T. weitreichender Modifizierungen an Schanzes Stemma – Mihm (1968, S. 73) in seiner gründlichen, kompetenten und Grundsatzfragen der Textkritik ansprechenden Rezension zu dessen Arbeit: „Vorlagenwechsel und Textkorrekturen nach anderen Hss. gehörten offensichtlich zur damaligen Schreiberpraxis".

6.3.1 Die Wiener Handschrift V: Die Maleranweisungen

Von der Wiener Hs. V (→ S. 644 und II, S. 975) gibt es jetzt ein preisgünstiges, verkleinertes Faksimile, 2005, so daß hiermit der Wh.-Zyklus als ganzer nach einer Hs. und nicht auf mehrere kritische Ausgaben verteilt in Buchform bequem und allgemein zugänglich vorliegt.

Da in dieser Hs. die Bilder, die Bildbeischriften und weitgehend die ebenfalls volkssprachigen Vorschriften dazu erhalten sind, ist an ihr das Text-Bild-Verhältnis intensiv erforscht worden. Im Kommentar zur Faksimileausgabe (2005) findet man eine kritische Beschreibung der Bilder sowohl in ihrem Bezug zu den jeweiligen Kontexten als auch zu den mit roter Tinte geschriebenen Bildbeischriften und den schwarz, mit winziger Schrift an den Rand geschriebenen, meist ausführlicheren Vorschriften zu den Bildbeischriften (Bd. I, S. 25–48; 80–103, Bd. II, S. 4–20; 40–63; vgl. Gerhardt, 1971; K. Schneider, 1999, S. 151). Dazu gibt es eine „Motivübersicht der Miniaturen" (Bd. I, S. 10f.), die das insgesamt sehr konventionelle Repertoire der Illuminatoren belegt, nicht zuletzt im Vergleich mit den anderen Wh.-Illustrationen (Bd. II, S. 28–32). Die Miniaturen Nr. 1–34 gelten dem ersten Teil der Trilogie, Nr. 35–61 dem zweiten, Nr. 62–117 dem dritten Teil. Das Mittelstück der Hs., Wolframs Wh., ist demnach ‚dünner' illuminiert als der Anfangs- und der Schlußteil, auf jeden Fall aber nicht, was die Zahl der Miniaturen anbelangt, gegenüber den beiden anderen Teilen herausgehoben. Die Bilder selbst stimmen weder mit Wolframs Text – um mich auf diesen Teil des Zyklus zu beschränken – noch mit den Vorgaben des Schreibers durchgehend zusammen (vgl. insbesondere Bd. I, S. 12–21) und entwickeln so ihre eigene Konvention und Dynamik.

In der Wenzel-Handschrift W sind nur wenige lateinische Maleranweisungen erhalten (v. Schlosser, 1893, S. 268 f.), die denen in V prinzipiell gleichen. Der Kasseler Prachtcodex Ka weist anfangs deutsche (vgl. Holladay, 1996, S. 106–113, 117–120), im weiteren Verlauf nach einer ‚Mischphase' lateinische Maleranweisungen auf (vgl. Holladay, S. 115–117, 121, 131–150; Schröder, 1978, S. XXV; Brinker-von der Heyde, 2007, S. 32 f.); die Bildbeischriften allerdings sind ausschließlich deutsch (vgl. Holladay, 1996, S. 96–100).

6.3.2 Die Wiener Handschrift V:
Der ‚klassische' Vers im Oberdeutschen des 14. Jahrhunderts und das Problem der Zyklusbildung

Die Schreibsprache der Hs. V wird wie folgt beschrieben: „Der durch die Graphematik dieses Textes bezeugte Lautstand der Sprache weist eindeutig auf den breiten mittelbairischen Dialektraum der Isar-Donau-Region zwischen München und Wien. Näher eingrenzen lässt er sich nicht" (Faksimile V, Bd. I, S. 6). Schröder (1978, S. XXIV) ergänzt: „Diphthongierung ist durchgeführt, Synkope von unbetontem *e* häufig, Apokope die Regel". Das Faksimile mit seinem vollständigen Text, der am 29. 9. 1320 fertiggestellt worden ist, böte ein ideales Untersuchungsfeld, um die Auswirkungen der genannten lautlichen Neuentwicklungen rund 100 Jahre nach Wolfram auf Metrik, Vers und Reim zu untersuchen (vgl. Schröder, 1981 [b], S. LX–LXII); Lomnitzers Untersuchung (1972) könnte für den einen Aspekt Anregung bieten und zum Vergleich dienen (vgl. Bumke, [8]2004, S. 28 f.; Janota, 2004, S. 222), für den den Lautstand betreffenden Aspekt kann Grasers Analyse (2003) als Modell dienlich sein.

„Der Codex Vindobonensis 2670 mag an textkritischem Wert auch hinter anderen zurückstehen – beim Willehalm-Text allerdings hinter ganz, ganz wenigen" (Faksimile V, Bd. II, S. 32). Er könnte daher mit seinem vorzüglichen Wortlaut bis gegen Ende des VIII. Buches geradezu als Kontrollhandschrift der Leithandschrift G dienen, da erst am Schluß die Eigenvarianten in V zunehmen (Gerhardt, 1971, S. 966 f. mit Anm. 4), ein Phänomen, das eine zunächst gesonderte Entstehung des Wh.-Teils der Hs. unterstreichen kann, für die es kodikologische Anhaltspunkte gibt (P. J. Becker, 1977, S. 102, Anm. 4). Daß der textkritische ‚Wert' von V in den drei Teilen des Zyklus ganz unterschiedlich beurteilt wird (Faksimile V, 2005, Bd. II, S. 36 f., Anm. 49), ebenso ihre ganz unterschiedliche Stellung im jeweiligen Stemma, spricht ebenfalls für eine neu vorgenommene Zusammenstellung des Zyklus für V.

Wie auf sekundäre Weise durch ‚Buchbindersynthese' der vollständige Zyklus zu Stande gekommen sein kann, zeigt im Ansatz die Leipziger Hs. L. In ihr ist dem Wh. eine ursprünglich selbständige und nicht ganz gleich große Hs. vorgebunden worden, die eine Kurzfassung von Ulrichs von dem Türlin Vorgeschichte enthält (Schröder, 1981 [a], S. XIV). Die Abschrift einer durch Kombination verschiedener Einzelhandschriften entstandenen Vorlage würde die ursprünglichen Gegebenheiten verschleiern, die im Nachhinein nur durch textkritisch-stemmatische Analysen zu rekonstruieren wären.

Die Korrekturen, insbesondere nachgetragene Verse, sind im Türheim-Teil deutlich zahlreicher als in den beiden ersten Teilen, so daß der Schluß auf die nachlassende Sorgfalt des Schreibers von V, der den Abschluß der Arbeit an der Gesamthandschrift vor Augen hatte, wohl erlaubt ist (vgl. Gerhardt, 1995, S. 41–53; Schröder, 1981 [a], S. XV).

6.4.1 Die Kölner Handschrift K:
Der Schreiber und sein Interesse an Strickers ‚Karl der Große'

Am 8. 2. 1437 hat *Peter von freysen pastor Zu steynwenden* – Freisen liegt rund 50 km südöstlich von Trier – die Wh.-Handschrift K (→ II, S. 974) als Hauptschreiber im Auftrag *Wierich[s] Von Dune, herre Züm obernstein* fertiggestellt (Domes, 1984, S. 2; → Abb. 37), indem er den ersten, von Beckers identifizierten Schreiber Godeman von Hoffde, *schriber zum Obersteyn,* abgelöst hat (Beckers, 1988, S. 142; gemeint ist Idar-Oberstein an der Nahe).

Peter von Freisen hat noch eine zweite Hs. mit volkssprachigen Texten geschrieben: Universitäts- und Landesbibliothek Sachsen-Anhalt Zweigstelle Dessau, Georg 224 [olim 4°,1]. In ihr hat er einen Teil, den ‚Wilhelm von Wenden', am 6. 8. 1422 beendet *in domo domini officialis curie treverensis* (Domes, 1984, S. 3), d. h. „in den Amtsräumen und in Diensten der erzbischöflichen Kurie zu Trier" (Domes, 1984, S. 3; Embach, 2007, S. 634f.), vielleicht als Notar (Embach, 2007, S. 635). Diese Hs. enthält u. a. Strickers ‚Karl', der die Hs. eröffnet, den ‚Laurin' und ‚Rosengarten' (zum Nebeneinander von historisierenden Romanen und Heldenepen → S. 606). *Opinio communis* bezüglich der erstgenannten Hs. ist: „Es gehört zu den Besonderheiten der ‚Willehalm'-Überlieferung [...], daß der Roman nur in einer einzigen erhaltenen vollständigen Handschrift, der späten Kölner K [...] ganz für sich steht" (Schröder, 1981 [b], S. XI); ganz ähnlich urteilt Knapp (Faksimile V, 2005, Bd. II, S. 28 f.): „Allein überliefert ist der Willehalm nur in der Kölner Handschrift K". Eine derartige Einzelüberlieferung stellt bei den deutschen Epenhandschriften freilich die Regel dar (Bumke, 2005, S. 39).

Bezieht man jedoch den Schreiber in die Rezeptionsgeschichte des Wh. mit ein, so ist diese Feststellung zwar nicht falsch, aber auch nicht die volle Wahrheit. Denn für Peter von Freisen mindestens stellt sich, wenn auch mit einem Zeitabstand von 15 Jahren und vielleicht bei unterschiedlichen Auftraggebern, die Ergänzung von Strickers ‚Karl' mit Wolframs Wh. als stoffliche Vervollständigung dar, eine Symbiose, die in der Wh.-Überlieferung noch in der St. Galler und der Hamburger Hs. bezeugt ist (→ S. 12, 584). In diesem Zusammenhang ist noch auf den Schreiber der Wh.-Handschrift B zu verweisen, von dem eine weitere Hs. erhalten ist (Gotha, Forschungs- und Landesbibl., Cod. Memb. II,39), die Strickers ‚Karl' und Johanns von Würzburg ‚Wilhelm von Österreich' umfaßt. Die potentielle Zusammenschau im Geiste des Schreibers von Wh.-Zyklus und dem Karlsstoff verweist auf die Heinrich von München-Kompilation (Schröder, 1981 [b]; Kiening, 1998; Shaw/Fournier/ Gärtner, 2008) und die Wh.-Prosafassung (hg. von H. Deifuß, 2005) mitsamt dem ‚Zürcher Buch vom Heiligen Karl', die nach derzeitiger Anschauung vom gleichen Autor stammen. Von diesen beiden Autoren werden der Wh.-Zyklus und Strickers ‚Karl' zu einer chronikartigen bzw. an eine Heiligenvita angelehnten Gesamtkompilation zusammengeführt und in einen vornehmlich historiographischen bzw. hagiographischen Kontext (Kleinschmidt, 1974; Deifuß, 2005; Bumke, [8]2004, S. 397f.) überführt und eingebettet. Die Überlieferungszusammenhänge „können als spezifische Sinnbildungspraktiken interpretiert werden, die für das mittelalterliche Werkverständnis von grundlegender Bedeutung sind" (Baisch, 2002, S. 115). Die Hss. mit den ‚Werken' beider Autoren sind freilich nicht mehr zur primären Überlieferung des Wh. zu rechnen.

6.4.2 Die Kölner Handschrift K: Die Umformung ins Moselfränkische

Domes, 1984, hat sorgfältig und detailliert „die lautliche – Vokalismus, Konsonantismus – und morphologische Sprachgestalt der Handschrift K" (S. 5) zu seinem alleinigen Untersuchungsgegenstand gemacht und dabei den im wesentlichen moselfränkischen Sprachcharakter bestätigt, unterschieden nach den beiden Schreibern. Themengemäß lassen sich aus der Arbeit so gut wie keine Aussagen extrahieren, die über die Dialektbestimmung anhand von Lauten und Formen hinausgingen (vgl. Beckers, 1988, S. 142f.). Erneuerung im Wortschatz, Auslassungen, Zusätze etc., Metrik und Syntax werden nicht behandelt. Die Hs. läßt sich also nach gegenwärtigem Forschungsstand nur als Sprachdenkmal für die Literaturlandschaft des alten Erzbistums Trier reklamieren, was etwas genauer von Beckers (1988, S. 143) charakterisiert wird.

Eine Frage von nicht unerheblicher Bedeutung für die Beschreibung und Beurteilung des Sprachdenkmals K und des mit K aufs engste verwandten Fragments 89, das u. U. sogar als direkte Vorlage für K (Ganina/ Wolf, 2000, S. 320) gedient hat, hat sich Domes, 1984, freilich nicht gestellt, wie nämlich die Umsetzung eines Textes aus einer regionalen Schreibsprache in eine andere vor sich gegangen ist. Daß ein derartiger Umsetzungsprozeß, besser: Aneignungsprozeß sprachgeschichtlicher Art Ursache sowohl für eher ‚mechanisch' entstandene (Lese-)Fehler, aber auch für inhaltliche Fehl- und Umdeutungen, für vielfältige Mißverständnisse jeglicher Art gewesen ist, gab bereits im Mittelalter Anlaß für heftige Klage und Vorwürfe an die Adresse der Schreiber (vgl. Stammler, 1933, S. 11, mit Brinkhus, 1978, S. 21; dazu den Stoßseufzer eines aufmerksamen Lesers, den Spamer, 1912, S. 131 [Lesarten] abgedruckt hat.

6.4.4 Die Kölner Handschrift K: Sind regionalsprachige Umsetzungen ‚Fassungen', ‚Versionen' oder ‚Bearbeitungen'?

Im großen ganzen hat Peter von Freisen den sprachlichen Umformungsprozeß einer vermutlich oberdeutschen Vorlage (Domes, 1984, S. 93, Anm. 1, S. 297; Ganina/Wolf, 2000, S. 319, Anm. 3, 322) mit einiger Konsequenz durchgeführt, und das ist eine Leistung, die eine gewisse Anerkennung verdient (vgl. Graser, 2003), gleich ob man diesen Arbeitsvorgang ‚Fassung', ‚Version' oder ‚Bearbeitung' nennt (Schirok, 2001, S. 168, Anm. 6; vgl. Baisch, 2002, S. 122); denn bei diesem Streit um die richtige Begrifflichkeit, der für die Beurteilung der Varianten in der Wh.-Überlieferung – und der Pz.-Überlieferung – keineswegs die Bedeutung zukommt wie z.B. für die Beurteilung der Varianz in heldenepischen Dichtungen, spielen – ebenso wie bei der Beurteilung der sog. ‚iterierenden Varianten' – sprachgeschichtliche Argumente offensichtlich keine entscheidende Rolle (vgl. Schiewer, 2005, S. 37–41).

6.4.5 Die Kölner Handschrift K: Mißverständnisse

Für Mißverständnisse aller Art, die Peter von Freisen oder seiner Vorlage selbstverständlich auch in nicht geringer Zahl unterlaufen sind, sei ein für Wolfram viel besprochenes Beispiel stellvertretend angeführt (Heinzle, 1991, z. St.): Wh. 286,19 *herre Vogelweide von brâten sanc* entspricht in K *Sin* [sc. des Koches] *ingeweide von braden sang* (Gerhardt, 1970 [b], S. 958). Die Beseitigung des literaturgeschichtlich aufschlußreichen und boshaften Witzes, der sogar in der ‚Weltchronik' Heinrichs von München (Schröder, 1981 [b], 2224–2227; vgl. Kiening, 1998, S. 545, Anm. 85) im Gegensatz zur Wh.-Prosa (vgl. Deifuß, 2005, S. 249) vollständig erhalten geblieben ist: *der Vogelwaid von praten sank: dirr prat waz dick vnd lank*, wird kaum das 1846 von Jacob Grimm behandelte Motiv ‚Vom Singen der Schwerter und Pfannen' verursacht haben!

Gerade Wolframs ‚Witze' und eigenwillige Formulierungen sind in den Hss. Mißverständnissen und damit der Korruption durch Schreiber ausgesetzt (vgl. z.B. Gerhardt/Plate, 2008, besonders S. 108). Man sehe sich beispielsweise Wh. 275,13–17 an: Mehrere Knappen schaffen es nicht, Rennewarts Stange auch nur zu bewegen, denn diese ist so schwer – wie man ergänzen muß –, daß *müese ein swacher öwenzwagen/drunder sêre krachen* „ein Wägelchen/sehr unter ihr geächzt" hätte (Heinzle). Nur G und V (= α) überliefern diesen Wortlaut. Die z.T. stark entstellten Varianten des ß-Zweiges lassen sich in ihrer breiten Streuung, die der Lesartenapparat Schröders dokumentiert (1978, z.St., z.B. *krancze wagen* K, *criez wagen* C, *lastwagen* *WWo), mit Lexer (Mhd. Handwb. III, Nachtrag Sp. 266) zu **starker kanzwagen* ‚starker Lastwagen' zusammenfassen. Damit ist der ‚zweistufige' Witz der Stelle (vgl. Heinzle, 1991, Kommentar z.St., und Unger, 1973, S. 274 Anm. 34, und S. 289, Anm. 106) bis zur Plattheit rationalisiert und trivialisiert. Der erschlossene *kanzwagen* ist freilich auch in den Lesarten des ‚Nibelungenliedes' (hg. von K. Bartsch, Str. 92,2), des ‚Tristan' (hg. von K. Marold, 9219) und des ‚Rennewart' (hg. von A. Hübner, 19999), wo die Wh.-Stelle nachgeahmt ist, verderbt überliefert, so daß Heinrich von München für seine Umformung wohl nur bedingt verantwortlich und zu entschuldigen ist: *do mocht si ir chainer erwagen,/er mûst darvnder krachen* (hg. von W. Schröder, 1981 [b], 2105f.). Die Wh.-Prosa (hg. von H. Deifuß, 2005, S. 248) übergeht die Stelle.

6.5.1 Die Kasseler Handschrift Ka:
Wolframs Willehalm als Fürsten- und Ritterheiliger

Die Kasseler Hs. Ka (→ S. 645 und II, S. 974) hat als Grundlage der ersten neuzeitlichen Wh.-Ausgabe gedient. Sie wurde 1784 von dem Schriftsteller, Professor am Carolinum in Kassel, Polyhistor und Ratsherren Wilhelm Johann Christian Gustav Casparson (1729–1802) veranstaltet (→ S. 733f.).

Die Hs. hat vor allem als – immerhin tendenziell – illuminierte Repräsentations- und Prachthandschrift aus dem hohen Adel, vergleichbar der Wiener Hs. W, die 1387 für König Wenzel IV. aufs Prächtigste ausgestattet worden ist, Aufmerksamkeit auf sich gezogen: „Der Codex entstand 1334 auf Geheiß des Landgrafen Heinrich II. von Hessen, 1328–1377, zu Ehren des heiligen Willehalm, den er als Vorfahren seines Geschlechts betrachtete. Die literarische Rezeption ist mit genealogischer Motivation verschränkt", und der Landgraf sah, „wie die Initiale des Türlin-Teils zeigt, es als ein Gott wohlgefälliges Werk an, die Lebenschronik des Heiligen schreiben zu lassen" (P. J. Becker, 1977, S. 103; Holladay, 1996, S. 15–20 mit Abb. 1 und 2; Peters, 2000, S. 328, 338, 345–349; Brinker-von der Heyde, 2007, S. 66 f. mit Abb. 23). „Die Ausgestaltung Willehalms als Fürsten- und Ritterheiligen" in Deutschland hat Kleinschmidt dargelegt (1974, S. 635 das Zitat; Wolf, 2003, S. 234, 246) und dabei auch die Kasseler Hs. und ihren zur Zeit der Auftragserteilung 35jährigen Adligen in diesen Prozeß eingeordnet (Kleinschmidt, 1974, S. 643–645; vgl. Holladay, 1996, passim; Graf, 2002, S. 524–528, 530–532 mit erhellenden, vorsichtig differenzierenden Überlegungen). Ob allerdings in der Hs. „nur in den ersten fünfzig" Blättern „wegen der dort befindlichen, fertiggestellten Miniaturen geblättert wurde" und die Hs. „mehr fürstlicher Repräsentation als der Lektüre diente" (P. J. Bekker, 1977, S. 103), sei in seiner apodiktischen Gewißheit dahingestellt.

6.5.2 Die Kasseler Handschrift Ka:
Der deiktische Zeigefinger und andere Lesespuren

Bl. 41v macht eine an den Rand gezeichnete Hand im Zeigegestus auf ein Verspaar Ulrichs von dem Türlin aufmerksam (Abb. 38). Sie wird nicht, wie irrtümlich vermutet, „den Rubrikator auf den Farbwechsel der Lombarde hinweisen" (Brinker-von der Heyde, 2007, S. 33, Abb. 9), denn der war zur Zeit der Entstehung der Hs. so allgemein üblich (K. Schneider, 1999, S. 152), daß es keiner Zeigehand bedurfte, um die Sorgfalt des Schreiber aufzurufen; außerdem wäre es schwer zu verstehen, warum der Schreiber nur diesen einzigen Fingerzeig nötig gehabt hätte.

Ein Benutzer der Hs. hat offenbar nicht nur in ihr herumgeblättert, sondern vielmehr genau gelesen. Der Zeigefinger einer Hand, die der eines ‚Sprechenden' gleicht, signalisiert nämlich die Allgemeingültigkeit der Lehre, indem er auf den sprichwörtlichen Charakter der Verse die Aufmerksamkeit lenkt: *Swer mer besorget, danne er sol, / Dem ist nit mit vræuden wol* (hg. von W. Schröder, 87,1 f. Redaktion *R). Freidank (58,13 f.), Wittenwilers ‚Ring' (3719 f.), der Marner (14,253 f., dem entspricht eines der Kolmarer Meisterlieder, hg. von K. Bartsch, 104,13 f.) u.a.m. belegen die Sentenzhaftigkeit der Verse. Um diese zu bemerken und mit der sorgfältig gezeichneten, aus einem Ärmel ragenden Hand und ihrem überlangen Zeigefinger hervorzuheben, bedarf es mehr als bloßes Herumblättern. *Mutatis mutandis* ist eine solche Zeigehand der Erzählerfigur in Fragment 17 und in den *codices picturati* des ‚Sachsenspiegels' vergleichbar, die „das Geschehen mit einem ausdifferenzierten Gebärdensystem von Zeigegesten kommentiert" (Peters, 2000, S. 333). Dieser Benutzer wollte die aufgefundene ‚Lebensweisheit' wiederfinden und zur ständigen Verfügung haben.

Auf diesen Fall ist hier deshalb exemplarisch aufmerksam gemacht, weil derartige Leserspuren, von denen ich einige, darunter auch eine Zeigehand, aus K mitgeteilt habe (Gerhardt, 1970 [b], S. 958 f., Anm. 3), sowohl zur Wh.-Rezeption gehören als auch spätmittelalterliche Zeugnisse für die große Beliebtheit des didaktischen Schrifttums sind. Gerade die sentenzhafte Zuspitzungen im Sprichwort erfreute sich seit eh und je eines besonders großen Interesses (vgl. Reuvekamp, 2007, allerdings ohne Ulrich von dem Türlin). Sie sind unmittelbarer Ausdruck des jeweiligen Publikumsgeschmacks.

6.6 Die Kölner Handschrift C:
Interpolationen und andere Veränderungen –
Entfaltung von Sinnpotential?

Die zweite Kölner Hs. C (→ II, S. 973) hat Domes (1984, S. 303–314) einem „Kurzvergleich relevanter Lautcharakteristika mit K" unterzogen (ebd., S. 302). Die sprachliche Umsetzung ins Ripuarische ist in den von Domes beschriebenen Bereichen nahezu vollständig durchgeführt worden (vgl. Beckers, 1988, S. 143; Th. Klein, 2003, S. 226). Die Hs. gehörte später zur Blankenheimer Bibliothek (Embach, 2007, S. 631, Anm. 122) und war vorher in Schleiden/Eifel im Gebrauch (P. J. Becker, 1977, S. 111 f.; Beckers, 1990, S. 71, Nr. 20).

In der Überlieferungsgeschichte bildet C insofern eine Ausnahme, als im Wh.-Teil sich zwei längere Interpolationen finden, ein ungewöhnliches Faktum für die Wh.-Überlieferung insgesamt, die sonst hauptsächlich nur den Zusatz von ein bis zwei Reimpaaren kennt (vgl. Gerhardt, 1970 [b], S. 967, Anm. 13).

In der ersten wird Willehalms Klage um Vivianz' Tod, dessen im ‚Friedrich von Schwaben', in der ‚Minneburg' (hg. von H. Pyritz), von Wilwolt von Schaumburg (Kiening, 1998, S. 524, Anm. 9) und im ‚Reinfried von Braunschweig' (hg. von K. Bartsch, 18560) gedacht wird, um

18 Verse nach 64,14 erweitert und verstärkt (Abb. 39 – Einschaltung der Verse in der rechten Spalte, beginnend mit der 16. Zeile von oben; Vers 64,14, die 15. Zeile, ist im Hinblick auf den Einschub umformuliert).

Die zweite findet sich nach Wh. 81,22 und umfaßt 94 Verse. Willehalm hat den Heidenkönig Arofel gnadenlos und ganz unchristlich zerstückelt und abgeschlachtet, selbst wenn man dafür die Pflicht zur Verwandtenrache oder Willehalms gerechten Zorn als Begründung anführt (vgl. Bumke, 2003, S. 15–20; Bumke, [8]2004, S. 285 f.). Der Erzähler kommentiert diese ‚Hinrichtung' extrem lakonisch: *war umbe sold i'z lange sagen?/Arofel wart aldâ erslagen* (81,11 f.) und läßt 81,18–22 einen nur fünf Verse langen ‚Nachruf' folgen, der der Vorbildlichkeit des Arofel auf den ersten Blick hin nicht gerecht wird und der in der ‚Weltchronik' Heinrichs von München nochmals um Wh. 81,19–22 verkürzt worden ist (Kiening, 1998, S. 526; 545, Anm. 86; vgl. Schröder, 1981 [b], S. LIV). Der Dichter des ‚Reinfried von Braunschweig' erinnert dreimal an Arofels Tötung (Kiening, 1998, S. 526 f.), einmal Hermann von Sachsenheim in der ‚Mörin'; Arofels Reichtum erwähnt Ulrich von Lichtenstein im ‚Frauendienst'; Arofels *tugend unde wirdikeit* Ottokar in der ‚Österreichischen Reimchronik' (hg. von J. Seemüller, 45312–45320; Wolf, 2003, S. 242). Diese Zitate belegen, daß der ‚edle Heide' Arofel und sein schmachvoller Tod offenbar doch mehr Aufmerksamkeit erregt haben, als Wolframs kurze Erwähnung erwarten ließ, und sie machen es einsichtiger, daß und warum ein ‚unbefriedigter Leser' produktiv in den Text eingegriffen hat. Denn Wolframs stilistisch hochartifizielle ironische Erzählerbemerkung provozierte offensichtlich die umfangreiche Totenklage um Arofel, die nicht von dem Schreiber von C stammt und die ich ediert, kommentiert und ausführlich interpretiert habe (Gerhardt, 1970 [b], S. 963–967; Kiening, 1998, S. 526).

In der erweiterten Totenklage um Vivianz und in der neu hinzugedichteten um Arofel wird ‚Sinnpotential', das in Wolframs Dichtung angelegt ist, entfaltet und aktualisiert – ob als Resultat historischer Veränderungen, ist etwas anderes, das leichter zu behaupten als stringent zu beantworten ist, da auch innerliterarische Moden eine Rolle spielen können. Denn seit dem 14. Jh. tritt die „Leitgattung" (Janota, 2004, S. 48) ‚Rede' und mit ihr die Totenklage immer deutlicher ins Zentrum der höfischen Literatur (Janota, 2004, S. 28, 346–353; Janotas, 2007, Rezension zu Tervooren, 2005, S. 366). In diesem Zusammenhang ist es nicht uninteressant, daß in der ‚Totenklage auf Graf Wilhelm III. von Holland' († 1337) sich der Dichter auf Wolfram von Eschenbach als sein Vorbild beruft (Janota, 2004, S. 348). Vereinfacht gesprochen, sind die beiden interpolierten Totenklagen in C auch ein Zugeständnis an eine zeittypische Modeerscheinung. Ob mit einer derartigen ‚Sinnaktualisierung' auch eine tatsächliche ‚Sinntransformation' verbunden ist, sei dahingestellt.

Die faktischen Mißverständnisse und Fehlinterpretationen des Schreibers von C erlauben oftmals Einblicke in seine individuelle ‚Schreiberpsychologie', lassen aber selten ‚Entfaltung' eines im Wh. angelegten ‚Sinnpotentials' erkennen. Man vergleiche in diesem Sinne Wh. 316,6–9 *preimerûn und manc gezelt, / Ekube, treif unt tulant / Man vil dâ ûf geslagen vant / Ê daz her sich gar geleite nider* mit C: *Mit vil kostlichen gezelt / E si sich da gelachten nidder*; Wh. 317,11–14 *snelheit erzeigeten sîniu bein. / Der knappe huop sich dan al ein. / Ein ors von sölhen kalopeiz / Müese rêren sînen sweiz* mit C: *Snelle vp sine beyn / Der knape lieff alleyn. / Eyn ors alsulche reyss / Mucht reren sinen sweis*; Wh. 335,8–10 *daz aht ir, als ein kleine breme / Viele ûf einen grôzen ûr. / Willelm, der küene punjûr* mit C: *Des acht ir alles cleyn: / Dat wirt vch noch ze svre. / Wilhelm der kune lvmpure* ... (= *lampriure*; vgl. Wh. 91,28; 272,14; Gerhardt, 1970 [b], S. 960–962; dort noch weitere kommentierte Beispiele).

6.7 Die Handschriftengruppe *WWo: Der ‚zerschriebene' Text

Die Wolfenbütteler Hs. Wo und die zweite Wiener Hs. W (→ II, S. 975) haben eine gemeinsame Vorstufe *WWo. Dieser sicher erschlossenen Hs. – und aus diesem Grund behandele ich sie hier mit – widmet v. Stosch (1971) eine alles in allem methodisch ausgewogene und sorgfältige Untersuchung, in der die beiden einzelnen Hss. „als lebendige Zeugen ihrer Zeit" zwar eine untergeordnete Rolle spielen, das Verhalten eines Schreibers jedoch deutliche Konturen gewinnt. Denn die Hs. *WWo ist in ihren Eigenarten so markant, daß v. Stosch in Bezug auf Versmaß und Reim, Wortwahl und Phraseologie, Syntax, Wortstellung und Inhalt – so die Gliederung – ein deutliches Profil der Veränderungen herausarbeiten kann. Es ist aber auch bemerkenswert, daß „eine eigene umfassende Konzeption, die Sprache oder Inhalt nach bestimmten Gesichtspunkten zu prägen sucht, sich in den Varianten von *WWo nicht zeigte" (v. Stosch, 1971, S. 199). Selbst die Zusatzverse (→ S. 622ff.), die v. Stosch (1971, S. 188f.) aufgelistet hat, können diesen Gesamteindruck nicht modifizieren. Es handelt sich also nicht um eine systematisch-konzeptuelle Umarbeitung, sondern um mehr oder weniger punktuelle Detailänderungen, die in ihrer Gesamtheit und Fülle aber dennoch den *WWo-Wortlaut recht weitgehend von dem Wolframs abrücken (vgl. R. Schnell, 1998, S. 65–69; Baisch, 2002, S. 121–123). Die ‚innere' Qualität des *WWo- Wh.-Textes steht in auffällig deutlichem Gegensatz zu dem äußerlichen Erscheinungsbild beider illustrierten Prachthandschriften. Und wenn, um dafür nur ein Beispiel zu geben, Wh. 109,4 *bon aventiure* in *bona ventura* ‚uminterpretiert' wird, so ist es dennoch unmöglich, „von diesem bekannten Namen her Rückschlüsse auf die Bildung des betreffenden Schreibers zu ziehen" (v. Stosch, 1971, S. 176).

6.8.1 Die St. Galler Handschrift G: Vorbemerkung

Abschließend sei der Blick auf die St. Galler Hs. G gerichtet, die die früheste bedeutende Sammelhandschrift mit höfischer epischer Dichtung ist (→ S. 640 und II, S. 974). Sie ist nicht nur insgesamt bestens erforscht (Hoffmann, 2000, S. 347–367; Schirok, 2000; Heinzle, 2001; Stolz, 2005), sondern sie ist auch die einzige Hs., der in Bezug auf den Wh. neben zahlreichen ‚Bemerkungen' und ‚Beiträgen' zu Einzelstellen auch detaillierte Untersuchungen zum Gesamttext zuteil geworden sind (Schanze, 1966; 1968; 1970; Schröder 1977). Ich kann mich daher trotz der Bedeutung von G für jede Wh.-Ausgabe hier energisch beschränken.

6.8.4 Die St. Galler Handschrift:
Die Gesamtkonzeption und das Fehlen einer ‚Gesamtausgabe' sämtlicher ‚Werke' Wolframs

Im Gegensatz zu den Überlieferungsverhältnissen in Frankreich (Bumke, 2005, S. 39–41; Backes, 2006, S. 310) gibt es eine handschriftliche ‚Werk-Ausgabe' Wolframs ebensowenig, wie es eine Hartmanns von Aue, des Strickers, Rudolfs von Ems, Konrads von Würzburg, Ulrichs von Türheim, Bertholds von Holle oder des Pleiers gibt. Die Zusammenstellungen in den Hss. epischer Dichtungen mit weltlichem Sujet folgen, sofern es sich nicht um Einzelhandschriften handelt (Bumke, 2005, S. 39), anderen Kriterien und sind in der Regel stoff- oder gattungsbezogen, nicht autorzentriert, wie bei einer Reihe von Dichtern im Bereich der Lyrik, bei denen – wie z. B. bei Reinmar von Zweter (hg. v. G. Roethe, S. 111 f.), Heinrich von Mügeln, Hugo von Montfort, Muskatplut, Michel Beheim oder Oswald von Wolkenstein – eine „autororientierte" bzw. eine „vom Autor ausgehende Sammelintention" vorliegt (Janota, 2004, S. 145 f., 189 f.; vgl. Tervooren/Bein, 1988, S. 3); innerhalb didaktischer Dichtung sind „Autorkorpora ohne strukturierenden Rahmen" ebenfalls bekannt (Janota, 2004, S. 303, 308).

Allein ein „Sonderfall" ist hier zu nennen, das jetzt in digitalisierter Form zugängliche „Großprojekt der drei Heidelberger Schwesterhandschriften Cpg 364, 383 und 404 aus dem 14. Jahrhundert, in denen alles vereinigt ist, was unter dem Namen Wolfram lief: Cpg 364 ‚Parzival' [Hs. Z] und ‚Lohengrin'; Cpg 383 ‚Jüngerer Titurel' [Hs. B], Cpg 404 ‚Willehalm' [Hs. H] mit den Zudichtungen Türlins und Türheims" (Bumke, 2005, S. 39; vgl. Kleinschmidt, 1974, S. 590 f.). Fünf Schreiber waren an diesem ‚Großprojekt' beteiligt, das „die möglichkeit bietet, einen kleinen einblick in die schreibgewohnheiten und arbeitsmethoden einer mittelalterlichen schreibstube zu gewinnen" (Schnelbögl, 1930, S. 1).

Freilich: Wolframs Lieder, Teile des ‚Wartburgkrieges' und Meisterlieder in Tönen Wolframs (→ S. 128 ff.) spielen selbst für dieses ‚Großprojekt' keine Rolle, wiewohl sie für die ‚Wolfram-Rolle' in der Literatur des Mittelalters durchaus von Bedeutung sind, nicht zuletzt deswegen, weil der ‚Wartburgkrieg'-Stoff Eingang gefunden hat in chronikalische Literatur oder in ‚Leben der heiligen Elisabeth', insbesondere in den Werken Johannes Rothes, und dadurch eine über die Sangverslyrik hinausreichende Wirkung entfalten konnte. Daß der ‚Wolfdietrich D' (hg. von A. Holtzmann, Str. 969 Lesarten) oder ‚Der Württemberger' (hg. von F. Heinzle, Handschrift W, 425–430) ebenfalls fehlen, mag man nachsehen, obwohl auch sie den Zeitgenossen als Werke Wolframs galten und sein ‚Bild' mitprägten; ferner verdient der ‚Göttweiger Trojanerkrieg' mit seinem Versteckspiel hinsichtlich des Autornamens hier genannt zu werden. Das Autorbild Wolframs in der ‚Manessischen Liederhandschrift' Bl. 149v (Abb. 3) bringt *in nuce* das Wolfram-Verständnis zu Beginn des 14. Jh.s zum Ausdruck, das gewiß nicht auf Wolframs Lyrik, die das Bild in der Hs. eröffnet, und auf die mit seinem Namen verbundene Spruchdichtung – man vergleiche Bl. 219v die Illustration mit den Sängern des ‚Wartburgkrieges' –, sondern auf seine Epik Bezug nimmt.

Obwohl also in G der Pz. und der Wh. im wesentlichen von dem gleichen Schreiber geschrieben worden sind, so war die Autorgleichheit für den, der die Hs. zu einem ungewissen Zeitpunkt aus selbständigen Einzelkonvoluten eines jeden Werkes zusammenstellte und binden ließ (Heinzle, 2001, S. 360), kein entscheidender Grund, beide Werke aufeinander folgen zu lassen. Vielmehr: „Beim Beginn der Arbeit an der Hs. war möglicherweise geplant, den ‚Willehalm' an die Spitze zu stellen, da dieser von allen Texten den aufwendigsten Initialschmuck hat. Aufgrund der Verteilung der Schreiberhände ist es wahrscheinlich, daß der ‚Karl' später geschrieben wurde und dann dem ‚Wilhelm' aus Gründen der erzählerischen Chronologie vorangestellt wurde" (Hoffmann, 2000, S. 366 Anm. 118; Kiening, 1998, S. 529; Wolf, 2003, S. 240). Die Gruppierung ‚Karl' und Wh. (Heinzle, 2001, S. 360 Anm. 14) ist bereits anläßlich der Hs. K angesprochen worden (→ S. 616f.).

Der anhand von G gewonnene Befund über das ‚Nicht-Zusammengehörigkeitsgefühl' beider Werke Wolframs erfährt noch eine allgemeine überlieferungsgestützte Bestätigung; denn es ist generell festzuhalten, daß die sehr unterschiedlich verlaufenden Überlieferungswege des Wh. und des Pz. kaum Anhaltspunkte für ein gemeinsames ‚Rezeptionsbewußtsein' ergeben (vgl. Th. Klein, 1988, S. 126–128; Gerhardt, 1970 [a], S. 372, Anm. 10a; Beckers, 1992, S. 91; → S. 612).

Die erst jüngst intensiv diskutierte Frage, ob in G Inhalt und Reihenfolge einer Gesamtkonzeption folgen, hat eine positive Antwort erbracht (Hoffmann, 2000, S. 366f.; Heinzle, 2001, S. 360f.): „Die Zusammenstellung der Texte könnte auf höfische Epik mit historischem Anspruch und heilsgeschichtlicher bzw. religiöser Dimension zielen. Stammte sie aus dem 13. Jh., entspräche sie damit einem zeittypischen literarischen Interesse, das nicht auf ästhetische Erfahrung im Medium fiktionaler Weltentwürfe, sondern auf lebensweltlich verbindliche Orientierung an geistlich fundierter Geschichtsüberlieferung in der Gestalt epischen Erzählens gerichtet war" (Heinzle, 2004, Sp. 483).

6.8.5 Die St. Galler Handschrift:
Der ‚Willehalm'-Text und seine Vorstufen

Alle bisherigen Herausgeber des Wh. haben sich für G als Grundlage ihrer *constitutio textus* entschieden, freilich in vollem Bewußtsein, G weise in nicht geringem Umfang sowohl reine Schreibfehler als auch absichtliche Änderungen auf (z.B. Mihm, 1968, S. 66–68; Stolz, 2005, S. 153); am weitesten in seinem Mißtrauen gegen den Wortlaut der St. Galler Hs. ist wohl Paul, 1876, gegangen. Daß G nicht die Sprache und Versauffassung Wolframs wiedergibt (Heinzle, 1989, S. 235–237; Heinzle, 1991, S. 804–809; vgl. Bumke, [8]2004, S. 21f.), scheint freilich derzeit für keinen Interpreten ein ernsthaftes Problem darzustellen; in Greenfield/Miklautschs (1998) ‚einführendem' ‚Studienbuch' z.B. fehlt ein entsprechender Hinweis überhaupt. G bietet zwar den ‚autornächsten' Text (vgl. dazu generell z.B. Stackmann, 1998), die Frage ist aber, wie ‚autornahe' er ist, insbesondere in den Partien, in denen G, allein den Hyparchetypus α vertretend, gegen alle anderen Hss., d.h. gegen den Hyparchetypus β, steht, nämlich vom Anfang bis zum 120. und vom 327. bis zum 343. Dreißiger.

Schanze (1967) hat versucht, drei verschiedene Schreiber in dem Hyparchetypus α zu unterscheiden, auf den G, getrennt durch eine Zwischenstufe *G, zurückzuführen ist, und anhand ihrer Fehlertypik zu charakterisieren. Ob Schanze (1967) die ‚historische Wahrheit' erfaßt hat, ist eine ganz andere Sache, auf jeden Fall aber haben seine Überlegungen es dem Herausgeber des Wh. theoretisch nicht leichter gemacht. In der Praxis bleibt die Grundsatzentscheidung mehr oder weniger unangefochten, daß G die Leithandschrift jeder Wh.-Ausgabe ist. Dagegen können auch zahlreiche Einzelstellen betreffende, ganz unterschiedlich motivierte Einwände nichts ausrichten, seien sie auch noch so überzeugend begründet. Sie können die herausgehobene Position von G nur marginal tangieren.

7. Der ‚Willehalm'-Prolog als Sonderfall der Überlieferung

7.1 Vorbemerkung

Der in mehrfacher Hinsicht exzeptionelle geistliche Prolog des Wh., der „dem Werk einen legendarischen Charakter verleiht", „gepaart mit dem Gedanken der Exemplarität eines Ritterheiligen" (Wolf, 2003, S. 241), hat eine bedeutende und langandauernde literarische Wirkungsgeschichte gehabt (Kleinschmidt, 1974, S. 605–628; Kiening, 1991, S. 43–59; Bumke, ^{8}2004, S. 276–278, 399f.). Der paradigmatische Charakter des Wh.-Prologes wird vielleicht auch daran sichtbar: Das häufig zu beobachtende Überlieferungsphänomen, daß nämlich in jüngeren Hss. der Prolog, aus welchen Gründen auch immer, fehlt (Gerhardt, 1985, S. 198–210, bes. S. 200), läßt sich erstaunlicherweise für keine der 12 vollständigen Hss. belegen, obwohl sie den Wh. im Verbund mit anderen Texten überliefern und er in dem jeweiligen Verbund nicht an der Spitze steht, also nur eine Art ‚Zwischenprolog' abgibt. Nur in der Kurzfassung Heinrichs von München (hg. von W. Schröder, 1981 [b]) und in der Wh.-Prosa (hg. von H. Deifuß, 2005) findet sich nichts Wolframs Prolog Entsprechendes – erwartungsgemäß, möchte man hinzufügen. Auch wenn es sich nur bedingt um primäre Wh.-Überlieferung handelt, so soll hier in aller Kürze auf eine literaturgeschichtliche Besonderheit hingewiesen werden. Denn weniger ein Zeichen der besonderen Wertschätzung der göttlichen Inspiration des Dichters Wolfram ist darin zu sehen, daß der Wh.-Prolog zweimal als selbständiges, vom ‚Rest' des Romans abgelöstes Gebet erhalten ist, als vielmehr ein Zeichen eines stofflichen Interesses ganz eigener Art.

7.2 Die lateinische Fassung

In der Mitte des 13. Jh.s hat ein unbekannter Kleriker aus dem Augustinerchorherrenstift Ranshofen bei Braunau/Oberösterreich den Anfang des Wh.-Prologes bis 3,24 in 60 lateinische Hexameter übersetzt, mit „ab v. 34 – konsequent aber erst ab v. 38 – Paarreimung" (Kleinschmidt, 1974, S. 99). Sie sind, wie „offenkundige Fehler der Prolog-Übertragung in metrischer, grammatischer und inhaltlicher Hinsicht sowie eine Reihe von angebrachten Korrekturen" nahelegen, in autographer Niederschrift erhalten (ebd., S. 96f.). „Die Veranlassung dieser Übertragung ergibt sich durch den handschriftlichen Überlieferungszusammenhang. Der in der Handschrift [Clm 12 667] unmittelbar vorhergehende Text bezieht sich auf die Eucharistie und schließt mit einem 50zeiligen noch unedierten Hexametergedicht auf die Trinität. Aus diesem thematischen Vorverständnis heraus wird der Eintrag der lateinischen Prolog-Paraphrase zu erklären sein. Diese belegt neben der Tatsache, daß der ‚Willehalm' auch einem monastisch-klerikalen Publikum um 1250 geläufig war, vor allem auch die Möglichkeit, daß der Text Wolframs dogmatisch akzeptabel erschienen sein muß", und, „daß die Übersetzung nicht durch irgendein Interesse an dem heiligen Wilhelm oder gar an dem Werk Wolframs begründet sein kann", wie „aus dem unvermittelten Abbruch bei 3,24 geschlossen werden kann" (Kleinschmidt, 1974, S. 627). Für alle weiteren Details dieses erstaunlichen Rezeptionszeugnisses kann auf die musterhaft gründliche Untersuchung Kleinschmidts von 1974 verwiesen werden (vgl. auch Kiening, 1998, S. 524f.), in der das Gebet neu ediert, übersetzt und kommentiert worden ist.

7.3 Das deutsche Gebet

Eine „freie Paraphrase", „offenbar als selbständiges Gebet gedacht" (Jakobi, 1988, S. 148), ist in einer Hs. erhalten, die sich „etwa in die Mitte bis in die zweite Hälfte des 14. Jahrhunderts datieren läßt" und mitteldeutscher Schreibsprache zuzurechnen ist, einem „niederhessisch-südthüringisch-ostfränkischen Mischraum" (ebd., S. 147). Sie erstreckt sich auf die Verse 1,1–18 und ist zusätzlich, wie die anderen Gebete des Fragmentes auch, mit einer rot geschriebenen Textrubrik versehen: *von vnserm h ͬren ein gut gebet*. Sie steht zwischen einem ‚Reimgebet zum Abendmahl mit Anrede Christi und Mariae', 48 Verse, und einem ‚Salve regina' (deutsch), 22 Verse, sowie einem ‚Anima Christi' mit Ablaßformel (deutsch), 18 Verse, und einem gereimten ‚Gebet zu Maria', 13 Verse. Vorlage für dieses Gebet war vermutlich, wie die Varianten nahelegen, eine Hs. mit dem *textus receptus*, also dem ß-Überlieferungszweig (ebd, S. 148, Anm. 10); eine nähere Einordnung ist unmöglich. Eine weiterführende Interpretation, die über den unmittelbaren Kontext hinausgeht, lassen die Kürze des Gebetes und der fragmentarische Zustand der Hs. kaum zu. Eine Verbindung zu den auf Bl. 1 des Fragmentes überlieferten Versen der ‚Erlösung' (ebd., S. 147 f.) ist nicht zu erkennen. Das Gebet ist von Jakobi S. 154 f. abgedruckt.

Literatur*

Achnitz, Wolfgang, Ein rîm an drîn worten stêt. Überlegungen zu Verbreitung und Funktion von Mehrreimen in mhd. Reimpaardichtung, in: ZfdA 129 (2000), S. 249–274.
Backes, Martina, Geordnete Texte. Zur Geschichte und Entwicklung von Rubriken in deutschen und französischen Romanen des Mittelalters, in: Wolfram-Studien 19 (2006), S. 301–315.
Baisch, Martin, Was ist ein Werk? Mittelalterliche Perspektiven, in: JbIG 34/2 (2002), S. 105–125.
Bastert, Bernd, Rewriting Willehalm? Zum Problem der Kontextualisierungen des Willehalm, in: ZfdPh 124 (2005) Sonderheft (Retextualisierung in der mittelalterlichen Literatur, hg. von Joachim Bumke/Ursula Peters), S. 117–138.
Becker, Henrik, Das Epos in der deutschen Renaissance, in: Beitr. 54 (1930), S. 201–268.
Becker, Peter Jörg, Handschriften und Frühdrucke mittelhochdeutscher Epen. Eneide, Tristrant, Tristan, Erec, Iwein, Parzival, Willehalm, Jüngerer Titurel, Nibelungenlied und ihre Reproduktion und Rezeption im späteren Mittelalter und in der frühen Neuzeit, Wiesbaden 1977.
Beckers, Hartmut, Rez. Domes (1984), in: ZfdPh 107 (1988), S. 141–143. – Handschriften mittelalterlicher deutscher Literatur aus der ehemaligen Schloßbibliothek Blankenheim, in: Die Manderscheider. Eine Eifeler Adelsfamilie. Herrschaft –

---

* Textausgaben, die allein für bloße Stellennachweise genannt werden, sind nicht in das Literaturverzeichnis aufgenommen worden und werden nur in verkürzter Form zitiert, da sie leicht zu verifizieren sind.

Wirtschaft – Kultur. Katalog zur Ausstellung, Köln 1990, S. 57–82. – Sprachliche Beobachtungen zu einigen Parzival-Bruchstücken niederdeutscher Schreiber, in: Wolfram-Studien 12 (1992), S. 67–92.

Beckers, Hartmut/Ott, Norbert H., Ein neugefundenes Blatt einer zerschnittenen Willehalm-Bilderhandschrift des 13. Jahrhunderts (F 87), in: Wolfram-Studien 13 (1994), S. 262–290.

Behrend, Fritz/Wolkan, Rudolf (Hg.), Der Ehrenbrief des Püterich von Reichertshausen, Weimar 1920.

Bieler, Ludwig, Geschichte der römischen Literatur II: Die Literatur der Kaiserzeit (Sammlung Göschen 866), 2. Aufl., Berlin 1965.

Bischoff, Bernhard, Paläographie des römischen Altertums und des abendländischen Mittelalters (Grundlagen der Germanistik 24), Berlin 1979.

Bonath, Gesa, Untersuchungen zur Überlieferung des Parzival Wolframs von Eschenbach, 2 Bde. (Germanische Studien 238–239), Lübeck/Hamburg 1970–1971.

Braune, Wilhelm, Die Handschriftenverhältnisse des Nibelungenliedes, in: Beitr. 25 (1900), S. 1–222.

Brinker-von der Heyde, Claudia, Die literarische Welt des Mittelalters, Darmstadt 2007.

Brinkhus, Gerd, Eine bayerische Fürstenspiegelkompilation des 15. Jahrhunderts. Untersuchungen und Textausgabe (MTU 66), München 1978.

Bumke, Joachim, Wolframs Willehalm. Studien zur Epenstruktur und zum Heiligkeitsbegriff der ausgehenden Blütezeit (Germanische Bibliothek. Reihe 3), Heidelberg 1959. – Die Wolfram von Eschenbach Forschung seit 1945. Bericht und Bibliographie, München 1970. – Mäzene im Mittelalter. Die Gönner und Auftraggeber der höfischen Literatur in Deutschland 1150–1300, München 1979. – Wolfram von Eschenbach (Sammlung Metzler 36), 6. Aufl., Stuttgart 1991; 8. Aufl., Stuttgart/Weimar 2004. – Emotion und Körperzeichen. Beobachtungen zum Willehalm Wolframs von Eschenbach, in: Das Mittelalter 8/1 (2003), S. 13–32. – Retextualisierungen in der mittelalterlichen Literatur, besonders in der höfischen Epik. Ein Überblick, in: ZfdPh 124 (2005) Sonderheft (Retextualisierung in der mittelalterlichen Literatur, hg. von Joachim Bumke/Ursula Peters), S. 6–46.

Burmeister, Heike Annette, Nochmals zur Überlieferung von Wolframs Willehalm und Heinrichs von Hesler Evangelium Nicodemi, in: Wolfram-Studien 15 (1998), S. 405–410.

Curschmann, Michael, Wort – Schrift – Bild. Zum Verhältnis von volkssprachigem Schrifttum und bildender Kunst vom 12. bis zum 16. Jahrhundert, in: Mittelalter und frühe Neuzeit. Übergänge, Umbrüche und Neuansätze, hg. von Walter Haug (Fortuna Vitrea 16), Tübingen 1999, S. 378–470. – Das Buch am Anfang und am Ende des Lebens. Wernhers Maria und das Credo Jeans de Joinville (Mitteilungen und Verzeichnisse aus der Bibliothek des Bischöflichen Priesterseminars zu Trier 24), Trier 2008.

Deifuß, Holger, Hystoria von dem wirdigen ritter sant Wilhelm. Kritische Edition und Untersuchung einer frühneuhochdeutschen Prosaauflösung (Germanistische Arbeiten zu Sprache und Kulturgeschichte 45), Frankfurt a.M. [u.a.] 2005 [Rez.: Christoph Gerhardt, in: ZfdA 136 (2007), S. 261–271].

Deutsche Texte des Mittelalters zwischen Handschriftennähe und Rekonstruktion. Berliner Fachtagung 1.–3. April 2004, hg. von Martin J. Schubert (Beihefte zu editio 23), Tübingen 2005.

Diemer, Dorothea/Diemer, Peter, Miniaturen zum Willehalm, in: Heinzle (1991), S. 1093–1115.
Dittrich, Gunda /Dittrich, Erhard, Zur Datierung von Wolframs Willehalm, in: StudMed 12 (1971), S. 955–963.
Domes, Josef, Untersuchungen zur Sprache der Kölner Willehalm-Handschrift K (Historisches Archiv der Stadt, W 357) (GAG 416), Göppingen 1984 [Rez.: Bekkers (1988)].
Embach, Michael, Trierer Literaturgeschichte. Das Mittelalter (Geschichte und Kultur des Trierer Landes 8), Trier 2007.
Ernst, Ulrich, Facetten mittelalterlicher Schriftkultur. Fiktion und Illustration. Wissen und Wahrnehmung (Beihefte zum Euphorion 51), Heidelberg 2006.
[Faksimile V] Wolfram von Eschenbach Willehalm. Codex Vindobonensis 2670 der Österreichischen Nationalbibliothek, Kommentar von Fritz Peter Knapp, Tl. 1: Fol. 1–145, Tl. 2: Fol. 145v-351 (Glanzlichter der Buchkunst 14/1,2), Graz 2005.
Fasbender, Christoph, Jenaer Bruchstück einer unbekannten Rennewart-Handschrift, in: ZfdA 134 (2005), S. 186–190. – (Hg.), bescheidenheit. Deutsche Literatur des Mittelalters in Eisenach und Erfurt. Katalog zur Ausstellung der Universitäts- und Forschungsbibliothek Erfurt/Gotha in der Universitätsbibliothek Erfurt vom 22. August bis 13. Oktober 2006, Gotha 2006.
Frühmorgen-Voss, Hella, Text und Illustration im Mittelalter. Aufsätze zu den Wechselbeziehungen zwischen Literatur und bildender Kunst, hg. und eingeleitet von Norbert H. Ott (MTU 50), München 1975.
Ganina, Natalija/Wolf, Jürgen, Ein Moskauer Willehalm-Fragment (Fr 89). Moskau, Bibliothek der Lomonossow-Universität, Dokumentensammlung Gustav Schmidt, Fond 40, Verzeichnis I, Nr. 41, in: Wolfram-Studien 16 (2000), S. 319–335.
Gerhardt, Christoph, Zur Überlieferungsgeschichte des Willehalm Wolframs von Eschenbach, in: StudMed 11 (1970), S. 369–380 [a]. – Bemerkungen zur Handschrift C von Wolframs Willehalm (Köln, Stadtarchiv, W 5º 355), in: StudMed 11 (1970), S. 957–973 [b]. – Die Bild- und „aventiure"-Überschriften in der Handschrift V (Cod. Vind. 2670) von Wolframs Willehalm, in: StudMed 12 (1971), S. 964–985. – Willehalm von Orlens. Studien zum Eingang und zum Schluß der strophischen Bearbeitung aus dem Jahre 1522, in: Wirkendes Wort 35 (1985), S. 196–230. – Einige Fragen der Textkritik am Beispiel des Liedes Willehalm von Orlens (1522), in: editio 5 (1991), S. 96–121. – Das Lied Willehalm von Orlens 1522. Bemerkungen zum „Stilwillen", Paderborn 1995.
Gerhardt, Christoph/Plate, Ralf, Disteljäten. Zu Wolframs Willehalm 98,18f., in: ZfdPh 127 (2008), S. 103–111.
Graf, Klaus, Ritterromantik? Renaissance und Kontinuität des Rittertums im Spiegel des literarischen Lebens im 15. Jahrhundert, in: Zwischen Deutschland und Frankreich. Elisabeth von Lothringen, Gräfin von Nassau-Saarbrücken, hg. von Wolfgang Haubrichs/Hans-Walter Herrmann/Gerhard Sauder (Veröffentlichungen der Kommission für Saarländische Landesgeschichte und Volksforschung e.V. 34), St. Ingbert 2002, S. 517–532.
Graser, Helmut, Vom Mittelhochdeutschen zum Frühneuhochdeutschen. Das Reimproblem in der Lindauer Iwein-Handschrift, in: Forschungen zur deutschen Literatur des Spätmittelalters. Festschrift für Johannes Janota, hg. von Horst Brunner/Werner Williams-Krapp, Tübingen 2003, S. 265–298.

Greenfield, John/Miklautsch, Lydia, Der Willehalm Wolframs von Eschenbach. Eine Einführung, Berlin/New York 1998 [Rez.: Dieter Kartschoke, in: ZfdA 127 (1998), S. 344–349; Martin Przybilski, in: ArchStud 239 (2002), S. 403–405].

Grubmüller, Klaus, Verändern und Bewahren. Zum Bewusstsein vom Text im deutschen Mittelalter, in: Text und Kultur (2001), S. 8–33.

Hartmann, Heiko, Gahmuret und Herzeloyde. Kommentar zum zweiten Buch des Parzival Wolframs von Eschenbach, 2 Bde., Herne 2000.

Heinzle, Joachim, Editionsprobleme um den Willehalm, in: Beitr. 111 (1989), S. 226–239. – (Hg.) Wolfram von Eschenbach, Willehalm. Nach der Handschrift 857 der Stiftsbibliothek St. Gallen. Mhd. Text, Übersetzung, Kommentar, hg. von Joachim Heinzle, mit den Miniaturen aus der Wolfenbütteler Handschrift und einem Aufsatz von Peter und Dorothea Diemer (Bibliothek des Mittelalters 9 = Bibliothek deutscher Klassiker 69), Frankfurt a.M. 1991. – Klassiker-Edition heute, in: Methoden und Probleme der Edition mittelalterlicher deutscher Texte. Bamberger Fachtagung 26.–29. Juni 1991. Plenumsreferate, hg. von Rolf Bergmann/Kurt Gärtner (Beihefte zu editio 4), Tübingen 1993, S. 50–62. – Rez. Schirok (2000), in: ZfdA 130 (2001), S. 358–362. – St. Galler Handschrift 857, in: ²VL 11 (2004), Sp. 481–485.

Hoffmann, Werner J., Konrad von Heimesfurt, Untersuchungen zu Quellen, Überlieferung und Wirkung seiner beiden Werke Unser vrouwen hinvart und Urstende (Wissensliteratur im Mittelalter 37), Wiesbaden 2000.

Holladay, Joan A., Illuminating the Epic. The Kassel Willehalm Codex and the Landgraves of Hesse in the Early Fourteenth Century (College Art Association. Monograph on the Fine Arts 54), Seattle/London 1996 [Rez.: Nigel F. Palmer, in: Medium Aevum 68 (1999), S. 152 f.].

Honemann, Volker/Roth, Gunhild, Mittelalterliche Autographen und Textgenese. Am Beispiel von Peter Eschenloers Geschichte der Stadt Breslau, in: Deutsche Texte (2005), S. 217–236.

Hübner, Alfred (Hg.), Ulrich von Türheim, Rennewart (DTM 39), Berlin 1938 [Neudruck Berlin/Zürich 1964].

Jakobi, Hartmut, Ein Kasseler Bruchstück der Erlösung und einer mhd. Gebetssammlung (mit einer Paraphrase zu Wolframs Willehalm-Prolog), in: ZfdA 117 (1988), S. 146–155.

Janota, Johannes, Orientierung durch volkssprachige Schriftlichkeit (1280/90–1380/90) (Geschichte der deutschen Literatur von den Anfängen bis zum Beginn der Neuzeit, hg. von Joachim Heinzle, Bd. III/1), Tübingen 2004.

Jellinek, Max Hermann/Kraus, Carl, Widersprüche in Kunstdichtungen, in: Zeitschrift für die österreichischen Gymnasien 44 (1893), S. 673–716. – Widersprüche in Kunstdichtungen und höhere Kritik an sich, in: Euphorion 4 (1897), S. 691–718.

Johnson, L. Peter, Die höfische Literatur der Blütezeit (1160/70–1220/30) (Geschichte der deutschen Literatur von den Anfängen bis zum Beginn der Neuzeit, hg. von Joachim Heinzle, Bd. II/1), Tübingen 1999.

Kahsnitz, Rainer, Der Werdener Psalter in Berlin Ms. theol. lat. fol. 358. Eine Untersuchung zu Problemen mittelalterlicher Psalterillustration (Beiträge zu den Bau- und Kunstdenkmälern im Rheinland 24), Düsseldorf 1979.

Kegel, Ernst, Die Verbreitung der mhd. erzählenden Literatur in Mittel- und Niederdeutschland nachgewiesen auf Grund von Personennamen (Hermaea 3), Halle 1905.

Kiening, Christian, Reflexion – Narration. Wege zum Willehalm Wolframs von Eschenbach (Hermaea NF 63), Tübingen 1991. – Der Willehalm Wolframs von Eschenbach in karolingischem Kontext. Formen narrativ-historischer Aneignung eines „Klassikers", in: Studien zur Weltchronik Heinrichs von München, Bd. 1: Überlieferung, Forschungsbericht, Untersuchungen, Texte, hg. von Horst Brunner (Wissensliteratur im Mittelalter 29), Wiesbaden 1998, S. 522–568.

Klein, Thomas, Ermittlung, Darstellung und Deutung von Verbreitungstypen in der Handschriftenüberlieferung mhd. Epik, in: Deutsche Handschriften 1100–1400. Oxforder Kolloquium 1985, hg. von Volker Honemann/Nigel F. Palmer, Tübingen 1988, S. 110–167. – Niederdeutsch und Hochdeutsch in mittelhochdeutscher Zeit, in: Die deutsche Schriftsprache und die Regionen. Entstehungsgeschichtliche Fragen in neuer Sicht, hg. von Raphael Berthele [u.a.] (Studia Linguistica Germanica 65), Berlin/New York 2003, S. 203–229.

Kleinschmidt, Erich, Literarische Rezeption und Geschichte. Zur Wirkungsgeschichte von Wolframs Willehalm im Spätmittelalter, in: DtVjs 48 (1974), S. 585–649. – Die lateinische Fassung von Wolframs Willehalm-Prolog und ihr Überlieferungswert, in: ZfdA 103 (1974), S. 95–114.

König, Bernhard, Rez. Vittore Branca/Pier Giorgio Ricci, Un autografo del Decameron (Codice Hamiltoniano 90) (Opuscoli Accademici editi a cura della Facoltà di Lettere e Filosofia dell'Università di Padova 8), Padua 1962, in: Romanistisches Jb. 16 (1965), S. 217–222. – Petrarcas Rerum vulgarium fragmenta als Liederbuch (Canzoniere) (Nordrhein-Westfälische Akademie der Wissenschaften. Geisteswissenschaften. Vorträge G 414), Paderborn [u.a.] 2007.

Koppitz, Hans-Joachim, Studien zur Tradierung der weltlichen mhd. Epik im 15. und beginnenden 16. Jahrhundert, München 1980.

Krása, Josef, Die Handschriften König Wenzels IV., Prag 1971.

Kunitzsch, Paul, Die orientalischen Ländernamen bei Wolfram (Wh. 74,3 ff.), in: Wolfram-Studien 2 (1974), S. 152–173 [wieder in: Paul Kunitzsch, Reflexe des Orients im Namengut mittelalterlicher europäischer Literatur. Gesammelte Aufsätze (Documenta onomastica litteralia Medii Aevi. Reihe B Studien 2), Hildesheim/Zürich/New York 1996, S. 63–84].

Lachmann, Karl (Hg.), Wolfram von Eschenbach, Berlin 1833; 2. Aufl. 1854.

Lämmert, Eberhard, Reimsprecherkunst im Spätmittelalter. Eine Untersuchung der Teichnerreden, Stuttgart 1970.

Leitzmann, Albert (Hg.), Briefwechsel der Brüder Jacob und Wilhelm Grimm mit Karl Lachmann. Mit einer Einleitung von Konrad Burdach, 2 Bde., Jena 1927.

Linke, Hansjürgen, „Kapitelüberschriften" in den Handschriften f und p von Hartmanns Iwein, in: ZfdA 93 (1964), S. 176–208.

Lohse, Gerhart, Die Aventiurenüberschriften des Nibelungenliedes, in: Beitr. 102 (1980), S. 19–54.

Lomnitzer, Helmut, Beobachtungen zu Wolframs Epenvers, in: Probleme mhd. Erzählformen. Marburger Colloquium 1969, hg. von Peter F. Ganz/Werner Schröder, Berlin 1972, S. 107–132.

Lutz, Eckart Conrad, Einspielung von Wissen und gebildeter Umgang – Texte und Bilder im Gespräch, in: Literatur und Wandmalerei II. Konventionalität und Konversation. Burgdorfer Colloquium 2001, hg. von Eckart Conrad Lutz/Johanna Thali/René Wetzel, Tübingen 2005, S. 361–391.

Meier, Christel, Ecce auctor. Beiträge zur Ikonographie literarischer Urheberschaft im Mittelalter, in: FMSt 34 (2000), S. 338–392.

Mihm, Arend, Rez. Schanze (1966), in: AfdA 79 (1968), S. 61–74.

Mohr, Wolfgang, Zur Textgeschichte von Wolframs Titurel, in: Wolfram-Studien 4 (1977), S. 123–151 [wieder in: Wolfgang Mohr, Wolfram von Eschenbach. Aufsätze (GAG 275), Göppingen 1979, S. 237*-265*].

Müller, Jan-Dirk, Aufführung – Autor – Werk. Zu einigen blinden Stellen gegenwärtiger Diskussion, in: Mittelalterliche Literatur und Kunst im Spannungsfeld von Hof und Kloster. Ergebnisse der Berliner Tagung, 9.–11. Oktober 1997, hg. von Nigel F. Palmer/Hans-Jochen Schiewer, Tübingen 1999, S. 149–166.

Müller, Stephan, Erec und Iwein in Bild und Schrift. Entwurf einer medienanthropologischen Überlieferungs- und Textgeschichte ausgehend von den frühesten Zeugnissen der Artusepen Hartmanns von Aue, in: Beitr. 127 (2005), S. 414–435.

Nellmann, Eberhard, Kontamination in der Epiküberlieferung. Mit Beispielen aus der Vorauer Kaiserchronik-Handschrift, in: ZfdA 130 (2001), S. 377–391. – Der Lucidarius als Quelle Wolframs, in: ZfdPh 122 (2003), S. 48–72.

Neumann, Friedrich, Überlieferungsgeschichte der altdeutschen Literatur, in: Geschichte der Textüberlieferung der antiken und mittelalterlichen Literatur, Bd. 2: Überlieferungsgeschichte der mittelalterlichen Literatur, Zürich 1964, S. 641–702.

Palmer, Nigel F., Kapitel und Buch. Zu den Gliederungsprinzipien mittelalterlicher Bücher, in: FMSt 23 (1989), S. 43–88. – Der Codex Sangallensis 857. Zu den Fragen des Buchschmucks und der Datierung, in: Wolfram-Studien 12 (1992), S. 15–31. – Manuscripts for Reading: The Material Evidence for the Use of Manuscripts Containing Middle High German Narrative Verse, in: Orality and Literacy in the Middle Ages. Essays on a Conjunction and its Consequences in Honour of D. H. Green, hg. von Marc Chinca/Christopher Young (Utrecht Studies in Medieval Literacy 12), Turnhout 2005, S. 67–102.

Paul, Hermann, Zu Wolframs Willehalm, in: Beitr. 2 (1876), S. 318–338.

Peters, Ursula, Autorbilder in volkssprachigen Handschriften des Mittelalters. Eine Problemskizze, in: ZfdPh 119 (2000), S. 321–368.

Pickering, F. P., Literatur und darstellende Kunst im Mittelalter (Grundlagen der Germanistik 4), Berlin 1966.

Plate, Ralf, Die Überlieferung der Christherre-Chronik (Wissensliteratur im Mittelalter 28), Wiesbaden 2005.

[Plinius] Die Naturgeschichte des Caius Plinius Secundus. Ins Deutsche übersetzt und mit Anmerkungen versehen von G. C. Wittstein, hg. von Lenelotte Möller/Manuel Vogel, 2 Bde., Wiesbaden 2007.

Quast, Bruno, Der feste Text. Beobachtungen zur Beweglichkeit des Textes aus Sicht der Produzenten, in: Text und Kultur (2001), S. 34–46.

Ranke, Friedrich, Die Überlieferung von Gottfrieds Tristan, in: ZfdA 55 (1917), S. 157–278, 381–438 [Neudruck Darmstadt 1974 (zit.)].

Rapp, Andrea, bücher gar húbsch gemolt. Studien zur Werkstatt Diebold Laubers am Beispiel der Prosabearbeitung von Bruder Philipps Marienleben in den Historienbibeln IIa und Ib (Vestigia Bibliae 18), Bern [u.a.] 1998.

Reuvekamp, Silvia, Sprichwort und Sentenz im narrativen Kontext. Ein Beitrag zur Poetik des höfischen Romans, Berlin/New York 2007.

Schanze, Heinz, Die Überlieferung von Wolframs Willehalm (Medium Aevum 7), München 1966 [Rez.: Mihm (1968)]. – Über das Verhältnis der St. Galler Willehalm-Handschrift zu ihren Vorstufen, in: Beitr. (Tübingen) 89 (1967), S. 151–209. – Beobachtungen zum Gebrauch der Dreißigerinitialen in der Willehalm-Handschrift G (Cod. Sang. 857), in: Wolfram-Studien 1 (1970), S. 170–187.

Scherer, Wilhelm, Die Anfänge des deutschen Prosaromans und Jörg Wickram von Colmar. Eine Kritik (QuF 21), Straßburg/London 1877.

Schiewer, Hans-Jochen, Fassung, Bearbeitung, Version und Edition, in: Deutsche Texte (2005), S. 35–50.

Schirok, Bernd, Der Aufbau von Wolframs Parzival. Untersuchungen zur Handschriftengliederung, zur Handlungsführung und Erzähltechnik sowie zur Zahlenkomposition, Diss. Freiburg i.Br. 1972. – (Hg.) Wolfram von Eschenbach, Willehalm. Abbildungen des Willehalm-Teils von Codex St. Gallen 857 mit einem Beitrag zu neueren Forschungen zum Sangallensis und zum Verkaufskatalog von 1767 (Litterae 119), Göppingen 2000 [Rez.: Heinzle (2001)]. – Autortext – Fassung – Bearbeitung. Zu Werner Schröders Ausgabe der Arabel Ulrichs von dem Türlin, in: ZfdA 130 (2001), S. 166–196.

von Schlosser, Julius, Die Bilderhandschriften Königs Wenzel I., in: Jb. der Kunsthistorischen Sammlungen des Allerhöchsten Kaiserhauses 14 (1893), S. 214–308 [Neudruck Graz 1981 unter dem Titel: „Ein Interimskommentar zur Faksimile-Ausgabe der Wenzelsbibel"].

Schmidt, Ernst-Joachim, Stellenkommentar zum IX. Buch des Willehalm Wolframs von Eschenbach (Bayreuther Beiträge zur Sprachwissenschaft 3), Bayreuth 1979.

Schmidtke, Dietrich, Studien zur dingallegorischen Erbauungsliteratur des Spätmittelalters. Am Beispiel der Gartenallegorie (Hermaea NF 43), Tübingen 1982.

Schneider, Karin, Gotische Schriften in deutscher Sprache. I. Vom späten 12. Jahrhundert bis um 1300, Text- und Tafelbd., Wiesbaden 1987. – Paläographie und Handschriftenkunde für Germanisten. Eine Einführung (Sammlung kurzer Grammatiken germanischer Dialekte. B. Ergänzungsreihe 8), Tübingen 1999.

Schnelbögl, Fritz, Die Heidelberger Handschriften 364 (Parzival G^x und Lohengrin A), 383 und 404, in: Beitr. 54 (1930), S. 1–64.

Schnell, Rüdiger, „Autor" und „Werk" im deutschen Mittelalter. Forschungskritik und Forschungsperspektiven, in: Wolfram-Studien 15 (1998), S. 12–73.

Schöller, Robert, Abenberc – Babenberc. Eine Minimalvariante im Parzival (227,13) und ihr Hintergrund, in: ZfdPh 126 (2007), S. 99–110.

Schröder, Werner, Der Text von Wolframs Willehalm vom 327. bis zum 343. Dreißiger (AWLM 1977/1), Wiesbaden 1977 [wieder in: Werner Schröder, Textüberlieferung und Textkritik (W. Sch., Kleinere Schriften, Bd. 6. 1965–1993), Stuttgart/Leipzig 1994, S. 190–244]. – (Hg.) Wolfram von Eschenbach, Willehalm, nach der gesamten Überlieferung kritisch hg., Berlin/New York 1978. – (Hg.) Eine alemannische Bearbeitung der Arabel Ulrichs von dem Türlin (Texte und Untersuchungen zur Willehalm-Rezeption 1), Berlin 1981 [a]. – (Hg.) Die Exzerpte aus Wolframs Willehalm in der Weltchronik Heinrichs von München (Texte und Untersuchungen zur Willehalm-Rezeption 2), Berlin 1981 [b] [mit Bd. 1 in einem Band; Rez. zu beiden Teilen: Norbert H. Ott, in: Beitr. 108 (1986), S. 450–455]. – (Hg.) Ulrich von dem Türlin, Arabel. Die ursprüngliche Fassung und ihre Bearbeitung kritisch hg., Stuttgart/Leipzig 1999.

Shaw, Frank/Fournier, Johannes/Gärtner, Kurt (Hg.), Die Weltchronik Heinrichs von München: Neue Ee (DTM 88), Berlin 2008.

Spamer, Adolf (Hg.), Texte aus der deutschen Mystik des 14. und 15. Jahrhunderts, Jena 1912.
Stackmann, Karl, Varianz der Worte, der Form und des Sinnes, in: ZfdPh 116 (1997) Sonderh., S. 131–149 [wieder in: Karl Stackmann, Frauenlob, Heinrich von Mügeln und ihre Nachfolger, hg. von Jens Haustein, Göttingen 2002, S. 122–142 (zit.)].
Stammler, Wolfgang (Hg.), Prosa der deutschen Gotik. Eine Stilgeschichte in Texten (Literarhistorische Bibliothek 7), Berlin 1933.
Stolz, Michael, Texte des Mittelalters im Zeitalter der elektronischen Reproduzierbarkeit. Erfahrungen und Perspektiven, in: Deutsche Texte (2005), S. 143–158.
Stolz, Michael/Viehhauser, Gabriel, Text und Paratext. Überschriften in der Parzival-Überlieferung als Spuren mittelalterlicher Textkultur, in: Wolfram-Studien 19 (2006), S. 317–351.
von Stosch, Manfred, Schreibereinflüsse und Schreibertendenzen in der Überlieferung der Handschriftengruppe *WWo von Wolframs Willehalm, München 1971 [Rez.: Henry Kratz, in: Colloquia Germanica 1973, S. 346–349; P. J. H. Vermeeren, in: LeuvBijdr 63 (1974), S. 359–361].
Tervooren, Helmut/Kirschner, Carola/Spicker, Johannes Spicker (Hg.), Van der Masen tot op den Rijn. Ein Handbuch zur Geschichte der mittelalterlichen volkssprachlichen Literatur im Raum von Rhein und Maas (Veröffentlichungen des Historischen Vereins für Geldern und Umgebung 105), Geldern/Berlin 2006 [Rez.: Johannes Janota, in: ArchStud 244 (2007), S. 364–368; Friedel Helga Roolfs, in: Rheinische Vierteljahrsblätter 71 (2007), S. 296–300; Jens Haustein, in: ZfdPh 127 (2008), S. 129–131].
Tervooren, Helmut/Bein, Thomas, Ein neues Fragment zum Minnesang und zur Sangspruchdichtung. Reinmar von Zweter, Neidhart, Kelin, Rumzlant und Unbekanntes, in: ZfdPh 107 (1988), S. 1–26.
Text und Kultur. Mittelalterliche Literatur 1150–1450, hg. von Ursula Peters (Germanistische Symposien. Berichtsbände 23), Stuttgart/Weimar 2001.
Toussaint, Gia, Das Passional der Kunigunde von Böhmen. Bildrhetorik und Spiritualität, Paderborn [u.a.] 2003.
Unger, Otto (Übers.), Wolfram von Eschenbach, Willehalm. Mit einer Einführung von Christoph Gerhardt (GAG 100), Göppingen 1973.
Vorderstemann, Jürgen, Die Fremdwörter im Willehalm Wolframs von Eschenbach (GAG 127), Göppingen 1974.
Wachinger, Burghart, Wolfram von Eschenbach am Schreibpult, in: Wolfram-Studien 12 (1992), S. 9–14.
Wehowsky, Gertraud, Schmuckformen und Formbruch in der deutschen Reimpaardichtung des Mittelalters, Diss. Breslau 1936.
Wolf, Jürgen, Wolframs Willehalm zwischen höfischer Literatur und Memorialkultur, in: Kunst und Erinnerung. Memoriale Konzepte in der Erzählliteratur des Mittelalters, hg. von Ulrich Ernst/Klaus Ridder (Ordo 8), Köln [u.a.] 2003, S. 223–256. – Ders., Buch und Text. Literatur- und kulturhistorische Untersuchungen zur volkssprachigen Schriftlichkeit im 12. und 13. Jahrhundert (Hermaea NF 115), Tübingen 2008.

III.2 Bilderhandschriften des ‚Willehalm'

von Dorothea und Peter Diemer

1. Vorbemerkungen – 2. St. Gallen, Stiftsbibliothek, Cod. 857 (Hs. G) – 3. Die ‚Große Bilderhandschrift': München, Bayer. Staatsbibliothek, Cgm 193/III und Nürnberg, Germanisches Nationalmuseum, Kapsel 1607, Hz 1104–1105 (Fragm. 17) – 4. Berlin, Staatsbibliothek, Hdschr. 400 (Fragm. 87) –5. Discissus Berlin, Staatsbibliothek, mgf 746, Bl. 3 u.a. (Fragm. 16) – 6. Heidelberg, Universitätsbibliothek, Cpg 404 (Hs. H) – 7. Wien, Österreichische Nationalbibliothek, Cod. 2670 (Hs. V) – 8. Kassel, Murhardsche Bibliothek und Landesbibliothek, 2° Ms. poet. et roman. 1 (Hs. Ka) – 9. Wolfenbüttel, Herzog August Bibliothek, Cod. 30.12. Aug. 2° (Hs. Wo) – 10. Wien, Österreichische Nationalbibliothek, Cod. Ser. nova 2643 (Hs. W) – 11. Reflexe in der Überlieferung der Weltchronik des Heinrich von München

1. Vorbemerkungen

„Inmitten der deutschen handschriftlichen Tradition stechen die bebilderten ‚Willehalm'-Codices auf Grund ihrer glanzvollen Ausstattung hervor" (Frühmorgen-Voss/Ott, 1975, S. 28). Im späten 13. und im 14. Jh. wurde der Wh. häufiger und aufwendiger illustriert als alle übrigen zeitgenössischen Werke der höfischen Dichtung: „Die Überlieferung des ‚Willehalm' von Wolfram von Eschenbach basiert im 14. Jahrhundert in der Hauptsache auf großen Prachthandschriften, die zyklisch angelegt sind, d.h. auch die [...] Vorgeschichte Ulrichs von dem Türlin und die ‚Rennewart'-Fortsetzung Ulrichs von Türheim enthalten, und teilweise auch illustriert sind bzw. illustriert werden sollten" (Schröder, 1978 [b], S. 9).

Mehrere dieser Hss. sind nicht selbst illustriert, enthalten aber, in den Text eingeschoben, Bildlegenden, aus welchen man schließt, daß ihre verschollene Vorlage (oder deren Vorlage?) entsprechende Illustrationen enthalten haben muß. Solche Bildlegenden können, ihres ursprünglichen Zwecks ledig, auch als Abschnittsüberschriften gebraucht werden. Nicht alle Miniaturenfolgen sind bis zur Vollendung gediehen. Beim Kasseler Wh. (unten Nr. 8) etwa sind von 479 Miniaturen nur 33 vollendet, doch läßt sich das Geplante aus Bildlegenden und Maleranweisungen erschließen als ein ganz besonders ehrgeiziger Auftrag des Landgrafen Heinrich II. von Hessen. Dieser Torso gibt einen Hinweis auf den exklusiven

Personenkreis der Auftraggeber von Wh.-Bilderhandschriften und läßt deren exorbitante Kosten ahnen. Der hohe Anteil unvollendeter Bilderhandschriften an der Überlieferung ist kaum Zufall.

Als Antwort auf die Frage nach Gründen für die Wertschätzung und Illustrationsfülle des Wh. ist vorgebracht worden, daß man ihn wegen des einleitenden Gebets und des Lebenslaufs des Helden als Heiligenvita klassifizieren kann: eine Gattung mit älterer Bebilderungstradition, welche die Lebensbeschreibung des Helden für repräsentative Abschriften in Fürstenbibliotheken prädestinierte (Frühmorgen-Voss/Ott, 1975, S. 28). Das mag ein Faktor dieser Erfolgsgeschichte gewesen sein, auch wenn die Illustrationszyklen u. E. nicht erkennbar darauf abzielen, über den Tenor Wolframs hinausgehend speziell Willehalms Heiligkeit zu betonen. Ein anderer Faktor war zweifellos profaner Art: Man sah in der bedeutenden Dichtung zugleich ein autoritatives Geschichtswerk – das verdeutlicht seine Übernahme in Weltchroniken wie die des Heinrich von München, und auch diese wurden gern illustriert.

Einen Sonderfall des Illustrationskonzepts bietet die ‚Große Bilderhandschrift' (unten Nr. 3) mit ihrer Affinität zu den Bilderhandschriften des ‚Sachsenspiegels'. Aber auch die übrigen illustrierten Wh.-Handschriften stellen sich nicht als kohärente Tradition dar, sondern jede hat ihr eigenes Profil. Dementsprechend sind diese Hss. häufig jeweils für sich betrachtet worden, doch werden sie auch in der Diskussion um Entstehungsbedingungen, Anspruchsniveau, Ikonographie, Überlieferung und Rezeption deutschsprachiger mittelalterlicher Handschriften herangezogen (u. a. Frühmorgen-Voss/Ott, 1975, S. 25–30; Ott, 1984; Beckers/Ott, 1994, S. 279 f.; Starkey, 2004; dazu Curschmann, 2007). Schmidt, 1985, hat die einzelnen Szenen nach Bildmotiven klassifiziert (dazu vgl. Schröder, 1986, und Bumke, 1987). Einen Überblick über die aktuelle Palette der Methoden bietet Manuwald, 2008. Einen Überblick über die illustrierten Hss. geben Diemer, 1991, und Theisen, 2010, S. 24–36.

Es liegt für die Forschung nahe, die Miniaturen als Quellen dafür zu nutzen, wie die Zeitgenossen das Werk verstanden haben, und darin literarische und außerliterarische Werte oder Interessen der Besteller wiederzufinden. Das ist legitim. Allerdings hängt die Aussagekraft der Bilder nicht zuletzt daran, wie umsichtig der moderne Interpret subjektive Deutungen, Anachronismen und Zirkelschlüsse zu vermeiden weiß.

Einen solchen Fall argwöhnt man beispielsweise, wenn ein Autor aus der Beobachtung, daß Willehalm in den Bildern „deutlich die Qualität eines Kreuzzugsritters" zugeschrieben wird, folgert: „Die Illustratoren unserer Bilderhandschriften haben ihn als demütigen Christen gesehen und seine ‚Heiligkeit' als Eigenschaft der Figur illustriert. Den demütigen Heiligen hat die Hofgesellschaft zu Munleun ausgesperrt, in der für die durch die gerüstete Figur repräsentierte Idealität der kriegerischen Bewährung im Sinne der militia Christi kein Platz ist. Dieses Defizit ihrer Existenz soll Wolframs Protagonist auch im Verständnis der Illustratoren aufheben" (Schmidt, 1985, S. 92). Willehalm als Kreuzzugsritter – um diese Assoziation zu vermitteln, mußte der Zeitgenosse Wolframs auch nicht erst die Bilder manipulieren. Und der Vorstellungshorizont, der sich mit Kreuzrittern verband, wäre jeweils nach rezipierender Person und Generation historisch zu differenzieren.

Um einige weitere Fehlerquellen zu erwähnen: Nur allzu leicht übersieht der heutige Betrachter, daß es dem Illustrator vorrangig darum gehen mußte, seine Personen mittels Kleidung und Attributen durchgehend wiedererkennbar zu halten. Je umfangreicher ein Zyklus ist, desto geringer der Verdacht auf ideologische Themenauswahl, desto enger selbstverständlich auch die Bandbreite der Interpretierbarkeit einzelner Motive. Gerade die Zyklen machen auch deutlich, daß die Zahl der zum Abbilden geeigneten Erzählmomente begrenzt war und die Buchmaler über einen begrenzten Vorrat an Figurenschemata und Motivformeln verfügten, was konventionelle Bildfolgen begünstigte. Dies ist seinerzeit offenbar nicht als Nachteil empfunden worden, warnt aber davor, in den Miniaturen unbesehen spezielle Botschaften aufspüren zu wollen.

So gut wie unbekannt sind Personen und Tätigkeit der für Konzepte, Programme und Herstellung Verantwortlichen: Die Mehrzahl der Auftraggeber wird solch komplizierte Aufgaben delegiert haben, und bei manchem mag sich die Wunschvorstellung darauf beschränkt haben, daß er ein ausgeschmücktes Buch prächtiger und repräsentativer fand als ein schlichtes. Ein letztes: Spätestens mit der Aufdeckung des wandmalerischen ‚Iwein'-Zyklus in Rodenegg ist klar geworden, daß wir nur einen winzigen, zufallsbestimmten Bruchteil der einst vorhandenen Vielfalt von Bildern zur Verfügung haben, und welche Fehlerquellen diese Beschränkung mit sich bringt.

Die folgende Übersicht stellt in zeitlicher Folge die Hss. vor, die Illustrationen oder Spuren eines Illustrationskonzepts zu Wolframs Wh. enthalten.

2. St. Gallen, Stiftsbibliothek, Cod. 857 (Hs. G), 2. Drittel 13. Jh., südöstlicher Alpenraum (→ II, S. 974)

Der Band enthält keine Illustrationen, doch durchgehend qualitätvolle, einheitliche Initialen – im Wh.-Teil etwas größer und prächtiger (Blattwerk, Zierbänder, Köpfe), deren Motivrepertoire und Stil sich eng an eine Handschriftengruppe anschließen, welche in Venedig/Padua lokalisiert wird und von einem Antiphonar aus S. Marco in Venedig (1230–50) zum Gaibana-Epistolar (1259) zu verfolgen ist.

Die Paläographie neigte früher zu einem Ansatz eher vor der Mitte des 13. Jh.s (Schröder, 1978 [a], S. XXIII; Schneider, 1987, 133–142), wogegen von kunsthistorischer Seite der Sankt Galler Buchschmuck als Nachfolgearbeit des Gaibana-Epistolars gedeutet und entsprechend spät, in die 1270er Jahre, datiert wurde (Hänsel, 1952). Mit der Publikation des zwischen rund 1230 und 1250 datierbaren Antiphonars aus S. Marco, Venedig, durch Mariani Canova, 1981, wurde die kunsthistorische Spätdatierung unnötig (allerdings findet sie eine Fortsetzung bei Valagussa, 1991). 1991 hat andererseits Heinzle für einen späteren paläographischen Ansatz votiert (Heinzle, 1991, S. 806): Mitte 13. Jh., eher nach als vor 1250. Im selben Jahr erschien Palmers umfassende Untersuchung des Codex, die erstmals die kunsthistorischen Zusammenhänge einbezog und feststellte, daß Maler und Schreiber offenbar zusammengearbeitet haben. Sein Resümee: „Nur von kunsthistorischer Seite wird ein Urteil darüber möglich sein, in welchen Etappen die Stilentwicklung zwischen dem älteren venezianischen Antiphonar und dem Malstil der Zeit um 1259 denkbar ist. Sehr viel später als 1260 darf die St. Galler Handschrift freilich nicht entstanden sein" (Palmer, 1991, S. 31). Beim heutigen unzureichenden Stand der Materialkenntnis kann die Kunstgeschichte dieser Einschätzung zwanglos zustimmen, doch leider nicht viel Erhellendes hinzufügen, denn bei dermaßen kleinen Zeitspannen verliert die Stilkritik ihre Treffsicherheit. Weder überblickt man hinreichend differenziert die Entwicklungsgeschichte des besonderen Illuminationsstils, noch läßt sich der St. Galler Fleuronnée-Schmuck präziser datieren als die Schrift (vgl. Sauer, 1997, Sp. 1140–1143).

Vgl. Hänsel, 1952; Schröder, 1969, S. 385 f. und 390 f.; Becker, 1977, S. 99; Schröder, 1978 [a], S. XXIIf.; Schneider, 1987, S. 133–142; Valagussa, 1991, bes. S. 12 und 20 Anm. 38; Diemer, 1991, S. 1093 mit Anm. 2; Palmer, 1991.

3. Die ‚Große Bilderhandschrift': München, Bayer. Staatsbibliothek, Cgm 193/III (10 Fragmente), und Nürnberg, Germanisches Nationalmuseum, Kapsel 1607, Hz 1104–1105 (2 Fragmente) (Fragm. 17), 3. Viertel 13. Jh., ostmitteldeutsch-niederdeutsch (→ II, S. 976)

Die Hs. war, soweit das Erhaltene eine Verallgemeinerung zuläßt, durchgehend mit kolorierten Federzeichnungen illustriert nach einem Gestaltungsprinzip, für das sich in dieser Zeit und Ausprägung einzig die Hss. des ‚Sachsenspiegels' als Parallele anbieten: Jede Buchseite war aufgeteilt in eine schmale Text- und eine breitere Bilderspalte mit Illustrationen des danebenstehenden Texts (Abb. 40 und 41). Die Gesamtzahl der Bildszenen nähert sich, wenn man aus den erhaltenen Fragmenten hochrechnet und einheitliche Fertigstellung voraussetzt, einer Summe von schätzungsweise 1300. 1904 hat v. Amira die Bilder einer zwischen 1250 und 1275 tätigen Gruppe von Buchmalern zugeordnet, die als „zweite sächsisch-thüringische Malerschule" bezeichnet wird (v. Amira, 1904; v. Amira, 1917; v. Amira, 1921; zum kunsthistorischen Forschungsstand: Kroos, 2000; neuerdings Manuwald, 2008, S. 473–481, und Theisen, 2010, S. 25–27). Eine engere Lokalisierung ist bisher nicht zu sichern; Manuwald sieht in Willehalms Stern-Attribut einen möglichen Hinweis auf das Wappen der Grafen von Blankenburg (2008, S. 469–472), doch ist das Emblem vom Text vorgegeben (vgl. Heinzle, 1991, zu 328,9–11).

Der den Text kontinuierlich begleitende Bilderkommentar bedient sich „einer ikonographischen Erzählweise, die in ihrer spezifischen, auf reine Gebärdefiguren reduzierten ‚Grammatik' nur am ‚gestischen' germanisch-deutschen Recht entwickelt werden konnte. Den kontinuierlichen Fortgang der epischen Handlung setzen sie nicht in eine ebenso kontinuierliche Folge von narrativen Handlungsbildern um, sondern zerlegen – wie die juristischen Illustrationen – den Text in seine sprachlichen Bestandteile: Wörter und Satzteile, denen im ikonographischen Medium Bildsignale und Gebärdefiguren entsprechen" (Ott, 1993, S. 120).

Dieses nahezu flächendeckende Illustrationskonzept wirft bisher nur unbefriedigend beantwortete Fragen nach der Zweckbestimmung auf. Schon für den ‚Sachsenspiegel' ist sie umstritten. Ein älterer Vorschlag, wonach die Bilder einen Textersatz oder eine Erinnerungshilfe für Analphabeten gebildet hätten, ist obsolet. Findehilfe beim Nachschlagen oder Memorieren? Ob bei diesen Hss. „der Gebrauchswert auch in ihrem Repräsentationswert liegt" (vgl. zusammenfassend Manuwald, 2008, S. 454–457, das Zitat 456)?

Im Fall der ‚Großen Bilderhandschrift' verbindet sich diese Frage mit der alten Debatte, ob die charakteristische Bildanordnung für den Wh. oder für den ‚Sachsenspiegel' erfunden worden ist (Resümee bei Manuwald, 2008, S. 8–10). Beim heutigen Stand spricht u. E. alles für Priorität des ‚Sachsenspiegels' (vgl. in diesem Sinne u. a. Schröder, 1987, bes. S. 264–268; Curschmann, 1988, S. 269 f.; Ott, 1993, S. 120; zurückhaltend Manuwald, 2008, S. 467). Im Rechtsbuch vermochten die radikal informationsfixierten Bilder dem Text tatsächlich etwas Relevantes hinzuzufügen, indem sie systematisch alle abstrakten Begriffe durch Dingsymbole wiedergaben und damit die autoritative Textmitteilung in eine präzise, einprägsame optische Formel übersetzten. Ein solcher Ansatz liegt für eine Romanillustration deutlich ferner. Wenn in der ‚Großen Bilderhandschrift', wie Montag beobachtet hat, eine der Zeichnungen einen bildlichen Ausdruck des Textes konkret umsetzt (Montag, 1985, S. 20; Manuwald, 2008, S. 7), so wirkt dies durchaus unerwartet. Kurz: Für die ‚Große Bilderhandschrift' bestand kein vergleichbar starker innerer Anlaß, eine elementar neue Bildsprache zu erfinden. Auf jeden Fall bezeugen die Ausstattungsparallele und die üppige Erschließung im Bild eindrucksvoll die hohe Autorität des Willehalm-Stoffs. Unter dem Gesichtspunkt der Bilderhandschrift als großes Zeichensystem hat Manuwald, 2008, der Hs. eine detaillierte Monographie gewidmet.

Vgl. Schröder, 1978 [a], S. I f.; Montag, 1985; Ott, 1986; Schneider, 1987, S. 199–202; Schröder, 1987; Curschmann, 1988; Diemer, 1991, S. 1093 f. mit Anm. 3 f.; Ott, 1993; Hüpper, 1993; Manuwald, 2007; Manuwald, 2008 [mit Bibliographie]; AK Magdeburg, 2009, Katalogbd., Nr. V, 40, S. 264–267 (Martin Schubert/Beate Braun-Niehr); Theisen, 2010.

4. Berlin, Staatsbibliothek, Hdschr. 400 (Fragm. 87), letztes Drittel 13. Jh., südliches Ostfalen (→ II, S. 988)

Die Vorderseite des Einzelblattes (Abb. 42) zeigt übereinander zwei halbseitige Illustrationen in Deckfarben mit Gold als Hintergrund: Rennewart wird von den Knappen beleidigt, und er schlägt im Zorn einen von ihnen gegen eine Säule (189,28–190,17). Die Rückseite (Abb. 43) enthält Wolframs Verse 185,1–186,24. Wie die Entfernung der Illustration von der zugehörigen Textstelle im Codex erweist, muß man sich ihn in Auswahl illustriert vorstellen. Dichte und Kriterien der Auswahl bleiben offen.

Als Entstehungsregion der Bilder erwägt Ott „die – ‚ausgelagerte' – Anfertigung der Miniatur(en) im süd(west)lichen Deutschland – oder durch einen von dort kommenden ‚Wandermaler', den der Kunsthistoriker immer dann gerne bemüht, wenn er vor Lokalisierungsproblemen steht –, oder ihre Entstehung im Sprachraum des Fragments, vielleicht nach oberdeutscher Vorlage, was sich gut zu den oberdeutschen Dialektresten stellen würde" (Beckers/Ott, 1994, S. 286f.). Die erste Alternative wird man mangels Indizien nicht weiter verfolgen. Weder die Erhaltungsstatistik noch der Erhaltungszustand der Miniaturenseite ermutigt zu antiquierten, unnötig komplizierten Hypothesen. Nichts spricht gegen Entstehung der Hs. in einem Zug an einem Ort.

Vgl. Diemer 1991, S. 1098 mit Anm. 18; Beckers/Ott, 1994; Theisen, 2010, S. 27f.

5. Discissus Berlin, Staatsbibliothek, mgf 746, Bl. 3; mgf 923 Nr. 43; u.a. (Fragm. 16), um 1300, (nord)oberdeutsch – Reste einer Sammelhandschrift mit dem dreiteiligen Zyklus (→ II, S. 976)

Der aus nicht weniger als elf Signaturen verschiedener Bibliotheken zusammengesetzte Fragmentenkomplex enthält zum Wh. auf den o.g. Berliner Blättern vier im Text ausgesparte Miniaturen (andere Blätter überliefern Illustrationen auch zur ‚Arabel' und zum ‚Rennewart'). In Deckfarben auf Goldgrund zeigen sie (stark beschädigt) Szenen aus der ersten Schlacht und (in besserem Zustand) den Abtransport der drei gefallenen Könige in einem Schiff nach der zweiten Schlacht. Der Stil des Erhaltenen gibt keine schlüssigen Anhaltspunkte zur Lokalisierung. Die robust gezeichneten, dabei schwungvollen Kampfgruppen passen zwanglos in die von der Paläographie gewiesene Zeit, vgl. etwa ganz allgemein, im Sinne zeitlicher Nähe, die Pferde (Abb. 44) mit jenen auf Bl. 66r der Wiener Hs. Cod. 2670 (Abb. 47). Die Szene am Meeresufer (Abb. 45) dagegen mutet, jener auf Bl. 64v ebendort (Abb. 46) gegenübergestellt, altertümlich an in Figurentypen und Gesichtern.

Vgl. Schröder, 1969, S. 401f.; Schröder, 1978 [a], S. XLf.; Schneider, 1987, S. 273 mit Anm. 282; Bushey, 1989, S. 363 und 370 (Fragment D); Diemer 1991, S. 1094f. mit Anm. 5; Theisen, 2010, S. 29.

6. Heidelberg, Universitätsbibliothek, Cpg 404 (Hs. H), Anfang 14. Jh., ostfränkisch-bairisch – Sammelhandschrift mit dem dreiteiligen Zyklus (→ II, S. 974)

Die Hs. enthält keine Bilder, doch 64 Bildbeischriften (abgedruckt bei Schröder, 1969, S. 401; Schmidt, 1985, S. 47–59 [dazu Schröder, 1986, S. 130]; Holladay, 1996, S. 106–117). Sie sind in den Text inseriert, demnach anscheinend von einer verschollenen illustrierten Vorlage abgeschrieben. Da zwei der vier Bildbeischriften der Berliner Fragmente (Nr. 4) auch hier begegnen, muß ein Zusammenhang zwischen ihnen und der Vorlage für die Hs. bestanden haben, im einfachsten Fall lag ihnen dasselbe Vorbild zugrunde.

Zählt man zu den 64 Bildbeischriften die beiden hinzu, die nur in der Heidelberger Hs. überliefert sind, so hat diese Vorbildhandschrift (oder eine ihrer Vorlagen) mindestens 66 Illustrationen besessen; sie hat damit als die szenenreichste illustrierte Wh.-Hs. nach dem Sonderfall der ‚Großen Bilderhandschrift' überhaupt zu gelten. Ob diese Serie je ausgeführt worden ist?

Vgl. Becker, 1977, S. 99 f.; Schröder, 1978 [a], S. XXVI (vgl. S. LXf.: „könnte die Vorlage" für Heidelberg gewesen sein); Schröder, 1978 [b], S. 9–27; Diemer, 1991, S. 1095; Theisen, 2010, S. 29.

7. Wien, Österreichische Nationalbibliothek, Cod. 2670 (Hs. V), 1320, Österreich (Wien oder Wiener Neustadt) – Sammelhandschrift mit dem dreiteiligen Zyklus (→ II, S. 975)

Die Hs. ist reich illustriert mit insgesamt 117 Miniaturen, davon 28 zum Willehalm, in Deckfarben auf Goldgrund, Bildbeischriften folgen einer anderen Redaktion als die vorgenannten (Abb. 46–49). Suckales allgemein gehaltener Vorschlag, an einen Zusammenhang mit der Regensburger Buchmalerei zu denken (AK Regensburg, 1987, S. 82), ist durch Rolands Hinweis auf drei stilistisch einigermaßen vergleichbare Hss. überholt, deren eine in Wien oder Wiener Neustadt entstanden sein dürfte (1997, S. 216f.). Auch Knapp (2005, S. 23f.) geht in dieser Lage von Herstellung des Codex in Österreich aus.

Vgl. Heger, 1974; Schröder, 1976; Becker, 1977, S. 100–102; Schröder 1977 [b]; Robert Suckale in AK Regensburg, 1987, S. 82; Diemer, 1991, S. 1095 f. mit Anm. 7 f.; Roland, 1997, S. 209–217; Knapp, 2005; Theisen, 2010, S. 29–31.

8. Kassel, Universitätsbibliothek/Landesbibliothek und Murhardsche Bibliothek der Stadt Kassel, 2° Ms.poet. et roman. 1 (Hs. Ka), 1334 für Landgraf Heinrich II. von Hessen vielleicht in Fritzlar geschrieben – Sammelhandschrift mit dem dreiteiligen Zyklus (→ II, S. 974)

479 Bilder in Deckfarben mit Gold waren vorgesehen, wie der ausgesparte Platz und Maleranweisungen bezeugen (davon die meisten für den ‚Rennewart'-Teil). Doch wurden nur 33 Miniaturen ausgeführt, weitere 29 vorgezeichnet und manche noch grundiert; sämtlich zur ‚Arabel' gehörig (Abb. 38). Nicht nur das Schicksal des Auftrags, auch die Person des künstlerisch hervorragenden Malers wirft Fragen auf. Broszinski resümiert die herkömmliche Vorstellung: „Heute sieht man in dem Willehalm-Meister einen vermutlich wandernden Maler, der, geprägt von der Kölner Tafelmalerei der Zeit und beeinflußt von französischer, englischer und franko-flämischer Buchmalerei zu einem Stil eigener Ausprägung fand. Wir begegnen ihm auch in [...] einem 1330 entstandenen dreibändigen Graduale, das für das Kloster Wettingen im Schweizer Kanton Aargau bestimmt war" (Broszinski, 1985, S. 151). Diese ohne distanzierende Kritik formulierte Zusammenfassung macht durch ihre Kürze die generelle Problematik rekonstruierter Reiseerfahrungen anschaulich, welche am Kunstwerk ablesbar sein sollen. Gab es nicht auch andere Möglichkeiten, sich zu informieren? Übernahm man so einfach, was man sah?

Historisch ist die These von Freyhan (1927) und Mollwo (1944) zwanglos vorstellbar, daß damals ein hessischer Fürst auf eine Kölner Werkstatt zurückgriffen habe. Doch wird in der neueren Literatur allzu häufig ignoriert, daß Hanns Swarzenski (1948/49) dieser Annahme widersprochen und vorgeschlagen hat, beide im Kasseler Wh. nachweisbaren Malerhände im Raum Schweiz-Oberrhein zu lokalisieren (einen Vorläufer hat er in Kautzsch, 1907). Auch Gisela Plotzek-Wederhake spricht sich gegen Kölner Künstler als Urheber aus: „Dagegen wird man sich die Entstehung [...] nicht in Köln denken können. Dasselbe gilt für das etwa gleichzeitig entstandene dreibändige Wettinger Graduale in Aarau [...], dessen zweiter jüngerer Maler in der Tradition der Kunst des Jean Pucelle steht und mit der Kölner Buchmalerei keine Berührungspunkte aufweist" (AK Köln, 1974, S. 61). Holladay (1997) hat mit Recht darauf hingewiesen, daß die Kölner Malerei jener Jahrzehnte mehr stilistische Facetten zeigt, als ein oberflächlicher Blick auf die Literatur glauben machen könnte. Allerdings folgert aus dieser Pluralität noch nicht die Berechtigung, in Köln ohne Indizien Werke zu lokalisieren, für deren Stil kein direktes Kölner Vergleichsbeispiel nachweisbar ist, wie Holladay es mit dem Kasseler Wh. tut (ebd. S., 12 mit Anm. 24). Beim Stand der Forschung sollte man auf eine präzise Lokalisierung verzichten und sich mit „Oberrhein? (oder Köln?)" bescheiden. Erklärlich wird diese Ungewißheit durch die große künstlerische Nähe der internationalen Zentren zueinander um 1300 einerseits und den Mangel an sicher verorteten und datierten Werken andererseits; eine vertiefte Untersuchung des Bekannten könnte jedoch weiterführen.

Vgl. Kautzsch, 1907; Freyhan, 1927; Struck, 1930, S. 99–102; Stange, 1934, S. 86–90; Mollwo, 1944; Swarzenski, 1948/49; Beer, 1965; Gisela Plotzek-Wederhake, Zur Buchmalerei, in: AK Köln, 1974, S. 59–63; Becker, 1977, S. 102–104; Schröder, 1977; Schröder, 1978 [a], S. XXIVf.; Schröder, 1978 [b]; Broszinski, 1985, S. 150–155; Bushey, 1989, S. 361f.; Diemer, 1991, S. 1096 mit Anm. 9f.; Holladay, 1995; Holladay, 1996; Wieck, 1998; Stirnemann, 1999; Theisen, 2010, S. 33f.

9. Wolfenbüttel, Herzog August Bibliothek, Cod. 30.12. Aug. 2° (Hs. Wo), 2. Hälfte 14. Jh., bairisch – Sammelhandschrift mit dem dreiteiligen Zyklus (→ II, S. 975)

Die Hs. enthält gleich zwei Illustrationssysteme: (a) 19 in den Text inserierte Bildbeschriften ohne entsprechende Bilder (ähnlich wie bei der Heidelberger Hs. ist somit auch hier eine illustrierte – oder jedenfalls zur Illustration vorbereitete – Vorlage zu erschließen (Schröder, 1969, S. 398–400; Schröder, 1978 [b]); (b) 55 Bilder (Deckfarben mit sparsamem Gold) auf Einzelblättern, deren Rückseiten freigelassen sind, ohne Bezug zu den vorgenannten Beischriften (Abb. 50 und 51). Der Stil der Bilder weist auf Bayern, möglicherweise Regensburg, und etwa das Jahrzehnt 1360–70 hin (Stange, 1936, S. 175; v. Wilckens, 1973, S. 65f.; v. Wilckens, 1974, S. 33; Robert Suckale in AK Regensburg, 1987, S. 93; vgl. Otto Pächts Urteil: Becker, 1977, S. 105). Diese Bildfolge hat keine Beischriften. Ob ihre separate Fertigung lediglich praktische Gründe hatte oder ob sie nachträglich in Auftrag gegeben wurde, bleibt vom technischen Befund her offen, doch spricht nichts gegen einen einheitlichen Auftrag für sämtliche Teile der Hs.

Vgl. zu den Beischriften: Schröder, 1969, S. 398–400; Becker, 1977, S. 104–106; Schröder, 1978 [b]; zu den Miniaturen: Stange, 1936, S. 175; v. Wilckens, 1973, S. 65f.; v. Wilckens, 1974, S. 33; Robert Suckale in AK Regensburg, 1987, S. 93; Becker, 1977,

S. 104–106; Schröder 1978 [a], S. XXIXf.; Schröder, 1981 [a]; Bushey, 1982, S. 248–250; Milde, 1982; Schmidt, 1985 (Text S. 148f.; dazu Schröder 1986, S. 131–142); AK Wolfenbüttel, 1989, S. 185–189; Weltkunst 57 (1987), Heft 6, Titelseite und S. 309f.; Diemer, 1991, S. 1096–1101 mit Anm. 11; Theisen, 2010, S. 28, 32f.

10. Wien, Österreichische Nationalbibliothek, Cod. Ser. nova 2643 (Hs. W), 1387 in Prag für König Wenzel geschrieben – Sammelhandschrift mit dem dreiteiligen Zyklus (→ II, S. 975)

Der Band weist durchgehend den für die von König Wenzel bestimmten Hss. bezeichnenden luxuriösen Buchschmuck auf (Abb. 52 und 53), doch Illustrationen finden sich nur im ‚Rennewart'-Teil. Der Beginn des Wh.-Teils, Bl. 66v, ist durch eine Prachtinitiale ausgezeichnet (Abb. 52). Eine Monographie des Bandes ist 2010 erschienen, seine Erschließung in einem Katalog der Österreichischen Nationalbibliothek angekündigt.

Vgl.: v. Schlosser, 1893; Jerchel, 1933, S. 105; Jerchel, 1937, S. 224; AK Wien, 1962, S. 201 f.; Krása, 1971, S. 125–142; Becker, 1977, S. 106–108; Diemer, 1991, S. 1097 mit Anm. 12; Theisen, 2007; Theisen, 2010; Jenni/Theisen/Stejskal.

11. Reflexe in der Überlieferung der Weltchronik des Heinrich von München

(a) Wolfenbüttel, Herzog August Bibl., Cod. 1.5.2. Aug. 2°: Die Hs. (3. Drittel 14. Jh., bairisch-österreichisch) läßt in dem aus dem Wh. exzerpierten Teil Platz für sieben unausgeführt gebliebene Illustrationen (Enke, 1927; Ott, 1981; Schröder, 1981 [b]; zu den Beischriften: Stammler, 1967, Sp. 824f.; Schröder, 1986, 130; Diemer, 1991, S. 1097 mit Anm. 13f.).

(b) Berlin, Staatsbibliothek, mgf 1416 (um 1400/1410, bairisch): Die Wh.-Partie gilt als Abschrift der oben genannten Wolfenbütteler Hs. (Nr. 8). Sie enthält acht Federzeichnungen, die keine künstlerischen Beziehungen zu den Wolfenbütteler Miniaturen aufweisen (Wegener, 1928, S. 16–21; Schröder, 1981 [b], S. XVIII–XIX u. ö.; Schröder, 1986, S. 129f.; AK Braunschweig, 1988–90, Nr. 86 S. 184f.; Diemer, 1991, S. 1097 mit Anm. 15).

Literatur

[AK Braunschweig] Glanz alter Buchkunst, Braunschweig, Berlin und Köln 1988–90, Wiesbaden 1988.
[AK Köln] Vor Stefan Lochner. Die Kölner Maler von 1300 bis 1430, Köln 1974.
[AK Magdeburg] Aufbruch in die Gotik. Der Magdeburger Dom und die späte Stauferzeit. Landesausstellung Sachsen-Anhalt aus Anlass des 800. Domjubiläums, hg. von Matthias Puhle, Mainz 2009.
[AK Regensburg] Regensburger Buchmalerei, Regensburg 1987, München 1987.
[AK Wien] Europäische Kunst um 1400, Wien 1962.
[AK Wolfenbüttel] Wolfenbütteler Cimelien. Das Evangeliar Heinrichs des Löwen in der Herzog August Bibliothek, Wolfenbüttel 1989.
von Amira, Karl, Die grosse Bilderhandschrift von Wolframs Willehalm, in: SBKBA 1903, München 1904, S. 213–240. – Die „grosse Bilderhandschrift von Wolframs Willehalm" (SBBA 1917/6), München 1917. – Die Bruchstücke der großen Bilderhandschrift von Wolframs Willehalm. Farbiges Faksimile in 20 Tafeln nebst Einleitung, München 1921.
Becker, Peter Jörg, Handschriften und Frühdrucke mhd. Epen. Eneide, Tristrant, Tristan, Erec, Iwein, Parzival, Willehalm, Jüngerer Titurel, Nibelungenlied und ihre Reproduktion und Rezeption im späteren Mittelalter und in der frühen Neuzeit, Wiesbaden 1977.
Beckers, Hartmut/Ott, Norbert H., Ein neugefundenes Blatt einer zerschnittenen Willehalm-Bilderhandschrift des 13. Jahrhunderts (F 87), in: Wolfram-Studien 13 (1994), S. 262–290.
Beer, Ellen Judith, Gotische Buchmalerei. Literatur von 1945 bis 1961. Fortsetzung und Schluß, in: Zeitschrift für Kunstgeschichte 28 (1965), S. 134–158.
Broszinski, Hartmut, Kasseler Handschriftenschätze (Pretiosa Cassellana), Kassel 1985.
Bumke, Joachim, Rez. Schmidt (1985), in: Arbitrium 5 (1987), S. 141–143.
Bushey, Betty C., Neues Gesamtverzeichnis der Handschriften der Arabel Ulrichs von dem Türlin, in: Wolfram-Studien 7 (1982), S. 228–286. – Nachträge zur Willehalm-Überlieferung, in: Studien zu Wolfram von Eschenbach. Festschrift für Werner Schröder zum 75. Geburtstag, hg. von Kurt Gärtner/Joachim Heinzle, Tübingen 1989, S. 359–380.
Canova → Mariani Canova.
Curschmann, Michael, Rez. Text – Bild – Interpretation. Untersuchungen zu den Bilderhandschriften des Sachsenspiegels, hg. von Ruth Schmidt-Wiegand, in: Beitr. 110 (1988), S. 267–277. – Rez. Starkey (2004), in: Studies in Iconography 28 (2007), S. 308–314.
Diemer, Dorothea/Diemer, Peter, Miniaturen zum Willehalm, in: Heinzle (1991), S. 1093–1115.
Enke, Kurt, Weltchronik des Rudolf von Ems. Deutsche Prachthandschrift auf Pergament vom Ausgange des 14. Jahrhunderts, Leipzig 1927.
Fingernagel, Andreas/Roland, Martin, Mitteleuropäische Schulen I (ca. 1250–1350) (Veröffentlichungen der Kommission für Schrift- und Buchwesen des Mittelalters, Reihe I: Die illuminierten Handschriften und Inkunabeln der Österreichischen Nationalbibliothek 10), Text- und Tafelband, Wien 1997.
Freyhan, Robert, Die Illustrationen zum Casseler Willehalm-Codex. Ein Beispiel eng-

lischen Einflusses in der rheinischen Malerei des XIV. Jahrhunderts, Marburg/ Frankfurt 1927.
Frühmorgen-Voss, Hella, Text und Illustration im Mittelalter. Aufsätze zu den Wechselbeziehungen zwischen Literatur und bildender Kunst, hg. und eingeleitet von Norbert H. Ott (MTU 50), München 1975.
Hänsel, Ingrid, Die Miniaturmalerei einer Paduaner Schule im Ducento, in: Jahrbuch der österreichischen byzantinischen Gesellschaft 2 (1952), S. 105–147.
[Heger] Wolfram von Eschenbach, Willehalm. Mit der Vorgeschichte des Ulrich von dem Türlin und der Fortsetzung des Ulrich von Türheim. Vollständige Faksimile-Ausgabe im Originalformat des Codex Vindobonensis 2670 der österreichischen Nationalbibliothek, Kommentar Hedwig Heger (Codices Selecti 46), Graz 1974.
Heinzle, Joachim (Hg.), Wolfram von Eschenbach, Willehalm. Nach der Handschrift 857 der Stiftsbibliothek St. Gallen. Mhd. Text, Übersetzung, Kommentar, mit den Miniaturen aus der Wolfenbütteler Handschrift und einem Aufsatz von Peter und Dorothea Diemer (Bibliothek des Mittelalters 9 = Bibliothek deutscher Klassiker 69), Frankfurt a.M. 1991.
Holladay, Joan, The Willehalm Master and His Colleagues. Collaborative Manuscript Decoration in Early 14th Century Cologne, in: Making the Medieval Book. Techniques of Production, hg. von Linda Brownrigg, London/Los Angeles 1995, S. 67–91. – Illuminating the Epic. The Kassel Willehalm Codex and the Landgraves of Hesse in the Early Fourteenth Century (College Art Association. Monograph on the Fine Arts 54), Seattle/London 1996. – Some Arguments for a Wider View of Cologne Book Painting in the Early Fourteenth Century, in: Georges-Bloch-Jahrbuch des kunstgeschichtlichen Seminars der Universität Zürich 4 (1997), S. 5–21.
Hüpper, Dagmar, Die Bildersprache. Zur Funktion der Illustration, in: Die Wolfenbütteler Bilderhandschrift des Sachsenspiegels. Aufsätze und Untersuchungen. Kommentar zur Faksimile-Ausgabe, hg. von Ruth Schmidt-Wiegand, Berlin 1993, S. 143–162.
Jenni, Ulrike/Theisen, Maria/Stejskal, Karel, Mitteleuropäische Schulen IV. Die Hofwerkstätten König Wenzels IV. (ca. 1385–1400) (Verzeichnis der illuminierten Handschriften und Inkunabeln der Österreichischen Nationalbibliothek = Veröffentlichungen der Österreichischen Akademie der Wissenschaften, Kommission für Schrift- und Buchwesen des Mittelalters, phil.-hist. Klasse, Reihe I, Bd. 13), Wien [im Erscheinen].
Jerchel, Heinrich, Die bayerische Buchmalerei des 14. Jahrhunderts, in: Münchner Jahrbuch der bildenden Kunst 10 (1933), S. 70–109. – Das Hasenburgische Missale von 1409, die Wenzelswerkstatt und die Mettener Malereien von 1414, in: Zeitschrift des deutschen Vereins für Kunstwissenschaft 4 (1937), S. 218–241.
Kautzsch, Rudolf, Ein Beitrag zur Geschichte der deutschen Malerei in der ersten Hälfte des XIV. Jahrhunderts, in: Kunstwissenschaftliche Beiträge August Schmarsow gewidmet (Beiheft der Kunstgeschichtlichen Monographien 1), Leipzig 1907, S. 73–94.
[Knapp] Wolfram von Eschenbach Willehalm. Codex Vindobonensis 2670 der Österreichischen Nationalbibliothek, Kommentar von Fritz Peter Knapp, Tl. 1: Fol. 1–145, Tl. 2: Fol. 145v–351 (Glanzlichter der Buchkunst 14/1,2), Graz 2005.
Krása, Josef, Die Handschriften König Wenzels IV., Prag 1971.

Kroos, Renate, Die Miniaturen, in: Das Buch der Welt. Kommentar und Edition zur Sächsischen Weltchronik. Ms. Memb. I 90, Forschungs- und Landesbibliothek Gotha, hg. von Hubert Herkommer, Luzern 2000, S. 47–115.

Manuwald, Henrike, Der Autor als Erzähler? Das Bild der Ich-Figur in der „Großen Bilderhandschrift" des Willehalm Wolframs von Eschenbach, in: Autorbilder. Zur Medialität literarischer Kommunikation in Mittelalter und früher Neuzeit, hg. von Gerald Kapfhammer/Wolf-Dietrich Löhr/Barbara Nitsche/Stephanie Altrock/Susanne Mädger (Tholos 2), Münster 2007, S. 63–92. – Medialer Dialog. Die „Große Bilderhandschrift" des Willehalm Wolframs von Eschenbach und ihre Kontexte (Bibliotheca Germanica 52), Tübingen/Basel 2008.

Mariani Canova, Giordana/Cattin, Giulio, Un prezioso antifonario veneziano del Duecento: miniature, liturgia e musica, in: Arte veneta 35 (1981), S. 9–26.

Milde, Wolfgang, Mittelalterliche Handschriften der Herzog August Bibliothek, Frankfurt a.M. 1972.

Mollwo, Marie, Das Wettinger Graduale. Eine geistliche Bilderfolge vom Meister des Kasseler Willehalmcodex und seinem Nachfolger, Bern 1944.

Montag, Ulrich (Hg.), Wolfram von Eschenbach, Willehalm. Die Bruchstücke der „Großen Bilderhandschrift". Bayerische Staatsbibliothek München Cgm 193, III. Germanisches Nationalmuseum Nürnberg, Graphische Sammlung Hz 1104–1105 Kapsel 1607, Stuttgart 1985.

Ott, Norbert H., Heinrich von München, in: ²VL 3 (1981), Sp. 827–837. – Überlieferung, Ikonographie – Anspruchsniveau, Gebrauchssituation. Methodisches zum Problem der Beziehungen zwischen Stoffen, Texten und Illustrationen in Handschriften des Spätmittelalters, in: Literatur und Laienbildung im Spätmittelalter und in der Reformationszeit. Symposion Wolfenbüttel 1981, hg. von Ludger Grenzmann/Karl Stackmann (Germanistische Symposien. Berichtsbände 5), Stuttgart 1984, S. 356–386; Diskussionsbericht S. 387–391. – Vorläufige Bemerkungen zur Sachsenspiegel-Ikonographie, in: Text – Bild – Interpretation. Untersuchungen zu den Bilderhandschriften des Sachsenspiegels, hg. von Ruth Schmidt-Wiegand, Bd. 1, München 1986, S. 33–43. – Rechtsikonographie zwischen Mündlichkeit und Schriftlichkeit. Der Sachsenspiegel im Kontext deutschsprachiger illustrierter Handschriften, in: Die Wolfenbütteler Bilderhandschrift des Sachsenspiegels. Aufsätze und Untersuchungen. Kommentar zur Faksimile-Ausgabe, hg. von Ruth Schmidt-Wiegand, Berlin 1993, S. 119–141.

Palmer, Nigel F., Der Codex Sangallensis 857: Zu den Fragen des Buchschmucks und der Datierung, in: Wolfram-Studien 12 (1991), S. 15–31.

Roland, Martin → Fingernagel, Andreas/Roland, Martin.

[Sauer, Christine] Reallexikon zur Deutschen Kunstgeschichte, Bd. 9, München 1997, s.v. Fleuronnée, Sp. 1113–1196 (Wolfgang Augustyn [I–III; VIII–IX], Christine Jacobi-Mirwald [V], Christine Sauer [VI], Martin Roland [VII]).

von Schlosser, Julius, Die Bilderhandschriften Königs Wenzel I., in: Jahrbuch der kunsthistorischen Sammlungen des Allerhöchsten Kaiserhauses 14 (1893), S. 214–317.

Schmidt, Ronald Michael, Die Handschriftenillustration des Willehalm Wolframs von Eschenbach. Dokumentation einer illustrierten Handschriftengruppe, Textbd. und Tafelbd., Wiesbaden 1985.

Schneider, Karin, Gotische Schriften in deutscher Sprache. I: Vom späten 12. Jahrhundert bis um 1300, 2 Bde., Wiesbaden 1987.

Schröder, Werner, Zur Bucheinteilung in Wolframs Willehalm, in: DtVjs 43 (1969), S. 385–404 [wieder in: Schröder (1989), S. 320–339]. – Wolfram-Rezeption und Wolfram-Verständnis im 14. Jahrhundert. Zur Faksimile-Ausgabe der älteren Wiener Willehalm-Handschrift (Cod. Vindob. 2670), in: Euphorion 70 (1976), S. 258–286 [wieder in: Schröder (1989), S. 648–676]. – Zum Miniaturen-Programm der Kasseler Willehalm-Handschrift (2° Ms. poet. et roman., 1), in: ZfdA 106 (1977), S. 210–236 [wieder in: Schröder (1989), S. 676–702] [a]. – Zum ersten Vollfaksimile eines Willehalm-Codex, in: Wolfram-Studien 4 (1977), S. 77–80 [b]. – (Hg.) Wolfram von Eschenbach, Willehalm, Berlin/New York 1978 [a]. – Verlorene Bilderhandschriften von Wolframs Willehalm, in: Philologische Studien. Gedenkschrift für Richard Kienast, hg. von Ute Schwab/Elfriede Stutz (Germanische Bibliothek. 3. Reihe), Heidelberg 1978, S. 9–40 [wieder in: Schröder (1989), S. 703–734] [b]. – Die Illustrationen zu Wolframs Willehalm im Cod. Guelf. 30.12 Aug. fol., in: Festschrift der Wissenschaftlichen Gesellschaft an der Johann Wolfgang Goethe-Universität Frankfurt a.M., Wiesbaden 1981, S. 375–398 [wieder in: Schröder (1989), S. 735–758] [a]. – Texte und Untersuchungen zur Willehalm-Rezeption, Bd. 2: Die Exzerpte aus Wolframs Willehalm in der Weltchronik Heinrichs von München, Berlin/New York 1981 [b]. – Rez. Schmidt (1985), in: AfdA 97 (1986), S. 129–142 [wieder in: Schröder (1989), S. 759–772]. – Text und Bild in der „Großen Bilderhandschrift" von Wolframs Willehalm, in: ZfdA 116 (1987), S. 239–268 [wieder in: Schröder (1989), S. 773–802]. – Wolfram von Eschenbach. Spuren und Werke (W. Sch., Wolfram von Eschenbach. Spuren, Werke, Wirkungen. Kleinere Schriften 1956–1987, Bd. 1), Stuttgart 1989.
Stammler, Wolfgang, Epenillustration, in: Reallexikon zur Deutschen Kunstgeschichte, Bd. 5, Stuttgart, 1967, Sp. 810–857.
Stange, Alfred, Deutsche Malerei der Gotik, Bd. 1, Berlin 1934. – Deutsche Malerei der Gotik, Bd. 2, Berlin 1936.
Starkey, Kathryn, Reading the Medieval Book. Word, Image, and Performance in Wolfram von Eschenbach's Willehalm (Poetics of Orality and Literacy), Notre Dame (IN) 2004.
Stirnemann, Patricia, Rez. Holladay (1996), in: Revue de l'art 126 (1999), S. 85.
Struck, Gustav, Handschriftenschätze der Landesbibliothek Kassel (Die Landesbibliothek Kassel, 1850–1930, hg. von Wilhelm Hopf, Teil 2), Marburg 1930.
Swarzenski, Hanns, Rez. Mollwo (1944), in: Phoebus 2 (1948/49), S. 45.
Theisen, Maria, Geschichtsbilder: Wie Geschichten Geschichte machen. Illustriert anhand des Willehalm-Codex für König Wenzel IV. von Böhmen (Cod. S.n. 2643, Wien, ÖNB), in: Zena ve člunu. Sborník Hany J. Hlaváčkové, hg. von Kateřina Hornířková und Michal Šronek, Prag 2007, S. 15–37. – History Buech Reimenweisz. Geschichte, Bildprogramm und Illuminatoren des Willehalm-Codex König Wenzels IV. von Böhmen, Wien, Österreichische Nationalbibliothek Ser. nov. 2643 (Österreichische Akademie der Wissenschaften, phil.-hist. Klasse, Denkschriften 391; Veröffentlichungen der Kommission für Schrift- und Buchwesen des Mittelalters IV,6), Wien 2010.
Valagussa, Giovanni, Alcune novità per il miniatore di Giovanni da Gaibana, in: Paragone Arte anno XLII, n.s. numero 29 (499), Sept. 1991, S. 3–22.
Wegener, Hans, Beschreibendes Verzeichnis der Miniaturen und des Initialschmuckes in den deutschen Handschriften bis 1500 (Beschreibendes Verzeichnis der Miniaturen-Handschriften der Preußischen Staatsbibliothek zu Berlin, Bd. 5), Leipzig 1928.

Wieck, Roger S., Rez. Holladay (1996), in: Speculum 73 (1998), S. 1144f.
von Wilckens, Leonie, Regensburg und Nürnberg an der Wende des 14. zum 15. Jahrhundert. Zur Bestimmung von Wirkteppichen und Buchmalerei, in: Anzeiger des Germanischen Nationalmuseums 1973, S. 57–79. – Salzburger Buchmalerei um 1400. Was charakterisiert sie und was trennt sie von der donaubayerischen?, in: Anzeiger des Germanischen Nationalmuseums 1974, S. 26–37.

IV. Themen und Motive

von JOACHIM HEINZLE

1. **Allgemeines** – 2. **Orient** – 3. **Ritterschaft und Liebe** – 4. **Krieg** – 4.1 Minne-Krieg – 4.2 Glaubenskrieg – 4.3 Krieg der Weltreiche – 5. **Leid, Rache, Zorn** – 6. **Verwandtschaft, Schonung, „Toleranz"** – 7. **Schöpfung und Heilsgewißheit**

1. Allgemeines

Wie nicht anders zu erwarten, kehren wichtige Themen des Pz. wie Ritterschaft, Liebe, Verwandtschaft im Wh. wieder. Aber sie zeigen sich in anderer Perspektive, und sie sind anders gewichtet. Die Verschiebungen ergeben sich daraus, daß die alten Themen in Beziehung zu einem neuen Themenkomplex gesetzt werden, der aus der Tradition der Chansons de geste stammt. Bei allen romanhaften Zügen, die Wolfram dem Text seiner Vorlage eingepflanzt hat, bleibt sein Wh. dieser Tradition verhaftet, ist seinem Anspruch und seiner Intention nach eine „geschichtliche Dichtung" (Bumke, 2004, S. 362; → S. 677f.).

Die Chanson de geste-Thematik ist Wolfram nicht nur über die direkte Vorlage des Wh., die ‚Chanson d'Aliscans', vermittelt worden, sondern auch und vor allem über das deutsche ‚Rolandslied'. Neu ist die Art und Weise, wie die Entfaltung der Themen- und Motivfelder im Wh. organisiert ist. Wolfram ist sorgfältig darauf bedacht, systematisch beide Seiten – die der Christen und die der Heiden – im Blick zu halten. Bodo Mergell, der das Verfahren für die Kampfschilderungen beschrieben hat, spricht von einem „Formgesetz", das er „Zweischau" nennt: „Während Al[iscans] alle Aufmerksamkeit ausschließlich auf die christlichen Helden richtet und die Heiden nur als ungeformte Masse und bei der Einzelschilderung mit negativer Wertung sieht, steht W[olfram] in der durchschauenden Distanzhaltung des epischen Erzählers über dem Ganzen, übersieht symmetrisch Christen- und Heidenheer, französische und sarazenische Helden, denen bei der Schilderung oft gleichviel Raum und nicht minder lobende Prädikate gewidmet werden" (Mergell, 1936, S. 10 und 11). Symmetrie in diesem Sinne bestimmt auch die Struktur der Herrschafts- und Glaubensordnung, das ritterlich-höfische Wertsystem und die zwischenmenschlichen Beziehungen auf beiden Seiten. Die Wahrnehmung der Differenz zwischen den Kulturen wird auf diese

Weise fortwährend unterlaufen (vgl. Peters, 2010, S. 216 f.). In dem Maße, in dem man in der Lage ist, im Fremden das Eigene zu sehen, verliert es seine Fremdheit (vgl. Bumke, 2004, S. 335 ff.). Das war schon im Pz. so, wird aber erst im Wh. zum Problem – und zur Leistung, weil das Fremde hier bedrohlich ist.

Es ist nicht möglich, hier die ganze Fülle der Themen und Motive darzustellen, aus denen der Text gefügt ist. Wir greifen einige heraus, die in besonderer Weise sinn- und strukturbildend wirken.

2. Orient

Der Orient, der im Pz. an den Rändern der Erzählung positioniert war, rückt im Wh. ins Zentrum. Er bleibt glanzvolle höfische Parallelwelt und Hort des Luxus und Reichtums, erscheint nun aber zugleich als gefährliche Gegenwelt, als Welt des Heidentums, das die Existenz der Christenheit bedroht. Die Bezeichnung der Heiden als Sarazenen verweist auf den historischen Hintergrund: Es handelt sich ursprünglich um die muslimischen Völker des Mittelmeer-Raums. Die Heidenwelt des Textes schließt diesen Raum ein und bezieht sich in ihrer kulturellen Prägung auf ihn, überschreitet ihn aber weit. Sie erstreckt sich vom nordwestlichen Afrika bis zum östlichen Rand der als Scheibe gedachten Erde (vgl. Schmitz, 2007). Als Schwerpunkte der heidnischen Herrschaft zeichnen sich der Nahe Osten mit dem Zentrum Bagdad (*Baldac*) und der Maghreb mit dem Zentrum Marrakesch ab (vgl. Kolb, 1988). Andere Weltregionen wie das Gebiet des Hindukusch (*Koukesas*), Indien und sogar Skandinavien kommen hinzu (zu Skandinavien vgl. Knapp, 1974, S. 148 f.). Im Text ist diese Welt in den unablässig wiederholten Herkunftsbezeichnungen der Heidenfürsten allgegenwärtig. Es sind ganze Kaskaden von Ländernamen, die Wolfram weit über seine Vorlage hinaus von überall her zusammengezogen hat, auch aus gelehrten Quellen wie einen ganzen Block in einem Herrscherkatalog im zweiten Buch (→ II, S. 844 f). Daß Wolfram mit den Namen präzise geographische Vorstellungen verband, kann man bezweifeln (nach Kunitzsch, 1974, S. 173, waren sie für ihn „ein bloßes Wortgeklingel ohne jeden näheren geographischen oder historischen Anknüpfungspunkt"). Doch ist die Frage nachrangig. Worauf es ankommt, ist die Imagination eines gewaltigen Machtkomplexes, dessen Umfang der Erzähler indirekt beziffert, wenn er feststellt, von den 72 Völkern der Erde, die es nach einer im Mittelalter verbreiteten Lehre gibt, seien nicht einmal zwölf christlich (73,7 ff.).

Themen und Motive

Im Pz. hieß es, daß dem Baruch von Bagdad (s. u.) „zwei Drittel oder mehr" der Erde untertan sind (Pz. 13,16 ff.).

Die Struktur des heidnischen Imperiums, die Wolfram schon im Pz. entworfen hat, ist analog zu der des christlichen gedacht. Weltliches Oberhaupt, dem Kaiser entsprechend, ist der Admirat. Er ist Schutzherr Bagdads, wie der Kaiser Schutzherr Roms (210,1 u. ö.: *roemischer voget*) ist: *swer den keiserlîchen namen hât, / den die heiden nennent admirât, / derst ouch vogt ze Baldac. / Terramêr der beider pflac: / er was vogt und admirât* (434,1 ff.: „Der den Kaisertitel trägt, den die Heiden Admirat nennen, der ist auch Schutzherr in Bagdad. Terramer hatte beide Ämter: Er war Schutzherr und Admirat"; vgl. Heinzle, 1991, S. 907). Und wie neben dem Kaiser als weltlichem Oberhaupt der Papst in Rom als geistliches Oberhaupt steht, so neben dem Admirat der Baruch (eigentlich: der Kalif) in Bagdad: *dez bâruc-ambet hiute stêt. / seht wie man kristen ê begêt / ze Rôme, als uns der touf vergiht. / heidensch orden man dort siht: / ze Baldac nement se ir bâbestreht [...] der bâruc in vür sünde / gît wandels urkünde* (Pz. 13,25 ff.: „Das Baruch-Amt besteht noch heute. Seht, wie man das Christenrecht in Rom befolgt, wie es uns die christliche Religion lehrt. Dort sieht man die heidnische Ordnung: In Bagdad empfangen sie, was ihrem Papst als Recht zusteht [...] Der Baruch erlegt ihnen Buße für ihre Sünden auf"; vgl. Nellmann, 1994, S. 462). So wird Terramer vom Baruch und seinen Priestern verpflichtet, Giburg zu töten, und er ist bereit, diese Pflicht zu erfüllen, obwohl er seine Tochter noch immer liebt (217,19 ff.).

Von den Göttern der Heiden war im Pz. nur gelegentlich die Rede (vgl. Denecke, 1930, S. 168 ff.): Bei Gahmurets Orientfahrt werden sie pauschal erwähnt (17,6.; 21,7; 45,1); Feirefiz bekennt sich zu Jupiter und Juno (748,17 ff. u. ö.). Im Wh. treten sie in den Vordergrund. Die historischen Sarazenen waren Muslime. Die Heiden in den Chansons de geste und so auch im Wh. huldigen einem bizarr anmutenden Polytheismus. Sie verehren Mahmet (Mohammed als Gott!), Apollo, einen Tervagant und einen Kahun (vgl. Heinzle, 1991, S. 834, 836, 842 f., 1045). Daß Giburg vom Glauben an diese Götter abgefallen ist, schmälert deren Ansehen (107,26 ff.). Terramer will im Gegenzug Jesus eine Kränkung (*unêre*) zufügen, indem er Giburg einen schmählichen Tod erleiden läßt (108,19 ff.). Die Existenz des Christengottes steht für ihn außer Frage, und er erkennt an, daß er Wunder tun kann und gute Ritter hat (107,19 f.; 108,11). An die Trinität und an Jesu Abstieg in die Hölle und seine Auferstehung kann er aber nicht glauben (108,4 ff.; 219,2 ff.). Umgekehrt zweifeln die Christen nicht an der Existenz der heidnischen Götter. Sie sind „Emanationen des Teufels" (Richter, 1972, S. 117), die die Menschen betrügen (17,21; 360,26), sie „äffen" (399,2) und um ihr Seelenheil bringen (20,10 ff.).

Der Reichtum des Orients übersteigt jede Vorstellung. Die Heiden verfügen über unbegrenzte Mengen von Gold. Arofel bietet Willehalm für sein Leben so viel davon, wie dreißig Elefanten mit Mühe tragen können (79,15 ff.). Terramers Enkel Poidjus ist Herr über den Hindukusch, wo es gewaltige Goldvorkommen gibt – der Erzähler spricht von *guldînen muntânen*, „goldenen Gebirgen" (377,22) –, die von Greifen abgebaut werden (375,28 ff.; vgl. schon Pz. 71,17 ff.). Auch führen die Flüsse dort Edelsteine (377,12 ff.). Demonstrativ tritt dieser Reichtum in der prächtigen Ausstattung – Rüstungen, Waffen, Zelte – der heidnischen Ritter zutage. Der Erzähler wird nicht müde, die Kostbarkeit der Stoffe und der Applikationen aus Gold und Edelsteinen zu beschwören. Genauere Angaben macht er selten. Ausdrücklich lehnt er es ab, die Rüstungen von Tenebruns und Arofel zu beschreiben; dazu reiche seine Kunst nicht aus – es hätte dafür eines Heinrich von Veldeke bedurft: *er nande iu baz denne al mîn sin,/wie des iewedern vriundîn/mit spaecheit an si leite kost* (76,27 ff.: „er würde Euch treffender als ich mit meiner ganzen Kunst erzählen, wie eines jeden Freundin sie mit ausgesuchter Pracht kostbar ausgestattet hatte"). Auch vor der Beschreibung der Rüstung des Poidjus kapituliert er: *von den vüezen unz an sîn houbet,/niemen mir'z geloubet,/waz er hete an sînem lîp* (376,19 ff.: „Was er von Kopf bis Fuß an seinem Leib trug, glaubt mir niemand"). Seine besondere Aufmerksamkeit gilt den kostbaren Seidenstoffen, aus denen die Waffenröcke, Pferdedecken und Banner der heidnischen Ritter gefertigt sind. Wenn er ihre Rüstungen beschreiben sollte, erklärt er, müßte er viele Länder nennen, nämlich die orientalischen Herkunftsorte der Stoffe (19,18 ff.). Einige nennt er dann tatsächlich: *Adramahût, Alamansurâ, Arâbî, Ganfassâsche, Tasmê, Trîant* (vgl. Brüggen, 1989, S. 54 f. und 275). In der historischen Wirklichkeit waren erlesene orientalische Stoffe, die vor allem über Byzanz und Venedig importiert wurden, ein begehrter Luxusartikel (vgl. Brüggen, 1989, S. 169 ff.). Sie sind Teil der höfischen Kultur und werden als solcher in der höfischen Epik allenthalben erwähnt. Im Wh. stehen sie auch den Christen zur Verfügung: Giburg schenkt Vivianz und seinen Gefährten bei der Schwertleite Gewänder aus Seide von Tasme, Triant und Ganfassasche (63,12 ff.); Willehalm streift in Munleun auf Drängen seiner Schwester ein Gewand aus Seide von Adramahut über (175,6 ff.); Giburg empfängt die Helfer in Oransche in Rock und Mantel aus Seide von Alamansura (248,26 ff.). Die Präsenz der Seidenstoffe auf beiden Seiten ist Ausdruck kultureller Homogenität.

Umso auffallender ist es, daß solche Stoffe wie überhaupt kostbare Rüstungen fast nur erwähnt werden, wenn es um die heidnischen Ritter geht. So bleibt deren Reichtum und Luxus doch ein unterscheidendes Merkmal.

Die „fremdartig klingenden Phantasienamen, die als Herkunftsorte der Seiden genannt werden", zeugen „von dem Bestreben, Vorstellungen von einer fernen Welt heraufzubeschwören und die luxuriösen Stoffe mit exotischem Flair zu belegen" (Brüggen, 1989, S. 54). Handfester Exotismus bleibt im Wh. wie im Pz. jedoch randständig. Kleppel, 1996, S. 115 ff., nennt die Salamander- und Schlangengewebe der Rüstungen Tibalts und Purrels (366,4 ff.; 425,25 ff.), die schwarzweiße Haut des Josweiz (386,20 f.) und die Kämpfer des Königs Gorhant aus Indien (35,10 ff.; 351,16 f.; 395,23). Diese gehören mit ihrer Haut aus grünem Horn, den tierischen Lauten, die sie ausstoßen, und ihrer furchterregenden Schnelligkeit zu den monströsen Kreaturen, mit denen man sich schon in der Antike den Osten bevölkert dachte (vgl. Heinzle, 1991, S. 858 f.; Kleppel, 1996, S. 126 ff.). Auch die goldschürfenden Greifen wären hier noch einmal zu nennen. Kleppel, 1996, S. 133, ist der Ansicht, mit dem Auftreten der indischen Horn-Monster werde „den Christen zu Bewußtsein gebracht, was sie beinahe zu vergessen schienen: daß ein Krieg gegen Fremde geführt wird". Die Monster stammen aus der Vorlage (ihre gräßliche Erscheinung ist es, die Vivien dort für einen Augenblick in die Flucht schlägt: ‚Aliscans' 87 ff.; → S. 527). Ob Wolfram ein Fremdheits-Signal setzen wollte, indem er sie übernahm, kann dahinstehen. Entscheidend ist, daß er insgesamt nur wenige Exotika zugelassen hat. Es lag nicht im Interesse seiner Konzeption, die Fremdheits-Schwelle hoch zu legen.

2. Ritterschaft und Liebe

Die Verbindung von Waffentaten und Frauenliebe – das große Thema des arthurischen Romans – bildet auch im Wh. die Grundlage der ritterlichen Existenz, und zwar wiederum auf beiden Seiten. Hier wie dort kämpfen die Ritter als Minneritter im Frauendienst. Als Motivation für den Kampf steht die Frauenliebe neben dem Glauben. Die Heiden kämpfen und sterben „um der Götter und der Liebe willen" (338,15: *durh die gote und durh die minne*; vgl. 338,2 f.). Den Christen, die „um zweierlei Liebe willen" (16,30: *durh der zweier slahte minne*) kämpfen – der Liebe zu den Frauen und der Liebe zu Gott –, winkt der Lohn der Frauen im

Diesseits, wenn sie am Leben bleiben, und der Lohn Gottes im Jenseits, wenn sie fallen (299,26 ff.; 370,5; 371,21 ff.).

Es sind die Frauen, die die Ritter aufs Schlachtfeld entsenden: *wîp heten dar gesant/ze bêder sît alsölhe wer,/dâ von daz kristenlîche her/und diu vluot der Sarrazîne/enpfiengen hôhe pîne* (361,10 ff.: „Frauen hatten auf beiden Seiten eine solche Streitmacht hergesandt, von der dem Heer der Christen und der Flut der Sarazenen großes Leid geschah"). Den jungen Noupatris, der zum Zeichen seines Minnerittertums das Bild Amors im Banner führt (24,3 ff.), hat die Frauenliebe in die Provence „gejagt und gesandt" (22,22), Poufameiz, den König von Ingulie, seine *âmîe* nach Alischanz „befördert" (55,7 ff.: *den künec von Ingulîe/ein sîn amîe/gevrumet het ûf Alischans*). Der Erzähler bezeichnet die heidnischen Truppen geradezu als „Heer der Minne" (26,9). Die Liebe befähigt die Ritter zu ruhmvollen Taten: „Die Männer tragen in der Brust das Herz der Frauen: so spenden diese hochgemuten Stolz. Was einer Rühmenswertes tut, ist ihnen zuzuschreiben" (83,10 ff.: *des wîbes herze treit der man:/sô gebent diu wîp den hôhen muot./swaz iemen werdekeit getuot,/in ir handen stêt diu sal*). Als Alizes „Söldner" (418,15: *soldier*) erwirbt Rennewart Ruhm: *ir minne an prîse im gap bejac* (285,16: „Die Liebe zu ihr errang ihm Ruhm"). Als Minneritter sind die Kämpfenden durch die kostbaren Rüstungsstücke ausgewiesen, mit denen ihre Minnedamen sie ausgestattet haben. Die wertvollsten trägt der Heidenkönig Poufameiz. Ihre Pracht wurde – wie der Erzähler bemerkt – nur von der Pracht der Rüstung übertroffen, die im Pz. Sekundille Feirefiz geschenkt hatte, und sie kostet ihn das Leben: Die in der Sonne blitzenden Edelsteine verraten ihn als den König, auf den Willehalm es abgesehen hat (54,27 ff.).

Der Tod des Poufameiz pointiert mit tragischer Ironie die dunkle Seite des Minnerittertums: Minnedienst ist Dienst auf Leben und Tod. Der Tod des Minneritters ist ein „Verlust für die Minne" (81,20; 87,22) und eine Schädigung des Frauendienstes (81,18). Durch die Tötung des Minneritters Arofel hat sich Willehalm die Gunst der Minne verscherzt (204,25 ff.). Den Frauen bringt der Tod ihrer Ritter Leid (15,12 ff.; 26,6 ff.). Daß dies für beide Seiten gilt, unterstreicht der Erzähler, indem er ausdrücklich anmerkt, daß Arofels Tod auch für die Christenfrauen Anlaß zur Klage sein sollte (81,21 f.). Auffällig ist, daß vom Leid der Frauen, ganz anders als im Pz., nur im allgemeinen die Rede ist, und eine mögliche Schuld nirgendwo auch nur angedeutet wird. Es gibt im Wh. keine Belakane, die um Isenhart, keine Sigune, die um Schionatulander trauert und sich Vorwürfe macht. Die Problematik des Minnedienstes, deren Darstellung und Erörterung im Pz. von zentraler Bedeutung war

und den Erzähler zu wilden Vorwürfen an die Minne veranlaßt hat
(→ S. 237, 248, 250), bleibt ausgeblendet. Das Erzählinteresse ist ganz
darauf gerichtet zu zeigen, daß auf beiden Seiten das selbe ritterlich-höfische Wertsystem gilt (vgl. Mergell, 1936, S. 130f.).

Doch sind, wie Bumke (1959, S. 169ff.) bemerkt hat, die Gewichte
„sehr ungleich verteilt" (S. 172). Für die Heiden ist die Frauenliebe „der
entscheidende Antrieb" (ebda., S. 170), hinter dem der Kampf für die
Götter entschieden zurücktritt. Dagegen besteht aus christlicher Sicht
ein innerer Zusammenhang zwischen Frauenliebe und Gottesliebe, der
in der ehelichen Verbindung Willehalms und Giburgs zur Anschauung
kommt (s.u.): Frauenliebe erscheint da als Analogon der Gottesliebe.
Das ist ein großes Thema in der höfischen Liebesliteratur der Zeit, zu
dem Wolfram im Tit. einen bedeutenden Beitrag geleistet hat (vgl. Ruh,
1989). Da es keine Theologie des Götterglaubens gibt, muß bei den Heiden die Beziehung zwischen Minnedienst und Gottesdienst notwendig
„konturenlos" bleiben (Kiening, 1991, S. 171).

Wie sich der Dichter an der Konstruktion der Verbindung von
Frauendienst und Gottesdienst abgearbeitet hat, zeigt in besonderer
Weise die Darstellung zweier Tode. Der junge Vivianz stirbt als Märtyrer,
dessen Heiligkeit sich auf der Stelle manifestiert. Im Augenblick seines
Todes verbreitet sich der Wohlgeruch, der zu den Zeichen der Heiligkeit
gehört: *reht als Lingnâlôê/al die boume mit viuwer waeren enzunt,/selh wart der
smac an der stunt,/dâ sich lîp und sêle schiet* (69,12 ff.: „Wie wenn im Wald von
Lingnaloe alle Bäume [deren Brand Wohlgeruch verbreitet] angezündet
wären, ein solcher Wohlgeruch stieg auf der Stelle auf, wo sich Leib und
Seele trennten"; vgl. Bumke, 1959, S. 25f.). Ein Minneritter kann Vivianz
nicht sein, dafür ist er zu jung. Doch ist sein Verhältnis zu Giburg so dargestellt, daß es strukturell dem Verhältnis des Minneritters zu seiner
Dame entspricht. Giburg hat ihn für den Kampf ausgestattet – hervorgehoben wird der überaus kostbare Schild – und auf das Schlachtfeld
„gesandt" (60,9ff.). Der Erzähler forciert die Analogie, indem er Vivianz' Waffenschmuck mit dem Waffenschmuck der heidnischen Minneritter vergleicht: *al diu zimierde dîn/was sô: swelh rîcher Sarrazîn/dir des gelîchen möhte,/der wîbe lôn im töhte* (64,1 ff.: „Dein ganzer Waffenschmuck war
so: Wenn es ein reicher Sarazene dir darin gleichtun könnte, müßte er
Frauenlohn erhalten haben"). Gänzlich in Richtung auf Frauendienst
scheint das Verhältnis der gleich darauf folgende Stoßseufzer des Erzählers zu verschieben: *sît man sô tiuwer gelten muoz/hôhe minne und den werden
gruoz,/nû waz hât diu minne an dir verlorn!* (64,5 ff.: „Da man Hohe Liebe
und den teuren Gruß [der Frauen] so schwer bezahlen muß, was hat die

Minne an Dir verloren!"). Das läßt sich beim besten Willen nicht auf das Verhältnis zwischen Vivianz und Giburg beziehen – der *gruoz* der Frauen steht für ihre Einwilligung in ein Liebesverhältnis –, und der Erzähler beeilt sich klarzustellen, daß der Verlust der Minne darin besteht, daß mit Vivianz die Hoffnung auf einen künftigen Minneritter gestorben ist (64,8 ff.). Vivianz war kein Minneritter. Daß Wolfram alle Mühe darauf verwandt hat, ihn als solchen zu stilisieren – man kann auch sagen: ihn rhetorisch dazu zu machen –, zeigt, welche Bedeutung die Minne-Motivation auf der Seite der Christen hat.

Auch im Fall des Heidenkönigs Tesereiz wird die Vorstellung einer Koppelung von Minnedienst und Märtyrertum evoziert, obwohl realiter nur eins von beiden in Frage kommt, hier der Minnedienst: Tesereiz ist ein Minneritter von hohen Graden, der schon „viel Frauenlohn bekommen hatte" (85,28). Ein Heiliger kann er als Heide nicht sein, aber der Erzähler legt es darauf an, daß er als solcher wahrgenommen wird: „Ehre sei dem Feld und dem Gras, auf dem der Liebende erschlagen lag", ruft er in feierlichem Ton aus, und: „Mit Zucker hätte das Feld im Umkreis einer Tagesreise bedeckt sein sollen. Der schöne, höfische Mann hätte allen Bienen ihre Nahrung geben können. Da sie Süße suchen, hätten sie sich, wenn sie schlau wären, in der Luft ernähren können, die von dem Land her weht, wo Tesereiz, wie wahrheitsgemäß berichtet wird, sein ritterliches Ende nahm" (87,30 ff.: *geêret sî velt und gras, / aldâ der minnaere lac erslagen. / daz velt solde zuker tragen / alumb ein tagereise. / der klâre, kurteise / möht al den bîen geben ir nar. / sît si der süeze nement war, / si möhten, waern's iht wîse, / in dem lufte nemen ir spîse, / der von dem lande kumt gevlogen, / dâ Tesereiz vür unbetrogen / sîn rîterlîchez ende nam*). Das verweist offensichtlich auf jenen süßen Geruch der Heiligkeit, wie er sich bei Vivianz' Tod verbreitet hat. Wie Wolfram Vivianz rhetorisch zum Minneritter gemacht hat, so Tesereiz zum Märtyrer. Man kann darin den Versuch sehen, das geistlich-theologische Manko der Heiden mit den Mitteln der Erzählkunst zu kompensieren.

Auch das Verhältnis zwischen Willehalm und Giburg wird als Minnedienst beschrieben: „Mit Heldentaten", versichert Giburg ihrem Vater, habe Willehalm um ihre Minne gedient und diene er noch immer (215,17 ff.). Wenn es von ihm heißt, „auch ihn hat die Liebe aufs Schlachtfeld gesandt" (88,14: *den het ouch minne dar gesant*), bekommt die Formel aber einen ganz anderen Sinn: Willehalm kämpft nicht als Minneritter Giburgs, um ihre Liebe zu erwerben, er kämpft, um ihr Leben zu retten und sie als Ehefrau zu behalten. Die Verbundenheit von Willehalm und Giburg, die der Grund für den großen Krieg und das große

Leid ist, hat eine ethische und geistliche Dimension, die die Bedeutung der gewöhnlichen Dienstminne weit übersteigt. In den Liebesszenen der Bücher II und VI, die es in der Vorlage nicht gibt, wird das eindrucksvoll entwickelt: Die Liebe des Paares ist „aufs engste mit der seligmachenden Liebe Gottes verbunden", und sie besitzt daher selbst „beseligende, erlösende Kraft" (Bumke, 1959, S. 180; vgl. Schumacher, 1967, S. 143ff.).

Daß höfischer Minnedienst Willehalms Sache nicht mehr ist, spricht der König aus, als er im abgebrannten Kloster Arofels Prachtschild sieht, den Willehalm geführt hatte: *dar zuo dunket ir mich ze alt, / daz iu ûf tôtbaeren strît / iuwer muot die volge gît, / daz ir iuch zimieret alsô* (203,14 ff.: „Ihr dünkt mich zu alt dafür, Euch zu einem Kampf auf Leben und Tod so herauszuputzen"). Solcher Waffenschmuck steht allein den jungen Rittern zu, nur sie haben das Recht und die Pflicht, als Minneritter zu agieren. Auch der alte Terramer, der in seiner Jugend in prachtvollem Waffenschmuck als Frauendiener gekämpft hatte, hat dem Minnerittertum entsagt; er überläßt es den Jungen und rät ihnen dringend dazu (338,9 ff.; 357,6 ff.). Entsprechend fordert der alte Heimrich die jungen Christenritter nachdrücklich auf, um die Gunst der Frauen zu kämpfen (385,13 ff.). Der Rat an die Jungen hier wie dort ist eines. Das andere ist der Umstand, daß auf beiden Seiten die großen Heerführer ausdrücklich keine Minneritter sind. Das durchbricht die romanhafte Stilisierung des Geschehens und gibt den Blick auf die harte Realität frei: Es wird Krieg geführt.

4. Krieg

Als Erzählung von einer „großen Schlacht zwischen Orient und Okzident" steht der Wh. in einer abendländischen Tradition, die bis zu Homer und Herodot zurückreicht (vgl. Knapp, 1974). Der Konflikt hat mehrere Dimensionen, die sich nach und nach entfalten: „Minne-Krieg", „Glaubenskrieg", „Krieg der Weltreiche" (vgl. Bumke, 1959, S. 65ff.).

4.1 Minne-Krieg

Der Minne-Krieg folgt dem Modell der Troia-Sage, die dem Mittelalter aus lateinischen Quellen vertraut war. In der Troia-Sage fährt die vereinigte Kriegsmacht der Griechen mit einer gewaltigen Flotte übers Meer, um mit Waffengewalt die Königin Helena zurückzuholen, die ihrem griechischen Ehemann entführt worden war – im Wh. fährt die vereinigte Kriegsmacht der Heiden mit einer gewaltigen Flotte übers Meer, um mit Waffengewalt die Königin Giburg zurückzuholen, die ihrem heidnischen Ehemann entführt worden war. Giburgs Entführung ist das „auslösende Ereignis" (Bumke, 1959, S. 65). Sie weckt in dem verlassenen Ehemann den Wunsch nach Rache: *dô riet sîn manlîch gelust / dem werden künige Tîbalt, / daz er reit mit gewalt / nâch minne und nâch dem lande: / sîne vlust und sîne schande / wold er gerne rechen* (11,6 ff.: „Seine Kühnheit trieb den hochgeborenen König Tibalt, mit Heeresmacht zu reiten, um Liebe und Land wiederzugewinnen: es drängte ihn nach Rache für seinen Verlust und seine Schande" – zum Motiv des Landverlustes s. u.). Giburg ist der Grund für den Krieg und das Leid, das er über beide Seiten gebracht hat: *Arabeln Willalm erwarp, / dar umbe unschuldic volc erstarp* (7,27 f.: „Willehalm hatte Arabel erworben, weshalb viele Unschuldige starben"). Der Gedanke zieht sich durch das Werk (14,1 f.; 14,29 f.; 39,12 f.; 51,20 ff.; 306,1 – vgl. Bumke, 1959, S. 65, Anm. 33). Giburg selbst leidet unter der Vorstellung, an den Christen und an den Heiden gleichermaßen schuldig geworden zu sein: *der tôtlîche val, / der hie ist geschehen ze bêder sît, / dar umbe ich der getouften nît / trag und ouch der heiden, / daz bezzer got in beiden / an mir, und sî ich schuldic dran* (306,12 ff.: „Das große Sterben, das hier auf beiden Seiten geschehen ist, das mir den Haß der Christen und der Heiden eingetragen hat, vergelte beiden Gott an mir, wenn ich daran schuldig bin"). Die Heiden sind darauf aus, Gefangene zu machen, die sie gegen Giburg austauschen könnten (44,21 ff.; 47,12 f.; 258,1 ff.). Die Christen aber lehnen eine Auslieferung Giburgs kategorisch ab (260,17 ff.; 466,13). Besonders eindringlich kommt das Minne-Motiv zur Geltung, wenn Willehalm „in großer Angst" fürchtet, daß es Tibalt gelingen könnte, sich Giburgs Liebe wieder zu erkämpfen (214,8 ff.).

Willehalm hat Tibalt nicht nur die Frau, sondern auch Land genommen (8,6 f.; 11,6 ff.; 369,5 ff.; 450,1 ff.; 453,10). Der Text ist in diesem Punkt nicht sehr klar. Aus verstreuten Angaben kann man erschließen, daß es sich um Gebiete in der Provence handelt, die Willehalm erobert und dann vom Kaiser zu Lehen genommen hatte (vgl. Heinzle, 1991, S. 832). Das Motiv wird nicht wirklich entfaltet, „aber es birgt den Keim in sich zu einem handfesten Territorialstreit" (Bumke, 1959, S. 67). Der hat seinen Ort im Krieg der Weltreiche, als der sich der Kampf in der zweiten Schlacht erweist. Voll entwickelt wird schon in der ersten Schlacht eine andere Dimension dieses Krieges: der Streit um den rechten Glauben.

4.2 Glaubenskrieg

Auch der Glaubenskrieg ist mit Giburgs Flucht verbunden, denn sie hat ja nicht nur ihren ersten Mann verlassen, sondern auch ihren Glauben aufgegeben. Ihr Abfall bedeutete eine Schmach für die Götter, deren Ansehen wiederhergestellt werden muß (107,26 ff.). Der Glaubenseifer richtet sich gegen Giburg, die für ihren „Unglauben" (107,23) bestraft und gezwungen werden soll, „Christentum und Taufe" zu schmähen (44,26 f.). Mit der schimpflichen Hinrichtung, die er Giburg zugedacht hat, will Terramer Jesus Schmach zufügen (108,21). Die Aggression geht aber von vornherein darüber hinaus: Den Göttern soll – unter dem Schlachtruf „Tervigant" (18,28) – „so ihr Recht" geschaffen werden, „daß von Heimrichs Geschlecht keiner übrig bleibt" (43,3 ff.). In der zweiten Schlacht, in der es um die Geltung der Weltreiche geht, wird die Ausrottungsphantasie dann auf alle Christen ausgedehnt: Wer immer für Jesus eintritt, soll zum Ruhm der Götter getötet werden (340,7 f.).

Dem Krieg gegen die Ungläubigen für die Götter und mit den Göttern auf der Seite der Heiden entspricht auf der Seite der Christen der Krieg gegen die Heiden für Gott und mit Gott: der Kreuzzug. Anders als in der historischen Wirklichkeit und anders als in der Tradition der Kreuzzugsepik wird die Kreuzzugsidee nicht aggressiv vertreten. Die Christen bleiben defensiv (von Willehalms Eroberungskriegen ist nur nebenbei die Rede: s. o.). Vor der ersten Schlacht ruft Willehalm seine Leute auf, den Glauben gegen die Heiden zu verteidigen, „die uns das Christentum rauben würden, wenn sie könnten" (17,6 ff.: *die uns des toufes rouben/wolden, ob si möhten*). Es ist müßig zu fragen, woher er wissen kann, daß Terramer einen Glaubenskrieg führen will. Im Horizont der Gattung versteht sich das von selbst. Ohne daß es weiter begründet würde, tragen die Christen das Zeichen an den Rüstungen, das sie als Kreuzritter ausweist: *beidiu geslagen und gesniten/ûf ir wâpenlîchiu kleit/was Kristes tôt* (31,24 ff.: „genietet und genäht war auf ihre Kampfgewänder der Tod Christi", d. h. das Kreuz, an dem Christus gestorben ist; vgl. 17,16 ff.). Vor der zweiten Schlacht nehmen auch die französischen Ritter das Kreuz (304,19 ff.), dem sie dann durch ihre Flucht Schande machen (321,25 ff.). Besonders hervorgehoben wird das Kreuzzeichen, das der alte Heimrich trägt: Auf der Brust- und Rückenseite seines Reitrocks ist ein dreiarmiges Kreuz aus Seidenbändern aufgenäht (406,17 ff.; vgl. Heinzle, 1991, S. 1068 f.). Als Kreuzritter haben die Christen Gelegenheit, im Kampf für ihre Sünden zu büßen (322,25) und, wenn sie fallen, „den Sold des ewigen Lebens" (37,19 ff.) zu erwerben und sich „Stühle im Himmel zu kaufen" (16,23 f.). Sie sterben als Märtyrer, deren Blut das Schlachtfeld heiligt (420,6 ff.). Engel tragen ihre Seelen in den Himmel (14,10 ff.). Dem tödlich verwundeten Vivianz erscheint auf dem Schlachtfeld der Erzengel Cherubin (!), der „seine Seele vor dem Teufel schützt" (49,10 ff.). Sein Märtyrertod (s. o.) schmerzt den Erzähler, erfüllt ihn aber zugleich mit Freude (48,28 ff.). Die Leichen der gefallenen Christen findet man nach der ersten Schlacht auf wunderbare Weise in Steinsärgen bestattet, die das Schlachtfeld bedecken (259,6 ff.); die Körper sind von den im Kampf erlittenen Wunden und Verstümmelungen geheilt (357,26 f.). Über das Schicksal der gefallenen Heiden äußert sich der Erzähler widersprüchlich. Der Gedanke peinigt ihn, daß ihr Götterglaube sie um die ewige Seligkeit bringen könnte (20,10 ff.), und er scheint es für möglich zu halten, daß Gott ihnen Gnade zuteil werden läßt (30,28 f.; vgl. Heinzle, 1991, S. 854). Wenig später erklärt er dagegen beinahe triumphierend, daß die Christen mit ihrem Kampf den Heiden Wege zur Hölle bahnten (38,25 ff.).

Der Glaubenskrieg zwischen Christen und Heiden wird als Krieg zwischen dem Christengott und den Heidengöttern verstanden. Der Christengott ist in Gestalt des Kreuzes, das die Ritter tragen und das sich auch auf der Reichsfahne befindet (332,21 ff.), auf dem Schlachtfeld präsent. Dem Bild des Kreuzes steht das Bild des Gottes Kahun entgegen, das Terramer im Wappen führt (441,4 ff.). Als Standbilder, die Terramer auf Karren in die Schlacht bringen läßt, sind die Götter gewissermaßen leibhaftig an den Kämpfen beteiligt (352,1 ff.; 358,10 ff.; 398,25 ff.). Auf der anderen Seite führt der Christengott die Seinen mit seiner Hand zum Sieg (435,6 f.). Terramer sieht ganz direkt den „Zauberer" Jesus am Werk, der seine Verbände an der Entfaltung hindert, indem er das Schlachtfeld mit den Steinsärgen „bestreut" (357,16 ff.). Die Heidengötter lassen ihre Anhänger hingegen schmählich im Stich: *Mahumet und Kahûn/in mohten kranke helfe tuon/oder swaz man anderer gote dâ vant,/ez waere Apollo oder Tervagant* (399,3 ff.: „Mohammed und Kahun konnten ihnen wenig helfen oder wen immer man da [auf den Karren] an anderen Göttern sah, sei es Apollo oder Tervagant").

4.3 Krieg der Weltreiche

Terramer ist der Neffe Baligans, des obersten Heidenherrschers, gegen den im ‚Rolandslied' Kaiser Karl, der Vater König Ludwigs, gekämpft hatte. Im Gespräch mit Giburg erinnert er an die vernichtende Niederlage seines Onkels und betont, daß sein Heer größer ist (108,12ff.). Er versteht den Feldzug als Wiederaufnahme dieses Krieges, und er stellt sich demonstrativ in die Nachfolge Baligans, indem er das selbe Schildzeichen führt wie dieser einst in Roncesvalles (441,6ff.; vgl. Heinzle, 1991, S. 1083). Auch Willehalm sieht die Ereignisse in dieser Perspektive. Er hält dem zögerlichen König vor, daß Baligan nie ein größeres Heer gegen seinen Vater übers Meer geführt habe als Terramer gegen ihn (178,22ff.). Der Wh. erscheint dadurch als Fortsetzung des ‚Rolandslieds' (vgl. Bumke, 1959, S. 134f.; Kiening, 1991, S. 86ff.; Ashcroft, 2002; Bastert, 2010, S. 182ff.; → S. 12, 201, 584ff.). Die Bearbeitung, in der das ‚Rolandslied' bis zum Ende des Mittelalters gewirkt hat, das Karls-Epos des Stricker, sagt das explizit. Es heißt da am Ende, daß die Feindschaft zwischen Karl und Baligan von ihren Nachkommen Ludwig und Terramer fortgeführt wurde: *die riten ouch einander an/durch daz alte herzesêr,/Ludewîc und Terramêr* (12196f.: „Die führten auch gegeneinander Krieg wegen des alten Leids, Ludwig und Terramer"; vgl. Bastert, 2010, S. 188f.). Daß Terramers Gegner auf dem Schlachtfeld nicht Ludwig, sondern dessen Vasall Willehalm ist, ändert nichts an dem Zusammenhang. Als Terramer erfährt, daß im Christenheer die Reichsfahne geführt wird, erkundigt er sich sogleich, ob König Ludwig unter ihr reitet, „der die römische Krone trägt" (337,16f.), und er meint irrtümlich, daß dies der Fall ist (354,2ff.; 355,19; 357,18ff.; 367,13f.; 421,7ff.).

Als Fortführung des Krieges zwischen Karl und Baligan wird der Krieg auf Alischanz zum Krieg der Weltreiche. Das christliche Reich steht in der Nachfolge des römischen Reichs (vgl. Heinzle, 1991, S. 906f.). Daher ist König Ludwig der „römische König" oder „Schutzherr Roms", trägt er die „römische Krone", ist seine Gemahlin die „römische Königin", sind seine Heerführer „römische Fürsten" etc. (Belege bei Bumke, 1959, S. 128). Wie der römische König oder Kaiser universelle Herrschaft über die Christen beansprucht, so Terramer über die Heiden. Die heidnische Herrschaftsordnung hat die selbe Struktur wie die christliche (s.o.), aber es gibt kein alles umfassendes „Reich" (vgl. Bumke, 1959, S. 132ff.). Das römische Reich ist eine einmalige historische Größe, auch für Terramer. Er will es nicht vernichten, sondern den Christen entreißen und selbst in Besitz nehmen. Er glaubt, einen Rechtsanspruch zu haben, weil er ein Nachkomme des Pompeius ist, den Caesar – der Vorgänger Kaiser Karls und seiner Nachfolger – „widerrechtlich von der römischen Krone vertrieben" habe (338,29f.: *der wart von roemischer krône vertriben/ẑ'unreht*). Wie Wolfram dazu gekommen ist, Terramer zum Nachkommen des Pompeius zu machen, ist unklar (vgl. Heinzle, 1991, S. 1039 f.). Von einem Rechtsanspruch der Heiden auf das römische Reich ist aber schon im ‚Rolandslied' die Rede. Als Baligan seinem Sohn Malprimes seine Reiche (!) vermacht, hält er fest, daß ihm auch die Krone „der hervorragenden Römer" zustehe (8088 f.: *von rehte scoltu tragen/der erwelten Romare chrone*). Zuvor hatte Malprimes den Vater aufgefordert, Paris und Aachen zu zerstören und danach Rom zu unterwerfen (7229 ff.). Ebendies beschließen im Wh. die Heidenfürsten im Kriegsrat vor der zweiten Schlacht: Sie schwören, eine Heerfahrt gegen die Christenheit zu unternehmen; Orange und Paris sollen zerstört werden; Terramer will sich auf den Kaiserstuhl zu Aachen setzen und dann nach Rom ziehen, um dort „herrlich die römische Krone vor den Augen seiner Götter und der ganzen Heidenschaft zu tragen" (339,26 ff.). Wie es scheint, kombiniert Wolfram hier Motive des ‚Rolandslieds' und der Vorlage, in der Desramé schon die Absicht äußert, sich in Aachen krönen zu lassen (‚Aliscans' 7593; → S. 554).

Wie von vornherein für alle Beteiligten außer Frage steht, daß Terramer einen Glaubenskrieg führen will (s. o.), so auch, daß sein Angriff auf das Reich gerichtet ist. Es kann daher nicht überraschen, wenn Willehalm in Munleun als Anwalt des bedrohten Reichs auftritt, obwohl von diesem bisher nicht die Rede war, und auch seine Schwester und die anderen Anwesenden spontan an den König appellieren, es seinem Vater Karl nachzutun (182,16) und Geltung und Bestand des Reichs zu wahren (169,20; 182,23). Die Appelle bestimmen den König schließlich, den Krieg gegen die Invasionsarmee zum Reichskrieg zu erklären und ein Reichsheer aufzustellen: *ich wil nû helden zeigen,/daz ich des rîches hant hie trage* (184,14 f.: „Jetzt will ich den Helden zeigen, daß meine Hand die Hand des Reiches ist"). Das Ende der Schlacht ist das Ende von Terramers Ambitionen auf das Reich: „So schied vom römischen Boden, der zuvor immer wieder Rom beansprucht hatte, bevor es zu dieser Niederlage gekommen war" (443,28 ff.: *sus schiet von roemischer erde,/der dâ vor dicke ûf Rôme sprach,/ê daz diu schumpfentiure geschach*).

5. Leid, Rache, Zorn

Unentwegt fügen die Menschen im Wh. einander Leid zu. Erzähler und Figuren verfügen über ein reiches Vokabular, es zu benennen: *leit, klage, jâmer, jâmers nôt, herzen nôt, herzesêr, sorge, ungemach, riuwe, trûren* u. a. (Belege bei Maurer, 1964, S. 201 ff. und 270 ff.). Die Leid-Begriffe ziehen sich in dichter Folge durch den Text und erzeugen einen Erzählton, der auf Düsternis und Hoffnungslosigkeit gestimmt ist. „Diese Geschichte hat wenig mit Freude zu tun", stellt der Erzähler fest, „ich müßte viel Scharfsinn haben, um Freude in ihr zu finden" (280,21 ff.: *diz maere bî vreuden selten ist./ich müese haben guoten list,/swenne ich vreude drinne vunde*). In bitteren Worten, die an Formulierungen in den Weisheitsbüchern der Bibel anklingen (vgl. Ohly, 1961/62, S. 35 f.), beklagt er das Leid als unausweichliche Bedingung der menschlichen Existenz: *jâmer ist unser urhap,/mit jâmer kom wir in daz grap* (280,17 f.: „mit Leid beginnt unser Leben, mit Leid fahren wir ins Grab"). Der Ursprung allen Leids im Wh. ist Giburgs Flucht. Sie verursacht Tibalt *herzenleit* (343,12), stürzt ihn in tiefstes Unglück: *ûz vreude in sorge jagete/mit kraft daz herze sînen lîp* (8,3 f.: „Aus Glück in Unglück jagte ihn mit Macht sein Herz"). Seine Klage dringt bis ins äußere Indien (8,9). Der Verlust bedeutet zugleich Schande für ihn (11,10; 343,14); sein Ansehen ist „geflohen", sein Ruhm erniedrigt worden (343,4 ff.). Anstatt das Leid zu beenden, bringt der Krieg neues Unglück. Terramer hat den Tod einer unabsehbaren Menge seiner Krieger, vor allem den seines Bruders Arofel, zu beklagen (12,12 ff.). Die Verluste in der ersten Schlacht, „treiben" ihn „in so fürchterliches Leid, daß es einen Schwächling leicht getötet hätte" (107,10 ff.: *diu vlust dô Terramêren treip/in sô herzebaere klage,/des waere erstorben lîhte ein zage*). Er leidet darunter, gegen die eigene Tochter vorgehen zu müssen: *swaz dir ie geschach od noch geschiht/von mir, daz ist mîn selbes nôt* (217,16 f.: „Was Dir je von mir geschah und noch geschieht, das ist mein eigenes Unglück"). Über die schmachvolle Niederlage in der zweiten Schlacht wird er zeit seines Lebens klagen (443,26 f.). Schmerz und Trauer über den Verlust der gefallenen Freunde und Verwandten bewegen auch die Christen. Vor allem der junge Vivianz wird immer wieder beklagt. Willehalm hätte genügend zu klagen, wenn allein Vivianz gefallen wäre (53,11 ff.); sein Tod ist eine „Schmerzenslast" für ihn (79,30: *jâmers bürde*). Auf dem Ritt nach Frankreich begleitet ihn die Sorge um Giburg, die er in Orange hatte zurücklassen müssen. Als er bei der Rückkehr einen Feuerschein in der Richtung sieht, in der Orange liegt, überkommen ihn *jâmer, zwîvel* („Verzweiflung" oder „Angst") und *nôt* (214,28 ff.). In der zweiten Schlacht überwältigt ihn der Schmerz über den vermeintlichen Verlust Rennewarts, der den Schmerz über den Verlust Vivianz' und des ganzen Heers in der ersten Schlacht noch übertrifft (454,12 ff.). Mit seiner Klage endet der Text in den Hss. G und V (→ S. 543): *der marcrâve mit jâmers siten/alrêst umb'en wurf dô warf* (467,18 f.: „jetzt begann das Leid des Markgrafen erst richtig" [wörtlich: „in Bezug auf Leid würfelte der Markgraf jetzt erst darum, wer den ersten Wurf tun darf"]). Rennewart leidet unter der vermeintlichen Gleichgültigkeit und

Herzlosigkeit seiner Verwandten. Die Behandlung, die ihm der König angedeihen läßt, ist ein *smaehlîchez leit,* eine „schmachvolle Kränkung" (285,14). In besonderer Weise von Leid betroffen ist Giburg, die beiden Seiten durch Verwandtschaft und Liebe verbunden ist. Der Kriegszug ihres Vaters verursacht ihr *herzesêr* (102,19). Sie beklagt den Tod der Christen wie der Heiden (254,24 ff.) und hat doch die Feindschaft (den *haz*) beider Seiten zu ertragen (310,5 f.). Und sie lebt in ständiger Angst um Willehalm und leidet mit ihm: *daz der darbet unde mangel hât,/mîn klagender vriunt ûz erkorn!* (102,10 f.: „Daß der beraubt ist und Entbehrung leidet, mein klagender Freund, der herrliche!").

Die Menschen reagieren auf das Leid mit dem Gedanken an Rache (vgl. Maurer, 1964, S. 181 ff.). Tibalt brennt darauf, „seinen Verlust und seine Schande zu rächen" (11,10f.). Terramer, der sich die Sache seines Schwiegersohns zu eigen macht (44,5 ff.), geht es vor allem auch um Rache für die Beleidigung der Götter durch Giburgs Übertritt zum Christentum (107,23). Die Schlachten selbst heizen die Rachegefühle auf beiden Seiten mächtig an. Christen wie Heiden sind begierig, ihre gefallenen Mitkämpfer zu rächen, indem sie so viele Gegner wie möglich töten. Die Heiden, die Orange belagern, wollen „Herren und Verwandte", die sie in der ersten Schlacht verloren haben, an Giburg rächen (108,26 f.). Der Schmerz über Vivianz' Tod veranlaßt Willehalm, erbarmungslos den hilflosen Arofel zu töten und so den Neffen zu rächen (206,17 f.), der seinerseits ein Opfer der Rache ist (46,13 ff.). Im Gegenzug rächen Arofels Leute den Tod ihres Herrn (374,12 ff.). „Rache für Vivianz" wird bei den Christen zum Motto der zweiten Schlacht. Irmschart (183,14 f.), König Ludwig (184,8 f.), Bernart von Brubant (301,16) und Giburg (306,22) rufen dazu auf. Mit dieser Schlacht ist die „Zeit der Rache für Vivianz" gekommen (240,2: *Vivîanzes râche zît*); dessen Tod kostet viele Heiden das Leben: „So wurde Rache mit Rache vergolten" (305,28 ff.: *Vivîanzes tôt ouch sider schiet/manegen werden heiden von sînem leben./sus râche wider râche wart gegeben*). Mit seiner Kampfwut rächt Rennewart an seinen Verwandten die Kränkungen, die er erfahren hat: *sîner hôhen mâge vil verlôs/den lîp durh smaehe, die er kôs./sîn hant vaht sige der kristenheit./sus rach er smaehlîchez leit,/des er vor Alîsen pflac* (285,11 ff.: „Viele seiner hohen Verwandten verloren das Leben wegen der Schmach, die er erlitten hatte. Seine Hand erkämpfte der Christenheit den Sieg. So rächte er die schmachvolle Kränkung, die er vor den Augen Alizes erlitten hatte").

Mit dem Racheverlangen ist die Gefühlsregung des Zorns verbunden: Zorn auf die Verursacher des Leids und Zorn auf die, die der Rache im Weg stehen. Zorn beherrscht Terramer und Tibalt (28,21; 100,16) und das ganze Heidenheer (108,30; 266,11). Zornig tritt Rennewart den flüchtigen Franzosen entgegen (324,9). Zorn bewegt vor allem Willehalm. Zornig und fluchend blickt er auf die gewaltige Heeresmacht der Heiden (58,14ff.). Im Zorn tötet er den hilflosen Arofel (80,16ff.). Er erschlägt den Richter in Orléans und ist drauf und dran, im Zorn auch noch seinen Bruder Ernalt zu erschlagen: *dem marcrâven was sô zorn,/daz er in gerne het erslagen* (118,14f.: „Der Markgraf war so zornig, daß er ihn erschlagen wollte"). In maßlosem Zorn bedroht und attackiert er in Munleun den König und seine Schwester (u.a. 137,1; 141,3ff.; 152,28ff.; weitere Belege bei Bumke, 2003, S. 19, Anm. 27). Willehalms Zornattacken sind in der Forschung viel diskutiert worden (→ S. 685f.; vgl. Bumke, 2004, S. 285f., 290, 334f.). Hier sei nur festgehalten, daß der Text keinen Anhaltspunkt dafür bietet, sie als Fehlverhalten zu verurteilen. Alles spricht dafür, daß Willehalms Zorn nach mittelalterlich-christlichem Maßstab als gerechtfertigt anzusehen ist, weil er durch ein „Übel" ausgelöst wird: den Angriff der Heiden, der Giburg und die ganze Christenheit bedroht und vielen Christen den Tod bringt (vgl. Bumke, 2003, S. 16ff.). Die Tötung Arofels ist legitimiert durch dessen „Mitverantwortung für den Angriff auf die Christen" (Bumke, 2003, S. 16) und das Unrecht, das die Tötung Vivianz' aus der (durch das Wunder der Heiligkeit beglaubigten) Sicht der Christen darstellt (vgl. schon Maurer, 1964, S. 182f.). Und die Auftritte in Orléans und Munleun, bei denen Willehalm „alles aus dem Weg räumt, was sich der Abwehr des Übels in den Weg stellt", erscheinen „geradezu als verdienstlich" (Bumke, 2003, S. 18).

6. Verwandtschaft, Schonung, „Toleranz"

Wie im Pz. verbindet im Wh. ein vielfädiges, dicht geknüpftes Netz verwandtschaftlicher Beziehungen die handelnden Personen. „Unter den Bindungen, die das zwischenmenschliche Zusammenleben regeln", ist im Wh. „die Verwandtschaft die wichtigste" (Bumke, 2004, S. 343f.). Entsprechend intensiv hat sich die Forschung mit dem Thema befaßt (→ S. 682ff.; vgl. Bumke, 2004, S. 343ff.; dazu u.a. noch Gerok-Reiter, 2006, S. 227ff.). Zwei große Sippenverbände, ein christlicher und ein heidnischer, stehen einander gegenüber: die Heimrich-Sippe, die mit dem Königsgeschlecht, und die Sippe Terramers, die mit dem Geschlecht Tibalts verschwägert ist. Arabel-Giburg, die „Frau mit den zwei Namen" (30,21f.: *ein wîp/zwir genant*), gehört als Tochter Terramers und erste Gemahlin Tibalts auf der einen und als Gemahlin Willehalms auf der anderen Seite beiden Verbänden an. Die Bindung an die Sippe bestimmt wesentlich das Handeln der Personen. Familiäre Solidarität veranlaßt Terramer, für seinen Schwiegersohn Tibalt einen Rachfeldzug zu unternehmen (11,13ff.), und sie veranlaßt Willehalms Eltern und Geschwister, für ihren Sohn und Bruder einzutreten – „nicht mein Sohn ist heimgesucht", erklärt Heimrich, „ich selber bin entehrt" (150,23f.: *mîn sun ist gesuochet niht:/ich bin, der des lasters giht*). Es ist bezeichnend, daß die Schwester, die Willehalm zunächst jede Hilfe verweigern will, augenblicklich auf seine Seite tritt, als sie hört, daß in der Schlacht ihre Verwandten getötet wurden (164,4ff.). Widersprüchliche Gefühle bewegen Terramer. Er ist seinem Schwiegersohn Tibalt verbunden, er leidet unter dem Tod seines Bruders und anderer Verwandter, und zugleich zerreißt es ihm das Herz, daß er gegen die eigene Tochter, die doch an allem schuld ist, Gewalt gebrauchen soll (s. o.). Unter Hinweis auf die verwandtschaftlichen Bindungen kritisiert ihn der Erzähler, daß er überhaupt aktiv geworden ist: Willehalm sei schließlich in der gleichen Weise mit ihm verwandt wie Tibalt (12,9: *si wâren im sippe al gelîche*). Giburgs und Tibalts Sohn Ehmereiz lehnt es ab, seine Mutter in Orange anzugreifen (266,12ff.), und er tadelt seinen Vater Tibalt dafür, daß der ihr immer wieder mit dem Strang droht (221,30). Umgekehrt schont Willehalm Ehmereiz (75,26ff.), den er ausdrücklich seinen „Stiefsohn" nennt (206,29). In einer regelrechten „double-bind-Position" (Gerok-Reiter, 2006, S. 230) befindet sich Giburg. Sie liebt Willehalm und fühlt sich seiner Sippe verbunden, liebt vor allem auch Vivianz, den sie wie eine Mutter aufgezogen hat (62,26ff.), und Heimrich ist für sie „ihr liebster Vater" (278,15). Doch sieht sie sich unverändert auch der Gegenseite verpflichtet. Sie beklagt den Tod ihrer Blutsverwandten auf Alischanz (254,16f.), und sie blickt nicht ohne Wehmut auf ihr altes Leben zurück: *dêswâr, ich liez ouch minne dort/und grôzer rîcheit manegen hort/und schoeniu kint, bî einem man,/an dem ich niht geprüeven kan,/daz er kein untât ie begie* (310,9ff.: „Wahr ist: Ich ließ auch Liebe dort und großen Reichtum und schöne Kinder, von einem Mann, an dem ich nicht bemerken kann, daß er jemals etwas Böses tat").

Aus ihrer Position der doppelten Bindung heraus entwickelt Giburg im Kriegsrat vor der zweiten Schlacht ihr berühmtes, in der Forschung viel diskutiertes Schonungsgebot (→ S. 691 ff.). Es spricht alles dafür, daß die umstrittene Passage 307,26 ff. so zu verstehen ist, daß für Giburg die Heiden nicht anders als die Christen Kinder Gottes sind. Das bedeutet: Christen und Heiden sind Verwandte, Brüder und Schwestern, die einander mit Liebe und Respekt zu begegnen haben. Und es bedeutet in letzter Konsequenz (die im Wh. so nicht gezogen wird), daß der Christ, der den Heiden tötet, und der Heide, der den Christen tötet, Brudermord begeht. Wolfram knüpft damit an einen Gedanken an, den er im Pz. entwickelt hatte. Dort sind so gut wie alle handelnden Personen miteinander verwandt, und diese Verwandtschaft kann, wie Wolfgang Mohr gezeigt hat, als „episches Symbol" für die „Brüderlichkeit der Menschen untereinander" aufgefaßt werden, „die zugleich eine Brüderlichkeit in Gott ist" (Mohr, 1951/52, S. 343). Wenn Giburg in den Heiden Kinder Gottes sieht, stellt sie sich allerdings gegen eine kirchliche Lehre, die besagt, daß der Status der Gotteskindschaft durch die Taufe begründet wird (nach Gal. 3,26 f.: *omnes enim filii Dei estis per fidem in Christo Iesu*; „Ihr seid alle Kinder Gottes durch den Glauben an Jesus Christus"). Fritz Peter Knapp konnte zeigen, daß die Rede von den Heiden als Kindern Gottes nicht unter allen Umständen undogmatisch sein muß (→ S. 692), doch hat sich der Wh.-Erzähler im Prolog festgelegt: Für ihn ist es – ganz im Sinn jener Lehre – die Taufe, die Verwandtschaft zwischen Gott und dem Menschen stiftet (1,16 ff.). Der Gedanke einer Gotteskindschaft der Heiden ist damit nicht zu vereinbaren. Er wird nur von Giburg und nur im Kriegsrat geäußert, und Giburg spricht ausdrücklich als *tumbez wîp*, d.h. in der Rolle der ungelehrten Frau (306,27). Auf diese Weise gelingt es Wolfram, den Gedanken der Gotteskindschaft der Heiden aussprechen und seine argumentative Wirkung entfalten zu lassen, ohne daß die dogmatische Bedenklichkeit dem Autor/Erzähler zugerechnet werden müßte. Im Appell an die christlichen Heerführer bedient sich Giburg der Bezeichnung *hantgetât*: *schônet der gotes hantgetât!* (306,28). Diese Bezeichnung – wörtlich: „das mit der Hand Gemachte" – kommt allein dem Menschen zu und zeichnet ihn aus, weil Gott ihn als einziges Geschöpf mit eigener Hand geschaffen hat. Die Heiden so zu nennen, ist dogmatisch korrekt, und das erlaubt es Wolfram, Giburgs Schonungsgebot auf der Erzählerebene zitierend aufzunehmen: *die nie toufes künde/ enpfiengen, ist daz sünde?/daz man die sluoc alsam ein vihe,/grôzer sünde ich drumbe gihe:/ez ist gar gotes hantgetât,/zwuo und sibenzic sprâche, die er hât* (450,15 ff.: „Wenn Menschen nichts vom Christentum erfahren haben, ist das Sünde? Daß man die wie Vieh erschlagen hat, das nenne ich eine große Sünde: Sie sind alle von Gott mit eigener Hand geschaffen, die Menschen der zweiundsiebzig Völker, die er hat" – vgl. zu der Stelle Heinzle, 1991, S. 1086 f.). Das ist eine unmißverständliche Absage an die traditionelle Kreuzzugsideologie, wie sie das ‚Rolandslied' propagiert hatte. Dort werden die Heiden in der Tat „wie Vieh" (5421: *sam daz vihe*) niedergemacht.

Auf der Handlungsebene bleibt die Bereitschaft zur Schonung der Heiden an das Bewußtsein unmittelbarer verwandtschaftlicher Rücksichtnahme gebunden. Wie er Giburgs Sohn Ehmereiz um seiner Mutter willen geschont hatte (s. o.), so behandelt Willehalm den gefangenen Heidenkönig Matribleiz mit höchstem Respekt, weil er mit Giburg verwandt ist: *mit zuht des marcrâven munt/sprach: ‚mir ist ein dinc wol kunt/an iu, künec Matribleiz,/daz ich die wâren sippe weiz/zwischen iu und dem wîbe mîn./ durh si sult ir hie gêret sîn/von allen den, die ich's mac erbiten*' (461,23 ff.: „Höflich sagte der Markgraf: ‚Mir ist etwas von Euch bekannt, König Matribleiz, ich weiß, daß Ihr mit meiner Frau verwandt seid. Um ihretwillen sollt Ihr hier von allen geehrt werden, die ich darum bitten kann'"). Und er sendet Terramer die Leichen der gefallenen Heidenkönige, um das Geschlecht zu ehren, aus dem Giburg stammt (466,19 ff.). Unter der Bedingung, daß sein Christentum und seine Ehe mit Giburg nicht in Frage gestellt werden, ist er bereit, in Frieden mit Terramer zu leben, ja es wäre ihm daran gelegen, sich dessen „Gnade und Huld" zu verdienen (466,8 f.). Das ist schon mehr als nur ein Duldungsangebot aus dem Geist christlicher Nächstenliebe (→ S. 693). Ob man von Toleranz sprechen kann, wie es in der Forschung öfter geschieht, ist eine Frage der Definition. Soviel ist jedenfalls sicher, daß Willehalms Angebot nicht aus der Annahme eines potentiellen eigenen Irrtums über den wahren Glauben erwachsen ist, wie es dem radikalen Toleranz-Konzept der Aufklärung entspräche: „Nous sommes tous pétris de faiblesse et d'erreurs; pardonnons-nous réciproquement nos sottises, c'est la première loi de la nature" (Voltaire, zit. nach Besier/Schreiner, 1990, S. 501). So weit Voltaire mit dieser Forderung von allem entfernt ist, was im Problemhorizont des Wh. denkbar scheint, wenn es um die Glaubensfrage geht, so sehr mag es überraschen, wenn er an anderer Stelle erklärt: „je vous dis qu'il faut regarder tous les hommes commes nos frères. Quoi! mon frère le Turc? mon frère le Chinois? le Juif? le Siamois? Oui, sans doute; ne sommes-nous pas tous enfants du même père, et créatures du même Dieu?" (ebda.). Nichts anderes hatte Giburg gesagt.

7. Schöpfung und Heilsgewißheit

Wolfram hat im Wh. die Welt mit düsteren Farben gemalt, aber es ist keine Welt der totalen Hoffnungslosigkeit. Über allem Leid und über aller Verzweiflung steht eine letztlich unbeirrbare Heilsgewißheit. Das Heil ist vielfach verbürgt (vgl. Heinzle, 1991, S. 801), nicht zuletzt in der

Schöpfung. Der Gedanke, daß in der Ordnung des Kosmos und der Natur „die Wirkung des göttlichen Geistes anschaubar" ist (Haug, 1992, S. 194), zieht sich leitmotivartig durch das ganze Werk. Der Prolog beschwört den Schöpfer und Erhalter der Welt, der die Sterne in seiner Hand hält (2,1 ff.). Im Gespräch mit Terramer fragt Giburg, wie ein Tervagant dem gleichkommen könnte, der den Kosmos geschaffen hat und im Gleichgewicht hält, der den Wind beherrscht, der der Sonne ihre dreierlei Natur (Hitze, Licht, Bewegung) gegeben hat (216,4,ff.). In der Rede im Kriegsrat verweist sie auf die helfende Hand dessen, der „kunstreich" (*künsteclîch*) Wasser und Land erschuf und den Lauf der Sterne lenkt, aus dem der Wechsel der Jahreszeiten hervorgeht (309,15 ff.). Diesem Gott, der „kunstreichen Hand", will sie dienen, nicht dem „Heidengott Tervagant" (310,1 f.). Und ganz am Schluß stellt Willehalm den Heidenkönig Matribleiz unter den Schutz des Schöpfers: *ich bevilh iuch, künec Matribleiz,/dem, der der sterne zal weiz/unt der uns gap des mânen schîn* (466,29 ff.: „Ich befehle Euch, König Matribleiz, dem an, der die Zahl der Sterne kennt und der uns das Licht des Mondes gab"). Das ist ein starkes Signal. Man versteht, daß manche Forscher hier den von Wolfram gewollten Schluß der Dichtung gesehen haben (→ S. 543).

Literatur

Texte

Aliscans, hg. von Claude Régnier, 2 Bde (Les Classiques Français du Moyen Age 110/111), Paris 1990.
Karl der Große von dem Stricker, hg. von Karl Bartsch (BDGNL 35), Quedlinburg/ Leipzig 1857 [Neudruck Berlin 1965].
Das Rolandslied des Pfaffen Konrad, hg. von Carl Wesle. 3., durchges. Aufl. bes. von Peter Wapnewski (ATB 69), Tübingen 1985.
Wolfram von Eschenbach, Parzival. Studienausgabe. Mhd. Text nach der sechsten Ausgabe von Karl Lachmann. Übersetzung von Peter Knecht. Mit Einführungen zum Text der Lachmannschen Ausgabe und in Probleme der Parzival-Interpretation von Bernd Schirok, 2. Aufl., Berlin/New York 2003. – Willehalm. Nach der Handschrift 857 der Stiftsbibliothek St. Gallen. Mhd. Text, Übersetzung, Kommentar, hg. von Joachim Heinzle, mit den Miniaturen aus der Wolfenbütteler Handschrift und einem Aufsatz von Peter und Dorothea Diemer (Bibliothek des Mittelalters 9 = Bibliothek deutscher Klassiker 69), Frankfurt a.M. 1991 [rev. Taschenbuchausgabe (Deutscher Klassiker Verlag im Taschenbuch 39) Frankfurt a.M. 2009].

Forschung

Ashcroft, Jeffrey, „dicke Karel wart genant": Konrad's Rolandslied and the Transmission of Authority and Legitimacy in Wolfram's Willehalm, in: Wolfram's Willehalm. Fifteen Essays, hg. von Martin H. Jones/Timothy McFarland, Rochester (NY)/Woodbridge 2002, S. 21–43.

Bastert, Bernd, Helden als Heilige. Chanson de geste-Rezeption im deutschsprachigen Raum (Bibliotheca Germanica 54), Tübingen 2010.

Besier, Gerhard/Schreiner, Klaus, Toleranz, in: Geschichtliche Grundbegriffe. Historisches Lexikon zur politisch-sozialen Sprache in Deutschland, hg. von Otto Brunner/Werner Conze/Reinhart Koselleck, Bd. 6, Stuttgart 1990, S. 445–605.

Brüggen, Elke, Kleidung und Mode in der höfischen Epik des 12. und 13. Jahrhunderts, Heidelberg 1989.

Bumke, Joachim, Wolframs Willehalm. Studien zur Epenstruktur und zum Heiligkeitsbegriff der ausgehenden Blütezeit (Germanische Bibliothek. 3. Reihe), Heidelberg 1959. – Emotion und Körperzeichen. Beobachtungen zum Willehalm Wolframs von Eschenbach, in: Das Mittelalter 8/1 (2003), S. 13–32. – Wolfram von Eschenbach (Sammlung Metzler 36), 8. Aufl., Stuttgart/Weimar 2004.

Denecke, Ludwig, Ritterdichter und Heidengötter (1150–1220) (Form und Geist 13), Leipzig 1930.

Gerok-Reiter, Annette, Individualität. Studien zu einem umstrittenen Phänomen mhd. Epik (Bibliotheca Germanica 51), Tübingen/Basel 2006.

Haug, Walter, Literaturtheorie im deutschen Mittelalter. Von den Anfängen bis zum Ende des 13. Jahrhunderts, 2., überarb. und erw. Aufl., Darmstadt 1992.

Heinzle, Joachim (Hg.) (1991) → Texte: Wolfram von Eschenbach, Willehalm.

Kiening, Christian, Reflexion – Narration. Wege zum Willehalm Wolframs von Eschenbach (Hermaea NF 63), Tübingen 1991.

Kleppel, Christoph A., vremder bluomen underscheit. Erzählen von Fremdem in Wolframs Willehalm (Mikrokosmos 45), Frankfurt a.M. [u.a.] 1996.

Knapp, Fritz Peter, Die große Schlacht zwischen Orient und Okzident in der abendländischen Epik: ein antikes Thema in mittelalterlichem Gewand, in: GRM NF 24 (1974), S. 129–152.

Kolb, Herbert, Afrikanische Streiflichter. Detailstudien zu Wolfram, in: ArchStud 225 (1988), S. 117–128.

Kunitzsch, Paul, Die orientalischen Ländernamen bei Wolfram (Willehalm 74,3ff.), in: Wolfram-Studien 2 (1974), S. 152–173 [wieder in: Paul Kunitzsch, Reflexe des Orients im Namengut mittelalterlicher europäischer Literatur. Gesammelte Aufsätze (Documenta onomastica litteralia Medii Aevi B.2), Hildesheim/Zürich/New York 1996, S. 63–84].

Maurer, Friedrich, Leid. Studien zur Bedeutungs- und Problemgeschichte, besonders in den großen Epen der staufischen Zeit (Bibliotheca Germanica 1), 3. Aufl., Bern/München 1964.

Mergell, Bodo, Wolfram von Eschenbach und seine französischen Quellen, Tl. 1: Wolframs Willehalm (Forschungen zur deutschen Sprache und Dichtung 6), Münster 1936.

Mohr, Wolfgang, Parzivals ritterliche Schuld, in: Wirkendes Wort 2 (1951/1952), S. 148–160 [wieder in: Wirkendes Wort Sammelbd. 2: Ältere deutsche Sprache und Literatur, Düsseldorf 1962, S. 196–208; Der arthurische Roman, hg. von Kurt Wais

(WdF 157), Darmstadt 1970, S. 332–354; Wolfgang Mohr, Wolfram von Eschenbach. Aufsätze (GAG 275), Göppingen 1979, S. 14*-36*].

Nellmann, Eberhard (Hg.), Wolfram von Eschenbach, Parzival, nach der Ausgabe Karl Lachmanns rev. und komm., übertr. von Dieter Kühn, 2 Bde. (Bibliothek des Mittelalters 8/1–2 = Bibliothek deutscher Klassiker 110), Frankfurt a.M. 1994 [Taschenbuchausgabe (Deutscher Klassiker Verlag im Taschenbuch 7), Frankfurt a.M. 2006].

Ohly, Friedrich, Wolframs Gebet an den Heiligen Geist im Eingang des Willehalm, in: ZfdA 91 (1961/1962), S. 1–37 [wiedcr in: Wolfram von Eschenbach, hg. von Heinz Rupp (WdF 57), Darmstadt 1966, S. 455–510, Nachtrag 1965 S. 510–518].

Peters, Ursula, Postkoloniale Mediävistik? Überlegungen zu einer kulturwissenschaftlichen Spielart der Mittelalter-Philologie, in: Scientia Poetica 14 (2010), S. 205–237.

Richter, Horst, Kommentar zum Rolandslied des Pfaffen Konrad, Tl. 1 (Kanadische Studien zur deutschen Sprache und Literatur 6), Bern/Frankfurt a.M. 1972.

Ruh, Kurt, Bemerkungen zur Liebessprache in Wolframs Titurel, in: Studien zu Wolfram von Eschenbach. Festschrift für Werner Schröder zum 75. Geburtstag, hg. von Kurt Gärtner/Joachim Heinzle, Tübingen 1989, S. 501–512.

Schmitz, Florian, von Orkeise her unz an Marroch […] von Griffânje unz an Rankulât. Raumkonzeptionen im Willehalm Wolframs von Eschenbach, in: Außen und Innen. Räume und ihre Symbolik im Mittelalter, hg. von Nikolaus Staubach/Vera Johanterwage (Tradition – Reform – Innovation 14), Frankfurt a.M. [u.a.] 2007, S. 43–56.

Schumacher, Marlis, Die Auffassung der Ehe in den Dichtungen Wolframs von Eschenbach (Germanische Bibliothek. 3. Reihe), Heidelberg 1967.

V. Perspektiven der Interpretation

von Fritz Peter Knapp

1. Einleitung – 2. Entstehung und Aufführung, Vorlage und Bearbeitung, Historie und Erzählung – 3. Der Prolog – 4. Verwandtschaft, Feudalstruktur, Reichsgedanke, Weltgeschichte – 5. Helden, Typen, Charaktere – 6. Glaubenskrieg, Schonungsgebot und Mission – 7. Glaubenszweifel und Theodizee

1. Einleitung

Bis zu den Wh.-Studien von Joachim Bumke (1959) stand Wolframs zweiter großer Roman – trotz der wichtigen Vorstöße von Ludwig Wolff (1934), Bodo Mergell (1936) und anderen – völlig im Schatten des Pz. Von da an übte der Text eine ungebrochene Faszination auf die Forschung aus, die sich vorerst auf die Gattungsfrage, die epische Struktur und Technik sowie das narrativ und diskursiv entworfene Weltbild konzentrierte. Ohne daß diese Themen obsolet geworden wären, traten seit den 90er Jahren Untersuchungen zu der im Text dargestellten Interkulturalität, Verwandtschaftsstruktur, Emotionalität und Körperlichkeit in den Vordergrund. Soweit diese Studien ihren Fokus nicht in der Erhellung des Werks selbst, sondern allgemeiner kulturanthropologischer Aspekte haben, werden sie in der folgenden Zusammenschau nur am Rande berücksichtigt.

Insgesamt läßt sich die Masse der neueren Forschung ohnehin kaum noch überblicken und schon gar nicht in dem hier vorgegebenen Rahmen darstellen. Allein im letzten Jahrfünft ist etwa ein halbes Hundert von Arbeiten erschienen. Da kann es auch nicht ausbleiben, daß viele ältere, teilweise ‚uralte' Ansichten zu Unrecht verschüttet oder – oft unwissentlich – nur wiederholt und variiert, mitunter aber durch eine modische überkomplexe Sprache auch nur verunklärt werden. Bewußt nüchtern und sachlich gibt sich dagegen der Forschungsüberblick von Joachim Bumke (2004). Dort muß man auch die hier vermißten weiteren Informationen aufsuchen. Gute Dienste leistet dafür auch die Einführung von Greenfield/Miklautsch (1998). Die folgende Darstellung bevorzugt neuere Beiträge überproportional und ist insgesamt stark selektiv und persönlich gefärbt.

2. Entstehung und Aufführung, Vorlage und Bearbeitung, Historie und Erzählung

Obwohl nicht wenige Interpretationen kaum davon Notiz nehmen, hängt die Deutung des Wh. zuerst einmal von den äußeren literarhistorischen Umständen der Entstehung und Aufführung ab. Im Prolog sagt Wolfram, daß der Landgraf Hermann von Thüringen († 1217) ihn „mit der Geschichte von Willehalm bekannt gemacht" habe (3,8f.). Wie dies geschehen sei, sagt er nicht. Er weist die Geschichte aber eindeutig als französisch aus. Wie auch immer der Landgraf an den Text gekommen sein mag, wird er wahrscheinlich den Auftrag für die deutsche Bearbeitung gegeben haben, die im zweiten Jahrzehnt des 13. Jh.s erfolgt sein dürfte. In Buch IX rühmt Wolfram die Freigebigkeit, die Landgraf Hermann „sein ganzes Leben lang" gezeigt habe (417,22ff.). Das konnte er nur nach Hermanns Tod 1217 sagen. Ob ihn dieser oder sein eigener Tod oder sonst ein Umstand daran gehindert hat, das Werk nach 13988 Versen fortzusetzen, wissen wir nicht. Zwar läßt sich nicht erkennen, wie die von Wolfram gegenüber der Vorlage vorgenommenen Änderungen in der Sinngebung des Textes eine wirklich befriedigende Lösung ohne Änderung der als grundsätzlich historisch verbindlich vorgegebenen Handlung noch ermöglicht hätten. Doch das erzwingt nicht notwendig die Annahme, Wolfram hätte das Werk auf keinen Fall irgendwie abschließen können, auch wenn nichts Äußeres dazwischengekommen wäre (Young, 2000, S. 181, gegen Kiening, 1991; Haug, ²1992; → S. 543).

Selten wird jedoch die Abhängigkeit von der Quelle ausreichend in Rechnung gestellt, selbst wenn man den Wh. nicht gleich als ‚überzeitliches' autonomes Kunstwerk sui generis auffassen will (wie Werner Schröder, 1989). Gewiß gibt es kaum eine entscheidende Handlungsmotivation, die im deutschen Text nicht gegenüber der Vorlage verschoben wäre. Doch was den Handlungsgang selbst betrifft, so sind die Abweichungen denkbar gering, wie Marie-Noël Marly (1982) festgestellt hat, auch wenn der Befund, vor allem die Feststellung, ein Fünftel des Werkes sei nichts als „traduction et paraphrase" (so der Titel der Arbeit), angesichts der Quellenlage auf schwankendem Boden steht. Doch das erzählte Geschehen im ganzen war schon deshalb sakrosankt, weil die „Zuordnung des ‚Willehalm' zur geschichtlichen Dichtung" (Bumke, 2004, S. 362) zweifellos das Richtige trifft. An der geglaubten Historie muß sich der deutsche Dichter hart abarbeiten, so daß schon daraus notwendig Brüche entstehen, nicht nur aus einer wie immer gearteten neuen originellen Poetik. Der Dichter preist im Prolog 4,30–5,15 die wahre, aber mirakulöse Geschichte von Willehalm als unübertrefflich *süeze* (Heinzle: „heilig") an, was die Franzosen auch erkannt hätten. Unverfälscht soll sie nun auch im deutschen Sprachraum ein Zuhause finden. Der poetischen Metaphorik entkleidet, heißt das: Die – zumindest teilweise legendenhafte (Ohly, 1961/62; Tomasek, 1998; u.a.; eher distanziert Kiening, 1991) – Historie trägt fürs erste ihren Wert schon in sich (Knapp, 1980; 1997), soll als fremde, auswärtige erkannt, verstanden und respektiert werden (Kiening, 1989; Pérennec, 1994) und hier in der Fremde sich literarisch entfalten, zuerst einmal durch mündlichen Vortrag bei Hofe. Gleichgültig, ob Wolfram die französische Vorlage ganz oder teilweise selbst gelesen oder vorgelesen bekommen haben mag (Knapp 1974), mit Buchgelehrsamkeit will der Dichter jedenfalls nichts zu tun haben (2,19f.) und seinem Publikum auch nichts Geschriebenes vorlegen (Pz. 115,25–116,4) – so wenig wie es die Jongleurs in Frankreich wollten (Rychner, 1955). Ob Textkohärenz über weite Strecken da überhaupt das oberste ästhetische Prinzip gewesen sein kann?

In der Vorlage, dem französischen Heldenepos ‚Aliscans' (entstanden vor 1200), herrscht es jedenfalls noch nicht. Nach Alois Wolfs Feststellung „kommt das Aliscansepos über quantitatives Amplifizieren auf der Ebene der Vorstufen kaum hinaus, akkumuliert, statt neu und anspruchsvoll zu strukturieren, wenn auch einzelne Szenen und Erzählphasen großepisches Format erreichen" (Wolf, 1995, S. 215). Obwohl der Darstellungsform wie auch der Stoffgeschichte eigene Abschnitte in dem vorliegenden Band gewidmet sind, muß hier – wie noch öfter gelegentlich – auf die fundamentale Andersartigkeit, welche den Wh. von ‚Aliscans' in Gehalt und Gestalt trennt, hingewiesen werden. Sie erspart aber den ständigen Blick auf die Vorlage gerade nicht, worauf u.a. Burghart Wachinger mit Recht hingewiesen hat (Wachinger, 1996, S. 61). Während die Forschung dies nicht selten mißachtet hat, ist die Einsicht in die Interdependenz von Sinngebung und Erzähltechnik ziemlich durchwegs gestiegen. Die holzschnittartige, wuchtige, expressive, teils brutal-heroische, teils brutal-burleske Erzählweise in ‚Aliscans' korrespondiert mit weltanschaulicher Eindimensionalität. Der Krieg gegen die Andersgläubigen erscheint als fraglos legitim, sogar der Krieg im Heiligen Land, aber erst recht der Krieg zur Verteidigung des Christentums im Abendland, wie er in der Realität zu Anfang des Mittelalters zu führen war, was dieses Epos ja darzustellen unternimmt. Daß die Welt in Kinder Gottes und Kinder des Satans zerfällt, gibt keinen Anlaß zum Zweifel an Gottes Gerechtigkeit. Wer sich nicht zu Christus bekennt, verdammt sich durch selbstverschuldete Blindheit gleichsam selbst, mag er nun Ketzer, Jude, Muslim oder Polytheist sein. So macht es auch keinen großen Unterschied, daß in den französischen Heldenepen und so auch in ihren deutschen Bearbeitungen den Muslimen fälschlich Vielgötterei zugeschrieben wird. Wir bezeichnen daher im folgenden wie die mittelalterlichen Texte die Muslime als Heiden.

Wer im Kampf gegen die Andersgläubigen fällt, geht in den Wilhelmsepen (wie im Wh.) als Märtyrer ins christliche Himmelsparadies ein. Aber auch die großen christlichen Kriegshelden Guillaume und Rainouart gelten fraglos als Heilige (Bennett, 2002). Davon war man allgemein spätestens seit der Ausbildung der Kreuzzugsideologie und deren praktischer Erprobung im ersten Kreuzzug von 1098/99 überzeugt. Aber im Grunde war dies auch schon die ideologische Basis der Abwehr der muslimischen Einfälle in Frankreich, Italien und Spanien im Frühmittelalter und der Reconquista (Erdmann, 1935, S. 22f., 86f.; Runciman, 1968, S. 81–90), als deren Ausgangspunkt man im literarischen Bereich die berühmte Niederlage von Roncesvalles annahm, die im Zentrum des französischen und des deutschen ‚Rolandsliedes‘ steht. Kaiser Karls – auf den Fall Rolands und seiner Gefährten folgender – Rachefeldzug zieht eine Kette heidnischer Invasionen in Frankreich nach sich, die in den französischen Heldenepen entweder maßlos aufgebauscht oder schlichtweg erfunden werden.

Wolfram hat zwar vermutlich nur das zentrale Epos ‚Aliscans‘ (in einer uns nicht überlieferten Fassung!) aus dem Wilhelmszyklus und nur aus jenem Epos weitere Handlungselemente anderer Epen des Zyklus gekannt, den großen historischen Zusammenhang jedoch durch den Anschluß an das deutsche ‚Rolandslied‘ gesichert, auf welches er geradezu als chronikalen Tatsachenbericht rekurriert (Ashcroft, 2002, S. 22f., gegen Kiening, 1989, S. 207). Seine subjektive, auktoriale, multiperspektivische Erzählweise steht also nicht dem historisch-legendenhaften Charakter des erzählten Geschehens entgegen, wohl jedoch einer eindimensionalen, quasi vorgegebenen Deutung dieses Geschehens.

Diese Erzählweise muß an anderer Stelle dieses Handbuchs gewürdigt werden (→ S. 180ff.). Doch ist auch für die Interpretation des Sinngehalts des Werks der Befund von ausschlaggebender Bedeutung, daß sie den Wh. nicht zu einem epischen Text, der sich dem Publikum offen als fiktional präsentieren würde, umprägt. Da sie aber im großen und ganzen genau dieselbe wie im Pz. ist, fällt sie auch für diesen als eindeutiges Gattungsmerkmal aus (Knapp, 2002, S. 24f.). Vielmehr suggeriert der Erzähler ein Geschehenskontinuum vom Pz. zum Wh. (Knapp, 1996, S. 366), ja scheint sogar seine beiden Vorlagen demselben Autor zuzuschreiben, da er als diesen Wh. 125,20 einen gewissen *Kristjâns* nennt. Er wirft ihm *tumpheit* bei der Gestaltung einer epischen Nebensächlichkeit vor. Im Pz. bringt er gleich eine zweite Autorität namens *Kyôt* herbei, *ob von Troys meister Christjân/disem maere hât unreht getân* (Pz. 827,1 f.: „wenn Meister Christian von Troyes die Geschichte falsch behandelt hat"), was sich für den historisch gut eingebetteten Wh. offenbar erübrigt. Annette Volfing hat somit ganz zurecht den Pz. zusammen mit dem ‚Rolandslied' und dem ‚Eneas' zu den Werken gerechnet, „which together constitute the historical background to Wh." (Volfing, 2002, S. 47). Welche Bedeutung dies für die Interpretation des Pz. im Detail und im ganzen hat, kann hier nicht erörtert werden. Daß die Welt des Orients auch schon im Pz. (anders als in dessen Quelle) präsent gewesen ist, hat die Forschung ja auch von Anfang an registriert. Belakane und Feirefiz scheinen fast zwei spiegelverkehrte Vorläufer Giburgs und Rennewarts (der allerdings noch mehr mit Parzival selbst gemein hat) zu sein. Und wenn Wolfram das rücksichtslose Blutvergießen auf Alischanz mit dem vergleicht, was er früher (wo anders als im Pz.?) von glimpflicher beendeten Kämpfern erzählt habe (Wh. 10,22–26), so konnten sich viele Forscher ermutigt fühlen, die heitere Welt des Artusromans der düsteren des Wh. entgegenzustellen, andere Interpreten aber doch über diesen Kontrast hinweg umgekehrt etwas von dieser Düsternis auf den früheren Roman zurückzuprojizieren und auch dessen Schluß als problematisch anzusehen (Volfing, 2002, S. 59, mit Verweis auf Bertau, 1973, S. 1024 f., und Bumke, 1991).

Mag gleichwohl die ‚reine' Fiktionalität des Pz. (die bei Chrestiens ‚Roman du Graal' gar keinem Zweifel unterliegt) noch viele Anhänger finden, so ist die historische Schlagseite des Wh. so schwer zu übersehen, daß die Verteidiger der Romanhaftigkeit des Werks sich damit zufrieden geben, ihn „eine Hybride" zu nennen (Johnson, 1999, S. 358).

3. Der Prolog

Das – für die nachklassische Literatur dann vorbildhafte – Eingangsgebet knüpft ebenfalls direkt an das deutsche ‚Rolandslied', aber auch insgesamt an ältere geistliche Dichtung an und signalisiert damit programmatisch Distanz zum Artus- und Minneroman. Nahtlos folgen auf das Gebet die fromme Inspirationsbitte und Begründung der Themenwahl – alles schon in der Wortwahl im Rahmen einer traditionellen *rhetorica divina* (so der Titel der Studie von Lutz, 1984; vgl. u. a. auch Thelen,

1989). Im Detail sind Herkunft und Sinn einzelner Prologelemente in der Forschung seit früher Zeit umstritten. Wenn das Vaterunser als Garant der Gotteskindschaft des – in der Taufe nach dem Namensbruder Christus benannten – Christen aufgerufen wird, so gründet dies nur auf der gemeinsam mit Christus, dem Bruder der Menschen, gebeteten Anrufung des Vaters, nicht auf der Gleichsetzung von Schöpfer und Vater (u.a. mit Ochs, 1968, S. 36f., gegen u.a. Bumke, 2004, S. 277), eine Gleichsetzung, die ja das Verhältnis von Gott Vater und Gott Sohn ganz verfehlen würde. Gleichwohl wird unmittelbar darauf der ganz zu Anfang des Prologs mit der Anrufung der Trinität angeschlagene Preis des Schöpfers wieder aufgegriffen, jedoch auch als Ausgangspunkt für die Ableitung der menschlichen poetischen aus der göttlichen Schöpferkraft, wo nun die Vermittlung durch den Heiligen Geist, die dritte Person der Trinität, die entscheidende Rolle spielt (Ohly, 1961/62), eine Vermittlung hinweg über den unendlichen Abstand zwischen dem armen, schwachen, unwissenden, sündigen Geschöpf und dem Schöpfer in seiner Weisheit, Macht und Güte.

Die Inspiration durch den Heiligen Geist ersetzt – soweit deutet die Forschung Wolframs Anspruch einmütig – jede Buchgelehrsamkeit des schaffenden Dichters. Doch was heißt 21,16f. *der rehten schrift dôn unde wort/dîn geist hât gesterket*? Ist da vom liturgischen Vortrag der Heiligen Schrift (Ochs, 1968, S. 62–64) oder vom Verstehen einer jeden wahrlich göttlich inspirierten Schrift (Haug, 21992, S. 187f.; Bumke, 2004, S. 277) die Rede? Man hat *diu rehte schrift* auch als Buch der Natur (Fasbender, 2002) oder anderes auffassen wollen. Wenn sie ein reales Buch sein soll, so will jedenfalls der Dichter nicht aus diesem Buch lesen, sondern aus sich selbst, seinem *sin*, seinem gewiß nicht rein natürlichen Verstand (gegen Werner Schröder, 1973), geschöpft haben. Die religiöse Laienbewegung klingt hier an, ebenso der schon im Pz. heftig artikulierte Antagonismus von *poetae litterati* und *illitterati*, schließlich aber auch eine demütige Beschränkung des sündigen (1,7,12) Dichters auf eine Sprachrohrfunktion für eine vorgegebene ‚heilige' Geschichte.

Diese Geschichte handelt von dem Fürsten Willehalm, einem Sünder (2,27f.; 3,4f.), der jedoch Gott nie vergaß, durch seine Tapferkeit Buße leistete und schließlich als Heiliger starb, wodurch er nun als Bote aller sündigen Ritter bei Gott ein gutes Wort einlegen könne. Was die Heiligkeit betrifft, genügt dem Autor der Verweis auf die französische Tradition. Viel wichtiger ist die Sündhaftigkeit und Hilfebedürftigkeit des Beters, der hier natürlich stellvertretend für das ritterliche Publikum spricht, sich aber dann auch mit Namen nennt (Kiening, 1991, S. 51f.).

Die Bestimmung des Inhalts der folgenden Erzählung als *minne und ander klage* (4,26) könnte, wenn *ander* pleonastisch sein sollte (Nellmann, 1969, S. 117), fast mit *liep unde leit* gleichbedeutend sein, würde dann aber die traurige Grundstimmung des Werks nicht adäquat zum Ausdruck bringen. Es bleibt daher weiterhin zu erwägen, daß das *ander* auch die *minne* zu einer schmerzvollen Erfahrung erklärt (Werner Schröder, 1964; Ochs, 1968, S. 99).

4. Verwandtschaft, Feudalstruktur, Reichsgedanke, Weltgeschichte

Die soziale Konstellation der Verwandtschaft in epischen Texten des Mittelalters hat in der letzten Zeit viel Aufmerksamkeit der kulturanthropologisch orientierten Literaturwissenschaft erregt. Schon die Ausbildung der großen Zyklen der französischen Chanson de geste ist ohne dieses Sippendenken nicht möglich gewesen. Im Wilhelmszyklus bildet die Sippe Aimeris von Narbonne (mit dem Spitzenahn Garin de Monglane) das Rückgrat (Kullmann, 1992; Peters, 1999, S. 279–292). Wolfram hat sich hier angeschlossen, aber entscheidende Neuerungen durchgeführt (u. a. Kiening, 1991, S. 190–205; Peters, 1999, S. 309–320; Przybilski, 2000). Insbesondere hat erst er auf der nichtchristlichen Seite als Gegenüber zur vergleichsweise wenig untergliederten Aimeri/Heimrich-Sippe eine komplex strukturierte Großfamilie auftreten lassen, die mit Rennewarts und Arabels Großvater Kanabeus bis in die Zeitebene des ‚Rolandsliedes' zurückreicht (Peters, 1999, S. 313). Przybilski zählt immerhin „49 namentlich benannte und mindestens 21 namenlose Figuren" von Terramers Sippe sowie von Heimrichs Familie 21 namentlich bezeichnete Männer und mindestens drei namenlose Frauen (S. 137). Gegenüber den im Hintergrund erscheinenden Völkermassen ist das natürlich immer noch ein kleiner Kreis, anders als im Pz., wo die adelige Elite sozusagen weithin unter sich und der Rest ausgeblendet bleiben. Der Großteil des Personals ist hier miteinander verwandt, möglicherweise als Chiffre für die Verwandtschaft aller Nachkommen Adams (Mohr, 1979, S. 317*). Auch im Wh. liegt der Gedanke wohl nicht allzu fern, auch wenn oder gerade weil der Glaube die Menschheit tödlich spaltet.

Kann da das gemeinsame Denken in Verwandtschaftsblöcken verbindend wirken? Wenn Kiening die potentielle Kraft der Verwandtschaft, „eine tiefere Gemeinschaft von Christen und Heiden zu begründen"

(Kiening, 1991, S. 190), betont, so auch zugleich, daß die durch Giburg und Rennewart bestehenden Brücken sich als doch nicht begehbar erweisen. Terramer schwankt ständig zwischen Vaterliebe zu Giburg und Bestrafungspflicht hin und her. Rennewart haßt seine ganze Sippe grenzenlos, weil er sich von ihr im Stich gelassen glaubt. Giburgs Ehe mit Willehalm erscheint überhaupt gleich zu Anfang (7,27 f.) als Anlaß des Massensterbens im Krieg. Für Przybilski kommt das ganze Kriegsinferno „aus den Abgründen des Familienstreits" (2000, S. 260). Er schließt sich auch denen an, welche Heimrich, der seine Söhne zugunsten eines Patensohns enterbt, also wohlbegründetes Familienrecht mißachtet hat, für den großen Krieg mit den Sarazenen verantwortlich machen (so Schmid, 1978; Kiening, 1991, S. 192). Die Kausalkette scheint klar. Der enterbte Erstgeborene, Willehalm, muß sich selbst ein Land erwerben. Er raubt Tibalt zugleich das Land, die Provence, und die Gattin, Arabel/Giburg (vgl. 11,8 f.). Die ganze heidnische Sippe Tibalts eilt zur Rache herbei.

Darin aber die eigentliche Ursache dieses Weltkriegs zu sehen (wie u. a. Greenfield/Miklautsch, 1998, S. 198) hat nur jemand Anlaß, der den größeren historischen Rahmen außer acht läßt, welchen Wolfram mit der – auch genealogischen – Anbindung an das ‚Rolandslied' (s. o.) deutlich genug beschwört. Ich vermag beim besten Willen nicht mit Joachim Bumke daran zu zweifeln, „daß es auf Alischanz um den Bestand des Römischen Reiches geht" und „daß die toten Christen, wie der Erzähler versichert, in den Himmel kommen und die toten Heiden in die Hölle" (Bumke, 2004, S. 328). Wenn das große Leid seinen Anfang nahm, *sît Jêsus in den Jordân/durch toufe wart gestôzen* (4,28 f.: „weil Jesus zur Taufe in den Jordan getaucht wurde"), so liegt die Schuld natürlich nicht beim Messias, sondern nur bei denjenigen, die ihn nicht anerkannt haben. Anders vermag Wolfram das keinesfalls zu sehen. Für ihn steht auch das Recht der Nachfolger Karls des Großen auf dessen gesamtes Reich nicht zur Debatte. Die Sarazenen hatten nicht den geringsten legitimen Anspruch auf die Provence, schon gar nicht auf die römische Krone, welchen Terramer geltend macht. Die christliche Eroberung des Landes hätte freilich nicht den Raub Giburgs erfordert. Doch auch deren Glaubenswechsel kann nicht sündhaft sein, auch wenn er grauenhafte Folgen hat: *unschuldic was diu künegîn* (31,4). Wenn der Erzähler unmittelbar zuvor sagt (30,25): *dîn minne den touf versnîdet* („Deine Liebe bringt den Getauften Tod"), so gibt er damit keine „moralische Beurteilung", wie Bumke, 2004, S. 326, meint, sondern nur eine Beschreibung der objektiven Tatsache, daß die Verbindung mit Willehalm den Tod vieler Christen verursacht. Wenn Giburg sich selbst die Schuld an dem Leid gibt (310,17), so wertet das sie menschlich bloß auf.

Im Gegensatz zu den meisten neueren Voten formuliert Christoph A. Kleppel eine positivere Sicht, die an Ludwig Wolff (1934) erinnert. Nach seiner Ansicht eröffnet der Wh. durchaus Möglichkeiten eines Verständnisses für das Fremde: „Die im eigenen Lebensbereich praktizierte höfische Kultur zeigt sich in der epischen Welt Wolframs als ein universalistisch gültiges Prinzip der kollektiven ritterlichen Lebensführung. Die Erfahrung weitreichender Übereinstimmungen tritt an die Stelle der Distanzerfahrung" (Kleppel, 1996, S. 239). Wie die Forschung weitgehend übereinstimmend annimmt, kämpfen alle tapferen Ritter auf beiden Seiten für ihre Anführer, ihre Länder, ihre Familie, ihre Religion und für die Minne. Ja, es scheint, daß auf heidnischer Seite die Frauenverehrung sogar eine größere Rolle spielt (Bumke, 1959, S. 169–171). Der Heide Tesereiz stirbt vollends als ein Minnemärtyrer. Aber gerade die vom Erzähler suggerierte unmittelbare Parallele zu dem echten Martyrium des Gottesstreiters Vivianz (Greenfield/Miklautsch, 1998, S. 241) verweist auf die Leerstelle, welche bei den Christen von der Gottesliebe gefüllt wird. Die heidnische Religion scheint dagegen reine Verpflichtung zu sein. Da in den Kriegern beider Seiten sich alle menschlichen Vorzüge (*tugende*) des Edelmutes, Anstandes, Frauendienstes, der Tapferkeit, Treue, Freigebigkeit, Barmherzigkeit usw. vereinigen, ist schon aus diesem Grunde der Tod nicht nur eines christlichen, sondern auch eines heidnischen Kämpfers so beklagenswert. Jedesmal, wenn wieder einer der prächtigen Minneritter fällt, beschwört der Erzähler den Schmerz, der dadurch bei allen Damen ausgelöst wird.

Wenn wir geneigt sind, in der mit Recht apostrophierten gemeinsamen höfischen Kultur den Ausdruck gestiegenen Verständnisses für das Fremde oder den Fremden zu erblicken, so sollten wir nicht übersehen, daß die Überwindung der einen Barriere nur möglich wird durch Anerkennung einer anderen. Die beschworene transkulturelle Übereinstimmung ist ja keine allgemein menschliche, sondern eine ausgesprochen ständisch-exklusive. Wolframs Humanität findet hier eindeutig ihre – natürlich auch von keinem anderen Dichter der Zeit in Frage gestellte – Grenze. Ein nur scheinbar nebensächliches Symptom dafür: Der Kaufmann Wimar muß entgegen der Quelle zum Ritter gemacht werden (vgl. Greenfield/Miklautsch, 1998, S. 99 f., 115), da ihm sonst offenbar niemand eine so edle Gastfreundlichkeit zumuten würde.

Wesentlich positiver sieht Kleppel auch Giburgs Sippenbindung nach beiden Seiten. Nach seiner Ansicht wird von Wolfram „die Sippenbindung nur abbildhaft für die weitreichende ontologische Gemeinschaft zwischen Mensch und Mensch einerseits sowie zwischen Mensch und Gott andererseits aufgefaßt" (S. 240). Das ist wiederum nur die halbe Wahrheit. Über der Gottebenbildlichkeit des Menschen liegt eben der Schatten des Sündenfalls und damit des Glaubensirrtums und -zwistes. Die Zeichen möglicher Versöhnung im Text sind ja mehr als vage (s. u.).

Die Nachkommen des ersten, von Gott eigenhändig geformten Menschen sind seit der Kainstat zutiefst uneins. Muslime und Christen setzen unter neuen Vorzeichen den schon antiken welthistorischen Kampf zwischen Orient und Okzident fort (Knapp, 1974). Das mittelalterliche Imperium Romanum ist in Gefahr. Terramer strebt nach der Herrschaft in Aachen und Rom. Er ist der Angreifer, nicht Willehalm oder der Römische König. Der Gedanke, den Krieg ins Morgenland zu tragen, kommt im Wh. keinem Christen, anders als im französischen Wilhelmszyklus. Zwistigkeiten gibt es aber auch unter Christen. König Lois läßt seinen Markgrafen im Stich und kann nur schwer dazu gebracht werden, seiner Lehnsherrnpflicht doch noch nachzukommen. Willehalm kann dies nur mit Hilfe seiner fürstlichen Sippe erreichen. Doch auch Heimrich erinnert sich reichlich spät, nachdem die erste Schlacht auf Alischanz schon verloren ist, seiner erforderlichen Solidarität mit Sohn und Reich, während seine Tochter, die Königin, erst unter brutalem physischem Druck dazu bereit ist. Daß der ehemalige Bruch zwischen Vater und Sohn „durch die letztendliche *triuwe* des *geslehtes* nur überdeckt, nicht aber wieder völlig geheilt" werde (Przybilski 2000, S. 236), ist höchstens zu erahnen. Kein Argument dafür würde man gewinnen, wollte man ohne zwingenden Nachweis Heimrich unterstellen, daß er den ganzen Krieg als bloße „Familienangelegenheit" (ebda., S. 235) begreift.

Der in Munleun ausgetragene Lehenskonflikt zwischen dem Monarchen und seinem Vasallen ist ein typisches Zentralmotiv der Chansons de geste. Wie meist bleibt auch in ‚Aliscans' der Vasall letztlich nicht nur Sieger, sondern hat auch alle Sympathien auf seiner Seite. All seine brutalen Übergriffe erscheinen gerechtfertigt angesichts eines derart schwachen und herrschaftsunfähigen Königs und seiner bösartigen Gattin. Wolfram hat sie etwas aufgewertet, weit mehr aber noch den König Lois, den er nicht seiner ganzen herrschaftlichen Würde berauben will. Gleichwohl wird der Hof insgesamt als verweichlicht, dem Wohlleben huldigend, somit unwillig und unfähig, das Land zu verteidigen, dargestellt und Willehalms Zorn so entschuldigt (Haug, 1975; ²1989). Bumke (2004, S. 321) bedauert, daß die Forschung sich zu wenig der Hofkritik und der Lehnsproblematik im Wh. gewidmet hat. Besonders auffällig ist die geringe Aufmerksamkeit, welche Stephan Fuchs (1997, S. 256–267) und Marc Chinca (2002) in ihrer Interpretation der Munleun-Szene dem Zornausbruch Willehalms gegen seine königliche Schwester schenken, obwohl er sowohl der Lehens- wie der Verwandtschaftsbindung kraß zuwiderläuft. Wer nicht an der Vorstellung vom autonomen Kunstwerk festhält, merkt hier, wie der Bearbeiter mit dem widerständigen Material, d. h. dem vorgegebenen Handlungsverlauf, ringt. Wenn Willehalm plötzlich behauptet, er habe Arabel aus Rache für Tibalts angeblichen Ehebruch mit der Königin entführt, so ist der „Status des Arguments" nicht bloß „undeutlich" (Fuchs, 1997, S. 260), sondern dieses Argument ist, auch aus des Erzählers Sicht (152,30), „gänzlich abwegig" (Bumke, 2004, S. 328). Es fängt jedoch halbwegs die derbe Beschimpfung der Schwester als Hure aus ‚Aliscans' auf und kann noch dazu eine notdürftige subjektive Rechtfertigung für den Schwestermord liefern, der, auch wenn er in letzter Minute verhindert wird, für Wolfram wohl schwer erträglich war.

Zur beabsichtigten Hofkritik paßt allerdings, daß die Gattin des Königs sich gegen ihre Sippe stellt, die nun hier gesammelt beim Hoftag auftritt und die Wende bringt. In der Erzählstruktur wird „die *helfe*-Problematik […] im Medium des Begrüßungsrituals bereits reflektiert, bevor es zu ihrer eigentlichen Verhandlung kommt" (Dörrich, 2002, S. 142). In der Sinnstruktur repräsentiert die Heimrich-Sippe das wertkonservative, wackere, kämpferische, auch opferbereite Vasallentum des Reiches. Den französischen Patriotismus (Stichwort: *la douce France*) hat Wolfram freilich durch den Reichsgedanken ersetzt, die Idealvorstellung vom fortlebenden Imperium Romanum, das durch Karl den Großen erneuert worden ist und nun seine Reichszentren in Aachen und Rom hat. Das hat schon Bumke (1959) gebührend hervorgehoben. René Pérennec hat darüber hinaus gezeigt, daß Wolfram dem *rîche* keine speziell deutsche, rechtsrheinische Schlagseite verleiht, sondern eine ‚lotharingische', indem er die Flamen, Lothringer und insbesondere die Provenzalen den verweichlichten Franziern (aus der Île de France) und Burgundern gegenüberstellt. Die Provence ist auch im Hochmittelalter noch integraler Teil des *rîches*, welches andererseits bei Wolfram teilweise die Konturen des alten fränkischen Reiches zurückgewinnt (Pérennec, 1994; 2005, S. 162–169). Daß Wolfram die Provence aus eigener Anschauung kannte, hat schon Mohr (1979, S. 298*-307*) wahrscheinlich gemacht.

5. Helden, Typen, Charaktere

Für Werner Schröder war der Wh. „Der tragische Roman von Willehalm und Gyburc" gewesen (Werner Schröder, 1979), unmittelbar vergleichbar neueren Romanen des 18./19. Jh.s, in denen komplexe Individuen im Mittelpunkt stehen. Da diese anachronistische Sicht längst obsolet geworden ist, überrascht es doch ein wenig, wie massiv nunmehr wiederum Christopher Young für ausgeprägte Charaktere in dem Werk eintritt (Young, 2000, wohl angeregt vom freien Gebrauch der Bezeichnung bei Johnson, 1996, S. 361 f.). Young sieht das überraschend Neue des Werks in der Modellierung des Charakters durch den ständigen Wechsel zwischen der personalen und der auktorialen Perspektive, wodurch kein Protagonist bloß Figur und Sprachrohr des Erzählers bleibe, sondern aus dessen Nähe und Distanz individuelles Eigenprofil gewinne, welches jedoch in sich auch keineswegs konfliktfrei, sondern eben von „psychischer Tiefe" sei (Young, 2000, S. 55). Waren für Bumke seinerzeit die Reaktionen und Aussagen der Protagonisten einfach „situationsbedingt" gewesen (Bumke, 1959, S. 63), so dehnt Young diese Bestimmung auch auf den Erzähler aus. Für ihn könnten dann „die Widersprüche und Brüche des Werkes aus dem tiefen Interesse des Autors für die Charakterisierung sowohl der Figuren als auch des Erzählers entstanden sein" (Young, 2000, S. 187). Darin könne man eine völlige Modernität, „einen für die damalige volkssprachige Literatur völlig neuen Sinngebungsprozeß" (ebd.) erblicken.

Dieser Schluß aus der vorgefundenen Widersprüchlichkeit stellt sich in den ausdrücklichen Gegensatz zur Diskursanalyse von Stephan Fuchs, der von der Heldenrolle ausgeht und feststellt, daß Willehalm, „nurmehr als Funktion des Geschehens, in den distinkten Rollen auftritt" (Fuchs, 1997, S. 326) und sich seiner Rollen zwar bewußt ist, sich aber „gleichsam im selben Moment aus allen Rollen herauskatapultieren" muß (S. 339). Mit der Mehrzahl moderner Forschung übereinstimmend, konstatiert Fuchs „die Unzulänglichkeiten jeder typisierenden, repräsentativen und exemplarischen Lösung" und spricht von „einer Wahrhaftigkeit der Heldenfigur" (S. 364). Auch John Greenfield greift diese Definition Willehalms als eines „hybriden Helden" (so der Buchtitel von Fuchs) auf und spricht von „einer der modernsten Gestalten der mittelhochdeutschen Dichtung" (Greenfield/Miklautsch, 1998, S. 193). Ob da viel mehr fehlt als die ‚konservative' Bezeichnung ‚Charakter', welche Young gegen Fuchs ausspielt, sei dahingestellt.

In allen drei Fällen wird aber nur die seit jeher umstrittene Frage der ‚Entwicklung' des Helden von der Tötung des wehrlosen Arofel bis zur

Schonung des gefangenen Matribleiz mehr oder minder erfolgreich umkreist. Wie soll man hier aber zu einer Lösung kommen, wenn man sich nicht einmal über die Bedeutung der zuletzt genannten Szene einigen kann? Kann aber wirklich ein berechtigter Zweifel bestehen, daß diese angebliche „menschliche Tat ohnegleichen" (Greenfield/Miklautsch, 1998, S. 193) „unter einem gewissen Schatten steht" (Young, 2000, S. 103), ja stehen muß, da der Handlungsfortgang durch die versöhnungslose Geschichte vorgezeichnet ist? Man muß sicher nicht so weit gehen, Willehalms noble Geste als vom Helden absichtlich hergestelltes „Sinnbild der muslimischen Niederlage" zu verdächtigen (so Przybilski, 2000, S. 241). Sie hat schwerlich etwas triumphales (s. u.). Wenn sie dagegen als ‚humane' Abweichung von der Vorlage gelten kann, so geht diese Abweichung gleichwohl eben nur so weit, daß sie eine harmonische Gesamtlösung in keiner Weise erzwingt. Die brutale Tötung Arofels und der dadurch mögliche (und handlungsnotwendige!) Raub seiner Rüstung standen dagegen in der Quelle. Hier ändert sich, wie so oft bei Wolfram, nur die Handlungsmotivation.

Besonders schwer fällt es, Giburgs theologische Äußerungen als bloßen Ausfluß ihres Charakters zu begreifen. Mit der (im Rahmen der Gender Studies in letzter Zeit virulenten) Diskussion um die mittelalterliche Frauenrolle und ihre Transgression kommt man hier gewiß um einiges weiter (z. B. Liebertz-Grün, 1996; Schnyder, 1999; Przybilski, 2004). Das amazonenhafte Verhalten ist durch ‚Aliscans' gegeben gewesen. Wolfram würdigt es durchaus, zeigt aber auch ein gewisses Unbehagen gegenüber diesem Rollentausch und hebt als Gegengewicht das Weibliche und Höfische stärker hervor (das er mit der Gestalt Alizes auch in die Munleun-Szene einbringt). Die entscheidende ‚humane' Neuerung stellt aber Giburgs liebende Hingabe an den Gatten dar. Selbst hier scheint mir aber die Verkörperung von Wolframs Liebes- und Eheideal (Schumacher, 1967) den Vorrang vor der – gewiß nicht gering zu achtenden – Persönlichkeitsgestaltung zu haben. Ob man hier von der „individuellsten Gestalt der mittelalterlichen deutschen Romanliteratur" (Wachinger, 1996, S. 58) sprechen kann, weiß ich nicht. Doch diese Eheauffassung nützt den von der zeitgenössischen Theologie eröffneten Freiraum bis zum äußersten und weist mit der positiven Wertung ehelicher Sexualität sogar darüber hinaus in spätere Jahrhunderte. Im Rahmen des erzählten Geschehens ist diese innige leib-seelische Verbundenheit, welche sich der Gottesliebe nicht entgegenstellt, sondern einfügt, neben dem Glauben der wichtigste Ankerplatz im Sturm des Leidens und Tötens (Heinzle, 1991, S. 800).

Von einem solchen Platz noch weit entfernt sehen wir dagegen Rennewart umherirren. Wird er jemals in den Hafen des christlichen Glaubens und der Ehe mit der Tochter des christlichen Königs einlaufen können? In ‚Aliscans' ist der Weg dorthin vom ersten Auftreten des jungen Muslims an klar vorgezeichnet. Hindernisse bilden der üble taufverweigernde König, die daher anfangs mangelnde kämpferische Bewährung und die innerlichen Defizite Rainouarts, seine Einfalt, Vergeßlichkeit und unbeherrschte Emotionalität. Mit dieser Gestalt seiner Vorlage hatte Wolfram offensichtlich besonders große Schwierigkeit, sah er in ihr doch eine Art zweiten *tumben* Parzival und vor allem eine tragische Gestalt zwischen den Religionen, während sich das französische Publikum gerade an diesem riesenhaften Tollpatsch und Schlagetot ergötzen sollte. Ob man nun in Rennewart im Wh. eher die Entwicklung unentfalteter guter Anlagen (Lofmark, 1972) oder eher die allmähliche Enthüllung zuvor schon vorhandener, aber verborgener Eigenschaften und schicksalhafter Bindungen (Knapp, 1970) entdecken will, so kann der Autor die Gewalttaten seiner Lieblingsfigur vor dem Eingreifen in das Kriegsgeschehen nur ein wenig abmildern und unzureichend ‚psychologisch' erklären. Wenn Young (2000, S. 64–81) wiederum Rennewarts Wut, Rachsucht und Egoismus stärker betont, so kehrt er damit unbeabsichtigt die Abhängigkeit von der Vorlage hervor. Im Vergleich zu dieser wirkt Rennewart freilich doch um einiges zivilisierter (Pérennec, 2005, S. 155–161). Daß sich Rennewarts Haß schließlich irrtümlich auf seine heidnischen Verwandten konzentriert, hat Wolfram freilich erfunden und damit die Schuld ins Tragische gewendet (Kasten, 1977; Knapp, 1983). Rainouart ist dagegen ja seit seinem Auftritt erbitterter religiöser Gegner seines Vaters und seiner Brüder und trägt gemäß dem Weltbild des französischen Epos zurecht keine Bedenken, sie, wenn nötig, zu erschlagen. Genau dieses Weltbild steht im Wh. eben fundamental in Frage.

Noch in völliger Übereinstimmung mit jenem Weltbild scheint sich die Gestalt des halbwüchsigen Helden Vivianz zu befinden. John Greenfield hat ihm 1991 eine ausführliche Studie gewidmet. Wolfram hat dem Schwestersohn Willehalms zwar die Vorgeschichte aus dem Wilhelmszyklus geraubt, ihm aber die Vorkämpferrolle in der ersten Schlacht von Aliscans und sein Martyrium belassen. Als Anlaß für die Rache der Christen gewinnt er sogar noch an Bedeutung. Sie rechtfertigt selbst in den Augen seiner Ziehmutter Giburg den Krieg. Willehalm motiviert damit die Tötung des besiegten Arofel und sein Verhalten am Königshof. In dem heldenhaften Tod des schönen, aber noch bartlosen und daher noch ‚minnelosen' Jünglings – seine heidnische Gegenfigur ist der Minnemärtyrer Tesereiz (s. u.) – verkörpern sich die äußerste Grausamkeit dieses Krieges und zugleich dessen ‚Heiligkeit'. Vivianz ist im Kampf alles andere als passiv (gegen Bumke, 1959, S. 22), jedoch völlig gottergeben. Die Führung des Engels, der *locus amoenus* der Sterbeszene, der strahlende Glanz und der leibhaftige Geruch der Heiligkeit geben dem Heldentod die religiöse Weihe, welche auch im Gedächtnis bleiben soll, wenn Figuren wie Giburg und Rennewart dann andere Akzente setzen.

6. Glaubenskrieg, Schonungsgebot und Mission

Im Wh. geht ein religiöser Riß durch die Welt und so auch mitten durch die Protagonisten Giburg und Rennewart. Willehalm vermag erst nach der zweiten gewonnenen Schlacht, von der schwersten äußeren Bedrohung befreit, sich der Sicht seiner Gattin anzunähern und ihren besiegten ‚heidnischen' Verwandten ein wenig entgegenzukommen. In der Realität des Kreuzzuges im Heiligen Land zu Anfang des 13. Jh.s war eine solche (temporär und lokal begrenzte) Haltung nicht mehr so einmalig (Schnell, 1993). Auch die Idee des Kreuzzugs war schon mehr und mehr in die Kritik geraten (Hiestand, 1998). Doch Wolfram zielte auf eine viel frühere Zeit und Situation. Die christlichen Ritter kämpfen zwar auch hier in und mit dem Zeichen des Kreuzes, aber sie ziehen nicht auf Geheiß des Papstes und der Kirche zur Eroberung oder Verteidigung des Heiligen Landes übers Meer.

Der Glaubensgegensatz war damals im 9. Jh. freilich derselbe gewesen. Terramer versucht als Vater, aber auch als weltliches Oberhaupt der ‚Heidenschaft', deren Geistlichkeit Bestrafung des Verrats fordert, seine Tochter zur Rückkehr zu überreden, droht aber zugleich für den Fall der Ablehnung mit der Hinrichtung. Gegen Giburgs Versuche seiner Bekehrung stellt er sich taub. Die beiden tauschen die damals schon traditionellen kontroverstheologischen Argumente aus. David A. Wells (2002) hat als mögliches Vorbild insbesondere die ‚Disputatio Christiani cum gentili' des Abtes von Westminster, Gilbert Crispin († 1117), aus dem späten 11. Jh. namhaft gemacht. Wenn Wells allerdings behauptet, das Ende dieser Disputation sei offen, so kann sich das nur auf eine mögliche Bekehrung beziehen. Gilbert zitiert im vorletzten Satz Mc 16,16: „Wer gläubig geworden und getauft worden ist, wird gerettet werden." Wie Wells da von „this relative but not absolute advantage of true belief and baptism" (Wells, 2002, S. 154) sprechen kann, ist unverständlich. Giburg ist aus Überzeugung zum anderen Glauben übergetreten, aber ihre

Liebe zu Willehalm hat den Schritt doch wesentlich befördert. Doch sie fühlt sich schuldig an dem endlosen Blutvergießen und leidet daran deshalb grenzenlos, weil hier ihre Verwandten einander gegenüberstehen, ihr erster ihrem zweiten Mann, die Brüder des ersten den Brüdern des zweiten Mannes und ihren eignen.

Vor der zweiten Schlacht gibt Giburg ihrer verzweifelten Lage beredten Ausdruck. Sie stellt mit keinem Wort Gerechtigkeit und Notwendigkeit diescs Krieges von christlicher Seite in Frage, aber sie bittet um Schonung der Feinde im Falle eines Sieges. Denn sie alle seien Gottes eigenhändige Schöpfung (*gotes hantgetât*: 306,28). Sie erinnert daran, daß Menschen des Alten Testaments wie Enoch, Noe oder Hiob sowie die Weisen aus dem Morgenland Heiden waren und doch gerettet wurden. Ja, Gott hat die Menschen, die ihn doch mit der Erbsünde verraten haben, durch Inkarnation, Passion und Auferstehung erlöst und selbst seinen Mördern am Kreuz verziehen. So sollen auch die siegreichen Christen Erbarmen zeigen. *die heiden hin zer vlust sint alle niht benennet* (307,14 f.: „Nicht alle Heiden sind zur Verdammnis bestimmt") ist der Kernsatz. Sie können also – und mehr ist damit nicht gesagt – gerettet werden, wenn nicht der leibliche Tod ihnen dafür Zeit und Möglichkeit raubt.

Dann aber folgen die Verse 307,25–30: *wir wâren doch alle heidnisch ê./ dem saeldehaften tuot vil wê,/ob von dem vater sîniu kint/hin zer vlust benennet sint:/er mac sich erbarmen über sie,/der rehte erbarmekeit truoc ie*. Es dürfte die philologisch umstrittenste Stelle im ganzen Text sein. Mehr als ein Dutzend Forscher haben sich ausführlich um das Verständnis bemüht (darunter Bumke, 1959, S. 155f.; Walter Johannes Schröder, 1975; Ruh, 1980, S. 181; Bertau, 1983, S. 254–256; Lofmark, 1989; Heinzle, 1991, S. 1025f., und 1994, 1998; Knapp, 1993 und 2000; Schnell, 1993; Steinmetz, 1995; Fasbender, 1997; McFarland, 2002; Sabel, 2003). Im wesentlichen ging es um die Frage, ob der *vater* in 307,27 mit dem *er* in 307,29 identisch, also Gott ist. Grammatisch kann er es sein, muß es aber nicht. Ist er es nicht, so könnte es sich um einen christlichen oder heidnischen, jedenfalls menschlichen Vater handeln, was theologisch interessant, aber nicht aufregend wäre. Ist es hingegen Gott Vater, so kann man die sich daraus ergebende Gotteskindschaft aller Menschen entweder als theologisch bedenklich oder unbedenklich, einmalig oder gängig zu erweisen suchen. Karl Bertau sieht hier eine ebenso originelle wie bedeutsame innovatorische humanitäre Denkleistung Wolframs. Joachim Heinzle stimmt ihm im wesentlichen zu, da er bei Rüdiger Schnell, der den Gedanken für die damalige Zeit nicht für außergewöhnlich hält, keinen eindeutigen Beleg für diese Behauptung findet. Daß sich ein solcher bei Freidank gefunden hat (Knapp, 2000), sagt wenig, da der alemannische Spruchsprecher in der Nachfolge Wolframs stehen könnte. Alle haben jedoch übersehen, daß seit dem Kirchenvater Hieronymus (MPL 26,496 f.) und so dann auch in der Scholastik Gott mit einem doppelten Vaterbegriff (bzw. einem dreifachen, wenn man die Trinität einkalkuliert) verbunden wird, wie der Theologe Ignaz Backes schon 1967 nachgewiesen hat. Ich zitiere hier nur Walahfrid Strabo zu Eph 3,15: *Nec angelus, nec homo vere est pater ut Deus qui est pater omnium, creatione, et fidelium recreatione, quos adoptavit in filios* (MPL 114,593 f.: „Weder Engel noch Mensch ist wahrhaft Vater wie Gott, welcher durch die Schöpfung der Vater aller und, durch die Neuschöpfung, der Gläubigen ist, welche er an Sohnes statt angenommen hat" – entsprechend Petrus Lombardus, MPL 192,191). Gleich anschließend zu Eph 4,5 heißt es allerdings: *Et vobis est unus Deus creator omnium et pater procurando* (MPL 114,595: „Und für euch ist der eine Gott Schöpfer aller und Vater durch die Fürsorge" – entsprechend Petrus Lombardus, MPL 192,197). Giburg konnte also ganz unbedenklich vom Vater aller Menschen, ja sogar aller Dinge, d. h. als Schöpfer, sprechen, ohne deshalb damit den Vater zu meinen, der die Getauften „zur Adoption als Kinder vorherbestimmt hat durch Jesus Christus" (Eph 1,5). Nur dieser Vater der Getauften ist aber im Prolog zum Wh. und sonst in dem Werk gemeint.

Wenn aber Giburg hier tatsächlich *gotes kint* für *gotes hantgetât* gebraucht haben sollte, eröffnete sie deshalb notwendig statt einer „Hoffnung auf Bekehrung" eine „Hoffnung auf Erlösung der Heiden" (Bertau, 1983, S. 255)? Dafür bietet der Text weder hier noch anderswo einen Anhaltspunkt. Auch der Apostel Paulus hatte eine solche Hoffnung nicht eröffnet, wenn er im ersten Brief an Timotheus schrieb: „Gott will, daß alle Menschen gerettet werden" (I Tim 2,4). Gerade weil es nur eine Hoffnung auf Bekehrung gibt, wenn auch vielleicht eine Bekehrung ohne regelrechte Taufe, auf wundersame Weise durch einen Engel oder direkte göttliche Eingebung (Knapp, 1983, S. 606), fleht Giburg um Schonung der Besiegten, nicht aus Respekt vor dem „Recht des Anderen" (Bertau). „Denn – und dies ist wohl der Hintergedanke Gyburgs – die lebenden Heiden könnten noch der Barmherzigkeit Gottes teilhaftig werden und den Weg zum christlichen Glauben finden. Wer aber einen Heiden tötet, schickt ihn zugleich in die Hölle, zeigt also kein Erbarmen" (Schnell, 1993, S. 196).

Gewiß offenbart der Wh. wie der Pz. eine für jene Zeit bemerkenswert tolerante Gesinnung, Toleranz in der Bedeutung von Dulden des fremden, abweichenden Verhaltens, ohne daß dieses deshalb anerkannt oder gar gebilligt würde (Sabel, 2003). „Daß der Erzähler beachtet, was *ze bêder sît* geschieht, unterscheidet die deutsche Dichtung vom Erzählstil der französischen Vorlage, wo das ganze Geschehen nur von der christlichen Seite geschildert wird" (Bumke, 2004, S. 370). Unglaube erscheint ja, ganz anders als in ‚Aliscans' oder dem französischen und deutschen ‚Rolandslied', nicht als Ergebnis eines moralischen Defektes, sondern eines fatalen Irrtums. Die Matribleiz-Szene mag eine besondere Achtung vor der fremden Überzeugung markieren (auch wenn die Rücksicht auf Giburg dabei gewiß eine große Rolle spielt). Aber machten Wolframs Gestalten hier nicht einfach Ernst mit der gelebten Nächstenliebe, wie sie das Gleichnis vom barmherzigen Samariter (Lc 10,30–37) auch gegenüber Andersgläubigen befahl? Wenn man aber als frommer Christ an dem Glauben an Jesus Christus als Voraussetzung des ewigen Heils nicht zweifelte, so forderte gerade dieselbe Nächstenliebe die Mission, allerdings die friedliche, nicht die mit dem Schwert, wie sie die ‚richtige' Kreuzzugsepik vorführte. Nicht wenige Kirchenväter und Kanonisten hatten schon die Freiwilligkeit des Glaubens(wechsels) betont (Schnell, 1993, S. 190). In der Theologie des 13. Jh.s, insbesondere der Bettelorden, setzte sich diese Ansicht vollends durch. Übereinstimmend damit lehnte Wolfram die Zwangstaufe ab (Knapp, 1983, S. 604f.).

Der von Christen verursachte zweifache, zugleich leibliche und seelische Tod unzähliger Andersgläubiger ist daher die schreckliche Kehrseite des Glaubenskrieges. Im Pz. hatte Wolfram Augustins theologische Verurteilung des Hasses und des Tötens, einer Folge der biblischen Kainstat, übernommen. War der Krieg zwischen Christen, zumindest der Angriffskrieg, aber einfach als moralisches Versagen zu brandmarken, so die Abwehr der Feinde Christi selbst mit dem Schwert unvermeidlich, wie alle christlichen Protagonisten des Wh., selbst Giburg, bekunden. „Wolfram ist überzeugt, daß die Kämpfenden ihre Aufgabe in der Geschichte erfüllen müssen. Ihr Kampf ist notwendig, aber er ist zugleich Sünde" (Mohr, 1979, S. 327*), denn er kostet Menschenblut. Wolfram hat die schreckliche Brutalität der Schlachten ohne jede Beschönigung, aber auch „nicht ohne Heroisierung" (Wachinger, 1996, S. 49) ausgebreitet. Er ist offenbar ein Fachmann, ebenso wie seine Hörer aus dem Kriegeradel, die gewiß auch ein sportliches, technisches, taktisches und strategisches Interesse an der Sache hatten. Ob sie diese Grausamkeit auch so abstoßend fanden wie wir, darf bezweifelt werden.

7. Glaubenszweifel und Theodizee

Der zwischen den Religionen stehende Heide Rennewart ist vielleicht die erstaunlichste inhaltliche Neuerung Wolframs gegenüber seiner Quelle. Während in ‚Aliscans' König Louis dem jungen Heiden die Taufe verweigert, lehnt in der deutschen Bearbeitung Rennewart sie (vorläufig) selbst ab, obwohl er sich damit zu niedrigen Diensten und zur Ferne von der Königstochter Alize verdammt, der er seit frühen Tagen herzlich zugetan ist, nachdem er im Heidenland geraubt und als Sklave an den französischen Königshof gekommen war. Zu seinen heidnischen Verwandten versperrt ihm dagegen sein Haß den Weg, der auf dem Irrtum beruht, sie hätten ihn verraten und absichtlich in der Fremde ‚vergessen' (s. o.). Er zieht daher nicht aus Glaubensüberzeugung, aber gleichwohl freiwillig mit Willehalm in den Krieg gegen die Heiden, mithin gegen seine eigenen Verwandten. Damit verstößt er gegen das von allen Protagonisten hochgehaltene Prinzip der Sippenbindung und tötet sogar – unwissend – seinen Halbbruder. In seiner Verweigerung der Taufe manifestiert sich aber gerade eine Bindung an die Religion der Väter, die sich ebensowenig wie das Band der Sippe so einfach abstreifen läßt. Das würde ein echtes Bekehrungserlebnis voraussetzen, wie es Giburg erfahren hat, und dieses wiederum die helfende Gnade Gottes, deren Rennewart aber in seinem Verwandtenhaß (noch) gar nicht würdig ist. Hierin liegt die – von Wolfram völlig eigenständig und auch noch nicht völlig explizit dargestellte – persönliche Tragik dieser Gestalt. Tragik im mittelalterlichen christlichen Sinn kann es nur dort geben, wo das Gewissen irrt. Nach Meinung der Hochscholastik kann eine irrige Gewissensmeinung – hier also die ‚falsche' Religion – zwar ohne Sünde abgelegt werden. Solange sie aber besteht, ist sie bindend, führt also notwendig zur Sünde, gleichgültig, ob man ihr konform oder zuwider handelt (Knapp, 1983).

Der Handlungsverlauf vor Rennewarts Verschwinden im Kampfgewühl deutet vorläufig auf keinerlei Lösung des Konflikts, im Gegenteil. Denn der Sieg der Christen, der ohne die gewaltigen Taten des Riesen Rennewart nicht möglich wäre, fällt ja mit der Tötung des Halbbruders zusammen, welche Rennewart just mit dem früheren Schwert seines Vetters, dem äußeren Zeichen seiner neu gewonnenen Ritterwürde, ausführt (Kasten, 1977, S. 408). Wenn Wolfram geplant haben sollte, Rennewart, der nach eigenen Aussagen schon ein wenig dem Christentum zuneigt, nach dem Sieg zur Bekehrung zu führen und ihn mit Alize zu verbinden, so läßt sich dies nach den Änderungen der Motivation gegenüber ‚Aliscans' mit der dort erzählten Geschichte kaum noch vereinbaren.

Hier scheint Willehalms grenzenlose Trauer um den vermißten heidnischen Riesen, der die Christen vor seinen eigenen Verwandten und Glaubensbrüdern gerettet hat, doch weit besser am Platze zu sein. „Nachdem der Sieg der guten Sache erfochten ist, senkt sich eine Verdüsterung über die Dichtung, in der wohl ihre tiefste Wahrheit liegt" (Mohr, 1979, S. 328*). Denn in dieser Welt bekehren sich die Heiden in ihrer großen Masse doch nicht, sie werden die Christen weiter tödlich bedrohen oder von diesen, wenn Gott das Blatt einmal wendet wie in dieser Schlacht, niedergemetzelt werden wie das liebe Vieh (450,18–20). Giburg hat also ganz vergeblich ‚gepredigt', und der Erzähler verurteilt die Tötung der Fliehenden scharf. Wenn am Ende Willehalm einen mit Giburg verwandten Heidenkönig freigibt, mit dem Auftrag, die toten Heidenkönige zur Bestattung in ihre Heimat zu bringen, so ist dies gewiß weit mehr, als dem französischen Epiker je eingefallen wäre. Nur aus moderner Sicht kann es aber als besonders human erscheinen, daß auf diese Weise „am Ende das Fremde nicht unterworfen, sondern in seiner Fremdheit belassen wird" (Strohschneider, 1992, S. 38), sofern diese Fremdheit auch das ewige Heil in Frage stellt.

Die neuere und neueste Forschung hat vielfach „widersprüchliche Denkmuster und Wertorientierungen" (Wachinger, 1996, S. 59) im Wh. konstatiert. Was das ‚Psychogramm' der drei Hauptgestalten betrifft, so stoßen sich in der Tat im seelischen Raum ältere, aus der Vorlage stammende Intentionen mit jüngeren der Bearbeitung. Daß aber Wolfram gleichzeitig für den Heidenkrieg und das Schonungsgebot plädiert, die Standpunkte im Text aber nicht vermittelt habe, wie dies zuletzt Bumke, viele Stimmen zusammenfassend, feststellt (Bumke, 2004, S. 372f.), hat weder mit einer gescheiterten (Fuchs, 1997) noch mit einer besonders originell-innovativen (Young, 2000) Erzählstrategie zu tun, sondern entspringt einer existentiellen Sinnkrise. Von dem nach Wachinger (1996, S. 59) „in dem Text nie ganz aufgegebenen Bewußtsein, daß all dies erzählte Leid irgendwann einmal sein Ziel in Gott finden wird", vermag ich höchstens Spuren zu entdecken, es sei denn, man begreift dieses Ziel nur als ein jenseitiges. Die Frage, wie Gott diesen endlosen Glaubenskrieg und die Verstocktheit der Heiden zulassen kann, quält den deutschen Erzähler sichtlich. Aus dem Meer des Hasses tauchen im Laufe der Erzählung nur wenige Momente der Liebe auf, der Liebe zwischen Blutsverwandten und der Liebe zwischen Mann und Frau. Und selbst an einen der liebeserfüllten Momente des Eheglücks schließt der Erzähler die vielsagenden Worte an: *wan jâmer ist unser urhap, / mit jâmer kom wir in daz grap. / ine weiz, wie jenez leben ergêt: / alsus dises lebens orden stêt* (280,17–20: „Denn Leid ist unser Anfang, mit Leid fahren wir ins Grab, Ich weiß nicht, wie es um das Leben im Jenseits bestellt ist: Das Leben im Diesseits ist so eingerichtet"). Das will sicher nicht besagen, daß Wolfram nichts von ewiger Seligkeit und Verdammnis wisse. Aber das jenseitige Schicksal eines jeden einzelnen Menschen ist ungewiß. Selbst Willehalm *liez en wâge iewedern tôt / (der sêle und des lîbes)* (3,4: „wagte beide Tode (den der Seele und den des Leibes)"). Sein Gottvertrauen wird auch, weiß Gott, auf eine harte Probe gestellt. So fragt er immer wieder nach dem Sinn dieses endlosen Leides. Selbst nach der siegreichen Schlacht kann er den Verlust Rennewarts nicht fassen und ruft zu Gott: *mîner vlust maht dû dich schamen* (456,1: „Mein Verlust kann als Deine Schande gelten"). Zugleich aber weiß er, daß nur Gottes Hilfe und der Trost seiner Frau ihn noch aus den Fesseln des Jammers befreien können. „Die Denkansätze, die Trost und Glauben schenken, sind die gleichen wie die, welche in Zweifel und Verzweiflung führen" (Mohr, 1979, S. 316*). Es ist ein Glaube des Trotzdem, der hier noch übrig bleibt. Aus dem schrecklichen Geschehen ist er nicht zu schöpfen, allein aus den Zeichen göttlicher Liebe, die sich „durch Gottes herrliches Wirken in der Natur" (Haug, 21992, S. 196) – der Prolog des Dichters und Giburgs Rede beschwören sie –, in menschlicher Liebe und in der Verheißung himmlischer Seligkeit offenbart.

Wenn Willehalm in seiner Klage um den vermißten Rennewart nur an dessen Verdienste um das Christenheer und an seinen eigenen Verlust denkt, so zeigt dies den beschränkten religiösen Horizont, in welchem die Sorge um das Seelenheil der Heiden noch immer nicht jene Rolle spielt, die Giburg hätte lehren können. Wenn Willehalm am Ende angesichts der Berge von Leichen auf beiden Seiten (darunter so vieler Verwandten Giburgs) „die Möglichkeit einer friedlichen Koexistenz von Christen und Heiden auf der Basis gegenseitigen Respekts" (Heinzle, 1991, S. 801) von ferne andeutet, so trägt dies weit eher resignative denn hoffnungsfrohe Züge. Der Erzähler teilt aber Giburgs Sorge und leidet daher grenzenlos an der auch im christlichen Weltbild immer wieder aufbrechenden Frage der Theodizee. Gott selbst hat durch die eigene Erlösungstat die Möglichkeit des Zwistes zwischen den Religionen geschaffen. Nur er könnte diesen Zwist auch schlichten und die Ungläubigen zur Einsicht bewegen. Warum beläßt er sie in der (von Augustin so bezeichneten) „Masse der Verdammten" (*massa damnata*)? Der Wh. demonstriert so zwar nicht schlechthin die „Unerlöstheit der Menschen"

(Bumke, 2004, S. 373), aber doch immerhin fast aller Menschen (60 von 72 Völker der Erde: Wh. 73,7–14).

Was bleibt dem Christen also übrig, als sein ‚egoistisches' Vertrauen in seine Taufe auf Christi Namen zu setzen, die ihn *zwîvels hât erlôst* (1,24), und in die Heilsvermittlung durch Gottes Heilige, insbesondere Giburg (403,1) und Willehalm (4,13), welcher die Nöte eines Ritters aus eigner Erfahrung kenne und daher jeden Ritter, der sich an ihn wende, als Anwalt bei Gott vertreten werde? Dies ist ein deutlicher Hinweis auf die literarische Gattung der Legende. In einer solchen müßte man aber unbedingt die Erzählung des seligen Hinscheidens im Geruch der Heiligkeit erwarten (ähnlich Heinzle, 1991, S. 801). Sie fehlt jedoch – anders als bei Vivianz – sowohl bei Giburg als auch bei Willehalm, dessen menschliche Schwächen uns zudem der Erzähler gar nicht vorenthält. Wolfram scheint also vorauszusetzen, daß man von dem frommen Ende der beiden Protagonisten im Kloster weiß. Das fragmentarisch hinterlassene Werk schweigt davon.

Im Gegensatz zur älteren Forschung (u. a. Mergell, 1936) glaubt heute niemand mehr, das Werk sei in der vorliegenden Gestalt vollendet. Ebensowenig hält man aber auch eine (bis zum Abbruch des Werks) geplante erfolgreiche Bekehrung der Heiden (Wolff, 1934, S. 536) oder auch nur eine Lösung ganz im Sinne des Epos ‚Aliscans' (Lofmark, 1972) für möglich. Wenn vermutlich äußere Umstände für die Unabgeschlossenheit verantwortlich sind, so könnten sie in einer Arbeitspause eingetreten sein, die durch Ratlosigkeit des Dichters selbst bedingt war. „Wir können nicht vom Dichter verlangen, daß er ein Problem löst, das noch der Lösung durch Gott harrt" (Johnson, 1999, S. 365). Wir sollten nicht versuchen, ihm mit Lösungsvorschlägen posthum auf die Sprünge zu helfen. Gerade sein Verstummen ist vielsagend. Vielleicht darf man es mit dem Verstummen Hiobs in der hebräischen Bibel vergleichen. Im Wh. wie im Buch Hiob richtet sich der Blick des zweifelnden Menschen angesichts der unlösbaren Frage der Theodizee auf die Wunderwerke der göttlichen Schöpfung, die ebenso unmöglich zu begreifen sei wie Gottes Gerechtigkeit. Und das mündet in die Worte Hiobs: „Siehe, zu gering bin ich! Was kann ich dir erwidern? Ich lege meine Hand auf meinen Mund" (Iob 40,4f.).

Literatur

Texte

Aliscans. Kritischer Text von Erich Wienbeck/Wilhelm Hartnacke/Paul Rasch, Halle1903. – [Aliscans M] La versione franco-italiana della ‚Bataille d'Aliscans': Codex Marcianus fr. VIII [= 252], hg. von Günther Holtus (Beihefte zur ZfrPh 205), Tübingen 1985. – Aliscans, hg. von Claude Régnier, 2 Bde (Les Classiques Français du Moyen Age 110/111), Paris 1990. – The Song of Aliscans, transl. by Michael A. Newth (Garland Library of Medieval Literature B85), New York/London 1992.

La Chanson de Roland. Edition critique par Cesare Segre. Nouvelle édition refondue, traduite d'italien par Madeleine Tyssens, Genf 2003.

Das Rolandslied des Pfaffen Konrad, hg. von Carl Wesle. 3., durchges. Aufl. bes. von Peter Wapnewski (ATB 69), Tübingen 1985.

Wolfram von Eschenbach, Parzival. Studienausgabe. Mhd. Text nach der sechsten Ausgabe von Karl Lachmann. Übersetzung von Peter Knecht. Mit Einführungen zum Text der Lachmannschen Ausgabe und in Probleme der Parzival-Interpretation von Bernd Schirok, 2. Aufl., Berlin/New York 2003. – Willehalm. Nach der Handschrift 857 der Stiftsbibliothek St. Gallen. Mhd. Text, Übersetzung, Kommentar, hg. von Joachim Heinzle, mit den Miniaturen aus der Wolfenbütteler Handschrift und einem Aufsatz von Peter und Dorothea Diemer (Bibliothek des Mittelalters 9 = Bibliothek deutscher Klassiker 69), Frankfurt a.M. 1991 [rev. Taschenbuchausgabe (Deutscher Klassiker Verlag im Taschenbuch 39) Frankfurt a.M. 2009]. – Willehalm. Codex Vindobonensis 2670 der Österreichischen Nationalbibliothek, Kommentar von Fritz Peter Knapp, Tl. 1: Fol. 1–145, Tl. 2: Fol. 145v-351 (Glanzlichter der Buchkunst 14/1,2), Graz 2005.

Forschung

Ashcroft, Jeffrey, „dicke Karel wart genant": Konrad's Rolandslied and the Transmission of Authority and Legitimacy in Wolfram's Willehalm, in: Jones/McFarland (2002), S. 21–43.

Backes, Ignaz, Gott, aller Menschen Vater? Antworten der Hochscholastik, in: Wahrheit und Verkündigung. Festschrift für Michael Schmaus zum 70. Geburtstag, hg. von Leo Scheffczyk [u.a.], München [u.a.] 1967, S. 687–705.

Bennett, Philip E., Heroism and Sanctity in the cycle de Guillaume, in: Jones/McFarland (2002), S. 1–19.

Bertau, Karl, Deutsche Literatur im europäischen Mittelalter, 2 Bde., München 1972–1973. – Wolfram von Eschenbach. Neun Versuche über Subjektivität und Ursprünglichkeit in der Geschichte, München 1983.

Bumke, Joachim, Wolframs Willehalm. Studien zur Epenstruktur und zum Heiligkeitsbegriff der ausgehenden Blütezeit (Germanische Bibliothek. Reihe 3), Heidelberg 1959. – Parzival und Feirefiz – Priester Johannes – Loherangrin. Der offene Schluß des Parzival von Wolfram von Eschenbach, in: DtVjs 65 (1991),

S. 236–264. – Wolfram von Eschenbach (Sammlung Metzler 36), 8. Aufl., Stuttgart/Weimar 2004.
Chinca, Mark, Willehalm at Laon, in: Jones/McFarland (2002), S. 77–94.
Dörrich, Corinna, Poetik des Rituals. Konstruktion und Funktion politischen Handelns in mittelalterlicher Literatur, Darmstadt 2002.
Erdmann, Carl, Die Entstehung des Kreuzzugsgedankens, Stuttgart 1935.
Fasbender, Christoph, Willehalm als Programmschrift gegen die „Kreuzzugsideologie" und „Dokument der Menschlichkeit", in: ZfdPh 116 (1997), S. 16–31. – der rehten schrift dôn und wort. Noch ein Vorschlag zu Willehalm 2,16 f., in: ZfdPh 121 (2002), S. 21–33.
Fuchs, Stephan, Hybride Helden: Gwigalois und Willehalm. Beiträge zum Heldenbild und zur Poetik des Romans im frühen 13. Jahrhundert (Frankfurter Beiträge zur Germanistik 31), Heidelberg 1997.
Greenfield, John T., Vivianz. An Analysis of the Martyr Figure in Wolfram von Eschenbach's Willehalm and in his Old French Source Material (Erlanger Studien 95), Erlangen 1991.
Greenfield, John T./Miklautsch, Lydia, Der Willehalm Wolframs von Eschenbach. Eine Einführung, Berlin 1998.
Haug, Walter, Parzivals zwîvel und Willehalms zorn. Zu Wolframs Wende vom höfischen Roman zur Chanson de geste, in: Wolfram-Studien 3 (1975), S. 217–231 [wieder in: Walter Haug, Strukturen als Schlüssel zur Welt. Kleine Schriften zur Erzählliteratur des Mittelalters, Tübingen 1989, S. 529–540]. – Literaturtheorie im deutschen Mittelalter. Von den Anfängen bis zum Ende des 13. Jahrhunderts, Darmstadt 1985, 2., überarb. und erw. Auflage 1992.
Heinzle, Joachim (1991) → Texte: Wolfram von Eschenbach. – Die Heiden als Kinder Gottes. Notiz zum Willehalm, in: ZfdA 123 (1994), S. 301–308. – Noch einmal: die Heiden als Kinder Gottes in Wolframs Willehalm, in: ZfdPh 117 (1998), S. 75–80.
Hiestand, Rudolf, „Gott will es!" Will Gott es wirklich? Die Kreuzzugsidee in der Kritik ihrer Zeit, Stuttgart 1998.
Jones, Martin H./McFarland, Timothy (Hg.), Wolfram's Willehalm. Fifteen Essays, Rochester (NY)/Woodbridge 2002.
Johnson, L. Peter, Die höfische Literatur der Blütezeit (Geschichte der deutschen Literatur von den Anfängen bis zum Beginn der Neuzeit, hg. von Joachim Heinzle, Bd. II/1), Tübingen 1999.
Kasten, Ingrid, Rennewarts Stange, in: ZfdPh 96 (1977), S. 394–410.
Kiening, Christian, Umgang mit dem Fremden. Die Erfahrung des „französischen" in Wolframs Willehalm, in: Wolfram-Studien 11 (1989), S. 65–85. – Reflexion – Narration. Wege zum Willehalm Wolframs von Eschenbach (Hermaea NF 63), Tübingen 1991.
Kleppel, Christoph A., vremder bluomen underscheit. Erzählen von Fremdem in Wolframs Willehalm (Mikrokosmos 45), Frankfurt a.M. [u.a.] 1996.
Knapp, Fritz Peter, Rennewart. Studien zu Gehalt und Gestalt des Willehalm Wolframs von Eschenbach (Dissertationen der Universität Wien 45), Wien 1970. – Die große Schlacht zwischen Orient und Okzident in der abendländischen Epik: ein antikes Thema in mittelalterlichem Gewand, in: GRM NF 24 (1974), S. 129–152. – Historische Wahrheit und poetische Lüge, in: DtVjs 54 (1980), S. 581–635 [wieder in: Knapp (1997), S. 9–64]. – Heilsgewißheit oder Resignation? Rennewarts Schicksal und der Schluß des Willehalm, in: DtVjs 57 (1983), S. 593–612. – Die

Heiden und ihr Vater in den Versen 307, 27 f. des Willehalm, in: ZfdA 122 (1993), S. 202–207. – Von Gottes und der Menschen Wirklichkeit. Wolframs fromme Welterzählung Parzival, in: DtVjs 70 (1996), S. 351–368. – Historie und Fiktion in der mittelalterlichen Gattungspoetik, Heidelberg 1997. – Und noch einmal: Die Heiden als Kinder Gottes, in: ZfdA 129 (2000), S. 296–302. – Subjektivität des Erzählers und Fiktionalität der Erzählung bei Wolfram von Eschenbach und anderen Autoren des 12. und 13. Jahrhunderts, in: Wolfram-Studien 17 (2002), S. 10–29.

Kullmann, Dorothea, Verwandtschaft in epischer Dichtung. Untersuchungen zu den französischen „chansons de geste" und Romanen des 12. Jahrhunderts (Beihefte zur ZfrPh 242), Tübingen 1992.

Liebertz-Grün, Ursula, Das trauernde Geschlecht. Kriegerische Männlichkeit und Weiblichkeit im Willehalm Wolframs von Eschenbach, in: GRM NF 46 (1996), S. 383–405.

Lofmark, Carl, Rennewart in Wolfram's Willehalm. A Study of Wolfram von Eschenbach and his Sources (Anglica Germanica Series 2), Cambridge 1972. – Das Problem des Unglaubens im Willehalm, in: Studien zu Wolfram von Eschenbach. Festschrift für Werner Schröder zum 75. Geburtstag, hg. von Kurt Gärtner/Joachim Heinzle, Tübingen 1989, S. 399–413.

Lutz, Eckart C., Rhetorica divina. Mhd. Prologgebete und die rhetorische Kultur des Mittelalters, Berlin 1984.

Marly, Marie-Noël, Traduction et paraphrase dans Willehalm de Wolfram von Eschenbach, 2 Bde. (GAG 342/1.2), Göppingen 1982.

McFarland, Timothy, Giburc's Dilemma: Parents and Children, Baptism and Salvation, in: Jones/McFarland (2002), S. 121–142.

Mergell, Bodo, Wolfram von Eschenbach und seine Quellen. Tl. 1: Wolframs Willehalm (Forschungen zur deutschen Sprache und Dichtung 6), Münster 1936.

Mohr, Wolfgang, Willehalm, in: Wolfgang Mohr, Wolfram von Eschenbach. Aufsätze (GAG 275), Göppingen 1979, S. 266*-331*.

Nellmann, Eberhard, Wolframs Willehalm-Prolog, in: ZfdPh 88 (1969), S. 401–409.

Ochs, Ingrid, Wolframs Willehalm-Eingang im Lichte der frühmhd. geistlichen Dichtung (Medium Aevum 14), München 1968.

Ohly, Friedrich, Wolframs Gebet an den Heiligen Geist im Eingang des Willehalm, in: ZfdA 91 (1961/62), S. 1–37 [wieder in: Rupp (1966), S. 455–518].

Pérennec, René, Histoire, géographie et écriture dans le Willehalm de Wolfram von Eschenbach, in: La chanson de geste: écriture, intertextualités, translations, hg. von François Suard (Littérales 14), Paris 1994, S. 173–199. – Wolfram von Eschenbach (Voix Allemandes), Paris 2005.

Peters, Ursula, Dynastengeschichte und Verwandtschaftsbilder. Die Adelsfamilie in der volkssprachigen Literatur des Mittelalters (Hermaea NF 85), Tübingen 1999.

Przybilski, Martin, sippe und geslehte. Verwandschaft als Deutungsmuster im Willehalm Wolframs von Eschenbach (Imagines medii aevi 4), Wiesbaden 2000. – Giburgs Bitten. Politik und Verwandtschaft, in: ZfdA 133 (2004), S. 49–60.

Ruh, Kurt, Höfische Epik des deutschen Mittelalters, 2. Tl.: Reinhart Fuchs, Lanzelet, Wolfram von Eschenbach, Gottfried von Straßburg (Grundlagen der Germanistik 25), Berlin 1980.

Runciman, Steven, Geschichte der Kreuzzüge, dt. von Peter de Mendelssohn, München 1968 [Neudruck 1975].

Rupp, Heinz (Hg.), Wolfram von Eschenbach, Darmstadt 1966.
Rychner, Jean, La chanson de geste. Essai sur l'art épique des jongleurs, Genf/Lille 1955.
Sabel, Barbara, Toleranzdenken in mhd. Literatur (Imagines medii aevi 14), Wiesbaden 2003.
Schmid, Elisabeth, Enterbung, Ritterethos, Unrecht. Zu Wolframs Willehalm, in: ZfdA 107 (1978), S. 259–275.
Schnell, Rüdiger, Die Christen und die „Anderen". Mittelalterliche Positionen und germanistische Perspektiven, in: Die Begegnungen des Westens mit dem Osten, hg. von Odilo Engels/Peter Schreiner, Sigmaringen 1993, S. 185–202.
Schnyder, Mireille, manlich sprach daz wip. Die Einsamkeit Gyburcs in Wolframs Willehalm, in: Homo medietas. Aufsätze zu Religiosität, Literatur und Denkformen des Menschen vom Mittelalter bis in die Neuzeit. Festschrift für Alois Maria Haas zum 65. Geburtstag, hg. von Claudia Brinker-von der Heyde/Niklaus Largier, Bern [u.a.] 1999, S. 507–520.
Schröder, Walter Johannes, Der Toleranzgedanke und der Begriff der „Gotteskindschaft" in Wolframs Willehalm, in: Festschrift für Karl Bischoff zum 70. Geburtstag, hg. von Günter Bellmann/Günter Eifler/Wolfgang Kleiber, Köln/Wien 1975, S. 400–415 [wieder in: Walter Johannes Schröder, rede und meine. Aufsätze und Vorträge zur deutschen Literatur des Mittelalters, hg. von Gisela Hollandt/ Rudolf Voß/Wolfgang Kleiber, Köln/Wien 1978, S. 350–365].
Schröder, Werner, Süeziu Gyburc, in: Euphorion 54 (1960), S. 39–69 [wieder in: Werner Schröder (1989), S. 251–281]. – Zur Entwicklung des Helden in Wolframs Willehalm, in: Festschrift für Ludwig Wolf zum 70. Geburtstag, hg. von Werner Schröder, Neumünster 1962, S. 265–276 [wieder in: Rupp (1966), S. 519–532; Werner Schröder (1989), S. 295–306]. – Minne und ander klage (Zu Willehalm 4,26), in: ZfdA 93 (1964), S. 300–313 [wieder in: Werner Schröder (1989), S. 306–313]. – kunst und sin bei Wolfram von Eschenbach, in: Euphorion 67 (1973), S. 219–243 [wieder in: Werner Schröder (1989), S. 74–98]. – Die Hinrichtung Arofels, in: Wolfram-Studien 2 (1974), S. 219–240 [wieder in: Werner Schröder (1989), S. 393–414]. – Werner Schröder, Der tragische Roman von Willehalm und Gyburg. Zur Gattungsbestimmung des Spätwerks Wolframs von Eschenbach (AWLM 1979/5), Mainz/Wiesbaden 1979. – Wolfram von Eschenbach. Spuren und Werke (W. Sch., Wolfram von Eschenbach. Spuren, Werke, Wirkungen. Kleinere Schriften 1956–1987, Bd. 1), Stuttgart 1989.
Schumacher, Marlis, Die Auffassung der Ehe in den Dichtungen Wolframs von Eschenbach, Heidelberg 1967.
Steinmetz, Ralf-Henning, Die ungetauften Christenkinder in den Willehalm-Versen 307,26–30, in: ZfdA 124 (1995), S. 151–162.
Strohschneider, Peter, Kreuzzugslegitimität – Schonungsgebot – Selbstreflexivität. Über die Begegnung mit den fremden Heiden im Willehalm Wolframs von Eschenbach, in: Die Begegnung mit dem Islamischen Kulturraum in Geschichte und Gegenwart, hg. von Stefan Krimm/Dieter Zerlin (acta Hohenschwangau 1991), München 1992, S. 23–42.
Thelen, Christian, Das Dichtergebet in der deutschen Literatur des Mittelalters (Arbeiten zur Frühmittelalterforschung 18), Berlin/New York 1989.
Tomasek, Tomas, Legende und höfische Gesprächskultur. Überlegungen zum Willehalm Wolframs von Eschenbach, in: FMSt 32 (1998), S. 182–195.

Volfing, Annette, Parzival and Willehalm: Narrative Continuity?, in: Jones/McFarland (2002), S. 45–59.

Wachinger, Burghart, Schichten der Ethik in Wolframs Willehalm, in: Alte Welten – Neue Welten. Akten des IX. Kongresses der Internationalen Vereinigung für germanische Sprach- und Literaturwissenschaft (IVG), Bd. 1, Tübingen 1996, S. 49–59.

Wells, David A., Religious Disputation Literature and the Theology of Willehalm: An Aspect of Wolfram's Education, in: Jones/McFarland (2002), S. 145–165.

Wolf, Alois, Heldensage und Epos. Zur Konstituierung einer mittelalterlichen volkssprachlichen Gattung im Spannungsfeld von Mündlichkeit und Schriftlichkeit (ScriptOralia 68), Tübingen 1995.

Wolff, Ludwig, Der Willehalm Wolframs von Eschenbach, in: DtVjs 12 (1934), S. 504–539 [wieder in: Rupp (1966), S. 388–426; Ludwig Wolff, Kleinere Schriften zur altdeutschen Philologie, hg. von Werner Schröder, Berlin 1967, S. 217–245].

Young, Christopher, Narrativische Perspektiven in Wolframs Willehalm. Figuren, Erzähler, Sinngebungsprozeß (Untersuchungen zur deutschen Literaturgeschichte 104), Tübingen 2000.

G. Wolfram und seine Werke in der Neuzeit

I. Die Wiederentdeckung Wolframs und die Anfänge der Forschung

von Volker Mertens

1. Parzivals Verschwinden – 2. Parzivals Wiederauftritt – 3. Parzival zwischen Homer und Klopstock – 4. Altschwäbische Ballade – leider nicht von Herder – 5. Der ganze ‚Parzival' – 6. Der ‚wahre' ‚Parzival' – 7. Willehalms Schatten – 8. Willehalm zwischen Homer und Tasso – 9. Willehalm als Hausüberlieferung – 10. Der wahre ‚Willehalm'? – 11. Der alte Titurel – 12. Wolfram – Minnesinger

1. Parzivals Verschwinden

Wolfram war – im Unterschied zu den anderen mittelalterlichen Dichtern – nie völlig vergessen. Das verdankt er drei Faktoren: seiner Rolle im ‚Wartburgkrieg', seiner Aufnahme in die Liste der „Alten Meister" und dem Druck des ‚Parzival' durch Johann Mentelin in Straßburg 1477 (Flood, 1996).

Das mhd. Gedicht vom ‚Wartburgkrieg', dem fiktiven Sängerwettstreit am Hof des thüringischen Landgrafen im Jahr 1205, in dem Wolfram gegen den ungarischen Magier Klingsor antritt, wird Bestandteil der Thüringischen Landesgeschichtsschreibung und der Legende der hl. Elisabeth, Johannes Rothe erzählt sie viermal in seinen verschiedenen Werken (‚Weltchronik' und ‚Elisabethleben'), seine Quelle ist vor allem der sog. ‚Stubenkrieg' aus dem Komplex der ‚Wartburgkrieg'-Dichtungen. Daß Wolfram *von ritters art* war und *manich hobiss gedichte sprach*, stand im Elisabethleben (238–240). 1722 wurde Rothes ‚Thüringische Chronik' (Eckhart), 1728 das Elisabethleben gedruckt (Mencke); Wolfram ist hier der theologisch gebildete Laie, der seine Grenzen in der Astronomie aufgezeigt bekommt: *Du bist eyn leye snyppin snap,* sagt der Teufel zu ihm und schreibt das auf einen Stein der Kemenate, der herausgebrochen und ins Wasser geworfen wird (‚Elisabethleben' 667 ff.). Von Wolfram als Erzähler ist dort nichts zu lesen.

Bei den Meistersingern verliert Wolfram seinen Namen: Er wird zu „Wolfgang Rhone, ein Ritter" (Brunner, 1975, S. 37). Ihm werden spät verschiedene Meistertöne (Mühlweise, Geschwinder Ton, Vergoldeter Ton in der Kolmarer Hs.) zugeschrieben, im 16. und 17. Jh. auch die viel benutzte Flammweise; sein ‚Titurel'-Ton wurde schon (mit seinem Namen) von Heinrich von Mügeln (für ein lateinisches Lied) benutzt (Schanze, 1983, Bd. 1, S. 332.). Da der ‚Wartburgkrieg' in der Meistersingertradition bekannt war, konnte Cyriacus Spangenberg in seiner Schrift ‚Von der edlen und hochberühmten Kunst der Musica' (1598) darauf zurückgreifen; er wußte allerdings noch mehr, nämlich daß Wolfram *viel deutsche Lieder* [Gedichte] *gemacht / sonderlich von Gamurret und dessen Sohn Parcifall* [...] (Schirok, 2000 S. XIX – zum Wh. s. u.). Dieses Wissen kam aus einer anderen Quelle: Der Mentelin-Druck des Pz., von dem noch heute 37 Exemplare in öffentlichen Bibliotheken erhalten sind, wird zum ersten Mal von Wolfhart Spangenberg (dem Sohn des Cyriacus) genannt, vermutlich hat auch der Vater ihn für die oben zitierte Bemerkung herangezogen. Ob Jakob Christoffel von Grimmelshausen ihn gekannt und für die Jugendgeschichte seines Helden im ‚Abentheuerlichen Simplicissimus' (1668) benutzt hat, konnte nicht nachgewiesen werden, erscheint aber möglich.

Während Spangenbergs Traktat bis 1861 ungedruckt blieb (und daher seine Angaben im 18. Jh. nicht nachlesbar waren), gingen die Ausführungen über Wolfram in die Zusätze Enoch Hanmanns zu Martin Opitz ‚Buch von der Deutschen Poeterey' (1624) ein, die den Auflagen seit 1658 beigegeben wurden; Hanmann hatte eine Abschrift von Spangenbergs Werk benutzt. Im Jahre 1697 übernimmt Johann Christoph Wagenseil die Wolfram-Passage in seine Schrift ‚Von der Meister-Singer Holdseligen Kunst', die noch E.T.A. Hoffmann für seine Novelle ‚Der Kampf der Sänger' verwendete. Spangenberg/Hanmanns Text wurde die Grundlage für den einzigen einem deutschen mittelalterlichen Autor gewidmeten Eintrag in Zedlers Universallexikon von 1734: „Eschenbach (Wolfram von) Er schrieb unter dem verdeckten Namen *Parcifal* Reimweise ein weitläuffiges Buch vom Kayser *Ludovico Pio*" (Bd. 8, 1734, Sp. 1861 f.), so daß man im 18. Jh. immerhin wußte, daß mit seinem Namen epische Texte von Parcifal und Wilhelm zu verbinden waren (Schirok, 2000, S. XX).

Weder Melchior Goldast noch Johannes Schilter, die Gewährsmänner der mittelalterlichen Literatur im 17. und 18. Jh. mit den Editionen von ‚Winsbeke', ‚Winsbekin' und ‚König Tyrol', kannten ihn überhaupt, wie aus den hilflosen und uninformierten Kommentaren zu den entsprechenden Namen aus seinen epischen Dichtungen hervorgeht (Hellgardt, 1993; Janota, 1983; Kössinger, 2008; Dunphy, 2008). Sie zitieren in den Anmerkungen zur ‚Winsbekin' als Kommentar zur Nennung von *Venus* von „Wolfaram von Eschilbach" die beiden Schlußzeilen der Liedstrophe C 22 aus der Großen Heidelberger Liederhandschrift (Goldast,

S. 457; Schilter, S. 49). Angesichts der relativ guten Verfügbarkeit des Pz.-Drucks sind die fehlenden Belege am ehesten auf mangelndes Interesse am Inhalt des Werkes zurückzuführen. Im 17. Jh. interessierte man sich für historische (Opitz' Ausgabe des ‚Annolieds') und lehrhafte Dichtung (Goldasts ‚Paraenetica': im Sinn von „Ermahnende" (Autoren/Schriften), nicht aber für erzählende. Das macht ein spätes Beispiel deutlich: Der Pz.-Druck wird im Katalog der Dresdner Bibliothek von 1745 (Die Merckwürdigkeiten Der Königlichen Bibliotheck zu Dresden, 2.–5. Sammlung) mit der aus Zedlers Universallexikon stammenden Bemerkung aufgeführt, es handle sich um die Geschichte Ludwigs des Frommen „unter verdecktem Namen", nämlich dem Parcifals als Autor (!). Das geht auf ein Mißverständnis von ‚Willehalm' 4,19 ff. zurück: *swaz ich (von) Parzivâl gesprach* (Schirok, 2000, S. XXII). Weiter heißt es im Katalog, die Namen von Figuren und Schauplätzen seien in ihrer Mehrzahl „sehr erdichtet" (S. 354). Damit erscheint der Text als historische Quelle unbrauchbar und der Lektüre nicht wert.

2. Parzivals Wiederauftritt

Johann Christoph Gottsched kannte einerseits die Tradition der Meistersinger, andererseits die Sage vom Sängerstreit, wie sie Johannes Rothe vermittelt, der durch die Ausgaben von Eckhart und Mencke verfügbar war. Die mhd. Dichtung war Gottsched lange nahezu gänzlich unbekannt, lediglich die Ausgabe von Albrechts von Halberstadt Übersetzung der ‚Metamorphosen' Ovids hatte er Anfang der 1730er Jahre erwähnt. Johann Jakob Bodmer wies ihn 1738 auf die „poetischen Ritterbücher" hin, aus denen er ein „zerrissenes Blatt von Pergament" (das Fragment A_2 des ‚Partonopier' von Konrad von Würzburg in der Zürcher Bibliothek) kennt, und den Pariser Codex, die später von ihm so benannte ‚Manessische Handschrift' (Pfalzgraf, 2003, S. 78). 1746 nennt Gottsched den Pz.-Druck der Pauliner Bibliothek in Leipzig, später kaufte er die Bilderhandschrift o (heute: Dresden, Sächs. Landesbibl., M 66).

Während er den ‚Eneas' Heinrichs von Veldeke aus der Gothaer Hs. sorgfältig kopierte, beschäftigte er sich nur oberflächlich mit dem Pz. Der Grund dafür ist seine Annahme, Veldekes Roman sei keine (als minderwertig erachtete) Übersetzung einer französischen Vorlage, sondern greife allein auf Vergils ‚Aeneis' zurück und gestalte sie weitgehend um, während Wolfram selbst auf Chrestien de Troyes und Kyot als seine Vorlagen hinweist und Gottsched konstatieren muß „ex provinciali poeta fabulam hanc hausisse" (Hans Lachmann, 1931, S. 68). Die Namen der Gewährsmänner waren am Schluß des Pz. zu lesen (827,1,5), und damit ist (auch wenn die Provence ihm als deutsches Lehensland galt) Gottscheds Interesse geschwunden, denn er wollte eine Geschichte der autochthon deutschen Literatur schreiben. Er nennt Wolframs Roman in der Vorrede zu einer zeitgenössischen Versübersetzung des französischen Romans ‚Les avantures de Néoptolème, fils d'Achille' von Chancierges (Chansierges) durch Adam Bernhard Pantke als Gegenbeispiel zu diesem neo-homerischen klassizistischen Lehrgedicht und gibt eine äußerst knappe und zudem unzutreffende Inhaltsangabe: Parcifall sei der Held des Romans, der „durch große Thaten seinen Vater Gamuret noch weit übertroffen" habe, er sei aus dessen „Ehe mit Pelicane" hervorgegangen. Da Gottsched nach der Lektüre des Beginns der Dichtung und einigen Stichproben festgestellt hatte, es handle sich nicht um „eine regelmäßige Epopee; indem weder die Einheit der Handlung, noch der Person" herrsche, hatte er von einer vollständigen Lektüre Abstand genommen.

Gottscheds Verhalten ist insofern symptomatisch für die Beschäftigung mit der mhd. Dichtung in der ersten Hälfte des 18. Jh.s, als der Wille nach einem enzyklopädischen Überblick über die deutsche Literatur von Beginn an (Leibrock, 1988, S. 66) zu einer ausgedehnten Sammlung von Abschriften und Originalen alter Texte (wie Gottscheds Erwerbungen des Pz.-Drucks und der Hs.) sowie einer Akkumulation von unstrukturiertem Wissen führt, die herrschenden poetologischen Vorstellungen jedoch nicht nur eine Würdigung, sondern sogar die Kenntnisnahme der Texte weitgehend verhinderten.

3. Parzival zwischen Homer und Klopstock

Die Wiederbelebung Parzivals ist den Zürchern Johann Jakob Bodmer und Johann Jakob Breitinger zu danken. Allerdings ist Bodmer, der zu Recht als Wiederentdecker des deutschen Mittelalters gilt, zunächst (in seinem Lehrgedicht in gereimten Alexandrinern ‚Charakter der Teutschen Gedichte' aus dem Jahre 1734) noch von Gottscheds ‚Beyträgen' der Jahrgänge 1732/33 und der traditionellen Hochwertung der didaktischen Dichtung beeinflußt. Er nennt als einzigen hochmittelalterlichen Text die ‚Winsbekin', die er aus Schilters ‚Thesaurus' kannte. Eine grundsätzliche Neuorientierung erfolgte erst, als Bodmer Thomas Blackwells ‚Enquiry into the Life and Writings of Homer' von 1735 kennen lernte und rezipierte. Er löst die Opposition Antike-Mittelalter (die für Gottsched bestimmend ist) durch ein Analogiemodell auf und überträgt die Theorie des Engländers zur Entstehung der homerischen Epen als Folge besonders günstiger politischer und klimatischer Gegebenheiten auf die Dichtung des hohen Mittelalters (,Von den vortrefflichen Umständen für die Poesie unter den Kaisern aus dem schwäbischen Hause', 1743): er sieht diese vornehmlich in der Abschüttelung des römischen „Jochs", der Abstreifung einer ursprünglichen Roheit, ohne daß „Zucht, Höflichkeit und Zerimoniell" sowie die „Schranken der Religion oder der Policey" sie bereits zu sehr eingeschränkt hätten (Sammlung 7, S. 26). Die halbzivilisierten Zeiten hätten (wie im Falle Homers) eine „reiche und nachdrückliche Sprache" hervorgebracht (S. 14) und die Dichtungen seien in gewissem Sinn überzeitlich, nicht nur eine Quelle für die damaligen Sitten, sondern für die Erkenntnis, was menschliches Handeln schlechthin bewegt: „Seine [des Dichters] Vorstellung einfältiger und natürlicher Sitten, wird uns einnehmen, sie wird uns das Bedürfnis und die Empfindungen der Menschen zeigen [...], wir werden darinnen sehen, was in unseren Hertzen vorgeht, und was vor Wege wir brauchen, wenn wir unsern Neigungen nachgeben" (S. 29).

Bodmer zählt hier nicht allein die Autoren auf, die Goldast und Schilter bringen, nennt außerdem (nach Spangenberg/Hanmann) auch „Erzählungen von Gamuret und seinem Sohn Parcifall", die im Original verloren und nur durch verderbte Frühdrucke bewahrt seien, anscheinend aber, ohne sie schon zu kennen. Er weist wieder auf die ,Manessische Handschrift' in Paris hin, unter den ihm aus dieser bereits bekannten Sängern fehlt jedoch der Name Wolfram. Das ändert sich bald: in seinen ,Proben der alten schwäbischen Poesie des Dreyzehnten Jahrhunderts' aus dem genannten Codex, die er 1748 veröffentlicht, verweist er bezüglich Wolfram auf Spangenberg und Hanmann sowie auf Rothes Chronik und das Elisabethleben als Quelle (S. XVIII) für den ,Sängerkrieg'. Er bringt auch Lyrik Wolframs: zwei Strophen von *Ein wîp mac wol erlouben mir*, das vierte Tagelied und vier weitere Strophen.

Kurz nach dieser Veröffentlichung bekommt Bodmer den Straßburger Druck des Pz. in die Hand (zusammengebunden mit dem ebenfalls 1477 gedruckten JT) und er tadelt in den ,Freymüthigen Nachrichten' 7 (1750) nicht ohne Häme Gottsched, daß er vom Gral nichts zu sagen gewußt habe (S. 279). Auf der Basis des Druckes (die Sankt-Galler Hs., die u.a. Pz. und Wh. enthält, kannte Bodmer noch nicht, sie kam erst 1768 in die Stiftsbibliothek) schuf er im Jahre 1753 seine erste Nachdichtung, den ,Parcival'.

Warum Bodmer als mhd. Text den ‚Parzival' wählte, hat verschiedene Gründe. Es war nicht die einzige mittelalterliche Erzählung, die er kannte: er hatte ‚Barlaam und Josaphat' des Rudolf von Ems rezipiert und den ‚Partonopier' Konrads von Würzburg sowie den ‚Wigalois' des Wirnt von Gravenberc. Wolframs Gralroman aber war nunmehr bekannter, denn Gottsched hatte ihn erwähnt. Die geringe Resonanz auf die Lyrik in den ‚Proben' legte Bodmer nahe, einen epischen Text herauszugeben und zwar in einer Fassung, die ihn gut rezipierbar machte, also nicht im mittelalterlichen Original. Der Pz. war der einzige relativ gut greif- und lesbare Text, denn er lag im Druck von 1477 vor. Bodmer konnte, vermittelt durch Breitinger, im Jahre 1752 mit einem Exemplar im Besitz des Theologen Hans Rudolf Ziegler arbeiten. Das Jahr ist durch eine Notiz auf dem hinteren Innendeckel des Exemplars belegt (Zentralbibliothek Zürich, wo es heute unter der Signatur 2.103 verwahrt wird) sowie durch ein „Schreiben über den Parcifall", das Bodmer im Frühjahr 1752 an Sulzer geschickt hatte (Briefe der Schweizer, S. 176/180). Für die Wahl des Textes dürfte weiterhin wichtig gewesen sein, daß Bodmer Wolfram zeitlebens für einen Schweizer hielt, weil das bei Spangenberg/Hanmann/Zedler so zu lesen war. Bodmer war Professor für helvetische Geschichte (und so ist er auch in der Widmung Breitingers nicht zufällig tituliert: „Historiae Patriae Professor"), er sah es daher (wie aus der Geschichte der Minnesänger-Beschäftigung deutlich wird), als seine Aufgabe an, die Kenntnis der Werke der Vorfahren zu befördern. Zu recht hielt er das Mhd. für der Schweizer Mundart eng verwandt und so schrieb er in der Ode ‚Verlangen nach Klopstocks Ankunft' (Köster, 1923, S. 36):

Komm doch, die Sprache zu hören, die vormals der fürstliche Hermann
Mit dem von Veldeck und Eschilbach red'te
Als in barbarischen Jahren, der Herrschaft der Mönche, die Fürsten
Noch die Gewalt des Gesanges besiegte.
Komm und höre, wie sie nach manchem verflognen Jahrhundert
Zwischen dem Rhein und der Limmat noch fortlebt.
Hier ist poetischer Boden! Dieß Klima ward ehmals gewürdigt
Sänger auf Sänger mit Kränzen zu schmücken.
[...]
Aber du kennst nicht der Edlen Gesänge; die eiserne Zeit hat
Ihre Gesänge mit ihnen begraben.

Bodmer sieht die Schweizer Mundart als Nachfolgerin des Mhd., das einstmals in ganz Deutschland galt, für den Thüringer Hermann wie den Niederrheiner Veldeke und den „Schweizer" Wolfram. Damit behauptet er implizit den Vorrang des Alemannischen vor dem Sächsischen. Heute blühte diese Sprache aufgrund des günstigen natürlichen und poetischen Klimas noch zwischen (Ober-) Rhein und Limmat. Klopstock würde daher in Zürich auf durch die Tradition geheiligtem *poetischen Boden* seinen ‚Messias' besser als anderswo vollenden können und die durch Bodmer vermittelte Kenntnis der *Gesänge* (wozu auch die Epen zählen) würde dies befördern. Klopstock kam zu Bodmer, interessierte sich jedoch zu dessen Entsetzen mehr für die hübschen Zürcher Frauen als für die Dichtung; der allzu väterliche Freund bewahrte jedoch den Schöpfungen des jungen Poeten seine Hochschätzung, wie sie im ‚Parcival' aufscheint.

Letztlich wird für die Wahl der Textgrundlage von Bodmers erster MittelalterAdaptation auch die Rivalität mit Leipzig eine Rolle gespielt haben: Gottsched hatte durch seine Bemerkungen bewiesen, daß er vom Pz. so gut wie nichts zur Kenntnis genommen hatte, Bodmer hingegen konnte zeigen: er hatte ihn gelesen und verstanden.

Im Jahre 1753 veröffentlichte er eine Nachdichtung zentraler Passagen in Hexametern. Für die Wahl war einerseits das Vorbild Homers maßgebend, andererseits das Klopstocks, der 1747 die ersten drei Gesänge des ‚Messias' in diesem Versmaß veröffentlicht hatte, die von Bodmer enthusiastisch begrüßt worden waren. Er selbst hatte 1750 das biblische Epos ‚Noah' in Hexametern veröffentlicht, von dem Klopstock sagte, es sei sehr nach seinem Geschmack (Köster, 1923, S. 16). 1751 ließ Bodmer das Episodengedicht in Hexametern ‚Jakob und Joseph' folgen. Das altgriechische epische Versmaß hatte durch Klopstock die christlich-religiöse Weihe erhalten, die patriotische hatte ihm der junge Wieland gegeben, der Bodmer 1751 vier Gesänge seines geplanten Epos ‚Hermann' zugeschickt hatte und von ihm als neuer Klopstock begrüßt worden war (Martin, 1993, S. 143–151). Daher erschienen Hexameter Bodmer geeignet, den Pz. Wolframs in dieser Form zu präsentieren: sie waren einerseits für die geistlichen Dimensionen angemessen, andererseits auch für ein wichtiges Werk des deutschen Mittelalters geeignet, um es den Zeitgenossen nahe zu bringen. Eine Umsetzung in die dem Mhd. entsprechenden gereimten Vierheber mit Endreim wäre in der Mitte des 18. Jh.s dem Anspruch des Textes nicht gerecht geworden. Angemessen wäre der heroische Alexandriner gewesen, dieser hätte die Adaptation jedoch dem alten und nicht dem neuen klopstockschen epischen Genre angeschlossen; Bodmer aber lag daran, eine innere Verbindung zwischen der mittelalterlichen Dichtung und der modernen aufzuzeigen.

Bodmers Hexameter sind leicht geschrieben, nicht in hohen Tönen wie die Klopstocks. Sie unterscheiden sich daher von denen der späteren Homerübersetzungen Stolbergs oder Voß'; sie nähern sich, wie Lessing feststellte, der Prosa: „Sind schweizerische Hexameter etwas anderes als Prosa?" (Merker,1925, S. 215). Man kann diese Aussage positiv wenden und als Abkehr von einem barocken (zu) hohen heroischen Stil verstehen, wie er durch die Kolloquialismen (s. u.) gestützt wird. Bodmer sah richtig, daß der mhd. Epenvers eine höhere Dignität besaß als das gleiche Versmaß im 18. Jh. und wählte daher den Hexameter, er glaubte, er habe damit die (damals moderne) „Dichtart" Wolframs „sehr sorgfältig behalten".

Hans Rudolf Ziegler, der Besitzer des Pz.-Drucks, schenkte zusammen mit seinem Sohn, dem Drucker Johann Caspar Ziegler, im Jahre 1759 das mit dem JT zusammengebundene Exemplar Johann Jakob Breitinger, dieser gab es an Bodmer weiter und aus dessen Besitz kam es in die Zürcher Bibliothek. Wie eine symbolische Bestätigung des Entschlusses zum altgriechischen Versmaß mutet die Widmung des Druckes durch Breitinger an Bodmer im Jahre 1759 an: er stellt ihr ein Zitat aus Homers ‚Ilias' in originaler Sprache voran (II 100–107). In Bodmers eigener ‚Ilias'-Übersetzung, deren Beginn er 1767 u.a. zusammen miteiner Überarbeitung des ‚Parcifal' publizierte (in: Calliope, Zweyter Band) lautet die Stelle (S. 187 f.):

so stand Agamemnon, der oberste feldherr,
Auf, er führt in der hand den scepter, ihn hatte Vulcanus
Kunstreich gemacht und Jovi, Saturnus sohne gegeben;
Zevs ihn dem bote der Götter geschenkt, der den Argus erwürgt hat,
Hermes dem Pelops und Pelops dem Atreus, dem hirten der völker,
Atreus dem lämmerreichen Thyest zum erbtheil gelassen,
Und Thyestes dem Agamemnon.

Breitinger ruft mit dem Zitat einen klassischen Translatio-Topos auf und setzt den Pz. Wolframs mit dem Herrschaftssymbol gleich, das über viele Besitzer läuft bis zu Agamemnon – ähnlich wird Bodmer über Ziegler und ihn nun der Verwalter der alten Dichtung. Gleichzeitig erscheint das mittelalterliche Werk als spezifische Erscheinungsform der epischen Poesie, die mit Homer ihren Anfang gewonnen hat; die Romantiker würden von einem gemeinsamen Anteil des Pz. wie der ‚Ilias' an der Urpoesie sprechen.

Bei der Erarbeitung der Nachdichtung sieht sich Bodmer mit einem ähnlichen Problem konfrontiert wie Gottsched: der mangelnden Einheit der Handlung und der Personen. Er sieht es daher als seine Aufgabe an, „Episoden" fortzulassen und die fehlende Geschlossenheit, etwas in sich Vollendetes herzustellen.

Der erste Gesang beginnt mit dem Ausritt Parcivals von Belripar, der Begegnung mit dem Fischerkönig, der Ankunft auf der Gralburg einschließlich der Szene, wo ihm der *geschwazige hofmann* entgegentritt, der Gralprozession und der versäumten Frage. Parcival verbringt die Nacht in schweren Träumen, verläßt die menschenleere Burg und begegnet Sigune, die ihm Aufklärung über das Geschehene gibt. Bodmer integriert beim Lob von Sigunes Treue die sog. Selbstverteidigung Wolframs (114,5–115,20 = S. 22,12–23,9). Der erste Gesang entspricht bis auf diesen Einschub Pz. 224,1–256,8.

Der zweite Gesang schöpft aus verschiedenen Teilen des Romans: er beginnt mit einer Erwähnung von Parcivals Kampf gegen Keie (296,16–297,30) und den Zuständen am Hof von Thüringen. Mit dem Landgrafen Hermann konnte Bodmer auf die verbreitete Überlieferung vom Sängerstreit verweisen und Wolfram in der bekannten Tradition verorten, obendrein konnte er an die Nennung von Mäzenen in der normativen lateinischen Literatur anknüpfen, etwa an die Huldigungen an Augustus bei Vergil („Aeneis' VI 791 ff., VIII 676 ff.) oder an Maecenas bei Horaz (1. Ode). Es folgen Parcivals Kämpfe mit der Erzählung vom Zerbrechen und der Wiederherstellung des Gralschwertes (434,25–435,1) und der Begegnung mit Treverisentis, reduziert auf die Informationen über den Gral und die Gralfamilie (446,1–520, 30). Die Geschichte des heiligen Steins wird nur kurz gestreift, sie erschien Bodmer wohl zu abwegig. Wir erfahren lediglich, daß am Karfreitag eine Taube eine Oblate auf den Stein legt, die ihm die Kraft gibt:

[…] *was gutes die erde*
In sich enthält, und was sie gebiehrt an speis' und an tranke.
Was für wild sich unter der luft ernähret, es fliege,
Laufe, schwimme, das giebt die tugent des Grales des werthen,
Die ihm angehören, und die er selber ernannt hat.

Von spirituellen Kräften ist bezeichnender Weise nicht die Rede.

Der Kampf mit Ferafis wird ausführlich dargestellt (734,1–754,29), darauf die Ankunft am Artushof, die Berufung zum Gral und die Frage (*Mein Oheim, was fehlet euch weiter?*), die Ankunft von Parcivals Gattin Condüramur, die Erbteilung zwischen Cardeis und Lohlangrin. Die tote Sigune wird aufgefunden, Ferafis küßt den vor seiner schwarzen Farbe erschrockenen Lohlangrin, mit dem großen Küssen (an dem der Erzähler gern teilgehabt hätte, 806,27–807,9) endet der zweite Gesang.

Für den ersten gab der von Bodmer benutzte Druck entsprechende Gliederungen vor. Er rechnet bis 602,7 mit Bildern und bietet dazu entsprechende Überschriften, die von einem frühen Benutzer (Bodmer?) von 1–33 durchnumeriert wurden. Für Gesang I sind dies:

> 14. *Hie rait her partzifal von pelrapi*
> *er vnd kam in den gral vn schiet*
> *mit laidi dar auß vmb das er nit*
> *gefraget hatte*

und die folgende:

> 15. *Hie was her partzifal in den gral*
> *gerittē vn kam wider zů sigunen*
> *vnd dem toten ritter*

bis zur

> 16. *Hie streit her partzifal mit orilius*
> *vnd erwarb frawe iestuten sein*
> *hulde*

Bodmer hat sich hier nach der Einteilung des Drucks gerichtet; für den zweiten Gesang bot sie ihm keine Hilfe mehr, hier viel auszuscheiden und neu zu arrangieren, um die gewünschte Einheit herzustellen. Durch Bodmers Verfahren mußten viele blinde Verweise im Text stehen bleiben. Andererseits bleibt die Nebenhandlung um Sigune letztlich verständlich, auch die um Ferafis, wenngleich dessen Eheschließung mit Urepanse von Schoje fehlt.

In dem im Anschluß an die Nachdichtung veröffentlichten 1. Brief ‚An Aristus' (in: Gedichte) sieht Bodmer als Handlungszentrum die Aktionen um die Heilung des Amphortas, nennt hingegen die Gamuret- und Gawanhandlung „eine wilde Erdichtung" (Gedichte, S. 140), die der Muse *der Abentheuer* gehorcht, diese sei die des Dichters Wolfram, und so wird sie auch zu Beginn des ersten Gesangs angerufen: *Muse, die Wolframs von Eschilbach abentheuern beherrschte* ...

Abentheuer aber sind nicht nur die Nebenhandlungen, sondern die „Wunderwerke", die man damals – und das führt Bodmer als Entschuldigung für Wolfram an – für „ganz gewöhnliche Ideen" hielt. Auf diese – in der Regelpoetik problematische – Dimension verweist das altgriechische Motto auf dem Titelblatt, das aus Pindars 1. olympischer Ode genommen ist:

Wahrlich, viele Wunder gibt es,
Und irgendwo in bestimmter Weise
Betrügen den Sinn der Sterblichen
Über die Wahrheit hinaus kunstvoll
Mit bunten Lügen geschmückt die Mythen.

Der Bezug auf Pindar ist, ähnlich wie die Verwendung des Hexameters, gleichzeitig ein Klassizitäts- wie ein Modernitätssignal: Pindar ist für den jungen Klopstock Programmname für die neue hohe Dichtung, so in der Odenfolge ‚Auf meine Freunde' von 1747 (Klopstock, S. 8). In der poetologisch programmatischen Vers-Einleitung stellt Bodmer *Kyot den Provenzalen* als Gewährsmann Wolframs vor. Für Gottsched war das ein Grund gewesen, sich nicht weiter mit Wolfram abzugeben, Bodmer hingegen nennt die Beziehung zwischen dem Deutschen und dem Provenzalen *freundschaft* – nicht Abhängigkeit. Er formuliert damit ein modernes Verständnis von dem, was man heute „interkulturelle literarische Beziehungen" nennen würde, und kann daher das, was die *provenzalische Muse von Parcival* singt, dem Leser in seiner Sprache vorlegen.

Die Einleitung ist stark vom Literaturstreit und der Polemik gegen Gottsched bestimmt. Als nächstes führt Bodmer das Vergessen der alten Dichtung an, das seit der Stauferzeit geherrscht hat, als Markgraf Heinrich von Meißen und Otto von Brandenburg mit dem Pfeil lebten, die Bodmer als Dichter aus der Minnesängerhandschrift kennt und die er als Mittel-, bzw. Norddeutsche nennt, um den Leipziger Gottsched mit seinem Eintreten für die „sächsische" Literatursprache zu ärgern. Ironisch spricht der Sänger von der angeblichen allgemeinen Begeisterung für Christoph Otto von Schönaichs ‚Hermann oder das befreyte Deutschland', ein Epos in zwölf Büchern, das in gereimten trochäischen Tetrametern abgefaßt ist und von Gottsched in einer emphatischen Vorrede als „die erste deutsche Epopee" (S. XX) gerühmt und mit der ‚Aeneis', der ‚Ilias' und ‚Odyssee', Voltaires ‚Henriade' sowie Tassos ‚Gerusalemme liberata' (auf das Schönaichs Titel anspielt) auf eine Stufe stellt. Der Leipziger preist mit Schönaichs Werk ein Konkurrenzunternehmen zu Klopstocks ‚Messias' und baut es als das neue deutsche Epos gegen die Zürcher auf; 1752 läßt er Schönaich zum *Poeta laureatus* krönen. Bodmer kritisierte in einer Rezension in den ‚Freymüthigen Nachrichten' die Künstlichkeit und Überladenheit des Werks. Mit den genannten Bemerkungen positioniert Bodmer seine Pz.-Bearbeitung im Zürich-Leipziger Literaturstreit auf der Seite der Moderne, sowohl was die Akzeptanz des Wunderbaren wie die neue Verspoetik angeht.

Der Schluß der poetischen Einleitung des ‚Parcival' (zitiert nach der im Versmaß gebesserten zweiten Auflage in ‚Calliope') enthält dann Bodmers Übersetzungsprogramm: Die Worte sind *vor alter mit moder und grauem schimmel bedekt*, die *bilder darin* leben jedoch wie *die neuen gedanken*. Die Worte sind also zu ändern, um für die Zeitgenossen *die freuden* der *alten Ahnen* zu erneuern. Übersetzungstheoretisch nähert sich Bodmer damit der „illusionistischen" Konzeption (Kopetzky, 1996): die Übertragung soll auf die Zeitgenossen eine ähnliche Wirkung ausüben wie auf die Leser/Hörer der Entstehungszeit. Das bedeutet unter anderem eine sprachliche Annäherung an die Gegenwart: Bodmer spricht von *sebel* für *swert*, von *schloß* statt *burc*, nennt *bette: sopha*, die *frouwen* im Sinn der Anakreontiker *mädchen* und verwendet kolloquiale Ausdrücke, wie *zwischen der freud und ihm wars quitt* (I 123), *so wäre/Sicher der wald euch sauer geworden* (I 352), *der ausbund der weiblichen schönheit und tugent* (II 571) – allerdings scheut Wolfram Ähnliches an anderer Stelle nicht. Gemäß der Stellung „zwischen Homer und Klopstock" finden sich stilistische Anklänge an beide. Homerisch sind hinzugefügte Hyperbolica wie *der theure Jacint* (I 154), *die schneeweißen tafeln* (I 157, 196), *an einer hochsteigenden linde* (I 328), ferner Formulierungen wie die adjektivischen Partizipia praesentis: *seufzererregende schmerzen, weißschimmernde beine, jammernde trauer* oder Wendungen wie *küssereiches umfangen, rittermäßge helden*, der formelhafte Redeabschluß mit *also: Also die dame* (I 375), *Also erzählte der klausner* (II 158), *Also der fremde* (II 350). An Klopstock erinnern Wendungen wie: *ich will doch lieber das lob der würdigen* reden (I 425), *(hast du)/ Zwischen hoffnung und furcht und erstaunen die Deutschen gejaget* (I 5) oder *Hab ich mit meinen klagen die tage vorüber geseufzet* (I 393). Auch das *silberne licht* des Mondes (II 118) statt *des mânen wandeltac* klingt nach ihm. Adjektive wie *sittsam, edelgeboren, wohlgebildet, zärtlich, würdig*, das Substantiv *Tugend* sind Lieblingswörter des 18. Jh.s. Dem Versmaß ist die ungeschickte Formulierung der Gralfrage (s.o.) geschuldet. Um sich nicht dem Vorwurf auszusetzen, die Sprache nicht nur leicht modernisiert, sondern womöglich gründlich verändert zu haben, gibt Bodmer im Vorwort einzelne Stellen auf Mhd. (242,25–30):

Da fuorten sie den jungen man
In eine kemenaten san
Die war also geeret
Mit einem bet geheret
Das mich mein armuot imer myet
Sit die Erde all solche richeit blyet,

ferner Stellen aus dem Buch III: u.a. 243, 9f.; 241,9–13 (fehlt 12); 245,1–5; 248,10–13; dann 114,10–15 (‚Selbstverteidigung'), 297,6–29 (‚Hermannsschelte'), die Erwähnung Kyots 453,1–10, und, in anscheinender Verwechslung mit Kyot von Katelangen, 801,26–30 (sollte Bodmer angenommen haben, der Autor der Quelle trete als Figur in der Erzählung auf?). Weiterhin bringt er Stellen aus Buch IX: 488,21–27 und aus Buch XVI: 801,9–12 sowie die Kußszene 807,4–9, mit der Bodmer den Schluß gestaltet hat: er wollte zeigen, das sie nicht seine Erfindung war, sondern bereits im „güldenen schwäbischen Alter" (Debrunner, 1996) die Menschen sich ähnlich empfindsam verhielten wie in der Gegenwart. Die Auswahl der Proben zeigt, daß Bodmer neben ausgefallenen Wendungen noch vor der Quellenreferenz besonders die Erzählerinterventionen interessierten, die ein entwickeltes poetologisches Verständnis im Mittelalter anzeigen.

Der moderne Sänger behauptet in der gereimten Einleitung, sprachlich ein Äquivalent zum Mhd. in der Gegenwart erfunden zu haben. Dieser reichlich fremd bleibt hingegen die Handlung vor allem in den Dimensionen des Wunderbaren, nicht (mehr) Glaubhaften. Sie weist den „Weg zurück" zu den Ahnen, in das Mittelalter. Bodmer schreibt daher im Vorwort zu den ‚Altenglischen und altschwäbischen Balladen' (Bd. 2, 1781, S. IVf.): „Ihr Verdienst bestehet in den Vorzügen eines Mannes von offenem, unverwahrtem, unverstelltem Herzen, der in der Einfalt seiner Denkart, die nicht mehr ist, als die Gefühle, die Gesichtspunkten, und die Gedanken, die aus der ersten Anlage des menschlichen Gemüthes und Verstandes hervorfallen, für sich fühlet und denket; und was er fühlt und denkt, ohne Falschheit und ohne Besorgnis spricht, weil er von gemachten Verhältnissen, von Wohlstand, von Collisionen der Pflichten, noch nichts, oder wenig weis, oder sich darüber hinwegsezet. […] Wir fallen dem Manne in die Arme, weil wir empfinden, daß er die Menschen, uns liebet, und nicht den Sinn hat, an Harm zu denken." Die Leitwörter sind hier einmal „Einfalt", „erste Anlage", „Gemüth": in der mittelalterlichen Dichtung liegen die Anfänge, wird die Ursprünglichkeit menschlichen Fühlens vor allen modernen Vergesellschaftungsformen ausgesprochen. Diese Unmittelbarkeit können wir erfahren – als Menschenliebe, als Gefühl jenseits verstandesmäßiger Kognition. Die Textauswahl orientiert sich daher nicht nur an der Handlungsrelevanz, sondern an dem, was das „Gemüth" anspricht: Parzivals Sehnsucht nach seiner Frau zu Beginn des ersten Gesangs, seine tief betrübte Reaktion auf Sigunes Verwünschung, die Freude bei der Wiederbegegnung mit Condüramur, die Furcht des Cardeis vor dem schwarzen Ferafis (die nach der Szene Astyanax – Hektor modelliert ist, wo der Sohn auf den furchterregenden Helmbusch des Vaters reagiert: ‚Ilias' VI 466–471) und die allgemeine freundschaftliche Küsserei am Schluß des Werkes, die den Freundschafts- und Zärtlichkeitsvorstellungen der Empfindsamkeit entspricht (Dangel, 2001): Condüramur bot ihm

> *Und dem nun frölichen Amphortase die lippen zum kusse.*
> *Alsdann führt er sie an der hand zu der base des schloßherrn,*
> *Urrepanse von Schoje. Von ihnen geschahe viel küssens,*
> *Viel des spieles, wozu ihr mund so niedlich gemacht war.*
> *Dieser litt von den küssen nicht wenige müh, ich bedaure*
> *Daß ich die arbeit für ihn nicht haben konnte. Die frau kam*
> *Müder von küssen, als wegen der reis' in ihr fräuliches zimmer.*

Daß der hölzerne Bodmer von Wolframs Erzählerimaginationen, an den Küssen partizipiert zu haben, besonders angesprochen scheint, wird man als Huldigung an den Zeitgeist verstehen, der ihm, als Klopstock ihn in die Tat umsetzte, so erschrecklich war. Darüber hinaus aber schließt die Erzählerbemerkung poetologisch geschickt den Rahmen um die Narration, indem sie mit dem Musenanruf korrespondiert.

Mag auch die Handlung in den Bereich des Wunderbaren gehören, die Empfindungen der Menschen aber sind unmittelbar zugänglich und ermöglichen Einfühlung über die Epochen hinweg. Die mittelalterliche Literatur ist nicht mehr nur historisches Zeugnis für die „spaeher der Menschen und der menschlichen Sitten" (Vorrede, S. 3), sondern Dichtung von überzeitlicher Bedeutung.

Bodmer ist es gelungen, aus dem Pz. ein Epos mittlerer Länge (1093 Verse) – kürzer als die homerischen Epen und sein eigener ‚Noah', länger als seine biblischen Episodendichtungen – zu extrahieren, das die Forderung nach Einheit der Handlung und – weitgehend – der Figuren erfüllt: Parcivals erster Gralbesuch, die sachliche (nicht spirituelle) Unterweisung durch Treverisentis, der zweite Gralbesuch mit Erlösungsfrage und Erwählung zum Herrn des Grals sowie die Wiedervereinigung mit Condüramur bilden die Handlungskette, hinzu kommen als menschlich interessante Schwerpunkte die Sigune-Begegnungen und die mit Ferafis. So ist die Erzählweise nicht nur faktenbetont, sondern verweilt immer wieder bei emotionalen Szenen. Sprachlich bewegt sich der ‚Parcival' zwischen dem heroischen und empfindsamen Stil, ohne sich eindeutig zu positionieren. Homerische Beiwörter sind eher eine Zutat, von Wolframs Bildern bleibt relativ viel erhalten, so daß sich die Erzählweise nicht sehr weit vom Original entfernt. Bodmer ist eine Modernisierung gelungen, die allerdings – wie auch seine Adaption des ‚Nibelungenliedes' (‚Criemhilden Rache') – wenig Resonanz fand. Verantwortlich dafür war vornehmlich die Dominanz des Wunderbaren. Mit seiner nächsten Pz.-Neufassung nahm Bodmer auf dieses Rezeptionshindernis Rücksicht. Zwar hatte er früher die Gamuret-Geschichte eine „wilde Erdichtung" (s. o.) genannt, aber das bezog sich vornehmlich auf seine Kämpfe für den Baruc und seinen Tod (durch den mit Hilfe von Bocksblut weich gemachten Helm).

Zwei Jahre nach dem ‚Parcival' veröffentlichte Bodmer im gleichen Stil den ‚Gamuret', eine Nachdichtung nach dem Beginn von Wolframs Erzählung: die Begegnung Gamurets mit der Mohrenkönigin Pelikane, ihre Befreiung (54,17–26). Die geschlossene Episode von 365 Versen entspricht in Bodmers Vorlage dem 6. Abschnitt: *Hie kam Gamuret gen Zazamanc* bis zum 10., sie steht in den (gemeinsam mit Wieland herausgegebenen) ‚Fragmenten in der erzählenden Dichtart' neben Episoden aus der ‚Ilias' und ‚Odyssee', letztere enthalte im Vergleich zur ‚Ilias' „anmutigere Auftritte, Lustbarkeiten des Privatlebens [...], keine so brausende, aber ergözliche schildereyen" (Archiv, S. 55). In diese Reihe stellt sich auch die eher idyllische Situation von *Patelmonde*. Sie beginnt ähnlich wie im Vorgängerwerk mit dem Anruf an die *Muse der Abentheuer* und informiert den Leser im Prolog auch über den Zusammenhang mit dem ‚Parcival': Gamuret zeugte mit Pelicane (S. 51)

[...] *den starken Ferafis,*
Wie wir Ferafis kennen, und Parcival, Ferafis Bruder,
Von der spaetern Gemahlin der hochgebohrnen Hercinde
Die er um seine verlassene Pelicane getauschet.

Der ‚Gamuret' erscheint so als Vorgeschichte des früher Gedichteten und als Erläuterung der dort nur kurz angesprochenen Verwandtschaftsverhältnisse, gleichzeitig aber enthält er kaum Wunderbares, das *befreite Patelmonde* (so könnte man die Dichtung nach Tasso und Schönaich nennen) ist in dieser Hinsicht mit Episoden z. B. aus Vergils ‚Aeneis' vergleichbar. Mit dem ‚Parcival' verbindet ihn das Versmaß, der Hexameter. Neu ist die stärkere und unmittelbar aufgezeigte Rückbindung an das mhd. Original. In Fußnoten gibt Bodmer den mhd. Text bei besonders ausdrucksstarken Stellen an: *nach rabenvarbe was ir schin* (S. 53d), *der towigen rosen ungelich* (S. 53e), *er was noch küscher danne ein wib* (S. 56o). Bodmer will, ausführlicher als im Fall des ‚Parcival', beweisen, daß bereits Wolfram der bildhaft-poetischen Sprache mächtig war und – so könnte man schließen – sich die Lektüre des Originals lohnt. Diesen Schritt geht er dann in der Ausgabe der ‚Minnesinger' von 1758/59, allerdings ohne die Lesbarkeit wenigstens durch eine Unterteilung nach Gedichten zu befördern. In den Vorworten zu den beiden Bänden spricht Bodmer dann auch mehr von wissenschaftlichen Forschungen, die er anregen will, als von einer genießenden Lektüre, die „den schoenen Geist und die edle Einfalt dieses poetischen VVeltalters" (Bd. 1, S. X) rezipierte. Wenn Bodmer die zweite Vorrede mit „Klingesor" (S. VII) unterzeichnet, so versetzt er sich in die Rolle des Magiers, der die anderen verzaubern will – durch die Minnedichtung. Den Weg dieser Edition wird erst Bodmers Schüler Christoph Heinrich Myller weitergehen (s. u.).

Der ‚Parcifal' fand nur geringe Beachtung; selbst Bodmers Freunde Gleim und Sulzer erwähnen ihn in ihrer Korrespondenz nicht, während der ‚Noah' breite Resonanz und große Bewunderung erfährt und auch die biblischen Episodengedichte häufiger erwähnt werden (Körte, 1804).

4. Altschwäbische Ballade – leider nicht von Herder

Nicht zuletzt die geringe Resonanz, die die ‚Minnesänger' hatten, veranlaßte Bodmer, auf den Abdruck weiterer mhd. Originale zu verzichten und stattdessen neue Modernisierungen nach einem neuen poetologischen Paradigma vorzunehmen. Im Fall des Pz. (der 1767 mit geringen Änderungen in der ‚Calliope' neu gedruckt worden war) ist dies die Ballade ‚Jestute' (so nach der Namensform des Druckes von 1477). Sie folgt einem Modell, das Bodmer durch Thomas Percy's ‚Reliques of Ancient English Poetry' kennengelernt hatte. Dieser hatte im Jahre 1765 insgesamt 191 Texte verschiedener Herkunft, aus alten Hss. und Drucken, aus Aufzeichnungen nach mündlicher Überlieferung und auch von neueren Autoren, publiziert. Bodmer studierte die ‚Reliques' im Jahre 1775 und fand in ihnen eine nicht-klassizistische, nicht-heroische Dichtung, die als „volkstümlich" gelten konnte und auch von Herder (‚Volkslieder',

1778/79) so rezipiert wurde. Im Vorwort zum 1. Band der Balladen (1780) sieht Bodmer im „Sylbenmass, das man in dieser Umarbeitung der altenglischen Balladen gebraucht hat", „das Sylbenmass der altschwäbischen Minnesinger", womit er auch die epischen Dichter meint (S. III). Das vorherrschende Versmaß, die drei- und vierzeilige Balladenstrophe, schien ihm nun viel besser als der Hexameter geeignet, „Eschilbachs Versart" zu repräsentieren (Titel: ‚Altenglische und altschwäbische Balladen, in Eschilbachs Versart', Zürich 1781). Bodmer übertrug nicht weniger als achtunddreißig der Percy'schen Balladen und übte sich so im Versmaß, um eigene Gedichte auf der Basis mhd. Erzählungen zu schreiben: drei mit Stoff aus dem ‚Nibelungenlied' und eben die Wolfram-Adaptation ‚Jestute' (oder ‚Die unrecht behandelte Braut', Str. 73). Diese klammert eine pointierte Nebenhandlung („ein einziges Geschichtgen", S. I) aus dem Pz. aus: Der Knappe trifft Jestute im Zelt, raubt ihr Kuß und Ring, sie wird von Orilus angeklagt und bestraft. Nach angedeuteten Abenteuern Parzifals trifft er Jestute wieder, besiegt Orilus und erzwingt ihre Wiederannahme, bei Treverisents Klause leistet er einen Reinigungseid. Bodmer sieht den Wert „des Gedichtes in dem Gefühl des Herzens, in der Einfalligkeit der Ausbildung und in einer zärtlichen Lebhaftigkeit des Poeten", „Sachen, die in unseren verfeinerten Tagen Plattheit heißen" (S. 202). Das ist durchaus gegenwartskritisch gemeint, denn im zitierten Vorwort macht Bodmer den Unterschied zwischen ihrer positiv gesehenen Einfachheit und dem heutigen Pöbelhaften (S. VI). Mehr noch als im ‚Gamuret' stellt Bodmer hier die allgemein menschliche Dimension in den Mittelpunkt, er bereitet damit die Adaptationen des 19. Jh.s vor. Es gibt, wie in der Ballade üblich, keinen Prolog, weder poetologische Überlegungen noch Voraussagen, die Erzählung beginnt *medias in res* mit der Lokalität:

Das gestad war an einem Flusse
Mit einem Pavillun geheert,
Sammt von dreye Farben
War an das Gezelt gekehrt.
Es war hoch und breit,
Auf den Nähten die Borten gut,
Und oben drüber zu ziehn
Hieng ein lederner Hut.

Dann erscheint der Held:

Parzifal der Knappe
Fand darunter Jestute
Minnekliche ligen
Des Herzog Orilus Trut
[...]
An ihr war die Kunst nicht gespart,
Gott bildete sie selbst schön und gut.
Sie lag des schönsten Wunsches Ziel,
Ihr Mund trug der Minne heisse Glut.

Bodmers Lieblingsmotiv des ungeküßten Erzählers wird nicht vergessen (nach 130,14–16):

Ich denk dich verdrösse nicht Kuß
An einen so schönen Mund;
Mir selbst ward dergleichen Glükesfall
In meinem Leben zu selten kund.

Bodmers im Vergleich zu Herder erkennbar geringere sprachliche Gestaltungskraft wird immer wieder deutlich. Die Irregularität der Verse macht sie schwer deklamierbar:

Er sprach: Das wäre der Strafe zuviel,
Meine Gesellschaft im Essen
Sollet ihr mit mir nicht haben,
Beyligens wird ganz vergessen
Von mir empfangt ihr nicht mehr Gewand,
Als das, worinn ich euch sizen fand.

Bodmers Versuch, das apodiktische Urteil des Orilus durch ein die Strophe schließendes Reimpaar zu verdeutlichen, durchbricht die sonst eingehaltene vierzeilige Strophenordnung.

Mit Hilfe von mhd. Ritterterminologie versucht Bodmer (260,12f.,17; 262,2 in der Lesart des Druckes) Atmosphäre zu stiften, wobei er den *Kastelan* von anderer Stelle holt:

Er band die Vinteln für sich,
Und den Helm mit den Schnüren daran;
Indem schrie gegen die Stutte
Des Ritters muntrer Kastelan.

Da ward von Rabine geritten,
Frau Jestute Verjah,
Und sie hatte Tyostiern gesehn,
Daß sie schönern Tyost nie sah.

Der Schluß ist angemessen knapp:

Also ward die schöne Jestute
Geschieden von Trauer und Neid,
Ihr ersazte mit tausen Küssen
Ihr Mann das erlittene Leid.

Bodmer hat – abgesehen davon, daß ‚Jestute' mit 75 Strophen zu lang und detailverliebt ist – das moderne poetische Prinzip der Ballade verwirklicht, scheitert aber an seiner mangelnden sprachlichen Gestaltungskraft. Daher war seinen „altschwäbischen" Balladen kein Erfolg beschieden.

Mit einer Prosaübersetzung des Wh. und des Pz.-Prologs im Anhang des zweiten Bandes der ‚Balladen' (S. 209–213, 229–232), zeigt er eine Alternative zur adaptierenden Übertragung auf. Er benutzt hierfür die St. Galler Hs. D, denn in seinem Exemplar des Druckes fehlte der Prolog und war durch eine Abschrift eines anderen Drucks (Exemplar der Stadtbibliothek Lindau?) durch Breitinger ersetzt worden. Es gibt dort jedoch eine Reihe von Fehlern und vor allem eine Lücke (3,25–4, 8), die Bodmers Übersetzung nicht aufweist: er hat sie nach der Sankt Galler Hs. ergänzt. Wenn diese eine schwer verständliche Lesart aufweist, die zudem nicht ganz leicht entzifferbar ist wie 1,29, so folgt er dem Druck (1,26–2,4):

Er muß noch lernen, wie man greifen muß, und das sey euch fürstlichen Herren gesagt, wenn ich Treue suche, wo sie so leicht verschwindet, wie Feuer in dem Brunnen und Thau an der Sonne.

Für 4,18 folgt er dem verderbten Text des Drucks: *Der küne trachenliche* (D: *er [..] traechliche*) *weiß*, für 4,21 jedoch D: *vnd dabi wibes herzen suht* und nicht der Alternative *Vnd do bey weibes hertzen siht*:

Der Held, den ich in Gedanken habe, hat die Kühnheit des Drachen, die Süsse der weiblichen Augen, und die Zärtlichkeit des weiblichen Herzens, er ist ein Flüchtling von aller Falschheit.

2, 22 (D: *fvr si bi bremen in den walt* , Druck: *Eür sy mit bremen in den walt*) hat er zur Hauptsache richtig (wieso *stritte*? Emendation von *fvr* zu *vaht*?) verstanden: *wenn sie mit Brämen in dem Wald stritte*. *Bräme* als Viehbremse war ihm aus dem Zürichdeutschen vertraut – er redete eben noch die Sprache Wolframs.

Bodmer hat also die beiden ihm vorliegenden Textfassungen miteinander verglichen und (nach Lachmanns und heutiger Ansicht nicht immer richtige) Entscheidungen gefällt und Emendationen vorgenommen. Damit bereitet er Lachmanns Verfahren vor.

Bodmers Inhaltsangabe des Pz. („Erläuterungen zu Jestute', S. 198–204) zeigt, wie schwierig es immer noch für ihn ist, in dem Beziehungsreichtum die Übersicht zu behalten: Er hält Gramoflanz für den Urheber von Amphortas' Wunde (S. 200), in seinem ‚Parcival' hatte er nur davon gesprochen, daß *er im kampfe// Mit bezaubertem speer verwundet* wurde (2. Gesang, S. 30), ohne zu wissen, von wem (einem ungenannten Heiden).

An der Sinnhaftigkeit einer dichterischen Adaption aber kamen Bodmer zunehmend Zweifel: „Es ist nicht nötig, die Übersetzung dem Texte beizufügen; die beste ist immer zu schwach, die Kürze und Naivheit der Originale auszudrücken", schrieb er im Jahre 1779 (Deutsches Museum, zit. nach Merker, 1925, S. 218). Inzwischen hatte er die St. Galler Hs. bekommen und sie teils selbst abgeschrieben, teils abschreiben lassen. Daß diese Kopien dann Grundlage der ersten Edition wurden, kann man, angesichts der Qualität der Überlieferung, nur als Glücksfall betrachten.

5. Der ganze ‚Parzival'

Im Jahre 1784 veröffentlichte der Bodmer-Schüler Christoph Heinrich Müller (der sich auf Rat seines Lehrers Myller schrieb) nach den Abschriften, die Bodmer selbst gemacht oder veranlaßt hatte, im Jahre 1784 den 1. Band seiner ‚Samlung deutscher Gedichte aus dem XII., XIII. und XIV. Jahrhundert', die u.a. neben dem ‚Nibelungenlied', dem ‚Eneasroman' Veldekes und dem ‚Armen Heinrich' auch den ‚Parcival' enthielt. Sie wurde für fünfzig Jahre die maßgebliche Ausgabe des Textes, nicht zuletzt, da sie im Unterschied zur Inkunabel von 1477 den Abdruck der

Hs. bot, die man als die beste betrachtete: die Hs. St. Gallen Nr. 857 (Schirok, 2000). Die bis heute als autoritativ akzeptierte Ausgabe Karl Lachmanns von 1833 beruht auf ihm. Myller bot einen dreispaltigen Abdruck mit Absätzen und Initialen des Manuskripts, allerdings ohne Großeinteilungen (die Lachmann eingeführt hat), ohne Glossar und ohne Kommentare, also nahezu ohne Verstehenshilfen – es ist umso erstaunlicher, daß die Ausgabe überhaupt rezipiert und zum Anlaß literaturgeschichtlicher Darstellungen und Neugestaltungen, wie der durch Friedrich de la Motte-Fouqué, wurde. Zunächst jedoch erlitt der Herausgeber einen harten Rückschlag: Myller sandte ein Vorausexemplar an ‚seinen' König Friedrich II., denn er unterrichtete seit 1767 am Joachimsthalschen Gymnasium in Berlin. Dieser hatte zunächst die Dedikation der Gedichte, die Myllers Lehrer Bodmer „vor der Verrottung gerettet" habe („sauvé de la pourritue"), gern angenommen. Ein vermutlich längerer Blick in die Ausgabe ließ jedoch seine Abneigung gegen die alte deutsche Literatur hochkommen (ob sie gerade dem ‚Parcival' galt, ist umstritten: Knoll, 2005, S. 92) und er antwortete im Jahre 1784 (Heinzle, 2005, S. 111 mit Abb.):

Hochgelahrter, lieber getreuer!
Ihr urtheilt, viel zu vorteilhafft, von denen Gedichten aus dem 12., 13. und 14. Seculo, deren Druck Ihr beförderet habt, und zur Bereicherung der Teutschen Sprache so brauchbar haltet. Meiner Einsicht nach, sind solche, nicht einen Schuß Pulver, werth; und verdienten nicht, aus dem Staube der Vergessenheit, gezogen zu werden. In Meiner Bücher-Sammlung wenigstens würde Ich, dergleichen elendes Zeug, nicht dulten; sondern herausschmeißen. Das Mir davon eingesandte Exemplar mag dahero, sein Schicksaal, in der dortigen großen Bibliothec, abwarten. Viele Nachfrage verspricht aber solchem nicht, Euer sonst gnädiger König.
Potsdam den 22ten *Februar 1784.* *Frch.*

Diese mangelnde Wertschätzung entspricht der grundsätzlich negativen Einstellung Friedrichs zur deutschen Literatur insgesamt. In seiner Schrift ‚De la littérature allemande' von 1780 (die im gleichen Jahr in einer ‚offiziellen' deutschen Übersetzung durch Christian Wilhelm von Dohm erschien) bescheinigte er der deutschen Gegenwartsliteratur, gerade den Zustand der Barbarei knapp hinter sich gelassen zu haben – einer Literatur, die gerade auf die Wiederentdeckung des Mittelalters zu reagieren begann. Die alte Literatur anderer Völker wußte Friedrich durchaus zu schätzen, er würdigte Dante, Petrarca und Ariost als prägend für die italienische Sprache. Diese Dimension ist – nach der historisch-politischen – für Friedrich die Meßlatte, und da schneiden die alten Deutschen schlecht ab. Der preußische Monarch war eine – allerdings nicht völlig untypische – Ausnahme. Myller wurde von jüngeren Mitgliedern des Hofes unterstützt, und der Landgraf von Hessen-Kassel (der sich als Nachkomme von Wolframs Gönner Hermann von Thüringen verstand) zeichnete ihn mit einer goldenen Medaille aus. Das literarische Deutschland hingegen begann langsam, die mittelalterliche Literatur in ihrer originalen Sprachgestalt aufzunehmen: die Vorlesungen von August Wilhelm Schlegel, die Arbeiten Friedrich de la Motte-Fouqués sind Beispiele dafür. Goethe allerdings las in seiner Mittwochsgesellschaft nur das ‚Nibelungenlied', den ‚Parcival' scheint er hingegen nicht zur Kenntnis genommen zu haben: Myllers Ausgabe war unaufgeschnitten liegengeblieben, da in den 1780er Jahren das Mhd. zu fern lag: „wir wollten leben und nicht lernen" (Dichtung und Wahrheit, S. 122).

Myllers Edition diente noch im Jahre 1820 dem jungen Karl Lachmann als Basis für seine Auswahlausgabe bedeutender mittelalterlicher Autoren: ‚Auswahl aus den Hochdeutschen Dichtern des dreizehnten Jahrhunderts'. Wolfram schätzt er als „unvergleichlichen Dichter" (S. III), nennt ihn „unbillig verkannt" (S. IV) und druckt zwei Tagelieder (*Von der zinnen* und *Sîne klâwen*) sowie Auszüge aus dem Pz. und dem Wh. ab. Trotz seiner Polemik gegen die Herausgeber, die „eine älteste Handschrift" ohne kritische Würdigung edieren (S. VIII), gibt er den Pz.-Text nach Myllers Abdruck. Er wählt (S. 87–173) fünf Passagen aus: 116,5–120,103; 138,9–142,10; 224,1–256,10; 280,1–305,12; 734,1–754,28: das Aufwachsen Parzivals, sein erster Besuch auf der Gralburg, die Blutstropfenszene und den Zweikampf mit Feirefiz. Die Auswahl ist merkwürdig: sie umfaßt zunächst zentrale Themen der Erzählung einschließlich der Blutstropfenszene, verzichtet aber sowohl auf das Gespräch mit Trevrizent wie auf den zweiten Gralbesuch. Es geht Lachmann anscheinend nicht um den Spannungsbogen der Erzählung, sondern um Stücke, die „die Art und Gesinnung so genau als möglich erkennen ließen" (S. III). Doch diese betreffen vornehmlich Schilderungen, nicht die Dialogführung oder – bis auf die erste Stelle – poetologische Textstellen. Lachmanns Auswahl erweist sich als wenig sensitiv für Wolframs Eigenwert als Erzähler, seine Fixierung auf eher lyrisch-poetische Momente erweist ihn als Sproß der Romantik, zwar nicht als inhaltsfixiert, aber auch nicht als Literaturwissenschaftler.

6. Der ‚wahre' ‚Parzival'

Das von Lachmann für die Auswahlausgabe benutzte Exemplar von Myllers Edition wurde auch die Grundlage seiner eigenen, die er auf der von Jacob Grimm so benannten „Wolframsreise" nach St. Gallen, München und Heidelberg erarbeitete: Lachmann faßte Ende 1820 den Entschluß, eine Ausgabe der Werke Wolframs von Eschenbach anzugehen. Er wußte zu diesem Zeitpunkt von dreizehn Handschriften und dem Druck von 1477 (verzeichnet bei von der Hagen), hielt es aber nicht für erforderlich, alle Textzeugen zur Kenntnis zu nehmen, sondern meinte, der „echte Text" finde sich „oft schon aus 3 Handschriften heraus" (Lachmann/Grimm I, S. 14). Diese waren neben der St. Galler Hs. die Münchner Cgm 19 und der Heidelberger Cpg 364; die zweite Heidelberger Hs. Cpg 339 erkannte er als schlecht (und dem Druck allzu nahe) und gab ihr „aus Verachtung" die Sigle Y (Briefwechsel I, S. 394 – heutige Sigle: n). Insgesamt berücksichtigte er außerdem die Münchner Hss. Cgm 18 und 61 sowie die Hamburger Hs. Cod. germ 6, insgesamt also acht Textzeugen, wobei die St. Galler Handschrift (die von ihm die Sigle D erhielt) und der Münchner Cgm 19 (Sigle G) die größte Bedeutung hatten.

Bei der Erarbeitung seiner Aufgabe ging er vom Myllerschen Abdruck aus, in sein Exemplar trug er auf der Wolframsreise (Neumann, 1952; McCulloh, 1983) die Korrekturen nach D und die Lesarten von G ein – es liegt heute auf der Murhardschen Bibliothek Kassel als Ms. philol. 124 (Abbildung des Prologs bei Ulzen, 1974). Textkritisch entscheidend war die Differenzierung der Überlieferung in zwei „Classen" d und g, deren Lesarten entsprechend summarisch im Apparat der Ausgabe verzeichnet sind, was für die Rekonstruktion der handschriftlichen Fassungen Probleme aufwirft (Lutz-Hensel, 1975; Timpanaro, 1971). Indem Lachmann seiner Edition den (korrigierten) Druck von Myller zugrundelegte, übernahm er einige von dessen (bzw. seiner Vorlagen) Fehler (McCulloh, 1983), die erst in folgenden Auflagen nach und nach ausgemerzt wurden. Als rigoroser Metriker setzte Lachmann verkürzte Formen in den Text, um ein regelmäßiges Alternieren herzustellen; das reicht von Apo- und Synkopierungen wie *vatr* (56,17), *i'u* (24,19 = *ich iuch*) bis zu Zusammenziehungen wie *vastern* (265,15 = *vaste er in*) oder das „Schreckenswort" (Nellmann 1994 II, S. 224) *swennerrschôz* (120, 8) – ein Vorgehen, das nicht nur der Metrik der Wolframzeit kaum gerecht wird, sondern auch das Verständnis mitunter nachhaltig erschwert. Letzterer Aspekt blieb Lachmann gleichgültig. Er bleibt damit letztlich der romantischen Auffassung von der ‚Urpoesie' vermittelt. Diese ist allen dichterisch Empfindenden ohne den Umweg über kognitive Prozesse zugänglich. So soll sich auch ein Werk in mhd. Sprache dem poetischen Gemüt ohne Glossar und ohne Kommentare unmittelbar erschließen. Diese Vorstellung entfernt sich zu weit von den realen Lektüreprozessen. Lachmanns Ausgabe des ‚wahren' oder ‚echten' ‚Parzival' mauerte den Text letztlich ein in den Elfenbeinturm der neu begründeten wissenschaftlichen Germanistik.

Weit wichtiger als die Problematik textkritischer Entscheidungen und ihre Repräsentanzen in der Ausgabe sowie die „Schreckenswörter" wurde in der Folge ein das Verständnis erleichterndes Moment von Lachmanns Ausgabe: die Gliederung. Er hätte es jedoch nicht als solches bezeichnet, sondern verstand seine Strukturierung des Textes nicht als rezeptions-, sondern als autorbezogen: die formale Präsentation der Erzählung in 16 Büchern. Sie bestimmt bis heute die Referenz ganz wie auch die Gliederung in Abschnitte zu je dreißig Versen, nach der ebenfalls bis in die Gegenwart zitiert wird, also römische Buchzahl I – XVI und arabische Verszahl 1–30.

Die Großgliederung soll „die Übersicht der Fabel" erleichtern (Briefwechsel II, S. 584), sie kann sich jedoch nur zum Teil auf die Überlieferung stützen: die Hs. D weist 24 große Initialen auf, wobei die Bücher II, IV, VI–IX sowie XI–XVI zweifelsfrei als Einheit gekennzeichnet sind, während I, III, V, XI und X Binnengliederungen besitzen. Die Initiale am Beginn von Buch XIII ist kleiner als die übrigen und der Einschnitt in der Handlung (Gawan schreibt Artus und der Königin einen Brief während der Festvorbereitungen auf Schastelmarveile) ist keinesfalls einsichtig, die Einteilung also weder von der Überlieferung noch von der Handlungslogik her überzeugend. Lachmann hat die Initialengliederung im St. Galler Codex rein inhaltlich verstanden und den Aspekt des Layouts der Seite nicht berücksichtigt, so daß grundsätzliche Fragen nach der überlieferungsgeschichtlichen Begründung der Bucheinteilung offenbleiben. Sie ist allerdings so flächendeckend rezipiert worden, daß sie kaum mehr in Frage zu stellen ist. Nellmann, der 1973 den Versuch gemacht hat, die Bucheinteilung als „nichtexistent" (S. 86) zu betrachten, hat Lachmanns Gliederung in seiner neunteiligen Phaseneinteilung (die er 1994 auf acht reduziert hat), die auf den Ansagen des Erzählers beruht, im wesentlichen bestätigt (vgl. die Übersicht bei Schirok, 2000, S. CXXVIII). Inwieweit sie auf Wolfram selbst zurückgeht und nicht vielmehr eine frühe Übersichtshilfe in der handschriftlichen Überlieferung darstellt, ist kaum zu entscheiden.

Mit dem Autorprinzip rechnet Lachmann ebenfalls bei der von ihm erschlossenen und dann eingeführten Dreißigergliederung, sie gilt ab 224,1 als handschriftlich gesichert. Lachmann will in ihr eine Produktionshilfe des Autors erkennen: Wolfram habe „immer einige Tausend Verse zugleich dictiert" und „den Schreiber in Spalten von 30 oder [...] 60 Versen schreiben" lassen, um zu „wissen, wieviel er hätte" (Briefwechsel II, S. 409). Die Gliederung hätte also einerseits produktionstechnische Gründe (Überblick), andererseits aufzeichnungstechnische (Spaltenlänge). Lachmanns These vermag nicht zu befriedigen, eine plausible Erklärung müßte zumindest begründen, warum Wolfram die Dreißiger erst mit Parzivals Aufbruch von Pelrapeire (Lachmanns Buch V) eingeführt hat. Sind es äußere Gründe? Hängt es mit einem Gönnerwechsel zusammen? Wurde der Schreiber (oder Wolfram selber) nach Dreißigern bezahlt? Oder sind es poetologische – wollte Wolfram die Freiheit des epischen Raumpaarverses mit der Gebundenheit der strophischen Heldenepik in vergrößertem Maßstab kombinieren und so sein ‚bogenschlagendes Erzählen' durch eine feste Kleinstruktur bändigen? Mit dem mündlichen Vortrag des Werkes hingegen dürfte die Gliederung nichts zu tun haben, denn Umfangskonstanten dieser Größenordnung entziehen sich unmittelbarer Hörwahrnehmung.

Lachmann hat unterhalb der Dreißiger in Anlehnung an die Großbuchstaben vornehmlich in Hs. D noch weitere Gliederungen durch Einrückung markiert, jedoch zumeist nur dann, wenn sie Sinnabschnitte kennzeichnen. Inwieweit auch hier eher paläographische (Layout) als poetologische Voraussetzungen vorliegen, wird nicht reflektiert.

Die Ausgabe bietet den Text, ganz wie die Myllers, ohne erklärende oder erschließende Beigaben. Sie wendet sich damit an den Wissenschaftler; der durchschnittlich gebildete Leser wird nicht erreicht, das geschieht erst durch die Übersetzung von San-Marte (Albert Schulz) im Jahre 1836, die z. B. Richard Wagner für seinen ‚Parsifal' heranzog. Gleichwohl bietet Lachmann gegenüber Myller eine Rezeptionserleichterung durch die Gliederung in Bücher, in Dreißiger und in eingerückte Sinnabschnitte. Darin, und nicht nur in der textkritischen Fundierung, ist er seinem Vorgänger überlegen und durch sie hat er die Interpretationen und Kommentierungen des Pz. bestimmt. Trotz vieler Detaileinwände hält die Ausgabe bis heute stand, sie ist ein Gründungsdokument der deutschen Mediävistik. Sie ist auch noch Bezugsgröße in der neuen überlieferungsnahen Edition der St. Galler Handschrift durch Joachim Bumke (2008), der die Abweichungen von Lachmann verzeichnet und die Bucheinteilung vermerkt, sich jedoch von der Fixierung auf die sinnlosen Dreißiger zugunsten der handschriftlichen Abteilungen verabschiedet hat.

Schon mit Myllers Edition begann die Rezeption des Pz., sich in einen ‚poetischen' und einen wissenschaftlichen Zweig zu differenzieren. Lachmann hat diese Spaltung weitergeführt. Ansätze zur Überwindung des Bruchs bieten die zweisprachigen Ausgaben, vor allem die mit der poetisierenden Übersetzung Dieter Kühns auf der rechten Buchseite von Eberhard Nellmanns Edition nach Lachmann (1994). Kühn gehört dann zu den Gewährsmännern von Adolf Muschgs Parzival-Roman ‚Der Rote Ritter' (1994; → S. 768 ff.): Er hat ihn in der Erzählinstanz der *3 allwissende(n) Eier* (S. 111) spielerisch genannt: *Di*(eter Kühn) neben *Pe*(ter Wapnewski) und *Ka*(rl Bertau).* Mittelbar geht so eine der jüngsten Adaptationen noch auf die Arbeit Karl Lachmanns aus der Gründungszeit der Germanistik zurück.

7. Willehalms Schatten

Auch das Wissen, daß Wolfram ein episches Gedicht von „Wilhelm von Narben und dem starcken Rennewart" gemacht habe, hat die Jahrhunderte überdauert. Cyriakus Spangenberg weiß davon (woher, ist unbekannt; er muß eine Hs. der Trilogie gesehen haben) und Enoch Hanmann zitiert dessen Bemerkung über Wolfram und den „Meistersinger Ulrich von Tuerkheim" in seinen Anmerkungen zu Opitz' Ausgabe des ‚Annolieds' (s. o.). Von dort kam die Kenntnis in verstümmelter Form in den oben zitierten Eintrag in Zedlers Lexikon, und Johann Jakob Bodmer beklagt 1743 (S. 33), daß „Wolframs von Eschilbach starcker Rennewart, eben desselben Gedichte von Marggraf Wilhelm von Narbone" vermutlich verloren sei; er wußte davon durch Hanmann. Wolframs Werk lernte er erst 1769 kennen, als er den St. Galler Codex in der Hand hielt. Es dauerte weitere fünf Jahre, bevor er eine eigene Bearbeitung veröffentlichte.

---

* Nach mündlicher Mitteilung von Adolf Muschg (Dezember 2008).

8. Willehalm zwischen Homer und Tasso

Einer ‚Homerisierung' und Historisierung setzte der Wh. wesentlich weniger Widerstand entgegen als der Pz.: er handelte auf weite Strecken von Kämpfen wie die ‚Ilias'. Die Tatsache, daß es sich um Auseinandersetzungen mit den Muslimen handelt, nähert das Gedicht den Renaissance-Epen Ariosts und vor allem Torquato Tassos, dessen ‚Gottfried oder Das befreyte Jerusalem' seit 1744 in der deutschen Übersetzung von Johann Friedrich Koppen vorlag und in dessen Vorrede ausdrücklich auf die Vorbilder Homers und Vergils für das „Christliche Heldengedicht" (S. 22) Bezug genommen wurde. Ein solches wollte Bodmer im Jahre 1774 in kleinerem Maßstab schaffen.: ‚Wilhelm von Oranse' in zwei Gesängen.

Im Prolog ruft der Dichter die *Muse der alten Provenz* an, um gleich den Handlungsraum zu evozieren (in der ‚Nochaide' gibt die Nennung der *Muse von Sion* das biblische Sujet an). Die Apostrophierte soll ihn das *Lied von Wilhelm und der schönen Cadidahi* lehren, das sie schon dem *alten Wolfram* vermittelt hat: es geht also um das gleiche Lied in der Form unterschiedlicher Zeiten. Wie beim ‚Parcifal' gibt es literarische Positionierungen: Es geht nicht um Lyrik in der Provence wie bei Petrarca oder Arnaut Daniel, sondern um blutigen Krieg; in der Gegenwart grenzt er sich ab von der zeitgenössischen Germanophilie mit ihrer Berufung auf Braga und Wotan – ein Seitenhieb gegen Klopstock, der in seiner Ode ‚Der Bach' Braga als Gott der Dichter angerufen (Oden, Bd. 1, S. 245) und in der ‚Hermannsschlacht' sich generell auf die germanischen Götter bezogen hatte.

Bodmer konzentriert das Geschehen auf die erfolgreiche Hilfesuche Wilhelms beim französischen König und den Pairs, die Belagerung von Oranse und die siegreiche, durch einen Friedensschluß beendete zweite Schlacht. Die Vorgeschichte wird durch den Sänger Salvair eingebracht, der von Wilhelms Gewinn Kadidahs (so der arabische Name seiner späteren Frau), ihrer Bekehrung und Taufe auf den Namen Maria, den Rachefeldzug ihres Ehemanns Said und ihres Vaters Abdalla(h) mit zahlreichen Sultanen und der ersten Schlacht singt. Das findet im Hause Milos statt, einer Gestalt, in der Willehalms Neffe Mile und der gastfreundliche Wimar kombiniert sind. Bodmer ändert die meisten Namen: Vivianz heißt Hugo (der historische Hugo von Vienne), aus Arofel ist Phatimet von Ägypten geworden, der von Wilhelm in der zweiten (!) Schlacht in Erinnerung an den Tod Hugos sein Leben lassen muß. Ihre Namen behalten haben Louis und Heinrich sowie Renard, der sich als Helfer der

Christen und Sohn Abdallahs erweist (seine Liebe zu Isabelle wird nur kurz angedeutet). Am Schluß gibt es eine allgemeine Versöhnung: Abdallah wird den Christen das Heilige Grab überlassen, Renard wird ihm gegen seine Feinde, die *Scythen und Turkomanen*, helfen. Damit wird den zeitgenössischen Humanitätsidealen, wie sie z.B. in Lessings ‚Nathan der Weise' programmatisch werden, gehuldigt. Die Konzentration auf Belagerung und Schlacht nimmt die ‚Ilias' zum Vorbild; aus der ‚Odyssee' stammt die Auslagerung der Vorgeschichte in das Lied eines Sängers: Demodokos singt dort im VIII. Buch Episoden des trojanischen Kriegs. Bodmer wollte dadurch ohne Aufgabe der Einheit eine größere Geschehensfülle erzielen, wie er selbst sagte (Pfalzgraf, 2003, S. 244). Die Entführung Kadidahs vergleicht Bodmer selbst mit der Entführung der Helena; an Homerischem hat er den Streit um die Sklavin Zobira als retardierendes Moment beim Angriff des muslimischen Heeres nach dem zentralen Konflikt der ‚Ilias' eingeführt, dem Streit um Briseis. Die Rolle, die *Mirjam, die Mutter Isas*, bei der Bekehrung Kadidahs spielt, ist den Götterinterventionen der homerischen Epen nachgebildet, ebenso das Eingreifen der Gottesmutter in die Oranse-Schlacht zugunsten der Christen, wobei Bodmer auf den verbreiteten Topos von Maria als kriegerischer Helferin zurückgreifen konnte (in den Kreuzzugsepen Ariosts und Tassos treten Engel, vor allem Michael, in analoger Funktion auf). Allerdings kommen auch Geschöpfe der antiken Unterwelt, *Medusen und Hunde der Hölle* sowie *Cerbere* den Christen zu Hilfe: sie haben also sowohl homerische wie ‚tassonische' Unterstützung. Woher Bodmer das Motiv der edelsteinbesetzten Halbstiefel hat, die Kadidah auf der Flucht vor den Scythen verlor, von Eutyches Wilhelm übergeben und von diesen Kadidah gebracht wurden (was sie in einer Marienvision vorausgesehen hatte), ob aus einem orientalischen Märchen z.B., habe ich nicht ermitteln können. Jedenfalls ist das Element des Wunderbaren mit der christlichen Religion verbunden ähnlich wie bei Tasso. Sonst ist deren Bedeutung (mit Ausnahme des Religionsgesprächs Maria-Kadidahs mit ihrem Vater) deutlich zurückgedrängt: für die Kämpfer ist die Aussicht auf Ruhm das Wichtigste, nicht auf himmlischen Lohn, denn dieser war für den reformierten Christen Bodmer ein Indiz der abgelehnten Werkgerechtigkeit. Aus gleichem Grund ist Wilhelm kein Heiliger; der Heidenkampf bleibt eine weltliche Angelegenheit.

Die Erzählweise ist (auch im Sängerbericht) geradlinig, es gibt allerdings Situationsschilderungen wie im Fall von Milos Gastfreundschaft und Wilhelms Rückkehr nach Oranse mit dem *Spiel der Liebe* zwischen den Ehegatten. Homerische Stilelemente sind nicht allzu häufig: Bildungen wie *Nahrungtragendes Kornfeld* (S. 5) oder *Thurmzerschmetternder Krieg* (S. 359), Wendungen wie *dann sagt er mit edlem Anstand die Worte* (S. 25) oder *Und sie gewannen des Nachts für Ruh nothleidende Träume* (S. 21). Renard wird (nach dem Vorbild der Renaissance-Epiker) zweimal mit Achilles verglichen, der ‚Parcival' wird anzitiert: *von sanfteren Händen genas nicht/ Amphortas* (S. 21, nach Wh. 99,29 f.).

Die Verwendung arabischer Namen soll den Realitätsanspruch des kleinen Epos' steigern, hinzu kommen frühchristliche: Eutyches, Paschalis, die Authentizität suggerieren.

Das Ergebnis ist ästhetisch geschlossener und damit befriedigender als beim ‚Parcival', aber die Resonanz war gering (Pfalzgraf, 2003, S. 248, kennt zwei eher neutrale Rezensionen). Auf die Prosaübersetzung des Prologs in den ‚Altenglischen und altschwäbischen Balladen' als Alternative zur modernisierenden Nachdichtung wurde bereits hingewiesen.

9. Willehalm als Hausüberlieferung

Im Jahre 1334 hatte der Landgraf Heinrich II. von Hessen eine große Bilderhandschrift der Trilogie anfertigen lassen und verfügt, sie solle für immer bei den Erben bleiben (Kassel LMB, 2° Ms. poet. et roman. 1, Bl. 395v). Vermutlich wollte er an seinen Vorfahren Hermann anknüpfen, der, wie schon aus dem Wh.-Prolog zu erkennen war, das Werk in Auftrag gegeben hatte. Auf die Haustradition berief sich auch Landgraf Friedrich II. von Hessen-Kassel, als er im Jahre 1777 eine ‚Gesellschaft der Alterthümer' (‚Societé des Antiquités') gründete und ihr den Auftrag gab, nicht nur die Literatur und Kunst der Antike zu pflegen, sondern auch historische Dokumente der hessischen Geschichte zu erforschen. Sekretär der Gesellschaft war Wilhelm Johann Heinrich Casparson, seit 1753 auf Gottscheds Antrag hin Mitglied der Leipziger Gesellschaft der freien Künste und Autor von ‚germanischen' Trauerspielen im Gefolge der Hermann-Mode (‚Tafnhilde', 1768; ‚Jahnhilde', 1768; ‚Theutomal', 1771) und damit für die Erforschung der deutschen Vorzeit so gut wie prädestiniert. Er beabsichtigte eine Veröffentlichung der Trilogie: ‚Ankündigung eines deutschen epischen Gedichts der altschwäbischen Zeit' (1780). Die Verwendung des Terminus „altschwäbisch" läßt auf Kenntnis der Bemühungen Bodmers schließen. Im Unterschied zu diesem gab er jedoch keine Bearbeitung, sondern einen Handschriftenabdruck: 1781 ‚Wilhelm der Heilige von Oranse. Erster Theil von Tvrlin oder Vlrich Tvrheim, einem Dichter des schwäbischen Zeitpuncts' (die Identifikation von Ulrich von Türheim und Ulrich von dem Türlin geht auf Bodmer zurück) und 1784 ‚Zweyter Theil von Wolfram von Eschenbach'; der dritte, der den ‚Rennewart' enthalten hätte, ist nie erschienen. Die Ausgabe zeugt durch zahlreiche Verlesungen von der Unerfahrenheit Casparsons mit mittelalterlichen Hss.; ferner bemerkte er nicht, daß einige Blätter verbunden waren und der Ablauf der Erzählung dadurch gestört ist. Die Auflage scheint sehr klein gewesen sein, denn erhaltene Exemplare sind sehr selten. August Wilhelm Schlegel scheint die Ausgabe besessen zu haben, denn er bat Goethe im Jahre 1801, ihm den vermißten dritten Band zu besorgen, und in seinen Vorlesungen zur ‚Geschichte der romantischen Literatur' scheint er ihn zumindest kurz charakterisiert zu haben (S. 128).

10. Der wahre ‚Willehalm'?

Karl Lachmann, der schon Auszüge aus dem Wh. in seiner ‚Auswahl' publiziert hatte (s.o.), gab ihn im Rahmen seiner Wolfram-Edition von 1833 heraus. Andders als beim Pz. war er nicht davon überzeugt, einen sehr autornahen Text geben zu können, sondern hegte selbst Zweifel, er sei bei weitem nicht so gut (S. XXXIII). Das liegt an der Überlieferung: Lachmann rechnet wieder mit zwei Klassen von Hss., deren erste jedoch nur vom St. Galler Codex (hier Sigle K) vertreten ist. Diese schmale Basis brachte ihn dazu, in den Versen 1,1–120,30 und 327,1–343,20, wo die Manuskripte differieren, einen synthetischen Text zu geben und K-Lesarten zu verwerfen, die in sich stimmig sind. Die Einteilung in neun Bücher richtet sich prinzipiell an den Schmuckinitialen der Hs. aus, ignoriert allerdings fünf von vierzehn (71,1; 126,1; 185,1; 246,1; 278,1), die Binnengliederungen der Bücher II, III, IV und V ergeben hätten; nicht handschriftlich gesichert ist allerdings der Beginn von Buch VI. Die im Beginn des Pz. problematische Dreißigergliederung ist hier vom Manuskript her durch Lombarden gegeben, wobei ihre Funktion unbestimmbar bleibt. Problematisch sind Lachmanns Eingriffe in die Überlieferung zugunsten einer regulierten Metrik.

Der Wh. trat im 19. Jh. hinter dem Pz. zurück, San-Marte z.B. gab 1841 keine vollständige Übersetzung, sondern eine Teil-Nachdichtung mit Zwischenreferaten des Inhalts. Er wurde sonst weitgehend ignoriert, denn er bot weder den Romantikern die Mystik des Grals noch den Patrioten die Heroik wie das ‚Nibelungenlied'; seine Bedeutung wurde erst in jüngerer Zeit erkannt – umstritten bleibt das sperrige Werk allemal.

Werner Schröder hat in seiner Edition von 1978 die Handschrift K (bei ihm G) konsequenter, aber doch nur halbherzig als Leithandschrift gewählt; erst Joachim Heinzle bietet 1991 einen überlieferungsnahen Text, so wie man den Wh. ‚ursprünglich gelesen hat' – mit der Freiheit des Verses, die eine variable Realisierung im Vortrag ermöglicht.

11. Der alte Titurel

Als Bernhard Joseph Docen im Jahre 1810 den ‚Alten Titurel' nach der Münchner Handschrift veröffentlichte, hielt er ihn noch für eine Fassung des 12. Jh.s, die Wolfram im ‚Jüngeren Titurel' eingeschmolzen habe. Sein Sendschreiben an August Wilhelm Schlegel spricht dann auch von einer „Vor-Eschenbachischen Bearbeitung". Der Adressat aber erkannte als erster, daß der „Roman von den Pflegern des Grals" (so Bodmer) nicht von Wolfram, sondern von einem späteren Autor Albrecht herrührte, und er würdigte die poetischen und sprachlichen Schönheiten des Originals. Seine Erkenntnis hat jedoch die Liebe der Romantiker zum JT wenig beeinträchtigt. Noch 1813 sah Joseph Görres in diesem die „fraglos großartigste, konzentrierteste, reinste Verkörperung mittelalterlich-christlichen Geistes" (Vorrede zur ‚Lohengrin'-Ausgabe), und Karl Rosenkranz verglich ihn 1829 mit Dantes ‚Göttlicher Komödie' und Goethes ‚Faust'. Karl Immermann hat den ‚Jüngeren Titurel' für ‚Merlin. Eine Mythe' noch benutzt und Richard Wagner kannte ihn aus der Nacherzählung von San-Marte.

Karl Lachmann brachte konsequenterweise in seiner Werkausgabe von 1833 Wolfram, nichts als Wolfram, hat jedoch (neben der Ambraser Hs.) auch den Text der Fragmente im Rahmen des JT berücksichtigt, allerdings wiederum durch eine überregulierte Metrik das Verständnis der Strophe behindert. Die Münchner Fragmente (Sigle M), wurden erstmals von Wolfgang Golther im Jahre 1893 ediert. Der Wolframsche Tit. blieb ein Rätsel, dessen Entzifferung erst 1972 durch Joachim Heinzles Stellenkommentar befördert wurde – den Albrechtschen beginnt man erst in jüngster Zeit zu würdigen.

12. Wolfram – Minnesinger

Nach dem Zitat von zwei Zeilen bei Goldast und Schilter (s.o.) brachte Bodmer in seinen ‚Proben' erstmals eine substantielle Anzahl von Wolfram-Liedern aus der ‚Manessischen Handschrift' und veröffentlichte alle dort enthaltenen Strophen in seinen ‚Minnesingern'; damit ist von allen Werken Wolframs seine Lyrik am frühesten zugänglich gewesen (daß der Herausgeber Wolfram auch ‚König Tyrol', den ‚Winsbeken' und die ‚Winsbekin' zuschreiben wollte, sei wegen des schiefen Autorenprofils erwähnt: Bd. 1, S. VII). Die Resonanz der Bodmerschen Ausgabe blieb jedoch wegen ihrer geringen Benutzerfreundlichkeit (keine Abteilung der einzelnen Lieder) sehr begrenzt. In seinen ‚Minneliedern' hat Ludwig Tieck die Lieder VI und VII (C 19–26) als éin Lied erneuert. Der Strophenbau ist recht ähnlich, allerdings nicht identisch; Tieck übernimmt ihn weitgehend, was der Einheit keinen Abbruch tut (Lied VI hat bei gleicher Reimstellung und gleichem Bau jeweils kürzere Zeilen). Der Gedankengang von Liebesklage zu Minnebitte (daher fehlt Strophe 1 von Lied VI) ist konventionell, daher fügt sich das Lied gut in den von Tieck hergestellten Kontext zwischen Christian von Hamle und Winli. Wolfram gewinnt so als Lyriker kein eigenes Profil, was allerdings auch gar nicht in Tiecks Absicht lag – dafür hätte er die Tagelieder C 6–8 oder C 14–16 wählen müssen. Er wollte weniger als die Fülle der Minnekonzepte und die Kühnheit der Bilder als die „Mannigfaltigkeit der Sprache und der Kunst des Verses" (S. XIX) bei den Minnesängern zeigen. Alle Lieder sollten als Erscheinungen der Urpoesie den Weg zu den Herzen der Leser vornehmlich über ihre Klanglichkeit finden. Tiecks Minnelieder haben immerhin Jacob Grimm zur Beschäftigung mit der mittelalterlichen Literatur motiviert. Wilhelm Müller verwirklichte in seiner ‚Blumenlese aus den Minnesingern. 1. Sammlung' (Berlin 1816) ein zweisprachiges Modell: dem mhd. Text von ‚Ursprinc bluomen' stellt er eine Nachdichtung gegenüber, die nun relativ frei sein darf (S. 82f.).

Die Tagelieder der Münchner Hs. publizierte (wie den Tit.) Docen als erster (Miscellaneen I, S. 100–102), alle Lieder Wolframs stehen dann bei Lachmann 1833. San-Marte bringt 1841 alle acht von Lachmann gedruckten Lieder in einer metrisch getreuen, sprachlich recht freien Übersetzung. In den Kontext des Minnesangs reihten sie erst wieder Hugo Moser und Helmut Tervooren 1977 in ihrer Ausgabe von ‚Des Minnesangs Frühling' (MF) ein – so tritt seine Originalität umso deutlicher hervor.

Texte und Dokumente

Auswahl aus den Hochdeutschen Dichtern des dreizehnten Jahrhunderts von Karl Lachmann, Berlin 1820.
Bodmer, Johann Jakob, Proben der alten schwäbischen Poesie des Dreyzehnten Jahrhunderts, Zürich 1748. – Der Parcival. Ein Gedicht in Wolframs von Eschillbach Denckart. Eines Poeten aus den Zeiten Kaiser Heinrich VI., Zürich 1753 [wieder in: Calliope, Bd. 2, Zürich 1767]. – Gedichte in gereimten Versen, 2. Aufl., Zürich 1754. – Calliope, Zweyter Band, Zürich 1767. – Wilhelm von Oranse in zwey Gesängen, Frankfurt/Leipzig 1774. – Homers Werke. Übersetzt von dem Dichter der Noachide, 2 Bde., Zürich 1778. – Altenglische Balladen, Zürich/Winterthur 1780. – Altenglische und altschwäbische Balladen. In Eschilbachs Versart, Zweytes Bändchen, Zürich 1781.
Bodmer, Johann Jakob/Breitinger, Johann Jakob, Critische Briefe, Zürich 1746 [Neudruck Hildesheim 1969]. – (Hg.) Sammlung von Minnesingern aus dem schwäbischen Zeitpuncte, 2 Tle., Zürich 1758–1759.
Bodmer, Johann Jakob/Breitinger, Johann Jakob u.a., Sammlung Critischer, Poetischer und anderer geistvollen Schriften […], 12 Stücke, Zürich 1741–174.
Bodmer, Johann Jakob/Wieland, Christoph Martin, Fragmente in der erzaehlenden Dichtart, Zürich 1755.
[Bodmer, Sulzer, Geßner, Gleim] Briefe der Schweizer Bodmer, Sulzer, Geßner. Aus Gleims litterarischem Nachlasse, hg. von Wilhelm Körte, Zürich 1804.
Friedrich II., König von Preußen und die deutsche Literatur des 18. Jahrhunderts. Texte und Dokumente, hg. von Horst Steinmetz (Universal-Bibliothek 2211), Stuttgart 1985.
Goethe, Dichtung und Wahrheit (Hamburger Ausgabe, Bd. 10), Hamburg 1959.
Goldast von Haiminsfeld, Melchior, Paraeneticorum veterum pars I, Lindau 1604, hg. und mit einem Nachwort vers. von Manfred Zimmermann (Litterae 64), Göppingen 1980.
[Gottsched] Die Begebenheiten Neoptolemus, eines Sohnes des Achilles, aus dem Französischen des Chansierces in deutsche Verse übersetzt […] nebst einer Vorrede Sr. Hochedelg. Hrn. Prof. Gottscheds, dem Drucke überlassen von M. Adam Bernhard Pantken, Breßlau 1749, in: Johann Christoph Gottsched, Ausgewählte Werke, hg. von P. M. Mitchell, Bd. X/1, Berlin/New York 1980, S. 309–325.
Historia genealogica principum Saxoniae superioris, hg. von Johann Georg Eckhardt, Leipzig 1722.
Klopstock, Friedrich Gottlieb, Oden, hg. von Franz Muncker/Jaro Pawel, 2 Bde., Stuttgart 1889. – Klopstock und die Schweiz, hg. und eingel. von Albert Köster, Leipzig 1923.
Muschg, Adolf, Der Rote Ritter. Eine Geschichte von Parzivâl, Frankfurt a.M. 1993; 5. Aufl., 1994.
Rothe, Johannes, Elisabethleben, aufgrund des Nachlasses von Helmut Lomnitzer hg. von Martin Schubert (DTM 85), Berlin 2005.
von Schönaich, Christoph Otto, Hermann oder das befreyte Deutschland. Ein Heldengedicht, Leipzig 1753.
Scriptores rerum Germanicarum, praecipue Saxonicarum, Bd. 2, hg. von Johann Burkhard Mencke, Leipzig 1728 [Sp. 1633–1824: Eisenacher Chronik; Sp. 2033–2102: Elisabethleben].

Wieland, Christoph Martin, Hermann, in: Christoph Martin Wieland, Gesammelte Schriften, I. Abtlg., 1. Band, hg. von Fritz Homeyer, Berlin 1909, S. 137–217. – Wolfram von Eschenbach, Parcival. Ein Ritter-Gedicht aus dem dreizehnten Iahrhundert von Wolfram von Eschilbach. Zum zweiten Male aus der Handschrift abgedruckt, weil der erste Anno 1477 gemachte Abdruck so selten wie Manuscript ist, in: Samlung deutscher Gedichte aus dem XII., XIII. und XIV. Iarhundert [hg. von Christoph Heinrich Müller (Myller)], Berlin 1784. – [Willehalm] Wilhelm der Heilige von Oranse, Zweyter Theil, von Wolfram von Eschilbach, einem Dichter des schwäbischen Zeitpuncts, [hg. von] Wilhelm Johann Christian Gustav Casparson, Kassel 1784. – [Titurel] Erstes Sendschreiben über den Titurel, enthaltend: Die Fragmente einer Vor=Eschenbachischen Bearbeitung des Titurel. Aus einer Handschrift der Königl. Bibliothek zu München hg. und mit einem Kommentar begleitet von B. J. Docen, Berlin/Leipzig 1810. – Lieder, Wilhelm von Orange und Titurel von Wolfram von Eschenbach, und der jüngere Titurel von Albrecht in Übersetzung und im Auszuge nebst Abhandlungen über das Leben und Wirken Wolframs von Eschenbach und die Sage vom heiligen Gral (Leben und Dichten Wolfram's von Eschenbach 2), von San-Marte (Leben und Dichten Wolfram's von Eschenbach 2), Magdeburg 1841. – Parzival. Abbildungen und Transkriptionen zur gesamten handschriftlichen Überlieferung des Prologs, hg. von Uta Ulzen (Litterae 34), Göppingen 1974. – Willehalm, nach der gesamten Überlieferung kritisch hg. von Werner Schröder, Berlin/New York 1978. – Wolfram von Eschenbach, Willehalm. Nach der Handschrift 857 der Stiftsbibliothek St. Gallen. Mhd. Text, Übersetzung, Kommentar, hg. von Joachim Heinzle, mit den Miniaturen aus der Wolfenbütteler Handschrift und einem Aufsatz von Peter und Dorothea Diemer (Bibliothek des Mittelalters 9 = Bibliothek deutscher Klassiker 69), Frankfurt a.M. 1991 [rev. Taschenbuchausgabe (Deutscher Klassiker Verlag im Taschenbuch 39) Frankfurt a.M. 2009]. – Parzival, nach der Ausgabe Karl Lachmanns rev. und komm. von Eberhard Nellmann, übertr. von Dieter Kühn, 2 Bde. (Bibliothek des Mittelalters 8/1–2 = Bibliothek deutscher Klassiker 110), Frankfurt a.M. 1994 [Taschenbuchausgabe (Deutscher Klassiker Verlag im Taschenbuch 7), Frankfurt a.M. 2006]. – Wolfram von Eschenbach, Willehalm. Nach der Handschrift 857 der Stiftsbibliothek St. Gallen, hg. von Joachim Heinzle (ATB 108), Tübingen 1994. – Parzival. Studienausgabe. Mhd. Text nach der sechsten Ausgabe von Karl Lachmann. Übersetzung von Peter Knecht. Mit Einführungen zum Text der Lachmannschen Ausgabe und in Probleme der Parzival-Interpretation von Bernd Schirok, Berlin/New York 1998; 2. Aufl., 2003. – Willehalm. Abbildung des Willehalm-Teils von Codex St. Gallen 857 mit einem Beitrag zu neueren Forschungen zum Sangallensis und zum Verkaufskatalog von 1767, hg. von Bernd Schirok (Litterae 119), Göppingen 2000. – Parzival, auf der Grundlage der Handschrift D hg. von Joachim Bumke (ATB 119), Tübingen 2008.

Literatur

Becker, Peter Jörg, Handschriften und Frühdrucke mhd. Epen. Eneide, Tristrant, Tristan, Erec, Iwein, Parzival, Willehalm, Jüngerer Titurel, Nibelungenlied und ihre Reproduktion und Rezeption im späteren Mittelalter und in der frühen Neuzeit, Wiesbaden 1977.

Brunner, Horst, Die alten Meister. Studien zu Überlieferung und Rezeption der mhd. Sangspruchdichter im Spätmittelalter und in der frühen Neuzeit (MTU 54), München 1975.

Bumke (2008) → Texte und Dokumente: Wolfram von Eschenbach.

Dangel, Elsbeth, „You kiss by th'book." Plädoyer für eine literarische Osculogie, in: Jahrbuch der deutschen Schillergesellschaft 45 (2001), S. 359–379.

Debrunner, Albert M., Das güldene schwäbische Alter. Johann Jakob Bodmer und das Mittelalter als Vorbildzeit im 18. Jahrhundert (Epistemata. Reihe Literaturwissenschaft 170), Würzburg 1996.

Docen, Bernhard Joseph, Miscellaneen zur Geschichte der teutschen Literatur, 1. Bd., München 1807. – (1810) → Texte und Dokumente: Wolfram von Eschenbach.

Dunphy, Graeme, Melchior Goldast und Martin Opitz. Humanistische Mittelalter-Rezeption um 1600, in: Humanismus in der deutschen Literatur des Mittelalters und der Frühen Neuzeit. XVIII. Anglo-German Colloquium Hofgeismar 2003, hg. von Nicola McLelland [u. a.], Tübingen 2008, S. 105–120.

Eckhardt (1722) → Texte und Dokumente: Historia genealogica ...

Flood, John L., Johann Mentelin und Ruprecht von Pfalz-Simmern. Zur Entstehung der Straßburger Parzival-Ausgabe vom Jahre 1477, in: Studien zu Wolfram von Eschenbach. Festschrift für Werner Schröder zum 75. Geburtstag, hg. von Kurt Gärtner/Joachim Heinzle, Tübingen 1996, S. 197–209.

Gibbs, Marion E., Bodmers Wilhelm von Oranse: Hommage à Wolfram von Eschenbach?, in: Studien zu Wolfram von Eschenbach. Festschrift für Werner Schröder zum 75. Geburtstag, hg. von Kurt Gärtner/Joachim Heinzle, Tübingen 1989, S. 443–451.

von der Hagen, Friedrich Heinrich/Büsching, Johann Gustav, Literarischer Grundriß zur Geschichte der deutschen Poesie von den ältesten Zeiten bis in das 16. Jahrhundert, Berlin 1812.

Heinzle, Joachim, Stellenkommentar zu Wolframs Titurel. Beiträge zum Verständnis des überlieferten Textes (Hermaea NF 30), Tübingen 1972. – St. Galler Handschrift 857, in: ²VL 11 (2004), Sp. 481–485. – Die Nibelungen. Lied und Sage, Darmstadt 2005.

Hellgardt, Ernst, Originalität und Innovation. Konzepte der Reflexion auf Sprache und Literatur der deutschen Vorzeit im 16. Jahrhundert, in: Innovation und Originalität, hg. von Walter Haug/Burghart Wachinger (Fortuna vitrea 9),Tübingen 1993, S. 162–174.

Janota, Johannes, Zur Rezeption mittelalterlicher Literatur zwischen dem 16. und 18. Jahrhundert, in: Das Weiterleben des Mittelalters in der deutschen Literatur, hg. von James F. Poag [u. a.], Königstein 1983, S. 37–46.

Knoll, Gerhard, Friedrich der Große und die vaterländischen Altertümer, in: Geist und Macht. Friedrich der Große im Kontext der europäischen Kulturgeschichte, hg. von Brunhilde Wehinger, Berlin 2005, S. 82–95.

Körte (1804) → Texte und Dokumente: Bodmer, Sulzer etc.
Kössinger, Norbert, Die Anfänge der Mittelalterphilologie. Zur Wiederentdeckung und Edition deutschsprachiger Texte des Mittelalters in der frühen Neuzeit, in: LiLi 38/151 (2008), S. 32–51.
Köster (1923) → Texte und Dokumente: Klopstock.
Kopetzky, Annette, Beim Wort nehmen. Sprachtheoretische und ästhetische Probleme der literarischen Übersetzung, Stuttgart 1996.
Lachmann, Hans, Gottscheds Bedeutung für die Geschichte der deutschen Philologie, Diss. Greifswald 1931.
Lachmann, Karl (1820) → Texte und Dokumente: Auswahl …
[Lachmann/Grimm] Briefwechsel der Brüder Jacob und Wilhelm Grimm mit Karl Lachmann, im Auftrage und mit Unterstützung der Preußischen Akademie der Wissenschaften hg. von Albert Leitzmann, mit einer Einleitung von Konrad Burdach, 2 Bde., Jena 1927.
Leibrock, Felix, Aufklärung, Mittelalter und die deutsche Literatur (Mikorokosmos 23), Frankfurt a.M. [u. a.] 1988.
Lutz-Hensel, Magdalene, Prinzipien der ersten textkritischen Editionen mhd. Dichtung. Brüder Grimm, Benecke, Lachmann (PhStQu 77), Berlin 1975.
McCulloh, Marc R., Myller's Parcival and Lachmann's Critical Method: the „Wolfram-Reise" Revisited, in: MLN 98 (1983), S. 484–491.
Martin, Dieter, Das deutsche Versepos im 18. Jahrhundert. Studien und kommentierte Gattungsbibliographie (QuF 227 [103]), Berlin/New York 1993.
Mencke (1728) → Texte und Dokumente: Scriptores …
Merker, Paul, J. J. Bodmers Parzivalbearbeitung, in: Vom Werden des deutschen Geistes. Festgabe Gustav Ehrismann zum 8. Oktober 1925 dargebracht von Freunden und Schülern, hg. von Paul Merker/Wolfgang Stammler, Berlin/Leipzig 1925, S. 196–219.
Mertens, Volker, Bodmer und die Folgen, in: Die Deutschen und ihr Mittelalter, hg. von Gerd Althoff, Darmstadt 1992, S. 55–80. – Der Gral. Mythos und Literatur (Universal-Bibliothek 18261), Stuttgart 2003. – Bodmers Murmeltier. Möglichkeiten und Grenzen der Minnesangrezeption im 18. Jahrhundert, in: LiLi 38/151 (2008), S. 52–63.
Müller (Myller) (1784) → Texte und Dokumente: Wolfram von Eschenbach.
Nellmann, Eberhard, Wolframs Erzähltechnik. Untersuchungen zur Funktion des Erzählers, Wiesbaden 1973. – (1994) → Texte und Dokumente: Wolfram von Eschenbach.
Neumann, Friedrich, Karl Lachmanns „Wolframreise". Eine Erinnerung an seine Königsberger Zeit, in: Jahrbuch der Albertus-Universität zu Königsberg/Pr. 2 (1952), S. 138–158 [wieder in: Wolfram von Eschenbach, hg. von Heinz Rupp (WdF 57), Darmstadt 1966, S. 6–37].
Pfalzgraf, Annegret, Eine deutsche Ilias? Homer und das Nibelungenlied bei Johann Jakob Bodmer. Zu den Anfängen der nationalen Nibelungenrezeption im 18. Jahrhundert, Marburg 2003.
Rosenkranz, Karl, Über den Titurel und Dantes Komödie, Halle/Leipzig 1829.
San-Marte (1841) → Texte und Dokumente: Wolfram von Eschenbach.
Schanze, Frieder, Meisterliche Liedkunst zwischen Heinrich von Mügeln und Hans Sachs, 2 Bde. (MTU 82. 83), München 1983–1984.
Schilter, Johann, Thesaurus antiquitatum Teutonicarum, Bd. 2, Ulm 1727.

Schirok, Bernd, Parzivalrezeption im Mittelalter (Erträge der Forschung 174), Darmstadt 1982. – (2000) → Texte und Dokumente: Wolfram von Eschenbach. – Von „zusammengereihten Sprüchen" zum „literaturtheoretische[n] Konzept". Wolframs Programm im Parzival: die späte Entdeckung, die Umsetzung und die Konsequenzen für die Interpretation, in: Wolfram-Studien 17 (2002), S. 63–94. – (1998/2003) → Texte und Dokumente: Wolfram von Eschenbach.

Schlegel, August Wilhelm, Rez. Docen (1810), in: Heidelbergische Jahrbücher der Literatur 1811, Nr. 68–70, S. 1073–1111 [wieder in: August Wilhelm Schlegel, Sämmtliche Werke, hg. von Eduard Böcking, Bd. 12, Leipzig 1847 (Neudruck Hildesheim/New York 1971), S. 288–321].

Schröder (1978) → Texte und Dokumente: Wolfram von Eschenbach.

Schumann, Michael, Arminius redivivus: Zur literarischen Aneignung des Hermannsstoffs im 18. Jahrhundert, in: Monatshefte 89 (1997), S. 130–147.

Seelbach, Ulrich, Mittelalterliche Literatur in der frühen Neuzeit, in: Das Berliner Modell der mittleren deutschen Literatur, hg. von Christiane Caemmerer [u.a.] (Chloe 33), Amsterdam/Atlanta 2000, S. 89–115.

Steinmetz (1985) → Texte und Dokumente: Friedrich II.

Ulzen (1974) → Texte und Dokumente: Wolfram von Eschenbach.

Timpanaro, Sebastiano, Die Entstehung der Lachmannschen Methode, 2. Aufl., Hamburg 1971.

Wehrli, Max, Johann Jakob Bodmer und die Geschichte der Literatur, Frauenfeld/Leipzig 1936. – Vom literarischen Zürich im Mittelalter, in: Librarium 4 (1961), S. 99–115.

II. Wolframs ‚Parzival' in Wagners Bühnenweihfestspiel

von Peter Wapnewski

1. Zur Entstehung – 2. Der junge Held entdeckt die Welt – 3. Der König und die Wunde – 4. Die ungefragte Frage – 5. Der Weg des Helden zum Ich – 6. Karfreitagszauber – 7. Verführung und Erlösung – 8. Parsifal der Täufer – 9. Erlösung dem Erlöser – 10. Die erlösende Frage – 11. Das Schicksal des Sohnes – 12. Das Rätsel Kyot

Vorbemerkung zur Namenschreibung:
Wagner schrieb ursprünglich konsequent *Parzival* oder *Parcival*. Da kam ihm unglücklicherweise Joseph Görres in den Weg mit seiner weit ausholenden Einleitung zu seiner Ausgabe des ‚Lohengrin' (1813). Darin fand Wagner die ihn bestechende, aber falsche Etymologie *fal parsi* (S. VI), was arabisch sei und *Reiner Tor* heiße. Die Neuerung ist zu datieren auf den 14. März 1877, unter dem sich in Cosimas Tagebuch der Eintrag findet: „Und Parsifal wird er heißen." Ich werde es künftig so halten, daß ich mit der Schreibung ‚Parsifal' Wagners und mit der Schreibung ‚Parzival' Wolframs Werk meine.

1. Zur Entstehung

Der Stoff leistete sich – wie andere seinesgleichen auch – eine lange Inkubationszeit. In Paris schon im Jahre des Mißvergnügens 1842 war Wagner mit dem Tannhäuser und mit Lohengrin auch Parzival begegnet, – ein erster Eindruck, der entschieden vertieft wurde durch die einschneidende und schicksalhafte Mittelalter-Lektüre des Marienbader Sommers 1845, von der ‚Mein Leben' berichtet: da fand sich auch der ‚Parzival' Wolframs von Eschenbach ein, – in den Fassungen von San-Marte und von Simrock. Zwölf Jahre später, Wagner steckt in der Arbeit am ‚Siegfried' und schon greift der ‚Tristan' nach ihm, da erwägt er ein buddhistisches Erlösungsdrama (‚Die Sieger'), und Schopenhauer und Buddha und Christus und ihre Erlösungs- und Entsagungsideologie verdichten sich schließlich in Mythos und Figur *Parzival*. Jedenfalls hat Wagner damals – im April 1857 – das „flüchtig skizzierte Konzept" entworfen, das verloren ist, – und dem er in seiner Autobiographie eine erhabene Inspirationslegende erfindet: Der Garten ergrünt, die Vöglein singen, man hat soeben das „Asyl" nächst der Villa Wesendonck bezogen, und „plötzlich" geht Wagner auf, „daß heute ja Karfreitag sei", ein Datum, das ihm schon bei der ersten Wolfram-Lektüre in seiner Bedeutung aufgefallen war, – „und von dem Karfreitags-Gedanken aus konzipierte ich schnell ein ganzes Drama, welches ich, in drei Akte geteilt, sofort mit wenigen Zügen flüchtig skizzierte". Die Neugier der Forschung hat das freundlich-kreative Idyll als Kartenhaus entlarvt, die Daten stimmen nicht überein, – und so später auch Wagner laut Cosimas Tagebuch vom 22. April 1879: „alles bei den Haaren herbeigezogen", – aber es paßte eben stimmungsmäßig so gut zusammen.

Der erhebenden und weihespendenden Inspiration zum Trotz ruht der Stoff vorerst zwei Jahre. Bis Wagner am 29. und 30. Mai 1859 aus Luzern einen langen Brief an Mathilde Wesendonck richtet, darin er sich einläßt auf eine tiefdringende dramaturgisch-poetologische Auseinandersetzung mit Wolframs Epos. Was umso merkwürdiger ist, als er damals am Finale des ‚Tristan' arbeitete (der drei Monate später vollendet sein wird). Und doch so merkwürdig nicht, da Wagner vorübergehend plante, den irrenden Ritter Parzival an Tristans Siechbette vorüberzuschicken. Wagners Kritik an Wolfram ist so scharfsinnig wie unsinnig und könnte eine gewisse Triftigkeit zu seinen Gunsten reklamieren allenfalls dann, wenn Wolfram die Absicht gehabt hätte, wie Wagner zu dichten. Dazu später noch.

Wieder ruht der Stoff. Mehr als sechs Jahre später trifft man in Cosimas „Braunem Buch" auf die Eintragung: „Wie wunderbar – der König verlangt sehnlich von Parzival zu hören". Garnicht so wunderbar, – Wagner hatte Ludwig Ende August/Anfang September des Jahres 1865 einen ausführlichen Prosa-Entwurf seines Heldenstücks zukommen lassen.

Der Stoff ruht. Nicht zuletzt, weil das Leben Ruhe nicht kennt. In Stichworten: Genf und Tribschen; Uraufführung der ‚Meistersinger'; Vollendung des dritten ‚Siegfried'-Aktes; Eheschließung mit Cosima; Grundsteinlegung des Festspielhauses in Bayreuth; Einzug in „Wahnfried"; Vollendung der ‚Götterdämmerung'; Eröffnung der Festspiele. Im September 1876 reist man dann ab nach Italien, und nun, elf Jahre nach jenem Prosa-Entwurf für König Ludwig, findet man im Dom zu Siena das Modell zum Gralstempel ... Anfang des nächsten Jahres 1877 eröffnet Wagner Cosima: „Ich beginne den Parzival und lasse nicht eher von ihm, als er fertig ist." In strengster zeitlicher Konzentration verfaßt er im März-April 1877 den Text, dann setzt die Arbeit an der Komposition ein, sie füllt die Jahre 1878 bis 1880. Am 26. Mai 1880 hat man laut Cosimas Tagebuch im Palazzo Rufulo (in Ravello, oberhalb des Golfes von Neapel) „Klingsors Zaubergarten gefunden".

Mit dem Beginn des Jahres 1882 ist die Komposition des Ganzen abgeschlossen, aufgeführt wird das „Bühnenweihfestspiel" zum ersten Male bei den Festspielen in Bayreuth am 26. Juli 1882. Mit großem Erfolg. Bis zum heutigen Tage hat sich indessen eine irritierende Unsicherheit in Sachen des Applaus gehalten. Wagner hatte offenbar nach dem Ende des Ersten und des Zweiten Aktes das „Herausrufen" der Sänger vor den Vorhang als der Würde der gezeigten Vorgänge abträglich empfunden. Und darum mit Hilfe von winkenden Gesten dieses traditionelle Verfahren verhindern wollen. Nicht aber den Applaus als solchen, – vielmehr ärgerte er sich danach über das „stumme" Publikum, das ihn – nicht verwunderlich – mißverstanden hatte.

Tief bewegend schließlich nach dem Eindruck der Zeugen das Ende der letzten Bayreuther Festspiel-Aufführung 1882. Ab der Verwandlungsmusik des 3. Aktes nahm Wagner dem Dirigenten Hermann Levi den Taktstock aus der Hand und dirigierte das Werk bis zum Finale. Ein halbes Jahr später lebte er nicht mehr.

Im Jahre 1913 lief die dreißigjährige Schutzfrist ab, seitdem kann das „Bühnenweihfestspiel" entgegen dem rigiden Wunsch seines Schöpfers – aber doch zum Nutzen des Werkes und seiner Wirkung – von allen Opernhäusern der Welt ins Repertoire aufgenommen werden.

2. Der junge Held entdeckt die Welt

Der ausladend lange Brief Wagners an Mathilde Wesendonck vom 29./30. Mai 1859 – die bedeutendste Selbstäußerung Wagners zu diesem Werk – entwickelt die Dramaturgie. Wie immer anläßlich der Übernahme alter Stoffe räumt der Umformer Wagner gründlich auf, schlägt Schneisen in das Dickicht der fabulierenden Handlungsstränge, vereinfacht und verdeutlicht und kontrastiert, – und erfindet hinzu. Er hält sich für das Gralsgefäß an die Legende um die Abendmahlschale, in der Joseph von Arimathia das Blut Christi auffing. Hält sich für die Gralslanze an die legendäre Lanze des Longinus, mit der ein römischer Soldat Christi Seite öffnete. Dann wiederum eine ingeniöse und entscheidende Erfindung Wagners: Die Gestalt der irisierenden Kundry, die er organisiert als gespaltenes Wesen. In ihrer verdammten Doppelexistenz leistet sie für ihre Sünde (nämlich den sein Kreuz tragenden Heiland verlacht zu haben) zum einen Buße im Dienste des Grales; zum andern ist sie dem Gegenkönig Klingsor untertan und muß unter seinem magischen Terror den Lockvogel und die Hure spielen, um die Gralsritter durch Verführung zu vernichten.

Die Vorgeschichte Wolframs wie auch die fabulösen Partien um den Waffen- und Frauenhelden Gawan, die im mittelalterlichen Epos viel Raum beanspruchen, tilgt Wagner. Seine Handlung setzt ein mit dem Eindringen des jagenden Knaben in den Gralsbereich.

Eintritt in die Welt: Hier hat nun Wagner mit mächtiger Hand selbstwillig gewirkt, seinem Helden dessen Vorgeschichte nehmend. Bei Wolfram betritt ein schöner ritterlicher Jüngling, vom Fischerkönig auf den Weg gewiesen, die Gralsburg und ihr Gelände. Da ist er schon mannigfach geprägt, hat – unselig – gekämpft und getötet, ist schon vom Hauch des Erotischen berührt worden, hat durch den Fürsten Gurnemanz die Formen ritterlich-höfischen Betragens gelernt (nicht aber ganz begriffen). Wagner hingegen läßt seinen Helden als jungen Wildling in die Welt treten. Er ist fortgelaufen, – aus der *waste ze Soltâne*, wo seine königliche Mutter Herzeloide nach dem Rittertod seines königlichen Vaters ihn in der Isolation hielt, damit die Erinnerung an Gestalt und Schicksal des ihm unbekannten Vaters ihn nicht verführe zu gleichem weltlich-glanzvollen Tun mit tödlichem Geschick. Die Naturwelt des Wagnerschen Grals und die willkürlich verlassene des Heldenknaben berühren einander über die Ornithologie: der Knabe Parzival hat die Vöglein seiner *waste* geliebt, – und sie gleichwohl ahnungslos erschossen mit Bogen und Bolzen. Sein Eintritt in die Wagner-Welt seines künftigen Schicksals geschieht gleichfalls auf dem Weg über die unbeabsichtigte Tötung eines Vogels. Hier muß es ein Schwan sein, – der Spatz in der Hand wäre nicht bühnenwirksam und überdies deutet damit ein begleitendes Motiv sich an: der Schwan ist Symbol der Treue.

3. Der König und die Wunde

Soviel vorerst zur Szene Wagners. Was sonst noch an Vorkenntnissen der Verhältnisse im Gralsreich nötig sein sollte, liefert in altersseliger Erzähl-Orgie der treue Gralsritter Gurnemanz, – Aufklärung für den Zuhörer eher als für die Akteure des Dramas, denen man gewisse Vertrautheit mit ihrer heimischen Materie unterstellen darf. So erfahren wir von den beiden Gegenreichen: dem des Grals, „Montsalvat" geheißen und in einer Gegend nach dem „Charakter der Gebirge des nördlichen Spaniens" gelegen. Dagegen das Zauberschloß Klingsors, dem „arabischen Spanien" zugewandt. Jenes Klingsors, der, den Gral begehrend, dessen Reinheitsgesetz nicht gewachsen ist und wütig zur Selbstentmannung griff (I, 1): „Ohnmächtig, in sich selbst die Sünde zu ertöten,/an sich legt er die Frevlerhand ..." Was seinen grenzenlosen Haß wider das Gralsreich konsequent erklärt. Bei Wolfram (Buch XIII) vollzieht sich der peinvolle Vorgang gewissermaßen historisch autorisiert, wenn man etwa an Abaelard denkt: Herzog Klingsor wird von König Ibert im ehebrecherischen Bett ertappt – und der Gehörnte handelt radikal: (Klingsor) *wart mit küneges henden/zwischenn beinn gemachet sleht* (657,20 f.), also: „vom König zwischen den Beinen platt gemacht".

Des (Wagnerschen) Gralskönigs Versehrung, Vernichtung der Männlichkeit: diese phallische Bildwelt konzentriert sich im Geschick des Amfortas und seines gefährlichsten Gegners. Denn zu dem Unheil, wie es über dem Gralsreich schwebt, erfahren wir dank der Erzählfreudigkeit des biederen Gurnemanz (dem Wagner eine bescheidenere Statur gibt als Wolfram sie in seinem Gurnemanz schildert, der ein Fürst ist ganz und gar) nun das Folgende: Wagners Priester-König Amfortas, Wahrer der Heiligen Lanze und des Gralsgefäßes, ist unheilbar verwundet. Denn im Kampfe gegen Klingsor setzte dieser seine Geheimwaffe ein: Kundry, die verzaubernd-bezaubernde, die ihm auf rätselhafte Weise untertänig ist, und ihrer Verführungskunst verfiel der Gralskönig, wurde in ihren Armen von seinem eigenen, dem Heiligen Speer getroffen im Zentrum seiner Männlichkeit.

Hier liegt wieder ein entscheidender Unterschied zur Fassung Wolframs. In dessen Epos hat sich Amfortas lediglich des dem Gralskönig verbotenen ‚spielerischen' Minnedienstes schuldig gemacht, Tribut an seine impetuose Jugendphase. Und hat im Kampf gegen einen heidnischen rivalisierenden Gegner die furchtbare Wunde erlitten – nicht weil er ihm unterlegen gewesen wäre (was sich für das Gralselbstverständnis schwer hätte ertragen lassen), sondern weil des frevelhaften Fremden Speer vergiftet war (des Fremden, den er sieghaft tötete).

Das Gralsgefäß ist nun verwaist, Amfortas zum Sterben müde. Eine Prophezeiung freilich verheißt, es könne ein Heiler, Retter und Nachfolger kommen. Bei Wagner charakterisiert: „Durch Mitleid wissend, der reine Tor". Bei Wolfram hingegen, wie Parzival im V. und IX. Buch lernt, kann der Gralskönig Erlösung und Nachfolge durch die einfache aufschlüsselnde Frage nach der Not des Leidensherrschers erfahren.

4. Die ungefragte Frage

Zurück nun zum Anfangszustand der Wagnerschen Handlung. Der Wildling hat in knabenhaft-ungehemmter Jagdlust den treuen Schwan getötet. Zur Rede gestellt, weiß er nichts von sich und seiner Herkunft, – und will sich wütend aufgewühlt auf die rätselvolle Person im Hintergrund, auf Kundry „das wilde Weib" stürzen, als sie ausbrechend verkündet, was er noch nicht weiß: „Seine Mutter ist tot". In Gurnemanz aber regt sich stufenweise die ahnende Vermutung, es sei dieser ein Tor und „rein" und also vielleicht der vom Gral verheißene Erlöser. So geleitet er den Jüngling zur Gralsburg auf den Stufen eines gewaltigen Tongemäldes, der „Verwandlungsmusik". Parsifal: „Ich schreite kaum, –/doch wähn ich mich schon weit", worauf Gurnemanz mit einer philosophischen Sentenz antwortet: „Du siehst, mein Sohn,/zum Raum wird hier die Zeit" (eine Sentenz, auf die Wagner mit Recht stolz war).

Der gemarterte König vollzieht das Gralsritual, das ihn und die Gemeinde am Leben hält, Blut und Wein und Brot und Leib, und immer wieder Blut. Vollzieht es, genötigt von seinem alten Vater Titurel und den Gralsrittern. Das feierliche Spektakel bewegt den Knaben wohl, – es macht ihn aber, begreiflich genug, auch stumm. Er kann, in kindlicher Verwirrung gebannt, keinen mitleidenden Erlösungsgestus vollziehen.

Wolfram berichtet dieses Kapitel in seinem gewichtigen V. Buch mit großem Aufwand. Aufwand, wie er auch von den Templeisen veranstaltet wird, die – ohne daß eine andeutende Bemerkung fiel – von dem Charisma des Jünglings berührt sind, der doch jener Berufene sein könne, dessen Mitleid sich laut Gralsprophezeiung äußern müsse in dem behutsam-wissenden Fragen nach des leidenden Königs Not.

Die Gralsgemeinde traktiert den Gast königlich in Verwöhnung und Ehrerbietung. Im Palast wird ihm der Platz neben dem leidenden Burgherrn angewiesen, er erlebt staunend die prachtvolle Zeremonie des kostbaren Mahls, erlebt, wie unter lautem Klagen der Gesellschaft ein blutiger Speer in den Saal hinein- und wieder hinausgetragen wird und bestaunt ein wunderbares *dinc*, das von des Königs Schwester hereingebracht wird und das nur sie tragen darf: ein mirakuloser *stein*, dessen Wesen und Natur alle irdische Herrlichkeit und Vollkommenheit überstrahlt: der Gral.

Der dies alles erlebt, ist in der Kunst des Begreifens in der Tat noch ein *tôr*, alle Pracht und aller Reichtum und die Würde des feierlich prangenden Hofstaates machen ihn stumm, er bedenkt des höfisch-fürstlichen Lehrmeisters Gurnemanz Rat und befolgt ihn unbedenklich *durh zuht*: Daß es sich nicht gezieme, viel zu fragen! So schweigt er denn – und wird mit allen Ehren des höfischen Zeremoniells zu Bette gebracht, um ihn sind Kerzenglanz und Wein und Obst *der art von pardîs* (244,16), aus dem Paradies. (Soll das an Adams Sündenfall erinnern?)

Der Morgen läßt ihn allein. Er kleidet, rüstet sich, nimmt sein Pferd und Schild und Speer und zwei Schwerter (das andre ihm vom Burgherrn geschenkt – jede Geste ist hier symbolhaft). Sein Rufen bleibt antwortlos. Der unsichtbare Knappe an der Zugbrücke aber ruft dem Fortreitenden nach, er solle künftig unter dem Haß der Sonne leben, und: *ir sît ein gans./möht ir gerüeret hân den flans,/und het den wirt gevrâget!* (247,27 ff.). Das heißt, sehr unhöfisch: „Ihr seid eine Gans!/Hättet Ihr doch den Schnabel aufgemacht/und eine Frage an den Hausherrn gerichtet!"

So anders Wagner insgesamt diese zentrale Szene darstellt, hier hat er einmal wörtlich zitiert: Gurnemanz verweist Parsifal durch eine Nebentür aus der Burg und verabschiedet ihn mit den Worten: „Dort hinaus, deinem Wege zu!/Doch rät dir Gurnemanz:/Laß du hier künftig die Schwäne in Ruh/und suche dir, Gänser, die Gans."

5. Der Weg des Helden zum Ich

Bei Wolfram aber ist Parzivals verhängnisvolles Schweigen letztlich sehr viel tiefer begründet als lediglich durch die mechanische Befolgung der Gurnemanz-Regel: Nämlich durch Befangenheit der Sinne und seelische Verblendung nach unwissend begangener sündhafter Tat! Und diesem Versagen entspricht nun im Epos gemäß dem Modell des klassischen Artusromans eine Kette von ritterlichen ‚Bewährungsabenteuern'. Bis ihn nach mancherlei Irrungen sein Oheim Trevrizent, frommer und weiser Einsiedler, zu Gott und zu sich selbst führt.

Wagner indes geht es um anderes: der genuine Dramatiker verlangt nach einem ritterlichen Gegenspieler, den Parzival nicht hat. Wohl aber erhält ihn Parsifal, – in jenem Klingsor, jenem Klingsor-Instrument Kundry. Sie beide als die Widersacher des Amfortas haben mit furchtbaren Folgen gewirkt, und diese Folgen können – so ergibt es sich mit logischer Stringenz aus der Konstellation – nur geheilt werden durch einen, der sich gleicher Gefahr aussetzt wie der Gestürzte – und sie besteht!

Wohin also nun mit Parzival/Parsifal, dem aus der Gralsburg Verwiesenen? Wolfram schickt ihn, wie gesagt, *ûf âventiure*, – die dem mittelalterlichen Ritter gemäße Tätigkeitsform, für Parzival bedingt durch die unendliche Sehnsucht, dem Gral wieder zu begegnen, ihn zu gewinnen.

Der Weg, das führerlose Pferd führt ihn nach Gottes Willen schließlich zu Trevrizent, dem Bruder seiner Mutter und des Amfortas. In dem zentralen Buch – auch quantitativ zentral: dem IX. von XVI – wird er durch den frommen Mann, der als sein Paraklet wirkt, in einem kanonisch den Regeln der Psychoanalyse folgenden Weg zu sich geführt. Und damit auch zu Gott. Das kann gelingen dank der behutsamen Findungskunst des weisen Mannes, der schrittweise Parzivals Person in ihrer Wahrheit sich entfalten läßt, gestalthaft im Geflecht der ihn bestimmenden Bedingungen seit Jugendzeit: Vaterlosigkeit, ödipale Momente, pubertäres Aufbegehren, Idolisierung von Vorbildern, Verkennung des Gottesbezugs und -begriffs, – so geht es in langen monologischen Gesprächen, darin Trevrizent den Jüngling aufklärt über seine genealogische Filiation bis hin zur erbhaften Beziehung (durch die Mutter) zum Gral. Auch über jenen vergifteten Speer, der Amfortas einst verwundete und dessen Spitze nun noch zu bestimmten Zeitpunkten vor der Gralsgemeinde an die schwärende Wunde gelegt wird, um Hitze und Frost auszulösen unter grauenvollen Schmerzen …

Hier ist noch einmal geboten, auf den Brief einzugehen, den Wagner am 29./30. Mai 1859 an Mathilde Wesendonck schrieb aus Luzern (in der Endphase der ‚Tristan'-Komposition). Dieser Brief bleibt die Erkenntnis oder doch die Bekundung schuldig, die die eigentliche und elementare Differenz ausmacht zwischen dem von Wagner lässig genannten „Meister Wolfram" und seiner eigenen Meisterschaft: Das briefliche Räsonnement ignoriert den *fundamentalen Unterschied von epischer und dramatischer Dichtweise*. Die handlungsarme und lediglich von innerer Dramatik bewegte Szene in Wolfram-Trevrizents Einsiedelei ist für den genuinen Dramatiker unbrauchbar, – und er setzt eine sehr andere Begebenheit an ihre Stelle. So grotesk es klingt, aber es verhält sich doch so: Wagners Trevrizent heißt Kundry!

Gegen Ende des Religionsgesprächs Parzivals mit Trevrizent dessen gewichtige Summe: *du treist zwuo grôze sünde:/Ithêrn du hâst erslagen,/du solt ouch dîne muoter clagen* (499,20 ff.). Dies die endgültige Erklärung für jenen Zustand der Erlösungsunfähigkeit, d.h. für die widersinnige Stummheit des Jünglings vor dem leidenden Gralskönig: Parzival ist befangen im Zustand der tiefsten Sündhaftigkeit, er hat zwiefache Verwandtentötung begangen: hat den König Ither erschlagen (mit dem er väterlicherseits verwandt war); und er hat, wenn auch unwissentlich und unwillentlich, die Schuld am Tode seiner Mutter. Denn Herzeloide hat den eigensinnigen Aufbruch des Sohnes nicht verwunden und ist tot zusammengebrochen. (Was der fortreitende Parzival, dies ein wichtiges Detail, nicht mehr gesehen hat, – anders als sein literarisches Vorbild Perceval.) Und die Tötung Ithers, des Roten Ritters, war überdies wider die Regeln des ritterlichen Speerkampfes geschehen; dazu beging der Sieger auch noch *réroup*, Leichenraub, indem er dem Erschlagenen dessen goldrote Rüstung auszog und sie fortan selber trug. Solchermaßen belastet, war er, vor den leidenden Amfortas tretend, nicht zur entsühnenden Heilung des anderen fähig.

6. Karfreitagszauber

All dies konnte nicht seinen Platz finden auf dem Leidensweg von Wagners Parsifal. Nur ein Detail Wolframs ist erhalten und in anderem Zusammenhang übernommen worden: Die Zuführszene hin zu Trevrizent. Da begegnet, grau der Tag und Schnee auf der Erde, dem irrfahrend-suchenden Jüngling eine kleine Schar, barfuß im Schnee wandernd und angeführt von einem bärtigen Manne und dessen Frau in grobem grauen härenen Gewand. Mit ihnen ihre beiden Töchter, lieblich anzusehen im Kontrast zur schlichten Kleidung, und dazu noch einige Begleiter. Der *rîter grâ* verweist dem jungen stolzen Manne, der prächtig gerüstet zu Pferde daherkommt, seinen weltlichen Aufzug und eröffnet dem (wieder einmal) Ahnungslosen, daß *hiute der karfrîtac* sei (448,7), der Tag von Gottes Opfertod zur Entsühnung der sündigen Menschheit. Diese Belehrung versetzt Parzival wieder in die Kategorie Zeit, d.h. ist Mittel, ihn wieder in die große Ordnung des Daseins einzugliedern. Es schwebt sogar, der auratischen Stimmung des heiligen Tages zum Trotz, der Charme des Erotischen über der Szene, denn natürlich sind die jungen Mädchen verzückt von der Erscheinung des jungen Ritters und wünschen, er möge noch eine Weile mit ihnen ziehen. Parzival jedoch geht seinen Weg, indem er dem Pferd die Zügel läßt, es möge *nâch der gotes kür* (452,9) gehen und den rechten Weg finden. Und es findet ihn: zur Klause jenes Einsiedlers.

Nun die bildhafte Entsprechung der Szene in den beiden Parzival-Parsifal-Werken: Der dritte Aufzug des Weihespiels beginnt „im Gebiete des Grals": eine Blumenaue, ein Waldessaum, ein Quell, und erste Strahlen einer Vorfrühlingssonne. Hier wieder eine Klause, auch wieder ein greiser Einsiedler, und unter einem Gestrüpp schläft und erwacht im rauen Büßergewand ein Weib: Kundry. Da naht sich den beiden vom Waldessaum „in düstrem Waffenschmucke" eine fremde Gestalt, schwarz gepanzert. „Das ist der Brüder keiner", stellt der nunmehr greise Gurnemanz fest. Dem schweigenden Ankömmling entbietet der Alte seinen Gruß – und vollzieht was der *rîter grâ* einst dem Verirrten gab: setzt ihn wieder ein in die Zeit: „Weißt du denn nicht,/welch heil'ger Tag heut ist?" Wisse er denn nicht, „daß heute/der allerheiligste Karfreitag ist?" Er weiß es nicht, denn „Der Irrnis und der Leiden Pfade kam ich". Und es begrüßt ihn eine erhabene Musik, der Wagner die zartesten Töne gegeben hat, die des Karfreitagszaubers.

7. Verführung und Erlösung

Zurück nun wieder zum V. Buch, zu Trevrizent und seinen priesterlich helfenden und entsühnenden Segensworten. Er hat Parzival zwar nicht „welthellsichtig" gemacht wie Kundry ihren Parsifal, wohl aber Ich-hellsichtig: Parzival ist nun endlich bei sich selbst und seinem Handeln, das heißt seiner Aufgabe. Die ihm von Geburt an bestimmt ist: der Gral.

Der mit Schimpf aus Wagners Gralsburg Verwiesene geht – was bleibt ihm andres übrig – in die Welt „zu wilden Knabentaten". Und gerät in Klingsors Reich, das Gegenreich. Und Klingsor weiß, daß ihm daran gelegen sein muß, diesen Jüngling zu fangen, – wie viele andre Gralsritter schon zuvor. Parsifal aber ist unberührbar, in Klingsors Gelände die flimmernden Blumenmädchen mit ihrer flimmernd-impressionistisch tönenden Musik (da antizipiert Wagner wieder – wie einst im Waldweben Siegfrieds unter der Linde – künftige Tonmittel) vermögen ihn nicht zu verführen (wie sie immerhin doch Wagners klügsten und schärfsten musikalischen Kritiker Hanslick verführten). Er widersteht ohne viel Aufwand. Und wird in sein innerstes Selbst geführt durch den ihm seinen Namen gebenden Anruf Kundrys: „Parsifal!" („Das kann nur die Musik", kommentiert den Fall sein Komponist. Die Aufgabe der Namengebung als Bestimmung der Individualität hatte bei Wolframs Parzival die an Schionatulanders Leiche trauernde Sigune übernommen.)

Kundrys Verführungskunst beherrscht ihre Mittel bis in die subtilste Raffinesse, vorausweisend (wieder einmal) auf die Erkenntnisse der Psychoanalyse: der Jüngling wird geleitet in Muttertiefen und Sexus-Höhen und erfährt in kühnster Steigerung „als Muttersegens letzten Gruß/der Liebe – ersten Kuß". Auf dem Wege also über die Mutter des Mutterlosen nimmt Kundry ihre Chance als begehrend-begehrte Geliebte wahr, und zu Recht hat man hier einmal mehr Wagners Fähigkeit bewundert, tiefste Seelenschichten aufzudecken und manche erst durch Sigmund Freud bewußt gemachte Kategorien zu antizipieren. Denn:

Dies ist der Augenblick der dramatischen Peripetie. Die Inbrunst des verführenden Kusses läßt den Jüngling „sündiges Verlangen" und „Qual der Liebe", Begehren und damit zugleich die Wunde des Amfortas spüren. Und er begreift trieb-blitzhaft nicht nur die Liebe sondern mit ihr auch das Leid, das Leiden: „Amfortas! Die Wunde! – Sie brennt in meinem Herzen. –/O Klage! Klage!/Furchtbare Klage!/ Aus tiefstem Herzen/schreit sie mir auf." In diesem Augenblick wird der reine Tor, Verführungszauber begreifend, „wissend", durch Mitempfinden wissend, erkennt sein einstiges Versagen vor dem zerquälten König. „Und ich? Der Tor, der Feige?/Zu wilden Knabentaten floh' ich hin!" Kundry begreift natürlich nicht Parsifals Begreifen, nähert sich ihm wieder, aber ihr Spiel ist ausgespielt, Parsifal hat Amfortas schrecklich begriffen, wild stößt er das *Instrumentum Diaboli* von sich: „Verderberin! Weiche von mir!/Ewig – ewig – von mir!"

Nun das hochintrikate Gegenprogramm, der erlösungsbedürftige Erlöser Parsifal soll nun ihre, Kundrys, Erlösungsbedürftigkeit erkennen. Ihre Verdammensgeschichte will noch eine Hoffnung, und die gründet in der Chance der Vereinigung mit dem unberührbaren Helden, sie will diese Liebesvereinigung auch um den Preis ewiger Verdammnis – und begreift nun, daß ihr Kuß, der ihn blind machen sollte, ihn vielmehr „welthellsichtig" gemacht hat. Was einst der Knabe dem Leidenden vorenthielt, erfleht sie nun für ihre Person: Mitleid. Sie will „nur eine Stunde" des Einsseins, und verflucht in rasendem Wüten den, der sie wieder – „heftig" – von sich stößt. Das ist Klingsors Auftrittszeichen, er schleudert die von ihm frevelhaft eroberte Heilige Lanze auf den, der sein Opfer sein sollte und der nun als Erweckter ihn zum Opfer macht, – die Waffe „taugt" nicht, bleibt schweben über Parsifals Haupt, er ergreift sie, bannt den Zauber indem er sie schwingt „im Zeichen des Kreuzes", – und Klingsors „trügende Pracht" stürzt in sich selbst zusammen.

„Du weißt, wo du mich wiederfinden kannst", – merkwürdig, Parsifal gibt ihr noch eine Chance. Und Kundry in der Tat weiß es. Er macht sich auf den Weg wie sie: zu Amfortas.

8. Parsifal der Täufer

3. Aufzug: Kundry ist eine andere geworden, als sie aufwacht aus tiefster Schlafesstarre auf vorfrühlingshafter Aue „im Gebiete des Grals". Gurnemanz ist nun der wirklich „alte", denn Amfortas hat todessehnsüchtig das Gralsoffertorium verweigert, damit enthält er der Gemeinde die lebens-

spendende Kraft des Grales vor, macht sich beiläufig auf solche Weise auch des Vatermordes schuldig: Titurel „starb – ein Mensch wie alle!"

Da entweiht ein fremder Ritter durch Waffenschmuck die Heiligkeit des Karfreitags: hier spiegelt sich die Begegnung mit dem *rîter grâ*. Gurnemanz und Kundry erkennen Parsifal, – und erkennen auch die Heilige Lanze, das gnadenreiche Wunder begreifend. Kundry salbt ihm mariamagdalenagleich die Füße, Gurnemanz salbt ihm das Haupt: „So ward es uns verheißen, so segne ich dein Haupt,/als König dich zu grüßen."

Parsifal, der neuen Würde eingedenk, neigt sich Kundry zu: „Mein erstes Amt verricht ich so: – /die Taufe nimm/und glaub' an den Erlöser!" Das war's, was sie erflehte, – wenngleich auf andere Weise gedacht. Gurnemanz geleitet seinen Herrn nunmehr zum Gral, wieder auf dem Klangweg einer drängend geballten Verwandlungsmusik (hier war es, wo Wagner anläßlich der letzten Aufführung in Bayreuth den Stab übernahm). Das Leichenbegängnis für den alten Herrn Titurel und ein todwunder, zum Sterben entschlossener Amfortas empfangen sie. Der König fordert seine Ritter verzweifelt auf, ihm das Schwert in den Leib zu stoßen – da greift Parsifal ein: „Nur eine Waffe taugt: –/die Wunde schließt/ der Speer nur, der sie schlug." Nun ist Amfortas „heil, entsündigt und entsühnt", nun ist der Heilige Speer wieder dem Gral vereint, Parsifal verwaltet das Amt des Königs, schwenkt segnend den Gral über seinem neuen Reich, – und Kundry „sinkt, mit dem Blicke zu ihm auf, langsam vor Parsifal entseelt zu Boden". Ein Vorgang von strengster Logik, den Regiewillkür gern verbiegt, indem man Kundry leben (und dem sterilen Gralsritterreich hoffnungsvoll neues Leben bringen) läßt: Aber Kundry muß sterben, denn ihre Un-Sterblichkeit war Folge des auf ihr lastenden Fluches, der nun durch die Taufe von ihr genommen ist und durch ihren Glauben an den wahren Erlöser, – damit ist sie „ein Mensch wie alle" und also sterblich, von der Verdammnis ewiger Wanderschaft erlöst.

9. Erlösung dem Erlöser

Von all dem natürlich nichts bei Wolfram. Seine Cundrie ist nicht Wagners Kundry, so wie sein Parzival nicht Parsifal ist. Eine ausführliche Nacherzählung des Finales mag sich rechtfertigen aus dem Bedürfnis, die beiden Kernszenen der beiden großen Texte zu vergleichen.

Wagner führt also seinen Helden über viele für uns dunkel bleibende Wege („Der Irrnis und der Leiden Pfade kam ich"), aber ohne Unterbrechung schließlich über die Karfreitagsaue zum Gral. Wolfram hingegen arbeitet sich diesem Ziel über einen zweiten Teil seines Romans zu: Die Bücher X bis XV gehören Parzivals Freund und Cousin Gawan und dessen erotischen und ritterlichen Abenteuern (die als Abenteuer faßlicher sind denn *âventiuren*). Inmitten der Artus-Gesellschaft erfährt Parzival durch den ihn einst verfluchenden Mund jener Gralsbotin Cundrie, daß die Inschrift an dem heiligen *dinc* seine Berufung zum Gralkönig verkündet habe. Sie bringt ihn zur Gralsburg, wo – wie bei Wagner – der König in wütender Verzweiflung, von seinen Schmerzen gemartert, die Gralsritter anfleht, ihn sterben zu lassen, das heißt ihn auszuschließen von der lebenerhaltenden Kraft des Grals. Diesen Dienst erweisen seine Templeisen ihm nicht.

Auch bei Wagner kommt es nicht so weit, trotz der ekstatischen Steigerung in des Königs Todesflehen: „Tod! – Sterben!/Einz'ge Gnade! Die schreckliche Wunde, das Gift, ersterbe,/das es zernagt, erstarre das Herz!" Dann in wahnsinniger Steigerung: „Heraus die Waffe! Taucht eure Schwerter tief – tief hinein bis ans Heft!"

Parsifal in der Tat greift nach der Waffe: aber nach jenem heiligen, von ihm wiedereroberten Speer, den Klingsor dem liebesverblendeten Gralsherrn einst geraubt und mit dem er ihm die furchtbare Wunde zugefügt hat. Korrespondierend nun mit dem Akt der Versehrung verkündet Parsifal: „Nur eine Waffe taugt: –/die Wunde schließt/der Speer nur, der sie schlug." Und: „Den heil'gen Speer/ ich bring ihn euch zurück!" Die Harfe rauscht, dazu tönen Posaunen, dann Chöre andachtsvoll und schließlich aus dem Rund der Kuppel des Tempels (für den der Dom von Siena als Modell diente) „zarte hohe, weihevolle Stimmen […] kaum hörbar leise". Und mit ihnen höchst rätselvoll endet das „Bühnenweihfestspiel" in verzückter Erhabenheit: „Höchsten Heiles Wunder!/Erlösung dem Erlöser!"

Hier hat der Dramatiker noch einmal all seine Mittel ausgespielt, pathetisch, sentimental, spannungsvoll mit Klimax und Antiklimax, stürmisch die Wogen aufpeitschend und sie schließlich zart dämmernd verglühen lassend.

Ganz anders der Epiker:

10. Die erlösende Frage

Parzival, begleitet von seinem Halbbruder Feirefiz, „dem Gefleckten", reitet unter der kundigen Führung der Gralsbotin zur Gralsburg. Er tritt vor Amfortas, den *trûregen man*, dem seine Templeisen den Tod verweigern. Der König empfängt ihn und seinen Halbbruder *vroelîche unt doch mit jâmers siten* (795,1), – also in gefaßter Freundlichkeit ungeachtet aller Qualen. Er bittet um seinen Tod, bittet Parzival, er möge ihn, den Leidenden, über sieben Nächte und acht Tage hin daran hindern, den Gral anzusehen: *sô wert mîn sehen an den grâl/siben naht und aht tage:/dâ mite ist wendec al mîn klage* (795,12 ff.). Und nun der dramatische Höhepunkt dieser großen Geschichte – aufs kunstvollste dargestellt in gänzlicher Einfachheit mit Hilfe des Kontrasts: Der erlösende Held fällt drei Mal zu Ehren der Trinität vor dem Grale nieder, bittend, daß des *trûregen mannes herzesêr* möge geendet werden, richtet sich auf und *sprach sô mêr/‚oeheim, waz wirret dir?‘*(795,27 ff.). Vier billige Worte, nur sie enthalten das Zentrum des mächtigen Kunstwerks. (Etwa: „Was fehlt dir?")

Amfortas aber, geheilt und gerettet, wird nun zum schönsten Manne, den man je gesehn.

11. Das Schicksal des Sohnes

Es sei schließlich aus Gründen der Genauigkeit nicht versäumt, eine weitere Gestalt zu erwähnen, die bei Wolfram schimmert und bei Wagner aufstrahlt. Aber in der Wolframschen Version konnte sie Wagner nicht stimulieren, so wenig wie seinen König. Denn es geht um Loherangrin, den Einen der beiden Zwillinge, denen die wunderbare Condwiramurs das Leben geschenkt hat in der Zeit von Parzivals Wanderjahren. Mit einem verheirateten und gar mit Kindern gesegneten Helden aber konnte Wagner nichts anfangen.

Ganz zum Schluß seines großen Epos gibt Wolfram hingegen – von Wagner nicht genutzt – noch einen Abriß der traurigen Lohengrin-Geschichte. ... *er wuohs manlîch stark*, und: *in grâles dienste er prîs gewan* (823,27 ff.). So rettet er vor aufdringlichen Bewerbern die schöne Fürstin von Brabant und heiratet sie, – unter der Bedingung: *gevrâget nimmer wer ich sî*, – wenn aber sie fragt, *sô habt ir minne an mir verlorn* (825,19 ff.). Die Sage hat sich also entwickelt vom Frage-Gebot zum Frage-Verbot, – das hat den Vor-Parsifal-Wagner nicht beschäftigt. Sie leben glücklich, gewannen *schoeniu kint*, Lohengrin bewährt sich als Herrscher und Held – bis *in ir vrâge dâ vertreip* (826,9 ff.) und er zum Grale zurückkehren muß. (Wie man weiß, spielt hier *sîn friunt der swan* eine nützliche Rolle, – Wagner mag durch ihn zu seinem Schwan gekommen sein, den der Jüngling Parsifal beim Eindringen in das Gralsreich erlegt hat.)

12. Das Rätsel Kyot

Soweit die große Geschichte von Parzival und dem Gral. Folgt der Epilog, – mit dem Wolfram der Wissenschaft eine bis heute unbeantwortete und vielleicht nicht zu beantwortende Rätselfrage aufnötigt: die nach *Kyôt dem Provenzâl,* angeblich seinem rechten Vorbild, – während wir eher dem von ihm verworfenen *von Troys meister Cristjân,* dem großen Chrestien von Troyes, vertrauen (827,1 ff.).

Schließlich: Man möchte gern vermuten, daß eine der schönsten melodischen Passagen des ‚Tristan', nämlich die von Brangaenes Tagelied, angeregt sei durch die so vehemente wie zarte Poesie von Wolframs Liedern. Jedoch scheint Wagner sie nicht gekannt zu haben, es finden sich keine Anklänge von Worten und Phrasen.

Literatur

Text

Richard Wagner, Dichtungen und Schriften. Jubiläumsausgabe in zehn Bänden, hg. von Dieter Borchmeyer, Bd. 4: Tristan und Isold, Die Meistersinger von Nürnberg, Parsifal, Frankfurt a.M. 1983.

Dokumente

Dokumente zur Entstehung und ersten Aufführung des Bühnenweihfestspiels Parsifal, hg. von Martin Geck/Egon Voss (Richard Wagner, Sämtliche Werke 30), Mainz 1970.
Thomas Mann, Wagner und unsere Zeit. Aufsätze, Betrachrungen, Briefe, hg. von Erika Mann, Frankfurt a.M. 1963.
Cosima Wagner, Die Tagebücher, hg. von Martin Gregor-Dellin/Dietrich Mack, München/Zürich 1970.
Richard Wagner, Briefe. Ausgew., eingel. und komm. von Hanjo Kesting, München/Zürich 1983.

Forschung

Bauer, Oswald Georg, Die Aufführungsgeschichte in Grundzügen, in: Müller/Wapnewski (1986), S. 647–674.

Borchmeyer, Dieter, Nietzsche, Cosima, Wagner. Porträt einer Freundschaft (insel taschenbuch 3363), Frankfurt a.M. 2008.
Branscombe, Peter, Die sprachliche Form der Dramen, in: Müller/Wapnewski (1986), S. 175–196.
Mertens, Volker, Richard Wagner und das Mittelalter, in: Müller/Wapnewski (1986), S. 19–59.
Metzger, Heinz-Klaus/Riehm, Rainer (Hg.), Richard Wagner, Parsifal (Musik-Konzepte 25), München 1982.
Meyer-Kalkus, Reinhart, Richard Wagners Theorie der Wort-Ton-Sprache in „Oper und Drama" und „Der Ring des Nibelungen", in: Athenäum 6 (1996), S. 153–195.
Müller, Ulrich, Parzival und Parsifal. Vom Roman Wolframs von Eschenbach und vom Musikdrama Richard Wagners, in: Sprache – Text – Geschichte. Beiträge zur Mediävistik und germanistischen Sprachwissenschaft aus dem Kreis der Mitarbeiter 1964–1979 des Instituts für Germanistik an der Universität Salzburg, hg. von Peter K. Stein/Renate Hausner/Gerold Hayer/Franz V. Spechtler/Andreas Weiss (GAG 304), Göppingen 1980, S. 479–502.
Müller, Ulrich/Wapnewski, Peter (Hg.), Richard-Wagner-Handbuch, Stuttgart 1986.
Wapnewski, Peter, Das Bühnenweihfestspiel, in: Müller/Wapnewski (1986), S. 331–352. – Der traurige Gott. Richard Wagner in seinen Helden, 3. Aufl., Berlin 2001.

III. Parzival in der Literatur des 19. und 20. Jahrhunderts

von Ursula Schulze

Vorbemerkungen – **1. Auftakt der ‚Parzival'-Rezeption im 19. Jahrhundert:** Friedrich de la Motte Fouqué, ‚Der Parcival' – **2. ‚Parzival'-Aktualisierungen Anfang des 20. Jahrhunderts** – 2.1 Stefan George und Karl Vollmoeller – 2.2 Richard von Kralik, ‚Die Gralsage' (1907) – 2.3 Friedrich Lienhard und Ernst Stadler – 2.4 Gerhart Hauptmann, ‚Parsival' (1911) – 2.5 Will Vesper, ‚Parzival. Ein Abenteurerroman' (1911) – 2.6 Hans von Wolzogen, ‚Parzival der Gralsucher' (1922) – 2.7 Albrecht Schaeffer, ‚Parzival' (1922) – **3. ‚Parzival'-Rezeption am Ende des 20. Jahrhunderts** – 3.1 Tankred Dorst, ‚Parzival. Ein Szenarium' (1990) – 3.2 Peter Handke, ‚Das Spiel vom Fragen oder die Reise ins sonore Land' (1989) – 3.3 Christoph Hein, ‚Die Ritter der Tafelrunde' (1989) – 3.4 Adolf Muschg, ‚Der Rote Ritter' (1993) – **Schlußbemerkung**

Vorbemerkungen

Literarische Werke, die durch Wolframs Pz.-Roman angeregt sind, beziehen sich in sehr unterschiedlicher Weise auf das Werk, das sie produktiv rezipieren. Die Relation zu dem Stoff und seiner Struktur, zu den behandelten Themen, der Darstellungsweise u. a. ist verschieden dimensioniert. Sie kann die gesamte erzählte Geschichte umfassen – was selten vorkommt – oder sie betrifft nur ausgewählte Teile, signifikante Motive, einzelne oder gar nur einen Namen. Die Adaptation des Aufgenommenen an eine eigene Konzeption und einen neuen Verständnishorizont variiert vielfältig. Es läßt sich schwer ein System der Rezeptionsmöglichkeiten erstellen, das als Gliederung für die zu betrachtenden Werke dienen könnte. Behandelt werden kann hier auf jeden Fall nur eine Auswahl von Texten, die durch Wolframs Pz. angeregt sind. Sie gehören verschiedenen Textsorten an: längere und kürzere Erzählungen, Dramen, lyrische Gedichte. Die 1989 erschienene Bibliographie zur ‚Rezeption mittelalterlicher deutscher Dichtung' von Siegfried Grosse und Ursula Rautenberg ist nach diesem formalen Gesichtspunkt untergliedert. Für die Charakterisierung der Nachdichtungen in der folgenden Darstellung scheint es jedoch zunächst weniger aufschlußreich, welche Textsorte der Verfasser gewählt hat. Relevanter ist die Auswahl übernommener Figuren und Motive sowie der neu entworfene Kontext, in den sie gestellt werden. Daraus läßt sich das Interesse des neuzeitlichen Dichters an seiner Vorlage erkennen und etwas über die Bedeutungsformation des Textes ablesen. Das Rezeptionsinteresse und das Bedeutungskonzept sind im historischen und literarischen Horizont des Rezipienten verankert. Genauere Ausführungen werden jeweils die zeitgenössischen Interessenhorizonte umreißen, und zu diesem Zweck erscheint die Behandlung der ausgewählten Werke in der zeitlichen Abfolge ihrer Entstehung angemessen.

Eine Auswahl ist unerläßlich, auch wenn die Zahl der durch Wolframs Pz. angeregten Texte nicht an die produktive ‚Nibelungenlied'-Rezeption heranreicht. Die Einschätzung der Qualität der Werke und ihre Repräsentativität für bestimmte Zeittendenzen steuert die Auswahl. Eine vollständige Auflistung läßt sich der genannten Bibliographie entnehmen. Bei der neuzeitlichen Gestaltung der Geschichte von Parzival und der Gralssuche ist nicht immer genau abgrenzbar, wieweit Wolframs Roman Anregung und Ausgangsbasis gewesen ist und wo andere Werke des Stoffkreises direkt oder indirekt mit herangezogen worden sind. Auch die Pz.-Rezeption hat fortschreitend in den Texten ihre Spuren hinterlassen, vor allem Richard Wagners ‚Parsifal', dem ein eigenes Kapitel des Handbuchs gewidmet ist.

Die Nachdichtung oder Neudichtung eines mittelalterlichen Werkes kann durch verschiedene Gründe veranlaßt sein: Die besondere Faszination der Vorlage drängt zur deutenden Aneignung in einem anderen zeitlichen und sachlichen Kontext. Die Vorlage bietet sich als Reservoir von Figuren, Motiven, Erzählschemata an, die in einem neuen Konzept adaptiert werden können. Beide Möglichkeiten sind keine Alternativen, sondern greifen u. U. ineinander. Peter von Matt wertet den Impuls, der von bestimmten Texten ausgeht, sie neuschaffend zu wiederholen, als ein Signum ihrer weltliterarischen Qualität (von Matt, 1992, S. 89). Die Stoffülle und der Aspektereichtum machen Wolframs Pz. für viele Interessen anziehend und ergiebig. Der Roman beschreibt den Lebensweg eines Menschen als naives Kind, als unwissender Mörder, als Opfer gesellschaftlicher Etikette, als bußfertiger Sünder, als Erwählter Gottes. Er handelt vom Gral als transzendenter Kraft und Institution, die bestätigt und geleugnet werden kann; er entwirft Frauenfiguren und Liebesbeziehungen in verschiedenen Facetten.

Für den zu betrachtenden Zeitraum des 19. und 20. Jh.s ergeben sich drei zeitliche Konzentrationsphasen der Pz.-Rezeption: Anfang der dreißiger Jahre des 19. Jh.s hat Friedrich de la Motte Fouqué einen umfangreichen ‚Parcival' geschrieben; in den ersten Jahrzehnten des 20. Jh.s entstand eine Reihe verschiedenartiger Nachdichtungen, und seit den achtziger Jahren haben wiederum mehrere Autoren kurz nacheinander den von Wolfram geprägten Stoff aufgenommen und sind in einen intertextuellen Dialog mit dem mittelalterlichen Werk eingetreten.

1. Auftakt der ‚Parzival'-Rezeption im 19. Jahrhundert

Friedrich de la Motte Fouqué, ‚Der Parcival'
– Gespräche mit Meister Wolfram –

Die produktive Rezeption von Wolframs Pz. begann im 18. Jh., als Johann Jakob Bodmer, der „Wiederentdecker des deutschen Mittelalters" (Wehrli, 1997, S. 180), Ausschnitte aus Wolframs Roman frei nachdichtete: ‚Parcival' (1753), ‚Gamuret' (1755), ‚Jestute' (1781) (→ S. 708ff.). Kenntnis des gesamten mittelalterlichen Werks vermittelt dann die Textausgabe von Christian Heinrich Myller (1784). Auf sie stützte sich Friedrich de la Motte Fouqué, der im 19. Jh. als erster eine umfangreiche Dichtung ‚Der Parcival' verfaßt hat. Das 1832 fertig gestellte Werk blieb zu Fouqués Lebzeiten unveröffentlicht. Es wurde erst 1997 im Rahmen einer Werkausgabe von Tilman Spreckelsen u.a. publiziert. Fouqué hat sich Jahrzehnte lang mit dem mittelalterlichen Roman beschäftigt. 1815 erwähnt er erstmals den Plan einer Nachdichtung. Sie sollte der „Gipfelpunkt" seiner „ganzen poetischen Laufbahn" werden (Spreckelsen, 1998, S. 23). Bereits die frühen Äußerungen weisen darauf hin, daß ihn vor allem Bewunderung von Wolframs Erzählkunst zu konkurrierender Nachdichtung antrieb. Die eigentliche Arbeit erfolgte in den Jahren 1831/32. Fouqué berücksichtigt die gesamte von Wolfram erzählte Geschichte bis auf die Lohengrin-Handlung. Er gestaltet sie mit sachlichen Veränderungen, Straffungen und Ausweitungen um und durchsetzt sie mit 49 Gesprächen zwischen Meister Wolfram und Meister Friedrich, den entworfenen Rollen des mittelalterlichen und neuzeitlichen Dichters. Das von Fouqué in sechs Bücher untergliederte Werk (in Myllers Ausgabe sind die Pz.-Verse durchgezählt, Lachmanns Ausgabe mit der Buch-Einteilung von 1833 lag noch nicht vor) ist ein *mixtum compositum* aus Prosa und verschiedenartigen Versen. Sie bezeugen die Fouqué von seinen Zeitgenossen attestierte sprachliche Gewandtheit. Epische, lyrische und dramatische (d.h. dialogische) Partien wechseln einander ab. Letztere machen drei Viertel des über 550 Druckseiten umfassenden Werkes aus. Spreckelsen hat einen raffinierten Bezug der formalen Gestaltung zum Inhalt zu zeigen versucht, und er sieht Entsprechungen zu Wolframs Stilmerkmalen in dem häufigen Szenen- und Perspektivenwechsel, den Äußerungen des Erzählers und der Einbeziehung des Publikums. Der Einsatz dieser Mittel verleiht Fouqués ‚Parcival' eine Art ‚Modernität'. Z.T. wird die Geschichte durch Lesen, Vorlesen und Betrachten von Bildern vermittelt. Im dritten Buch erfolgt z.B. die erste Schilderung von der Gralsburg und Parcivals Frageversäumnis im Gespräch einer Mutter mit ihrem kranken Kind. Beide betrachten dabei ein Bilderbuch quasi als Einschlaflektüre. Auf diese Weise wird die Gralsburg (hier als *LichtGefäß* bezeichnet) in distanzierender Brechung vorgeführt. Die Bildbetrachtung ist umrahmt von Parcivals Begegnung mit dem Fischerkönig (in dialogischer Form) und seinem Aufbruch von Mont-Salvaz, nachdem er seinen Auftrag verfehlt hat (in auktorialer Erzählweise). Im fünften Buch berichtet der Ich-Erzähler dann gleichsam nach alten Quellen vom Gral. Er ist ein Stein. Wer ihn täglich anblickt, altert nicht; von seinem Hüter wird Keuschheit verlangt. – In einem Dialog vor seiner Einsiedlerklause drängt Trevrizent Parcival, nach dem Gral zu ringen. Erst gegen Ende des sechsten Buches, bei der Vorbereitung der Heilung des Amfortas wird die Burg Mont-Salvaz direkt zum Schauplatz für die auftretenden Figuren gemacht. Ein Chor, z.T. in Halbchöre untergliedert, spricht feierlich im Wechsel mit Amfortas, während der Gral hereingetragen wird. Die Bezeichnungen (S. 550):

Heiligstes, mildestes Symbolum,
Aber auch strengstes!
wundersames Gefäß,
Ausstrahlend Göttliches Licht

sakralisieren ihn in einer oratorienhaften Szene. Amfortas Hoffnung, *In te Domini, speravi* (S. 552), erfüllt sich dann in einem entsprechenden Auftritt, bei dem Parcival die entscheidende Frage stellt (S. 560)

Was ist Dein Weh, Amfortas?
Freund dem Freund sag's an.

Daraufhin wird er selbst zum Gralshüter bestimmt. Doch diese entscheidenden Szenen sind noch einmal von einem letzten Dialog der Meister unterbrochen: *Meister Wolfram von Eschenbach* – hier mit vollem Namen genannt – fordert Friedrich in lateinischen Worten zum abschließenden dichterischen Handeln auf. In Erinnerung an den Geburtstag von Friedrichs verstorbener Mutter wird ein siebenstrophiges Lied bei der letzten Begegnung der Meister gesungen –, gleichsam als Exkurs im Exkurs, bevor Fouqué die drei Schluß-Szenen gestaltet.

Die wichtigste Neuerung stellen zweifellos die Gespräche der beiden Meister dar, wahrscheinlich angeregt durch Wolframs Selbstäußerungen. Fouqué nutzt die Rolle Meister Friedrichs, um Erfahrungen seines eigenen Lebens, menschliche Beziehungen, Erinnerungen an literarische und militärische Weggefährten, Berufsabsichten (die Wiederaufnahme ins Militär), Zeitereignisse (z. B. Goethes Tod) und Daten seines Arbeitsprozesses einzubringen, die wie Reflexe eines Tagebuchs wirken. Die Erörterung poetologischer Aspekte liegt als Gesprächsthema näher. Wenn dabei u. a. propagiert wird *Alles, –: Menschen, Thaten, Schicksale* so zu bewahren, wie es in die Seele der Meister *hereingefallen ist*, wird das von Spreckelsen als Absage an ein Streben nach historischer Wahrheit gewertet und als Positionsbestimmung Fouqués im Kontrast zu den literarischen Tendenzen der dreißiger Jahre des 19. Jh.s (Spreckelsen, 1998, S. 30), in denen er sich zu Recht isoliert fühlte.

Während der Dichter des neuen ‚Parcival' sich auf der Ebene der Erzählkunst mit Wolfram messen, ihn vielleicht gar überbieten wollte, berührten ihn offensichtlich, die für Wolframs Figuren existenzbestimmenden Motive weniger. Das betrifft nicht nur Kämpfe und Liebesbeziehungen, sondern auch das zentrale Anliegen, wie der Mensch Ansehen in der Welt erringen und bewahren könne, ohne sein Seelenheil zu verlieren. So ist das große Thema Schuld und Gnade in der Nachdichtung kaum berücksichtigt. Das von Fouqué für sein Buch gewählte Motto zeigt signifikant die Banalisierung der Geschichte:

Alsus vert die mennischeit,
Hiute frevde morgen leit.

Die religiöse Spannungsdimension ist verflacht zu einer pessimistischen Sicht auf unglückliche Schicksalsschläge, welche die Menschen treffen. Diese bei Fouqué auch sonst auftauchende Perspektive wird durch religiöse Töne, die in den Gesprächen der Meister zum Ausdruck kommen, nicht wirklich kompensiert. Indem die zentralen Themen von Wolframs Roman wenig ausgeprägt, geschweige denn aktualisiert sind, erscheint die Nachdichtung vor allem als ein Experimentierfeld, auf dem verschiedene Gestaltungsmöglichkeiten entfaltet werden. Die Aussage- und Anschauungskraft bleibt z. T. hinter der Wortgewandtheit zurück. Und daraufhin ist zu vermuten, daß eine Veröffentlichung des Werks zu Fouqués

Lebzeiten kaum eine nachhaltige Resonanz gehabt hätte. Die große Beachtung seiner Nibelungen-Dramen von 1810 war von der romantischen Begeisterung für den Stoff und der historisch-politischen Atmosphäre der Freiheitskriege getragen; später vermißte man Differenziertheit und psychologische Motivierung der Figuren. Dementsprechend erscheint Fouqués ‚Parcival' als privater Rezeptionsakt – ein von persönlichen Anliegen durchsetztes Spiel eines ambitionierten Formkünstlers mit einem mittelalterlichen Stoff.

2. ‚Parzival'-Aktualisierungen Anfang des 20. Jahrhunderts

Eine Reihe von literarischen Werken, die Wolframs Pz. produktiv aufnehmen, konzentrieren sich auf die ersten drei Jahrzehnte des 20. Jh.s. Sie sind Ausdruck einer kulturkritischen Rückwendung in die Vergangenheit, zur Religion, zum Wunderbaren, zu inneren, immateriellen Werten. Um dem Atheismus, Materialismus und Sozialismus entgegenzuwirken, werden bündische Gemeinschaften gegründet, die u.a. durch literarische Tätigkeit besondere Wirkung entfalten. Der Kreis um Stefan George gehört dazu. Z.T. kennzeichnen die Namen der Bünde die Interessenausrichtung. 1905 hat Richard von Kralik die konservativ katholische Schriftstellervereinigung ‚Gralsbund' gegründet mit der Zeitschrift ‚Der Gral' als Publikationsorgan. Der ‚Mittgart-Bund', die ‚Thule-Gesellschaft' und der ‚Templeisen-Orden' sind andere Zusammenschlüsse (Hermand, 1969, S. 524 f.), um ariosophische, deutsch-christliche, völkische u. ä. Ansichten zu propagieren.

Parzival scheint sich als Trägerfigur für derartige Anliegen besonders gut zu eignen. Der mittelalterliche Stoff, die Verbindung von weltlichen und religiösen Motiven, der wechselhafte Weg des Gralsuchers können im einzelnen verschieden interpretiert werden. Wichtige Figuren und die Motive der von Wolfram erzählten Geschichte werden als Hohlform für aktuelle Vorstellungen benutzt.

2.1 Stefan George und Karl Vollmoeller
– Spiegelungen der Seele –

Stefan George, der bedeutendste Vertreter der antinaturalistischen Wende des Fin de siècle, hat mit einem dreistrophigen Gedicht einen vagen intertextuellen Bogen zu Wolframs Pz. geschlagen. In mehreren Gedichtzyklen operiert George mit einem poetologischen Verfahren, gegenwärtiges Fühlen und Denken in fremde Welten zu transponieren und auf die literarischen Wurzeln von Antike, Mittelalter und Orient zurückzuführen. Er kommentiert selbst zu den ‚Büchern der Hirten- und Preisgedichte, der Sagen und Sänge und der Hängenden Gärten': *sie enthalten spiegelungen einer seele, die vorübergehend in andere zeiten und örtlichkeiten geflohen ist und sich dort gewiegt hat* (S. 7).

Im ‚Buch der Sagen und Sänge' (1895), wo George Vorstellungen und Muster des christlichen Mittelalters aufnimmt, bezieht er sich in dem Gedicht ‚Der Einsiedel', ohne Namen zu nennen, auf die Begegnung zwischen Trevrizent und Parzival. Die Figurenkonstellation von Lehrer und Schüler ist für George von besonderem Interesse. Der Einsiedel bemüht sich, den ‚Sohn' zu halten, aber es gelingt ihm nicht. Nach Beichte und Buße zieht der Ritter weiter ins Leben (S. 65):

> *Er ging an einem jungen ruhmes-morgen.*
> *Ich sah nur fern noch seinen schild im feld.*

Der dem George-Kreis nahestehende Karl Vollmoeller hat zwischen 1897 und 1900 einen Gedichtzyklus ‚Parcival' verfaßt, der als literarisch besonders qualitätsvolle Leistung zu diesem Themenkomplex um die Jahrhundertwende anzusehen ist. Bereits 1897 veröffentlichte Stefan George eins der Gedichte in den ‚Blättern für die Kunst'. Nach einer ersten bibliophilen Ausgabe erschien der Gedichtband 1903 im S. Fischer Verlag, und 1914 wurde er mit entsprechender Breitenwirkung in die Insel-Bücherei aufgenommen. Der Zyklus bringt Vollmoeller hohe Anerkennung seines lyrischen Talents, nicht nur bei George und Hofmannsthal, sondern auch bei Stefan Zweig. Dieser charakterisiert die Transformation der mittelalterlichen Figur: „Ein moderner Mensch steckt in Parcivals Ritterrüstung, einer, der sehnsüchtig ist nach reicheren, leidenschaftlicheren Lebensformen, einer, der sich zurückbeugt in den halbverblichenen Spiegel der Vergangenheiten, um tiefer die Schönheit seiner Seele zu entdecken, als im Spiegel der Tage. Das Seltsame hat ein wildes, hingebendes Vertrauen gefunden in diesem Dichter, und das Mystische eine sanfte Verklärung" (Das Literarische Echo, 1. 11. 1903). Zeitlich steht Vollmoellers Band in einer Reihe mit Georges ‚Jahr der Seele', ‚Teppich des Lebens', ‚Lied von Traum und Tod', Rilkes ‚Buch der Lieder' sowie Hofmannsthals ‚Ausgewählten Gedichten'. Die jugendstilhafte Sprache und Bildlichkeit des virtuosen neunzehnjährigen Lyrikers sind den Genannten verpflichtet, und er arbeitet mit dem von George vorgegebenen Spiegelungsverfahren.

Der Parcival Vollmoellers ist eine Gestalt zwischen Tat und Traum. Er zieht aus von der goldenen Sonnenburg, die er verloren hat und die er sein Leben lang ersehnt. Am Ende erreicht er sein Ziel, er verschwindet im Zauberwald und schaut sterbend Gott von Angesicht zu Angesicht. Die Konturen dieser Parcival-Figur und die Stationen, an denen sie auftritt, werden in mittelalterlich getönten Bildern mit visuellen Effekten (Licht und Farbe) gemalt und immer wieder aufgelöst. Hinter den Bildern leuchten tiefere magische Schichten auf, und es entsteht ein ständiger Wechselbezug zwischen dem imaginierten mittelalterlichen und dem gegenwärtigen Ich. Die biographische Fundierung bestimmter Darstellungsmomente, auf die Interpreten aufmerksam gemacht haben, dürfte nicht nur für die Genese des Werkes interessant sein, sie weist aus dem ästhetischen Spiel auf existentielle Bezüge. Die erste Strophe entwirft, wohl durch Hofmannsthal inspiriert, eine verlorene präexistente Welt: das Sonnenland, die goldene Stadt (S. 3):

Verlorene Kinder aus dem Sonnenland,
so irren wir schon durch die Zeiten,
die Rückkehr suchend, welche keiner fand.

Alte Sagen erinnern an das Verlorene, und so kann Parcival zur Exempelfigur werden (S. 3 f.):

Die Heimatstadt, nach der wir spähn und fragen,
in die kein Zutritt ist durch Kraft noch List,
die Stadt, von der es heißt in alten Sagen,
daß einmal nur nach tausendjähriger Frist
als König einzieht, ein verlorenes Kind –
[…]
und deren Tore all von Golde sind.

In den folgenden Gedichten ergibt sich aus den evozierten Stationen und Bildern durchaus eine Geschichte Parcivals zwischen Kindheit und Tod. Intertextuelle Relationen zu Wolfram verdeutlichen manche Linien. Analog auftretende Figuren (Sigune und Condwiramurs) bleiben ohne Namen. Das auf den Prolog folgende erste Gedicht zeigt Parcival nach seinem verfehlten Besuch auf Munsalvaesche. Er ahnt, was er verloren hat, und wird zum Suchenden. Nicht Erwählung und Gottes Gnade führen ihn zum Ziel wie im mittelalterlichen Roman, sondern er muß selbst aktiv werden, die vordergründige Realität durchdringen und das Ineinandergreifen von Traum und Wirklichkeit ermessen: *Tat ist Traum, und Traum ist tun* (S. 28). Parcival gelangt aus der Enge der Wälder hinaus in die Welt. Was Sigune ihm wissend von dem Grauen des Lebens prophezeit, in dem sich die Gegensätze (Verlieren und Siegen, Umarmen und Erwürgen) zusammenschließen, wird zu seiner eigenen Erfahrung (S. 11).

Der Spiegel meiner Seele ist getrübt –
entstellt die Welt, die rein und leuchtend war!

Die mittelalterliche Gottesfrage und der Hader mit Gott werden verwandelt aufgenommen: *wer bist du, Gott, der sich so schaurig rächte?* (S. 11). Das Alte scheint verloren, Neues ist nicht zu finden. Alles, auch das eigene Ich entzieht sich der Faßbarkeit. Im vierten Gedicht bringt die Liebesvereinigung mit der Königin eine neue beseligende Erfahrung, die in religiösen Metaphern ausgedrückt wird, doch die Sehnsucht treibt Parcival weiter. Im längsten Gedicht des Zyklus wird die Blutstropfenszene aus Wolframs Roman moduliert: *Die Ebene glitzernd im Osterschnee* (S. 18). In einem Trancezustand zwischen Liebesbegegnung und Kampf überwältigt Parcival drei Ritter. Manches bleibt dabei im Vagen. Die Blutstropfen im Schnee erscheinen nicht wie bei Wolfram als Erinnerungszeichen an Condwiramurs Schönheit, sondern als reale blutende Wunden am Mund und an der Brust. Auf dem Kampfplatz bleibt Parcival allein zurück (S. 21):

Ein einsamer Reiter, drei Tropfen Blut –
Von drüben schimmern die Lagerzelte des Königs.

Nach langem Irrweg befreit sich Parcival aus der Bedrängnis der Waffenkämpfe und von dem Hader mit Gott. Eine christusähnliche Stimme reißt ihn aus den Zwängen *empörten Wollens und gewollter Qual* (S. 29):

Schau her, ein Licht in dem geballten Dampfe:
Und lächelnd reicht dir vom erhöhten Mal,
dem Tatenstarken dir, der Leidensgroße
den Pilgerstab und Mantel, Kreuz und Ros.

Parcival wird ein Pilger, ein *homo religiosus*, und sieht die Welt mit anderen Augen. Sterbend erreicht er sein Ziel: Er sieht Gottes Angesicht. Die Imaginationen sind deutlich von christlichen Vorstellungen geprägt. Das gehört zu den Charakteristika dieser Aneignung des Parzival-Stoffes. Vollmoeller hat eine vorgegebene Geschichte benutzt, um ihm wichtige Themen (Möglichkeiten der Lebensbewältigung, religiöse Sehnsucht, Liebe und Schmerz) an einer Figur vorzuführen und über das direkt Formulierte hinaus durch weitergehende Anspielungen zu vertiefen. Im Gegensatz zu Stefan George arbeitet Vollmoeller nicht nur verfremdend mit einem imaginierten Mittelalter, sondern er verweist auf bestimmte literarische Figuren, Motive und Szenen der in Wolframs Roman umfassend gestalteten Geschichte. Es ist erstaunlich, wieviel in dem begrenzten Rahmen der Gedichte alludiert werden kann. Auch in den Redeformen scheinen Parcival und das redende, gegenwärtige Ich mit einander zu verschmelzen. In dem changierenden, z.T. auch ambivalenten Beziehungsspiel zeigt Vollmoeller an dem Sinnträger Parcival Träume eines Menschen der Jahrhundertwende. Mit jugendstilhaften Übersteigerungen gelingt ihm die Anverwandlung einer mittelalterlichen Figur, um den Blick in eine Dimension jenseits der Welt rational durchschaubarer Technik und naturalistischer Determination zu lenken.

2.2 Richard von Kralik, ‚Die Gralsage' (1907)
– Ein Medium kultureller Erneuerung –

Der österreichische Schriftsteller und Kulturhistoriker Richard Kralik verdient weniger wegen seiner literarischen Produktion Erwähnung in der Rezeptionsgeschichte des Pz., als vielmehr weil er Anfang des 20. Jh.s bestimmte Dispositionen für das Interesse am Gralsmythos geprägt und verbreitet hat. Er vertrat einen konservativen Katholizismus und hoffte, auf der Grundlage christlicher, an der Vergangenheit orientierter Vorstellungen die Erneuerung der österreichischen und europäischen Kultur zu fördern. Der Gral war für ihn das Symbol dieser Erneuerung. Seit 1905 wurde die Rückbesinnung auf die christlich-nationale Vergangenheit durch die Schriftstellervereinigung ‚Gralsbund' und durch die Zeitschrift ‚Der Gral' verbreitet. 1907 hat Kralik ein Epos ‚Die Gralsage' veröffentlicht, 1912 ein Drama ‚Der heilige Gral'. Parzifal steht im Mittelpunkt des Epos, das Vorgaben Wolframs gerafft aufnimmt und sie symbolisch deutet. Der Gral bezeichnet ein überirdisches Ideenreich, das Tod und Leben zusammenschließt und vielfältig auf die irdische Welt einwirkt.

Der Text verdient als kulturhistorisches Zeugnis Beachtung, weil er den geistigen Horizont Wiens zu Beginn des 20. Jh.s ebenso mitgeprägt und weitergehende Wirkung entfaltet hat wie die Vorstellungen des Ariosophen Jörg Lanz von Liebenfels. Er hat sie unter dem Titel ‚Der heilige Gral als das Mysterium der arisch-christlichen Rassenkultreligion' 1913 in Wien publiziert.

2.3 Friedrich Lienhard und Ernst Stadler
– Aufbrüche –

In kurzem zeitlichem Abstand zu Vollmoellers lyrischem Zyklus sind zwei Einzelgedichte entstanden, die Episoden aus der Parzival-Vita aufgreifen. Friedrich Lienhards ‚Parsifal und der Büßer' (1912) und Ernst Stadlers ‚Parzival vor der Gralsburg' (1914). In beiden wird der traditionsmächtige Name zum Sinnträger für ein zeitgenössisches Anliegen, und verleiht den Appellen eine quasi mythische Dimension. Thematisch verbindet der Versuch, Lebenskräfte zu stimulieren, beide Gedichte; vom ideologischen Hintergrund her und stilistisch unterscheiden sie sich stark. Lienhard benutzt ein traditionell beschauliches Legato, Stadler ein frühexpressionistisches Stakkato.

Die bei Lienhard in zwölf Strophen behandelte Konfrontation von Ritter und Einsiedler (Parzival und Trevrizent), ist wiederholt in der Literatur aufgenommen worden (vgl. Stefan George, Tankred Dorst). Lienhard entwirft farbbetonte Bilder in einer Naturszenerie: der Büßer grau, Parzival eine Lichtgestalt auf der Suche nach dem Gral. Der eine konzentriert sich in nachdenkender Buße auf *Sünde* und *Schuld*, der andere reitet zum Kampf in die Welt. Eine *Vita passiva* und eine *Vita activa* treffen aufeinander. Parsifal sieht Gemeinsamkeiten im Kontrast (S. 317):

Freund, wir sind verwandt,
Im Wechsel suchen wir Bestand.
Wir suchen Ew'ges: Du mit Geisteskräften
Dich reinigend von jeder niedren Regung,
Und ich, getrieben von des Blutes Säften,
Draußen in Tat, Gestaltung und Bewegung.

Der weltabgewandten Resignation des Büßers setzt der Ritter die Absicht entgegen, eine bessere Welt zu schaffen. Religiöse Namen und Zeichen werden aufgerufen: der Gral, Christus, Tod und Sieg. Der eine will zum Tod, der andere zum Leben durchdringen. Jeder hält den Gral für sein Ziel, d.h. dieser ist komplementär besetzbar. Doch im Widerstreit des Strebens überzeugt der Junge den Alten von der Berechtigung seiner Aktivität: *Jüngling, zieh hin! Laß deinen Schild zerspalten!* (S. 318). Der Büßer will Hilfe im Fall der Verwundung leisten (S. 318):

Des Ritters Herz war fest, sein Auge heiter.
Die Wüste kam; es lag im Sand verdorrt
Manch bleicher Schädel – doch der Held ritt fort.

Lienhard steht unter dem Einfluß der Schrift von Lorenz-Gotha (1902): ‚Parsifal als Übermensch'. Als Herausgeber der Zeitschrift ‚Der Türmer' wollte Lorenz-Gotha die deutsche Dichtung aus den Kräften des Volkes und seiner Geschichte, besonders aus den Sagen und Stoffen des Mittelalters neu beleben. Der Gral gilt ihm als Zeichen deutscher Innerlichkeit. Auf sie müsse sich der von ihm postulierte Idealismus gründen. Seine Vorstellungen hat er in einer Schrift ‚Neue Ideale' (1901) als Absage an jede Form kritischer Rationalität dargelegt.

Ernst Stadlers ‚Parzival vor der Gralsburg' gehört in seinen hochgeschätzten, frühexpressionistischen Gedichtsband ‚Aufbruch', der 1914 erschienen ist. Der Titel besitzt thematische und stilistische Bedeutung. Er enthält eine Absage an die Strömungen des Fin de siècle und propagiert die Metamorphose des Ich, Erneuerung, Lebenssteigerung.

Ernst Stadler hat Germanistik studiert und über Wolfram von Eschenbach promoviert. Er kannte also den mittelalterlichen Roman bestens. Auf diesem Hintergrund erklärt sich die Episodenwahl seines dreistrophigen Gedichts. Der Titel bezieht sich auf den Morgen nach Parzivals mißglücktem Besuch auf der Gralsburg, als er den Gral zwar gesehen, aber die entscheidende Erlösungsfrage nicht gestellt hat. Das Gedicht imaginiert die Situation, wie Parzival ausgestoßen in tiefer Betroffenheit vor den geschlossenen Toren steht (S. 47):

Da ihm die erznen Flügel dröhnend vor die Füße klirrten,
Fernhin der Gral entwich und Brodem feuchter Herbstnachtwälder aus dem
  Dunkel sprang,
Sein Mund in Scham und Schmerz verirrt […]
Da sprach zu ihm die Stimme: […]

Parzival hat den Gral geschaut, und er ist ihm wieder entrückt. Dieser desolate Zustand wird in dem Gedicht zum Appell für einen neuen Aufbruch umgepolt. Der Ursprung der Stimme bleibt unklar. Ist es die innere Stimme des Ausgestoßenen oder die Stimme Gottes? Jedenfalls wird zeit- und raumübergreifend souverän von Gott gesprochen. Die Welt zu durchziehen, ist sein Auftrag (S. 47)

> *Wirf deine Sehnsucht in die Welt! Dein warten Städte, Menschen, Meere:*
>   *Geh und neige*
> *Dich deinem Gotte, der dich gütig neuen Nöten aufbewahrt.*
> *Auf! Fort! Hinaus! Ins Weite! Lebe, diene, dulde!*

Leid, Schmerz, Irrtum seien mit dem Leben unvermeidbar verbunden. Der Gral ist erreichbar – ein verheißungsvolles Ziel, doch er bleibt ein rätselhaftes Symbol. Die chronologische Koinzidenz des Erscheinungsjahres der Gedichte mit dem Ausbruch des Ersten Weltkriegs (Stadler ist 1914 gefallen) und Wendungen wie *Blut und Schicksal* sollten nicht dazu verleiten – jedenfalls nicht von der Autorintension her –, das Gedicht als Kriegspropaganda mißzuverstehen. Es ist aber eine Gegenstimme zu den Beschwörungen eines Rückzugs in die Innerlichkeit.

2.4 Gerhart Hauptmann, ‚Parsival' (1911)
  – Hoffnungsvolle Visionen –

Die erzählenden Rezeptionsversionen von Wolframs Pz. lassen sich auch bei souveräner Umgestaltung auf größere Handlungszusammenhänge und Motivkomplexe des mittelalterlichen Romans ein als die Gedichte. Die Verfasser modifizieren diese, um sie dem eigenen Anliegen und einem veränderten Verständnishorizont anzupassen. Gerhart Hauptmann hat für eine Reihe seiner Werke Stoffe und Anregungen aus der Literatur des Mittelalters entnommen. Die 1911/12 entstandene, 16 Kapitel umfassende Erzählung ‚Parsival' wurde 1914 in der Ullstein-Jugend-Bücherei mit der Widmung *Meinem zwölfjährigen Sohn Benvenuto* veröffentlicht und dann mit einer bereits 1913 gedruckten weiteren Erzählung ‚Lohengrin' als ‚Gral-Phantasien' zusammengeschlossen. Vielleicht hat die Ausrichtung auf jugendliche Leser Eigenarten in der Handlungskonstruktion und im Stil des ‚Parsival' mitgeprägt, obwohl in der Forschung eine Klassifikation der Erzählung als Jugendbuch zurückgewiesen wird. Die Schreibung des Namens der Titelfigur enthält den doppelten Verweis auf Wolframs Pz. und Richard Wagners ‚Parsifal', dessen Einfluß sich ebenfalls in Hauptmanns Darstellung niederschlägt, besonders im Blick auf Amfortas und den Gralskomplex.

Hauptmann entwirft einen neuen Plot mit Reflexen aus dem mittelalterlichen Roman. Der Handlungsgang ist auf den Weg Parsivals und die Suche nach seiner Identität konzentriert. Erzählt wird eine Geschichte von Mann, Frau und Kind – Mutter, Vater und Sohn, deren Konflikte sich in der nächsten Generation wiederholen und die auf einen psychologischen Problemhintergrund verweisen.

Im Verlauf der Handlung wird klar: Parsivals Eltern sind Herzeleide und der Gralskönig Amfortas. Parsival verbringt seine Kindheit in der Waldeinsamkeit eng an seine Mutter gebunden. Als er in einem Baum ein Schwert findet, zieht er in die Welt, um die Wunde, die Herzeleide in sich trägt, an ihrem Feind zu rächen. Durch den Aufbruch verliert er seine Mutter und sucht lebenslang nach ihr. Er gelangt zur Gralsburg, wo ein Hochamt gefeiert wird. Die Marterung Amfortas' auf einer Bahre hat Hauptmann in übersteigerter Analogie zum Opfertod Christi gestaltet. Parsival steht der fremden Welt verständnislos gegenüber, in Gedanken nur mit seiner Mutter beschäftigt. Außerhalb der Burg wird er von Gornemant zum Ritter geschlagen und muß geloben, sein Handeln unter die Worte zu stellen: *Liebe deine Feinde! Segne, die dir fluchen! Bitte für die, die dich beleidigen und verfolgen!* (S. 66). Ein schwarzer Ritter besiegt ihn. Daß dieser sein Vater ist, weiß Parsival nicht. Viele Fragen bewegen ihn. Unter dem Befehl des Fremden, ein Jahr nicht zu kämpfen, soll er die Antworten selbst finden.

Er gelangt in das Reich von Blancheflour. Sie liebt ihn, erzieht ihn, lehrt ihn lesen und schreiben. In ihrer Bibliothek erhält er wichtige Auskünfte über den Gral und seine Familie, aus denen er selbst weitere Schlüsse zieht. Zwar findet die Vermählung mit Blancheflour statt, aber Parsival verläßt seine Frau noch in der Hochzeitsnacht und fügt ihr die gleiche Wunde zu wie sein Vater seiner Mutter. Auf jahrelanger Irrfahrt wird Parsival zum alten Mann. Die Gralsburg findet er nicht wieder. Als er in die Stadt Blancheflours zurückkehrt, begegnet er dem Leichenzug der Verstorbenen und seinem eigenen Sohn Lohengrin. Dieser hat Parsivals Rolle übernommen und will seine Mutter rächen. Im Wald legt Parsival seine Waffen ab, um ein anderes Leben als dienender Lastenträger und Bauernknecht zu führen. Dem Ritter Hilfreich (Lohengrin) erzählt er seine Geschichte. Schließlich schickt Amfortas Parsival die Gralskrone, die dieser an seiner Stelle tragen soll. Der Gral bringe Frieden, Versöhnung und Freude. Er schaffe eine neue Wirklichkeit.

Im einzelnen bleibt am Schluß wie auch zuvor manches im Dunkeln: Ist das Ziel, das Parsival erreicht, der Tod? Sind die Begegnungen mit der Gralswelt Visionen, die nur in seiner Seele existiert haben?

2.5 Will Vesper, ‚Parzival. Ein Abenteurerroman' (1911)
— Ideologische Weichenstellungen —

Von *Parzivals Schicksalen*, denen Wolfram von Eschenbach *Ewigkeit verliehen habe*, will W. Vesper als *selbständige neue Schöpfung eines heutigen Dichters* erzählen (S. 167) — ein hoher Anspruch, an dem er sich messen lassen muß. Die *Sage von Parzival* versteht Vesper als *Sinnbild* für den Lebensweg eines jeden Mannes. Dementsprechend hat er seinem Abenteurerroman ein triviales Gedicht vorangestellt (S. 164):

Anfangs bist du Toren gleich / aber in der Armut reich /. Endlich wie es heller wird / siehst du wie du dich verirrst /. Die Begierde riesengroß / faßt dich, läßt dich nie mehr los /. Kein Genuß, der sie erreicht / kein Erfüllen, das ihr gleicht /, So unselig-selig strebt jeder hier so lang er lebt / sucht und drängt nach seinem Gral. — Jeder Mensch ist Parzival.

Jedermann wird zur Identifikation mit Parzival animiert. Doch dieses Angebot ist mit der Aufbereitung der Geschichte und den Erzählerkommentaren nicht recht kompatibel, denn in beiden wird deutlich, daß der Erfolg, zum Gral zu gelangen, einer Elite, den *Besten der Zeit* (S. 307), vorbehalten ist und Berufung vorausgesetzt. Das Schwanken zwischen banalisierender Allgemeinverbindlichkeit und Exklusivität der Lebensgeschichte durchzieht die Erzählung. Im Vorwort umreißt Vesper sein männliches Menschenbild: Jeder Mann sei in seiner Jugend Gefangener der Liebe (Frauen bleiben es immer), dann sucht er *das Größere, wozu er berufen ist, seine Arbeit, sein Werk, das ein jeder, der etwas wert ist, in seiner Art tun muß* (S. 167). Das läßt sich nur schwer mit dem von Wolfram Erzählten und auch nicht unbedingt mit Vespers Adaptation vereinbaren.

Die Neugestaltung besteht im Grunde darin, daß Vesper Wolframs Roman mit Modifikationen verkürzt in gefälliger Form nacherzählt und in die narrativen Teile an markanten Stellen — wiederholt am Anfang von Kapiteln — allgemeine Bemerkungen des Erzählers einblendet, die einen Bezug zur Gegenwart und den Rezipienten herstellen sollen. Mit Naturbildern schafft er eine stimmige Grundierung zu Teilen der erzählten Handlung.

Die irritierende Gattungsbezeichnung ‚Ein Abenteurerroman' erscheint als Pendant zu ‚Tristan und Isolde. Ein Liebesroman'; beide Texte wurden 1911 in einem Band der ‚Bücher der Rose' publiziert. Vom Umfang her (knapp 150 Druckseiten, acht Kapitel) handelt es sich — ähnlich wie bei Gerhart Hauptmann — eher um eine Erzählung. Vesper hält sich relativ eng an den tradierten Stoff: Er nimmt sogar die Gahmuret-Geschichte, die Begegnungen mit Sigune und Teile der Gawan-Handlung auf: *Gahmuret und Herzeleide; Parzival der Tor; P. und Gurnemanz; P. und Kondwiramur; P. kommt nach Montsalvasch; P. und die Tafelrunde; Gawans Abenteuer; P. gewinnt den Gral,* lauten die Kapitelüberschriften. Eine wichtige Abweichung besteht darin, daß Parzival Kondwiramur nicht nach dem erfolgreichen Kampf für sie in Pelrapeire heiratet, sondern erst Jahre später bei seinem zweiten Besuch auf der Gralsburg. Kondwiramur trägt überraschend den Gral herein und ist auf diese Weise in die Gralsgesellschaft einbezogen.

Symptomatisch erscheint es, daß Vesper von der Parzival-Sage, nicht vom Grals-Mythos spricht. Es geht ihm vornehmlich um den Lebenslauf eines Tatmenschen, die religiöse Dimension hat nur geringe Valenz. Zwar berichtet Sigune von der Herkunft des Grals: Er ist eine Schale aus Edelstein, von Gott selbst gemacht, von Gott (der Name Jesus oder Christus wird vermieden) und seinen Jüngern beim letzten Abendmahl benutzt. Wichtiger sind die ambivalenten Bedeutungsreflexe des Grals: Er bezeichnet *die Vollkommenheit aller Ritterschaft, dem alle Ritter dienen wollen* (S. 235) in einer Gesellschaft mit einem König an der Spitze, der für Recht und Gerechtigkeit auf Erden eintritt; in der Gegenwart steht der Gral für den individuellen Lebenssinn des einzelnen.

Ausgehend von einer Szene in seiner Kindheit wird Parzival zum Gottsucher. Überall vermutet er Gottes Wohnungen und will ihm dienen. Sein Gottesbild bleibt anhaltend naiv. Als Kundrie nach dem verfehlten Besuch auf der Gralsburg Parzival verflucht und sich dabei auf Gott beruft, spricht er einen Gegenfluch aus und will ohne Gottes Hilfe den Gral erwerben. *Was ein Mann will, daran kann ihn auch Gott nicht hindern* (S. 257). Die Schuld, in die er unwissend gefallen ist, will er ebenfalls mit Willen und Wissen – aus eigener Kraft – wieder gut machen. In der Begegnung mit dem Einsiedler Trevrizent tauchen zwar andere Nuancen auf: Stille und Klarheit als Zeichen Gottes, aber sie erlangen keine Verbindlichkeit. Wenn Trevrizent – abweichend von Vespers aktualisierender Deutung – erklärt, *daß nur der des Grals wert ist, den Gott selbst dazu beruft, dessen Namen der Gral selbst verkündet* (S. 301), verzichtet Parzival nicht auf seine Aktivität; er will Gott bezwingen, auch wenn er seinem Pferd freien Lauf läßt. In einem märchenhaften Schluß findet Parzival Montsalvasch, sein Königreich und Kondwiramur. Amfortas verleiht Vespers Vorstellung vom Tatmenschen noch einmal Nachdruck: „Freund," sprach er, „du hast Gott besser erkannt als wir. Nun sehe ich, einen Mann kann nichts aufhalten auf seinem Wege, wenn er nur seine eigene Torheit zu überwinden weiß!"

(S. 304). Und der Schlußsatz des Romans greift auf den anfangs angesprochenen jedermann zurück: *Aber niemand kann die Welt vollkommen machen. Es ist genug, daß jeder an seinem Teil tut, was er zu tun berufen ist* (S. 306).

Schwer verständlich bleibt, warum Vesper im Nachwort die erzählte Geschichte gleichsam der Unverbindlichkeit preisgibt. Er ergänzt eine Legende vom späteren Verbleib des Grals bis zum Jüngsten Gericht: *Dann wird der Gral über alle Welt erhöht, und alle, die ihm dienten, werden Gott am nächsten sein. – Daran mag man glauben oder nicht* (S. 307). Wichtiger als Sage und Legende ist die aufgesetzte Deutungsessenz, die Verbindung von Erwähltheitsbewußtsein und Selbstbehauptung. Diese fatale Vorstellung paßt zu Vespers späterer Verherrlichung des Nationalsozialismus, sie ließ sich ohne weiteres auf die Person Adolf Hitler übertragen, dem er Preisgedichte gewidmet hat. An Vespers Roman zeigt sich, daß auch Wolframs Pz. als Werk der mittelalterlichen Literatur ideologisch funktionalisiert wurde, und aus den Auflagen geht hervor, daß die ‚Neuschöpfung' Vespers in den zwanziger und dreißiger Jahren durchaus Resonanz hatte und die nazistische Vorstellungswelt vorbereitend mit prägte.

2.6 Hans von Wolzogen, ‚Parzival der Gralssucher' (1922)
– Ein deutscher Held –

Die Bemühungen Hans von Wolzogens um Parzival bereiten die Figur ebenfalls in einem Sinne auf, der sie dem Nationalsozialismus zuführt. Von Wolzogen, den Richard Wagner 1878 als Redakteur der ‚Bayreuther Blätter' nach Bayreuth geholt hat, versteht sich nach Wagners Tod als authentischer Interpret des Wagnerschen Werkes. Schon zu Wagners Lebzeiten hat er im Widerspruch zu dessen eigenen Äußerungen den ‚Parsifal' als „Abbild des Heilands" und als Orientierung für die deutsche Aneignung des Christentums gedeutet. Der christliche Held vereinigt für ihn Kampfkraft und Innerlichkeit – eine Verbindung, die aus altgermanischer Zeit stamme und im mittelalterlichen Pz. angelegt sei. Mit diesem Tenor hat von Wolzogen 1922 ‚Eine deutsche Heldengeschichte von Wolfram von Eschenbach' nachgedichtet und in den ‚Büchern von deutscher Art und Kunst' veröffentlicht. Erklärtes Ziel der Reihe ist es, „dem deutschen Volke seine köstlichen Geistesschätze von den Wurzeln germanischen Wesens bis in die höchsten Blüten deutschen Geistes" darzubieten (Verlagsanzeige). Signalwörter des Programms kehren bei von Wolzogen wieder. Der Verfasser will den mittelalterlichen Roman so nacherzählen, daß er den *tieferen Sinn*, der von Wolfram gemeint war, erschließt (S. 5). Was bei dem mittelalterlichen Dichter vage geblieben sei, will er dem *Volksgeiste* verdeutlichen (S. 5). Eine derartige Popularisierung kann nicht ohne Simplifizierung von Stil und Handlungsführung erfolgen. Diese ‚deutsche Heldengeschichte' gehört nicht zu den beachtenswerten produktiven Nachdichtungen von Wolframs Pz., sie repräsentiert allerdings eine völkisch-christliche Rezeptionstendenz, die für ein populäres Verständnis der Parzivalgeschichte nicht wirkungslos blieb, und an die nationalsozialistische Ideologen anknüpfen konnten.

Die Diktion der Nacherzählung ist ohne stilistische Raffinessen, bisweilen werden antiquierte Vokabeln und Syntagmen gebraucht, um dem Text eine altertümliche Patina zu verleihen. Dem Erzählmodus entspricht die Vereinfachung der Handlung. Hans von Wolzogen faßt Parzivals Geschichte in sieben Kapiteln zusammen. Er beginnt mit Ausführungen über den Vater Gahmuret und behandelt dann verschiedene Entwicklungsstadien des ‚Helden': Parzival als Tor, als Schüler, als Ritter, als Gebannter, als Gralsucher und als Gralskönig. Die angekündigte Deutung besteht nicht in einem für die Gegenwart aktualisierten Konzept, sondern in Anlehnung an Wolfram bewegt sie sich in christlichen Vorstellungen. Parzival bekennt sich als Sünder: *Ich bin ein Mann, der Sünden hat* (S. 105). Trevrizent verweist ihn entsprechend auf das Wesen Gottes: *Er aber kennt Euch, denn er ist die Treue* (S. 106). Selbsterkenntnis und Vertrauen auf Gott sind wichtige Essentials. Der Gral vermittelt die Werte, auf die es ankommt. Parzival wird von dem Einsiedler über die Wirkung des Grals belehrt: *Kraft zum Guten, nicht Welt des Auges: Welt der Seele, das ist's, was der Segen des Grales seinen Gläubigen schafft* (S. 112). Bei Trevrizent lernt Parzival, daß es auf *Mitleidenschaft zur guten Tat* ankommt (S. 112), und er konzentriert sich auf *den Wunsch nach Licht, nach Gnade, nach dem Gral* (S. 112). Auf diese Weise gelangt er zu dem Heiligtum. Er wird Gralskönig, und Kondwiramur wird die neue Gralsträgerin. *Der Glaube wirkt der Liebe Werk – die Liebe leite des Glaubens Licht* (S. 124). In derartigen Formeln endet die vereinfachte Wiedergabe des Romans. Hans von Wolzogen versteht sie als erhellende Botschaft, doch es ist lediglich eine Nacherzählung von Grundzügen der Handlung mit deutsch-christlichen Akzenten.

2.7 Albrecht Schaeffer, ‚Parzival' (1922)
– Flucht in eine imaginäre Welt –

1922 hat Albrecht Schaeffer einen über 20 000 Verse (623 Druckseiten) umfassenden Parzival-Roman veröffentlicht, der im Insel-Verlag mehrfach aufgelegt wurde. Auch für diese Neugestaltung bildet Wolframs Roman den Ausgangspunkt, aber Schaeffer reichert den Stoff mit verschiedenartigen Figuren aus Geschichte, Literatur und bildender Kunst an, so daß eine überladene Bilderfolge entsteht. Diese soll eine suchende Seele mit zahlreichen Verwandlungen zwischen Geburt und Tod vorführen. Ein Wort von Angelus Silesius, das dem Roman als Motto vorangestellt ist: *Mensch, was du liebst, in das wirst du verwandelt werden*, läßt sich sowohl auf die Parzival-Figur wie auf die verschiedenen literarisch-mythologischen Reminiszenzen beziehen, die der Verfasser seinem Text anverwandelt hat: z. B. Charon als Fährmann ins Totenreich, den ewigen Juden Ahasver, den Kirchenvater Hieronymus, den Heiligen Franziskus, die Heilige Barbara, Merlin und Morgane, Dürers ‚Ritter, Tod und Teufel'.

Die auf den ersten Blick kunstvoll wirkende Gliederung des zweiteiligen Romans in drei Kreise (*Kreis des Vaters, des Sohnes* und *des Geistes*) mit jeweils vier nach den Tierkreisen benannten Büchern gibt dem riesigen Bilderbogen keine evidente Struktur. Die Zwischentitel erscheinen ebenso wie die vor den Kreisen und Büchern stehenden Gedichte als funktionslose Ornamente. Besondere Beachtung verdient die teilweise artistische, sprachliche Gestaltung. Der Roman besteht überwiegend aus fünfhebigen Trochäen, in deren Abfolge hymnische Reimpassagen eingelassen sind. Der Bilderreichtum und die besondere Rhythmik sollen der Dichtung einen ‚festtäglichen' Charakter verleihen. Dieser mag dem Gegenstand angemessen sein, aber die emphatische Steigerung bedürfte bei dem großdimensionierten Werk öfter entspannender Decrescendi.

Schaeffer gestaltet eine andere Geschichte als Wolfram; durch Abwandlungen, Ergänzungen und Umbesetzungen entfernt er sich weit von seinem Ausgangspunkt. Am Beginn steht Herzeleides Traum, angelehnt an den mittelalterlichen Roman, doch neu gedeutet, perspektiviert auf die Leidthematik, die den ganzen Roman durchzieht. Ein Greif (Gahmuret) packt Herzeleide am Arm, ein Drache auf ihrer Brust verwandelt sich in einen Knaben, der in einer Mandorla in die Lüfte entschwebt, von einem Adler zerfleischt wird und wieder aufersteht. Die Nachricht von Gahmurets Tod und die Geburt des Kindes folgen. Parzivals Name *Mitten durch* bezeichnet das Schwert, das durch Herzeleides Herz geht, wie es Marias Herz durchbohrt hat. Diese initiale Analogie von Parzival zu Christus wird im folgenden Text allerdings nicht weitergeführt. Der Rückzug Herzeleides nach Soltane in Wolframs Roman bietet Schaeffer den Anstoß zu einer idyllisch-romantischen Ausgestaltung der Waldeinsamkeit; doch auf dem Grund von Parzivals Augen entdeckt die Mutter seine Sehnsucht nach fernen Zielen, zu denen er auszieht. Munsalvaesche, Pelrapeire und der Artushof tauchen in verfremdeten Imaginationen auf.

Ein Stern führt Parzival durch eine Felsenschlucht zur Gralsburg. Er denkt, er sei in den Garten Eden gelangt. Vor dem *Leidens=König* (S. 243) Amfortas hält er die Mitleidsfrage, die ihn innerlich bewegt, zurück. Der Verwesungsgeruch von Amfortas Wunde überträgt sich auf Parzival, und er kann ihn nicht vertreiben. Befreiende Fenster gibt es auf der Gralsburg nicht (S. 254):

Suchte er nach Fenstern; keine waren.
Ihn betrafs, obzwar er in der ganzen
Munsalväsche keine wahrgenommen,
Die nur Innres war und nichts als Innres.

Die Eindrücke werden als Projektionen der eigenen Seele gedeutet (S. 254):

Alles war gemacht aus meinem Herzen.
Alles vorgeformt in meinen Sinnen,
Konnt's nicht draußen finden, fand es innen.

Auf diese Weise erscheint die Gralswelt als ein Imaginationsspiel ohne verbindliche Sinngebung, und die späteren Erläuterungen, die Parzival bei Trevrizent von Ahasver, dem ewigen Juden, erhält, relativieren die Bedeutung des Grals in legendenhaftem Kontext: Munsalväsche wurde von Seraphim für Joseph von Arimathia erbaut. Dort wird die Schale mit dem Blut Christi von einem Engel und einem Einhorn bewahrt und außerdem ein Stück der Lanze des Longinus, die verjüngende Kraft besitzt. An jedem Karfreitag besucht Christus den Gral, doch kein Mensch darf den heiligen Raum betreten. Der derzeitige Gralskönig Amfortas wurde von der Lanze unheilbar verwundet, weil seine Frau Urica – wie Eva das göttliche Verbot mißachtend – das Gralsgemach betrat.

Bei seinem Besuch auf Munsalväsche hätte Parzival Amfortas heilen und selbst Gralskönig werden können, doch er versagte. Nachträglich ahnt er seine Schuld und seine Berufung: *Schuld ist alles Lebens Anbeginn*

(S. 304). Das Versäumte wird aber nicht wieder gutgemacht. Zum zweiten Mal begegnet Parzival dem Gral erst in seinem Tod, mit dem alles Leid seines Lebens zu Ende geht (S. 622 f.):.

> *Plötzlich wars die letzte <Nacht>. Und im selben*
> *Augenblicke, wo das leere Finster*
> *War im Pforten-Rahmen und der leere*
> *Garten-Steig dalag im Sterne-Zwielicht:*
> *Da geschahs –, und wie mit einem Schritte*
> *Stand der Gral in seines Wesens Mitte.*
>
> *Wars ein Schlag von ungeheuren Kräften?*
> *Ein Erbeben unerfühlbarn Maßes*
> *Rüttelt' ihn, daß er zerriß. Auf wanken*
> *Füßen ging er in die Tür, die Stube,*
> *Legte sich und schlief, als wär er erzen;*
> *Und sehr leise in der Herzens-Grube*
> *Ging der ewige Schlag von Gottes Herzen.*

Die Beziehung zwischen Parzival und Kondwiramur übergreift strukturierend die Dreifaltigkeitskreise, und in Pelrapeire wird Parzival schuldhaft gezeichnet. Am Ende des ersten Kreises verbindet sich das Paar; zu Beginn des zweiten Kreises entzieht sich Parzival den Fesseln der Liebe. Er will den Sinn des Lebens suchen. Nach vielen Wegen sieht er Kondwiramur wieder. Er findet sie mit ihrem Kind dem Tode nahe. Sie will ihn halten, doch er entflieht erneut. Im dritten Kreis gelangt Parzival noch einmal nach Pelrapeire, dort ist er für tot erklärt. Kondwiramur erkennt ihn zwar, aber sie wendet sich von ihm ab.

Im *Kreis des Geistes* nimmt der alternde Parzival als Unterlegener und Besiegter in einer aufgefundenen Bibliothek das Bücherstudium auf. Dabei umwandert er den Erdball und begreift verborgene Zusammenhänge. Er entdeckt seine bildnerische Kraft und formt Gestalten seines Lebens aus Stein – eine Art Bewältigung, die die resignative Grundstimmung des letzten Kreises aber nicht aufhebt. Die Sehnsucht der suchenden Seele scheint letztlich nicht erfüllt, auch wenn ein Kapitel *Verklärung* den Roman abschließt. Es eröffnet keine neue befreiende Dimension.

Mit hochgesteckten Ambitionen und ausschweifenden Darstellungen hat Schaeffer ein Mammutwerk geschaffen, das schwer rezipierbar ist. In der bedrückenden Nachkriegsrealität wirkt es wie ein Rückzug in eine imaginäre Welt.

3. ‚Parzival'-Rezeption am Ende des 20. Jahrhunderts

Der Rückgriff auf Stoffe aus dem Mittelalter, speziell auf die literarisierte Artus- und Gralssage, erscheint als ein Signum der achtziger und neunziger Jahre des 20. Jh.s. Die ‚alten Geschichten' bieten eine Kontrastfolie zu Problemen der Gegenwart, zur Undurchschaubarkeit der technisierten Welt und zum allgemeinen Werteverlust. ‚Erneuerbar' sind die mittelalterlichen Ordnungskonzepte selbstverständlich nicht, doch durch sie erhalten die Fragen der Gegenwart einen besonderen Reflexionshintergrund. Wenn man die Nachdichtungen mittelalterlicher Literatur im Sinne Hans Blumenbergs als ‚Arbeit am Mythos' versteht, kann die Adaptation der mittelalterlichen Vorstellungen nur zur Auflösung der idealen Entwürfe, Ordnungen und Gewißheiten führen. In den mittelalterlichen Romanen sind die Artusritter und der erwählte Gralskönig erfolgreiche Erlöser. Ende des 20. Jh.s wird Erlösungsbedürftigkeit allenfalls noch als Sehnsucht empfunden, nicht mehr als erfüllbare Möglichkeit geglaubt. Doch scheint der alte Glaube kontrastierend zu dem zeitgenössischen Skeptizismus im intertextuellen Bezug auf.

3.1 Tankred Dorst, ‚Parzival. Ein Szenarium' (1990)
– Gewalt oder Frieden? –

Am Anfang der aktualisierenden Neugestaltung mittelalterlicher Stoffe steht Tankred Dorsts ‚Merlin oder das wüste Land' (1981) als Ausdruck pessimistischer Zeitstimmung und als Impulsgeber für andere Autoren (Peter Handke und Christoph Hein). Der Gral und Parzival spielen im ‚Merlin' eine Rolle, doch sie bilden nicht das Zentrum. Sein anhaltendes Interesse an der Parzival-Figur hat Tankred Dorst 1990 dazu veranlaßt, eine selbständige Szenenfolge auszugestalten unter Verwendung von Passagen aus dem älteren Stück und anderer bereits verfaßter Texte. Den Gesamttenor hat er dabei verändert.

Der ‚Merlin' umfaßt 97 Szenen in insgesamt vier Teilen (*Merlins Geburt*; *Die Tafelrunde*; *Der Gral*; *Der Untergang*). Szenisch aufgeführt wurden gekürzte Fassungen; das ganze Stück haben Schauspieler in über acht Stunden u.a. in Salzburg gelesen. Tankred Dorst wollte nach eigener Aussage die mittelalterlichen Erzählungen um Merlin auch als „eine Geschichte aus unserer Welt", speziell als „Das Scheitern von Utopien" vorführen und „die halb-mythischen Figuren, die darin vorkamen, zu Menschen [...] machen" (Wasielewski-Knecht, 1993, S. 238). Artus baut unter dem Einfluß von Merlin, dem Sohn des Teufels, ein umfassendes Normensystem auf, mit dem er die Welt beherrscht. Doch diese Welt zerfällt. Um einen neuen Sinn zu finden, werden die Ritter auf die Suche nach dem Gral geschickt, sie bleiben aber erfolglos. Ein ungeheurer Krieg, in dem sich Artus und Mordred, Vater und Sohn, gegenüberstehen, führt das Ende der Welt herbei. Die Menschen können am Ablauf der Geschichte nichts ändern.

Das Parzival-Szenarium von 1990 besteht aus elf Szenen, die durch Zwischentitel weiter untergliedert sind. Sie modellieren wichtige Handlungssequenzen aus Wolframs Roman und durchsetzen diese mit heterogenen Einschüben, deren Funktionsbestimmung der Interpretation überlassen bleibt. Die Szenenfolge beginnt mit Parzivals Kindheit in der Waldeinsamkeit, angelehnt an Wolframs Darstellung von Soltane: Dorsts Parzival bewundert einen roten Vogel auf seiner Hand, er dreht ihm den Kopf um, reißt ihm Federn aus und begreift nicht, was er getan hat. Naivität, Unwissenheit, was Leben und Tod, gut und böse ist, verbindet sich mit Grausamkeit. Dorst betont die Gewalttätigkeit des Menschen in seinem Urzustand. Dem Parzival Wolframs ist ein anderes Wesen eingeboren: Ihn rührt der Gesang der Vögel. Als seine Mutter sie fangen und erwürgen lassen will, um sie zum Schweigen zu bringen, gebietet das Kind Einhalt. In die gleiche, Gewalt bloßstellende Richtung geht Dorsts Akzentverschiebung bei der Begegnung mit Jeschute. Während Parzival im mittelalterlichen Kontext – einen Rat der Mutter mißverstehend – der schönen Frau einen Ring raubt, beißt ihr das gewalttätige Pendant einen Finger ab. Eine Schlüsselszene für die angeborene Grausamkeit ist die Tötung Ithers, die auch im mittelalterlichen Roman zu Parzivals Schuldkonto gehört. Die Artusritter geben den Knaben der Lächerlichkeit preis: Er soll sich, um Ritter zu werden, die rote Rüstung Ithers holen. Daß Parzival den fremden Ritter mit einem Stich ins Auge tötet, dort wo die Rüstung eine offene, ungeschützte Stelle hat, kommt in beiden Texten vor. Doch während bei Wolfram der Knappe Iwanet dem Unerfahrenen beim Öffnen und Anlegen der Rüstung hilft, läßt Dorst den jungen Parzival gewaltsam den Kopf Ithers zur Seite biegen und den Panzer aufreißen. *Schließlich fängt er an, mit dem Messer das Fleisch des toten Ritters in Stücken aus dem Panzer herauszustechen und zu schneiden, wie das Fleisch eines Hummers aus der halbgeöffneten Schale* (S. 42). Der neue rote Ritter ist ein fühlloses Monster. Die Artusgesellschaft, die selbst Schuld auf sich geladen hat, nimmt ihn auf. Hier wie an anderen Stellen des Szenariums wird deutlich, daß die Regieanweisungen narrative Zusätze enthalten, die zur Akzentuierung der Dialoge wesentlich beitragen. Die genannten Vorgänge und weitere adaptierte Handlungspartien aus Wolframs Roman bringt Dorst nicht in direkter Abfolge, sondern er durchsetzt sie mit quasi ‚modernen' Einschüben, die Sinnbezüge herstellen sollen, z.B. lernt ein Mädchen mit einem Schulbuch in der Hand, Jugendliche bringen Menschen um, ein Herr berichtet von einem Zwergplaneten (der Erde).

Merlin spielt – verwandelt in andere Gestalten – auch in diesem Stück mit. Er ist z.B. der rote Vogel, später ein Stein, der Fischerkönig und Trevrizent. Merlin belehrt Parzival, daß es keinen Weg zurück in die Vergangenheit gibt, daß er vorwärts gehen müsse, daß er Gott nicht finden könne, weil er selbst der stärkste sein wolle. Der Lernerfolg bleibt begrenzt. Parzival macht sich auf den Weg zu Gott; von seinen Vorstellungen und verschiedenartigen Hinweisen in die Irre geführt, läuft er kreuz und quer. Dabei gelingen Dorst eindrucksvolle Szenen. Als ein Eremit sagt, Gott sei in jedem Tier, will Parzival alles erschlagen, bis nur Gott übrig bleibt. Als eine Zuschauermenge zu einem Seiltänzer in den Himmel starrt, hält Parzival diesen für Gott, ruft ihn an und bringt ihn dadurch zum Absturz.

Bis er den Gral findet, sieht Parzival viele Dinge. Eine Szenensequenz *Gralsbilder* kombiniert diverse Vorstellungen und ruft Vexierbilder hervor: Ein Stein aus der Krone des gefallenen Luzifer wird zum Gralskelch. Bei der Kreuzigung Christi am Rand einer Großstadt fängt Joseph von Arimathia in dem Kelch das Blut Christi auf und feiert mit seinen Anhängern an einem langen Tisch das ‚Abendmahl'. Schließlich steht der Gral auf dem höchsten Gipfel eines Gebirges, den die heraufsteigenden Menschen nicht erreichen. Damit korrespondiert das Schlußbild: Parzival und Blanchefleur stehen auf einem Gletscher. Auf der anderen Seite sehen sie Galahad, und vor ihm in der Luft schwebt der Gral, hier als Schale bezeichnet. – In konkretisierender Mythenmontage entfernt sich Dorst weit von Wolfram. –

Der neuzeitliche Autor stellt die Friedensmöglichkeiten in der Welt zur Diskussion, verbunden mit der Frage, ob und wieweit sich der einzelne in den Ablauf des Geschehens einmischen solle. Die Szene *Der nackte Mann*, die Dorst zuerst in Form einer selbständigen Erzählung publiziert hat, thematisiert das Problem der Schuld, der niemand entgehen kann. Der vermeintlich heilige Mann hat allem Töten abgeschworen; Tiere aller Art umgeben ihn in anscheinend paradiesischer Eintracht. Um in der Einsamkeit zu leben, hat er seine Frau und seine Kinder verlassen, ihnen dadurch die Existenzgrundlagen entzogen und sie dem Tode preisgegeben. Parzival nimmt das Ganze zuerst mit Bewunderung wahr, dann, als die Frau ihren Mann anklagt, mit Ablehnung. Parzival ist ein mitleidfähiger Mensch geworden. Das zeigt sich auch in der Abschluß-Sequenz bei seiner Begegnung mit Trevrizent.

Das Szenarium endet mit einem offenen Schluß, den Dorst in einer nachwortartigen ‚Notiz' selbst kommentiert hat: Das Ganze sei Fragment geblieben. Parzival ziehe weiter auf der Suche nach dem Gral. *Nimmt ihn die Gesellschaft am Ende wieder auf? Wird er der neue Gralskönig? Stellt er die entscheidende Frage? Geht er mit seinem Fisch* (den er bei dem nackten Mann vor einem Geier gerettet hatte) *davon? Alles ist möglich und unmöglich zugleich* (S. 113). Damit erklärt Dorst das Ganze zu einem Versuch, dessen Tenor den älteren ‚Merlin' relativiert. Das Abarbeiten am Parzival-Gral-Mythos geht weiter.

3.2 Peter Handke, ‚Das Spiel vom Fragen oder die Reise ins sonore Land' (1989)
– Nicht Fragen bringt Schuld –

Der österreichische Schriftsteller Peter Handke, der zuerst 1966 mit der ‚Publikumsbeschimpfung' Aufsehen erregte, hat 1989 ‚Das Spiel vom Fragen oder die Reise ins sonore Land' verfaßt. Darin führt er seine frühere Sprachkritik und -reflexion auf der Grundlage der Sprachphilosophie von Ludwig Wittgenstein weiter. Es geht um die richtigen Sprachmöglichkeiten, die eine neue Welt und den Weg des Menschen zu sich selbst vermitteln. Das Bühnenstück ist in die Pz.-Rezeption einzureihen, obwohl der Titel und die Widmung (*für Ferdinand Raimund, Anton Tschechow, John Ford und all die anderen*) auf den ersten Blick keine Verweissignale auf den mittelalterlichen Roman geben. Doch indem Handke eine der sieben Spielfiguren *Parzival* nennt (der einzige Personenname neben Bezeichnungen wie *Schauspieler, Spielverderber* u. a.), schlägt er selbst die Verbindung zu dem mittelalterlichen Text. In Wolframs Roman hat die Frage nach dem Befinden des Gralskönigs Amfortas strukturierende und sinngebende Bedeutung; sie bringt Amfortas Heilung von seiner Krankheit und dem Frager Parzival Erlösung von Schuld. Die Fragescheu, das Frageversäumnis und seine mitleidvolle fragende Zuwendung sind Stationen auf Parzivals langem Weg. Handke entnimmt diesem Komplex Motive und verändert sie. Dabei ergeben sich für Kenner des mittelalterlichen Romans besondere Sinnakzente: Parzival und Amfortas werden zur Deckung gebracht, indem die alte Frage *oeheim, waz wirret dier?* (Pz. 795,29) variiert an Parzival gestellt wird: *Sohn Parzival, Was fehlt dir?* (S. 43). Doch auch ohne Verständnis dieser intertextuellen Dimension ergeben sich essentielle Einsichten in Handkes eigenem Kontext. Die Personen in dem Stück sind Kunstfiguren, entworfen aufgrund bestimmter innerer Dispositionen, Berufe, Lebensalter: *ein Mauerschauer, ein Spielverderber, ein junger Schauspieler, eine junge Schauspielerin, ein altes Paar, ein Einheimischer* in verschiedenen Erscheinungsformen (*als Jäger, als Bühnenmeister*). Die Gespräche umspielen Ansichten von ihrem Leben und von der Welt. Komplementäre Positionen deuten ins Undurchschaubare. Die Reise, auf die sich die Figuren – einschließlich Parzival – begeben, erweist sich als Lebens- und Zeitreise.

Was verbindet sich bei Handke mit dem Namen Parzival? – Er ist zunächst ein Kind, ein Primitiver, ein Urmensch, sprachlos und gewalttätig. Rückwärts laufend betritt er die Bühne. Im Kontakt mit den anderen erlernt er die Sprache, Fragen und Antworten. Mit seinem Namen gewinnt er seine Identität. Er wird in die Reisenden eingegliedert und nimmt den *Alten* Huckepack wie Äneas seinen Vater. An Parzival wird eine positive Entwicklung vorgeführt, und diese Möglichkeit setzt ein Zeichen für die Wege der anderen Figuren, auch wenn sie nach der Reise aus dem sonoren Land wieder in ihre Alltagswelt, das *Vorderland* zurückkehren.

Was meint das Fragen und seine Wichtigkeit bei Handke? – Es ist u.a. wie bei Wolfram ein Zeichen zwischenmenschlicher Anteilnahme, ein Akt, der Hilfe, Erleichterung, Befreiung bringt, der Beziehungen klärt und zum Erkennen der Dinge leitet. Gar nicht zu fragen führt in Schuld. Parzival erinnert sich an seine Geschichte. *Das Nichtfragenkönnen: mein Lebensproblem* (S. 131). Es wird u.a. auf die Situation des Todes seiner Mutter und seines Vaters bezogen: das waren unerklärliche, unkorrigierbare Versäumnisse. Parzival erlangt die Fähigkeit, mit Fragen und Antworten umzugehen, aber das Fragen und die richtige Sprache erscheinen für ihn und die anderen nicht ein für alle Mal lernbar. Der *Einheimische* sagt in seinem Schlußmonolog: *Unsere Art Fragen war immer das Arbeiten. Nur so konnte ich ganz Frage werden. Je tiefer ich mich einließ auf meine Sache, um so mehr Werkstücke standen mir gegenüber als Fragen, und um so mehr staunte ich* (S. 157f.). Es gibt immer neue Probleme.

Was ist das sonore Land? – Eine Region der Besinnung und der Harmonie, in die man reisen, aber in der man nicht bleiben kann. Alle Reisenden kehren wieder zurück aus der Welt der Stille, aus der fragenden Phantasie in die fraglose Despotie der verschiedenen Zeichen, Nummern und Nummernschilder. Ein Klang ruft zu Beginn auf die Reise; am Schluß spielt der *Einheimische* auf seiner Harmonika und bekommt von hinter der Szene eine Antwort in gleichen Tönen, doch sie entfernen sich. Im intertextuellen Verweiszusammenhang weckt das sonore Land Assoziation an das Gralsreich als eine sakrale, gottnähere Dimension jenseits der Artuswelt. Über religiöse Konnotationen des sonoren Landes sind sich die Interpretatoren uneins.

Das Spiel vom Fragen entzieht sich immer wieder klaren Deutungen, und der Bezug auf die Parzival-Geschichte Wolframs trägt zusätzlich zur Verrätselung bei, allerdings gibt er dem Stück auch einen optimistischen Tenor.

3.3 Christoph Hein, ‚Die Ritter der Tafelrunde' (1989)
– Gespräche über das Altwerden –

Im Jahr 1989 hat Christoph Hein ein Schauspiel über das alte immer wieder aktuelle Thema des Generationenkonflikts geschrieben. Er hat es mit Figuren der Tafelrunde um König Artus besetzt und mit dem Motiv der Gralssuche verbunden. Eine Reihe von Namen – so auch Parzival – hat er von Wolfram von Eschenbach übernommen, andere Motive eher von Thomas Malory. Hein erneuert nicht auf Grund seiner Quellen eine alte Geschichte, er übernimmt keine Strukturen, sondern konstruiert konfliktreiche Gespräche ohne Zukunftshoffnung, z.T. in modernem Jargon. Eine Anregung durch Tankred Dorsts ‚Merlin' liegt nahe. Die Einkleidung gibt dem dreiaktigen Schauspiel einen mythischen Anstrich, welcher die aktuelle politische Referenzialität der Gespräche verhüllt und zugleich enthüllt.

Das Stück sollte am Karfreitag 1989 im Dresdner Staatsschauspielhaus uraufgeführt werden, aber nach mehreren Voraufführungen wurde die Premiere verboten, da man die Auseinandersetzungen als Kritik am Zustand der DDR und ihrer Geschichte verstand. Ob diese aktualisierende Deutung bis hin zur Parallelisierung von Dramenfiguren mit historischen Personen durchgängig beabsichtigt war, bleibt offen. Entscheidend ist allerdings, daß die Lektüre als Zeit- und Gesellschaftsanalyse dem Stück große Beachtung verschafft hat. Mit zunehmendem Abstand von der ‚Wende' und dem Systemwechsel 1989 verliert es an politischer Evidenz, und in den Gesprächen der Tafelrunde tritt eine zeitübergreifende Aussagetendenz hervor.

Wie sehen die von Hein entworfenen Konstellationen aus? – Alle drei Akte spielen in der Halle der Artusburg. Die ‚legendäre' runde Tafel ist reparaturbedürftig, schon vor Jahren war ein Bein abgebrochen, aber die

Handwerker reagieren nicht auf die Anweisungen von König Artus. Die ideale Gesellschaft der Tafelrunde ist im Alterungsprozeß zerfallen. Die jahrelange Gralsuche der Ritter ist enttäuschend erfolglos geblieben. Niemand hat den Gral gefunden. Die Konsequenzen der einzelnen Tafelrundenritter sehen verschieden aus. Der alte Keie preist den Gral weiterhin als *das menschliche Glück, ein Paradies auf Erden* (S. 177), nach dem man suchen müsse, während der junge Mordred, Artus' Sohn, ihn für ein Phantom hält.

Parzival verabschiedet sich von der alten Geschichte: *Die Tafelrunde ist längst zerbrochen. Es gibt sie nicht mehr* (S. 153). Der erfolgreiche Gralssucher aus Wolframs Roman ist im neuen Kontext verzweifelt und *hat den Glauben an den Gral verloren, weiß nicht, was er hoffen und wohin er gehen soll* (S. 170). *Sinnlos gewordene Hoffnungen muß man beizeiten aufgeben, sie kosten sonst Kopf und Kragen. Ich habe die Tafelrunde nicht verraten. Ich sehe nur, daß wir auf den alten Wegen nicht weiterkommen* (S. 154). Parzival gibt eine Zeitschrift heraus, die die Verhältnisse schonungslos offenlegen soll, doch Mordred kritisiert daran, daß sich Parzival nicht mit der Anwendung von Gewalt auseinandersetze. Er solle erklären, warum er Ither getötet habe. Diese bei Dorst nachdrücklich behandelte Schuld wird auch bei Hein aufgegriffen.

Orilus hat ebenfalls den Glauben an den Gral verloren. Gawan hat die Tafelrunde endgültig verlassen. Lancelot, ein alter Mann, bestätigt, daß das Volk nichts mehr vom Gral wissen wolle. Artus, der eine Versammlung der Tafelrunde einberuft, hält am Glauben an den Gral fest, akzeptiert allerdings ein Scheitern des bisherigen Verhaltens: *Aber wenn der Gral für uns unerreichbar wurde, müssen wir nach anderen, nie gesehenen Wegen suchen, um zu ihm zu gelangen* (S. 191). Doch dieses Konzept muß scheitern, weil die Jugend – repräsentiert durch Mordred – dem Ziel und der ihm zugewiesenen Funktion, die Herrschaft weiterzuführen, eine radikale Absage erteilt. Mordred schlägt am Schluß vor, die runde Tafel, den kaputten Tisch, ins Museum zu bringen. *Es schafft Platz. Luft zum Atmen, Vater* (S. 193). Das Alte interessiert ihn nicht, aber er setzt auch nichts Neues an dessen Stelle. So bleibt der Glaube an den Gral einerseits für König Artus Garant der eigenen Existenz. *Doch der Gral, Parzival, ist keine Dummheit. Nur die Tiere können ohne ihn auskommen, weil sie nicht wissen, daß sie sterben müssen. Unsere Sterblichkeit zwingt uns, den Gral zu suchen* (S. 181). Andererseits steht die Substanz des mythischen Bildes in Frage.

Christoph Heins ‚Ritter der Tafelrunde' bieten mehr als eine Parabel über den gescheiterten DDR-Sozialismus. Als Gespräch über das Altwerden hat das Stück seine eigene Bedeutung. Besonders die Frauen (Ginevra, Jeschute und Kunneware) thematisieren diesen Aspekt. Es geht um Perspektivenverschiebungen in der Beurteilung von Gesellschaft und Geschichte, um die Unerreichbarkeit von Idealen und darum, ob man ohne zielsetzende Visionen überhaupt ein sinnvolles Leben führen könne. Die aufgeworfenen Fragen werden selbstverständlich von Alt und Jung, von Männern und Frauen unterschiedlich beantwortet. Die mythisierende Einkleidung und die intertextuelle Spannung wehrt die Gefahr der Banalisierung ab. Bei Wolfram war es das Ziel, einen Erwählten über Umwege und Abwege durch göttliche Gnade – nicht durch eigene Leistung – zum Gral zu führen; bei Hein suchen alle Artusritter den Gral und finden ihn nicht. Ob es ihn gibt, bleibt offen. Der Gral wird als mythisches Zeichen für eine verlorene oder illusionäre Sinndimension benutzt. Die in der Buchausgabe nachträglich geänderte Gattungsbezeichnung „Komödie" statt „Schauspiel" ironisiert die dem Stück eingeschriebenen ernsthaften Fragen.

3.4 Adolf Muschg, ‚Der Rote Ritter' (1993)
    – Parzival als Spielmaterial –

Am Schluß der zu betrachtenden produktiven Pz.-Rezeption steht Adolf Muschgs ‚Der Rote Ritter. Eine Geschichte von Parzivâl', die der Verfasser nach zehnjähriger Arbeit 1993 publiziert hat. Der voluminöse Roman, mit über 1000 Druckseiten etwa doppelt so lang wie Wolframs Pz., hat große Beachtung gefunden und gilt einigen Rezensenten als die wichtigste Nachdichtung von Wolframs Werk im 20. Jh. Der Umfang ist nicht unbedingt ein Qualitätskriterium. Im Vergleich zu den zuletzt behandelten Theaterstücken erfordert die Beurteilung eigene Maßstäbe. Die ‚Dramen' haben ausgewählte Motive in neue Aussagekonzeptionen gestellt. Muschg nimmt – ähnlich wie Fouqué – die gesamte Parzival-Handlung Wolframs auf, erzählt sie weitschweifig aus und ordnet sie in neue Wertkategorien. Der Bedeutungszusammenhang bleibt – vielleicht absichtlich – vage. Das Erzählen erscheint als Obsession. Muschg reichert den Handlungsverlauf mit Informationen zu mittelalterlichen Sachen, Denk-, Lebens- und Gesellschaftsformen an. Man hat überzogen von der „spielerischen Neuerschaffung einer versunkenen Kultur" gesprochen (Kircher, 1993). Außerdem hat der Verfasser den Text mit Zitaten und Anspielungen auf die Weltliteratur durchsetzt, so daß er der alten Geschichte eine zeitübergreifende, bis in die Gegenwart reichende

Dimension gibt. Das betrifft auch die Sprache: sachlicher Erzählton, Reden mit saloppen Wendungen, Jargon, Wörter und Syntagmen aus verschiedenen Sprachen (auch mhd. Zitate und übersetzte Textstellen) kommen vor und bilden ein unruhiges Patchwork. Verschiedene Erzählformen wechseln sich ab. Auf diese Weise treibt der Autor ein virtuoses Spiel auf verschiedenen Ebenen. Die Gegenwart wird in das Mittelalter integriert. Extremes Beispiel anachronistischer Kontraktionen ist ein Laptop in Sigunes Händen.

Die Handlungsteile von Wolframs Roman sind umgeschichtet und dadurch z.T. umfunktionalisiert. Neues kommt hinzu. Muschg hat den ‚Roten Ritter' in vier Bücher zu je 25 Kapiteln gegliedert und mit den insgesamt 100 Kapiteln wohl eine Analogie zu der gleichen Zahl der Gesänge von Dantes ‚Divina Commedia' insinuiert. Zwar läßt sich eine Entsprechung der Buchgliederung Muschgs zu Wolframs Roman erstellen (RR 1 = W. I u. II; RR 2 = W. III u. IV; RR 3 = W. V–XIV; RR 4 = W. XV u. XVI), aber sie besagt nur wenig, weil Umdispositionen und Umwertungen das Erzählte verändern.

Muschg beginnt nicht mit der Geschichte von Parzivals Vater Gahmuret und gibt der Abstammungsthematik und dem *art* (dem vererbten, eingeborenen Wesen) kaum Gewicht. Die Gahmuret-Abenteuer werden erst später im Gespräch zwischen Herzeloyde und Sigune nachgetragen. Am Anfang des ‚Roten Ritters' steht die Geschichte von Sigune und Schionatulander, die Muschg Wolframs ‚Titurel' entnommen hat. Bereits im 1. Buch erzählt Sigune von der Gralsfamilie und der Herkunft des Grals, abweichend von Wolfram nicht nur in der Anordnung, sondern auch in den Informationen. Trevrizent, der bei Wolframs Parzival eine religiöse Wende herbeiführt, wird bereits im 1. Buch des ‚Roten Ritters' als Lehrer der Kinder aus der Gralsfamilie eingeführt. Außer der Fortsetzung der Sigune-Geschichte erzählt das 2. Buch von Parzivals Kindheit in Soltane, vom Auszug in die Welt, von der Heirat mit Condwir amurs und seiner Vaterschaft. Muschg konstituiert einen Gegenspieler zu Parzival: Lähelin. Dieser vertritt eine neue Ökonomie und die städtische Kultur im Kontrast zu der ritterlichen Gesellschaft. Das 3. Buch enthält wichtige Szenen aus Parzivals und Gawans Leben: Parzivals Besuch auf der Gralsburg (ein Horrortrip) mit dem Frageversäumnis und sein Auftreten am Artushof, wo Ginover, Lanzelot und Artus eine ménage-à-trois pflegen. Nach seiner Verfluchung durch Kundry irrt Parzival in der Folgezeit nicht umher, sondern begleitet als Knecht verkleidet Gawan auf dessen Weg. Die Entscheidung, zum Gral zurückzukehren, führt ihn zu Trevrizent, wo sein Leben eine ‚intellektuelle' Wende nimmt.

Das 4. Buch bringt die endgültige Demontage der höfischen Gesellschaft und der Gralswelt. Parzival durchschaut die Oberflächlichkeit der arturischen Lebensformen und versöhnt sich mit Lähelin. Amfortas wird zwar geheilt, aber der Gral verschwindet, und Parzival ändert die menschenfeindlichen Lebensregeln der Gesellschaft. Er wird nicht Gralskönig, sondern kehrt mit seiner Familie nach Kanvoleis in sein Stammland, *nach Hause* (S. 978), zurück.

Was interessiert Muschg an der Parzival-Geschichte? Was macht er daraus? Er schreibt einen Entwicklungsroman ohne religiöse Perspektive. Für Fragen wie *muoter, waz ist got?*(Pz. 119,17), für den Hader mit Gott, für Buße im Sinne eines religiösen Umdenkens (*metanoia*) gibt es keinen Raum und keine Entsprechung im ‚Roten Ritter'. Der Gral steht nicht in einem transzendenten Bezugsfeld. Wenn Muschg ihn *Das Ding* nennt (S. 208), so ist das nicht wie bei Wolfram Ausdruck seines rätselhaften Wesens, sondern eine pejorative Bezeichnung für etwas Überflüssiges, das schließlich zerfließt und verschwindet. Konzentrierter Ausdruck des säkularen Menschenbildes ist Parzivals Feststellung im Gespräch mit Gawan: *Ich glaube nicht mehr, daß die Menschen dafür gemacht sind, erlöst zu werden, […] Sie sind dazu erschaffen, lebendig zu sein und immer noch zu werden, bis der Tod sie reif genug findet für seine Ernte. […] Gott versucht sein Spiel mit uns, Er will wissen, ob wir als Mitspieler in Frage kommen. […] Wir dürfen Gottes Mitspieler sein, als ob es auf uns ankäme. In diesem Anschein steckt das ganze Wunder unseres Lebens* (S. 983). Wenn Muschg unter Voraussetzung eines solchen Konzepts für einen Entwicklungsroman den Parzival-Stoff benutzt, betreibt er ein intertextuelles Spiel. Bedeutungskonstituierende Motive von Wolframs Roman werden dabei umgedeutet, spielerisch umerzählt, bagatellisiert oder fallen gelassen.

Die Einkehr bei dem Einsiedler Trevrizent ist in Wolframs Roman eine Kernszene, die Parzival zu wesentlichen Einsichten über Gott und sich selbst, sein bisheriges Leben und auch über den Gral führt. Im ‚Roten Ritter' hält der Einsiedler bei der analogen Begegnung eine über zehn Seiten reichende, z. T. ironisierende, redselige Predigt über die Sieben Todsünden, wobei letztlich jede ernsthafte Orientierung relativiert wird. Aber es kommt für den Roten Ritter zu einer einschneidenden Wende: Parzival lernt lesen; denn Nicht-Lesen-Können ist eine Todsünde: *Wer hätte gedacht, daß ich Euch doch noch bei einer ernsthaften Todsünde erwische* (S. 648). Lesefähigkeit ist ein Schlüssel zum Weltverständnis, wichtig im Umgang mit den Menschen und letztlich – in Trevrizents Sprache – auch mit Gott. Sie ermöglicht Nachprüfen und führt zu kritischem Denken. Parzival erhält eine Fibel mit dem Alphabet und mit Erläuterungen zu den einzelnen Buchstaben, als Lernpensum auf 26 Tage verteilt: *Und zu jedem will ich Euch etwas vorschreiben, was Ihr wissen müßt, über mich und über Euch, über das Leben und über den Gral* (S. 648). Schon vorher hat Trevrizent konstatiert: *und vom Grâl lesen ist allemal bekömmlicher als den Grâl suchen, glaubt mir nur* (S. 647). In alliterierenden Wendungen enthält die Fibel Reminiszenzen an das von Wolfram gestaltete Gespräch zwischen Parzival und dem Einsiedler sowie darüber hinaus an die erzählte Geschichte. Die Erläuterungen bleiben z.T. knapp, z.T. irren sie wiederum ab. Der Gral erscheint hier zuvor in religiöser Konnotation: *Freund das war der Grâl, Gottes gewaltig Geheimnis* [...] (S. 703), aber beim Buchstaben G taucht das Stichwort Gott nicht auf. Auch Buße und Schuld gehören nicht zu den alphabetisierten Wörtern. Parzival verläßt Trevrizent als ein veränderter Mensch, der in eine neue Zeit gehört. Der abschließende Vers des Kapitels: *Gip mir dîn sünde her* (S. 658) bringt für Kenner von Wolframs Roman die Absolution des Sünders als religiösen Prätext in Erinnerung.

Durch die Fähigkeit des Lesens wächst Parzival über das Ritterdasein, das wesentlich durch Kampf definiert ist, hinaus. Diese Wende mag als Reaktion auf Wolframs kokettisierendes Spiel mit dem Analphabetismus angeregt sein (Parzival lernt, was sein mittelalterlicher Autor angeblich nicht konnte), aber vor allem steht dieser Lernakt im Zusammenhang mit der Problematisierung der ritterlich-höfischen Welt im ‚Roten Ritter'. Den Ritterbegriff, der mit seinen ethischen Implikationen im höfischen Roman einen wesentlichen Orientierungswert darstellt, nimmt Muschg wohl auf, öffnet ihn aber zur Bezeichnung eines Menschen mit Tätigkeiten verschiedener Art. Er ist nicht nur Kämpfer in der agonalen Begegnung mit Gleichdisponierten, sondern auch Akteur im Familienkreis (Ehemann und Vater), Hausverwalter, Kaufmann, Gebildeter. Das entspricht der anachronistischen Perspektivierung von Muschgs Roman insgesamt: Der Mensch befreit sich aus gesellschaftlicher Funktionsbegrenzung zu einer Vielfalt von Möglichkeiten. Mit dieser Konzeption korrespondiert die veränderte Darstellung der höfisch-ritterlichen Welt. Muschg zeigt eine dekadente überalterte Artusgesellschaft ohne sinnvolle Lebensgestaltung und ohne Vorbildcharakter. Diesen Zustand verbildlicht exemplarisch das abstoßende Aussehen des Königs, das der Erzähler detailliert beschreibt und den Eindruck zusammenfaßt: *Parzivâl kam es vor, auf den ersten Blick, als habe er nie einen so hässlichen Menschen gesehen* (S. 343). Im Gegensatz dazu steht seine eigene Schönheit, die immer wieder betont wird. Parzivals Erscheinung im entstellenden Narrenkleid und seine Sprache lösen am Artushof höchste Verwirrung aus. Sein Auftreten wird als Besiegelung des überlebten Zustands gedeutet: *Der Artûshof hatte an diesem Tage nichts Geringeres erlebt als den Untergang seiner Welt* (S. 349). König Artus hat keine regulierende Funktion, er verurteilt das gewaltsame Vorgehen Keies nicht und greift in das Geschehen nicht ein. Zwar nimmt Muschg positive Vorgaben Wolframs auf, in dem veränderten Kontext prägt sich jedoch stärker ein Negativbild aus. Der Artushof ist Begegnungsstätte für viele, Ort von Festen und Unterhaltung (alberne und frivole Spiele werden gespielt); Artus verleiht noch Ritterschaft, aber alles ist im Abbau begriffen. An Parzival wird im Laufe des Romans deutlich, daß Rittersein eine andere Form annimmt. Die Verantwortlichen am Hof haben die neuen ökonomischen Bedingungen der Gesellschaft, von denen sie abhängig sind, nicht erkannt.

Muschg zeigt ein funktionierendes andersartiges Wirtschafts- und Verwaltungssystem im Bereich der Stadt: Bei Condwir amurs in Pelrapeire wird es praktiziert, und Parzival muß sich als neuer Herr damit befassen. Die städtische Bevölkerung sieht das alte Rittertum realitätsbezogen völlig negativ und gibt ihm neue Namen: *Raubritter, Strauchdiebe, Landstörzer, Jungfernschänder, Witwenfresser, Müßiggänger, Schmarotzer und Tunichtgute* (S. 473). Dieses Bild wird nicht durch eine idealisierte Artusgesellschaft konterkariert. Die Verfallstendenz der höfischen Welt ist nicht aufzuhalten, allerdings wird der Untergang nicht ausdrücklich erzählt: *Das Ende des Königs Artûs soll hier kein Thema sein, auch wenn es einer andern Fabel durchaus würdig wäre* (S. 791).

Im Gegensatz dazu wird die Gralsgesellschaft aufgelöst. Den Gral und die Gralsburg, die Insignien der Parzival-Geschichte, hat Adolf Muschg nicht nur entsakralisiert, entzaubert, darüber hinaus hat er sie am Ende destruiert. Sie sind für ihn – selbst in verwandelter Form – nicht in die ‚neue' Welt übertragbar. Zunächst referiert der Erzähler Herkunftsmythen; der Gral erscheint bei den verschiedenen Besitzern verwandelt. Aus den Spolien unterschiedlicher Traditionen resultiert „ein Symbol für die Untrennbarkeit der Gegensätze im Kern aller Dinge", wie es Muschg an anderer Stelle nennt (Schmidt-Degenhard, 1995, S. 187), aber dieses Zeichen erhält in dem Roman keine Funktion. Ist bei Wolfram der Gral (trotz verbleibender Rätselhaftigkeit) Signum für die Verbindung Gottes mit einer begnadeten, durch besondere Frömmigkeit ausgezeichneten Gesellschaft, so wird dieses Signum im ‚Roten Ritter' bedeutungsleer, weil es nicht mehr um ein transzendentes Ziel, nicht um die Beziehung zu Gott, sondern um die Suche des Menschen nach sich selbst geht. In Muschgs Roman bringt der Gral den Angehörigen der Gralsfamilie kein Glück (*saelde*). Als Amfortas geheilt ist, verändert der designierte neue König die Lebensregeln der Gralsgesellschaft und übernimmt die Herrschaft nicht.

Die Schilderung der Gralsburg, des kalten Hauses, berührt die Grenzen der Karikatur. Bei seinem ersten Besuch auf Munsalvaesche gelangt Parzival in eine von Horrorzeichen geprägte Umgebung, die jedem die Sprache verschlägt. Er kommt nicht zu einer prächtigen aus Stein gebauten Burg, sondern zu einem Gebäude mit *hintereinander versetzten Kuppeln, von mattem Weiß, wie das Gelege eines riesigen Vogels* (S. 490) aus frisch geschlagenem Holz. Ein buckliger Narr führt ihn, und er erfährt von Amfortas' sexuellen Begierden, seiner Strafe und den Leiden aller. Die erlösungsbedürftige Gesellschaft, auf die Wolframs Parzival trifft, wird im ‚Roten Ritter' ins Groteske verzerrt: *Parziväl zögerte, den ersten Schritt unter die Schwerter zu tun, als begäbe er sich in Gefangenschaft.* [...] *beim Vorübergehen wurde er unsicher, ob die Ritter verkappte Gesichter hatten oder gar keine; und die Rüstungen klirrten wie hohl* (S. 492). Die Ritter, die bei der Begrüßung auftreten, haben etwas Geisterhaftes. Ihre anscheinende Körperlosigkeit entspricht den menschenfeindlichen Lebensformen mit der Trennung von Männern und Frauen und dem Verbot sexuellen Verkehrs. Amfortas liegt in einer Grube unter einem Haufen von Fell wie ein Tier – ein *Wolfsbalg* (S. 496). Ekelerregender Gestank geht von ihm aus. Die Berührung der eisigen Wunde mit der glühenden Lanze malt der Erzähler exzessiv aus. Parzival gerät in höchste innere Bedrängnis, aber er schweigt, Amfortas bleibt unerlöst. Der zweite Besuch nach Jahren bringt dann Amfortas Heilung und der Gralsgesellschaft Erlösung aus ihrem Leidenszustand. Die Geschlechtertrennung wird aufgehoben, und im Orient, im Reich von Feirefiz, bieten sich neue Lebensmöglichkeiten. Es ist ein geschickter ‚Trick', daß der Gral am Ende des Romans beim Krönungsfest nicht die Erwartungen erfüllt. Er spendet nicht die Nahrung, auf die alle warten, statt dessen strömt Wasser aus ihm, und er löst sich schließlich zerfließend auf. Parzival konstatiert: *Das Ding bedeutet uns sein Ende. Wem Gott die rechte Zunge gegeben hat, der schmeckt immerhin einen Anfang darin; die Geburt eines neuen Menschen. Aber Den Menschen gibt es nicht! Es gibt nur Mann und Frau.* – (S. 953). Der Gral und Munsalvaesche gehören einer vormittelalterlichen und mittelalterlichen Welt an, aus der Muschgs Roman herausführt.

Die für den ‚Roten Ritter' charakteristische Durchdringung verschiedener Zeiten im Erzählgefüge, die Integration moderner Erkenntnisse in die mittelalterliche Geschichte kommt am stärksten in der psychologischen Motivierung der Figuren und in der Beschreibung von Paarbeziehungen zum Ausdruck. Sexualität macht Muschg zum Hauptthema von Parzivals Kindheit. Die Mutter tabuisiert den Trieb des Kindes, der sich in der Isolation von Soltane inzestuös auf Herzeloyde richtet. Das geht bis zur parodistischen Deutung von Parzivals Namen auf den Sexualakt. Das Kind stellt sich vor, wie sein Glied *Recht mitten durch* in die Mutter eindringt (S. 283). Die Begegnung des jungen Parzival mit Jeschute wird dann als gedankenlose brutale Vergewaltigung dargestellt. Pornographische Beschreibungstendenzen, die auch an anderen Stellen begegnen, unterstreichen das Gewaltverhalten, das durch Parzivals albernes Gerede weder gemildert noch ironisiert wird. Trotz Muschgs sonstigem Bemühen, die Frauen ‚gleichberechtigt' zu behandeln, wird gerade in dieser Szene die weibliche Betroffenheit unterbelichtet.

Nach solchen unrühmlichen Vorspielen erfährt Parzival, was Liebe ist. Zuerst begegnet er Liaze, die er wieder verläßt, dann verbindet er sich in lebenslanger Treue mit Condwir amurs. Hier schlägt Muschg andere Beschreibungsnuancen an, die von mittelalterlichen Minne-Vorstellungen mitgetönt sind. Condwir amurs erscheint ihm wie ein Gnadenbild der Muttergottes. In Parzivals Beziehung zu seiner künftigen Frau sind die Bindung an seine Mutter und eine höhere Sehnsucht aufgehoben. Die verzögerte Hochzeitsnacht, die Muschg von Wolfram übernimmt, signalisiert eine Wende in Parzivals Leben. Er erkennt rückblickend sein Leben als Schuld. *Nun zahlte er die Schuld an Jeschûte in der ersten Nacht, an Liâze in der zweiten, er zahlte sie der dritten Frau* (S. 454), und er erkennt die Andersartigkeit des Weiblichen. Zum Gral bricht er von Condwir amurs auf, um seine Identität zu finden, denn sein Name reimt sich auf Gral (S. 477f.).

Wolframs exzeptionelle Erzählweise erhält nicht nur in dem narrativen Verfahren Muschgs ein Analogon, sie hat wohl auch die witzige Erfindung einer hybriden Erzählerinstanz angeregt. Neben dem auktorialen Erzähler, der urteilend und kommentierend hervortritt, führt Muschg eine besondere Instanz ein: *Jemand muß diese Fabel doch erzählen. Dazu ist etwas höhere Gewalt unerläßlich, gehobene Mitwisserschaft, eine vorwaltende Intelligenz.* [...] *Vorweg: die höhere Instanz ist zerbrechlich. Sie besteht aus 3 Eiern. Sie* ist *3 Eier* (S. 104). Den Eiern wird je ein Mund, ein Ohr und ein Auge zugeordnet, und sie haben ein gemeinsames Gehirn. Über die sinnliche Wahrnehmung dringen sie in den Zusammenhang der Welt vor und machen deutlich, daß sie Schöpfung und Leben der erzählten Welt in allen Einzelheiten wahrnehmen. Wie es im mittelalterlichen Roman Frau Aventiure gibt oder bei Thomas Mann den Geist der Erzählung, so wird auch hier die Rückführung der Geschichte auf den Autor gebrochen. Er splittet die Zuständigkeit für das Erzählen und rechtfertigt damit alle Freiheit, die er sich nimmt. Die benannte Instanz: *3 allwissende Eier* (S. 111; → S. 730) ist selbst Teil der Fabel. *Eins jedenfalls müßt Ihr von Uns erfahren: daß auch Wir rechtmäßige Kinder der Fabel sind* (S. 114). Am Schluß, nachdem der Gral seinen Dienst als Nahrungsspender versagt hat und verschwunden ist, mutieren sie zu ganz gewöhnlichen Hühnereiern und werden verzehrt. Es wird demonstriert, daß beim Erzählen alles möglich ist. Ob Muschgs Leser die über zwölf Druckseiten ausgebreiteten Wort- und Gedankensequenzen im Kapitel *Die 3 Eier* vergnüglich finden und ob sie poetologische Aufschlüsse gewinnen, mag unterschiedlich sein. Wenn die Eier am Schluß von einem Mann namens Meierlein in die Pfanne gehauen, mit Kräutern bestreut und verzehrt werden, fragt man sich nach der Bedeutung dieses Motivs für den Roman insgesamt. Für die Erzählinstanz der drei Eier (jedenfalls für ihre Zahl) findet sich bei Wolfram ein Anknüpfungspunkt, wo er die Schwierigkeit des Erzählens behandelt. Der Erzähler vermag zu bewältigen, was eigentlich für drei schwierig wäre (Pz. 4,2–8). Muschg spaltet die Erzählinstanz in drei auf. Die Ei-Metaphorik (Ei als Beginn des Lebens) könnte die Herkunft der Parzival-Geschichte, die ja auch Wolfram variierend neu erzählt, in eine mythische Ferne rücken, zumal Muschg Parzival als einen Archetyp verstanden hat. Schwieriger ist das Ende zu deuten. Vielleicht wird mit dem Verzehr der Eier komisierend die Rezeption durch die Leser angesprochen, mit denen der Erzähler im Dialog steht und zum Abschluß gekommen ist.

Den Spielcharakter des Romans hat der Autor mit seinem vorangestellten Motto selbst angesprochen:

AL-HAFI: ... Heißt das spielen?
NATHAN: *Schwerlich wohl;*
Heißt mit dem Spiele spielen.

Wolframs Pz. ist für Muschg ‚Spielmaterial'. Als genauer Kenner von Wolframs Werk, von mittelalterlicher Kulturgeschichte und literaturwissenschaftlichen Erörterungen hat er einen Roman über einen Menschen geschrieben, der sich aus dem Mittelalter in die Neuzeit entwickelt. Die anachronistische Verschränkung zeitfremder Elemente führt nicht zu einem ‚neuen', veränderten Mittelalter, sie öffnet das Mittelalter zur Neuzeit hin. Sabine Obermaier spricht von der „individualisierten Geschichte des europäischen Menschen: Paradies, Steinzeit, Zivilisation: feudales Mittelalter auf dem Weg in die bürgerliche Welt mit freier Marktwirtschaft, Aufklärung, industrieller Revolution −" (Obermaier, 1997, S. 479). Eine derartige Deutungsperspektive bleibt allerdings in dem weitschweifigen Imaginationsspiel eher verborgen.

Schlußbemerkung

Im Blick auf das 19. und 20. Jh. ist deutlich geworden, welche Attraktivität Wolframs Roman für die literarische Produktion besessen hat. Der Name Parzival und die mit ihm verbundene Geschichte haben gleichsam den Status eines mythischen Motivkomplexes. Mit ihm lassen sich das Wesen des Menschen, seine sozialen Kontakte und seine Sinnsuche in verändertem historischen Kontext darstellen. Die Rezeptionsvarianten sind sehr divergierend. Die ‚alte Geschichte' dient als Projektionsfläche für private Erfahrungen, zeitkritische und ideologische Anliegen, und sie dient als Reservoir für spielerische Imaginationen.

In den ersten 25 Jahren des 20. Jh.s dominieren positive Aussagetendenzen. Möglichkeiten einer Sinngebung des Lebens werden mit Motiven des mythischen Komplexes vermittelt. Dem steht in den achtziger und neunziger Jahren eine Desillusionierung gegenüber; doch auch diese neueren Texte bleiben im Dialog mit der ‚alten Geschichte'. Sicher werden im 21. Jh. weitere Rezeptionsformen durch Wolframs Pz. angeregt, da die impulsgebende Kraft weltliterarisch bedeutender Werke kaum versiegt. Übersetzungen und Kommentare des Pz. machen die Begegnung mit dem mittelalterlichen Text leicht und können als Vermittler von Nachdichtungen dienen.

Literatur

Texte und Dokumente

Tankred Dorst, Merlin oder Das wüste Land. Mitarbeit Ursula Ehler, Frankfurt a.M. 1985.
Tankred Dorst, Der nackte Mann. Mit farbigen Zeichnungen von Johannes Grützke (insel taschenbuch 857), Frankfurt a.M. 1986.
Tankred Dorst, Parzival. Ein Szenarium. Mitarbeit Ursula Ehler, 2. Aufl., Frankfurt a.M. 1991.
Friedrich de la Motte Fouqué, Der Parcival. Erstdruck, hg. von Tilman Spreckelsen/ Peter Hennig Haischer/Frank Rainer Max/Ursula Rautenberg (Friedrich de la Motte Fouqué, Ausgewählte Dramen und Epen, hg. von Christoph F. Lorenz, Bd. 6), Hildesheim/Zürich/New York 1997.
Stefan George, Die Bücher der Hirten- und Preisgedichte, der Sagen und Sänge und der Hängenden Gärten, 1. Ausg., Privatdruck, Berlin 1895 [wieder als: Stefan George, Gesamtausgabe der Werke, Bd. 3, Berlin 1930].
Peter Handke, Die Kunst des Fragens (suhrkamp taschenbuch 2359), Frankfurt a.M. 1994.

Gerhart Hauptmann, Parsival (Ullstein-Jugend-Bücher), Berlin 1914.
Gerhart Hauptmann, Sämtliche Werke. Centenar-Ausgabe, hg. von Hans-Egon Hass, Bd. VI, Frankfurt a.M./Berlin 1963 [S. 553–607: Parsival; S. 609–662: Lohengrin].
Christoph Hein, Die Ritter der Tafelrunde und andere Stücke, Berlin/Weimar 1990.
Richard von Kralik, Die Gralsage, erneuert und erläutert, Ravensburg 1907. – Der heilige Gral. Dramatische Dichtung in drei Aufzügen, Trier 1912.
Jörg Lanz von Liebenfels, Der heilige Gral als das Mysterium der arisch-christlichen Rassenreligion (Ostara 69), Wien 1913.
Friedrich Lienhard, Parsifal und der Büßer, in: Friedrich Lienhard, Lebensfrucht, Gesamtausgabe der Gedichte, 10. Aufl., Stuttgart 1915, S. 264–266.
Alfred Lorenz-Gotha, Parsifal als Übermensch, in: Die Musik 1 (1902), S. 1876–1882.
Adolf Muschg, Der Rote Ritter. Eine Geschichte von Parzivâl, Frankfurt a.M. 1993.
Adolf Muschg, Herr, was fehlt Euch? Zusprüche und Nachreden aus dem Sprechzimmer des heiligen Grals (edition suhrkamp N.F. 900), Frankfurt a.M. 1994.
[Adolf Muschg] Liebe, Literatur und Leidenschaft. Adolf Muschg im Gespräch mit Meinhard Schmidt-Degenhard, Zürich 1995.
Albrecht Schaeffer, Parzival. Ein Versroman in drei Kreisen, Leipzig 1922.
Ernst Stadler, Parzival vor der Gralsburg, in: Ernst Stadler, Der Aufbruch. Gedichte, Leipzig 1914, S. 51 [wieder in: Ernst Stadler, Dichtungen, Schriften, Briefe. Kritische Ausgabe, hg. von Klaus Hurlebusch/Karl Ludwig Schneider, München 1983, S. 156].
Will Vesper, Parzival. Ein Abenteuerroman, in: Will Vesper, Tristan und Isolde, Parzival (Die Bücher der Rose), Ebenhausen bei München 1911, S. 163–307.
Karl Vollmoeller, Parcival (Insel-Bücherei 115), Leipzig 1914.
Hans von Wolzogen, Parzival der Gralsucher. Eine deutsche Heldengeschichte von Wolfram von Eschenbach (Bücher von deutscher Art und Kunst), Berlin 1922.

Forschung

Besser, Joachim, Die Vorgeschichte des Nationalsozialismus in neuem Licht, in: Die Pforte. Monatsschrift für Kultur 2 (1950), S. 763–784.
Blank, Walter, Die positive Utopie des Grals. Zu Wolframs Graldarstellung und ihrer Nachwirkung im Mittelalter, in: Sprache, Literatur, Kultur. Studien zu ihrer Geschichte im deutschen Süden und Westen. Festschrift für Wolfgang Kleiber zum 60. Geburtstag, hg. von Albrecht Greule/Uwe Ruberg, Stuttgart 1989, S. 337–353.
Blumenberg, Hans, Arbeit am Mythos, Frankfurt a.M. 1979.
Bumke, Joachim, Wolfram von Eschenbach (Sammlung Metzler 36), 8. Aufl., Stuttgart/Weimar 2004.
Carnevale, Carla, Gesellenstück und Meisterwerk. Adolf Muschgs Roman Der Rote Ritter zwischen Auserzählung und Neuschöpfung des Parzival (EHS 1/ 1921), Frankfurt a.M. [u.a.] 2005.
Fischer, Hubertus, Alter und neuer Parzivâl: Wolfram von Eschenbach und Adolf Muschg, in: Studia Germanica Posnaniensia 25 (1999), S. 59–68.
Greiner, Ulrich, Die Entsorgung des Grals, in: Die Zeit, 2. 4. 1993.
Grosse, Siegfried/Rautenberg, Ursula, Die Rezeption mittelalterlicher deutscher

Dichtung. Eine Bibliographie ihrer Übersetzungen und Bearbeitungen seit der Mitte des 18. Jahrhunderts, Tübingen 1989.
Hermand, Jost, Gralsmotive um die Jahrhundertwende, in: DtVjs 36 (1962), S. 521–543 [wieder in: Jost Hermand, Von Mainz nach Weimar, Stuttgart 1969, S. 269–297].
Just, Klaus Günther, Ästhetizismus und technische Welt. Der Lyriker Karl Gustav Vollmoeller, in: Übergänge. Probleme und Gestalten der Literatur, München 1966, S. 189–208.
Kircher, Hartmut, Irrwege auf der Suche nach Glück, in: Kölner Stadtanzeiger, 25. 03. 1993.
Knapp, Gerhard P., Grenzgang zwischen Mythos, Utopie und Geschichte: Tankred Dorsts Merlin und sein Verhältnis zur literarischen Tradition, in: Amsterdamer Beiträge zur neueren Germanistik 24 (1988), S. 225–260.
Kokott, Hartmut, Gerhart Hauptmann und die Literatur des Mittelalters, in: Euphorion 83 (1989), S. 49–70.
Krohn, Rüdiger, Parzival und die Vergeblichkeit des Friedens. Über die Funktion einiger ausgeschiedener Materialien zu Tankred Dorsts Merlin, in: Im Dialog mit der Moderne. Jacob Steiner zum 60. Geburtstag, hg. von Roland Jost/Hansgeorg Schmidt-Bergmann, Frankfurt a.M. 1986, S. 425–307.
von Matt, Beatrice, Im Banne feingewirkter Tapisserien, in: Neue Zürcher Zeitung, 27./28. 3. 1993.
von Matt, Peter, Parzival rides again. Vom Unausrottbaren in der Literatur, in: Forum. Materialien und Beiträge zur Mittelalter-Rezeption, Bd. 3, hg. von Rüdiger Krohn (GAG 540), Göppingen 1992, S. 81–90.
Max, Frank Rainer, Fouqués Parzival. Romantische Renovation eines poetischen Mittelalters, in: Mittelalter-Rezeption II. Gesammelte Vorträge des 2. Salzburger Symposions „Die Rezeption des Mittelalters in Literatur, Bildender Kunst und Musik des 19. und 20. Jahrhunderts", hg. von Jürgen Kühnel/Hans-Dieter Mück/Ursula Müller/Ulrich Müller (GAG 358), Göppingen 1982, S. 541–555.
Mertens, Volker, Come along and meet the Red Rider, in: Neue deutsche Literatur, Heft 485 (1993), S. 139–142.
Müller, Ulrich, Parzival 1980 – auf der Bühne, im Fernsehen und im Film, in: Mittelalter-Rezeption II, hg. von Jürgen Kühnel/Hans-Dieter Mück/Ursula und Ulrich Müller (GAG 358), Göppingen 1982, S. 623–640. – Das Nachleben mittelalterlicher Stoffe, in: Epische Stoffe des Mittelalters, hg. von Volker Mertens/Ulrich Müller, Stuttgart 1984, S. 424–448. – Gral 89. Mittelalter, moderne Hermeneutik und die neue Politik der Perestroika. Zu den Parzival/Gral-Dramen von Peter Handke und Christoph Hein, in: Mittelalter-Rezeption IV, hg. von Irene von Burg/Jürgen Kühnel/Ulrich Müller/Alexander Schwarz (GAG 550), Göppingen 1991, S. 495–520. – Moderne Gral-Questen: Vom Nachleben des „epischen Mythos" der sinnsuchenden Reise. Fragmentarische Beobachtungen zu einigen modernen Dramen und Romanen sowie zu Science-Fiction-Filmen von Stanley Kubrik und Andrej Tarkovskij, in: Georg Meyer zum 60. Geburtstag, hg. von Ursula Bieber/Alois Woldan, München 1991, S. 69–92.
Niermann, Anabel, Das ästhetische Spiel von Text, Leser und Autor. Intertextualität neu gedacht an Adolf Muschgs Parzival-Rezeption Der Rote Ritter. Eine Geschichte von Parzival am Beispiel der Frauenfiguren (EHS 1/1899), Frankfurt a.M. [u. a.] 2004.
Obermaier, Sabine, „Die Geschichte erzählt uns" – Zum Verhältnis von Mittelalter

und Neuzeit in Adolf Muschgs Roman Der Rote Ritter. Eine Geschichte von Parzival, in: Euphorion 91 (1997), S. 467–488.
Platiel, Jörg, Mythos und Mysterium. Die Rezeption des Mittelalters im Werk Gerhart Hauptmanns (Mikrokosmos 30), Frankfurt M. [u. a.] 1993.
Raitz, Walter, Grals Ende? Zur Rezeption des Parzival/Gral-Stoffes bei Tankred Dorst, Christoph Hein, Peter Handke und Adolf Muschg, in: Der fremdgewordene Text. Festschrift für Helmut Brackert zum 65. Geburtstag, hg. von Silvia Bovenschen/Winfried Frey/Stephan Fuchs /Walter Raitz, Berlin/New York 1997, S. 320–333.
Rautenberg, Ursula, Parzivals Bildungs- und Entwicklungsstufen. Zu Friedrich de la Motte Fouqués Parcival, in: Mittelalter-Rezeption II. Gesammelte Vorträge des 2. Salzburger Symposions „Die Rezeption des Mittelalters in Literatur, Bildender Kunst und Musik des 19. und 20. Jahrhunderts", hg. von Jürgen Kühnel/Hans-Dieter Mück/Ursula Müller/Ulrich Müller (GAG 358), Göppingen 1982, S. 557–572.
Schulze, Ursula, Stationen der Parzival-Rezeption. Strukturveränderung und ihre Folgen, in: Mittelalter-Rezeption. Ein Symposion, hg. von Peter Wapnewski (Germanistische Symposien. Berichtsbände 6), Stuttgart 1986, S. 555–580, 613–615.
Spreckelsen, Tilmann, „In dieser trüben NebelWelt", in: Friedrich und Caroline de la Motte Fouqué. Wissenschaftliches Colloquium zum 220. Geburtstag des Dichters am 15. Februar 1997 an der FH Brandenburg, hg. von Helmut Schmidt/Tilmann Spreckelsen, (Hochschulforum. Brandenburger Tagungsberichte), Brandenburg/ H. 1998, S. 22–33.
Wagemann, Anke, Wolframs von Eschenbach Parzival im 20. Jahrhundert. Untersuchungen zu Wandel und Funktion in Literatur, Theater und Film (GAG 646), Göppingen 1998.
Wasielewski-Knecht, Claudia, Studien zur deutschen Parzival-Rezeption in Epos und Drama des 18.–20. Jahrhunderts (EHS 1/1402), Frankfurt a.M. [u. a.] 1993.
Wehrli, Max, Geschichte der deutschen Literatur im Mittelalter. Von den Anfängen bis zum Ende des 16. Jahrhunderts (Universal-Bibliothek 10294), 3. Aufl., Stuttgart 1997.
Welz, Dieter, Gralromane, in: Epische Stoffe des Mittelalters, hg. von Volker Mertens/Ulrich Müller, Stuttgart 1984, S. 341–364.

IV. Parzival und Parsifal in der bildenden Kunst des 19. und 20. Jahrhunderts

von Claudia Hattendorff

1. Vorbemerkungen – 2. König Ludwig II. von Bayern und der Parzival-Stoff – 3. Wolfram, Wagner und die Katastrophe des 20. Jahrhunderts: Anselm Kiefer und der Parzival-Stoff

1. Vorbemerkungen

Vielerlei Gründe lassen sich dafür anführen, daß die bildende Kunst der Moderne in bezug auf ihre Inhalte keine Bildtraditionen im Sinne der älteren Kunst kennt. Als Erklärung dieses Phänomens sind vor allem andere Auftrags- und Rezeptionskontexte zu nennen, die wiederum durch grundlegende gesellschaftliche Veränderungen bedingt waren: Traditionelle Auftraggeber wie Klerus und Aristokratie traten in ihrer Bedeutung für die Kunstförderung zurück; das Repräsentationsbedürfnis der entstehenden bürgerlichen Gesellschaften verlangte nach anderen Themen, Formen und Betrachtungszusammenhängen, die sich durch die Begriffe Nationalismus, Kommerzialisierung und Privatisierung grob charakterisieren lassen.

Daß innerhalb dieser Rahmenbedingungen der Parzival-Stoff in der modernen bildenden Kunst eine Rolle spielt, verdankt sich verschiedenen Faktoren. Von besonderer Bedeutung war die Tatsache, daß die literarischen Überlieferungen zu dieser Gestalt im Zuge des Historismus nicht nur wiederentdeckt, erforscht und breiteren Kreisen zugänglich gemacht wurden, sondern daß die Erzählung der Taten des Parzival literarisch (und musikalisch) neu bearbeitet wurde in Werken wie Richard Wagners Bühnenweihfestspiel ‚Parsifal' (Uraufführung 1882) und Alfred Tennysons ‚Idylls of the King' (erschienen 1856 bis 1885), die eine breite Rezeption erfuhren.

Trotzdem: Die bildlichen Zeugnisse des 19. und 20. Jh.s zu Parzival stellen keineswegs das Fortwirken einer mittelalterlichen Bildtradition da. Auch kann keine Rede davon sein, daß sich eine neue Bildtradition ausgebildet hätte. Wir sehen uns in der Bearbeitung des Stoffes vielmehr mit Einzelfällen konfrontiert, die sich nicht einem breiten Traditionsstrom eingliedern. Deren Auftreten war von je anderen Faktoren abhängig.

In England wurden die Taten des Percival oder Perceval im Zusammenhang mit der Artussage rezipiert. Wichtigste literarische Grundlage war Thomas Malorys ‚Le Morte d'Arthur', in der zweiten Hälfte des 19. Jh.s auch der erwähnte Gedichtzyklus Tennysons. Parzival hat dort den Status einer Nebenfigur, und auch in den bildlichen Darstellungen, die auf diesen Vorlagen aufbauen, spielt er eine eher untergeordnete Rolle. Dies belegt beispielhaft ein Fresko des William Dyce im Robing Room der neuerrichteten Houses of Parliament in London von 1851, das Teil eines Zyklus ist, mit dem der Artus-Stoff, nicht ohne Schwierigkeiten und daher ohne unmittelbare Nachfolge, als Nationalepos etabliert werden sollte. Parzival und seine fromme Schwester zählen dort zu den Assistenzfiguren in einer an Raffaels ‚Disputa' orientierten allegorischen Darstellung der Religion. Von nachgeordneter Bedeutung ist die Gestalt des Parzival auch in den Darstellungen der Präraffaeliten, für deren Schaffen der Artus-Stoff von großer Wichtigkeit war. In einem Wandteppich Edward Burne-Jones' vom Anfang der 1890er Jahre etwa ist Sir Perceval neben Sir Bors und Sir Galahad nur einer von drei Rittern – und nicht der wichtigste – aus dem Kreis um König Artus, die die Suche nach dem Gral erfolgreich beenden können (zur Rezeption der Artussage im 19. Jh. in England s. Poulson, 1999).

Im Unterschied zur englischen Situation verdanken sich Darstellungen des Parsifal in Frankreich allein einer um 1860 einsetzenden Rezeption der Opern Richard Wagners. Im Œuvre des Malers und Graphikers Henri Fantin-Latour sind Themen aus den Werken des Komponisten, unter ihnen solche, die auf den ‚Parsifal' Bezug nehmen, Teil einer künstlerischen Strategie, mit der der eigenen realistischen Malerei ausdrücklich eine imaginative und trotzdem zeitgenössische Kunst an die Seite gestellt werden sollte (zu Fantins Wagner-Darstellungen s. Hoog/Druick, 1983, S. 275–319). Ähnliches trifft auf diejenige Malerei und Graphik zu, die der Strömung des Symbolismus zugerechnet wird (und auf deren literarisches Pendant das Werk Wagners erheblichen Einfluß hatte). Dessen führender Vertreter Odilon Redon zeigte Parsifal mehrfach als einsame Figur in Darstellungen, die ihre literarische und musikalische Vorlage nicht illustrieren, sondern aus einer subjektiven, schwer ergründlichen Sicht heraus interpretieren (zu diesen Darstellungen s. Gamboni, 2007).

Für eine nähere Untersuchung der Darstellungen des Parzival/Parsifal in der bildenden Kunst der Moderne sollen im Folgenden allerdings zwei signifikante deutsche Beispiele herausgegriffen werden, je eines aus dem vergangenen und dem vorvergangenen Jahrhundert. Auch hier kann es nicht darum gehen, eine Bildtradition aufzuzeigen. Vielmehr gilt es, die Kontexte zu erläutern, aus denen heraus die Darstellungen entstanden, um vor dem Hintergrund ihrer Zeitgebundenheit eine mögliche Ebene des Vergleichs zu finden.

2. König Ludwig II. von Bayern und der Parzival-Stoff

In der zweiten Hälfte der 1860er Jahre ließ der bayerische König Ludwig II. das von ihm als Sommerresidenz genutzte Schloß Berg am Starnberger See mit einem Bilderzyklus „Aus deutscher Sage und Geschichte" ausstatten. Es handelte sich dabei nicht um wandfeste Dekorationen, sondern um mittelformatige Darstellungen auf Papier zu den Themen ‚Lohengrin', ‚Das Lied vom edlen Ritter Tannhäuser', ‚Hans Sachs und Nürnbergs Blütezeit', ‚Niflunga-Saga', ‚Die Sage vom Fliegenden Holländer' sowie ‚Tristan und Isolde'. Eine Darstellung zum Stoff des Pz. gab Ludwig 1869 bei dem Münchner Künstler Eduard Ille (1823–1900) in Auftrag (Petzet, 1995, S. 68; Aquarell über Feder und Bleistift auf Papier, auf Leinwand aufgezogen, 84,6 × 133 cm, München, Wittelsbacher Ausgleichsfonds; zu dieser Darstellung s. Baumstark/Koch, 1995, Kat. Nr. 8). In fünf größeren und 13 kleineren Szenen in Farbe und in Grisaille, die in einen illusionistischen Rahmen aus Architekturelementen und teppichartigen Ornamentpartien eingepaßt sind, sehen wir die Geschichte des Parzival in einer Form, die in Inhalt und Abfolge der Bilder auf die Dichtung Wolframs Bezug nimmt (Abb. 54). Die in Schriftfeldern und -bändern beigegebenen Texte allerdings erscheinen in einer Fassung, die vermutlich der Literaturhistoriker Hyacinth Holland erstellt hatte, der 1862 mit einer ‚Geschichte der altdeutschen Dichtkunst in Bayern' hervorgetreten war. Trotz ihrer Verpflichtung dem mittelalterlichen Versroman gegenüber werden die Szenen bei Ille nicht immer in einer dem Text Wolframs entsprechenden Anordnung gezeigt; so erscheint Parzivals Wiedersehen mit Condwiramurs als farbiges Medaillonbild in der rechten Bildhälfte außer der Reihe, um in formal befriedigender Weise ein Pendant zur Darstellung des Paares an gleicher Stelle in der linken Bildhälfte abgeben zu können. Der in der linken und der mittleren Szene des Hauptregisters auftauchende Gral wird zudem abweichend vom Text Wolframs als Fußschale wiedergegeben. Betrachtet man darüber hinaus den gesamten siebenteiligen Bilderzyklus für Schloß Berg, so ist deutlich, daß dieser in seiner Zusammensetzung nicht von einer mittelalterlichen Textüberlieferung, sondern von den Opern Richard Wagners inspiriert ist.

Diese Konstellation – allgemeine Anregung durch die Musikdramen Wagners bei gleichzeitiger Verpflichtung auf einen mittelalterlichen ‚Urtext' – prägte auch die weit aufwendigere Darstellung des Parzival-Stoffes im Rahmen eines der großen Bauprojekte Ludwigs II., der „Neuen Burg Hohenschwangau" (seit 1886 „Neuschwanstein" genannt). Erste Planungen zu diesem Großprojekt fielen in das Jahr 1868; die Grundsteinlegung erfolgte 1869. Von Anfang an wurde auch über die Innenausstattung der zur Burganlage gehörenden Gebäude nachgedacht: Bereits im Sommer 1868 hatte Ludwig den oben genannten Hyacinth Holland beauftragt, Vorschläge für den „malerischen und plastischen Schmuck aller Gemächer der neuen Burg" zu unterbreiten und geeignete Künstler für dessen Ausführung vorzuschlagen (Russ, 1983, S. 29).

In seinem ersten Bildprogramm für Neuschwanstein sah Holland für den Palas, den repräsentativen Saalbau der Burg, Darstellungen vor, die in der Abfolge der Räume eine Chronologie mittelalterlicher Dichtung entfalten sollten: Auf ein „Beispiel der aeltesten Poesie", dem „uralten Heldenlied von Hildebrand und Hadubrand", auf Szenen aus dem ‚Waltharilied', dieser „wahren Fundgrube für ritterliches Leben und ächt volksthümliche Poesie", sowie auf die als „höher entwickelt" betrachteten „volksthümlichen Epen" ‚Nibelungenlied' und ‚Kudrun' sollten im dritten und vierten Stock Szenen folgen, die sich der „ritterlichen Kunstepik" des Wolfram von Eschenbach verdanken: Die sogenannte Königswohnung im dritten Geschoß sollte mit Darstellungen aus dem ‚Willehalm' ausgestattet werden, während das vierte Geschoß mit dem Festsaal den Geschichten um Parzival und seinen Vater Gahmuret vorbehalten war. Genauer gesagt, sollten die Aventüren Gahmurets und des jungen Parzival im Bereich des Vorplatzes dargestellt werden, der Festsaal hingegen „mit Bildern aus Parcival's höchstem Glück, seiner Prüfung und dem endlichen, die treue Ausdauer krönenden Gralkönigtum gekrönt werden" (zitiert nach Russ, 1983, S. 34 f.).

Die Ausmalung des Festsaales mit Themen aus Wolframs Pz. sollte sich als Konstante bei der Planung erweisen (Russ, 1983, S. 75); dies sicher zum einen aufgrund der literaturgeschichtlichen Bedeutung des Stoffes, wie sie aus den zitierten Äußerungen Hollands spricht, zum anderen aber wohl auch aufgrund der Wichtigkeit, die das Thema des Gralskönigtums für den Auftraggeber besaß. Allerdings ergaben sich im Verlauf des Entwurfsprozesses leichte thematische Verschiebungen im Zusammenhang mit einer Veränderung des Raumprogramms im obersten Geschoß des Palas. Ursprünglich waren dort neben dem Festsaal „mit Bildern aus Parcival's höchstem Glück" ein Speisesaal und weitere

Räume geplant, in denen ebenfalls Szenen aus Wolframs Versroman dargestellt werden sollten. Diese Räume mußten aber schlußendlich einem durch zwei Geschosse gehenden Thronsaal weichen. In dessen Architektur und Ausstattung wurde in übertragener Form auf die Geschichte vom Gral Bezug genommen (s. u.), wodurch der Gral im Festsaal nur ein Thema unter anderen werden konnte (Petzet, 1995, S. 68, 76).

Auch am Gesamtprogramm des Palas wurden während der Planungs- und Bauzeit immer wieder Modifikationen an der ersten Programmidee vorgenommen. So lieferte Holland bereits im September 1868 eine neue Übersicht von generell für die malerische Ausstattung in Frage kommenden literarischen Stoffen, die sich eng an die Gliederung seiner erwähnten ‚Geschichte der altdeutschen Dichtkunst in Bayern' anlehnte, sowie eine Liste von zehn Dichtern, die sich seiner Auffassung nach zur Illustration eigneten und von denen allein sieben – Holland zufolge – dem bayerischen Kulturraum verpflichtet waren. Im Januar des Folgejahres legte der Literaturhistoriker vor dem Hintergrund dieser Übersichten „Projecte zum Bilderzyklus" vor, in denen zwar keine konkreten Sujets genannt, dafür aber Themen und Räume einander konsequent zugeordnet wurden. Einzelne Bildinhalte notierte Holland dann in einem Programm vom Juli 1869, ohne daß sich dabei grundlegende Veränderungen für das vierte Geschoß des Palas ergaben: Weiterhin waren hier als Einleitung die Darstellung von Erzählungen um Gahmuret und den mit Parzival kontrastierten Artusritter Gawan und als Höhepunkt zentrale Momente aus dem Leben des Parzival vorgesehen (Russ, 1983, S. 36–39). In der Diktion Hollands hieß dies: „IV. Etage, welche als Krone u. Abschluß des Ganzen der Sage des heiligen Gral u. den daraus gedichteten unsterblichen Meisterwerken des Wolfram von Eschenbach, beziehungsweise deßen Parcival angewiesen ist" (zitiert nach Petzet, 1995, S. 68).

Aufgrund des langsamen Baufortschritts konnten oder mußten erst um 1880 endgültige Programme für die gesamte feste Ausstattung Neuschwansteins vorgelegt werden (siehe die Texte dieser Programme bei Russ, 1983, S. 94–97). Aber auch die Planungen dieser Jahre gelangten nur in Teilen zur Ausführung, da sich die Ausstattungsanstrengungen aufgrund der Finanznöte Ludwigs schon in der ersten Hälfte der 1880er Jahre auf die für seine Zwecke entscheidenden beiden Obergeschosse des Palas konzentrierten und nach dem Tod des Königs 1886 nur noch Teile der Außenarchitektur fertiggestellt wurden (Russ, 1983, S. 36–39, 57).

Der Neuschwansteiner Festsaal, ein Raum mit seitlich verlaufendem Tribünengang nach dem Vorbild des 1867 fertiggestellten Festsaals auf der Wartburg, in den im Westen die bühnenartige Laube des Eisenacher

Sängersaales einbezogen worden war, gehört zu den vollendeten Teilen der inneren und äußeren Architektur. Er war 1880 im Rohbau fertiggestellt und wurde in den Jahren 1883 bis 1884 durch den Münchner August Spieß (1841–1923) und andere Maler ausgestattet (Abb. 55). Seine Wände zieren fünfzehn Szenen zur Geschichte Parzivals: vom „Jugendleben Parcifals, welcher […] in ländlicher Abgeschiedenheit aufgezogen zum erstenmale Ritter erblickt und sie in kindlicher Einfalt für Götter hält" bis zur Szene „Nachdem Parcifal seine Gemahlin Condwiramur und seine beiden Söhnchen Kardeis und Lohengrin wieder gefunden, wird er von entgegengesandten Gralritter[n] auf die Gralburg geleitet, erlöst Amfortas durch Gebet von seinen Leiden und der Gral wird in seine Huth gegeben" und einem Ausblick „Lohengrins Absendung zur Verteidigung Elsas von Brabant" (zitiert nach Russ, 1983, S. 95–96). Im Tribünengang wurden zusätzlich acht Szenen zu Gahmuret und Gawan angebracht: von „Gahmuret, zweiter Sohn des Königs Gaudin [!] von Anjou, zieht mit reichem Gefolge unter Geigenklang und Trommelschall in die Stadt der Mohrenfürstin Belakane […]" bis zur Darstellung „Nachdem Gawan Klingsors Zauberbann gebrochen und die Frauen auf Chatell merveille befreit hat, hält er Hochzeit mit Orgeluse und feiert diese durch einen Tanz in Klingsors Schloß" (so die Beschreibung der Bildinhalte im oben genannten Programm; s. Russ, 1983, S. 94).

Der Parzival-Stoff blieb im Rahmen der Architekturprojekte Ludwigs II. nicht auf diesen einen Ort, den Festsaal von Neuschwanstein, beschränkt. Das Bildprogramm in der Apsis des Thronsaales im dritten und vierten Geschoß des Schlosses verweist mit der Darstellung sechs heiliggesprochener Herrscher auf ein Königtum von Gottes Gnaden. In seiner architektonischen Gestalt handelt es sich bei diesem Raum um den Versuch einer an der Hagia Sophia orientierten Rekonstruktion des Gralstempels. Aus beidem folgt, daß – wie oben bereits erwähnt – auch in diesem Raum des Schlosses Anspielungen auf Parzival aufgehoben sind, und zwar im Sinne eines Verweises auf das Gralskönigtum (Russ, 1983, S. 78–81; Petzet, 1995, S. 73–76; Spangenberg, 1999). Schließlich sollte die Gestalt des Parzival wieder auftauchen in einer der Architekturvisionen, mit denen sich Ludwig in seinen letzten Lebensjahren beschäftigte, die aber aufgrund der prekären finanziellen Situation des Königs keinerlei Aussicht auf Verwirklichung hatten. In der Burg Falkenstein, die in äußerlich gotischer Gestalt in Sichtweite von Neuschwanstein an der Stelle einer ruinösen mittelalterlichen Burg errichtet werden sollte, war als zentraler Raum ein königliches Schlafzimmer in Form eines Kuppelraumes im byzantinischen Stil vorgesehen. An seinen

Wänden sollten Liebespaare aus der mittelalterlichen, durch die Opern Richard Wagners aktualisierten Literatur dargestellt werden, unter ihnen Parzival und Condwiramurs. Es ist davon auszugehen, daß diese Verbindung von Schlafzimmer und byzantinischem Kuppelsaal eine Fortentwicklung der Programmatik des Neuschwansteiner Thronsaals war, und zwar in dem Sinne, daß hier Gralskönigtum und absolutes Herrschertum im Sinne Ludwigs XIV., des großen Vorbildes des bayerischen Königs, verknüpft werden sollten (Russ, 1983, S. 82–83).

Abgesehen vom Komplex ‚Gralskönigtum', waren das Interesse Ludwigs II. am Parzival-Stoff und die spezifische Ausprägung dieses Interesses durch eine Reihe von Faktoren bedingt. Zum einen wäre hier ein spezifischer Genius loci zu erwähnen. Ludwig II. war in dem Neuschwanstein gegenüber liegenden Schloß Hohenschwangau aufgewachsen, das von seinem Vater Maximilian II. als romantische Burgrekonstruktion errichtet und ausgestattet worden war. Im dortigen ‚Schwanenrittersaal' war nach Entwürfen Moritz von Schwinds der Lohengrin-Stoff dargestellt worden, wobei die zentrale Szene, ‚Lohengrins Abschied', in den spektakulären landschaftlichen Rahmen des Schlosses versetzt worden war. In der Vorstellung Ludwigs II. verfestigte sich dieser Ortsbezug zu einer veritablen Genealogie: Für ihn war Lohengrin, der Sohn Parzivals, ein Urahn der Herren von Schwangau, die dereinst auf der mittelalterlichen Burg an dieser Stelle gesessen hatten (Russ, 1983, S. 12–13). Zum anderen verband sich mit dem Parzival-Komplex auch der Aspekt einer Beförderung bayerischer Kultur, denn der Autor des ‚Jüngeren Titurel' galt als Protegé des bayerischen Herzogs Ludwig des Bayern, der im 14. Jh. wiederum der Erbauer der als zwölfeckiger Zentralbau angelegten Klosterkirche in Ettal gewesen war, die mit der Architektur des Gralstempels in Verbindung gebracht wurde (Petzet, 1995, S. 63–64).

Neben diesen Faktoren war jedoch – wie oben angedeutet – der Kontakt zu Richard Wagner von großer Bedeutung für Ludwigs Interesse am Parzival-Stoff. Der erste Prosaentwurf zum Wagnerschen ‚Parsifal' wurde Ludwig bereits 1865 bekannt, 1877 erhielt er dann eine Abschrift der gerade vollendeten Dichtung. Unter deren Eindruck ließ der König eine „Einsiedelei des Gurnemanz" bei Schloß Linderhof errichten und konzipierte zudem einen Thronsaal für Schloß Neuschwanstein, der in der beschriebenen Weise mit der Vorstellung von einem Gralskönigtum in Verbindung stand. Es dürfte kein Zufall sein, daß im selben Jahr in bezug auf die Ausstattung des Festsaales von Neuschwanstein noch einmal beschieden wurde: „Es ist der Majestät recht, wenn die verschiedenen

Maler, die mit der Ausschmückung des Festsaales der neuen Burg betraut werden sollen, den Auftrag erhalten, Skizzen zum Parcival in Vorlage zu bringen. Seine Majestät würden dann wählen und wünschen dies in nicht zu ferner Zeit thun zu können" (zitiert nach Russ, 1983, S. 77). Die Wagnerschen Musikdramen vermochten dabei neben allgemeinen thematischen sicher auch konkrete Anregungen zu geben: dafür, daß die Vorgänge um Parzival als Haupterzählung für die wichtigen Wände im Fest- bzw. Sängersaal herausgelöst wurde und die Geschichte um Gahmuret und Gawan für sekundäre Orte vorgesehen wurden; vielleicht auch dafür, daß der Gralserzählung in übertragenem Sinne (d.h. im Sinne des Gralskönigtums) mit dem Thronsaal ein zentraler Raum zugewiesen wurde.

Aus den angeführten Begründungszusammenhängen wird deutlich, daß sowohl die Vorstellung eines ortsgebundenen geschichtlichen Tiefenraumes als auch die Begeisterung für das aktuelle Musiktheater Wagnerscher Prägung als Erklärungsmuster für das Auftreten des Parzival-Stoffes in Schloß Neuschwanstein dienen können. Um die spezifische Erscheinungsform des Themas an den Wänden des Schlosses zu erklären, ist dieser Kausalzusammenhang allerdings zu differenzieren: Drei Protagonisten nämlich bestimmten Aussehen und Programmatik der Wandbilder: Neben Ludwig II. und Richard Wagner auch Hyacinth Holland, und Wagner wirkte durchaus auch als Bezugspunkt im negativen Sinne.

Holland, der durch die von Ludwigs Vater Maximilian II. begründete „Historische Kommission" mit der Bearbeitung der mittelalterlichen Dichtung Bayerns beauftragt worden war, muß als Kompilator großer Stoffmengen gelten, der die mittelalterliche Literatur vor allem als Quelle zur Rekonstruktion einer untergegangenen Lebenswelt sah (Russ, 1983, S. 39). Ludwig, der viel Zeit auf das Lesen historischer Literatur und auf historische Realienkunde verwendete, war die Beschäftigung mit der Vergangenheit – die Zeit Ludwigs XIV., das mittelalterliche Rittertum, das byzantinische Reich – vor allem Vehikel zur Weltflucht, eine Funktion, die nicht auf ein Verstehen großräumiger Entwicklungen und Zusammenhänge, sondern auf einer intensiven Kenntnis historischer Details aufbaute. Wagner schließlich war an einer Aktualisierung der historischen Stoffe durch archetypische Deutung der Helden und Übertragung der Einzelschicksale ins Allgemeinmenschliche interessiert. Diese unterschiedlichen Haltungen der Geschichte gegenüber wiesen Berührungspunkte auf, waren in Teilen aber auch kaum kompatibel: Hollands zeittypischer positivistischer Historismus vermochte dem Interesse Ludwigs am getreuen historischen Detail zuzuarbeiten. Zwischen dem König und dem Komponisten hingegen tat sich eine Kluft auf: eine Kluft zwischen einer Vergegenwärtigung von Geschichte durch detailgeleitete Versenkung auf der einen und einer Aktualisierung von Geschichte durch enthistorisierende Verallgemeinerung auf der anderen Seite.

Die Ähnlichkeiten und Unterschiede in der Haltung der Geschichte gegenüber haben die Darstellung des Parzival-Stoffes in Neuschwanstein geprägt: Sie bedingten die grundsätzliche Entscheidung, daß dem Bildprogramm aus Gründen der historischen Wahrhaftigkeit der mittelalterliche Text zugrundegelegt werden sollte, nicht etwa dessen Neufassung und Aktualisierung durch Richard Wagner (so wie auch die Burg bewußt in einem neoromanischen Stil errichtet wurde, um architekturgeschichtlich auf einer Zeitstufe mit dem Parzival-Stoff oder den Lohengrin- und Tannhäuser-Erzählungen zu stehen, die an anderer Stelle in Neuschwanstein dargestellt wurden). Ludwig II. ließ in diesem Sinne 1879 mit aller gebotenen Deutlichkeit mitteilen: „[…] die Bilder in der neuen Burg sollen nach der Sage und nicht nach den Wagnerischen Angaben gemacht werden" (zitiert nach Russ, 1983, S. 59). Die für Bau und Ausstattung von Neuschwanstein maßgebliche Haltung des Königs und seines Beraters Holland präjudizierte aber auch den Charakter der einzelnen Wandgemälde (Abb. 56). Diese heben sich deutlich von ihren flächigen ornamentalen Rahmungen ab und schaffen durch perspektivische Verkürzung und den Anschnitt von Bildfiguren und -architekturen einen Illusionsraum, der die Zweidimensionalität der Wand bis zu einem gewissen Grad verleugnet und in dem neben glatter Vereinheitlichung auch die genaue Schilderung von Texturen und Gegenständen eine bedeutende Rolle spielt – die Geschichte des Parzival sollte offenkundig als ideale Rekonstruktion historischer Wirklichkeit betrachternah anschaulich werden.

Die fundamental verschiedene Herangehensweise, die der Vergleich von Wagners ‚Parsifal' mit den Wandgemälden des Festsaales offenbart, ist nicht nur dem König, sondern auch Wagner bewußt gewesen. 1865 hatte Ludwig diesem nach einem gemeinsamen Aufenthalt auf Schloß Berg Eduard Illes ‚Lied vom edlen Ritter Tannhäuser' aus dem dortigen Zyklus „Aus deutscher Sage und Geschichte" zum Geschenk gemacht. Wagner gestand zu, die Darstellung „für […] interessant erklärt zu haben", gab aber einschränkend zu bedenken: „Es [das Bild] gehört einer Manier an, welche durch Cornelius geschaffen, und auch durch Ille's Meisterschaft charakteristisch gepflegt worden ist: sie reproduciert gleichsam nachholend, die Auffassung des klassischen Mittelalters in der Weise, wie man annehmen dürfte, daß damals die dichterischen Gegenstände malerisch dargestellt worden wären, wenn die Malerkunst auf gleicher Höhe mit der mittelalterlichen Poesie sich ausgebildet haben würde. Von dem Vorwurf einer gewissen Affectation und künstlerischer Verstellung wird diese Manier daher wohl nie frei sein können, und ich glaube durch meine Dichtungen und scenischen Anordnungen bewiesen zu haben, daß die Gegenstände des Mittelalters in einer idealeren, rein menschlicheren, allgemeingiltigeren Weise dargestellt werden können, als diese Malerschule es sich zur Aufgabe macht. Der Maler, der meiner Auffassung ganz zu entsprechen vermag, ist daher wohl erst noch zu finden" (zitiert nach Russ, 1983, S. 43). Mit anderen Worten: Als rekonstruierendes Äquivalent zur mittelalterlichen Fassung des Tannhäuser-Stoffes war die Arbeit Illes aus der Sicht Wagners gelungen; der Komponist war jedoch der Auffassung, daß als wirkliche Entsprechung zu seinem Verständnis des Stoffes eine deutlich weniger detailreiche Form der bildlichen Darstellung erforderlich wäre.

Diesem erweiterten Begründungszusammenhang, dem die Wandmalereien zum Pz. in Neuschwanstein entstammen, sind noch zwei Aspekte hinzuzufügen. Die klare Entscheidung Ludwigs II. und seines Beraters, als Grundlage für das Bildprogramm nicht die Wagnersche Neudichtung, sondern die mittelalterlichen ‚Urtexte' zu wählen, hatte zum einen eine weitere Ursache: Gegen eine Adaption der Wagnerschen Musikdramen und für eine Verwendung der mittelalterlichen Texte sprach eine regionale Tradition wandfester Ausstattung mit repräsentativ-nationalem Anspruch. In der Nachfolge Peter von Cornelius' und Wilhelm von Kaulbachs und angereichert durch neuere Tendenzen der auf betonten Verismus und ausdrucksstarkes Kolorit setzenden belgischen Historienmalerei war etwa das bis 1865 errichtete Bayerische Nationalmuseum (heute Völkerkundemuseum) in München mit einem umfangreichen Zyklus zur „vaterländischen Geschichte" ausgestattet worden, und zwar von Künstlern, von denen einige auch in Neuschwanstein tätig wurden (Russ, 1983, S. 58). Hier wie dort zeigt sich eine Mischung aus verallgemeinerndem Idealismus und großem Detailreichtum, die sowohl mit der Erzählfreude als auch mit der zeitlichen Entrückung mittelalterlicher Texte in besonderer Weise harmonierte und eine Entscheidung für eine solche mittelalterliche Vorlage nahegelegt haben dürfte.

Zum anderen wurden im vorliegenden Fall die fundamental verschiedenen Medieneigenschaften von Musik und Literatur auf der einen sowie Malerei und Architektur auf der anderen Seite wirksam. Diese Unterschiede zeigen sich auch und vor allem im Zusammenhang mit der Darstellung von Details: In der Dichtung können Schauplätze, Kostüme, gegenständliches Beiwerk etc. nur angedeutet werden. Ähnliches gilt für die Musik. Die Architektur hingegen muß in anderer Weise um gegenständliche Konkretion bemüht sein, und auch die Malerei kann unter bestimmten historischen Bedingungen unter dem Zwang stehen, die gegenständliche Welt in großer Ausführlichkeit ausbuchstabieren zu müssen. Mögliche Bedingungen, unter denen dies zu geschehen hatte, waren die oben genannten: eine historistische Herangehensweise an den literarischen Stoff, psychologische Notwendigkeiten auf seiten des Auftraggebers, Schultraditionen in der Malerei, die ihre Wirkung anhaltend entfalteten.

Zu diesen Bedingungen zählen darüber hinaus großräumigere Entwicklungen in der Historienmalerei des 19. Jh.s, die nicht zuletzt durch die Konkurrenz zu neuen Bildmedien und durch neue Rezeptionskontexte ausgelöst waren und mit diesen in einem produktiven Austausch standen. Anhand der Werke des in seiner Zeit hochberühmten französischen Historienmalers Paul Delaroche (1797–1856) lassen sich diese Entwicklungen erläutern (zu diesem Künstler s. Bann, 1997): Delaroche feierte große Publikumserfolge auf Pariser und Londoner Ausstellungen mit Werken vor allem zu Themen der britischen Geschichte. Seine Gemälde zeichneten sich durch eine detaillierte Schilderung der Kleidung der Protagonisten und eine psychologisierende Herangehensweise an die geschilderten Situationen aus. Beides war geeignet, das historische Ereignis in seiner zeittypischen Spezifik zu erfassen und gleichzeitig der Vorstellungskraft des Betrachters Raum zu geben. Die von Delaroche eingesetzten künstlerischen Mittel waren dabei solche, welche die einfache Lesbarkeit der Gemälde sicherstellten und der Phantasie des Betrachters auf die Sprünge halfen: eine braun-schwarze Tonigkeit mit gleichzeitig starker punktueller Lichtführung und Lokalfarbigkeit; eine scharfe Umrißzeichnung und genaue Darstellung gegenständlicher Details; eine reduzierte, angeschnittene Bildräumlichkeit und die Präsentation der Figuren im Bildvordergrund. All dies führt zu einer unmittelbaren Vergegenwärtigung des Bildgeschehens vor den Augen des Betrachters und war ausdrücklich auf einen neuen Rezeptionskontext für Kunst, nämlich die große, gegen Eintritt von jedermann zu besuchende und im Verlauf des 18. und 19. Jh.s erst entstehende Kunstausstellung, abgestimmt. Die erwähnten Verfahren brachten gleichzeitig die künstlerische Handschrift Delaroches quasi zum Verschwinden: ein erkennbares Stilgepräge wurde möglichst großem Illusionismus geopfert. Diese besondere Qualität hatte Delaroches Malerei mit neuen visuellen Medien gemein, die in der Zeit zwischen ca. 1800 und 1840 entstehen: das

Panorama und die Fotografie, die beide darauf zielen, in der Illusion das dazwischengeschaltete Medium vergessen zu machen, und die eine ernsthafte mediale Konkurrenz zur traditionellen Malerei darstellten.

Vor diesem Hintergrund betrachtet, lösen sich die Wandmalereien in Neuschwanstein, unter ihnen die Darstellungen zum Parzival-Thema, bis zu einem gewissen Grade wieder aus den oben beschriebenen Begründungszusammenhängen. Die wandfeste Dekoration des Schlosses war – was ihren räumlichen Kontext und die Intentionen des Auftraggebers anbelangt – eindeutig für höchst elitären Genuß bestimmt. Aufgrund ihrer Form und Funktion als betrachternahe Geschichtsbilder voll lebendiger Faktizität, welche die Phantasie des Betrachters beflügeln sollte, gehörten sie jedoch gleichzeitig einer zeitgenössischen Bildkultur an, die ein breites bürgerliches Publikum ansprechen sollte.

3. Wolfram, Wagner und die Katastrophe des 20. Jahrhunderts: Anselm Kiefer und der Parzival-Stoff

1973 malte der deutsche Künstler Anselm Kiefer (geb. 1945) vier Bilder mit dem Titel ‚Parsifal I–IV', die sich heute in der Tate Gallery in London und im Kunsthaus Zürich befinden. Es handelt sich um großformatige Leinwände, auf die Papier und Rauhfasertapete aufgebracht ist, die mit Ölfarbe, teilweise auch mit Blut, bemalt wurden (Abb. 57) (die Numerierung der Bilder Kiefers ist nicht eindeutig und wird in der Literatur unterschiedlich gehandhabt; die in der Tate Gallery befindlichen Bilder weisen die Maße 299 × 425 cm, 300 × 533 cm und 324 × 219 cm auf, das in Zürich bewahrte Gemälde hat die Maße 300 × 533 cm; zu diesen Bildern s. Tate, 1988, S. 514–519). Alle Gemälde zeigen ein verwandtes Motiv, einen Dachboden, von dem man aus unterschiedlichen Blickwinkeln, aber stets in leichter Aufsicht den hölzernen Dielenboden, ebensolche Dachbalken und -latten sowie jeweils ein oder zwei Fenster in einem Giebel zu Gesicht bekommt. Die Darstellungen stehen ganz im Zeichen des Holzes, aus dem dieser Raum konstruiert scheint: Seine markante, in schwarzer Farbe ausgeführte Maserung bestimmt im Verein mit seinem Braunton das Erscheinungsbild der Darstellungen. Die auffallende Zentralperspektive ruft zudem einen starken räumlichen Eindruck hervor, der jedoch durch die Materialität des Bildträgers – Papierbahnen auf dem Leinwandgrund mit deutlich sichtbaren senkrechten Nähten und

Holzfasern – und durch die gemalte Holzmaserung, die einem Flächenmuster gleicht, relativiert wird.

Der dargestellte Raum ist in allen Gemälden fast leer. Es befinden sich in ihm jeweils nur ein bis zwei Gegenstände: ein Gitterbett, ein Speer, eine Schale mit roter Flüssigkeit auf einem Hocker, ein zerbrochenes und ein im Dielenboden steckendes unversehrtes Schwert. Diese Gegenstände werden durch den Einsatz weißer Farbe hervorgehoben, sind mitunter in ein weißliches Licht getaucht, das einem der Fenster entstammt, oder scheinen aus sich selbst heraus zu strahlen. Neben dieser gegenständlichen Konkretion findet sich auch eine solche verbaler Art: Die Gemälde weisen unterschiedliche Schriftbestandteile auf; einzelne Namen in weißer, roter oder schwarzer Farbe: „Herzelayde", „Klingsor", „Gamuret", „Fal parsi", „Amfortas", „Titurel", „Jahn Raspe", „Horst Mahle", „Meins", „Ulrike Meinhoff", „Andreas Baad", „Gudrun Ensslin", „Astrid Pll", „ith Ither" und „Parsifal", außerdem ganze Wendungen: *Oh, wunden-wundervoller heilger Speer!* und *Höchsten Heiles Wunder! Erlösung dem Erlöser!* Die Worte des Gurnemanz aus dem 1. Aufzug des Bayreuther Bühnenweihfestspiels und dessen letzte zwei Zeilen, aber auch die Schreibweise *Parsifal* und die Namensform *Fal parsi* (s. ‚Parsifal', 2. Aufzug) lassen keinen Zweifel daran, daß für Kiefers Gemälde die Neufassung des Parzival-Stoffes im letzten musikdramatischen Werk Richard Wagners ein entscheidender Orientierungspunkt gewesen ist. Die Nennung des Ither jedoch, des von Parzival am Artushof erschlagenen ‚Roten Ritters', der bei Wagner nicht erwähnt wird, und die Schreibweise des Namens von Parsifals Mutter, die eher der des mittelalterlichen Versepos als der im Wagnerschen Musikdrama gleicht, sind Hinweise darauf, daß Kiefer den Stoff auch in der Fassung Wolframs rezipierte.

Schließlich ist noch anzumerken, daß die ‚Parsifal'-Bilder Kiefers Teil einer Werkreihe aus dem Jahr 1973 sind, die alle das Motiv des Dachbodens verwenden und Titel tragen wie ‚Die Tür', ‚Deutschlands Geisteshelden', ‚Der Nibelungen Leid', ‚Notung', ‚Vater, Sohn, Heiliger Geist', ‚Glaube, Hoffnung, Liebe', ‚Quaternität' und ‚Resurrexit' (zu diesem Werkkomplex s. u. a. Schütz, 1999, Kap. 7, und Brüderlin u. a., 2001, S. 37–39).

Daß die in Rede stehenden Bilder Kiefers den literarischen und musikalischen Text Wagners (respektive den Versroman Wolframs) nicht illustrieren, bedarf keiner näheren Erläuterung. Es scheint vielmehr so, daß die Werke von Dichter und Komponist und mit ihnen die Gestalt des reinen Toren Parsifal aufgerufen werden, um in neue Zusammenhänge einzurücken. Diese Zusammenhänge haben ihren Ausgang durchaus von biographischen Momenten genommen. An erster Stelle ist hier das Motiv des Dachbodens zu nennen. Es verweist auf einen realen Ort, den Dachboden eines alten Schulhauses im Odenwald, das der Maler Anfang der siebziger Jahre bezogen hatte und dessen Speicher ihm als Atelier diente (zum Motiv des Speichers bei Kiefer s. Grasskamp, 1986; Rosenthal, 1987, S. 22; Stooss, 1990, S. 27–28; Brüderlin u. a., 2001, S. 37–38). Dieser reale Ort ist in den Bildern transformiert: Er trägt nicht die Züge eines Künstlerateliers, sondern ist Bühne für einige wenige Requisiten (zum Bühnenhaften der Bildräume Kiefers s. Schütz, 1999, S. 166–168): Neben den schon erwähnten Requisiten der ‚Parsifal'-Bilder finden sich in den übrigen Gemälden der Dachboden-Reihe auch Fackeln, Lagerfeuer, Stühle, auf deren Sitzflächen Feuer brennen, sowie eine Schlange. Zu diesen Requisiten treten die erwähnten Beischriften hinzu, die im Falle der Namen und Phrasen, die sich auf ‚Parzival' und ‚Parsifal' beziehen, dem Illusionsraum des Bildes meist nicht untergeordnet, sondern Aufschriften in einer bisweilen kruden Handschrift auf der Bildoberfläche sind. Die zum Teil verkürzten und falsch geschriebenen Namen der RAF-Terroristen sind andererseits fast unsichtbar mit dünnem Strich in die Dachlatten von ‚Parsifal I' eingeschrieben (auch ‚Parsifal II' oder ‚Parsifal III' genannt: s. o.).

Vor dem Hintergrund dieser bildlichen Konstellation und dieses größeren Werkkontextes eröffnet sich für den Betrachter der Bilder ein weiter Raum für Assoziationen unterschiedlicher Art.

Diese Assoziationen können sich zum einen auf den dargestellten Raum beziehen. In der Realität war dieser früher der Dachboden einer Schule, der nun als Künstleratelier genutzt wurde. Beide, Schule wie Atelier, verweisen auf Entwicklung und Werden, allerdings unter unterschiedlichen Vorzeichen: pädagogisch angeleitet auf der einen, kreativ eigenschöpferisch auf der anderen Seite. Abgelöst von diesen Bezügen zu einer außerbildlichen Realität bleibt die Funktion des Dachbodens als Speicher, im wörtlichen Sinne und in seiner übertragenen Bedeutung als zentraler Metapher für Gedächtnis und Erinnerung (zum Kieferschen Dachboden als Gedächtnisort im Sinne der Mnemotechnik s. Arasse, 2007, S. 87). Diesem Speicher sind in Kiefers Dachboden-Serie bestimmte Eigenschaften eingeschrieben: Er ist überwältigend gegenwärtig in seiner dominanten Holzkonstruktion, er wird in den Bildern ‚Resurrexit' und ‚Vater, Sohn, Heiliger Geist' ausdrücklich mit ‚Wald' assoziiert und in weiteren Bildern mit Fackeln und offenen Feuern ausgestattet. Offenkundig verbindet sich mit der Darstellung des Dachbodens also die Idee der Gefährdung und Verheerung (durch Feuer).

Bezieht man weitere Themen und Motive ein, die in Kiefers Bildern verarbeitet wurden, so ergibt sich auch ein Bezug zu den Wäldern, die im ‚Parsifal' Orte der Handlung sind, sowie zu einem typisch deutschen Sehnsuchtsort, der als ‚Deutscher Wald' in Literatur, Kunst und Ideologie des 19. und 20. Jh.s eine große, im Nationalsozialismus verhängnisvolle Rolle spielte (Arasse, 2007, S. 87). Schließlich ist der Dachboden der Kieferschen Gemälde ein Raum, dessen (Ab-)Geschlossenheit durch die perspektivische Anlage noch unterstrichen wird, eine (Ab-)Geschlossenheit, die durch die sparsame Durchfensterung nicht aufgehoben, sondern eher noch betont wird.

Die Assoziationsleistung, die dem Betrachter abverlangt wird, kann zum anderen dem Faktor ‚Zeit' gelten. Deutlich ist, daß mit Hilfe der Requisiten in den ‚Parsifal'-Bildern – Kinderbett, Schwert, Speer, Schale – die Erziehung des Helden zum Ritter und seine Suche nach dem Gral evoziert werden. Diese Entwicklungsgeschichte ist nur eine von mehreren Zeiträumen, die Kiefer mit seinen Dachboden-Bildern anspricht. Die erwähnten Gegenstände, die zum Teil – Speer, Schwerter – fernen Zeiten angehören, zum Teil – Kinderbett, Schlüssel – modern zu sein scheinen, verweisen auf die Gegenwart wie auf die Vergangenheit. In ‚Parsifal I' wird zudem der Zeit des Mittelalters, der der Parzival-Stoff angehört, und dem 19. Jh., das den Stoff wiederbelebte, eine konkrete bundesrepublikanische Gegenwart gegenübergestellt, indem – blaß und verstümmelt – die Namen von Angehörigen der RAF genannt werden, von denen Baader, Ensslin, Meinhof, Raspe und Meins im Jahr vor der Entstehung des Bildes, 1972, verhaftet worden waren. In ‚Deutschlands Geisteshelden' entwarf Kiefer darüber hinaus einen Ort der Erinnerung, dem die Namen deutscher und österreichischer Männer und Frauen aus den Bereichen Kunst, Politik und Religion des 13. bis 20. Jh.s eingeschrieben sind. Mit ‚Vater, Sohn, Heiliger Geist', ‚Glaube, Hoffnung, Liebe', ‚Quaternität' und ‚Resurrexit' schließlich wird die christliche Heilsgeschichte thematisiert, eine Sinnschicht, die durch das Thema des Grals und nicht zuletzt durch die Möglichkeit, die zwei Hochformate mit je einem der Querformate als Triptychon hängen zu können, auch für die ‚Parsifal'-Bilder von Bedeutung sein dürfte.

Diese Fülle an gedanklichen Bezügen ist in Gemälden aufgehoben, die – wie erwähnt – durch ihre Perspektivkonstruktion einen Illusionsraum erzwingen, durch ihre durchaus grobe Materialität diesen aber auch wieder aufheben. In ähnlicher Weise operieren die angesprochenen gegenständlichen Requisiten und die In- und Beischriften, von denen erstere die Illusion unterstützen, während letztere sie unterlaufen. Es liegt nahe, auch diese Eigenschaften der Gemälde als Kommentar zu verstehen: als Kommentar zur Möglichkeit des Erinnerns, dem sich Perspektiven in Raum und Zeit eröffnen können (zur Verbindung von Zentralperspektive und subjektiver Sicht auf die Geschichte s. Grasskamp, 1986, S. 18; zur Zentralperspektive bei Kiefer s. auch Schütz, 1999, S. 160–163), das gleichzeitig aber auf bloße Buchstaben und alltägliche Materialität zusammenschmelzen kann. In seiner metaphorischen Bedeutung legt der den Bildeindruck dominierende Speicher mit den Requisiten, die in ihm aufgehoben sind, und den Namen und Phrasen, mit denen er überschrieben ist, nahe, daß die Gemälde weitere Bedingungen und Qualitäten des Erinnerns beschreiben: Zeiträume, die es umfassen kann, Gefährdungen und Widrigkeiten, denen es ausgesetzt ist (Holz und Feuer), eine düstere, bedrohliche Gegenwärtigkeit (der abgeschlossene, hölzerne Raum), die mitunter ungelenke, vielleicht auch widerwillige Form, in der Erinnerung praktiziert wird (In- und Beischriften). Seine Entsprechung in der Realität, der als Atelier genutzte Dachboden des Schulhauses im Odenwald, läßt gleichzeitig anklingen, daß Erinnerung Bestandteil und Bedingung sowohl von Erziehung und Bildung als auch von künstlerischem Schaffen ist.

Die Bilder der Dachboden-Serie Kiefers sind hinreichend konkret, um darüber hinaus den genauen Gegenstand dieser Form von Erinnerung zu benennen. Kontext der Erinnerung sind ‚Deutschlands Geisteshelden', der ‚Deutsche Wald', der linksextreme Terror der RAF, der sich durch die Verdrängung der nationalsozialistischen Vergangenheit in der jungen Bundesrepublik gerechtfertigt sah, sowie eine christliche Heilsgeschichte, in der das Böse in Gestalt der Schlange die Trinität zur ‚Quaternität' ergänzt und Erlösung dadurch fraglich scheint. In diesem Zusammenhang wird Parsifal in den gleichnamigen Gemälden Anselm Kiefers zu einem Sinnbild. Die Figur Wolframs verkörpert ein Dilemma, das sich aus ihrer Aktualisierung durch Wagner und der darauf aufbauenden Vereinnahmung durch das Dritte Reich ergibt (auf die Notwendigkeit, bei Kiefers Wagner-Rezeption letzteren Aspekt mitzubedenken, wies Schütz, 1999, S. 168–173, hin). Parsifal ist bei Kiefer eine Gestalt, die für das Problem steht, dem sich ein jeder – Künstler wie Betrachter – gegenübersieht, der den Wunsch oder die Notwendigkeit verspürt, eine deutsche Nachkriegsidentität auszubilden: für die Unmöglichkeit nämlich, das eigene, durch die Geschichte befleckte kulturelle und politische Erbe unschuldig – gewissermaßen als ‚reiner Tor' – anzutreten, und für die Aussichtslosigkeit, das Bemühen darum zu einem versöhnlichen Ende bringen zu können.

Bei den Parsifal-Gemälden Kiefers handelt es sich um Bilder, die von vornherein für Kunstmarkt, Kunstausstellung und Museum gefertigt wurden. Dort wurde diese Botschaft anfänglich mißverstanden und kontrovers diskutiert. Die Werke wurden in inhaltlicher wie formaler Hinsicht als reaktionär gesehen: in formaler Hinsicht, weil es sich erstens um Malerei handelte, die zweitens mit einem gewissen Grad an räumlicher Illusion operierte; in inhaltlicher Hinsicht, weil die Bilder von ihrer Themenstellung her als germanophil galten (zur anfänglichen Rezeption der Bilder s. kurz Stooss, 1990, S. 24).

Vielleicht vermag gerade die Betrachtung der Kieferschen Bilder im Zusammenhang mit der anderen Parzival-Darstellung der Moderne, die hier ausführlicher besprochen wurde, die Argumentationsrichtung der Werke deutlich und unmißverständlich hervortreten zu lassen. War der Zyklus auf Neuschwanstein im Verein mit der Architektur des Schlosses als aufwendiges und komfortables Vehikel für den Rückzug aus der eigenen Gegenwart gedacht, so sind Anselm Kiefers Bilder zum selben Thema offenkundig das klare Gegenteil: sperrige Großformate in aufdringlicher Materialität, die harte Bedingungen für die Möglichkeit und die Notwendigkeit der Erinnerung diktieren.

Literatur

Arasse, Daniel, Anselm Kiefer, 2. Aufl., München 2007.
Bann, Stephen, Paul Delaroche. History Painted, London 1997.
Baumstark, Reinhold/Koch, Michael (Hg.), Der Gral. Artusromantik in der Kunst des 19. Jahrhunderts. Katalog zur Ausstellung des Bayerischen Nationalmuseums, München/Köln 1995.
Brüderlin, Markus [u.a.], Anselm Kiefer. Die sieben HimmelsPaläste 1973–2001, Ostfildern-Ruit 2001.
Gamboni, Dario, Parsifal/Druidess: Unfolding a Lithographic Metamorphosis by Odilon Redon, in: The Art Bulletin 89 (2007), S. 766–796.
Grasskamp, Walter, Anselm Kiefer. Der Dachboden, in: Der vergeßliche Engel. Künstlerportraits für Fortgeschrittene, München 1986, S. 7–22.
Hoog, Michel/Druick, Douglas, Fantin-Latour. Katalog zur Ausstellung der Réunion des Musées Nationaux, Paris, und der National Gallery of Canada, Ottawa, Ottawa 1983.
Mück, Hans-Dieter, Das historische Mittelalterbild Ludwigs II. Die Entwicklung Neuschwansteins von der Burg Lohengrins und Tannhäusers zum Gralstempel Parzivals, in: Mittelalter-Rezeption II. Gesammelte Vorträge des 2. Salzburger Symposions „Die Rezeption des Mittelalters in Literatur, Bildender Kunst und Musik des 19. und 20. Jahrhunderts", hg. von Jürgen Kühnel/Hans-Dieter Mück/Ursula Müller/Ulrich Müller (GAG 358), Göppingen 1982, S. 195–246.

Petzet, Michael, Die Gralswelt König Ludwigs II.: Neuschwanstein als Gralsburg und die Idee des Gralstempels, in: Baumstark/Koch (1995), S. 63–86.
Poulson, Christine, The Quest for the Grail. Arthurian Legend in British Art 1840–1920, Manchester 1999.
Rosenthal, Mark, Anselm Kiefer. Katalog zur Ausstellung des Art Institute of Chicago, des Philadelphia Museum of Art, des Museum of Contemporary Art, Los Angeles, und des Museum of Modern Art, New York, Chicago 1987.
Russ, Sigrid, Neuschwanstein, der Traum eines Königs, München 1983.
Schütz, Sabine, Anselm Kiefer – Geschichte als Material. Arbeiten 1969–1983, Köln 1999.
Spangenberg, Marcus, Der Thronsaal von Schloß Neuschwanstein. König Ludwig II. und sein Verständnis vom Gottesgnadentum (Große Kunstführer 206), Regensburg 1999.
Stooss, Toni, Des Malers Atelier, in: Anselm Kiefer. Bücher 1969–1990. Katalog zur Ausstellung der Kunsthalle Tübingen, des Kunstvereins München und des Kunsthauses Zürich, hg. von Götz Adriani, Stuttgart 1990, S. 24–33.
[Tate] The Tate Gallery 1984–86. Illustrated Catalogue of Acquisitions Including Supplement to Catalogue of Acquisitions 1982–84, London 1988.

V. Lokale und regionale Wolfram-Verehrung

von Hartmut Kugler

1. Vorbemerkung – **2. Wolfram-Verehrung ohne Lokalkolorit** – **3. Wolframs Grab und Püterich von Reichertshausen** – **4. Eschenbach wird zum Gedächtnisort** – 4.1 Das Wolfram-Denkmal – 4.2 Paul Heyses Festspiel ‚Wolfram von Eschenbach' – 4.3 Einwände aus Österreich – 4.4 Eschenbach wird Wolframs-Eschenbach – 4.5 Das Wolfram-Museum – **5. Ortsungebundene Wolfram-Verehrung: Wolfram-Bund und Wolfram-Gesellschaft** – **6. Orte in der fränkischen Region** – 6.1 Burg Wildenberg – 6.2 Amorbach – 6.3 Abenberg – 6.4 Pleinfeld – 6.5 Wassertrüdingen – 6.6 Dollnstein

1. Vorbemerkung

Das lokale und regionale Wolfram-Gedenken der Neuzeit ist weitestgehend Bestandteil und Folge der wissenschaftlichen Beschäftigung mit Wolframs Dichtung. Nachdem die Literaturgeschichtsschreibung seit J. J. Bodmer Wolfram als den bedeutendsten mittelalterlichen Exponenten der deutschen Nationalliteratur erkannt und etabliert hatte, brauchte es einen Ort, eine ‚Heimat', in der sich das historische Gedächtnis ‚erden' ließ. Die Heimat war nach einigem Hin und Her bald in der mittelfränkischen Stadt Eschenbach gefunden. Diese war und blieb das konkurrenzlose Zentrum lokaler und regionaler Wolfram-Verehrung. Andere Orte, an denen Wolframs gedacht wird, spielen eine Nebenrolle. Sie können sich allein auf das Privileg berufen, bei Wolfram erwähnt zu sein, und sie befinden sich alle in der fränkischen Region.

Wolframs Pz. und Wh. sind welthaltige Dichtungen und präsentieren eine Fülle von Personen- und Ortsnamen, die über halb Europa und darüber hinaus verstreut sind. Keiner von ihnen bietet einen Anhaltspunkt für eine lokalspezifische Wolfram-Verehrung. Die europaweit ausgreifenden Debatten um die Verortbarkeit des Grals und der Gralsburg greifen meist auf französische und englische Überlieferungen zurück, kaum auf Wolfram. Der Stoffkomplex des ‚Sängerkriegs auf der Wartburg' gab zwar der Figur Wolframs eine starke Position, doch wurden die am ‚Wartburgkrieg' beteiligten Sänger als Gruppe wahrgenommen und blieben auch als Gruppe im historischen Gedächtnis. Es wird in der Neuzeit vor allem auf der Wartburg und in Meißen gepflegt. Das Themenfeld des

Sängerkriegs wie auch das des Grals bleiben in der folgenden Übersicht weitgehend beiseite.

Gliederung des Artikels: Zunächst hat den mittelalterlichen Spuren einer Wolfram-Verehrung ein kurzer Blick zu gelten (Abschnitte 2 und 3), besonders dem ‚Ehrenbrief' Püterichs von Reichertshausen, weil er den Sockel für die neuzeitliche lokale Wolfram-Verehrung lieferte. Der anschließende Abschnitt (4) skizziert die Evolution des lokalen Wolfram-Gedenkens im mittelfränkischen Eschenbach, mit Akzenten auf zwei Höhepunkten: der Umbenennung des Ortes zu ‚Wolframs-Eschenbach' 1917 und der Einrichtung des Wolfram-Museums 1995. Nach einem Zwischenhalt bei der ‚ortsungebundenen' wissenschaftlichen Wolfram-Verehrung (5) widmet sich der letzte Abschnitt (6) dem Wolfram-Gedenken an anderen Orten der fränkischen Region.

2. Wolfram-Verehrung ohne Lokalkolorit

Von Anfang an war Wolframs Reputation nicht lokal oder regional markiert. Sein Ruf als Dichter und Sänger band sich eher an ein ortsunabhängiges Standesbewußtsein, das sich in mehr oder weniger deutlich vorgetragener Distanz zu den *litterati* definierte. Den Grundton gab, wohl noch zu seinen Lebzeiten, Wirnt von Grafenberg vor, der ihn im ‚Wigalois'-Roman bewundert: *leien munt nie baz gesprach* (6355). Die Rolle des Laien, der ohne theologisch-gelehrte Studien überlegene Weltkenntnis demonstriert, wird Wolfram im ‚Wartburgkrieg' zugewiesen, wo er den zauberkundigen Klingschor im Wortstreit besiegt. Ulrich von Türheim und Ulrich von dem Türlin, die noch im 13. Jh. umfangreiche Ergänzungen zum Wh. verfaßten, kannten Wolframs Text genau, vermerkten aber nichts über die Herkunft des Autors. Der am böhmischen Hof tätige Ulrich von Etzenbach berief sich oft auf Wolframs Autorität und scheint mit der Namensähnlichkeit Etzenbach/Eschenbach gespielt zu haben, ohne an einer geographischen Zuordnung interessiert zu sein. Der Illustrator der ‚Manessischen Handschrift' versah Wolframs ‚Autorenporträt' mit einem Phantasiewappen (Abb. 3). Er setzte kein Wappen der im schweizerischen Mittelland begüterten Eschenbach ein, *ex negativo* ein Argument dafür, daß die Züricher Liedersammler Wolfram nicht als einen Schweizer Landsmann betrachteten, den die spätere Forschung gern in ihm sehen wollte. Die in zahlreichen Dichtungen des 13. und 14. Jh.s bezeugte Wolfram-Verehrung galt nur seinem Werk und war ohne Lokalkolorit (→ S. 13 ff.).

Lediglich Albrecht, der Dichter des JT, könnte darauf angespielt haben, daß er von Wolframs Lebensumständen Spuren kannte, die sich sonst nirgends nachweisen lassen. Er läßt in mild polemisch geführten Dialog-Einlagen Frau Aventiure den Autor als *friunt von Plienvelten* anreden (608,4; 5087,1; 5295,1; Verfasserbruchstück Str. 4). Man hat erwogen, die Anrede könne, weil figurenperspektivisch geprägt, als Spottname (im Sinne von ‚Dummkopf, der Freund vom Bleifeld') verwendet worden sein. Das Verfasserbruchstück spricht jedoch gegen diese Vermutung:

Sol des diu werlt engelten vnd kvnst sin verdorben,
daz der von Plienvelden (Hs. *Plivelden*), *her Wolfram, nv lang lit erstorben?*

(„Soll die Welt darunter leiden und die Kunst dadurch zugrunde gegangen sein, daß der von *Plienvelden*, Herr Wolfram, jetzt schon lange tot ist?")

3. Wolframs Grab und Püterich von Reichertshausen

Die lokale Wolfram-Verehrung hat im 15. Jh. einen frühen Vorläufer. Ihr gab Jakob Püterich von Reichertshausen in seinem ‚Ehrenbrief' (1462) erstmals deutliche Kontur (vgl. Grubmüller, 1989). Im ‚Ehrenbrief', einem in Titurel-Strophen abgefaßten Konglomerat von Wappenkunde und Bücherverzeichnis, präsentiert sich Püterich als engagierter Liebhaber und Sammler der alten Ritterdichtung und gibt darin Wolframs Œuvre den Spitzenplatz, vor allem wegen des monumentalen ‚Titurel'-Epos, (i. e. Albrechts ‚Jüngerer Titurel'), das als ein Werk Wolframs galt. Püterich wußte, daß in diesem Epos der Autor in den Aventiure-Gesprächen mehrfach als *friunt von Blienvelden* auftrat. Das veranlaßte ihn, Wolframs Namen mit dem Zusatz *von Eschenbach und Pleienfelden* (Str. 127) auszustatten und ihn damit geographisch eindeutig zu fixieren. Pleinfeld liegt etwa eine Tagereise östlich von Eschenbach. Püterich scheint wirklich nach Eschenbach gereist zu sein und dort Wolframs Grab gefunden zu haben. Das geht aus den Strophen 128–130 des ‚Ehrenbriefs' hervor:

Begraben und besarckht
ist sein gebein das edel
in Eschenbach, dem marckht;
in unser frauen minster hat er sedel,
erhabens grab, sein schilt darauf erzeuget
epitafium besunder,
das uns die zeit seins sterbens gar abtreuget.

(„Begraben und eingesargt ist sein edles Gebein in Eschenbach, dem Markt; in Unser Frauen Münster hat er seine Ruhestätte, ein Hochgrab, sein Schild darauf zeigt ein Epitaph, das uns das Todesdatum verschweigt.")

Verwappent mit eim hafen
im schilt auf helm begarb,
ia müest er schnelle drafen,
der unns erfuer der selben khleinot farb.
ein pusch auf helm der Hafen hat umbreifet.
als mir das kham zue melde,
mein fart dahin mit reuten wart geschweifet.

(„Es ist mit einem Wappen versehen, mit einem Krug im Schild und oben auf dem Helm. Wer die Farbe des Schmucks erfahren wollte, der müßte eiligst dorthin. [D.h. die Farbe ist abgeblättert.] Auf dem Helm umgibt der Krug einen Busch. Als ich das erfuhr, bin ich rasch dorthin geritten.")

Jn manig khürchen ferte
suecht ich den ritter edel;
zweinzig meilen herte
reit ich dahin; das wag ich als ein medel,
darumb das ich die stat seiner grebnus sähe
und durch mein pet andächtig
on fronem reich im gott genädig iähe.

(„In vielen Kirchen hatte ich den edlen Ritter gesucht. Zwanzig harte Meilen weit ritt ich dorthin; das wagte ich leichthin, damit ich seine Begräbnisstätte sähe und durch mein andächtiges Gebet Gott im Himmelreich ihm gnädig stimme.")

Dieser Reisebericht, fingiert oder nicht, mag als ein frühes Zeugnis von Kulturtourismus gelten. Püterich war anscheinend nicht der einzige an Wolfram interessierte Bildungsreisende, der die Stadt Eschenbach aufsuchte. Wenige Jahre später (1480/93) nahm der Konstanzer Ritter und Bürger Conrad Grünenberg das Krugwappen in sein Wappenbuch auf und versah es mit der Überschrift: *Wolfram freyher von Eschenbach. Layen mund nie pas gesprach. Ain franck* (Abb. 58).

Über hundert Jahre später gab es das Grab noch. Am 5. August 1608 machte der Nürnberger Patrizier Hans Wilhelm Kreß, unterwegs nach Frankreich, in Eschenbach Station und notierte in sein Tagebuch: *In der Teutschherrischen Kirchen in Eschenbach sind nur nachfolgende Monumenta. Hier ligt der streng Ritter her Wolffram von Eschenbach ein Meister Singer.* Dazu setzte er eine flüchtige Skizze des Krugwappens (Abb. 59).

Die von Kreß wiedergegebene Grabinschrift gehört mit ihrem Sprachduktus ins 16. Jh. Die Bezeichnung Wolframs als *Meister Singer* läßt vermuten, der Verfasser der Inschrift habe gewußt, daß die Meistersingergesellschaften, voran die Nürnberger Gesellschaft, Wolfram in ihrer Ahnenreihe der zwölf Alten Meister führten.

Die Inschrift ist zweifellos ein Zeichen der Wolfram-Verehrung. Ungewiß bleibt, wieweit sie zeitlich hinauf reicht und ob sie eine ältere Inschrift ersetzt oder ergänzt hat. In der von Kreß festgehaltenen Form hat sie Püterich wahrscheinlich nicht vor Augen gestanden; ja, es ist fraglich, ob Püterich außer der Wappenzeichnung überhaupt eine Grabschrift vorfand. Er zitierte keinen Text, sondern vermerkte nur, das Todesdatum habe gefehlt.

Das Krugwappen könnte ein Indiz dafür sein, daß Wolfram tatsächlich in Eschenbach begraben war, denn ein Heinrich von Eschenbach führte dies Wappen bereits im Jahr 1325 und gehörte in direkter Linie zu der kleinadeligen Familie, die seit 1253 in Eschenbach urkundlich nachweisbar ist und den Dichter vermutlich als einen ihrer Ahnen beanspruchen darf.

Es bleiben freilich Unsicherheiten. Die von Püterich besuchte und besichtigte Grabplatte war sicher nicht die ursprüngliche, denn der Kirchenbau, in dem er sie vorfand, wurde erst um 1250 begonnen. Hatte man die ursprüngliche Grabplatte von Wolframs Grab aufbewahrt und im Kirchenraum angebracht? Oder hatte man eine renovierte Grabplatte eingesetzt? War auf dieser Grabplatte zweifelsfrei Wolframs Namen zu sehen, oder vielleicht nur die Wappenzeichnung? Wenn nur das Wappen zu sehen war, könnte Püterich, der das Krugwappen der Eschenbachs kannte, das Epitaph auf eigene Faust dem Dichter Wolfram zugeordnet haben. Es ist also aus mehreren Gründen unsicher, ob wir es mit einer über 400 Jahre durchgehaltenen Grabpflege zu tun haben. Und wenn dem so ist, dann ist schwer zu entscheiden, ob die Grabpflege lediglich ein Zeichen familieninterner Pietät war oder ob darüber hinaus die Memoria des berühmten Dichters aufrechterhalten werden sollte. Man weiß nichts davon, daß die Sippe der Eschenbacher, die ununterbrochen im Spätmittelalter und in der Frühneuzeit vor Ort präsent war, sich in irgendwelchen anderen Zusammenhängen ihres bedeutenden Vorfahren erinnert oder gar gerühmt hätte.

Eine ins 16. Jh. gehörende Beschreibung eines Bilderzyklus, der Wolfram und Klingschor im Sängerkrieg zeigt, fand J. B. Kurz im Kreisarchiv Nürnberg und erwähnte dazu die von Msgr. Freiherr Lochner von Hüttenbach vorgetragene Vermutung, daß es sich um Abzeichnungen eines Freskenzyklus im Eschenbacher Deutschordenshaus gehandelt haben könnte (Kurz, 1916, S. 15; vgl. Kurz, 1930, S. 37 ff. und 284 mit Beilage 1). Hätte sich die Vermutung erhärten lassen, dann wäre ein dringend gesuchter Beleg für die Nähe Wolframs zum Deutschen Orden vorzeigbar gewesen, zugleich ein Indiz dafür, daß im Orden ein Interesse an der Memoria des Dichters bestanden habe. Doch die Idee des Freskenzyklus ist offenbar reine Spekulation geblieben. Der Bilderzyklus läßt sich auch ganz anders einordnen, nämlich in der Umgebung der Nürnberger Meistersingergesellschaft. Diese verehrte Wolfram von Eschenbach Seit an Seite mit Klingschor von Ungerlant als zwei der zwölf alten Meister ihrer Sangeskunst.

Im 17. und 18. Jh. war die Eschenbacher Wolfram-Memoria allem Anschein nach vollständig abhanden gekommen. Die Grabstelle muß bei einer Kirchenrenovierung 1666 oder 1719 abgeräumt worden sein und hinterließ keine Spuren. Auch die Erinnerungsspuren verloren sich. 1704 wußte der Altdorfer Professor für Beredsamkeit und Dichtkunst Magnus Daniel Omeis, als er seine ‚Gründliche Anleitung zur Teutschen accuraten Dicht- und Reim-Kunst' herausbrachte, von Wolfram kaum mehr als den Namen und hielt ihn für einen Schweizer. Auch Johann Jakob Bodmer, der sich Wolframs ‚Wiederentdeckung' zugute halten konnte und im Jahr 1753 Auszüge des ‚Parcival' in einer Hexameter-Nachdichtung publizierte, ordnete Wolfram wie selbstverständlich dem Geschlecht der schweizerischen Eschenbach zu, ohne freilich diesem Gesichtspunkt ein Gewicht beizumessen (→ S. 708 ff.).

4. Eschenbach wird zum Gedächtnisort

Erst als mit den Anläufen zu einer Geschichtsschreibung der deutschen Nationalliteratur der hohe Rang von Wolframs Dichtung zu neuer Geltung gekommen war, erhielt die Frage nach seiner Heimat und Herkunft mehr Aufmerksamkeit und geriet zur Prestige-Angelegenheit. Johann Christoph Adelung reklamierte 1788, auf Püterich von Reichertshausen zurückgreifend, Wolfram für den Ort Eschenbach in der Oberpfalz. Dementgegen votierte ein Anonymus im Reichsanzeiger 1795 zugunsten der Stadt Eschenbach bei Ansbach. Es begann „ein langjähriger, mit großer Leidenschaftlichkeit geführter lokalpatriotischer Streit zwischen der Stadt Eschenbach in der Oberpfalz und dem gleichnamigen Städtchen bei Ansbach" (Kurz, 1916, S. 1). Doch hatten sich auch andere Orte ins Gespräch gebracht. Zeitweilig stritten über ein halbes Dutzend Ortschaften namens Eschenbach „mit mehr oder minderer Rührigkeit" darum, als Heimat Wolframs zu gelten (Holland, 1862, S. 109).

„Nach dem Postlexicon für Bayern vom Jahre 1818 gibt es acht Ortschaften dieses Namens, und zwar: Eschenbach Dorf in Unterfranken, Stadteschenbach und Windischeschenbach in Oberpfalz, Eschenbach Pfarrdorf bei Hersbruck, ferners in Mittelfranken: Eschenbach Dorf, Ldgr. Markt Erlbach, Obereschenbach Stadt, Mitteleschenbach Pfarrdorf, Untereschenbach Dorf. Ausser diesen sind in Bayern noch viele Orte, die ähnliche Namen führen, und zwar: 1 Eschbach, 1 Eschberg, 3 Eschelbach, 1 Eschelberg, 1 Escheldorf, 4 Eschenau, 1 Eschenberg, 1 Esselbach, 3 Essenbach u.s.w." (Holland, 1862, S. 110, Anm. 2).

Die kgl. Regierungen des Rezat- und des Obermainkreises ließen historische Gutachten ausarbeiten. König Maximilian II. von Bayern entsandte eine Kommission und entschied schließlich, daß das mittelfränkische Eschenbach (das „Obereschenbach Stadt" des Postlexikons) als Heimatort Wolframs zu gelten habe (der letzte Bescheid erging erst 1874: Kurz, 1916, S. 2f.)

Führende Literaturexperten, Ludwig Uhland (Uhland/Laßberg, 1870, S. 102f.), Friedrich Heinrich von der Hagen (von der Hagen, 1838, S. 193f.) und Andreas Schmeller (Schmeller, 1837), hatten schon vorher für diesen Ort votiert. Keine der streitenden Parteien hatte freilich mit neuen Urkunden oder anderen historischen Nachrichten aufwarten können, alle mußten mit Püterichs Bericht und darüber hinaus mit der Interpretation von Anspielungen auskommen, die sie in Wolframs Texten fanden.

4.1 Das Wolfram-Denkmal

Nachdem die Wolfram-Verehrung zu einer königlich bayerischen Staatsangelegenheit geworden war, ließen weitere Initiativen nicht auf sich warten. „Ich beabsichtige", so der Wortlaut einer vom Kgl. Hofsekretariat am 21. Januar 1857 ausgefertigten „allerhöchsten Entschließung", „den beiden Bayerischen Dichtern des Mittelalters Wolfram von Eschenbach und Walther von der Vogelweide Monumente zu errichten und zwar dem Ersteren in seinem Geburtsort Eschenbach und dem Letzteren zu Würzburg, wo er begraben liegt. Für jedes dieser Monumente bestimme ich eine Summe von 1200 fl. Wollen Sie nun durch Hofbauinspektor Riedel Pläne hierfür anfertigen lassen, gehalten im Stile des Jahrhunderts, in dem die beiden Dichter lebten, und in Form eines Epitaphs. Die Inschriften dazu soll Professor Geibel Mir vorschlagen: sie können ein paar Verse aus dem betreffenden Dichter und zugleich die Widmung Meinerseits enthalten" (Kurz, 1930, S. 2).

Die bemerkenswert detaillierten Angaben des Erlasses dürften ein Reflex der Münchner „Billard"-Abende sein, einer königlichen Gesprächsrunde führender Wissenschaftler und Künstler, in der zunächst Emanuel Geibel, später Paul Heyse den Ton angab. Auf einem jener Symposien mag das königliche Projekt der Dichter-Monumente zur Sprache gekommen sein (Hettche, 1992; Werner, 1998).

Das Denkmal wurde von Eduard von Riedel, dem Architekten des Schlosses Neuschwanstein, entworfen. Es wurde im neoromanischen Stil als Brunnen gestaltet (Abb. 60). Vier wasserspeiende Schwäne sollten an die Lohengrin-Sage erinnern. Die Dichterstatue modellierte Eduard Knoll, von dem auch die ‚Bavaria' in München stammt. Das Wolfram-Standbild steht, mit Leier und Schwert ausgestattet, auf einem Sockel, der sich aus dem Wasser hebt. Für die Inschrift auf der Vorderseite des Sockels wählte Geibel einige Verse aus dem Pz., und zwar in Übersetzung die Worte des Priesters, der Parzivals Halbbruder Feirefiz tauft (817, 25–30):

Vom Wasser kommt der Bäume Saft,
befruchtend gibt das Wasser Kraft
aller Kreatur der Welt;
vom Wasser wird das Aug' erhellt,
Wasser wäscht manche Seele rein,
daß kein Engel mag lichter sein.

Das am 1. Mai 1861 feierlich enthüllte Denkmal steht bis heute unverändert auf dem Marktplatz.

Richard Wagner scheint von dem königlich beförderten Wolfram-Gedenken in Eschenbach nichts gewußt zu haben oder nicht beeindruckt gewesen zu sein. Als er sein Festspielhaus in Bayreuth mit dem 1883 uraufgeführten „Bühnenweihfestspiel" ‚Parsifal' nobilitierte, geschah das nicht aus lokalpatriotischen Motiven und nicht im Blick auf Wolframs Pz.-Dichtung, zu der Wagner demonstrativ Distanz hielt. Cosima Wagner hat sein Mißbehagen am Pz. – den er freilich nur in der Simrockschen Übersetzung gekannt haben wird – in ihrem Tagebuch festgehalten (20. Juni 1879): „Er bespricht die lange Anknüpfung an W(olfram)s Parzival als pedantisch, seine Dichtung habe eigentlich gar nichts damit zu tun; wie er das Epos gelesen, habe er sich gesagt, damit ist nichts zu tun" (Gregor-Dellin/Mack, 1977, S. 369). Distanz hatte er auch zu dem Münchener Kreis um Geibel und Heyse, deren konservativ-romantisches Kunstverständnis eher dem Wagner-Antipoden Joseph Rheinberger zugewandt war.

4.2 Paul Heyses Festspiel ‚Wolfram von Eschenbach'

In den Jahren um 1890 bemühte sich Paul Heyse darum, zu Wolframs Gedenken in der Stadt Eschenbach eine Festspiel-Tradition zu etablieren. Ob dies in bewußter Wendung gegen Wagners Bayreuther ‚Parsifal' geschah, sei dahingestellt (Heyse gehörte in München zu den Parteigängern Joseph Rheinbergers und damit zur ‚Opposition' gegen Wagner). Heyse verfaßte ein Festspiel ‚Wolfram von Eschenbach' (Druck München 1894), das zur Aufführung in Eschenbach bestimmt war. Das Titelblatt vermerkt: „Der Ertrag ist zu gleichen Theilen den Stadtarmen von Eschenbach und der deutschen Schillerstiftung bestimmt." Zu der Aufführung ist es nie gekommen. Obwohl Heyse der angesehenste Dichter seiner Zeit war (lange bevor er 1910 den Nobelpreis für Literatur erhielt), scheiterte sein Festspielplan an Widerständen und Schwierigkeiten. Finanzielle Engpässe dürften der Haupthinderungsgrund gewesen sein. Vielleicht spielte als Nebenmotiv herein, daß Heyses Spiel den Dichter in Eschenbach scheitern und auf Burg Wildenberg reüssieren ließ.

Der Festspieltext legt als Ort der Handlung „Eschenbach in Mittelfranken", als Zeit „1205" fest. In künstlich naiven Knittelversen, in die gelegentlich übersetzte Wolfram-Zitate eingestreut sind, die aber insgesamt mehr an Hans Sachs erinnern, wird der besitzlose Ritter und Dichter Wolfram in ein behaglich-betuliches Bürgermilieu gesetzt. Er ist konfrontiert mit Jörg Enderlin, einem „Kaufmann und Bürger von Eschenbach", der seine hübsche und verliebte Tochter Waltraut nicht an den armen Poeten verheiraten mag. Am Ende gelingt die Hochzeit dann doch. Denn inzwischen hat der Ruhm des im Werden befindlichen Pz.-Epos Walther von der Vogelweide und Hartmann von Aue auf den Plan gerufen. Sie wollen im Auftrag des Thüringer Landgrafen Wolfram an die Wartburg holen. Der ehrenvolle Ruf wird aber vom Grafen von Wertheim mit einem Gegenangebot gekontert. Er schenkt Wolfram die Burg Wildenberg und gibt ihm so die Möglichkeit, seine Familie zu gründen und seine Dichtkunst weiter zu betreiben.

4.3 Einwände aus Österreich

Gegen die bayerische Vereinnahmung Wolframs wurden in den Jahren nach 1900 noch einmal Stimmen aus Österreich laut. Im Pz. vorkommende Orts- und Landschaftsnamen sollten eine besondere Nähe Wolframs zur Steiermark plausibel machen (von Siegenfeld, 1900, S. 396 ff.; von Kralik, 1916). Man bediente sich derselben Argumentationsweise, mit der auch die Befürworter des fränkischen Eschenbach operierten: realgeographische Anspielungen in Wolframs Werk sollten auf biographische Spuren rückschließen lassen. Doch wußten die Österreicher keinen zentralen Ort zu nennen, an dem Wolfram hätte plaziert, geschweige denn ein Denkmal hätte aufgerichtet werden können. Vor allem hatten sie kein Zeugnis vom Gewicht des Püterichschen ‚Ehrenbriefs' vorzuweisen. So blieben die Einwendungen abstrakt.

4.4 Eschenbach wird Wolframs-Eschenbach

Derweil fand in Bayern die Strategie der amtlich beglaubigten Wolfram-Verehrung ihren krönenden Abschluß. Eine von Johann Baptist Kurz 1916 als Erlanger Dissertation angenommene Untersuchung über ‚Heimat und Geschlecht Wolframs von Eschenbach' hatte alle Argumente für das mittelfränkische Eschenbach umsichtig dargelegt und diente als Grundlage für den Antrag des Eschenbacher Stadtrates, den Ort in „Wolframs-Eschenbach" umzubenennen. Dem Antrag wurde vom Bayerischen Ministerium des Innern am 19. Mai 1917 stattgegeben: „Seine

Majestät der König haben allergnädigst zu genehmigen geruht, daß die Stadt Eschenbach, Königliches Bezirksamt Gunzenhausen, künftighin den Namen ‚Wolframs-Eschenbach' führe" (Kurz, 1967, S. 3).

Eine Zwischenbilanz: Erst nachdem die wissenschaftliche Beschäftigung mit Wolframs Œuvre eingesetzt hatte und es zu einem Exponenten der deutschen Nationalliteratur gemacht hatte, wurde auch das lokale Interesse geweckt. Es konzentrierte sich sehr bald auf das mittelfränkische Eschenbach und wurde durch kulturpolitische Initiativen ‚von oben' gefördert und gefestigt. Mit der – aus einer Dissertation begründeten – Umbenennung der Stadt fanden die wissenschaftliche und die lokale Wolfram-Verehrung zu einer einmaligen Konvergenz. In der Folgezeit trifteten sie wieder auseinander.

Im Ort Eschenbach selbst war und blieb, seit das Denkmal auf dem Marktplatz stand, das Interesse an Wolfram, „dem größten Sohn der Stadt", durchaus lebendig.* Der lokale Casino-Verein rief um 1900 eine „Wolfram-Abteilung" ins Leben mit dem Ziel, ein Wolfram-Archiv oder gar ein Wolfram-Museum einzurichten. Das Archiv wurde nach dem 1. Weltkrieg von Dr. Großher auf- und zu einem kleinen Museum ausgebaut. Es war in zwei Räumen des Deutschordensschlosses untergebracht. 1921 wurde zum angenommenen 700. Todesjahr des Dichters eine große Wolfram-Feier veranstaltet, mit Festzug, Theater und Konzerten. Die Feier – die eigentlich für das Jahr 1920 vorgesehen war, aber wegen eines Ausbruchs der Maul- und Klauenseuche verschoben werden mußte – zog mehr als 8000 Menschen in die Stadt und hatte internationale Presse-Resonanz. Mit dem Gewinn der Aktion finanzierte man ein „Wolfram-Epitaph" in der Stadtkirche. Die Idee eines Wolfram-Festspiels wurde in den 50er Jahren wiederbelebt und realisiert. Man griff aber nicht auf Paul Heyses Text zurück. Aufgeführt wurde (1952 und 1953) ein von Dr. J. B. Kurz verfaßtes und von H. Poll vertontes Werk: ‚Und ich selbst bin Parzival'.

In den 1930er Jahren gründete sich in der Stadt ein Heimatverein, der seine Aktivitäten vorwiegend auf die Förderung des Fremdenverkehrs richtete. Die Stadt hatte als historisch intaktes bauliches Ensemble mit Liebfrauenmünster, Deutschherrenhaus und vollständig erhaltener Stadtumwallung viele Attraktionen zu bieten. Der literarische Glanz des Wolframschen Œuvres ließ sich, in den Räumen des Wolfram-Archivs eher versteckt als offengelegt, nur einer kleinen Kennerschaft, nicht dem

---

* Für zahlreiche Auskünfte zur Eschenbach-Memoria im Wolframs-Eschenbach des 20. Jh.s danke ich Herrn Oskar Geidner sehr herzlich.

breiteren Publikum schmackhaft machen. Die ortsansässige Gentner-Brauerei trug zur Popularisierung des Minnesängers Wolfram bei, indem sie eine beliebte Biersorte, das ‚Minnesänger-Pils', auflegte.

Die wissenschaftliche Wolfram-Forschung ging derweil ihre eigenen Wege, und die führten nicht alle nach Wolframs-Eschenbach (s.u. Abschnitt 5).

4.5 Das Wolfram-Museum

Der lokalen Wolfram-Pflege konnte die fachgermanistische Forschung zunächst wenig geben. 1973 wurde der „Heimat-Verein Wolframs-Eschenbach" neu gegründet, der sich zum Ziel setzte, nicht nur Wolframs Leben und Werk, sondern auch das „heimatliche Kulturgut" zu erforschen und zu pflegen sowie ein Museum einzurichten, „das die spezifischen kulturellen und geschichtlichen Gegebenheiten von Wolframs-Eschenbach berücksichtigt" (Oskar Geidner, brieflich).

Erst Anfang der 1990er Jahre nahm das Vorhaben konkrete Gestalt an. Die Stadt stellte ihr Altes Rathaus als Museumsgebäude zur Verfügung und suchte, vertreten vor allem durch den Stadthistoriker Oskar Geidner, den Kontakt zur wissenschaftlichen Germanistik. Wie schon 1916/17, als eine Erlanger Dissertation die Umbenennung des Ortes in Wolframs-Eschenbach zu fördern half, glückte auch die Museumsgründung mit der Hilfe aus der Erlanger Universität. Der Erlanger Ordinarius für Germanische und Deutsche Philologie, Karl Bertau, fand sich zur Zusammenarbeit mit der Stadt Wolframs-Eschenbach bereit und konzipierte, in enger Abstimmung mit Oskar Geidner, zusammen mit seinen Mitarbeitern Hartmut Beck und Dietmar Peschel-Rentsch sowie dem Münchener Ausstellungsgestalter Michael Hoffer ein Literaturmuseum ganz neuer Art. Man verzichtete darauf, mit der Hereinnahme von Ritterrüstungen und anderen antiquarischen Gerätschaften ein mittelalterliches Ambiente zu suggerieren. Stattdessen wurden sämtliche Räume des Museums aus Wolframs Texten heraus und auf die Texte hin konzipiert. Markante Textstellen wurden zitiert und in der Raumausstattung umgesetzt.

Die Räume sind begehbare Lektüren. So wird der Besucher z.B. im ersten dem Pz. gewidmeten Raum vom heiteren Zelthalbrund des Artushofes umfangen, daneben wird er mit dem abweisenden Steinmassiv der Gralsburg konfrontiert. Die komplexen Verwandtschaftsstrukturen des Pz.-Personals füllen, in ein übermannshohes Mobile aus Spielkarten umgesetzt, einen eigenen Raum. Die Strophenfolgen des Tit. sind nebenan auf ein endlos durch den Raum geschlungenes Schriftband aufgebracht und assoziieren damit Sigunes Brackenseil-Lektüre. Die Tagelieder gruppieren sich um ein in den Raum geklapptes Himmelbett. An die Schlachten des Wh. gemahnen hohe, wie Epitaphe an den Wänden aufgereihte Schilde, wobei Rennewarts Stange, halbidentisch mit einem Türquerbalken, einen der Schilde zerknautscht. In jedem der zehn Räume finden die Besucher neben offenen Erklärungen auch versteckte Antworten, zu denen sie die Fragen suchen können. Mit einfallsreich inszenierten Literaturzitaten und -interpretationen ist ein Ensemble von Imaginationsräumen hergestellt worden; die in Museumsszene gesetzte Wolfram-Lektüre offenbart sich als der eigentliche Dokumentenbestand, der fehlende historische Urkunden überflüssig erscheinen läßt. Gleichwohl könnte dies Museum nicht überall stehen; es gewinnt seinen Charme auch aus seinem Standort. Wer im Tagelied-Raum das verdeckte Fenster öffnet, hat unten auf dem Marktplatz das alte Wolfram-Denkmal vor Augen.

5. Ortsungebundene Wolfram-Verehrung: Wolfram-Bund und Wolfram-Gesellschaft

In den Jahrzehnten vor und nach 1900 tastete eine stark biographisch-historisch ausgerichtete Forschungsrichtung Wolframs Dichtungen, vor allem den Pz., systematisch nach lebensweltlichen Spuren ab mit dem Ziel, eine kohärente Darstellung von ‚Leben und Werk' des Dichters zu gewinnen.

Bereits 1841 hatte San-Marte ‚Abhandlungen über das Leben und Wirken Wolfram's von Eschenbach' vorgelegt. Er war die wichtigsten realgeschichtlich identifizierbaren Orts- und Personennamen durchgegangen, aber bei seinen Schlußfolgerungen vorsichtig geblieben. Spätere Forscher wagten mehr. Albert Schreiber legte 1922 in der angesehenen, von Friedrich Panzer und Julius Petersen herausgegebenen Reihe ‚Deutsche Forschungen' eine Monographie mit dem Titel ‚Neue Bausteine zu einer Lebensgeschichte Wolframs von Eschenbach' vor und ließ dabei kaum eine Frage offen (Schreiber, 1922). Er trug alles über „Wolframs Herrn, den Grafen Boppo von Wertheim", zusammen und widmete „Wildenberg" ein großes Kapitel. Auf „W. und Landgraf Hermann von Thüringen" folgte „Wolframs Ritterschlag durch den Grafen von Henneberg", sodann erhielten „Die nächsten Angehörigen Wolframs" (und zwar Weib und Kind, Eltern, Bruder und Schwester), schließlich „Des Dichters Werdegang" und „Wolframs Minnedienst" ihre eigenen Kapitel. Schreiber arbeitete mit großer Umsicht und Materialreichtum und durchaus abwägend. Aus Vermutungen und Hypothesen werden Gewißheiten und schließlich Tatsachen.

Diese Arbeiten inspirierten vielerorts auch die lokalhistorische Forschung und beförderten damit eine breitere Streuung von Orten des Wolfram-Gedenkens vor allem in der fränkischen Region, in der sich die meisten Aufenthaltsspuren abzeichneten. Der Ort Eschenbach rückte dabei freilich, weil Wolframs Texte keine markanten Anknüpfpunkte boten, an den Rand des Interesses. Besonders die Ruine der Burg Wildenberg bei Amorbach profitierte von der Vermutung, sie könne zeitweilig Wolframs Aufenthaltsort und obendrein sein Vorbild für die Gralsburg gewesen sein.

Der von Universitätsgermanisten getragene Wolfram von Eschenbach-Bund konstituierte sich 1935 in Amborbach und hat in unregelmäßigen Abständen auch immer wieder dort getagt, konnte und wollte aber keinen festen Wolfram-Standort etablieren. Die „wissenschaftliche Beschäftigung mit der Dichtung Wolframs und seiner Zeit" (Satzungszweck) sollte in Jahrbüchern zusammenfließen und dokumentiert werden, die freilich nur selten erschienen. Nachdem über längere Zeit wegen fehlender Finanzen kein neues Jahrbuch hatte erscheinen können, stand der Bund 1967 kurz vor der Liquidation, benannte sich 1968 in ‚Wolfram von Eschenbach-Gesellschaft' um und schaffte mit den 1970 begründeten und von Werner Schröder herausgegebenen ‚Wolfram-Studien' einen erfolgreichen Neustart. Indem die Gesellschaft einen festen, zweijährigen Turnus thematisch ausgerichteter Tagungen etablierte, deren Referate jeweils einen neuen Band der ‚Wolfram-Studien' füllten, gelang es, dieser wissenschaftlich anspruchsvollen ‚Wolfram-Verehrung' Profil und Dauer zu geben. Die Tagungen der Gesellschaft finden jedesmal an einem andern Ort statt. Wolframs-Eschenbach hat sich, mangels geeigneter Räumlichkeiten, bisher nicht in die Reihe der Tagungsstätten einbringen lassen. Mit dem Wechsel ihrer Versammlungsorte imitiert die Wolfram-Gesellschaft die Mobilität mittelalterlicher Hoftage. Ob sie jemals zu einer festen Residenz finden will oder kann, wird die Zukunft lehren.

6. Orte in der fränkischen Region

Andere Orte, die sich in jüngerer und jüngster Zeit mit einem Andenken an Wolfram schmücken, ziehen ihre Legitimation durchweg daraus, daß sie irgendwo in Wolframs Werk erwähnt sind. Damit hat die Zielrichtung gewechselt. Früher versuchte man, aus Wolframs Anspielungen Hinweise auf seine Lebenswirklichkeit zu gewinnen, heute wird den Anspielungen selbst ein historischer Quellenwert zugemessen. Sie fungieren als Zeugnisse für das hohe Alter von Orten und Eigenschaften, die noch in der Gegenwart eine Rolle spielen. Nicht die poetische Qualität eines Verses interessiert, sondern sein Nachrichtenwert. Der heimatkundliche Horizont ist dabei prägend. Die Frage der ‚fränkischen Identität' gewinnt in der jüngsten Gegenwart an Gewicht. Wolfram wird gern als Vorzeigefigur der fränkischen Region im kulturpolitischen Wettbewerb mit den anderen Regionen Bayerns ins Feld geführt. So scheint sich eine Akzentverlagerung gegenüber der Wolfram-Verehrung des 19. Jh.s zu vollziehen. Damals hatten die königlichen Initiativen darauf hingezielt, Wolfram als einen deutschen Dichter bayerischer Herkunft herauszustellen, der in dem nachnapoleonisch stark erweiterten Staatsgebiet des Königreichs Bayern eine gemeinsame, regionenübergreifende Leitfigur sein könne.

6.1 Burg Wildenberg

Die Ruine der Burg Wildenberg bei Amorbach im Odenwald wurde schon zeitig im 19. Jh. mit dem *Wildenberc* identifiziert, dessen großen Kamin Wolfram im Pz. mit dem Kamin der Gralburg vergleicht: *sô grôziu fiwer sît noch ê/sach niemen hie ze Wildenberc* (230,12–13; → S. 4f.). Die mächtige Burganlage ließ sich als ‚Modell' für Wolframs *Munsalvaesche* (= Mont Sauvage, ‚Wilder Berg') plausibel machen (Kanis, 1935; Ebersold, 1988; Güterbock, 2008), weil der Burgherr, Graf Rupert I. von Durne, nicht nur mit Wolframs Gönner, dem Grafen von Wertheim, in enger Beziehung stand, sondern auch mit Graf Philipp von Flandern, dem Auftraggeber des ‚Perceval' Chrestiens von Troyes. Über jene Verbindung könnte Wolfram die französische Vorlage für seinen Pz. erhalten haben (Meves, 1984, bes. S. 116). Diese vermuteten Zusammenhänge mögen dazu beigetragen haben, daß die Ruinen der seit dem Bauernkrieg verlassenen Burg im 19. Jahrhundert sorgfältig gesichert wurden. Das gilt besonders für den Kamin im unteren Palas (Abb. 1).

Ob die auf einen Quader der Palas-Wand grob gehauene Inschrift *OWE MVTER,* die als Zitat aus Pz. 119,17 zu verstehen ist (*Ôwê muoter, waz ist got?*), aus dem frühen 13. Jh. stammt (so vor allem Rauh, 1935, S. 24; vgl. Kettler, 1990, S. 166 ff.) oder erst im 19. Jh. angebracht wurde (so u.a. Brunner, 2004, S. 71), muß offenbleiben (Abb. 2).

6.2 Amorbach

Das nördlich der Burg Wildenberg gelegene Amorbach gehörte zu Wolframs Zeiten ebenfalls den Herren von Durne; so durfte man auch hier einen Aufenthalt Wolframs vermuten. Ob das Amorbacher ‚Templerhaus' in seinen Anfängen so weit zurückreicht, daß sich daraus ein Verweis auf Wolframs *templeisen* ableiten ließe, bleibt Spekulation. In der Amorsbrunnkapelle, einer alten Einsiedelei, wollte Schreiber das Vorbild für Sigunes Klause (Pz. 435,6 ff.; 804,8 ff.) erkennen (Schreiber, 1922, S. 53). Die gelehrten Konjekturen hatten immerhin den atmosphärischen Effekt, daß sich der Wolfram von Eschenbach-Bund 1935 in Amorbach gründete und dort immer wieder seine Sitzungen abhielt (s.o.). Die Stadt erwies dem Autor ihre Referenz, indem sie die Grundschule mit seinem Namen, die Hauptschule mit dem Namen Parzivals versah.

6.3 Abenberg

Auf der Gralsburg *Munsalvaesche* habe wegen der Krankheit des Anfortas der Turnierhof ebenso traurig und verlassen gelegen wie *der anger z'Abenberc*, heißt es im V. Buch des Pz. (227,13). Die historische Forschung erkannte darin einen klaren Verweis auf die traurige Situation der Burg nach dem Tod des Grafen Friedrich II. von Abenberg im Jahr 1199. Daß Wolfram die mächtige Gralsburg seines Romans mit einer der mächtigsten Burganlagen seiner fränkischen Region in einem Bedeutungshorizont zusammengebracht hatte, war ein wichtiges Argument für die regionale Heimatpflege, die Burg Abenberg aufwendig zu restaurieren und darin ein ‚Haus der fränkischen Geschichte' einzurichten. Wolfram geriet in diesem Ausstellungskonzept freilich an den Rand. Das Haus bietet, über vier Räume verteilt, eine innerhalb der fränkischen Topographie „weit ausholende Zeitreise" vom Hochmittelalter bis zur Gegenwart und zielt auf die Frage nach einer „gesamtfränkischen Identität" (*www.historisches-franken.de/Museen/museum-abenberg.htm*).

6.4 Pleinfeld

Wolfram wurde bereits in Albrechts ‚Jüngerem Titurel' und in Püterichs ‚Ehrenbrief' mit Pleinfeld in Verbindung gebracht. Im Spätmittelalter war die Adelsfamilie der Eschenbach in Pleinfeld begütert. Dennoch hat im 19. und 20. Jh. offenbar niemand den Versuch unternommen, Wolfram für Pleinfeld zu reklamieren. Erst in den 1990er Jahren, als der Ort im neugefluteten Fränkischen Seenland zum Touristenzentrum wurde, stellte man im Hof des ehemaligen Vogteischlosses einen ‚Wolfram von Eschenbach-Brunnen' auf. Er ist in vereinfachter und modernisierter Form dem Denkmal in Wolframs-Eschenbach nachempfunden. Aus einer kreisrunden Brunnenschale hebt sich, auf einem Sockel balancierend, die Gestalt eines Sängers.

6.5 Wassertrüdingen

Eine Kontrastphantasie zur Hungersnot auf Pelrapeire (Pz. 184,24–26), nämlich fettgebackene Krapfen in der *Trühendinger* Pfanne, hat dem Ortsnamen von *Trühendingen* Eingang in den Pz.-Text verschafft (→ S. 3f.). Der Name paßt zu drei nah beieinander gelegenen Orten nicht weit von Eschenbach: Hohentrüdingen, Altentrüdingen und Wassertrüdingen. Wolfram meinte vermutlich die Burg Hohentrüdingen, es ist aber die Stadt Wassertrüdingen, die seine Anspielung auf sich bezogen und schon vor Jahrzehnten im historischen Sitzungssaal des Rathauses als Inschrift an der Wand fixiert hat: „Die Stadt Wassertrüdingen ist stolz darauf, daß sie im Epos Parzival von Wolfram von Eschenbach zum ersten Mal erwähnt wird". Im Jahr 2008 wurde das Schmalzgebäck nach historischem Rezept nachgebacken, soll künftig bei diversen Veranstaltungen der Stadt als Spezialität gereicht und vielleicht gar der virtuelle Fluchtpunkt eines künftigen Konditoreimuseums werden.

6.6 Dollnstein

Der kleine Ort Dollnstein bei Eichstätt rühmt sich einer 800 Jahre alten Fastnachtstradition und gilt als eine Karnevalshochburg mit einer deutlich markierten Weiberfastnacht. Es gehört zum Grundwissen der Dollsteiner Fastnachtsgesellschaften, daß Wolfram der wichtigste Garant dieser Traditionslinie sei, weil eine Verspassage seines Pz. (409,5–11) sowohl den Erstbeleg des Wortes *vasnaht* als auch den Erstbeleg für die Dollsteiner Weiberfastnacht enthalte: Antikonie, heißt es da, habe an Gawans Seite genauso engagiert gestritten wie *diu koufwîp ze Tolenstein/an der vasnaht* (→ S. 5f.).

Texte und Dokumente

[Albrecht] Albrechts von Scharfenberg Jüngerer Titurel [ab Bd. 3: Albrechts Jüngerer Titurel], hg. von Werner Wolf [ab Bd. 3: von Kurt Nyholm], Bde. 1, 2/1, 2/2, 3/1, 3/2, 4 (DTM 45, 55, 61, 73, 77,79), Berlin 1968–1995. – [Verfasserbruchstück] Erich Petzet, Über das Heidelberger Bruchstück des Jüngeren Titurel, in: SBBA, Jg. 1903, München 1904, S. 287–320.

Anthony von Siegenfeld, Alfred Ritter Anthony, Das Landeswappen der Steiermark (Forschungen zur Verfassungs- und Verwaltungsgeschichte der Steiermark 3), Graz 1900 [S. 396–408: Excurs II. Die Beziehungen Wolframs von Eschenbach zu Steiermark].

Gregor-Dellin, Martin/Mack, Dietrich (Hg.), Cosima Wagner, Die Tagebücher, Bd. 2, München/Zürich 1977.

von der Hagen, Friedrich Heinrich (Hg.), Minnesinger. Deutsche Liederdichter des zwölften, dreizehnten und vierzehnten Jahrhunderts aus allen bekannten Handschriften und früheren Drucken, 4. Theil, Leipzig 1838.

Holland, Hyacinth, Geschichte der altdeutschen Dichtkunst in Bayern, Regensburg 1862.

von Kralik, Richard, Die Gralsage in Österreich, in: Allgemeines Literaturblatt 25 (1916), Sp. 1–8, 34–40.

Kurz, Johann Baptist, Heimat und Geschlecht Wolframs von Eschenbach, Ansbach 1916; 2. Aufl. [unter dem Titel: „Wolfram von Eschenbach. Ein Buch vom größten Dichter des deutschen Mittelalters"], Ansbach 1930. – 50 Jahre Wolframs-Eschenbach. Urkunden und Regesten zur Heimatgeschichte Wolframs von Eschenbach, Wolframs-Eschenbach 1967.

Püterich von Reichertshausen, [Jakob], Der Ehrenbrief, hg. von Fritz Behrend/Rudolf Wolkan, Weimar 1920.

San-Marte (Hg.), Lieder, Wilhelm von Orange und Titurel von Wolfram von Eschenbach, und der jüngere Titurel von Albrecht in Übersetzung und im Auszuge nebst Abhandlungen über das Leben und Wirken Wolframs von Eschenbach und die Sage vom heiligen Gral (Leben und Dichten Wolfram's von Eschenbach 2), Magdeburg 1841.

Schmeller, Andreas, Ueber Wolframs von Eschenbach, des altdeutschen Dichters, Heimat, Grab und Wappen. Mit einer colorirten Abbildung, in: Abhandlungen der philol.-philos. Classe der Königlich bayerischen Akademie der Wissenschaften, Bd. 2/1 (Denkschriften 15), München 1837, S. 189–208.

Schreiber, Albert, Neue Bausteine zu einer Lebensgeschichte Wolframs von Eschenbach (Deutsche Forschungen 7), Frankfurt a.M. 1922 [Neudruck Hildesheim 1975].

[Uhland/Laßberg] Briefwechsel zwischen Joseph Freiherrn von Laßberg und Ludwig Uhland, hg. von Franz Pfeiffer, Wien 1870.

Verfasserbruchstück → Albrecht (1904).
Wagner, Cosima → Gregor-Dellin/ Mack (1977).

Literatur

Brunner, Horst, Wolfram von Eschenbach. Auf den Spuren der Dichter und Denker durch Franken, Gunzenhausen 2004.
Ebersold, Günther, Wildenberg und Munsalvaesche. Auf den Spuren eines Symbols (EHS 1/1075), Frankfurt a.M. [u.a.] 1988.
Grubmüller, Klaus, Püterich, Jakob, von Reichertshausen, in: ²VL 7 (1989), Sp. 918–923.
Güterbock, Gotthilde, Wolfram von Eschenbach, Wertheim und Wildenberg, in: Zur Geschichte der Burg Wildenberg im Odenwald (Der Odenwald. Zs. des Breuberg-Bundes. Sonderheft 2), 3. Aufl., Breuberg-Neustadt 2008, S. 3–17 [darin Nachschrift: „Noch einmal: Wolfram von Eschenbach, Wertheim und Wildenberg", S. 12–17].
Hettche, Walter, Literaturpolitik. Die „Münchner literarische Gesellschaft" im Spiegel des Briefwechsels zwischen Paul Heyse und Ludwig Ganghofer, in: Zs. für Bayerische Landesgeschichte 55 (1992), S. 575–609.
Kanis, Hans, Wildenberg – die Gralsburg im Odenwald, Leipzig 1935.
Kettler, Wilfried, Bemerkungen zum Verhältnis von germanischer Philologie und Epigraphik – dargestellt anhand ausgewählter deutschsprachiger Inschriften des 12.–14. Jahrhunderts, in: Epigraphik 1988. Fachtagung für mittelalterliche und neuzeitliche Epigraphik Graz, 10.–14. Mai 1988. Referate und Round-Table-Gespräche, hg. von Walter Koch (Österreichische Akademie der Wissenschaften. Philos.-hist. Kl., Denkschriften 213 = Veröffentlichungen der Kommission für die Herausgabe der Inschriften des deutschen Mittelalters 2), Wien 1990, S. 163–177 und Tafel nach S. 178.
Meves, Uwe, Die Herren von Durne und die höfische Literatur zur Zeit ihrer Amorbacher Vogteiherrschaft, in: Die Abtei Amorbach im Odenwald. Neue Beiträge zur Geschichte und Kultur des Klosters und seines Herrschaftsgebietes, hg. von Friedrich Oswald/Wilhelm Störmer, Sigmaringen 1984, S. 113–143.
Rauh, Rudolf, Paläographie der mainfränkischen Monumentalinschriften, Diss. München 1935.
Werner, Renate, Die „Gesellschaft der Krokodile" (München), in: Handbuch literarischer Vereine, Gruppen und Bünde 1825–1933, hg. von Wulf Wülfing/Karin Bruns/Rolf Parr (Repertorien zur Deutschen Literaturgeschichte 18), Stuttgart/Weimar 1998, S. 155–161.